국가와 헌법 II

Ernst-Wolfgang Böckenförde u. a.

Staat und Verfassung Ⅱ

Herausgegeben und übersetzt
von
Hyo-Jeon Kim
SANZINI, Busan, Korea
2024

에른스트-볼프강 뵈켄회르데 外

국가와 헌법 II

김 효 전 옮김

산지니

차 례

통합으로서의 국가 (한스 켈젠)

제6편
인권선언 논쟁

인권선언 논쟁

게오르크 옐리네크/에밀 부트미

역자 서문

이 책은 게오르크 옐리네크의 『인권선언론』과 이것을 비판한 에밀 부트미의 논문, 그리고 다시 이 논문을 반박한 옐리네크의 다음과 같은 저작을 한국어로 번역한 것이다.

(1) Georg Jellinek, Die Erklärung der Menschen-und Bürgerrechte, München und Leipzig, Duncker & Humblot, 1895, 4. Aufl., 1927, 83 S.

(2) Émile Boutmy, La déclaration des droits de l'homme et du citoyen et M. Jellinek, in: Annales des Sciences Politique, t. XVII, juillet 1902, p. 415-443.

(3) Georg Jellinek, La déclaration des droits de l'homme et du citoyen. Réponse de M. Jellinek à M. Boutmy, in: Revue du Droit et de la Science Politique en France et à l'Étranger, t. XVIII, 1902, p. 385-400. auch in: G. Jellinek, Ausgewählte Schriften, Bd. 2, Berlin 1911, S. 64-81.

프랑스 인권선언의 기원에 관하여 옐리네크는 미국의 독립선언과 각주 헌법에서의 권리장전의 영향을 받은 것이라고 주장한 데 대하여, 부트미는 18세기 프랑스의 정치사상, 특히 구체적으로는 루소의 사상에서 연원한다고 주장하였다. 이 논쟁의 당부에 관하여는 이 책을 읽는 독자들의 판단에 맡기는 바이며, 여기서는 다만 이 책자를 펴내는 이유를 몇 자 적어둔다.

우선 지난 1989년 우리는 프랑스 혁명 200주년과 아울러 인권선언 선포 200주년에 즈음하여, 다시 한번 이 선언이 가지는 세계사적인 의미와 당시의 감격을 시대와 공간을 뛰어 넘어 이 땅에서도 되새겨 보았다. 일찍이 1789년의 프랑스 인권선언은 그 첫머리에서

「인권에 대한 무지·망각 또는 멸시가 바로 공공의 불행과 정부의 부패의 원인이라는 것」을 밝히고 있듯이, 인권 존중의 문제는 오래된 역사적 사건의 하나로 기록된 것에 그치지 않고 오늘날의 우리 한국의 문제로서도 생생하게 살아 있는 것이다. 따라서 역자는 여기에 번역한 이 작은 책자가 한국 헌법에 규정된 인권선언의 발자취를 살펴보는 동시에, 현재의 인권상황을 재검토하고 반성하는 하나의 계기가 되기를 기원하는 것이다.

번역에 있어서는 위의 텍스트를 사용하여 다음과 같은 문헌들을 참고하였다.

영어판 Translated by Max Farrand, The Declaration of the Rights of Man and of Citizens. A Contribution to Modern Constitutional History, New York: Henry Holt, 1901. Reprint edition. Westport, Conn.: Hyperion Press 1979.

프랑스어판 Traduit par Georges Fardis, La Déclaration des Droits de l'homme et du Citoyen. Paris: Albert Fontemoing 1902.

독어판 Übersetzt von Ruth Groh, Die Erklärung der Menschen-und Bürgerrechte und Georg Jellinek, in: Roman Schnur (Hrsg.), Zur Geschichte der Erklärung der Menschenrechte, Darmstadt: Wissenschaftliche Buchgesellschaft, 1964, S. 78-112.

일본어판 (1) 美濃部達吉譯, 『人權宣言論外三篇』, 日本評論社, 1929.
　　　　　(2) 渡邊信英·靑山武憲譯, 『人權宣言論』, 南窓社, 1978.
　　　　　(3) 初宿正典 編譯, 『人權宣言論爭』, みすず書房, 1981.

끝으로 이 책자가 나오기까지 많은 분들의 도움과 지원을 받았다. 먼저 서울대학교 법과대학의 안경환 교수, 동아대학교의 전순신 교수, 그리고 한국외국어대학교의 이재희 교수께서는 여러 가지로 역자를 도와주시고 격려하여 주셨기에 이 자리를 빌어 깊은 감사를 드린다. 특히 번역을 도와 준 김미선 석사와 이용일 석사의 노고를 치하한다. 이 두 분의 도움이 없었더라면 이 책의 발간은 상당히 지체되었을 것이다. 아울러 파리 소르본느 대학에 유학 중 프랑스 원본을 복사해서 보내 준 김진수 박사와 김중현씨의 고마움도 잊을 수가 없다. 또 현재 뮌스터대학에 유학하면서 독일의 귀중한 문헌들을 보내준 하태영 석사에게도 고마운 마음을 전한다. 또한 이 책의 발간을 흔쾌히 맡아주신 배효선 사장님의 따뜻한 배려와 편집부 김제원씨의 노고에 대해서도 깊은 감사를 드린다.

　　1991년 1월 1일 부산에서　　　　　　　　　　　　　김 효 전

인 권 선 언 론

게오르크 옐리네크
발터 옐리네크 수정

제4판에의 서문

출판사의 희망에 따라 이 제4판은 1919년에 나온 제3판을 수정하지 않고 그대로
인쇄한 것이다. 따라서 그동안에 출간된 문헌들을 비판적으로 검토할 수 없었는데, 그중
가치 있는 논문은 크누스트의 「몽테스키외와 아메리카 합중국의 헌법들」(H. Knust,
Montesquieu und die Verfassungen der Vereinigten Staaten von Amerika, 1922), 그리고
잘란더의 「인권의 생성에 관하여. 1776년 6월 12일의 버지니아 권리선언에 근거하여
근대 헌법사에 내한 하나의 기여」(G. A. Salander, Vom Werden der Menschenrechte.
Ein Beitrag zur modernen Verfassungsgeschichte unter Zugrundelegung der virginischen
Erklärung der Rechte vom 12. Juni 1776. Heft 19 der Leipziger rechtswissenschaftlichen
Studien, 1926)이다. 잘란더는 크누스트의 논문을 알지 못한 것이 확실하다. 그렇지 않았다
면 그는 버지니아 법관이 「선량한 행위를 하고 있는 동안」(during good behaviour)
임명된다는 것에 대해서 그것이 사법권의 약화를 의미한다고 하지는 않았을 것이다(S.
45). 「선량한 행위를 하고 있는 동안」이라는 표현은 오히려 우리들이 말하는 「종신」(auf
Lebenszeit)과 같은 의미이다(Hatschek, Englisches Staatsrecht, I, 1905, S. 541 참조).
이 책의 최초의 두 판은 처음에는 옐리네크(G. Jellinek)와 마이어(G. Meyer)가 편집하였
고, 그 후에는 옐리네크와 안쉬츠(G. Anschütz)가 편집한 국법학 및 국제법 총서의 제1권
3책으로서 출판되었다.

1927년 7월 킬에서   발터 옐리네크

제3판에의 서문

나의 선친께서는 이 책의 제3판을 포괄적으로 보충하여 1909년 중에 인쇄에 붙이려고 하였다. 그러나 그 준비 작업이 끝나기도 전에 선친께서는 중병에 걸리고, 그 후 얼마 안 되어 1911년 1월 12일 세상을 떠나셨다. 1913년에는 서점가의 수요에 따라 제2판을 철판 인쇄한 것이 나왔다. 그리고 나서는 전쟁으로 지연되어 오다가 오늘에야 비로소 제3판이 나오게 되었다.

유고(遺稿) 중에는 수많은 부분에서 작은 추가와 수정, 그리고 자주 삽입할 곳이 자세하게 기입된 제2판의 저자 보관용이 있었다. 정확한 지시가 누락된 추가 사항들은 내가 그것이 있던 페이지에서 적당한 위치를 찾아서 삽입하였다.

그 밖에도 유고에는 삽입할 곳과 번호가 표시되지 않은 채 비교적 큰 규모로 추가할 것들이 새로운 종이에 기록되어 있었다. 그러한 것들은 권리선언(S. 14 f.)과 관련하여 의무선언의 사상에 관한 것, 즉 프랑스에서 노동의 권리가 불가양의 권리로서 승인된 것(S. 15 f.), 프랑스 국민의회에서의 종교의 자유를 위한 투쟁(S. 30 f.), 시민의 권리로부터 인간의 권리에로의 변화(S. 42), 로저 윌리엄스(Roger Williams)*의 역사적 지위(S. 47 f.), 메릴랜드에서의 관용사상의 발전(S. 51 f.), 미국에서의 관용과 불관용(S. 54 f.), 자연법의 역사(S. 57 ff.), 출판·결사 그리고 집회의 자유와 종교의 자유와의 관계(S. 61 f.) 등이다. 여기에서도 삽입할 적당한 위치를 발견할 수 있었다.

그 밖에도 나는 대부분 출처도 없이 기록된 추가들에 주를 달아야만 했고, 내가 알고 있는 한의 새로운 문헌도 이 책의 부족함을 메꾸는 한도 내에서 보충하지 않으면 안 되었다. 프랑스 권리선언의 원문(S. 20 ff.)은 의회의사록(Archives parlementaires)과, 미국 선언의 원문(S. 20 ff., 81 ff.)은 푸어(Poore)의 헌법전과 대조하여 일치시켰다.

이 책의 마지막(S. 84 f.)에 있는 대조표는 이 제3판에서 개정된 점을 설명하는 것이다. 이 대조표는 이 책에 대한 논쟁을 고려할 때에 필요한 것이다. 단순한 문체상의 변경이나 그 밖의 중요하지 아니한 변경은 기재하지 아니하였다.

사실 선친의 이 작은 책자는 여전히 논쟁의 대상이 되고 있다. 제2판이 나온 이후로 이 책은 또다시 높은 찬사를 받았으며,[1] 신랄한 비난도 받았다.[2] 독일에서는 같은

---

[1] E. v. Meier, Französische Einflüsse I, 1907, S. 88, N. 1은 이 책을 「분량은 적으나 내용은 매우 풍부한, 보기 드문 저작 중의 하나」라고 말하고 있다.

[2] 「이리하여 옐리네크의 테제는 …. 그 기반을 박탈당하고, 그 전체적인 근거가 빈약한 것이 입증되었다. 그러나 편견에 치우치지 않는 관찰자에게는 '인간과 시민의 권리'의 원천에 관한 논쟁은 ― 그 학문적인 관심뿐만 아니라 ― 그 밖에도 전제결여성(Voraussetzungslosigkeit)이라는 주제에 하나의 흥미 있고 교훈적인 기여를 하고 있다. 우리들은 그 '전제를 결여한 것'이 '확고한' 학문에 대해서 공격을 가할 때에는 이 논쟁을 상기할 것이다. 종교학자이며 고등학교 교사인 로이몬트(Reumont)는 1912년 6월 6일자 Kölnische Volkszeitung에서 이렇게 썼는데, 그것은 해거만과 레즈로브(Redslob)의 저작에 따라

대상에 대해서 세 편의 연구 서적이 잇달아 나왔는데, 이 세 편 모두 역사학 박사학위논문을 가필한 것이다. 그 하나는 미국의 인간과 시민의 권리선언에 관한 해거만(Hägermann)의 논문3)이며, 두 편은 파리에 있는 사료들을 보다 정확하게 검토하여 발표한 클뢰베코른(Klövekorn)과 레즈(Rees)의 논문4)이다. 이미 1904년에는 막스 렌츠(Max Lenz)의 권유로 미국인 셰르저(Scherger)가 권리선언의 성립사를 상세하게 연구하였으며,5) 에곤 츠바이크(Egon Zweig)는 프랑스 문헌의 내용에 관하여 보고하였다.6) 문제점에 관하여 전체를 비교적 가장 잘 개관한 사람은 레즈이다.7)

선친에 대한 공격은 일부는 정치적인 것이며, 일부는 순수하게 학문적인 것이다. 논자들은 선친의 저작 **목적**을 자주 오해하였다. 선친께서는 가톨릭을 희생하여 프로테스탄티즘을 찬양하고자 한 것도 아니며, 로마 정신을 희생하여 게르만 정신을 찬양하고자 한 것도 아니었다. 그는 확인하려고 한 것이었지 가치판단을 내리려는 것은 아니었다.

논쟁은 신학자들이 개입되어 종교정치적인 것이 되었다. 프로테스탄트의 목사인 에리히 푀르스터(Erich Foerster)는, 이 책은 「유럽의 인간 전체는 종교개혁 덕분이라는 것에 새로운 빛」을 던져주고 있다고 칭찬하였으며,8) 당시 프로테스탄트의 신학 교수였던 트뢸치(Troeltsch)는 「옐리네크의 설명은 참으로 분명한 발견」이라고 말했다.9) 이것은 가톨릭 측의 반발을 야기시켜 니콜라우스 파울루스(Nokolaus Paulus)10)에서는 객관적이고 냉정하던 것이 로이몬트(Reumont)에 가서는 첨예하고 격분케 하는 결과를 가져왔다.11) 이러한 가톨릭 진영의 저작들 배후에 있는 것은 1905년 2월 8일에 제국의회

서, 더구나 프랑스의 권리선언 제10조의 잘못된 번역에 의거하고 있다(Vgl. unten S. V, N. 1 [본면 주 3]; S. VIII, Nr. 15 [931면의 주 35]).

3) G. Hägermann, Die Erklärung der Menschen-und Bürgerrechte in den ersten amerikanischen Staatsverfassungen (Eberings Historische Studien /8) 1910. 나의 선친이 난외(欄外)의 여백에 써넣은 이 학위논문의 한 책이 선친의 유품 속에 있었다. 선친을 공격함에 있어서 해거만은 명백히 원본을 피상적으로만 읽었을 뿐이다. 그리하여 그는 S. 12 u. 23에서 선친의 저작 제1판과 제2판과의 실제로는 없는 차이를 주장하고 있다. 또한 그는 S. 8 u. 11에서는 초판이 (1895년이 아니라) 1898년에 출판되었다고 하기 때문에 아마도 그는 초판을 전혀 알지 못하는 모양이다. 사실 선친은 해거만에 대해서 여러 가지로 방어하였다. 즉 A. Wahl, Hist. Ztschr. Bd. 106 (1911), S. 447 f.; E. Troeltsch, Die Soziallehren der christlichen Kirchen, 1912, S. 764, Note; E. Eckhardt, Die Grundrechte vom Wiener Kongreß bis zur Gegenwart, 1913, S. 12, N. 3; K. Wolzendorff, Staatsrecht und Naturrecht, 1916, S. 370, N. 1, S. 376, N. 4, S. 378, N. 3. Vgl. auch unten S. 67, N. 2, a. E. (본서 984면 주 157 참조).

4) F. Klövekorn, Die Entstehung der Erklärung der Menschen-und Bürgerrechte (Eberings Historische Studien 90) 1911; W. Rees, Die Erklärung der Menschen-und Bürgerrechte von 1789 (Lamprechts Beiträge zur Kultur-und Universalgeschichte 17) 1912.

5) G. L. Scherger, The evolution of modern liberty, New York 1904.

6) E. Zweig, Studien und Kritiken, 1907, S. 140 ff. (Berichte über Saltet, Doumergue, Larnaude, Boutmy, Tchernoff, Méaly, Walch, Marcaggi). 살테와 멜리에 관하여는 G. Jellinek, Allg. Staatslehre, 3. Aufl. 1914, S. 415, Note (김효전 옮김, 『일반 국가학』, 2005, 339면 주)도 참조.

7) A. a. O. S. XI ff., 1 ff.

8) Christliche Welt XIX, 1905, S. 153.

9) Die Bedeutung des Protestantismus für die Entstehung der modernen Welt, Hist. Ztschr. Bd. 97 (1906), S. 39. 세례파에 대한 지적은 나의 선친이 보유 5 (S. 47)(본서 970면)에서 다루었다.

10) Protestantismus und Toleranz im 16. Jahrhundert, 1911, S. 350 ff.

의원 그뢰버(Gröber)가 행한 중앙당의 관용에 관한 제안에 대한 연설이다.12) 이 연설은
아마도 선친으로 하여금 가톨릭이 우세한 메릴랜드에 있어서의 종교의 자유에 관하여
제2판에서 간단히 언급한 것을 좀 더 장황하게 상술하도록 결심시켰다는 점에서 중요할
것이다.13) 그러나 그렇다고 하여 달라진 것은 아무것도 없었다.

선친께서 로마 정신에 대해서 의도적으로 게르만 정신을 찬양하려고 하였다는 비방은
부트미(Boutmy)에 대한 선친의 답변 속에 이미 배척된 바 있다.14) 전쟁 중에는 프랑스
진영에서의 비난이 반복될 수 있는 상황이 아니었으나, 동시에 선친의 논문이 프랑스어로
번역되는 영광이 주어질 수 없었던 것이 유감이다.15)

또한 이 책의 **내용**에 대해서도 학계에서는 조용하지 아니하였다.

선친께서는 특히 다음의 네 가지 주장을 논증하고 있다. 즉 1. 프랑스의 인간과 시민의
권리선언에 직접적으로 모범이 된 것은 1776년과 그 후에 있었던 미국 각 주헌법의
권리장전들이다. 2. 루소(Rousseau)의 『사회계약론』(Du contrat social)은 프랑스의 인간
과 시민의 권리선언의 모범이 될 수 없었다. 3. 자연법론만으로는 결코 인간과 시민의
권리를 법적으로 선언할 수 없었을 것이다. 4. 인간과 시민의 권리선언은 역사적으로
종교의 자유를 위한 투쟁까지 거슬러 올라간다.

이 네 가지 원칙 중 어느 것도 논쟁의 여지가 없는 것은 아니다.

1. 프랑스의 선언이 미국의 선언들에 종속되어 있다는 것은 이제 상당히 일반적으로
인정되고 있다.16) 프랑스 쪽에서 조차도.17) 클뢰베코른은 지금까지 사용되지 아니한
문헌을 근거로 하여 이 역사적인 종속성을 새롭게 입증하고 있다.18) 물론 레즈도 같은
문헌으로 반대되는 결론에 도달하긴 하였으나,19) 그것은 확실히 편견에 의한 것이다.20)

---

11) Vgl. oben S. IV, N. 2 (본서 928면 주 2) 참조.
12) Vgl. unten S. 52, N. 1. (본서 973면 주 114) 참조.
13) Unten S. 51 f. (Zusatz 6). (본서 973면 이하).
14) Ausgewählte Schriften und Reden II, 1911, S. 64 f.
15) J. Barthélemy, La responsabilité des Professeurs allemands de droit public (Bulletin de la société de législation comparée t. 45), 1916.
16) F. Giese, Die Grundrechte, 1905, S. 9 f.; E. Kaufmann, Auswärtige Gewalt und Kolonialgewalt, 1908, S. 165; E. Zweig, Lehre vom Pouvoir Constituant, 1909, S. 241 f., N. 5; F. Rosin, Gesetz und Verordnung nach badischen Staatsrecht, 1911, S. 25; K. v. Böckmann, Die Geltung der Reichsverfassung in den deutschen Kolonien, 1912, S. 44, Note; Wolzendorff, a. a. O. S. 365 ff.; R. Schmidt, Prozeßrecht und Staatsrecht, 1904, S. 24, N. 1; Vorgeschichte der geschriebene Verfassungen (Leipziger Festgabe für Otto Mayer) 1916, S. 84. 또한 후술 947면의 주 36 (Scherger, Menzel)도 참조.
17) Duguit, Manuel de droit constitutionnel, 1907, p. 480; Traité de droit constitutionnel II, 1911, p. 8.
18) A. a. O. S. 56 ff., 73 ff., 95 ff.
19) A. a. O. S. 60, 101, 168, 269.
20) W. Hasbach, Die moderne Demokratie, 1912, S. 66, N. 1. 즉 「독자는 옐리네크에 반대하는 논자의 주장이 옐리네크의 논문을 반박하는 레즈(W. Rees) ... 의 주장 속에 집약되어 있음을 알고 있다」. 레즈에 관하여는 Wolzendorff, a. a. O. S. 366 f., N. 1에서도 적절한 논평을 하고 있다.

그 밖에도 그러한 역사적인 종속성이 부정되고 있는 것은 루소가 인간과 시민의 권리선언에 영향을 미쳤다는 이론과 관련을 가진다.

2. 오늘날에도 다만 개별적이긴 하지만 루소와 권리선언과의 관계에 대한 논평들이 나타나고 있는데, 그것은 논쟁점에 대한 인식 부족에서 비롯하는 것이다.[21] 더구나 그러한 관련성은 명확하게 부정되거나 또는 더 드물게는 명확하게 긍정되고 있다. 예컨대 이러한 관련성을 부정하는 사람으로는 볼첸도르프(Wolzendorff),[22] 슈티어-조믈로(Stier-Somlo),[23] 쉐르저(Scherger),[24] 뒤기(Duguit),[25] 오류(Hauriou)[26]가 있으며, 양자의 일치를 주장하는 어떤 이탈리아인의 저작[27]을 비평하면서 폰 기이르케(von Gierke),[28] 발(Wahl),[29] 그리고 보나르(R. Bonnard)[30]도 이를 부정한다. 또한 정당사에 관한 발의 논문집 속에서 에펜슈타이너(Eppensteiner)가 행한 혁명 전의 팸플릿 연구에서도 바로 국가만능에 관한 이론에서 루소와 팸플릿들이 일치하지 아니한다는 것이 나타난다.[31] 레즈의 절충적인 의견에 따르면, 확실히 루소의 국가론과 인간과 시민의 권리선언은 모순되지 않는다. 그러나 다른 한편, 프랑스의 인간과 시민의 권리선언이 루소의 국가론을 정식화한 것으로도 간주될 수 없다는 것이다.[32] 해거만은 루소를 미국의 권리선언들의 원조로서 평가하려고 하는데,[33] 이러한 시도는 발에 의해서 거부된다.[34]

레즈로브(Redslob)*는 법률적인 수법으로 루소를 옹호하려고 한다.[35] 그는 프랑스의 선언과 미국의 선언 사이에는 본질적인 차이가 있다고 본다. 미국의 선언은 **전**국가적인 권리(v o r staatliche Rechte)를 포함하고 있으나, 이에 반하여 프랑스의 선언은 국가**내**적인 권리(Rechte i m Staat), 즉 언제나 법률로써 제한될 수 있는 권리를 포함하고 있다는 것이다. 오토 마이어(Otto Mayer)는 레즈로브와 유사하게 법률을 수단으로 하여 프랑스의 권리선언은 루소가 말하는 일반의사의 주권적 권력(puissance souveraine)을 배반한 것이라고 이론을 제기한다. 「법률은 모든 것을 할 수 있다. 선언의 제4조부터 제11조에

---

21) Tim Klein, Wieland und Rousseau, 1904, S. 61, 88.

22) A. a. O. S. 360 ff.

23) Grund-und Zukunftsfragen deutscher Politik 1917, S. 61 f.

24) A. a. O. p. 150 f.

25) Manuel a. a. O., Traité, a. a. O.

26) Principe de droit public 1910, p. 556 f.

27) Georgio del Vecchio, Su la teoria del contratto sociale, Bologna 1906, p. 7 ff., 99 ff.

28) Johannes Althusius, 3. Aufl., 1913, S. 382.

29) Hist. Ztschr. Bd. 101 (1908), S. 410 ff.

30) Du prétendu individualisme de J.-J. Rousseau, Revue du droit public, t. 24 (1907), p. 784 ff.

31) F. Eppensteiner, Rousseaus Einfluß auf die vorrevolutionären Flugschriften, 1914, S. 62.

32) Rees, a. a. O. S. 262.

33) Hägermann, a. a. O. S. 90 ff.

34) Hist. Ztschr. Bd. 106 (1911), S. 448.

35) R. Redslob, Die Staatstheorien der französischen Nationalversammlung, 1912, S. 93 ff. 이 점에 대해서는 Wolzendorff, a. a. O. S. 360 ff.도 보라.

이르는 자유권은 모두 법률로써 제한할 수 있다」36)라고.

프랑스의 선언에서는 미국의 선언의 경우보다도 법률로써 제한할 수 있다는 것이 자주 나타나는데 이는 사실이다. 그러나 미국의 선언에서도 법률로써 제한된다는 것이 아주 없는 것은 아니며,37) 또한 프랑스 선언에서 법률이 모든 자유에 대해서 전능한 것도 아니다. 소급형법의 금지(제8조), 무제한의 예배의 자유가 보장된 것은 아니지만 불가침의 신앙고백의 자유(제10조), 공용수용 때의 사전보상의 원칙(제17조) 등은 프랑스 에서도 단순히 행정에 대해서 뿐만 아니라 입법자에 대한 제한이기도 하다.38)

3. 선친께서는 자연법이 인간과 시민의 권리선언의 사상사에 미친 영향을 부정하려고 한 것은 결코 아니다.39) 이 책의 제2판에서 선친은 자연법에 관하여 특별히 한 장을 첨가하였는데(제8장), 이 제3판에서는 그것이 더욱 증보되었다(S. 57 ff., 61 f., 63). 그러므 로 약간의 저작40)에서 인간과 시민의 권리선언에 대한 자연법의 의미가 강조된다고 하여 그 자체가 선친에 대한 반박이 되는 것은 아니다.

이에 반하여, 역사적인 사건들에 의해서 결실을 맺은 것이 아닌 자연법이론만으로는 결코 인간과 시민의 권리를 입법적으로 규정하지는 못했을 것이라는 명제는 내 생각으로 는 반박하기 어렵다. 그렇지 않다면 자연법의 영향을 강하게 받은 프로이센 일반 란트법 (A.L.R.)*에 인간과 시민의 권리목록을 수용하는 것이 당연했어야 할 것이다. 특히 그 법전이 완성되기 얼마 전에「인류의 권리」(Rechte der Menschheit)에 관한 책41)이 따로 나와 있었기에 말이다. 그러나 일반 란트법에서는 인간과 시민의 권리는 문제가 되지 아니한다. 물론「인간의 권리」나「인류의 권리」라는 이름이 적어도 그때그때마다 발견되 기는 한다.42) 그러는 동안에 이러한 표현들마저도 프랑스 혁명 이후에야 비로소 법률 속에 채택하게 된 것 같다. 그러나 이것은 아직 발간되지 아니한 사료들43)을 수중에 넣어 좀 더 상세하게 연구해야 할 점이다. 이러한 표현들이 처음으로 사용된 것은 1791년 의 프로이센 일반 법전(Allgemeines Gesetzbuch für die preußischen Staaten)*이다.44) 1784년의 초안은 단지「시민의 권리」만을 알고 있었을 뿐이다.45) 이 때에 내용상으로는

---

36) Deutsches Vewaltungsrecht I, 2. Aufl., 1914, S. 71 f., N. 12.
37) 버지니아 권리장전 제8조, 매사추세츠 헌법 제12조 - 이러한 것들은 마그나 카르타를 연상시킨다.
   Vgl. unten S. 82, 23 f. (본서 994면, 954면 이하) 참조.
38) Vgl. unten S. 24 f., 25 f., 28 (본서 955면, 956면, 958면) 참조.
39) 제2판에의 서문 참조.
40) Scherger, a. a. O. p. VIII u. 177, N. 1; R. Schmidt, Prozeßrecht und Naturrecht, 1904, S. 24
   ff., N. 1; H. v. Volelini, Die naturrechtlichen Lehren und die Reformen des 18. Jahrhunderts,
   Hist. Ztschr. Bd. 105 (1910), S. 80 ff.; v. Gierke, a. a. O. S. 381.
41) Joh. Aug. Schlettwein, Die Rechte der Menschheit, 1. Aufl., 1784, 2. Aufl. 1787.
42) Einl. §83「일반적인 인권은 타인의 권리를 침해하지 않고 자기의 행복을 추구하고 증진할 수 있는
   자연적 자유에 기초를 둔다」. 또한 §10 I 1은「일반적인 인격권은 이미 수태한 때부터 아직 태어나지
   아니한 어린이에게도 귀속한다」.
43) 특히 Revisio monitorum이다. Kleins Annalen VIII, 1791, S. XVIII.
44) Einl. §90 u. §10 I 1.
45) Einl. §88「국가시민의 모든 권리는 법률에서 직접 유래하거나 또는 법률이 일정한 행위와 결합한 결과이

일반 란트법도 인간과 시민의 권리목록과 모순되지는 않았을 것이다. 1792년에 나온 사적(私的)으로 편찬된 문헌이 이를 실증하고 있다.[46]

4. 역사적으로 볼 때 최초의 인권은 종교의 자유였다는 선친의 견해는 여러 번 지지를 받았다.[47] 선친이 종교의 자유를 얻게 된 공로를 종교개혁 자체에 돌리려고 한다는 주장은 선친의 견해를 제대로 이해하지 못한 것이다.[48] 오히려 선친께서는 다만 로저 윌리엄스의 역사적 지위만을 전면에 내세웠을 뿐이며, 나아가 제3판에 추가된 것에서도 로저 윌리엄스가 내세운 사상의 근원에 대한 상세한 연구를 전문 신학자들에게 맡기고 있다.[49]

그러나 선친의 견해는 반박되거나 또는 일방적인 것이라고 언명되고 있다.[50] 그 밖에 적어도 선친이 간접적으로 고려한 바 있었던,[51] 1641년의 매사추세츠의 자유의 장전에 관한 논평에서 발(Wahl)은 종교와 권리선언 간의 인과관계를 인정하기는 하였다. 그러나 그것도 종교의 자유가 가장 원초적인 인간의 권리였다는 의미는 아니었다.[52]

논쟁의 핵심 문제는 미국에서 여러 번 지배적이었던 불관용(不寬容)을 언급한다고 하여 해결되는 것은 아니었다. 반대로 바로 압제가 대부분 자유 사상의 모체가 된다. 그러나 사상사적으로 밝혀내는 것은 어떠한 경우에도 어려움이 뒤따른다는 것을 생각할 때, 사실 단정하기란 간단한 일이 아니다. 예컨대 누가 군주제의 원리에 관한 이론의 성립을 연원에까지 확신을 가지고 주장할 수 있을 것인가?[53] 또 누가 손해배상과 병합(倂合)을 수반하지 않는 국제연맹 사상이나 평화사상의 성립을 유력하게 추적할 수 있을 것인가?

선친의 견해가 사실인 것은 특히 다음 세 가지로 입증된다. 즉 이주민들이 「오직 세속적인 사항에서만」 법률에 복종하도록 되어 있는 1636년의 프로비던스(Providence)의 시민계약,[54] 1644년에 나온 로저 윌리엄스의 양심으로 인한 박해에 관한 저서,[55] 그리고 그 후 곧 성립된 1647년의 최초의 인민협약(Agreement of the People)이다.

다」.

46) Biesters Berlinische Monatsschrift XIX, 1792, S. 5 ff., 11 ff. (Menschen-und Bürger-Freiheit), 21 ff. (Denk-und Gewissens-Freiheit).

47) Giese, a. a. O. S. 8; E. Kaufmann, a. a. O. S. 165; Rothenbücher, Trennung von Staat und Kirche, 1908, S. 74 f.; Woltzendorff, a. a. O. S. 297.

48) Hägermann, a. a. O. S. 26 f.이 그렇다.

49) Vgl. unten S. 47, N. 3 (본서 970면 주 106) 참조.

50) Scherger, a. a. O.; R. Schmidt, Der Prozeß und die staatsbürgerlichen Rechte, 1910, S. 34 f.; Vorgeschichte der geschriebene Verfassungen, 1916, S. 172 f.; v. Gierke, a. a. O. S. 381 f.; Eckardt, a. a. O. S. 11 f.; Hasbach, Ztschr. f. Sozialwissenschaft, N.F. V 1914, S. 645 f.

51) 2. Aufl., S. 50, N. 2; 3. Aufl., S. 64, N. 2 (본서 982면 주 151).

52) Wahl, Zur Geschichte der Menschenrechte, Hist. Ztschr. Bd. 103 (1909), S. 79 ff.

53) G. Jellinek, Allg. Staatslehre, 3. Aufl., 1914, S. 470 f. (김효전 옮김, 『일반 국가학』, 384면 이하 주 70) 참조.

54) Unten S. 47 (본서 970면).

55) Unten S. 48 (본서 971면).

이 인민협약은 의회의 입법으로 유보된 다섯 가지의 타고난 권리들에 관하여 엄숙하게 선언한 것인데, 그 정상에 종교의 자유가 있다.[56) 결국 선친이 추구했던 것은 법률로써도 침해할 수 없는 근원적인 권리들(Urrechte)을 헌법적으로 선명하게 밝히는 것이었다. 인민협약은 헌법은 아니었으나, 여하튼 헌법을 위한 초안이기는 하였다. 인민협약의 중요성 때문에, 그리고 그 후에 나온 종교의 자유에 관하여 덜 호의적이었던 여러 초안들[57]과 구별하기 위해서 나는 인민협약을 부록 I로서 원문 그대로 수록하였다.[58]

볼첸도르프[59)*는 하인리히 하이네(Heinrich Heine)*의『영국 단장 제11』(Englische Fragmente XI)을 언급하면서,「불가양도의 자유권 이념이 '종교적인 기원'을 가진다는 명제」의 정당성보다는 오히려 그 참신성을 의심하고 있다. 하이네는 이렇게 서술한다.「종교개혁의 시대가 되어서 비로소 보편적이고 정신적인 종류의 투쟁이 시작되었으며, 자유는 전래적인 권리로서가 아니라 시원적인 권리로서, 획득된 권리가 아니라 태어나면서부터 가지는 권리로서 요구되었다. 거기에서는 더 이상의 낡고 오랜 문서가 아닌 원리들이 제시되었던 것이다. 그리하여 독일의 농민과 영국의 청교도들은 복음서를 그 증거로 제시하였다. .... 여기에는 다음과 같은 것이 명확하게 선언되어 있었다. 인간은 다 같이 고귀하게 태어난다는 것, 더 잘났다는 교만한 생각은 저주받아 마땅하다는 것, 부유함은 죄악이며, 가난한 자도 공동의 아버지인 신의 아름다운 정원에서 즐길 수 있다는 것이다」.

이 부분은 매우 주목할 만한 것이기는 하지만, 선친의 논술과 긴밀한 연관성은 거의 없는 편이다. 왜냐하면 하이네는 여기서 주로 경제적인 평등에 대한 열망을 말하고 있으며, 선친에게 결정적인 것이라고 할 수 있는 종교의 자유의 사상은 한 마디도 언급되지 않았기 때문이다.

외샤이(Oeschey)[60)는 하이네에게서 다른 부분을 상기시키고 있다. 하이네는『프랑스 사정』(Französische Zustände)[61]에서 이렇게 말한다. 즉「우리들의 국가학 전체가 그 기초로 삼는 인권선언은 물론 그것이 가장 찬란하게 선포된 프랑스에서 유래된 것도 아니며, 또한 라파예트(LaFayette)*가 찾은 미국에서 유래한 것도 결코 아니며, 그것은 이성의 영원한 조국인 하늘에서 유래하는 것이다」. 하이네는 실제로 이 짧은 한 문장 속에서 지금 논쟁이 되고 있는 세 가지의 주요 쟁점, 즉 프랑스, 미국, 자연법을 모두 언급하고 있다.

이러한 관련에서 끝으로 스위스인 두브스(J. Dubs)를 상기시켜야 할 것이다. 그는 이미 1877년 국민을 위해서 쓴 저작『스위스 연방의 공법』(Öffentliches Recht der

---

56) Unten S. 44 f. (본서 968면 이하).
57) A. O. Meyer, Hist. Ztschr. Bd. 108 (1912), S. 282 참조. 여기서 나오는 1647년이란 연호는 내가 확인한 바에 의하면, 오식에 의한 것이다. 즉 거기에 제시한「인민협약」은 최초의 초안이 아니다.
58) Unten S. 78 ff. (본서 990면 이하).
59) Vom deutschen Staat und seinem Recht, 1917, S. 54, N. 1.
60) Die bayerische Verfassungsurkunde vom 26. Mai 1818, 1914, S. 58, N. 2.
61) Vorrede zur Vorrede (vom November 1832).

Schweizerischen Eidgenossenschaft) 중에서, 프랑스의 권리선언은 역사적으로 북아메리카의 각 주의 권리선언에 의존하고 있으며, 루소의 『사회계약론』과는 일치하지 않는다는 것을 인식하고 있었다.[62]

제2판에의 서문에서 언급한 영어와 프랑스어 번역 이외에도 1906년에는 제3판을 번역한 보름스(Worms)의 러시아어 판이, 1908년에는 포사다(Posada)에 의한 스페인어 판이 나왔다.

1919년 4월 30일 킬에서[*] 　　　　　　　　　발터 옐리네크[*]

제2판에의 서문

이 논문은 내가 일반 국가학을 연구한 지 8년 만에 비로소 내어 놓은 것으로서 기대했던 것 이상의 성과를 거두었다. 이 논문은 독일에서는 자주 각별하게 따뜻한 말로 표현된 찬사와 인정을 받았다. 이 논문은 여러 나라 말로 번역되었는데, 그중 두 가지는 특히 내가 수락하여 검토하기도 하였다. 먼저 영어판이 미국에서 출판되었고,[63] 이어서 프랑스어 판이 파리대학 법학부의 한 교수가 서문을 붙여 출간되었다.[64] 그런데 이 프랑스어 판은 출간되자마자 프랑스연구소의 연구원인 에밀 부트미(Émile Boutmy)씨에 의해서 상세한 반론이 제기되었는데, 그 반론은 형식상으로는 매우 정중하고 프랑스적인 논쟁을 가장 잘 나타내었음에도 불구하고, 그 실은 격정적인 것의 발로에 불과하다고 밖에는 말할 수 없을 것이다.[65]

부트미는 프랑스인이 권리선언을 만들어 낼 때의 독창성을 내가 부인함으로써 그의 국민감정이 손상되었다고 느끼고 있다. 그는 최근의 연구, 그것도 프랑스 측에서 나온 것으로 나의 주장이 정당하다는 것을 입증해주는 연구를 완전히 무시함으로써 프랑스인의

---

62) I, S. 149 ff. 두브스에 주목하는 것은 W. Hasbach, Moderne Demokratie 1912, S. 66, N. 1이다.

63) The Declaration of the Rights of Man and Citizens. Authorized translation from the German by Max Farrand, Ph. D., Professor of history in Wesleyan University. Revised by the author. New York, Henry Holt and Company 1901.

64) La déclaration des droits de l'homme et du citoyen. Traduit de l'allemand par Georges Fardis. Avocat. Édition française revue de l'Auteur et augmentée de nouveles notes. Avec une Préface de M. F. Larnaude, Professor à la Faculté de droit de l'Université de Paris. Paris, Albert Fontemoing, 1902.

65) E. Boutmy, La déclaration des droits de l'homme et du citoyen et M. Jellinek. Annales des sciences politiques t. XVII, 1902, p. 415-443. Abgedruckt in E. Boutmy, Études politiques 1907, p. 119 ff. (본서 1002면 이하).

독창성을 옹호하려고 한다. 그는 흥분하여 나의 논문을 결코 제대로 읽지도 않았으며, 따라서 올바로 이해하지 못했던 것이다. 그는 사실 대신에 자신의 감정을, 논증 대신에 재기발랄한 열변을 쏟아 놓았다. 독일인의 학식에 대해서 프랑스 정신의 승리를 거둘 수 있다고 믿은 그 저명한 사람의 목소리가 프랑스에서는 감동을 주게 되었다. 따라서 나는 어느 한 점에서라도 그가 나를 반박하지 못한다는 것을 증명함으로써 프랑스에서조차 부트미씨에 대해 반대하도록 야기시켰던 것이다.[66] 특히 그는 나의 논문의 목적을 완전히 오해하였는데, 그것은 게르만 정신의 승리를 위한 것이 아니라 역사적 진실을 인식하기 위한 것이었다. 이러한 나의 응답에 대해서 부트미와 그와 함께 한 프랑스의 비판 전체는 지금까지 침묵하고 있다. 만약 그들이 무엇인가 반론을 할 수 있다면, 내가 마지막 말을 하도록 만들었으리라고 생각하지는 않는다.

그러나 나의 논술은 프랑스에서 여러 가지 오해를 불러일으켰기 때문에, 나는 다시 한번 이 자리에서 나의 논문의 논조를 명확하게 강조하도록 한다. 주의 깊은 독자에게는 더 반복할 것도 없이 명확한 게 틀림없음에도 말이다. 나는 프랑스 헌법제정 국민의회의 선언을 그 문화사적·철학적·사회적 가치에 따라서 검토한 것이 아니라, 오로지 그것은 유럽의 헌법사에 대해서 어떠한 의미를 지니는가 하는 점에서 검토한 것이다. 나아가 나는 중요한 예로서 국가에 대한 추상적인 요구들이 국가에 대한 법률로까지 고양되는 경로를 추적하려고 하였다. 정치적인 문헌에 정통한 사람이라면 누구나 정치적인 신조들이 얼마나 다양하고 무궁무진하며, 또한 그 실현을 얼마나 열망하는지 알 것이다. 그렇기 때문에 어떤 사상은 현행법으로까지 고양되고, 다른 사상은 헌법적으로 승인되는 길이 차단되는가 하는 물음이 필연적으로 제기되게 마련이다. 우리들은 지금까지 거의 오로지 정치적 이념의 문헌적인 기원에만 매달려 왔으며, 그 이념을 **현행법**으로 전화시키는 살아 있는 역사적인 힘들은 무엇인가 하는 문제는 등한시하여 왔다. 그러나 철학적인 요구로부터 입법자의 행위에까지 이르는 길은 광범하고 또한 얽혀 있다. 그러므로 이 길의 출발점을 밝혀내는, 이러한 이념들이 그 오랜 도정(道程)에서 제도의 역사를 통하여 수행해 온 변화를 인식하는 것이 필요하다.

여기서 이 책의 방법론적인 기본 사상을 반복하는 것은 이 책이 프랑스에서 경험한 여러 오류들을 대처하기 위해서만 적합한 것은 아니다. 독일에서도 이 책은 항상 올바로 읽혀지지는 않았기 때문이다. 기이르케는 알투지우스(Althusius)*에 관한 그의 탁월한 저서 제2판 중에서 근원적인 권리로서의 종교의 자유, 즉 종교의 자유가 인권의 원천이라는 나의 주장이 일방적이라고 언명한다.[67] 그러나 나는 결코 그런 식으로 주장하지는 않았다. 말하자면 모든 인권이 종교의 자유에서 유래한다고 말한 것이 아니고, 인권을

---

66) La déclaration des droits de l'homme et du citoyen. Réponse de M. Jellinek à M. Boutmy. Revue du droit pubic et de la science politique t. XVIII, 1902, p. 385-400. Abgedruckt in den Jellinek, Ausgewählte Schriften und Reden II, 1911, S. 64 ff. (본서 1026면 이하).

67) Gierke, Johannes Althusius und die Entwicklung der naturrechtlichen Staatstheorien. 2. Aufl. 1902 (3. Aufl. 1913), S. 346, N. 49.

법률적으로 언명하는 것이 종교의 자유로 거슬러 올라간다는 것이다. 그러나 이것은
이제 완전히 의심의 여지가 없는 것이 아닐까, 또한 생래의 불가양의 인권이라는 관념은
먼저 개혁파 교회와 그 종파 내부에서의 정치·종교적 투쟁 속에서 사람들에게 결정적인
힘을 부여하는 것의 하나로 성장하였다는 것 역시 확실한 것으로서 여겨질 수 있다.[68]
발(A. Wahl)은 주목할 만한 한 강연에서, 파리 의회의 건의서(Remontrances)가 이미
1752년부터 1766년에 이르는 시기에 자유, 소유권, 안전을 일반적인 인권이라고 말하는
것을 지적하고, 그러므로 프랑스인이 후에 미국인으로부터 인권을 수용하였다고 하더라
도 아주 외형적으로만 수용한 것은 아니며, 그 원인은 적어도 상호적일 것이라고 말한
다.[69] 발의 상론을 근거로 하여 리하르트 슈미트(Richard Schmidt)는 나의 견해에 반대하
여 프랑스인의 인권은 순수하게 영미적인 기원을 가지는 것이 아니라, 「서구의 자연법」을
가장 철저하게 표현한 것이라고 주장한다.[70]

이상의 것들은 사람들이 일찍이 알고 있었듯이, 단조롭고 무내용한 권리가 당시 그리고
이미 오래전부터 자연법적인 상투어들에 속하고 있었다는 한에서는 정당한 것이다.
그러나 그것들은 이미 로크(Locke) 이전에 말해지고 있었으며, 그 기원은 아리스토텔레스
에까지 거슬러 올라갈 수 있다. 더구나 발과 슈미트는 그 프랑스의 문헌들 이전에 우리
독일이 낳은 우직한 중부 유럽인 크리스티안 볼프(Christian Wolff)*에게서 이러한 권리들
과 다른 몇몇 권리들을 발견할 수 있었을 것이다. 볼프는 이미 잘 알려져 있듯이,[71]
로크와 함께 18세기의 정신에 대단한 영향을 미친 인물이다. 인권은 신대륙과 구대륙에서
그 위대한 혁명들이 일어나기 훨씬 이전에 18세기에 잘 알려져 있었으나, 그것이 법적으로
선언되고 따라서 국가구조를 규정하는 선언이 된 것은 단순히 자연법이론에서만 유래하는
것도 아니다. 특히 자연법론의 일반적인 원리와 아울러 구체적으로 규정된 자유권의
목록을 작성하는 것은 자연법이론에서 유래하는 것은 아니다. 근대 헌법사에 정통한
사람이라면 누구나 전자의 일반적인 권리가 아니라 후자의 개별적인 자유권이 지속적인
의미를 가지게 되었다는 것을 알고 있다. 나는 일찍이 미국과 프랑스의 여러 조항의
정식화에 미친 자연법의 영향을 매우 명확하게 부각시켰음에도 불구하고, 이제는 이

---

68) 이 점은 영국 측에 의해서도 정력적으로 강조되었다. D. G. Ritchie, Natural Rights, London 1895,
   p. 2 ff. 참조. Rehm, Allgemeine Staatslehre S. 247은 17세기의 미국의 문서들에 있어서의 종교의
   자유와 그 후의 자유권과의 관계를 여하튼 그러한 문제에서는 기여하지 못하는 법학인인 해석에 의해서
   부정할 수 있다고 생각한다. 렘에 대한 나의 상세한 반박은 Allgemeine Staatslehre S. 374 f. (3.
   Aufl., S. 413 ff. 김효전 옮김, 338면 이하) 참조.
69) Wahl, Politische Ansichten des offiziellen Frankreichs im 18. Jahrhundert, 1903, S. 25. Vgl.
   auch oben S. VIII, XI u. unten S. 64 (본서 931면, 933면 및 981면) 참조.
70) R. Schmidt, Allgemeine Staatslehre II [1], 1903, S. 799, 804. Vgl. auch oben S. VII, IX, XI u.
   unten S. 59 (본서 930면, 931면, 933면 및 978면) 참조.
71) 볼프가 프랑스에 미친 영향에 대해서는 예컨대 Hasbach, Die allgemeinen philosophischen
   Grundlagen der von François Quesnay und Adam Smith gegründeten politischen Ökonomie
   1890, S. 47 참조.

대상에 대해서 특별히 짧은 장을 할애하는 것이다.

그 밖에 이 제2판에서 증보, 수정, 그리고 추가한 것들은 주로 최근에 나온 관련 문헌에 의해서 자극받은 것이다. 뒤에는 획기적인 버지니아 권리선언을 첨부했는데, 그것은 아직 독일에서 거의 알려지지 않고 있기 때문이다. 그러나 그 밖의 점에서 이 책의 서술의 윤곽과 구조는 변경하지 아니하였다. 언어의 간결함도 그대로 유지되고 있는데, 그것은 간단하게 할 수 있는 데도 말을 많이 한다는 것은 부적당하다고 생각하기 때문이다. 이러한 간결함 때문에 장차 더 이상의 오류를 범하지 않게 되기를 바랄 뿐이다. 그럼에도 불구하고 기대에 어긋나게 오류가 발생한다면, 아마도 이렇게 설명할 수 있을 것이다. 즉 「나는 주의 깊게 하지 않으려는 자에게는 알기 쉽게 하는 술(術)을 알지 못한다」(Je ne sais pas l'art d'être clair pour qui ne veut pas être attentif.)라고.

1903년 12월 3일 하이델베르크에서   게오르크 옐리네크

제1판에의 서문

이 연구는 내가 오랫동안 종사해 온 커다란 저작과 관련하여 생겨난 것이다. 근대 국가의 법 속에 표현된 사상들이 단순히 학설사나 법개념의 발전사를 통해서만 이해되는 것은 아니며, 특히 문화 현상 전체를 토대로 하여 움직이는 제도의 역사로부터 이해되어야 한다는 확신을 강조하는 데에 이 책이 도움이 되기를 바란다.

1895년 6월 23일 하이델베르크에서   게오르크 옐리네크

《차 례》

I. 1789년 8월 26일의 프랑스 권리선언과 그 의의

   1789년 8월 26일 프랑스 제헌의회가 채택한 인간과 시민의 권리선언은 프랑스 혁명기
에 있었던 가장 중요한 사건 중의 하나이다. 이 선언에 대해서는 다양한 관점에서 상반되는
평가가 주어져 왔다. 정치가와 역사가들은 이 선언의 가치를 상세하게 검토하여 여러
번 같은 결론에 도달하였는데, 그것은 즉 바스티유를 습격한 사건이 있은 다음, 프랑스가
무정부상태에 빠지게 된 데에는 이 선언이 적지 않은 몫을 차지하고 있다는 것이다.
이 선언의 추상적인 표현은 여러 가지 의미로 해석될 수 있기 때문에 마치 모든 정치현실과
정치가의 실제적인 인식이 결여된 듯한 위험성이 있다고 지적된다. 그 공허한 열정은
머리를 혼란시키고, 침착한 판단을 흐리게 하며 격정이 불타오르게 하고 의무감 ─
이 선언에서는 언급되지 않은 ─ 을 질식시켜 버린다는 것이다.1) 이에 반하여 다른
사람들, 특히 프랑스인들은 이 선언을 세계사적 계시로 칭송하였는데, 즉 이 선언은
「1789년의 원리」에 대한 입문서로서 국가질서의 영원한 기초를 형성한 것으로 프랑스가
인류에게 부여한 가장 값진 선물이라는 것이다.
   이 문헌의 법제사적인 의미는 오늘날까지 지속되고 있음에도 불구하고. 역사적 및
정치적인 의미만큼 주목을 받지 못하고 있다. 이 문헌의 일반적인 명제들의 가치 내지
무가치성이 무엇이든지 간에, 유럽 대륙 국가들의 실정법에서 볼 수 있는 개인의 주관적
공권에 대한 이념은 이 문헌의 영향 아래서 발전된 것이다. 그때까지의 국법학의 문헌에서
는 국가원수의 권리, 등족의 특권, 개별적 내지는 특정한 단체의 우선권 등이 나타나지만,
일반 국민의 권리는 단지 의무의 형태, 즉 개별적으로 뚜렷한 법적 권리의 형태로서가
아니라, 국가 의무의 형태로서만 나타난다. 이 인권선언에 이르러서야 비로소, 그때까지는
단지 자연법에서만 알려져 있었던 국가 전체에 대한 국민의 주관적 권리라는 개념이
실정법에서 십분 발휘되었던 것이다. 이것은 1791년 9월 3일의 최초의 프랑스 헌법전*에
서 처음으로 나타나는데, 여기서 이보다 앞선 인간과 시민의 권리선언을 근거로 하여
일련의 자연권과 시민권(droits naturels et civils)을 헌법에 의해서 보장된 권리로서 규정하
고 있다.2) 이러한 「헌법에 의해서 보장된 이 권리들」(droits garantis par la constitution)은
선거권과 일치하는 것으로 마침내는 1848년 11월 4일의 헌법에서 열거되기에 이르렀으
며,3) 개인의 주관적인 공권에 관한 프랑스의 이론과 실제에 있어서 거의 현재까지 유일한

----

1) 최초에는 주지하듯이 버크(Burke)와 벤담(Bentham)이, 최근의 것으로는 Taine, Les origines de la
   France contemporaine. La révolution I, p. 273 ff.; Onken, Das Zeitalter der Revolution, das
   Kaiserreiches und der Befreiungskriege I, p. 229 ff. u. Weiß, Geschichte der französischen
   Revolution I, 1888, p. 263.
2) 이 헌법 제1편 「헌법에 의해서 보장된 기본규정」(Titre premier: Dispositions fondamentales garanties
   par la constitution).
3) Hélie, Les constitutions de la France, p. 1103 ff.

토대를 형성하고 있다.4) 이 최초의 프랑스 선언의 영향으로 나머지 대륙 국가의 거의 모든 헌법전에서도 유사한 권리 목록이 채택되었는데, 그 개별적인 조항이나 형식들은 해당 국가의 개별적인 관계들에 적합하게 다양화되었으므로 내용상으로는 자주 현저한 차이를 나타내고 있다. 최초의 세 개의 프랑스 헌법들은 인간과 시민의 권리를 선언하고 있는 반면에, 1814년 6월 4일의 헌장(Charte constitutionnele)*은 다만 프랑스인의 공권만을 규정하고 있다. 이때부터 헌법전의 많은 조항들은 속지적(屬地的)인 효력이 부여되고, 따라서 국가의 지배영역 내에 체류하는 모든 자들에게 적용되고 있음에도 불구하고, 헌법전에는 국적을 가진 자의 일반적인 권리만을 규정하는 것이 관례가 되었다.5)

1848년 이전에 나온 대부분의 독일 헌법전들에는 이미 신민(臣民)의 권리에 관한 장(章)이 있다. 특히 1831년 2월 7일의 벨기에 헌법은 이후의 헌법전을 정식화하는 데에 커다란 영향을 미쳤다. 1848년 헌법제정을 위한 프랑크푸르트 국민의회는 독일 국민의 기본권을 결의하고, 그것은 1848년 12월 27일 제국 법률(Reichsgesetz)로서 공포하였다. 이 기본권은 1851년 8월 23일 독일 동맹회의의 결의로써 무효라고 선언되었음에도 불구하고, 여전히 그 의의는 지속되고 있는데, 그 까닭은 이 기본권의 많은 규정들이 오늘날의 현행 제국법(Reichsrecht)에 거의 그대로 수용되었기 때문이다.6) 1848년 이후 시대의 유럽 각국의 헌법들에서는 이러한 권리 목록이 보다 광범하게 재현되고 있는데, 특히 1850년 1월 31일의 프로이센 헌법과 1867년 12월 21일의 오스트리아 국가기본법 (Staatsgrundgesetz)에 나타난 국민(Staatsbürger)의 일반적 권리가 그러하다. 마침내 이 권리목록은 발칸 반도의 신생 국가들의 헌법에서도 규정되기에 이른다.

1867년 4월 17일의 북독일 연방 헌법과 1871년 4월 16일의 독일 제국 헌법은 주목할 만한 예외들이다. 이들 헌법에서는 기본권에 관한 장이 완전히 삭제되어 있다. 다만, 제국 헌법이 그와 같은 기본권목록의 규정을 무시할 수 있었던 것은 개별 연방 구성국가의 대부분의 헌법 속에 그러한 기본권이 포함되어 있었기 때문이다. 나아가 이미 언급했듯이, 일련의 제국 법률들은 프랑크푸르트 헌법의 기본권 속에 매우 중요한 원리들을 수용하고 있었기 때문이다. 또한 이러한 기본권에 대해서 헌법상 특별한 지위를 부여하는 것은 헌법개정에 관한 제국 헌법의 규정으로 보아 불필요한 것이었다. 제국 의회의 우선적인 과제는 기본권을 유지하는 것이었지 헌법개정 시에 가중되는 형식을 준수해야 하는 것은 아니었기 때문이다.7) 그러나, 사실상 독일 제국에서는 개인의 공권의 범위가 헌법에 기본권을 명시하고 있는 다른 많은 국가들에서보다 훨씬 더 크다. 그 점은 예컨대 오스트리아의 입법, 사법 및 행정의 실제를 보면 알 수 있다.

---

4) Jellinek, System der subjektiven öffentlichen Rechte S. 3 N. 1 참조. 독일 학설의 영향을 받아서 이것은 최근 변경되었다. Vgl. Barthélemy, Essai d'une théorie des droits subjectifs des administrés dans le droit administratif français, Paris 1899.

5) Vgl. Belg. Verf. Art. 128.

6) Binding, Der Versuch der Reichsgründung durch die Paulskirche, Leipzig 1892, S. 23.

7) 제국 의회는 헌법을 심의함에 있어서 기본권의 도입을 목적으로 한 모든 제안을 거부하였다. Vgl. Bezold, Materialien der deutschen Reichsverfassung III, S. 896-1010.

그러나 국가의 실제에 있어서의 개인의 법적 지위에 관한 원리들은 추상적으로 표현되어 있기 때문에 상세한 입법 시행을 통해서만 현실화될 수 있다. 따라서 그러한 원리들에 대하여 오늘날 어떻게 생각하든 우선적으로 그 원리를 인식해야 하는데, 이때에 그 최소한의 권리선언이 관련되는 것이다. 이러한 사실 때문에 1789년의 프랑스 인권선언이 성립하게 된 경위를 확실히 밝혀내는 것은 헌법사의 중요한 과제의 하나가 된다. 이 선언이 미친 헌법사적인 영향 때문에 이 권리선언이 프랑스의 국내 문제에 불과하였던 프랑스의 혁명기의 많은 역사적 사건들과 구별되는 것이다. 그때까지 경시되었던 이 선언에 대한 법제사적인 연구가 매우 중요한 까닭도 이 때문이다. 이 문제의 해결은 근대 국가의 발전을 이해하는 데에는 물론, 근대 국가가 개인에게 부여한 지위를 이해하는 데에도 커다란 의의를 지닌다. 종래의 국법학 문헌에서는 마그나 카르타에서 미국의 독립선언에 이르기까지 프랑스 제헌의회의 선언에 대한 선구적인 것들을 손꼽아 열거하고 있지만, 프랑스인이 이 선언을 채택하기까지의 연원에 대한 보다 깊이 있는 연구는 완전히 결여되어 있었다.

이 책이 처음으로 나올 때까지 지배적이었던 견해는 루소의『사회계약론』(Du contrat social)*이 이 선언을 창도하였고, 북아메리카의 13개 합중국의 독립선언이 그 모범이었다는 것이다. 우리는 먼저 이러한 주장의 정당성을 검토하기로 한다.

II. 루소의『사회계약론』은 이 선언의 연원이 아니다

폴 자네(Paul Janet)*의『정치학사』는 사회계약설에 관한 부문에서 프랑스에서는 가장 포괄적인 저서로 손꼽는다. 그는 이 책에서 사회계약설을 자세하게 서술하면서 루소의 사회계약론이 프랑스 혁명에 미친 영향을 상술하고 있다. 이 권리선언의 이념은 루소의 명제에 그 연원을 거슬러 올라갈 수 있다고 하면서, 이 선언은 그 자체가 루소의 이념에 따른 국가계약을 정식화한 것이며, 개인의 권리는 그 계약의 조항과 조건이 아니고 무엇이겠느냐는 것이다.[8]

자네처럼『사회계약론』에 정통한 사람이 어떻게 그렇게 통례적인 견해에 부응하는 주장을 제기할 수 있었는지 이해하기 어렵다.

사회계약은 단지 하나의 유일한 조항만을 가지고 있을 뿐이다. 즉 개인의 모든 권리를 사회에 완전히 양도하는 것이다.[9] 개인은 국가와 관계되는 순간부터 자기 자신을 위한

---

8) 이와 같은 행위는 몽테스키외(Montesquieu)가 아니라 장 자크 루소(J.-J. Rousseau)에서 유래한다는 것을 증명할 필요가 있을 것인가? ... 그러나 선언의 행위 자체는 루소의 사상에 의하면 공동체의 전구성원 사이에 성립한 계약과는 다른 것인가? 그것은 그 계약의 조항 또는 조건의 표현은 아닌가? Paul Janet, Histoire de la science politique. 3. éd. II, p. 457, 458.

9) 이 조항은 물론 그 전체를 하나로 수렴한다. 즉 각 구성원을 그 전체의 권리와 함께 공동체의 전체에 대하여 전면적으로 양도하는 것이다(『사회계약론』제1편 제6장. Du contrat social I, 6).

어떠한 권리도 가지지 못한다.10) 개인이 권리로서 보유하는 모든 것은 일반의사(volonté
générale)에 의해서 얻어지는데, 이 일반의사만이 권리의 한계를 규정하며, 어떠한 힘에
의해서도 법적으로 제한되어서는 안 되며, 제한될 수도 없다. 소유권마저도 국가의 승인에
의해서만 개개인에게 허용되기 때문에 사회계약에서는 국가가 국가구성원이 전재산의
주인이며,11) 국민은 단지 공공재산의 수탁자(受託者)로서 점유를 계속하고 있는데 불과
하다.12) 시민의 자유는 단지 시민으로서의 의무를 다한 후에 개인에게 남겨진 것에서만
존재할 뿐이다.13) 이러한 의무들은 단지 법률로써만 부과될 수 있으며, 법률은 사회계약
에 따라서 모든 시민에게 평등해야만 한다. 이것이 주권자의 권력에 대한 유일한 제한인
데,14) 이 제한은 권력의 본성에서 당연히 나오는 것이며, 그 보장은 그 자체 내에 있는
것이다.15)

　　인간이 사회를 형성하고 주권자를 법적으로 제한하는 것으로서 나타나는 본원적인
권리라는 관념을 루소는 명백하게 배척한다.16) 루소에게 있어서는 전체에 대해서 구속력
을 가질 수 있는 기본법칙(Grundgesetz)이 존재하지 아니한다. 사회계약설 자체로는
결코 그러한 구속력을 가질 수 없다.17)

　　또한 루소는 개개의 중요한 자유권들이 국가에 반한다고 보았다. 특히 종교의 자유가
그러하다. 주권자가 규정한 시민적 종교*를 신봉하지 않는 사람은 추방될 수 있으며,18)
시민적 종교를 신봉하지만 신봉하지 않는 것처럼 행동하는 사람은 사형에 처해야만
하며, 감히 교회 밖에는 구원이 없다고 말하는 사람은 국가로부터 추방되어야 한다는
것이다.19)* 그다음에는 결사의 권리인데 국민을 분열시키는 정치적 단체들은 공공의사의

---

10) 그 위에 양도는 유보 없이 행하여지기 때문에 결합은 최대한 완전하며 어떤 구성원도 이미 요구하는
　　것은 하나도 없다. I, 6.
11) 왜냐하면 국가는 그 구성원에 관해서는 사회계약에 의하여 전체 재산의 주인이기 때문이다. I, 9.
12) .... 점유자는 공공재산의 수탁자로 간주된다. I, 9.
13) 사회계약에 의하여 각인이 양도한 권력, 재산, 자유는 모두 그 사용이 공동체에 대해서 불가결한 전체의
　　일부에 한정된다는 것은 인정되고 있다. 그러나 주권자만이 그 중요성을 판단한다는 것도 인정해야
　　한다. II, 4.
14) 이리하여 계약의 성질상 주권의 전체 행위, 즉 일반의사의 모든 정당한 행위, 모든 시민을 평등하게
　　의무를 지우거나 은혜를 부여한다. II, 4.
15) 주권자의 권력은 신민(臣民)에 대해서는 어떠한 보장도 필요로 하지 아니한다. I, 7.
16) .... 인간이 사회계약에 의해서 상실하는 것은 그의 자연적 자유이며, 또 그의 마음을 끄는 것과 그의
　　수중에 들어올 수 있는 것 전체에 대한 무제한의 권리이다. 그의 사회계약에 의해서 획득하는 것은
　　사회적 자유이며, 또 그가 소유하는 것 일체의 소유권이다. I, 8.
17) .... 주권자가 스스로 범할 수 없는 법률을 자기에게 부과하는 것은 정치체(corps politique)의 본성에
　　반한다 .... 인민이라는 단체에 대해서 의무를 부과하는 어떤 기본법(loi fondamentale) 같은 것은
　　없으며, 사회계약이라 할지라도 그럴 수는 없다. I, 7.
18) 그러므로 순수하게 시민적인 신앙고백(profession de foi)이라는 것이 있는데, 그 항목을 결정하는
　　권한은 주권자에게 있다. 그것은 엄밀하게 종교의 교리로서가 아니라 ... 사교성의 감정으로서이다. 그
　　항목을 믿도록 강제할 수는 없을지라도, 주권자는 그것을 믿지 않는 자가 누구이건 간에 국가로부터
　　추방할 수 있다. IV, 8.
19) 만약 어떤 자가 이 교리를 공공연하게 인정한 후에 그것을 믿지 않는 것처럼 행동한다면, 그는 사형으로
　　벌을 받도록 해야 한다. ... 「교회 밖에는 구원이 없다」(Hors de l'Église point de salut)고 감히 말하는

참된 표현을 방해하는 것이므로 비호될 수 없다는 것이다.[20]

이렇게 볼 때 루소의 사상은 개인의 자유에 확고부동한 한계를 지닌 불가침의 영역을 부여하고자 하였다는 것을 충분히 알 수 있다.[21] 루소가 의미하는 자유는 국가에 참여하는 데에 있다. 그것은 자연적인 자유, 즉 국가로부터의 자유와는 대립되는 것이다. 그 자유는 시민적 자유(liberté civile)이며, 불가침의 권력을 승인하지만 불가침의 자연권을 보장하는 것은 아니다. 그것은 민주주의적인 의미에서의 자유이며 자유주의적인 의미에서의 자유는 아닌 것이다.

그러나 권리선언은 국가와 개인 간에 항구적인 경계선을 긋고,「인간의 자연적이며 양도할 수 없는 신성한 권리」로서 확실하게 규정하여 입법자로 하여금 이 한계를 넘지 않도록 항상 염두에 두게 하고자 한 것이다.[22]

따라서 사회계약의 원리는 어떠한 권리선언에서도 적대시된다. 사회계약론의 원리에서 귀결되는 것은 개인의 권리가 아니라, 법적으로 무제한한 공공의사의 전능함이다. 이 점에 있어서 테느(Taine)*는 사회계약론의 귀결을 자네보다 올바로 파악하고 있었다.[23]

1789년 8월 29일의 선언은 사회계약론과는 대립하여 나타난 것이다. 사회계약론이 프랑스 혁명의 발생과 분위기 고조에 강력한 영향을 미친 것은 사실이다. 그러므로 사회계약론이 당시의 문헌을 통해서 알려졌던 여러 가지 다른 학설들과 함께 1789년의 선언 몇몇 규정에 영향을 미쳤다는 것은 있음 직한 일이다. 그러나 이 선언의 사상 그 자체는 다른 연원에서 유래한 것임에 틀림 없다.

III. 이 선언의 모범은 북아메리카 연합 각 주의 권리장전이다

권리선언의 이념은 프랑스에서 이미 삼부회가 소집되기 이전부터 표명된 것이었다. 그것은 이미 약간의 청원서(Cahiers)에서도 나타나 있었다. 7월 27일 클레르몽-톤네르(Clermont-Tonnerre)가 국민의회에 제출한 헌법에 관한 보고서에서도 그러한 요망을 근거로 한 것이었다. 특히 누므르(Nemours)의 베이야즈(Bailliage)가 제출한 청원서가 주목할 만한데, 이 청원서는 30개의 조항으로 구성되어 있으며,「인간과 시민의 권리선언

자는 누구나 국가로부터 추방되어야 한다. IV, 8.

20) 그러므로 일반의사가 충분히 표명되기 위해서는 국가 내에 부분적인 사회가 존재하지 않고, 각 시민이 자기의 입장에서만 의견을 말하는 것이 중요하다. II, 3.

21) 그럼에도 불구하고 Boutmy, a. a. O. p. 417 ff. (122 ff.)가 루소를 자유권의 시조로서 칭찬하는 경우에 그가 염두에 둔 것은 루소가 쓴 사회계약론이 아니라 부트미 자신이 쓴 사회계약론일 것이다.

22) 1791년 9월 3일의 헌법 제1편(Constitution du 3 septembre 1791, titre premier). 입법권은 본 편(編)에 규정되고 헌법에 의해서 보장된 자연권과 시민권의 행사를 침해하고 방해하는 어떠한 법률도 제정할 수 없다.

23) Vgl. Taine, a. a. O. L'ancien régime p. 321 ff. 사회계약론으로부터 권리선언의 요청이 생긴다고 한다면, 사회계약론이 출판된 이래로 그 요청이 나오기까지 4반 세기 이상 경과하지는 않았을 것이다. 그러나 1776년 이전에 프랑스에서 그와 같은 요청이 화제로 된 일은 없다.

의 필요성에 대하여」라는 제목이 붙은 장(章)이 포함되어 있다.[24] 그 밖의 초안 중에서는 파리시의 제3신분(tiers état)이 제출한 청원서의 초안이 관심을 끈다.[25]

제3신분이 국민의회의 개회를 선언하고 헌법의 제정을 요구하자마자, 권리선언을 장차 제정될 헌법의 서문으로 하자는 요구가 대두하게 되었다. 1789년 7월 6일에 설치된 헌법위원회에서 무니에(Mounier)*는 엄숙한 권리선언의 불가피성을 상세하게 토론하였다.[26] 곧이어 국민의회에서는 라파예트가 1789년 7월 11일에 권리선언을 헌법과 연관시켜 선포하자는 제안과 함께 그에 해당하는 선언의 초안을 제출하였다.[27]

그러한 라파예트의 제안은 북아메리카의 독립선언에서 자극을 받았다는 것이 종래의 지배적인 견해이다.[28] 그뿐만 아니라 제헌의회가 그러한 선언을 결의할 때에 염두에 두었던 모범 역시 이 미국의 독립선언이었다고 설명되기도 한다. 많은 사람들은 프랑스의 선언이 불명확한 용어로 가득 차고 교조주의적인데 비하여, 미국의 문서는 간결하고 실제적인 성격을 지니고 있다고 하여 이를 칭찬하였다.[29] 어떤 사람은 아메리카 합중국 헌법의 최초의 수정안이 더 잘 되었다고 하면서,[30] 심지어는 그 수정안이 1789년 8월 26일이 지나고 한참 후에야 비로소 성립되었음에도 불구하고, 그것이 프랑스 선언에 영향을 주었다고 생각한다. 이것은 1789년의 선언이 1791년 9월 3일의 헌법에 그대로 수용되었기 때문에 나온 오류이다. 프랑스 헌법사에 대하여 자세하게 알지 못하면서 단지 헌법전의 텍스트만을 알고 있는 사람의 눈에는 프랑스의 선언이 마치 미국의 수정안보다 이후에 성립한 것처럼 보이기 때문이다.

그러나 프랑스 선언의 배후를 추적하는 사람들은 모두 예외 없이 1776년 7월 4일의 미국의 독립선언이 일련의 인권을 최초로 규정하였다고 주장한다.[31]

---

24) 「무엇이 인간과 시민의 권리선언인가를 명확히 하고, 그것에 근거하여 시민은 어떠한 종류의 부정에노 저항할 수 있다는 뜻을 규정한 선언을 만드는 것이 필요하다는 것에 대해서」(De la nécessité d'établir quels sont les droits de l'homme et des citoyens, et d'en faire une déclaratiom qu'ils puissant opposer à toutes les espèces d'injustice). Archives parlementaires I. Série, IV, p. 161 ff.

25) Archives parl. V, p. 281 ff.

26) E. Walch, La déclaration des droits de l'homme et du citoyen et l'Assemblée constituante, Paris 1903, p. 38 ff.

27) Arch. parl. VIII, p. 221, 222.

28) 예컨대 H. v. Sybel Geschichte der Revolutionszeit von 1789 bis 1800, 4. Aufl. I, S. 73 참조.

29) Vgl. Häußer, Geschichte der franz. Revolution. 3. Aufl. S. 169; H. Schulze, Lehrbuch des deutschen Staatsrechts I S. 368; Stahl, Staatslehre, 4. Aufl. S. 523; Taine, a. a. O. La révolution I, p. 274는 우리나라에는 미국 헌법의 간결한 '선언'에 필적하는 것은 거의 없다고 서술한다. 이 점에 관하여는 Note 1: Cf. La déclaration d'indépendance du 4 juillet 1776. 프랑스인을 희생하여 미국인을 이와 같이 칭찬하는 것이 얼마나 근거가 박약한 것인가는 곧 밝혀질 것이다.

30) Stahl, a. a. O. S. 524; Taine, l. c. 테느는 또한 주(註)에서 권리선언을 발포해야 한다는 제퍼슨의 제안은 거부되었다는 것을 강조하고 있다.

31) Stahl, S. 523은 그 밖에 각 주의 권리선언에 관해서도 언급하고 있다. 그러나 이러한 선언이 언제부터 유래하며, 나아가 이러한 선언이 프랑스 혁명과 어떠한 관계에 있는가를 상세하게 서술하지 못하고 있다. 또한 그가 서술하는 것에서도 그는 이러한 선언들을 상세히 알지 못하고 있다. Janet, a. a. O. t. I, p. XIII ff.는 미국의 선언과 프랑스 선언과의 유사성을 인정하고 있으나, 양자의 올바른 관계는 확실히 인식하지 못하고 있다. 왜냐하면 그는 루소를 프랑스 선언의 원천으로 간주하기 때문이다.

그럼에도 불구하고 미국의 독립선언에서 권리선언과 유사하게 보이는 조항은 단 하나뿐이다. 그것은 다음과 같다.

「우리들은 다음의 사실을 자명한 진리로 확신한다. 즉 모든 사람은 평등하게 창조되었고, 그들은 창조주에 의해서, 일정한 천부불가양의 권리를 부여받았으며, 그 중에는 생명, 자유 그리고 행복을 추구할 권리가 포함되어 있다. 또 이러한 권리들을 확보하기 위해서 인류 사이에 정부가 조직되었다는 것, 그리고 정부의 정당한 권력은 피치자의 동의에서 유래하는 것이다. 그리고 어떠한 정부형태라고 할지라도 이러한 목적을 침해할 때에는, 인민은 그것을 변경하거나 폐지하고 그들의 안전과 행복을 가져올 수 있는 원칙을 기초로 하여, 또 권한 있는 기구를 가질 새로운 정부를 조직할 권리를 가지고 있다」.

이러한 조항은 너무나 보편적인 것이어서 여기에서 권리의 체계 전체를 도출해 내기는 어렵다. 따라서 이 조항이 프랑스 선언의 모범이 되었다고 하는 것은 당초부터 있을 수 없는 것이다.

이와 같은 추론은 라파예트 자신에 의해서 확증된다. 지금까지 완전히 간과되어 왔던 그의 각서를 보면, 그가 제헌의회에서 초안을 제안하였을 때에 염두에 둔 모범이 거론되고 있음을 알 수 있는데, 거기에서는 다음과 같이 지적되고 있다.[32] 즉 독립한 북아메리카의 주들이 새롭게 형성한 연방 의회는 당시 주권국가로 성장한 개별 식민지에 대해서 구속력 있는 법규를 규정할 수 있는 처지가 전혀 아니었다는 것이다. 또한 독립선언에서는 단지 국민주권의 원칙과 정부형태를 변경할 수 있는 권리만이 표명되었다고 설명하고 있다. 그 밖의 다른 권리들은 단지 권리침해들에 대한 열거에서 함축적으로 포함되어 있으며, 이러한 권리침해를 열거함으로써 모국으로부터의 분리를 정당화시켰다는 것이다.

그러나 연방 각 주의 헌법에는 권리선언이 서두를 장식하고 있어서 각 주의 인민대표들에 의해서 구속력을 가지고 있었다. **완전한 의미에서의 권리선언이 최초로 규정된 주는 버지니아 주였다**.[33]

버지니아 주와 다른 미국의 개별 주들의 선언은 라파예트 제안의 원천이었다. 그러나 이 선언들은 라파예트뿐만 아니라 권리선언을 선포하고자 한 모든 사람들에게 영향을 미쳤다. 이미 언급한 청원서들도 그러한 영향 아래 있는 것이다.

즉 그 당시 미국 각 주들의 새로운 헌법들은 프랑스에 잘 알려지고 있었다. 이미 1778년에는 스위스에서 이들 각 주의 헌법은 프랭클린(Franklin)에게 헌정되는 것으로서

---

32) Mémoires, correspondances et manuscrits du général Lafayette, publiés par sa famille II, p. 46.

33) 그러나 13개 주가 서로 모여 제정한 헌법은 그 모두에 권리선언을 두고 있으며, 그 원리들은 헌법회의 (conventions)에서, 그 밖의 권력행사에서, 국민의 대표자에 대한 준칙(règles)으로서 사용된 것이 틀림 없다. 버지니아는 이른바 권리선언을 만든 최초의 주이다. A. a. O. p. 47. 그 밖의 인용문은 W. Rees, Erklärung der Menschen-und Bürgerrechte 1912, S. 215 ff. 또한 콩도르세(Condorcet, OEuvres IX, p. 168)도 버지니아가 최초의 진정한 권리선언을 의결하였다는 것을 지적하고, 또한 「이 작품의 저자는 인류(genre humain)의 영원한 감사를 받을 권리가 있다」고 덧붙여 말한다.

프랑스어로 번역 출판되고 있었다.[34] 다른 번역판은 1783년 벤저민 프랭클린 자신의
제안으로 출판되었다.[35] 이들이 정확하게 인식되었다는 것은 1785년 미라보(Mirabeau)*
에 의해서 입증되었으며, 그는 1788년 이들을 모범으로 하여 네덜란드인에 대한 권리선언
을 고취하기도 하였다.[36] 이러한 미국 개별 주들의 헌법이 프랑스 혁명기의 헌법제정에
미친 영향은 지금까지 오랫동안 충분하게 인식되지 않고 있다. 유럽에서는 최근까지도
주로 미합중국 헌법만을 알고 있었지 근대 헌법사에 있어서 아주 탁월한 지위를 차지하는
이 개별 주들의 헌법은 모르고 있었던 것이다. 이 점은 특히 이 미국의 개별 주들이
최초의 성문헌법을 가지고 있었다는 사실을 저명한 역사가와 국법학자들조차 모르고
있었다는 것에서 알 수 있다. 영국과 프랑스에서는 이미 미국 주 헌법의 의의가 평가되기
시작하였으나,[37] 독일에서는 그때까지 거의 고려되지 않고 있었다. 물론 오랜 시간에
걸쳐 성립된 헌법의 원전을 그것도 비교적 오래된 전문을 유럽에서 입수하는 것은 어려웠
다. 그러나, 1877년 미국 상원의 명령으로 가장 초기의 시대부터 모든 미국 헌법상의
문서가 출판되어서,[38] 이제는 손쉽게 이 특히 중요한 문서들을 연구할 수 있게 되었다.
　당시 헌법의 여러 이념을 고찰해 보면 미국의 선언이 프랑스에 미친 영향을 이해하게
된다. 프랑스인들은 청원서에서 그때까지는 유럽에 알려지지 않았던 성문헌법을 요구하
고 있다. 이 점에서는 미국이 구세계를 앞섰으며, 프랑스인은 이 미국의 문서에서 처음으로
그러한 헌법전의 모습을 알게 되었던 것이다. 따라서 프랑스인이 미래의 국가형태에
대한 요구를 그와 유사한 형태로 나타내고자 하였던 것은 아주 자연스런 일이다. 미국인들

---

34) Recueil des lois constitutives des colonies angloises, confédérées sous la dénomination
　　d'États-Unis de Amérique-Septentrionale. Dédié à M. le Docteur Franklin. En Suisse, chez
　　les libraires associés.
35) Vgl. Ch. Borgeaud, Établissement et revision des constitutions en Amérique et en Europe.
　　Paris 1893, p. 27. 미국 헌법들의 무수한 번역과 그 프랑스에의 영향에 관하여 이제 상세한 것은 A.
　　Aulard, Histoire politique de la Révolution française, Paris 1901, p. 19 ff. 참조. 올라르도 버지니아의
　　선언에 관하여 그것이 「거의 장래의 프랑스의 권리선언이라고도 할 수 있는 것」이라고 명백히 선언하고
　　있다(p. 21). 나아가 H. E. Bourne, American constitutional precedents in the French national
　　assembly, American Historical Review VIII, 1903, p. 466 ff. 또한 동시대의 문헌도 새로운 미국
　　헌법의 문서를 상세하게 취급하고 있다. 특히 버지니아 출신의 미국 대표로서 프랑스에 파견된 (이탈리아
　　태생의) 마쩨이의 4권으로 된 저서(Mazzei, Recherches historiques et politiques sur les États-Unis
　　1788)는 강렬한 인상을 주었다. Vgl. Bourne, p. 467; G. Koch, Beiträge zur Geschichte der
　　politischen Ideen II, 1896, S. 208 f.; Klövekorn Entstehung der Erklärung der Menschen-und
　　Bürgerrechte 1911, S. 56 ff., 73 ff. (Flugschriftenliteratur).
36) Vgl. G. L. Scherger, The evolution of modern liberty, New York 1904, p. 210 ff., 215; Ad.
　　Menzel, Mirabeau und die Menschenrechte, Grünhuts Zeitschr., 34, Bd. (1907), S. 438 f.; E.
　　Zweig, Lehre vom Pouvoir Constituant 1909, S. 241 f. N. 5.
37) 특히 브라이스의 탁월한 저작 James Bryce, The American Commonwealth Vol. I, part II: The
　　State governments. 그리고 Borgeaud, a. a. O. p. 28 ff.
38) The Federal and State Constitutions, colonial charters, and other organic laws of the United
　　States. Compiled under an order of the United States Senate by Ben. Perley Poore. Washington
　　1877. 2 Bde.는 페이지를 통산하고 있다. 식민지 시대의 문서에 관해서는 가장 중요한 것만이 보고되고
　　있다. 또한 Vgl. Gourd, Les Chartes coloniales et les Constitutions des États-Unis de l'Amérique
　　du Nord. Paris 1885, 2 Bde.

은 버지니아 주와 펜실베이니아 주를 필두로 하여, 헌법 조문의 서두에 권리선언을 두었는데, 프랑스인에게도 역시 미래의 헌법에 그와 유사한 도입 부문을 두는 것이 특히 바람직한 것처럼 보였던 것이다. 또한 미국의 모범은 프랑스에서 권리선언만이 결의된 것이 아니라 의무도 선언되었다는 사실로도 알 수 있다. 이 문제에 대해서는 제헌의회에서 격심한 논쟁이 제기되었다. 특히 승려 계급과 귀족이 속한 소수파는 매우 강력하게 권리와 의무의 선언으로 결의하고자 하였으나, 그 동의는 부결된다.39) 여기에서도 그러한 의무의 선언이 없었던 미국의 선례가 작용하였던 것이다.

그러나 프랑스인에게는 권리와 의무가 밀접하게 연관되어 있다는 것이 자명하게 받아들여졌음을 강조해야만 할 것이다. 의무의 선언을 반대한 자들도 이 자명한 원리를 명문으로 승인하는 것만은 부정하지 않았다. 따라서 우리는 의무에 대한 원리가 거부되었음에도 불구하고, 권리선언에 대한 다양한 제안들에서, 특히 국민의회 심의의 기초가 되었던 위원회 보고에서 의무에 대한 것이 명확하게 거론되고 있음을 발견하게 된다.40) 이러한 권리와 의무의 결합은 결국 선언의 서문에 표현되기에 이른다.

그러한 의무에 대한 개별 조항들이 미국 선언들의 기초가 되었음에도 불구하고, 미국인이 의무의 선언을 알지 못했던 것은 역사적으로 살펴보면 쉽게 이해된다. 미국의 선언은 고대 영국의 특허장들에서 유래하는 것으로, 통치자가 국민의 권리를 승인한다는 사상에서 비롯된 것이다. 군주에 대한 신하의 충성 관계, 그리고 거기에서 생겨난 의무는 국왕이 보장하는 그 권리들의 자명한 전제를 이루고 있다. 그러므로 미국인에게는 의무 선언을 할 하등의 동기가 주어지지 않았던 것이다.

미국의 선언에 포함된 자유와 민주주의의 이념이 이미 이전부터 프랑스에 존재하고 있었다는 것을 입증하려는 노력은 쓸데없는 것이었다. 실제로 프랑스인은 종교의 자유, 사상의 자유, 출판의 자유, 그리고 자의적인 체포와 잔학한 형벌로부터의 보호 등을 요구하기 위하여 굳이 미국인에게 기대를 걸 필요는 없었다. 그러나 이러한 권리들은 다른 모든 국민에게도 타당하게끔 선언하고 성문화해야 한다는 요구, 즉 자연법을 변경할 수 없는 법률상의 권리로 고양시켜야 한다는 요구는 1776년 이전의 유럽에서는 한번도 요구되지 아니하였다.

물론 1776년에 그것도 버지니아의 선언이 있기 전에 나온 프랑스의 법률은 불가양의 인권을 명문으로 인정하고 있다. 길드를 폐지시킨 저 유명한 칙서에서 튀르고(Turgot)*는 젊은 루이 16세로 하여금 다음과 같이 말하도록 하였다. 즉「신은 사람에게 필요한 것을 주고, 노동에 필요한 수단을 부여함으로써 노동할 권리를 모든 사람의 재산으로 만들었다. 그리고 이 재산은 모든 것 중에서 가장 중요하고 신성한 것이며 절대로 시효에 걸리지 않는 것이다. 우리들은 인류의 이 양도할 수 없는 권리에 대한 모든 침해로부터 우리들의 신민을 해방하는 것이 우리들의 정의의 가장 중요한 임무의 하나이며, 또

---

39) 8월 4일의 회의.
40) Arch. parl. VIII, p. 432.

우리들이 베푸는 선행 가운데에서 가장 훌륭한 행위의 하나라고 생각한다」[41]라고.

그러나 바로 이 노동의 권리가 제헌의회에서는 인간의 권리로 채택되지 않았으며, 그 초안들에서도 요구되지 아니하였다. 이 권리는 1789년에는 망각되었으며, 이후의 혁명기 입법에서는 단지 가장 약화된 형태로 빈민구제를 대신하는 것으로서, 인간의 권리에 근거한 것이 아닌 하나의 시민적 의무로서 나타날 뿐이다.[42] 이와 같이 프랑스의 고유한 입법 사상은 — 이 사상의 근원은 로크[43]에까지 거슬러 올라간다 — 아무런 영향도 미치지 못하였다. 루소 이외에 이 선언의 발기인으로서 볼테르(Voltaire), 중농주의 자들, 그리고 프리메이슨* 비밀결사단원 등이 있었음을 증명하려는 시도도 있었다.[44] 확실히 이들 모두는 미국에서 유래하는 입법에 대하여 프랑스인이 아주 민감하게 자극을 받게 된 분위기 조성에 각자 나름대로의 일익을 담당한 것이 사실이다.

여하튼 프랑스의 권리선언은 대체로 미국의 권리장전(bill of rights) 내지 권리선언 (declaration of rights)을 모방한 것이 사실이다.[45] 이 점은 제헌의회에서도 의식되고 있었다. 대주교 샹피용 드 시세(Campion de Cicé)*는 7월 27일 국민의회의 헌법위원회가 착수한 이 최초의 작업에 대해서 제출한 보고서에서, 미국에서 성립된 권리선언의 이념을 언급하면서 지금이야말로 그 이념이 프랑스에 이식되어야만 한다고 지적한 바 있다.[46] 여러 가지 청원서를 비롯하여 국민의회에 제출된 21개[47]의 제안에 이르기까지 프랑스 선언에 관한 초안 모두는 다소간, 길던 짧던, 세련되건 그렇지 못하던 미국의 권리명제 (Rechtssätze)를 변형시킨 것이었다. 이것들은 오늘날에도 그 당시 프랑스 사회에서 영향력이 있었던 이념과 그 작성자들의 정치적 관점을 추론해 낼 수 있는 문서로서 관심을 모으고 있다. 그러나 이들 문서에는 미국의 장전들에는 포함되지 않았던 새로운 입법상의 사상이 나타나지는 않았다. 다만, 독자적인 형식으로 이들 문서에 부가된 것으로 는 일반적인 공리공론적인 상술에 불과하거나, 정치적인 형이상학의 영역에 속하는 것뿐이다. 여기서 그러한 것들을 상세하게 논할 필요는 없을 것이다. 이 논문은 프랑스

---

41) Jourdan-Isambert-Decrusy, Recueil général des anciennes lois françaises, t. 23 (1826), p. 375.
42) 1793년 6월 24일의 산악당 헌법의 권리선언 제21조는 이렇다. 즉「공공의 구제는 하나의 신성한 의무이다. 사회는 불행한 시민에게 노동을 부여하고 또한 노동할 수 없는 사람들의 생존의 수단을 확보함으로써 이러한 사람들의 생계를 인수하여야 한다」.
43) Two Treatises II, chapt. V.
44) 예증으로서 Klövekorn, a. a. O., S. 12, 15; H. Gruber, i. d. Deutschen Rundschau, Jahrg. 45 (1918), S. 322 f.
45) 이것은 미국사에 가장 정통한 프랑스인 라불레이마저도 그의 상세한 저작(Laboulaye, Histoire des États-Unis II, p. 11)에 나타나 있듯이, 완전히 명확하게 되지는 못하였다. 영국에서는 D. G. Ritchie, Natural Rights, p. 3 ff.가 프랑스의 선언에 대해서 미국의 선언이 미친 영향을 강조하고 있으며, 미국에서는 G. L. Scherger, a. a. O. p. 207 ff.가 그렇다.
46) Arch. parl. VIII, p. 281. 이 점에 관하여 같은 취지의 표현으로는 Klövekorn, a. a. O. S. 148 f., 162 ff., 170, 184, 203, 213 ff.; Rees, a. a. O. S. 149 ff.
47) Walch, a. a. O. p. 95는 그중에서 15개만을 열거한다. 이에 대하여 미라보는 8월 17일에 20개의 제안이 있었다고 하며, 8월 21일에는 다시 브아란드리(Boislandry)의 초안이 추가된다고 한다(Arch. parl. VIII, p. 438, 468 ff.). Rees, a. a. O. S. 171 f.에 의하면 8월 21일에 제안된 수는 27개에 달한다.

선언의 권리명제들이 미치는 실제적인 작용에 관한 것이기 때문이다. 이제 우리는 8월 20일에서 28일에 걸친 오랜 논의 끝에 도달한 결과, 즉 선언에만 의거하기로 한다.[48]

IV. 버지니아 선언과 기타 북아메리카 각 주의 선언

1776년 5월 15일 필라델피아에서 개최된 모국으로부터의 분리를 결의한 식민지들의 대륙의회는 구성 식민지들에게 각자의 헌법을 제정하도록 요구하였다. 원래 연방을 구성하고 있던 13개 주 가운데 프랑스 대혁명이 일어나기 전에 이 요청을 따른 주는 11개 주였다. 나머지 2개 주는 영국의 국왕이 부여한 식민지 특허장을 유지하면서 이 헌장에 헌법전의 성격을 부여하고 있었다. 즉 1662년의 코네티컷 주 특허장과 1663년 로드아일랜드 주의 특허장이 그것인데, 이 특허장들은 근대적인 의미에서 가장 오래된 성문헌법이 되었다.[49]

그 밖의 주 중에서는 버지니아 주가 가장 먼저 1776년 5월 6일부터 6월 29일까지 윌리엄스버그에서 개최된 헌법회의에서 헌법을 제정하였다. 이 헌법에는 헌법회의에 의해서 7월 12일에 채택한 엄숙한 권리장전[50]이 서두를 장식하고 있다. 이 헌법의 기초자는 조지 메이슨(George Mason)*이었지만 그 최종안에 결정적인 영향을 미친 것은 매디슨(Madison)*이었다.[51] 나머지 다른 주들은 이 버지니아 주의 선언을 모범으로 하였으며, 합중국 연방의회의 선언도 그것을 모범으로 삼았다. 미합중국 의회의 선언은 버지니아 선언이 있은 지 3주 만에 행해진 것이었고, 잘 알려져 있듯이 버지니아 주의 시민인 제퍼슨(Jefferson)에 의해 기초된 것이었다. 그러나 다른 주의 선언에서는 많은 조항들이 버지니아 주의 선언과는 다르게 표현되었고, 자주 새로운 규정들이 첨가되기도 하였다.[52]

버지니아 선언 이후 1789년 이전에 명문으로 권리선언을 규정한 헌법으로는 다음의 것들이 있다.

1776년 9월 28일의 펜실베이니아 헌법

---

48) Vgl. Arch. parl. VIII, p. 461-489. 권리선언의 역사에 관하여 근래의 것으로는 Walch, a. a. O. p. 21 ff.; Scherger, a. a. O. p. 207 ff.; Klövekorn, a. a. O. S. 29 ff.; Rees, a. a. O. S. 26 ff.도 참조.

49) 코네티컷은 1818년에, 로드아일랜드는 1841년에야 비로소 이 낡은 식민지 특허장을 대신하는 새로운 헌법을 제정하였다.

50) Poore, II, p. 1908-1909. 부록 II 참조.

51) 버지니아 권리장전(bill of rights)의 성립에 관하여는 Vgl. Bancroft, History of the United States. London 1861. VII, ch. 64 (rev. ed. 1876, V, ch. 64).

52) 버지니아의 선언은 16조로 구성된데 반하여 매사추세츠는 30조, 메릴랜드에 이르러서는 42조나 된다. 버지니아의 선언에는 이주(移住)의 권리가 포함되어 있지 않으며, 이것은 펜실베이니아 선언 제15조에 최초로 규정되었다. 나아가 버지니아 선언에는 집회의 권리와 청원권도 빠져 있으며, 이러한 권리들도 펜실베이니아의 권리장전(제16조)에 처음으로 나타나 있다.

1776년 11월 11일의 메릴랜드 헌법

1776년 12월 18일의 노스캐롤라이나 헌법

1777년 7월 8일의 버몬트 헌법[53]

1780년 3월 2일의 매사추세츠 헌법

1783년 10월 31일의 뉴햄프셔 헌법 (1784년 6월 2일 실시)

뉴저지, 사우스캐롤라이나, 뉴욕 그리고 조지아 주의 최초의 헌법에는 권리장전이 특별하게 규정되지는 않았지만 거기에는 권리장전과 유사한 많은 규정들이 포함되어 있다.[54] 델라웨어 주에 대해서는 1778년에 나온 미국 여러 헌법들의 프랑스 번역판이 1776년 9월 11일에 의결된 「권리의 서술적 선언」(déclaration expositive des droits)[55]을 수록하고 있는데 반하여, 푸어(Poore)가 편집한 『헌법집』에는 그것이 없다.[56]

다음 장에서는 우선 미국 선언에 상응하는 프랑스 선언의 개별 조항들을 대조해 보려고 한다. 나는 될 수 있으면 미국 각 주들의 선언 중에서도 프랑스 선언의 원문과 가장 근접한 것을 선택하려고 하였다. 그러나 특히 다시 한번 강조할 것이 있는데, 미국 각 주 선언들의 기본 사상들은 대부분이 완전히 일치하고 있어서 대다수의 권리장전에서 동일한 원칙이 다양한 표현으로 반복되고 있다는 것이다.

우리는 제헌의회가 선언의 서두에서 둔 전문(前文)은 제쳐두고 권리 자체를 열거한 부분에서 시작하기로 하자. 그러나 이 전문 중에는 국민의회가 「지고한 존재 앞에서 그리고 그 가호 아래」(en présence et sous les auspices de l'Être Suprême)* 엄숙하게 인간과 시민의 권리선언과 아울러 그 의의를 승인하고, 또 이를 선포하고 있으므로, 이 전문조차도 미국 연방의회와 연방의 각 주들의 선언을 모범으로 하여 성립된 것이다. 연방의 각 주들은 이 선언을 통하여 모국으로부터 분리되었다는 근거를 삼으려고 하였다.

---

53) 버몬트의 주로서의 성격은 1790년까지 다툼이 있었으나, 1791년 2월 18일에 비로소 합중국을 구성하는 독립된 주로서 승인되었다.

54) 특히 종교의 자유는 1777년 4월 20일의 뉴욕 헌법 제38조에 특별히 단호한 방식으로 인정되고 있다. Poore II, p. 1338.

55) p. 151 ff. (본서 947면 주 34 참조). 이 선언은 23개조로 구성된다.

56) 이 선언은 막스 파란드(Max Farrand)에 의해서 쉽게 원문에 접근하게 되었다. The Delaware Bill of Rights of 1776. American Historical Review III, 1898, p. 648 ff. 참조.

V. 프랑스의 권리선언과 미국의 권리선언의 비교

인간과 시민의 권리선언
(Déclaration des droits de l'homme
et du citoyen)

제1조 인간은 권리에 있어서 자유롭고 평등하게 태어나 생존한다. 사회적 차별은 공동의 이익을 근거로 해서만 가능하다.

제2조 모든 정치적 결사의 목적은 인간의 자연적이고 소멸될 수 없는 권리를 보전함에 있다. 그 권리는 자유·재산·안전 그리고 압제에 대한 저항이다.

미국의 권리장전
(Bills of Rights)

버지니아 권리장전 제1조 모든 사람은 태어날 때부터 자유롭고 독립한, 일정한 생래의 권리를 가진다. 이러한 권리는 인민이 사회를 조직함에 있어서 어떠한 계약에 의해서도 인민의 자손으로부터 박탈할 수 없다. 그러한 권리는 재산을 취득·소유하고, 행복과 안녕을 추구·획득하는 수단을 수반하여 생명과 자유를 향유하는 권리이다.

매사추세츠 헌법 제1조 모든 사람은 태어나면서 자유롭고 평등하며, 일정한 생래의 본질적이며 양도할 수 없는 권리를 가진다.[57]

버지니아 제4조 어떠한 개인이나 개인의 집단일지라도 공직의 보수로서 다른 사회로부터 독점적 내지는 별개의 보수나 특권을 부여받을 권리는 없다.

매사추세츠 헌법 전문 정부의 창설·유지 그리고 행정의 목적은 정치단체의 존재를 확보하고, 이를 보호하며, 안전하고 평

---

57) Boutmy, a. a. O. p. 424 (141)는 버지니아 선언에 근거하여, 프랑스의 선언에 비하여 버지니아 선언에서의 평등은 억압되어 있다고 주장한다. 그러므로 매사추세츠 헌법과 대응하는 곳을 여기의 본문 속에 첨가하였다. 부트미는 대체로 내가 인용한 것으로부터 미국의 선언들을 알고 있는 것처럼 보인다!

온하게 개인의 자연권과 생의 축복을 향유하는 힘을 이 정치단체를 구성하는 개인에게 부여하는 데에 있다.

메릴랜드 헌법 제4조 전제권력과 압제에 대한 무저항주의의 이론은 부조리하고 노예적이며, 인간의 선과 행복을 파괴하는 것이다.

제3조 모든 주권의 원리는 본질적으로 국민에게 있다. 어떠한 단체나 어떠한 개인도 국민으로부터 나오는 명시적으로 유래하지 아니하는 권위를 행사할 수 없다.

버지니아 제2조 모든 권력은 인민에게 있고, 따라서 인민으로부터 나온다. 행정관은 수임자(受任者)이며 공복이며, 항상 인민에 대하여 책임을 진다.

제4조 자유는 타인에게 해롭게 하지 아니하는 모든 것을 할 수 있는 데에 있다.[58] 그러므로 각자의 자연권의 행사는 사회의 다른 구성원에게 같은 권리의 향유를 보장하는 이외의 제약을 가지지 아니한다. 그 제약은 법률로써만 규정할 수 있다.

매사추세츠 헌법 전문 정치단체는 개개인의 자발적인 결합에 의해서 형성된다. 즉 그것은 전체 인민이 각 시민과 또는 각 시민이 전체 인민과 체결한 사회계약이며, 그 목적은 모든 것이 공공복리를 위하여 일정한 법률에 의하여 통치되는 데에 있다.

매사추세츠 제10조 사회의 각 개인은 현행법에 의하여 그 생명·자유 그리고 재산의 향유를 사회에 의해서 보호받을 권리를 가진다.

제5조 법률은 사회에 유해로운 행위가 아니면 이를 금지할 권리를 가지지 아니한다. 법률로써 금지되지 아니한 모든 것은 이를 방해할 수 없으며, 또한 누구도 법률이 명하지 않는 것을 행하도록 강제할 수 없다.

매사추세츠 제11조 공화국의 모든 피치자는 자기의 신체·재산 또는 인격에 가해지는 모든 해악과 부정에 대하여 법률에 호소함으로써 일정한 구제를 받을 수 있어야 한다.

---

58) 「공화국에서는 타인에게 손해를 주지 않는 한 각인은 완전히 자유이다」. 이 다르장송(d'Argenson)의 문장은 Rousseau, Contr. soc. IV, 8을 인용한 것이다.

제6조 법률은 일반의사의 표명이다. 모든 시민은 스스로 또는 대표자를 통하여 법률의 제정에 협력할 권리를 가진다. 법률은 보호를 부여하는 경우에나 처벌을 가하는 경우에도 모든 사람에게 동일하여야 한다. 모든 시민은 법률적 견지에서는 평등하므로, 그 능력에 따라서, 그리고 덕성과 재능에 의한 차별 이외에는 평등하게 공적인 위계·지위·직무 등에 취임할 수 있다.

제7조 누구든지 법률로써 규정된 경우, 그리고 법률이 규정한 형식에 의하지 아니하고는 소추, 체포 또는 구금될 수 없다. 자의적인 명령을 청원하거나 발하거나 집행하거나 또는 집행케 하는 자는 처벌된다. 그러나 법률로써 소환되거나 체포된 모든 시민은 바로 이에 따라야 한다. 이에 저항하는 자는 범죄자가 된다.

노스캐롤라이나 제13조 모든 자유인은 그 자유가 침해된 때에는 구제를 받을 권리를 가지며, 그 침해의 적법성을 조사하며, 만약 그것이 부적법한 경우에는 그 침해를 제거할 권리를 가진다. 또한 그러한 구제가 부정되거나 지체되어서는 안 된다.

버지니아 제7조 어떠한 권위에 의한 것일지라도 인민의 대표자의 동의 없이는 법률 또는 그 집행을 정지하는 권한은 인민의 권리에 대해서 유해하며, 그러한 권한이 행사되어서는 안 된다.[59]

메릴랜드 제5조 인민이 입법에 참여할 권리를 가진 것은 자유의 최상의 담보이며, 모든 자유로운 통치의 기초이다.

매사추세츠 제9조 모든 선거는 자유로워야 한다.[60] 또한 이 공화국의 모든 주민은 그 통치조직에 의해서 규정된 자격을 가지는 한, 공직을 위하여 관리를 선거하거나 또는 선출되는 평등한 권리를 가진다.

뉴햄프셔 제12조 이 주의 어떠한 주민도 스스로 또는 그 대표기관이 동의한 법률 이외의 법률에 의하여 통제될 수는 없다.

매사추세츠 제12조 어떠한 피치자도 충분하고 명백하게 실질적으로나 형식적으로 자기가 행한 범죄나 법률위반이라는 것이 설명되기 까지는 그 책임을 묻지 아니하며, 또한 자기의 의사에 반하여 유죄를 인정하거나 증거의 제출이 강제되어서는 안 된다. 그리고 모든 피치자는 자기에게 유리한 모든 증거를 제출하고, 반대의 증인과 직접 대결하며, 또한 자기 자신이나 자기가 선정하는 변호인에 의하여 충분히 변호받을 권리를 가진다. 또한 어떠한 피치자도 동배(同輩, peers)의 재판 또는 국가의 법률에 의하지 아니하고는 체포·감금되거나, 그의 재산, 면제 또는 특권이 박탈되지 아니하며, 법률의 보호 밖에 두어지거나 추방 또는 생명, 자유 또는 신분을 박탈당하지 아니한다.[61]

버지니아 제10조 관리나 영장전달자에게 범행의 증거가 없이 혐의 있는 장소의 수색을 명하거나, 또는 특정한 기명(記名)이 없고 또 그 범죄가 명시되지 않거나 증거가 없는 한 사람이나 여러 사람의 체포를 명하는 일반 영장은 가혹하고 압제적이며 발부되어서는 안 된다.

뉴햄프셔 제18조 모든 형벌은 범죄의 성격에 비례하여야 한다.

메릴랜드 제14조 포악한 법률은 국가의 안전과 모순되지 아니하는 한, 이를 피해야 한다. 또한 잔학하고 이상한 고통과 형벌을 과하는 법률은 장래에 어떠한 경우에도 이를 제정해서는 안 된다.[62]

메릴랜드 제15조 법률이 제정되기 이전의 행위로 그 법률에 의해서만 유죄로 선고되는 행위를 처벌하는 소급입법은, 압제적이고 부당하며, 자유와 양립할 수 없다. 그러므로 **사후법**은 제정되어서는 안 된다.

제8조 법률은 엄격하고 명백하게 필요한 형벌만을 규정해야 하며, 아무도 범죄 이전에 제정·공포되고 합법적으로 적용된 법률에 의하지 아니하고는 처벌되지 아니한다.

---

59) Vgl. englische bill of rights 1.
60) Bill of rights 8.
61) Magna Charta 39.
62) Magna Charta 20.

제9조 모든 사람은 유죄로 선고되기까지는 무죄로 추정되기 때문에, 그 체포가 필요하다고 판단되더라도 신병(身柄)을 확보하는 데에 불가결하지 아니한 모든 강제조치는 법률로써 이를 엄격하게 억제하여야 한다.

제10조 누구도 자기의 의견에 대하여 종교적인 것일지라도 표명이 법률로써 규정된 공공의 질서를 교란하지 아니하는 한, 방해되어서는 안 된다.

제11조 사상과 의견의 자유로운 전달은 인간의 가장 귀중한 권리의 하나이다. 따라서 모든 시민은 자유롭게 발언하고 저술하고 인쇄할 수 있다. 다만, 법률로써 규정된 경우에는 그 자유의 남용에 대하여 책임을 져야 한다.

전술한 매사추세츠 헌법 제12 참조. 나아가

매사추세츠 제14조 모든 피치자는 자기의 신체·가옥·문서 그리고 모든 소유물에 대하여 어떠한 부당한 수색이나 압수를 받지 아니할 권리를 가진다.

매사추세츠 제26조 어떠한 위정자나 법원일지라도 과중한 보석금이나 보증금을 요구하고, 과중한 벌금을 부과 ... 해서는 안 된다.[63]

뉴햄프셔 제5조 모든 개인은 자기의 양심과 이성이 명하는 바에 따라서 **신**(G o d)을 신앙하는 천부불가양의 권리를 가진다. 또한 어떠한 피치자일지라도 그 종교상의 예배에서 공공의 안녕을 방해하거나 타인을 해하지 아니하는 한, 자기의 양심이 명하는 바에 가장 합치되는 방법과 이유에서 **신**(G o d)을 신앙하기 때문에 그 신체, 자유 또는 재산이 침해되고 괴롭게 되거나 제한되어서는 안 된다.

버지니아 제12조 출판의 자유(freedom)는 자유(liberty)의 가장 유력한 방파제의 하나이며, 이를 제한하는 것은 전제정부라고 하지 않으면 안 된다.

펜실베이니아 제12조 인민은 언론의 자유권과 자기의 감정을 표현하고 출판할 자유권을 가진다.

---

63) Englische bill of rights 10.

제12조 인간과 시민의 권리보장에는 공권력을 필요로 한다. 따라서 이 권력은 모든 사람의 이익을 위하여 설정되며, 그 권력이 위탁된 사람들의 특수이익을 위하여 설정된 것은 아니다.

제13조 공권력을 유지하기 위하여, 또한 행정의 비용을 위하여 공동의 조세(contribution commune)는 불가결하다. 이 조세는 모든 시민 간에 그 능력에 따라서 평등하게 배분되어야 한다.

제14조 모든 시민은 스스로 또는 그들의 대표자를 **공공 조세**(cobtribution publique)의 필요성을 확인하고, 자유로이 그것에 동의하며, 그 용도를 추적하며, 또한 그 액수·기준·징수 및 존속 기간을 규정할 권리를 가진다.

제15조 사회는 모든 공직자로부터 그 행정에 관한 보고를 요구할 수 있는 권리를 가진다.

제16조 권리의 보장이 확보되지 아니하고 권력의 분립이 규정되지 아니한 모든

펜실베이니아 제5조 정부는 인민·국민 또는 공동사회의 공동의 이익·보호와 안전을 위하여 설정되었으며, 또한 설정되어야 한다. 또한 이것은 단순히 이 공동사회의 일부에만 불과한 특정한 개인·가족 또는 단체의 특수 이익이나 편익을 위한 것은 아니다.

매사추세츠 제10조 사회의 각 개인은 현행법에 따라서 그의 생명·자유 그리고 재산의 향유를 사회에 의해서 보호받을 권리를 가진다. 그러므로 각 개인은 이 보호를 위한 비용을 분담할 의무를 지며, 필요한 때에는 개인적 봉사, 또는 이에 상당하는 것을 할 의무를 진다.

매사추세츠 제23조 보조금·부과금·조세·수입세 또는 관세는 어떠한 이유에서든지 인민 또는 입법부에서의 그 대표자의 동의 없이는 이를 설정·확정·부과하거나 징수되어서는 안 된다.

전술한 버지니아 권리장전 제2조 참조. 나아가

매사추세츠 제5조 모든 권력은 원래 인민에게 있으며, 인민에서 유래하며, 입법·집행 또는 사법을 불문하고, 모든 권한이 부여된 정부의 위정자와 관리는 인민의 대리인과 기관이며, 항상 인민에 대하여 책임을 진다.

뉴햄프셔 제3조 사람들이 사회상태에 들어갈 때에는 그 자연권 중에 있는 것을

사회는 헌법을 가지고 있지 않다.

제17조 소유권은 신성 불가침한 권리이므로, 누구든지 적법하게 확인된 공공필요에 의하여 명백하게 요구되고, 사전의 정당한 보상이라는 조건 하에서가 아니면 이를 박탈 당하지 아니한다.

그 사회에 포기하는데, 이것은 다른 자연권의 보호를 확보하기 위한 것이다. 또한 이와 상당한 것이 없는 경우에 그 포기는 무효이다.

매사추세츠 제30조 이 공화국의 통치에서 입법부는 결코 집행권과 사법권 또는 그 어느 일방을 행사해서는 안 된다. 집행부는 결코 입법권과 사법권 또는 그 어느 일방을 행사해서는 안 된다. 사법부는 결코 입법권과 집행권 또는 그 어느 일방을 행사해서는 안 된다. 요컨대 이 공화국의 통치는 법률에 의한 통치이며, 사람에 의한 통치는 아니다.

매사추세츠 제10조 ... 그러나 어떠한 개인의 어떠한 재산의 일부일지라도 그 개인의 동의 또는 인민의 대표기관의 동의 없이는 이를 정당하게 그 개인으로부터 박탈하거나 공공의 사용에 제공할 수 없다. ... 또한 공공의 긴급한 필요에 따라 어떤 개인의 재산을 공공의 사용에 제공할 필요가 있을 때에는, 언제나 그 개인은 이에 상당한 보상을 받는다.

버몬트 제2조 사유재산은 필요가 이를 요구할 때에는 공공의 사용에 따라야 한다. 그러나 어떤 특정한 재산을 공공의 사용을 위하여 수용하는 경우에, 소유자는 금전상의 대가를 받는다.

VI. 미국의 권리선언과 영국의 권리선언의 대조

프랑스의 선언과 미국의 선언을 비교해 볼 때, 우선 두 선언은 추상적이며 또한 그 때문에 다의적인 원리들로 규정되어 있다는 것이 공통되며, 그 열정도 그에 못지않다는 것을 알 수 있다. 프랑스인은 단지 미국의 이념뿐만 아니라, 대서양 건너편에서 형성된 형식까지 수용하였다. 더구나 미국인은 어휘가 풍부한 데 비해 프랑스인은 그 언어의 특징상 간결함과 명료함이 두드러진다. 프랑스의 선언에 부가된 제4조부터 제6조에 이르는 특수 프랑스적인 추가 조항은 대부분이 자유[64]와 법률에 관하여 불필요하고 쓸데없는 규정을 하고 있다. 프랑스의 선언에서는 제4조, 제6조 그리고 제13조에서 법률 앞의 평등을 정력적으로 강조하고 있는 반면에, 미국인들에게 법률 앞의 평등이란 그들의 사회적 관계와 민주적 제도들로 인하여 당연한 것으로 여겨졌기 때문에 그것에 관한 규정도 그때그때마다 나타날 뿐이다. 이와 같은 프랑스 선언의 규정에 대해서는 확실히 사회계약론의 영향을 인식할 수 있을지 모른다. 그러나, 그것 역시 미국의 조항들에서는 알려지지 않은, 본질적으로 새로운 사상을 산출한 것은 아니었다.

그러나 한 가지 중요한 점에서 프랑스의 선언은 미국의 선언에 훨씬 뒤진다. 프랑스 선언 제10조에서는 그저 소심하고 오밀하게 종교적인 사항에 관한 의견의 표명을 언급하고 있는데, 그것은 제헌의회가 종교 지도자 출신 의원들과 국민 대다수의 감정을 상하게 하지 않으려고 하였기 때문이다. 즉 종교의 자유가 아니라, 그들은 단지 관용만을 공포하였던 것이다.[65] 그 사정은 이렇다.

국민의회가 권리선언에 대하여 토론한 것은 제6분과 위원회가 작성한 초안을 토대로 한 것이었다. 그 초안은 매우 온건하게 길들여진 보잘것없는 문서였다. 따라서 이 초안은 대부분의 요점에 있어서 전혀 문제가 되지 아니하였다.[66] 여하튼 이 초안은 특히 불평등을 인간의 자연상태로 나타내었으며, 나아가 의무의 선언을 원칙적으로 거부하기로 하였음에도 불구하고, 의무선언과 같은 것이 자체 내에 포함되어 있다는 점에서 부각될 만하다. 그러나 아주 특이할 만한 것은, 이 초안이 종교의 자유에 대한 구상을 제기하고 있다는 점이다. 말하자면 문제는 종교의 자유가 아니라, 오히려 종교와 도덕에 대한 경의를 규정한 것이다. 종교를 유지하기 위해서는 공적인 예배를 필요로 하기 때문에 이 예배에 대한 존중이 불가피하다는 것이다. 시민은 공적인 예배를 방해하지 않는 한, 불안하게

---

64) 그것은 결국 플로렌티누스의 낡은 정의(Florentinus, L. 4 pr. D. de statu hom. 1, 5)로 돌아간다. 즉 「자유란 사람이 힘 또는 법에 의해서 금지되지 아니한 것을 하려는 사람의 자연적 능력을 말한다」 (Libertas est naturalis facultas eius quod cuique facere libet, nisi si quid vi aut jure prohibetur).

65) Aulard, a. a. O. p. 44 f. 참조. 부트미(Boutmy, p. 432 [157 f.])가 미국인의 종교적인 편협함에 대하여, 18세기의 프랑스 사상에서의 고도의 철학적인 자유를 프랑스의 선언에서 알아내는 경우에, 그는 이 선언에 내재하고 있는 가톨릭교회에 대한 배려를 전혀 인정하지 않거나 또는 그것을 인정하려고 하지 않는다.

66) Arch. parl. VIII, p. 431 f.

되어서는 안 된다는 것이다. 이 다의적이고 애매한 규정은 종교에 대한 국가의 태도를 규정한 것으로 유일하게 법적인 제한을 가한 것이라고 한다.

그러자 국민의회에서도 이 세 개의 조항(제16조~제18조)에 대하여 가장 격렬한 논쟁이 일어나게 되었다. 선언 중 최초의 9개 조항에 관해서는 어떠한 대립도 생기지 않았으며, 무니에(Mounier)의 초안 제2조에 열거된 네 가지의 일반적인 인권 규정에 대해서도 관례적인 논쟁 없이 의결된 반면,[67] 종교와 인권과의 관계에 대해서는 가장 격렬한 논쟁이 불붙었던 것이다(클레르몽-톤네르는 조용하게! 닥쳐! 라고 말할 정도였다).[68] 성직자와 전통을 신봉하는 자들, 그리고 새로운 이념의 개척자들은 첨예하게 대립되었다. 전자들이 가톨릭 종교의 우월적인 지위를 유지하려고 하였기 때문이다. 미라보는 단호하게 단순한 관용과 그 관용 속에 포함된 지배적인 예배에의 요구에 대한 사상을 반대하고 나섰다. 그러나 가장 명확하게 문제를 인식한 것은 신교도인 라보 드 생테티엔(Rabaud de Saint-Étienne)*였다. 그는 유창한 말로 프랑스의 모든 비가톨릭 신자, 즉 신교도와 유대교도들에 대한 동등한 권리를 요구하면서 펜실베이니아 주의 선언을 지적하였다. 이것은 그 당시 미국의 이념이 프랑스에서 얼마나 생명력 있는 것이었는가를 새롭게 증명해 주는 것이다. 그러나 이렇게 완전한 종교의 자유를 주장한 개척자들의 요구는 관철될 수 없었다. 오히려 격렬한 논쟁이 있은 후 제헌의회의 회의 중에서도 가장 파란이 많았던 회의에서 단지 법률적인 제한 내에서의 종교상의 의견표명의 자유만이 인정되었을 뿐이다. 따라서 예배의 자유는 인정되지 못하였고, 더구나 가톨릭이 아닌 종파의 동권(同權)도 얼마 인정되지 못하였다. 전래적인 국가교회의 체계는 조금도 그 뿌리가 흔들리지 않았다. 미라보는 그의 저서 『전원 방랑』(Courier de Province) 속에서 끓어오르는 분노를 격렬한 어조로 표현함으로써 선언의 제10조 조항을 비방하고, 그 조항에 잠재된 중대한 위험성을 지적하였다.[69]

프랑스의 선언이 미국의 선언을 맹목적으로 모방하지 않았다는 것은 자명하다. 그러나, 그것은 1789년의 프랑스의 정치 상황이 1776년의 미국의 그것과 전혀 달랐기 때문이 아니었다. 한 민족이 외국의 제도와 법률을 계수할 때에는 반드시 그 외국의 사상을 자기 나라의 특수성에 맞게 변형시키게 마련이다. 오늘날의 프랑스 의회는 영국 의회에서 비롯된 것이다. 그럼에도 불구하고 프랑스 의회는 그 모범이 되었던 영국 의회와는 차이가 있다. 영국의 의회 없이 프랑스 의회가 존재할 수 없었던 것이 확실한 것처럼, 프랑스인들은 미국의 권리장전 없이는 결코 인간과 시민의 권리선언을 선포하지 못했을 것이 확실하다. 정치적·사회적 및 경제적인 여러 가지 난국이 소용돌이치는 분위기 속에서 국민의회 의원들과 그들을 선출한 사람들이 살았던 것이며, 그러한 상황 속에서 새로운 입법상의 이념에 대한 프랑스인의 감수성은 산출된 것이다. 특히 그들이 저항하지

---

67) 8월 20일의 회의. Arch. parl. VIII, p. 463.
68) 8월 23일의 회의. Arch. parl. VIII, p. 475.
69) Collection compl. d. trav. de Mirabeau, par Méjan, II, Paris 1791, p. 70 ff.

않으면 안 된다고 생각하고 있던 압제는 프랑스에서와 마찬가지로 미국에서도 같은 방향으로 느끼게 만들었던 것이다.

그러나 한 가지 점에서, 그것도 아주 중요한 점에서 미국인과 프랑스인은 완전히 의기투합하고 있다. 즉 국가권력에 대하여 확고한 제한을 규정한다는 점이다. 이 두 문서의 의의는 이 점에서 완전히 동일하다. 국가가 침범해서는 안 될 영역을 **법적으로** 규정한다는 사상은, 지금까지도 변하지 않는 보편적인 가치가 되었다. 오늘날 우리가 알고 있는 자유권이란 적극적인 성질이 아니라 소극적인 성질을 지니고 있으며, 또한 국가의 어떤 작위(作爲)를 요구하는 것이 아니라 국가의 부작위(不作爲)를 요구하는 것이다. 바로 여기에 자유권이 지닌 유일무이한 실제적 의의가 있다. 그러나 이러한 특수한 자유권을 열거함에 있어서 프랑스인은 전적으로 미국인에게 의존하고 있다. 미국의 규범들에 비하여 프랑스인은 어떤 독창적인 법사상도 가지고 있지 못하였다. 프랑스인이 미국인이 열거한 자유권들에 첨가해야 할 특별한 자유권이란 없었다. 그 반대로 프랑스의 선언에서는 그렇게 중요한 집회와 결사의 자유, 거주·이전의 자유,[70] 나아가 청원권에 대한 공포가 누락되어 있었다. 이들 권리는 1791년 9월 3일의 헌법에서야 비로소 헌법에 의해서 보장된 자연권과 시민권으로서 모습을 나타내게 된다.

그러나 국가조직에 관한 그 밖의 권리들, 즉 국가의 의사형성에 참여할 권리, 평등하게 공직에 취임할 권리, 국민에 의한 조세승인권, 모든 관청에게 책임을 추궁할 수 있는 권리 등에 대해서도 프랑스의 입법자들과 미국의 입법자들은 같은 표현을 사용한다. 이것에 이론을 가진 자는 이미 1776년과 그 이후 수 년 간에 미국이라는 선례가 없더라도 1789년에 새로운 권리명제가 세상에 탄생되었다는 것을 입증해야 할 것이다.

이상의 서술에서 얻어진 결과는, 역사가에 대해서는 프랑스의 선언을 평가함에 있어서 결코 무의미한 것이 아니다. 미국의 각 주들은 그 권리장전의 덕분으로 질서 있는 국가(Gemeinwesen)로 발전된 것이며, 지금까지 이 권리장전의 조문이 국가를 파괴하는 결과를 초래하였다는 원망이 나왔던 예가 없다. 그렇기 때문에 프랑스에서 인권선언이 나온 이후에 생긴 여러 가지 혼란은 그 규정 자체에 그 원인을 돌릴 수는 없는 것이다. 오히려 여기서는 외국의 제도를 경솔하게 계수하는 것이 얼마나 위험을 초래하는가 하는 것이 제시되었다. 즉 미국인은 1776년에 그들에게 이미 오래전부터 존재하던 기반 위에 다시 구축한 데 반하여, 프랑스인은 국가기구의 모든 기초를 뒤집어 놓았던 것이다. 미국에서는 견고히 하는 과정이었던 것이 프랑스에서는 보다 더 큰 혼란의 원인이 되었다. 당시에 이미 랄리 톨란달(Lally Tollendal)[71]*과 특히 미라보[72]와 같은 통찰력 있는 사람들은 이 점을 잘 인식하고 있었다.

---

70) 이 두 개의 자유권은 시민의 권리로서 8월 17일에 미라보가 5인 위원회의 이름으로 국민의회에 제출한 초안 중에 포함되어 있었다(제9조와 제10조). 그러나 헌법제정국민의회는 심의에까지 이른 초안을 부결하였다. Arch. parl. VIII, p. 439.

71) Arch. parl. VIII, p. 222.

72) Arch. parl. VIII, p. 438 u. 453.

그러나 미국의 권리장전을 관찰한 법제사가에게서는 새로운 문제가 생겨난다. 즉 어떻게 미국인들은 바로 이러한 입법에 의한 규정을 하기에 이르렀는가? 하는 것이다.

얼핏 보면 이 문제에 대한 해답은 간단한 것처럼 보인다. 권리장전이라는 명칭만으로도 이미 영국에 그 연원이 있음을 알 수 있다. 1689년의 권리장전, 1679년의 인신보호법, 1627년의 권리청원, 그리고 끝으로 마그나 카르타(Magna Charta libertatum)에 이르기까지 버지니아 주의 권리장전의 선구들인 것처럼 보인다.

미국인들은 이 유명한 영국의 법률들이 그들 자신의 국법의 일부분을 이룬다고 간주하였으므로, 1776년 이후의 권리선언들은 본질적으로 이 영국의 법률들을 상기시켰음에 틀림 없다. 마그나 카르타와 영국의 권리장전들에 있는 많은 원칙들이 미국인에 의해서 곧바로 권리목록으로 편입된 것이다.

그럼에도 불구하고 미국의 선언들은 위에서 열거한 영국의 법률들과 현격한 차이가 있다. 미국 혁명을 다루는 역사가들은 버지니아 선언이 인간 존재의 영원한 법칙이라는 이름 아래 모든 전제정치에 저항한 것이었다고 말한다. 즉 「1688년 영국의 권리청원이 역사적이고 회고적이었던 것에 반하여, 버지니아 선언은 자연의 핵심에서 나온 것으로 미래의 모든 시대의 모든 인민들에 대하여 통치의 기본원칙을 선포한 것이다」.[73]

신민(臣民)의 권리를 규정한 영국 법률들은 예외 없이 모두가 일정한 동기에서 나온 재가 내지는 이미 통용되는 권리에 대한 해석들이다. 영국법의 대가 에드워드 코크경(Sir Edward Coke)*이 이미 17세기 초에 통찰했던 것처럼, 마그나 카르타마저도 새로운 권리를 선포한 것은 아니었다.[74] 더구나 영국의 법률들이 보편적인 인간의 권리를 승인하고자 한 것은 더욱 아니었다. 영국의 법률들은 입법권자에게 제한을 가하여 미래의 입법을 위한 여러 원칙들을 형성할 구상과 역량도 지니지 못하였다. 영국의 법률에 의하면 의회는 전능하며, 의회가 공포 내지 승인한 법률은 모두 동일한 가치를 지닌다.

이에 반하여 미국의 선언들은 통상의 입법자보다도 우위에 있는 규정들을 가지고 있다. 연방에서는 물론 개별 주에서도 통상의 입법과 헌법의 제정에는 각각 별도의 기관에서 담당한다. 법관은 통상의 입법권이 헌법이 정한 한계를 준수하고 있는가의 여부를 감독하며, 어떤 법률이 기본권을 침해한다고 판단될 때에는 그 적용을 배제해야만 하도록 되어 있다. 그 때문에 미국인은 오늘날에도 이 권리선언이란 것을 소수자를 보호하기 위한 실질적인 수단으로 간주하는 것이다.[75] 이 점에서 미국의 선언은 유럽

---

73) "The english petition of right in 1688 was historic and retrospective; the Virginia declaration came out of the heart of nature, and announced governing principles for all peoples in all future times." Bancroft VII, p. 243 (rev. ed. 1876 V, p. 262).

74) Blackstone, Commentaries on the laws of England I, 1, p. 127 (ed. Kerr, London 1887 I, p. 115) 참조.

75) 이에 관하여 Cooley, Constitutional limitation, 6th ed. Boston 1890, ch. VII 참조. 권리장전 속에 포함되어 있는 「국법에 의해서」만 재산을 박탈할 수 있다는 조항이 어떤 주에서 헌법에 채택되지 아니한 경우일지라도, 그 조항에 위반된 법률은 입법부의 권한을 원칙적으로 제한하고 있으므로 무효가 될 것이다. A. a. O. p. 208.

국가들의 「보장된 권리들」(garantierte Rechte)보다 출중하다. 미국의 선언은 단순히 형식에 있어서 보다 고양된 법률일 뿐만 아니라, 보다 고차원적인 입법자들의 창조물이기도 하였다. 확실히 유럽의 헌법들은 그 조항의 개정이 까다롭게 되어 있다. 그러나 개정을 결정해야 하는 것은 거의 어디에서나 같은 입법자이다. 그러나 스위스 연방의 경우에는 미합중국과 유사하게 헌법이 일반 법률과는 다른 기관에 의해서 규정되는 것임에도 불구하고, 이러한 헌법개정절차가 준수되고 있는가의 여부에 관하여 사법적으로 통제하는 제도는 없다.

미국의 권리장전은 단지 국가조직에 대한 원리들만을 규정하려고 한 것은 아니며, 특히 국가와 개인 간에 경계선을 긋고자 하였다. 미국의 권리장전에 의하면 개인은 국가에 의해서 비로소 권리주체가 되는 것이 아니라 자기의 본성에 의해서 권리주체가 되며, 그로써 양도할 수 없는 불가침의 권리를 가지고 있다. 그러나 영국의 법률들은 이러한 권리에 대하여 아는 바가 없다. 영국의 법률들은 영원한 자연권을 승인하는 것이 아니라, 조상으로부터 계승되어 온 권리, 즉 「영국 국민의 예부터 내려온 의심할 수 없는 권리」를 승인하고자 한 것이다.

바로 이 점에서 신민의 권리에 대한 영국인의 견해가 가장 선명하게 나타난다. 영국의 권리장전을 주의 깊게 살펴보면, 여기서는 개인의 권리가 거의 문제되지 아니한다는 것을 알 수 있다. 법률은 정지될 수 없으며, 아무도 법의 적용에서 면제되지 않는다는 것, 특별법원은 설치되지 않으며, 잔학한 형벌은 선고되지 않는다든가, 배심원은 적절하게 선임되어야 하고, 법률에 의하지 아니한 조세는 부과되지 않는다는 것, 또한 상비군은 국회의 승인 없이는 징집되지 않으며, 국회의원 선거는 자유라는 것, 국회는 자주 소집되어야 한다는 것 등 이들 모두는 개인의 권리가 아닌 정부의 의무를 말하고 있다. 권리장전의 13개 조항 가운데 신민의 권능이라는 형태로 표현된 것은 단지 두 개의 규정에 불과하다.76) 그 외에는 국회의원의 발언의 자유에 관한 1개 항이 있을 뿐이다. 그럼에도 불구하고 권리장전의 모든 조항이 그 자체로서 영국 국민의 권리와 자유로 표현되는 것은77) 왕권에 대한 법률상의 제한이 곧 국민의 권리가 된다는 견해에 기인하는 것이다.

이러한 견해는 바로 중세 게르만 국가의 이념에서 성장한 것이다. 고대 국가는 그 초기에는 폴리스(πόλις) 또는 키비타스(civitas), 즉 그 자체가 통일된 시민공동체(Bürgergemeinde)로서 나타난 반면에, 게르만의 군주국가는 처음부터 이원적으로 구성되어 있었다. 즉 군주(Fürst)와 국민은 어떤 내적 통일을 이룬 것이 아니라, 각자가 서로 독립된 주체로서 대립하고 있었다. 따라서 그 당시의 견해에 따르면, 국가는 본질적으로 군주와 국민 사이의 계약관계로 이루어진 것이다. 고대 이후의 여러 전통의 영향을 받아 성립된 로마 카논 법학의 — 그것도 이미 11세기 이후로 — 이론에서는 이 두 가지 요소를

---

76) 국왕에게 청원하는 권리(제5호)와 프로테스탄트계 신민의 그 신분에 따라서 자위를 위하여 무기를 드는 권리(제7호).

77) 「그리고 전술한 사항을 모두 명백한 권리와 자유로서 청구하고 요구하고 주장한다」.

하나의 통일체로 결합시키려고 하였다. 즉 계약사상에 근거하여 국민의 권리를 군주에게 양도시켜 국가를 정부라는 형태로 이양시켜 놓거나, 또는 군주를 단지 국민의 수탁자에 지나지 않는 것으로 간주하여 국민과 국가를 동일시하는 것이다. 그러나, 지배적인 국법학의 견해는, 특히 등족국가(ständischer Staat)가 성립된 이후에, 국가란 군주와 국민 사이에 두 가지 측면의 계약관계로 이루어져 있다고 본다. 이 계약관계를 형성하는 것이 곧 법률이라는 것이다. 따라서 법률은 군주에 대해서는 법률에 복종해야 할 것을 요구하고, 국민에 대해서는 법률에 명시된 제한을 엄수할 것을 요구하는 권리를 가지게 된다. 이에 따라 국민은 군주가 법률을 이행할 것을 요구하는 권리를 가지게 된다. 그러므로 모든 법률은 국민의 주관적인 권리를 산출하는 것이며, 이때에 국민이라는 말은 애매하고 개개의 국민과 전체로서의 국민 양자(singuli et universi) 모두를 의미하는 것이다.[78] 이러한 관점에서 본다면, 국회는 자주 소집되어야 하며, 법관은 잔학한 형벌을 선고하지 말아야 한다는 것, 그리고 그 밖에 최근의 영국 특허장(Freiheitsbrief)에 적혀 있는 것과 같은 규정들은 국민의 권리가 되는 것이다.

　이와 같이 법률은 국가를 구성하는 요소인 군주와 국민, 이 쌍방의 권리에 근거한 규범이라는 견해가 고대 영국의 역사 전체를 일관하여 흐르고 있다. 법률로써 부여한 권리는 다음 세대에서 전승되어 세습적인 권리가 되었으며, 따라서 태어나면서부터 국민의 일원으로서 취득하는 권리가 된다. 그리하여 헨리 6세 시대에 법률은 이렇게 일컬어졌다. 즉 「법률은 국왕이 상속하는 최고의 재산이다. 왜냐하면 국왕 자신과 그 모든 신민이 법률에 의해서 지배되기 때문이며, 만약 법률이 없으면 국왕이나 상속도 없기 때문이다」[79]라고. 그리하여 권리청원에서는 신민은 법률로써 그 자유를 계승하였다는 것을 국회가 주장하는데,[80] 그 법률이란, 왕위계승법(act of settlement)에 표현되어 있듯이, 「출생권」(birthright),* 즉 태어나면서부터 취득하는 조상으로부터 계승된 국민의 권리인 것이다.[81]

　그러므로 17세기에 나온 영국의 법률들에서는 다만 전래된 「권리와 자유」만이 언급되고 있을 뿐이며, 의회는 항상 단지 「이 왕국의 법률」(laws and statutes of this realm)의

---

78) 오래된 영국의 특허장(Freiheitsbrief)은 「권리와 자유」(jura et libertates)의 주체로서, 때로는 「국내의 각인」(homines in regno nostro), 때로는 왕국(regnum) 자체를 열거하고 있다. 권리장전은 신민의 「권리와 자유」에 관하여 말하는데, 이것은 「이 왕국의 법률과 자유의 관습」이라고도 불린다.

79) Year Books XIX, Gneist, Englische Verfassungsgeschichte S. 450.

80) 「이전에 언급한 법률, 그리고 다른 이 왕국의 선량한 법률과 제정법(statutes)에 의해서 귀하의 신민은 이 자유를 이어 받아 왔다」. Gardiner, Constitutional documents of the Puritan revolution, Oxford 1889, p. 1, 2.

81) 「또한 그러므로 영국의 법률은 그들 인민의 출생권(birthright)이다」. Act of Settlement IV, Stubbs, Select charters 7th ed. 1890, p. 531. 출생권=출생에 의한 권리, 사람이 태어나면서부터 가지는 여러 권리, 특권 또는 소유물, 상속 또는 세습재산(최초로 태어난 것의 특별한 권리에 대하여 특별히 사용된다). Murray, A new English dictionary on historical principles, s.h.v. "birthrights" 항목. 또한 vgl. Firth, Vorrede zu den Clarke Papers I, 1891, p. LX, LXI.

확인, 즉 이미 존재하는 국왕과 국민 간의 관계 확인만을 요구할 뿐이다. 이러한 모든 문서에서는 새로운 권리의 창출은 문제되지 아니한다. 그러므로 이러한 문서에는 종교의 자유, 집회의 자유, 출판의 자유, 그리고 거주·이전의 자유 등의 중요한 기본권이 누락되어 있으며, 오늘날에 이르기까지 영국의 법학에서는 이러한 권리들이 알려져 있지 않다. 오히려 영국 법학에 의하면, 이러한 방면의 개인의 자유는 무릇 개인의 제한은 법규에 근거해서만 허용된다는 일반적인 법명제에 의해서 보장되고 있다.[82] 오늘날의 영국적인 견해에 의하면 자유권은 그야말로 법률의 지배 아래 있는 주관적인 권리가 아닌 객관적인 법이다.[83] 독일에서는 게르버(Gerber)에 의해 창시되어 라반트(Laband)와 기타 학자들에 의해서 옹호된 학설이며, 이 학설에 의하면 자유권이란 정부의 의무 이외의 아무것도 아니라는 것이다. 그러나 영국에서의 이와 같은 견해는 독일의 학설과는 무관하게 당시의 상황에서 저절로 생성된 것인데, 주관적인 공권은 자연법적인 구조를 가진다는 로크(Locke)와 블랙스턴(Blackstone)*의 견해가 그 주도권을 상실한 후의 일이다.

그러나 이 자연법적인 구조라는 견해마저도 로크의 경우에는 전래된 영국의 견해와 밀접하게 연관되어 있다. 로크는 재산(Eigentum)에는 생명과 자유가 포함되며, 이 재산권을 전(前)국가적인 개인의 근원적 권리(Urrecht)라고 주장하면서, 국가란 이제 이러한 자연적인 권리로부터 시민적인 권리로 변천된 이 권리를 보호하기 위하여 설립된 단체라고 이해하였다. 그렇다고 해서 로크는 국민에게 확고하게 제한된 기본권을 부여하지는 않는다. 오히려 그는 입법권에 절대적인 한계를 두었는데, 이 제한은 국가의 목적에서부터 귀결된다는 것이다.[84] 여기서 말하는 제한이란, 자세히 살펴보면 『시민정부론』(Two treatises on government)이 발표되기 1년 전에 성립한 권리장전에 있어서의 가장 중요한 조항들에 지나지 않는다.[85]

블랙스턴은 로크의 이론과 권리장전을 기초로 하여 개인은 절대적인 권리를 가지고 있다는 자신의 이론을 개개인의 주관적 권리라는 사상 위에 처음으로 구축하였는데, 그것도 처음에는 익명의 저서로 발표하였다.[86] 이 저서에는 저 유명한 그의 『영법주해』(1765)의 개요가 포함되어 있었다. 안전, 자유, 그리고 소유권은 모든 영국인의 절대적인 권리이기는 하지만, 이러한 권리들은 그 본질상 공공의 이익을 위하여 부가된 법률상의 제한을 제외한 후에 개인에게 남겨지는 자연적인 자유에 불과한 것이다.[87] 이러한 권리들

---

82) 다이시의 가르침이 많은 상세한 서술을 참조. Dicey, Introduction to the study of the law of the Constitution, 8th ed. 1915, p. 179 ff. (안경환·김종철 공역, 『헌법학입문』, 1993).

83) Dicey, p. 192 ff., 202 ff., 234 ff. u.s.w. 다이시는 자유권에 관한 완전한 이론을 「법의 지배」(the rule of law)의 부분에서 논하고 있다. 그에 의하면 개인의 자유는 영국에서는 단지 법률에 의해서만 허용되는 개인의 제한이라는 상관 개념이다.

84) 이 점에 관하여는 「입법권의 범위에 관하여」라는 장에서 다루고 있다. Two Treatises II, chapt. XI.

85) Two Treatises II, chapt. XI, §142 참조.

86) An Analysis of the Laws of England, Oxford 1754. 나의 수중에는 제2판(1757)이 있다. Ch. IV, p. 78. (6th ed. 1771 book I, ch. I) 참조. 이 저서의 모범이 된 것으로 1676년에 사망한 매튜 헤일(Matthew Hale)의 사후에 출판된 Analysis가 있다. Hatschek, Englisches Staatsrecht I, 1905, S. 18 참조.

의 보호수단으로서 등장하는 것도 역시 법률이다. 즉 권리장전과 완전히 같은 방법으로,
완전한 의회의 구성, 국왕의 대권의 제한과 아울러 법적인 보호청구권, 청원권, 그리고
무기를 휴대할 권리가 영국인의 권리로서, 더욱이 저 세 개의 주요한 권리를 확보하기
위한 부차적인 권리로서 취급되고 있다.88) 그러나 블랙스턴의 근본적인 견해는 자연법적
이지만, 그에게 있어서 권리의 주체가 되는 개인은 인간 일반이 아니라 영국의 신민이다.89)

이에 반하여 미국의 선언은 모든 사람은 태어나면서부터 평등하다는 문언에서 시작하
여, 「모든 개인」(every individual), 「전인류」(all mankind) 또는 「사회의 모든 구성원」
(every member of society)에 속한 권리에 대해서 말하고 있다. 또한 이러한 선언이
열거하는 권리의 수는 영국의 여러 선언들에 비하여 훨씬 많고, 더구나 이러한 권리는
천부불가양의 것으로 간주되고 있다. 이와 같은 관념은 도대체 어디서부터 미국의
법률들 속에 들어온 것일까?

영국법이 아닌 것은 확실하다. 그렇다면 먼저 생각나는 것은 당시의 자연법적인 관념에
서 유래한다는 것이다. 원래 자연법은 이미 그리스 시대부터 존재하고 있었지만, 이러한
자연법론이 기본권의 정식화로 연결된 적은 한 번도 없다. 자연법론은 오랫동안 자연법과
실정법이 대립된다는 데에 이의를 제기하지는 않았지만, 실정법을 통하여 자연법은
실현되어야 한다는 것도 요구하지 않았다. 『학설휘찬』(Digesten)에 들어 있는 울피아누스
(Ulpianus)*의 한 구절에는, 자연법에 의하면 모든 사람은 평등하나 노예제는 민법상의
한 제도라고 한 곳이 있다.90) 이 학설과 이와 유사한 학설들이 노예에 관한 법은 완화시켰
지만,91) 로마인은 이론상의 요청에도 불구하고, 노예제도를 폐지하는 것과는 거리가
멀었다. 인간의 자연적 자유는 18세기에 이르러서도 많은 저술가들에 의해서 법률상의
부자유와 양립할 수 있는 것으로 주장되었다. 자유는 인간의 본질을 이루는 것이라고
보는 로크조차도 노스캐롤라이나 헌법에서 —— 물론 그가 이 헌법초안을 작성할 때까지
자기 마음대로 할 수 있었던 것은 아니다92) —— 노예제와 농노제(Leibeigenschaft)를
시인하였던 것이다.*

문헌 그 자체는 그것이 역사적·사회적인 관계들 속에서 작용할 수 있는 기반을 마련하
지 못한다면 결코 생산적인 것이 되지 못한다. 어떤 이념의 문헌적인 기원이 제시된다고
하더라도, 그것으로 그 이념이 지니는 실제적 의미의 역사를 인식하게 되는 것은 결코
아니다. 오늘날에도 정치사는 지나칠 정도로 많은 것이 문헌사이며, 제도 그 자체의
역사는 매우 적다. 새로운 정치이념의 수는 매우 적으며, 대부분은 적어도 그 기원에

---

87) 정치적 자유는 공공의 일반적 이익에 필요하고 편리한 인정법(人定法, human laws)에 의해서 제한되는
   정도의 (그 이상이 아닌) 자연적 자유 그 이상은 아니다. Commentaries p. 125 (113).
88) A. a. O. p. 141 ff. (127 ff.).
89) Vgl. a. a. O. p. 127 (114), 144 (130).
90) L. 32 D. de R. J. Vgl. L. 1 D. de iust. et iure 1,1. Florentinus L. 4 §1 D. de statu hom. 1,
   5는 노예제를 「자연에 반하여」(contra naturam) 성립시키고 있다.
91) Overbeck, Studien zur Geschichte der alten Kirche S. 169 ff. 참조.
92) Fechtner, John Locke, 1898, S. 54.

있어서 이미 고대의 국가학에서 알려진 것들이다. 그러나 제도란 끊임없이 변하는 것이기 때문에 어떠한 경우에도 그 특유한 역사적 형성과정이 파악되지 않으면 안 된다.

미국에서 시민의 권리가 인간의 권리로 변천하도록 촉진된 것은, 항상 주민의 이주가 예상되는 식민지에서는 내국인과 외국인이 당초부터 엄격하게 구별되지 않는다는 데에 있다. 그러나 보다 깊은 이유는 다른 곳에 있다.

VII. 법률로써 보편적인 인권을 확립하려는 사상의 원천은 영국계 미국 식민지에서의 종교의 자유이다

개혁파 교회 조직의 기초가 되고 있는 민주주의의 사상은 16세기 말의 영국에서, 정확하게 말하자면 로버트 브라운(Robert Browne)*과 그 추종자들에 의해서 시종일관 형성된 것이다. 그들에게 있어서 교회는 교구(Gemeinde)와 일치되며, 교회는 하나님과의 언약에 의해서 그리스도에게 복종하는 신도들의 공동체이며, 항상 그때그때의 전체의사, 즉 다수의 의사만을 기준으로 하여 인정한다.93) 이 브라운 주의가 영국에서는 박해를 받았지만, 네덜란드 지방에서는 특히 존 로빈슨(John Robinson)*에 의해서 조합교회주의 (Kongregationalismus)*로 개혁되었는데, 이것은 독립교회주의(Independentismus)*의 가장 초기의 형태가 된다. 조합교회주의의 원리는 우선 교회와 국가의 완전한 분리이며, 그 다음은 모든 개별 교구들의 자치이다. 이 원리는 1616년 제임스 1세에게 제출한 청원서를 보면, 종교상의 행정과 통치의 권리는 교구에게 있으며, 인민의 자유롭고 공통된 동의에 근거하여, 그리스도 이래에서 교구가 독립적이며 또한 직접적으로 이를 행사하는 것이라고 한다.94)

종교의 영역에서의 이와 같은 절대적인 개인주의는 실제로 아주 중요한 결과를 가져 왔다. 이러한 원리들에서 비롯하여 완전하고 무제한한 양심의 자유가 요구되었고, 마침내 는 승인되기에 이르렀으며, 더 나아가서는 이러한 자유가 세상의 어떠한 권력에 의해서 부여된 것도 아니며, 따라서 어떠한 세상의 권력에 의해서도 침해될 수 없는 권리로 주장된 것이다.

그러나 이 독립교회주의는 종교적인 영역에만 머무른 것이 아니라, 논리필연적으로 정치의 영역에도 적용된다. 이 주의에 의하면 교회는 물론 국가와 모든 정치적 결사들도 원래는 주권을 가진 구성원들의 계약의 결과라고 본다.95) 이러한 계약은 신의 명령에

---

93) Weingarten, Die Revolutionskirchen Englands S. 21.

94) 「종교적인 행정과 정치에 대해서는 그 자체 [공동체] 속에 있거나 그 자체를 넘어서 인민의 공통되고 자유로운 합의에 의해서 그리스도 아래 독립적이며 직접적으로」. Weingarten, a. a. O. S. 25.

95) 퓨리턴의 독립교회주의의 국가계약설이 교회계약(covenants)에 관한 퓨리턴의 사고방식과 관련성을 가지고 있는 것을 강조하는 것은 Borgeaud, p. 9이다. 또한 Weingarten, S. 288은 독립교회파에 대하여 이렇게 적절하게 지적한다. 즉 「모든 개별 종교단체는 자기에 관한 업무를 단독으로 자유롭게 결정하고 지도할 권리를 가진다는 사상은 근대 세계의 정치적 의식 속에 채택된 국민주권론의 기초가 되고 있다」.

따라서 체결된 것이긴 하지만 항상 공동체의 궁극적인 법적 근거임에는 틀림 없다. 이 계약은 개인이 원래 지니고 있는 권리에 의해서 체결되며, 단순히 안전을 보장하고 복지를 증진시켜야 할 뿐만 아니라, 특히 천부불가양의 양심의 자유를 승인하고 보장해야만 한다. 더구나 전국민이 한 사람씩 명시적으로 이 계약을 체결한 것이다. 왜냐하면 이 계약에 의해서만 각자는 자신이 창설한 정부(Obrigkeit)와 스스로 제정한 법률을 존중할 의무를 질 수 있기 때문이다.

이와 같은 종교 정치적인 이념은 그 최초의 흔적이 훨씬 이전에까지 거슬러 올라가는 것이어서 종교개혁에 의해서 비로소 산출된 것은 아니다. 그러나 이러한 이념에 근거하여 발전되어 온 관행은 완전히 새롭고 또한 유일무이한 것이었다. 즉 국가의 기초가 되는 그러한 사회계약이 역사상 처음으로, 그것도 요구되었을 뿐만 아니라 실제로 체결된 것이다. 그때까지는 먼지투성이인 채로 잠자고 있던 학자들의 저술이 생활을 좌우하는 강력한 힘으로 그 활동을 개시하기 시작하였다. 그 당시의 사람들은 국가란 계약에 근거를 두고 있다고 생각하였으며, 그러한 신념을 즉시 행동으로 옮겼다. 근래의 국법학은 지금까지 이와 같은 경과를 충분히 인식하지 못한 채, 때로는 이것을 계약에 의해서 국가를 창설할 수 있다는 예로서 사용하기는 하였다. 이러한 계약이 반대로 추상적인 이론을 실현한다는 점은 꿈에도 생각하지 못하였다.

개인의 시원적인 권리도 이 시대에 종교적인 학설에 근거하여 비로소 명확해지고 정열적으로 강조되었다. 소유권과 자유란 원래 모든 아담의 자손들에게 주어진 것이다. 「자연권」(natural rights)은 독립교회주의의 문서들 중에서도 그렇게 명시되어 있다. 즉 「우리들은 모두 자연적이며 생래적인 자유와 소유권을 부여받았다」라는 것이 「분파주의자」(Sektierer)의 주요 명제이다.96)

1647년 10월 28일에는 크롬웰 군대의 군사회의에서 수평파(Levellers)*가 작성한 영국의 새 헌법초안인 인민협약(Agreement of the People)이 제출되었다.97) 이 초안은

이에 관하여는 참조. Gardiner, Constitutional documents of the Puritan Revolution, Oxford 1889, p. 54 ff.; Walker, A history of the Congregational churches in the United States, New York 1894, p. 25, 66 ff. 나아가 우수한 저작 Rieker, Grundsätze reformierter Kirchenverfassung 1899, p. 73 ff. 영국에 있어서의 국가와 교회와의 분리라는 사상과 종교개혁론과의 관계에 대해서는 또한 E. Tröltsch, Realencyklopädie für prot. Theologie und Kirche, 3. Aufl. s. v. Moralisten S. 445 ff.; K. Rothenbücher, Die Trennung von Staat und Kirche 1908, S. 28 ff. 참조.

96) "for by **naturall** birth all men are equally and alike born to like property, liberty, and freedom; and as we are delivered of God by the hand of nature into this world, every one with a naturall innate freedom, and propriety, and even so are we to live, every one equally and alike to enjoy his birthrights and propriety." The Clarke Papers ed. by C. H. Firth I, Preface, p. LXII (aus dem Bericht von Thomas Edwards in seiner Gangraena).

97) Anhang I (S. 78 ff.)(본서 990면 이하) 참조. 이 협약의 원문은 Gardiner, History of the great civil war III, London 1891, p. 607-609 (new ed. 1898, III, p. 392-394)(본서 996-998면)에 처음으로 다시 수록되었다. 부분적으로 이 협약은 Foster, Commentaries on the Constitution of the United States I, 1896, p. 49 f.에 원문 그대로 수록되어 있다. 이 중요하고 흥미 있는 문서의 성립에 관하여는 The Clarke Papers I. 나아가 Gardiner, History III, p. 219 ff. (375 ff.); Bernstein, Geschichte des Sozialismus in Einzeldarstellungen I 2, S. 60 ff., 533 ff., Foster, l. c. p. 46,

후에 여러 차례 수정·증보된 후98) 영국 국민이 서명하도록 국민에게 공개할 것을
요구하는 청원서와 함께 국회에 제출되었다.99) 이 주목할 만한 문서에서 그 이후의
미국인의 것과 유사하게 의회의 권력은 제한적으로 언명되었으며, 장차 국민의 대표가
입법권을 가진다고 하더라도 제한할 수 없는 몇 가지 사항들이 열거되고 있다. 우선
먼저 거론된 것은 종교의 자유에 관한 사항이며, 이것은 오로지 양심이 명하는 바에
맡겨야 한다는 것이다.100) 그리고 이러한 권리는 생래적인 권리, 즉 「타고난 권리」(native
rights)에 속하는 것으로 국민은 있는 힘을 다하여 모든 침해 요소로부터 이를 보존할
것을 굳게 결의한 것이다.101)

영국의 이 문서는 법률안 중에서 종교의 자유가 생래의 권리라고 주장된 것으로 처음이
자 마지막이다. 종교의 자유는 오늘날의 영국에서는 사실상의 법적 상태에 따라서 인정되
고 있으나, 명문으로 규정된 원리로서 인정된 것은 아니다.102)

북아메리카의 영국인 식민지에서 종교를 둘러싼 상황은 이와 다른 형태로 전개되었다.

여기에서는 영국 본토에서 박해를 받아 추방당한 조합교회파의 필그림 파더즈(Pilgrim
Fathers) 일단이 1620년 11월 11일에 뉴플리머스(New-Plymouth)를 건설하기 전에
「메이 플라우어」(May Flower)호 선상에서 체결한 계약이 유명하다. 그 당시 41인의
남자는 하나의 문서에 서명하고, 거기에서 「하나님의 영광을 위하여, 그리스도의 복음을
전파하기 위해서, 그리고 국왕과 조국의 명예를 위하여 식민지를 건설하려고 한다」라고
선언하였다. 그리하여 그들은 이 선언에 근거하여 하나의 정치적·시민적 단체로 결합하
고, 선량한 질서를 유지하고, 그들의 소기의 목적을 달성하기 위해서 법률을 공포하고
관리를 임명할 것과, 이에 따를 것을 서로 약속한 것이다.103)

이것을 시초로 하여 영국에서 이주한 사람들은 「식민계약」을 체결하기 시작하였는데,
그들은 새로운 식민지를 건설함에 있어서 그들의 종교적 및 정치적인 원리들에 따라서
이와 같은 「식민계약」을 체결하는 것이 필요하다고 생각한 것이다. 여기서는 이러한
「식민계약」을 종교의 자유와 관련된 것만을 고찰하기로 한다.

1629년에는 매사추세츠 제2의 식민지인 셀렘(Salem)이 청교도에 의해서 건설되었다.

W. Rothschild, Der Gedanke der geschriebenen Verfassung in der engl. Revolution 1903, S.
92 ff. 참조.

98) 최종적인 텍스트는 Gardiner, Constitutional documents of the Puritan Revolution, Oxford 1889,
p. 270-282.

99) Gardiner, History III, p. 568 (IV, p. 295).

100) 「우리들은 종교 사항이나 신을 숭배하는 방법을 어떠한 인간의 권력에도 절대로 위임하지 아니한다」.
Gardiner, History III, p. 608 (393).

101) Gardiner, History III, p. 609 (394)에 수록된 텍스트 참조.

102) Dicey, a. a. O., p. 240 ff. 참조. 여기서는 종교적인 사상 표현의 자유를 보다 많이 제한하는 법률에
언급하고 있으며, 그 법률은 물론 시대에 뒤떨어진 것이지만 형식적으로 폐지되지는 않았다.

103) 이 문서의 완전한 텍스트는 Poore I, p. 931에 수록되어 있다. 이주민들이 독립국가를 건설하려는
뜻이 적혔던 것은 이 문서 전체에서도 명백하며, 이 문서에서 그들은 자신을 「우리의 경외하는 국왕
제임스의 신민」(subjects of our dread Sovereign Lord King James)라고 부른다.

그들은 모국에서 자신들이 당한 박해는 생각하지도 않고 자기들의 종교적 원리들과 일치하지 않는 자들에 대해서는 단호하게 대처하였다. 1631년에는 로저 윌리엄스(Roger Williams)라는 한 젊은 독립교회주의자가 매사추세츠에 상륙하자마자 곧 셀렘 교구의 목사로 선출되었다. 그러나 그는 교회와 국가의 완전한 분리를 설교하면서 절대적인 종교의 자유를 촉구하였는데, 그것도 단지 기독교인 전체에 대해서 뿐만 아니라 유대인·튀르키예인·이교도, 나아가서는 반기독교인에 대해서까지 그들의 종교의 자유를 요구하였다. 이와 같이 기독교도가 아닌 사람들도 국가에 있어서 동등한 시민적 및 정치적 권리들을 가져야 한다는 것이었다. 인간의 양심이란 오로지 그 인간의 것이지 국가의 것은 아니라는 것이다.104) 이에 협박을 받고 셀렘에서 추방된 윌리엄스는 1636년 몇몇 신도와 함께 나라간세트-인디안(Narraganset-Indian)이라는 지역에서 프로비던스(Providence [섭리]) 시를 건설하였으며, 이곳은 종교상의 이유로 박해를 받은 사람들의 피난처가 되었다고 한다. 이 시 건설의 기초가 된 계약에서 분리주의자들은 자기들이 다수결로 정한 법률에 따를 것을 약속하고 있는데, 그것은 「오직 세속적인 사항에서만」(only in civil things) 그러하였고, 종교는 전혀 입법의 대상이 되지 아니하였다.105) 그리하여 여기에서 처음으로 종교상의 신념에 대한 무제한한 자유가 인정되기에 이르렀는데, 그것도 아주 열렬한 신앙심을 가진 한 사람에 의한 것이었다.

이러한 이념의 기원을 이보다 더 거슬러 올라가 추적해 낸 것은 역사적인 연구에서였다. 이러한 이념은 우선 먼저 세례파(Täufertum [뱁티스트])로 거슬러 올라가는데, 영국의 경우에는 브라운이 이 세례파와 접촉한 바 있으며, 로저 윌리엄스도 한동안 이에 관계한 적이 있다. 그러나 이러한 연관성은 아직 상세하게 입증되지는 않고 있다.106)

윌리엄스는 아직 그 성장과정이 명확하게 밝혀지진 않았지만, 종교의 자유처럼 매우 다기(多岐)한 역사에서 아주 독특한 지위를 차지하고 있다. 18세기에 이르기까지 이러한 이념을 전후한 모든 선구자들 가운데 그는 어느 누구보다도 이론과 실제에 있어서 탁월하였다. 매우 명민한 사상가들까지도 ── 그것이 단지 정치적인 이유에서 비롯된 것이라고

---

104) 윌리엄스에 관하여는 Weingarten, S. 36 f., Bancroft I, p. 276 ff. (rev. ed. I, p. 285 ff.), Masson, The life of John Milton II, p. 560 ff. 참조. 최근의 문헌으로는 Gooch, English democratic ideas in the seventeenth century, Cambridge 1898, p. 83 ff., Merriam, A history of American political Theories, New York 1903, p. 7 ff. 이 두 개의 저작에서는 윌리엄스와 신권정치적(神權政治的)인 생각을 지닌 존 커튼(John Cotton)과의 중요한 논쟁이 상세하게 서술되어 있다. 독립교회주의가 무조건적인 신앙의 자유에까지 이른 경위는 Weingarten, S. 110 ff.에 상세하게 서술되어 있다.

105) Samuel Green Arnold, History of the State of Rhode Island I, New York 1859, p. 103; Records of the Colony of Rhode Island and Providence Plantations, in New England (ed. by John Russel Bartlett) Providence 1856 ff. I, p. 14.

106) 이 운동의 발단에 대해서 연구하는 것은 교회사가에게는 확실히 중대한 의미가 있지만 여기서 해명해야 할 과제를 초월한 것이다. 보고로서는 Troeltsch, Die Bedeutung des Protestantismus für die Entstehung der modernen Welt, Hist. Zeitschrift Bd. 97 (1906), S. 39 ff., Histor. Bibliothek Bd. 24 (1911), S. 61 ff.; Soziallehren der christlichen Kirchen 1912, S. 761 ff.; Rothenbücher, Trennung von Staat und Kirche 1908, S. 29 ff.; W. Hasbach, Die moderne Demokratie 1912, S. 11 N. 2; Wolzendorff, Staatsrecht und Naturrecht 1916, S. 364 f.

하더라도 —— 종교적이든 비종교적이든 신념을 나타내는데 있어서 어떠한 제한도 요구하지 아니한 사람은 없었기 때문이다.

윌리엄스는 자신의 이론을 가장 포괄적이고 명확하게 12개의 명제를 서술하였는데, 이것은 그가 1644년 런던에서 출판된 「양심으로 인한 피비린내 나는 박해에 관한 가르침」이라는 책의 요지로서, 의회의 양원에게 보낸 것이다.[107] 그는 모든 종교적인 사항에 대한 박해는 그리스도의 가르침과 전적으로 어긋난다는 명제를 제시하면서 계속하여 이렇게 설명한다. 즉 「모든 국가는 그 본질상 현세적인 영역에 제한되어 있으므로, 종교적인 사항에 간섭해서는 안 된다. 이교도・유대교도・튀르키예인 또는 반기독교인들의 양심(Gewissen)과 예배라고 하더라도 이것을 **모든 사람에게, 또한 모든 민족과 국가에서** 자유롭게 행사될 수 있어야만 한다는 것이, 그리스도 이후 하나님의 뜻이자 명령이며, 이들에 대해서는 단지 하나님의 말씀과 성령의 검(劍)으로만이 대적해야 한다는 것이다. 국가적으로 신앙의 통일을 강요한다는 것은 세속적인 것과 종교적인 것을 혼동하는 것이며, 기독교의 원리와 국가의 원리를 부정하고 예수 그리스도가 육신의 몸을 입으셨다는 것을 부정하는 것이다. 시민이 일치하여 복종하도록 국가가 사려 깊게 배려한다면, 이러한 자유만이 하나님의 뜻에 따라서 확실하고 지속적인 평화를 보장해 줄 수 있다는 것이다. 진정한 시민적 제도와 기독교, 이 두 가지는 유대교이건 이교도이건 간에 다양하고 서로 대립하는 양심이 허용되어야 한다 하더라도, 한 국가 안에서 함께 번영할 수 있다」는 것이다.

프로비던스 출신인 19인의 이주자가 1638년 식민지 아퀴드네크(Aquedneck) —— 오늘날의 로드아일랜드 주에서의 두 번째 식민지 —— 를 건설한 것도 마찬가지로, 형식상 아주 주목할 만한 계약이 체결된 이후였다.[108]

그렇지만 새로운 식민지를 건설하기 위해서는 사회계약을 체결하는 것이 필요하다는 생각은 오랫동안 로저 윌리엄스만큼 양심의 자유를 인정하지 못했던 사람들에게 있어서도 지배적인 이념이었다. 코네티컷 주를 건설한 청교도들 역시 매사추세츠 주에서 이주한 사람들이었는데, 이 코네티컷 기본법에서 이주민들은 복음의 자유와 그들이 실행하고 있는 교회 규율을 유지하고, 시민적 사항에 대해서는 법률에 따라서 통치하기 위해서 하나님의 말씀에 따라 하나의 정치단체로 단결할 것을 선언하고 있다.[109] 청교도들은

---

107) The Bloudy tenent of Persecution, for cause of Conscience, p. 1 f.

108) 「우리들 아래에 서명한 자는 여기에 여호와 앞에서 엄숙하게 정치단체를 조직한다. 그리고 여호와의 도움으로 우리들의 신체와 생명과 재산을 왕 중의 왕, 주 중의 주인 주 예수 그리스도에게 맡긴다. 주의 성스러운 진리의 말씀에서 우리들에게 내려주신 모든 완전하고 절대적인 법에 따라서 우리를 인도하고 심판한 것을. - 출애굽기 24: 3-4; 역대하 11: 3; 열왕기하 11: 17」.("We whose names are underwritten do here solemnly, in the presence of Jehovah, incorporate ourselves into a Bodie Politick, and as he shall help, will submit our persons, lives and estates unto our Lord Jesus Christ, the King of Kings and Lord of Lords, and to all those perfect and most absolute laws of his given us in his holy word of truth, to be guided and judged hereby. —— Exod. XXIV, 3, 4; 2 Chron. XI, 3; 2 Kings XI, 17"). Arnold, p. 124.

109) 코네티컷 기본법(Fundamental orders of Connecticut), Poore I, p. 249.

그들 모국의 교회 상황에 반대하였으므로, 그들 스스로는 거의 관용을 베풀려고 하지 않았음에도 불구하고, 적어도 자신들의 국가는 우선적으로 종교의 자유가 실현되어야 한다는 생각에서 출발하였다. 물론 이 자유는 그들에게 있어서 그들 자신의 종교적인 신념을 자유롭게 실천에 옮김으로써 나타났다.

국가도 정부도 계약에 기초한다는 사상은 개인의 자유에 대한 미국인의 견해가 어떻게 전개되었는가를 살펴보는 데 있어서 매우 중요한 사상이 되는데, 이 사상은 신세계에서 역사적 상황이라는 힘에 의해서 강화된다. 일단의 사람들이 새로운 공동체(Gemeinwesen)를 신설하기 위해서 이주하고 광활한 지역에 흩어져, 적막한 원시림 가운데서 그들의 개간 작업을 하기 시작하였다.[110] 따라서 그들은 국가를 벗어나서도, 즉 자연상태에서도 살 수 있다고 믿고, 또한 이러한 자연상태에서 벗어나는 경우에는 지상의 어떤 힘에 의해서가 아니라 자신의 자유의사에 따른 것이라고 생각한다. 그들은 인원수가 얼마 되지 않았으므로 처음에는 대표가 필요 없었고, 결정은 시의회(Gemeinde, town meeting)에서 모든 공동체 구성원들에 의해 이루어졌다. 이와 같이 주어진 상황에 따라 직접민주주의의 형태가 자연스럽게 발생하게 되었고, 그럼으로써 영국의 견해에는 상응하지 않는 국민주권이라는 이념이 입법과 통치의 기초로 확립된 것이다. 따라서 이러한 정치관 ── 1776년의 미국인들은 이 정치관에 의해 고무된 것이다 ── 은 초기 국가건설에 참여한 세대에게는 그 자체가 의심할 여지가 없는 진리로 여겨졌던 것이다. 그리하여 독립선언에 명시되어 있듯이, 그러한 정치적 견해들은 「자명한 것」(self-evidence)이 된다.

로저 윌리엄스가 그처럼 열렬하게 투쟁한 종교의 자유라고 하는 근원적 권리는 17세기 중에도 공식적으로 법적인 승인을 받게 되었는데, 제일 먼저는 1647년의 로드아일랜드 법전에서이며, 그 다음은 1663년 찰스 2세(Charles II)가 로드아일랜드 식민지와 프로비던스 이주민에게 수여한 특허장(Charte)에서이다.[111] 여기에서는 식민지인의 청원을 받아들여 영원히 기억해야 할 것으로서 이렇게 규정하고 있다. 즉 위에 적은 식민지에서는 장래에 어느 누구도 종교적인 사항에서 다른 견해를 가지고 있다는 이유로 불이익을 당하거나 처벌 또는 소추되어서는 안 되며, 모든 사람은 평화적으로 행동하는 한, 방자한 행동을 하거나 신성 모독을 위해서, 또한 타인을 모욕하거나 방해하기 위해서 자유를 남용하지 아니하는 한, 항상 완전한 양심의 자유를 가져야 한다는 것이다.[112] 당시

---

110) 뉴잉글랜드에 이민 온 사람의 총수는 1640년에는 최고 22,000인이었다. 그 중 뉴 플리머스에 온 사람이 3,000인, 코네티컷에는 2,000인 이하이다. Masson, a. a. O. p. 548-550 참조.

111) 식민지는 모국으로부터 멀리 떨어져 있었기 때문에 이러한 자유를 보장하는 것은 당시의 영국의 사정과는 상반되는 것이었으나 위험하지 않은 것으로 보였다. 더구나 찰스 2세가 매사추세츠로부터 분리된 이들 식민지를 가능한 한 우대하려고 한 것은 퓨리턴에 대한 그의 반감 때문이었다.

112) " ── our royall will and pleasure is, that noe person within the sayd colonye, at any time hereafter, shall bee any wise molested, punished, disquieted, or called in question, for any differences in opinione in matters of religion, and doe not actually disturb the civill peace of our sayd colony; but that all and everye person and persons may, from tyme to tyme, and at all tymes hereafter, freelye and fullye have and enjoye his and their owne judgments

영국에서 가장 격렬하게 논란의 대상이 된 것은 이 특허장에 의해서 미국의 식민지에 보장된 것이다. 대체로 유럽에서 이와 유사한 원칙이 인정된 것은 프로이센에 있어서의 프리드리히 대왕 시대의 관행에서 비롯한다. 그러나 미국의 다른 식민지에서도 그 범위에 다소 차이가 있기는 하지만 종교의 자유라는 이 원리가 승인되기에 이른다. 그중에서도 메릴랜드에서 일어난 사건은 중요한 의미를 지닌다.[113] 볼티모어 경(Lord of Baltimore), 조지 칼버트(George Calvert)는 영국의 프로테스탄트 내부에서의 항쟁에 염증을 느껴 가톨릭으로 개종하였는데, 그가 메릴랜드를 위해서 찰스 1세에게 특허장을 간청하였으나, 그가 죽은 후 그의 아들 세실(Cecil)이 받았다(1632). 그의 노력은 박해를 받은 가톨릭 교도에게 피난처를 마련해 주는 것이었다. 그리고 메릴랜드에서는 어느 하나라도 진정한 기독교 신앙에 불리하도록 규정되어서는 안 된다는 국왕의 특허장의 문언을 관용이라는 의미로 해석함으로써 1637년 제1차 입법회의는 최초의 법률로서 「신성 교회」의 자유를 결의하였다. 이보다 1년 전에 볼티모어에서는 식민지 관리들에 대한 선서문이 작성되었는데, 그 가운데 한 구절에서는 예수 그리스도를 믿는 자는 누구도 그 신앙을 이유로 하여 박해를 받지 아니한다고 약속되어 있었다. 그 후로 각인은 그 「신성 교회」의 자유를 자기 나름대로 이해하는 것이 허용되었으며, 1649년에는 종교관용령(The Toleration Act)에 의해서 예수 그리스도를 믿는 모든 신자에게 종교행위의 자유가 인정되기에 이른다. 그러나 후에는 우선은, 관용을 베풀려고 하지 않는 청교도들 때문에, 그 다음에는 메릴랜드가 영국 국교회를 받드는 왕령(王領) 식민지로 변함에 따라 가톨릭 신자에 대한 이 관용은 파기되어 버렸다. 앞서 말한 이 두 사람의 볼티모어인은 당연히 가톨릭 신자로서는 처음으로 양심의 자유를 위해 싸운 선구자로서 높이 칭송할 만하다. 그러나, 그들의 업적은 로저 윌리엄스의 업적과는 구별된다. 그것은 단지 그들이 종교상의 자유가 허용되는 범위를 로저 윌리엄스보다 훨씬 더 협소하게 한정시켰다는 이유에서 뿐만 아니라, 그것이 종교적인 자각을 요구하는 것으로서는 나타나지 않았기 때문이다.[114] 샤프츠베리(Shaftesbury)*와 다른 사람들의 위탁으로 로크가 노스캐롤라이나를 위하여 작성한 그 기묘한 헌법* 역시 — 이 헌법은 1669년 노스캐롤라이나에서 시작되었는데 『시민정부

---

and consciences, in matters of religious concernments, throughout the tract of lande hereafter mentioned; they behaving themselves peaceablie and quietlie, and not useing this libertie to licentiousnesse and profanenesse, nor to the civill injurye or outward disturbeance of others; any lawe, statute, or clause, therein contayned or to bee contayned, usage or custome of this realme, to the contrary hereof, in any wise, notwithstanding." Poore II, p. 1596 f.

113) Fr. Ruffini, La libertà religiosa I, 1901, p. 298 ff., Bancroft I, chapt. VII. 참조. 이 두 사람의 볼티모어인에 대해서는 Ernest Lloyd Harris, Church and State in the Maryland Colony. Heidelberger philos. Inauguraldissertation 1894, S. 9 ff.

114) 이 점에 관하여는 Max Weber, Die protestantische Ethik und der Geist des Kaitalismus (Archiv f. Sozialwissenschaft und Sozilapolitik III, 1905), S. 43 N. 78의 상세한 논술 참조. 이 논문을 쓰게 된 동기는 제국의회 의원 그뢰버(Gröber)의 1905년 2월 8일의 연설이다(Sten. Berichte XI1 Bd. 6, S. 4382 B). 종교적 관용과 정치적 관용의 구별에 관하여는 또한 Gröber, a. a. O. S. 4381 C. u. D.

론』(Two treatises on government)의 원리들과는 거의 일치하지 않는다 ── 완전한 권리
평등이라는 원리에 기초한 것은 아니지만, 종교상의 의견을 달리하는 자에 대하여 유대교
도나 이교도라도 관용으로 대한다는 원리에 기초를 둔 것이었다.[115] 그것에 의하면
어느 종교라도 7인마다 교회 혹은 신앙 단체를 설립하는 것이 허용되어 있다.[116] 어떠한
종교상의 박해도 배척되며, 모든 주민은 17세가 된 때에는 어떤 단체(Gemeinschaft)에
소속할 것인지를 언명하고, 한 교회에 등록하도록 되어 있다. 이 의무를 이행하지 아니한
경우에는 법률의 보호를 받지 못하게 된다.[117] 또한 어떠한 종교 단체건 그것을 침해하는
행위는 엄격하게 금지되어 있다.[118] 이렇게 볼 때 정치적 자유의 원칙들이라고까지는
말하지 못하더라도, 종교상의 자유라는 길을 개척하는 것이 로크가 원하는 바였음을
알 수 있다. 관용에 대한 유명한 저서들에서는 양심의 권리를 그렇게도 열렬하게 옹호했던
로크가 『시민정부론』에서는 이 권리를 전혀 문제로 삼지 않고 있다. 그럼에도 불구하고
노스캐롤라이나 헌법에서 알 수 있듯이, 이 권리는 로크의 실제 견해에 있어서 가장
우선적인 위치를 차지하고 있다. 로크에 있어서도 양심의 자유는 첫 번째의 가장 신성한,
다른 모든 권리를 능가하는 권리로서 나타난다. 자유가 인간의 천부불가양의 권리라고
주장한 이 철학자도 자기 자신이 규정한 국가조직에서 농노제와 노예제가 규정되도록
용인하긴 하였으나, 종교적 관용에 대해서는 아주 정열적으로 새로운 봉건국가에서
관철시키고 있는 것이다.

　　그 밖의 식민지 중에서는 뉴저지가 1664년에, 뉴욕이 1665년에 광범위한 관용을
공포하였다.[119] 뉴욕은 이미 네덜란드의 지배 아래 있을 때에 종교에 관하여 자유주의적
인 원리들을 표방하고 있었는데, 1683년에는 예수 그리스도를 믿는 자는 누구든지 의견이
다르다는 이유로 인하여 어떠한 근거에 의해서든지 불이익을 당하지 아니한다고 선언하기
에 이르렀다. 이와 같은 해에 윌리엄 펜(William Penn)*은 국왕으로부터 소유지를 부여받
아 자기 아버지의 이름을 따서 펜실베이니아라고 명명한 식민지에 민주주의를 기초로
한 헌법을 부여하였는데, 그 가운데에는 하나님을 믿는 자는 누구든지 어떠한 방법에
의해서든 종교적 행위를 강요하거나 그 밖에 다른 어떠한 불이익도 받지 아니한다고
선언되어 있다.[120] 또한 나중에 (1701년) 펜이 발포하여 1776년까지 실시한 헌법에서
우선적으로 강조되고 있는 것은 최대한의 시민 권리로 무장되었다고 하더라도, 양심의
자유가 인정되지 않으면 국민은 진실로 행복할 수 없다고 되어 있으며,[121] 그 마지막

115) 캐롤라이나에서는 이미 1665년의 특허장에서 종교상의 관용이 인정되고 있었다. Poore II, p. 1397.
　　로크 자신은 완전한 종교의 자유를 인정하려고 하였다. Laboulaye I, p. 397 참조.
116) 제97조, Poore II, p. 1406-1407.
117) 제101조, Poore II, p. 1407.
118) 제101조, 제106조, Poore II, p. 1407.
119) C. Ellis Stevens, Sources of the Constitution of the United States, New-York 1894, p. 217.
120) Laws agreed upon in England Art. XXXV. Poore II, p. 1526.
121) Charter of privileges for Pennsylvania Art. I. Poore II, p. 1537; Gourd, a. a. O. I, p. 305.
　　관직에 취임하기 위해서는 예수 그리스도를 구세주로서 믿는다는 고백이 필요했지만 특정한 종파까지

부분에서는 그 자신과 후손을 위하여 엄숙하게 이렇게 서약하고 있다. 즉, 국민이 명백하게 승인한 이 자유는 영원히 침해되어서는 안 되며, 이 조항의 문언은 어떤 점에서도 변경되어서는 안 된다는 것이다.[122] 동시에 기본법의 규범에는 일종의 「영원히 유효한 법」(lex in perpetuum valitura)이라는 힘이 부가되어 있다.

매사추세츠는 1692년 윌리엄 3세로부터 특허장을 받았는데, 여기에서는 1688년의 영국의 「관용령」을 모범으로 하여 가톨릭 신자들을 제외한 모든 기독교 신자들에게 완전한 양심의 자유가 보장되었으며,[123] 조지아에서도 1732년 조지 2세로부터 이와 유사한 법률이 부여되었다.[124]

그러나 국교주의적인 체제가 도입되고 있던 다른 식민지에서는 초기에 청교도의 신정 정치가 행해졌던 매사추세츠와 마찬가지로, 매우 가혹한 불관용이 지배하고 있었다.[125] 종교의 자유라는 사상에 호의를 가지고 있던 식민지에서까지도 가톨릭 신자들은 뒤로 밀려나 있었다.[126] 그러나 이러한 가톨릭신자들에 대한 불이익한 처우는 종교적인 이유에서라기보다는 정치적인 이유, 즉 「가톨릭 제도」(popery)*에 대한 불안 때문이었다. 이른바 위협적인 교황의 통치는 가톨릭을 통하여 프로테스탄트의 세계를 다시 가톨릭화 하는 데에 그 최종 목표를 두고 있었기 때문이다.[127] 종교개혁에 반대하는 사건들, 즉 루이 14세 때의 무력박해(Dragonnade),* 그리고 무엇보다도 프로테스탄트 국가인 영국과 제임스 2세와의 전쟁 등이 영국에서도 미국에서도 가톨릭에 대한 공포를 야기시켰는데, 당시 가장 고매한 정신의 소유자들도 이러한 공포에서 완전히 벗어날 수는 없었던 것이다. 앵글로색슨 세계에 있어서 관용에 대한 위대한 선구자라 할 수 있는 존 로크 — 그의 이론은 유럽 대륙에 그만큼 큰 영향을 미쳤다 — 도 국가에 대해서 위험한 이론이라는 이유 때문에 가톨릭 신자들을 관용의 대상에서 제외시켰으며,[128] 루소도 후에 로크가 요구한 바를 사회계약론에서 섭취한 것이다.[129]

그럼에도 불구하고 18세기에 들어와서는 종교의 자유라는 이념과 더 나아가서 교회제도로부터 국가제도의 독립이라는 이념이 강력하게 더욱더 발전하게 된다. 유럽과는 달리 미국에서는 기성 종교를 인간 계몽 사상으로 대치시키려는 노력이 한 번도 일어나지 않았는데, 그것은 이러한 대규모적인 전개 역시 종교적인 기반 위에서 일어났기 때문이다. 일련의 원인들이 함께 작용하여 일찍이 존재하던 맹아들이 종교적인 신념에 관한 완전한

고백할 필요는 없었다.

122) 제8조 3항.
123) Poore I, p. 950. 이에 관하여는 Lauer, Church and Stat in New-England, in den Johns Hopkins University Studies, 10th Series II-III, Baltimore 1892, p. 35 ff.
124) Poore I, 375.
125) Ruffini, p. 298, 315 ff.
126) a. a. O. p. 314 f.
127) A. O. Meyer, Der Toleranzgedanke im England der Stuarts, Hist. Zeitschr. Bd. 108 (1912), S. 255 ff. 참조.
128) Ruffini, a. a. O. p. 120 f.
129) IV 8.

자유, 예배의 자유, 그리고 시민의 자유와 정치적 자유의 독립으로 형성되어 갔던 것이다. 즉 그러한 원인들이란, 국가교회에 대해서 독립을 쟁취하고자 고투하는 각종 종파들의 존재, 이주민의 증가, 그리고 그에 따른 종파들의 혼란 증가, 그리하여 마침내는 종교적 감정이 새롭게 고양된 것, 즉 「위대한 각성」에 이른 것 등이다.130)

17세기의 로저 윌리엄스처럼 18세기에는 조나단 에드워즈(Jonathan Edwards)가 순수한 종교단체로서의 교회의 독립을 위해서 매우 영향력이 큰 운동을 전개하였고, 이것으로써 그는 미국에서 종교적인 것이 세속적인 것으로부터 완전히 독립되어야 한다는 이론이 나아갈 길을 열어주었다.131)

이리하여 종교의 자유의 원칙은 다소 차이는 있으나, 미국에서 헌법상 승인되기에 이른다. 이 원칙은 미국의 민주주의를 낳게 한 종교적·정치적 운동과 가장 깊게 연관되어 있는 곳으로 다음과 같은 확신에서 비롯된 것이다. 즉 인간에게는 시민에게 주어진 권리가 아닌 태어나면서부터 부여받은 권리가 있는데, 그것이 곧 양심의 활동, 즉 종교적인 의식(意識)을 표현하는 것으로서 이것은 침범할 수 없도록 보다 상위의 권리를 행사하는 것으로서의 국가와 대립되어 있다는 것이다. 그토록 오랫동안 억압되어 온 이 권리는 마그나 카르타와 기타 영국의 여러 법률들이 규정한 자유와 권리들처럼 선조로부터 물려받은 「상속 재산」(inheritance)이 아니다. 즉 이 권리는 국가가 아니라 복음이 공포한 것이다.

이 원칙은 유럽에서는 그 당시 그리고 훨씬 이후에도 단지 약간의 조합에서만 공식적으로 표현되고 있을 뿐이며,132) 그 밖에는 16세기 모어(More)와 보댕(Bodin)에서 시작하여 그 다음 계몽주의 시대에 정점에 달했던 거대한 정신적 조류 속에서만 문헌상으로 옹호되고 있을 뿐이었는데, 이에 대하여 로드아일랜드와 그 밖의 식민지에서는 이미 17세기 중엽에 국가원칙으로 승인되었던 것이다. 양심의 자유가 권리로서 선포되고, 그럼으로써 입법자가 명확하게 승인해야만 하는 일반적인 인권 사상이 발견된 것이다. 1776년에 이 권리는 모든 권리장전에서 대부분 강조된 형식으로, 더구나 눈에 띄는 위치에 이것을 생래적인 자연권으로 명시되어 있다.133)

---

130) Ruffini, a. a. O. p. 317.

131) 에드워드와 그 학파에 관하여는 Encycl. Brit. s. v. Edwards, Jonathan; B. B. Warfield in Encycl. of Religion and Ethics V, 1912, p. 221 ff.; Rothenbücher, a. a. O. S. 129 참조.

132) 영국에서는 윌리엄과 메리 치세 제1년의 관용령(Toleration Act) 제18장에서 처음으로 이교도 (Dissenter)에 대한 관용을 인정하고, 앤 여왕 치세 하에서는 다시 제한되었다가 조지 1세 때에 재확인되었다. 조지 2세 이후에는 이교도도 관직에 취임하는 것이 허용되었다. 그러나 가톨릭 신도와 유대교도에 대한 제한은 주지하듯이, 19세기가 되어서 비로소 철폐되었다. 독일에서는 오스나브뤼크 강화조약에 의한 보잘것없는 승인 후에는 1781년 요제프 2세의 관용칙서(Toleranzpatent), 프리드리히 대왕 시대의 원칙을 법전화 한 1788년 7월 9일의 프리드리히 빌헬름 2세의 칙령, 그리고 특히 프로이센 일반 란트법(das preußische Allg. Landrecht, Teil II, Titel 11 §1 ff.)에 의해서 비로소 초기 미국의 사정과 유사한 상태가 창조되었다.

133) 합중국을 건설함에 따라서 특정한 종교를 우대하는 것은 그 주민과 종파가 매우 다양하기 때문에 정치적으로는 모두 불가능하게 되었다. 그러나 물론 모든 종파의 소속 신도에게 완전히 정치적으로 평등한 권한을 부여하는 방향에서의 양심의 자유를 실현하는 것은 주에 따라서 다른 것이 되었다.

이 권리의 성격에 관하여 뉴햄프셔의 권리장전은 다음과 같이 강조하고 있다. 즉 자연권 중에 몇몇은 아무도 그에 상응하는 대체물을 제시할 수 없기 때문에 양도할 수 없는 권리가 존재한다. 양심에 관한 권리들이 바로 그러하다는 것이다.[134] 불가양의, 타고난, 신성한 개인의 권리들을 법률로써 확립한다는 이념은 정치적인 것이 아니라 종교적인 데에 그 근원이 있다. 지금까지 혁명의 업적이라고 간주되어 왔던 것이 사실은 종교개혁과 그 투쟁의 결실이라는 것이다. 이러한 이념의 첫 번째 사도는 라파예트가 아니라 저 로저 윌리엄스이다. 그는 강력하게 깊은 종교적 열정에 사로잡혀 황야로 이주하여 신앙의 자유에 입각한 왕국을 건설하였다. 그리하여 그의 이름은 오늘날에도 여전히 미국인들이 깊은 존경심을 가지고 부르는 것이다.

VIII. 자연법론만으로 인간과 시민의 권리체계가 형성되지는 아니한다

이제 다음에서는 자연권과 그 밖의 다른 정신적인 힘들이 입법자를 통하여 이 권리선언의 이념에 미친 영향을 살펴보기로 한다.

후세의 권리의 본질과 종류에 관한 견해에 매우 커다란 영향을 미친 것은 유스티니아누스(Justinianus)*의 『법학제요』(Institutionen)이다.[135] 법을 자연법(ius naturale), 만민법(ius gentium), 그리고 시민법(ius civile)으로 나누는 것은 중세 전체를 통하여 자주 있던 일이다. 이러한 구분은 세비아의 이시도르(Isidor von Sevilla)*에서 시작하여, 그라티아누스(Gratian)*를 거쳐 토마스 아퀴나스*에 의해서 그 절정에 이르렀다.[136] 자연법은 그 기원이 신에서 유래하는 것이며, 이리하여 신의 법과 인간의 법의 대립이

뉴욕은 로드아일랜드에 이어서 국가와 교회를 분리시킨 최초의 주였다. 거기에 뒤따른 것은 먼저 제퍼슨 지도 하의 1786년의 버지니아이다. 이에 관하여는 Th. Jefferson, Notes on the State of Virginia, Philadelphia 1788, Qu. 17 und Appendix III. 많은 주에서는 여전히 얼마 동안은 프로테스탄트냐 아니면 적어도 기독교도냐 하는 신앙고백이 관직의 취임에 필요하였다. 오늘날에도 여전히 몇몇 주에서는 신, 영혼의 불멸, 내세의 응보를 믿는다는 것을 관직의 취임을 위하여 요구하고 있다. 매사추세츠는 그 권리장전에서 신을 경외하는 권리뿐만 아니라 신에 대한 신앙의 의무도 규정하고 있었으며, 교회에 가지 않는 경우에는 1799년에도 여전히 형벌을 부과하고 있었다. 19세기 중에는 이런 저런 제한들도 얼마 남지 않고 폐지되었다. 합중국에 대해서 정치적 권리의 행사는 헌법 제6조에 의해서 종교적 고백으로부터 완전히 독립하게 되었으며, 또한 유명한 수정 제1조에 의해서 종교에 관한 모든 우대나 냉대는 금지되고 있다. 개별 주에 있어서의 오늘날의 상태에 대해서 상세한 것은 Cooley, Kap. XIII, p. 541-586. 나아가 Rüttimann, Kirche und Staat in Nordamerika (1871); Freund, Öff. R. d. Ver. St. v. Amerika 1911, S. 328 참조.

134) Among the natural rights, some are in their very nature unalienable, because no equivalent can be given or received for them. Of this kind are the RIGHTS OF CONSCIENCE. Art. IV. Poore II, 1280.

135) Inst. 1, 2.

136) c. 7 D. 1; Thomas von Aquino, Summa Theologica I" qu. 94. qu. 95 art 4. (이진남 옮김, 『신학대전 28 법』, 바오로딸, 2020).

생겨난다. 이와 같은 2분법은 근대의 자연법론 중에 다시 나타나게 되었고, 학식의 유무를 불문하고 널리 저술가들에게 알려져 있었다.137)

이미 고대에 스토아 학파나 키케로(Cicero),* 그리고 법학자들에 의해서 자연법에는 실정법보다 상위의 효력이 있다고 생각되었다.138) 자연법은 키케로의 말처럼 태초에 신의 섭리로 형성되고, 법학자의 말처럼 확고하고 양도할 수 없는 것으로, 아우구스티누스 (Augustinus)*의 말처럼 신에 의해서 인간에게 타고난 권리라는 것이다.139)

자연법의 내용은 어떠하며, 다른 법의 영역에 대한 그 한계설정의 정도에 관하여는 결코 의견이 일치하지 아니한다. 권리명제와 권한 사이에 엄격한 구별이 이루어지지 않고 있기 때문에 고대 법학에서도 카논 법학이나 스콜라 법학에서도 자연적인 인권에 대해서 명확하게 제시되지 않고 있다. 자연권의 존립은, 그것이 규정된 일반적인 명제에서 연역적으로 생겨난 것이므로 매우 미비하다. 우선 첫째로 예외 없이 주장하는 것은 모든 인간은 자유인으로 태어난다는 것인데, 그렇기 때문에 이 자유가 침해할 수 없는 주관적 권리라고 주장되는 것은 아니라는 것이다. 중세와 근대의 자연법(lex naturae)에는 국가와 사회를 개혁하고자 하는 선전적인 성격이 결여되어 있다. 여하튼 그러한 명제들에서 양도할 수 없는 자유라고 하는 후세의 관념이 하나의 인권 관념으로 성립하여 온 것이다.140) 인간은 본래 평등하다는 이론도 역시 그 근원을 따지자면 고대로 거슬러 올라간다. 정의 원칙으로서의 평등과 국가적인 권리는 자유인과 평등인 사이에만 존재한다는 아리스토텔레스의 논술은 이와 유사한 키케로의 논술141)과 함께 후세에 평등 이념의 기초가 되었다. 그러나 후세의 평등 이념은 이러한 고대의 이론들과는 완전히 다르다. 고대에는 절대적인 평등이 아니라 단지 개인은 법적으로 동등하게 취급되어야 한다는 것만이 주장되었던 것이다. 자연법을 근거로 한 평등 이론은 오히려 종교적인 기반 위에서 성장하였다. 모든 인간이 신의 자녀들로서 평등하다는 것 — 이것은 이미 근대 스토아 학파에서도 나타나는 것이다142) — 이 의심할 여지 없이 자연법에 근거한 평등 이론의 출발점이었다. 그러나 이러한 평등 이념이 정치적으로 의미를 지니게 된 것은 종교개혁의 결과이다.143)

자연법은 17세기 이래 하나의 학문상의 세력으로까지 성장하게 된다. 자연법의 체계는

---

137) 예컨대 Gundling, Discours über d. Natur-und Völkerrecht, 1734, S. 33 ff. 참조.

138) Windelband, Lehrbuch der Geschichte der Philosophie §14 Ziff. 5; Bergbohm, Jurisprudenz u. Rechtsphilosophie 1892, S. 154 ff.

139) Cicero, De legibus II, 4; 11 Inst. 1, 2; Augustinus, Liber de div. quaest. 83 (Opera IV, 1569, p. 541).

140) 이에 관하여 상세한 것은 Richard Schmidt, Vorgeschichte der geschriebenen Verfassungen, 1916, S. 123 ff.

141) Hildenbrand, Geschichte und System der Rechts-und Staatsphilosophie 1860, S. 286 ff., 578 f.

142) Epicteti Dissertationes I, 9, 1 ff.; I, 13, 3 f.

143) Troeltsch, Die Soziallehren der christlichen Kirchen und Gruppen 1912, S. 53, 60 ff., 672 ff. N. 360 참조.

다양하게 형성되었지만 그것들 가운데 어느 것을 취해도 국가는 개인의 의지행위에서 파생된 것으로 나타난다. 여기에서 개인은 국가 이전에 자유로운 존재로서 나타나며, 자연적으로는 아무리 불평등하다고 하더라도 국가를 건설하는 행위에 있어서는 평등한 존재라는 것이 입증되고 있다. 그러므로 자유와 평등은 인간이 본래적으로 타고난 속성인 것이다. 이와 같은 인간의 속성이 권리이기도 한 것으로 이해되어 자유와 평등은 인간이 타고난 권리라는 이론이 성립하기에 이른 것이다. 저술가들의 정치적 견해에 의하면, 이러한 권리들은 국가에서 소멸되기도 하고 국가권력을 제약하기도 한다. 이 제약 역시, 푸펜도르프(Pufendorf)에서처럼 불완전한 것으로 파악되거나 국가권력을 초월해서는 안 되는 것으로 이에 대치되기도 한다. 후자와 같은 자연법 체계의 경우에는 국가의 목적이 필요로 하는 경우에 한하여 인간의 타고난 권리가 제한되는데, 이때 국가의 목적은 바로 인간이 타고난 권리들 가운데 인간에게 남겨져 있는 영역을 보호하는 데에 있다.

생명과 자유와 재산, ─ 본래 평등한 개인들이 태어날 때부터 가지고 있는 인권은 로크의 이론에서 이러한 세 가지의 방향으로 분해된다. 이 세 가지는 영국인과 미국인의 이론적 견해에 있어서 획기적이라고 할 만큼 중요한 의의를 지니게 된다.[144] 이러한 생명·자유·재산을 보호하기 위해서 국가가 건설된 것이고, 따라서 시민은 국가에 대해서 안전보장을 요구할 수 있다는 것이다. 그러나 이렇게 생겨난 권리들은 이미 언급한 바와 같이, 아직 명확하게 각인된 것은 아니고, 17세기에 들어서도 여전히 개별화된 권리목록으로 나타나지 아니한 상태였다. 권리목록으로 개별화되었을 때에야 비로소 이 보편적인 인권이라는 사상은 실제적인 의미를 가지게 된 것이다.

그렇지만 당시에도 이미 이론상으로는, 그것도 격렬하게 투쟁하는 가운데 이 권리들을 개별화하려는 시노가 시작되고 있었다. 그 배경이 된 것은 여러 가지 종교적인 이해관계와 정치권력에 의한 가혹한 양심 억압에 대한 저항이었다. 그렇기 때문에 철학자나 법학자가 그 이론에서 가장 먼저 개별화한 자유권이 사상의 자유, 신앙의 자유, 양심의 자유였던 것이다. 로드아일랜드의 특허장에서 신앙의 자유가 선포된 지 오래지 않아서 스피노자(Spinoza)는 내면에 있어서의 신앙의 자유를 양도할 수 없는 인간의 권리라고 주장한 바 있다.[145] 그러나 훨씬 더 중요하게 된 것은 독립교회주의 이론을 가르친 학교에서 성장한 로크가 종교의 자유를 천부불가양의 권리 중 가장 우선이라고 주장하였다는 점이다.[146] 그리하여 이미 종교적인 견해와 이론들의 결과로 나와 있던 것이 로크에 의해서 철학적으로 정립되기에 이른 것이다.

종교의 자유에 대한 승인을 요구하는 투쟁과 내적으로 밀접하게 결부된 것은 또 하나의

---

144) 이 점에서 독립교회주의자는 그에 선행하고 있다. Vgl. oben S. 44 (본서 968면) 참조.
145) 또한 Ad. Menzel, Wandlungen in der Staatslehre Spinozas 1898, S. 19 f.도 참조. 18세기의 국법학자로 종교의 자유의 권리를 열거하는 사람에 대해서는 Gierke, S. 114, N. 98.
146) Letters concerning toleration. Works II, p. 234 (Ausgabe v. 1714).(최유신 옮김, 『관용에 관한 편지』, 철학과현실사, 2009; 공진성 옮김, 2021).

자유권, 즉 자유로운 의견표명의 권리를 위한 투쟁이다. 출판의 자유라는 사상의 역사를 살펴보면, 그 사상의 기원이 종교적인 데 있다는 것을 명확하게 알 수 있다. 잘 알려져 있듯이, 검열은 교회에 그 기원이 있다. 활자가 발명된 지 얼마 되지 않아 주교와 교황은 이단의 사상이 만연되는 것을 막기 위해 검열 제도를 도입하였던 것이다.

정치적인 문제가 예외 없이 종교적인 색채를 띠고 있던 당시에 있어서 우선 문제가 되는 것은, 자신의 종교적인 견해를 사전에 국가나 교회 당국의 허가를 받지 않고도 자유롭게 표명할 수 있느냐 하는 것이었다. 이 점에 대해서는 출판의 자유에 있어서 최초의 위대한 선구자라 할 수 있는 밀턴(Milton)이 그의 유명한 『아레오파지티카』(Areopagitica)*에서 명확하게 지적하였다.[147] 그러나 집회와 결사의 자유에 대한 요구 역시 종교의 자유에 대한 요구로 거슬러 올라간다. 교회는 신자들의 단체라는 청교도-독립교회주의파의 이론이 결과적으로 교회의 자유로운 설립과 교회에서의 집회와 예배의 자유의 승인을 요구하게 된 것이다. 결사의 자유는 우선 종파 형성이라는 형태로 나타난다. 원래 종교의 자유라는 사상과 결부되어 있었던 이러한 권리들이 다음 시대에 와서는 세속화 된 것이다. 종교개혁 이후 그랬던 것과 마찬가지로, 유사하게 국가는 폭넓은 영역에 걸쳐 교회를 수탈하였고, 그 결과 국민의 정치의식 역시 원래 종교적이었던 요구를 세속적인 요구로 바꾸게 되었던 것인데, 이때에 그 요구가 원래 종교적인 것에서 비롯되었다는 역사적인 연관성이 명확하게 인식되지 않았으므로 그 연관성은 곧 잊혀지게 된다. 국가교회에 대항하여 투쟁하고 있던 17세기의 앵글로색슨인을 교회의 영역에서 국가를 격퇴하려 하고, 자신이 믿는 바를 구속 없이 고백하는 동시에 그것을 행위로 나타낼 수 있도록 출판, 결사 및 집회의 자유를 원했던 반면에, 18세기의 사람들은 정신적 존재로서 모든 방면에 걸쳐 자유롭게 자신의 생활을 누리고자 하였다.

18세기에 있어서도 자연법이론은 처음에 이미 언급한 권리들만을 알고 있었을 뿐이었다. 그러나 태어날 때부터의 권리의 완전한 목록은 크리스티안 볼프(Chr. Wolff)*에 의해서 제시되었는데,[148] 이 권리들은 숫자상으로는 이미 언급한 권리들보다 많다 하더라도 그 본질상 공리공론적인 것이었으며, 따라서 어떤 실제적인 영향력도 지니지 못하는 것들이다.

이러한 권리들은 모두 법률로써 제한할 수 있는 것이며, 위법한 자의(恣意)에 대해서는 하나의 제약이 되었으나, 입법자의 자의에 대한 제약은 되지 못하고 있다. 따라서 이러한 권리들은 광범위하지만 내용적으로는 불명확하기 때문에 실제로는 아무런 가치도 없게

---

147) Works IV, 1863, p. 403 ff. 「알 자유, 발언할 자유, 그리고 양심에 따라서 자유롭게 주장하는 자유를 달라. 특히 자유를」. p. 442 (박상익 옮김, 2016; 1999; 임상원 옮김, 1998; 송홍한 옮김, 밀턴의 산문 선집2, 2021). 밀턴에 대해서는 Rothenbücher, a. a. O. S. 37 ff.

148) Jus ad ea, sine quibus obligationi naturali satisfieri nequit, ius petendi officia humanitatis, ius alterum sibi obligandi ad ea perfecta, aequalitas, libertas, ius securitatis, ius defensionis, ius puniendi. Institutiones iuris naturae et gentium (1750) § 95. 이러한 종류의 아마도 그다지 중요하지 아니한 천부의 권리의 리스트는 미국의 선언 이후에 이미 Höpfner, Naturrecht, 2. Aufl. 1783, §§37-43에 제시되어 있다.

된다. 그리하여 이러한 천부의 권리들 전체를 목록으로 제시하면서도 볼프는 모순 없이
경찰국가의 전형적인 대표자가 될 수 있었던 것이다.

볼프보다 조금 뒤에 블랙스턴은 그의 저서 『영국법의 분석』에서 로크로부터 비롯된
영국인의 절대적인 권리를 열거하고 있다. 그러나 블랙스턴 역시 원초적인 자유라고
하는 기본사상에서 독자적으로 발전한 확고하게 구분된 권리들을 요구하는 데에는 이르지
못하였다.[149]

국가가 명백하게 승인해야 하고, 일정한 행위로 향해진 개별화 된 기본권의 전체를
목록화 하는 요구는 미국 혁명 이전에는 결코 찾아볼 수 없었다. 입법자에 의해서 종교의
자유가 규정된다는 것이 처음에는 아주 드문 현상이었다. 국가에 대한 특정한 요구를
뒷받침하기 위해서 자연법이론의 생기 없는 권리가 원용되는 경우도 종종 있지만, 그러한
요구가 입법자에게 요청되는 것은 아니다.

확실히 자연법론이 시대의 정신에 강력한 영향을 미친 것은 사실이다. 영국에서 시작되
어 동서로 퍼져 나간 계몽주의, 자연법적인 개인주의와 병행하여 발전한 경제적 개인주의,
개인을 후견하기도 하고 억압하기도 했던 감수성의 증대 ── 이러한 것들만이 다른
곳에서처럼 프랑스에서 국가에 의해서 개개인의 권리가 승인되고 보호되도록 요구하는
분위기를 자아낸 것은 아니었다.

그러나 자연법이론, 계몽주의 이론, 그리고 경제이론 모두가 함께 작용하였음에도
불구하고, 미국에서 처음으로 실현된 권리선언의 이념은 이러한 것들에서만 유래된
것일 수는 없다. 현존하는 입법상의 여러 원칙들이 계속 형성되기 위해서는 다른 힘들이
부가되지 않으면 안 되었다. 이 힘들은 역사적인 생명의 힘들 이외의 다른 아무것도
될 수는 없었다.

IX. 인간과 시민의 권리체계는 미국 혁명 중에 창조되었다

17세기는 종교전쟁의 시대이다. 그다음에는 정치적 및 경제적인 이해(利害)가 역사
운행의 전면에 나타난다. 미국 식민지들의 민주적 제도들은 여러 가지 점에서 영국의
민주적인 제도들과 대립되었고, 영국과의 관계도 점차 그 도덕적인 근거를 상실하여
갔다. 경제적인 이해관계에서도 서로가 심하게 충돌하고 있다는 사실이 현저하게 느껴지
기 시작하였다. 경제적으로 번영하게 되자 식민지들은 가능한 한 자신들의 자유로운

---

149) Vgl. oben S. 40 (본서 965면). Rehm, a. a. O., S. 243이 블랙스턴에서 인정하는 자유권의 「목록」에
대해서는 안전과 자유와 재산이라는 세 가지의 예전부터 알려진 권리 이외에 아무것도 발견할 수
없다. 렘이 주장하고 있듯이, 블랙스턴이 볼프의 영향을 받았다는 것을 나는 옳지 않다고 생각한다.
천부불가양의 권리라는 사상은 볼프에 의해서 최초로 주장된 것은 아니며, 완전히 명확한 형태는 Locke,
Two treatises II. ch. IV, 23, ch. VIII, 95에서 발견된다. 따라서 렘이 의거하고 있는 기이르케의
주장(Gierke, S. 347, N. 52), 즉 불가양의 인권에 관한 이론은 독일에서 기원한다는 주장도 정당하지
않다. 그러나 로크가 볼프에게 영향을 미쳤다고 하는 사상은 아주 일목요연하다.

활동이 제한되지 않기를 바랐다. 마침내 식민지들은 종래의 고국인 영국의 지배를 받고 있는 것이 아니라 외국의 지배를 받고 있다고 느끼게 되었던 것이다.

이렇게 되자 종래의 청교도와 독립교회주의자들의 관념은 새로운 방향으로 작용하게 되었다. 식민지 건설 때에도 커다란 역할을 하였고, 종교의 자유의 사상의 근거를 마련하는 데에도 이바지한 바 있는 사회계약설이, 이제는 기존 사회제도를 변혁하는 데에 아주 중요한 뒷받침을 하게 되었다. 사회계약설이 기존 제도들을 변혁시켰다는 것이 아니라, 다만 그 변혁의 기반을 마련해 주었다는 것이다.

식민지 이주자들은 태어날 때부터 영국의 신민으로서 가지게 되는 여러 가지 자유와 권리를 대서양 저편으로까지 가지고 갔다. 영국 국왕이 수여한 일련의 특허장들에는 식민지 이주민과 그 자손은 영국 본국의 신민에게 주어지는 모든 권리를 향수하게 될 것이라고 명확하게 규정되어 있다.150) 영국의 권리선언 이전에도 대부분의 식민지들은 구래의 영국인의 자유들이 총괄되어 있는 법률을 공포한 바가 있었다.151) 그러나 18세기 후반에 들어서는 이러한 종래의 여러 가지 권리들이 현저하게 변화된다. 전래의 여러 권리와 자유, 그리고 조직권한들은 영국의 국왕이 식민지 특허장으로서 식민지 이주자에게 부여하거나 식민지 지주에 의해서 승인된 것들이었는데, 이때와서부터 그 문언은 변하지 않았으나, 이러한 권리들이 인간에서 유래하는 것이 아니라, 신과 자연에서 유래하는 권리가 되었다.

그럼에도 불구하고 이러한 종래의 권리들에는 새로운 권리가 부가되었다. 국가에 좌우되지 않는 양심의 권리가 있다는 확신에서 개인의 불가양의 권리들이 개별적으로 규정되는 계기가 마련되었다. 지배권력이 자유로운 개인의 활동에 압력을 가하게 되자 이러한 압력에 대응하는 별개의 인권이 존재한다는 관념이 생기게 되었다. 그리하여 종교의 자유에 대한 요구 이외에 출판의 자유, 언론의 자유, 집회와 결사의 자유, 거주·이전의 자유, 청원권, 자의적인 체포·형벌·과세로부터의 자유 등등에 대한 요구가 생겨났고, 더 나아가서는 이러한 모든 제도들을 보호하기 위해서 개인이 국가활동에 참여할 것과 국가는 자유롭고 평등한 인간들의 결합으로 형성되어야 한다는 요구가 생겨났다. 이와 같은 법익(法益, Rechtsgüter)들이 구체적으로 풍부해질 수 있었던 것은 사색의 소산이 아니라 가혹한 투쟁의 결과로 얻어진 승리의 대가였다.

확실히 로크의 이론, 푸펜도르프의 이론들,152) 그리고 몽테스키외의 이념 등은 그

---

150) Kent, Commentaries on American Law 10th ed. I, p. 611 (lect. XXIV).

151) Kent, I, p. 612 ff., Stevens, a. a. O., p. 208 f. 참조. 이러한 법률들은 오늘날 미국에서는 일반적으로 「권리장전」(bills of rights)이라고 불린다. 1776년과 그 이후의 법전화에 이러한 모범이 영향을 미친 것은 의심의 여지가 없다. 매사추세츠의 「자유」(Liberties) 선언(1641)에 관하여 말하는 것은 Wahl, Zur Geschichte der Menschenrechte, Hist. Zeitschr. 103 (1909), S. 79 ff. 이에 관하여는 Bancroft, rev. ed. I, p. 332 ff. (chapt. X).

152) Borgeaud, p. 17은 매사추세츠에 있어서의 여러 가지 견해의 민주화에 커다란 영향을 미친 존 와이즈 (John Wyse)의 논문을 인용하고 있다. 그러나 이 존 와이즈라는 사람은 ─ 정확하게는 John Wise라고 불렸다 ─ 그 자신이 명백히 밝히고 있듯이, 푸펜도르프의 이론을 기초로 하여 상술하고 있을 뿐이다. J. Wise, A Vindication of the Government of New England Churches. Boston 1772, p. 22

당시 미국인들의 정치적인 견해에 강력한 영향을 미친 것이 사실이다. 그러나 우리가 이미 살펴본 바와 같이, 이러한 것들만으로는 결코 일반적인 인간과 시민의 권리가 완벽하게 목록으로 규정된 것에 대해서 설명될 수가 없다.

1764년 보스톤에서는 영국 식민지의 권리에 대한 제임스 오티스(James Otis)*의 유명한 책이 출판되었다.153) 이 책에 따르면 영국의 식민지 이주자들의 정치적 및 시민적 권리는 결코 국왕이 부여한 것이 아니며,154) 마그나 카르타조차도 그것이 아무리 오래되었다 하더라도, 그 권리들의 기원이 되는 것은 아니라는 것이다. 「언젠가 의회가 지금까지의 모든 미국의 특허장들을 무효라고 선언할 때가 올지도 모른다. 그러나 그렇다고 해서 **인간과 시민**으로서의 식민지인들의 권리, 즉 태어날 때부터 속성 그 자체로 지니게 되는 권리, 따라서 개인과 분리시킬 수 없는 그러한 권리들이 침해되는 것은 아니다. 특허장은 소멸된다 하더라도 이 권리들은 세상 끝 날까지 지속될 것이다.」155)

이 책에서는 이미 그 후의 권리장전들에서 나타나는 입법권에 대한 절대적인 한계, 즉 「신과 자연에 의해서 확립된」 한계들이 열거되어 있다. 여기에서는 식민지와 모국 사이에 주요 논쟁점이 되고 있는 과세권이 중점을 이루고 있다. 식민지의 인민이나 대표자들의 동의 없이 과세 내지 관세를 징수하는 것은 국법에 위배되는 것은 아니나, 자유라고 하는 영원한 법칙에는 위반된다는 것이다.156) 그러나 이와 같은 입법권에 대한 한계들은 신과 자연의 법칙이 모든 나라의 모든 정부형태에 있어서 모든 입법권에 대하여 부과한 것으로서 로크가 열거하고 있는 한계와 같은 것이다.

그렇지만 이러한 로크의 명제들은 이 저서에서 근본적으로 변화된다. 즉 그 명제들은 객관적인 법으로부터 주관적인 권리가 되었다. 로크는 그 후의 루소와 유사하게 개인을 사회의 다수의지에 종속시키기는 하였으나, 국가의 목적에 따라서 이 다수의지에 한계를 긋고 있는 반면, 여기에서는 개인이 조건을 확립하고 있는데, 이러한 조건 아래에서 개인은 사회에 관계하게 되며, 국가에서는 이러한 조건들이 권리로서 유지되고 있다. 따라서 개인은 국가에서, 그리고 국가에 대하여 국가로부터 유래된 것이 아닌 권리를 가지게 된다. 영국에서는 이러한 권리들을 제한하려는 시도가 있었는데 이제 여기서는

참조. 이 책은 1717년에 나왔다고 하나(Ritchie, a. a. O. p. 14, Note 1 참조), 리치 자신은 이 책을 이용하지 않은 것 같다. 이 책의 내용에 관하여는 현제 Scherger, a. a. O. p. 172 ff.

153) James Otis, The rights of the Colonies asserted and proved. 나는 다만, 가장 희귀한 런던 복사판(같은 1764년)을 이용할 수 있었을 뿐이다. 오티스에 관하여 상세한 것은 Hägermann, Erklär. d. M.-u. B.R. 1910, S. 44 ff.

154) 영국법과 로크를 원용하면서 오티스는 일련의 권리를 열거한다. 그러한 권리는 「어떤 사람이나 어떠한 사람의 단체도 정당하게, 공정하게 또한 자기 자신의 권리나 헌법과 양립하더라도 이를 박탈할 수 없는 것이며, 의회도 그 예외는 아니다」(p. 52).

155) 「영국 식민지인의 정치적 및 시민적 권리는 국왕의 칙허장(勅許狀)에 의한 것이 아니다. 낡은 마그나 카르타는 모든 사물의 시초는 아니며, 조직화 되지 아니한 대중적 혼란의 변두리에서 생겨난 것도 아니다. 의회가 미국의 헌장을 모두 무효라고 선언할 때가 올지 모르지만, 식민지인의 자연적, 고유하고 불가분의 권리는 인간과 시민의 권리로서 칙허장이 어찌되든 모든 것이 잿더미가 될 때까지 사라지지 않을 것이다」. Bancroft IV, p. 145, 146 (rev. ed. III, p. 424, 425) 참조.

156) John Adams, Works X. Boston 1856, p. 293 참조.

그러한 권리들을 엄숙하게 선언하고 보호하는 사상이 생겨난 것이다. 이러한 변화는 블랙스턴의『분석』*에서 영향을 받아 생겨난 것으로 오티스 저서의 부록으로 수록된 의회 지침 역시, 익명으로 발표된 블랙스턴의 저서와 똑같이 표현되어 있다.157)

1772년 11월 20일 보스턴 시민들은 사무엘 애덤스(Samuel Adams)의 제안에 의거하여 그가 작성한「인간으로서, 기독교인으로서, 시민으로서의 식민지인의 권리선언」초안을 의결하였다. 그 선언에서는 로크를 증인으로 하여, 인간은 자유의지에 의한 합의로 국가를 형성하며, 그 전에 적당한 시원계약(Urvertrag)에서 국가에 대한 여러 가지 제한과 조건들을 규정하고, 그것들이 실행되는지를 감시할 권리가 있다고 되어 있다. 이에 근거하여 식민지인들은 인간으로서 자유권과 소유권을, 기독교인으로서 종교의 자유를, 시민으로서 마그나 카르타와 1689년의 권리장전이 규정한 권리를 요구하고 있다.158)

1774년 10월 14일에는 마침내 필라델피아에서 개최된 12개 식민지들의 대륙회의에서 권리선언이 의결되기에 이르렀는데, 이에 따르면, 북아메리카 식민지인들은 자연이 부여한 불가양의 권리, 영국 헌법의 원리, 그리고 그들 자신의 헌법에 의해서 그들에게 당연히 인정된 권리를 가진다고 되어 있다.159)

이 필라델피아 선언에서 버지니아 선언에 이르기까지는 약간의 차이밖에 없는 것처럼 보이지만 이 양자의 문서 사이에는 커다란 격차가 있다. 즉, 필라델피아 선언은 일종의 항의였던 것에 반하여, 버지니아 선언은 하나의 법률이라는 점이다. 버지니아 선언은 영국법에 근거하고 있지 않다. 버지니아 주는 현재와 미래의 세대들에게 속한 권리들이 정부의 기초 또는 근거가 된다고 엄숙하게 승인하고 있기 때문이다.160)

이 버지니아 선언을 시작으로 하여 이제는 주권국가가 된 북아메리카 여러 주들의 권리선언에서는 그때까지 주장되었던 자유권, 즉 개인의 자유, 소유의 자유, 양심의 자유 이외에 새로운 자유권이 부가되었는데, 그것은 최근에 개인의 자유가 다른 방면에서 영국에 의해 받은 침해에 대응하는 것으로, 집회의 자유, 출판의 자유, 거주·이전의 자유 등이 그것이다. 그러나 이러한 권리선언에서는 이러한 자유권만이 아니라, 청원권, 법률상의 보호청구권, 그것이 수행되어야 하는 형식, 특히 독자적인 배심원에 의한 판결을 요구할 권리도 있으며, 나아가 국가의 적극적인 급부(給付)에 대한 요구, 나아가서는 시민의 정치적 권리들의 기초가 되는 원칙들도 언급되어 있다. 그러므로 이 권리선언들은 그 기초자의 의도에 따라서 개인의 공권(公權) 전체의 대요를 포함하고 있다. 그 뿐만

---

157) 따라서 Rehm, Allg. Staatslehre S. 247 f.가 오티스의 저서보다 뒤에야 출간된 블랙스턴의『영법주해』를 권리선언의 원천이라고 서술한 것은 정당하지 않다. Jellinek, Allgemeine Staatslehre S. 375, N. 1 (3. Aufl., S. 414 Note)(김효전 옮김,『일반 국가학』, 339면의 주) 참조.

158) Wells, The life and public services of Samuel Adams, I, Boston 1865, p. 502-507, Laboulaye II, p. 171 참조. 그 당시「자연권」이 누리고 있던 인기에 대해서는 Merriam, p. 47 ff. 참조.

159) 이 선언의 전문은 Story, Commentaries on the Constitution of the Unites States 3. ed. I, p. 134 f.와 W. Macdonald, Documentary Sources Book of American History, New York 1908, p. 162 ff.

160) 권리장전의 표제는 다음과 같다. 즉「버지니아의 선량한 인민의 대표에 의해서, 완전하고 자유로운 회의에서, 통치의 기본이며 기초로서 어떠한 권리가 그들과 그들 자손에게 속하는가에 관한 권리선언」.

아니라, 이 선언들에는 권력분립의 원리, 관직의 임기제 원칙, 그리고 관직에 있는 자의 책임의 원리, 세습적인 영전의 금지, 나아가서는 상비군 설치나 국교회 설립의 금지와 같이, 개인의 주관적 권리가 전혀 발생되지 않거나, 단지 간접적으로만 발생되는 입법과 통치에 관한 일정한 제한 등이 규정되어 있다. 이 전체를 뒷받침하는 것은 국민주권이라는 기본원리이며, 이 원칙은 헌법 전체는 모든 사람의 공동합의에 의한 것이라는 사상에서 그 절정에 이른다. 이 점에서는 분명히 전통적인 청교도-독립교회주의파의 계약 (Covenant=언약)* 사상이 지속적으로 작용하고 있음을 알 수 있는데, 이 사상은 그 후에도 중요한 새로운 힘을 발휘하게 된다. 오늘날 미합중국의 개별 주들에서 헌법개정에 대한 결정이 국민 스스로에 의해서든지 혹은 특별히 설치된 헌법회의에 의해서 의결된다는 사실에서, 이와 같은 민주적인 제도에는 일찍이 코네티컷이나 로드아일랜드의 이주민에게 생기를 불어 넣어 주었던 그 이념이 계속 살아있다는 것을 알 수 있다.

거의 모든 주의 헌법전이 그 첫머리는 권리장전으로 되어 있으며, 그 다음이 통치의 계획이나 기구(plan od. frame of government)로 되어 있다. 즉, 먼저 국가의 창설자들, 즉 원래 자유롭고 구속받지 않는 개인의 권리가 확인되고, 그다음에 그 개인들에 의해서 창설된 국가의 권리가 규정된 것이다.

이와 같이 그 원칙에 있어서는 일치하고 있음에도 불구하고, 그 원칙들이 입법상으로 어떻게 각인되고 있는가 하는 점에서는 각 주에 따라서 현저한 차이를 보이고 있다. 이러한 차이는 나중에 여러 번 완화되기는 하였지만 오늘날에도 완전히 사라지진 않고 있다. 그 예가 앞서 언급한 것처럼 종교의 자유인데, 이 종교의 자유는 한결같이 기본원칙으로 승인되어 있음에도 불구하고 어떤 주에서도, 그리고 동시에, 완전한 완성이 이루어지지는 않았던 것이다. 모든 사람이 태어날 때부터 자유롭고 평등하다는 원칙에도 불구하고, 흑인 노예제의 폐지는 당시 실현되지 않았다. 노예제를 인정하고 있던 주에서는 「사람」 (man) 대신에 「자유인」(free man)이라는 표현을 사용하였다.

엄숙하게 선언된 권리들은 원래 모든 「주민」(inhabitants)에게 주어진 권한이었는데, 노예제를 인정하는 주에서는 모든 백인에게 속하는 권한이 되고 있다. 대부분의 주에서 정치적인 권리를 행사하기 위해서는 미합중국의 시민(citizen)이라는 자격이 요구된다고 선포하게 된 것은 그 이후에 가서야 비로소 나타난 것이었다.

이상에서 우리는 어떠한 전개과정을 거쳐 영국 전래의 권리, 그리고 식민지에서 행사된 새로운 권리로부터 국가에 종속되지 않으며, 국가에 의해서 반드시 승인되어야만 하는 개인의 권리 영역이 있다는 관념이 생성되어 왔는가를 살펴보았다. 그러나, 실제로 이 권리선언들은 사실상의 법상태를 일정한 일반적인 정식으로 표현하여 각인한 것에 지나지 않는다.

미국인은 그들이 이미 소유하고 있던 것들을 그들 자신과 모든 자유 국민에 대해서 그것이 영원한 소유물이라고 선포하였던 것이다. 이에 반하여 프랑스인이 보장하려고 한 것은 그들이 아직 가지지 못한 것, 즉 일반적인 기본원칙에 부합되어야만 할 제도들이었다. 따라서 미국의 권리선언과 프랑스의 권리선언과의 중요한 차이는, 미국에서는 개개인의 권리가 승인되기 이전부터 그러한 제도들이 있었던 반면, 프랑스에서는 그 순서가 뒤바뀌었다는 점이다. 독일의 프랑크푸르트 국민의회가 오류를 피할 수 없었던 것도 이 때문이다. 프랑크푸르트 국민의회는 우선 개인의 권리를 규정하고, 그다음에 비로소 국가를 규정하려고 했기 때문이다. 당시 독일 국가는 아직 건설되지 않은 상태였지만, 이미 아직 존재하지도 않는 국가가 해서 안 될 것과 보장해야만 할 것이 확립되어 있었던 것이다. 미국인들이 안심하고 통치의 계획에 앞서 권리장전을 규정할 수 있었던 것은 바로 그 정부(government)와 지도법칙이 일찍이 존재하고 있었기 때문이다.

그런데 프랑스인이 미국인의 이념을 그렇게 기꺼이 받아들였던 것은 두 나라가 추구하는 실제적인 경향이 같았기 때문이었다. 즉, 평등한 권리를 가진 개인들로 이루어져, 모든 공권력이 국민에게서 유래하며 그 공권력의 대표자 모두가 책임을 지는 민주주의 국가의 건설, 그리고 일정한 경향에 따라 제한된 개인의 자유 영역을 보장하는 것이다. 이러한 경향은 이미 언급한 것처럼, 정부가 행사했던 압력과 그러한 압력을 없애려는 노력이 역사적인 조건에 따라 발전함으로써 결정된 것이었다. 17세기의 인간들이 신앙의 강요를 특히 고통스럽게 느꼈다면, 18세기의 인간들의 감수성은 훨씬 더 국가로부터의 자유를 인간의 불가침한 소유물로서 단호하게 요구할 만큼 고양되었던 것이다.

이러한 요구들은 미국과 프랑스 두 나라에서, 그리고 반향을 불러일으켰던 그 후의 다른 나라들에서 그 가치와 의미에 대한 여러 가지 다양한 관념들을 수반하였을지도 모른다. 그러나 그것이 인간과 시민과 국가의 관계를 규정함에 있어서 실제적이고 지속적인 작용을 하고 있다는 점에서는 모두가 완전히 일치하고 있다.

따라서 이러한 검토 결과 반박할 수 없는 한 가지 사실이 명백해진다. 즉, 1789년의 원리들은 사실상 1776년의 원리들이었다는 것이다.

그러나 그럼에도 불구하고 프랑스가 그 원리들을 받아들여 보급하지 않았다면 그 원리들은 미국에만 국한되었을 것이다. 오늘날 근대 문화를 가진 모든 국가에서 개인의 확고한 권리 영역이 법적으로 보장되어 있으며, 공공의 제도들이 그렇게 강력한 국가권력에 대해서도 개인의 권리가 존재한다는 신념을 그 토대로 하게 된 것은 프랑스의 역할이 가장 중요한 몫을 차지한다. 혁명기에 프랑스 선언이 초래한 정치적 결과가 어떠했던 간에 말이다.

X. 인권과 게르만의 법관념

끝으로 대답해야 할 또 하나의 문제가 남아 있다. 개인의 근원적인 권리와 국가계약설은 이미 소피스트들 이래로 고대에서 발아하여 중세의 자연법이론에서 계속 발전하였으며, 종교개혁의 여러 사조에 따라서 전파된 것임에도 불구하고, 영국과 그 식민지에서야 비로소 획기적인 의미를 지니게 된 이유는 무엇인가? 제도 전체가 왕권과 밀접하게 결합되어 있기 때문에 이러한 왕권을 기초로 해서만 비로소 모든 제도를 완전하게 이해할 수 있는, 그처럼 철저한 군주제 국가에서 도대체 어떻게 공화적인 이념이 침투하여 국가의 토대를 근본적으로 변혁시킬 수 있었던 것일까?

이것에 가장 가까운 원인은 명확하게 드러난다. 외국에서 유래한 왕권신수설을 근거로 한 스튜어트(Stuarts) 왕조와 권리에 대한 영국인의 국민적인 감정의 대립, 또한 잉글랜드에서 일어난 이 왕권과 종교적 투쟁이 강력히 저항하도록 부채질할 수 있었던 이러한 이론의 보급이 충분히 조장하였던 것처럼 보인다. 그러나 이와 유사한 상황은 16세기 말에서 17세기 중반에 이르기까지의 많은 대륙 국가들에서도 존재하고 있었다. 이러한 국가들에서는 점점 더 절대주의를 강화하려는 왕권에 대해서 격렬한 계급의 저항이 일어났었고 치열한 종교전쟁이 불붙었던 것이다. 그리하여 광범위한 문헌은, 특히 중점적으로 지배자에 대해서 국민과 개인이 가지고 있는 권리의 근거를 마련하려고 하였다. 그러나 대륙에 있어서 여러 가지의 혁명적인 견해들은 프랑스에서 국왕의 처형이라는 결과를 가져오긴 하였으나, 어느 곳에서도 국가질서 자체를 개혁하려고 시도하지는 않았다. 로크의 자연법론은 영국 밖에서는 처음에 이론적인 면에서만 영향을 미쳤을 뿐이다. 대륙의 자연법론은 18세기 말에 가서야 비로소 프랑스혁명이라는 거대한 사회변혁의 과정에서 중요한 역할을 하게 되었던 것이다.

대륙과는 달리 영국은 로마법의 영향을 성공적으로 막아낼 수 있었다. 법에 대한 영국인의 견해가 결코 로마법과 무관한 것은 아니나, 대륙 국가들처럼 로마법의 영향을 오랫동안 그렇게 깊이 받았던 것은 아니다. 특히 공법은 본질적으로 게르만적인 기반 위에 형성된 것이었으며, 원래의 게르만적인 법사상은 후기 로마의 국가권능이라는 법사상에 의해서 파묻혀진 적이 한 번도 없었다.

그러나 게르만 국가는 역사적으로 자세하게 알려져 있는 고대 국가와는 다르게, 당초에는 빈약한 권력에서 점차 강대한 권력으로 발전하였다. 게르만 국가의 권능은 처음에는 매우 미비한 것이었으며, 개인은 가족과 씨족으로 인하여 광범위하게 제약을 받았으나, 국가로부터 그러한 제약을 받지는 아니하였다. 중세의 정치생활은 그 초기에 단지 위축된 형태로서만 나타났던 국가에서보다 훨씬 더 조합적인 단체에서 행해졌다.

근대 초기에는 국가권력이 점점 더 집중되었다. 영국에서는 이미 노르만 왕권이 행정력을 엄격하게 집중화시켰었던 만큼 이러한 현상이 보다 용이하게 일어날 수 있었다. 이미 16세기 말에 토마스 스미스경(Sir Thomas Smith)은 영국 의회가 무제한한 권력을 가진다고 주장할 수 있었으며,[161] 얼마 후 코크(Coke)도 의회의 권력을 「절대적이고

---

161) 「영국 왕국의 최고 절대의 권력은 의회에 있다. ... 일찍이 로마 인민이 **겐투리아 민회**(*centuriatis comitiis*)나 **트리부스 민회**(*tributis comitiis*)에서 행한 것과 같은 모든 것을 영국 의회는 할 수 있으며, 그 의회는 왕국 전체의 권력을 대표하고 소유하며 그 머리이며 모체이기도 하다」. The Commonwealth of England, 1589, book II, abgedruckt bei Prothero, Select Statutes and Documents of Elizabeth and James I. Oxford 1894, p. 178.

초월적」이라고 표현할 정도였다.[162]

그러나 영국인들은 이러한 권력의 무제한을 단순히 형식적이고 법률적인 의미에 불과한 것으로 생각한다. 따라서 국가나 의회, 그리고 국왕의 권력은 실질적으로 한계가 있다는 것이 영국에서는 모든 시대에 걸쳐 살아 있는 국민적 확신이었다.

마그나 카르타는 그 속에 인정된 자유와 권리가 「영구히」(in perpetuum) 보장된 것이라고 선언하고 있으며,[163] 권리장전에서도 그 속에 포함된 모든 것이 「영원히 이 왕국의 법률로 남아 있어야 한다」고 규정하고 있다.[164] 이렇게 보면, 형식적으로는 국가가 전능하다고 해도, 가장 중요한 기본원칙들에서는 국가가 넘어서는 안 될 한계가 명확하게 요구되며, 또한 승인되어 있는 것이다.

이와 같은 명제는 형식적·법률적으로는 의미가 없지만 이 가운데에는 국가의 활동범위에는 한계가 있다는 전래적인 게르만의 법적 확신이 나타나 있는 것이다.

종교개혁 운동 역시 국가는 제한되어 있다는 사상에 의거하고 있다. 그러나 이 운동에 있어서는 역사의 전체적인 발전에 의해서 조건 지워진 제2의 제한이라는 관념이 작용하고 있다. 중세의 국가는 그 구성원의 권력에 대해서 뿐만 아니라, 교회의 영역에 대해서도 제한을 두고 있었다. 국가의 법이란 종교적인 사상에 어느 정도까지 개입하는 것인가 하는 문제가 종교개혁 이후에야 비로소 충분하게 제기될 수 있었던 것은, 종교개혁에 의해서야 비로소 중세에 확립된 그러한 한계들이 재차 논의되었기 때문이다. 종교의 영역을 새롭게 규정하여 그 영역에서 국가를 배제시키는 것 역시 역사 발전의 필연적인 추세였던 것이다.

따라서 국가에 대해서 개인이 우월하다는 관념은 17세기 영국 전체의 역사적 상황에 그 기반을 두고 있다. 자연법론이 종래의 법관념과 결합하게 되었고, 그럼으로써 결코 졸고만 있지는 않았던 이 종래의 관념을 새로운 길로 인도한 것이다.

그런데 대륙에서 성립한 이론들에 대해서도 동일하게 말할 수 있다. 역사학파가 우세하게 된 이후로는 자연법론을 근거 없는 공상으로 간주하는 것이 상례였다. 그러나 그것은 그 시대의 영향을 끼친 이론이면 그것이 외관상 아무리 추상적이라고 하더라도, 완전히 역사적 현실이라는 기반을 도외시하고는 번영할 수 없다는 중요한 사정을 간과한 것이었다.

이러한 역사적 사실을 통찰하는 것이 국가와 개인과의 법적인 관계를 정확하게 파악하는 것 이상으로 중요하다. 여기에서 이 두 가지를 논리적으로 관철시킬 수 있는 가능성은 두 가지이다. 그 하나는 개인의 권리 영역은 모두 국가가 허용하였다는 것이며, 다른 하나는 국가가 개인의 권리를 창설할 뿐만 아니라 전체의 이익을 위하여 필요로 하지 않는 범위의 자유를 개인에게 방임하기도 한다는 것이다. 그러나 그러한 자유는 국가가 만들어 낸 것이 아니라 단지 국가가 그 자유를 승인하는 것에 불과하다.

---

162) 4 Inst. p. 36.
163) 제63조, Stubbs, p. 306.
164) 제11조, Stubbs, p. 527.

첫 번째 견해는 국가만능의 사상에 기인한 것으로 16세기와 17세기의 절대주의 이론에서 가장 첨예하게 나타난 것이다. 시인은 이러한 견해가 도달하는 가장 극단적인 귀결을 그의 「권리의 문제」에서 다음과 같이 이끌어 내었다.

수년 간 나는 냄새를 맡으려고 코를 내밀어왔다.
그러나 나는 그것에서 증명할 수 있는 권리를 하나라도 실제로 가지고 있는가?
Jahrelang schon bedien' ich mich meiner Nase zum Riechen;
Hab'ich denn wirklich an sie auch ein erweisliches Recht?

이에 대하여 두 번째 이론은 게르만적인 법관념에서 나온 이론으로 국가권력이 점차로 발전하는 역사적 사실에 상응하는 것이다. 자연법이 비역사적인 법이라고 한다면, 근대국가에 있어서 첫 번째 이론은 자연법적인 이론이며, 두 번째 이론은 역사적인 법이론이 된다. 전자의 이론이 승인하는 자유에 대한 여러 한계도 시간이 지남에 따라 아무리 변하였더라도 그러한 한계가 존재한다는 의식은 게르만 민족들에게 있어서 절대국가 시대에조차도 결코 소멸되지 않았던 것이다.165)

따라서 이러한 자유는 창출되는 것이 아니라 승인되는 것이다. 그것도 국가의 자기제한에 의해서, 또한 국가가 개인을 둘러싸기 위한 규범이라는 거미줄 사이에 필연적으로 존재하고 있음에 틀림 없는 중간 중간의 틈들을 국가의 자기제한이 만들어 낸 것과 구분함으로써 말이다. 따라서 그렇게 하여 남겨진 것은 권리라기보다는 하나의 상태이다. 자연법이 범한 커다란 오류는 사실적인 자유의 상태를 권리로서 파악하고, 이 권리에 국가를 창조하고 제한하는 보다 높은 힘을 승인한 점에 있다.166)

개인의 어떤 행위가 국가에 의해서 직접으로 허용되는 것이냐 아니면 단지 간접적으로 승인되는 것이냐 하는 문제는, 오늘날 얼핏 보기에는 실제로 커다란 의미를 가지지 못하는 것처럼 보인다. 그러나, 법관이나 행정 관료를 교육하고, 그들이 어려운 사건에서 결정을 내리도록 가르치는 것만이 법학의 과제는 아니다. 나와 전체와의 경계를 제대로 인식하는 것이 가장 중요한 문제로서 그것은 인간 공동체에 대한 사색적인 고찰로써 해결해야만 한다.

---

165) 자유의 내용에 관한 견해는 끊임없는 역사의 흐름 속에서 확립되었다. 법률의 표현은 변함 없더라도 민족과 시대가 변함에 따라서 자유의 의미와 그 한계와 아울러 개별적 자유에 대하여 전혀 다른 성질의 확신을 가지게 된다. 예컨대 퓨리턴의 신앙의 자유는 20세기 미국인의 신앙의 자유와는 다르며, 그것은 마치 시간이 지남에 따라서 국가에 참여한 국민의 견해도 매우 바뀌고, 그리하여 보통선거권 (이것은 또한 가장 다양한 제한이 가능하다)에 입각한 현대의 민주적인 국민대표에 대해서, 원래부터 제한된 선거권에 입각한 민주적인 국민대표가 바로 일종의 귀족주의적인 제도로서 우리들에게 생각될는지도 모른다. 그러나 원리만은 변함 없이 동일하며, 그러므로 완전히 급변하는 사회적 사정 아래서 끊임없이 새로운 것에 의해서 그 힘을 발전시킬 수 있다. 이 점을 부트미는 근본적으로 잘못 보고 있는데, p. 424 ff. (141 ff.)는 정치사상에 의해서 중개된 역사적인 관계들을 놀랄 정도로 오인하여 프랑스의 자유와 평등을 당해 미국의 사상과는 전혀 다른 것으로서 제시하려고 한다.
166) 이에 관하여 상세한 것은 Jellinek, System S. 43, 89 ff. (2. Aufl., S. 45 f., 94 ff.) 참조.

부 록 I.

1647년 10월 28일의 제1차 인민협약*

보편적 권리에 기초한 확고하고도 조속한 평화를 위한 인민들의 하나의 협약

최근의 우리의 노고와 역경을 통하여 우리는 우리들의 정당한 자유를 얼마나 숭고히 여기고 있는가를 만천하에 분명히 하였고, 하나님께서 우리의 대의(大義)를 인정하시와 적들을 우리의 손에 넘겨주시니 우리는 이제 앞으로 또 다른 전란으로 지불해야 할 대가와 노예상태로 전락할 위험을 피하기 위하여 우리 서로에게 할 수 있는 최선을 다할 의무를 우리 자신에게 지운다. 왜냐하면 그렇게도 많은 우리의 동포들이, 그들 스스로의 이익을 이해하고 있었더라면 이 싸움에서 우리들에게 반대했으리라고는 상상할 수 없었기에 우리는 우리들의 보편적인 권리와 자유가 확고히 될 때, 우리의 주인이 되려고 하는 그들의 시도가 좌절될 것임을 확신할 수 있기 때문이다. 우리가 일찍이 받았던 압제와 보기 드물게 지속되는 문제들은, 추밀원에서의 빈번한 전국적 회의가 부족했기 때문이거나, 아니면 그러한 회의를 무용한 것으로 방치함으로써 야기된 것이기에, 우리는, 금후 우리의 대표들이 회기가 불확정한 채로 방치되거나 그들에게 부여된 목적에 부응하지 못하는 존재로 방치되지 않아야 함을 규정하기로 완전히 합의하고 결정하였다. 이에 우리는 다음과 같이 선언한다.

I.

현재 영국 인민들은, 의회에 그들의 대표를 선출하는 데 있어 카운티와 시(市)와 성시(城市)에 따라 매우 불평등하게 배당받고 있기에, 그 거주자의 수에 따라 좀 더 공평하게 할당되어야 한다. 그리고 그 수와 장소, 그리고 방법에 대한 부수적 사항은 현 의회의 회기가 끝나기 전에 결정되어야 한다.

II.

동일한 인물들의 장기 집권으로부터 발생하는 것 같은 많은 불편함을 예방하기 위하여, 당 의회는 서기 1648년 9월의 마지막 날에 해산한다.

III.

인민들은 의회를 2년에 한 번씩, 즉 당 의회의 폐회 전에 규정될 방법에 따라 격년 3월 첫째 화요일에 선출하며, 동 의회는 웨스터민스터, 혹은 전임(前任) 의원들에 의하여 수시로 지정될 수 있는 다른 장소에서 그해 4월 첫째 화요일부터 개최되어 이듬해 9월 말까지 계속되며, 그 이상은 연장될 수 없다.

IV.

당 의회와 장차의 모든 이 나라의 의원들의 권력은 그들을 선출한 사람들의 권력에 대해서만 하위이며, 다른 사람이나 사람들의 동의나 찬성 없이 관직과 법원의 창설과 폐지, 모든 직급의 관리와 집정관의 임명, 전보(轉補) 및 감찰, 화전(和戰)의 결정, 외국과의 교섭에 미치며, 유권자 스스로에 명시적 혹은 묵시적으로 유보되지 아니한 사항에 미친다.

유보되는 것은 다음과 같다.

1. 종파의 문제와 예배 방법에 대하여 우리는 어떤 인간의 권력에도 결코 위임할 수 없으니, 그 이유는 이 문제에 있어서 우리의 양심에 의해 하나님의 뜻으로 받아들여야 할 것을 조금이라도 거부하거나 어긴다면 우리는 방자한 죄를 범하는 것이기 때문이다. 그렇지만 국민을 계도하는 (그래서 강제적인 것은 아니어야 하는) 공적인 수단은 그들의 재량에 맡긴다.

2. 참전시키기 위해서 우리들 중의 누구라도 징발하거나 참전을 강요하는 것은 우리들의 자유에 반한다. 그러므로 우리는 그것을 우리들의 의원들에게 허용할 수 없다. 오히려 돈 (전력[戰力]의 원천)이 항상 그들의 처분 아래 있기 때문에, 어떤 정당한 대의에 기꺼이 뛰어들 사람을 결코 많이 원할 수 없을 것이다.

3. 당 의회의 해산 후에, 어떤 사람도 지나간 공적인 분쟁에 관련한 언행에 대해서는 결코 심문받지 아니한다. 다만, 당 의회 즉 서민원[하원]의 판결의 집행의 경우는 예외이다.

4. 현행의 또는 장차 제정될 모든 법에서, 만인은 평등하게 규제되며, 어떠한 토지신분권 · 재산권

·특허장·위계(位階)·신분·높은 지위도 다른 사람이 복종하고 있는 통상적인 법적 절차로부터 조금의 예외도 허용되지 아니한다.

5. 법은 공평해야 하는 것이므로 정당해야 하며, 인민의 안전과 복지를 결코 파괴하는 것이어서는 안 된다.

이 모든 것들을 우리는 우리들의 타고난 권리로 생각하며, 그러기에 어떠한 위협에 대해서도 우리의 모든 수단을 다하여 이것들을 지켜 나가기로 합의하고 결의한다. 왜냐하면, 교묘한 타협에 현혹되어 아직까지 자신들의 승리의 산물로 착각하고 스스로를 욕보였기에 자유를 회복하기 위해서였지만 헛되이 피를 뿌린 우리 조상들의 본보기뿐만 아니라, 이러한 확고한 통치원칙의 수립을 오랫동안 갈망해 마지않았음에도 불구하고, 아직도 우리들을 노예의 상태로 방치하려고 하였고 참혹한 전쟁을 우리에게 가져다준 자에게 우리의 자유와 평화의 획득을 맡겨 놓은 처지가 된 우리의 끔찍한 경험이 우리에게 이를 강요하고 있기 때문이다.

부 록 II.

1776년 6월 12일의 버지니아 권리선언

선량한 버지니아 인민의 대표들이 전원 출석한 자유로운 회의에서 제정된 권리선언. 이러한 모든 권리들은 통치의 근거이며 토대로서 동 인민과 그 자손들에 속한다.

제1조 모든 사람은 태어날 때부터 자유롭고 독립한, 일정한 생래의 권리를 가진다. 이러한 권리는 인민이 사회를 조직함에 있어서 어떠한 계약에 의해서도 인민의 자손으로부터 박탈할 수 없다. 그러한 권리는 재산을 취득·소유하고, 행복과 안녕을 추구·획득하는 수단을 수반하여 생명과 자유를 향유하는 권리이다.

제2조 모든 권력은 인민에게 있고, 따라서 인민으로부터 나온다. 즉, 행정관은 인민의 수임자이며 공복이며 인민에 충실해야 한다.

제3조 정부는 인민이나 국가 또는 공동체의 공통의 권익과 방위, 그리고 안전을 위해서 수립되며, 또 수립되어야 한다. 정부의 형태와 양식은 다양하지만, 최대의 행복과 안전을 가져다 줄 수 있고, 실정의 위험에 대한 보장이 가장 효과적인 것이 그중 최선의 형식이다. 어떠한 정부일지라도 그것이 이러한 목적에 반하거나 불충분한 것이 인정된 경우에는, 그 공동체의 다수인은 그 정부를 개량하고 변혁하고 또는 폐지하는 확실하고 양도할 수 없으며, 포기할 수 없는 권리가 있다. 다만, 그 행사방법은 공공의 복리에 가장 공헌할 수 있다고 판단되는 것이어야 한다.

제4조 어떤 개인이나 집단도 공직에서만은, 그 공동체로부터 어떤 독점적이거나 별개의 보수 또는 특권을 부여받을 권리는 없다. 또 그러한 공직은 상속할 수 없기에 행정관, 입법부의 의원, 또는 판사의 직은 세습되어서는 안 된다.

제5조 국가의 입법권과 행정권은 사법권으로부터 분리되고 구별되어야 한다. 입법부와 행정부의 구성원이 압제에 빠지는 것을 방지하기 위해서, 그들로 하여금 인민의 부담을 알고 거기에 참여하도록, 그들을 일정한 기간 사인(私人)으로서의 지위로 복귀시키고, 그들을 선출한 단체에게 돌려보내야 한다. 그 공석(空席)은 일정한 정규의 선거를 자주 실시함으로써 보충하여야 한다. 이 선거에서

전자의 구성원 전부 또는 일부가 재선될 수 있는가의 여부는 별도로 규정하여야 한다.

제6조 의회에서 인민의 대표로 봉사할 사람들의 선거는 자유로워야 한다. 사회에 대해서 항구적인 공통의 이익을 가지며, 또한 애착을 가졌다고 볼 만한 충분한 증거가 있는 모든 사람은, 선거권이 있으며, 그들 스스로의 동의 또는 자신들이 선출한 대표들의 동의 없이는 공공의 용도를 위하여 과세당하거나 재산을 박탈당하지 아니한다. 마찬가지로 그들이 공공의 복리를 위하여 찬성하지 아니한 어떠한 법률에도 구속되지 아니한다.

제7조 어떤 기관도 인민의 대표의 동의 없이 법률을, 또 그 법률의 집행을 정지할 권한을 가지는 것은 인민의 권리에서 유래하며, 그러한 권한은 행사되어서는 안 된다.

제8조 모든 중죄(重罪) 또는 기타 형사소추에서 사람은 그 소추의 이유와 성질을 묻고, 소추자 및 증인과 대면하고 자기에게 유리한 증거를 요구하고, 또 주위의 공평한 배심원(陪審員)에 의한 신속한 공판을 받고, 이들 배심의 전원일치의 동의에 의하지 않으면 유죄의 판결을 받지 아니할 권리를 가진다. 또 누구든지 자기에게 불리한 증거의 제출을 강제당하지 아니한다. 또 국법(國法) 내지 배심원의 평결(評決)에 의한 이외에는 그 자유를 박탈당하지 아니한다.

제9조 과다한 액수의 보석금을 요구하거나 또는 과중한 벌금을 부과해서는 안 된다. 또 잔인하고 비정상적인 형벌을 부과해서도 안 된다.

제10조 관리 또는 그 영장전달자에게 범행의 증거가 없이 혐의 있는 장소의 수색을 명하거나, 또 특정한 기명(記名)이 없거나 그 범죄가 명시되어 있지 아니하거나 증거가 없는 한, 사람 내지 많은 사람들의 체포를 명령하는 일반 체포영장은 가혹하고 압제적인 것으로 발부되어서는 안 된다.

제11조 재산에 관한 분쟁과 개인 간의 소송에 있어서는 고래로부터의 배심재판이 가장 우수한 것이며, 신성한 것으로 하지 않으면 안 된다.

제12조 언론·출판의 자유는 자유의 유력한 방벽의 하나이며, 이를 제한하는 자는 전제적 정부라고 규정하지 않으면 안 된다.

제13조 무기의 훈련을 받은 규율이 정연한 민병(民兵)은 자유국가의 적당하고 안전한 호위이다. 평화시에 있어서 상비군은 자유에 대해 위험한 것으로서 피하지 않으면 안 된다. 어떠한 경우에도 군대는 문민의 권한(civil power)에 엄격히 복종하고 그 지배를 받지 않으면 안 된다.

제14조 인민은 통일된 정부를 가질 권리를 가진다. 따라서 버지니아 정부로부터 분리 내지 독립된 어떠한 정부도 그 영역 내에 수립되어서는 안 된다.

제15조 대체로 자유로운 정치를 또는 자유의 향유를 인민에게 확보함에는 오로지 정의·중용·절제·검약 그리고 덕을 고수하고 인권의 근본적인 원칙들을 때때로 상기하는 이외에는 방법이 없다.

제16조 종교 또는 창조주에 대한 예배와 그 양식은 무력이나 폭력에 의해서가 아니라 오로지 이성과 신념에 의해서만 지시될 수 있다. 그러므로 모든 사람은 양심이 명하는 바에 따라 자유롭게 종교를 신앙하는 평등한 권리를 가진다. 서로가, 다른 사람에 대하여 기독교적 인내·애정 그리고 자비를 베푸는 것은 모든 사람의 의무이다.

Anhang I.

Das erste Agreement of the People vom 28. Oktober 1647.

(Gardiner, History of the great civil war III, new ed. 1898, p. 392 ff.

AN Agreement of the People for a firm and present peace upon grounds of common right.

Having by our late labours and hazards made it appear to the world at how high a rate we value our just freedom, and God having so far owned our cause as to deliver the enemies thereof into our hands, we do not hold ourselves bound in mutual duty to each other to take the best care we can for the future to avoid both the danger of returning into a slavish condition and the chargeable remedy of another war; for, as it cannot be imagined that so many of our countrymen would have opposed us in this quarrel if they had understood their own good, so may we safely promise to ourselves that, when our common rights and liberties shall be cleared, their endeavours will be disappointed that to make themselves our masters. Since, therefore, our former oppressions and scare-yet-ended trouble have been occasioned, either by want of frequent national meetings in Council, or by rendering those meetings ineffectual, we are fully agreed and resolved to provide that hereafter our representatives be neither left to an uncertainty for the time nor made useless to the ends for which they are intended. In order whereunto we declare: —

I.

That the people of England, being at this very unequally distributed by Counties, Cities, and Boroughs for the election of their deputies in Parliament, ought to be more indifferently proportioned according to the number of the Inhabitants; the circumstances whereof for number, place, and manner are to be set down before the end of this present Parliament.

II.

That, to prevent the many inconveniences apparently arising from the long continuance of the same persons in authority, this present Parliament be dissolved upon the last day of September which shall be in the year of our Lord 1648.

III.

That the people do, of course, choose themselves Parliament once in two years, viz. upon the first Thursday in every 2d March, after the manner as shall be prescribed before the end of this Parliament, to begin to sit upon the first Thursday in April following, at Westminster or such other place as shall be appointed from time to time by the preceding Representatives, and to continue till the last day of September then next ensuing, and no longer.

IV.

That the power of this, and all future Representatives of this Nation, is inferior only to theirs who choose them, and doth extend, without the consent or concurrence of any other person or persons, to the erecting and abolishing of offices and courts, to the appointing, removing, and calling to account magistrates and officers of all degrees, to the making war and peace, to the treating with foreign States, and, generally to whatsoever is not expressly or impliedly reserved by the represented to themselves:

Which are as followth,

1. That matters of religion and the ways of God's worship are not at all entrusted by us to any human power, because therein we cannot remit or exceed a tittle of what our consciences dictate to be the mind of God without wilful sin: nevertheless the public way of instructing the nation (so it be not compulsive) is referred to their discretion.

2. That the matter of impresting and constraining any of us to serve in the wars is against our freedom; and therefore we do not allow it in our Representatives; the rather, because money (the sinews of war), being always at that disposal, they can never want numbers of men apt enough to engage in any just cause.

3. That after the dissolution of this present Parliament, no person be at any time questioned for anything said or done in reference to the late public differences, otherwise than in execution of the judgments of the present Representatives or House of Commons.

4. That in all laws made or to be made every person may be bound alike, and tat no tenure, estate, charter, degree, birth, ore place do confer any exemption from the ordinary course of legal proceedings whereunto others are subjected.

5. That as the laws ought to be equal, so they must be good, and not evidently destructive to the safety and well-being of the people.

This things we declare to be our native rights, and therefore are agreed and resolved to maintain them with our utmost possibilities against all opposition whatsoever; being compelled thereunto not only by the examples of our ancestors, whose blood was of ten spent in vain for the recovery of their freedoms, suffering themselves through fraudulent accomodations to be still deluded of the fruit of their victories, but also by our own woeful experience, who, having long expected and dearly earned to establishment of these certain rules of government, are yet made to depend for the settlement of our peace and freedom upon him that intended our bondage and brought a cruel war upon us.

Anhang II.

Die Virginische Erklärung der Rechte vom 12. Juni 1776.

A declaration of rights made by the representatives of the good people of Virginia, assembled in full and free convention; which rights do pertain to them and their posterity, as the basis and foundation of government.

Section 1. That all men are by nature equally free and independent, and have certain inherent rights, of which, when they enter into a state of society, they cannot, by and compact, deprive or divest their posterity; namely, the enjoyment of life and liberty, with the means of acquiring and possessing property, and pursuing and obtaining happiness and safety.

Sec. 2. That all power is vested in, and consequently derived from, the people; that magistrates are their trustees and servants, and at all times amenable to them

Sec. 3. That government is, or ought to be, instituted for the common benefit, protection, and security of the people, nation or community; of all the various modes and forms of government, that is best which is capable of producing the greatest degree of happiness and safety, and is most effectually secured against the danger of maladministration; and that, when any government shall be found inadequate or contrary to these purposes, a majority of the community hath an indubitable, inalienable, and indefeasible right to reform, alter, or abolish it, in such manner as shall be judged most conducive to the public weal.

Sec. 4. That no man, or set of men, are entitled to exclusive or separate emoluments or privileges from the community, but in consideration of public services; which, not being descendible, nether ought the offices of magistrate, legislator, or judge to be hereditary.

Sec. 5. That the legislative and executive powers of the State should be separate and distinct from the judiciary; and that the members of the two first may be restrained from oppression, by feeling and participating the burdens of the people, they should, at fixed periods, be reduced to a private station, return into tat body from which they were originally taken, and the vacancies be supplied by frequent, certain and regular elections, in which all, or any part of the former members, to be again eligible, or ineligible, as the laws shall direct.

Sec. 6. That elections of members to serve as representatives of the people, in assembly, ought to be free; and all men, having sufficient evidence of permanent common interest with, and attachment to, the community, have the right of suffrage, and cannot be taxed, or deprived of their property for public uses, without their own consent, or that of their representatives so elected, nor bound by any law to which they have not, in like manner, assented, for the public good.

Sec. 7. That all power of suspending laws, or the execution of laws, by any authority, without consent of the representatives of the people, is injurious to their rights, and ought not to be exercised.

Sec. 8. That in all capital or criminal prosecutions a man hath a right to demand the cause and nature of his accusation to be confronted with the accusers and witnesses, to call for evidence in his favor, and to a speedy trial by an impartial jury of twelve men of his vicinage, without whose unanimous consent he cannot be found guilty; nor can he be compelled to give evidence against himself; that no man be deprived of his liberty, except by the law of the land or the judgment of his peers.

Sec. 9. That excessive bail ought not to be required, not excessive fines imposed, nor cruel and unusual punishment inflicted.

Sec. 10. That general warrants, whereby an officer or messenger may be commanded to search suspected places without evidence of a
fact committed, or to seize any person or persons not named, or whose offence is not particularly described and supported by evidence, are grievous and oppressive, and ought not to be granted.

Sec. 11. That in controversies respecting property, and in suits between man and man, the ancient trial by jury of twelve men is preferable to any other, and ought to be held sacred.

Sec. 12. That the freedom of the press is one of the great bulwarks of liberty, and can never be restrained but by despotic governments.

Sec. 13. That a well-regulated militia, composed of the body of the people, trained to arms, is the proper, natural, and safe defence of a free State; that standing armies, in time of peace, should be avoided, as dangerous to liberty, and that in all cases the military should be under strict subordination to, and governed by, the civil power.

Sec. 14. That the people have a right to uniform government; and therefore, that no government separate from, or independent of the government of Virginia ought to be erected or established within the limits thereof.

Sec. 15. That no free government, or the blessing of liberty, can be preserved to any people, but by a firm adherence to justice, moderation, temperance, frugality, and virtue, and by frequent recurrence to fundamental principles.

Sec. 16. That religion, or the duty which we owe to our Creator, and the manner of discharging it, can be directed only by reason and conviction, not by force or violence; and therefore all men are equally entitled to the free exercise of religion, according to the dictate of conscience; and that it is the mutual duty of all to practice Christian forbearance, love, and charity towards each other.

인권선언과 옐리네크씨*

에밀 부트미

I.

하이델베르크 대학의 매우 저명한 교수인 옐리네크씨는 최근에 1791년의 우리 국가 헌법의 첫머리에 있는 권리선언에 관한 저서를 출판하여 독일에서는 어느 정도 센세이션을 일으켰다. 이 책은 파르디(Fardis)씨가 프랑스어로 번역하였으며, 라르노드(Larnaude)*씨가 번역에 앞서 서문을 썼는데, 그는 자신의 견해를 쉽게 피력하지 않는 학자로서 서문에서는 옐리네크씨의 주장상의 일반적인 방법론을 비난하고 있다.

이 책의 명제는 다음과 같이 요약할 수 있다. 즉 권리선언은 일반적으로 믿고 있는 바와 같이, 사회계약론에서 유래한 것은 아니다. 즉 권리선언은 사회계약론에서 유래한다고 하기에는 거리가 먼, 말하자면 사회계약론과는 대조를 이룬다. 권리선언의 기원과 모델은 미국 각 주의 헌법에 앞서서 1776년부터 1789년에 걸쳐 공포된 **권리장전들**(Bills of Rights)에서 발견되었다. 그것들의 원문을 개괄적으로 비교하는 것만으로도 이것을 충분히 알 수 있을 것이다.

종교의 자유는 이 선언들의 가장 오래된 구성 요소이다. 신세계에 건설된 앵글로색슨의 식민지들은 이 종교의 자유를 최초로, 감히 말하면 유럽의 어느 민족보다도 먼저 인정하고 확립하였다. 거기에서부터 단계적으로 다른 모든 자유와 마찬가지로 인정하고 확립한다고 하는 사상이 전개되었다. 이것은 인간과 시민의 권리에 관한 목록을 제시하는 모든 문서 중에서 시기적으로 가장 빠른 문서가 미국에서 유래하는 까닭이다. 그래서 권리선언들은 예외 없이 그 근원이 프로테스탄티즘의 자유에 있으며, 모든 권리선언들 중에서도 가장 유명한 1789년의 선언은 16세기의 종교개혁에서 기인한다는 것은 확실하다. 물론 양자의 관계를 명확히 하고 추구하는 것은 쉬운 일이 아니다.

---

* Émile Boutmy, La déclaration des droits de l'homme et du citoyen et M. Jellinek, in: Annales des Sciences Politique, t. XVII, juillet 1902, p. 415-443.

나는 옐리네크씨가 무의식적으로 18세기 말 라틴 정신의 가장 화려한 표현의 기원을 독일에서 구하려고 하는 매우 자연스런 욕구에 따른 것인지를 탐색할 의도는 조금도 없다. 그것은 그 자신에 내재하고 있는 양심에 의해서 해결해야 할 사항이다. 나는 순수한 학자의 명제를 검토하는 것과 같은 태도로 그 명제들을 검토하려고 생각하며, 그의 숨겨진 동기를 탐구하려는 것은 아니다. 그가 내린 결론 속에서 내가 근거 있는 결론이라고 승인할 수 있는 것은, 미국이라는 선례와 그 독립선언 쪽이 그다지 알려지지 아니한 각 주의 헌법보다 '인간과 시민의 권리'를 하나의 문서에 모으고, 그 권리를 헌법의 첫머리에 드러낸다고 하는 생각에 오히려 영향을 미칠 수 있다고 생각하는 점뿐이다. 그렇다고 하여 이 문서의 기초에 있어서 모방될 가능성이 있는 모델 ── 하긴 당초 그러한 모델이 있었던 경우의 이야기이지만 ── 에 대해서, 또한 문서를 만들어 내는데 이른 사상적 연원에 대해서는 아무것도 서술할 수 없고, 사전에 약간의 예측도 할 것이 없다. 옐리네크씨의 그 밖의 모든 주장들에도 내가 사실과 원문의 건전한 고찰과 일치하는 것은 발견할 수 없고, 내가 완전히 동의할 수 있는 것은 없다. 내가 생각하기에는 어느 것이나 반론의 여지가 있다.

II.

옐리네크 교수가 주장하는 첫 번째 명제는 권리선언의 이념이나 실태에 있어서도 사회계약론의 원리들과 완전히 상반되는 것이다. 그는 이 선언의 기초가 되는 가정을 비교함으로써 사회계약론의 기초를 형성하는 명확하고 구별되는 단언(斷言)들을 어려움 없이 논증할 수 있다고 생각하고 있다. 루소(Rousseau)가 말하기를 사회계약의 모든 조항은 다음 한 조항에 귀착한다. 즉「모든 권리의 양도를 포함한 각 구성원의 공동체 전체에 대해서 전면적으로 양도하는 것」이다. 그런데 옐리네크씨는 다음과 같이 말한다. 즉 만약 이 양도가 완전한 것이라고 한다면 개인이 사회계약에 포함시키지 않았고, 권리선언의 명시적 유보에 따른 옹호를 받고 있는 그 밖의 불가양의 권리들의 존재는 무엇을 의미하는가? 그러나 루소는 거듭 계속해서 이렇게 말한다.「이 양도는 유보 없이 이루어진 것이며, 결합은 더없이 완전하게 이루어졌으며, 어떤 구성원도 아무것도 요구할 것이 없다」라고. 이 경우에 개인의 권리들을 그와 같이 엄숙히 요구하고 주장하는 것을 어떻게 정당화하고 설명할 것인가에 대하여 옐리네크씨는 반론한다. 루소는 여기에 덧붙여「국가는 사회계약에 의해서 그 구성원의 재산 전체의 지배자이다」라고 하였다. 옐리네크씨는 응답하기를, 소유권은 유보된 권리는 아니며, 당연히 소유권도 자유를 수반하며 자유와 함께 몰수되어 버리는 것이라고 보았다. 끝으로 루소는 결론을 내리기를 「주권자가 스스로 침해할 수 없는 법률을 스스로에게 부과하는 경우에는 정치체(政治體) 의 본성에 위배된다. .... 어떠한 종류의 기본법도 물론 나아가 사회계약조차도 전체 인민이라고 하는 단체에게 의무를 지게 하는 일은 없으며, 또한 있을 수도 없다」라고 하였다. 이에 옐리네크씨는 다음과 같이 결론을 내린다. 즉 그렇다면 권리선언에는 어떤 이익이 있을 수 있는가? 또한 그 법적인 가치는 어떤 것인가? 권리선언은 국가를 구속할 것을 요구하고 있으나, 국가는 구속될 수 없다. 권리선언은 기본법으로서의 속성을 획득하고 있지만 주권자가 개개인에 대해서 의무를 부담하는 것과 같은 기본법은 있을 수 없다. 이것이야말로 단호하고도 단순한 어조로 옐리네크씨가 주장한 바인데, 옐리네크씨를 통해서 루소를 이해하는 사람들에게 있어서만 이 주장은 자명한 것이다.

옐리네크씨의 논술에 대해서 나는 두 가지 점에서 대답해 본다. 우선 루소의 철학과 『**사회계약론**』의 원리(maxime)는 ── 루소가 선언의 성립에 무엇인가 사실적인 관계를 가지는 것은 아니라고 말할 수 있는 ── 이 선언의 상당한 부분에 대단한 영향을 미쳤을 가능성이 있다. 두 번째는 선언의 취지는 조금도 옐리네크씨가 생각하고 있는 것처럼 사회계약론에 의해서 성립한 원리들과 명백히 또는 직접적으로 모순되는 것은 아니라는 것이다. 사회계약은 두 당사자를 가정한 약속이다. 즉 추상적인 측면에서, 그것은 집단적으로 취급된 개인의 총화이며, 구체적인 측면에서 보면 거의 현실성이 없지만 개별적으로 취해진 개개인의 일치이다. 이 계약에서 다음의 것이 생겨났다. 즉 국가 또는 주권자와 시민 또는 신민(臣民)으로 구성된 정치체가 조직되고, 이 양자 사이에 일정한 관계가 수립된다. 이 관계는 두 가지 행위에서 성립된다. 먼저 개인이 그 인격과 재산을 완전히 국가에 양도하는 행위이며, 다음에 각자에 대해서 타인도 평등하게 소유하고 있는 권리의 향유를 확보하기 위해서 국가가 불필요한 것을 모두 개인에게 반환하는 행위이다. 루소에 의하면 그에 따라 시민은 계약 전보다도 더욱 많은 자유를 되찾게 되는 것이다.

루소의 주장은 여기서 정지한다. 그러나 지금 우리들은 몇 가지의 매우 본질적인 요점을 가지고 있다. 첫째, 모든 시민의 권리가 평등하다는 것이며, 둘째로는 법률이 시민 사이에서 권리평등을 유지한다고 하는 필요성에 기초를 두지 않으며 안 된다는 것이며, 그리고 셋째로 법률이 일반성을 유지하지 않고 특수성을 띠게 되면 그것은 명령 밖에는 되지 아니한다는 것이다. 이 세 가지의 요점이야말로 사회계약의 본질을 이루는 형태이며, 이러한 점들이 없게 되면 사회계약에 대해서 말할 수 있는 것은 아무것도 없게 되고 만다.

따라서 루소가 세운 이 원칙에서 이미 주권자의 자의(恣意) 밖에 확립되고 정돈된 어떤 것이 있으며, 이 '어떤 것'만이라도 권리선언의 주제가 될 수 있을 것이다. 그 위에 이 선언의 보다 개별적인 조항을 주의 깊게 고찰해 보면, 거의 모두가 앞의 세 가지의 기본적인 조항에 필연적으로 귀착되는 것임을 짐작할 수 있다. 그렇게 보면 우리들의 권리선언은 사회계약론의 원리가 모순되지 아니한 채 구성된 것이라고 할 수 있다. 더구나 신민이 아닌 주권자가 이와 같은 종류의 선언을 기초하고 공포할 수 있다고 상정할 수는 없는 것일까?

우리들은 주권자를, 공동체의 구성 부분이며 다소 간에 공적 이익과 대립되는 개별적 이해를 가지는 개인과 같은 군주로 생각하기 쉽다. 우리들은 인민, 즉 바꾸어 말하면 개인들의 전체와 같은 것으로 볼 수 있으며, 이 개인들은 전체 속에 융합되어 있고, 전체 이익 이외의 다른 이익을 가질 수 없는데, 이 인민을 주권자로서 받아들이는 데에 익숙하지 않다. 그러면 이와 같이 정의된 주권자가 권리선언을 기초하고 공포하는 것은 불가능한 것일까? 이 주권자(인민)는 그 자신의 어떠한 권리도 양도하지 아니하였다. 이 양도는 그 주권자의 이익을 위하여 같은 주권자에게로 이루어져 왔다. 주권자는 그가 양도받은 자들에게 그가 반환하기를 원하는 모든 것을 반환할 수 있으며, 루소는 주권자가 그 반환될 부분을 결정할 것이라고 예기하였다. 양 당사자의 한쪽이 이 결정으로 손해를 보는 것은 불가피하지만, 그렇다고 하여 이것은 결코 놀라운 일이 아니며, 또한 모순되는 것도 아니다. 왜냐하면 주권자라는 것은, 이면을 살펴본다면 바로 인민과 동일한 것이기 때문이다. 루소는 철학자가 신과 연결시켜 생각하고 있는 관념을 주권자와 연결시킨 것이다. 즉 주권자는 자신이 하려고 생각하는 것은 무엇이라도 이룰 수 있지만 악은 주권자의 본질에 어긋나기 때문에 주권자는 악을 원할 수 없다. 그 점에 있어서는 국가도 마찬가지인데, 국가가 원하는 모든 것을 부여받을 수 있지만, 자발적인 양도에 의해서 얻은 모든 권리를 계속 유지하기를 바랄 수는 없다. 국가는 그 본질에 비추어 그 권리를 행사하는 데에 적합하지 않기 때문이다. 국가가 권리선언에 의해서 확정하는 것은 국가의 자의(恣意)의 한계가 아니라 그 본질의 한계이다. 권리선언을 포함한 어떤 문서가 그 전부 또는 일부에 사회계약론의 영향을 받았다고 하더라도 그것은 조금도 모순되는 것은 아니다.

어떤 저자가 말하기를, 「자신의 자유를 포기하는 것, 그것은 인간으로서의 특성, 인류의 권리 그리고 스스로의 의무까지도 포기하는 것이다. 모든 것을 포기하는 사람에게는 어떠한 보상도 주어지지 아니한다. 이러한 포기는 인간의 본성과 서로 양립하지 않는 것이다. 그러므로 인간의 의지에서 자유를 완전히 박탈하는 것은 인간의 행위에서 도덕성을 완전히 제거해 버린 것과 같다. 요컨대 한쪽으로 절대적인 권위를 부여하고, 다른 한쪽에게 무제한한 복종을 강요하는 것과 같은 합의는 공허하고 모순된 합의인 것이다. 만약 어떤 사람에게 모든 것을 요구할 수 있다면, 그 사람으로부터는 어떤 구속도 받지 아니한다는 것이 명백한 것이 아닌가?」*라고 하였다. 확실히, 바로 이것이야말로 권리선언에 대한 크게 어림잡은 소개가 된다. 그러면 이 문장의 저자는 도대체 누구인가? 그것은 틀림없이 루소이며, 이 구절은 '사회계약론'에서 골라낸 것이다. 이 저자는 사회계약의 원리와 권리선언의 사실과의 사이에 어떤 근본적인 모순을 보지 않았던 것은 명확하다고 하여야 한다.

뛰어난 천재, 탁월한 현자들은 어떠한 것도 추론의 엄밀함을 모면할 수 없는 것으로 인정되는 논리의 협소한 결론을 즐겨 이용하고 있다. 모순이란 것은 장시간 사색하고 많은 것을 쓰고 폭넓은 주장을 하는 인물에게는 언제나 따라다니는 것이다. 이와 같은 사람들은 필연적으로 많은 것을 말하는데, 그 언명 중에는 상호간 대립되거나 직접적으로 모순되는 것이 상당수에 달한다. 이런 혹은 저런 언명이 여론에 미치는 작용에 의해서 그러한 언명 속에서 또는 영원한 반향(反響)을 부르게 되는 것과, 몰래 또는 어떠한 반향도 없는 것들로 구분되는 것이다. 볼테르(Voltaire)를 연구하는 사람이라면 누구나 도처에서 모순되는 교설에 부딪치게 되고, 모순들 사이를 절묘하게 조정하지 않으면 안 된다. 사우스캐롤라이나를 위하여 거의 봉건적이라고 말할 만한 헌법을 기초했던 사람은 근대적 자유의 사도 로크(Locke), 그 사람이 아닌가? 인간성에 대한 신앙을 진지하게 조직하고 자신의 제자들에게 그것을 신앙의 대상으로 만든 것은 모든 신학과 형이상학에 대하여 누구보다도 강한 적대감을 가지고 있었으며, 가장 세속화된 사상가라고 인정되는 사람은 바로 오귀스트 꽁트(Auguste Comte)*가 아닌가? 루소에게서 드러나는 명백한 모순을 지적하는 것이 루소를 깎아내리게 되는 것일까? 의심할 여지 없이 그렇지는 않다. 위대한 저작과 위대한 인물에게는 저마다 고유한 법칙이 있다. 위대한 인물이란 색채가 변화하는 등대와 같은 것이며, 그 빛은 퍼지며 뚜렷하지 않지만 찬란한 광채를 만들어내기 위해서 한 세기의 전체와 어우러지는 것이다. 그리고 분열이 가시고 모순이 풀어지며, 그다음 세기의 위대한 저작들이 낡은 중용(中庸)에서 극단들이 사라지는 곳은 바로 그 세기 전체로부터인 것이다. 마찬가지로 후술하겠지만, 프랑스 인권선언이 로크라기보다는 루소에게서 더 유래하지 않았으며, 미국의 독립선언보다는 미국 각 주의 권리장전에서 더 영향을 받지 않았는가의 문제를 넘어서, 그 인권선언은 18세기 정신 전체의 위대한 운동이라는 불가분의 이유에 따른 결과물인 것이다.

III.

루소가 (프랑스의) 권리선언에 영향을 미쳤다고 하는 것에 옐리네크씨가 이론(異論)을 가졌다는 것은 매우 타당한 것이지만, 그는 북아메리카의 미합중국의 영향, 즉 이미 하나의 다른 영향의 존재를 확신하고 있는 것이다.

나 자신도 그렇지만 옐리네크씨는 프랑스의 헌법제정자가 1776년의 미국의 독립선언이나 헌법에 추가된 수정 헌법을 [프랑스 권리선언의] 모델로 삼았다는 생각을 매우 신중하게 접어두고 있다. 그렇지만 옐리네크씨는 하나의 문서 증거 이상의 것에 의해서 한층 확신을 강하게 가지고서 1776년에서 1789년에 걸쳐 공포된 각 주의 권리장전을 우리 선언의 기초자가 인용하였던 주요한 전거로서 서술하고 있다. 이 점은 검토할 가치가 있으며, 고찰할 여지가 있는 것이다.

옐리네크씨는 직접 원문에 의거해서 권리선언과 아메리카 합중국의 각 주 헌법과의 사이에 존재하는 유사성을 실증하기 전에 약간의 간접적인 증거를 인용하고 있다. 하나의 예를 보면 내가 그것으로 무엇을 이해하고 있는가를 알 것이다. 1789년 7월 11일에 개시된 토론에 가장 먼저 연단에 선 라파예트(LaFayette)가 선언의 필요성을 이야기하고 그 모델을 제시하였다는 것이다. 미국의 권리장전은 그의 기억에는 더없이 생생하였을 터이니까, 그 연설에서 확실히 이들 미국의 권리장전에 언급하였을 것이 틀림없다고 생각하는 것은 당연할 것이다. 그런데 그러한 생각이 그에게 떠오르지 않았던지, 옐리네크씨는 훨씬 뒤에 쓰여진 한 문서에서 그 근거를 찾아야만 하였다. 즉 그는 라파예트의 비망록 속에 그의 주장의 기초가 되는 미국의 권리장전을 암시하고 있는 부분이 바로 그것이라는 것이다. 만약 라파예트가 '선언'의 초안을 제출하였을 때에 미국의 권리장전을 언급하지 않았다는 것이 중요한 의의를 지닌다면, 그가 몇 년이 지나고 나서 그가 그때 이 '버지니아 헌법'에 대해 가지고 있던 기억을 이 선언과 연결시켜, 이것을 선언의 성립의 원인으로 삼는다고 하더라도 별로 중요한 의미를 가지지는 못한다. 이러한 (버지니아 헌법과의) 연상이 사후적으로 발견된 것은 명백하며, 그것이 기억에 남았던 것은 과연 이 연상이 진짜처럼 생각되고, 저 인물의 생애에 일종의 시종일관된 통일성을 초래하였기 때문인 것이다.[1]

조금 뒷 부분에서 옐리네크씨는 1789년의 두 개의 팸플릿에 언급하고 있는데, 이 팸플릿에는 인간과 시민의 권리에 대한 발표문이 포함되어 있다. 이러한 팸플릿들이 확실하게 미국의 권리장전의 예를 명시적으로 환기시키고 있다고 생각하게 된 것도 무리는 아니지만, 어느 곳에도 이성과 양식과 필연성 이외에는 아무것도 원용하고 있지 아니한 것이다.

장시간에 걸쳐 21가지 종류의 '권리선언'[초안]을 둘러싸고 행하여진 토론 속에서 인용할 수 있는 것은 옐리네크씨가 특히 중요시하는 버지니아 헌법 단 하나이며, 그것도 단 1회로써 매우 간단히 인용되고 있을 뿐이다. 거의 모든 의론의 전개는 자유와 평등이란 개념의 분석과 아마 루소로부터 도입되었다고 생각되는 정치체의 분석에 대해서 이루어지고 있는 것이다. 대서양 건너편의 모범에 대해서 언급하지 않았다는 것은 주목할 사실이다. 똑같은 침묵이 '사회계약론'의 저자에 대해서도 이루어진 것을 인정할 수 있는 점에 나는 인색하지 않다. 그러나 미국에 대해서 언급하지 않았던 것과 루소에 대해서 말하지 아니한 것이 동일한 것을 의미하지 않는다고 확신한다. 미국에 대해서 언급하지 아니한 것은, 각 주의 헌법이라는 모범이 우리 국가의 국민의회 의원의 사유(思惟)에서는 아득히 먼 것이었음을 나타내는 것이다. 루소에 대해서 말하지 않았다고 해서 이 철학자에게서 유래하는 사상이 다수 사람들이 공유하는 사상은 아니었다는 것이 되지는 아니한다.

옐리네크씨는 이 장(章)을 다음과 같은 기묘한 평가로 매듭짓고 있다. 즉 「논자 중에는 프랑스의 '선언'이 불명확한 용어로 서술되어 있거나, 또는 공론적(空論的)인데 대해서 '독립선언'은 현실적인 성격을 가지고 있음은 물론 간단하고 간결하여 이것을 칭찬하는 논조로 이야기하는 사람이 많다」. 이러한 평가는 절반 밖에는 정확하지 않다. 확실히

---

1) 옐리네크씨에게는 보르도의 대주교 샹피옹 드 시세(Champion de Cicé)씨가 1789년 7월 27일에 국민의회에 제출한 보고서를 인용하는 편이 더 좋았을 것이다. 그러나 이때에 주의할 것은, 이 보고서에서는 아메리카 일반을 말하고 있을 뿐이며, 합중국의 헌법에 대해서는 아무런 시사도 하지 않고 있다는 점이다. 합중국에 특히 언급한 다른 연설자는 아주 극소수이며, 그들에게는 1776년의 독립선언만을 염두에 두고 있었다. 그 중 그들의 대부분이 ― 예컨대 오제르(Auxerre)의 주교 말루에(Malouet)도 그 한 사람인데 ― 이러한 예를 든 것은 전적으로 미국인과 프랑스인을 구별하는 깊은 차이를 강조함으로써 권리선언이라는 것이 쓸데없고 위험한 것이라고 하는 결론을 도출해 내기 위한 것이다.

'독립선언'은 나중에 나온 미국의 모든 '권리장전'보다도 간단명료한 문체로 기술되어 있다. 옐리네크씨가 그 점을 칭찬하는 것은 정당하다. 그렇지만 어떻게 이 선언의 간략, 간결성을 부정하고 이 선언을 불명료한 선언으로 치부해 버릴 수 있다는 것인가? 참으로 이것은 선언을 매우 경솔하게 읽어내려 갔거나 색안경을 끼고 편견에 사로 잡혀 읽었기 때문에 루소에 어울리는 냉정하고 평이하며 힘차게 약동하는 것 같은 문체를 잘못 보아서 감탄하지 못했기 때문이라고 볼 수밖에 없다.

(옐리네크씨가 든) 간접적인 증거는 우리들을 납득시키지 못하고 우리들의 신념을 흔들리게 하지도 못한다. 직접적인 증거는 이 이상의 설득력을 가지고 있을까? 옐리네크씨는 제5장에서 프랑스어 원문과 미국의 원문을 그저 나열하고 있을 뿐이며, 그 곳에 어떤 성찰도 덧붙이지 않고 독자 자신이 양식과 성실함을 가지고 있다면 이들 두 가지의 문서가 지극히 흡사하여 친류관계(親類關係)에 있는 것을 충분히 알 수 있으리라고 기대하고 있다.

이러한 종류의 대비 방법에 대하여 언급하기 전에 몇 가지 점을 지적해 두어야 한다. 우선 하나는 미국의 원문은 단 하나뿐이 아니라 일곱 내지 여덟 개가 있는데, 옐리네크씨는 이러한 복수의 문서 속에서 프랑스의 '선언'에 가장 가까운 조문만을 아주 자연스럽게 오려서 뽑아내고, 또한 당연히 프랑스의 '선언' 중에서 그것들과 거리가 먼 것을 제외하고 있다는 것이다. 그 결과 (미국) 각 헌법의 전문(全文)과 프랑스 '선언'을 비교한다면 아마 옐리네크씨가 유도하기를 원하는 결론에 합치하는 관점에서 그 헌법들에게서 인용하였고, 더욱 엄선한 구절만을 새기기 보다는, 명백하게도 그 유사성은 훨씬 모호하고 그 차이성은 끝없이 더욱 분명해지는 것을 느끼게 될 것이다. 그런데도 미국의 헌법이 프랑스의 국민의회 의원들의 모범으로서 이용되었다고 한다면, 그것은 그대로의 헌법, 즉 완전한 원문을 구비한 각 헌법들일 것이다. 이렇게 보면 옐리네크씨가 이용한 과정은 어느 정도 의심이 가며, 그것이 중대한 오류의 원인이 되고 있다. 각 헌법을 그 전체에 있어서 차례 차례로 정확하게 비교하면, 예컨대 양자의 유사성은 10% 내지 5% 정도까지 감소할 수 있다고 하더라도, 프랑스의 '선언'의 절반이 미국의 원문에서 차용한 것이라고 하는 느낌을 우리들에게 주는 것은 어쩔 수 없는 것이라고 볼 수도 있다.

그리고 독자의 양식과 성실함에 의해서 판단을 받고 싶은 두 번째의 논점이 있지만, 옐리네크씨는 미국 각 주의 선언에 앞선 원자료의 하나가 영국의 보통법(common law)이며, 그것에는 '마그나 카르타'와 '권리청원'과 '왕위계승법'이 첨가되어야 한다는 것을 잘 알고 있다. 보통법은 그 대부분이 불문법이기 때문에 옐리네크씨가 보통법을 인용할 수 없는 것도 무리는 아니지만 그는 조문들 아래에다 몇 번이나 반복해서 '마그나 카르타' 또는 그 후에 성립한 많은 문서들을 인용하고 있다. 예컨대 누구든지 배심원에 의한 재판을 받을 권리가 있으며, 어떠한 신민에게도 자기 또는 대표자의 동의 없이는 세금을 부과할 수 없다는 원칙 등이 그러하다. 이미 몇 세기 전부터 영국에서 인정되고 실행되었던 이와 같은 원칙이나 그 밖의 다른 원칙은 일부러 대서양을 건너가서 우리나라로 돌아올

필요는 없었으며, 그러한 원칙들은 도버 해협의 한쪽에서 다른 쪽으로 권리선언에, 또는 이 선언의 원칙을 가져왔던 18세기의 공통의 기초에 직접적으로 영향을 미쳤다고 보지 않을 수 없다. 그 한계에서 미국의 '권리장전'이 1789년의 우리 헌법에 미친 영향은 할인해서 생각하지 않으면 안 되는 것이다.

그 위에 이제 한 가지 지적하겠는데, 옐리네크씨도 이 점에 관하여 반론하는 것이 쉽지는 않을 것이다. 아마 로크·몽테스키외·볼테르 그리고 루소에 의해서 배양된 18세기의 공통의 정신*은 문명화된 세계의 전 부분에 미쳤고, 아메리카의 식민지에도 미쳤다는 것이다. 이 18세기의 공통의 정신이야말로 '권리선언'의 모든 사변적인 부분의 원천인 것이다. 루소의 저작이라고 말하지 않더라도 루소의 이념은 그들의 정신 속에 남아 있다. 다만, 저자의 이름은 어느 사이엔가 잊혀지고 만다. 그 결과 이들의 이념은 익명의 형태를 나타내지만 더불어 다른 모든 근본이 되는 원천으로서 추상적인 주의(Maxime)를 제일 먼저 제시하는 것이 이 시대의 특징의 하나이다. 이러한 주의는 18세기의 유니폼이라고도 말할 만한 것이다. 일반적인 표현으로 사고하고 표현하는 것이 당시의 관행이거나 적어도 유행이었다.

1760년 경에는 프랑스·네덜란드·영국 그리고 합중국에 공통적으로 각국에 고유한 것이라고 할 수가 없는 사고방식과 주장의 독특한 성격이 있었다. 각국은 각자의 의지와 재능에 따라서 이 공통의 보고(寶庫)에서 꺼내온 사상을 발전시킨 것이다. 그 때문에 앞서 서술한 미국 각 주의 권리선언과 1789년 프랑스의 권리선언 간에 유사한 것이 많다고 하더라도, 그 양자의 관계는 한쪽 방향이 타국에 기인한다고 하는 관계라고 생각해서는 안 되는 것이며, 양자가 동일한 모델에 기인하는 것이라고 생각하지 않으면 안 된다. 이 관계는 산스크리트어와 이란어의 관계와 같은 것이며, 경험이 미숙한 학자는 이들을 비교하지만 더욱 세밀히 연구한다면 우리들은 이 두 가지의 언어가 보다 오랜 타입의 한 언어에서 파생된 것임을 알 수 있다. 이와 같이 앞의 두 가지 문서 사이에 유사성이 있다고 하더라도, 우리의 권리선언이 합중국의 각 주의 권리장전을 다소간 베끼거나 모방한 것이라고는 생각할 수 없는 것이다. 두 개의 각 원문은 자국의 정신에서라기보다는 그 시대의 정신이 18세기적 방식인 추상적 문체로 설명하는 당대의 정신에서 거의 동일한 개념을 도출시키고 있다. 한쪽이 다른 한쪽에서 빌려왔다고 하는 것은 가려낼 수 있는 것이 아니다.

그러나 미국의 권리선언을 우리 선언과 절대적으로 분리시킬 수 있는 또 다른 이유가 있다. 그것은 이 양쪽의 헌법적 문서의 기초자가 도모한 목적이며, 이러한 헌법적 문서들이 기초되고 공포된 궁극적인 이유가 되는 것이다. 합중국의 각 주의 선언은 모두 법정에서 원용될 수 있는 수단이라는 것을 염두에 두고 있다. 미국인은 끊임없이 그들 선언이 자기 나라 대법원의 정식 소송절차의 기초로서 이용될 것이라는 생각을 가져 왔으며, 법적 주장, 즉 소송절차에서 원용할 수 있는 이유를 준비하는 데에 몰두하여 왔고, 어느 문맥을 보더라도 이와 같이 고심한 흔적을 살필 수 있는 것이다. 프랑스인에게 있어서

권리선언은 웅변적인 단편에 불과하며 조문은 법적 효력이 없어 보이며, 있다고 해
보아야 인간에 대한 진리의 지배라는 유일한 위엄을 갖춘 것으로서 존재하는 데 불과하다.
어떠한 법원이라고 하더라도, 이러한 조문을 판결 이유를 도출해 내는 수단으로 사용할
수는 없다. 프랑스인이 선언을 기초한 것은 세계를 교화(敎化)하기 위한 것이며, 아메리카
의 헌법제정자가 그들 선언의 조문을 기초한 것은 그들 동포의 이익과 편의 때문이었다.
여기에서 양 문서의 논조와 의도가 매우 현저한 차이가 생긴다. 이 양자가 같은 가계(家系)
에서 나온 것이 아니고 같은 정신에 의해서 감화된 것도 아니며, 다른 목표를 추구하는
것임을 알 수 있다. 프랑스의 권리선언은 오로지 표현 가능한 일반적 관념에 경도된
철학자의 간결하고도 독창적인 문체로 쓰여져 있다. 미국의 권리선언은 청구인이 이용할
수 있는 어떤 편의도 빠트리지 않고, 또한 어떤 항변이나 소송 각하가 소추 절차에
도입되는 사유가 될 수 있는 취약한 부분을 남기지 않으려는 법학자의 약간 세심하고도
풍부한 (만연체의) 문체로 기초되었다. 한쪽의 문서에는 문장의 고결성과 형식의 위엄을
가지는 것에 최대한의 배려가 주어지고 있는데 대하여, 다른 한쪽에서는 원문에서 실제상
의 결론을 도출할 수 있기 때문에 [용어]의 적절함이나 완전함에 중점이 주어지고 있다.
서로 이 정도로 닮지 않은 문서는 그 밖에 어디에서도 찾을 수 없는 것이다.

IV.

나는 옐리네크씨의 방법에 따라서 프랑스 선언의 조문을 하나씩 뽑아내고, 그것을
그가 비교·대조하고 있는 아메리카의 선언의 조문과 비교하여 본다. 우리는 주의 깊게
개개의 조문을 검토하고 얻을 수 있는 결과에 놀랄 것이라고 생각한다.

「제1조 — 인간은 자유롭게 그리고 법적으로 평등하게 태어나고 생존한다. 사회적
차별은 공공의 이익에 기초를 둔 것이 아니면 허용되지 아니한다」. — 이미 제1조에서
양자의 차이가 나타나고 있다. 프랑스인은 자유롭게 그리고 평등하게 태어나고 생존한다.
평등은 자유와 같은 위치에 놓여 있다. 더욱이 모든 명확한 사실에 관계없이 평등이
선언된 것은 조건들의 평등, 아마 지능과 부의 평등이라는 뜻이 아닌 권리의 평등, 즉
법률 앞의 평등이란 의미이다. 미국의 선언[여기서는 버지니아 헌법 제1조]에서는 어떻게
서술되고 있을까? 그곳에는 '인간은 자연적으로 똑같이 자유로우며 독립적 존재이다'라
고 되어 있다. 평등은 여기에서는 부사로서 표현되어 있으며, 우리 선언이 평등이라는
의미에 부여하고 있는 만큼 충분한 의미를 가지고 있지는 않다. 평등은 말하자면 중심적
이념을 나타내는 두 개의 형용사의 배후에 숨어 있다. 이것은 미국인이 평등이라는
개념에 무관심한 것이 아닌, 평등이라는 미국 사회의 기본 조건으로부터의 너무나도
당연한 결과이기 때문에, 구태여 그 사회의 당연한 속성을 별도로 인정하는 것은 고려할
필요가 없었다. 도대체 미국 어디에서 불평등이 생길 수 있단 말인가? 그러한 불평등을
한 번도 보지 못하였고, 또한 그러한 생각조차 가지지 못하였다. 그렇기 때문에 이에

대해서도 아무도 걱정하지 아니하였다. 평등은 단지 자유와 독립의 귀결로서 나타난 것에 불과한 것이다. 자유와 독립이 확립하는 것을 방해하고 있던 영국 국왕의 주권을 배제함으로써 자유와 평등이 확립된 바로 그때에 이들을 확인해 주는 것은 정당하고 필요한 일이었다. 프랑스의 선언에 나타난 '사회적 차별'에 대해서도 같은 말을 할 수가 있다. 이 말이 지위나 계급에 의한 차별, 즉 평등의 예외나 위반을 나타내는 것이라고 이해하는 것은 곤란하다. 즉 평등에 대한 이러한 예외나 위반은 인간 상호 간의 사회적 관계들의 방해가 되는 것이기 때문이다. 미국 선언은 완전히 다른 의미를 가지고 있다. 미국의 선언이 상정하는 것은, 어떤 사람 또는 어떤 계층에게 특별한 또는 독점적인 보수나 특권을 부여하는 것 같은 경우이다. 그리고 이러한 보수나 특권을 정당화하는 것은 공공의 이익뿐이다. 그러면 이 특별한 독점적인 보수가 특권이라는 것은 모든 공적 직무상의 속성을 제외하고는 무엇이란 말인가? 관리는 봉급을 얻고, 그 직무에 따르는 배타적인 권리를 가지고 있다. 미국의 권리선언이 원문의 이 부분에 부여하고 있는 의미는, 프랑스의 선언의 조금 뒷부분에서 표현되고 있는 의미에 호응하는 것이지만, 그것은 어떻게 보더라도 사회적 차별과 가장 자연스런 의의에 대응하는 것은 아니다.

　요컨대 프랑스의 권리선언 제1조에 나타나 있는 두 개의 관념은 모두 옐리네크씨가 인용하고 있는 미국의 문서 속에는 나타나지 않고 있다.

　제2조는 정치적 결사의 목적으로 인간의 소멸할 수 없는 권리의 보전이라는 것을 규정하고 있다. 그러한 권리는 자유·소유권·안전 그리고 압제에 대한 저항이다. 이러한 권리는 모두 미국 각 주의 선언 속에도 같은 모양으로 규정되고는 있지만, 그 열거의 방법은 어떤 선언을 보더라도 완전한 것은 없다. 더구나 그 어조는 프랑스 선언의 그것과는 매우 다르다. 프랑스 문서의 문체는 간결하고 분명하고 담백하고 명령적인데 반하여, 미국 문서의 문체는 군소리가 많은데, 하나의 동사나 명사, 형용사이면 충분한 곳에서 두 개의 동사, 두 개의 명사를 병렬시키고 있어서 소송절차에 정통한 사람의 솜씨를 드러내고 있다. 예컨대 **생명과 자유, 취득과 소유, 추구와 획득** [이상은 버지니아 헌법 제1조], **개별적이고 독점적인** [동 헌법 제4조], **자연적 권리와 생명의 축복**[매사추세츠 헌법 전문] 등이다. 이러한 종류의 수사법이라는 것은 동서양을 불문하고 법률가 특유의 것이다. 그러나 가장 현저한 차이는 미국의 선언이 가지는 다소 감상적인 성격이다. 생을 영위할 권리, 생의 축복, 행복 등과 같이 두 번씩이나 반복하여 사용하고 있는 말의 용어법은 우리들을 프랑스의 권리선언보다 조금 뒤의 시대를 회상케 한다. 프랑스의 선언은 이처럼 여리고 감상적인 파토스를 불식하고 말았던 것이며, 그 문체는 트라시(Destutt de Tracy)*나 카바니스(Cabanis)*류의 한층 엄격한 것이다.

　나아가 이 제2조가 미국에 기원을 가진다는 것을 의심할 수 있는 궁극적이며 결정적인 이유가 있다. 나는 옐리네크씨 자신의 언어에서 이것을 차용하기로 한다. 옐리네크씨가 말하는 바에 의하면, 블랙스턴(Blackstone)은 이미 1754년에 시민의 자유와 소유권과 안전을 구별하고, 그는 이러한 것들을 절대적인 권리의 높이에까지 끌어올리고, 법률의 목적은 이들을 보호하는 것에 불과하다고 하였다. 그 밖의 권리는 영국인에게 특유한 것이며, 부차적이거나 종속적인 것이며, 앞의 세 개의 절대권을 보장하기 위한 것에 불과하다는 것이다. 만약 블랙스턴이 정말로 1754년에 이미 이와 같은 언명을 해두고, 또한 만약 그가 1765년에 나온 유명한 '주석' 속에서 이것을 재론하고 있다면, 1789년에 공포된 우리 선언이 1776년에서 1785년에 걸쳐 나온 많은 미국의 권리장전과 같은 정도로 그 형식을 이 영국의 법률이론가로부터 직접적으로 수용하였다고 가정할 수 있지 않을까? 프랑스가 합중국에서 직접 차용하였다고 하는 논리적 필연성 또는 사실적인 증거가 있는가?

가령 블랙스턴의 교설이 신세계의 앵글로색슨인들에게 알려져 있다는 것이 거의 확실하더라도, 우리 프랑스의 제정자가 이미 전부터 알려지고 있던 위대한 권위를 가진 원문, 즉 18세기의 정신에 작용하고 그 정신을 그 원문의 이념으로 인도할 수 있는 여유를 가지고 있던 원문을 눈앞에 두면서, 일부러 이들을 무시하고 당시의 세계에서는 거의 주목 받지 못하고, 또한 그 문서도 거의 반향을 불러일으키지도 못한 대서양 건너편의 아메리카 식민지의 모범을 구하러 갔다고 생각해야만 하는 이유는 어디에 있는 것인가? 의심할 것 없이 블랙스턴은 자기의 이념을 각국의 국민들에게 고취시키기 위한 중개 작용을 거칠 필요성을 느끼지 못하였을 것이다.

제3조는 철학자와 법률가의 대조성을 확실히 나타내준다. 아메리카의 원문에서 본질적으로 형이상학적 개념인 '**주권**'에 대응하는 것은 지각될 수 있고, 구체적 개념인 '**권력**'이다. 일상어에 속하는 '**항상 국민에게 있다**'(*réside habituellement dans la nation*)고 하는 표현은 완전한 법학상의 용어인 '인민으로부터 나온다'(*is vested in the people*)라는 것과 날카로운 대조를 이루고 있다. 프랑스 선언의 두 번째 구절에의 「어떠한 단체도 어떠한 개인도 국민으로부터 명시적으로 근거를 둔 것이 아닌 권위를 행사할 수 없다」라는 표현에 관하여, 이와 유사한 어떤 표현도 미국의 원문에는 발견되지 않으며, 이것은 당연한 것이다. 프랑스와 같이 귀족, 승려와 같은 신분이나 고등법원과 같은 단체가 아직 여전히 존재하거나 겨우 폐지되었을 뿐인 상태에 있는 국민은 그들 특권 계급의 권력 복귀의 길을 폐쇄하고자 노심초사할 수 있다. 이러한 경우를 합중국에서는 결코 찾아볼 수 없다. 미국인은 그와 같은 깨달음도 조심도 할 필요가 없었던 것이다. 일단 현실적인 유사성을 고려하더라도 서로 일치하는 그 동가물(同價物)을 찾아보기가 어렵다. 이와 같이 유사성이 희박한 것은 양 국민이 거의 닮지 않았기 때문이다.

제4조는 다음과 같다. 「자유는 타인에게 해롭지 아니한 모든 것을 할 수 있는 데에 있다. 그러므로 각인의 자연권의 행사는 사회의 다른 구성원에게 이들과 동등한 권리를 보장하여야 하는 것 이외의 한계를 가지지 아니한다. 그 한계는 법률로써 규정된다」. 내가 이 조문 전체를 인용한 것은 독자로 하여금 이 속에 **사회계약론**의 감각을 재발견하고, 그곳에서 루소의 정수를 인식하였으면 하기 때문이다.

제4조는 내용상으로나 형식상으로도 본질적으로 프랑스에 그 기원을 가지는 것이다.

그것은 실질적으로 다음 세 가지 점으로 표명되고 있다. 즉 (1) 이 조문은 각인의 자유의 한계를 나타내고 있다. (2) 그 결과 모든 개인은 동등한 권리를 행사한다. (3) 자유는 법률에 의한 것이 아니면 제한될 수 없다. 이러한 세 가지 사상의 어느 하나도 미국의 원문 속에서 발견할 수 없다. 옐리네크씨가 인용하고 있는 첫 번째의 조문(매사추세츠 헌법 전문)은 시민과 국가 간의 시원적이고 상호적인 사회계약의 존재와 모든 사람이 공공의 선 때문에 통치된다는 이 사회계약의 일반적인 정식에 그 기원을 물을 수 있는 것이다. 옐리네크씨가 인용하는 그 밖의 조항은 오로지 사회의 전 구성원이 생명·자유 그리고 재산의 향수를 사회에 의해서 보장되고 있다는 통속적인 사상의 표명에 불과하다. 이와 같이 아메리카 원문과 프랑스 원문 사이에는 어떠한 유사점도 없으며, 프랑스 원문은 완전히 독창적인 것이다.

제5조의 문언은 다음과 같다. 즉「법률은 사회에 유해로운 행위가 아니면 이를 금지할 권한을 가지지 아니한다. 법률로써 금지되지 아니한 것은 어떠한 것도 방해받지 아니하며, 또한 누구도 법률이 금지하지 아니하는 것을 강제당할 수 없다」. 여기에서도 또한 이 세 가지의 프랑스적인 관념을 아메리카의 원문 속에서 발견할 수 없다. 옐리네크씨가 든 원문에 있는 두 가지[즉 매사추세츠 헌법 제11조와 노스캐롤라이나 헌법 제13조]는 **구제수단**(remedy)의 확립을 목적으로 하고 있다. 바꾸어 말하면 신체·재산 내지는 명예가 침해된 모든 사람에 대해서 법적 절차가 열려져 있지 않으면 안 된다는 것이다. 두 번째의 조문과 세 번째 조문의 기원이 순수하게 영국적이라는 것을 의심할 수는 없다. 전자는「이 **구제**가 부정되거나 지연되어서는 안 된다」라고 되어 있는데, 이 구절은 마그나 카르타의「**짐은 몇 사람에 대해서 정의와 사법을 [...] 거부하거나 지연하지 않는다**」(제40조)(Nulli nagabimus aut differemus rectum aut justiciam)와 같다. 후자에는 프랑스의 원문과 어떤 공통되는 것이 없다. 이 조문은 법률과 그 법률의 집행정지를 금지하고 있는 1688년의 권리장전상의 조문의 재판이다. 따라서 지금까지 살펴본 결과, 프랑스의 문서와 아메리카의 문서 사이에는 어떤 공통되는 것이 없다.

제6조는 다음과 같이 서술하고 있다.「법률은 일반의사의 표현이다. 모든 시민은 [...] 법률의 제정에 협력할 권리를 가진다. 법률은 보호를 부여하는 경우에도, 처벌을 가하는 경우에도 모든 사람에게 동일하여야 한다. 모든 시민은 법적 측면에서는 평등하므로 그 능력에 따라서, 그리고 그 덕성과 재능에 따른 차별 이외에는 어떠한 차별도 없이 평등하게 모든 고위직, 지위 및 직무를 담당할 수 있다」. 여기에는 네 가지의 관념이 있지만 그중에서 아메리카 원문 속에 언급된 것은 단 한 가지뿐이다. 그것은 앵글로색슨의 국가에서는 어디에서나 대표제의 기초를 이루고 있는 관념이다. 옐리네크씨가 인용하고 있는 원문은 법률이 시민 또는 그 대표자에 의해서 제정되는 한 유효하다는 것을 반복하고 있다. 그중의 한 조문은 영국의 권리장전을 모방하여 선거는 자유로워야 한다는 취지를 덧붙이고 있다. 다른 하나는 선거권의 전제조건인 자격에까지 언급하고 있다. [그러나] 그 이상으로 규정하고 있는 것은 없으며, 다음 세 가지의 관념 ― 법률은 일반의사의

표현이며, 법률은 모든 자에 대해서 동일하여야 하며, 모든 시민이 어떠한 직무에도 취임할 수 있다는 것 — 의 어떤 것도 프랑스의 선언의 모델로서 우리들에게 제기하고 있는 조문 속에서는 그 편린조차 보이지 않는다. 첫 번째와 세 번째 문장은 루소와 그 **사회계약론**에서 발췌한 것으로 보인다는 단순한 언급을 덧붙이고 있다.

제7조에서는 우리들은 큰 문제, 즉 사법적 보장의 문제에 접근한다. 이 사법적 보장은 우수한 영국적 자유이다. 그것들은 적더라도 마그나 카르타와 같은 정도로 오래된 것이며, 보통법은 마그나 카르타에서 그 오랜 전통을 받아들이고 보존하여 왔다. 보통법은 앵글로 색슨인의 모든 식민지의 공동 유산이다. 사법상의 분야에 대해서는 미국이 창조한 것은 아무것도 없으며, 미국은 영국의 법학자의 주장을 문자 그대로 복제한 것에 불과한 것이다.

만약 우리 선언 중의 사법적 보장에 관한 부분이 우리들 자신이 아닌 다른 국민에게서 유래한다는 것을 어떻게라도 입증하고 싶다면, 그리고 미국이나 영국, 어느 쪽이 사법적 보장에 관한 원리들을 고취시켰는가 하는 질문을 받게 된다면, 나는 다만 다음의 점에 주목할 것이다. 즉 영국의 경우에 이러한 제도는 극히 독창적이며 매우 오래된 것이며, 단지 도버 해협이라는 장애가 있을 뿐 우리들과 매우 인접해 있기 때문에, 이러한 영향력은 지난 세기를 통하여 여러 가지 징표에 의해서 나타나고 있다. 또한 미국의 경우, 같은 제도는 연혁이 일천한 데다가 대서양을 가로질러서 우리들로부터 떨어져 있기 때문에, 우리 프랑스의 18세기에 다소나마 영향을 줄 수 있는 시간도 기회도 없었던 것이다. 우리 국민의회 의원이 염두에 두고 있었던 것은 확실히 하나의 모범으로서의 역할이었지, 그것들을 복사하였던 것은 아니었다. — 또한 가령 거기에 모방과 차용이 있었다고 하더라도, 아메리카 각 주의 헌법에서 그 흔적을 찾아볼 수가 없다. 그러나 나는 제7조에서 어떠한 차용과 모방의 실마리도 발견할 수 없었다. 자의적인 체포를 처벌한다고 하는 것과 같은 흔한 관념의 기원을 일부러 타국의 원문에서 구하고 그것을 추정할 필요성이 있다고 생각하지는 않는다. 이 관념은 18세기의 상식에 속하는 것이다. 프랑스의 선언 가운데 포함되어 있는 다른 두 가지의 관념, 즉 자의적인 체포를 한 자는 처벌된다는 관념과 체포된 자는 저항해서는 안 된다는 관념에 대해서는 미국의 권리장전 중에 이것에 대응하는 관념을 찾아낼 수가 없다. 이러한 권리장전의 기초자들은 영국의 형사절차의 여러 가지 점을 상술하고, 이것을 강조하고 있지만, 프랑스의 입법자는 거의 모두 이것들을 간과하고 있다. 프랑스의 입법자도 확실히 합법적인 체포와 자의적인 체포에 대해서 언급하고 있지만, 이 각각이 어떤 경우에 성립하는가에 대해서는 아무런 설명도 하지 않고 있다. 아메리카의 입법자는 이 점에 대해서 분명하고도 상세하게 설명하고 있다. 즉 어떤 사람도 자기가 범한 죄가 법률위반인 것이 설명되어지기까지는 체포되지 아니한다. 자백은 강제되지 아니한다. 자기의 무죄입증을 위하여 모든 증거를 제출할 수 있다. 자기에게 불리한 증언에 반대심문권이 인정되며, 자기 또는 변호인이 진술할 수 있다. (영국의 관용적 어구인) 국가의 법률에 따라서, 배심의 결정이 없는 한 처벌되지 아니한다.

그리고 범위가 명시되지 아니한 서류의 수색이나 성명이 명기되지 아니한 체포를 위한 **일반영장**(*general warrants*)은 위법하므로 발부되어서는 안 된다. 이것은 얼핏 보면 양자의 원본 사이에 현저한 차이가 있음을 알 수 있다. 전자의 프랑스 선언은 법률과 같은 차원에 위치하는 것이며, 자기에게 부여한 후견의 형식과 그 집행을 위해서 권력을 부여받은 대리인과, 그리고 그 이름만으로 시민에게 고취시킬 수 있는 존중과 복종 하에서의 법률을 상정하고 있다. —— 이것은 입법자와 철학자의 관점이다. —— 이에 대하여 아메리카의 권리장전의 이와 같은 사항 전부를 규율하는 성문 법률이 존재하거나 할 수 있다고 가정하지는 않는다. 그들이 의거하고 있는 것은 보통법이며, 보통법의 대부분은 법원의 법률학에 불과하다. 판례상의 용어를 본따서 미국의 권리장전의 기초자는 체포·심문·조사·소환·변호·유죄 평결(評決)과 무죄 방면의 조건을 확정하고 있다. 그들은 끊임없이 법관의 차원에 머무르고 있으며, 결코 입법자의 차원으로까지는 이르지 않고 있다. 다만, 상이한 관념을 이해하는 경우뿐만 아니라 동일한 관념을 이해하거나 이러한 관념의 발전을 추구하고 그것으로부터 결론을 도출해 내기 위한 두 가지의 방법 사이에는 비상한 비유사성 —— 대조성이라고 말해도 좋을 것이다 —— 이 있으므로 양자의 원본 사이에는 근본적인 대립이 있음을 용이하게 파악할 수 있음에도 불구하고, 옐리네크씨가 이 양자의 원본을 비교·대조하는 것과 같은 위험한 일을 어떻게 시도하였는지를 이해하기가 어렵다.

제8조도 역시 형사에 관한 사항을 다루고 있다. 여기에서는 하나의 차이점을 지적하고자 한다. 이 차이점은 아메리카와 프랑스의 원문을 이와 같이 비교하면 거의 모든 곳에서 드러나고 있다. 즉 프랑스의 원문이 우리들에게 보여주는 것은, 법률은 어떠한 것이어야 하는가라는 것인데 반하여, 미국의 원문이 우리들에게 보여주는 것은 법률은 어떠한 것이어서는 안 되는가 하는 것이다. 예컨대 프랑스의 원문에서는 법률은 필요한 형벌이 아니면 이를 부과할 수 없다. 법률은 범죄보다 이전에 제정된 것이어야 하며, 그 법률은 적법하게 적용되지 않으면 안 된다 라고 서술되어 있다. 그러면 아메리카의 세 가지 원문을 들어보면, 이들이 마그나 카르타와 권리장전을 원문대로 베껴 썼기 때문에 이러한 것들은 영국 것이라고 말할 수 있다. 즉 함부로 사형을 과하는 법률은 국가의 안전이 침해되지 않는 한, 회피되지 않으면 안 된다. 잔학하고 이상한 고통[과 형벌]을 과하는 법률은 어떠한 것일지라도 지금 이후 그것을 제정해서는 안 된다. 소급입법은 압제적이며 부당하고 자유권과 양립할 수 없다. 이러한 종류의 법률은 제정되어서는 안 된다(동 제15조) 등이 이것이다.

나는 이 문제에 접근하는데 서로 대립하는 두 가지의 접근방법을 강조하고 싶다. 즉 적극적인 방법과 소극적인 방법이 그것인데, 이러한 접근방법들은 매우 중요하다. 억압적인 형벌 법규를 주시하는 프랑스인은 언제나 의문을 제기할 것이다. 프랑스인은 그 형벌이 과중하지는 않은지 혹은 지나치게 가볍지는 않은가? 형벌을 감경함으로써도 같은 목적을 달성할 수는 없는가? 하는 것을 자문한다. 이와 같이 입법 문제가 매우 상세하게 그에게 제기되는 것이다. (이에 대하여) 미국인은 법령집에 규정되어 있는 법률이 포학하지 않은가, 또 그 법률은 너무나 잔혹하고 이상한 형벌을 부과하는 것은 아닌가 라고 자문할 필요는 없을 것이다. 미국인은 이와 같이 극단적인 경우, 그리고 이와 같이 허술한 형식으로 발생하는 입법상의 문제를 제외하고는 별로 신경을 쓸 것이 없을 것 같다. 또한 실제로 프랑스인은 하나의 목적을 제기하며, 미국인은 이것과는 다른 목적을 세우며, 그런 결과에 따라서 여러 가지 조문이 기초된 것이다. 프랑스인이 목적으로 하는 것은 모든 인간의 교화를 위하여 원리들을 설명하는 데에 있는 데 반하여, 미국인의 목적은 어떤 경우에 자국의 대법원에서 법률(의 효력)을 다툴 수 있는가를 일람표로서 제시하는 것이다. 그 때문에 미국인은 법률이란 무엇인가에 대해서는 말하지 않고, 법률이 란 무엇이어서는 안 되는가에 대해서 말하고 있을 뿐이다. 프랑스인은 법률이 가지고 있는 모든 속성을 우리들에게 보여주고 있는 데 대하여, 미국인이 우리들에게 보여주는 것은 그 결함에 불과하다. 왜냐하면 그와 같은 결함이 있는 것이야말로 소추의 수단이나 판결이유를 충족시키는 것이기 때문이다.

지루한 추론만 계속한다면 판단해 낼 수 있으리라고 보는 이 대조·분석을 계속할 의도는 없다. 이러한 대조·분석을 통하여 우리는 마지막에는 같은 결론에 도달하게 될 것이다. 양자의 선언을 갈라놓고 있는 본질적인 차이가 있고, 따라서 양자 간에는 어떤 친류관계(親類關係)가 있지 아니한가 하는 추측을 가지지 못하게 하는 본질적인 점이 있다는 것을 확실하게 알 수 있다는 것을 충분히 이야기 했다고 본다. 나는 다음의 조문에 대해서는 프랑스의 선언 각각의 부분이 미국의 원문 속에는 어떤 유사점도 가지고 있지 않다는 것을 지적하는 데에서 그치려고 한다.

제9조 ─ 제9조에서 프랑스의 입법자가 선언하고 있는 것은, 체포할 필요가 있다고 판단된 개인에 대해서 정당화할 수 없는 가혹한 행위를 한 공권력의 담당자는 처벌되어야 한다는 것이다. 미국의 선언 속에는 이것과 유사한 조문은 하나도 없다. 모든 사람은 어떠한 경우에도 부당한 인신의 체포, 가택과 서류의 수색을 받지 아니한다고 보장되어야 하며, 그러한 행위는 법정에서 정당화될 수 없다고 하는 의미이다. 또한 어떠한 위정자나 법원이라 할지라도 과중한 보석금을 요구하거나 과중한 벌금을 선고할 수 없다. 이 두 가지의 (미국의) 조문 속에서 이 이념을 프랑스가 베꼈는지를 알아내기 위한 지혜가 필요한 것인지 나는 모르겠다.

제10조 ─ 여기에서도 마찬가지로 종교를 받아들이는 방식에 있어서 완전한 대조가 보인다. 프랑스의 원문은 놀랄 정도로 간략한데, 의견의 자유가 한 마디로 인정되며, 더구나 종교상의 의견의 자유마저 확인되고 있다 이 문제에 대해서 장황하게 규정하고 있는 것은 미국 측이다. 「모든 개인은 자기의 양심과 이성이 명하는 바에 따라서 신을 예배하는 천부불가양의 권리를 가진다. 그 종교상의 예배에 있어서 공공의 안녕과 다른 시민을 해하지 아니한다면, 자기의 순수한 양심에 따라서 자기의 신앙고백, 감정 또는 확신에 가장 합치되는 방법과 시기에 신을 섬기는 것으로 인하여, 그 신체와 자유 또는

재산이 침해를 받거나 박해받거나 또는 구속되지 아니한다」. 다른 곳에서2) 더욱 자세하게
설명되겠지만, 미국인이 만든 최고의 철학이라고 해보아야 챈닝(Channing)*류의 기독교
와 일종의 자연종교의 진리성을 증명하려고 하는 신학적 옹호론에 불과한 것이다. 동
시대의 프랑스 철학은 여러 가지 종교 신앙을 초월하고 있으며, 적어도 그렇다고 믿고
있다. 프랑스 철학은 기독교와 그것이 몇 세기 동안에 수용한 여러 형태를 높은 곳에서
바라보고 있다. 무엇보다도 프랑스 철학의 종교에 대한 경시는 무신론에까지는 이르지
않지만, 무신론의 합법성을 확실히 인정하고 있다. 그러나 덧붙인다면 프랑스의 원문에는
심각성을 은폐하기 위한 일종의 계산된 간결성이 있다. 철학자들은 여론의 추종을 받을
수 있을지 확신을 하지 못하였고, 더구나 여론과 충돌하지 않을까 두려워 하였던 것처럼
보인다. 여기에 대한 어떠한 착각도 있을 수가 없으며, 엘리네크씨와 같은 학자가 자유롭고
도 간결한 프랑스의 교설이 미국인들의 한정된 사고에 따라서 형성된 장황한 상술(詳述)의
전개로부터 유래하였다고 믿을 수 있다는 데에 의아해하지 않을 수 없다.

제11조에서는 출판의 자유가 문제로 되어 있다. 미국의 조문들과 프랑스의 조문은,
비록 형식은 다르지만 내용적으로는 동일하다. 그러나 이 자유를 남용하는 자는 그에
따른 책임을 지지 않으면 안 된다는 내용에 상당하는 것이 미국의 조문에는 없다.

제12조에서는 (양자가) 절대적으로 상반되고 있음을 알 수 있다. 미국의 선언은 모든
정부는 공동의 이익과 시민의 보호를 위하여 설립되었다고 하는 독립선언에서 차용한
진부한 진리를 선언하고 있는데 반하여, 프랑스의 입법자가 다루고 있는 것은 공권력의
조직, 즉 군대·헌병·경찰 등 시민의 권리를 보장하기 위하여 필요한 모든 제도이며,
이 공권력은 그 처분 권한을 가지는 자의 개별적 이익을 위하여 사용되어서는 안 된다고
한다.

세13조와 제14소는 소세에 관한 모는 것을 매우 간결하게 규정하고 있다. 예컨대
조세는 각 납세자의 능력에 상응하여야 하며, 모든 시민은 스스로 또는 대표자를 통하여
[과세의] 필요성을 확인하고 자유로이 그것에 동의하며, 그것을 감독하고 그 세율·과세
기준·징수 그리고 존속 기간을 결정하게 되어 있다.

이러한 본질적인 개별 문제는 거의 미국 원문에서는 언급되지 않고 있다. 미국 원문에는
각 시민이 자기에 대한 조세를 부담한 것이며, 시민 또는 그 대표자의 동의 없이는
어떠한 부담금도 납세자에 대해서 설정·고지·부과 또는 징수되지 아니한다고 규정되고
있을 뿐이다. 이것은 (영국의) 권리청원과 같은 문장인데, 1세기 후에 아무것도 덧붙이지
아니한 채 인용하고 있다. 이에 대하여 온건한 정치경제학이라면 조세에서 찾아내려고
하는 조건들을 간과하고 있지 아니한 프랑스 인권선언과의 차이점은 엄청난 것이다!

마지막 세 가지의 조문 중 첫 번째 조문[제15조]이 엘리네크씨의 견해가 타당하다는
것을 보여주는 거의 유일한 조문이라고 보아도 좋다. 즉 이 조문은 관리의 책임을 규정하고
있으며, 내용상으로나 형식상으로도 두 가지의 원문이 일치한다. 공익상의 목적을 위한

---

2) Éléments d'une psychologie du peuple américain. E. Boutmy.

수용 문제를 다룬 제17조도 마찬가지로 미국의 조문과 꼭 같다. 그러나 우리들이 (프랑스의) 권리선언으로 인하여 익숙한 위대한 교설과 얼마나 동떨어져 있는지 알 수 있다. 제18조는 이것만으로도 나름대로 중요한 의의와 가치를 가지고 있다. 선언의 마지막에 나타나서, 필경 더 이상 언급할 중요한 것이 없을 때에 정치학상의 가장 중요한 원리인 권력분립의 원리를 담고 있는 것이 바로 이 조문이다. 프랑스인이 몽테스키외의 교설을 그다지 긍정하려고도 하지 않고, 더구나 그것을 실천하려고도 하지 아니하였다는 것을, 이 원문만큼 잘 나타낸 것은 없다고 말할 수 있다. 이 몽테스키외의 교설은 반대로 미국의 정신에 깊은 영향을 미쳤으며, 각 주의 헌법이 수년 후에는 연방 헌법의 기초로서의 역할을 할 이 심오한 진리를 다투어 분명하게 설명하고 발전시키려는 명예를 입고자 하였다는 사실에 대해서 놀랄 이유는 없다. 나아가 마지막으로 프랑스의 문서와 미국의 문서를 구별시키는 거의 불변의 대립과 모순의 현격한 예가 있다.

옐리네크씨는 우리를 놀라게 하는 몇 번의 고찰을 통하여 프랑스와 미국의 텍스트를 비교하면서, 그에 의하면 프랑스인은 단순히 내용에 있어서만이 아니라 형식에 있어서도 미국의 권리장전을 모방하였다는 것이다. (그러나) 프랑스의 문서는 형식적 및 내용적인 측면 모두에서 독창적이다. 옐리네크씨에 의하면 이 문서는 우리 언어의 한 특징인 어떤 간결성이란 점에서 주목할 만하다고 한다. 우리는 앞의 두 개의 장에서 우리 선언의 특징이 된 불명료한 언어에 의한 수다스러움과는 매우 거리가 먼 것이다. 옐리네크씨는 이 선언 속에는 세 가지의 독창성을 가진 조문이 있지만 그것은 쓸데없는 것이며, 그다지 큰 의미를 가지는 것으로는 보이지 아니한다고 우리에게 인정하고 있다. 이러한 조문에 포함된 것은 역시 자유와 법률의 정의밖에는 없다고 믿어진다. 마지막으로 옐리네크씨는 프랑스 [선언]의 문체가 루소의 문체와 의심할 것 없이, 또한 루소 사상의 영향을 받고 있다고 언급하고 있다. 그렇다면 루소가 권리선언에, 또는 적어도 처음 이러한 선언이 존재한다고 하는 사실에 아무런 관계도 없다는 것을 증명하기 위하여 이렇게 많은 노력을 들여 보아야 무슨 소용이 있는가? 이러한 조문 속의 중요한 부분이 루소의 영향을 받은 것이 아닌, 명백하게도 '**사회계약론**'에서 유래하는 것은 아닌지를 확정하는 것이 중요한 일은 아니지 않는가? 우리의 헌법제정자가 미국의 모범을 따라서 인간과 시민의 권리를 특별히 하나의 문서에 결합시켜 두고, 그 모범을 헌법의 첫머리에 드러내기에 이른 것인지에 대하여 아는 것은 대체로 그렇게 흥미 있는 것은 아니다. 그러나 어떤 종류의 권리를 그들이 기술했는지, 그리고 어떤 영향 아래에서 그러한 선택이 이루어졌는가는 결코 소홀하게 넘길 수 없는 문제이다. 더구나 이 영향은 루소의 영향이라기보다는 오히려 내가 언급해 본 18세기 전체의 영향이라고 본다.

V.

옐리네크씨는 프랑스의 선언의 기원을 밝힌 뒤에 ── 차라리 그 기원을 밝히고 싶었다는 것이 적절한 표현이 되겠지만 —— 미국 각 주의 선언의 기원에 대하여 묻고 있다. 그가 그 연구 속에서 부딪친 최초의 문서는 마그나 카르타를 효시로 하고, 권리청원과 권리장전을 거쳐 왕위계승법에 이르는 일련의 영국의 선언들이다. 이 문서들과 앵글로색슨족이라는 같은 종족이 신대륙에서 창출해 낸 다른 문서 사이에 혈족관계, 아니 친자관계마저 있다고 추측하는 것은 매우 자연스러운 것이다. 이것을 옐리네크씨는 인정하지 않고 있다. 권리장전은 영국에서 단순히 영국인을 위하여 약정된 것에 불과한데 반하여, 미국의 장전은 모든 인간을 위하여 약정되었다고 그는 평한다. 하나는 역사에서 유래하고, 다른 하나는 자연의 본질에서 나왔다는 것은 밴크로프드(Bancroft)*가 말하는 그대로이다. 더구나 나는 이미 보아온 것처럼, 권리장전이나 왕위계승법의 거의 어떤 조문도 시민의 자유들을 확인한 것이라기보다는 오히려 주권자의 특권에 대해서 한계를 설정한 것이다. 적확하게 표현하자면, 자유권 중 적은 부분만이 영국의 문서들에서 발견되며, 이에 반하여 미국의 문서에는 풍부하게 삽입되어 있다.

　이와 같은 소견의 정당성은 나도 부인하지는 아니한다. 그러나 그의 소견에도 불구하고, 적어도 미국 각 주의 권리장전의 반 이상이 보통법을 그대로 고쳐 쓴 것에 불과하다. 옐리네크씨가 스스로 예시로서 채택한 버지니아 권리장전의 16개 조문 중에 9개조가 그 경우에 해당된다고 생각한다. 거기에서 문제로 되는 것은, 의회에 대표를 보내는 권리, 그 의원을 자유로이 선거할 권리, 그리고 그들이 의결한 법률과 그들이 동의한 조세에만 구속된다는 것이다. 법률을 정지하고, 그 집행을 면제하는 권력은 모든 공공의 이익에 배치된다고 선언되어 있다. 상비군의 유지에 대해서도 마찬가지이다. 사법상의 보장은 이 선언의 중요한 부분을 이루고 있다. 그곳에서는 배심원의 선출, 과중한 벌금이나 보석금을 법원이 부과하는 것의 금지, 피의자가 그의 혐의 사실에 대하여 정확하게 고지 받을 권리, 원고와 다투고 증거를 제출할 권리, 국가의 법률에 따라 정식 법원에 의한 것이 아니면 처벌되지 않을 권리, **일반 영장**에 의한 수색을 받지 아니할 권리, 이상하고 잔학한 형벌을 받지 아니할 권리 등이 보장되어 있다. 이와 같이 간단명료한 열거를 본 후에, 누가 코먼로가 미국의 권리장전의 가장 풍부한 연원의 하나가 아니라고 부인할 수 있을 것인가?

　두 번째로, 영국의 조문이 오히려 주권자의 특권을 제한하려고 하는데 반하여, 미국의 조문은 인민의 자유를 확대하는 데 그 주안을 두고 있다는 것이 사실이라면, 그 까닭은 부분적으로 미국의 경우에 주권자가 존재하지 않았기 때문이다. 이러한 차이는 혁명에서 나온 필연적인 결과이며 하나의 표지이며, 그 자체로는 어떤 증거도 되지 아니한다고 보고 싶다. 여하튼 미국의 선언 중에 영국의 조문에서 문제되지 아니하는 자유권이 모습을 나타내는 것을 볼 수 있으며, 또한 도버 해협의 건너편에서 찾아볼 수 없는 우수한 준칙이나 형이상학적인 명제에 주목하는 것은 의미 있는 일이다. 그러나 이것은 1688년에서 1776년에 걸쳐 나온 사고방식의 변화에 의하여 참으로 간단히 설명될 수 있다. 이 시기에 나타난 위대한 인물들은 자연법을 연구하고 그것을 찾아내었다.

그들은 그때까지 사상의 자유를 억압하고 있던 역사나 선례들을 털어버렸다. 그들은 사상의 단계들에서 최고조에까지 오르고, 그것을 형이상학적인 언어로 표현하곤 한다. 이러한 언어상의 변화는 사상의 변화 이상으로 현저하게 18세기 지성의 저작에서 관찰되고 있으며, 어떤 문서가 그 성질이나 그것이 설립한 때의 상황으로 말미암아 추상적인 언어를 남용할 소지를 가지고 있는 경우에는, 그 문서에 있어서 이와 같은 (언어상의) 변화에 부딪히더라도 별로 놀라지 않을 것이다.

　　그러나 옐리네크씨는 그의 주장을 추구해 들어가고 있다. 권리장전의 연원을 밝히기에 몰두한 결과, 일련의 원인들을 제시하면서도 옐리네크씨는 18세기 미국의 모든 사회운동의 첫 번째이면서도 **직접적인** 원인으로 종교개혁만을 들고 있다. 종교개혁과 이 (미국의) 운동 사이에는 종교개혁 그 자체와 유사한 신앙적 상태와 종교개혁에서 유래하는 종파적 제도와 절연되지 아니하는 연속성이 있다는 것을 직접 말하고 있다. 그는 우선 브라운니즘*과 독립적 신도조합의 형태로 네덜란드에서 형성되었던 영국인 망명자들의 작은 단체에 대하여 이야기하고 있다. 그는 그들이 그들의 종교상의 신앙에 기초를 둔 정치상의 원리를 미국에 적용하였음을 우리들에게 설명해 주고 있다. 그가 특히 애착을 가지고 있는 것은 로저 윌리엄스(Roger Williams)인데, 윌리엄스는 예정된 이 고장에 그보다 조금 뒤에 나타난다. 로저 윌리엄스가 초기 이민들의 불관용적인 관행과 결별하고, 신앙심이 매우 돈독하면서도 다른 종교에 대하여 상당한 관용을 지니고 있어서 미국에 종교적 관용을 불러일으킨 신앙상의 결사를 로드아일랜드의 프로비던스에서 조직하였다는 것을, 옐리네크씨는 우리들에게 보여주고 있다. 옐리네크씨는, 종교개혁은 양심의 자유를 초래하였지만 (이 세상의) 권력은 이것의 대상(代償)으로서 어떤 동가물(同價物)도 제시할 수 없다고 한다. 미국인은 이 양심의 자유를 천부불가양의 권리 중의 전형으로 삼았으며, 이러한 권리들은 뒤에 아메리카 합중국의 권리선언에서 양심의 자유를 중심으로 모여들게 된다. 양심의 자유는 이와 같이 최초의 모범이었던 것이며, 이것에 기초를 두고 시간이 경과함에 따라서 다른 자유가 규정되어 왔다. 1789년의 이념이 1776년의 이념이라고 말하는 것이 정확하다면, 우리들은 어느 정도 확실하게 1776년의 이념이 로저 윌리엄스에 의해서 구대륙으로부터 가지고 온 주요한 이념 속에 강력하게 존재하며, 그리고 이 이념이야말로 종교개혁의 원리 그것이라고 할 수 있다.

　　이 모든 것은 권위적이며 거만하게 느껴질 정도로 소홀한 어조로 말해지고 있어서, 마치 너무나도 명백한 사실이기 때문에 (장황한 설명이나 증명에서 벗어나서) 간단히 서술하는 것으로 족하다고 저자는 확신하는 것 같다. 그는 여러 증거에 기초를 두고 세밀하게 의견을 전개하지 않을 뿐만 아니라, 독자를 확신시키기보다는 오히려 독자를 놀라게 하는 것이다. 사실 이와 같은 근거 있는 논증이 하나도 없는 것은 이미 뒤에서 보는 그대로이다. 그의 논증이 일관성이 없고 주장들 사이에 연관이 부족하다는 것을 밝히기 위해서는, 이러한 논증에 대하여 약간의 논리적 공격이면 충분하다. 그러나 무엇보다도 더욱 놀랄 만한 것은 옐리네크씨가 당대의 모든 저작에 그 발자취를 남기고 있는 강력한 철학이 형성되고 확산되었던 18세기에 대하여 의문을 제기하지 않으면서, 18세기 전체를 가로 질러 나가는 그의 독특한 소탈한 태도이다.

　우리들은 [역사적] 사실을 다시 한번 검증하여 보자. 종교개혁으로 산출된 것은 양심의 자유라기보다는 반대로 종교개혁이 혁신시키고 싶어 했던 신앙보다도 더욱 심오하고 보다 완강하면서 그 근본을 고집하는 완고한 신앙이었다. 뉴잉글랜드에 도착한 많은 망명자들이 형성한 것은 시민사회라기보다는 오히려 신앙공동체였다. 잔혹한 법률에 의해서 가톨릭이나 퀘이커 등과 같은, 조합교회파 이외의 종파의 구성원은 해안에 접근하는 것을 모두 금지하였다. 일종의 공포 체제가 매사추세츠와 코네티컷에서는 수립된 일이 있었고, 모든 영혼은 모두 퓨리턴의 각인(刻印)을 받아들였으며, 이 각인은 엄격한 규율이 보다 관대한 규칙으로 변경되고 난 이후에도 여전히 존속하였다. 로저 윌리엄스는 이러한 식민지 정신을 대표하는 사람은 아니다. 그는 이들 식민지에서 박해를 받아 프로비던스로 도피할 수밖에 없었으며, 그의 제자들이 건설한 다른 식민지는 말하자면, 이 도시의 변두리에 불과하였다. 왜냐하면 이러한 식민지들 모두가 속해 있는 로드아일랜드 주는 오늘날에도 역시 북아메리카의 가장 작은 주이기 때문이다. 윌리엄스가 다른 곳에서 만든 체제도 성공을 거두지는 못하였다. 1세기가 경과한 후에 구축된 절대적 자유주의 체제 아래에서, 로드아일랜드에 구성된 사회는 합중국 전체의 비난의 표적이 되었다. 거기 있던 사적(私的)인 풍습들은 께름칙한 것이었으며, 공적인 신앙이라는 것이 없었다. 당시 합중국의 거의 전 지역에 확립된 것은 양심의 자유라기보다는, 그것과는 매우 다른 것, 즉 관용이었다. 이 관용은 거의 합중국 도처에서 각 사회단체의 경제적 조건들을 기초로 한 대의명분을 가지고 있다. 각 단체가 절박하게 필요성을 느끼고 있던 것은 인구를 증가시키는 일이며, 사람을 동원하는 것이었다. 과연 신앙의 문제로 말미암아 사람들을 받아들이기를 거부하거나 타국으로 추방해 버릴 수 있었을까? 유럽 각지에서 온 이주민들은 매우 다양한 종교를 신봉하고 있었다. 그들 모두를 차별 없이 수용하면서 적어도 당해 사회의 대부분이 이주민들의 신앙에 대하여 완고한 편견을 가지지 아니하였다는 것은 경제적 목적에 기인하는 것이 아닐까? 그것은 일반적인 방법에 따른 귀결이다. 내가 이미 부분적으로 인용한 것은 [윌리엄] 펜(Penn)*이 유럽 각지에 수천 종의 표본으로 배포한 팸플릿이다. 그 중에 암시하고 있는 것은 식민지인들이 일단 도착하자마자 그들이 종래 친숙해 온 종교에 대한 완전한 관용과 만나게 된다는 것이다. 이 제도는 점차 아메리카 전체를 석권하고, 18세기를 지나면서 모든 신앙을 포섭하기에 이른 것이다.

　다시 한번 여기서 지적하는데, 양심의 자유가 혁명에 앞선 시대의 위대한 성과라는 것을 망각해서는 안 된다.

　기독교가 세계에 가져온 것은, 각 개인을 독립한 인격으로 받아들이고, 각인의 영혼이 무한한 가치를 가지는 것으로 평가하며, 기독교 신자 각자의 구제가 인생의 중대한 문제라고 보는 관습이다. 종교개혁은 이러한 명제를 재확인한 것에 불과하며, 그곳에는 실질적으로는 양심의 자유가 포함되어 있다. 그런데 종교개혁은 이러한 신앙적 열성을 이들 명제와 결합시키고, (그 결과) 진지한 의미에서 이러한 신앙만이 인간의 구제를 가져오는 유일한 길이라고 평가되고, 이에 따라서 종교개혁은 순수한 복음의 원리들로의 복귀로 말미암아 양심의 자유에게 부여될 수 있었던 기회를 파괴하고 말았다. 이와 같이 종교적 열성에서 해방되고, 관용의 진정한 기반을 발견할 수 있었던 시기는 18세기이다. 즉 18세기라는 시대는 비록 회의주의가 도움을 줄 수도 있었겠지만, 회의주의를 토대로 하여 관용을 수립했던 것은 아니며, 모든 인식과 모든 신앙에 선행하는 일종의 방법적 회의를 토대로 한 것이다. 요컨대 미국에 있어서 종교의 자유를 싹트게 하고 그것을 급속하게 발전시킨 것은 옐리네크씨가 그 기원으로 삼기를 원하는 로저 윌리엄스가 좌절한 시도나 종교개혁이라기보다는 오히려 한편으로는 18세기의 정신이며, 다른 한 편으로는 앞서 지적한 경제적 이유일 것이다.

　지금까지 보아 온 것은 합중국에 있어서 종교의 자유의 진정한 기원은 무엇인가 하는 것이었다. 남아 있는 문제는 다른 자유, 즉 시민적 및 정치적 자유의 기원을 찾는 것이다.

　이러한 자유는 두 가지의 종류로 나뉘어진다. 한 종류는 모든 문명국에 있어서 보통 법률로써 행해지는 억압과 인위적·전통적인 불평등에서 유래하는 자유이다. 이러한 자유는 법률과 법원 앞의 평등, 과세와 재정 앞의 평등, 모든 직업을 평등하게 영위할 수 있는 것, 그리고 마지막으로 다른 모든 자유를 보장하는 권리인 투표의 평등으로 구성되고 있다. 이들을 자유권이라고 칭할 수는 없다고 하겠지만, 이러한 자유권을 가지고 있지 아니한 민족이 자유민이라고는 아무도 말할 수 없는 것이다. 그런데 식민지인들은 앞서 언급한 권리 중 처음 세 개의 자유권을 가지고 있다. 즉 법률 앞의 평등, 과세의 평등, 그리고 그들이 사회를 조직한 날로부터 모든 지위에 평등하게 취임할 수 있는 것이 바로 그것이다. 이러한 권리들은 미국에 정치단체를 형성하는 것과 동시에 등장한 것이다. 전통을 파괴하고 이러한 자유에 권위와 신용을 부여하는 데에 법률은 필요하지 아니하였다. 이러한 평등은 '사물의 본성'과 최초의 사회계약이 체결된 때의 상황에서 유래하는 것이다. 마지막에 열거한 자유, 즉 선거의 자유는 설득될 수 있는 이유로 인하여 다른 자유권보다도 조금 늦게 규정되었다. 그리고 이러한 모든 권리는 예외적일 만큼 유리한 상황을 맞이하였었다. 현재의 합중국 북부인 매사추세츠에 도착한 한 이주민 집단의 경우를 상정하여 보자. 이 사람들은 서로 같은 신앙을 고백하고 있으며, 그들이 당면한 문제는 피할 수 없는 문제, 즉 그들이 설립하려고 하는 시민적·정치적 조직의 문제였다. 그들은 유럽으로부터 영국 국왕에 대한 충성의 서약을 가지고 왔었지만, 이 국왕은 그들에게 있어서 단순히 명목적인 권위에 불과하였기 때문에 그들에게는 현실적인 권위가 필요하였다. 만약 이와 같은 권위가 그들에 의해서 형성된 공동체 자체 속에 없다고 한다면, 어디에서 그것을 발견할 수 있는가? 이 결사는 다수결에 따라서 결의를 하고 행정관직을 창설하였다. 지사·재무관·법관·행정관이 필요한 경우에, 그들은 모두 또는 거의 모두를 임명하였다. 법률이 필요할 경우에도 다수결로 법안을 작성하고 법률을 공포하였다.

　이주민들이 이와 같은 방법으로 일을 처리하여 왔던 것은 잘 알려져 있다. 그들이 그 이외의 방법을 찾을 수 있다고는 생각할 수 없을 것이다. 이러한 사람들에게는 가장 극단적인 형태의 민주주의가 강제된 것과 같은 것이었다. 그들의 모국에서 인정되던 전통적인 모든 특권들은 이곳에서는 아무런 의미도 가지지 못하게 되었다. 거의 사막과 같고 역사도 없는 이 땅에 도착한 때에 그들은 복음서의 말씀대로 '새롭게 태어난 것'이며, 그들이 건설한 사회에는 오랜 유럽 사회와는 아무런 공통점도 없었던 것이다.

　이 점은 아마 뉴잉글랜드에 특유한 하나의 극단적인 사례에 불과한 것이다. 그러면 다른 식민지, 특히 영국의 중상층 계급(gentry)의 일부가 이주한 버지니아 이주민들의 경우를 상정해 보자. 이들 중상층 계급이 그곳에 나타난 것은 영국의 대장원(大莊園, latifundia)*이나 대 플렌테이션(plantation)*과 같은 것이며, 그들은 그곳에서 흑인이나 하층의 백인 사이에서 상당히 포악하고도 거친 대지주의 생활을 보내었다. 그곳에는 분명히 새로운 특권 귀족의 맹아가 싹트고 있었다. 그러나 식민지의 농장 주인들은 무엇에 의거하여 성립될 수 있는 집단인가? 또한 점차 증가하고 있던 주위의 민중에게 그들의 특권을 인정케 하기 위해서는 어떠한 권위를 끌어낼 수 있었을 것인가? 유럽에서는 귀족은 법률로써 규정된 예외적인 지위를 가지고 있지만 그것은 정복과 상호간 토지의 종속관계라고 하는 오래된 두 가지 사실 중의 하나에 의한 것이다. 정복이라는 것은 —— 이것과 비슷한 것이 일찍이 미국에 존재하였다고 하더라도 —— 이주민 집단이 산재하고 있던 소수의 원주민 인디언보다도 수적으로 우세하게 된 무렵에는 벌써 없어지고 말았다. 적의 공격적인 복수와 보복적 승리의 평판과 함께 위험은 사라져 버렸다. 이제는 인디언이 사는 구획을 변경하고 필요한 토지 전부를 처분하기 위해서는 어떤 거동만으로도 충분하게 되었다. 토지의 종속관계에 대해서 이야기 하자면, 정주지로부터 상당한 근거리 이내에 경작할 수 있는 토지나 유익하게 이용할 수 있는 자원을 찾을 수 있다는 것이 확실하기 때문에, 대지주가 그들에게 부과할 수 있는 부담 많은 조건에 따르는 것을 어렵게 만들었다. 광대하면서도 거의 미개한 대륙을 눈앞에 두게 되면서, 그 토지는 전유(專有)되지 아니하였고, 특권의 기반으로 될 가능성도 없게 되었다. 유럽에서는 귀족은 편파적인 왕권에 의한 여러 세습적인 면제 특권에 안주하고 있기 때문에, 위에서 서술한 것과 같은 평등에 기초를 둔 여러 자유권이 확립되는 데에 항상 큰 장애가 되어 왔다. 그런데 미국에는 이러한 세습적인 면제 특권도 없으며, 이러한 특권을 추인해 줄 왕권도 없었다. 식민지 이주민들은, 이와 같이 식민지의 환경과는 어울리지 않으면서, 곧 사라지게 되는 계급제도의 초보적 형태를 유럽에서 가져온 것에 불과하다는 상당히 좋은 조건에 놓여 있었다.

　요컨대 이러한 자유권들은 모두 미국이라는 토양에서 자연적으로 생성하였다고 볼 수 있다. 그 때문에 종교의 자유가 이러한 자유를 선도할 필요는 없었고, 이러한 자유가 준거할 만한 모범이 될 필요도 없었다. 이러한 자유권들은 각각 다른 권리와 마찬가지의 권위를 가지고 스스로 생성한 것이며, 그들 사이에 등급을 매기는 것은 불가능하다.

이들은 모두 성숙된 자연권으로서 권리장전에 규정될 수 있었다. 그리고 미국인이 이들의 권리장전을 헌법의 첫머리에 두게 된 것은 18세기의 정신, 그것 때문인 것이다.

우리들에게 남겨진 문제는 다른 종류의 자유권에 대한 고찰이다. 즉 집회와 결사의 권리, 출판의 권리, 사법상의 권리, 그리고 마지막으로 종교의 자유이다. 이러한 자유권의 특징은 어떤 집단의 시민이 다른 집단의 시민이 가지고 있는 것을 침범하지 않고 [누구에게나] 부여되는 것이다. 이러한 자유는 국가만이 관계되며, 국가에 대해서만 위험한 것이며, 또 권력에 대해서만 희생을 요구한다. 국가권력은 이러한 자유를 [권력에 부여된] 헌법상의 몫같은 자의적 지배 권한(fonds d'arbitraine)에서 **분리된** 것이다. 덧붙여서 이러한 자유는 대부분이 국가의 본질, 그 자체에 의존한다고 말할 수 있다. 국가의 관념이 단지 역사적·신비적인 것에 불과한 많은 요소를 포함하고 있다는 측면에서 본다면, 그것은 비판 앞에서는 가치가 없으며, 반대에 대하여 저항력을 상실하였다고 하더라도, 통치의 영역에 있어서는 항상 집회·결사의 권리와 같은 광범한 권리를 인정하는 것에 대한 일종의 혐오가 있으며, 출판의 자유를 억압하기도 하고 속박하기도 하는 경향이 있다. 출판·결사·집회는 곧 권력의 신용을 실추시키고 말 것 같은 느낌을 주기 때문이다. 이에 대하여 역사적·신비적인 요소가 순수하게 이성적인 요소로 전환된 경우에는 — 공화제의 통치가 그렇지만 — 통치의 원리에 대한 사람들의 논쟁과 토론을 자유로이 허용하더라도 불편을 전혀 느끼지 못하거나, 그 느낌이 감소될 것이다. 공화제에 기초를 둔 헌법이, 역사와 전통을 담당한 과거에 반대하여 공화제를 산출하고, 구축한 이성에 따라서 공화제에게 승리를 거두어 줄 수 있는 모든 강력한 행동의 수단을 보존해 둘 수는 없을까? 더구나 정권의 대표자라는 것은 합목적적 측면에서 본래 여론에 따라서 바뀌어야 하는데, 언제나 계속 집권하고 있는 정권에 있어서는 결사·집회 그리고 언론의 자유만큼 위험한 제도는 없다. 이에 반하여 그 임기가 정기적으로 만료되는 정권의 경우에, 이러한 자유는 순기능적으로 활동하기 위한 조건이다. 정권을 획득한 당은 자신의 승리의 원인에 집착하지 않으며, 패배한 당은 그에 따라 새로운 방책을 세우고 자기 당에게 모든 기회를 주는 다음 선거에 희망을 가지는 것이다. 우리들에게 확실한 예시로서 들 수 있는 것은 미국의 규칙이다.

한시적인 정권이 자신에게 4년간의 권력을 부여해 준 자유 체제를 배신하거나, 그 정권의 불안정성과 상실을 방지하도록 고무된 적이 결코 없었다. 모든 여론은 비난을 퍼부을 수도 있고, 정권에 대하여 봉기할 수도 있을 것이다.

그리고 이제 이러한 이성적인 요소들은 역사적 환경에서 조금씩 도처에서 공화제 내지 이와 유사한 체제를 수립하기에 이르렀는데, 이것은 도대체 어디에서 흘러나온 것인가? 그것들은 18세기라는 위대한 원천에서 나왔으며, 그 시대에 있어서 국경을 넘어 그것들을 도처에 확산시켰던 자연법의 광범위한 추진력을 여전히 목격할 수 있다.

우리들은 이제 종교개혁에서 멀리 떨어져 있으며, 특히 다른 여러 자유의 모범으로서, 그리고 그 규준으로서의 역할을 하였던 양심의 자유로부터는 멀리 떨어져 있다. 이러한 자유권들 중에서 한 종류는 특권, 더욱 정확하게 말하면 불평등이라는 것을 알지 못했던 사회기구의 필연적인 결과일 뿐이며, 다른 종류는 국가의 본성 자체에 의해서 공화제 안에서 생겨난 것이다. 이러한 자유를 모든 사람의 뇌리에 나타나게 하는 이 두 가지의 전능한 원인에 의해서 상호 간에 광채를 내면서 두드러지게 되고 학리적인 논술의 주제에 어울리는 것이 되었다. 따라서 이러한 자유권이 선언 속에 종합되어 헌법의 첫머리에 두게 된 것은 그렇게 놀라운 것이 아니다. 그리고 종교의 자유가 이러한 여러 가지 자유에 선행한 것이 사실이라고 하더라도, 결코 이 종교의 자유를 모범으로 하여서 다른 자유들이 도입된 것으로 볼 것은 아니며, 또 이러한 자유권들이 그렇게 자연적으로 설정된 것이 종교의 자유가 그러한 여지를 부여하였기 때문이라고 볼 것도 아니다.

VI.

나는 이렇게 상세하게 논의를 전개할 예정은 아니었으나, 이와 같이 상세한 형식의 논의를 야기하게 되었다는 것에 대해서 독자의 용서를 빌면서, 나의 화법(話法)이 지닌 간략함 자체에 의해서 실례를 범하였다는 것에 대하여 옐리네크씨에게 용서를 구한다.

나 자신의 고백이지만 나는 많은 사람들에게 존경받고 있는 사람이 어떤 관념의 기원을 그것보다 먼저 발전된 다른 관념 속에서 구하려고 하고, 가끔씩 특별히 강력하게 발전해 나온 사회와 그 새로운 요구가 수용하는 변화를 도외시한 채, 원리들의 계통을 그렇게 설정하려는 것에 대해서 일종의 예민함을 가지고 있다. 이러한 요구라는 것은 각 세기의 걸출한 인물이 전개하는 — 때로는 숨겨지기도 하지만 — 이론들의 심오한 원인이다. 사색의 천재라고 할지라도 무엇이든지 할 수 있는 것은 아니며, 사회 환경이나 상황이 중요한 역할을 한다. 그리고 그들의 위대한 인물이 외관상으로 자유롭게 그 방향을 선택하였다고 하더라도, 궁극적으로 결정한 것은 거의 이 사회 환경인 것이다. 따라서 나는 루터의 사상이 한 세기를 뛰어넘어 로저 윌리엄스의 사상 속에 나타났다가, 그 후 또 한 세기를 뛰어넘어 북아메리카 각 주의 선언 속에 정착하고, 그곳에서 이 사상이 그것들에게 크고도 장엄한 영향을 주었던 프랑스의 선언에 전해졌다고 하는 것을 믿을 수 없는 까닭이다. 모든 전통을 파괴하고 자연법을 창시한 것은 18세기 전체이며, 이 18세기 전체야말로 의의와 활력으로 가득 찬 이 논의의 결론으로서 그 이름을 새겨둘 만한 것이라고 나는 믿는다. 옐리네크씨의 논증의 방법은 단순히 박식한 사람들을 만족시킬 수 있을 뿐이다. 정치가에게는 가장 실체가 있는 본질적인 이유가 필요하며, 세기 전체가 가지는 풍부함과 다양성과 확대 이외에는 어느 곳에서도 이것을 발견할 수는 없을 것이다.

인권선언 재론
옐리네크씨가 부트미씨에게 보낸 답변*

게오르크 옐리네크

나는 부트미씨가 「인간과 시민의 권리선언」[1]에 관한 나의 연구에 대하여 몇 페이지를 할애해 준데 대해서 영광으로 생각한다. 부트미씨는 현재 프랑스에서 가장 명석한 학자 중의 한 사람이며, 또한 그는 가장 넓은 의미에서 정치학의 발전에 기여하였다. 그래서 나는 그러한 인물을 논적(論敵)으로 삼게 된 것을 영광스럽게 생각한다. 또한 그와 논쟁함에 있어 감히 모든 예의를 다하여 경의를 표하고자 한다.

나의 논제의 요점에 들어가기 전에 개인적인 일에 대하여 한마디 하고 싶다. 부트미씨는 —— 아마 무의식 중이겠지만 —— 내가 「18세기 말의 라틴적 정신의 가장 화려한 표현」의 기원을 독일적 특성에서 찾으려고 하는 욕구에 사로잡혀 있다고 생각하는 것 같다. 내가 분명히 밝히고 싶은 것은 어떠한 문제이든 학문상의 문제를 깊이 파내려가 연구할 경우에, 나의 주장은 언제나 동일한 정신적 태도, 즉 「기하학이나 물리학의 문제를 논하는 것과 같은 냉정한 태도」(ac si quæstio de lineis planis aut de corporibus esset)를 가지는 데에 있다. 내가 탐구하고자 하는 것은 오로지 진리이며 국민적 허영심을 충족시키는 것은 나에게는 별 의미가 없다.

부언하자면 '인권선언'의 기원은 루터(Luther)가 아니라 칼뱅(Calvin)에게 있다. 내가 만일 프랑스인이라면 자신의 국가를 위하여 반드시 회복해야 할 명예가 있다.

그러면 먼저 부트미씨와 나 사이에 제기된 논쟁의 범위를 정확하게 한정하여 확실한 위치에서 논의하고 싶다. 부트미씨는 그 논문의 서두에서 나의 저작의 본질적인 이념을 요약하였다고 주장한다. 그러나 그 요약 중에서 그는 내 이론의 가장 주요한 핵심을

---

* Georg Jellinek, Die Erklärung der Menschen-und Bürgerrechte, 2. éd., 1904, p. VII sq.; Boutmy, Études politiques, 1907, p. 117: La Déclaration des droits de l'homme et du citoyen et M. Jellinek.

1) La Déclaration des droits de l'homme et du citoyen. Traduction Fardis, avec une préface de M. Larnaude. - Paris, Fontemoing, 1902.

지나쳐 버렸다.

내가 분명히 밝혀두지만 나는 '권리선언'의 진가에 대하여 연구할 계획은 없었다. 나의 의도는 언제나 오늘날에 이르기까지 거의 알려져 있지 아니한 특수한 논점, 즉 '인권선언'이 유럽 국가들의 법제사에 미친 영향이 무엇인가를 추적하는 데에 있었다. 왜냐하면 이 '선언'의 영향을 받아서, 또한 이것을 모범으로 하여 대륙 국가들의 헌법들은 개인의 다양한 공권(公權)을 열거하기 때문이다. 이 중요한 사건의 핵심은 국가의 권리에 대한 인간의 권리를 공식적으로 인정한 데에 있다. 법제사가나 법률가는 이 사건이 실제로 초래한 중요한 결과를 지나칠 수는 없다. '인권선언'은 유럽사에 여러 가지의 영향을 줌으로써 보편적인 의의를 가진 역사적 사실이 될 수 있었다. 이러한 일반적인 영향을 고려하지 않는다면 '인권선언'은 한 국가의 국내적인 역사적 계기, 즉 프랑스 혁명이라고 하는 특정한 사실에 불과할 뿐이다. 그러나 사실은 이와는 정반대로 프랑스는 우리들이 현대의 헌법들에서 재발견할 수 있는 개인의 권리의 인정을 주장하고, 나아가 그것을 공법상의 원리까지 고양시킴으로써 전세계에 영원한 선물을 주었다. 실로 이 점이 근대 국가와 앙시앵 레짐 국가를 구별시켜 주는 본질적인 특성이다.

나는 퍽 오래전에 프랑스의 '선언'이 국가에 대하여 개인의 지위에 미친 영향과 이 '선언'이 프랑스와 외국에서 형성된 관념에 어떠한 영향을 주었는가를 밝힌 일이 있다.[2]

이 문제에 대해서 부트미씨는 침묵을 지키고 있다. 그의 서술은 흥미 있고 교훈적이기는 하나 이 문제는 전혀 언급하지 않고 있다. 거기에 언급한 사람은 철학자와 민감한 정치심리학자였으며, 그들은 그것을 훌륭히 해내었다. 그러나 나는 그러한 발언을 한 법률가나 법제사가를 찾았지만 허사였다. 내가 논쟁의 불꽃을 일으키고 싶었던 영역은 양자에 모두 도움이 될 수 있는 공법과 역사의 분야였다. 그러나 부트미씨는 어떤 관점에 집착하고 있으며, 나 역시 나른 관점에 입각하고 있으므로 우리들이 서로 이해할 수 없는 것도 이상한 일이 아니다.

내가 해결하고자 하는 문제는 다음과 같다.

'권리선언' 이전의 대륙법에서는 양심의 절대적 자유·출판의 자유·집회의 자유·주거의 불가침 등과 같은 것은 전혀 문제가 되지 아니하였다. 그런데 오늘날 입법·행정 그리고 사법에서 매우 중요한 지위를 차지하는 이러한 권리를 열거하는 기원은 어디에 있는가?

부트미씨는 이 문제를 이렇게 대답한다. 「그 기원은 18세기의 프랑스 철학의 정신 중에서 특히, 루소(Rousseau)에게서 구하지 않으면 안 된다. 그 형태에 있어서도, 나아가 그 정신에 있어서도 인간과 시민의 권리선언은 프랑스적 특성(génie français)의 직접적인 발로이다」.

만일 이와 같은 관점이 옳다면, 문제는 미국 혁명 이후에 비로소 사람들이 권리선언이란 말을 듣게 된 것을 어떻게 받아들일 수 있겠는가? 루소의 『사회계약론』(Contrat Social)은

---

2) System der subjektiven öffentlichen Rechte, 1892, [2. éd., 1905] p. 2.

1762년에 출판되었다. 그런데 프랑스인이 이 이론을 수용하고 단순히 이론적이긴 하나 여러 가지 권리의 목록 속에 넣는데 4반 세기가 걸렸다는 사실을 어떻게 설명할 수가 있을 것인가?

루소를 그 기수로 하는 프랑스의 철학자들이 일반적 자유(liberté en général)의 사도이기는 하지만, 개별적 자유들(libertés particulières)의 사도는 아니라고 보는 것이 나의 지나친 오해일는지! 버지니아 선언 이전에 프랑스의 선언이 명백히 겨냥한 이러한 모든 개별적인 자유들을 요구한 프랑스의 사상가가 한 사람이라도 있었던가? 부트미씨는 루소를 그 나름대로 해석하고 있지만, 과연 루소가 신앙의 자유의 열렬한 옹호자였다고 말할 수 있을는지? 루소는 오히려 「시민의 종교」를 믿는 것을 고백하지 않고, 또한 「교회 밖에 구원은 없다」는 정통적인(catholique) 격언을 감히 언명하는 자는 그 누구든지 국가로부터 제외시키지 아니하였던가? 나아가 인간의 다른 권리들, 즉 개인의 자유·출판의 자유·소유권의 불가침·집회의 자유 등등을 주장한 자는 있었던가? 국가의 권능에 맞서서 감히 이러한 권리를 국가가 유월할 수 없는 한계로서 주장하고, 또한 이러한 권리가 개인의 양도할 수 없는 재산권(patrimoine)이라고 선언한 자가 있었던가? 물론 선언을 작성한 시기가 도래한 후에 그것에 공헌한 몇몇 사상을 찾아내는 것은 다른 많은 국가들의 문헌에서뿐만 아니라 18세기 프랑스의 문헌에서도 결코 불가능하지는 않다. 또한 그러한 입법적 문서의 이념을 사람들이 품고 있을 때 적지 않은 이 (프랑스) 철학의 관념이 유입된 것도 사실이다. 그러나 그 근본적인 이념은 여전히 그 본래의 성질을 그대로 지니고 있으며, 그 기원에서도 모든 것에 선행하고 있다.

독일에서도 루소 이전에, 또한 루소보다도 더욱 중요성을 기진 인물을 만날 수 있다. 그는 자유가 인간의 본질, 그 자체이며 「박탈할 수 없다는 점에서 인간에 고유한 것이다」 (quod homni ita inhaeret ut ipsi auferri non possit)라고 주장하였다. 내가 말하고자 하는 인물은 볼프(Wolff)인데, 그가 18세기의 사상가와 정치저술가에게 미친 영향은 상당한 것이었다. 루소 자신도 볼프의 영향을 받았다고 하지 아니할 수 없다. 그러나 나는 권리선언의 필요성에 관한 이념을 설명하기 위하여 볼프에까지 거슬러 올라갈 생각은 추호도 없으나, 볼프는 루소처럼 불가양이라고 주장된 자유를 국가를 위해서 양도한다는 치졸한 궤변(sophisme)에 빠지지는 않았다고 지적할 수 있다. 어떤 철학적 이념이 입법화되는 데에는 매우 긴 노정(路程)이 있다고 나는 생각한다. 그리고 법사학자의 임무는 바로 사상가의 관념이 어떠한 발전과정을 거쳐서 법률로 구체화되는가를 정확하게 탐색하는 데에 있다.

그리고 이제 우리들이 단언할 수 있는 것은 18세기 철학의 사상은 프랑스만의 전유물이 아니며, 그러한 사상의 개화(開花)에는 프랑스인뿐만 아니라 독일인, 영국인 그리고 이탈리아인도 기여하였다는 점이다. 그러나 그러한 사상 자체 속에 '권리선언'을 낳게 하는 원동력이 있었던 것은 아니다. '권리선언'의 출현을 위해서는 미국 혁명과 같은 역사적 대사건이 수반될 필요가 있었다.

이와 같이 프랑스인은 미국의 영향으로 자유의 원칙을 법규로 확립하였으며, 나아가 전유럽을 위하여 그것을 형성하였다. 미국이 없었더라면, 또한 미국 각 주의 헌법이 없었더라면 아마 자유의 철학은 있었겠지만 자유를 보장하는 입법은 결코 없었을 것이다.

나는 여기서 잠깐 멈추고 한 사람의 프랑스인의 이야기를 들어보고자 한다. 그는 이 위대한 국민의 명성을 떨어뜨리게 하지는 않을 것이다. 왜냐하면 그는 이 국민에 속하는 것을 자랑으로 여기기 때문이다. 현대의 뛰어난 프랑스 혁명사가인 오라르 (Aulard)*씨는 미국이 1789년의 정신과 권리선언에 미친 영향이라는 문제에 대하여 다음과 같이 서술하고 있다.

「... 프랭클린은 1777년 5월의 어떤 편지 속에서 미국에서의 사건이 프랑스인에게 준 열광적인 관심을 다음과 같이 서술하였다. '전유럽이 우리들 편이다. 사람들은 여하튼 우리들에게 갈채를 보내고 우리들의 성공을 기원하고 있다. 전제권력 아래 살고 있는 사람들 역시 자유를 사랑하고 자유를 염원한다. 그들은 유럽에서 자유를 획득할 것을 단념하고, 자유롭게 된 우리들의 식민지 헌법을 열광적으로 읽고 있다. ... 우리들의 사태(cause)는 **인류의 사태**이며, 우리들이 자신의 자유를 위하여 투쟁하는 것이 유럽의 자유를 위하여 싸우는 것이라는 말은 이제 유행어가 되었다.' **각종의 미국 헌법에 관한 프랑스어 판이 쏟아져 나왔다는 것은 프랭클린의 표현이 진실이라는 것을 증명해 준다.** 미국 전쟁에 자극을 받아 프랑스인은 수많은 보고·역사 이야기·여행기·판화를 만들었다. 사람들은 프랭클린을 전형적 인물로 하는 공화주의 자들을 사랑하고, 또한 그들을 신중하고 이성적인 인물들이라고 존경하였다. 공화제의 미국은 군주제의 영국과 같은 정도로, 혹은 그 이상으로 유행적이었다.

더욱이 그것은 일시적인 열광이 아니라 심각하고 영속적이었다. 프랑스 혁명은 관점에 따라 미국 혁명과 매우 다를 수도 있겠지만, 프랑스 혁명에는 미국 혁명의 기억이 붙어 다닌다. 미국에 권리선언, 국민의회(des Conventions nationales), 행정부(des Comités de salut public), 공안위원회(des Comités de sûreté générale)가 존재했었다는 것을, 여기 프랑스 사람들은 잊지 않을 것이다. (우리 프랑스) 혁명에 관한 정치적 술어의 일부는 미국에서 유래한다.

공화제적 이념의 역사에 대해서 특히 중요한 것은 견식 있는 프랑스인들이 혁명이 일어나기 20년 전에 **원문으로** (영어는 그 당시 우리나라에 많이 보급되어 있었다), **혹은 수많은 프랑스어 판으로 신흥 미국의 헌법들을 읽고 있었다는** 점이다」.[3]

오라르씨는 미국의 독립선언을 인용하고, 그것이 프랑스에 미친 영향에 대하여 서술한 후 다음과 같이 계속하였다.

---

3) Histoire politique de la Révolution française, Paris, 1901, p. 19-21.

「이 독립선언은 **장차 프랑스인의 권리선언이라고 할 수 있는** 버지니아 인민의 권리선언 (1776년 7월 1일)에 앞서 이루어졌다. 거기에서 우리는 모든 권력은 인민의 것이며, 그 결과 모든 권력은 인민으로부터 나오며, 어떠한 권리도 세습될 수 없으며, 3권은 명백히 분리되어야 하며, 출판의 자유는 제한되어서는 안 되며, 군사권(軍事權)은 절대로 문민권(pouvoir civil)에 복종해야 한다는 것을 읽을 수 있다. 이 선언은 프랑스 이론들, 즉 생기에 넘치고 투쟁적인 마블리(Mably) 사상의 실현 그 자체인 것 같다고 생각된다. 그것은 자유의 벗, 즉 프랑스 애국자의 열망이었다고 사람들은 판단하였다. 그들의 이념이 실현될 수 있는 것처럼 생각되었고, 매우 어렵게 보급된 것은 미국 혁명 이후의 일이다. 라파예트(LaFayette)는 이것을 미국의 시대라고 불렀다. 라파예트는 미국에 도착하자마자 프랑스에 있는 그의 친구 한 사람에게 다음과 같은 글을 보내었다. '지금까지 나는 언제나 국왕은 쓸데없는 존재라고 생각하여 왔다. 여기서도 국왕은 풀이 죽어 있다.' 그는 1783년 파리에 있는 자택에서 프랑스 권리선언의 도식을 만들고, '**우리들 또 다른 공화주의자**'(*Nous autres républicains*)라고 말하고 쓰는 것을 좋아하였다」.

지금까지의 인용에서도 알 수 있듯이, 확실한 문헌적 근거 없이 결코 일을 진행하지 않는 석학 오라르씨는 미국 각 주의 선언과 미국 각 주 헌법 전반에 대하여 부트미씨가 부여하고자 하는 역할을 부여하지 않는 것은 당연한 결과이다. 그러한 문서는 부트미씨에게는 사소한 일에 불과할 뿐이다. 그가 프랑스의 선언이 미국에서 유래하는 것이 아니라 루소와 관계가 있거나 혹은 무언가 영국적 기원을 가지는 것이라고 우리들에게 확신시키려고 한다면, 우리들은 그에 대하여 그러한 유(類)의 확신은 역사적 방법이라는 조건에 입각하지 않고 있다고 대답할 수 있을 것이다. 프랑스의 '선언'이 작성되었을 때에는 미국의 문서를 누구나 손쉽게 구할 수 있었는데, 부트미씨도 이 점에 대해서는 이론(異論)을 제기하지 않았다. 적어도 역사가라면 이러한 사실로부터 미국의 문서가 프랑스의 선언에 영향을 미쳤다는 결론을 이끌어 낼 것이다.

프랑스의 선언이 독립선언과는 달리 조문 형식으로 기초되었다는 것을 밝히는 것은 매우 중요하다. 이 사실만으로도 프랑스의 선언에 (부트미씨와는) 완전히 다른 법적 성격을 부여하는 데 충분하고, 미국 각 주의 선언이 프랑스의 선언의 모태가 된다는 것을 잘 나타내 주고 있다. 프랑스인은 **자명한**(self-evidence) 진리를 정식화하는 데 집착하지 아니하고, 입법자의 지침이 되어야 할 원리들을 법규범으로 전화시켰다. 그러한 특질은 미국 각 주의 선언 이전에는 영국의 권리장전에서조차도 발견할 수 없다. 만일 국민의회 의원들의 선언 기초 문서가 미국 각 주의 '선언'에 대해 명시적으로 언급하지 않았다면, 그것은 아마 이 문서들이 잘 알려져 있고 모든 사람이 가깝게 접근할 수 있다고 생각하기 때문일 것이다. 1867년의 오스트리아 헌법*에는 시민의 일반적 권리에 관하여 상세하게 규정한 선언이 포함되어 있다. 이 헌법의 모범이 된 것은 벨기에 헌법*이며, 따라서

1789년의 프랑스 선언과 관계가 있다. 그런데 이 법률의 의회 작업 문서에서도 벨기에나 프랑스에 대해 아무런 언급이 없다. 그 형식의 면에서 오스트리아 헌법은 프랑스의 선언과 비교해 볼 때 상당한 차이가 발견되며, 나아가 실제로 전자가 후자와 여러 가지 점에서 괴리되어 있으나 그것은 그다지 중요하지 않다. 그러나 프랑스의 선언이 없었다면 오스트리아의 선언도 결코 있을 수 없었다는 것은 명백하다. 부트미씨의 방법에 따른다면, 우리들은 프랑스의 선언과 오스트리아의 선언과의 관계를 모두 부정하지 않을 수 없다. 이러한 상황하에서 미국의 선언이 프랑스의 선언에 영향을 주었다는 것을 입증할 책임이 우리들에게 있는 것이 아니라, 반대로 부트미씨가 영향을 주지 않았다는 것을 입증할 책임이 있다. 그런데 우리들은 아직 그가 이러한 입증을 하였다고 생각하지는 아니한다.

그러나 부트미씨는 프랑스 선언의 명제들이 의거한 기반 그 자체가 미국 선언의 명제가 의거한 기반과는 전혀 다르다고 주장한다! 요컨대 프랑스 선언 중에 표현된 것은 바로 프랑스적인 이념뿐이라고 주장한다!

이와 같은 확신이 올바른가를 살펴보기 위해서 양심의 자유에 관한 프랑스 선언의 제10조를 검토해 보기로 한다. 부트미씨는 제10조가 그의 진술을 가장 잘 보증해 준다고 생각한다. 그가 말하는 바에 의하면, 18세기의 프랑스의 철학은 미국의 관념들보다 훨씬 뛰어나며, 프랑스 철학의 눈은 기독교나 실증적인(positive) 교리보다도 훨씬 높은 곳으로 향하고 있으나, 미국인은 이와 반대로 순수한 기독교의 기반에 머물고 있을 뿐이다. 「대담하고 담백한 프랑스의 격언은 간결하다」. 텍스트는 「문제의 중요함(grandeur)을 감추기 위하여 일종의 계산된 간결성」의 모습을 걸치고 있다.

그러면 여기서 오라르씨가 이 점에 대하여 서술하는 곳을 보기로 하자. 그는 자신의 견해를 뒷받침하기 위해서 다음과 같은 사실을 가지고 우리들에게 제시하고 있다.[4]

「제6부회(6ᵉ Bureau)의 초안은 다음과 같이 적고 있다. '전세계의 최고 입법자 앞에서'(En présence du suprême législateur de l'Univers). ── 라보르드 드 메르비유(Laborde de Méreville)는 (8월 20일) 초안이 신을 문제 삼지 아니할 것을 주장하고 '인간은 태어나면서부터 권리를 가지고 있으며, 그것들은 누구로부터도 받는 것이 아니다'라고 말한다. 그러나 국민의회는 라보르드 드 메르비유 단 한 사람을 제외하고, 아무런 반대도 없이 지고 존재(l'Être Suprême)라는 표현을 채택한 것은 다음의 3개의 원리적 이유 탓인 것 같다. 즉 첫째로, 당시의 프랑스인의 대부분은 기독교에 반대하는 자도 포함하여 이신론자(理神論者, déistes)였기 때문이며, 둘째로 대다수의 인민이 경건한 가톨릭이었기 때문이며, 셋째로 위대한 혁명 문서의 전문에 그러한 신비적인 문언이 넣어진 것은 권리선언에 성직자가 참여한 대가였기 때문이다.

물론 국민의회는 (8월 28일) 가톨릭교를 국교로 선언해야 한다는 아베 데이마르(Abbé d'Eymar)의 동의(動議)를 표결에 부치는 것을 거부하였다. 그러나 그 당시에 국민의회는 가톨릭을 표방한 것이다. 그것은 아마 국민의회의 구성원 중에 있었던 '애국적 성직

---

4) Op. cit., p. 44.

자'(curés patriotes)의 환심을 사고, 또한 프랑스의, 특히 시골 대중의 감정을 고려했기 때문이다. 국민의회는 가톨릭을 다른 종교와 동렬에 두려고도 하지 않았다. 의원의 한 사람인 불랑(Voulland)은 연단에서, 누구의 반론도 받지 않고, 지배적인 종교(religion dominante)를 가지는 것이 편리하다고 말할 수 있었으며, 가톨릭은 '우위에 서지 않는 매우 순수한 도덕을 기초로 한 종교'라고 묘사하였다. 국민의회는 제10조에서 양심의 자유를 선언하는 대신 관용을 선언하는 (8월 23일) 것으로 만족하였다. 제10조는 이렇게 규정하고 있다. '그 표현이 법률로 확립된 공공의 질서를 교란하지 않는 한, 누구도 그 의사를 비록 종교상의 것일지라도 방해할 수 없다.'

미라보(Mirabeau)는 8월 22일 이 **관용**에 반대하여 이렇게 웅변조로 말하였다. '나는 관용을 찬양하지는 않는다. 가장 무제한적인 종교의 자유는 나의 눈으로 본다면 매우 신성한 권리이므로 **관용**이라는 표현으로 이 신성한 권리를 나타내려는 것은 나에게는 일종의 전제인 것처럼 보인다. 왜냐하면 관용하는 권한을 가지는 권위의 존재가 사상의 자유를 침해하기 때문이다. 다시 말하자면 이 권위가 관용을 할 수도 있고 관용을 하지 않을 수도 있기 때문이다.' 이 조항이 채택되었을 때 꾸리에 드 프로방스(*Courrier de Provence*)는 다음과 같이 썼다. '국민의회가 불관용의 싹을 짓밟지 않고 오히려 이것을 마치 유보조건으로서 인권선언 중에 삽입하는 데 대하여 우리는 고통을 감출 수 없다.' 그리고 그 기자 (어쩌면 미라보 자신인지도 모른다)는 이 조항이 비가톨릭에 대하여 공식적인 예배의 금지를 허용하는 것이 될 것이라고 시사하였다.

그러나 **양심의 자유를 선언하지 아니한** 점을 제외하고는, 이 권리선언은 분명히 공화주의적이며 민주주의적이다」.

따라서 이것이 프랑스의 선언 제10조의 고도의 철학적 의미인 것이다!

마찬가지로 선언의 여러 가지 점에서 부트미씨가 나의 생각을 바로잡기 위하여 상술한 것이 어떠한 사실에도 기초를 두고 있지 않다는 것을 증명할 수 있을 것이다. 부트미씨는 열광한 나머지 텍스트를 아무리 냉정하게 검토하여도 발견할 수 없는 것까지도 찾아내었다. 즉 그는 여러 가지의 뉘앙스까지도 강조하였으며, 그 의미가 분명하지 않은 말단지엽적인 사항까지도 주목하였다. 나는 프랑스인이 미국의 선언을 맹목적으로 모방하였다고 주장한 적은 결코 없다. 나는 단지 프랑스인이 미국의 선언을 모범으로서 채택하였다고 말했을 뿐이다. 이 양자 사이에 어떠한 차이가 있는 것은 당연한 일인데, 중요한 것은 유사점이 있기 때문에 차이점을 무시해도 좋은가 하는 데 있다. 나는 여기에 의문을 제기할 수는 없다고 생각한다. 로크·블랙스턴·몽테스키외·루소가 프랑스의 선언에 영향을 미쳤고, 영국법이 미국을 매개로 프랑스의 선언에 간접적으로 작용하였다는 것을 이미 누차 설명하였다고 생각한다. 또한 나는 미국의 선언이 미국법 속에서 1789년의 엄숙하고 이론적인 명제가 프랑스에서 차지하고 있는 것보다 완전히 다른 위치를 차지하고 있다는 것을 결코 받아들이지 않는 것은 아니다. 그러나 부트미씨의 비판은 이 명제를 뒤엎을 수는 없다. 즉 프랑스인은 미국인이 이미 정식화 한 인간과 시민의 권리의 그 어떤 것도 상상할 수 없었다.

되풀이하여 말하자면, 대륙 국가들이 그 헌법 속에 인간과 시민의 권리를 인정한다면, 그것은 바로 그러한 원리를 미국에서 찾은 프랑스인의 덕택이다. 프랑스인이 그러한 권리에 자기들 독자적인 권리를 추가하였다는 것은, 어떤 외국의 제도를 자국에 도입하는 것을 연구하는 데 몰두한 국가에 대해서 그다지 중요한 것은 아니다. 어떤 국민이 다른 어떤 국민의 법규범을 자기의 것으로 받아들이려고 할 경우에, 그들의 눈에 먼저 띄는 것은 법률의 문언이며, 외국의 이념을 맹목적으로 결코 모방하지는 않는다. 그러므로 프랑스 국민 고유의 여러 가지 사회적·정치적인 고려가 미국의 이념들을 수용하는 방법(maniére)에 영향을 미쳤다는 것은 의심할 여지가 없다. 그러나 그들은 프랑스 국민 고유의 여러 가지 고려를 미국이 만든 주형(鑄型)에 흘려 넣었다. 무엇보다 중요한 것은 일련의 개인적 자유가 강렬하고 명확하게 인정된 것이다. 이 점은 프랑스의 철학과 루소의 자가당착에서 유래된 모호한 일반적 자유의 이념과는 명백히 구별된다. 이것이야 말로 본질적인 점이며, 여기에 위대한 실제적 진보가 있다. 그리고 이것은 프랑스의 선언과 미국 각 주의 선언과 비교했을 때 제기할 수 있는 여러 가지의 대수롭지 않은 차이와는 전혀 달리 매우 중요한 점이다.

이 점에서 내가 틀린 것일까? 부트미씨가 나에게 가르침을 주길 바란다. 프랑스인이 최초로 요구한 개인적 권리 중에서 미국인이 그 이전에 전혀 몰랐던 것이 도대체 있었단 말인가? 국민의회가 미국의 도움 없이도 선언을 기초할 수 있고, 18세기의 정신만으로도 이 문서를 기초할 수 있었다는 것을 실증할 수 있다면, 아마 이 논의는 반박의 여지가 없을 것이다. 이 사실이 증명되면 나는 법제사가인 나의 본분(mission)에 무엇보다도 충실하게 전념할 것이다.

한편 나는 여기서 프랑스의 가장 특출한 역사가들도 프랑스의 선언이 가지는 정치적 및 철학적 가치에 대해서 반드시 동일한 평가를 내리지 않는다는 것을 적어 두지 않으면 안 되겠다. 이 선언의 독창성과 이 선언이 함축하고 있는 이론의 풍부함에 대해서도 모든 논자가 부트미씨와 견해를 같이 하지는 않는다. 나는 여기서 프랑스의 선언을 평가하고, 그것을 미국 각 주의 선언과 비교한 테느(Taine)의 문장을 한 구절도 **생략하지 않고** (*in extenso*) 인용하는 것을 허락해 주기 바란다.5) 즉「 … 여기에는 헌법의 간결한 선언과 비교할 수 있는 것은 아무것도 없으며, 법률상 청구의 뒷받침이 될 수 있는 실정법적 규정도 없으며, 사전에 일정한 법률을 저지하고 공권력의 활동에 한계를 설정하고 개인에게 유보되어 있어서 국가가 개입할 수 없는 영역을 구분 짓는 명문의 금지 규정도 없다. 반면에, 국민의회가 공포한 선언 중에 있는 조항의 대부분은 추상적인 도그마, 형이상학적인 정의와 다소간의 인위적인 공리(axiomes)들이다. 다시 말하자면, 다소의 잘못이 있으며, 어떤 경우는 애매하고 어떤 경우는 모순되기도 하고, 여러 가지의

5) Les origines de la France contemporaine. La Révolution, t. 1, p. 274.

의미를 가질 수도 있고 반대의 의미를 가질 수 있어서, 형식적인 연설에는 안성맞춤이나 실제적인 용도에는 잘 들어맞지 않는 단순한 장식, 일종의 화려하고 쓸데없는 답답한 간판과 같은 것이다. 그 간판은 헌법이라는 집 위에 붙여져 매일 난폭한 손으로 흔들려지기 때문에 멀지 않아 통행인의 머리 위에 떨어질 것임에 틀림 없다」.

   내가 이 문장을 인용한 데에는 두 가지의 이유가 있다. 먼저 이 문장에서 우리들은 18세기라는 것을 매우 잘 알 수 있으며, 부트미씨가 프랑스의 선언 중에서 찾고 있는 깊은 의미(sens profond)는 조금도 파악할 수 없다는 것을 분명히 알 수 있기 때문이다. 다음에 이 인용은 매우 부당한 비판으로부터 나를 지켜주기 때문이다. 즉 부트미씨는 프랑스의 선언이 「불명료한 용어로 농(弄)하고 있으며 교조주의적이다」라고 비난하는 것은 정당하지 않다고 하여 나를 책망하고 있다! 그러나 그가 비난하고 있는 바로 그곳을 읽는 고통을 감수한다면, 내가 그곳에서 나의 개인적인 견해를 표명하는 것이 아니라 단지 다른 논자의 견해를 인용하는 데 그치고 있다는 것을 다시 알게 될 것이다(상술한 p. 14, note 4 [본서 945면의 주 29]와 거기에 인용된 저자명을 보라). 내가 이전에 만난 저자 중에는 분명히 테느도 있다. 부트미씨가 자기 나라의 유명한 동포에게 비난받는 것은 부트미씨의 자유이다! 부트미씨의 비난의 화살이 나에게로 향할 것이 아니라, 반대로 나는 테느의 표현들이 정당하지 않고 과장되어 있다는 것을 강조하지 않을 수 없다.

   부트미씨는 다시 나의 두 번째 주장, 즉 인간의 일반적 권리들을 정식화한다는 사상은 미국인에게서 17세기에 탄생된 것이며, 그들은 종교의 자유를 선언함으로써 최초로 이 사상을 실천에 옮겼다는 주장도 공격한다. 부트미씨에 의하면 코먼로, 영국의 「권리장전」(Bill of Rights), 미국에 특수한 사회적 조건들과 18세기 사상의 조류가 미국 선언의 형성을 충분히 설명하였다고 한다.
   그러나 나는 영국의 코먼로와 「권리장전」이 미국법에 미친 영향을 맨 처음 강조한 셈이다(p. 33, 36, 27, 82; 본서 953, 954, 956, 982면). 다른 한편, 미국에서의 민주주의적 이념에 대하여 부트미씨가 부연하는 것은 결국 내가 서술한 생각(p. 70과 81; 본서 972-973 면과 982면)과 일치하고 있다. 마지막으로 정치에 관한 18세기의 이념들에 대하여 철학의 이론들이 가지는 중요성은 나 자신도 강조하고 있는 그대로이다(p. 83; 본서 983면). 그러나 나에게 의문은 여전히 남아 있다. 인권의 관념은 어디에서 나온 것인가 하는 문제이다.
   부트미씨에 의하면 이러한 권리들 중, 최초의 권리인 종교의 자유는 18세기의 철학에서 직접 유래한 것이며, 18세기에 사람들이 종교의 자유라는 말로 이해한 것은, 사람들이 17세기에 이 자유로부터 만들어 낸 관념과는 공통되는 점이 전혀 없다고 말한다.
   여기에도 이미 서술한 바와 같이, 오해가 있음을 알 수 있다. 나는 여기서 종교의 자유라는 이념의 발전을 검토할 필요는 없다. 내가 문제로 삼고 싶은 것은, 단지 이 자유가 어떻게 하여 법률로 규정되기에 이르렀는가 하는 점이다. 내가 오로지 추구하는 문제는, 역사상 어떤 시점에서 본 인권이 법률 문헌 속에 승인되었는가 하는 문제이다. 그런데 이와 같은 인권의 입법화의 선구자가 된 것은 로드아일랜드의 낡은 특허장(charte)이다. 로드아일랜드의 낡은 특허장은 사실적이며, 이를 아무도 뒤엎을 수 없다. 로저 윌리엄스(Roger Williams)가 미국에 있어서 종교적 자유의 이념의 전개에 별로 영향을 미치지 않았다는 것을 부트미씨가 주장한 바와 같이 인정한다 하더라도, 로드아일랜드나 기타 식민지 법률의 텍스트는 잘 알려지고 있었다는 것, 또한 지금도 잘 알고 있다는 것은 역시 부정할 수 없는 사실이다. 그런데 우리들이 알고 있듯이, 식민지의 여러 가지 특허장이 우리들의 성문 헌법의 기원이다. 우리들은 이러한 특허장이 후세의 헌법에 영향을 미친 것은 명백한 사실임을 인정하며, 우리들은 로드아일랜드가 그 헌법을 원래 그대로의 형태로 1841년까지 유지하였다는 바로 그 점이, 로드아일랜드가 존중받을 만한 이 문서에 매우 만족하고 있었던 것을 나타내 준다. 그러면 이러한 사실들을 미국인이 망각하였다고 생각할 수 있을까?

　역사가에게 있어서 중요한 것은 법규범의 기원을 분명히 하는 데에 있다. 비록 조문은 그 형태에 있어서 동일하다고 하더라도, 법적 이념들은 끊임없이 변천할 수 있다. 20세기와 17세기 간에 종교의 자유에 대해 이해하는 방법은 다르지만, 법률의 조문이 완전히 동일하거나 유사한 경우가 있다. 이것은 우리들에게 진화의 메커니즘을 분명히 보여주는 것이다. 우리들은 역사 안에서 놀랄만한 연계를 발견할 수 있다. 예컨대 고대 사람들과 현대 사람들에 있어서 유희가 동일하다는 것을 관찰하였다. 또한 우리들은 몇 세기에 걸쳐서 민화(民話)의 전승(傳承)이 지구 전역에 불후의 것으로서 이어지고 있는 것을 추적할 수도 있다. 그러한 민화 중에는 지금도 옛 신화가 그대로 살아 남아 있다. 현대 학문의 가장 총명한 식자의 한 사람인 퓌스텔 드 쿨랑지(Fustel de Coulanges)*는 양자제도의 기원이 조상 숭배에 있었던 것을 실증하였다. 그렇다고 해서 우리들은 오늘날의 시대에 있어서 양자제도가 나타나는 방식이 원래 그대로의 형태라고 주장할 용기는 없다. 그만큼 우리들은 회의적이고 경계심이 많은 것이다!

　부트미씨는 미국의 권리장전들과 17세기의 특허장 간에는 어떠한 관련도 없다고 말한다. 그렇다면 그는 우리들이 지금까지 언급한 연구의 정당성과 이미 도달한 모든 결론을 부인하는 것이 될 것이다. 우리들 시대에 이탈리아인이 이집트인으로부터 모라(mora)*라는 놀이를 받아들인 것은 무슨 까닭인가? 우리들의 양자제도는 고대 아리아인의 가족 숭배와 어떤 관계가 있는가? 그것이 과거와 결부되어 있다는 것을 정당하고 엄격하게 실증할 수 없다고 해서, 이 양자제도가 완전히 원초적인 토착의 산물이라고 말할 필요가 있을까? ... 이와 같다면 모든 역사적 의존성이 부정되고, 시대 가운데에서 일정한 간격으로 나타난 사실들을 다시 결합하는 것을 목적으로 하는 모든 결합이 금지되어 버리게 된다. 사회과학에서 수학의 법칙을 논증하는 것은 과거나 오늘날에 있어서도 여전히 불가능하다.

그러나 우리들의 역사적 연구의 상황은 개연성(probabilité)이 사실들의 관련과 연계를 위해서 존재한다는 것을 확신시켜 준다. 그러므로 이제 반대의 증거를 제시해야 할 사람은 우리들이 아니라 우리들의 논적이다. 추정은 우리가 할 수 있다. 여기에서도 역시 부트미씨가 다른 논거를 들지 아니하고 다만 자기의 주장을 확신하는 것을 유감으로 생각하지 않을 수 없다. 그는 17세기에 정식화 된 명제와 18세기에 정식화된 명제 사이에 일련의 관련이 있다는 주장에는 근거가 없다고 말한다. 그러나 역사적 방법의 관점에서 허용되는 사상에 의한다면 그것만으로는 충분하지 못하다. 그러한 추정을 깨트리고, 그러한 관련성의 존재는 불가능하며 생각할 수 없다는 것을 입증할 책임은 부트미씨 측에 있다.

인간과 시민의 일반적인 권리가 정식화 된 이래, 이러한 권리의 나열을 법률의 본문 중에 삽입한다는 관념이 점차 형성되었다. 일련의 다른 권리를 거기에 첨가할 필요가 있다고 느껴진 것은 겨우 18세기 이후의 일이다. 그러나 그 이전에도 이미 그 조짐을 지적할 수 있다. 이러한 권리의 목록 중에서 종교의 자유가 맨 먼저 정식화되고, 이어서 점차로 다른 권리가 첨가되었다. 그렇다고 해서 종교의 자유가 다른 모든 권리들을 잠재적으로 포함하며 그것들이 종교의 자유에 직접적으로 기초하고 있다고 말하기는 어렵다. 종교의 자유의 성질, 그것의 수용에 미친 여러 가지 요인이 17세기와 18세기가 동일하지 않았다는 것은 사실이다. 그러나 종교의 자유가 최초로 정식화됨으로써 그 후 다른 여러 자유가 들어올 수 있는 골격이 갖추어졌으며, 다른 여러 자유와 더불어 종교의 자유 그 자체도 새로운 관념에 따라 변형되었다.

그런데 나는 항상 법형식만을 말하였고, 사상의 근원에 대해서는 말하지 않았다.

그러나 이러한 자유권의 전체적인 내용에 대해서도 부트미씨와 나 사이에 상당한 견해의 차이가 있다. 우리들은 법률가로서 자유의 내용, 그 자체를 실정적으로 단호하게 확정할 수 없다고 생각한다. 우리들은, 모든 자유라는 것은 그 이전에 인간의 활동에 가해진 여러 가지의 제한에 대한 부정에 불과할 뿐이라고 해석한다. 강제된 종교가 있었고 탄압이 있었다. 그래서 사람들은 오늘날 종교의 자유를 부르짖었다. 출판을 억압하는 검열의 중압이 바로 출판의 자유란 사상을 배태시켰으며, 집단 형성의 금지가 바로 집회의 자유를 유발시켰다. 정부의 자의(恣意)를 금지하고, 경찰의 명령 대신에 법률을 제정함으로써, 다시 말하자면 위로부터의 전제(bon plaisir d'en haut) 대신에 합법성(légalité)을 대체시킴으로써 개인에 대한 국가의 억압적인 힘에 제한을 가하게 되었다. 이러한 설명이 자유의 개념을 푸는 열쇠가 되고, 이러한 설명만이 자유의 개념에서 생겨 나오는 권리들의 실천적 가치를 분명히 부각시켜 준다. 오늘날 국민들의 자유와 권리 모두가 국가의 자의에 대한 제한 속에 그 본질이 있다. 그러나 반대로 법제도와 그 제도가 미치는 중대성을 연구하는 자에게 있어서는, 자유의 이념의 본질에 대해서 17세기, 18세기의 미국 이념이나 프랑스 철학의 이론이 어떠한 태도를 취하는가를 아는 것은 그다지 중요하지 않다. 법이라는 것은 너무나 형식적이고 '**외면화**'(extériosé) 한 성격을 많이 띠고 있으므로, 철학적인 사상이 법형식으로 구현된다고 할 수는 없다. 예컨대 '국가는 양심의 자유를 보장하여야 한다'라는 명제를 들어 보자. 우리들은 이 명제가 신앙심을 보호하는 것인지 무신론을 보호하는 것인지를 자문하지 않는다. 입법자가 형식적으로는 종교를 비호할 의도를 가지고 있었다 하더라도 마찬가지이다. 법률의 법적인 효과는 법률은 하지 말아야 할 것만을 지시해 주며, 무엇을 해야 할 것인가를 말해 주지 않는 데에 있다. 어떤 실제적인(positif) 사실의 정당성(légitimité)에 대해서는 매우 다양한 평가의 방법이 있을 수 있다. 그러나 법(droit)은 법이 금지하는 행위를 자제시키는 동기를 고려할 필요가 없다. 국가는 도적질하지 말 것을 명령한다. 국가에 대해서는 벌이 두려워서든지, 법률에 대한 존경심에서든지, 또는 종교적 내지 도의적 불안감(préoccupation) 때문에 굴복하였는가의 여부는 국가로서는 별문제가 되지 않는다. 국가로서는 법률이 지켜지는 것으로 충분하다.

　지금까지의 나의 고찰이 상이한 시대에 상이한 국민이 자유의 이념의 내용에 대하여 품고 있는 생각이 얼마나 다양한가를 탐구하는 것을 목적으로 하는 연구들의 유용성이나 중요성을 경감시키고자 하는 바는 아니다! 그러나 그러한 연구의 성과에는 반드시 많든 적든 저자 자신의 인격이 스며 나오며, 그 이외의 것은 결코 있을 수 없지만, 이 점이야말로 논증의 여지가 없는 법규범에 관한 연구와 구별되는 소이가 있다. 이 분야에서 부트미씨가 거장임은 의심할 여지가 없다! 나의 『인권선언론』에 대한 그의 논문을 보면 명약관화하다. 그러나 부트미씨가 어떠한 점에서 내가 확립하려고 노력한 명제에 수정을 가하였는가를 자문해 보고, 또한 어떠한 점에서 나의 명제의 약점을 찌른 논거를 발견한다 하더라도, 그러한 것은 아무것도 아니며, 또한 그것을 충분히 입증하지 못했다고 나는 믿고 말할 수 있다!

제7편
기본권 이론

기본권이론과 기본권해석*

에른스트-볼프강 뵈켄회르데

I.

기본권보장의 이념에 기초를 둔 기본법 제1조 3항에서 명문으로 규정된, 직접 타당한 법으로서의 기본권의 적용은 기본권해석에 특별하고 광범위한 의미를 부여한다. 기본법의 기본권규정들은 다른 법치국가 헌법의 규정도 그렇듯이, 그 조문의 구조와 용어의 모습에서 본다면 간결한 정식과 원칙규정이며 그 자체로부터는 내용상의 일의성(一義性)이 여러 곳에서 결여되어 있다.[1] 기본권규정들이 그럼에도 불구하고 직접 타당한 법으로

---

*   1974년 8월 31일의 베르너 베버(Werner Weber) 70세 생일을 기념하여.
    Ernst-Wolfgang Böckenförde, Grundrechtstheorie und Grundrechtsinterpretation, in: Neue Juristische Wochenschrift 1974, S. 1529-1538. jetzt in: ders., Staat, Verfassung, Demokratie. Studien zur Verfassungstheorie und zum Verfassungsrecht, Suhrkamp, Frankfurt a. M. 1991,

서 작용하고 효력을 가지려면 그것들은 보통의 법률규정과는 다른 방법으로 설명적인 (explikativ) 해석뿐만 아니라 의미의 해석이나 구체화와 같은 형식을 인정하는 것도 기이하지 아니한 충전적(充塡的, ausfüllend) 해석도 필요로 한다.[2]

그리하여 먼저 연방헌법재판소의 해석은 기본법 제12조 1항 1문을 일정한 직업 또는 직업양성시설의 국가에 의한 할당에 대항하는 방어권(防禦權, Abwehrrecht)으로서 이해시켜왔을 뿐만 아니라 ― 약국개설판결[3]*에서는 ― 직업에 접근하는 규율(規律)과 수요심사(需要審査) 내지 필요심사(必要審査)라는 의미에서의 규율을 원칙적으로 금지하는 것으로서, 또한 ― 대학입학정원판결[4]에서는 ― 직업양성시설의 충분한 마련을 요구하는 청구권이라는 방향에서 의미를 도출하였다. 그 규정은 간결한 단문(모든 독일인은 직업, 직장 및 직업양성시설을 자유로이 선택할 권리를 가진다) 때문에, 그 규정 자체로부터 세 가지의 해석을 모두 받아들이고 있다.

그와 같이 의미를 도출하고 내용을 최초부터 구체화하는 해석에는 조문의 구성, 용어의 의미와 규율의 관련이란 점에서 충분한 연결점이 없다. 이러한 해석은 ― 의식적이든 무의식적이든 ― 어떤 특정한 **기본권이론**에 의해서 인도되며 규정된다. 기본권이론이란 이 경우에 기본권의 일반적 성격, 규범적인 목표의 방향, 그리고 내용상의 사정거리(射程拒離)에 대한 체계적으로 방향지워진 하나의 이해를 의미한다. 그것은 그의 연결점(즉 체계적인 방향지움)을 예외 없이 특정한 어떤 국가관과 (또는) 헌법이론에 가지고 있다. 그 기능은 개별적인 기본권규정의 해석을 상세한 법률의 규정에 비추어 단련된 법학적 기술에 맡길 때뿐만 아니라, 개별적인 기본권규정의 해석을 국가관/헌법이론과의 전체적인 연관성 속에서 접속할 때에도 적용한다.[5] 그러한 기본권이론을 위한 연결점이 특정한 질서의

S. 115-135; ders., Wissenschaft, Politik, Verfassungsgericht, Suhrkamp, Frankfurt a. M. 2011, S. 156-188.

1) 그러므로 당연한 일이지만 바이마르 국법학에 대해서 대부분의 기본권은 우선 당면한 권리를 아직 내포하지 아니한, 단순한 프로그램 명제로 간주되는 것이며, 이 점은 무엇보다도 Gerhard Anschütz, Die Verfassung des Deutschen Reiches, 3. Bearb. 1929, S. 452 ff.를 참조. 이에 대립하는 안티테제를 당시 이미 제시한 것은 Carl Schmitt, Freiheitsrechte und institutionelle Garantien der Reichsverfassung, 1931; ders., Verfassungsrechtliche Aufsätze, Berlin 1958, S. 140 f. (바이마르 헌법에 있어서의 자유권과 제도적 보장, 김효전 편역, 『독일 기본권이론의 이해』, 법문사, 2004, 97면 이하) 그리고 ― 이상과 거의 명확하지는 않지만 ― Rudolf Smend, Verfassung und Verfassungsrecht, 1928 (본서 제5편); ders., Staatsrechtliche Abhandlungen, Berlin 1955, S. 262 f. (본서 768면 이하).

2) Hans Huber, Die Konkretisierung von Grundrechten, in: Der Staat als Aufgabe. Gedächtnisschrift für Max Imboden, Basel 1971, S. 191 ff.; Martin Kriele, Theorie der Rechtsgewinnung, Berlin 1967, S. 212 ff., insb. 221 ff. (홍성방역, 『법발견론』, 한림대출판부, 1995)를 보라.

3) BVerfGE 7, 377 (397 ff.).

4) BVerfGE 33, 303 (331 ff.).

5) 기본권의 개별적 해석의 그러한 매개와 결합의 필요성에 관하여는 Horst Ehmke, Prinzipien der Verfassungsinterpretation: VVDStRL 20 (1963), S. 69 ff., 81 ff. (헌법해석의 원리, 계희열 편역, 『헌법의 해석』, 고려대 출판부, 1993, 163-216면)를 보라.

과제, 즉 변용된 정치적·사회적 현실로부터 새롭게 가지고 들어오는 질서의 과제를 위한 문제해결의 시도라는 것이 기이하지 않다. 그러한 경우 기본권이론에는 이러한 문제해결의 시도의 반사형태(反射形態)가 포함되어 있는데, 다른 한편 기본권이론은 어떤 특정한 국가관/헌법이론에 향하여 매개하며, 또는 그것으로부터 시사를 주는 것이다.

기본권이론에서 나오는 기본권의 해석은 이리하여 법학적인 해석수단을 정확하게 적용하는 경우에는 피할 수 있겠지만, 그때그때의 해석자의 「이데올로기적」 추가물은 아니다. 그것은 그 기초로 기술된 간결한, 법률기술적으로 본다면 철저하게 단편적인 기본권규정의 성격을 가지고 있는 것이다.[6] 이러한 규정들의 목적론적인 의미해석도 체계적인 해석과 마찬가지로, 어떤 특정한 기본권이론에서 나온다는 점에서는 결국 다를 바가 없는 것이다.[7] 이것을 확인하면, 물론 문제는 완화되는 것이 아니라 다만 더한층 명확하게 드러난다. 왜냐하면 (구체적인) 기본권내용에 대한 귀결은, 예컨대 자유주의적·법치국가적 기본권이론, 제도적 기본권이론, 민주적·기능적 기본권이론과 같은 어떤 관점에서 기본권규정이 해석되는가에 따라서 매우 광범위하기 때문이다.

하나의 예를 든다. 기본법 제5조 1항 2문의 언론의 자유라는 기본권은 자유주의적·법치국가적인 방어권이라고 이해하면, 정보수집을 포함한 인쇄간행물의 제작과 반포를 국가에 의한 모든 종류의 침해로부터 보호하는 것을 내용으로 하며, 또한 그것에 한정된다. 제도적으로 이해하면, 시설(Institut) 내지 「자유로운 출판」이라는 제도(Institution)의 보장으로서, 하나의 제도체(Einrichtung)로 하여 스스로 출판의 자유라는 보호외투의 비호 아래에서 발전하는 자유로운 출판제도(Pressewesen)가 현재 존재하는 것과 존속하는 것도 보장에 포함된다. 그것은 동시에 출판제도, 특히 신문이라는 출판 자체의 대외적인 질서 또는 내부적 질서에도 관련되는 행위의무와 규율권한을 정당하다고 인정한다.[8] 민주적·기능적 이해에서 보면 이와는 대조적으로 의견형성을 하는 출판을 보장한다는 것에 대한 경사(傾斜)가 경우에 따라서는 그것에 대한 제한마저 권고하는데, 그것은 민주주의에 불가결한 공적(公的)인 의견형성과정의 가능성과 보호에, 의견표명의 자유 일반과 마찬가지로 출판의 자유의 제1차적인 의미가 두어지기 때문이다.[9]

---

6) Rudolf Smend (Fn. 1), S. 263에서는 기본권에 관하여 「기술적으로 본다면 매우 부담스럽고 무관심한 것」이라고 말한다.

7) 여기에는 포르스토프가 반복하여 요구한 전통적인 법학적 해석학(Hermeneutik)에의 한정을 위하여 불가결한 구별이 있다. Ernst Forsthoff, Die Umbildung des Verfassungsgesetzes, in: ders., Rechtsstaat im Wandel, Stuttgart 1964, S. 152 ff. (헌법률의 개조, 계희열 편역, 『헌법의 해석』, 89면 이하); ders., Zur Problematik der Verfassungsinterpretation, Stuttgart 1961 참조.

8) Werner Weber, Innere Pressefreiheit als Verfassungsproblem, Berlin 1973, S. 61 f.의 지시를 보라. 거기에서는 단지 「일반 법률」만을 위한 제한의 유보(기본법 제5조 2항)에 직면하여, 출판의 자유의 (개조된) 제도적 해석은 「출판의 내부적 자유」 또는 저널리스틱한 출판의 집중을 취급하는 각종의 법률상의 규율에 대해서 불가결한 전제를 서술하고 있다.

9) Konrad Hesse, Grundzüge des Verfassungsrechts der Bundesrepublik Deutschland, 6. Aufl.

　이와 같이 나온 기본권해석의 내용상의 폭은 판례나 학설이 여러 가지의 기본권이론 중에서 기본법이 전제로 하였거나 기본법에 적합하게 된 하나의 이론에 전적으로 근거하여 조화된 방법으로 다시 상대화되고 한정되는 것은 아니다. 판결은 학문적인 기본권논의와 마찬가지로 사안(事案)에 관련을 가지면서, 그리고 개별적인 기본권규정에 따라서 교대하면서 여러 가지의 기본권이론에서 나온다. 이것은 연방헌법재판소의 판결에도 타당하다.10)

　이때에 지금까지는 문헌에 있어서 최근 주목할 만한 약간의 언설을 제외한다면,11) 기본권이론이 해석 자체의 출발점이 되는 문제는 거의 성찰이나 논의되지도 않고 있다. 오히려 여러 가지의 이론적 출발점이 구체적인 기본권내용에 대해서 광범위하게 미치는 효과를 무시하거나, 또는 구체적인 경우에 타당한 결론에 도달하기 위하여 성찰하지 않고 어떤 선입관에서 비약하는 일도 드물지 않으며, 선택적으로 이끌어낼 수 있는 해석관점으로서 기능한다는 인상을 주고 있다. 해석의 내용상의 차이는 그럼으로써 점차 크게 되며, 또한 그 차이는 여전히 방법상의 무규율(無規律)로 남는다.

　이와 같은 소견에서 보면, 필요한 것은 기본권이론과 기본권해석과의 필연적인 관련을 명확하고 일반적으로 의식하는 것, 그리고 다양한 기본권이론의 어느 것이 기본권해석에 현재 영향을 미치는가, 또한 그 이론은 개별적인 기본권규정의 내용에 대해서 어떠한 결과로 수행하는가 하는 문제를 설정하는 것이다. 이러한 문제는 여기서는 물론 개관이라는 형식으로만 이것을 다룰 수 있으며, 예시적인 문제에 한정하여 규격화된 절차에 대한 것인 일정한 단순화로써 이것을 행한다(Ⅱ). 나아가 다음에 질문할 것은 기본법의 해석계기인 기본권이론은 기본법이라는 헌법질서의 틀 내에서 어느 정도까지 자유롭게 선택가능한 것인가, 바꾸어 말하면 헌법 자체에 의해서 이미 미리 결정한 것에 어느 정도까지 해당되는가 하는 문제이다(Ⅲ).

Ⅱ.

　오늘날의 기본권의 해석을 혹은 선택적으로 또는 상호결부되어 규정하고 있는 주요한

Karlsruhe 1973, S. 159 f.(계희열역, 『통일 독일헌법론』, 박영사, 2001); Erich Küchenhoff, Besondere Schranken der Pressefreiheit von Großverlegern: ZRP 70, S. 49 ff. 또한 BVerfGE 10, 118도 보라.

10) 이 점에 관하여는 이 논문 Ⅱ, 1-5에서의 개별적인 논급을 보라.

11) Peter Häberle, Die Wesensgehaltgarantie des Art. 19 Abs. 2 Grundgesetz, 1962; Friedrich Müller, Die Positivität der Grundrechte, Berlin 1969; Rupert Scholz, Koalitionsfreiheit als Verfassungsproblem, München 1971; Peter Häberle u. Wolfgang Martens, Grundrechte im Leistungsstaat: VVDStRL 30 (1972), S. 1 ff. (급부국가에 있어서의 기본권, 김효전 편역, 『독일 헌법학의 원천』, 2018, 542면 이하); Hans Hugo Klein, Die Grundrechte im demokratischen Staat, Stuttgart 1972.

기본권이론은 다음과 같다. 즉 자유주의적 내지 시민적·법치국가적 기본권이론, 제도적 기본권이론, 기본권의 가치이론, 민주적·기능적 기본권이론, 그리고 사회국가적 기본권이론이다.

1. 자유주의적(시민적·법치국가적) 기본권이론

(1) 자유주의적 (시민적·법치국가적) 기본권이론에 대해서 기본권이란 국가에 대한 개인의 자유권이다. 개인과 사회의 자유라는 중요한 영역은 역사적 경험으로 인하여 특히 국가권력에 의한 위협에 놓여 있으며, 바로 이러한 위협으로부터 보호하기 위한 기본권이 규정되고 있다. 기본권은 시민적 법치국가라는 국가이념의 기초인 배분원리를 그 기점으로 하여, 이 배분원리의 결과 내지 구체화로서 나타난다.12) 이러한 사고에 따르면 개인의 자유영역은 정말 개인에 대한 공동체로부터의 구속이 없다는 의미에서 전(前)사회적인 것은 아니지만, 그러나 본래의 의미에서의 전국가적이다. 즉 이러한 자유영역 (이것은 동시에 사회적 관련에 있는 개개인들인 사회의 자유영역이다)에 대립하는 국가의 권능은 원리상 한정되어 있으며, 그 국가권능은 자유를 위한 국가의 보장·규제·보전의 임무에 관해서만, 또한 이러한 목적을 달성하는 한에서만 존재한다. 기본권인 자유는 국가에 대해서 구체화되는 것이 아니며, 법적으로 보아 국가에 선행한다. 국가는 자유의 법적 보장을 위한 전제조건과 제도들을 창출해야 하며, 나아가 법적인 경계선을 획정함으로써 한쪽과 다른 한쪽이 상호관계에 있는 법적 자유를 교환가능한 것으로 보장하지 않으면 안 된다. 이에 대하여 자유의 「실체」, 즉 자유의 내용, 그리고 동시에 자유행사의 방식의 규정은 당초부터 국가의 규율권한(規律權限)의 범위 밖에 있다.13)

이러한 의미에서 자유권인 기본권은 개인들(즉 사회)과 국가 간의 권한분배의 규범이기도 하다.14) 그러한 기본권은 개개인과 그들에 의해서 만들어진 사회적 구성물 자체라든지 행위규제(行爲規制)와 실행조직(實行組織)에 대하여 권한 있는 영역을 한계 지우고, 국가가 국가적·고권적(高權的) 행위라는 형태로 지배적·정치적인 규제행위와 실행조직의 영역으로부터 배제한다. 거기에서는 국가권력의 활동에 대한 소극적 권한규범(배제)이 포함된다.

---

12) Carl Schmitt, Verfassungslehre, 5. Aufl., Berlin 1970, S. 126 f., 158 f. (김기범역, 『헌법이론』, 교문사, 1976); Zaccaria Giacometti, Die Freiheitsrechtskataloge als Kodifikation der Freiheit: Zeitschr. f. Schweiz. Recht 55, S. 163 ff.를 보라. 자코메티는 이러한 관련 속에서 「자유로운 정치적 가치체계」를 말한다.

13) Hans Hugo Klein, Öffentliche und private Freiheit: Der Staat 10 (1971), S. 164; Friedrich Müller, (Fn. 11), S. 98 f. 참조.

14) Zaccaria Giacometti, Allgemeine Lehren des rechtsstaatlichen Verwaltungsrechts, Bd. 1, Zürich 1960, S. 3 f.; Jean-François Aubert, Traité de droit constitutionnel Suisse, Neuchatel 1967, S. 626 f.; Dieter Conrad, Freiheitsrechte und Arbeitsverfassung, Berlin 1965; Niklas Luhmann, Grundrechte als Institution, Berlin 1965, S. 23 f.

(2) 이러한 기본권이론의 기본권해석에 대한 영향은 다양한 점에서 나타난다.

1) 개별적인 기본권에 의해서 보장되는 자유는 기본권의 경계설정적인 성격에서 나오는 귀결로서 자유 **일반**이며, 특정한 목표나 목적 (민주적 정치과정의 촉진, 가치실현, 정치적 공동체의 통합, 기타 이에 유사한 것)을 위한 자유는 아니다. 기본권의 담당자가 자기의 기본권상의 자유를 행사하는가 아닌가, 행사하면 어떠한 동기에서, 또한 어떠한 목표를 위한 것인가는 — 일반적으로 확정되는 자유의 수인한도(受忍限度)의 틀 내에서 — **그 담당자**의 문제이며, **그 담당자**가 결정하는 것이다. 따라서 그러한 것은 국가에 의한 **법적** 평가의 대상이 될 수 없으며, 마찬가지로 자유의 범위를 법적으로 차별화하기 위한 연결점이 될 수는 없다.[15]

공적인 목표를 위한, 예컨대 여론의 형성을 위한 의견의 자유의 행사를 사적인 목적을 위한 행사에 대해서 특권화하는 것은 연방헌법재판소가 뤼트 판결(Lüth-Urteil)*에서 채택하였는데,[16] 그러한 것은 따라서 이러한 생각에서는 허용되지 않는 것으로 보인다. 동일한 것은 정치적 집회에 사적인 집회보다도 우선권을 부여하거나 시위행동의 자유의 제한 규정을 그 시위 행동의 (정치적) 목적에 따라서 각각 달리하는 데에도 타당하다.[17]

이 경우에 대부분의 기본권은 단지 사적 작용뿐만 아니라 바로 공적인 작용도 가져오는 것, 그리고 의견·출판·집회의 자유와 같은 몇몇 기본권이 자유민주주의에 대해서 「오로지 구성한다는 의미」를 가진다는 사실을 간과해서는 안 된다. 그러나 자유권의 이러한 기능을 자유권의 내용규정과 그 한계를 확정하는 기점으로 삼는 것, 자유보장을 완전한 것으로 하기 위해 그렇게 하는 것은 의식적으로 무시된다. 그 배후에는 정치적으로도 광범위하게 미치는 사고가 있으며, 그것은 자유민주주의의 목표는 시민의 자유와 자유의사, 즉 시민에 의한 매일의 플레비지트라는 자발성에서 구성하는 데에 있다는 사고이며, 바로 그 때문에 국가의 법질서는 이 플레비지트를 실현하기 위한 기회(Chance)를 유보해 두는 것 이상의 아무것도 할 수 없으며, 해서는 안 된다는 사고이다.[18]

2) 기본권적 자유의 핵심내용(실체)은 입법자에 의해서 헌법상 인정된 제약 또는 침해의 가능성에 대항하는 것을 여전히 전제로 한다. 이것은 개개인의 자유란 법적으로 본다면 원칙적으로 무제한하며, 국가가 침해하는 권능은 이에 반하여 원칙적으로 한정된

---

15) Carl Schmitt (Fn. 1), S. 167은 다음과 같다. 즉 「자유란 무엇인가를 결정할 수 있는 것은, 즉 궁극적으로는 자유로울 수 있는 자뿐이다. 모든 인간적인 경험에 의하면 그 이상의 자유를 곧 마감할 것이다」. 나아가 Hans Hugo Klein (Fn. 13), S. 165 f.

16) BVerfGE 7, 198 (212).

17) Uwe Diederichsen-Peter Marburger, NJW 70, 777, 781; Alfred Dietel-Kurt Gintzel, Demonstrations-und Versammlungsfreiheit. Kommentar, Berlin 1968, S. 114.

18) Hans Hugo Klein (Fn. 13), S. 167, 168.

다는, 기본권이론상의 출발점의 직접적인 하나의 귀결이다. 「법률에 의한 모든 규범화, 관청에 의한 모든 간섭, 국가에 의한 모든 침해는 원칙적으로 한정되며, 예측가능하며, 예측가능하여야 하며, 국가에 의한 어떠한 규제도 규제하는 측에서 규제가능하여야 한다」.[19] 제약하는 법률 또는 보장의 유보를 충전하는 법률이 기본권에 그 정도와 내용을 설정할 수 있는 것이 아니라, 반대로 그러한 것으로서의 법률이 기본권인 자유보장으로부터 정도와 내용을 받아들여야 하는 것이다.

　　자유주의적·법치국가적인 기본권보장의 이러한 존재이유(ratio)는 바이마르 시대의 기본권논의에서 특히 카를 슈미트에 의해서 주장된 것이다.[20] 연방헌법재판소는 이러한 존재이유를 채택하였는데, 모든 기본권의 제한을 비례의 원칙(Verhältnismäßigkeitsprinzip)이라는 요청 아래 두었고, 이러한 존재이유에 새로운 중점을 두었다.[21] 이러한 비례의 원칙이 그 윤곽을 보존하고 기준 없는 형량(衡量)에 서로를 유입(流入)시키지 못한다면, 여기에는 존재이유의 새로운 교의학적인 형성이 있는 것이다.

　　이러한 의미에서의 기본권해석의 고전적인 예는 [1934년에 제정한] 모금법 (SammlungsG)에 관한 연방헌법재판소의 판결과 그것에 연결된 기본법 제2조 1항의 확대해석이다.[22] 단체의 명칭사용이나 규약에 적합한 활동에 규제적으로 개입하는 입법자의 권능에 대한 판결도 마찬가지이다.[23] 여기에서 재판소는 입법자의 개입 (Zugriff)에 대한 것으로서 단체의 자유를 시종 전제로 하여 다루며, 그러므로 입법자에 의한 규율에 대하여 공공복리(위험방어)의 객관적 근거를 구하며, 그러한 규율의 범위를 비례의 원칙에 엄격하게 결부시키고 있다. 기본권을 제한함에 있어서 행정관청에 의한 재량의 제약도 이와 관계가 있다.

　3) 어떤 기본권의 범위에 존재하는 전래적인 법적 제도들 내지 법적 시설들은 제도적 기본권이론(후술 2. 참조)의 경우는 별도로 하고, 기본권내용과의 직접적인 관련을 가지지 아니한다. 그러한 것들은 법적으로 정의되지 아니한 일반적인 기본권적 자유를 더욱 보호하고 측면 지원하기 위해서 존재하는 관련과 보충제도로서 나타날 뿐이다.[24]

---

19) Carl Schmitt, Grundrechte und Grundpflichten, 1932; ders., Verfassungsrechtliche Aufsätze, Berlin 1958, S. 208, 209. 정태호역, 기본권과 기본의무, 『동아법학』 제36호(2005).

20) Verfassungslehre, Berlin 1928, S. 175-177; ders., (Fn. 19), S. 208-210.

21) BVerfGE 7, 377 (405 f.); BVerfGE 10, 89 (117); BVerfGE 15, 226 (234); 18, 52 (62); 20, 150 (155); 또한 현재의 판례. Peter Lerche, Übermaß und Verfassungsrecht, Berlin 1961; Konrad Hesse, (Fn. 9), S. 132 ff.도 보라.

22) BVerfGE 20, 150 (155 ff.).

23) BVerfGE 30, 227 (241 ff.).

24) Carl Schmitt, Grundrechte und Grundpflichten (Fn. 19), S. 210. Anm. 77; Werner Weber (Fn. 8), S. 61 f.

그러한 것들의 기능은 한편으로는 기본권을 제한함에 있어서 입법자에 대한 구속이며, 그것은 이러한 제한을 하는 입법자가 예컨대 가택수색이나 압수와 같이 요건·형식·절차· 법적 효과에 대해서 상세하게 규율되고 형성된 「제도물」로 지시되고 일괄수권(一括授權)의 길이 막혀 있다는 방식으로 작용한다. 다른 한편, 그러한 것들은 자유를 확장하는 기능을 가지고 있으며, 그것은 기본권의 자유보호가 자유보장과 연관적인 관계에 있는 이러한 「제도물」에도 미친다는 방식으로 작용한다. 이것은 특히 출판의 자유의 경우에 그 보호작용이 뉴스의 수집, 광고의 반포, 출판영업의 허가와 인가로부터의 자유도 포함하게 된다는 것이 분명해진다.25)

4) 국가에게는 기본권적 자유의 현실화를 위한 어떠한 보장의무도 없다. 법적으로 보장된 자유의 사실상의 현실화는 여전히 개인과 사회의 이니시아티브에 맡겨져 있다. 이것은 기본권의 방어적 내지 경계설정적 성격, 즉 기본권이란 개인과 사회의 자유의 영역을 국가에 의한 방해를 법적으로 규정해버리는 것으로부터 보호하고, 그 영역을 전국가적인 것으로서 향유한다는 데에서 나오는 이론적 귀결이며, 현실화하는 권한은 개개인과 사회 자체에 있는 것이다.

따라서 출판의 자유의 보장은 출판의 다양성이 실제로 존재하도록 배려해야할 국가의 의무를 의미하는 것은 아니다. 기본법 제7조 4항의 사립학교의 자유의 보장은 사립학교에 대한 재정원조(Finanzierung)를 의무지우는 것을 의미하지 않으며, 기본법 제12조 1항의 직업선택의 자유와 직업양성시설의 자유로운 선택은 개인의 취업요망의 정도에 따라서 충분한 직업양성의 수용능력을 보장하는 의무를 의미하지 아니한다.26)

(3) 이러한 점에서 자유주의적 기본권이론의 근본적 문제와 사회적 배경은 명백하게 된다. 즉 기본권적 자유가 실현하기 위한 사회적 전제들에 대해서, 비교적 「맹목적」이라는 것이다. 이러한 기본권이론의 출발점에는 기본권적 자유의 현실화가 가능한가의 여부는 현존하는 사회적 전제에 의존한다는 것이 아울러 고려되지 않고 있으며, 그 결과 이론 자체에 함께 반영되지 않고 있다. 개인은 자조 자립의, 즉 「제어된 생활공간」과 칸트(Kant)의 의미에서의 (시민적) 「자립성」27)을 자유롭게 처리하는 자로 간주된다. 이러한 전제

25) Werner Weber (Fn. 8), S. 61 f.를 보라.
26) 후자에 대해서는 한편으로는 Hans Peter Ipsen, Über das Grundgesetz - nach 25 Jahren: DÖV 74, 295, 다른 한편으로는 Helmut K. Ridder, in: Fortschritte des Verwaltungsrechts. Festschrift für Hans J. Wolff, München 1973, S. 340 Anm. 43의 연방헌법재판소의 대학입학정원 판결에 대한 비판적 논평을 보라.
27) 「제어된 생활공간」과 그 해체에 대해서는 Ernst Forsthoff, in: ders. (Hrsg.), Rechtsstaatlichkeit und Sozialstaatlichkeit, Darmstadt 1968, S. 145 ff. 「자립성」에 대해서는 Ernst-Wolfgang

아래서는 자유를 현실화할 가능성의 법적 확보를 위해서는 국가에 의한 침해에 대한 방어와 경계설정으로 충분하다. 즉 기본권이란 사회적으로 이미 존재하거나, 또는 스스로 형성하는 현실의 자유를 현재 있는 그대로 보호하는 것을 보장한다.[28] 그러나 이것은 다양한 사회적 의존에 있는 20세기의 「상황 인간」(homme situé)에 대해서도 여전히 충분할 것인가? 그리하여 경계가 설정된 자유주의적 기본권의 자유보장의 바로 그러한 귀결로서 형성된, 즉 개개인의 기본권의 담당자에 의해서 자유의 현실화가 상이한 것의 귀결로서 형성된, 또한 그 때문에 다른 많은 개인에 대해서는 기본권적 자유의 현실화의 가능성을 의문시할 수 있는, 그러한 **사회적** 권력 내지 권력형성에 대하여 국가에 의한 자유보전이라는 것은 어떠한 것일까?

2. 제도적 기본권이론

(1) 기본권은 여기서는 개개인이 법적으로 보아 주관적인 임의(任意)로 처리할 수는 없다. 기본권은 개인과 사회의 자유의 영역을 보전하기 위한 국가관계적인 개인의 방어권이라는 성격을 우선적으로 갖지 아니하며, 생활영역을 보호하는 객관적 질서원리라는 성격을 가진다. 기본권은 제도적 성질을 가진 규범적 규율 중에서 전개하고 실현하며, 그 규율은 기본권의 질서이념에 의해서 뒷받침되며, 또 그러한 것으로서 생활관계를 선명히 하며, 동시에 그 규율이 통용되는 생활관계의 소여의 현실(Sachgegebenheit)을 그 자신에 수용하며, 거기에 규범적 관련(Relevanz)을 부여한다.[29]

이러한 기본권관념은 이제 특별하게 지정된 제도적 보장(예컨대, 정규의 교과과목으로서의 종교교육) — (기본법 제7조 3항), 지방자치(기본법 제28조 1항), 직업공무원제도(기본법 제33조 5항) 내지 법제의 보장(예컨대, 혼인과 가족) — (기본법 제9조 1항), 소유권(기본법 제14조 1항)에 대해서 타당할 뿐만 아니라, 기본권에 일반적으로, 특히 자유권에도 타당하다.[30] 이것이 가능한 것은 객관적으로 현재 있는 것, 즉 질서이념과 실제의 현실에 의해서 적응하는 것과 마찬가지로 상세한 법적 형성물 중에서 스스로 전개하고 실현하는 객관적 소여의 「제도물」(Institut)이기 때문에, 법적인 자유 자체를 선언한다는 이해로부터만이다. 개인의 자유는 「제도적으로 보장된 생활관계, 즉 기본권의 제도적 측면과 이것을 풍부하게 만드는 규범복합체」를 필요로 하며, 그러한 것들이 개인의 자유에 「방향과 척도, 보전과 안전, 내용과 임무」를 부여한다.[31] 개인의 자유는 「제도인 자유로서

Böckenförde, Entstehung und Wandel des Rechtsstaatsbegriffs, in: Festschrift für Adolf Arndt, Frankfurt 1969, S. 56 f. 또한 Recht, Staat, Freiheit (1991), S. 143 ff. (본서 참조)를 보라.

28) 기본권이란 원칙적으로 이미 존재하는 현실적인 자유라는 재화를 보전하기 위해서만 규정되어야 한다는 것은 아마도 Hans-Peter Ipsen (Fn. 26), S. 295의 견해이다.

29) Peter Häberle (Fn. 11), S. 104 ff.; Heinhard Steiger, Institutionalisierung der Freiheit, in: Zur Theorie der Institution, Gütersloh 1970, S. 110 ff.

30) Rupert Scholz (Fn. 11), S. 236 f. 그것을 더욱 확대하여 입증한 것은 Peter Häberle (Fn. 11), S. 104.

나타나는」 것이며, 그 제도인 자유가 각 생활영역의 특성에 대응하면서 「이미 존재하고
형성되어 있는 것으로서 객체화되어」 개인의 자유에 대립한다.32)

　여기서는 사실 법적으로 정의되지 아니한 자유주의적 자유는 기본권의 내용으로서
이미 의미가 없는 것이다. 그것에 대신한 것이 「객체화된」, 즉 이미 규범적ㆍ제도적으로
형성되고 정서된 자유이다. 그리하여 기본권적 자유보장은 자유주의적인 기본권이론에
서보다도 원리적으로 다른 의미와 내용을 지니는 것이다.

　(2) 기본권해석에 대한 이러한 기본권이론의 법적인 귀결은 여러 가지 점에서 나타난다.

　1) 기본권의 보호범위를 법률로써 규범화하고 형성할 여지는 자유주의적ㆍ법치국가적
기본권이론에 의한 경우보다도 현저하게 넓게 열려져 있다. 기본권의 영역에서, 모든
법규범적인 규제와 같은 법률은 기본권적 자유에 대한 제한과 침해로 우선 간주되는
것이 아니라, 오히려 기본권적 자유를 가능하도록 실현하는 것으로 간주된다.33) 이것은
기본권의 내용(만)을 규정하고 형성하는 법률을, 기본권을 제약하는 법률과 구별하는
것을 인정하며, 이리하여 법치국가적 배분원리에서 나오는 입법자의 규율권한에 대한
엄격한 제한으로부터 해제되는 것을 인정한다.34) 내용을 규정하고 형성하는 법률은,
기본권이 제한유보를 결코 규정하지 않거나, 또는 제한유보에 상응하는 규정이 없는
곳에서도 이것을 규정할 수 있다. 이러한 법률이 행하는 행위자유에 대한 구속이나
제약은 그러한 것들이 이미 개념상으로는 제도적으로 현존하는 자유에 속하기 때문에
행위자유에 대한 「침해」라고는 말하지 아니한다.

　　그 실제적인 의미는 출판의 자유의 경우에 명백하게 된다. 고유하고 명시적으로
출판제도에 관한 법률이 어떻게 생각하더라도 결코 존재하지 않는 경우에 「일반법
률」이 기본법 제5조 2항에 의하여 출판의 자유를 제약할 수 있다는 것을 [이 입장은]
견지하기 때문에 출판의 내부적 자유나 프레스 저널리즘의 집중화의 문제를 법률적
으로 규율할 수 있는가의 여부는 은폐된 헌법에 의하여(de constitutione lata), 출판의
자유의 제도적 (또는 민주적ㆍ기능적 ― 후술 4. 참조) 이해에 그만큼 좌우되어 있는
것이다. 이러한 이해가 비로소 가능하게 되는 것은, 기본법 제5조 2항의 한정된
제한유보에 전혀 관계없는 그러한 규율을 출판의 자유라는 보다 상세한 내용규정으
로서 평가하는 것이다.35)

31) Peter Häberle (Fn. 11), S. 98.
32) Peter Häberle (Fn. 11), S. 99; 이에 대해서 비판적인 것은 Heinhard Steiger (Fn. 29), S. 111 f.
33) Peter Häberle (Fn. 11), S. 180 ff.를 보라.
34) 이에 상응하여 「침해와 제한의 사상」에 대해서는 논쟁적으로 정면 대결하는 것이 Peter Häberle (Fn. 11), S. 220 f.이다. 이것을 비판하는 것은 Ernst Friesenhahn, Die Pressefreiheit im Grundrechtssystem des GG, in: Recht und Rechtsleben in der sozialen Demokratie, Berlin 1969, S. 31 ff.; Hans Hugo Klein (Fn. 13), S. 161, 162.
35) 이 점에 관하여는 Werner Weber (Fn. 8), S. 53 f.; Peter Lerche, Verfassungsrechtliche Fragen der Pressekonzentration, Berlin 1972, S. 21 f.; Podromos Dagtoglou, Wesen und Grenzen der

2) 기본권적 자유는 자유주의적 기본권이론에서처럼 전적으로 자유만이 더 이상 필연적인 것은 아니다. 그것은 특정한 목표, 즉 자유보장의 제도적·객관적인 의미의 현실화로 향해진 자유이다.36) 자유의 범위와 자유의 보호는 자유행사의 성질과 목표의 방향에 따르는 한에서 별도로 다룰 수 있다. 어떤 「임무」가 법적 자유의 의미에 속할 때에는, 이 임무의 수행이 국가측에서도 당해 규율에 의하여 지원되거나 그 불이행이 국가에 의한 침해 또는 자유보호의 감축 내지 거부에 의하여 제재(制裁)를 받는 것만이 그 논리에 적합한 것이다.37)

그리하여 연방헌법재판소는 기본법 제9조 3항의 해석에서는 제도적 기본권이론에 계속 따르고 있는데,38) 임금협약단체에 대한 가입강제를 (소극적) 단결의 자유에 합치된다고 하면서 이렇게 판시하였다. 즉 입법자는 수공업자단체 자체에게 노동협약체결 능력을 부여한 것, 따라서 사용자단체로부터 무관계한 그대로라는 것은 동시에 조합구성원인 것을 포기한 경우에만 가능한 것이므로, 따라서 입법자는 이 강제를 행사하는 것이라고. 연방헌법재판소는 이 연결적 강제를, 수공업자는 수공업자 조합에 가입하여 얻어지는 기타 이익 때문에 오히려 나아가 행하는 것이며, 따라서 그 규율은 포괄적인 노동협약질서의 성립을 촉진한다는 명확한 이유를 첨부하여 합헌이라고 판시하였다.39) 유사한 수법으로 연방헌법재판소40)는 출판의 자유에서 동시에 보장되어 있는 「자유로운 출판이라는 제도」로부터는, 예컨대 관공서의 정보제공의무와 사적 정보제공자에 대한 신뢰관계의 보호(=증거제출거부권)와 같이, 출판에 소속된 자의 일정한 우선권을 도출한다. 이상의 두 경우에 한편으로는 자유의 확장과 다른 한편으로는 자유의 한정이 그때마다 제도적 자유를 위해서 선언된 것이다.41)

3) 제도적 자유보장의 목표는 본질적으로 현실의 질서·제도·형성된 법관계와 생활관계에 있어서의 자유의 구체적인 형성에 있기 때문에 그 자유의 보장은 외견상으로 대항(對

Pressefreiheit, Berlin 1963, S. 11 f.; Friesenhahn (Fn. 34), S. 35 f.를 보라.

36) BVerfGE 10, 118은 이러한 의미에서 출판의 자유를 「자유민주주의를 위한 여론의 담당자와 대표자를 보전하는 것인 출판의 제도적 보장」으로서 말한다.

37) Podromos Dagtoglou (Fn. 35), S. 11. 나아가 Peter Häberle (Fn. 11), S. 101 f. 이에 대해서 비판적인 것은 Heinhard Steiger (Fn. 29), S. 112 f.

38) BVerfGE 4, 96 (105 ff.); BVerfGE 18, 18 (26 f.); BVerfGE 20, 312 (318 f.)를 보라.

39) BVerfGE 20, 312 (318, 319). 이 판결이 의미하는 바는 어떤 행위의 프로그램化란 **좋은 제도 안에서**(*in favorem* institutionis)라면 언제나 허용된다는 것 이상도 이하도 아니다.

40) BVerfGE 20, 162 (176) ― 슈피겔 판결.

41) 이러한 자유의 제도화는 또한 개인의 (예컨대, 정보의) 자유는 사회적 세력들에게 완전히 손을 떼고, 이러한 집단 중 특권화 된 한 대변자집단 속에 폐기되는 것으로 인도할 수도 있다. 텔레비전 판결인 BVerfGE 12, 205 (261 ff.)를 보라. 이에 관하여는 Heinhard Steiger (Fn. 29), S. 101.

向)하지만, 그러나 본질적으로는 공속관계(共屬關係)에 있는 두 개의 경향을 불러일으킨
다. 그 하나의 경향은 현재 차지하고 있는 상태 내지 단순한 법률에 의해서 성립한
규율은 이것을 침해할 수 없다는 방향으로 나아가는 경향에 있다. 현재 차지하고 있는
상태 내지 단순법률에 의해서 성립하는 규율은 기본권에 대한 현상(現狀)의 할당이라는
데에 다시 존재하며, 본질에서 나오는, 내지 전적으로 본질필연적인「제도적 조형물」
또는 기본권의 현실화로 용이하게 간주되며, 그것을 초월하여 ── 총체적인 또는 이른바
핵심내용을 제한하여 ── 기본권의 고양된 존속력, 입법자의 침해불가능성을 나누어
가진다. 이것이 자유를 제도적 자유를 넘어서 특권에 이르는 길42) ── 그때그때의 현상
(Status quo)의 확보 ── 이다.

　　이에 관한 주요한 예는 학문의 자유를「독일 대학의 기본권」이라고 이해하는
제도적 해석이다.43) 이와 마찬가지로 절박한 것이 연방헌법재판소에 의한 단결의
자유의 제도적 이해이다. 그것에 의하면, 기본법 제9조 3항에서는 당초에는「근대
노동법의 의미에서의 노동협약 시스템」이 보장되었는데, 다음에는 이 노동협약
시스템에 불가결한 구성요소, 즉 자유롭게 결성하며 상대방으로부터 자유롭고 독립
적이며, 또한 기업을 초월하여 조직되어 있다는 노동법상의 협약능력 있는 단체에게
「불가결한 징표」인 그것으로서 보장되어 있다.44) 여기에서 생겨나는 흥미로운 결과
는 사용자 ── 또는 그것을 초월한 사용자단체 ── 가 이미 상대방으로부터 자유롭지
아니한 (동격적) 공동결정 형성이 기본법 제9조 3항의 제도적 보장내용을 위한
것으로서 지켜지고 있다는 것이다.45)

또 하나의 경향은 개별적인 기본권 담당자의 주관적인 자유를, 기본권에 관계된 제도적
인 구조질서, 법적으로 형성되는 생활질서 등등에 결합하는 방향으로 향하는 경향이다.
왜냐하면 그러한 것들은 제도적 자유의「내용」에 속하기 때문이다. 따라서 그러한 것들은
어떠한 기본권 보호도 자유제약적으로 대항하지 못하기 때문에 자유제약을 의미하지
아니한다. 이것은 자유의 제도적인 의미현실을 초월하여 자유를 의무로 하는 길이며,46)

---

42) Carl Schmitt, Freiheitsrechte (Fn. 1), S. 171. 나아가 Rupert Scholz (Fn. 11), S. 238 ff.; Heinhard
　　Steiger (Fn. 29), S. 113을 보라.

43) Arnold Köttgen, Das Grundrecht der deutschen Universität, 1958; Hans Hugo Klein,
　　«Demokratisierung» der Universität, Göttingen 1968; Werner Weber, Neue Aspekte der Freiheit
　　von Forschung und Lehre, in: Festschrift für W. Felgenträger, 1969, S. 225 ff.; Franz-Ludwig
　　Knemeyer, Lehrfreiheit, Frankfurt 1969. 이에 관하여는 또한 Bernhard Schlink, Das Grundgesetz
　　und die Wissenschaftsfreiheit: Der Staat 10 (1971), S. 252 ff.

44) BVerfGE 4, 96 (105-107). BVerfGE 20, 312 (318)에서는 물론 연결강제를 좋아하는 제도 안에서
　　가능하게 하기 위해서 협약체결능력 있는 단결의, 이와 같이 제도적으로「불가결한 징표」의 일부가
　　취소되고 있다. 주 39)의 판결문을 보라.

45) 이 문제에 대해서는 결국 Rupert Scholz, Qualifizierte Mitbestimmung unter dem GG: Der Staat
　　13 (1974), S. 105 ff.를 보라.

그 길은 자유를 제도적 자유를 초월한 특권으로 하는 길을 보충한다.

그러한 예로서는 당초에는 상술한 노동협약체결능력이 있는 사용자단체에 대한 가입강제가 보여 주었으며, 다음에는 「노동법상의 진정한(!) 단체에 불가결한」, 제도적으로 발전하여온 징표를 충족하는 단결에 대하여 강제적으로 결사의 자유를 제약하는 사례를 보여주는 것이다. 연방헌법재판소는 후자의 예에서 다음과 같이 이유를 달고 있다. 즉 「노동협약 시스템의 목적의 하나가 노동생활에 의미 있는(!) 질서이어야 한다면, 이러한 질서의 목적에서 나오는 노동협약체결의 한계는 필연적으로 단결의 자유의 틀 내에서도 유효하여야 한다」[47]라고.

3. 기본권의 가치이론

(1) 기본권의 가치이론은 오늘날에는 더 이상 항상 의식되고는 있지 않지만, 그 출발점은 루돌프 스멘트(Rudolf Smend)의 통합이론이다. 그 내용은 다음과 같이 특징지을 수 있다. 즉 사회적 실재(實在)에 있는 국가 자체가 부단한 통합과정으로서, 그것도 체험·문화·가치의 공동체(로 향한) 통합과정으로서 나타나듯이, 기본권은 기준을 부여하면서 이러한 과정을 구성하는 요소로서 나타나는 것이며, 국가출현의 요소 내지 수단이다.[48] 기본권은 공동체의 기본가치를 확정하고, 「가치 또는 재화의 시스템, 문화 시스템」을 규범화하는 것이며, 이러한 시스템에 의해서 개개인은 「실체적 지위」를 보유하며, 민족적(national) 속성을 지닌 국민(Volk)으로서, 또한 그러한 국민에 향해서 구체적으로(sachlich) 자신을 통합한다(통합이 당연하다고 한다).[49]

기본권은 그것으로부터 제도적 기본권이론과 아주 마찬가지로 일차적으로는 객관적 규범의 성격을 가지지만 주관적 청구권을 가지는 것은 아니다. 그러한 객관적 내실을 기본권은 국가공동체의 가치원리의 유출, 그리고 이 공동체가 자기 자신을 위하여 행하는 가치결정의 표출로서 받아들인다.[50] 이것은 기본권적 자유의 내용에서 나오는 결과이다. 기본권적 자유는 기본권에 표현된 가치실현을 위한 자유, 기본권에 의해서 총체적으로 세워진 가치질서의 틀 안에서의 자유이다. 즉 자유는 기본권이 헌법의 가치결정 중에서 나타나듯이, 가치적으로 이해된 국가 진체에 앞서서 존재하는 것이 아니라 처음부터 기본권에 포함된 것이다.[51]

46) Podromos Dagtoglou (Fn. 35), S. 12; Peter Häberle (Fn. 11), S. 101을 보라. 후자의 Anm. 214에서는 「제도에 부속하는 의무의 계기」에 관하여 말하고 있다.
47) BVerfGE 4, 96 (107, 108).
48) Rudolf Smend (Fn. 1), S. 189 ff., 264; Herbert Krüger, Staatslehre, 2. Aufl. Stuttgart 1966, S. 540 f.
49) Rudolf Smend (Fn. 1), S. 264, 265.
50) Rudolf Smend (Fn. 1), S. 265 f.; Herbert Krüger (Fn. 48), S. 542; 또한 Günter Dürig, in: Maunz-Dürig-Herzog, Grundgesetz, Rdn. 99 zu Art 1, Abs. 3도 참조.

(2) 기본권해석에 대한 법적 귀결은 제도적 기본권이론의 그것과 유사하다. 왜냐하면 이들 양자의 경우 기본권적 자유의 객관화와 내용상의 정서(整序)가 중요하기 때문이다. 왜냐하면 기본권의 가치적 성격과 가치관계는 약간의 보충적인 동기에 그 활약할 장소를 제공하는 것이다. 여기서는 이러한 동기만을 명확히 하기로 한다.

1) 기본권을 가치와 가치결정의 표현으로서 나타낸다면, 당연한 귀결로서 그 해석은 R. 스멘트가 요구하고 실시하고,[52] 포르스토프가 비판적으로 평가하였듯이,[53] 우선 순수하게 정신과학적인 탐구의 일이 되며, 전통적인 법학적 방법에서는 해방된다. 기본권 내용의 규정은 거기에 표현된 가치가 어떠한 의미를 매개하는가 하는 문제가 되며, 그 문제는 정신과학적·직관적으로만 도달할 수 있는 것으로 나타나며, 또한 이 가치를 그 기초에 있는 가치체계에 어떻게 삽입하는가 하는 문제로도 되며, 이 문제는 시대의 정신·문화적 가치의식과의 상관에 따라서만 탐지가능한 것이다. 기본권해석에 시대에 구속된, 경우에 따라서는 격변하는 가치관과 가치판단을 주입시키는 데 대해서는 따라서 ─ 의식적으로 ─ 그 문호는 개방되어 있다.[54]

이러한 논의에 대한 하나의 예시적인 경우를 스멘트 자신은 바이마르 헌법 제118조에서 말하는 「일반법률」의 제한에 대한 상세한 규정으로 제시하였다.[55] 즉 이러한 일반성을 「우위성에 대립된, 그 자체로서 원래 개인주의적으로 생각하여 기본권을 인정하였다는 공동체가치의 일반성」이라고 규정한다. 그러면 무엇이 이러한 공동체 가치인가 하는 더 나아간 판단기준은 제시되지 못하고, 「의견의 자유보다도 중요한 사회적 보호재(保護財)가 있는가」의 여부가 문제로 된다. 따라서 모든 것은 가치 내지 가치판단의 문제에 좌우되는데, 스멘트는 그 대답을 기본권에 의해서 「시대의 윤리적이며 문화적인 가치판단」에 맡긴다고 보며, 그 대답을 기본권에서 이끌어 낸다. 그리하여 기본권적 자유는 결과로서 그때그때의 우월한 ─ 그리고 20세기에는 경험상 급변하는 ─ 사회의 가치의식에 내맡겨지게 된다.[56] 법적으로 선재(先在)한 다는 성격은 탈락된다.

---

51) Ernst Forsthoff, Zur heutigen Situation einer Verfassungslehre, in: Epirrhosis, Bd. 1, Berlin 1968, S. 209 (헌법학의 오늘날 상황에 대해서, 김효전 편역, 『독일 기본권이론의 이해』, 2003); Ernst-Wolfgang Böckenförde, Das Grundrecht der Gewissensfreiheit: VVDStRL 29 (1970), S. 58.

52) Rudolf Smend (Fn. 1), S. 266; ders., Das Recht der freien Meinungsäußerung = ders., Staatsrechtliche Abhandlungen, Berlin 1955, S. 89 (96 ff., 103 ff.)(김승조 옮김, 의사표현의 자유권, 동인, 『국가와 사회』, 교육과학사, 1994, 159면 이하).

53) Ernst Forsthoff, Die Umbildung des Verfassungsgesetzes (Fn. 7), S. 147 ff.; ders., (Fn. 51), S. 209-212.

54) 이것은 정신면에서도 다원적인 사회에서는 새로운 실증주의, 즉 그때그때의 시세에 맞는 평가 (Tageswertung)의 실증주의로 간단히 돌아간다.

55) Rudolf Smend (Fn. 52), S. 96 ff. 인용문은 S. 97 u. 98.

56) Ernst Forsthoff (Fn. 51), S. 209는 이것을 적절하게 지적한다.

  2) 개별적인 기본권적 자유는 각 기본권의 가치관계에 의해서 특별한 방법으로 상대화
된다. 기본권의 가치관계로부터 자유가 정의되는데, 그것은 기본권에서, 또한 기본권을
통하여 표현되는 가치의 실현 내지 수행에 대한 관계 때문이다. 이것이 가치를 실현하는
자유행사와 가치를 손괴하는 자유행사와의 법적으로 중요한 구별을 가능하게 하고,
또한 그 구별을 정당화하는 것이다. 개별적인 자유는 이와 같이 상대화되며, 자유는
가치를 높이고 내리는 것(Auf-und Abwertung)의 논리에 종속하게 된다.[57] 개별적 자유는
나아가 한편으로는 가치의식에, 다른 한편으로는 국가라는 (가치) 공동체의 가치요건을
목표로 하는 보장유보에 종속되는 것이다. 왜냐하면 기본권은 국가라는 공동체의 기초에
있는 가치의 확정이며, 그리하여 국가는 자유행사의 단순한 내용에 의해서도 공격을
받으며 그 내용에 대해서 저항력이 없기 때문이다.[58]

      이 점은 광범위한 분야에 미친다. 예컨대 하멜(Hamel)은 회의론자나 허무주의자가
    신앙의 자유를 들고 나오는 것을 거부하는데, 그것은 신앙의 자유가「절대적 권력에
    대한 신봉을 위하여」있기 때문이라고 한다.[59] 같은 논리로 출판의 자유는 이러한
    기본권의 의사전달의 가치와 의견형성의 가치에 봉사하는 간행물에 이것을 한정할
    수 있다. 신앙의 자유는 최초부터 현존하는 가치질서의 틀 안에서만 보호되는 것으로
    볼 수 있다.[60] 양심의 자유는 이러한 틀 내에서 보호된다고 하면, 바로 그 보호를
    요구하지 아니하는 자를 보호하는 것이다. 왜냐하면, 그러한 자는 여하튼 지배적
    견해에는 일치하더라도, 그러나 양심의 자유가 무엇보다도 중요하게 되는, 문자
    그대로의 의미에서의 아웃사이더나 무종교자와는 일치하지 않기 때문이다. 그러면
    결국 자유가 보장되는 것이 아니라 가치를 지닌 자유만이 보장될 뿐이며, 이 가치를
    지닌 자유는 가치의 유무(Werthaftigkeit)에 대하여 국가가 지닌 정의권능(定義權能)
    으로써 보장되는 것이다.

  (3) 기본권의 가치해석의 매력 —— 연방헌법재판소에서는 항상 말하는 방식(façon
de parler)인데 —— 은 그 논리적 출발점과는 별도로 나오는 것은, 이러한 해석이 가치질서
내지 가치체계에 대해서 가능한 의존을 함으로써 기본권의 충돌이라는 문제나 복수
기본권의 연동(Ineinandergreifen)이라는 문제의 실제적인 해결방법을 기본권의 제한을

---

57) 이 점에 대해서는 Carl Schmitt, Die Tyrannei der Werte, in: Säkularisation und Utopie. Ebracher
    Studien, Stuttgart 1967, S. 37 ff., insb., S. 57 ff. (가치의 전제, 김효전 옮김,『헌법과 정치』, 산지니,
    2020, 727면 이하. 특히 733면 이하)를 보라.
58) Herbert Krüger (Fn. 48), S. 546, 547.
59) Walter Hamel, Glaubens- und Bekenntnisfreiheit, in: Die Grundrechte, Bd. 4, 1, Berlin 1960,
    S. 64; 이에 대하여 Adalbert Podlech, Der Gewissensbegriff im Rechtsstaat: AöR 88 (1963), S.
    185 ff.
60) 그와 같이 명백히 서술한 것은 BVerfGE 12, 1(4).

포함하여 제공한다고 생각하는 점에 있다. 진실은 그럼에도 불구하고, 이것이 그와 같은 해결책을 제공하지 못하고 있다. 왜냐하면 지금까지 가치라든지 가치질서에 대한 합리적인 근거부여도 가치의 서열규정을 위한, 또한 그 위에 구축되는 가치형량의 인식가능하고 토론가능한 우선 시스템도 명백하지 않기 때문이다.61) 가치적 사고의 논리는 오히려 그때그때의 상위의 가치가 모든 열등한 가치에 대해서 무조건 관철하고, 현존하는 저초관계(底礎關係)를 경시하는 데에로 나아간다.62)

가치질서 내지 가치형량을 불러내는 것은, 따라서 그것이 근거지움으로서 형성되는 그러한 것은 결코 아니다. 오히려 그것은 당해 충돌이나 형량에 대해서 내리는 결정이 그럼으로써 합리적인 모습을 지니며, 실제적인 근거지움을 배제하고 있음을 은폐하는 것이다.63) 실제적으로 본다면 그것은 법적 내지 해석상의 결정주의를 위한 하나의 은폐형태이다.

4. 민주적·기능적 기본권이론

(1) 민주적·기능적 기본권이론의 출발점은 기본권을 그 공적이며 정치적인 기능에서 이해하는 것이다. 이 경우에 의견의 자유, 출판의 자유, 집회·결사의 자유와 같은 민주주의에 관계되는 기본권이 전면에 나타난다. 그러나 그 이론적 접점은 그 영향범위에서 이러한 기본권을 초월하는 것이다. 기본권은 민주적인, 즉 아래로부터 위로 나아가는 국가생성 —— 여기에 통합이론과의 공통점이 있다 —— 의 자유로운 과정과 정치적 의사형성의 민주적 과정을 구성하는 요소로서 그 의미와 정치적 의미를 지니는 것이다. 기본권적 자유영역의 보장은 무엇보다도 먼저 이러한 과정을 가능하게 하고 보호하기 위한 것이다. 「기본권은 그것을 자유롭게 다루기 위하여 국민에게 부여된 것이 아니라 공동체의 구성원으로서의 속성에서, 그리고 그 때문에 공적 이익에서도 역시 부여되고 있다」.64)

기본권이란 제1차적으로 개인의 국가로부터의 자유로운 또는 전 국가적인 분야를 확보해야 한다는 사상은, 이러한 고찰방법으로부터는 실행불가능하며, 비정치적이며 (a-politisch) 오히려 부르주아적인 사상의 표현으로 간주된다.65) 민주주의를 만들어내는 공적인 과제와 기능은 그 핵심에 있어서 개별적인 기본권보유자가 공적인 사항과 정치과정에 자유롭게 관여하기 위한 기능상 및 권한상의 근거규정이며, 기본권보유자와

---

61) 이 점에 관하여 상세한 것은 Adalbert Podlech, Wertungen und Werte im Recht: AöR 95 (1970), S. 185 ff., insb., S. 201 ff. 나아가 이제는 Helmut Goerlich, Wertordnung und Grundgesetz, Baden-Baden 1973, S. 131 ff.
62) Carl Schmitt (Fn. 57), S. 57 ff. (역서 157면 이하).
63) Helmut Goerlich (Fn. 61), S. 140 ff. 괴를리히는 정당하게도 헌법해석의 공백지대인 「기본법의 가치질서」에 관하여 말하고 있다.
64) BVerwGE 14, 21 (25); 나아가 Herbert Krüger (Fn. 48), S. 542와 아울러 Hans Hugo Klein (Fn. 11), S. 27 ff.를 보라.
65) Rudolf Smend, Bürger und Bourgeois im deutschen Staatsrecht = ders., Staatsrechtliche Abhandlungen, Berlin 1955, S. 313, 314 (본서 801, 802면).

국가 간의 경계설정이나 권한**배분**의 규범은 아닌 것이다.[66]

(2) 이러한 기본권이론의 기본권해석에 대한 영향은 매우 광범하게 미친다.

1) 개별적인 기본권의 자유는 제도적 기본권관과 기본권의 가치이론에서처럼, 자유 일반이 아니라 「목적을 위한 자유」(Freiheit um zu)이다. 그러한 (자유와 목적의) 일체(一體) 나 객관화는 물론 본질적으로 더 강렬해진다. 왜냐하면 기준이 되는 관련점, 즉 기본권보장 의 주체가 이를 변경하며, 그 주체로부터 기본권보장의 내용이 규정되기 때문이다. 제도적 기본권이론에서는, 또한 비록 그 정도는 약할지라도 기본권의 가치이론에서는 자유가 제도적으로 구속된, 내지는 가치관계적으로 목적화 된 자유라고 하더라도 역시 자유이기 때문에 여기서는 민주적인 정치과정이 있는 것이 된다. 자유보장은 이러한 과정의 현실과 보전을 위한 수단이 된다.[67] 따라서 그것은 본래의 의미에서 기능화된다. 즉 추구되고 전제된 자유사용의 작용과 결과는 자유의 내용에 대한 핵심점이 된다.[68] 자유의 내용과 사정거리는 그것이 수행하는 기능에 따라서 규정된다.

거기에서 나오는 귀결에는 정도의 차이가 있다. 예컨대 출판의 자유는 그 객체에서 정치적 의미에서의 의견을 형성하는 출판에 한정되며, 순수한 오락용 출판은 처음부 터 이러한 자유의 대상 밖에 있게 될 것이다.[69] 단순히 개별적인 것에 불과한 의견을 형성하는 출판이나 여론형성과정으로 향해진 의견표명이야말로 보다 광범위한 자유 영역을 부여할 수 있다.[70] 집회의 자유는 처음부터 공적 관심사(公的 關心事)에 수행하는 정치적 집회에 한정된다고 보거나[71] 또는 그러한 집회에 대해서는 다른 보다 확고한 행동범위를, 타인 등의 수인의무를 고려해 넣어 부여할 수 있다.[72] 그러니 일관된 것은 정치적·공적으로 동기지워지고 방향지워진 자유의 사용은 그것이 기본권의 본래의 목적을 수행하기 때문에 사적으로 방향지워진 자유의 사용 에 우선할 것이 요구된다는 것이다.[73] 따라서 「정치적·비정치적」, 「공적·사적」 간의 경계설정이 누구에 의해서 구체적으로 이루어져야 하는가, 또는 어떠한 기준으

---

66) Rudolf Smend (Fn. 65), S. 319 Anm. 15는 이 점에 대응하여 기본권을 독일공민의 「인격적이며 정치적인 사명권」(Berufsrecht)이라고 본다. 나아가 Herbert Krüger (Fn. 48), S. 542 f.를 보라.

67) 가장 분명하게 일관된 것은 Helmut K. Ridder, Meinungsfreiheit, in: Die Grundrechte, Bd. 2, 2. Aufl. Berlin 1968, S. 249 ff., 262 ff.

68) 이 점에 관하여는 Hans Hugo Klein (Fn. 13), S. 164-166의 비판을 보라.

69) Konrad Hesse (Fn. 9), S. 160.

70) BVerfGE 7, 198 (212); BVerfGE 20, 162 (176); Ulrich Scheuner, Pressefreiheit: VVDStRL 22 (1964), S. 79 ff., 99.

71) Hermann v. Mangoldt-Klein, Das Bonner Grundgesetz, Bd. 1, Anm. Ⅲ, 2 zu Art. 8 (S. 304) im Anschluß an Rudolf Werner Füsslein, Vereins-und Versammlungsfreiheit, in: Die Grundrechte, Bd. 2, Berlin 1954, S. 443 f.

72) Hans Hugo Klein (Fn. 13), S. 163, 164의 Anm. 99-101에 열거된 판결의 예시들과 아울러 Uwe Diederichsen-Peter Marburger, NJW 70, 777 (781) 참조.

73) 이러한 방향으로 기초를 둔 것은 BVerfGE 7, 198 (212)인데, 이 판결로부터 사법에 대한 광범위한 영향이 나왔다.

로 그것이 행해져야 하는가 하는 문제가 결정적으로 된다. 정치적이라는 것은 경계설정이 가능한 대상은 아니기 때문에, 이러한 길은 정치적으로 동기지워진 결단주의로 이르는 데에는 멀지 않은 것이다.

2) 기본권적 자유의 내용이나 정도와 아울러 그 자발성, 즉 자유의 사용을 「할 것인가의 여부」에 대한 결정의 자유도 상대화된다. 왜냐하면 자유의 기능적 근거는 자유가 여기서 부여되듯이, 자유를 권한으로 하기 때문이다. 자유는 정치적으로 불가결한 공적 기능을 가능케 하고 보전하기 위하여 법적 중요성에서 보장된 것이기 때문에, 그 행사는 (이미) 자유의 담당자의 주관적 임의에 있는 것이 아니라 하나의 직무가 되며, 의무로도 된다.74) 따라서 확실히 어떤 지점, 즉 그 지점에서 본다면, 단순한 「적극적」 자유의 보장과 자유의 지양(止揚) ― 이 양자는 사회주의적·공산주의적 기본권에 연결되는 점이다75) ― 간의 원리적인 차이는 법적으로 확보된 선택의 자유로서는 이미 존재하지 않는다는 지점에 도달한다.

기본권해석에 대해서 이러한 이론이 가져오는 완전한 귀결은 지금까지 나오지 않았지만, 그 전단계의 형태나 중간형태(Vor-und Zwischenform)는 존재한다. 그 전단계의 형태란 공적·정치적 기능이라는 의미에서의 자유의 사용이 동시에 타자에게로 향해진 자유의 사용의 배척을 의미한다는 특권의 창출이다.76) 중간형태란 크뤼거(H. Krüger)에 의해서 대표되는 것으로,77) 그는 기본권을 사용할 것인가의 여부를 결정하는 기본권보유자의 법적인 결정의 자유는 과연 국가 내지 국가에 의한 제재와의 관계에서 확실한 것이 되는가, 그러나 사회의 영역에 있어서의 이러한 결정의 자유는 「실질적 공표」 (materielle Veröffentlichung)에 종속되고 있으며, 사회는 기본권은 사용되어야 한다는 「그 독자적인 질서수단과 위하수단(威嚇手段)에 의해서」 자기의 의견을 고려하도록 노력한다는 것이다. 여기서는 당연히 이러한 종류의 법적으로 자유롭게 존재하는 사회적 압력이 어느 정도로 법적 강제와 유사하지 않거나 또는 고귀하지 아니한가라고 물을 수 있는 것이다. 척도는 유동적이다.…

5. 사회국가적 기본권이론

---

74) 이에 관하여 예시적인 것은 Herbert Krüger (Fn. 48), S. 538 u. 542.

75) Ernst-Wolfgang Böckenförde, Die Rechtsauffasung im kommunistischen Staat, 2. Aufl. München 1968, S. 43 ff. m. w. Nachw.

76) 이 점에 관하여는 주 70)에 적은 전거와 Hans Hugo Klein (Fn. 13), S. 162-164의 예시들을 보라. 그러한 한에서는 아른트(A. Arndt)가 BVerfGE 28, 295 사건의 절차에서, 소송대리인으로서 행한 발언은 그러한 징후를 나타내고 있다. 그는 기본법 제9조 3항은 하나의 정치적 요청(!)이기 때문에 단결에 가담하지 않는 개개인의 권능은 단결의 형성과 같은 방법으로는 보호되지 않는다고 한다(BVerfGE 28, 295 [299]).

77) Herbert Krüger, Staatslehre, 2. Aufl. Stuttgart 1966, S. 543. 거기에는 다음과 같은 인용문도 있다.

(1) 사회국가적 기본권이론의 출발점은 한편으로는 자유주의적 기본권이론과 그 위에 구축된 시민적 법치국가의 자유조직의 결과이며, 다른 한편으로는 개인의 자조자립이라는 지배적 생활공간을 실효적인 사회급부와 사회관련에 의해서 사회적 생활공간을 대체(代替)한다는 사회의 일반적 발전이 야기한 것이다.[78] 양자의 요소는 그 수가 증대하는 인간에 대해서는 법적인 자유보장의 현실화라는 사회적 전제를 넓히는 데에로 향하여 함께 작용하여 왔으나, 그 때문에 자기 자신이 인수하고 국가에 의해서가 아니라 사회적으로 심화되고, 서서히 공허한 형식이 되는 것이다.[79] 경계가 설정된 법적인 자유보장은 기본권적 자유를 현실의 자유로서 보전하기에도 충분하지 않다는 것을 드러낸다.

법적인 기본권적 자유와 현실의 그것과의 이러한 충돌을 사회국가적 기본권이론은 극복하려고 한다. 기본권은 이러한 이론에 대해서는 더욱 소극적으로 한정된 성격을 가질 뿐만 아니라 동시에 국가에 대한 사회적 급부청구권을 매개하는 것이다. 보장내용으로서 나타내는 것은 법적·추상적인 자유뿐만 아니라 현실적인 자유도 그러하다. 거기에는 두 가지의 것이 포함되어 있다. 하나는 개별적인 기본권에서 나오는 국가의 의무화이며, 이것은 기본권적 자유의 현실화에 대한 불가결한 사회적 전제를 창출하기 위하여, 자유를 헌법상의 현실로 전환하기 위한 어떤 종류의 보증과 같은 것이라는 것,[80] 또 다른 하나는 그러한 국가의 급부 또는 기본권적 자유의 현실화에 봉사하는, 국가적 내지 국가에 의해서 창출된 제도에의 참가(Teilhabe)를 요구하는 기본권적 청구권을 매개하는 것이다. 나머지의 기본권적 자유의 이해에 대해서는 사회국가적 기본권이론은 확정하지 않고 있다. 따라서 그것은 자유주의적 기본권이론이나 제도적 기본권이론 또는 기본권의 가치이론에도 연결될 수 있으며, 이러한 이론을 사회국가적으로 발전시키고 개조하는 것이다.

이러한 기본권관의 사정범위(射程範圍)를 명확히 하는 약간의 예시는 다음과 같다. 즉 출판의 자유는 사회국가적으로 이해하면, 출판사업체의 다양성을 위한 경제적 전제확보를 국가에게 의무지우는 것이며, 종교행사의 자유(기본법 제4조 2항)는 종교

---

78) 시민적·법적인 자유보장의 사회적 결과에 관하여 기본적으로는 Lorenz von Stein, Geschichte der sozialen Bewegung in Frankreich von 1789 bis auf unsere Tage (Ausg. Salomon, Neudruck Darmstadt 1959, Bd. 1, S. 106 ff., Bd. 2, S. 15 ff., 57 ff. 나아가 Ernst-Wolfgang Böckenförde, Rechtsfragen der Gegenwart. Festgabe für Hefermehl, Stuttgart 1972, S. 23-25; Recht, Staat, Freiheit (1991), S. 209 ff. (231 f.)를 보라. 지배적 생활공간으로부터 사회적 생활공간에로의 이행에 관하여는 Dieter Suhr, Rechtsstaatlichkeit und Sozialstaatlichkeit: Der Staat 9 (1970), S. 83-87을 보라.

79) Peter Häberle, Grundrechte im Leistungsstaat: VVDStRL 30 (1972), S. 69 ff., 135 (급부국가에 있어서의 기본권, 김효전 옮김, 『독일 헌법학의 원천』, 2018). 이에 비판적인 Wolfgang Martens, Grundrechte im Leistungsstaat, ebd., S. 28 ff.를 보라.

80) BVerwGE 27, 360 (362)에서 정식화하고 있다. 이에 찬성하는 것은 Peter Häberle (Fn. 79), S. 70 ff.

단체의 경제적 존립기반을 위하여 하는 국가의 보증의무(Einstehenmüssen)이며,[81) 기본법 제7조 4항의 사립학교의 자유란 국가의 광범위한 조성의무이며,[82) 단결의 자유는 노동조합을 위한 국가의 보호의무이며, 기본법 제12조 1항은 개인의 취업요 망의 정도에 충분한 직업양성의 능력을 창출하기 위하여 국가에게 의무를 부과하는 것이다.[83)

(2) 기본권해석에 대한 법적인 귀결은 지금까지 다루어온 기본권이론의 경우와 종류가 다르다. 그러나 그만큼 예리하지는 않다. 그것은 이 이론에서는 기본권의 현실화를 위하여 재정적 수단의 투입을 상대적으로 높은 정도에서 요구한다는 급부청구권도 기본권에서 도출하기 때문이다.

1) 기본권의 구체적 보장이 의거하는 것은 이용가능한 국가의 재정적 수단이다. 「경제적으로 불가능한 것」은 ——필연적으로—— 기본권의 (급부) 보증의 한계로서 나타난다.[84) 이것은 기본권상의 청구권은 과제로서는 무조건적이라는 것을 의미한다.

2) 궁핍한 재원(財源) 때문에 불가피한, 이용가능한 국가의 재정적인 수단의 투입과 분배에 관한 우선순위의 결정은 정치적인 재량문제로부터 기본권의 현실문제로, 그것도 기본권경합(基本權競合)과 기본권충돌(基本權衝突)의 문제가 되며, 이리하여 그것은 형식적인 기본권해석의 문제가 된다. 논리적으로 계속한다면, 이것을 다루는 관할은 의회 내지 재정권한의 보유자인 정부로부터 법원, 궁극적으로는 연방헌법재판소로 옮겨간다. 정치적 대립의 법률화는, 그것이 제3의 권력을 위하여 상대적으로는 높은 정도에서 행해지는 권한이행(權限移行)과 결부된다면 당연한 귀결일 것이다.

이러한 해석상의 문제성은 기본권이 사회국가적으로 해석되면, 기본권적 자유의 사회적 전제의 보장 **범위**에 대해서 아무런 척도도 기본권 자신에 포함되지 않기 때문에 더 한층 첨예하게 된다. 그러한 전제의 보장은 최저·중간·완전과 같은 척도만이 있는 것일까? 또한 기본권보유자와 본래의 급부의 관계는 어떻게 될 것인가? 마찬가지로 기본권 자체로부터는 법원에 대해서 그 배열(配列)이 불가피하게 되는 기본권의 (사회적) 등급의 높고 낮음이라는 체계도 끌어내지 않을 수 없는 것이다.

---

81) 이러한 방향에 있는 것은 예컨대, Wilhelm Kewenig, Das Grundgesetz und die staatliche Förderung der Religionsgemeinschaften: Essener Gespräche zum Thema Staat und Kirche, 6, Münster 1972, S. 24 f.

82) BVerfGE 27, 360.

83) 이러한 것에의 경향은 대학입학정원 판결에 있다. BVerfGE 33, 303 (331 f.).

84) Peter Häberle (Fn. 79), S. 139 (Leits. 39); Wolfgang Martens (Fn. 79), S. 30은, 급부청구권으로서의 기본권은 오직 「불완전한 법」(leges imperfectae)으로서만 파악될 수 있을 뿐이라는 것을 지적하고 있다. 또한 Hans-Peter Ipsen (Fn. 26), S. 295-297도 보라.

3) 법관이 법을 적용하는 과정에서 이러한 문제가 해결불가능하기 때문에, 따라서 기본법은 그러한 한에서는 헌법위탁(憲法委託)에까지 환원되는 것이다. 기본권은 입법자나 집행권을 단지 객관적으로, 기본권규범으로서 구속할 뿐이며, 극단적인 남용으로서의 부작위(不作爲)를 방어하는 이외에는 결코 직접적으로 소추가능한 청구권의 근거가 되지는 아니한다. 이러한 귀결은 회피할 수 없는 것이다.85) 연방헌법재판소는 비록 가벼운 마음은 아니었지만, 대학입학정원 판결에서 이것을 채택하였는데,86) 해벌레(Häberle)는 그러한 한에서는 시종일관 단순한 「기준을 부여하는 기본권」에 대해서 말하고 있다.87)

직접적인 참여권은, 예컨대 대학과 같은 기존의 국가시설에의 접근 내지 거기에서의 협동권이 중요한 경우에만 존재할 수 있다. 여기에서도 물론 연방헌법재판소의 대학 판결이 판시하였듯이,88) 참여권의 정도를 어떻게 규정할 것인가. 그 할당은 어느 정도인가 하는 특별한 문제를 떠오르게 한다.

(3) 결론으로서 명백한 것은 사회국가적 기본권이론에 의해서 기도된 기본권적 청구권의 확대와 강화는, 동시에 청구권의 **저하**(低下)를 결과한다는 점이다. 기본권은 그 사회적 차원에서는 단순한 헌법위탁으로 감축된다. 그리하여 생기하는 그러한 감축이 일단 승인되면 어느 정도까지 기본권의 사회적 (급부) 차원에 한정되어 확보될 것인가 이며, 그렇지 않으면 바로 기본권이 그 내용 전체에서 파악된다는 문제이다. 이렇게 되면 효과적인 기본권 적용의 종말이 될 것이다.

III.

여러 가지의 기본권이론과 그들의 기본권해석에 대한 영향에 관하여 이상과 같이 개관해 보면, 처음에 설정한 문제가 매우 중요한 것을 알 수 있다. 즉 그 문제란 기본권해석의 연결점 내지 접속점인 기본권이론은 기본법의 헌법질서의 틀 내에서 자유롭게 선택할 수 있는 것인지, 또는 여기서 기본법 자신이 미리 결정을 내렸는가 하는 것이다.

---

85) 이것은 근본적으로 그 실현으로 향해진 사회국가의 과제가 입법자의 개입(legislatoris interpositio)을 필요로 하는데, 그러한 과제가 헌법상 직접 효과 있는 것이 아니라는 견해를 새로이 확인할 뿐이다. Werner Weber, Die verfassungsrechtlichen Grenzen sozialstaatlicher Forderungen=ders., Spannungen und Kräfte im westdeutschen Verfassungssystem, 3. Aufl. Berlin 1970, S. 276 ff.; Theodor Thomandl, Der Einbau sozialer Grundrechte in das positive Recht, Tübingen 1967; Ulrich Scheuner, Die Funktion der Grundrechte im Sozialstaat: DÖV 71, 505 ff. 참조.
86) BVerfGE 33, 303 (332).
87) Peter Häberle (Fn. 79), S. 91 ff., 139 (Leits. 41).
88) BVerfGE 35, 79 (124 ff.)를 보라.

1. 헌법에 적합한 기본권이론의 문제

판결이나 일부의 학설은 명시적으로 논의하지는 않고 있으나, 여기에 제시된 문제에는 전자의 의미에서 대답하는 것으로 보인다. 연방헌법재판소는 Ⅱ에서 인용한 판결들에서 알 수 있듯이, 어느 경우에나 자주 바꾸면서 그 해석의 출발점으로서 여러 가지 기본권이론에 의거하고 있는데, 다만 그 변경에는 체계를 찾아볼 수가 없다.89) 그 절차는 장소에 따른 방법과 비교할만하다. 여러 가지의 기본권이론은 그때그때의 예단(豫斷, Vorverständnis)에 대해서「최량의」 결과를 구체적 사안에서 얻기 위해서 문제해결의 관점에서 선택적으로 사용된다. 학설에서는 다양한 기본권이론의 있는 것에 그때그때의 문제로서는 시종일관 따른다는 경향90)이 한층 크지만, 그러나 여기서도 ―― 개별적인 기본권규정에 각각 따르면서91) ―― 이론을 변경하거나 다양한 기본권이론을 결합시키거나 서로 보완하는 시도가 드물지 않음을 확인할 수 있다.92) 그 공통된 전제는 여기서도 표면상으로는 적지만, 그러나 현재 취한 생각, 즉 헌법에서 나오는 여러 가지의 기본권이론은 해석자에 대해서 원칙적으로 선택적으로 존재하며, 그러한 이론의 어느 것도 결코 배제되지 않으며, 따라서 기본권해석은 ―― 일반적으로 또는 케이스 바이 케이스로 ―― 하나 또는 다른 이론을 기초로 할 수 있다는 생각이다.

바로 이러한 전제야말로 비판적으로 의문을 제기할 만하다. 개별적인 기본권이론은 어떤 공통된 예단 또는 형성된 법률상의 규율에 의해서 매개된 법적 문맥을 기초로, 사안을 타당한 해결로 가지고 들어오는 단순한 해석의 관점 내지 문제해결책에는 환원하지 아니한다. 이것은 헌법상이 아니라 민사법상의 관련 내에서(Bezugsrahmen)라면 그렇게 생각할 수 있을 것이다. 기본권이론은 오히려 개인의 국가공동체에 대한 관계에 관한 특정한 국가관과 기본관념의 표현이며, 그 배후에는 그러한 이론이 개인과 사회의 국가에 대한 관계라는 기초적인 법적 질서를 의미하는 한, 헌법에 대한 특정한 이념이 존재하는 것이다. 이것은 특정한 기본권이론을 적용한다면 헌법변천으로까지 이를 수 있는 광범위한 귀결도 기본권해석이라고 명언(明言)한다. 기본권이론을 어떤 구체적인

---

89) 학설의 변경은 부분적으로는 동일한 기본권규정의 틀 안에서도 발견된다. 예컨대 기본법 제5조 1항은 출판의 자유에 관한 한은 대체로 민주적・기능적 내지 제도적으로 해석되며, 동시에 제5조 1항은 자유주의적・법치국가적 내지 사회국가적으로 해석된다. 제9조 1항은 법치국가적・자유주의적으로 해석되는데, 제9조 3항은 철저하게 제도적으로 해석된다. 이 점에 관하여는 본고의 Ⅱ에서 개별적인 기본권이론에서마다 다룬 판결들을 보라.

90) 그러한 경향은 예컨대, Ernst Forsthoff (Fn. 7), Peter Häberle, Friedrich Müller, Hans Hugo Klein (Fn. 11)이다.

91) 예컨대 Hans Hugo Klein은, 제5조 3항에 대해서는 제도적인 해석(Klein, Fn. 43을 보라)을, 제5조 1항에 대해서는 법치국가적・자유주의적 해석(Fn. 13을 보라)을 한다. Werner Weber의 경우에도 제5조 3항에 대해서는 대체로 제도적인 시각(Fn. 43을 보라)과, 제5조 1항에 대한 일관된 법치국가적・자유주의적인 시각(Fn. 8을 보라)이 결합되어 있다.

92) 예컨대 제5조 1항의 개인의 자유에 관한 Konrad Hesse (Fn. 9), S. 158을 보라. 일반적으로는 Christian Pestalozza, Kritische Bemerkungen zu Methoden und Prinzipien der Grundrechtsauslegung in der BRD: Der Staat 2 (1963), S. 425 ff. (433 ff.).

헌법의 기본권규정을 해석하기 위하여 선택적으로 이끌어낼 수 있는 해석의 단서라고 보는 것은, 따라서 정말로 이 구체적인 현행 헌법 자체가 그 기초에 있는 개인-국가공동체라는 관계의 특정한 이념을 전제로 하며, 그 이념을 규범적으로 표현하고 있다는 사실을 부인하는 것을 의미한다. 헌법은 어떤 형식적인 넣을 것(Gehäuse)으로 환원되며, 그 넣을 것은 해석이라는 문에 의해서 점차로 또는 동시에 이질적이기도 한 어떤 매우 다양한 질서관념에 들어가는 입구를 제공하며, 그러한 관념의 어느 하나에도 뒷받침되지 못한다.

　구체적 헌법, 특히 그것이 조직에 관한 규정에 한정되면, 이에 관한 질서관념을 인식시키지 못하거나 또는 그 질서관념을 마음대로 할 수 없다는 사실이 있을 수 있다.[93] 기본법과 같이 강화된 기본권부분이나 명문의 국가기구 규정을 가진 헌법에 대해서는 과연 이러한 것은 용이하게 받아들일 수 없으며, 여하튼 규정할 수 없다. 따라서 기본권해석이 주변을 벗어나 광범하게 변화되는 것을 다시 한정하기 위한 실용적인 이유에서뿐만 아니라, 기본법에 대한 헌법이론적인 이유에서 **헌법에 적합한 기본권이론**(die verfassungs-gemäße Grundrechtstheorie)인가의 문제가 제기되어야 한다. 헌법 내에서 인식가능하게 전제되었거나 또는 명백하게 인정된 기본권이론은 여기에 제시된 이론과 내용상 동일할 필요는 없다. 그러한 이론의 변형으로서, 즉 종래의 기본권 이론의 일부분을 수용하고 개조한 새로운 이론 또는 확실히 전부는 아니지만 그러나 대부분이 기본권이론으로서 동시에 인정되는 단순한 해석의 골격으로서 나타날 수 있는 것이다.

2. 기본법상의 기본권이론

　기본권부분의 규정들의 기초가 되며, 이러한 규정을 내용적으로 선명히 하는 기본법의 이러한 기본권이론을 탐구하는 것은 일견할 정도로 실익이 없는 것은 결코 아니다. 물론 문제는 여기의 틀 내에서는 충분히 전개될 수 없으며, 시사하는 것으로 그친다.

　(1) 기본권 부분의 규범상의 기본방향은 고전적인 자유권과 자유주의적 법치국가의 자유원리에로의 회귀이며, 이것은 나치스 시대의 근본적인 자유침해에 대한 반성이다. 이것은 [기본법의] 심의과정에서도 명백할 뿐만 아니라,[94] 기본권목록의 구상과 구체적 형성에도 나타나고 있었다.

　　개인의 자유권은 전국가적인 인권으로서 공포되고(제1조 1항), 그 보장은 국가행위

---

93) 예컨대 니더작센 헌법 또는 슐레스비히·홀슈타인의 란트 정관(定款, Landessatzung)이 그러하며, 그것들은 의식적으로 기본권 부분을 제외한 조직입법의 범위에 한정된다.

94) 이에 관하여 상세한 것은 Hermann von Mangoldt, Das Bonner Grundgesetz, Kommentar, 1953, Einleitung zum Grundrechtsabschnitt, S. 34 ff. 또한 기본권의 장에 관한 헌법제정의회의 총회에 대한 당해 보고도 참조. in: Schriftlicher Bericht zum Entwurf des Grundgesetzes für die Bundesrepublik Deutschland, 1949, S. 5.

의 특별한 목표로 선언된다. 모든 기본권은 직접 타당한 법이며, 특히 입법자도 구속하며(제1조 3항), 이러한 구속은 법원의 통제하에 있다(제93조 1항). 그 제약은 한정적으로만 가능하며, 또한 명문으로 허용되는 한에서만이다(제19조 1, 2항). 그러한 제약가능성의 범위는 면밀하게 단계적으로 되며, 각 개별 기본권마다로 구분되며 상이하게 확정된다.95) 항상 자유에 대해서 말하며, 모든 사람 내지 모든 독일인이 가지는 자유이며, 내용상 그 이상의 부가물이 첨가된 것은 없다. 기본법은 가치들이나 가치질서에 관하여 말하고 있으나, 심의과정에서는 아무런 말도 하지 않았으며, 마찬가지로 객관화된 어떤 제도로서의 자유에 관해서도 말하지 않았다.

이러한 내용 형성의 지도이념을 인식하는 것은 어렵지 않다. 그 이념은 배분원리에 입각한 법치국가적 자유보장의 수용(受容)과 수행(遂行)이며, 자유를 국가의 침해에 대한 것으로서 원리적·전제적으로 파악하며, 법의 차원에서는 특정된 가치로서가 아니라, 즉 객관화된 제도로서 또는 (민주적이거나 공적인) 목적을 위한 수단으로서가 아니라 자유 그 자체를 위하여, 바로 자유로서 보장한다.

(2) 기본법은, 그러나 이러한 데에 머무르지 아니하였다. [자유주의적 기본권이론이] 기본권적 자유를 현실화함에 있어서의 사회적 전제들에 대해서는 비교적 맹목적이라는 문제, 즉 자유주의적 기본권이론의 중심문제이며, 그 이론의 배후에 있는 자유주의적인 국가관의 중심문제를 기본법은 오히려 수용하였으며, 법치국가와 함께 정서된 구속적 헌법원리인 사회국가의 과제를 확정함으로써 적극적인 문제의 해결로 인도하였다.96)

그리하여 국가에서는 헌법에 의해서 기본권적 자유에 불가결한 사회적 전제들을 창출하고 확보할 책임이 부과되고 있다. 자유주의적인 기본권이론과 국가관에서 전제로 하였듯이, 개인 내지 사회의 자기 통제와 국가의 규제 및 지도력(Regulierungs-und Lenkungsmacht)의 관계는 이리하여 근본적으로 수정된다. 국가는「자유로운」사회의 유출물(流出物)에 개입하기 위해서 유지되며, 사회의 내부에서 끊임없이 새로이 생성하는 사회적 불평등을 계속적으로 상대하기 위해서, 나아가서는 그것을 넘어서 모든 사람에 대한 자유의 (사회적인) 기초인 사회의 발전과 사회의 복리를 (전체적으로) 조종(操縱)하기 위해서라도 유지되는 것이다.97) 이것은 물론 개개인의 자유와 자유로운 사회를 극복하기 위한 것이 아니라 이 양자를 그 경제적·사회적 소여와 발전경향에 비추어, 즉 개개인과 사회의 자유에 대한 유지 및 보장기능에서 사회적으로 기초를 마련하기 위한 것이다.98)

---

95) 헤렌힘제 초안이 예정하고 있었듯이, 공공의 안전, 도덕과 건강을 위한 일반유보는 명시적으로 거부되었다. Hermann von Mangoldt (Fn. 94), S. 36, 37 참조.

96) 법치국가의 원리와 사회국가의 원리간의 상위 또는 하위질서는 헌법상의 법적 논의에 근거한다면, 어떤 것이 한쪽의 방향에 있다고 단정할 수는 없다. 또한 Werner Weber (Fn. 85), S. 285 f.; Ernst-Wolfgang Böckenförde (Fn. 27), S. 69 f.도 보라.

97) 이 점에 관하여는 Rainer Wahl, Notwendigkeit und Grenzen einer längerfristigen Aufgabenplanung: Der Staat 11 (1972), S. 472 ff.가 **나의** 주장인 Rechtsfragen der Gegenwart, Festgabe für Hefermehl, 1972, S. 25 f.와의 비판적인 논점 중에서 계속한 것을 보라.

기본권보장에 대해서 이것은, 국가에게는 그러한 한에서 상응하는 규제 및 침해권능이 있다는 것을 의미한다. 사회국가의 임무란, 따라서 타자의 동등한 법적 자유뿐만 아니라 그 실현가능성과도 양립할 수 있음을 확보하면서, 거기에서 광범하게 기준과 한계를 설정하기 위한 법적 권원(權原)이라는 것이 명백해진다. 여기에는 자유주의적 법치국가의 기본권 이론의 무효화(Außerkraftsetzung)는 없으나, 아마도 그 사회적 구속이 ─ 그리고 동시에 명백한 수정이 있다. 개별적인 결과는 여기서 설명할 수 없다.

이에 대하여 개별 기본권으로서 자유권을 기본권적인 참여 및 급부청구권으로 확대하는 것은 사회국가적 임무에는 수용될 수 없다. 더구나 이와 같이 확장된 의미부여가 가져올 상술한 귀결 때문이다.99) 기본법의 목적은 분명히 효과가 기대되는 소구가능한 기본권보장에 있으며, 헌법위탁에 까지 환원되는 것은 아니다. 또한 기본법이 목적으로 하는 것은 마찬가지로 입법권과 사법권 간의 권한을 명확히 구별하고, 경계를 긋는 것이며, 기준설정적 기본권(Maßgabe-Grundrechte)을 현실화하는 배당이란 이름을 지닌 사법권의 특권은 아닌 것이다.

(3) 기본법이 그것을 확정하는 민주주의의 원리는 기본권이론을 변질시키거나 수정하는 것은 아니지만 다소의 영향은 미친다. 민주주의의 원리와 법치국가의 원리가 「자유민주적 기본질서」라는 체제 속에 들어간 결합은 민주주의와 법치국가적 자유가 부분적으로 상쇄되는 것이 아니라 상호 보완한다는 것, 바로 거기에 있는 것이다.100) 법치국가적으로 한정된 자유보장의 테두리 안에서 민주주의 원리는 물론 중요하다. 민주주의 원리는 헌법을 뒷받침하는 원리로서 자유의 기본권적 조작과 기본권적 확장을 내면에서 제약하는 것을 의미한다. 따라서 기본권적 자유의 확장과 힘의 확장으로부터 민주주의를 위협할 수 있는 현실적 위험에 봉착하는 것은 충분히 있을 수 있는 것이다.101)

---

98) Ernst-Wolfgang Böckenförde, Die verfassungstheoretische Unterscheidung von Staat und Gesellschaft als Bedingung der individuellen Freiheit, 1973, S. 37-39 (김효전역,『국가와 사회의 헌법이론적 구별』, 법문사, 1989, 56-59면). (본서 102-104면 참조)

99) 상술 Ⅱ, 5 (2) S. 140 ff. (본서 1060면 이하)를 보라.

100) BVerfGE 2, 1 (12 f.); BVerfGE 5, 85 (140 f.).

101) 비록 근거는 다르지만 같은 방향에 있는 것은 Ernst Friesenhahn (Fn. 34), S. 38. 이와 같은 취지는 Roman Herzog, in: Maunz-Dürig-Herzog, Rdnr, 185 ff. zu Art. 5.

헌법구조상의 사회적 기본권*

「사회적 기본권」이라는 테마와 관련해서는 두 가지의 문제, 즉 헌법상의 권리로서의 사회적 기본권의 이념의 문제와 이러한 이념을 민주적 법치국가의 헌법구조 속에서 법실무적으로 변환시키는 문제가 구별되어야 한다. 이러한 문제들은 최근의 헌법학적 논의와 정치학적 논의 속에서는 혼동되는 일이 자주 있었던 문제들이다.

I.

1. 헌법상의 권리로서의 사회적 기본권의 이념은 그것이 비록 법치국가와 사회국가와의 관계에 관한 논의와 구체적인 관련을 가지고 있기는 하지만 그런 논의보다도 더 오래된 것이다. 이른바 자코뱅 헌법이라고 불리는 1793년의 프랑스 헌법* 속에 이미 사회적 기본권의 출발점이 들어 있었는데, 그 헌법은 제21조에서 「사회는 불행한 시민에게 생활수단을 제공하며, 또한 노동할 수 없는 사람들의 생활수단을 확보함으로써 그 생계(生計)를 책임진다」[1]라고 규정하고 있다. 초기의 사회주의운동에 있어서 사회적 보호권(社會的 保護權)과 사회적 급부권(社會的 給付權)은 노동자계급을 위하여 노동자의 인간의 권리로서 요구되었고, 나중에 그 일부가 사회주의 정당의 강령, 특히 독일사회민주당의 고타 강령과 에르푸르트 강령(Gothaer und Erfurter Programm)* 속에 등장하게 되었다.[2] 그것들은 산업화과정의 특징으로서, 그리고 시민사회의 자유주의적인 질서형

* Ernst-Wolfgang Böckenförde, Soziale Grundrechte im Verfassungsgefüge, in: Soziale Grundrechte. Von der bürgerlichen zur sozialen Rechtsordnung (5. Rechtspolitischer Kongreß der SPD 1980, Dokumentation Teil 2). Hrsg. von Ernst-Wolfgang Böckenförde, Jürgen Jekewitz, Thilo Ramm, Heidelberg 1981, S. 7-16. jetzt in: ders., Staat, Verfassung Demokratie, 1991, S. 146-158.

1) 원문은 Günter Franz (Hrsg.), Staatsverfassungen, 3. Aufl. 1975, S. 376.

2) 이에 관하여는 Susanne Miller, "Soziale Grundrechte in der Tradition der deutschen

태에 의해서 발생한 노동자계급의 상황과 그 사회적 빈곤화에 대한 대답이었다. 계속되는 사회주의 운동 속에서, 특히 러시아의 볼셰비키 혁명에 있어서의 무산노동자(無產勞動者)의 기본권으로서의 사회적 기본권은 시민적 기본권에 대립되는 것이었다. 사회적 기본권은 내용적으로는 인간다운 생활을 하는 데 필요한 물질에 대한 사회적인 분배참여권(Anteilsrechte)이며, 그 자체로서는 소유를 가진 시민계급의 기본권으로서 등장하는 자유권적 기본권과 사적 소유권(私的 所有權)의 보장을 의식하여 그 대항으로서 제출된 것이다.3) 사회적 기본권은 1918년 1월의 전 러시아 소비에트 의회의 선언에서 최초로 총괄적인 목록의 형태로 등장하였으며, 그로부터 1918년 7월의 러시아 소비에트 공화국 헌법의 일부가 되었다. 하지만 사회적 기본권은 사회주의헌법이나 공산주의헌법의 독점물이 아니었고, 또 지금도 아니다. 비록 주로 입법에 위임된 형태일지라도 바이마르 헌법은 이미 노동의 권리(제163조 2항), 질병·사고·노령에 대한 배려(제161조), 그리고 건강한 주거(住居)에 대한 보호(제155조)에 관한 몇 가지 사회적 기본권을 포함하고 있으며, 1945년 이후의 독일의 란트 헌법들도 그런 점에 있어서는 바이마르 헌법을 본받고 있다.4)

2. 사회적 기본권의 실질적·체계적 논거는 시민적·자유주의적 법치국가에 있어서의 개인적 자유와 사회적 자유의 조직형태와 그것의 사회적 작용에 있다.5) 자유의 이러한 조직형태는 특별히 기본권 속에 규정되고 국가의 개입으로부터 보호되는 이른바 전국가적인 권리영역과 자유의 영역을 인정한다는 것이 그 특징이다. 이러한 권리와 자유의 영역의 핵심에 속하는 것으로는 사상의 자유, 종교의 자유 외에도 법적 평등, 일반적인 영리활동의 자유, 그리고 법적 소유권의 보장 등이 있다. 법적인 자유를 모든 사람에게 보증하고 절대적인 공동목적을 달성하기 위하여 자유에 대한 규제와 한계가 필요한 경우에, 그것은 국민의 위임에 의한 동의에 구속되어 있는 일반적인 법률의 형태로 이루어진다. 사회과정에 대한 국가의 의도적인 개입과 같은 일은 발생하지 않는다. 그 점에 있어서 국가와 사회는 「분리되어」 있는 것이다. 국가적으로 보증된 사회적 자유질서의 표현과 그 수단은 자유와 관련된 일반적인 법질서이다. 이러한 자유의 구조의 기초가 되어 있는 자유의 개념이란 자연적·전 국가적 자유라는 자유의 개념, 자율과 자치이다. 자유는 사회적인 조직의 결과로서 비로소 생기는 것이 아니라 사회적 조직에 앞서 있는 것이다. 이러한 자유의 개념 속에 전제되어 있는 것은 사회적 생활의 기초가 되고 사회적

Sozialdemokratie," in: Böckenförde/Jekewitz/Ramm (Hrsg.), Soziale Grundrechte. Von der bürgerlichen zur sozialen Rechtsordnung, 1981, S. 35 ff.

3) Carl Schmitt, Verfassungslehre, 5. Aufl. 1970, S. 160 f.

4) Klaus Lange, "Soziale Grundrechte in der deutschen Verfassungsentwicklung und in den derzeitigen Länderverfassungen," in: Böckenförde/Jekewitz/Ramm (Hrsg.), Soziale Grundrechte. Von der bürgerlichen zur sozialen Rechtsordnung (1981), S. 49 ff.

5) 자유의 이러한 조직형태에 관하여는 Ernst Forsthoff, Rechtsstaat im Wandel, 2. Aufl. 1976, S. 73 ff.; Ernst-Wolfgang Böckenförde, Recht, Staat, Freiheit (1991), S. 144 f. 및 ders., Staat, Verfassung, Demokratie, 1991, S. 266 ff. (본서 1091면 이하)를 보라.

생활을 가능하게 하는 것으로 이해되는 소유와 노동이다.

산업적·기술적 발달과 더불어 자유의 구조가 가지는 이러한 성질의 결과로 말미암아 사회 내부에 소유에 의해 규정되는 사회적인 길항작용(拮抗作用), 즉 사회적인 계급형성이 이루어지고 그 수가 끊임없이 증가하는 임금노동자들의 사회적 빈곤화가 등장하였다.6) 이러한 결과는 구조적 요인과 결부되어 다음과 같은 이유 때문에 발생한 것이다. 즉 법 앞의 평등이라는 토대 위에 서 있는 일반적인 영리활동의 자유는 인간의 자연적이고 경제적인 불평등을 상대적인 관점에서 고려하지 않고, 그러한 불평등이 극도로 심화되기까지 내버려두며 그러한 심화된 불평등의 결과는 사적 소유권의 보장이라는 제도를 통하여 개개인에게 있어서도 증대되며, 소유권의 내용을 이루고 있는 상속권을 통하여 대를 이어서 전해지고 고정화된다. 일반적이며 모든 사람에게 평등한 법적 자유의 작용으로 해서 필연적으로 불평등이 발생하고 사적 소유권의 보장에 의해서 그러한 사회적 불평등은 세대를 거듭하면서 사회적인 부자유로 고정되고 확대된다.7) 그 결과 법적인 자유의 보장은 그 자체 존속하면서도 점점 더 시민계급의 몫으로 되고 무엇보다도 임금노동자계급에게는 모든 것이 공허한 형식에 지나지 않게 되었다. 왜냐하면 임금노동자계급에게는 그러한 자유를 실현하기 위한 사회적인 (소유와 교양에 따르는) 전제조건들이 결여되어 있기 때문이다. 재산의 축적이라는 것이 사회의, 그리고 사회 내부의 새로운 권력구조로 형성되었다.

3. 이러한 것들이 정의(正義)라는 관점으로부터 사회적 기본권의 이념이 그 필요성과 정당성에 대한 인정을 획득하게 된, 그것도 실은 자유권적 기본권에 대한 단순한 반대원칙으로서가 아니라 자유의 보장이라는 원칙 자체로부터 획득하게 된 법적·사회적 상황이다.8) 만약 시민적·자유주의적인 자유의 구조 속에는 사회적인 생존의 토대로서의 소유와 노동이 암묵리에 전제되어 있다고 한다면, 그것은 이러한 자유의 구조의 귀결에 따라 저절로 자명해지는 것은 결코 아니다. 오히려 먼저 생성되고 보장되어야만 한다는 것은 명백하다. 법적인 자유가 실제적인 자유가 될 수 있자면 그 자유의 향유자가 사회적인 생활재에 대한 기본적인 분배를 받는 것이 요구된다. 실로 사회적인 생활재에 대한 이러한 분배 자체가 자유의 한 부분이다. 왜냐하면 그러한 분배는 자유의 실현에 있어서의 필수적인 전제 요소이기 때문이다. 사회적 기본권은 그 이념의 목표를 생활재에 대한 이러한 분배의 보장에 두고 있다. 노동의 권리, 주거의 권리, 교양을 쌓을 권리, 병이 들었을 경우 치료를 받을 권리 등등이 이러한 권리에 속한다. 그러한 권리들은 자유권적 권리들과 마찬가지로 국가에 대한 권리들이며, 국가는 이제 더 이상 자유권적 권리에서와 같은 간섭금지청구의 대상이 아니라 급부청구의 대상으로 된다. 국가적인 사회적 급부와

---

6) 체계적으로 전개한 최초의 것은 Lorenz von Stein, Geschichte der sozialen Bewegung in Frankreich von 1789 bis auf unsere Tage, Band 2, Ausg. Salomon 1921 (Neudruck 1959), S. 18-34, 55-98.

7) Ernst-Wolfgang Böckenförde (Fn. 5), S. 268 (본서 1092면).

8) 이에 관하여는 Lucius Wildhaber, "Soziale Grundrechte," in: Der Staat als Aufgabe. Gedächtnisschrift für Max Imboden, 1972, S. 371 ff.

보장을 통하여 자유는 실제적으로 가능하게 되고 확고하게 된다.

그렇게 볼 때 사회적 기본권의 이념은 시민적·자유주의적 법치국가의 자유보장에 반대되는 것이 아니라, 변화된 사회적 상태 내에서의 그것의 사물논리적(sachlogisch) 귀결인 것으로 보인다. 그리고 또 그 이념 속에서 중요한 것은 집단적인 생활형태를 위한 자유의 보장이지 자유의 초극(超克)이 아니다. 그것은 자유가 이제 더 이상 자급자족의 영역으로서의 사회적인 결속이나 권리관계에 선행(先行)해서가 아니라, 그러한 결속이나 권리관계 내에서 그 실효성을 가지고 또 유지된다는 것을 나타내는 것이다.9)

II.

지금까지의 고찰로써 사회적 기본권의 이념의 정당성, 법치국가적이고 자유관련적인 정당성은 결론이 났다. 이러한 사회적 기본권의 이념이 어떻게 해서 민주적·법치국가적 헌법의 구조에 맞게 변환되어 수용될 수 있는가 하는 질문이 있다. 이러한 생각은 기본권을 헌법 속에서 단순하게 자유권적 기본권과 병렬시키려고 하고 사회적 기본권에 자유권적 기본권과 동일한 효력을 부여하려 하며 그 구체화의 진전을 입법·행정·사법에 위임하려는 것임이 명백하다. 그러나 그러한 주장은 자유권적 기본권과 사회적 기본권으로서의 급부청구권 사이에 존재하는 구조적 차이점, 그 당연한 결과로 때때로 다른 종류의 법적인 보장과 확보를 도출해 내어야만 하는 차이점을 간과하는 것이다.10)

1. 자유권적 기본권은 국가행위에 구속을 부과하고 그 한계를 설정한다는 의미를 가지고 있다. 자유권적 기본권은 인간활동의 특정 영역, 예컨대 종교행위, 의견의 표현, 정보, 집회, 직업선택 등을 권리의 내용으로서 법질서의 보호 아래 두고 그것들에 대한 한계규정적인 국가의 개입을 완전히 박탈시키거나 아니면 개입을 특정한, 엄격하게 확립된 방침(예컨대 공공의 안전과 질서라는 부득이한 필요성과 같은) 안에서만 허용함으로써 국가행위에 대한 구속의 부과와 한계의 설정을 실행한다. 여기서는 자유는 먼저 존재하는 것이며, 법률적인 규정에 의해서 비로소 창설되는 것이 아니라 보호되고 (누릴 수 있도록 되고) 또는 한계 지워지는 것이다.

그러나 사회적 기본권의 경우에는 사정이 근본적으로 다르다. 사회적 기본권은 특정한 사회적 생활재(財)의 조달을 목표로 삼고 있기 때문에 법적으로 보장되어야 하고 개입으로부터 보호되어야 하는 어떤 선재물(先在物)과 결부되어 있는 것이 아니다. 오히려 이들 기본권들을 보장하기 위해서는 법적 보호의 부여에 앞서 먼저 능동적이고 적극적인 국가의

---

9) Dieter Suhr, Rechtsstaatlichkeit und Sozialstaatlichkeit: Der Staat 9 (1970), S. 85 f.

10) 이에 관하여 철저한 것은 연방헌법의 전면개정을 준비하기 위한 작업반의 최종보고서(der Schlußbericht der Arbeitsgruppe für die Vorbereitung einer Totalrevision der Bundesverfassung), Band 6, 1973, S. 191 ff. 및 전문가위원회의 보고서(der Bericht der Expertenkommission für die Vorbereitung einer Totalrevision der Bundesverfassung), 1977, S. 59 ff.

행위가 요구된다. 그것은 생활재에 대한 접근과 분배에의 참여를 제공하는 입법이나 행정의 조치 또는 그 양자의 조치를 필요로 한다.11) 이러한 조치에 의해서 급부의 종류와 방식, 범위와 수단이 결정되는데 이러한 조치가 있을 때에 비로소, 그리고 이러한 조치가 있는 한에서만 「이미 존재하는」 어떤 것이 보장되고 국가의 간섭으로부터 법적으로 보호될 수 있게 된다. 연방 헌법의 전면적인 개정을 준비하기 위한 스위스의 작업 그룹은 그 최종보고서에서 사회적 기본권의 현저한 특색은, 「사회적 기본권은 입법자의 활동과 전문법률에 의한 확정과 형성을 전제로 하고 있다. 예컨대 그것의 조건과 정도가 정해져야 하고 또한 재정적 뒷받침도 정해져야 한다」12)는 점에 있다고 하였는데 이는 적확한 표현이다.

2. 이러한 구조적 차이의 귀결로 자유권적 기본권은 그 자체로부터, 즉 헌법적인 차원에서 직접적으로 구체적인 권리청구라는 방법으로 실현될 수 있지만 사회적 기본권인 급부청구권은 그렇지 못하다. 자유권적 기본권에 있어서 이러한 가능성은 자유권적 기본권의 보호대상, 즉 특정한 사물의 영역이나 생활영역에 있어서의 자유의 향유는 이미 자체로부터 존재하는 것이고, 어느 정도는 자연적으로 이미 주어져 있으며, 처음에는 창설되어야만 하고 그 뒤에 즉각적으로 법적으로 보호될 수 있게 되는 것은 아니라는 점에서 나온다. 국가가 이와 같이 법적으로 보호된 자유의 영역에 대하여 범위나 한계를 설정하지 않는 한, 그것은 근본적으로 범위와 한계에 의해 한정되지 아니한다. 국가기관이 그 기관에게 자유로 맡겨진 스스로의 (정치적) 결단에 근거하여 이러한 식으로 행동하게 되면, 기본권적 보호청구권(왜냐하면 엄격하게 규정되는 소극적 한계가 문제이지 적극적인 위임행위의 수행이 문제가 되는 것은 아니므로)을 발생시키는 이러한 작용가능성과 간섭가능성의 한계는 자유권적 기본권의 대상과 문제 자체로부터 결정된다. 그러한 점은 개별적인 경우에는 중대한 해석상의 문제를 일으킬 수 있다. 그러나 법원은 그 점에 대해서 고려해야 했을 때 법원이 그것을 정치적으로 고유하게 형성시키거나 구체화시키기 위하여 해석상의 틀을 벗어날 필요는 없었다. 법원은 해석을 하는 도중에 자유권적 기본권보장의 내용을 이루게 되는 것에 스스로를 한정시킬 수 있고 또 한정시켜야만 한다.13)

이 모든 것들은 급부청구권인 사회적 기본권에 있어서는 마찬가지의 방식으로 이루어질 수 있는 것은 아니다. 그들 속에 내포되어 있는 급부청구권이라는 것은 그것으로부터 구체적인 권리청구를 해석이라는 방법을 통하여 획득하기에는 너무 일반적인 것이다. 주거권과 같은 것은 어떤 방법으로 실현될 수 있는가? 국가에 의해 건축되고 유지되는 주택을 건설하고 분배함으로써인가, 주택에 대한 국가의 가격통제를 통해서인가, 아니면 자유로운 주택시장의 틀 안에서 임대차 액수를 허가제로 함으로써인가, 그 뿐만 아니라

---

11) 같은 견해로는 Konrad Hesse, Bestand und Bedeutung der Grundrechte in der Bundesrepublik Deutschland: EuGRZ 1978, S. 434 (계희열역, 『헌법의 기초이론』, 박영사, 2001, 157면).

12) Schlußbericht (Fn. 10), S. 197.

13) 이에 관하여는 Ernst Friesenhahn, Der Wandel des Grundrechtsverständnisses, 1974, S. 29 ff.; Fritz Ossenbühl, NJW 76, S. 2100 (2105 ff.) 참조.

어느 정도로 소유권의 책임과 소유권의 행사는 접합되어야 하는가, 그리고 어떠한 주거의 크기, 예컨대 주거보조금이 적당한 것으로 적용되어야 하는가, 모든 사람에게 주택의 공급이 이루어져야 하는가, 아니면 소유한 것이 적은 국민에게만 주택의 공급이 이루어져야 하는가, 구체적이며 전제(前提)와 내용과 범위가 결정된 개별적인 청구권을 만들어내기 위해서는 먼저 이 모든 것들에 대해서 결단을 내려야만 한다. 나아가 사회적 기본권인 급부청구권의 실현에는 항상 비용이 많이 소요되기 때문에, 국가의 재정정책과 그 우선순위의 결정이라는 테두리 안에서 이들 기본권들이 실현되는데(이것은 구체적인 권리청구의 범위와 정도에 다시 작용한다), 재정적인 어떠한 수단이 마련될 수 있는가 하는 점이 고려되어야 한다. 이러한 모든 것들이 권력분절적(權力分節的, gewaltengliedernd)인 헌법질서에서는 먼저 민주적으로 합법성이 주어진 입법자에게 주어지는 임무이고, 다음으로는 행정에 주어지는 임무이며, 사회적 기본권을 공식화하고 있는 헌법조문의 해석이라는 방법 속에서 해결될 수 있는 것은 아니라는 점은 더 이상 증명할 필요가 없다.14) 따라서 사회적 기본권에 대한 소송을 제기할 수 있는 구체적인 권리청구에 대한 판결을 통하여 직접적으로 효력을 부여하는 것이 법관에게 위임되며, 법관은 어쩔 수 없이 입법자와 행정행위자의 역할을 동시에 떠맡아야만 하게 되고, 그 역할에 어느 정도까지는 편입되게 된다.15)

그로부터의 결론이란 법관을 또한 입법자로도 만들지는 못하는 민주적·법치국가적 헌법질서의 틀 속에서의 사회적 기본권들은 이미 그 자체로부터는 직접적이고 사법적(司法的)으로 추구할 수 있는 시민의 청구에 근거를 제공할 수 없다는 것이다. 사회적 기본권이 헌법이라는 토대 위에서 입법자에 의해 형성되기 전에는 아직 (시민을 위한) 직접적인 권리로 나타나지 아니한다는 점은 사회적 기본권의 고유한 속성에 속하는 것이다.16) 사회적 기본권은 직접 효력이 있는 것으로서 사회적 기본권 속에 포함되어 있는 위임을 실현시킬 의무를 가지고 있는 국가의 입법기관과 행정기관을 향하고 있다. 이러한 점들은 사회적 기본권을 기초로 삼아 입법자나 또는 계속적인 행정운용에 의해서 규정된 청구권이 생겨났을 때, 사회적 기본권이 이들 청구권을 헌법적으로 보강하고 시민에 대하여 청구권의 보상 없는 박탈에 대한 (그러나 하나의 변경이라든지 사회적인 형성의 위임과 결합될 수 있는 제한에 대해서는 아닌) 보호를 부여하는 것을 배제시키는 것은 아니다.17) 그 속에서 정치적·기획적·재정적인 형량(衡量)과 결정이 형성되고 폐기되는, 이미 이루어진 형성에 직면하여 사회적 기본권은 그것의 변경이나 폐지에 대한 일정한 기본적인 한계를 확립할 수 있다.

3. 사회적 기본권의 이념을 실현하려고 할 때 명문으로 정식화된 사회적 기본권에

14) Konrad Hesse (Fn. 11), S. 434 1.을 보라.
15) 참조. Jörg Paul Müller, Soziale Grundrechte in der Verfassung?: Zeitschrift für Schweizerisches Recht, Bd. 114 (1973), S. 687 ff. (853); 같은 방향에서 Lucius Wildhaber (Fn. 8), S. 389.
16) Schlußbericht (Fn. 10), S. 197; Konrad Hesse (Fn. 11), S. 434 1.
17) 같은 견해 Konrad Hesse (Fn. 11), S. 434.

의거하는 대신, 자유권적 기본권에 사회적이고 급부관련적인 측면을 아울러 인정함으로써 자유권적 기본권의 보호영역에 관련하여 자유권적 기본권의 자유권과 급부청구권을 동시에 내포하도록 하는 방법에 의하더라도 결과는 마찬가지이다.[18] 앞에서 지적한 구조상의 문제점은 동일하게 남고 효과의 범위가 넓어질 따름이다.

자유권적 기본권이 때때로 자유권적 기본권의 실현가능성을 위한 사회적인 전제조건들을 직접적인 기본권적 청구권으로 함께 보장한다면, 종교의 자유란 동시에 종교적 공동체의 경제적인 존재기반을 국가가 보장해 준다는 것을, 출판의 자유란 동시에 여러 가지 종류의 출판에 대한 경제적 전제조건을 (경쟁의 보호, 보조금 등등을 통하여) 유지시킬 국가의 의무를, 단결의 자유는 동시에 노동조합에 대한 재정지원을, 직업훈련권에 대한 자유로운 선택은 동시에 수요를 검증함이 없이 국가가 개인의 직업 희망을 위해서 충분한 교육수용능력을 공급해 주어야 할 의무를 가진다는 것을 의미한다.

여기서 상세하게 살펴볼 수 없는 다른 문제들을 제외한다면,[19] 이들 청구권들은 너무나도 일반적인 것들이어서 먼저 입법자들의 입법활동이 있고 난 이후에야 그것들로부터 사법적(司法的)으로 청구할 수 있는 청구권이 발생할 수 있을 것이다. 사회적인 급부청구권으로 이해되는 개별적인 자유권들은 그 자체 내에 그 보장의 범위에 대한 기준(최소, 최대 또는 통상의 보장부여)을 포함하고 있지는 않다. 그것들은 여러 가지 기본권들의 급부청구권들 사이의 우선순위에 대한 기준이 되지는 않는다. 그것들은 국가재정의 어떤 부분이 그것들을 위하여 사용될 수 있는 것으로 생각되어야만 하는가에 대한 답을 제시하지 않는다. 그럼에도 불구하고 이러한 급부청구권들의 기본권적 성격으로 인하여 이들 급부청구권의 실현이 법적인 문제로 된다면, 한편으로는 「경제적 불가능성」이 기본권의 보호에 대한 하나의 한계가 되며, 다른 한편으로는 국가재정의 배분과 분할에 대한 우선순위의 결정이 기본권의 실현과 경합의 문제로 되고, 꼭 마찬가지로 기본권적 급부청구권의 범위에 대한 결정이 표면적인 기본권해석의 문제로 된다. 그리고 정치는 사법적으로 통제되는 헌법의 시행 속에서 개주(改鑄)되게 된다.[20]

이와 같이 되면 민주적·법치국가적 헌법질서는 사법국가(司法國家) 내지 판사국가로 해체되어버릴 것이다. 그러나 실제로 이것을 진정으로 의도하는 사람은 아무도 없다. 따라서 자유권적 기본권에 가장 밀접하게 결부되어 있는 사회적 급부청구권은 사실상 입법자와 행정에 대한 객관법적 위임으로 다시 돌아온다. 이렇게 볼 때 그것은 이러한 헌법해석의 한 대표자가 정확하고 명확하게 정식화했던 것처럼 「기준적 기본권」(Maßgabegrund-

---

18) 다른 것 대신에 Peter Häberle, Grundrechte im Leistungsstaat: VVDStRL 30 (1972), S. 69 ff.(급부국가에 있어서의 기본권, 김효전 옮김, 『독일 헌법학의 원천』, 2018).

19) 이에 대해서 문제가 되는 것은, 자유권과 급부청구권을 이러한 기본권규정 속에 편입하는 것은 법적 실제, 특히 재판의 실제에서 어느 정도로 두 기본권 내용의 통일적인 효력방식으로 인도하지 못하느냐 하는 것이며, 그 기본권의 내용은 사회적 급부청구권의 위임효력과 약하게 결부되어 있으며, 따라서 —고의적인 아닌— 이제 자유를 보장하기 위한 기존의 직접적 효력과 재판적인 청구가능성은 다시 철회된다는 것이다.

20) 이러한 의미에서 또한 Konrad Hesse (Fn. 11), S. 434.

rechte)인 것이다.21)

연방헌법재판소가 최초의 정원제 판결에서 기본법 제12조 1항을 또한 국가급부에 대한 분배참여권으로도 해석했을 때 이와 같은 문제에 부딪쳤던 것이다. 연방헌법재판소는 이들 분배참여청구권을 「명백한 침해」의 경우에만 헌법적인 결과를 초래하는 객관적인 사회국가적 헌법위탁(Verfassungsauftrag)으로 되돌려 놓았는데, 그것은 전적으로 정당한 논리였다. 그 청구권은 「가능성의 유보(Vorbehalt des Möglichen) 아래」에 놓이는 것이고, 입법자는 이 유보를 우선 스스로의 책임에서, 그리고 다른 사회의 이해(利害)에 대한 고려 하에서 판단해야만 한다.22) 그와 더불어 연방헌법재판소는 결코 마음이 가벼운 것은 아니었지만 어쩔 수 없이, 튀르키예 헌법이 아주 명확하고도 냉철하게 정식화한 바 있는 사회적 기본권의 구조문제를 인정한다. 튀르키예 헌법은 여러 조항에서 사회적 기본권과 행위의 위탁(Handlungsaufträge)을 규정한 뒤에, 제53조에서 결론적으로 다음과 같이 규정하고 있다.

「경제적 발전과 국가가 사용할 수 있는 재원(財源)이 허용하는 한도 내에서만, 국가는 본 장(章)에서 열거한 사회적 목표를 달성할 의무를 진다」.23)

4. 따라서 민주적·법치국가적 헌법질서의 틀 속에서, 고유한 의미에 있어서의 기본권으로서의 성격 속에 직접적인 효력과 시민의 소송제기가능성이 들어 있기 때문에, 사회적 기본권이 그러한 고유한 의미에 있어서의 기본권으로서의 성격을 가질 수 없다고 해서 사회적 기본권이 규범적으로는 구속력이 없는 정치적 강령으로 머물러야 한다는 의미는 아니다.

사회적 기본권에 어울리는 헌법 속에로의 법실무적 선환이 — 그것은 지금까지의 고찰을 매우 명확하게 보여 준다 — **헌법위탁**(Verfassungsauftrag)이라는 형식이다. 헌법위탁은 적절한 조치를 통하여 위탁 속에 정식화되어 있는 목표나 프로그램의 실현이 이루어지도록 하기 위해 입법과 행정을 담당하는 국가기관에 위탁된 객관법적(objektivrechtlich)인 의무과제이다. 그때, 실현의 방법·범위·양식 등은 우선 행위하는 기관의 정책적 판단에 맡겨지고, 또 정치적 과정에 맡겨진다. 그러한 헌법위탁과 더불어 달성되는 실효적인 법적 구속은 세 가지가 있다. 첫째는 목표나 프로그램 자체는 항상 존재하는 정책기관의 자유로운 목표선택, 목적선택으로부터 제외되고 오히려 그러한 기관들에 대해 하나의 구속적인 것으로서 미리 주어진다는 것이다. 둘째는, 목표나 프로그램에 대한 국가기관의 부작위나 명백하고 중대한 태만이 허용되지 않는다는 것이다. 마지막 셋째는, 헌법위탁의 목표를 향하여 일단 규제와 조치가 집행되면 그러한 한에서

21) Peter Häberle (Fn. 18), S. 91 ff., 139 (Leitsatz 41).
22) BVerfGE 33, 303 (333 f.); 또한 Jörg Paul Müller (Fn. 15), S. 864 ff.도 보라.
23) Die Verfassungen Europas, hg. von Peter Cornelius Mayer-Tasch und Jan Contiades, 1966, S. 573.

헌법상의 토대가 마련된다. 그 결과 헌법위탁의 실현을 향하여 활동이 개시되면 대체조치 없는 폐지나 삭감으로부터 보호되게 되는데, 그때의 기준은 현저한 태만의 한도를 유월하였는가 이다.24) 그 밖에도 그러한 위탁의 확정은 자체로부터 일정한 촉진작용을 전개한다. 왜냐하면 그것은 실현의 요구에 대한 연결점과 정당화로서 정치적인 논의에 삽입될 수 있기 때문이다.

이러한 법적 구속이 효과적으로 이루어지는 한 헌법위탁은 민주적 법치국가적 헌법구조를 위험에 빠트리지 않고 개별적으로 이끌어 내어진 하나의 주관법적 구성요소를 그 속에 포함한다. 이러한 주관법적 측면은 헌법위탁의 실현에 있어서 부작위, 중대한 태만 또는 대체조치 없는 폐지에 대해 취해지는 개별적 관련 조처에 대한 보호청구권의 형식으로 나타난다. 그러한 보호청구권들은 재량에 대한 보호청구권(Ermessensabwehranspruche)을 향하고 있다. 그것은 재량에 대한 보호청구권과 같이, 모든 경우에 특정한 정책적 행위영역에 부과한 한계와 구속의 침해에 대한 방어를 대비하는 것이다.25)

사회적 기본권을 이러한 종류의 사회적 헌법위탁 속으로 법실무적으로 변환시키는 것이 본래 이미 주어져 있는 헌법의 사회국가적 위탁(Sozialstaatsauftrag)보다 진정 더 많은 것을 달성할 수 있는가 하는 질문이 제기될 수 있다. 사회적 헌법위탁이라는 의미로 이해되는 사회적 기본권은 근본적으로 「이미 존재하는, 그러나 아직도 확대될 수 있는 사회국가를 보다 더 인간에게 맞게 기초지우는 것」을 의미한다는 지적은 확실히 정당한 것이다.26) 그럼에도 또한 그러한 사회적 헌법위탁은 사회국가위탁보다 좀 더 나아가는 것이다. 사회적 헌법위탁은 너무나도 일반적인 사회국가위탁을 구체적이고 실질적으로 특정화하는 것을 포함하며, 바로 이러한 특정화에 의해서 하나의 보다 강력한 의무적 성격(그리고 그에 상응하는 추진효과)이 사회적 헌법위탁에 귀속된다. 그와 더불어 사회적 헌법위탁은 국민의 사회적인 생활재에 대한 분배참여와 관련하여 특정되고 특별히 거명(擧名)된 기대에 대하여 국민에게 하나의 명확한 뒷받침을 제공한다. 마지막으로 사회적 헌법위탁은 보다 자세히 규정된 행위위탁과 형성위탁(Handlungs-und Gestaltungsaufträge)으로서 일반적인 사회국가위탁이 그 불특정성과 일반성 때문에 (아직) 결여하고 있는 주관법적 구성요소를 갖출 수 있게 한다.

III.

위의 고찰과 그에 따라 얻어진 결론은 「사회적 기본권」을 현행 헌법 속에 구성해 넣는 것의 법이론적 가능성과 관계가 있다. 사회적 헌법위탁이라는 형태의 그러한 구성삽

24) 전술한 Ⅱ, 2. 참조. 문제점에 관하여는 Jörg Paul Müller (Fn. 15), S. 900 ff.도 보라.
25) 이와 일치되는 것은 「직업공무원제의 전통적인 원칙」의 침해에 대한 관련공무원의 방어적 요청들 속에서 발견되는데 이것은 고려해야 할 의무를 통해서 입법자를 구속한다(기본법 제33조 5항).
26) Schlußbericht (Fn. 10), S. 199.

입이 헌법정책적으로 더 바람직한가의 여부는 아직 결정적으로 결론이 난 것은 아니다. 여기서 그에 대한 논의가 우선 되어서는 안 된다. 기본법 제20조 1항과 제28조에 규정되어 있는 일반적 사회국가위탁과는 별도로 좀 더 자세하게 규정된 특별한 사회적 헌법위탁이 적용되는 경우, 그 결과로 그것은 그 속에 있는 구속력의 힘에 의해 일정한 범위 내에서 이러한 위탁 속에 포함되어 있는 사회적 형성목표를 위한 하나의 우선권을 확립하게 된다. 그렇다고 해서 반드시 부과해야 한다는 것은 아니다. 거기에서 다음과 같은 질문, 즉 특정되고 개별적인 사회적 형성목표를 특별히 고정화시키고, 그러한 형성목표에 대해서 특권적 지위를 부여하는 것이 국가의 본질 (그러한 본질 내에서 사회국가의 확장과 일정한 범위 내에서는 생활재에 대한 분배참여의 보장이 이미 생겨났다)과 국가의 임무, 즉 사회국가원리의 귀결로 인정된 임무인 사회적 전제조건들을 개인적 자유의 실현으로 만들어 내기 위해 힘써야 하는 국가의 임무 속에 필수적이고도 의미 깊게 나타나 있는가 하는 질문이 나올 수 있다. 다른 한편으로, 그러한 고정화가 충분히 형성된 사회적 보증이 이미 도달한 지위에 대한 일정한 법적 보호를 의미한다고 하면 그것의 붕괴가 닥칠 것이다.

  사회적 기본권을 기본법 속에 헌법위탁으로서 구성해 넣으려는 사람은 이러한 헌법위탁이 기본권과는 인식할 수 있을 정도로 구별되며 외부적으로 분리된다는 점에도 주의해야 한다. 헌법위탁은 기본권에 대한 보호의 형식을 가질 수 없기 때문에 그것을 기본권으로서 정식화하고 나타내어서도 안 된다. 스위스 연방헌법의 전면개정을 위한 전문위원회의 초안은 이러한 결론을 의식하고 나온 것이었다.27) 사회적 헌법위탁은 「사회적 생활질서의 형성」과 같은 제목이 붙어 있는 독립된 장 속에 총괄하는 것이 타당할 것이다. 그와 같은 취사선택에서는 그러한 헌법위탁 속에 부착되어 있는 추진력이 공허한 것으로 되지 않도록 하기 위해서 많은 수의 헌법위탁을 성문화하는 것이 아니라, 그 영역 속에 사회국가의 형성에 대한 인식할 수 있는 보충의 필요성이 존재하는 그러한 헌법위탁만을 성문화하는 것이라는 점에 유의하여야 한다.28) 가능한 한 광범한 사회적 헌법위탁의 스펙트럼을 성문화하려는 시도는 자유권적 기본권의 성문화의 경우와는 달리 개별적인 위탁이 상호간에 약화되거나 아니면 완전히 중립화되는 결과를 가져올 것이다. 그렇게 된다면 결과적으로 「좋은 정치」라는 강령밖에는 남는 것이 없을 것이다.

---

27) 「사회적 권리」라는 제목이 붙어있는 초안 제26조는 「기본권」의 장이 아니고 「사회질서, 재산권정책, 경제정책」의 장에 자리잡고 있다. 동 초안은 「권리」를 정식화하지 않고, 「국가는 대책을 강구한다」라고 규정한다.
28) 스위스 헌법초안 제26조는 다섯 가지의 사회적 헌법위탁, 즉 교양・근로・사회보장에의 참가・사회부조・주택을 규범화하고 있다.

재산권 · 재산권의 사회적 구속 · 수용*

1. 모든 사회질서는 그 사회에서 통용되는 재산권질서에 의해서 결정적으로 규정된다. 재산권질서의 유형은 한 사회에 있어서의 기본적인 생활과정을 형성하는 결정적인 요인이 된다. 재산권질서는 외계에 존재하거나 개발가능한 생활재(生活財)를 누가, 어떠한 방법으로 소유하게 되며, 그러한 재산에서 개개인은 누구에 의하여 어떠한 방법으로 자신의 몫을 가지게 되는 것인지, 다양한 생산과정은 어떠한 형태로 누구에 의해서 결정적으로 집행되는가 하는 문제들에 대한 대답을 제공하는 것이다. 이와 같이 볼 때 재산권질서는 항상 헌법의 중심문제이며, 따라서 그것이 서구·민주주의적이든 공산주의적이든 재산권질서 자체에 대한 개요를 확정하지 아니한 근대 헌법은 결코 존재하지 아니한다. 바로 그러한 사실 때문에 다른 약간의 기본권 규정에 의해서도 그러하듯이, 헌법은 단지 정치적·국가적인 질서에 대해서 뿐만 아니라 사회질서에 대한 규범적인 기본골격이 되는 것이다.

19세기의 헌법들은 주로 자유주의적인 질서이념에 의해서 지도된 것이어서 재산권은 개인의 자유와 특히 밀접한 관계에 있으며, 따라서 재산권질서는 주로 개개인의 사유재산권의 자유와 불가침에 입각한 것이었다.[1] 이와 같은 재산권과 그 자유로운 처분가능성과 이용가능성에서 나오는 재산권질서는 개개인의 재산권이라는 자유영역의 필요한 한계설정을 넘어서 국가의 점유나 규제적인 국가의 침해에 의해서도 박탈할 수 없는 것이었다.[2] 공공의 이익, 전체로서의 사회의 이익은 개인의 재산권이라는 자유와 비교해 볼 때

---

* Ernst-Wolfgang Böckenförde, Eigentum, Sozialbindung des Eigentums, Enteignung, in: Gerechtigkeit in der Industriegesellschaft. Dokumentation, Hrsg. von Konrad Duden, Helmut R. Külz u.a., Karlsruhe 1972, S. 215-231. jetzt in: ders., Staat, Gesellschaft, Freiheit (stw 163), Suhrkamp, Frankfurt a. M. 1976, S. 318-335.

1) 19세기의 헌법들에 있어서의 재산권 보장에 관한 대표적인 텍스트들은 Werner Weber, Eigentum und Enteignung, in: Die Grundrechte, Bd. 2, Berlin, 2. Aufl. 1968, S. 332.

2) Forsthoff, Lehrbuch des Verwaltungsrechts, 9. Aufl. München/Berlin 1996, S. 304를 보라.

제2의 위치로 밀려나며, 이는 토지질서에서도 마찬가지이다.

　2. 재산권질서는 기본법에서 규정하고 있듯이, 이와 같은 개인주의적인 재산권질서라는 모범에 본질적으로 일치한다는 견해가 널리 유포되고 있다. 보다 포괄적인 개정안들, 특히 개인의 재산권의 이익보다 공익을 앞세우거나 현재의 토지법에 대한 구조적 개혁 등은 헌법상의 재산권보장과 일치할 수 없다는 것이다. 이러한 견해는 법적으로 엄격하게 검토할 때 타당성이 없다. 기본법상의 재산권규정은 네 가지의 다른 요소들로 구성되어 있으며, 이들은 상호교차적으로 한정함으로써 재산권보장의 내용을 형성하는 것이다.
　　(1) 기본법 제14조*는 우선 (사유) 재산권을 보장한다. 그것은 한편으로는 재산권**이라는** 권리로서, 즉 형성된 법제도로서, 다른 한편으로는 재산권에 **대한** 권리로서, 즉 누구나 재산권을 자유롭게 추구할 수 있다는 것을 보장하고 있다. 거기에는 재산권질서에 대해서 기본적인 결정이 존재하는데, 그것은 본질적으로 (배타적이 아님. 기본법 제15조 참조), 개인의 사유재산권에 입각하며, 그것의 지속을 가능하게 한다는 데에 있다.[3]
　　(2) 이러한 재산권의 내용은 그럼에도 불구하고 헌법 자체에 의해서 규정되어 있는 것은 아니며, 오히려 입법자에 의해서 ─ 변화하는 ─ 규정에 맡겨진다(기본법 제14조 1항 2문). 우선적으로 그리고 「법률에 의해서 형성된 재산권만이 재산권보장의 대상이 되며 헌법적으로 보호되며」,[4] 그 이전에 존재하였거나 이에 종속되지 아니한 기존 재산권은 그렇지 아니하다. 이와 같은 입법자의 광범위한 형성권한은 그 쪽에서 볼 때 물론 다음과 같은 것만은 고려되어야 한다는 데에 결부된 것이다. 즉 재산권과 사유재산질서 일반은 기본법 제14조 1항 1문의 보증과 제14조에도 타당하는 기본법 제19조 2항의 본질적 내용의 보장에 위반하여 지양되지 아니하며, 다른 기본권들, 특히 평등의 명제와 비례균등의 원칙이 고려되어야 한다는 것이다.[5]
　　(3) 재산권의 사용은 재산권자의 자유로운 임의에 의한 것이 아니며, 사회적 의무성이라는 명제에 종속한다(제14조 2항). 이와 같은 재산권의 사회적 의무성이라는 원칙은 단순히 윤리적인 호소에 불과한 것이 아니라, 오히려 입법자는 이에 상응하는 재산권질서의 형성과 재산권의 제한을 통하여 법적 실효성을 부여할 수 있는 권한이 그에게 주어지며, 또한 가지고 있는 것이다.[6] 사회국가의 원리에는 재산권질서에 있어서의 구체화가 열려

---

3) 그것을 연방헌법재판소는 여러 판결들 속에 판시하였다. BVerfGE 14, 263 (278); 18, 121 (123); 26, 222 참조.
4) BVerfGE 20, 351; 26, 369 (396).
5) 그 자체가 광범위한 입법자의 형성권한을 이와 같이 한정하는 것을 연방헌법재판소는 반복하여 판시하였다. BVerfGE 14, 263 (178); 21, 73 (82); 24, 367 (389 f.); 25, 112 (117/118) 참조. 그리고 이와 같은 방법으로 우선 헌법의 이율배반적인 언명을 (한편으로는 기본권의 보장을, 다른 한편으로는 입법자에 의한 기본권의 내용확정을) 중재하였다. 또한 1954년의 토론상황에 관하여는 W. Weber, a. a. O. (Fn. 1), S. 358/359 참조.
6) 재산권의 사회적 구속과 입법자에 대한 기본법 제14조 2항의 수권기능(授權機能)에 대해서 기본적인 것은 연방헌법재판소의 판결 BVerfG Bd. 21, 73 (82 f.). 또한 Forsthoff, a. a. O. (Fn. 2), S. 317도

있다.

(4) 개인의 재산권 박탈이 허용되는 경우는 공공복리를 근거로 하여 요구되는 때이다(제 14조 3항). 그것은 보상(補償)이 따를 경우에만 허용된다. 보상의 범위(액수)는 「공공의 이익과 관계자의 이익을 정당하게 형량(衡量)하여」 입법자에 의해서 규정될 수 있다.

이러한 네 가지의 요소들을 종합하여 살펴보면, 이것은 결코 개인의 재산권이 공공의 이익에 우선한다는 자유주의적인 요소를 성문으로 명시한 것이 아님을 알 수 있으며, 그렇다고 하여 재산권질서가 자유와 평등 간의 사회적 구속과 사회적 균형을 이루기 위하여 아무것도 하지 않는다는 것도 아니다. 한편으로는 개인의 사유재산과 그것에 입각한 재산권질서를 원칙적으로 보장하며 불가침한 것으로 선언한다. ── 따라서 기본법은 개인의 자유와 (사유) 재산권의 밀접한 관계를 가지고 있으며, 이러한 자유를 뒷받침하며 견고하게 해주는 것이다. 다른 한편으로는, 재산권의 사회적 및 공동체에 관련된 형성과 한계에 대해서 폭넓은 장(場)이 마련되어 있으며, 동시에 이것은 재산권의 사회적 기능을 유효하게 만들고, 재산권이 몇몇 소수인만을 위해서가 아니라 모든 사람을 위한 자유의 확보수단이 될 수 있도록 배려를 강구하는 것이다.

따라서 기본법상의 재산권보장은 자유주의적 재산권보장과 가능한 사회적 재산권질서 내지는 재산권의 한정이라는 하나의 결합과 상호교차적인 균형화를 나타내고 있다. 「재산권은 하나의 본질적인 기본권이며, 인격의 자유의 보장과 내적인 관련을 가지고 있다. 이 재산권에는…기본권의 향유자에게 재산법상의 영역에서의 자유영역을 보장하며, 따라서 자신이 책임을 지는 생활의 형성을 가능하게 하는 과제가 당연히 귀속되는 것이다」(BVerfGE 24, 367 (387)). 「사회정의에 따른 이용이라는 명제는…우선 첫째로 재산권의 내용을 규정함에 있어서 공공의 복리를 고려해야 하는 입법자에게 하나의 지침이 된다. 이 점에서 개인의 이익이 공동체의 이익에 무조건적으로 우선한다는 재산권질서에 대한 거부가 존재하는 것이다」(BVerfGE 21, 73 (83)).

3. 이러한 기본법상의 재산권보장의 특성은 바이마르 헌법의 재산권 규정과 대비할 때 더욱 특별한 의미를 지닌다. 재산권보장의 유형은 기본법 제14조에서의 그것과 같으나, 재산권의 내용과 한계를 규정하는 입법자의 권한은 바이마르 헌법 제153조*에서 더욱 개방되어 있다. 왜냐하면 이 조문에는 재산권의 본질적 내용이라고 표현할 수 있는 것이 없기 때문이다.

재산권을 공용징수함에 있어서의 보상에 대해서 바이마르 헌법 제153조 2항은 「적당한」 보상('angemessene' Entschädigung)을 예견하였다. 이것은 상설 라이히 재판소의 판례에 의하면 교환가치의 기준에 따른 완전한 보상을 의미하였던 것이다.[7] 그러나

참조.

7) 이 점에 관한 서술은 G. Anschütz, Die Verfassung des Deutschen Reiches vom 11. August 1919, 14 Aufl. Berlin 1933, Bem. 12 zu Art. 153; Forsthoff, a. a. O. (Fn. 2), S. 324를 보라. 당시의 라이히 재판소 판례는 RGZ 109, 322 f.; 112, 192, 128, 31 f.

제153조 2항은 입법자에게 보상을 전혀 무시할 수 있는 가능성도 마련해 놓았다. 이에 반하여 기본법 제14조 3항은 법률상의 배제가능성을 제외하고는 **반드시** 보상을 규정하고 있다. 그러나 그 보상액은 교환가치[時價]에 결부된 것이 아니라 보상의 범위를 정함에 있어서 공공의 이익과 관계자의 이익을 형량하여 정하도록 되어 있다. 이 점에 있어서 문헌이나 판례8)에서 거의 일치된 견해는 기본법 제14조가 다른 문언은 고려하지 않고 바이마르 헌법 제153조의 보상규정, 즉 시가에 의한 완전한 보상규정을 그대로 수용하였다는 것인데, 이러한 견해는 **적절하지 못한 것이다.** 이러한 견해는 심의과정에서 반복하여 강조된 바 있는 의회위원회(議會委員會)의 명백한 규범화의 의사에도 모순되는 것이다.9) 원칙규정 위원회(Grundsatzausschuß)에서는 바이마르 헌법의 보상규정을 철회하기 위한 명백한 의도로 수차에 걸쳐 현재의 기본법 제14조 3항의 형량이란 정식으로 통일시킨 이후, 연이어 개최된 주요 위원회와 총회의 심의에서는 다섯 번 이상이나 이 형량이란 정식을「적당한 보상」내지는「완전한 보상」을 다시 도입함으로써 바이마르 헌법의 규정으로 대치하려는 시도가 있었다. 이러한 시도들은 모두 부결되었는데, 일부는 아슬아슬한 과반수의 의결로 부결되기도 하였다.10) 보상규정에 있어서는 의식적으로「자유로운 활동공간」11)이 허용되어야만 하였다. 이 활동공간은 완전한 보상으로 인도할 수 있으나, 결코 필연적으로 인도해야만 하는 것은 아니다. 현저한 것은 이처럼 명백한 실상이 지금까지 거의 당연한 것으로 간과되어 왔다는 점이다. 연방헌법재판소의 함부르크 제방법에 관한 판결에서야 비로소 이러한 법적 상태가 가장 먼저 명확하게 되었다.12)

---

8) 다른 것 대신에 W. Weber, Eigentum und Enteignung, a. a. O., S. 389; Forsthoff, a. a. O., S. 324 f.; Giese, Enteignung und Entschädigung, Tübingen 1950, S. 31; v. Mangold-Klein, Das Bonner Grundgesetz, Berlin/Frankfurt a. M. 1966, Anm. Ⅶ 9 b zu Art. 14 (S. 451); Kimminich, in Bonner Kommentar (Zweitbearb.), Hamburg 1950 ff. Rdn. 139 zu Art. 14. 연방재판소의 판례로서는 RGHZ 6, 294; 11, 156; 19, 139 (145). 또한 의견서인 〈Vefassung, Städtebau, Bodenrecht〉, Hamburg 1969, S. 109도 참조.

9) 그것은 이미 1951년 이래 전술한 보고인 v. Doemming-Füßlein-Matz, Entstehungsgeschichte der Artikel des Grundgesetzes: JöR NF Bd. 1 (Tübingen 1951)에서 나타나 있는데 ─ 인쇄되지 아니한 ─ 위원회의 의사록을 인용했어야 할 것이 결여되고 있다. 같은 곳 S. 149 ff. 참조. 또한 〈Verfassung, Städtebau, Bodenrecht〉(Fn. 8), S. 98 f. 성립사에 관한 보다 상세한 서술은 J. Schultes, Die Höhe der Enteignungsentschädigung vom Preußischen Enteignungsgesetz bis zum Bundesbaugesetz, Köln 1965, S. 67 ff. 그 다음에는 W. Opfermann, Die Enteignungsentschädigung im Grundgesetz, Diss. jur. Bielefeld 1972.

10) v. Doemming-Füßlein-Matz, a. a. O. (Fn. 9), S. 152 f.

11) 의회심의 원칙위원회의 의장이었던 망골트가 그러하다. H. v. Mangoldt, in: Schriftler Bericht zum Entwurf des Grundgesetzes für die Bundesrepublik Deutschland (Drucksachen 850, 54 des Pal. Rates), S. 12.

12) BVerfGE 24, 367 (420 f.) 참조. 공표된 문헌 속에는 주어진 사정이 처음으로 의견서 〈Verfassung, Städtebau, Bodenrecht〉(Fn. 8), S. 98 f.에서 명확하게 제시되었다. W. Weber, a. a. O. (Fn. 1), S. 389에서는 바이마르 헌법 제153조 2항의 규제에 관하여 거리를 두려는 의도가 과연 기재되기는 하였으나, 해석에 대한 고려할 만한 근거로서는 다음의 것을 소홀히 하고 있다. 즉 의회의 심의에서는 수용이론(收用理論)에 있어서의 개념상의 혼란 때문에 독자적인 결정의 의의에 관하여는 아무런 명확성도 가지지 못하였다.

4. 기본법상의 재산권보장이 재산권의 내용을 형성하고 그 사회적 의무성을 구체화하는 것이 매우 광범위하게 입법자의 결정에 위임되어 있다면, 입법자 역시 그러한 권한을 사용하도록 호출된 것이다. 즉 변화하는 사회적 및 경제적 관계 속에서 재산권의 자유기능과 아울러 사회적 기능을 보장하고 유지되도록 재산권질서를 형성하고 전개시키며, 경우에 따라서는 개정하기도 하는 것이 입법자의 의무이다. 이것은 특히 토지법(Bodenrecht)의 영역에서 그러하다. 여기서는 재산권의 내용 규정과 그 제한, 그리고 재산권의 사회적 구속과 공익우선의 시행 등이 잘 나타난다.13)

이러한 관점에서 볼 때 건설기준법(Bebauungsrecht)과 건설계획의 재정비, 부동산을 건축부지로 이용할 수 있는 것에 대한 엄격한 규제와 한정, 건축명령이나 철거명령의 부과, 도시재개발(Sanierungsmaßnahme)에 대한 참가의무의 부과, 그리고 재산권자의 독자적인 업적에 의거하지 아니한 이른바 개발이익의 환수, 토지투기를 방지하기 위한 조치 등에 대해서는 헌법상 넓은 공간이 존재한다. 다만, 이와 같은 규제나 조치들은 건설용 토지에서 사유재산권을 제거하기 위한 목적 내지는 필요한 작용을 위해서가 아니라, 바로 토지법에서 항상 (새롭게) 산출되어야 하는 균형, 즉 공공복리에 기여하는 토지질서, 그리고 기타 공공의 이익과 개인, 재산권자의 이익 간의 균형을 이루도록 정리하는 것을 전제로 할 때에만이다.14)

그러한 토지법에 대한 광범위한 개혁이 실제적·정치적으로뿐만 아니라, 공정(Gerechtigkeit)이라는 관점하에서도 필연적으로 제기되는 기본적인 문제는 다음과 같다. 예전에는 건축부지가 될 수 있는 토지의 성격으로서 첫째로 그 토지의 자연상태와 공간상태(상황관련성[狀況關聯性])를 검토하는 것에서 시작할 수 있었다. 즉 건설에 대한 법적 규정들도 이에 대한 증명·확대 또는 수정 등으로 나타났다. 그러나 이러한 규제들은 구성적인 요인이라기보다는 규제적인 요인들이었다. 이러한 관계는 그동안에 근본적으로 완전히 전도되어 버렸다. 한편으로는 토지의 자연적 상태에서 볼 때 거의 모든 토지가 건축 기술의 발달로 '그 자체'가 건축 가능한 것이어서 그러한 한도 내에서 유동적인 것이며, 다른 한편으로는 증가하는 경제적 및 사회적 발전, 그리고 생활관계들이 밀접해지면서 동시에 분화됨으로써 포괄적인 공간질서와 토지이용질서가 불가피하게 되었다. 그 때문에 삼림지(휴양지)냐 주거지냐 하는 성격이나, 도시·교외 또는 마을 단위의 거주관계에 따른 건축지냐 하는 것은 개별 토지의 상태나 위치 때문에서가 아니라 우연적인, 즉 종합계획에 따른 관점에서 생겨나는 것이다. (또는 적어도 생겨나는 것임이 틀림없으며, 결함 있는 토지로 무책임한 무허가 건축을 하여서는 아니된다). 건설지역 내에서 건설 가능한 것의 종류와 범위를 규정함에 있어서도 동일한 것이 계속된다.

---

13) BVerfGE 21, 73 (82/83)을 보라. 이 판결은 기본법 제14조 2항의 규정이 주로 토지질서를 고려하여 채택된 것임을 지적하고 있다.

14) 토지법에 있어서의 입법자의 형성의 자유와 형성의 위임에 대해서 기본적인 것은 BVerfGE 21, 73 (82 f.); 나아가 21, 150 (156 f.); 24, 367 (389); 25, 112 (117 ff.).

따라서 오늘날에는 결코 더 이상 토지의 상태나 위치에 따른 '유기적인' 발전에 대해서 말할 수는 없다. 오히려 그때마다 법적으로 허용되는 토지의 이용은 이미 오래 전부터 토지규제와 공간 규제에 관한 일반적인 관점에서 생겨난 **분배**(승인[Zuerkennung])의 성격을 가진다.15) 이 분배는 그것에 적극적 또는 소극적으로 관련된 토지들의 '자연적인' 성질과 비교해 볼 때 다소 우연적인 것이다. 지난 수년간 도시외곽지역, 밀집지역 등에서 나타난 발전이 이 점을 아주 명확히 해주었다. 그러한 분배로서의 토지이용법의 형성은, 그러나 한편으로는 평등이라는 명제에 종속되어 있다. 즉 재산권자 자신의 협력이나 반대급부에 근거하지 아니한 (재산상의) 이익을 자의적으로 분배해서는 안 되며, 다른 한편으로 분배는 그 자체가 어느 정도의 유동성을 가지고 있어서 그것의 기준이 되는 보편적인 관점을 또 한 번만이 아니라, 그 후에도 또한 새로운 필요와 발전에 대해서도 고려할 수 있어야만 한다.

5. 이러한 상황을 인식한다면, 그것도 그 자체가 모순된 지금까지의 토지이용법의 형성을 더 이상 유지할 수 없게 된다. 이러한 형성은 건설 가능한 토지의 (유형)이 이미 그 형태나 위치에서만 비롯되는 것이 아니라, 기본법 제14조가 내용상 규정하고 있는 의미에서 ─ 건설법의 규정에 따라서 법적인 효과와 구속력이 있도록 규정될 때에야 비로소 가능하다는 사실에서 나온다. 그러나 그것은 동시에 그것과는 모순되게, '그 자체'가 포괄하고 있는 보편적인 재산의 권리(건설청구권)라는 관념이 고정되어 있어서, 건설의 권리라는 법적인 규정은 토지소유권이라는 실체 자체에 잠재적으로 존재하는 기능과 유용성을 현실화하거나 해방하는 하나의 유형으로서 나타난다.16) 이것은 결과적으로 건설에 이용하여 도달한 (최고의) 단계는 그 자체가 토지의 법적인 질을 그 자체로서 규정하며, 보상 없이는 다시 축소되거나 박탈되어서는 안 된다는 것이나.17) 다른 측면에서 볼 때 재산권자는 새로운 토지의 질이 소속하는 (그리고 가치규정적인) 사회적 맥락을

---

15) 이 점에 관하여는 W. Brohm, Art. Städtebau III, Recht, in: Staatslexikon, hrsg. v. d. Görresgesellschaft, 6. Aufl. Erg.-Bd. 2, Freiburg 1970, Sp. 345 ff.와 이어서 학위논문인 W. Opfermann, a. a. O. (Fn. 9). 할당의 성격은 연방건설법 제35조에 의해서 간접적으로 증명되며, 이는 매우 광범위한 가능성을 가지고 있으며, 건설의 '외부영역'을 개방해 놓은 것이다.

16) Werner Weber, a. a .O. (Fn. 1), S. 374, 377과 거기에 지시한 판례 참조. Forsthoff, a. a. O., S. 318; Wolff, Verwaltungsrecht, I, 8. Aufl. München 1971, § 62 II b (S. 470); BVerwGE 3, 28; 의견서 ⟨Verfassung, Städtebau, Bodenrecht⟩, a. a. O. (Fn. 8), S. 61 f., 65 f. 특히 Forsthoff와 Wolff, 1. c.에서는 이와 같은 이중적 고찰방법을 제시하고 있다. 판례에서 이러한 방법이 나타난 것은 토지의 「객관적 상황」이라는 상태와 특성에서 나오는 건축용 토지의 질, **그리고** 건설법상의 규제가 규정되어 있다는 것이다. BGHZ 23, 30 (녹색평지 판결), BGH v. 9. 12. 57=BBauBl. 58, 385 (풍치보호지역 내에서의 장소와 형질의 모습을 보존하기 위한 고려에 입각한 건설금지). 매우 명확한 것은 뤼네부르크 상급행정재판소(OVG Lüneburg), DVBl. 66, 760; BVerwGE 18, 247.

17) 이러한 의미에서 명백하게 Forsthoff, a. a. O. (Fn. 2), S. 318은 그에 의해서 대표되는 목적소외의 이론(Zweckentfremdungstheorie)이 적용되고 있다. 유사한 견해는 Wolff, a. a. O. (Fn. 16), S. 470과 W. Weber, a. a. O. (Fn. 1), S. 374 f.의 성과. 법률상의 억제는 연방건설법 제44조 1항에서 발견된다.

산출하는데 필요한, 일반적(도시기반시설구조[Infrastruktur]) 비용(도시의 부분적인 개발의 경우, 예를 들면 교통시설·녹지대·수영장 등의 비용)에 관여하지 않게 된다. 다만, 개별 토지와 직결되는 교통연계에 사용되는 이른바 도로 및 운하건설을 위한 인접 주민 부담금만이 징수될 뿐이다.

   실제로 나타나는 결과는 자명하다. 즉 지금까지 건설부지가 아니었던 토지에 새로이 완전한 건설부지로서의 질(質)이 부여되면, 그 질은 원칙적으로 보상 없이 공용징수되거나, 이후의 계획 과정에서 하위의 등급으로 밀려날 수는 없다. 더구나 이러한 권한이 아직 사용되지 아니한 상태라면 그것도 안 된다(연방건설법 제44조 1항 1문). 이에 대하여(현재 아직 건설부지가 아닌)(도시 외곽의) 토지가 녹지로 지정되어 장래에도 건설부지에서 제외되면, 보상의 책임은 면하게 된다. 왜냐하면 「종래의 이용」(bisherige Nutzung)이 보전되고 있기 때문이다. 또한 경관보호구역으로 지정된 경우에도 종래의 비용이 보전되고 있는 경우에 한하여 마찬가지가 된다.[18)]

   이와 같은 예들을 보면 현행법이 지니고 있는 내적인 모순이 명확하게 드러난다. 한편으로는, 개별 토지에서 보면 우연한 것이지만, 특정한 토지에 대한 건설제한지역과 건축규정은 엄청난 가치상승을 유발하여 법적 지위(Rechtsposition)로서 확정되는가 하면, 동시에 다른 특정한 토지는 거기에서 제외되어 마찬가지로 (소극적인) 법적 지위로 확정된다. 따라서 마침내 처음에는 자신이 관여하지 않고도 비호를 받던 사람들이 나중에 경우에 따라서는 이러한 비호가 축소되거나 회복되는 경우에는 그들이 무엇을 실행하였는가의 여부와는 관계없이 보상을 받게 된다.[19)] 이와 같은 법적 상태가 어떠한 방법으로 평등의 원칙 내지는 단지 비례성의 법칙과 일치할 수 있는지는 알 수가 없다. 건설예정부지에 대한 어떠한 공론이 토지법을 그처럼 형성되도록 야기하며, 또한 그것이 토지소유권의 사회적 구속이라는 실현을 얼마나 어렵게 만드는 것인지는 더 이상의 설명이 필요없다.

   6. 그것에 비하여 건축규정(4. 참조)의 객관적인 **분배의 특성**(Zuteilungscharakter)이라는 출발점에 대해서는 개인의 재산권지위라는 보호를 포기하지 않고도 바로 토지소유권의 특별한 「사회적 압류」에 대해서 정당성을 부여할 수 있는 적합한 길이 열려있다. 이와 같은 분배의 특성이 헌법적으로, 즉 기본법 제14조의 재산권보장에 따라서 토지법을 형성하는 기초가 된다는 것은 의문의 여지가 없다. 왜냐하면 그것으로써 증가하는 작업의 분화와 복잡성과 함께 우리 사회의 경제적 및 사회적 발전의 결과로 토지소유권의 사회적 구속의 **강도**(強度)가 매우 심하게 가중되었다는 것을 인정하고 받아들임으로써, 이러한 기초 위에서 「재산권질서의 범위 내에서 개인의 자유영역과 공공의 이익이 공정한 균형을

---

18) Forsthoff, a. a. O. (Fn. 2), S. 318는 연방재판소(BGH)의 녹색평지 판결을 명백히 시인한다. BGHZ 23, 30. 나아가 BVerwGE 3, 335; BGH v. 25. 3. 57 = DÖV 1957, S. 669 (이른바 수목집단 판결)과 BGH v. 9. 12. 57 = BBauBl. 58, 385. 나아가 Wolff, a. a. O. (Fn. 16), S. 470에 인용한 판례를 보라.

19) 보다 최근의 비판으로는 의견서 〈Verfassung, Städtebau, Bodenrecht〉 a. a. O. (Fn. 8), S. 88-90.

이루도록 하기 위한 것」20)일 뿐이며, 이것이 곧 입법자의 의무인 것이다. 오히려 토지소유권의 영역에 있어서의 이러한 출발점이 주어진 상황에 직면하여 기본법 제14조 2항에 표현되어 있는 사회적 형성위임을 통해서는 특별한 합법성 내지 심지어는 필요성마저도 유지하지 못하는 것이 아니냐 하는 질문을 할 수 있다.21)

이와 같은 기초에 입각한 토지이용법의 개정은 어떠한 모습으로 나타나며, 또 나타나야 하는지는 다른 투표자(Votant)들에 의해서 개별적으로 논의될 것이다. 그러면 이러한 관련에서 중요한 세 가지의 관점을 지적하기로 한다.

(1) 토지 재산권에 대한 건설가능성을 고지하거나 범위의 연장이 특별한 이용의 기회 및 이익의 분배를 의미하는 것이어서 토지 '자체'에 이미 부여되어 있는 것을 단지 판정하거나 규제하는 것만이 아니라고 한다면, 평등의 관점에서 볼 때 그것은 이러한 기회와 이익이 주어진 사람들로 하여금 비용과 지출에 관여케 하는 것에 정당성을 부여하고, 또 그렇게 하도록 명령하는 것으로 나타나는데, 이러한 비용에 의해서 그러한 이익들이 우선적으로 조정되는 것이다. 이것은, 새로운 도시 부분의 개발을 예로 든다면, 좁은 의미에서의 이른바 인접주민의 경비(Anliegerkosten)뿐만 아니라 구체적인 건설 내지 주거지역의 사회적 맥락을 만들어 내고, 그 수요가치를 함께 결정하는 연계교통, 녹지 등등에 대한 비용이기도 하다. 사람들이 이러한 목적을 위해서 가장 일찍이 도시개발촉진법(Städtebauförderungsgesetz)에서 걸어온 길, 즉 재산권자의 균형비(均衡費)를 재개발(Sanierung)에 의해서 상승된 시가(時價)만큼 징수하는 것(제41조 4~6항)을 계속 따라갈 것인지, 아니면 네덜란드에서 시행된 절차 — 즉 건축지역에서 나타나는 공공개발비용에 관련된 부담금을 규정하는 것22) — 를 선택할 것인지에 대해서는 아직도 설명이 필요하다. 네덜란드식의 절차는 어쩌면 보다 강력하게 투기를 막아주는 역할을 하여 지방자치단체(Gemeinde)들이 보다 높은 균형비를 얻기 위해서 투기로 가치 상승을 조장하려는 어떤 종류의 충동도 주어지지 않으리라는 장점을 가지고 있다.

(2) 건설규정의 분배적 성격에 의하면, 법적으로 주어진 건축가능성들은 보상 없이는 다시 공용징수 내지 제한할 수 없는 토지의 성질(Grundstücksqualität)에 작용하는 것이 아니라, 하나의 특별한 **이용자격**(Nutzungsberechtigung)을 부여하는 것이 가능하고, 또한 논리적인 귀결인 것처럼 보인다. 그런데 이러한 이용자격은 영업법상의 허가 내지 양도와 유사하여, 광범위하게 보호되는 법적 지위를 나타내는 것이다. 그러나 일단 주어진 건설상의 유용성이나 최고의 건설 유용성을 귀속할 수 있는 무조건적인 권리를 내포하는

---

20) BVerfGE 25, 112 (117).

21) BVerfGE 21, 73과 25, 112. 판결의 기본적인 경향은 그러한 고려를 암시적으로 나타내는 것 같다. 기본법 제14조 2항의 「구속적인 기준」에 따라서 입법자는 재산권의 내용을 규제함에 있어서 — 특히 토지와 지면(地面)에 관련된 규정에서 — 「공공의 복리를 고려(하여야)하며, 사회국가의 원리에 비추어 소유권자의 권한과 의무에 대한 방향을 제시(하여야)한다」(E 25, 117). 최근의 문헌으로서는 Brohm, a. a. O. (Fn. 15), Sp. 346-350 참조.

22) 이 점에 관하여는 이어서 W. Opfermann, a. a. O. (Fn. 9).

것은 아니다. 그렇다면 그 이후의 이용가능성의 변경들(등급변화 내지 등급격하)은 이미
그 자체가 권리의 박탈이 되는 것이 아니라, 그 때문에 이미 진행 중인 구체적인 이용에
관련되거나 불가능하게 될 때에야 비로소, 그리고 그 한도 내에서 권리 박탈이 된다(연방건
설법 제44조 1항에 대한 제44조 2항의 원칙). 연방헌법재판소는 이미 니더작센 주의 제방법
(堤防法, Deichgesetz)에 관한 판결 속에서 이러한 고찰방법에 어느 정도 접근하고 있음을
보여 주었다. 즉 연방헌법재판소는 일정한 전제 하에 매우 제한된 허가유보(許可留保)를
가진 「일반적 건설금지」(generelles Bauverbot) 역시 재산권의 내용규정을 허용하는
것으로 간주하는 것이다(BVerfGE 25, 119).

(3) 건설규정상의 분배성격을 진지하게 받아들인다면, 보상규정(補償規定)들은 기본법
제14조 3항(이에 관하여는 8. 참조)에 따른 형량가능성(衡量可能性)을 고려하지 않고서도
일반적으로 매우 정선된 규준(規準)을 지향할 수 있다. 이 규준들은 기본법 제14조의
보호대상으로서 개업하여 경영하고 있는 영업 내지는 공법상의 법적 지위에 있어서의
침해를 고려하여 판례를 발전시킨 것이다.[23] 이에 따르면 재산권의 내용은 이미 (공법상으
로) 개시된 이용의 기회 그 자체 —— 즉 지금까지의 토지의 성질— 가 아니라, 그러한
기회에 대한 (반대) 급부로서 지출되고(균형비), 이러한 기회를 이용하여 재산적 가치가
있는 재화나 대상에 자신의 급부나 자본과 노동력을 투입하여 만들어낸 것이다.[24] 이러한
원칙은 특히 재산권의 자유권적 기능에 일치하는 것이다. 즉 재산권은 자신의 급부와
지출이 만들어낸 수익과 그 침전물로서, 간단히 말하자면 자유를 입증하는 것으로서
보호된다는 것이다.

7. 재산권의 내용을 규정하는 권한은 기본법 제14조 1항 2문이 입법자에게 인정한
것으로서 재산권의 이용가능성에 대한 규정뿐만 아니라, 재산권의 형태를 형성하는
것에도 관계가 있다. 이와 같은 재산권 질서를 형성함에 있어서 입법자는 헌법상으로
결코 독일 민법전(BGB)이 규정하고 있듯이, 사물의 지배형태(Sachherrschaftsform)인
「소유권」에만 집착하는 것은 아니다. 민법전이 규정하는 법제도로서의 「소유권」은 기본
법 제14조에서 볼 수 있듯이, 그 자체는 단지 '재산권'이 역사적으로 각인(刻印)된 것임을
나타내 줄 뿐이다. 더구나 그것은 일정한 사회적 및 정치적 전제 아래에서, 그리고 일정한
법적 사고(法的 思考)의 전통에서 생겨난, 특히 19세기에 지배하던 판텍텐 법학
(Pandektenrecht)의 사고전통에서 생겨난 그러한 것이다.[25] 그리하여 1919년에는 토지
점유의 새로운 형태로서 지상권(Erbbaurecht)이, 1951년에는 주택소유권이 생겨난 것이
다. 이와 마찬가지로 입법자는 한 사람 또는 다수의 관계자들에 대해서, 보다 광범하고

---

23) 이 점에 관하여는 의견서 〈Verfassung, Städtebau, Bodenrecht〉 a. a. O. (Fn. 8), S. 66-68에서의
   고려를 참조.
24) A. a. O., S. 68.
25) 이 점에 관하여는 Wieacker, Privatrechtsgeschichte der Neuzeit, 2. Aufl. Göttingen 1967.

각기 다른 유형의 법적 사물 지배권이라는 형태에 대해서, 보다 광범하고 각기 다른 유형의 법적 사물 지배권이라는 형태를 창조할 수 있다.26) 특히 다양한 권리의 내용으로 인하여 특징을 이루는 것은 공업소유권 · 도시의 토지소유권 · 농지소유권이다. 이러한 소유권들은 독특한 기능과 그 기능에서 생겨나는 점유형태가 특별히 필요한 것, 그리고 그것들의 각기 다른 특수한 사회적 구속을 고려한 것이다. 기능적으로 볼 때, 이미 지상권에서 구체화된 이른바 분할된 재산권에 대한 근거나 그 이상의 확장 여부에 관한 고려 역시 이러한 맥락에 속하는 것이다.

헌법적으로 그러한 입법자의 형성에서 오로지 중요한 것은, 연방헌법재판소가 정식화하고 있듯이 「사유재산권에 유리한 기본법상의 가치결정」을 고려하고 그 반대로 전도되지는 아니한다는 것이다.27) 이것은 특히 재산권의 기능, 즉 재산권자에게 「재산법상의 영역에서 자유의 영역을 확보해 주며, 따라서 재산권자 자신이 책임을 지는 생활의 형성이 가능하도록 해주는」(BVerfGE 24, 389) 기능, 그리고 물적 지배와 관련된 법규범들을 이에 상응하여 존속시키고 확보해 준다는 것을 의미한다. 그렇지만 이것은 민법전에서의 「소유권」이라는 형태에서뿐만 아니라 다른 방법으로도 가능하다.

8. 토지소유권의 박탈에 대한 **수용보상**(收用補償, Enteignungsentschädigung)에 대해서 현재 형성된 것과 그 집행은, 그 자체가 토지투기를 유발하는 요인이 되며, 현재의 토지법상의 평등위반을 심화시키고 있다. 이러한 작용은 우선 토지소유권의 박탈 내지 이용제한이 교환가치에 따라서 보상된다는 사실에 입각한 것은 아니다. 오히려 그러한 작용은 (1) 교환가치에 대한 조사와 투기를 조장하는 특정한 방법으로 행해지고 있으며, (2) 교환가치에 따른 보상이라는 원칙은 평등에 위배되며, 그리한 한도 내에서 불공정한 토지의 이용권과 결부되며, 그 결과 공법상의 건설규정에 의해서 비호된 소유권자들이 그에 상응하는 반대급부나 비용유출 없이도 충분히 그것과 결부된 상당한 재산상의 이익을 얻는다는 데에서 (비로소) 나타나는 것이다(앞의 5. 참조).

교환가치에 따른 보상이라는 원칙의 출발점은 당연히 귀속되어야 할 일정한 권리를 가진 사람이 공공을 위해서 그 권리를 희생해야만 하는 경우에, 그 사람에게 박탈된 권리에 대해서 완전히 보상해 준다는 데에 있다. 등가물(等價物; Äquivalent), 그 보상이

---

26) BVerfGE 24, 367 (380) 참조.

27) 그러한 한에서는 연방헌법재판소의 계속된 판례가 존재한다. BVerfGE 14, 263 (278); 18, 121 (132); 2173 (82); 24, 367 (389); 26, 215 (222). 물론 연방헌법재판소 판결집 14권 263면(E 14, 263)은 「전래적인 의미에서」의 사적 소유권(私的所有權)을 위하여 가치의 결정에 관하여 말하는 반면에, E 18, 132에서와 그 후에는 다만 「사적 소유권을 위한 가치의 결정」에만 관련되어 있다. 문헌적으로는 특히 W. Weber, a. a. O. (Fn. 1), S. 356 f. 즉 「재산권제도의 보장은 결코 확립된 제도의 현상(現狀)을 보장하려는 것이 아니며, 또한 물론 재산권이라는 이름 아래 임의의 형성가능성을 열려는 것도 아니며, 말하자면 변화하는 가운데 영속적인 어떤 것을 확정하려는 것이다. 그 영속적인 것이란 하나의 법제도, 즉 물론 경제질서와 사회질서를 위하여 근본적인 방법으로 '재산권'이란 이름에 합당한 것이다」. 가장 최근의 판결로는 BVerfGE 30, 292 (334 f.)

같은 유형의 권리의 재생을 가능하게 한다면, 그 보상은 적당한 것이다.28) 이러한 원리를 토지 소유권의 박탈에 적용한다면, 보상은 박탈되는 재산의 **내용을 법적으로 보장해주는 것**을 지향하는 것이며, 기대나 전망 등을 지향하는 것은 아니다. 다시 말하면, 농지가 있다고 하자. 이 농지가 법적으로 건축부지로서의 성질을 가지고 있지 아니한 한, 이 농지는 농지로서 보상받을 수 있을 것이다. 왜냐하면 법적으로 보장된 재산권의 내용이 머지 않은 가까운 장래에 변경되리라는 것을 예상한다고 하더라도, 건축부지로서의 이용이 배제되어 있기 때문이다.

그럼에도 불구하고 사실 보상은 박탈된 재산상의 **권리**(건축에 이용될 수 있느냐 없느냐)에 대해서 교환가치에 따라서 조사되는 것이 아니라, 구체적인 토지의 교환가치에 따라서 조사되고 있다(연방건설법 제141조). 재산상의 가치가 있는 권리가 아니라 구체적인 재산상의 객체가 보상의 대상이 되는 것이다. 따라서 장래의 개발과 박탈된 재산상의 권리의 내용과는 아무런 관계가 없는 공권력의 조치에 대한 기대와 투기마다 보수가 지불되고 선취함으로써 이미 재산권의 내용이 되어버리는 것이다. 그러므로 투기는 투기 쪽에서 보면 ─잘 알려진대로 모든 밀집지역이나 밀집 주변 지역에서는 토지시장이 협소하다는 것 이외에 ─ 그처럼 강력한 것이다. 왜냐하면, 이른바 예상되는 「토지의 질」을 변경함으로써 재산권자는 자신의 경비를 들이지 않고도 재산상의 이익을 볼 수 있으며, 그 이익은 엄청난 것이기 때문이다.29) 시장(市場)이 자신의 업적 없이도 증식시킬 수 있는 이러한 재산 증식의 기회를 미리 마련한다는 것은 매우 당연한 일이다. 그리하여 공권력이 이때에 한편으로는 일반적인 기반시설구조의 비용을 부담하면서, 다른 한편으로는 그때 문에 생겨나게 된 잠정적인 건축부지의 가치상승(價値上昇) ─ 그 가치상승이 본래의 목적을 위해서 토지를 요구하여 「건축예정지」로서 보상해야만 하는 한 ─ 을 다시 한번 지불함으로써 결과적으로 건축예정지, 건축예정예상지 등등이 존재하게 되는 것이다. 도시 개발 촉진법 제23조는 그러한 영역을 위해서 공공의 창구에 이처럼 은행의 예금인출이 쇄도하는 것을 정당하게 방지하였다.

9. 이와 같은 방식의 보상체제(補償體制)는 헌법상 결코 강제적으로 제공된 것이 아님은 이미 위(3.)에서 서술하였다. 기본법 제14조 3항은 오히려 그것이 공익과 관계자의

---

28) 이른바 원상회복이론(原狀回復理論, Wiederbeschaffungstheorie)에 관하여는 BGH 11, 156 (160) (민사부 대법정) 참조. 그 후는 BGHZ 39, 286; 41, 358 f.

29) 어떠한 최고 교환가치가 이와 같은 방법으로 채택되며 또한 채택되었는가 하는 것을 보여주는 연구로는 H. Tiemann, Die Baulandpreise und ihre Entwicklung: Der Städtetag 1970, S. 562 ff. 통계상의 수단만으로 볼 때 경작지로부터 택지로 지목을 변경함으로써 ─ 소유권자의 독자적인 노력 없이 ─ 도달한 가치의 증가는 1963년에 평방미터 당 16마르크에서 1969년에는 30마르크에 달하였다(ebd., S. 572). 이 경우에 나타난 결과는 도시 외곽 지역에서 나타난 가치의 증가는 이와 같은 통계상의 평균가치를 현저하게 상회한다는 사실이다. 토지의 지목변경으로 인한 가치의 증가만도 1960년~69년 기간 동안 전체 4,990만 마르크에 달하며, 같은 기간 동안에 주택건설을 위해서 공적 수단으로 지출한 비용은 4,180만 마르크에 달한다.

이익을 공정하게 형량할 때에 나타나는 것이라면, 완전한 교환가치에 따른 보상의 원칙에서 벗어나는 것도 허용하고 있다. 그러나 그러한 형량이 결코 단순한 명목상의 보상으로 인도될 수는 없다. ―그러한 환원은 재산권보장이라는 법치국가적 내용에 모순될 것이다.30) 그동안에 일찍이 오퍼만(W. Opfermann)에 의해서 제기되었듯이,31) 아마도 하나의 중립선(中立線)일 수 있을 것이다. 즉 이 중립선은 공법상의 법적 지위의 보상에 상응하여, 자신의 급부, 경비지출, 그리고 노동으로 얻은 가치를 보상의 척도로서 적용하고 그럼으로써 '부당한'(unverdiente) 투기의 가치를 배제하는 것이다.

그러나 명백히 해야 할 것은, 악의 근원은 이미 언급하였듯이, 무엇보다도 교환가치에 따른 보상 그 자체에 있는 것이 아니며, 따라서 이러한 악은 교환가치에 따른 보상에서 결정적으로 치유될 수 없다는 것이다. 동시에 나타나는 여러 조치들만이, 특히 평등의 원칙에 위배되어 형성된 현행 토지이용법(5. 참조)의 개정이, 여기에서 효과적인 혁신을 가져올 수 있는 것이다.

만일 ― 고립적으로 ― 보상규정을 바로 언급한 척도에 따라서 규정한다면, 다시 말하여 지금까지의 농지를 단지 농지로서만 보상한다면, 우선 문제를 해결하지는 못하고 단지 새로운 불평등만을 가져올 것이다. 그렇게 되면 자신의 토지가 공공의 목적을 위해서 특별히 요구되고 재산권이 박탈되는 사람에게 불이익이 돌아갈 것이며, 반면에 그 밖의 재산권자들은 현재 건축가능성의 분배에서 생겨난 투기성 이익을 삭감당하지 않고 유지하게 된다. 이것은 그 자신의 토지가 우연히 건축금지구역의 경계 바로 **옆에** 있거나 등록된 녹지대에 해당되기 때문에 투기에 의한 재산상의 이익에서 제외된 사람들이 현재 당하고 있는 불이익을 달리 투영한 것에 불과할 뿐일 것이다. 그렇지만 그것은 그러한 규정을 도외시할 수 있는 근거가 되지는 못한다. 이것은 다만 「후속 조치들」이 불가피하게 첨가되어야만 한다는 것을 지적해 줄 뿐이다. 그것은 이미(6.)에서 언급한 비용-유발(Kostenheranziehung)이든 도시건설촉진법의 모형에 따른 균형비든, 세금으로 가치증식을 제거하는 것, 등등이든 간에 평등의 원칙에 일치하기 위한 것이다. 그러나 이러한 조치가 취해진다면, 이것은 교환가치 역시 투기 요인을 상실하도록 하여, 특히 그것이 비건설부지에서 건설부지로의 과도기에 해당되는 것인 한에서, 급부와 관련하여 오고 갈 수 있도록 하기 위한 보다 상세한 구성요소가 된다.

---

30) v. Mangoldt, a. a. O. (Fn. 11)가 정당하지 못한 것은 그가 의회심의의 총회에 대한 보고에서 행한 경우이며, 기본법 제14조 3항은 「단지 명목적인 것으로부터 완전한 보상에로」라는 활동의 여지를 남겨 놓았다는 것이다(S. 12). 폰 망골트는 프랑크푸르트에서 개최된 국법학자대회에서 이와 같은 정식을 취소하였으나, 동시에 기본법 제14조 3항의 형량과 교환가치의 미달은 가능하게 되었어야 한다는 점을 강조하였다. v. Mangoldt, in VVDStRL H. 10 (Berlin 1952), S. 152 f. 참조.

31) Die Enteignungsentschädigung im Grundgesetz, Diss. jur. Bielefeld, 1972.

10. 물론 여기에는 공공의 복리에 근거하여(지방자치단체의 재정을 위한 것과는 구별하여) 지방자치단체가 시행하는 의미 있는 토지비축정책(土地備蓄政策, Bodenvorratspolitik)의 실현과 그러한 가능성이 첨부되어야만 한다. 이러한 토지비축정책은 그 때문에 건설부지에 대한 과도한 수요, 특히 도시와 도시 근교 지역에서의 과도한 수요와 토지의 희소성에서 생겨나는 가격의 상승조장과 가치의 상승경향에 어느 정도 대처할 수 있기 위해서는 필수적이다. 토지거래에 있어서도 시장의 원리가 통용될 때에, 비중있는 비축토지를 이익을 목적으로 하지 않고 투입하여, 그럼으로써 효과적인 가격규제의 요인이 되는 파트너가 시장에 존재 내지 창출되도록 하여야만 한다. 이와 같은 종류의 보다 '상세한 후속 조치'가 결여되면 — 수요의 압력으로 인하여 — 비용징수, 이익금징수 등등과 같은 모든 균형조치들이 구매자에게 쉽게 전가될 것이다. 그러면 개인의 토지 및 주택소유권은 실제로 보통 시민에게는 조달하기 어렵게 될 것이다. 따라서 이것이 전혀 지양되지 않는다면, 토지영역에 있어서 기본법 제14조 1항에서도 포함되어 있는 (전술한 2. (2) 참조) 재산권에 이르는 자유로운 통로의 보장이 공허하게 될 것이다.

이미 존재하는 가격균형(價格均衡)을 위한 토지 비축정책 — 물론 이에 대한 책임은 지방자치단체에 있다 — 이외에 다른 법적 조치들에 대한 계속적인 준비는 기본법상의 재산권보장에 근거하는 것임에는 의심의 여지가 없다. 이것은 상응하는 규정들이 이와 같은 보장 속에 내포되어 있는 사유재산질서32)에 대한 결정을 고려하는 한에서 그렇다. 물론 이러한 고려에는 「토지」(Grund und Boden)가 사회화되는 형태에 대해서 열려 있는 것이다(기본법 제15조).

---

32) 상술한 주 27)을 보라.

사회세력에 대한 자유의 보장*
— 문제의 개관 —

I.

　국가기관의 권력행사에 의한 위협으로부터 개인의 자유와 사회적 자유를 보호한다는 것은 법치국가의 헌법이 기본적으로 보증하고 있으며, 이러한 보증을 구체화하는 입법에 의해서 제도적 및 절차에 적합하게 원칙적으로 보장되어 있다. 입법자에 대해서도 타당한 기본권과 그 직접적인 권리의 효력, 법치국가의 절차법과 법치국가의 규범화, 그리고 경찰이나 그 밖의 국가적 침해행위에 대한 한계설정, 권리구제의 보장, 행정재판에서의 개괄주의, 헌법재판에서의 규범통제나 헌법조건은 여기에서 필수불가결하면서도 충분한 방지책을 취하였다. 더욱이 이것은 언제든지 국가기관도 위법하게 행동하여 국가의 권력이 남용될 수 있다는 사실을 배제하지 아니한다는 것이다. 그러나 국가의 권력남용이나 위법한 행위는 곧 법치국가의 보장과 방어수단이라는 폭넓은 그물에 걸려들게 된다. 따라서 이 때에 시민은 결코 무방비상태에 있는 것은 아니며, 자신의 권리를 요구하며 국가권력의 남용을 기소할 수 있는 것이다. 국가권력의 사용에 대한 법치국가적 완성이나 한계에서 이전의 것이나 새로운 결함이 발생하면, 입법자 또는 법원은 이것을 구축하여야 한다.1) 그리하여 국가권력은 원칙적으로 시민에 대해서 그 공포와 위협을 상실해 버린 것이다.

---

* 　Ernst-Wolfgang Böckenförde, Freiheitssicherung gegenüber gesellschaftlicher Macht. Aufriß eines Problems, in: Freiheit in der sozialen Demokratie (4. Rechtspolitischer Kongreß der SPD vom 6. bis 8. Juni 1975 in Düsseldorf). Hrsg. von Dieter Posser und Rudolf Wassermann, Karlsruhe 1975, S. 69-76. jetzt in: Böckenförde/Gosewinkel, Wissenschaft, Politik, Verfassungsgericht. Aufsätze von Ernst-Wolfgang Böckenförde, Biographisches Interview von Dieter Gosewinkel, (stw 2006), Frankfurt a. M. 2011, S. 72-83.

1) 이러한 것이 사실상 나타나는 것은 예컨대 병역법, 방위소원법, 그리고 이와 유사한 규범화를 통한 병역관계의 법치국가적인 완성과 재소자의 법적 지위에 관한 연방헌법재판소의 판결(BVerfGE 33, 1)이 보여주고 있는데, 이는 형사소송법의 신속한 수용을 결과하였다.

II.

그러나 문제는 사회세력에 대한 자유의 보장에 있다. 자유란 것을 사회 속에서 또는 사회에 대해서 법적으로 보장된 개개인의 실질적인 발현가능성(發現可能性, Entfaltungs-möglichkeit)이라고 이해한다면, 이 문제는 두 가지의 관점에서 나타난다. 즉, 한편으로는 그러한 자유의 **창출**(Herstellung)에 관하여 이미 주어졌거나 또는 새로이 형성되고 있는 사회적 세력 관계의 맥락에서는 — 말하자면 모든 사회생활의 출발점과 같은 것으로서 — 결코 자명한 것으로 이해하는 것이 아니라 우선적으로 먼저 관철되어야 하는 것이다. 다른 한편으로는, 일단 성립되고 보장된 자유를 사회에서 나타나는 불평등한 움직임에 대해서도 유지하는 것에 관련되고 있다.

1. 근대 사회는 프랑스 혁명에 의해서, 그리고 그 이후에 성립되었듯이, 경제적·사회적 영역에 있어서의 세 가지 권리를 보장하는 기본구조를 가지고 있다. 즉, 법적 평등, 영리추구의 자유, 그리고 기득재산권의 보장이 그것이다. 이와 같은 기본구조는 물론 그 자체로부터는 아직 **현실적인** 자유와 발현가능성을 보장하지는 아니한다. 왜냐하면 개인 모두에게 보편적이고 평등한 것으로서의 자유란 아직 추상적인 것에 그치며, 단지 기회와 가능성에 불과할 뿐이기 때문이다. 이 자유는 개개인이 그러한 자유를 실현하기 위해서 필수적인 사회적 전제들을 사용하는 한도에서 실질적이고 구체화되며, 실제적인 발현가능성이 된다. (넓은 의미에서의) 소유(Besitz)와 소유가능성은 소유를 위한 영리를 추구함으로써 사회적 조건들을 매개시켜 준다. 「자유는 그것의 조건, 즉 자기결정의 전제로서의 물질적이며 정신적인 재화를 소유하는 사람에게서 비로소 실제적인 것이 된다」.[2] 이 문장은 카를 마르크스(Karl Marx)에게서 유래한 듯 하며, 로렌츠 폰 슈타인 (Lorenz von Stein)*이 썼다.

따라서 경제적·사회적 세력관계와 세력의 형성은 그것이 이미 곧 법적으로 보장된 자유가 실현되지 못하게 함으로써, 실질적인 자유로서의 자유의 **성립**을 방해할 수가 있다. 그것들 자체가 개개인 또는 집단 전체가 전혀 또는 거의 사회적 독립성과 사회적 안전을 처리하지 못하고, 그럼으로써 그들에게 그들의 법적 자유를 실현하기 위한 사회적 전제들이 결여되게 하는 작용을 하는 때에 항상 그렇다. 따라서 자유가 모든 사람에게 성립하기 위해서는 국가는 자유를 형식적인 법적 보장을 넘어서 존재하거나 생겨나는 사회세력 자체를 또한 제한하고 수로화(水路化)하여 사회세력이 세력 없는 자들에 대해서 자신들의 우월함을 사용하여 세력 없는 자들의 법적 자유를 질식시켜 버리지 않도록

---

2) Lorenz von Stein, Geschichte der sozialen Bewegung in Frankreich von 1789 bis auf unsere Tage (Ausgabe Salomon), Bd. 3, München 1921 (Neudruck 1959), S. 104.

하여야 한다. 그렇게 함으로써만 자유의 실현을 위한 **기회**로서의 「평등한 출발점」 (Gleichheit des Ausgangspunktes)을 적어도 개략적이나마 형성할 수 있는 것이다.*

2. 실질적인 자유로서의 자유가 이와 같은 방법으로 성립되고 생겨난 것이라면, 문제는 새롭게 그것도 어쩌면 더욱 첨예하게 제기될 것이다. 왜냐하면 법적 평등과 일반적인 영리추구의 자유는 —— 후자는 타인의 동등한 자유와 공공의 안녕과 질서라는 기본적인 요청에 의해서만 제한될 뿐이며 —— 결코 인간의 선천적이며 경제적인 불평등을 제거하는 것이 아니라, 무엇보다도 인격의 완전한 발현을 위해서 그것을 자유롭게 내버려 두기 때문이다. 인간은 선천적인 소질·관심·에너지, 그리고 사회적인 여건에 따라서 각기 다르기 때문에, 모든 사람에게 평등한 법적 자유를 행사할 때에도 불가피하게 각기 다른 불평등한 결과로 나타난다. 법적으로 평등한 자유는 그것이 행사됨으로써 (새로운) 사회적 불평등을 야기시킨다. 이와 같이 다르게 나타나는 자유를 취소시키려고 하는 것은 개개인에 대한 실질적인 발현의 기회로 자유로서의 자유 자체를 취소시키려고 하는 것과 다를 바가 없다. 자유는 필연적으로 사회적 불평등의 감내를 의미하는 것이다.

바로 이 점에서 근대 사회의 기본구조의 세 번째 요소가 그 특유한 역할을 전개하는 것이다. 왜냐하면 기득 재산권을 보장해 줌으로써 자유의 행사로부터 결과하는 사회적 불평등이 고정되기 때문이다. 이와 같이 고정된 것은 세대를 거치면서 축적된다. 소유의 차등으로 인하여 새로운 사회세력의 여건과 세력구조가 생겨난다. 한편으로는 세력을 획득하여 확장하고, 다른 한편으로는 세력상실과 무기력이 나타나는 것이다. 이와 같은 세력형성의 과정을 방치한다면, 결과적으로는 자유의 실현가능성이 또다시 문제로 제기된다. 근대 사회의 골격을 이루는 질서에 속하는, 모든 사람에게 평등하다는 형식적인 권리 그 자체는 선천적이든 소유 때문에 생겨난 것이든, 강자는 더욱 강하게 하고 약자는 더욱 약하게 만드는 경향이 있다. 자신이 사회세력을 가지고 있지 못하거나 특별한 보호를 받지 못하는 사람들은 그 자체로서 무기력하며, 사회적으로 세력이 있는 자들에 대해서 자기의 법적 자유를 더 이상 실현할 수 없게 된다. 보편적이고 원칙적으로 누구에게나 실현가능한 것으로서 유지되어야 할 자유가 서서히 사라져감으로써 점점 더 공허한 형식으로 되어간다. 사회적 불평등은 사회적 **부자유**로 변하는 것이다. 그래도 되는 걸까?

3. 여기에 조직력(組織力, Organisationsmacht)*이라는 문제가 추가된다. 많은 개개인들은 그 자체로서는 무기력하여 서로 결합하여 사회세력이 될 수 있다. 그렇게 생겨난 사회세력은 무기력한 개개인들의 자유를 실현하기 위한 수단으로서 봉사할 수 있다. 더군다나 특히 소유를 매개로 하여 이미 존재하고 있는 경제적인 세력에 대해서는 더욱 더 그렇다. 누구나 알고 있듯이, 노동운동 —— 단결금지를 폐지한 이후에 —— 은 바로 이러한 조직의 원리 덕분이며, 또한 그러한 노동운동 때문에 소유권자 기업주의 세력은 어느 정도까지 균형을 이루게 되었다. 그러나 이러한 원리도 보편적인 것이다. 즉, 모든

이익들은 서로 조직될 수 있으며, 이미 경제적·사회적 세력을 소유하고 있는 사람들의 이익도 또한 조직할 수 있다. 기존의 세력도 조직을 통하여 더욱 더 강화되고 보강될 것이다. 이와 같은 방법으로 사회가 점점 더 세력화되고 조직화되는 과정은 모든 영역에서 변하는 것이다. 사회세력의 담당자와 그 대항세력은 단지 균형을 잡아갈 뿐만 아니라 상호간에 세력축적을 고양하도록 힘쓴다. 다른 유형에 의한 새로운 자유의 제한이 개개인을 위협한다. 조직에로의 소속과 조직을 통한 보호가 점점 더 상황에서 필수적인 것이 되어가고 ─ 조직 밖에 있는 사람은 '아무리 의자가 많아도 그 사이에'(zwischen allen Stuhlen) 앉아 있는 것이며, 개개인은 일반적으로 조직에 종속되듯이 ─ 처음에는 자신들의 자유이익을 위해서 만든 ─ 자기 자신들 조직의 조직력에 종속 될 것이다. 이러한 과정은 완전히 자가당착과 같은 것이다. 모든 조직의 형성은, 그것이 효과적이려면 그 조직이 구성원들의 도구가 되어야 할 뿐만 아니라, 구성원 자신의 생활과 자신의 이익을 전개하고 직무상으로 소수인 지도계층을 드러내도록 하여 구성원들의 관심이 그 기구에 편입되거나 그렇지 않으면 그 기구에 종속되지 않는 것을 목표로 해야만 한다.3)

4. 지금까지는 사회에서 나타나는 경제적·사회적 영역에 대해서, 그리고 그러한 영역에서 세력이 형성되고 그럼으로써 자유가 위협받게 되는 과정에 대한 것만을 문제로 삼았었다. 그러나 이에 대한 분석은 정신·커뮤니케이션의 영역과도 마찬가지로 관련을 가져야 한다. 사회는 재산권보장과 결부된 의견표명의 자유, 출판의 자유, 그리고 정보의 자유와 같은 기본권에 의해서 이러한 영역에서 그 기본구조를 형성하는 것이다. 이와 같은 토대 위에서는 높은 수준의 교육 및 정보의 가능성을 처리하는 폭넓은 정신적 커뮤니케이션 제도가 발전되었을 뿐만 아니라 ─ 경제적·사회적 영역과 병행하여 ─ 세력형성과 세력확장의 과정도 또한 나타났으므로, 이러한 과정을 통하여 언론·출판 및 정보의 자유라는 공개된 커뮤니케이션의 장(場)이 점점 더 거대한 기업과 신문사·출판사 그리고 각종 매체와 같은 기구들에 의해서 점유되었으며, 또 계속 점유되고 있다. 이리하여 매우 강력한 새로운 사회세력의 형태인 의견형성의 세력과 정보의 세력이 생겨나고 있다. 이러한 세력들은 결코 더 이상 폭넓게 확산되지 아니하였으며, 개개인의 자신들의 정보의 자유와 의견형성의 자유를 실현하려고 할 때에, 점점 더 커뮤니케이션 세력의 담당자들에게 종속되도록 야기시킨다. 이에 반하여 공법적으로 조직된 라디오와 텔레비전 시설들은 균형을 이루지 못하고, 오히려 이러한 세력형성 내지 세력확장의 과정에 순응하여 그것을 더욱 부채질하고 있다.* 이러한 시설들의 숫자와 그러한 방송의 지위(Sendeposition)에 이르는 통로가 불가피하게 한정되어 있으며, 더구나 그것도 일방적이 되어 버린 경쟁력 대신에 그때그때 보장된 방송부분과 시청취자의 영역이 존재하기 때문에, 이러한 시설에서 결정하고 방송할 수 있는 지위를 소유한다는 것은, 곧 고정된

3) 사회학은 여기서 「과두제화」의 경향에 관하여 언급하고 있다. 그 경향은 나쁜 의사나 개인적인 권력추구의 결과가 아니라 조직형성의 적법성에로 환원하는 것이다. H. Heller, Staatslehre, Leyden 1934, S. 88 ff., 228 ff. 참조.

매체세력의 지위를 차지한다는 것이나 다름없다. 이러한 세력들은 그것이 구조적으로 제한되어 있는 한 (자유로운 획득의 추구를 전제로 하는), 경쟁에서 일어나는 문제점에 대해서 자유로워지며, 따라서 특권과도 같은 성격을 가지는 것이다.[4]

III.

이러한 반열에서 진행되는 사회발전을 그 자체에, 다시 말하여 자연 발생적인 그러한 사회의 원동력에 따라서 돌아가도록 내맡겨서는 안 된다. 그렇게 되면 사회세력 — 경제적·사회적 세력은 물론 커뮤니케이션 세력도 — 에 대한 자유의 성립이나 자유의 보장도 상실해 버릴 것이다. 그러나 어디서부터, 어떤 지점에서, 어떤 방법으로 변화시키거나 계속 발전시켜 나아가야 할 것인가?

1. 카를 마르크스(Karl Marx)의 견해에 의하면, 전술한 사회의 기본구조를 **제거하는 것**만이 효과적인 도움을 줄 수 있다고 한다. 인간의 권리는 프랑스 혁명이 정식화하였듯이, 그에게는 인간 상호 간에 서로를 격리시키는 표현으로서, 즉 사회와 국가의 출발점으로서 이기주의적인 인간 — 시민(citoyen) 대신에 인간(homme) — 을 선언한 것으로서, 그리고 「시민사회의 물질주의」[5]*를 법적으로 보장해 주는 것으로서 나타난 것이다. 이것에 대해서 그는 계급없는 사회의 새로운 인간 속에서 인간(homme)과 시민(citoyen)의 재일치(再一致)를 목표로서 제시하였다. 이것은 인간 개개인의 능력과 힘이 실질적으로 사회화(社會化)되는 가운데 인간의 권리라는 이기주의에서 해방되는 것을 의미한다.[6]

그럼으로써 물론 근대 사회에 있어서 자유의 기반은 의도하거나 의도하지 않든 사라지게 될 것이다. 왜냐하면 자유란, 사회 속에서 그리고 사회에 대해서 법적으로 보장된 개인의 실질적인 전개가능성으로서 이해할 때에, 이는 개개인에게 그 생활형성의 유형에 대해서, 그리고 사회에 대해서 법적으로 보장된 개인의 실질적인 전개가능성으로서 이해할 때에, 이는 개개인에게 그 생활형성의 유형에 대해서, 그리고 영리활동의 유형과 범위에 대해서, 자신의 의견형성과 의견표명의 유형과 방향 등에 대해서 원칙적인 결정의 자유 자체가 주어지지 아니하고는 생각할 수 없는 것이며, 나아가서는 자신들의 노동의 대가인 소득, 즉 그들이 자유롭게 활동하는 기초인 동시에 그 결과가 되는 소득이 보장된 재산권의 형태로서 그들의 것이 되며, 또한 이러한 보증은 사회생활의 질서와 조직을

---

4) 특권이 부여된 성격은 다음과 같은 데에서 비롯한다. 즉 이와 같은 입장들은 독자적인 노동이나 급부의 결부가 아니며 또한 노동과 급부를 통하여 다른 것에로 다시 문제시될 수 있는 것이 아니라 결코 일정한 임무영역으로 자유롭게 환원할 수 없는 이행과 결합하여 임용계약들에서 나오는 것이다.

5) Karl Marx, Zur Judenfrage I, = ders, Frühschriften, hrsg. v. Landshut, Stuttgart 1955, S. 193 ff. 김현 옮김, 『유대인 문제에 관하여』(책세상, 2015).

6) Ebd, S. 199.

위한 출발점을 형성한다는 사실을 제외하고는 생각할 수 없기 때문이다.

  2. 물론 이러한 것들은 다만 사회 속에서, 그리고 사회에 대해서 자유의 성립과 자유를 보장하기 위한 필수적인 조건들에 불과한 것이다. 즉, 그 자체로서는 그것을 위한 충분한 조건이 되지는 못한다. 자유란 그것이 사회 속에서 몇몇 소수 (물론 세력있는 자들)만이 아니라, 전술하였듯이 모두를 위하여 실질적으로 성립되고 유지되어야만 하는 것이라면 이는 특수한 사회적 및 법적인 **테두리 조건들**(Rahmenbedingungen)을 필요로 하며, 또한 제도적 및 사회적·구조적인 양식도 필요로 하는데, 이는 일반적인 법적 자유의 보장이라는 것으로써 주어지는 것은 아니다. 이와 같은 테두리 조건들 중에서 가장 중요한 것은 「**사회적 불평등을 지속적으로 상대화하는 것**」인데, 이것은 자유를 행사할 때에 항상 새롭게 생겨나는 것이다.[7] 거기에는 동시에 사회세력의 담당자에 대해서 최소한의 자유를 보장해줄 수 있는 소지도 존재하는 것이다.

  사회적 불평등과 그로 인한 세력의 불평등이 완전히 제거될 수 없는 것처럼, 마찬가지로 자유로 제거되어서는 안 되며, 또한 마찬가지로 비록 평등이라는 출발점(대부분의 경우에는 전혀 존재하지도 않지만)에서 비롯된 것일지라도 자유가 방해를 받지 않고 전개되도록 내버려둘 수도 없다. 자유와 평등은 부분적으로는 서로를 조건지우며, 부분적으로는 서로 배척하는 관계에 있다. 이 둘은 모두를 위한 자유를 실제로 유지하기 위해서 부단한 **균형**(Balancierung)을 필요로 한다. 그 때문에 여기서 일어나는 문제는 「출발점의 평등 —— 결과의 불평등」[8]이라는 정식으로써는 그 핵심이 파악되지 아니한다. 바로 결과의 불평등은 —— 그것이 일정한 범위를 넘어설 때에 —— 자유 그 자체(와 당연히 출발점의 평등)를 문제로 삼는 것이다. (자유에서 비롯되는) 결과의 불평등이 자유의 전개라는 이유로 자유롭도록 내버려 둔다면, 각자의 임의성에 맡겨진 자유는 —— 그때그때 마다는 다른 사람에 대한 것이지만 궁극적으로는 모든 사람에게 부자유로 변하게 된다.

  자유를 실현하기 위해서 필수적인 사회적 전제들을 보장하는 것(전술한 II. 1.을 보라) 이외에 거기에서 문제가 되는 것은 개개인이나 조직이 행사하는 자유의 사용과 자유의 신장에 어떤 **척도**(Maß)를 규정하여, 한사람이 행사하는 법적 자유의 실현과 이용이 다른 사람의 그와 같은 자유의 **실현가능성**(Realisierungsmöglichkeit)과 조화를 이루도록 하는 데에 있다. 이와 같은 정식화 속에는 유명한 칸트(Kant)의 정식*이 계속 전개되고 있는데, 이것은 단지 한 사람의 (법적) 자유와 다른 사람의 (법적) 자유가 조화를 이루는 것만을 목표로 할 뿐이며, 실현의 문제는 포함하지 않고 있다.[9] 칸트는 정식이 시민적

---

7) 이에 관하여 기본적인 것은 L. v. Stein, a. a. O. (Fn. 2), Bd. 1, S. 131-138; ders., Gegenwart und Zukunft der Rechts und Staatswissenschaft in Deutschland, Stuttgart 1876, S. 294.

8) 이와 같은 방향에서 Kurt H. Biedenkopf, Die freiheitliche Alternative zum Sozialismus: Süddeutsche Zeitung Nr. 288 v. 13. 12. 1973, S. 18; ders., Fortschritt in Freiheit, Düsseldorf 1974, S. 148 ff.

9) 칸트의 정식: Metaphysik der Sitten, T. 2: Metaphysische Anfangsgründe der Rechtslehre, § B. 백종현 옮김, 『윤리형이상학: 법이론의 형이상학적 기초원리/덕이론의 형이상학적 기초원리』(아카넷,

법치국가에 타당한 것이라면, 여기에서 말하는 것은 사회적 법치국가에도 타당한 것이다. 즉, 이것은 법적 자유의 실현 보장해 주어야만 한다는 것을 포함하고 있다. 즉, 이것은 법적 자유의 실현을 보장해 주어야만 한다는 것을 포함하고 있다. 그렇다고 하여 거기에 이르는 길이 사회세력의 담당자들로부터 그들의 자유를 빼앗는 것은 아니다. 즉, 그것은 문제를 해결하지 않고 단지 문제의 핵심(Front)을 왜곡하는데 불과할 것이다. 오히려 그 길은 가능한 자유의 신장과 가능한 자유의 사용을 제한 내지는 구속하며, 물론 사회세력의 담당자에게도 마찬가지로, 일반적으로 자유의 실현가능성이 모두에게, 특히 사회적으로 무기력한 사람들에게, 그렇게 되도록 하든 그렇게 유지되도록 하든 간에, 여하튼 그렇게 되도록 하는 방법과 범위 안에서 제한 내지 구속하는 데에 있다.

IV.

이와 같은 도상에서 개별적으로 진척시키기 위해서는 여러 가지의 가능성들을 고찰해볼 수가 있다. 이 가능성들은 다양한 생활영역과 권리영역에 적합한 것이어야 한다. 여기에 대한 몇 가지의 지적들은 궁극적으로 주어져 있다고 할 수 있다.

1. 자주 논의되는 것은, 사회세력의 담당자들을 국가와 동일한 방법으로 기본권과 결부시키는 것이다(이른바 기본권의 제3자 효력). 그럼으로써 사회에서 세분화되지 아니한 포괄적인 기본권의 형성이 저 자유들을 개개인 상호 간의 관계에서 광범위하게 다시 지양될 것이며, 이러한 자유들은 기본권에 대한 국가권력의 구속을 통하여 개개인에게 보장되어야만 하는 것이다. '사회세력의 담당자들의 기본권구속'이라는 명목 아래 실제로 추구되는 것은 그들의 기본권소지자로서의 성격(Grundrechtsinhaberschaft)을 부분적으로 박탈한다는 것은 결코 아니다.[10] 오히려 도달하고 보장되어야 하는 것은 사회의 세력자들이, 경제적·사회적이든 커뮤니케이션 분야에서든, 아마도 기본권으로 보장된 그들의 자유를 이용함에 있어서도 사용하였을지 모르는 그들의 세력상황을, 증가하는 다른 시민들, 특히 사회적 약자들에게도 동일한 자유를 실현하는 데에 사실상으로나 법적으로 방해하거나 기대불가능한 방법으로 제한하는 데에 사용할 수 없도록 하는 것이다. 따라서 입법자는 기본권에서 천명하고 있는 자유의 원리들을 그 밖의 법질서의 영역에도 적용케 하고 그곳에서도 구체화시켜야만 하는 것이다. 이것은 한 개인의 과도한 자유와 세력**확장**(Machtausdehnung)의 방지를 의미하는 것이며, 경제세력의 축적에 있어서도 그러하며, 나아가서는 자유의 **사용**에 대한 구속과 제한은 사회적 및 경제적 세력의

2012), 149면).

10) 이에 관하여는 Ernst-Wolfgang Böckenförde, Grundrechtsgeltung gegenüber Tragern gesellschaftlicher Macht? in: Freiheit in der sozialen Demokratie, Karlsruhe 1975, S. 77 ff. (87 f.)를 보라.

우월성은 임의적인 것이 아니라 기본권상의 자유의 원리들과의 조화라는 원칙을 고려할 때에만 사용될 수 있다는 것을 의미하는 것이다.

2. 나아가 다음과 같이 생각할 수도 있다. 특히 사회적 및 경제적 생활과 같은 영역에서처럼 사회세력의 축적이 현저하게 발전하였거나 발전될 위험이 있는 영역들이 보다 강력한 공권력의 영향력과 통제 아래 놓이도록 한다는 것이다. 이것은 물론 동시에 개인적 및 사회적 자유라는 영역의 한 걸음 진보한 축소를 의미하며, 나아가 공권력 자체의 현저한 증가나 그것을 통하여 생겨난 세력 및 영향력이 수여자와 결합된 공권력의 세력증가가 어떻게 다시 제어되고 수로화(水路化)될 수 있는가 하는 문제를 제기한다. 따라서 사법질서(私法秩序) 자체의 토대 위에서 자유·평등이라는 분산된 문제를 해결하는 것이 우선적이다. 여기서 문제가 되는 것은 사법상의 형성의 자유(사적 자치)를 제한하고 균형을 이루는 것이다. 이러한 제한과 균형은 계약의 자유가 적당한 이익**균형**(Interessenausgleich)을 이루는 형식과 수단으로서의 효력을 발휘하게 하며, 사회적/경제적 강자들이 그때그때마다 임의로 자신들의 세력을 관철시키기 위한 세력투쟁의 장(場)으로 변질되지 않게 보장해 준다. 이것은 집중적 투쟁을 초월하여 보통 거래약관과 같이 논쟁이 많은 문제를 포괄하는 것이다. 그러한 규정들의 목표는 법적으로 균형상태를 이루도록 강화하여 시장(市場)과 급부관계(給付關係)에서 여러 가지로 존재하는 세력의 불평등에 대응함으로써 그러한 불평등을 중화시키는 것이어야만 한다.11) 기본권은 자유 영역과 세력영역의 정도를 규정하고 균형을 이루는 데에 목표를 두는, 그러한 일반적 법질서의 사회적 형성에 방해가 되지는 아니한다.12) 오히려 기본권은 그러한 것을 위한 길을 열어준다. 왜냐하면 기본권들에서 자유의 개념은 기본법의 테두리 안에서 (더 이상) 단지 자유주의적·개인주의적인 개념이 아니라, 사회적인 구속력이 있으며 또한 그러한 구속력에 대해서 열려 있기 때문이다.13)

3. 또 하나의 가능성은 이미 확립된 사회세력의 담당자들에 대해서 조직화된 대응세력의 양성을 장려하는 데에 있다. 그럼으로써 자유의 보장이라는 이익 속에서 하나의 세력균형은 이루어지는 것이다. 이것은 단결의 자유보장을 포함하여 자유로운 결사와 단체결성의 자유라는 원칙을 통하여, 우리의 법질서 내에서 충분히 고려되어 있는 상태이다. 이에 대해서 단체의 **내적인** 조직구조는 그것이 특히 사회적이거나 정치적인 기능을 행사하는 한, 보다 상세한 숙고가 필요하다. 여기서는 한편으로는 자유로운 가입권(加入權), 구성원들의 비판과 반대의 자유, 제명권한에 대한 실질적인 한계와 절차에 따른

---

11) Peter Landau, Begrenzung der privatrechtlichen Gestaltungsfreiheit, in: Freiheit in der sozialen Demokratie, Karlsruhe 1975, S. 103 ff. 참조.

12) 이에 관하여 최근에는 ― 주거공간고시법을 예로 하여 ― BVerfGE 37, 131 (139 ff.)를 보라.

13) Ernst-Wolfgang Böckenförde, Grundrechtstheorie und Grundrechtsinterpretation, NJW 1974, S. 1529-1538 (본서 1041면 이하).

구속력의 문제가 제기되며, 다른 한편으로는 그러한 단체의 민주적인 **내부**조직(*Binnen*organisation), 그리고 구성원 내지 구성원의 대표기관의 투표에 대한 기본적인 지도결정에 구속되는가 하는 문제가 제기된다. 모든 단체를 통일적인 도식으로 처리하는 일반적인 해결책은 처음부터 금지되어 있다. 그 대신, 단체들의 기능영역과 기능조건들 ― 특히 정치적으로 비중있는 단체들에서도 ― 은 너무나 분화되어 있다. 더구나 경험적으로 방향지워진 단체연구를 매개할 수 있어서,[14] 여기에서 곧 결정적이면서도 동시에 생산력있는 해결책에 이르게 하는 견문도 결여되어 있다.

4. 특별한 유형의 어려움은 커뮤니케이션 영역과 미디어 영역에서 세력을 제한하고 자유의 보장을 실현하려고 시도하는 경우에 생긴다. 이러한 어려움들은 오늘날의 산업·기술적인 생산형식이라는 조건들 아래에 미디어 영역이 사법적(私法的)으로 조직을 형성하는 경우에, 이러한 영역에서도 경제적인 세력과 커뮤니케이션 세력이 결합하여 축적된다는 데에서 생겨나는 것이다. 팸플릿이나 소책자 같은 것들을 제외한다면, 의견 및 출판「시장」에로의 통로를 열고 일단 획득하게 된 통로를 주장할 수 있는 가능성은 매우 엄청난 양의 자본투입에 달려있다. '자리를 잡은' 출판 및 미디어 기업들은 그들이 일단 어느 정도의 세력을 가지게 되는 한, 계속하여 그렇게 머물며, 이제는 그 내부에서 출판 및 의견의「시장」에서 자신들의 몫을 차지하려고 노력한다.

이러한 과정에 대처하기 위해서 지금까지 제시된 숙고들은 여전히 결코 설득력이 있다거나 수용할만한 해결책이 되지는 못하였다.[15] 특정한 출판물의 시장점유나 판매부수를 법적으로 제한함으로써 시정하려는 시도는, 바로 출판의 자유 자체(출판보급의 자유(Presseverbreitungsfreiheit)라는 형식으로)와 현존하는 출판수요의 충족을 저해하기 어려운 정보의 자유와 갈등을 일으키게 된다. 의견형성의 자유와 징보의 사유라는 이익을 위하여 모든 출판과 미디어 영역에서 선택성(Alternativität)을 보장하려는 노력은, 우선 그 구체적인 의견형성의 기능이라는 관점에서 다양한 출판과 미디어 부분들의 한정을 전제로 한다(이것은 상세한 경험적 검증 없이는 불가능하다). 이러한 제한은 동시에 필연적으로 다소 경쟁에서 자유로운 (따라서 보장에서도 자유로운) 소유상태를 만들어 낸다. 바로 선택성이 보장되어 있어야만 하기 때문이다. 내적인 출판의 자유에 대해 요구하는 것은, 그것이 야기하는 헌법적인 문제는 제외하더라도,[16] 해결책이 아니라 문제를 가중시킬 뿐이다. 즉, 출판기관의 방향과 내용에 대해서 규정하는 힘은 발행인 한 사람에게가 아닌 (지도적인) 편집부 일단의 수중에 놓인다고 하더라도 그럼으로써 여전히 미디어가

---

14) 그와 같은 단체 연구는 당시의 연방공화국에 대해서 여전히 미해결인 문제가 되고 있다.

15) 1973년까지의 본질적인 설명들과 제안들에 관한 개관, 그리고 동시에 헌법적인 관점 하에서의 비판적인 평가들은 Hans-Jürgen Papier, Über Pressefreiheit. Ein Literaturbericht: Der Staat 13 (1974), S. 399-414.

16) Werner Weber, Innere Pressefreiheit als Verfassungsproblem, Berlin 1973; Peter Lerche, Verfassungsrechtliche Aspekte der inneren Pressefreiheit, Berlin 1974.

가지는 세력지위로서의 그 성격을 변화시키지는 못한다. 아마도 정치적으로 다른 것을 지향하는 새로운 편집부에로 나아가는 길을 누가 결정할 것인가? 결국 방송과 텔레비전 제도의 모델 역시 공법상의 조직에 의해서 국가의 자유를 시도하기에는 공법상의 행정행위라는 형식에 구속된다는 보장 없이는 특별히 고무적인 것은 아니다. 그것은 다른 (미디어) 영역으로 전환시킨다고 하더라도 결코 매력적이지는 못하다. 여기에서는 다만 새롭고 보다 확고한, 그러나 결코 거대한 출판기업이 조장할 수 있을 만한 것보다 더 심하지는 않게 통제된 세력지위가 마련되어 있을 뿐이다(전술한 Ⅱ. 4. 참조).

따라서 이 영역에서는 모든 것이 옛날 그대로 남아 있음에 틀림없다거나 남아 있을 것이라고 말해서는 안 된다. 완전히 그 반대이다. 그러나 커뮤니케이션과 미디어 영역에서 실제로 세력을 한정하고 또 자유보장을 확보하는 해결책을 마련하기 위해서는 역시 심사숙고할 필요가 있다.

5. 특별히 중요한 것은, 결국 법질서가 예정하는 권리보호의 가능성들은 모두에게 동일한 정도로 효과가 있어야 한다는 것이다. 특히 사회세력의 담당자에 대해서보다는 사회적 약자들에 대해서 그러하다. 그렇지 않으면, 자유를 보장하는 실제적인 효력은 없이 그저 자유를 보장한다는 형성된 법질서가 여전히 남을 뿐이다. 이 영역에서는 아직도 여러 가지로 행해질 수 있으며(권리상담, 위험비용의 설정, 비용분배), 균형 잡힌 ‘작은’ 규정들을 통하여 효과 있는 작용에 도달할 수 있는 것이다.[17]

---

17) 이에 관하여는 그 밖에 Rudolf Wassermann, Gleicher Rechtsschutz für alle, in: Freiheit in der sozialen Demokratie, Karlsruhe 1975, S. 141 ff. 그 밖의 문헌지시 첨부.

기본법제정 40주년에 따른
기본권해석의 상태*

서 론

　오늘날의 기본권이해의 현저한 특징은 기본권의 양면성을 인정하는 것이다. 즉 기본권은 한편으로는 개개의 기본권주체의 국가에 대한 주관적 자유권이라고 이해하는 동시에, 다른 한편으로는 법의 모든 영역에 타당한 객관적 원칙규범과 가치결정이라고 이해하는 것이다.1) 기본권해석에 대해서는 많은 점에서 견해의 차이가 있지만, 이러한 이중적 측면은 기본권해석의 공통된 기초가 되고 있다. 그럼에도 불구하고 바로 기본권의 이러한 이중구조야말로 독일 기본권이해의 중심에 위치하지만 아직 해결되지 아니한 문제를 포함하고 있다. 오늘날 실무상 기본권은 개인과 고권적으로 행위하는 공권력과의 관계에

---

* Ernst-Wolfgang Böckenförde, Zur Lage der Grundrechtsdogmatik nach 40 Jahren Grundgesetz, Carl Friedrich Siemens-Stiftung, THEMEN Heft 47. 1990, 79 S.

1) 많은 것 대신에 Konrad Hesse, Grundzüge des Verfassungsrechts der Bundesrepublik Deutschland, 16. Aufl. 1988, Rdnr. 283 ff.(계희열역, 『통일 독일헌법원론』, 박영사, 2001, 183면 이하); Klaus Stern, Das Staatsrecht der Bundesrepublik Deutschland, Bd. III 1, 1988, S. 477 ff., 506 ff. 참조.

타당할 뿐만 아니라 법질서 전체의 최고차의 원리로서의 효력을 갖는 것으로 이해되고 있다. 그러므로 기본권은 개개의 권리주체 상호간의 관계에까지 개입하며 그들의 사적 자치에 제한을 가한다. 기본권은 자유보장규범으로서만이 아니라 그와 동시에 국가에 대한 행위위임과 보호의무로서도 타당하다. 이것은 헌법구조를, 특히 연방헌법재판소의 지위와 기능을 서서히 변용시키게 된다. 연방헌법재판소는 기본권재판에서 헌법에 미리 주어진 내용만을 적용하지는 않으며, 헌법의 법창조적 구체화를 행하는 기관이 된다. 이러한 구체화는 ─ 사건마다 그러나 일반적 구속력을 가지며 ─ 내용적으로 축적되며, 입법자는 이 점에서 헌법재판소 판결의 우위 때문에 이 구체화에 구속된다. 헌법재판소는 유럽 대륙적 국가성의 구조적 징표의 하나인 법의 집행과 법의 적용의 분리 이전의, 오랜 의미에서의 재판권의 담당자가 된다. 그것을 위한 기반이 되는 것이 연방헌법재판소의 포괄적인 권한이다. 연방헌법재판소는 추상적 규범통제(기본법 제93조 1항 2호)를 통해 연방정부, 주정부 또는 연방의회 의원의 3분의 1의 신청에 의해서 모든 법률의 헌법적합성을 심사하며, 경우에 따라서는 법률의 무효를 선언하는 권한을 부여받고 있다. 나아가 연방헌법재판소는 구체적 규범통제(기본법 제100조 1항)를 통해 법률의 헌법적합성을 심사하지 않으면 안 된다. 그것은 연방헌법재판소 이외의 모든 재판소가 어떤 법적 분쟁에서 판결을 내리기 위한 전제가 되는, 기본법 발효 이후에 공포된 형식적 의미의 법률을 위헌으로 보고 연방헌법재판소에 제청결정을 행하는 경우이다. 끝으로 누구든지 국가의 고권적 행위(법률·행정처분·재판판결)에 의해서 자기의 기본권 또는 그것과 동등한 권리가 침해되었다는 주장을 헌법소원을 통하여 연방헌법재판소에 제기할 수 있다(기본법 제93조 1항 4a호, 연방헌법재판소법 제90조 이하).

이하에서는 먼저 기본법 성립기에 기본권효력이 놓여 있던 상황을 개관한 후(제1장), 기본법시행 40년 동안에 기본권효력이 헌법재판소의 판례와 헌법학 사이의 협동에 의해서 어떻게 형성되어 왔는가에 대해서 기본권효력의 발전의 핵심을 이루는 단계들을 상술한다(제2장~제4장). 다음에 그로 인하여 헌법구조에서 생기는 필연적 귀결을 명백히 하며(제5장), 끝으로 과연 기본권해석은 올바른 길을 걷고 있는가에 대해서 문제를 제기하기로 한다(제6장).

I. 발전의 기점 ─ 기본법성립기에 기본권효력이 놓였던 상황은 어떠하였는가?

1. 바이마르 공화국에서의 기본권이해

발전의 기점은 무엇보다도 먼저 바이마르 시대와 그 말기에 존재한 기본권이해에 의해서 규정되고 있었다.* 그것에 의하면, 기본권은 국가, 특히 집행권에 대한 주관적

자유의 보장으로 간주되었다.[2] 기본권을 통해 보호된 자유의 영역에 대한 제한(Eingriff)
은 법률로써 또는 법률에 근거해서 법률이 그것을 규정하는 범위에서만 허용되었다.[3]
기본권제한이 집행권(행정) 자신에 의한 행위수권에서 생기는 것은 허용되지 않았다.
그러므로 바이마르 헌법의 표준적 주석자인 안쉬츠(Anschütz)는 기본권을 개인의 자유와
재산에 대한 제한에 법률의 근거 —— 그와 함께 국민대표의 관여 —— 를 요구하는「행정의
법률적합성의 원칙을 개별 사건에 적합하게 구체화한 것」[4]이라고 하였다. 입법자 자신의
기본권에의 구속은 압도적 다수설에 의하여 부정되고 있었다.[5] 입법자에 대해서 기본권
은 단순한 지침,「프로그램 규정」으로서 타당한 것이다. 이것은 부분적으로는 기본권의
내용적 불명확성 때문이었으나 (왜냐하면 바이마르 헌법의 기본권 장조에는 입법자의 개입
없이는 결코 집행할 수 없는 헌법위임도 상당히 존재하였기 때문이다),[6] 그로 인해 오히려
국법실증주의가 받아들인 입법자에게 주권이 있다는 관념[7]이 그 원인이었다. 이러한
관념에 의하면,「입법자로서의 국가에 대한 개인의 청구는 그것이 입법행위의 작위를
구하는 것이든 또는 부작위를 구하는 것이든 … 불가능한 것」[8]이었다.

과연 바이마르 시대에는 헌법이론의 부활이란 흐름 속에서 기본권에 대한 깊은 고찰도
시작되었다. 몇 사람의 헌법학자는 국가는 단지 기본권을 승인할 뿐이며, 그러므로 기본권
은 입법자의 완전한 임의에 복종하지 않는 전(前)국가적 권리라고 간주하였다.[9] 또한
다른 학자들은 기본권을 국민에 아울러 형성된 문화체계, 가치체계의 규범화라고 보았다.
그것에 의하면 국민은 이러한 체계 속에서 통일성을 자각하고 실정적 국가질서, 법질서는
이 체계에서 정당성을 획득한다고 이해되었다.[10] 그러나 이러한 단서도 바이마르 시대에

---

2) 이에 대해서 —— 바이마르 시대의 초기에 관하여 —— Ottmar Bühler, Die subjektiven öffentlichen
   Rechte und ihr Schutz in der deutschen Verwaltungsrechtsprechung, 1919, S. 61, 129, 155.

3) Christian Starck, Entwicklung der Grundrechte in Deutschland, in: Immenga (Hg.)
   Rechtswissenschaft und Rechtsentwicklung, 1980, S. 89 (98 ff.).

4) Gerhard Anschütz, Die Verfassung des Deutschen Reiches vom 11. August 1919, 14. Aufl. 1933,
   Vorbem. 5 b vor Art. 109 (S. 511). 개별적으로 유사한 것은 Richard Thoma, Die juristische Bedeutung
   der grundrechtlichen Sätze der Deutschen Reichsverfassung im allgemeinen, in: Hans Carl Nip-
   perdey (Hg.), Die Grundrechte und Grundpflichten der Reichsverfassung, Bd. 1, 1929, S. 1-54
   (37 f.).

5) RGZ 111, 320 (322 ff.) 참조.

6) 이에 대해서는 Carl Schmitt, Inhalt und Bedeutung des zweiten Hauptteils der Reichsverfassung,
   in : Gerhard Anschütz/Richard Thoma (Hg.), Handbuch des Deutschen Staatsrechts, Bd. 2, 1932,
   S. 572 (585 ff.). 정태호 옮김, 기본권과 기본의무,『동아법학』제36호 (2005).

7) Georg Jellinek, Allgemeine Staatslehre, 3. Aufl. 1960 (Neudruck 1919), S. 435 (김효전 옮김,
   『일반 국가학』, 2005, 355면)(476 ff. [388면]) 참조. Richard Thoma (Fn. 4), S. 45도 참조. 그것
   에 의하면, 시민적 자유주의적 법치국가의 이상은「입법자의 구속이 아니라 오히려 그 최고의 정점을
   포함한 재판과 행정의 구속을 목표로 한다. … 법형성에 관한 주권은 입법자의 손에 돌아가지 않으면
   안 된다」라고 되어 있다.

8) Gerhard Anschütz, Die Verfassungsurkunde für den preußischen Staat. Ein Kommentar für
   Wissenschaft und Praxis, 1912, S. 94.

9) Carl Schmitt, Verfassungslehre, 1928, S. 163-166 (김기범역,『헌법이론』, 1976, 184-188면).

10) Rudolf Smend, Verfassung und Verfassungsrecht, 1928, S. 164 = ders., Staatsrechtliche

는 아직 기본권의 법적 작용을 변질시키는 이해와 법실무에 도달하지는 못하였다.[11]

2. 바이마르 시대와 비교한 기본법의 신규성

이러한 유산과 비교한다면, 기본법은 그 본문에 중요한 신규성을 포함하고 있다. 제1조 제3항에는 기본권은 —— 단순한 프로그램 규정으로서가 아니라 —— 직접 적용되는 법이며, 그러한 것으로서 입법을 비롯한 3대 국가작용 모두를 구속한다고 명기되어 있다. 기본권의 제한가능성은 그것이 허용되는 범위 내에서마저 기본권의 본질적 내용이 어떠한 경우에도 침해되어서는 안 된다는 규정(기본법 제19조 제2항)에 의해서 한정되고 있다. 이러한 기본권의 직접적 효력은 누구에게나 공권력에 의한 자기의 권리침해에 대해서 법원에의 출소의 길이 보장되어 있는 것(기본법 제19조 제4항)에 의해서, 또한 기본권침해에 대해서는 헌법소원의 청구제도가 법률을 대상으로 한 헌법소원을 포함하여 1951년 연방헌법재판소가 창설됨으로써 절차적으로 보장되고 있다.

나아가 기본권을 기초지우기 위해서 기본법은 중요한 언명을 포함하고 있다. 기본법 제1조는 그 3개의 항을 통해 마치 기본권 장의 전문처럼 구성되고 정식화되고 있다. 즉 먼저 제1항에서는 인간 존엄의 불가침과 모든 권력에 대한 위임으로서의 그 존중과 보호의 명령이 구가되고 있다. 여기에 모든 인간공동체의 기초로서의 불가침·불가양의 인권에 대한 고백이 이어진다(제2항). 나아가 제3항은 그 뒤에 규정된 기본권의 직접 적용과 구속을 확인하고 있다. 기본법이 보장하는 기본권은 인간의 존엄의 불가침성을 그 자신의 기초로 하는, 불가양의 인권에 대한 신봉의 발로이다. 이로써 기본권은 초실정적 (metapositiv)인 것으로 헌법에 뿌리를 내리고 또 명확한 근거를 부여받고 있는 것이다.[12]

기본권의 효력은 바로 이것을 기초로 하여 기본법 하의 40년 간에 발전을 이루었다. 이 발전은 —— 체계적으로 조망한다면 —— 두 개의 발자취에 의해서 특징지어지고 있다. 즉 기본권의 주관적 자유권으로서의 전개와, 기본권의 객관적 원칙규범 또는 가치결정으로서의 성격과 그 전개에 의해서이다. 특히 후자는 헌법과 헌법구조의 중대한 변용을 초래하였다.

Abhandlungen, 2. Aufl. 1968, S. 264/65 (본서 769/770면).

11) 그럼에도 불구하고 후버는 1932년 말에 「기본권의 의미변화」를 설명하려고 하였다. Ernst Rudolf Huber, Bedeutungswandel der Grundrechte: AöR 62 (NF 23), (1933), S. 1 ff. 참조.

12) Günter Dürig, Der Grundrechtssatz von der Menschenwürde: AöR 81 (1956), S. 117 ff.; Christian Starck, Menschenwürde als Verfassungsgarantie im modernen Staat : JZ 1981, S. 457 ff. (헌법보장으로서의 인간의 존엄, 김효전 옮김, 『독일 헌법학의 원천』, 523면 이하 및 김대환 편역, 『민주적 헌법국가: 슈타르크 헌법논집』, 시와진실, 2015, 261면 이하).

II. 기본권의 주관적 자유권으로서의 성격

주관적 자유권으로서의 기본권은 판례를 통하여 그 효력이 현저하게 확장되고 강화되었다. 이것은 바이마르 시대 이전과 바이마르 시대에 정착하고 있던, 고권적으로 행위하는 국가권력에 대한 개인의 방어권으로서의 기본권이라는 기본권의 전통적인 규범적 의미내용을 계수하고 있다. 그 확장은 기본법 제1조 제3항에 명기된, 입법자를 포함하는 기본권의 모든 국가작용에 대한 직접적 구속을 통하여 초래되었는데, 그러나 단지 그것만이 계기가 된 것은 아니며, 법창조적인 기본권의 확장도 부분적으로 한 역할을 하고 있었다.13) 이 전개는 다음과 같은 세 단계에서 이루었다.

1. 일반적 행위자유의 기본권으로서의 기본법 제2조 제1항

연방헌법재판소는 「각인은 인격을 자유롭게 발전시킬 권리를 가진다」라고 규정하는 기본법 제2조 제1항의 기본권을, 한편으로는 개인의 일반적 행위자유를 보장하는 것으로 해석하고, 그러나 다른 한편으로는 그 밖의 헌법규정의 틀 내에서 행해지는 것이라면 이 기본권에 대한 모든 제한이 가능하다고 해석하였다.14) 제2조 제1항의 기본권은 특정한 보장내용을 포함하지 않으며, 일반적 법질서 내에 있음에 불과하다고 하나 그렇다고 이 기본권이 공동화된 것은 아니다. 오히려 이 기본권은 국가권력의 모든 고권적 행위가 개인의 행위자유를 어떤 식으로는 제한하는 한 기본권상의 청구권에 근거하여 그 고권적 행위의 합헌성 일반을 통제하기 위한 유효한 수단이 되었다.15) 예컨대 연방국가적 권한분배를 비롯하여 특히 비례성 등의 법치국가 원리에 포함되는 보장, 법규명령의 정립에 관한 수권규정과 절차규정(기본법 제80조)에 이르기까지 그 밖의 객관적인 헌법규범들을 준수하였는지를 통제하게 할 수 있다.16) 이것은 결과적으로는 기본권적 자유청구권이 광범위하게 확대되는 것을 의미할 뿐 아니라, 동시에 이 확장에 수반하는 연방헌법재판소의 심사권한의 확대를 의미하고 있다.17)

---

13) Friedrich Müller, Juristische Methodik, 3. Aufl. 1989, S. 42 ff.도 참조.

14) BVerfGE 6, 32 (36-41). 그 이후 확립된 판례이다. 예컨대 BVerfGE 20, 150 (154-61)을 참조. 그 경우 포괄적이고 전통적인 침해개념을 법주체 상호간의 관계에 있어서의 모든 법규정에 확장하는 것으로서 삼림에서의 승마에 관한 결정이 있다. BVerfGE : NJW 1989, S. 2525 (2525 f.) [BVerfGE 80, 137]. Klaus Rennert, Das Reiten im Wald - Bemerkungen zu Art. 2 I GG : NJW 1989, S. 3261 ff.에는 이것에 비판적이다.

15) Rupert Scholz, Das Grundrecht auf freie Entfaltung der Persönlichkeit : AöR 100 (1975), S. 80 (101) ; Robert Alexy, Theorie der Grundrechte, 1985, S. 364 ff. 이준일 옮김, 『기본권이론』(한길사, 2007).

16) 그들 모두에 대해서는 Christian Starck, in: Hermann von Mangoldt/ Friedrich Klein/Christian Starck, Das Bonner Grundgesetz, 3. Aufl. 1985, Rdnr. 17 zu Art. 2 Abs. 1. 상세한 문헌도 열거되어 있다.

17) 이러한 기본권이 특히 분명히 나타나는 것은 일반적 인격권이다. BVerfGE 54, 148 (153 f.); 60, 329 (339); 63, 131 (141 f.); 72, 155 (170 ff.); 79, 256 (268 ff.)을 참조. 이에 대해서 Walter Schmitt

2. 이른바 특별관계에서의 기본권효력

기본권의 효력은 이른바 특별권력관계에도 미치게 되었다.[18] 기본권의 효력은 예전에는 국가와 시민 일반의 통치관계, 즉 일반 국민 누구나 복종하는 개인의 국가권력과의 관계에만 한정되고 있었으나,[19] 이제 많은 특별한 관계, 즉 특정한 개인과 국가권력, 보다 구체적으로 말하면 행정 사이의 관계에도 미치게 되었다.

이에 해당되는 것은 공무원관계, 군인관계, 학생과 공립학교와의 관계, 재소자관계 등이다. 기본권효력의 이와 같은 확장은 엄밀하게 말하면 기본법 제1조 제3항이 예정하고 있던 것이다.[20] 즉 이 규정은 직접 적용되는 법으로서의 기본권에의 구속에 어떠한 유보도 인정하지 않았으며, 또한 인정하지 아니한다. 집행권과의 관계에서도 마찬가지이다.[21] 그러나 이 견해가 기본권제한은 특별권력관계에서도 특별권력관계 그 자체에 의해서 곧 허용되는 것이 아니라 법률에 의한 수권이 있고 또한 그것이 허용되는 한에서 행할 수 있다는 형태로 관철하기까지는 20년 이상의 세월이 소요되었는데,[22] 이것은 방위체제도입에 따르는 기본권규정의 보충[23]과 행정재판소의 판례에 의해서 준비된 것이었다.[24] 그 실제적인 귀결로서 이와 같은 이른바 특별권력관계가 해체되는 것은 아니다. 특별권력관계는 법치국가와 기본권에 의해서 법적으로 질서지워진 특별한 관계로 완전히 형성되었다. 그때까지 이 영역에서는 거의 한정되지 아니한 집행권의 규율권, 명령권이 모든 기본권제한에 대해서 법률의 근거와 수권에 의해서 구속되고 한정되며 법원에 의한 완전한 심사에 복종하게 되었다.[25] 이러한 법치국가에 의한 「정복」은 특별

Glaeser, Schutz der Privatsphäre, in: Josef Isensee-Paul Kirchhof (Hg.), Handbuch des Staatsrechts der Bundesrepublik Deutschland, Bd. VI, 1989, § 129, Rdnr. 27 ff.; Hans D. Jarass, Das allgemeine Persönlichkeitsrecht im Grundgesetz: NJW 1989, S. 857 ff. BVerfGE 65, 1 (41 ff.)는 이 권리를 「정보에 관한 자기결정」의 권리에로 확장하였다.

18) BVerfGE 33, 1 (9 ff.)가 기초가 된다. 그 이후 확립된 판례이다. 예컨대 BVerfGE 45, 400 (417); 58, 275 (268 ff.); 58, 358 (366 ff.); 64, 308 (310 f.) 참조.

19) 다른 것 대신에 Richard Thoma (Fn. 4), S. 24 f. 참조. 이에 대해서 Wolfgang Loschelder, Vom besonderen Gewaltverhältnis zur öffentlich-rechtlichen Sonderbindung, 1982, S. 7 ff. (1. Teil)가 모든 것을 정리하고 있다.

20) 예컨대 적절하게도 BVerfGE 33, 1 (11). 이미 그 이전에 Günter Dürig, in: Theodor Maunz/Günter Dürig, Grundgesetz, Art. 17 a, Rdnr. 6 (Stand 1961). 나아가 Walter Krebs, Vorbehalt des Gesetzes und Grundrechte, 1975, S. 128 ff. 참조.

21) Dieter Jesch, Gesetz und Verwaltung, 1961, S. 211 ff.

22) 당시의 논쟁상황에 대해서는 예컨대 Michael Ronellenfitsch, Das besondere Gewaltverhältnis — ein zu früh totgesagtes Rechtsinstitut: DÖV 1981, S. 933 (935 f.); Ludwig Weninger, Geschichte der Lehre vom besonderen Gewaltverhältnis, 1982, S. 219 ff.

23) Hildebrand Krüger, Die Grundrechte im besonderen Gewaltverhältnis : ZBR 56, S. 309 (311) 참조. Günter Dürig (Fn. 20), Rdnr. 18 ff. zu Art. 17 a (Stand 1961); Konrad Hesse, Grundzüge des Verfassungsrechts der Bundesrepublik Deutschland, 1. Aufl. 1967, S. 129 f.에 명백하다.

24) BVerfGE 33, 1 (9 ff.).

25) 이에 대해서 울레(Carl Hermann Ule)와 쉔케(Wolf-Rüdiger Schenke)의 보고를 참조. in: Detlef

한, 그때까지는 어디까지나 내부적이었던 행정법의 광범위한 영역, 특히 이른바 영조물법에도 미치며, 일면적인「특별권력관계」는 기본권이 타당하는 이면적인 권리와 의무의 범위를 한정된 법관계에로 변형한 것이다.26)

3. 기본권제한가능성의 한정

기본권이 이미 일반적으로 입법자의 임의에 맡겨지지 않는다면, 입법자에 의한 제한가능성의 한도와 범위를 묻는 것이 중요한 문제가 된다. 이에 대한 기준과 한계를 발견하는 것이 개인적 자유권으로서의 기본권의 전개에 있어서의 제3단계였다.

판례, 특히 연방헌법재판소의 판례는 이에 대해서 기본권제한은 그것이 입법자에게 명백하게 유보되어 있는 경우일지라도(법률의 유보 있는 기본권), 비례원칙에 따라서 비로소 허용된다는 원칙을 발전시켰다. 즉 기본권제한은 제한적 법률이 명시한 정당화 가능한 공공복리의 목적달성이라는 관점에서 적합하고 필요하며 협의의 의미에서 비례적인27) 한에서만 허용될 수 있다는 것이다. 제한가능한 기본권일지라도 입법자의 자유로운 개입 뒤에 남은 잔류물만을 보장하는 것은 아니며, 오히려 반대로 제한적 법률이 —— 기본법 제19조 제2항이 그 본질적 내용으로서 규정한 —— 기본권의 실질을 침해해서는 안 되는 것이다.28) 여기에는 또한 제한적 법률의 개념과 수권이 그 자체로서 기본권보장에 비추어서도 해석되지 (경우에 따라서는 한정되지) 않으면 안 된다는 것이 포함되어 있다. 이러한 이른바 상호작용이론(Wechselwirkungstheorie)을 연방헌법재판소는 우선 최초로 기본법 제5조, 의견의 자유의 기본권에 관하여 제시하였는데,29) 현재 이 이론은 일반적 타당성을 갖게 되었다.30)

물론 기본법에는 법률의 유보를 수반하지 않는 기본권, 이른바 제한불가능한 기본권도 있다. 여기에 속하는 것으로서 예컨대 제4조 제1항(신앙, 양심의 자유), 제5조 제3항(예술의

Merten (Hg.), Das besondere Gewaltverhältnis, 1985, S. 77 ff. 83 ff.

26) 이에 대해서 상세한 것은 Wolfgang Loschelder (Fn. 19), S. 371 ff., 399 ff.를, 오늘날의 논쟁상황에 대해서는 Detlef Merten (Hg.), Das besondere Gewaltverhältnis, 1985 참조.

27) 예컨대 BVerfGE 19, 342 (348 f.) ; 30, 392 (316) ; 39, 210 (230, 234); 65, 1 (44) 참조. 확립된 판례이다. Eberhard Grabitz, Der Grundsatz der Verhältnismäßigkeit in der Rechtsprechung des Bundesverfassungsgerichts: AöR 98 (1973), S. 568 ff. ; Hans-Peter Schneider, Zur Verhältnis-mäßigkeitskontrolle insbesondere bei Gesetzen, in: Bundesverfassungsgericht und Grundgesetz, Bd. 2, 1976, S. 390 ff. ; Rudolf Wendt, Der Garantiegehalt der Grundrechte und das Übermaßverbot: AöR 104 (1979), S. 414 ff. 참조. 비판적인 것으로서 Bernhard Schlink, Abwägung im Verfassungsrecht, 1976, S. 49 ff.

28) 이러한 의미에서 이미 Carl Schmitt (Fn. 9), S. 166 f. (역서, 187면 이하).「본질적 내용」의 개념에 관한 논쟁상황에 대하여 Ludwig Schneider, Der Schutz des Wesensgehalts von Grundrechten nach Art. 19 Abs. II GG, 1983, S. 76 ff., 155 ff.

29) BVerfGE 7, 198 (208 ff.); 35, 202 (223 f.); 44, 197 (202). 이에 대해서는 예컨대 Walter Schmitt Glaeser, Die Meinungsfreiheit in der Rechtsprechung des Bundesverfassungsgerichts: AöR 97 (1972), S. 60, 276 ff.

30) BVerfGE 17, 108 (117); 67, 157 (173); Konrad Hesse (Fn. 1), Rdnr. 319.

자유와 학문의 자유), 제9조 제1항(결사의 자유)이 있다. 그러나 이러한 기본권이라고 하더라
도 무한한 효력을 가질 수 있는 것은 아니다. 왜냐하면 법적으로 보호된 자유는 어떠한
자유일지라도 무한정할 수는 없기 때문이다. 거기에서 이른바 기본권 내재적 한계의
이론과 실무가 등장한다.31) 이것은 기본권이 특별권력관계에까지 그 효력을 발휘하게
됨으로써 특히 중요하게 되었다. 연방헌법재판소는 이러한 내재적 한계를 —— 흥미깊게도
그 출발점은 군인관계였는데32) —— 기본법 제20조에 포함되어 있는 헌법의 규범적
기본결정에서만 발견한 것은 아니다. 이 재판소는 나아가 헌법상 보호된 모든 법적
가치에서 기본권 내재적 한계를 도출하고 연방과 주의 권한영역을 분할함에 불과한
헌법의 권한규정마저도 그러한 법적 평가의 일부로 간주하였다.33) 이것은 헌법제정자가
매우 의식적으로 보호하려고 의도한 바로 그 기본권에서도 기본권제한의 광범위한 가능성
을 발생시킨 것이며 또한 발생시키고 있다.

  기본권 내재적 한계의 이론은 나아가 법률에 의해서 제한가능한 기본권에도 전용되었
다.34) 그러한 의미에서는 명문의 규정에 의한 당해 기본권에 관련되는 민주적인 입법자의
개입이 경우에 따라서는 생략될 수도 있다는 결과가 일반적으로 생긴다.35) 기본권 내재적

---

31) 이것은 우선 최초로 Günter Dürig, in : Maunz/Dürig, Rdnr. 69 ff. zu Art. 2 I (Bear. 1960)에 의해서
   상세하게 — 그리고 자유주의적 지향에 의해서 — 전개되었다. 나아가 Ernst-Wolfgang Böckenförde,
   Der Stellvertreter Fall : JuS 1966, S. 359, 362 ff. 참조. 연방헌법재판소의 입장에 대해서는 예컨대
   BVerfGE 28, 243 (280); 30, 173 (191 ff.); 32, 98 (107 f.) 참조. 확립된 판례이다. 학설도 널리
   이에 찬동한다. 예컨대 Christian Starck (Fn 16), Rdnr. 176 ff. zu Art. 2 I; R. Alexy (Fn. 15),
   S. 262 f. 참조. 다른 견해로서 Roman Herzog, in : Maunz/Dürig, Grundgesetz, Art. 4, Rdnr. 111
   ff. (Bearb. November 1988)이 있다.
32) BVerfGE 28, 243 (Leitsatz 2; 261); 32, 40 (46).
33) 이러한 전개에 관한 서술과 그에 대한 비판에 대해서는 BVerfGE 69, 1 (ebd. 58-65)의 비판에 대한
   마렌홀츠와 뵈켄회르데 두 재판관의 소수의견을 참조. Martin Kriele, Vorbehaltlose Grundrechte
   und Rechte anderer : Jur. Arbeitsblätter 1984, S. 629 (630 ff.); Herbert Bethge, Zur Problematik
   von Grundrechtskollisionen, 1977, S. 256 ff., 263 ff.도 비판적이다.
34) 예컨대 이미 Friedrich Klein, in : v. Mangoldt/Klein, Das Bonner Grundgesetz, 2. Aufl. 1957.
   Art. 5, Anm. IX 1. a); 이점에 관하여 제3자효력에 관한 판례 속에서는 BVerfGE 66, 116 (136),
   또한 Roman Herzog, Maunz/ Dürig, Grundgesetz, Art. 5 I, II, Rdnr. 293 (Bearb. 1987)가 있다.
   비판적인 것으로서 Bodo Pieroth/Bernhard Schlink, Grundrechte — Staatsrecht II, 5. Aufl. 1989,
   Rdnr. 378 ff. 정태호역, 『독일 기본권 개론』(2000).
35) 연방행정재판소 제7부는 실제로 이와 같은 결론을 도출하고 있다(BVerwG v. 23. 5. 89 = DÖV 1990,
   108 f.)[BVerwGE 82, 76]. 이 재판소는 「청년 섹트, 청년 종교」(Jugendsekten, Jugendreligionen)에
   대한 연방 정부의 공적 경고를 한편으로는 기본법 제4조 1항에 대한 제한이라고 보았는데, 다른 한편으로는
   이 제한을 위해서는 명문의 법적 근거를 요구하지 않는다고 하였다. 왜냐하면 당해 제한은 연방 정부가
   헌법상 부여된 임무와 공중에 대한 계몽과 정보제공에 관한 작용에 의해서 한정된 권한을 통하여 이미
   정당화되어 있기 때문이다. 여기서는 헌법상의 임무(권한)가 이와 같이 생각할 수 있는 제한의 정도와
   범위를 확정하는 민주적 입법자를 필요로 할 것까지도 없이 내재적 기본권한계로 되며, 집행권에 대해서
   헌법에서 직접적으로 제한을 수권한다. 여기에 계속되는 이유는 의회에 의한 입법국가로서의 법치국가와
   자유를 내세운 깃발로서의 법률을 완전히 해임한다. 판결은 「연방 정부의 공적 경고에 관한 권한은
   헌법 그 자체에서 유래하기 때문에, 이 권한에 관한 광범위한 (단순) 법률상의 규율은 필요하지 않다.
   이것은 기본권제한을 고려하는 것으로서도 그 활동이 연방 정부에 의해서 공중에 대한 위험이라고 보는
   사람에게도 타당하다. … 적법한 기본권제한의 한계는 마찬가지로 직접 헌법에 의해서 심사된다. 왜냐하면
   개개의 개인에 대해서 부정적 언명을 행하는 경우 국가는 … 국가의 제한권한을 억제하고 한정하는

한계가 미치는 한 법률유보 대신에 집행권에 대한(헌법에 의한 직접적인) 수권이 행해지게 되며, 이것은 물론 연방헌법재판소의 해석과 형량에 의해 행사되는 법관유보 하에 놓이게 된다.

III. 기본권의 객관적 원칙규범과 가치결정으로서의 성격과 그 전개

객관적 원칙규범과 가치결정으로서의 기본권이해, 나아가 거기에서 생기는 기본권의 객관법적 의미내용은 확실히 바이마르 헌법 하에서도 논의되기는 하였으나, 거기에서 승인되고 있던 것은 아니다. 객관적 원칙규범과 가치결정으로서의 기본권은 1945년 이후에 제정된 주헌법에 의해서도 규정되지 아니하였으며, 또한 1949년의 헌법제정자의 결정에 의해서도 미리 부여되지는 않았다. 그때문에 기본권은 판례, 학설에 의해서 객관적 원칙규범과 가치결정으로서 성격지워지지 않으면 안 되었다.[36] 이 문제는 특히 기본법 제1조 제3항에 의해서 미리 결정되고 있었던 것도 아니었다. 바이마르 헌법과의 비교에서 이 규정에 포함된 신규성(전술한 제1장 (b) 참조)은 기본권에 대해서 말하면, 그 구조와 그것이 가지는 규범내용에 관한 것이며, 기본권의 성격을 변용하는 것은 아니다. 만일 기본권이 주관적 자유권이라면, 기본권은 그와 같은 것으로서 직접적으로 적용되는 법이며, 세 개의 국가작용 모두를 구속한다. 그리고 기본권이 객관적 원칙규범이라면 기본권은 그러한 것으로서 타당하며 구속하는 것이다. 그러나 기본권은 직접 적용되며 입법자를 구속함으로써 무엇인가 다른 내용 또는 새로운 내용을 획득하는 것은 아니다.

비례원칙을 항상 고려해야 하기 때문이다. 상세한 법률에 의한 규율은 일어날 수 있는 제한상황과 효과의 형태가 다양하기 때문에 실제로는 불가능하며, 그러므로 헌법상으로도 요청되지 아니한다」고 서술한다. 이러한 연역에 의하면, 법치국가적으로 형성된 경찰법도 마찬가지로 불필요하다고 선언하는 것이 가능하다. 왜냐하면 경찰적 제한상황의 형태는 다양하며, 경찰당국은 여하튼 비례원칙에 구속되기 때문이다. 나아가 연방은 ― 기본법 제30조의 기본결정에 반하여 ― 청년 섹트, 청년 종교의 영역에 있어서의 위험방어에 관한 독자적인 경찰권한을 획득한다. 연방헌법재판소 제1부 제1부회는 연방행정재판소의 논거를 명시적으로 승인하고, 이러한 법률로써 수권되지 아니한 제한적 행위에 대한 일반적인 정당화근거로서, 나아가 기본법 제2조 제2항에서 생기는 보호의무를 부가하였다. BVerfGE (부회판결), NJW 1989, S. 3269 (3270) 참조.

36) 바이마르 헌법에 대해서 본문 제1장 (a)와 특히 Gerhard Anschütz (Fn. 4), Bem. 5 vor Art. 109 참조. 이에 비하여 스멘트와 후버로 대표되는 객관법적 경향은 보급되기에 이르지 못하였다. Rudolf Smend (Fn. 10), S. 162 f.; Ernst Rudolf Huber (Fn. 11), S. 1 f. 1945년 이후의 란트 헌법에 대해서는 예컨대 Hans Nawiasky/Claus Leusser, Die Verfassung des Freistaates Bayern vom 2. 12. 1946, 1948, S. 58 f., 176 f.; Adolf Süsterhenn/Hans Schäfer, Die Verfassung des Landes Rheinland-Pfalz, 1951, S. 65 ff., 73 ff.도 참조. 기본법에 대해서는 독일 연방공화국 기본법 초안에 관한 보고서(Bericht zum Entwurf des Grundgesetzes für die Bundesrepublik Deutschland, o.J., S. 5 f.) 참조. 나아가 Konrad Hesse, Bestand und Bedeutung der Grundrechte, in: HdbVerfR, S. 79 (92 ff.)[기본권의 현황과 의의, 계희열역, 『헌법의 기초이론』, 2001, 157-193면]도 같은 뜻. 이에 더하여 Klaus Stern (Fn. 1), S. 897 ff.

객관적 원칙규범과 가치결정으로서 기본권의 성격을 규정하는 것은 기본법 하에서의 발전의 소산이며, 기본법에 미리 부여된 것은 아니다.

기본권의 객관적 원칙규범과 가치결정으로서의 성격의 발견과 그 전개는 50년대 후반 경부터 시작한다. 그것은 나치 정권의 붕괴와 법실증주의의 좌절 이후에 불가피하고 불가결하였던 독일 연방공화국에 있어서의 법의 기초지움 논쟁과 관계하고 있다. 이 논쟁은 기본권의 본래적 의의를 둘러싼 문제에도 도달하며, 특히 국가와 국가적 법질서 이전에 존재하는 권리로서의 기본권의 기초지움을 심화하였다. 이 문제에 대해서는 가치철학, 특히 막스 쉘러(Max Scheler)*와 니콜라이 하르트만(Nicolai Hartmann)*에서 유효하였듯이, 자연법적 사고의 시대에나 적합한 의상이었던 실질적 가치사고에 의거하며,37) 또는 루돌프 스멘트(Rudolf Smend)의 가치관련적 기본권이론38)에 의거하여 해답하는 것이 널리 행해졌다. 기본권의 의의에 관한 이 문제는 바이마르 시대부터 받아들이고, 이제 새로운 명제가 주어졌다. 기본법 자체가 부여한 계기는 제1조 제1항에 있어서의 인간의 존엄존중의 명령과, 제1조 제2항의 불가양의 인권에 대한 고백이었다. 양자는 기본권의 기초지움과 정당화의 언명으로 간주되었다.39)

이와 같은 기본권에 대한 새로운 인식은 독일연방공화국에 한정되지는 않았다. 그것은 예컨대 스위스 헌법학에도 발견된다. 한스 후버(Hans Huber)*는 1955년에 —— 법주체 간의 사회관계에 대한 기본권의 의의를 테마로서 ——「제2차 세계대전 후의 기본권과 기본권사상의 재생과 순화」40)에 대해서 논하고 있다. 그것에 의하면, 기본권사상의 재생과 순화는 인간의 생존이 사회적 생존이기 때문에 인간의 존엄의 승인과 인간의 모든 생활영역에 있어서의 인간의 존엄에의 배려에 의해서 뒷받침되어 있다고 한다. 이것은 국가와 시민의 관계를 초월하는 기본권의 작용을 함의하는 것이다.

1. 기본권의 객관적 가치로서의 성격의 발견

연방헌법재판소의 판례에 의한 기본권의 객관적 가치로서의 성격의 발견은 일반적인 의의를 획득하였다. 그것은 여기서는 두 개의 국면에서 달성된다. 즉 먼저 기본권의 장 전체가 법의 모든 영역에 타당하는 객관적 가치질서와 가치체계라고 간주되고, 나아가 —— 그것과 동시에 또한 그것에 이어서 —— 개개의 기본권 자체가 객관법으로서의 가치결정

---

37) 이에 대해서는 Ernst-Wolfgang Böckenförde, Zur Kritik der Wertbegründung des Rechts, in : OIKEIOSIS, FS f. Robert Spaemann, 1987, S. 1 (1 f.)를 참조. 문헌도 열거되어 있다.

38) Rudolf Smend, Verfassung und Verfassungsrecht, 1928, in : ders., Staatsrechtliche Abhandlungen, 2. Aufl. 1968, S. 260 ff.(본서 766면).

39) Günter Dürig (Fn. 12), S. 117 ff.; Jörg Paul Müller, Die Grundrechte der Verfassung und der Persönlichkeitsschutz des Privatrechts, 1964, S. 129 f.

40) Hans Huber, Die Bedeutung der Grundrechte für die sozialen Beziehungen unter den Rechtsgenossen, 1955, in : ders., Rechtstheorie, Verfassungsrecht, Völkerrecht, 1971, S. 139 (157 ff.).

적 원칙규범이라고 해석된다.

(1) 객관적 가치질서로서의 기본권의 장 전체

제1의 국면의 기초가 된 것은 ― 동시에 제2의 국면에도 영향을 미친 ― 연방헌법
재판소의 뤼트(Lüth) 판결이다(BVerfGE 7, 198/205).[41]

이 판결은 기본권은 우선 첫째로「개인의 자유로운 영역을 공권력의 침해로부터 보호하
기 위하여」규정되어 있으며,「기본권은 시민의 국가에 대한 방어권이다」라는 것을
전제로 하고 있다. 이것에 이어서 그 판결은 나아가 이렇게 서술한다.「그러나 그와
동일하게 정당한 것은 가치중립적인 질서라는 것을 의욕하지 않는 기본법이 그 기본권의
장 속에 다시 하나의 객관적 가치질서를 설정한 것, 그리고 바로 이 점에 기본권효력의
원리적 강화가 나타나 있다는 것이다. 사회공동체에서 자유롭게 발전하는 인간의 인격과
그 존엄을 중심으로 한 이 가치체계는 헌법상의 기본결정으로서 법의 모든 영역에 타당하
지 않으면 안 된다. 입법, 행정, 그리고 사법은 이 가치체계로부터 지침과 자극을 받는다.
따라서 이 가치체계는 민사법에 대해서도 당연히 영향을 미친다. 민사법의 규정도 이에
모순되어서는 안 되며, 각 규정은 그 정신으로 해석되지 않으면 안 된다」.

여기서는 기본권의 장에서 설정된 가치질서가 법의 모든 영역에 타당하는 것, 그
실체적 내용에서 법질서 전체를 형성하며, 이것을 상세하게 결정하는 것, 그리고 그것은
헌법에 근거하는 것이 명백하게 판시되고 있다. 그 실현의 방법은 오로지 (현존하는)
단순법률의 적용과 해석이며, 헌법이 이에 대해서 형성적이며 조화적으로 작용한다.
― 민사법에 문제가 향해지고 있는 것은 단서가 된 사건이 그와 같은 사건이었기 때문이다.

판결의 기초가 된 의견서(Votum)에 시선을 던지는 것은, ― 이 의견서를 열람할 특권을
가지는 한 ― 가치 있는 일이다. 의견서는 우선 첫째로 판례와 학설의 실로 풍부한 관련을
제시한다. 뒤리히(Dürig),* 니퍼다이(Nipperdey)*, 폰 망골트-클라인(v. Mangoldt/
Klein)*의 주석, 나아가 한스 후버도 논의되고 있으며, 그 사고과정에 영향을 주고 있다.
그것에 의하면, 기본권은「그 자체로서」, 즉 공권력에만 대항하는「시민의 진정한 주관적
권리」로서 작용한다. 이것은 대사인적 기본권의 거부이다. 그러나 또한 기본권 장의
규범은 나아가「국가, 사회생활 전체를 위해서 법공동체 내부의 모든 인간의 행위가
우선 첫째로 매우 일반적인 의미에서 의거해야 할 기준을 설정하려고 하는」(S. 15) 하나의
가치체계를 설정하였다는 것이다. 도입되는 기본권의 이중구조가 명백하게 된다. 즉
공권력에 대한 전통적인 주관적 권리로서의 기본권에 더하여 모든 방면에 타당하는
가치내용을 선명하고, 그것에 대응하는 가치체계를 설정하는 객관적 규범으로서의 기본
권이 등장한다.[42] 그러나 모든 법영역으로 방사효(放射效)를 미치고 향도하는 이 가치내

---

41) BVerfGE 7, 198 (205 ff.). 헌법소원의 신청에서 판결까지 6년 이상 소요되었다. 그 원인은 재판소가
   그 근본적인 의의를 어떤 식으로든 의식하고 있었기 때문이다.

42) 문제가 된 것은 기본권 내용에서의 이중구조 내지 이중의 성격지움이다. 주관적 권리로서의 기본권은
   그 기초를 객관적 규범에 가지며, 또한 가지지 않으면 안 되기 때문에 주관적 기본권의 기초로서의

용은 기본권 장의 실체적 본질을 전체적으로 구현하는 것은 아니다. 의견서가 나아가 상세히 서술하는 바에 의하면, 그 가치내용은 오히려 개별적 기본권규범들에 대해서도 조사되고, 확정되지 않으면 안 된다(S. 15, 18). 바로 이점에 기본권의 장 그 자체에 그치지 않고 개별적 기본권에 객관적 규범과 가치결정이라는 성격을 부여하는 계기가 함의되어 있다. 때문에 다른 이해도 가능한 판결문에도 불구하고 뤼트 판결은 그 출발점에서 볼 때 기본권의 장 전체 속에 결실한, 일반적으로 고려되어야 할 국민의 법도덕 및 생활형태의 확정에 그치는 것은 아니다. 이것은 다른 근거에서도 당연한 것이었다. 헌법소원의 성공에 대해서 불가결한 기본권침해를 객관법적 규범내용으로서의 기본권 장의 전체에서 확인하는 것은 곤란하며, 기본권침해는 권리로서의 어느 하나의 개별적 기본권에서만 ― 여기서는 기본법 제5조 1항인데 ― 확인가능하였다. 그리하여 이미 뤼트 판결 자체가 기본권의 객관적 가치질서로서의 성격의 발견을 그 제2의 국면에로 인도하게 된다.

(2) 각각에 고유한 객관적 가치결정으로서의 개별적 기본권

이 제2의 국면은 이미 뤼트 판결의 1년 전에 내린 부부합산과세에 관한 판결에서 시작한다. 이 판결에서는 명백하게, (「혼인과 가족은 국가질서의 특별한 보호를 받는다」는) 기본법 제6조 1항은 혼인과 가족에 고유한 사적 영역을 보호하기 위한 단순한 「고전적 기본권」과 아울러 제도보장임에 그치지 않고, 「그것에 더하여 동시에 원칙규범, 즉 혼인과 가족의 전 영역에 타당하는, 사법과 공법에 대해서 구속적인 가치결정이다.」[43]라고 되었다. 이로써 객관법적 의미내용과 모든 법영역에로 미치는 그 작용은 기본권의 장에서 전체로서 구현된 가치질서에 대해서 뿐만 아니라 어떤 하나의 개별적 기본권에 대해서도 확인된다. 그리고 그 객관법적 의미내용은 고전적 기본권 또는 제도보장으로서의 기본권의 내용과는 별개의 것으로서 위치지워지고 있다.

이 판결, 나아가 그 의견서의 근거는 기본권이론에 대한 고찰에서 획득된 것은 아니다. 그것은 바이마르 시대로부터의 기본권규정에 관한 해석준칙에 의하고 있다. 거기에서 근거가 되는 것은 바로 기본법 제6조 제1항과 그 문언에 포함된 보호명령이며, 바이마르 헌법 제119조에서 유래하는 조문의 전통, 나아가 일의적으로 보호규범을 향하고 있었다고 보여지는 제헌위원회(Parlamentarischer Rat)에 있어서의 입법 의사이다(S. 51-59).

객관적 기본권규범을 부정할 수 없다는 슈테른의 고찰은 결코 기본권의 이중적 성격을 충분히 근거지우지 못한다. Klaus Stern (Fn. 1), S. 908 f. 여기서는 객관적 법규범과 그 내용이 동일시 내지는 혼동되고 있다. 모든 주관적 권리가 그 주관적 권리를 내용으로 하고 있는 객관적 법규범의 발현으로서만 존재하는 것은 법논리적으로 의심은 없지만(Albert Haenel, Das Gesetz im formellen und im materiellen Sinn, 1888, S. 20 ff.를 참조), 그리하여 객관적 법규범의 존재로부터 어떤 일정한, 예컨대 이 규범의 객관법적 내용을 추론할 수는 없다. 중요한 것은 어떤 객관적 법규범, 여기서는 헌법의 기본권규정이 어떠한 구체적 규범내용을 가지고 있는가 하는 것이다. 그 규범내용은 ― 반드시 그래야 하지만 그렇지 않은 것 ― 주관적 권리, 객관적 원칙규범 또는 경우에 따라서는 동시에 그 양자일 수 있다. 그러한 한에서는 규범내용이 미리 규정되어 있다면 필연적인 공생관계가 존재하지 않는다.

43) BVerfGE 6, 55 Leitsatz 2 und S. 72.

해석을 지도하는 관점은 리하르트 토마(Richard Thoma)[44])에서 받아들인, 문언·해석사·제정사와 일치하는 몇 가지 해석 중에서 규범의 법적 효력을 가장 강하게 발휘하는 해석을 우선시키지 않으면 안 된다는 준칙 이외의 아무것도 아니다.[45])

이 판결에서 행해진 개별적 기본권에 객관적 가치결정으로서의 성격을 부여하려는 시도는 즉시 바로 기본법 제6조 제1항의 경우에 존재한, 그러한 성격규정을 위한 고유의 전제조건에서 해방된다. 이것은 뤼트 판결이 그 착안점에서 개별적 기본권의 객관적 가치로서의 성격지움을 목표로 하고 있으며, 그러한 한에서 이 판결과 동일한 결과에 이르게 됨으로써 더욱더 그러하게 되었다. 그럼으로써 이것은 이 견해의 일반화의 전조이었다. 이 견해가 일반화됨으로써 모든 기본권이 이중적 성격을 획득하게 되었다. 즉 모든 기본권은 한편으로는 국가에 대한 방어로 향해진 주관적 자유권이며, 다른 한편으로는 법의 모든 영역을 위한 객관적 원칙규범과 가치결정이 되는 것이다. 왜냐하면 연방헌법재판소는 대부분의 기본권에 대해서 객관적 원칙규범과 가치결정으로서의 성격을 분명히 인정하고 있으며,[46]) 지금까지 어떠한 기본권에 대해서도 이 성격을 배제하고 있지는 않다.[47])

2. 기본권의 객관적 가치로서의 성격의 전개

일단 인정된 기본권의 객관적 가치로서의 성격은 계속적인 발전의 길을 걸었으며 또 이것은 필연적이었다. 기본권은 이 가치로서의 성격에 의해서 무엇인가의 추가적인 내용이나 보충적인 내용을 획득한 것이 아니라 새로운 특질을 획득한 것이다.

이 특질은 기본권이 직접적인 국가와 시민의 관계에서 개방되어 ― 콘라드 헤세(Konrad Hesse)[48])*의 간결한 표현을 빌리면 ― 국가가 직접적으로 법률권계에 관여하는 경우에 한하지 않고 오히려「보편적으로」즉 모든 방향과 모든 법영역에 타당한다는 점에 그 본질이 있다. 이 보편적 타당성의 성질과 내용은 정확하게 지시된 규율대상과 규율의 수범자도 없는 객관적 규범이며, 보편적으로 영향을 미치며 동시에 계속적으로 확장된다

---

44) Richard Thoma (Fn. 4), S. 1 (9).

45) 기본법 제6조 제1항은 그럼으로써 하위의 규범을 심사하는 것이 가능하게 되는 현실적 권리로서 실효적이었기 때문에 어느 정도까지 객관적 원칙규범으로서 충분하고 명확하게 파악되고 있는가 하는 것이 다시 문제가 되고 있다. 보호명령에 포함된 혼인과 가족에 대한 침해의 금지에 대해서는 이것이 인정되고 있으나, 적극적 형성임무를 달성하기 위해서는 제6조 제1항은「일반적으로 프로그램적인 의의를 가질 뿐이다」라고 되어 있다.

46) 특히 제1조 1항과의 관계에서 제2조 1항에 대해서 (BVerfGE 37, 57 [65]), 제2조 2항 (BVerfGE 39, 1 [36 ff., 41 f.]; 49, 89 [141 f.]; 53, 30 [57]), 제4조 (BVerfGE 23, 127 [134]), 제5조 1항 (BVerfGE 57, 2295 [320]), 제5조 3항 ― 예술의 자유 (BVerfGE 36, 321 [330]), 제5조 3항 ― 학문의 자유 (BVerfGE 35, 79 [114]), 제12조 1항 (BVerfGE 33, 303 [330]), 제14조 1항 (BVerfGE 21, 73 [82]; 24, 367 [389]).

47) Hans D. Jarass, Grundrechte als Wertentscheidung bzw. objektivrechtliche Prinzipien in der Rechtsprechung des Bundesverfassungsgerichts : AöR 110 (1985), S. 363 (371 f.).

48) Konrad Hesse (Fn. 36), S. 102.

는 의미에서 불확정적이고 개방적인 객관적 규범이다.[49]

기본권의 이와 같이 새로운 특질은 이미 매우 이른 시기에 한스 후버(Hans Huber)에 의해서, 그리고 수년 후에는 뮐러(Jörg P. Müller)*에 의해서 간결하고 적확하게 묘사되고 있었다. 한스 후버에 있어서 기본권의 법논리적 구조는 수평적 관계에의 기본권의 확장과 모순되지 않는다. 왜냐하면 그것은 「절대권으로서 파악되며, 즉 주체에 관련을 가지는 것은 아니다」[50]라고 보기 때문이다. 뮐러[51]는 기본권의 새로운 해석을 ― 그는 명백히 새로운 해석이라고 서술하는데 ― 다음과 같이 특징짓고 있다. 그것에 의하면, 사회생활을 위한 본질적인 질서원리로서의 기본권은 「최초부터 공동체에서 따라서 이면적이 아닌 전방위적으로 타당하는 것으로서」 규정되고 있다. 즉 기본권은 「공적도 사적도 아닌 오히려 포괄적인(überdachend) 헌법이며, 포괄적인 규범력에 의해서 직접적으로 특별법의 영역에도 영향을 미치며, 바로 기본적인 법(Grund-Recht)이다」라고 한다.

이러한 기본권해석을 전제로 한다면 지금까지 기본권해석이 다루어온 그 밖의 모든 문제가 이 해석에 부수하며 포함된다. ― 방사효과에서 시작하여 제3자효력을 거쳐 행위위임과 보호의무로서의 기본권에까지 이르는 ― 이러한 문제들은 귀결문제, 즉 출발점에 있어서의 근본적인 전환에서 생기는 필연적 귀결문제에 불과하다. 물론 이러한 문제는 단번에 등장한 것은 아니며, 오히려 ― 단서가 된 사건과 상황에 의한 제약을 받아서 ― 단계적으로 등장하며 의식되기에 이르렀다.

(1) 모든 법영역에의 방사효과

뤼트 판결은 객관적 가치질서로서의 기본권에서 모든 법영역에의 방사효과 (Ausstrahlungswirkung)를 추론하였다. 이 방사효과의 특성은 그것이 헌법의 새로운 대상영역을 구성하는 것이 아니라 ― 민사법・형법・행정법・사회보장법과 같은 ― 개개의 법영역 그 자체를 존속시키면서, 그러나 그 법영역 속에 형성적이며 영향적으로 작용을 미친다는 것이다. 즉 이러한 법영역들을 말하자면 헌법이 짜맞추어 나아간다. 이로 인해 많은 경우에 분해곤란한 이른바 법률과 헌법의 혼합물이 생성된다.[52] 방사효과는 ― 뤼트 판결의 사안이 추찰되듯이, ― 사법권에 한정되는 것은 아니다. 오히려 세 개의 국가작용 모두에 관련된다. 방사효과는 사법・형법・행정법 등의 규정에 대한

---

49) 이러한 특질을 가치 또는 가치결정으로서 표현하는 것은 그 근거지움이 문제가 되는 **보편적** 타당성이 바로 가치에 고유한 한에서는 아주 적절하다. Böckenförde (Fn. 37), S. 5 ff. 참조. 뒤리히는 적절하게도 거기에서 가치가 실현되는, 가치의 담당자의 가치에 관한 청구는 방향을 문제로 하지 않고 오히려 보편적이며 그러므로 그 권리화는 국가로 향해질 뿐만 아니라 개인적 영역과 사회윤리적 영역에도 미친다고 지적하였다. Günter Dürig (Fn. 12), S. 118; ders., in: Maunz/Dürig, Grundgesetz, Art. 1 Rdnr. 3, 16 참조. Erhard Denninger, AK-GG, 1984, vor Art. 1, Rdnr. 31도 참조.

50) Hans Huber (Fn. 40), S. 160.

51) Jörg Paul Müller (Fn. 39), S. 163/64.

52) 이에 대해서 아주 최근의 것으로서 Konrad Hesse, Verfassungsrecht und Privatrecht, 1988, S. 24 ff.

법관의 적용과 해석에, 또는 입법자 또는 규범제정자에 의해서 제정되는 법규정들이 기본권의 객관적인 가치내용을 받아들이게 함으로써 법규정의 내용형성에, 그리고 집행권의 활동영역에 있어서의 집행행위에 미친다.

두 번째의 특성은 방사효과의 강함과 범위가 그 자체로부터 규정되지는 않으며, 그 상한도 정해져있지 않다는 것이다. 이것은 재판소, 특히 헌법재판권에 특별한 문제를 제기한다.53) 헌법재판권은 이 불확정성 때문에 방사의 강함과 범위, 즉 객관법적 기본권 내용을 법률에로 작용시키는 강함과 범위를 확정하기 위한 기준을 바로 스스로 설정하지 않으면 안 되기 때문이다. 연방헌법재판소는 우선 최초로 헌법 고유의 부분(spezifisches Verfassungsrecht)이 침해된 경우에만 연방헌법재판소가 개입할 수 있다는 유명한 정식을 확정하였다. 그것에 의하면 법률 내의 통상의 포섭과정은 「어떤 기본권의 의의, 특히 그 보호영역의 범위를 근본적으로 잘못 파악한 것에 근거한 해석의 잘못이 밝혀지지 않는 한」54) 헌법재판소의 심사대상이 되지 않는다. 기본권의 법률에 대한 방사효과와 법률 그 자체의 혼합물 속에서 무엇이 헌법 고유의 부분의 본질인가는 물론 오늘날에 이르기까지 어디까지나 연방헌법재판소의 비방이 되고 있으며,55) 동 재판소가 스스로 제시한 정식은 그 동안에 사건마다 변경된 것은 아니더라도 상당히 수정되고 있다. 연방헌법재판소의 사후심사와 통제는 오늘날에는 — 여하튼 제1부의 판례에서 — 유동적인 기준을 지침으로 하고 있다. 즉 기본권의 보호영역이 문제의 판결 또는 행위에 의해서 현저하게 제한되면 될수록 헌법에 의한 사후심사는 철저하게 행해진다. 이 사후심사는 경우에 따라서는 — 특히 형법에 의한 제제의 경우에는 — 기본권의 의의에 대한 근본적으로 잘못된 해석에 한정되는 것이 아니라 판결이 의거한 개개의 해석의 잘못에도 미친다.56) 이때문에 심사의 정도는 재량에 맡겨지며, 기본권의 가치내용이 당사자 쌍방의 측에 관련이 있는 경우에는 점차 구체적 사건에 관한 심사와 형량에로 진전하게 된다.57)

---

53) Erhard Denninger, Freiheitsordnung-Wertordnung-Pflichtsordnung : JZ 1975, S. 545 (548); Hans D. Jarass (Fn. 47), 394 ff. 참조.

54) BVerfGE 18, 85 (92 f.).

55) 이에 대해서 예컨대 Rainer Wahl, Der Vorrang der Verfassung, Der Staat 20 (1981), S. 485 (502 ff.) 헌법의 우위, 김효전 옮김, 『독일 헌법학의 원천』, 122면 이하; Friedrich Krauss, Der Umfang der Prüfung von Zivilurteilen durch das Bundesverfassungsgericht, 1987, S. 91 f.는 학설에 있어서의 「일종의 해석학상의 체념」을 확인하고 있다.

56) BVerfGE 42, 143 (148 f.); 66, 116 (131 f.); 67, 213 (223) 참조. 이에 대해서는 Dieter Lincke, Die Bedeutung der "Eingriffsintensität" für den Umfang der Nachprüfbarkeit gerichtlicher Entscheidung durch das Bundesverfassungsgericht : EuGRZ 1986, S. 60 ff.

57) 뵐(Böll) 대 발덴(Walden) 사건(BVerfGE 54, 208 [217 ff.]), 발라프(Wallraf) 대 슈프링거(Springer) 사건(BVerfGE 66, 116 [131-151])에 있어서의 판결이 그러한 한에서는 전형적이다. 이 문제에 대해서는 Wolfgang Rüfner, Grundrechtskonflikte, in : Bundesverfassungsgericht und Grundgesetz, Bd. 2, 1976, S. 453 ff.; Herbert Bethge (Fn. 33), S. 15 ff. ; Lothar H. Fohmann, Konkurrenzen und Kollision im Grundrechtsbereich : EuGRZ 85, 49 (59 ff.) 참조.

(2) 기본권의 제3자효력

이른바 기본권의 제3자효력은 방사효과의 적출자이며 그 본질은 방사효과를 해석학적으로 처리하는 시도 이외에 아무것도 아니다. 간접적 제3자효력에 한정되는 것인가, 그렇다면 직접적 제3자효력에도 인정되는가에 대해서 오랫동안 격렬한 논쟁은 보다 정확하게 관찰한다면, 아무래도 사소한 문제는 아니라고 하더라도 이차적인 문제에 불과한 것이 명백하게 된다.58) 제3자효력의 이러한 두 개의 형태의 차이는 기본권의 객관적 원칙작용에 근거하여 상당한 정도까지 상대화된다.

이 논쟁은 ─ 회고해 보면 기본권의 객관적 원칙작용의 전개에 있어서의 성장의 기로였다고 볼 수 있는데 ─ 뒤리히의 견해를 배경으로 하여 그 중요성을 획득하였다. 뒤리히는 기본권에 이중의 성격을 부여하는 것을 인정하지 않고 국가에 대한 자유권이라는 단일한 성격만을 가진 것에 고집하였다.59) 방사효과를 가진 중심적 가치규범은 뒤리히에게는 기본법 제1조 제1항, 즉 인간의 존엄존중 명령뿐이었다. 이 명령은 한편으로는 각인의 자유와 자율성을 확보하기 위해서 기본권이 바로 각인의 주관적 자유권으로서 국가에 대해서 보장된다는 것에 의해서 구체화된다. 다른 한편, 이 명령은 보편적으로 법주체 상호관계에서도 그 진가를 발휘한다. 그러므로 개별 기본권은 기본법 제1조 제1항에서 생기는 내용이 거기에서 구체화되고 있는 한에서, 간접적으로 방사효과의 연결점이 될 수 있다. 뒤리히에게는 인간존엄성 존중의 귀결로서의 법도덕의 통일성이 중요하였다. 바로 그것뿐이었으며 그 이상의 문제는 아니었다.60) 그러므로 그는 자유에 있어서 대등한 권리주체의 법으로서의 민사법의 독자성에 찬성하며, 기본권의 공개된 또는 은폐된 직접적 제3자효력에는 반대하며, 그리고 가치충전을 필요로 하고 또 가능한 개념과 일반조항을 경유하는 경우에만 인간존엄성 존중 또는 개별적 기본권에 내포된 인간존엄의 의미내용의 존중을 민사법에 가지고 들어오는 데에 찬성한다는 입장을 취하였다.

물론 어떤 부분에서는 뒤리히 스스로가 자기사상과 모순에 빠지고 있다. 그는 전술한 방법에 의해서 기본권의 인간존엄에 관련되는 가치내용에서 유래하는 충전기능으로서 ─ 그 충전적, 특히 정당화적 근거 및 경우에 따라서는 수정적 해석지침으로서의 기본권의 작용 외에 ─ 가치보호흠결 보충(Wertschutzlückenschließung)을 추가한다.61) 여기서 그는 헌법에서 승인된 개인의 가치는 그것을 위한 방법은 규정되어 있지 않더라도 제3자에 의한 침해로부터도 보호된다는 취지에서 헌법의 직접적 작용을 긍정한다. 그러나 이로써 예컨대 뒤리히는 그것을 기본법 제1조 제1항에만 집중적으로 한정하고 있었다 하더라도, 기본권의 가치내용의 (간접적) 방사효과와 직접적 제3자효력의 체계적 연관이 명백하게

---

58) 이에 대한 현재의 서술은 Konrad Hesse (Fn. 52), S. 24 ff. 나아가 Carl-Wilhelm Canaris, Grundrechte und Privatrecht, in: AcP 184 (1984), S. 201 (225 ff.) 참조.

59) Günter Dürig, Grundrechte und Zivilrechtsprechung, in: FS Nawiasky, 1956, S. 157 ff.; ders., in: Maunz/Dürig, Grundgesetz, Stand 1960, Art. 1, Rdnr. 11 u. 96, 130.

60) Günter Dürig, in: Maunz/Dürig (Fn. 59), Rdnr. 130-131.

61) Ebd., Rdnr. 133. Günter Dürig, Grundrechte und Zivilrechtsprechung (Fn. 59), S. 179 f.도 참조.

드러나고 있다.

실제로 기본권이 법질서의 특정한 객관법적 (가치) 내용을 헌법적 지위에서 보장하는 경우에는 그러한 한에서 그 내용의 실현이 사법질서에 속하는 많은 법률에 의한 형성에만 의존할 수는 없는 것이다. ― 관련된 법분야의 일반조항 또는 다른 법규정을 거쳐 이 객관법적 내용의 전개가 가능하다고 보는 한, 기본권의 객관법적 내용은 당해 규정의 해석과 적용이라는 방법에 의해서, 즉 간접적 제3자효력에 의해서 전개될 수 있다. 그러나 그러한 연결점이 존재하지 않은 경우에도 기본권의 작용은 거기에서 그치지 않고 오히려 직접적으로 효력을 획득한다.[62] 기본권 자체가 제3자의 작위의무 또는 부작위의무나 사법질서 또는 그 밖의 부분적 법질서에서의 독자적인 권리를 발생시키는 연결점이 된다. 즉 헌법의 우위에 근거한 가치보호의 흠결의 보충 또는 바로 ― 직접적 실체법적 제3자효력이 발휘되는 것이다.[63]

스위스의 헌법학은 이에 대해서는 보다 예단 없이 일찍이 이 문제를 이러한 점으로 인도하였다.[64] 그 입론에 의하면, 본질적 질서원리로서 포괄적인 규범적 효력을 가지는 기본권은 직접적으로 개별법의 영역에 들어간다. ― 그것이 제3자효력인가의 여부는 그러한 한에서는 명목상의 문제일 뿐이라고 한다. ― 물론 어떠한 방법으로 이 영향이 생기는가는 이차적인 것이며, 헌법에 의해서도 미해결로 되어 있다. 기본권원리가 기존의 개념과 조항의 내용충전에 의해서 실현가능한 경우에는 사법의 규범체계를 무리하게 무너뜨릴 필요는 없다. 그러나 이 방법을 사용할 수 없는 경우에는 헌법에 직접 의거하는 것이 요청된다고 생각하는 것이 가능하게 된다.

뵐 대 발덴 사건*에서 기본권이 민법전의 규정을 통하여 효력을 발휘한다는 이유만으로 직접적 제3자효력은 존재하지 않았다고 볼 것은 아니다. 하인리히 뵐(Heinrich Böll)*도, 실질적으로 본다면, 기본법 제5조 제1항에서 생기는 마티아스 발덴(Matthias Walden)*의 기본권에 근거한 기본권의무자였다. 인격적 명예에 관계된 언명에 관한 뵐의 부작위청구권은 발덴의 기본권에 의해서 그 사정범위가 제약되었다. 기본권의 원칙규범으로서의 작용과 방사효과가 미치는 한, 기본권 **그 자체가** 사인 간에서도 권리 또는 의무의 근거가 되며, 그 자율을 확대하거나 또는 제한한다. 직접이냐 간접이냐는 여기서 문제가 되지 않는다.

---

62) Hans-Heinrich Rupp, Vom Wandel der Grundrechte : AöR 101 (1976), S. 161-170; Wolfgang Rüfner, Drittwirkung der Grundrechte, in: FS Martens, 1987, S. 215 (225 f.); Konrad Hesse (Fn. 1), Rdnr. 355는 아마 부정적이다.

63) 판례에서는 드물게만, 그리고 특별한 전제조건이 존재하는 경우에만 제정법질서에 대한 기본권의 간접적 작용을 초월한다는 야라스의 지적(Hans D. Jarass [Fn. 47], S. 377)은 이것과 모순되지 아니한다. 실제로 기본권의 방사의 연결점 또는 실마리가 되며, 그러므로 거기에서「간접적」제3자효력이 생길 수 있는 법규정이 어떤 사실영역이나 생활영역에 미리 미치지는 않으며, 이를 규율하지 않는다는 것은 하나의 특수성이다.

64) Jörg P. Müller (Fn. 39), S. 163 f.; 171 f.; Georg Müller, Die Drittwirkung der Grundrechte: Zentralblatt für schweizerisches Staats- und Verwaltungsrecht (ZBl) 79 (1975), S. 233 (241 ff.).

(3) 행위위임과 보호의무로서의 기본권

행위위임과 보호의무로서의 기본권도 마찬가지로 객관적 원칙규범과 가치결정으로서의 기본권의 성격에서 생기는 필연적 귀결이다.65) 더구나 체계적으로 본다면 보호의무는 비교적 최근에 강조된 것임에도 불구하고 이것은 기본권의 객관법적 측면의 중심에 위치하는 개념은 아닌가 하고 물을 수 있다.66) 원칙규범 또는 가치결정으로서의 기본권은 실현이 촉구되는 바로 특정한 규범내용에 그 특징이 있다. 그것은 소극적으로가 아니라 오히려 작위를, 즉 그 내용의 보호를 목적으로 하고 있다.

기본권에서 생기는 보호의무와 행위위임의 근거는 독일연방공화국에서는 특히 기본법 제2조 제2항(생명과 신체의 불가침에 관한 권리)을 계기로 발전하여 왔다. 이에 대해서는 최근 매우 우수한 연구에 의해서 상술되고 있기 때문에,67) 여기서는 약간의 지적만으로 만족하기로 한다. 임신중절에 관한 판결68)은 생명에 관한 보호의무를 아무런 문제 없이 기본권의 일부라고 본다. 그러나 주관적 방어권과 가치결정적 원칙규범으로서의 기본권의 이중구조가 여기서는 그 배후에 존재하고 있다. 판결은 「국가의 보호의무는 포괄적이다. 이것은 원래 자명한 것인데 생성중의 생명에 대한 직접적인 국가의 침해를 금지하는 데 그치지 않고 국가에 대해서 이 생명을 보호하고 장려할 것을 명한다. 이것은 특히 생성중인 생명을 타자에 의한 위법한 침해로부터 보호해야할 것을 의미하고 있다」고 서술한다.

슐라이어(Schleyer) 결정69)*에서도 마찬가지로 보호의무는 긍정되었는데, —— 아마도 낙태판결에 대한 비판에 근거하여, 거기에서의 소수의견을 포괄하기 위한 것인지도 모르는데 —— 기본법 제2조 제2항과 제1조 제1항, 즉 그 자체가 명문으로 보호명령을 포함하고 있는 인간의 존엄존중명령과의 결합으로부터 무엇인가 신중하게 근거지워지고 있다. 칼카르(Kalkar) 결정70)*에서는 「법의 모든 영역에 타당하며, 입법·행정·재판에 대한 지침을 부여하는 객관법적 가치결정」으로서의 기본권의 성격이 헌법상의 보호의무의 근거로 열거되고 있다. 기본법 제1조 제1항은 더구나 다리 역할을 수행하고 있으며, 이것은 이 결정에서 매우 명백하다고 지적되고 있다. 이어서 뮐하임·캐를리히(Mülheim-Kärlich) 결정71)*에서는 기본법 제2조 제2항만이 그 객관법적 내용에서 보호의무의 근거가 되고 있으며, 이 판례는 학설에 의해서도 승인되고 있다. 이 기본권은 국가에

---

65) Hans D. Jarass (Fn. 47), S. 378 ; Stern (Fn. 1), S. 931 f. 문헌도 열거되어 있다.

66) Dieter Grimm, Rückkehr zum liberalen Grundrechtsverständnis? in: recht, 1988, S. 41 ff.; Gerhard Robbers, Sicherheit als Menschenrecht, 1987, S. 121; Josef Isensee, Das Grundrecht auf Sicherheit, 1983, S. 21 ff., 33 ff. 도 같은 취지.

67) Georg Hermes, Das Grundrecht auf Schutz von Leben und Gesundheit, 1987.

68) BVerfGE 39, 1 (42).

69) BVerfGE 46, 160 (164).

70) BVerfGE 49, 89 (141 f.).

71) BVerfGE 53, 30 (57).

의한 침해에 대한 주관적 방어권으로서만 거기에 열거된 법익을 보호하고 있는 것은 아니다. 그 객관법적 내용에서는 「거기에 열거된 법익을 보호하고 장려하는, 그리고 그것을 특히 타자에 의한 위법한 침해로부터 보호하는 국가기관의 의무」[72]가 귀결된다는 것이다. 여기서 기본권의 객관법적 내용, 제3자효력 그리고 기본권보호의무의 체계적 연관이 명백하게 된다. 즉 이들은 한편이 다른 한편의 성립을 세우려고 한다는 관계에 있다.

기본권보호의무의 내용에 관한 문제는 그 내용과 범위에 있다. 보호의무는 달성가능한 최적상태를 목표로 하는 것인가, 최소한만을 요구하는가, 아니면 형량을 거친 — 이른바 비례적인 — 중간을 목표로 하는 것인가? 보호의무는 위험방어의 원리, 즉 직접적으로 급박한 위험만을 방어하는 원리에 의한 것인가, 아니면 예방원리[73]에 의해서도 도출되는 것인가? 보호의무라는 생각 자체도 그것이 유래하는 기본권의 객관법적 가치결정의 내용과 마찬가지로 미결정이다. 그것은 그 상한에 있어서 개방되고 또 자체 어떤 기준을 내포하고 있지 아니한, 실현의 경향[74]을 가지고 있는 원리규범(Prinzipiennorm)이다. 모든 것은 그 구체화에, 보다 정확하게는 그 충전 또는 보충에 의거하고 있다. 그러므로 판례는 차라리 모색적이며 동요하고 있다. 그리고 학설은 대부분의 경우 판례를 모사하고 있다.[75] 헌법재판소에 의해 그때그때 헌법적 차원에서 이루어질 구체화의 가능성은 광범위하게 열려져 있다.

낙태판결이, 인간의 생명의 경우에는 기본법질서의 내부에 있어서의 「최고의 가치」가 문제로 되기 때문에, 보호의무를 포괄적으로 이해한 것에 대해서, 칼카르 판결은 일어날 수 있는 위험의 근접성과 정도 및 당해 법익의 의의에 의해서 이를 세분화한다. 경우에 따라서는 사후적으로 파악되는 입법자의 헌법상의 의무가 해석의 형태로 인정되며, 이것에 의해서 법규정이 위헌으로 될 가능성마저 존재한다.[76] 그 이외에는 여하튼 입법자의 예측과 형성의 여지,[77] 그리고 목전의 규정을 전체적으로 고찰할 필요성[78]이 강조된다. 또한 아마 그 이상의 딜레마로부터 벗어나기 위해서 명백성의 심사에로 되돌아가기도 한다.[79]

---

72) Ebd.

73) 헤르메스와 슈테른에 의한 개관을 참조. Georg Hermes (Fn. 67), S. 43 ff.; Stern (Fn. 1), S. 945 ff.

74) Robert Alexy (Fn. 15), S. 75 ff.

75) BVerfGE 49, 84 (142 f.); 56, 54 (80 f.); 76, 1 (49 f.); 77, 170 (215); Eckart Klein, Grundrechtliche Schutzpflicht des Staates: NJW 1989, S. 1633 (1634)도 참조.

76) 포괄적으로는 BVerfGE 56, 54 (78 f.).

77) 포괄적으로는 현재 Beschluß v. 30. 11. 1988 — BVerfGE 79, 174 (201 f.).

78) BVerfGE 39, 1 (46 f.).

79) BVerfGE 56, 54 (81).

IV. 기본권의 객관법적 내용의 주관적 권리로서의 내용과의 관계

제3장에서 상술한 발전에 의해서 기본권에 인정된 객관법적 내용은 전통적인 주관적 권리로서의 내용을 흡수한 것이 아니라, 주관적 권리로서의 내용에 부가된 것이며 양자는 구별하는 것이 가능하다.[80] 그에 따라 이 두 개의 기본권내용의 관계가 문제로 된다.[81] 이 문제는 실체적 · 내용적 관점에서, 그러나 또한 — 헌법재판권을 수반하는 법질서에서 특히 — 소송적 · 절차적 관점에서도 제기된다. 필자는 소송적 · 절차적 관점에서 논의를 시작하기로 한다.

1. 소송과 절차에 있어서의 양자의 관계

자유권으로서의 기본권은 고권적으로 행위하는 공권력에 대한 청구권으로서의 성격을 가지는데, 독일연방공화국에서는 이는 입법자에 대해서도 완전하게 인정되고 있다. 자유권으로서의 기본권의 침해는 통상의 재판절차에 의하여, 독일의 경우에는 최종적으로는 헌법소원의 신청에 의해서도, 다툴 수 있다. 그러면 기본권의 객관법적 내용, 원칙규범으로서의 작용, 그리고 그 존중에 대해서도 자유권으로서의 기본권과 동일한 재판절차에 의해서 다툴 수 있는가? 또한 그것은 그래야만 하는 것인가?[82]

(1) 여러 가지의 가능성

일부는 헌법 그 자체에 의해서, 또한 일부는 연방헌법재판소법에 의해서 규정되고 있는 독일연방공화국의 상황에 의하면, 다음과 같은 가능성이 떠오른다.

개별 기본권의 통일성에서부터 출발하여 기본권의 내용으로 간주할 수 있는 모든 규범적 내용이 주관적 권리로서의 기본권청구의 대상이 될 수 있고 또 되어야 한다고 해석하는 경우, 더 이상의 문제는 생기지 않는다. 이 경우에는 헌법소원의 청구와 위헌제청 (Richtervorlage)에 근거한 규범통제를 포함하는, 기본권청구를 관철하기 위한 모든 소송수단 또는 그 밖의 절차적 수단을 객관법적 기본권내용에 대해서도 사용할 수 있다. 객관법적 기본권내용의 보편적인 타당범위와 그 내용적 불확정성에 비추어본다면, 이로써 그 침해를 다투기 위한 광범위한 영역이 전개된다. 그에 따라서 객관법적 기본권내용을 근거로 하는 헌법소원의 청구나 위헌제청에 대해서 그 적법성의 요건에 관한 문제가 특히 중요하게 된다. 이 문제는 특히 기본권적 보호의무위반이 주장되는 경우에 타당하다.

---

80) 이 의미에서 명백한 것은 Konrad Hesse (Fn. 36), S. 91 ff.
81) Erhard Denninger (Fn. 35), 545 ff.; Jürgen Schwabe, Probleme der Grundrechtsdogmatik, 1977, S. 207 ff.; Christian Starck (Fn. 16), Art. 1 Abs. 3, 126 ff.; Hans D. Jarass (Fn. 47), S. 382 ff. 참조.
82) Klaus Stern (Fn. 1), S. 978 ff. 문헌도 열거되어 있다. Josef Isensee (Fn. 66), S. 49 ff.

이에 반하여 객관법적 내용을 전적으로 객관적인 것으로 보아 주관적 권리로서의 기본권에서 분리하여 이해하는 경우에는 본장의 첫머리에서 제기한 문제의 해답은 반드시 일의적은 아니다. 과연 이 경우에는 객관법적 기본권내용의 침해를 헌법소원의 청구 그 자체에 의해서 다툴 수는 없다. 그러나 이른바 구체적 규범통제를 위한 위헌제청은 객관적인 헌법침해에만 국한되고 있으며, 따라서 객관법적 기본권내용도 거기에 포함된다.83) 나아가 확립된 판례에 의하면, 연방헌법재판소는 헌법소원이 기본권침해를 주장하여 적법하게 청구된 경우에는 쟁점이 된 고권적 행위가 그 이외의 헌법규정들에 합치하는지 여부의 문제까지 직권에 의해서 심사를 확대하는 권한을 가지고 있다.84) 이것은 객관적인 헌법규범으로서의 기본권의 가치내용에도 타당하다. 연방헌법재판소는 기본권의 가치내용을 심사대상으로 삼아야 할 의무를 지고 있지는 않지만 그 심사에 포함시킬 수는 있다. 끝으로 일반적 행위자유의 기본권인 기본법 제2조 제1항은 헌법재판소의 판례에 의하면, 그 밖의 점에서도 ― 형식적으로나 실질적으로도 ― 헌법에 적합한 규정 또는 조치에 의하지 않으면 자기의 행위자유가 제한되어서는 안 된다는 청구권을 포함하고 있다는 것에 주의할 필요가 있다.85) 이로써 기본권에 포함된 객관적 원칙규범을 객관적인 헌법에 불과하다고 보는 경우에도 기본법 제2조 제1항의 보호영역에 침입하는 모든 고권적 행위에 대해서는 간접적이지만 객관적 원칙규범의 고려를 구하는 헌법소원의 청구가 가능하다.

주관적 권리로서의 기본권내용과 객관법적 기본권내용을 소송적으로 결부시키는 문제는 이로써 상당한 정도 완화되게 된다. 실무상 문제로 되는 것은 객관법적 내용을 주장하기 위해서 항상 적절한 수단인 위헌제청 이외에 헌법소원의 청구가 사용되는 것은 기본법 제2조 제1항의 보호영역에 관련된 행위의 경우에 한정되며, 그 이외의 경우는 연방헌법재판소의 재량에 맡겨지는가, 그렇다면 모든 경우에 헌법소원의 청구라는 방법을 사용할 수 있는 것인가 하는 점뿐이다.86)

(2) 재판실무에 있어서의 객관법적 기본권내용의 주관적 권리로서의 주장

재판실무는 약간 동요한 후 최근에는 객관법적 기본권내용에 대해서도 전반적으로 주관적 권리의 청구의 대상이 될 수 있다는 방향으로 나아가고 있다.87)

---

83) 통설이다. Klaus Stern (Fn. 1), S. 984; Gerhard Ulsamer, in : Maunz/ Schmidt-Bleibtreu/Klein/ Ulsamer, Bundesverfassungsgerichtsgesetz, § 80, Rdnr. 132.

84) BVerfGE 42, 312 (323 f.); 45, 63 (74); 57, 220 (241). 기본법 제140조, 바이마르 헌법 제137조 제3항에서 유래하는 자기결정권의 침해를 이유로 하는 교회의 모든 헌법소원은 기본법 제93조 1항 제4 a호, 연방헌법재판소법 제90조에 의하면 기본권 또는 기본권에 유사한 권리는 아닌 것이 명백한데, 이 방법에 의해서 해결되었다. 헌법소원의 적법성은 기본법 제4조의 침해가 충분하게 주장된 경우에는 인정한다.

85) BVerfGE 6, 32 (38). 그 이후 확립된 판례이다.

86) 문제의 이와 같은 감축을 슈테른은 간과하고 있다. Klaus Stern (Fn. 1), S. 987 f.

87) 이에 대해서는 아주 최근의 것으로서 Eckart Klein (Fn. 75), S. 1636이 있다. Klaus Stern (Fn. 1), S. 984 ff.도 참조.

뤼트 판결이 발전시켰듯이, 기본권의 법질서에 대한 방사효과는 당초부터 주관적 기본권의 내용이라고 간주되고 있었다. 그렇게 함으로써 비로소 뤼트 판결도 — 어디까지나 헌법소원의 청구를 통하여 — 그 결론에 도달할 수 있었다. 그러나 해결해야할 문제가 있다는 것은 인식되고 있었다. 논지가 일관되어 있다고 보기 어려운(?) 판결이유에 의하면, 어떤 민사판결이 헌법상의, 즉 객관적 가치결정으로서의 기본권이 민사법 규범에 미치는 영향을 고려하지 아니한 경우 그 법관은 「(객관규범으로서의) 기본권규범의 내용을 잘못 파악함으로써 객관적인 헌법에」 저촉할 「뿐만 아니라 그 법관은 공권력의 담당자로서 그 판결을 통하여 기본권을 침해한다. 시민은 사법권행사에 있어서도 당해 기본권을 존중할 것을 요구할 수 있는 헌법상의 청구권을 가지고 있다」[88]는 것이다.

이러한 정식화에는 기본권의 제3자효력을 거부하려는 것에서 생기는 어려움이 느껴지는데, — 그럼에도 불구하고 본건에서는 제3자효력이 생기고 있다. 기본권은 사인에 대해서 효력을 가지지 않기 때문에 가령 그것이 실체법적 구속력을 가지고 있다고 하더라도 사적 권리주체에 직접적으로 생겨서는 안 된다. 사법에 대한 기본권 작용은 법관이 그 수범자(Adressaten)가 되며, 그것이 법관에 의해서 사인에게 고권적으로 부과됨으로써 실효적인 것이 된다. 기본권상의 청구권의 대상은 이 의무지움이다. 판결의 기초가 된 의견서는 이러한 사고방식을 보다 명확하게 나타내고 있다. 그것에 의하면 법관이 실정법의 해석과 적용에서 헌법에 규정되어 있는 기본권규정의 가치규준을 무시한다면 「법관은 동시에 시민의 국가에 대한 진정한 기본권을 침해하는 것이다. 기본권의 가치규준을 고려하지 않는 것은 공권력에 의한 진정한 기본권침해로 전환된다」는 것이다.

이와 같은 사고방식에 따라서 판례는 거듭하여 객관법적 방사효과를 주관적 권리로서의 기본권청구의 대상으로 구성하여 오고 있다.[89] 물론 거기에서 방사효과의 출입구가 되는 것은 항상 이른바 법률이었으며, 현재도 또한 그러하다. 법률이 직접적인 연결점이 되는 것이다. 기본권은 간접적으로만 이 법률의 해석과 적용 시에 그 효력을 발휘한다.

그러므로 기본권보호의무와 행위위임과 관련하여 주관적 권리로서의 기본권내용과 객관법적 기본권내용이 소송에서 어떠한 관계가 있는가의 문제가 새롭게 제기하게 된다. 보호의무와 행위위임의 경우에는 기본권은 한편으로는 직접적인 연결점이 되어야 할 뿐 아니라, 다른 한편에서는 주관적 자유권으로서 급부, 국가행위, 특히 입법자의 행위를 요구할 권리를 포함하고 있어야 한다. 종래의 기본권기능과 비교하면 기본권의 내용을 새롭게 규정하게 됨은 물론 동시에 그 내용을 확대하는 결과가 됨은 자명해 진다. 「객관적 보호의무를 확장된 내용을 가진 기본권으로 재전환하는 것」에 대한 경고가 없지 않았으

---

88) BVerfGE 7, 198 (206 f.).

89) Klaus Stern (Fn. 1), S. 1547, Anm. 225에 의한 지적. 방사효과를 주관적 권리로서 주장하는 것의 적법성은 재판소에 대해서는 곧 예컨대 에플러(Eppler) 사건(BVerfGE 54, 129), 뵐 대 발덴 사건(BVerfGE 54, 208), 발라프 대 슈프링거 사건(BVerfGE 66, 116) 등의 판결에서 적법성의 문제에 전혀 언급하지 않을 만큼 자명한 것이었다.

며,90) 다른 사람은 이젠제(Isensee)*와 마찬가지로 보호의무는 법률에 의해 매개되며, 그러나 법률의 규정을 기본권적으로 뒷받침한다고 보았다.91) 연방헌법재판소는 전술한 판결들에서 이 문제를 제기하였다.

슐라이어 결정92)은 가처분절차에서 내려졌기 때문에 연방헌법재판소는 명백히 태도를 표명할 필요는 없었다. 칼카르 결정93)은 규범통제절차에서 내려졌다. 따라서 주관적 권리로서의 청구를 고려하지 않고 객관적인 헌법에 의거한 심사를 하는 것이 가능했다. 뮐하임·캐를리히 결정94)에 대해서도 이 문제는 아직 그다지 절박한 것이 아니었다. 왜냐하면 기존의 행정절차규범을 연결점으로 할 수 있었고, 따라서 그 행정절차규범이 기본법 제2조 제2항에서 생기는 객관적인 보호요청을 충분하게 고려하였는가 여부에 대해서 심사하였기 때문이다. 공항소음결정95)에서는 그것이 연방헌법재판소법 제24조에 근거하여 내려졌기 때문에 적법성의 문제에 대한 판단을 유보할 수 있었다. 그러나 동 재판소는 가령 입법자의 형성의 자유를 고려하여 보호의무의 달성을 구하는 기본권상의 청구권을 곧 승인할 수는 없다고 하더라도, 그 청구권이 원칙적으로 배제되지 않는다는 것을 명백히 하였다. 판단을 굳이 제시할 필요가 없음에도 불구하고 그와 같이 설시하고 있다.

이어서 1987년의 두 개의 판결은 객관법적 보호의무 내지 가치결정적 원칙규범에 대한 침해를 잠정적으로 주관적 권리로서 주장할 수 있다는 취지로 판단한 사례이다. 물론 현재 존재하는 원칙규범으로서의 작용 내지 현재 성립하고 있는 보호청구권의 범위 내에 한정한 것이었다.96) 이것은 그러한 한에서는 당연한 것이며, 축적된 실체법적 기본권내용에 비추어 그에 관련된 권리보호를 소송유형이나 절차의 우연성에 의하여 좌우되지 않도록 하려면 올바른 결정이었다고 할 수 있다. 그럼으로써 물론 필연적으로 주관적 권리로서의 기본권청구의 대상인 객관법적 내용의 니포·범위·작용의 강노에 대한 문제가 제기된다.

2. 내용에서의 양자의 관계

기본권의 주관적 권리로서의 내용과 객관법적 내용과의 내용상의 관계는 어떻게 이해해야 할 것인가? 주관적 자유권으로서의 기본권과 객관적 원칙규범으로서의 기본권은 ― 모두 기본권규정의 내용으로서 하나의 기본권규정으로부터 그때그때 도출될 수 있는

90) Dietrich Rauschning, Anmerkung zum BVerfG : DVBl 1980, S. 356 ff.[칼카르 사건], in: DVBl 1980, S. 831 (832 ff.).
91) Josef Isensee (Fn. 66), S. 50 ff.
92) BVerfGE 46, 160 ff.
93) BVerfGE 49, 89 (124 ff.).
94) BVerfGE 53, 30 (57 ff.).
95) BVerfGE 56, 54 (58 ff.).
96) BVerfGE 76, 1 (49 f.)[가족의 추가호출]; 77, 170 (214 f.)[화학병기].

요소들이다 — 각각 독자적으로 병존하는 것인가, 그렇다면 내용적으로 서로 결부된 것인가, 그리고 만약 서로 결부되어 있다면 양자는 어떻게 결부되어 있는가? 이에 대해서 연방헌법재판소의 판례는 일관된 해답을 주지 않고 있다. 그러나 세 가지 견해로 구분해 볼 수 있다. 이하에서는 대표적인 사례들을 통해 이를 간략하게 설명하고자 한다.

(1) 병존관계와 독자성

첫 번째 견해는 주관적 권리로서의 내용에 대한 객관법적 내용의 병존관계와 독자성을 전제로 한다. 이 견해는 부부합산과세에 대한 판결에서 명백하게 드러나고 있다.97) 기본법 제6조 제1항의 원칙규범은 사적 영역으로서의 혼인과 가족의 자유보장, 그리고 제도보장(Institut-oder Einrichtungsgarantie)과는 다른, 기본권에 고유한 「기능」이라고 한다. 이 원칙규범은 기본법 제6조 제1항에 있어서의 명문의 보호명령에 비추어 내용적으로도 자유보장과 제도보장과는 구별된다. 이 원칙규범에는 「제도보장을 초월하는 의미내용」이 인정된다. 그것은 바로 혼인과 가족에 관련된 사법과 공법의 모든 영역에 대한 보호와 촉진에 관한 가치결정이다.98)

(2) 기본권적 자유의 법익과 형성원리에의 객관화

두 번째의 견해는 객관법적 내용의 결정을 위하여 기본권에서 보장된 자유를 원용하고 이 자유를 객관화한다. 그러므로 우선 양자 사이에 내용적 관련이 존재하게 되지만, 그와 동시에 주관적 권리로서의 자유는 변질되게 된다. 주관적 권리로서의 자유는 보호되어야 할 법익, 또는 실현되어야 할 객관적 자유원리가 된다. 그 결과 자유는 보다 상세하게 규정되고, 한정되며, 다른 법익과 관계지워지며, 다른 법익과 형량되어야 하는 객체 또는 규범적 목표가 된다.99) 기본권적 자유를 객관적 제도로 보는 제도적 기본권이해와의 근사성이 명백히 드러난다.100) 자유는 개인을 위한 주관적 자유로부터 일반적 기준으로서 나타나는 「객관적」 자유에로 일반화된다. 자유 그 자체는 조직적, 절차적 또는 원조적 방법에 의한, 취할 수 있는 보호를 위한 조치를 도출하는 지침이 되지만, 그러나 —

---

97) BVerfGE 6, 55 (72 ff.).
98) 학설에서는 예컨대 Wolfgang Zeidler, Ehe und Familie, in: HdbVerfR, 1983, S. 555. 특히 597 ff.; Axel v. Campenhausen/Heinhard Steiger, Verfassungsgarantie und sozialer Wandel. Das Beispiel von Ehe und Familie: VVDStRL 45 (1987), S. 7 ff.; Helmut Lecheler, Schutz von Ehe und Familie, in: Isensee/Kirchhof (Hg.), Handbuch des Staatsrechts der Bundesrepublik Deutschland, Bd. VI, 1989, §133, Anm. 49 ff.
99) Robert Alexy (Fn. 15), S. 117 ff.에 의해서 전반적으로 적절하게 상술되고 있다.
100) 이에 대해서는 Peter Häberle, Die Wesensgehaltgarantie des Art. 19 Abs. 2 Grundgesetz, 1962 (3. Aufl. 1983), S. 70 ff., 96 ff.가 기본적이다. 비판적인 것으로서 Heinhard Steiger, Institutional-isierung der Freiheit, in: ders., Zur Theorie der Institution, 1970, S. 110 ff.; Hans Hugo Klein, Die Grundrechte im demokratischen Staat, 1972, S. 62 ff.; Ernst-Wolfgang Böckenförde, Grundrechtstheorie und Grundrechtsinterpretation, NJW 1974, S. 1529 ff. = ders., Staat, Verfassung, Demokratie, 1991, S. 117 ff.(본서, 1043면 이하)가 있다.

필연적으로 — 구체적으로는 확정된 법적 귀결의 도출을 허용하는 내용적인 확정성을 상실하며, 따라서 그 (한계설정적) 청구권으로서의 성격을 상실한다. 자유는 자유를 초래하는 데 일조하는 규범구조 속에 들어가며, — 그 속에서 실현되며, 또한 그 규범구조 속에서 상대화된다.101)

하나의 예로서 기본법 제5조 3항 — 학문의 자유 — 의 가치결정적 원칙규범을 들 수 있을 것이다.102) 학문의 자유는 학문의 고유영역에 대한 국가에 의한 간섭의 거절을 의미할 뿐만 아니라 오히려「자유로운 학문의 이념에 대한 국가의 보증과 그 실현에의 국가의 협력」을 포함하고 있다. 즉 학문의 자유는 국가에 대해서 국가의 행위를 적극적으로, 즉「보호적이며 촉진적으로 이 자유의 공동화를 방지하도록」정서하는 것을 의무지우고 있다. 여기에서 직접적으로 한편으로는 대학의 영역에서의 조직적 형성에 대한, 다른 한편으로는 인적·물적·재정적 수단이나 설비를 마련하도록 요구할 수 있는 직접적인「결론」이 얻어진다.103)

(3) 본래적인 (주관적 권리로서의) 효력의 강화

세 번째의 견해는 주관적 권리로서의 자유에 긴밀히 의존하면서 객관법적 내용을 결정하고, 객관법적 내용을 그것에 의하여 한계지우며, 나아가 그 일부를 감축하려고 시도한다. 객관법적 내용은 무엇인가 기본권효력을 강화하는 것이 아니라 오히려 바로 제1차적인, 주관적 권리로서의 개개의 시민의 자유에 대한 보호에로 향해진 기본권효력을 강화하는 것이며, 객관법적 내용에 의해서 강화되는 기본권효력은 주관적 권리로서의 효력에 한정된다고 보게 된다. 이것은 공동결정 판결의 입장이다.104) 이 입장은, 객관적 기본권내용이 거기에서 기본법의 노동제도, 경제제도, 학문제도와 같은 것이 구성되는, 자립적인 규범적 객관화체계로 독립하는 것을 방지하는 한에서는, 특히 설득적이다.105) 다른 한편, 일단 기본권의 객관법적 내용이 승인되고 있는 상황에서 이 입장을 원리로 해석하는 이상, 이 입장이 모순 없이 관철될 수 있는가의 여부가 문제로 남는다. 주관적 권리로서의 자유를 국가와 시민의 관계에서만이 아니라 모든 법영역에 타당하는, 강화된 객관적 효력의 차원에로 전환하는 것은 결국 구체적인 개인적 자유의 지위를 일방적으로 확대하는 결과를 초래하고 이것은 — 바로 수평적인 관계에서 — 타자의, 즉 마찬가지로 기본권에 의하여 보호되는 제3자의 자유의 지위를 희생함으로써 실현되는 것은 아닌가? — 그리고 이 일방적 확장은 회피하지 않으면 안 되는 불균형상태(Asymetrie)는 아닌가?106)

---

101) 원리적 문제성에 대해서는 Ernst Forsthoff, Die Umbildung des Verfassungsgesetzes, in: FS für Carl Schmitt, 1959, S. 35 (50 ff.)(계희열역, 헌법률의 개조, 동인 편역,『헌법의 해석』, 고려대 출판부, 1993, 89면[110면 이하]).

102) BVerfGE 35, 79 (112, 114 ff.).

103) Ebd., S. 115 f. (수단과 제도), 123 ff. (조직적 형성).

104) BVerfGE 50, 291 (337 ff.).

105) 동지, Erhard Denninger (Fn. 49), Rdnr. 30.

106) Robert Alexy (Fn. 15), S. 469 ff.; Georg Hermes (Fn. 67), S. 200 참조. 이 문제는 반대로 낙태판결

3. 기본권의 객관법적 내용과 비례원칙

이와 관련하여 객관법적 기본권 내용과 비례원칙의 관계가 논해지고 있다. 법의 모든 영역에로 작용하는 기본권의 객관법적 내용의 적용은 필연적으로 형량의 기초로서의 비례원칙의 적용을 포함한다.

그 근거는 명백하다. 객관적 원칙규범으로서의 기본권은 모든 방향과 법영역에, 바로 법동료 상호간의 수평적인 관계에도 그 작용을 미치는데, 그 폭과 강도 그 자체는 불확정적이다. 객관적 원칙규범으로서의 기본권은 내용적으로 반드시 동일방향이 아닌 여러 가지 자유와 보호의 방향에 관련되며, 상이한 기본권주체에게도 작용한다. 그러므로 객관적 원칙규범으로서의 기본권에는 그 자체 불균형상태를 초래하는 경향이 있다. 형량이 행해지지 않을 경우에는 특정한 기본권내용이 다른 기본권내용을 희생하여, 또는 다른 기본권주체에 향하여 일방적으로 확장될 수 있다. 바로 이러한 이유 때문에 객관법적 기본권 내용의 적용이 비례원칙에 따라 구성될 필요가 있는 것이다.107) 이로써 기본권의 자유의 방향과 보호의 방향은 가령 그것들이 이미 국가와 시민의 직접적 관계만을 지도하는 것은 아니라고 하더라도 서로 양립된다. 알렉시(Alexy)가 서술하였듯이,108) 구체적 사건에 대해서 조건부의 우열관계가 발견되지 않으면 안 된다. 그리고 이것은 비례성에로 인도하는 것이다.

이 경우에 형량의 기준으로서 적용되는 비례성은 물론 고전적 비례성은 아니다. 고전적 비례성은 법률 내지 법규범의 목적이라는 확고한 기준점을 가지며, 그것에 근거하여 (비례적) 적합성, 필요성과 좁은 의미의 비례성을 결정한다.109) 객관법적 기본권의 내용과

(BVerfGE 39, 1 [73 ff.])에 대한 빌트라우트 루프 폰 브뤼네크(Wiltraut Rupp v. Brünneck) 재판관과 헬무트 지몬(Helmut Simon) 재판관의 소수의견에서 명백하게 되었다. 양 재판관은 객관적 가치결정으로서의 기본권이 입법자의 형법규범 제정의무의 설정에 기여해야한다고 한다면, 그것은 기본권의 곡해라고 본다. 이것은 기본권이 국가에 향해진 자유권이라고 보는 견해에서는 당연한 논리적 귀결이다. 그러나 객관적 가치결정으로서의 기본권이 —— 바로 법주체 상호의 관계에의 작용에서 —— 자유의 지위를 강화하는 데 그치며, (부작위) 의무를 부과해서는 안 된다고 한다면, 그것은 기본권의 객관적 원칙작용이라는 출발점에서 본다면 마찬가지로 기본권의 기능곡해이다. 왜냐하면 객관적 원칙규범과 가치결정으로서의 기본권의 본질적 내용은 연방헌법재판소가 낙태판결 후에 슐라이어 결정(BVerfGE 46, 160, 164), 뮐하임·캐틀리히 결정(BVerfGE 53, 30 [57])에서 거듭 서술하여왔듯이, 바로 제3자에 의한 기본권침해로부터도 보호적으로 방어하는 점에 있기 때문이다. 그러나 이것은 제1차적인 (국가에 향해진) 자유의 기능을 강화함으로써가 아니라 오히려 다른 한편 그 자신도 기본권의 담당자인 제3자에게 의무, 경우에 따라서는 형벌을 갖춘 의무를 부과함으로써만 달성될 수 있다. 나아가 Josef Isensee (Fn. 66), S. 45 ff.; Klaus Stern (Fn. 1), S. 941 f.를 참조. 이에 더하여 Dieter Suhr, Die Freiheit vom staatlichen Eingriff als Freiheit zum privaten Eingriff: JZ 1980, S. 166 (168)이 있다.

107) Josef Isensee (Fn. 66), S. 44 ff.; Hans D. Jarass (Fn. 47), S. 382 ff.; Robert Alexy (Fn. 15), S. 100 ff.; Georg Hermes (Fn. 67), S. 204 ff. 참조. 보다 이른 시기의 것으로서 Peter Lerche, Übermaß und Verfassungsrecht, 1961, S. 264 ff. 참조.

108) Robert Alexy (Fn. 15), S. 80 ff.

109) 이 고전적 비례성은 경찰법에서 유래하며, 거기에서 다시 발전되었다. 그 불변의 기준점은 법의 목적이었다. Bill Drews/Gerhard Wacke/Klaus Vogel/ Wolfgang Martens, Gefahrenabwehr, 8.

그 작용의 강도를 형량하는 경우에는 바로 이 확고한 기준점이 결여되어 있는 것이며, 또한 그것은 필연적이기도 하다.110) 만약 확고한 기준점이 존재한다면, 그러한 관련점이 존재하는 그 어떤 기본권내용에 대해 곧바로 우월적 지위를 인정할 수 있을 것이다. 그러나 여기서 행해지는 형량에는 그러한 기준은 존재하지 않는다. 여기서 작용하는 비례성은 적절한 비례성(Angemessenheits-Verhältnismäßigkeit)이다. 이 비례성은 적절한 비례성으로서 고전적인 비례성의 제3요소와도 다소 달리한다.111) 적절한 비례성의 경우에는 몇 개의, 더구나 서로 대립하는 규범적 원리들의 양립가능성·조화·적절한 질서지움의 달성이 문제로 된다.112) 그 실현은 물론 법질서의 (해석적) 적용이라기보다는 오히려 형성을 통해 수행되어야 할 임무이다. 이로써 그 이상의 구체성이 없는, 결국 정의와 동의어인 이 비례성의 기준을, 표면은 법관에 의한 법적용에 대해서 충분하게 내용이 확정되고 있기 때문에 재판규범이 될 수 있는 기준으로 운용하는 재판에 어느 만큼의 재량의 여지가 주어지고 있는 것인가가 명백하게 된다. 「구체화」란 이러한 과정을 설명하기 보다는 오히려 은폐하는 말이다.

V. 헌법구조에 대한 필연적 귀결

지금까지 기본권효력이 어떻게 발전하고 확장되어 왔는가에 대해서 서술하여 왔다. 그러나 이로써 본고의 테마가 아직 모두 소진된 것은 아니다. 상술한 상황이 헌법구조에 대해서 어떠한 필연적 귀결을 낳는가 하는 문제가 남는다. 이 필연적 귀결이 기본권의 자유권으로서의 전개(전술한 제2장)로부터 받은 영향은 근소하다. 자유권으로서의 기본권은 이미 존재하는 헌법구조의 틀 내에 머무르며, 이를 변경하시 않는다. 그런데 객관적 원칙규범과 가치결정으로서 기본권을 성격지우고, 전개시키는 것은 그것과는 다르다.

Aufl. 1974, S. 185-201 참조. 다른 입장으로서 Lothar Hirschberg, Der Grundsatz der Verhältnismäßigkeit, 1981, S. 45 ff.가 있다.
110) 이에 대해서 Gerhard Robbers (Fn. 66), S. 170 ff.
111) 다른 견해로서 Georg Hermes (Fn. 67), S. 202; Eckart Klein (Fn. 75), S. 1637 f.가 있다. 그 차이는 다음에 있다. 즉 한편으로는 고전적 비례성의 제3요소는 개개의 사례의 특수성에 관련하며, 그것에 적용되는데, 그 대신 전체적 규정의 내용에 관한 비교형량은 의도되지 않고 있다. 다른 한편, 형량의 기준이 되는 것은 예컨대 적절한 균형성 또는 실천적 정합성이 아니라 오히려 쉴레스비히·홀슈타인주 행정법 제73조 제2항이 이를 모범적으로 「개인이나 일반인에 대해 의도된 효과와 명백히 비례관계에 있지 아니한, 침해를 위한 조치는 행해질 수 없다」라고 규정하고 있듯이, 그것에 의해서 달성되는 목적에 대해서 침해가 비례를 잃고 있는 것(Außer-Verhältnis-Stehen)이다. Bill Drews/Gerhard Wacke/Klaus Vogel/Wolfgang Martens (Fn. 109), S. 155, 191, 198 참조. Lothar Hirschberg (Fn. 109), S. 92 ff.는 아마 다른 견해이다. 물론 이 제3요소는 형량이 행해지는 요소에 해당하므로 종종 이와 같이 전혀 다른 구조를 갖는 비례원칙의 논거가 유입되는 통로로 이용되고 있다. Bernhard Schlink, Freiheit durch Eingriffsabwehr — Rekonstruktion der klassischen Grundrechtsfunktion: EuGRZ 1984, S. 461 참조. 이 문제에 대해서는 나아가 Peter Lerche (Fn. 107), S. 134 ff., 258 ff. 참조.
112) 이에 대한 상세는 Robert Alexy (Fn. 15), S. 80 ff., 100 ff.

그 필연적 귀결로서 헌법구조가 변한다. 상술한 기본권작용의 법해석학적 기능, 국가론적
기능, 헌법이론적 기능을 통해 그 필연적 귀결이 인식 될 수 있다.

1. 법해석학적 기능

법해석학적 기능으로서 생기는 것은 기본권효력의 **범위와 도달거리**에 관한 **확장**이다.
이는 물론 미리 존재하는 기준에 구속되는 것이 아니라, 오히려 어떤 의미에서는 스스로
생기는 것이다.

기본권의 객관적 원칙으로서의 효과는, 전술한 바와 같이, 보편적 방향성을 띠며,
잠재적으로는 모든 법분야에 미친다. 그와 동시에 이 효과는 미리 결정되지 않으며
고정되어 있지 않다. 오히려 그 범위와 강도는 미결정이며, 확장과 발전이 가능하다.
그러므로 기본권의 객관적 원칙으로서의 작용의 구조는 알렉시(Alexy)*가 원리적 성격의
규범(Prinzipien-Norm)이라고 표현하면서, 개념화한 것에 바로 필적한다.113) 원리적
성격의 규범은 최적화명령(Optimierungsgebot)이다. 이 명령은 다양한 정도로 실현될
수 있으며, 그 실현이 명령되는 정도는 실현의 실제적 가능성뿐만 아니라 법적 가능성에도
좌우된다. 원리로서의 규범은 어떤 특정한 내용에 고정되지 않고 최적화를 지향하는
규범적 경향이 있다. 이것은 — 필연적으로 — 형량을 필요로 한다. 이러한 원리로서의
성격에 불확정성·유동성·역동성이 결부되어 있다. 원리로서의 성격은 모든 기본권기
능을 포괄적으로 포함할 수 있을 뿐만 아니라 반대로 이들 기능이 거기에서 가변적으로
도출될 수 있기 때문에 기본권의 해석학적 기본개념을 제시하는 데에 적합하다.114)

기본권이 그러한 원리로서의 규범이라는 성격을 가지는 정도에 따라서 기본권의 적용은
해석으로부터 구체화로 변질된다. 여기서 의도되는 양자의 차이는 실질적인 것이며,
단순한 표현의 차이에 그치지 않는다.115) 해석이란 그것에 의해서 가능한 한 완전한
것이 되며, 특수화되고, 그러한 한에서 내용적으로도 풍부한 것이 되는, 앞서 주어진
어떤 것(先所與)의 내용과 의의를 탐구하는 것이다. 이에 대해서 구체화는 그 방향 또는

---

113) Robert Alexy (Fn. 15), S. 75 ff.

114) 이러한 의미에서는 Georg Müller, Privateigentum heute: Zeitschrift für Schweizerisches Recht
(ZSchwR) N.F. 100. Bd. 2 (1981), S. 13 (36 ff.)가 있다.

115) 이에 관련되는 의론은 그때에 구체화에 대한 두 개의 다른 개념이 사용됨으로써 방해되었다. 구체
화는 어떤 때는 현재 존재하는 법규범으로부터 심사해야할 사실관계의 포섭을 가능하게 하는 소전
제를 형성하는 것이라고 이해된다. 법규범이 일반적 성격을 가지며, 개개의 사례를 규범화하지 않
기 때문에 그러한 한에서, 이 의미에서의 구체화는 가령 적용되는 규범이 충분히 내용이 확정된 것
이었다 하더라도 구체적 사례를 고려한 법적용의 경과, 계속적인 해석의 필연적인 연결부분이다
(Karl Larenz, Methodenlehre der Rechtswissenschaft, 2. Aufl. 1969, S. 266, Anm.1). 그러한
한에서 슈타인은 적절하다. Ekkehart Stein, in: AK-GG, Einleitung II, Rdnr. 37 ff. 다른 한편,
구체화는 원리를 특정한 내용에 의해서 비로소 충전하며, 그 내용을 실감나게 체험하지 못하는 적
용가능한 법규범을 원리로부터 형성적·창조적으로 발전시키는 것을 의미한다. 구체화는 본고에서도
또한 후버에서도 이러한 의미로 이해된다. 전반적으로는 나아가 Karl Engisch, Die Idee der
Konkretisierung im Recht und Rechtswissenschaft unserer Zeit, 1953, S. 75 ff.가 있다.

원리만이 확정된 어떤 것을 (창조적으로) 충전하는 것이다. 이것은 그 밖의 점은 확정되어 있지 않기 때문에 우선 첫째로 형성에 의해서 집행가능한 규범에로 확정(Verbestimmung)하는 것을 필요로 한다. 한스 후버(Hans Huber)는 이미 상당히 초기의 단계에서 기본권의 전방위적 효력과 광범성 아울러 불확정성에서 생기는 — 원칙규범으로서 이해되는 — 기본권의 구체화필요성은 해석필요성과 혼동되어서는 안 된다고 지적하였다.116) 구체화는 통상의 해석이 아니라 오히려 해석을 초월한 법창조적 사상(事象)이며,「의미의 해석이라기보다는 오히려 의미의 정립」이며, 말하자면「외부로부터」내용을 부여하는 것이다. 그는 거기에서 다음과 같은 결론을 도출하였다. 그것에 의하면, 기본권을 구체화하는 헌법재판관의 판결은「해석실무보다도 오히려 case law에 필적한다」고 한다.117) 사건에 대한 판결이라기보다는 오히려 case law, 즉 사례와 관련하여 정립되는 법인 것이다. 여기에는 이론이 없을 것이다. 명백히 하기 위해 부언하면 이 사례법의 정립은 그것이 헌법의 해석으로서 행해지기 때문에 헌법적 지위를 가지며, 그러한 한에서 헌법의 정립을 의미한다. 그 예가 기본법 제5조 제1항 제2문에 관한 연방헌법재판소의 방송판결이다.118) 방송판결이 구체화라는 수법에 의해서 확정한 것은 점차 확장되어가는 헌법정립법(Verfassungsgesetzesrecht)이다. 그것에 더하여 이 헌법정립법은 방송분야에 관한 연방국가적 권한질서를 슬쩍 넘어가고 있다.119)

2. 국가론적 기능

기본권은 원리로서의 규범이라는 형태로 객관법적 내용을 획득함으로써 국가론적 기능에서 국가권력의 임무규범이 된다. 이와 같은 방식으로 헌법 속에 수용되는 국가목적과 국가임무120)는 주관적 권리로서 청구기능하게 된다.

19세기는 국가목적과 국가임무에 관한 학설과 결별하였다. 실로 이에 관한 논의들이 지배적 국가학에서 전개되고 있었지만, 국법에서는 찾아볼 수 없었다. 국가는 잠재적으로 모든 권한을 가지며, 절대이며 국가가 어떠한 목적을 추구하고 어떠한 임무에 착수하는가는 정치의 문제였다.121) 기본권에 원리로서의 규범이라는 형태로 객관법적 내용, 즉 국가와 시민의 관계를 초월하는 효력을 가진 전방위적인 최적화명령을 승인함으로써

116) Hans Huber (Fn. 40), S. 161; ders., Die Verfassungsbeschwerde, ebd. S. 131 ff.
117) Hans Huber (Fn. 40), S. 161.
118) 일련의 방송판결 내지 텔레비전 판결로서 BVerfGE 12, 205 ff.; 31, 314 ff.; 57, 295 ff.; 73, 118 ff.; 74, 297 ff.가 있다. 이것에 이은 판결이 예정되어 있다.[예컨대 제6차 방송판결(BVerfGE 83, 238)이 내려지고 있다. 역주].
119) Karl August Bettermann, Hypertrophie der Grundrechte, in: ders., Staatsrecht, Verfahrensrecht, Zivilrecht (Ges. Schriften), 1988, S. 60 ff.도 참조.
120) 이러한 관련에 대해서는 Klaus Stern (Fn. 1), S. 932; Josef Isensee (Fn. 66), S. 3 ff.도 참조.
121) 많은 것 대신에 Georg Jellinek (Fn. 7), S. 236-239, 274 ff. (역서, 223-227면, 261면 이하); Klaus Hespe, Die Staatszwecklehren in der Staatsrechtslehre des 19. Jahrhunderts, 1964, S. 17 ff., 67 ff.

— 망각되고 있던 — 국가목적이 목표를 가진, 기본권상의 사실영역과 생활영역에 관련되는 행위위임으로서 재등장한다. 행위위임의 착수와 실현은 — 실행의 방법에 대해서는 형성의 여지가 있다고는 하지만 — 헌법에 의해서 명해지고 있다. 나아가 이들 행위위임이 기본권에 부가됨으로써 행위위임은 이미 정치적 의사형성의 과정에서뿐만 아니라 그것과는 별개로 독립하여 주관적 권리로서 청구될 수 있게 된다. 즉 국가임무의 달성은 행위위임이 미치는 한에서 기본권의 실현으로서 재판상 청구하는 것이 가능하다.

여기서는 다음의 점에 주의할 필요가 있다. 즉 모든 법영역에 방사되는 기본권의 객관적 원칙으로서의 작용에 의해서 기본권은 시민과 국가의 관계에 있어서의 원리와 보장으로부터 법질서 전체의 최고차의 원리로 그 모습을 바꾸게 된다. 이것은 기본권의 객관법적 내용에 대해서 결정적인 조건이며 필수의 전제이다.122) 그리고 이 전제 위에 선다면, 기본권의 원칙규범으로서의 작용은 필연적 귀결이다. 고전적 기본권은 이에 비하여 보다 온건한 것이었다. 즉 고전적 기본권은 처음부터 법질서의 한 단면에만 관계하는 것, 그리고 거기에서 형성된 법제도, 즉 시민과 국가의 직접적 관계에 있어서의 구체적 자유보장의 제도이기를 바랐다.123) 법질서는 그 밖의 점에서 그 원리 내지 구체적 형상을 법률에서 발견하였다. 그러한 한에서 법질서는 본래 법을 창조하는 권한을 부여받은 입법자에 의한 법형성의 성과였다.

칸트(Kant)의 법개념에 투영하여 보면 이러한 차이가 명확해질 것이다. 국가에 대한 자유권으로서의 기본권은 칸트에 의한 법의 정의의 일부에만 관련된다. 자유권으로서의 기본권에서는 어떤 사람의 자유가 모든 타인의 자유와 양립하는 것이 아니라 개개의 시민의 자유가 국가의 자유와 자유의 보편적 법칙에 따라서 양립하는데 그친다. 객관적 원칙규범 또는 가치결정으로서의 성격이 부가됨으로써 기본권은 칸트의 정의, 그리하여 법의 영역을 완전히 커버하게 된다.124) 이에 대응하여 헌법은 국가의 법적 기본질서로부터 국가공동체의 법적 기본질서가 된다. 법질서 전체는 — 최적화의 경향을 가진 원리로서의 규범의 차원에서 — 이미 헌법 속에 포함되어 있다. 이제 필요한 것은 그 구체화이다.

지금부터 — 전통적으로는 정치와 정치적 논쟁의 우선적 활동분야였던 — 국가의

---

122) 이것은 디터 그림이 기본권의 객관적 원칙작용을 인상깊게 옹호하는 때에 명백하게 된다. Dieter Grimm (Fn. 66), S. 45. 기본권은 「법질서의 최고차의 내용규범」(강조는 뵈켄회르데에 의함)이며, 그러한 것으로서 존중된다는 전제는 이미 기초지워지지 않고 있다. 이 전제는 매우 단순 명백하게 「통용」하는 것이다. 기본권의 객관적 원칙으로서의 작용에 의해서 그 본래의 의의가 다시 회복됨에 불과하다는 지적은 진기하지는 않지만 이것은 조건부로만 정당하다. 프랑스 혁명기와 19세기 초기에 존재한 원칙으로서의 작용은 입법자에 의해서 비로소, 그리고 입법자에 의해서만 실현되는 것이며, 법의 구속으로서 입법자에 대해서 미리 존재하는 것은 아니었다.

123) 이에 대해서 Carl Schmitt (Fn. 9), S. 163 ff. (역서, 184면 이하); Jean-François Aubert, Traité de droit constitutionnel suisse, 1967, S. 626-630 참조. 헌법제정회의의 본회의를 위한 기본법초안에 관한 보고서 (기본권에 대해서는 헌법제정회의 의원 폰 망골트 박사에 의한)도 이것을 전제로 하고 있었다. 같은 책, S. 5 f. 참조. 같은 의미는 Hans Hugo Klein (Fn. 100), S. 69 f.

124) Josef Isensee (Fn. 66), S. 46 f.도 참조. 물론 완전히 문제시되지는 않는다.

법형성이라는 임무는 그러한 한에서는 이미 선취되어 있으며, 효력이 강화된 기본권 속에 포함되어 있다는 의미에서 실현되어 있는 셈이다. 법질서의 본질적인 것과 원리적인 것은 이미 헌법, 즉 그 객관적 원칙규범에 전면적으로 포함되어 있는 것이 된다. 물론 이것은 구체화의 단계를 거쳐야 하며, 그러한 과정에서 입법자와 법률적용자 및 헌법재판소가 서로 대면하게 된다. 이 모든 구체화는 헌법재판소에 의해서 물론 항상 사건에 관련하여 해석되고 무엇보다 보편적으로 적용되는 비례원칙에 의해서 완성된다.

3. 헌법이론적 기능

이제 세 번째의 기능인 헌법이론적 기능을 검토할 단계에 이르렀다. 이 기능의 본질은 입법과 헌법재판권의 관계의 변용에 있다.

기본권의 객관법적 원칙규범으로서의 작용이라는 징표에서 — 유형론적으로 고찰한 경우 — 의회의 법형성과 헌법재판에 의한 법형성이 동렬에 놓이며, 접근하게 된다.125) 전자가 본래의 법의 정립으로부터 구체화로 격하되며, 후자가 해석학적인 법의 적용으로부터 법창조적 구체화로 격상된다. 기본권이 그 객관법적 차원에서 최적화의 경향을 가지며, 전방위적으로 작용하는 원리로서의 규범이고 또 그러한 것으로서 입법자를 구속하는 것이라면, 이로써 입법자의 지위가 구체화기관으로 전환된다는 사실에 대한 직접적 해명이 가능하다.126) 표면상 법적용인 것처럼 보이는 재판상의 기본권해석이 구체화로 격상하게 된다는 것은 이미 언급하였다.127) 그러한 범위에서는 입법자와 사법권 사이에 존재했던 예전과 같은 질적 차이가 줄어들게 된다. 양자 — 입법자와 연방헌법재판소 — 는 구체화라는 형태로 법을 형성하며 그 점에서 경합한다. 이러한 경합관계에서 입법자는 제1차적 판단권을 가지지만, 헌법재판소에는 우월적 판단권이 있다. 과연 연방헌법재판소는 기본법 제1조 제3항에 근거하여 존재하고 있는 입법자에 대한 기본권 구속을 심사를 통하여 통제할 뿐이며, 구속을 설정하는 것은 아니다. 그러나 연방헌법재판소는 원칙규범의 적용에 있어서 그것이 불확정적이라는 이유로 스스로 구체화를 행하고, 바로 이 구체화가 그 때문에 헌법적 지위를 획득하며, 입법자를 다시 구속하기 위한 입법자에 대한 기존의 구속을 강화하는 것으로 된다.

---

125) 예컨대 Ulrich Scheuner, Verfassungsgerichtsbarkeit und Gesetzgebung: DÖV 1980, S. 473 (476)에서의 논평 참조.

126) 스위스 국법학에서는 이에 대해서도 솔직하게 논하고 있다. 스위스 국법학은 물론 충분하게 발전된 헌법재판권의 비호 아래 논증하는 것은 아니다. 스위스의 법질서에는 연방법의 헌법심사를 위한 권한은 존재하지 않는다. 헌법의 우위는 그러한 한에서는 인정되지 않는다. 뮐러는 입법자가 — 객관적 가치결정으로서 이해되는 — 기본권을 상세하게 결정하며, 발전시키고 형성하지 않으면 안 되는데, 그 경우에 입법자는 「방법이란 점에서는 법적용자와 동일한 방법에 의하지 않으면 안 된다」는 것을 전제로 한다. Georg Müller (Fn. 114), S. 45.

127) 전술한 V. 1. S. 56 f. (본서, 1126면 이하) 참조.

그 결과 개개의 법분야의 독자성이 점차 헌법의 레벨에서 흔들리고 있을 뿐만 아니라 권력들 사이의 질서가 변경되며, 권력 간의 중점이 이동한다.[128] 의회 중심의 입법국가는 어느새 헌법재판소에 의한 사법국가로 이행한다.[129] 이러한 이행은 기본권의 객관적 원칙규범으로서의 전개와 구체화에 관한 헌법재판소의 권한을 통해서 이루어진다. 이로써 연방헌법재판소의 역할은 법적용적 사법작용으로부터 법의 정립과 적용의 분리 이전에 존재한, 오랜 의미에서의 헌법에 대한 유리스딕치오(Jurisdictio)[130]로 변질된다. 법의 정립과 법의 적용을 명확히 구별하고, 이를 조직적·제도적으로 정착시키고자 했던 사상, 즉 유럽 대륙의 입헌국가의 특징적 구상인 권력분립이 일부 후퇴하게 된다. 헌법재판소는 보다 강력한 정치적 (그러나 비당파적인) 기관, 헌법의 아레오파고스(Areopag)*[고대 그리스의 최고법정 ─ 역주]가 된다. 구속력 있는 최종판단의 권한에 의해서 연방헌법재판소가 수중에 넣고 있는 주권의 선단(先端)이 확대된다. 이것과 관련하여 문제가 되는 것은 헌법재판소의 민주적 정당성이다. 헌법재판관의 선출이 법질서의 형성에 대해서 연방의 회선거 또는 주의회선거와 마찬가지로, 또는 오히려 그 이상으로 중요하게 되는가, 그것은 그래야 할 것인가? 다른 형태로 묻는다면 과연 기본권해석론은 올바른 길을 가고 있는가 하는 것이 문제로 된다.

VI. 기본권해석론은 올바른 길을 가고 있는가?

여기서 제기되는 것은 상술한 기본권효력의 발전에 대한 평가의 문제이다. 기본권의 성격을 주관적 자유권으로 파악하는 데 그치지 않고 객관적 원칙규범으로 보고 이를 발전시키는 것이 법치국가의 완전한 승리, 나아가 그 완성이라면 그것은 곧 정치에 대한 법의 우위가 최종적으로 관철된다는 것을 의미하며 이것은 보장되어야 할 뿐 아니라 더욱 촉진되어야 하는 것을 의미하는가? 아니면 이러한 방향이 민주적인 국가구조를 해치는 것으로 국민에 의해 선출된 의회의 법형성임무 내지는 입법임무에 대한 중대한 침해가 되고, 마침내 의회에 의한 통치 대신에 점차 헌법재판관들에 의한 통치가 행하여지고 그에 따라 이들에 대하여 자제를 요청할 수밖에 없는 상황이 초래되고 있는 것인가?

1. 양자택일적 문제제기의 불가피성

이러한 문제는 여기서 양자택일적 의미로 제기되고 있다. 그러나 문제를 이와 같이

---

128) 이에 대해서는 Christoph Gusy, Das Bundesverfassungsgericht als politischer Faktor: EuGRZ 1982, S. 93 ff.도 참조.

129) Ernst-Wolfgang Böckenförde, Gesetz und gesetzgebende Gewalt, 2. Aufl. 1981, S. 402.

130) 이에 대해서는 Helmut Quaritsch, Staat und Souveränität, 1970, S. 138 ff.; Dieter D. Wyduckel, Princeps Legibus Solutus, 1979, S. 76 ff. 참조.

제기할 필연성은 있는가? 우리들의 법질서의 구성요소인 기본권의 객관법적 원칙으로서의 작용을 거기에서 철거하거나 또는 심지어 제거하지 않고, 지적된 헌법재판소에 의한 사법국가로의 발전을 저지하는, 비판에 견딜 수 있는 (중간적) 해결책은 존재하지 않는 것일까? 이러한 해결을 위한 시도가 있어 왔다. 지적할 것으로서 근래 점차 논의되고 있는 사법적 자기억제(judicial self-restraint)의 요청, 헌법재판권의 기능법적 한계획정의 요청, 구속규범과 심사규범의 구별의 의미에서의 헌법상의 심사밀도의 완화의 요청이 있다. 그러나 이러한 시도는 문제의 해결에 기여하는 것은 아니다.

사법적 자기억제의 요청131)*은 이 문제를 미해결로 되어 있는 헌법해석과 재판상의 방법론의 영역에서 법관의 심정윤리(Ethos)의 영역에로 옮겨 놓는 것에 불과하다. 거기에서 이 문제는 순수하게 주관적인 것에 그치며, 파악가능한 기준도 없이, 따라서 객관화의 가능성도 존재하지 않는다. 이것은 입증가능한 원리를 가지지 못하며, 도덕적 동기에 기초한 주관적 평가에 의존하는 사안에 따른 자제만이 남게 되는 결과가 될 것이다.132)

기능법적 한계라는 관념133)은 자기모순에 빠진다. 헌법재판권의 기능은 헌법재판권에 주어진 권한과 무관계한 것은 아니며, 그 권한에 의해서 비로소 결정되는 것이다. 따라서 중요한 것은 기본법이 확정되고 있는 구체적인 과제나 권한이 무엇인가이다. 결론적으로 헌법재판소에는 보다 구체적인 절차를 통해 기본권의 효력을 보장할 임무가 부여되어 있을 뿐만 아니라, 만약 기본권이 법의 모든 영역에 타당한 원칙규범, 다시 말해 기본법 제1조 제3항에 의해 기본권의 규범적 내용이 3대 국가기능을 모두 구속하는 원칙규범이라면 헌법재판소에 주어진 권한영역이 소위 기능적 한계를 지적한다고 해서 다시 축소될 수는 없는 것이다. 그렇다고 한다면 민주적 의사형성과 의회에 의한 결정은 그러한 한에서 헌법 자체에 의해서 스스로 그 기능이 구속되며, 한정되고 있는 것이다. 기껏해야 헌법재판권이 주어진 역할을 수행함에 있어서 「사법적 형식」 또는 「재판관으로서의 역할」을 벗어날 수 없다는 주장에 의거할 수 있을 뿐이다.134) 그러나 이 논거도 양면성을 띤다. 법관에 의한 인식과 법관에 의한 심사를 원칙규범으로서의 기본권에 의해서 내용이 확정되어 있으며, 그러므로 전통적인 의미에 있어서의 법관에 의한 인식이 가능한 것으로 한정하려는 시도라면, 원칙규범으로서의 기본권은 바로 단순한 목표규범이 된다. 이 목표규범의 성격은 일반적으로 프로그램적이며, 그 실현에 있어서는 그것이 자의적으로 무시되는 (명백한 부작위의) 경우 이외에는 통제가 거의 불가능하다. 즉 ― 객관적 원칙규범

---

131) 예컨대 Martin Kriele, Recht und Politik in der Verfassungsrechtsprechung: NJW 1976, S. 777 ff. 참조.

132) 비판적인 것으로서 나아가 Konrad Hesse, Funktionelle Grenzen der Verfassungsgerichtsbarkeit, in: FS Hans Huber, 1981, S. 261 (264, 271).

133) Gunnar Folke Schuppert, Funktionelle Grenzen der Verfassungsinterpretation, 1980; Konrad Hesse, (Fn. 132), S. 261-272; Klaus Schlaich, Das Bundesverfassungsgericht, 1985, S. 220 ff.(정태호역, 『독일헌법재판론』, 미리, 2001, 434면 이하)

134) Ernst-Wolfgang Böckenförde, Die Methoden der Verfassungsinterpretation. Bestands-aufnahme und Kritik: NJW 1976, S. 2089-2099 (헌법해석의 방법, 김효전 옮김, 『독일 헌법학의 원천』, 2018); Ulrich Scheuner (Fn. 125), S. 478 f.; Klaus Schlaich (Fn. 133), S. 222 f.

으로서의 기본권의 규범적 의도를 정확하게 이해한다면 — 기본법 제1조 제3항과는 일치하기 어려운 결과이다.135) 그런데 법관의 임무를 이처럼 존재하기는 하지만, 원리적이며 불확정적인 규범내용에 비추어 법관의 임무가 이러한 불확정적인 내용의 현실화와 적용을 가능케 하는 데 있다고 한다면, 현재의 재판실무를 특징짓고 있는, 법관의 임무와 권한이라고 자주 주장되는 구체화로 접근한다.

구속규범과 심사규범의 구별에 의거하여 재판상의 심사밀도를 완화하는 것도 불가능할 것이다. 이것은 기본법 그 자체에 의해서 실패로 끝난다. 특히 기본법 제1조 제3항에 의해서 설정된, 입법자를 포함하는 모든 국가작용에 기본권의 구속이 미치는 한, 이 구속은 기본법 제93조 제1항에 따라 헌법재판에서도 소구할 수 있어야 한다. 물론 불확정적인 헌법개념을 적용함에 있어서 — 제한적이나마 — 평가에 있어 입법자가 우선권을 가진다거나136) 혹은 — 마찬가지로 제한적이지만 — 입법자에게 판단여지가 존재한다는 등의 논증137)은 가능할 것이다. 그러나 거기에 문제의 해결책은 포함되어 있지 않다.

2. 양자택일의 가능성

그러므로 본장의 앞에서 제기한 문제에 다시 돌아가게 된다. 객관적 원칙규범과 가치결정으로서의 기본권을 통하여 의도되고, 생기는 기본권효력의 확장은 — 헌법재판권의 체계 아래서 달성된 것인 한 — 헌법구조의 변용을 초래할 수밖에 없다. 기본권효력의 확장을 바란다면 반드시 헌법구조의 변용도 바라지 않으면 안 된다. 그 반대도 또한 마찬가지이다. 국민에 의해서 선출된 의회의 법형성에 대한 본질적 기능을 견지하며, 헌법재판소에 의한 사법국가에 유리한 결과가 되는, 진행하고 있는 헌법구조의 개조를 회피하고자 한다면, — 소구할 수 있는 — 기본권은 국가권력에 대한 주관적 자유권에 「불과한」 것이며, 동시에 법의 모든 영역에 타당한 (구속적인) 객관적 원칙규범일 수는 없다는 것도 견지하지 않으면 안 된다.138) 이와 같이 한편

---

135) 이에 대해서는 Robert Alexy, Grundrechte als subjektive Recht und als objektive Norm: Der Staat 29 (1990), S. 49 (51 ff.)(김효전 편역, 『독일 기본권이론의 이해』, 법문사, 2003) 참조. 기본법 아래서는 기본권의 「프로그램적 작용」 또는 원리적 작용도 그러한 것으로서 — 기본법 제1조 3항, 제93조 1항 2호와 4호, 제100조 1항에 의하여 — 재판상 청구가능한 기본권의 법적 효력의 어떤 특정한 형태이다. 그러므로 J. P. 뮐러(Jörg Paul Müller, Elemente einer schweizerischen Grundrechtstheorie, 1982, S. 46 ff.)에 의해서 상술된 여러 가지 국가기관에 대한 기본권의 구속력의 그것에 상응한 구별과 질서지음에 의한 기본권의 다양한 「규범구조」의 이론을 연방공화국의 법질서에 전용할 수는 없다. 이 이론에 대해서는 나아가 René A. Rhinow, Grundrechtstheorie, Grundrechts-politik und Freiheitspolitik, in: FS Hans Huber, 1981, S. 427 ff.가 있다.

136) 이에 대해서는 Fritz Ossenbühl, Die Kontrolle von Tatsachenfeststellungen und Prognosenentscheidungen durch das Bundesverfassungsgericht, in: Bundesverfassungs-gericht und Grundgesetz, Bd. 1, 1976, S. 458 ff.; Hesse (Fn. 132), S. 270; BVerfGE 79, 127 (151 f., 153 f.) [지방자치] 참조.

137) BVerfGE 72, 330 (399)[주 간의 재정조정]; 나아가 Alfred Rincken, AK-GG, vor Art. 93/94, Rdnr. 80 ff. 참조.

의 또는 다른 한편의 선택지에 결부된 귀결을 일별해 둘 필요가 있다.

(1) 기본권의 주관적 자유권에의 감축

  기본권을 국가와 시민의 직접적 관계에 있어서의 주관적 자유권만으로 파악한다고
하여 기본권의 이른바 객관법적 내용이 입법자에 대해서 모든 의미의 향도작용을 전반적
으로 상실하지는 않는다. 그러나 객관법적 내용을 재판에 의해서 주장할 수는 없으며,
입법자에 대한 구속력을 수반하여 헌법재판소가 이것을 구체화를 통해서 확정하는 일은
없게 된다. 그러한 한에서 입법은 윤리적·정치적 원리들(법원칙)을 적용과 집행이 가능한
법으로 **본래적인** 의미에서 전환하는 임무를 보유하며, 오토 마이어(Otto Mayer)가 말한
제정법의 법창조력139)은 그 예전의 의미로 돌아간다. 「권리를 위한 투쟁」은 제1차적으로
는 여론에 의해서 인도되며, 여론의 참가 아래 의회와 의회에서의 토론 속에 행해질
것이며, 본래 연방헌법재판소의 법정에서 행해질 것은 아니다. 이 경우 모든 법질서의
기초가 되는 본질적 법내용이 비록 완전히 제거되는 것은 아니지만 그 소재가 바뀌게
된다. 본질적인 법내용들은 개별 법영역들의 법원칙 가운데 자리를 잡게 된다(내가 학생시
절이었을 때는 여전히 행정법·형법·소송법 등의 법원칙에 대해서 많이 논하고 있었는데, 이들
법원칙은 그동안 거의 무의미한 것이 되고, 개별적인 법분야에 관련된 헌법원리로 대체되었다).
본질적 법내용은 국가공동체의 법도덕을 구성하는 인간의 존엄존중이라는 명령(기본법
제1조 1항)에 의해서 결실하고, 만들어진다. — 이것은 뒤리히의 포기할 수 없는 인식이다.
본질적 법내용은 각각의 새로운 제정법상의 권리의 처리에서도 최상급의 연방재판소에
의해서 법학의 관련분야와의 교류와 협동을 통하여 보호되며, 계속적으로 발전되지
않으면 안 된다. 그러나 이것은 헌법적 지위를 가지는 기본권의 구체화로서가 아니라
사건과 문제에 관련된 실체적 기본권내용과 인간의 존엄과의 관련성이 만들어내는 부분적
법질서의 원칙의 구체화로서이다. 이와 같이 하여 성숙된 더구나 경직성을 띠지 아니하는
법문화가 탄생된다. 소구가능한 기본권은 국가와 시민의 직접적 관계에 관련되고, 이에
한정되어 있으며, 그 자체 법질서의 부분영역140)을 규정하는데, 그러나 법질서 전체를

---

138) 그러므로 그동안에 두각을 나타낸 기본권기능이 어느 정도까지 — 다른 경향에 있다고는 하지만 —
    쉴링크, 무어스비이크, 륍베-볼프에서 현저하듯이, 침해방어의 의미에서, 그리고 그 형상에 따른 법치국
    가적 방어권적으로도 구성될 수 있는가는 문제가 되지 아니한다. Bernhard Schlink (Fn. 111); Dietrich
    Murswiek, Die staatliche Verantwortung für die Risiken der Technik, 1985, S. 88 ff.; Gertrude
    Lübbe-Wolff, Die Grundrechte als Eingriffsabwehrrechte, 1988, S. 69 ff. 이것은 구성의 문제에만
    관련되며, 실체의 문제는 아니다. 따라서 실체의 문제를 은폐하는 데 적합하다.

139) Otto Mayer, Deutsches Verwaltungsrecht, Bd. 1, 3. Aufl. 1924, S. 64 ff.

140) 그 경우에 경합·방사·형량의 문제가 기본권의 국가와 시민의 관계에로만 이행한다는 것은 타당하지
    않다. 기본권이 법률에 의해서 제약가능한 한, 입법자는 그 목적설정에서 이미 원칙규범과 가치설정으로
    서의 기본권에 의해서 법적으로 구속되어 있지는 않을 것이다. 입법자가 공공복리란 의미에서 주장가능한
    목표설정의 틀 내에서 활동하는 한 입법자는 오히려 자유로울 것이다. 비례성심사는 다시 법의 목적에
    확고한 기준점을 획득하며, 그 제3단계는 명백하게 **불균형**(*Miß*verständnis)인 경우를 제외한다면,
    규정 그 자체를 문제시하기 위한 계기는 아닐 것이다.

규정하는 것은 아니다. 다만, 이 선택지의 문제점은 이와 같은 법원칙과 그것에 의해서 형성되는 모든 법소재의 구체적인 형상을 「파지」처럼 만들어 버릴지도 모르는 — 위험시되는 — 「입법자의 펜놀림」이다. 이것은 여전히 중심적인, 그리고 진정한 의미에서의 위험인 것인가? 이 물음은 수사적인 의미만으로 제기하는 것은 아니다.

(2) 기본권의 객관적 원칙작용의 견지와 그 전개

이에 대해서 (객관적인) 원칙규범으로서의 기본권을 견지하고, 이것을 다시 전개시키는 경우에는 헌법재판소에 의한 사법국가에로의 확고한 전진은 불가피하다. 과연 헌법재판소의 재판은 입법자에게 사건마다 광범위한 형성의 여지를 열어두려고 시도할지도 모르지만 구조적으로 헌법재판소에게는 포괄적 개입의 가능성이 남아 있다. 즉 기본권이 최적화의 경향을 가지는 원칙규범이라면, 헌법재판소는 거기에 존재하는 규범내용에도 효력을 부여하지 않으면 안 된다. 그로 인해 요구되는 헌법재판소의 결정을 통한 구체화와 형량의 판단은 법률의 차원에 머무르지 않으며, — 불가피하게 — 헌법의 해석으로서 이루어지며, 그러므로 그러한 한에서 헌법적 지위를 가진다. 기본권의 객관적 원칙으로서의 작용의 전개는 이리하여 원리적이며 불확정적인 헌법의 규범내용이 점차 구체적으로 확정되어 가는 것을 의미한다. 헌법 안에 들어 있거나 헌법에서 유래하는 규범적 선소여가 점차로 축적된다. 구체화의 수가 증대하고 하나의 구체화가 다음의 구체화를 어떤 의미에서는 촉진하는 것은 이 경우에는 불가피하기도 하다. 모든 법이론적 시도들과 마찬가지로 일단 어떤 입장을 취하게 되면 그것은 궁극적으로 정합성이나 논리적 일관성의 요청을 충족시켜야 하며, 나아가 그러한 과정을 대변하는 전문적인 학문 역시 그러한 과정을 촉진하고 활성화하기 위한 자기 몫을 다하게 된다. 또한 헌법재판소의 구체화결정이나 형량에 있어서 점점 더 강력하게 영향을 미치는 비례원칙의 적용은 결코 재량영역이나 형성영역을 무제한 허용하는 것이 아니라 비례원칙이 갖는 법원칙으로서의 성격에 맞게 다양한 헌법적 입장이나 관점들을 적절하고 비례적으로 고려하는 올바른 해결책을 찾아내는 것을 목적으로 하고 있다는 점을 간과해서는 안 된다.141) 그리하여 헌법상의 소여의 그물이 보다 광범위하게 그리고 점차 더욱 강고하게 입법자를 구속하게 된다. 입법자는 — 그 법형성의 권한에 관하여 — 시간이 지남에 따라 더욱 명령제정자의 역할을 하는 데 그치게 되는 것이다.142)

---

141) 이것은 헌법명령으로서의 비례원칙에서 생기는 작용(BVerfGE 19, 342 [348 f.] 참조)에 대해서 중요하다. 이 원칙이 포함하고 있는 형량명령과 형량가능성은 — 일반적으로 그 형량의 기준이 결여되어 있음에도 불구하고 — 재판소에 의한 완전한 사후심사를 받게 된다. 그 결과는 실무에서의 사건에 따라 운용의 엄밀함이 다른, 진정한 (헌법) 재판소의 유보이다.

142) 이 점에 존재하는 위험에 대해서는 콘라드 헤세가 아마 오랫동안의 헌법재판소 재판관으로서의 경험에 자극되어 일층 명백하게 언급하고 있다. Konrad Hesse (Fn. 132), S. 270; ders., Artikel "Grundrechte," in: Staatslexikon, hrsg. von der Görresgesellschaft, 7. Aufl. Bd. 2, 1986, Sp. 1116 f.; ders., Verfassungsrecht und Privatrecht, 1988, S. 24-30. 객관적 질서의 요소로서의 기본권작용의 치환과 확정을 일층 강하고 우선적으로 입법자에게 할당한다는 헤세의 권장하는 방법은 물론 종래의 비례성과 형량의 판례를 일부 수정하여 객관적 원칙규범으로서의 기본권을 포함한 헌법이

이러한 모든 것은 헌법내용에 대한 유권적 해석으로서 행하여지며, 헌법 내용의 확장과 축적은 동시에 헌법재판소의 권한을 확대한다. 이에 더하여 이와 같은 방법으로 내용적으로 축적된 기본권적 지위의 실현이 개인에 의하여 재판상 관철할 수 있게 된다. 이것은 현재 걸어가고 있는 길의 필연적 귀착점이다. 민주적 정치과정은 그러한 한에서 의의를 상실한다. 기본권의 내용, 즉 여기서는 모든 법영역에 방사를 미치며, 그곳에서 내용이 보다 풍부하게 되는 기본권의 객관적 원칙으로서의 작용인데, 이것이 미치는 한 민주적 정치과정이나, 거기에서 발견되고 교섭되어야 할 해결책은 이미 결정적 문제는 아니다. 즉 민주적 정치과정은 회피가능하거나 대체가능한 것이 된다. 객관적 원칙규범으로서의 기본권의 전개 또는 거기에 내재하는 기본권관념의 실효화 등이 논해지는 경우에는 이것을 보다 고려할 필요가 있다.

3. 헌법이해의 양자택일

여기서 그 필연적 귀결에서 명백해진 양자택일은 기본권해석에 관한 양자택일에 그치지 않고, 헌법이해에도 관계된다. 헌법은 국가, 정치생활을 조직하고, 국가와 시민의 기본관계를 규율하는 것에 의해서 윤곽질서[143]를 형성하는 것으로 이해된다. 그 경우 과연 헌법은 그 자체 속에 여러 가지 법적 지위를 서로 조절하는 소재를 미리 포함하고 있는 것이 아니라 오히려 일정한 기둥만을 박아놓고 있을 뿐이다. 그것은 특히 불법체험에 대한 반응으로서의 방어적 지위와 특정한 지향점만을 확정하고 있을 뿐이다. 그렇다면 헌법은 법질서 전체의 기초는 아닌 것이다. 이러한 헌법이해에 대응하는 것은 국가에 대해서 방어의 방향에 있는 주관적 자유권으로서의 기본권이해이다. 이에 대해서 헌법이 국가공동체 전체의 법적 기본질서로 이해되기도 한다. 그 경우 법질서의 형성에 관련되는 모든 법원리와 조정가능성은 그 핵심에 있어서는 이미 헌법에 포함되어 있다는 것이 논리적이며, 실로 그러한 추론은 필연적이기도 하다. 그 경우 헌법은 거기에 포함된 원칙의 실현을 촉구하고 향도하는 (dirigierende) 헌법이다. 이 헌법이해에 대응하는 것이 법의 모든 영역에 효력을 미치는 객관적 원칙규범으로서의 기본권이해이다. 헌법재판소의 역할에 대한 각각의 결론은 명백하다. 즉 헌법을 윤곽의 설정에 그치는 것으로 이해할 경우, 헌법재판소가 헌법을 수호해야 할 임무를 갖고 있다고 할지라도 그 윤곽의 충전에 개입하는 것, 특히 개개의 법적 지위를 확인하는 것은 원칙적으로 허용되지 않는다.[144]

공동체 전체의 법적 기본질서로서가 아니라 재차 (단순한) 틀질서로서 파악되는 것을 전제로 하고 있다. 이에 대해서는 나아가 다음 본문을 참조. 헤세는 앞의 책 (Fn. 132), S. 270에서 이 경향을 암시하고 있다. 나아가 Rainer Wahl, Der Vorrang der Verfassung und die Selbständigkeit des Gesetzesrechts: NVwZ 1984, S. 401 ff. 참조.

143) Ernst-Wolfgang Böckenförde (Fn. 134), S. 2098 f.; Rainer Wahl (Fn. 55), S. 502-508; ders., (Fn. 142), S. 407.

144) 발은 헌법(당연히 헌법재판권도)이 보유하고 있는 제정법과의 「거리」에 언급하고 있다. Rainer Wahl

이에 대해서 헌법이 국가공동체의 법적 기본질서인 경우에는 헌법은 전방위에 미치는 향도적 기능을 가지며, 본질적 법내용이 문제가 되는 한에서 개개의 법적 지위의 확인마저도 헌법재판소의 역할이 된다. 헌법상의 소여가 그러한 한에서는 불확정적이기 때문에 헌법재판소는 구체화작업을 주도하는 범위에서는 고유의 방법에 의해서 헌법의 주인이 된다.

4. 결단을 내릴 문제

양자택일의 각각의 선택지는 여기서 충분히 명백하게 되었다. 여기서 문제가 되는 것은 어느 쪽을 선택할 것인가 하는 것이며, 그것은 결국 법질서의 본질적 의미내용이 문제가 되는 경우에 법질서를 형성하는 권한은 민주주의와 법치국가, 정치적 자유와 시민적 자유라는 견지에서 누구에게 속해야 하는가의 문제이다. 이 때문에 시민은 자신들의 선거를 통해 구성된 의회의 입법자를 더 신뢰하는가 아니면 헌법재판소를 보다 신뢰할 것인가? 기본권해석은 그것이 나아가고 있는 길마다 이 문제에 대한 결단을 내리고 있는 것이다. 기본권은 본래 이 점이 의식되는 가운데 해석되지 않으면 안 되는 것이다.

(Fn. 55), S. 507.

제8편
헌법재판 · 민주주의 · 예외상황

헌법재판권의 구조문제·조직·정당성*

에른스트-볼프강 뵈켄회르데

헌법재판제도는 지난 50년간 광범위하게 확산되어 왔다. 제2차 세계대전이 끝날 때까지는 특별한 헌법재판소를 가지거나 또는 일반 법원이 헌법재판작용을 남낭하는 국가는 매우 드물었다. 예컨대 미국, 1934년까지의 오스트리아 공화국, 그리고 한정된 권한이었지만 스위스 등이 그러한 국가였다. 그 후 헌법재판소의 수는 특히 유럽에서 증가해오고 있다. 그러나 그러한 현상은 유럽 이외의 지역에서도 나타났다. 오스트리아는 1920년의 연방헌법에 근거한 헌법재판소를 부활시켰으며, 독일연방공화국과 이탈리아 그리고 1958년 이후의 프랑스, 나아가 스페인이나 포르투갈 등이 별도로 헌법재판소를 설치하였다. 1989-1990년에 동구 블록이 붕괴된 이후, 그 후의 민주제로의 이행에 수반하여, 독립된 헌법재판소는 동유럽, 중부 유럽 그리고 러시아연방에까지 이르는 남동 유럽 각국의 기본적인 제도의 하나가 되었다. 남아프리카연방의 잠정헌법 역시 헌법재판소를 예정하고 있으며, 그것은 이미 설립되어 있다. 다른 한편 영국·덴마크·스웨덴·네덜란드와 같이 민주적으로 안정된 국가들은 헌법재판제도의 설치를 외면하고 있다.

---

* 필자 자신의 재직 기간(1983. 12 ~ 1996. 5) 동안 아낌없이 논쟁적인 견해들을 제시해준 연방헌법재판소의 재판관들에게 감사를 드린다. 이 논문은 처음에는 1996년 도쿄에 있는 독일 헌법판례연구회에서, 1997년 암스테르담의 독일 연구소와 베를린 법학협회에서, 1998년 세비아 대학 법학부와 바르샤바에 있는 폴란드 공화국 헌법재판소에서 행한 강연에 기초를 두고 있다.

이와 같은 발전의 이유는 어디에 있는가? 그리고 어떤 기대가 그것과 결부되어 있는 것일까. 그러한 발전은 민주적 국가의 구성이나 정당성의 구조, 그리고 민주적 국가에 있어서의 권력들의 배분에 어떠한 영향을 미치는 것인가? 나는 이 점에 대해서 간략한 고찰을 하려고 한다. 강연의 제1장은 헌법보장의 방법으로서의 헌법재판권에 관한 것이다. 제2장은 헌법재판권이 기타 재판에 비해서 가지는 특징을 문제로 삼는다. 제3장은 헌법재판권의 조직문제, 제4장은 헌법재판권의 정당성을 다룬다. 그와 같은 고찰에서 나는 법률의 합헌성을 심사하는 헌법재판권의 권한에서 발생하는 여러 가지 문제나 과제를 중점으로 다루고자 한다.

I. 헌법보장의 방법으로서의 헌법재판권

1. 헌법도 그 효력이나 준수에 대한 보장을 필요로 한다는 것이 근대의 법치국가의 귀결이다. 법치국가는 「법률의 지배」를 표방하였다. 이에 속하는 것이 국가의 행위를 양면적으로 구속력을 가진 확고한 법에 구속하는 것이다. 이것은 이미 프리드리히 율리우스 슈탈(Friedrich Julius Stahl)*에 의한 유명한 법치국가의 정의(定義)가 표현하고 있다. 즉 「국가는 법치국가이어야 한다. 이것은 슬로건이지만 실제로도 최근의 발전의 경향이기도 하다. 국가는 그 활동의 방향과 한계 그리고 국민의 자유로운 영역을 법이라는 방법으로 정확하게 규정하고 확고하게 보장해야 한다」.[1] 이와 같은 생각은 헌법에 대해서도 타당할 수 있다. 바로 정치적인 결정권력의 행사를 규율하고 그것을 위한 권한이나 절차를 확정하고, 국민과 국가의 기본적인 관계를 정하는 헌법에 대해서는 그 활동의 방향과 한계를 법이라는 방법으로 정확하게 규정하고 확고하게 보장하는 것이 필요하다.

이것은 오늘날의 민주적인 법치국가의 헌법이 일반적으로 권력의 분립과 균형이라는 발달된 제도를 정하거나, 광범위한 기본권 목록을 확정하기도 하며, 그리고 ─ 연방국가에 한정된 것이기는 하지만 ─ 권한의 한계, 자율권의 승인과 참가권을 가진 복합적인 연방구조를 도입하면 할수록, 보다 중요한 의미를 가진다. 헌법생활의 그러한 법적 규제 (Verrechtlichung)는 필연적으로 많은 해석상의 문제나 소송상의 문제를 초래하기도 하며, 헌법생활에서의 혼란을 쉽게 조장하기도 한다.[2]

2. 이와 같이 헌법보장의 필요성에 대해서는 거의 다툼이 없다고 하더라도, 그러나 어떠한 방법에 의해서 이러한 보장이 달성될 수 있는가 하는 문제는 당연히 발생한다.

---

1) Friedrich Julius Stahl, Philosophie des Rechts, Bd. 2, 3. Aufl. 1856, S. 36.
2) 시스템 이론이 말하는 방법에 의하면 정치적 커뮤니케이션의 안정화와 헌법보호의 확실성을 보장하는 것과 연결되어 있다는 것이 된다. Gerhard Roellecke, Aufgaben und Stellung des Bundesverfassungsgerichts im Verfassungsgefüge, in: Isensee/Kirchhof (Hrsg.), HdbStR, Bd. 2, 1988, §53, Rdn. 22 참조.

예컨대 헌법재판제도라는 것이 유일한 방법인가? 아니면 몇 가지의 방법이 있을 수 있는 것인가?

(1) 헌법보장의 문제가 어디에 있는가에 관해서 질문해 보자. 이것은 헌법의 수호자의 자격을 가지는 제도의 설립에 의해서 동시에 헌법의 내용과 효력에 관한 「마지막 말」이 제도화된다는 점에 있다. 헌법보장이라는 명칭을 부여받을 만한 자격이 있는 것은 그 외에 생각할 수 없다. 헌법이라는 것은 국가생활의 법적인 기본적 질서라고 해서 단독으로 실시되는 것은 아니다. 그것은 일반적으로 그러하지만, 특히 국가권력의 담당자에 의해 존중되고 지지됨으로써 비로소 효력을 가지고 생명을 가지는 것이다. 헌법의 내용과 적용에 관한 분쟁이 발생할 경우, 그것은 주변적인 것이 아니라 국가의 공동생활의 기본질서에 관계되는 것이며, 그러한 한에서 정치적인 성격을 가진다. 그러한 문제는 헌법을 초월하는 보다 상위의 법적용에 의해 결정될 수 있는 것은 아니다. 그럼에도 불구하고 평화적·법적 질서로서 조직되어 있는 모든 정치적 공동체는 구속력을 가진 종국적인 결정을 내릴 수 있는 권한, 즉 불복신청을 할 수 없는 「마지막 말」에 대한 권한을 갖는 기관을 필요로 한다. 이것은 헌법의 내용과 적용이 문제되는 경우에도 동일하다. 이러한 권한을 예컨대, 군주로부터 의회나 재판소에게 넘겨주거나 그 권한의 범위를 분배하기도 하고 절차적인 한정을 하는 것은 가능하기도 하지만, 이 권한 자체를 제거하는 것은 불가능하다. 그렇지 않으면 국가의 질서는 결정통일체(Entscheidungs-einheit)일 수는 없다. 그러나 결정통일체인 것은 평화적 통일체로서의 국가적 질서의 존립의 전제이다.

(2) 앞에서 말한 바와 같이, 헌법의 보장을 조직화하는 데에는 여러 가지 방법이 있다. 중요한 것은 모든 헌법보장의 중핵을 의미하는 법률의 합헌성을 심사하는 권한이 의미 있는 위치에 있고 조직화되는지의 여부, 그리고 그것은 어디에 두어야 하는 것인가 하는 문제이다. 오랫동안, 특히 19세기의 입헌군주제에 있어서는 국가원수가 「헌법의 수호자」의 지위와 역할을 수행하였다. 국가원수에게는 법률이 헌법에 일치하는가의 여부에 관한 심사권이 인정되어 있었다. 즉 국가원수가 법률을 인증하고 공포한 경우에는 법률의 합헌성이 추정되고 그것은 부정할 수 없었다. 그와 같은 권한을 국가원수에게 부여하는 것은, 과거나 현재에 있어서 국가원수가 그의 임무와 권한에 관하여 변화하는 정치적 분쟁에 대하여 비교적 중립적인 입장을 취하는 경우에 한하여 의미가 있었으며 또 능동적인 권력(pouvoir actif)으로서 스스로 통치하는 것이 아니라, 정부나 의회 등의 다른 능동적인 권력에 대하여 「중립적인 권력」(pouvoir neutre)으로서 특히 그의 불가침의 지위를 통하여 대립하는 경우에만 의미가 있다.3) 미국의 대통령이나 라틴 아메리카 국가들 그리고 남미 국가들의 대통령과 같이 특정한 당파의 대표자로서 공직에 선출되는 원수에게는 이러한 것을 위임할 수 없다.

---

3) **중립적인 권력**의 조건과 과제에 관해서 기본적으로는 지금도 Benjamin Constant, Cours de politique constitutionelle, ed. Laboulaye, Paris 1861, S. 18/19, S. 179-194 참조.

의회도 헌법의 수호자로서 생각할 수 있다. 그 전제는 의회의 지위가 국민의 권리와 기본권적 자유의 보호자라는 것에 대해서 논란이 없어야 한다는 것이다. 일반적으로 의회가 국민의 대표기관으로서, 시민을 위해 쟁취되고 헌법에서 보장되어 있는 여러 권리에 저촉하는 어떠한 법률에도 찬성하지 않는 경우에 그러하다고 할 수 있다. 이러한 헌법보장의 형식 역시 우선 입헌군주제의 헌법상황에 관계되어 있다. 거기에서 헌법은 본질적으로 시민의 자유와 정치적 참가를 위해서 군주의 만능적(萬能的)인 권력을 제한한다는 의의를 가지고 있다. 입법에 대한 의회의 전권(全權)과 전권(專權)을 의미하는 민주제로 이행함에 따라서 이러한 상황은 사라졌다. 만약 현재 의회가 법률의 합헌성을 심사한다고 한다면, 이것은 제3공화국에서 1958년까지의 프랑스의 경우처럼 비록 의회가 법률의 합헌성 심사를 특별히 설치된 위원회에서 행하게 하는 경우에도 자신의 이익을 위한 심사가 될 것이다. 그 경우에는 본래의 보증작용을 상실하게 된다. 그러한 제도는 1945년 이후의 몇몇 동유럽 국가처럼 자신의 약점을 은폐하는 작용(Alibifunktion)을 할 뿐이다.

끝으로 헌법의 보장은 제2차 세계대전 후에 확대된 바와 같이 재판소에서 구할 수 있다. 독립성에 대한 기대나 은폐된 정치적인 관점 대신에 법적 근거만에 의거한 판결에 대한 기대는 재판소의 경우가 훨씬 크다는 것이 그 논거이다. 그러한 경우 헌법보장은 재판절차의 요구와 조건에 따르게 된다. 물론 그럼으로써, 희망하는 것처럼, 바로 헌법보장의 비정치화가 이루어지는 것은 아니다. 그렇지 않고 오히려 재판소는 헌법문제가 존재하는 중력의 장(Gravitationsfeld)으로 빨려들어간다. 이것은 특히 민주적으로 조직된 국가에서는 (헌법재판권의) 본질을 둘러싼 문제와 정당성의 문제를 제기한다.

(3) 민주주의 국가에서 헌법재판권의 이념은 어디에 있는 것일까? 헌법보장의 방법으로서의 헌법재판소의 결정은 헌법의 질서형성력이나 법적 효력의 중핵을 형성하는 이른바 헌법의 우위를 향유할 수밖에 없다. 이것은 동시에 최종결정권(Letztentscheidungsrecht)을 의미한다. 그러나 그러한 최종결정권은, 뢸레케(G. Roellecke)*가 정당하게 강조하고 있듯이,4) 국가질서에서 정당화될 필요가 있는데, 국가질서 그 자체도 「모든 국가권력은 국민으로부터 나온다」라는 명제를 통해서 정당화된다. 이러한 국가질서는 최종결정권을 국민에게 부여해서는 안 되는 것일까?

민주주의 국가에서 정치적 결정권력은 시민의 전체로서의 국민으로부터 유래한다. 국가에서 법으로 타당해야 하는 것의 확정, 특별하게는 국가질서의 기본법으로서 헌법도 마찬가지이다. 헌법을 통하여 국민은 직접적으로 혹은 선출된 대표자를 통해 국가권력의 행사에 대한 규준이 되는 권한 · 절차 · 개인의 자유를 위한 한계 및 방향에 대해서 결정한다. 헌법에서 국민은 정치적 생활이나 다양한 국가권력행사에 대해 규범적인 기초나 구속력을 가진 범주를 정한다. 이것은 법률과 그 밖의 국가의 행위에 대해서 헌법의 특별한 지위와 우위성을 근거지우는 것이다.

이러한 맥락에서 헌법재판제도는 헌법에 규정된 권리와 절차에 효력을 부여하는 심판기

---

4) Gerhard Roellecke (Fn. 2), Rdn. 17 f.

관을 통하여 헌법의 지위와 기능을 보장하는 데 기여한다. 헌법재판제도를 통해 헌법제정 권력과 헌법에 의해 만들어진 권력의 구분에 토대를 두고 권력분립의 사상이 실현된다. 이를 위한 논증은 이미 미국 건국시의 각 주에서, 그리고 1787년 연방헌법 성립 시에 행해졌다.[5] 1783년 노스캐롤라이나 출신의 법률가 제임스 아이어들(James Iredell)*은 공화국에 관해 다음과 같이 서술하고 있다. 「거기서는 법은 어떤 누구에 대해서나 또는 모든 사람에게 우월하고 헌법은 입법자에 대해서도 우월하다. 그리고 헌법에 대하여 재판관이 수호자이며 보호자이다」.[6] 그리고 알렉산더 해밀턴(Alexander Hamilton)은 『연방주의자』(Federalist)에서 법률을 헌법에 비추어 판단하고, 해소할 수 없는 대립이 있는 경우에는 헌법에 우월적 효력을 부여하는 재판소의 권한을 다음과 같은 민주적인 논증을 가지고 정당화하고 있다. 「만약 헌법에 반한 법률이 무효로 되는 것을 부정한다면 국민의 대표가 헌법을 제정한 국민 자신에게 우월하다는 것을 주장하게 된다」.[7]

이러한 구상은 명쾌하다. 그러나 거기에는 헌법재판권이 헌법보장의 길에서 떠나 헌법의 지배자로 변질되고 그럼으로써 민주주의적인 기반을 상실하지 않기 위한 보장이 필요하다. 이와 같은 보장은 달성될 수 있는 것일까? 또 어떻게 하면 달성될 수 있는 것일까?

II. 헌법재판권의 특징

이로써 다음과 같은 문제에 직면한다. 즉 국가 권력들의 틀 안에서 헌법재판권의 특징은 어떤 점에 있는 것일까. 그것은 다른 재판과 마찬가지로 단순한 재판에 불과하며, 단지 다른 법영역, 즉 헌법의 영역에 미치는 것에 불과한 것일까. 아니면 그것은 비록 재판소의 결정형식을 취한다 해도, 불가피하게 「정치적 사법」(政治的 司法), 즉 최고의 국가지도(Staatsleitung)에 대한 관여와 참여이며 또 그렇게 될 수밖에 없는 것인가 하는 문제이다.

1. 헌법재판제도가 통상의 재판과 많은 공통점을 가지고 있는 것은 간과할 수 없다. 우선, 재판소로서의 제도와 조직을 가지고 있다는 점에서 공통된다. 이는 모든 종류의

---

5) 상세한 것은 Gerald Stourzh, Vom Widerstandsrecht zur Verfassungsgerichtsbarkeit: Zum Problem der Verfassungswidrigkeit im 18. Jahrhundert, in: ders., Wege zur Grundrechts-demokratie. Studien zur Begriffs-und Institutionengeschichte des liberalen Verfassungs-staates, Wien/Köln 1989, S. 55 ff., 62 ff. 참조. 이론사적(理論史的)으로는, 헌법의 우위와 법적 보장에 의해서 저항권의 해체가 문제로 된 것을 말할 것까지도 없다.
6) 이 인용은 Gerald Stourzh (Fn. 5), S. 64의 인용목록에 의한다. 여기서 이미 서술한 헌법의 우위와 그 성립과 효과에 대해서는 일반적으로는 Rainer Wahl, Der Vorrang der Verfassung: Der Staat 20 (1981), S. 485-516 (헌법의 우위, 김효전 편역, 『독일 헌법학의 원천』, 2018, 122-148면) 참조.
7) Federalist, Nr. 78 (김동영 옮김, 『페더랄리스트 페이퍼』, 한울 아카데미, 1995, 460면) 또한 Gerald Stourzh (Fn. 5), S. 66 참조.

지시로부터의 자유라는 물적(sachlich) 독립과 임기 중에는 파면할 수 없다고 하는 인적
독립을 요구한다.* 다음에 임무수행의 형식이 재판이란 형식으로 재판관에 의해서 실행된
다는 공통점이 있다. 그것은 헌법재판권 스스로의 이니시아티브를 배제한다. 즉「원고
없으면 재판관도 없다」는 것이다. 그리고 또한 (헌법)정책상의 형성의 여지도 배제한다.
이것은 논증의 연관이 합리적으로 검증가능하고 방법론적인 방어가 되어야만 하고,
또 이유부여가 필요하게 되고, 그리고 모든 결정이 당해 계쟁사건에 엄격히 제한되는
것을 의미한다.

마지막으로 특히 공통되는 점은 법적인 분쟁의 결정이며, 그 외의 분쟁의 결정은
아니라는 것과 그 결정이 현행법, 여기서는 헌법을 기준으로 해서, 그리고 그것을 적용하는
형태로서 행해진다는 것이다. 그러한 경우 소송의 대상이 예컨대 계약, 행정행위 또는
재판관의 판결과 같은 생활사태나 법적 행위에 관한 판단뿐만 아니라 법규범의 유효성에
관한 판단이 될 수도 있는데, (헌법재판과 통상의 재판에서) 서로 다른 점이 발생하는
것은 없다. 사실관계의 법적 판단의 기초이어야 하는 법규정의 유효성의 심사는 재판의
일상의 임무에 속해 있다. 그 심사의 대상이 될 제정절차의 유효성, 효력계속(weitere
Fortgeltung), 사후법에 의한 폐지 등에 관계되지만, 명령과 법률, 조례와 법률 등과
같이, 상위법과의 내용상의 일치 등이다.

2. 그러면 그러한 경우, 통상의 재판에 대한 특수성이나 차이는 어떤 점에 있는가?
이 경우 상당히 많은 사정을 고려할 필요가 있다.

(1) 우선 첫 번째 특수성은 헌법재판의 대상(對象)에 있다. 헌법은 특별한 의미에서
정치와 관계되며 그 때문에 정치적인 법이다. 일반적으로 인정되는 것처럼, 법이 항상
얼마간 정치와 관계하는 점, 결국 법이 정치적인 공동사회, 즉 국가에서 공동생활의
질서와 형성에 기여한다는 의미에서 헌법이 정치적인 법이라고 말하는 것은 아니다.
헌법이 국가에 집중되어 있는 정치적 결정권력에 도달하는 방법을 규정하고, 그 행사절차
를 정하고 그리고 한편으로는 (기본권에서) 그 권력의 한계를, 다른 한편 그 권력의 일정한
적극적인 방향도 확정한다는 의미에서 헌법은 정치적 법이라는 것이다. 그럼으로써
헌법은 권력을 장악하는 포스트나 결정을 내리는 포스트를 분배하며 공동생활의 질서라는
관점에서 기준을 정하고, 장래의 형성의 가능성과 한계를 확정한다. 간단하게 말하면,
헌법은 정치적인 프로세스를 규제하고 확정한다.8) 그리하여 헌법은 그 대상과 목적에서
단지 주변부만이 아니라 중심부에서도 정치적인 것의 영역에 관계되고 그에 의해 규정된
다. 헌법은 정치적 권력의 획득, 행사 및 유지를 둘러싼 대립의 중력장에서 유리 또는
격리되어 있지 않고, 이 영역 특유의 긴장을 공유하게 된다. 이것은 동시에 헌법상의
문제나 분쟁에 대해서도 타당하다. 그러므로 이러한 분쟁은 단지 법적 기준에 따라서만

8) Ernst-Wolfgang Böckenförde, Die Eigenart des Staatsrechts und der Staatsrechtswissenschaft,
   in : ders., Staat, Verfassung, Demokratie, 1991, S. 15 f. (본서 6면 이하) 참조.

결정할 수 있으며, 그러한 한에서 재판의 대상이 되는 법적 분쟁인 것에 변함은 없다. 다만, 헌법적 분쟁이 그와 같은 법적 분쟁이기는 하지만, 그 분쟁이 정치적 긴장·기대·영향력 행사의 시도 그리고 후속 문제들로부터 유리되어 있지 않을 뿐이다.

그러므로 헌법재판은 이념상 확정된 법률에 구속되는 통상의 재판권과 같이, 정치적인 분열 및 그에 결부되어 있는 문제들에서 격리된 영역일 수 없다. 통상의 재판에서 적용하는 법률은 수 백년에 걸친 법문화의 성립과정과 형성과정을 통해서 제정되거나 —— 새로운 법률의 경우에는 —— 정치적인 의사형성과 결정의 발견절차를 통해서 제정되고, 그에 따라 잠재적인 정치적 분쟁으로부터 원칙적으로 해방되고 격리된다. 그리고 그 후에 법률은 그 자체에서 해석되고 적용될 수 있으며, 또 그와 같이 되지 않으면 안 된다. 이에 대해서 헌법재판은 정치적 프로세스의 가능성을 상세히 규정하고 절차적으로 형성하고, 한계지우는 법으로서의 헌법의 내용이나 해석에 대해서 결정한다. 헌법재판권은 비록 오로지 법에 관해서(만) 문제로 삼고, 그리고 법을 선언하는 것일지라도, 정치적인 것의 중력의 장과의 관계에서 벗어날 수 없다. 만약 헌법재판권이 그 임무를 기능적으로 그리고 사리에 맞게 수행한다면, 그것은 이 의미에서 필연적으로 정치적인 차원을 가지지 않을 수 없다.[9] 헌법재판권은 자신의 이와 같은 상황을 의식하고 그 상황 속에서 독립한 재판으로서 관철되지 않으면 안 된다.

(2) 나아가 다른 특수성이 헌법상의 쟁송의 당사자에 의해서 생긴다. 이 당사자는 기관쟁송, 연방과 란트 간의 쟁송 및 규범통제의 경우, 상위 또는 최상위의 정치적 권력의 담당자, 즉 연방과 란트 그 자체이고, 최고의 헌법기관 또는 그 일부이다. 헌법소원(憲法訴願)의 경우에도 최고의 헌법기관 즉, 자신이 제정한 법률이 위헌이라고 공격받고 있는 입법자가 한편에 서 있는 경우도 적지 않다.

이것은 무엇을 의미하는 것일까. 그것이 의미하는 것은 전형적으로 말하면 헌법재판소의 결정이나 판결이 구체성을 띠는 법률로 이루어진 법질서라는 비호의 지붕으로 덮이고 그 안에서 받아들여지고 있다고는 말할 수 없다는 것이다. 시민상호의 소송이나 형법이나 행정법의 분야에서의 국가와 개인 간의 소송의 경우에는 그렇지 않다. 헌법재판소의 결정이나 판결은 전반적으로 여하튼 당사자 일방에서는 바로 법률로 구성되는 법질서의 담당자, 정부와 의회의 정치적 관계자, 법적인 집행권의 복종자가 아니라 그 보유자에 향해 있다. 그것들은 일반적으로는 개개의 사건을 넘어선 광범위한 효력을 가지고 있으나, 제도화된 집행이라는 방법으로 강제적으로 관철하는 것은 거의 불가능하다. 그것들은 다른 재판소에 의해 공식적으로 그 타당성을 인정받거나 파기되지 않는다. 헌법재판은 통상의 재판과 비교해서, 법제도 그 자체에서 뒷받침되는 정도가 매우 적다.[10] 헌법재판

---

9) 따라서 헌법재판권의 임무와 특징을 규정할 때에 법과 정치를 대치하는 입장은 「사법의 자기억제」에 대한 호소와 마찬가지로, 타당성이 없다. Helmut Simon, Verfassungsgerichtsbarkeit, in: Ernst Benda/Werner Maihofer/Hans-Jochen Vogel (Hrsg.), Handbuch des Verfassungsrechts der Bundesrepublik Deutschland, 2. Aufl. 1994, §34, Rdn. 46 f. 참조.

10) 틀림없이 거부할 근거를 제시한 것으로서 G. Roellecke (Fn. 2), Rdn. 26 u. 27이 있으며, 이것에

은 — 스스로 정치체계의 차원에서 활동하면서 — 자신의 판결이 수용될 수 있도록 제도적 대책을 세워야 한다. 즉 헌법재판은 판결에 대한 승복자세에 고도로 의존하는 제도이다.

(3) 통상의 재판과 비교할 때 훨씬 중요한 차이는 헌법재판의 독특한 해석권이다.[11] 그것은 다음의 세 가지 요소가 결합함으로써 생긴다. 즉 헌법의 우위, 대부분 내용이 불명확한 헌법을 최종적인 구속력을 가지고 해석하는 권한, 그리고 해석방법에 대해서 일반적으로 승인되는 규준이 결여되어 있다는 사정이다. 이에 대해서 상론하고자 한다.

1) 독립한 헌법재판권의 본래의 기초인 헌법의 우위가 초래하는 것은 다음과 같은 점이다. 즉 헌법은 법률로 이루어진 법질서와 동열에 서 있거나, 이 법률적 법질서와 규율체계상 뒤섞여 있는 것이 아니라, 이 법률적 법질서에 우월한 효력을 가지고 있다. 그러므로 헌법은 법률적 법질서 및 그 규율연관을 기초로 하여 해석할 수 없고, 자체적으로 해석해야만 한다. 헌법의 우위에 의해서 헌법은 법률 및 법률적 법질서에 대해서 기준을 부여하기도 하고, 한계를 설정하기도 하고 또 정정하기도 하면서 영향을 미친다. 계쟁 사건에서 헌법의 내용을 상세하게 규정하고 효력을 보장해야 하는 헌법재판소의 결정도 이러한 우위를 향유한다. 헌법재판소의 결정은 우위성 때문에 구속력을 당해 사건을 넘어서 발휘한다. 입법자는 물론 다른 재판소는 헌법을 동등한 지위에서 그리고 동렬에 서서 해석할 수 없다. 입법자가 위헌으로 선언된 규정을, 연방헌법재판소도 인정하였듯이,[12] 변경된 사정이나 문제상황에서 새로이 제정할 수 있다는 것도 이를 반박하는 것은 아니다. 왜냐하면 헌법재판소는 다툼이 있는 경우 이 다시 제정된 규정의 효력에 대해서도 구속력 있는 결정을 내리기 때문이다.

2) 헌법재판권에 의한 헌법해석은 최종적인 구속력을 가진다. 즉 헌법재판소 이외의 어느 누구도 그 해석을 정정(訂正)할 수 없다. 따라서 효력상 그것은 유권적인 헌법해석이다. 이는 모든 국가기관이 헌법재판소의 결정에 구속된다는 것을 연방헌법재판소법 제31조 1항[13]과 같이 명확하게 규정하였는지, 아니면 헌법재판소의 결정이 사실상의 선례로서의 구속력만을 갖는 것인지의 문제와 무관하다. 왜냐하면 선례의 구속력에 의한 것이더라도 헌법재판소는 자신의 판결의 주요이유가 기판력 있는 판결을 통해 심판된 사건 이외의 사건들에서 존중되지 않는 경우에는 계속되는 다른 절차에서 자신의 법적 견해와 해석을 관철할 수 있기 때문이다. 이 길은 물론 매우 힘들고 또 경우에 따라서는 많은 절차를 요하는 길이다.[14] 프로이센 보통법과 옛 문헌에 따라서 법률의

한정하여 본문은 이것에 따른다.

11) 그것은 Helmut Simon (Fn. 9), Rdn. 56에서의 표현이며「헌법재판권의 범위는 특히 그 해석권에서 결정된다」는 주장에 연결되어 있다.

12) BVerfGE 77, 84 (103 f.).

13) 이 규정의 범위와 문제점에 대해서는 Klaus Rennert, in: Umbach/Clemens (Hrsg.): Bundes-verfassungsgerichtsgesetz. Mitarbeiterkommentar, §31, Rdn. 50-69; Wolfgang Hoffmann-Riem, Beharrung oder Innovation - Zur Bindungswirkung verfassungsgerichtlicher Entscheidungen, Der Staat 13 (1974), S. 335-364.

유권적인 해석을 입법권의 권리로서 파악한다면, 유권적인 헌법해석은 헌법제정에 참여하는 것을 의미한다. 이러한 해석에는 두 가지의 이유에 의한 특별한 사정이 있다.

우선 첫째로 헌법은 그 실질적인 부분, 특히 기본권에서 대체로 원리 또는 원칙의 규율을 포함하고 있다. 그것들은 광의성과 내용의 불특정성에 의해 특징지어진다. 이 경우 해석은 구체화로 이행하는 경향을 띤다. 즉 해석은 주어진 것의 내용이나 의미의 확정을 넘어서, 지침과 원칙만이 확정되고 미정상태에 있는 그 밖의 것을 ── 창조성을 발휘하여 ── 보충하는 방향으로 나아간다. 그것이 결정기준으로 사용되려면 그 내용에 대한 형성적 확정(구체화)을 요한다.15) 이리하여 헌법의 내용은 점차 풍부해지고 특정되며, 그리고 이렇게 풍부해진 내용이 헌법의 우위를 향유하게 되는 것이다. 헌법을 개정하는 입법자는 경우에 따라 구체화를 통해서 풍부해진 내용이 헌법의 우위를 향유하지 못하게 할 수 있다. 왜냐하면 헌법의 개정은 헌법재판권도 구속하기 때문이다. 헌법재판권은 헌법에 근거해서 재판을 하는 것이며, 헌법을 초월하는 것은 아니기 때문이다.

헌법해석의 또 다른 특수한 사정은 다음과 같은 것이다. 최근에 페터 레르헤(Peter Lerche)*는 헌법의 해석은 그 개개의 규율의 해석뿐만 아니라 헌법의 기본적 이해에 대한 결정도 포함한다는 것을 지적하였다.16) 그런데 헌법의 기본적 이해를 확정함으로써 동시에 헌법의 효력이나 사정의 범위, 그리고 그와 함께 헌법재판의 범위도 결정된다. 이것이 어떠한 의미를 가지는가에 대해서는 정치적 프로세스에 대한 틀 질서로서의 헌법의 기본적 이해와 공동체의 법적인 기본질서와 가치질서로서의 헌법의 기본적 이해를 대비하면 명확해진다. 그러한 한에서 헌법해석은 헌법의 기본적 이해에 의해서 헌법재판소의 통제권과 심사권의 사정이나 범위를 결정하는 권한, 즉 헌법재판을 위한 권한에 대한 권한(즉 최고권한)의 일단을 확정하는 권한을 가진다. 이에 대해서 이번에는 헌법을 개정하는 입법자도 대항할 수는 없다. 왜냐하면 헌법의 기본적 이해는 헌법개정에 의해서 지령되는 것이 아니라 항상 헌법해석만에 의해서 결정되기 때문이다. 그러나 이 구속력을 갖는 유권적 헌법해석은 오로지 헌법재판의 수중에만 있다. 헌법재판은 그렇기 때문에 매우 제한된 주권을 가지고 있는 것이다.

3) 헌법해석의 권한이 특별한 중요성을 가지는 것은 다른 분야와 마찬가지로 헌법에서

---

14) 이에 대해서는 Wolfgang Hoffmann-Riem (Fn. 13), S. 340 f. 이에 대한 적절한 서술로는 Christian Starck, Verfassungsinterpretation, in: Isensee/Kirchhof (Hrsg.), HdbStR, Bd. VII, 164, S. 190 (계희열편역,『헌법의 해석』, 고려대 출판부, 1993, 309면 이하). 즉「따라서 입법이 헌법을 이해하려고 하는 방식에 있어서 자유롭지 않다. 그것은 헌법의 해석에 구속될 수 있는 것이다」. 슈타르크는 헌법해석의 주요한 문제를 다음의 점에서 본다. 즉, 헌법해석은 헌법을 해석함으로써 입법에서 자유로운 정치적인 형성의 여지 그리고 그 한계를 측정하며, 그럼으로써 입법자의 가능성과 한계, 의무까지도 법학, 나아가서는 재판소의 판단의 대상이 된다는 점이다.

15) Ernst-Wolfgang Böckenförde, Grundrechte als Grundsatznormen, in: ders., Staat, Verfassung, Demokratie, 1991, S. 186.

16) Peter Lerche, Die Verfassung in der Hand der Verfassungsgerichtsbarkeit?, in: BayVBl. 1997, Heft 17, S. VI.

도 허용가능한 헌법해석의 방법에 대한 일반적으로 승인된 기준이 존재하지 않기 때문이다. 해석은 일반적으로 방법이 다양하며, 그리고 방법에 관한 의논이 여전히 결론에 이르지 않았기 때문에 허용가능한 방법의 확고한 기준이나 각종의 방법들 사이의 서열에 의해서 상세히 규정되거나 특정되지는 않는다. 헌법재판은 특히 그 핵심으로서 법률의 통제권을 가지는 한, 그것에 의해서 그 특징이나 특수성이 명백해진다. 즉 헌법재판은 헌법을 수호하고, 보장하며, 그 봉사자이며 수호자가 되는 임무를 가진다. 헌법재판은 독립한 것이며, 다만 그 판결의 발견기준으로서의 헌법에만 복종한다. 그러나 헌법 그 자체를 최종심으로서 구속력을 가지고 해석한다. 그러면서도 존재하지도 않지만 해석의 기준에 구속되지도 않는다. 그 경우, 헌법재판이 헌법의 지배자가 되는 것을 어떻게 해서 방지되는 것일까. 현대 사회학의 용어로 말하면 헌법재판은 일종의 자기 준거 시스템에 가까운 것이다.

3. 이제 권력구분의 시스템에서 헌법재판권이 어떠한 지위에 있는가 하는 문제가 논의될 단계에 이르렀다. 국가의 기능에 대한 종래의 3구분 또는 4구분, 즉, 입법·통치·행정·사법에 헌법재판권을 추가하는 것은 곤란하다. 헌법재판권은 한편으로는 헌법을 포함하는 법률의 적용의 형태로 법적인 다툼을 결정하며, 다른 한편으로는 법률을 심사·통제하고,[17] 그럼으로써 법률을 초월하여, 헌법의 제정에 참여하기 때문이다. 그러므로 해석학적으로 헌법재판권은 이미 고전적 권력구분의 도식으로는 파악할 수 없으며, 다만 그것에 법적으로 배정된 권한에서 발생하는 기능의 파악에 의해서만 이해할 수 있다.[18] 이와 같은 기능은 각각의 실정법상의 사정에 의해서 다른 것이 있다. 예컨대 헌법재판권도 포괄적으로 광범위한 것도 있고, 권한상 한정된 것도 있다. 그래도 헌법과 그 임무를 재판형식의 절차와 결정의 방법으로 보장한다는 기능은 두드러지게 보인다. 거기에서 그 밖의 다른 재판권에 대한 상위와 특수성이 정당화된다.

이 점에 입각한다면 헌법재판의 고유성을 빚어내고 또 야기하는 것은 정치적 프로세스와의 연관성이다. 즉 사회적인 질서나 재산질서(Besitzstände)로부터의 상대적으로 독립성부여를 통한 정치적 프로세스의 보장 그리고 기본권의 보장과 일정한 사회적인 여건에 대한 접맥을 확보하는 목적규정에 의한 그 정치적 프로세스에 대한 한계설정과의 연관성이다. 이러한 것이 헌법재판의 특징을 형성하며 그 원인이 된다. 헌법재판은 뢸레케가 언급하듯이,[19] 정치적 프로세스의 일부분, 즉 재판형식의 형태로 제도화된 부분으로서 말하자면 정치영역에 있어서의 사법권으로서 나타난다. 독일의 헌법재판소를 최고재판소이자 헌법기관이라고 하여 양면적으로 특징지우는 것은 그러한 한에서 사리에 부합한

17) Gerhard Roellecke (Fn. 2), Rdn. 34, 35 참조.
18) Gerhard Roellecke, a. a. O.
19) Gerhard Roellecke, Aufgaben und Stellung des Bundesverfassungsgerichts in der Gerichts-barkeit, in: Isensee/Kirchhof (Hg.), HdbStR, Bd. 2, 1988, §54, Rdn. 6-8; ders. (Fn. 2), Rdn. 23. 다음의 본문에 대해서도 마찬가지이다.

다. 헌법재판의 제도화는 분리·독립의 과정이다. 이 과정은 한편으로는 정치적 프로세스 중에서, 그것과의 대치에서, 다른 한편으로는 재판 중에서, 그리고 그것과의 대치에서 생긴다. 헌법재판권은 정치의 주의를 끌게 되고, 재판관의 선출과 지위도 특별하게 파악된다. 그럼으로써 헌법재판권은 확실히 「정치적인」 것이 되지만, 동시에 다른 헌법기관들에 의한 압력에 대해서도 제도적으로 중립화되고 있다. 이것은 미국 연방 대법원의 경우에는 아주 명백하며, 독일의 연방헌법재판소에 관해서도 동일하게 적용된다.

III. 헌법재판권의 조직문제

헌법재판권의 조직 유형에는 하나만이 있는 것은 아니다. 이것은 제도의 조직에 대해서와 마찬가지로, 권한의 배분에 대해서도 타당하다.

1. 제도적인 조직의 경우 법의 실제에서도 발견되는 세 개의 모델이 구별된다. 물론 이 세 가지가 전부라고 주장하는 것은 아니다. 그 의미는 물론 조직상의 형식에 한정되는 것은 아니다. 조직과 기능이 서로 얽혀있음에 비추어 볼 때 조직의 형식은 국가권력 및 그 질서의 구조에 있어서의 헌법재판의 기능이나 지위에의 여러 가지 영향을 미친다. 역으로 그 기능이나 지위도 조직형식에 영향을 미친다.

(1) 첫 번째의 모델은 통일모델(Einheitsmodell)이라고 부를 수 있다. 그것에 의하면 헌법재판권은 조직적·제도적으로, 특별한 재판소에 있는 것이 아니라 (그것이 존재하는 한) 통상의 재판권의 최고재판소에 의해서 행사된다. 최고재판소는 통상의 권한의 틀 내에서 헌법의 효력과 적용을 보장하고, 그러므로 경우에 따라서 당해 법률의 합헌성을 심사하는 임무를 가진다. 이러한 방향으로 나아가고 있는 것이 확인할 수 있는 한에서는, 일본에서의 규율[20]과 옛날부터 미국에서의 규율이다.

이 모델은 헌법재판권이 통상의 재판의 일례 이외의 아무 것도 아니라는 생각을 토대로 하고 있다. 적용되고 그에 따라 결정되어야 하는 제정법은 바로 헌법이며, 헌법은 특별한 지위를 가진다. 헌법재판은 완전하게 통상의 재판에 흡수되며, 정치와의 관련을 가지는 그 특수한 성격은 강조되거나 인정되지도 않고 오히려 부정된다. 고유한 절차법이나 특별한 소송이나 신청의 방법도 없으며, 헌법상의 소송을 위한 고유한 재판부 (Richterbank)도 없다. 다만, 일반적인 소송법의 틀 안에서 그리고 그 조건 아래에서 헌법상의 문제가 논의되고 결정된다. 특히 법률의 합헌성의 심사는 구체적인 분쟁사건에 대해서 그 점이 전제가 되는 경우에 개별적인 절차의 틀 안에서만, 그리고 부수적 심사 (Incident-Prüfung)로서 행해진다.

물론 기초가 된 구상이, 실무를 통하여 반대로 되는 경우가 있다. 예컨대 미국의 대법원

---

20) Shirô Kiyomiya(清宮四郎)*, Verfassungsgerichtsbarkeit in Japan, in: Verfassungsgerichtsbarkeit in der Gegenwart. Länderberichte und Rechtsvergleichung, Köln/Berlin 1962, S. 326 (331 ff.).

은 오늘날 약 50%의 헌법적 분쟁에 대해서 결정한다.21) 그 경우 이 재판소의 작업형식,
절차의 방법, 위신이나 성격 등은 이들 사건에 의해서 규정되는 경향이 있다. 오로지
부수적인 헌법재판이 정치적인 관계에서도 지배적이고 이에 대해서 그 밖의 사건, 즉
본래의 주요사건은 그 의미가 점차로 후퇴하고 이제는 두드러지지 않게 되고 있다.

(2) 두 번째 모델은 오스트리아의 모델이다. 헌법재판소는 고유의 권한을 가진 독립한
재판소로서 존재한다. 이 유형의 헌법재판소는 소관 헌법쟁송을 결정하지만 다른 재판소
에 대해서는 헌법의 우위에도 불구하고 기능적으로도 권한적으로도 우월하지 않고 대등하
다. 이 경우에 중요한 것은 다음과 같은 점이다. 즉 헌법재판소에서 헌법상의 권리,
특히 기본권의 침해를 이유로 공격가능한 것은 오로지 **관청의 행위**(결정)뿐이고, 이
행위의 근거가 되고 있는 명령이나 법률도 간접적으로 공격할 수 있지만 다른 재판소의
판결은 불가능하다는 것이다.22) 헌법재판소에는 다른 재판소의 판결의 합헌성, 특히
기본권적합성에 대해서 심사할 권한이 없다. 헌법재판소는 그 밖의 재판소와 대등하며
통일적인 사법권 내의 특별한 재판부문을 담당하는 재판소일 뿐이다. 따라서 헌법재판소
에 제소하기 전에 먼저 다른 권리구제절차를 거쳐야 한다는 제도는 존재하지 않는다.
헌법상 권리의 침해를 주장하는 경우, **행정상의** 이의절차를 거친 후에, 직접 헌법재판소에
제소할 수 있다.23) 그 경우에 헌법재판소는 헌법과 기본권의 침해에 대해서 결정한다.
헌법재판소만이 법률의 합헌성, 경우에 따라서는 오스트리아에서와 같이 명령의 합헌성
에 대해서도 결정해야만 한다는 것은 이러한 모델에서 일탈하는 것은 아니다. 이것은
바로 헌법의 우위에서 유래하는 헌법문제이며 그것은 헌법재판소의 소관에 속하는 것이며
동시에 속해야 하기 때문이다.

이 모델은 헌법재판권을 그 조직적·제도적인 독립성에도 불구하고 완전히 사법권
안에 자리잡게 하는 것이다. 헌법재판권의 헌법기관에로의 상승은 될 수 있는 한 억제된다.
헌법재판권은 다른 법영역, 예컨대 민법·행정법·형법 등의 영역과 같은 특정한 법
영역을 위한 재판권으로서 나타난다. 규범통제나 기관쟁송 그리고 연방-란트 간의 다툼에
서 정치와의 관계가 투영될 수 있다는 것은 소송물의 성질에서 기인하는 것이지 그
이상으로 어떠한 특수성을 발생시키는 것은 아니다.

(3) 세 번째 모델로는 독일의 헌법재판권의 조직을 들 수 있다. 이것에 의하면 헌법재판
소는 두 번째의 모델과 마찬가지로 독립한 재판소이지만, 그것에 덧붙여 재판권의 다른

---

21) Joachim Wieland, Der Zugang des Bürgers zum Bundesverfassungsgericht und zum Supreme
    Court: in: Der Staat 29 (1990), S. 343 참조.
22) Erwin Melichar, Die Verfassungsgerichtsbarkeit in Österreich, in: Verfassungsgerichtsbarkeit
    in der Gegenwart. Länderberichte und Rechtsvergleichung, Köln/Berlin 1962, S. 440 (469 f.).
23) 행정재판권과의 경합이 존재하는 것은 주관적 권리의 침해를 이유로 처분이 다투어지고 또 그 주관적
    권리 속에 헌법상 보장된 권리도 포함되는 경우에 한한다. 그러한 한에서 행정재판소는 심사권한을
    가진다. 그러나 원고가 명확하게 **헌법상의** 권리침해를 주장하는 경우에는 행정재판소에는 관할권이
    없다. 이밖에도 행정재판소의 판결에 대해서 헌법재판소에 소원을 제기할 수 있는 제도는 존재하지
    않는다. Erwin Melichar (Fn. 20), S. 472 참조.

부문에 대해서 독자성을 가질 뿐만 아니라 상위에 놓여 있다. 헌법을 보장하고 해석한다는 그 권한의 테두리 안에서는 헌법재판소는 실질적 및 기능적으로 (통상의) 재판권보다도 상위에 있다. 통치와 행정 그리고 입법자뿐만 아니라 재판소들도 그 행위의 합헌성을 통제받고 재판소의 판결도 헌법위반의 이유로 폐기된다. 이는, 헌법에 의해 보장된 권리의 침해가 먼저 다른 권리구제절차를 거친 후에야 제기할 수 있는 헌법소원을 통하여 헌법재판소 자체에서 주장될 수 있는 가능성에 의하여 실현된다.[24] 권리구제절차를 거칠 요건은 한편으로는 헌법재판소의 부담을 경감시키는 데 도움이 된다. 왜냐하면 주장된 기본권침해가 전문재판소의 권리보호를 통해서 사전에 제거될 수 있기 때문이다. 다른 한편 그 요건으로 인하여 헌법소원의 기능의 중점이 약간의 예외를 별론으로 한다면 바로 연방최상급재판소를 포함하는 전문재판소 재판의 합헌성 통제에 놓이게 되는 결과를 초래한다.

이 모델에서 헌법재판권은 완전히 헌법의 우위에 근거하여 조직된다. 이 헌법의 우위는 국가권력의 모든 기능에 미치며, 그에 따라 별도의 독립된 기관에 의해서 보장되는 것이 바람직하게 된다. 헌법재판소는 사법활동을 행함에도 불구하고 사법의 연결고리에서 풀려난다. 그것은 헌법기관 반열로 들어서게 된다. 즉, 헌법재판소가 일반적으로 그리고 사법작용에 대해서도 말하자면 헌법의 기관이 되고, 이 헌법의 효력을 계쟁사건에서 발휘시키고 그 우위성을 관철하는 방법으로 헌법기관의 대열에 합류하게 된다. 그 경우 헌법의 주권이라는 고려가 배경에 있다는 추측은 잘못된 것일까.

2. (1) 헌법재판권의 조직의 별면이지만, 헌법재판권에 **권한의 부여**와 관련해서도 다양한 양상이 나타난다. 그것은 권한상 매우 한정된 소규모 형태의 헌법재판권에서, 예컨대 연방헌법재판소에 주어져있는 것처럼, 아주 광범위한 권한을 부여받은 헌법재판권에 이르기까지 다양한 모습으로 나타난다. 헌법의 법률화(Verrechtlichung)가 어느 정도 촉진되고 헌법의 사법적 보장 및 그에 의해서 생기는 정치적 과정의 안정화, 또는 구속이 어떤 정도로 존재해야 하는가에 대한 고려와 결정이 권한부여의 범위에 대한 결정의 이면에 존재한다. 또 헌법재판권의 제도적 조직과 그에 대한 권한의 부여 사이에 존재하는 교호관계도 드러난다. 광범한 권한이 부여되는 경우에는, 특히 그것이 정치적인 중요성을 가지고 있는 경우에는 조직적·제도적인 독립이 바람직하며, 경우에 따라서는 그 독립을 불가피한 것으로 만든다. 권한이 미약하고 그 중요성이 적은 경우에는 헌법재판을 일반적인 재판의 과제로 부여할 가능성이 높다.

(2) 헌법재판권에 부여될 수 있는 권한들은 대체로 네 개의 분야로 구별된다. 법률의 합헌성 심사, 이른바 기관쟁송, 연방헌법에 특유한 쟁송인 이른바 연방과 주의 쟁송 그리고 기본권침해에 대한 헌법소원이 그것이다.

---

24) 「그 침해에 대하여 권리구제절차가 열려 있는 경우에는 헌법소원은 이 권리구제절차를 거친 후에 제기할 수 있다」(연방헌법재판소법 제90조 제2항 제1문).

  지난 50년 동안의 헌법재판권의 발전에서 알 수 있는 것처럼, 법률의 합헌성 심사가 헌법재판권의 중핵이자 최저한인 것으로 보인다. 이 심사는 매우 다양하게 구체화될 수 있다. 예컨대 프랑스와 같이,25) 신청권이 한정된 단순한 예방적 규범통제로서,* 그리고 헌법재판제도를 가진 대부분의 국가, 그중에서도 미국과 같이 계속되는 소송사건의 범위에서의 사후적이며 부수적인 구체적 규범통제로서, 그리고 현재의 독일처럼,26) 특정 당사자의 신청에 의한 사후적인 추상적 규범통제 및 추상적 규범통제와 구체적인 규범통제의 조합으로서 구체화될 수 있다. 기본권의 침해에 대한 헌법소원제도가 존재하는 경우 그에 의해서 그러한 한에서는 언제나 부수적·구체적인 규범통제도 열리게 된다.

  이와 아울러 기관쟁송의 분야가 있다. 그것은 헌법기관들, 특히 정부와 의회 간의 상호관계에서의 권리와 의무의 범위에 대한 다툼이다. 이 기관쟁송이 헌법재판권에 편입되면,27) 정치권력의 담당자 사이에서 이루어지는 정치적인 의사형성과 결정의 프로세스가, 정치적인 계기에 좌우되지 않고 법적 구속을 받는 것으로서 보장되게 된다. 이것은 동시에 권력구분에 있어서의 견제와 균형이라는, 헌법에 확정된 제도를 보장하는 것을 의미한다.

  연방제 국가에서는 연방헌법상의 다툼(연방·란트 간 소송)이 중요한 권한의 분야로 된다. 이 분야에서는 헌법재판권은 가장 오랜 전통을 가진 것은 아닐지라도 오랜 전통을 가지고 있다. 이 다툼은 우선 첫째로 중앙국가와 구성국 간의 헌법상의 권한배분의 유지에 관계되지만, 나아가 특히 구성국이 그 행정을 통해서 중앙국가의 법률을 집행하는 경우에는, 중앙국가의 구성국에 대한 영향권(Einwirkungsbefugnisse)과도 관계된다. 마지막으로 이 다툼은 연방국가의 재정제도와 관계된다. 이 경우 어느 정도의 범위에서 헌법재판권이 미치고, 정치적인 절차에 의한 보장 대신에 재판형식에 의한 보장이 촉진 내지 제한된 범위에서나마 유지되는지에 대해서는 사건의 소재(Sachmaterie)에 의해 결정되는 것은 아니다. 그것은 정치적인 (또한 헌법정책적인) 결정에 맡겨져 있는 것이다.

  네 번째 권한으로서는 헌법소원을 들 수 있다. 그것은 특히 1945년 이후로 그리고 동부·중앙 유럽 국가들의 최근의 헌법재판제도에 대해서 커다란 의미를 가진다. 그것은 개인을 위한 기본권보장수단이며 그 점에서 동시에 국가의 행위의 합헌성의 보장에 기여한다. 헌법소원의 채택은 명백히 헌법재판권을 국사재판소(國事裁判所)* 이상의 것으로 만든다. 국사재판소는 정치적인 영역에서의 권한을 가지며, 효과라는 점에서도 대체로 그 영역에 머무는 것이다. 반면 헌법소원이 채택된 경우에는 헌법과 헌법재판권은 그

---

25) 1958년 헌법 제61조 2항.*
26) 한편으로는 기본법 제93조 1항 2호, 다른 한편으로는 기본법 제100조 1항을 참조. 전자는 신청권에 제한이 첨부된 추상적 규범통제이며 후자는 부수적·구체적 규범통제이다. 이것은 전부 재판소에서의 이송에 의한 것으로 연방헌법재판소만이 결정권을 가진다.
27) 독일에서는 기관쟁의의 대상이 될 수 있는 것은 매우 광범위하다. 특히 의회 내부의 분쟁에 대해서도 그러하다(예컨대 의회에 대한 당파, 개개의 의원, 위원회 등의 권리).

근저를 시민의식 내에 가지고 있는 것이다. 물론 헌법소원은 그것이 개별 사건에 대한 심판청구권과 결부되면, 헌법재판권에 대해서 상당한 과중부담이 된다.[28] 미국의 연방대법원의 수리절차와 유사한 절차가 존재하지 않으면 그와 같은 형태의 헌법소원은 시간이 지남에 따라 언제나 그와 같은 과중부담을 수반하게 된다.

이상 말한 네 개의 분야들이 헌법재판의 모든 권한분야를 망라하고 있는 것은 아니다. 그 밖에 예컨대 정치권력의 담당자에 대한 탄핵절차, 선거심사, 정당금지절차 등의 권한도 있으며, 부분적으로는 이미 현실화되고 있다. 이 점에 관해서는 여기서 상세히 언급하지는 않는다.

IV. 헌법재판권의 민주적 정당성

1. 민주주의 국가에서는 헌법재판권의 민주적 정당성이 불가결하다. 헌법재판권도 비록 그것이 헌법보장을 위해 설치된 것이라도 국가의 고권(高權)을 행사하는 것이며, 따라서 그 자체 국민에의 피드백(feedback)이 필요하다. 헌법재판권은 자체적으로, 예컨대 「법의 지배」라는 사상에 의해서 정당화될 수 없다. 왜냐하면 이 경우 스스로 나아가 지배하는 것은 「법」이 아니며, 헌법재판권에서도 현행법을 해석·적용하고 또 계속적으로 발전시키는 특정한 인간인 것이다. 그러한 자들은 그럼으로써 동시에 특히 헌법재판을 통하여 공동생활의 현행 질서에 광범위한 영향력을 가진 권력의 지위를 행사하고 있다. 헌법재판권이 국민에 의해서 직접 선출된 국민대표가 의결한 법률을 위헌으로 폐기하는 권한을 가지고 있는 경우에는 한층 더 민주적인 정당화가 불가결하다.

민주적 정당성은 어떠한 외관을 가질 수 있으며 또 가져야 하는 것일까? 그 목적은 무엇일까? 민주적 정당성은 헌법보장을 위해서 설정된 헌법재판권이 다른 권력에 대해서 통제 불가능한 우월적 권력이 되고, 그럼으로써 헌법을 보장하는 대신에 민주적인 헌법구조를 위험에 빠트리는 것을 방지하는 역할을 하여야 할 것이다. 국민에 의해서 정당화된 다른 국가권력, 특히 입법자의 권력을 통제하는 것이 헌법재판권의 의무인데, 그 통제 자체가 국민으로부터 유래하는 것으로서 볼 수 있다는 것이 민주적 정당성이다. 그리고 그 경우 헌법재판권이 국민에 의해서 제정되고, 또 지지되는 헌법의 수호자로서 효과적으로 작용하는 것을 방해하는 것이 아니라 적극적으로 가능케 하는 조건을 마련하는 것도 민주적 정당성이 수행해야 하는 역할이다.

정당성의 문제는 간단하게 해결할 수 있는 문제가 아니다. 한편으로는 재판관이 민주적으로 정당화되어야 한다. 다른 한편으로는 재판관의 선출에 대한 일방적인 영향력 행사는 재판관의 독립성을 의문시할 수 있기 때문에 피하지 않으면 안 된다. 특히 당파적인

---

28) 1995년 12월 31일의 종합통계에 의하면, 1995년 중에 연방헌법재판소에서 5766건의 헌법소원이 제기되었다.

정치화는 방지되어야만 한다. 끝으로 재판관의 높은 자질이나 그 직무수행에 있어서 재판관다움이 보장되어야 한다. 이러한 모든 것들은 균형 잡힌 해결책을 요구한다.[29] 재판관의 선출이 그때그때의 의회 다수파나 행정부에게만 위임할 수는 없다. 그리고 궐위된 재판관의 선출에 대한 규율은 물론 재판관의 임기도 민주적인 문제가 된다.

2. 전술한 요청이 존중되더라도, 재판관의 충원이나 재판관의 임기의 규율에 대해서는 여러 가지의 가능성과 방법이 있다. 그 가능성이나 방법의 장단점을 형량하여야 한다. 또 재판관의 임명에 대한 각 국가의 전통도 영향을 미친다. 문제를 명확하게 하기 위해 현재 실시되고 있는 약간의 제도에 관해서 언급해보자.

독일[30]에서는 2개의 재판부에 배속되고 있는 16인의 헌법재판관은 연방의 헌법기관인 연방의회와 연방참의원에 의해서 절반씩, 그리고 각각 3분의 2의 다수로 선출된다. 임기는 12년이며 중임할 수 없다. 선출조건은 법관의 자격이 있고, 40세 이상이어야 한다는 것이다. 각 재판부의 3인의 재판관은 연방최고재판소 출신의 직업재판관이 아니면 안 된다. 재판관의 선출에 대한 정당의 영향이 매우 강하며, 공개적인 통제는 매우 적다. 3분의 2의 다수가 필요하더라도 실제로는 개개의 후보자 자체의 선임에 대한 합의가 이루어지는 것이 아니라, 오히려 2대 정당이 약정을 통하여 포스트 할당을 결정하여 왔다. 그 경우 각 정당의 다소 광범위한 내부 추천권이 결정적인 의미를 가진다.[31]

이탈리아의 헌법재판소[32]는 15인으로 구성된다. 그 구성원은 9년의 임기로 선출되지만 중임될 수는 없다. 재판관의 선출은 세 개의 그룹으로 나뉘어 이루어진다. 즉 우선 5인의 재판관은 최고재판소에 소속하는 재판관들 중에서 최고재판소들에 의해서 임명된다. 다음 5인의 재판관은 양원 합동회의에서 선출된다. 그 경우에 일단은 3분의 2의 다수로, 제4차 표결부터는 5분의 3의 다수로 선출된다. 실제로는 의회 내의 정치적 그룹들에게 광범위한 추천권이 인정되고 있다. 나머지 5명의 재판관은 공화국의 대통령이 재량권을 갖고 선임한다. 이와 같은 규율에 의해서 정당, 법관집단, 그리고 중립적인 권력으로서 공화국대통령 사이에 균형이 유지되도록 하고 있다. 대통령이 국법학 또는 행정법 교수를 헌법재판관에 임명하는 것도 드문 일은 아니다.

---

29) Wilhelm K. Geck, Wahl und Amtsrecht der Bundesverfassungsrichter, 1986, S. 31 ff. 참조.

30) Wilhelm K. Geck (Fn. 29)에 의한 서술과 부분적인 비판적 평가이다.

31) 1975년 이래 계속적으로 실천되어온 약속은 다음과 같은 결과를 가져오고 있다. 즉 각 재판부의 정원 중 3석에 대해서는 한쪽(CDU/CSU)이 내부 추천권을, 다른 3석에 대해서는 다른 쪽(SPD)이 추천권을 보유하게 된 것이다. 나머지 2석은 「중립」으로 간주되지만 하나의 중립석은 한쪽 정당에, 다른 하나는 다른 정당에 추천권이 귀속된다는 기준에 의해서 채워진다. 중립석의 경우, 상대 정당이 그때마다 완전히 납득하여야 하는 반면, 「진정한」 추천권에 의해서 채워지는 자리의 경우에는 상호간에 반론이 한정적으로만 인정되거나 제기된다는 데에 있다. 자유민주당(FDP)에게는 한 자리에 대한 추천권이 인정되고 있다. 이 추천권은 자유민주당과 연정을 구성하는 정당이 자신의 몫 중에서 떼어 주어야 하는 것이다.

32) 전체적으로 Theodor Ritterspach, Die Verfassungsgerichtsbarkeit in Italien, in: Christian Starck/Albrecht Weber (Hrsg.), Verfassungsgerichtsbarkeit in Westeuropa, Teilband 1. Baden-Baden 1986, S. 225 ff.

프랑스의 헌법원33)은 매우 정치적으로 장치된 기관이다. 헌법원은 9인의 임명직 구성원과 당연직 구성원인 전직 대통령으로 이루어진다. 임명직 구성원은 원칙적으로 중임되는 경우가 없고, 9년의 임기로 임명되며, 더구나 3명씩 대통령, 국민의회(하원)의 의장과 원로원(상원)의 의장에 의해 임명된다. 구성원이 정치적 소속에 따라 다수파 정당과 반대파 정당에 분배되는 것이 보장되도록 규정되어 있지 않다. 또 구성원은 법률가이어야 하는 것도 아니다. 실제로는 지금까지 법률 또는 행정의 영역에서의 경력을 쌓고 정치적인 관직에 취임한 정치가가 임명된 경우가 압도적으로 많았다.

오스트리아에서는 헌법재판관의 임명에서 형식적인 면에서 볼 때는 행정부의 우월이 존재하지만, 실제로는 정당의 우월이 나타난다.34) 헌법재판소는 14명의 구성원으로 이루어지고 그들은 법률가이어야 하고, 전원이 종신으로, 즉 70세를 퇴직연한으로 임명된다. 소장, 부소장 그리고 다른 6인의 재판관은 정부에 의해서 추천된다. 이 추천은 재판관을 임명하는 연방대통령을 구속한다. 나머지 6인의 재판관은 국민의회와 연방참의원의 추천에 근거하여 각기 3인씩 임명되지만, 얼마 전까지 자리마다 **3배수** 추천이 행해질 수 있었다. 이로써 제한된 범위에서이지만 연방대통령에게 선택권이 주어졌었다. 그렇지만 연방대통령이 이 재량권을 행사하여 1순위 후보자 대신 3순위 후보자를 임명하자 1994년 3배수 추천 의무조항은 곧바로 폐지되었다.35) 불균형한 인사정책을 통하여 얻어지는 권력적 지위에 대한 관심이 매우 컸던 것이다. 정부, 국민의회 그리고 연방참의원에서는 정당이 지배하고 있으므로 2대 정당, 즉 오스트리아 사회당과 오스트리아 국민당 각각에 의해 7명의 재판관을 추천하는 것이 관례이다.

미합중국36) 대법원의 9명의 재판관은 연방대통령에 의해 지명되고, 상원이 승인해야 한다. 이때에 통상적으로 후보자에 대한 공청회가 개최된다. 모든 재판관은 종신으로 임명되며, 자신이 퇴진하는 시기를 스스로 결정하는 권리를 가진다. 대법원장은 난순히 동료 중의 수석이 아니라 우월적 지위를 가지며, 재판관 중에서 대통령에 의해 임명된다. 이와 같은 임명절차는 대법원이 통상의 재판소로서 설치되고 있다는 것에 의해서 선명하게 각인되었다. 종신제의 원리(Lebenszeitprinzip)는 재판관의 독립을 위해서는 그러한 재판소에 대해서는 자연적이다. 대법원이 단순히 주변만이 아니라 주로 헌법재판소로서 활동하게 된 후에도 그 원리가 유지되고 있다. 그러한 원리는 「화석화」(化石化)를 초래하는 수가 있다. 특히 재판관이 80세가 넘도록 재임하는 경우가 그렇다. 그러한 일은 이미 여러 차례 발생하였다.37)

---

33) Michael Fromont, Der französische Verfassungsrat, in: Christian Starck/Albrecht Weber (Hrsg.), Verfassungsgerichtsbarkeit in Westeuropa, Teilband 1, Baden-Baden 1986, S. 315 ff. 참조.

34) 상세한 것은 Karl Korinek, Die Verfassungsgerichtsbarkeit in Österreich, in: Starck/Weber (Hrsg.), Verfassungsgerichtsbarkeit in Westeuropa, Teilband 1, Baden-Baden 1986, S. 155 ff.

35) Robert Walter/Heinz Mayer, Grundriß des österreichischen Bundesverfassungsrechts, 8. Aufl. Wien 1996, S. 393.

36) William H. Rehnquist, The Supreme Court. How It was - How it is, New York 1987, S. 235 ff. 참조.

3. 재판관에 대한 민주적 정당화와 그 임기가 어떻게 규율되어 있을지라도, 헌법재판권은 헌법의 해석에 대한 「마지막 발언권」(最終性)을 가지고 있으며, 그렇기 때문에 상소가 불가능하다. 재판관의 추천·선출·임명 그리고 임기가 서로 훌륭한 조화를 이루고 있더라도 그것이 헌법재판권에 대한 통제를 의미하는 것은 아니며 의미할 수도 없다. 헌법재판권은 통제를 가하면서도 그 자신은 통제받지 않는다. 헌법재판관의 직무는 통제받지 않을 뿐만 아니라 해명의무도 지지 않는다. 그럼에도 불구하고 국민주권의 원리를 지키는 하나의 민주적 피드백이 조성될 수 있는가?

폴란드에서는 하나의 흥미로운 규율이 1997년 7월에 새로운 헌법이 공포될 때까지 유효했었다. 1999년 7월까지도 여전히 이 헌법은 과도기 동안 계속 존속하고 있다.[38] 폴란드 헌법재판소가 법률을 위헌이라고 선언한다면, 이러한 결정은 의회(Sejm)로 송치된다. 의회는 헌법개정에 필요한 다수결로써 같은 법률을 새롭게 의결할 수 있는 가능성을 가지고 있다. 그러면 재판소의 판결을 위한 척도가 되는 헌법은 그러한 한에서 침해되지 않은 것으로 간주되며, 계속 효력을 가진다. 그러한 권한이 행사되는 경우는 매우 드물었지만, 헌법해석에 대한 최종적인 발언권은 국민대표기관에게 있다는 사실에는 변함이 없는 것이다. 특히 이것은 헌법침훼가 허용된다는 것, 즉 개별적인 경우에 헌법전을 변경하지 않고 헌법을 개정할 수 있다는 것을 의미하며, 나아가 헌법개정의 한계가 없다는 것을 전제하고 있는 것이다. 기본법은 이 두 가지를 알지 못한다. 기본법은 헌법의 원칙적 효력과 실체적 효력을 안정시키려고 한다. ── 그 배경에는 헌법에 대한 상이한 두 가지 관념이 존재한다. 하나는 헌법은 그 기본적 내용에 있어서 **선재하는** 질서로서 일단 제정되면 지속적으로 그리고 일반적으로 효력을 발휘하려 하며 헌법개정 입법자에 의하여 제한된 범위에서만 변경될 수 있다는 것이다(국민주권의 제한으로서의 헌법). 다른 하나는 헌법은 국민에 의하여 제정되고 지지되는 것으로 어떤 형태로든 선재하지 않는, 따라서 국민이 처분할 수 있는 질서이며, 누군가 이 질서에 대해서 「최종적」 발언권을 행사할 수 있다는 것이다(국민주권의 표현으로서의 헌법). 기본법이 전자의 관념을 보다 많이 따르고 있다는 것은 분명하다. 연방헌법재판소가 헌법을 「가치질서」로 해석하고 있는 것도 이러한 경향을 강화하고 있다. 폴란드의 신헌법도 불가침적 성격의 헌법핵을 확정하지는 않았지만 이제 전자의 관념을 가일층 추종하고 있다.

---

37) 최근 10년간 「자유주의자」로 알려진 브레난과 블랙먼 판사(Roe v. Wade 사건에서의 보고자)는 80세 이상이 되어서야 은퇴하였다.

38) 1985년 4월 29일의 헌법재판소법 제6조의 구 규정의 독일어 텍스트는 Jahrbuch für Ostrecht 27 (1986), S. 22를 참조. Leszek Garlicki, Das polnische Gesetz über den Verfassungsgerichtshof vom 29. 4. 1985, Der Staat 26 (1987), S. 279-290; Rudolf Machacek/Zdzislaw Czeszejko-Sochacki, Die Verfassungsgerichtsbarkeit in der Volksrepublik Polen, in: EuGRZ 16 (1989), S. 269-276. 새 헌법은 제190조에서 헌법재판소의 결정은 일반적인 구속력을 가지며 종국적인 것이라고 확정하고 있다. 제239조는 헌법의 효력발생 이전에 제정된 법률의 심사에 대한 경과규정을 두고 있다. 즉 헌법의 효력발생 이후 2년간 종래의 절차는 그대로 존속한다.

이 문제를 권력분립의 관점에서도 고찰할 수 있다. 그 경우 위헌으로 선언된 법률을 국민 대표기관에 환송하는 제도를 통해서 헌법재판소와 헌법개정권을 부여받은 국민의 대표기관 사이의 권력균형의 요소 하나가 만들어진다. 이를 통해서 헌법재판소가 「헌법의 지배자」의 지위에 올라서는 것을 막는 제동장치가 창설되는 것이다. 그 경우 물론 —— 진정한 균형을 위해서는 —— 국민대표기관이 위헌으로 선언된 법률과 같은 법률을 다시 의결하기 위해서는 헌법개정에 필요한 의결정족수보다 강화된 정족수를, 가령 3분의 2의 다수 대신에 4분의 3의 다수의 요건을 충족하게 하는 것이 필요하다.

그러나 그러한 규율이나 고찰과는 상관없이 헌법재판이 민주적 헌법구조를 변경하는 대신 그것을 보장해 주는 데 성공할 수 있도록 만드는 것에 대한 주된 책임은 헌법재판권을 행사하는 사람들, 즉 재판관들 자신에게 있다. 헌법재판을 담당하는 재판관들이 자신의 직무에 부과된 특별한 과제, 구속 그리고 제한을 의식하고 있어야 하며, 이러한 구속과 제한을 완전히 준수하여야 한다. 재판관에게 필요한 민주적 정당성과 신뢰를 매개해주는, 대개 정치성을 띠는 기관들이 져야 하는 책임 중에는 이러한 재판관직책의 특별한 요청들을 감당할 수 있고, 또 처음부터 그 직책을 통해서 정치에 대한 법적 한계를 관철하고 수호하는 대신에 다른 수단들로써, 즉 헌법해석을 수단으로 하여 정치를 행하려는 유혹을 이겨낼 수 있는 인물만을 재판관으로 임명하여야 할 책임도 있다. 어느 책임도 위임되거나 대체될 수 없는 것이다. 그 책임은 —— 자발적으로 —— 짊어지고 수행되어야 한다. 그것은 또한, 아니 특히 헌법재판이 그 본연의 모습을 보일 수 있느냐에도 달려 있는 것이다.

민주주의와 대표제*
― 오늘날의 민주주의 논의에 대한 비판을 위하여 ―

에른스트-볼프강 뵈켄회르데

《차 례》

　　민주주의를 학문적으로 논의할 때에는 오늘날 때때로 만연되어 있는 인권에 대한 강조가 그렇게 요구되는 것은 아니다. 오히려 현실을 직시하면서 현실 그 자체를 수용하는 분석·이론적인 고찰이 요구된다. 다음의 고찰은 이 점에 일치하는 것이다. 이 고찰은 민주주의 이론에서 오랫동안 「난제」가 되어왔던 문제, 즉 민주주의와 대표제(Repräsentation)가 어떠한 관계에 있는가 하는 문제에서 출발한다. 대표제가 민주주의에 있어서 필수불가결한 것이라고 할 때에, 이것은 본질적으로 민주주의에 결함이 있다는 것을 의미하는 것인가, 아니면 그 반대로 대표제, 즉 민주적 대표제(demokratische Repräsentation)가 구체화된 민주주의에 있어서 없어서는 안 되는 포기할 수 없는 요소임을 나타내 주는

---

* 　Ernst-Wolfgang Böckenförde, Demokratie und Repräsentation. Zur Kritik der heutigen Demokratie-diskussion (Schriftenreihe der juristischen Studiengesellschaft Hannover, Heft 11), Hannover 1983, 31 S. jetzt in: ders., Staat, Verfassung, Demokratie (stw 953), Suhrkamp, Frankfurt a. M. 1991, S. 379-405.

것이므로 대표제가 성립될 때에 비로소 민주주의는 국가형태(Staatsform)와 정부형태
(Regierungsform)로서 그 합법성을 가지게 되는 것인가?

첫 번째 A 부분에서는 민주주의의 본질과 개념에 대해서, 두 번째 B 부분에서는 민주주
의에 있어서의 대표제에 대해서, 세 번째 C 부분에서는 현대의 민주적 대표제가 안고
있는 난제들에 대해서 약간의 논평을 하기로 한다.

A

I. 민주주의의 본질에 대한 문제

민주주의의 본질이 무엇이냐 하는 질문에 대해서는 실로 잘 알려져 있는 하나의 답변이
있다. 즉 민주주의란 그 핵심은 국민 스스로가 통치하고 국민 자신의 일에 대해 국민
스스로가 결정하는 것을 의미한다라고 국민과는 대립된, 국민에 대해서 어떤 고유한
권위를 가지고 있는 다른 사람이 결정하는 것이 아니라, 국민 스스로가, 즉 시민들이
결정해야만 한다는 것이다. 본래의 의미의 완전한 민주주의는 지배자와 피지배자가
일치(自同性)하는 직접 민주주의로서 나타난다. 쿠르트 아이헨베르거(Kurt Eichen-
berger)*는 민주주의에 대한 이러한 견해는 스위스에서도 보편화된 것이며 표준이 되는
것이라고 규정한 바 있다. 즉 「직접 민주주의는 진실로 참되고 유용하며 본래적인, 그리고
도달해야만 할 국가형태로서 간주되었고 지금도 '보통 사람들'에게…수많은 관청직원들
에게도, 그리고 몇몇 학설에 대해서도 유효하다. 민주주의에 대한 가를 슈미트(Carl
Schmitt)의 정의, 즉 지배자와 피지배자의 자동성은 19세기뿐만 아니라 20세기를 살고
있는 스위스의 일반인들이 말하고 싶어하는 바를 표현한 것이다」.[1]

실제적인 보편성을 넘어서 이러한 직접 민주주의가 민주주의의 본래적 형태라는 것에
이론적인 납득과 정당성을 부여해 주는 일련의 연결점들이 있다. 그 중 대표적인 것으로
다음 세 가지를 들 수 있다.

1. 기원전 4~5세기경 이른바 민주주의의 고전시대에 해당하는 아테네 민주주의의
특성이 전수된 것이라는 견해이다. 이 전통에 따르면, 아테네에서 일어나는 모든 중요한
문제에 대한 결정은 충분한 자격이 있는 시민 모두가 모인 국민의회에서 이루어졌으며,
정치적인 지배도 직접민주적으로 국민의회의 수중에 있었다.[2]

---

1) Kurt Eichenberger, Der Staat der Gegenwart, Basel/Frankfurt 1980, S. 96.
2) 대체로 Hanns Kurz, Volkssouveränität und Volksrepräsentation, Köln/Berlin/Bonn/München 1965,

2. 근대 민주주의의 시조 중의 한 사람으로 일컬어지는 루소의 테제는 주권의 불가양성, 즉 주권은 절대적으로 국민에게 있다는 것이다. 루소는, 국민의 주권은 불가양도의 것이며 대표할 수 없는 것으로 설명한다.3)

3. 1871년 파리 콤뮌(Pariser Kommune)의 도전인데, 이것은 카를 마르크스가 직접민주적인 자기지배(Selbstherrschaft)가 실현된 예로 서술하는 가운데 나타난다. 마르크스에게 있어서 코뮌은 국가권력 자체는 유지되면서 기존의 국가권력만을 전복하는 과정으로서가 아닌,「혐오스러운 계급지배의 기계」를 분쇄하고, 그 대신 국민의 직접적인 자치 ― 지배자와 피지배자의 자동성 ― 를 구축하기 위한 국가 자체에 대한 혁명으로서 나타난다.4)

이러한 연결점들은 민주주의에 대한 하나의 개념을 정당화하고 그 토대를 보강해 주고 있는데, 그 결과 민주주의의 본질은 깨어 있는 국민이 직접 자신이 통치하는데 있으며, 국민으로부터 생겨나, 국민을 위해, 그리고 국민에 대해 책임이 있음에도 불구하고 국민으로서 행동하는 자치적인 지도기관(指導機關, selbsthandelnde Leitungsorgane)을 구성하는 데에 있는 것은 아니다. 이러한 민주주의 개념 때문에 간접적인 대표제 민주주의는 단지 실제적·기술적인 여건하에서만 그 정당성이 인정될 뿐이다. 즉 그것은 현대의 정치적 공동체가 포괄해야 할 공간의 거대함과 그 엄청난 인구 때문에 간접 민주주의가 불가피하다. 그러나 그것은 민주주의의 이념에 비추어 볼 때 보다 열등한 형태인 '제2의 수단'으로 나타나며, 그것으로는 본래적인 민주주의가 결여되어 있음을 은폐시킬 수 없다. 이러한 사상은 직접적/대표제 민주주의 내에서 계속되고 있다. 즉 이 민주주의의 조직형태를 보면, 여기에 유입된 모든 직접 민주주의의 요소들이 상당한 합법성을 가지고 있으며 '다수의 민주주의(Mehr an Demokratie)'를 나타낸다. 그 형성의 경향을 볼 때에 대표제와 간접성의 요소들은 이미 완전히 제거할 수는 없다 하더라도 그러한 요소들을 억제하고 감소시키는 것이어야만 한다.

이러한 민주주의의 개념은 오늘날 우리들의 기본적인 민주주의 운동의 토대를 형성한다. 민주주의 운동에 있어서 민주주의는 아래로부터의 참여, 개개인에 관계된 모든 결정에 대해서 개개인이 (관계-기초로서) 참여하는 것을 의미한다. 동시에 여기에서는 지배문제

S. 28 ff.에서의 아테네 민주정치에 관한 서술을 보라. 아마도 아티카 주민의 3분의 1에서 4분의 1까지는 완전히 자격있는 시민이었던 이들의 구성에 관하여는 Viktor Ehrenberg, Der Staat der Griechen, 2. Aufl. Zürich/Stuttgart 1965, S. 37 ff.; Tuttu Tarkiainen, Die athenische Demokratie, München 1972, S. 48 f., 51 f., 53 f. 참조.

3) Jean Jacques Rousseau, Contrat social, Buch Ⅲ, c. 15.

4) Karl Marx, Erster Entwurf zum "Bürgerkrieg in Frankreich,"=Karl Marx/Friedrich Engels, Werke Bd. 17, Berlin (Ost) 1962, S. 541 f.; ders., Der Bürgerkrieg in Frankreich, ebd., S. 338 f. (허교진 옮김, 『프랑스 혁명사 3부작』, 소나무, 1987, 259면 이하).

의 해결을 위한 실마리가 나타나는데, 더욱이 그것은 자기극복이라는 의미에서 결과적으로는 지배의 지양이라는 의미로 나타난다. 이것은 곧 「모든 시민(관계자)이 토론을 통하여 도달하는 결정과정에 참여하는 것이며」,5) 그럼으로써 지배행사로서의 성격을 상실하는 것이다.

II. 자동적 · 직접 민주주의 개념에 대한 비판

여기서 간단히 서술한 민주주의 개념은 다음에 비판적으로 문제가 제기될 것이다. 이 비판에서 논지가 되는 것은 본래적인 민주주의 형태로서의 직접 민주주의라는 구상에는 비현실적인 민주주의의 개념이 기초하고 있다는 것이다. 그것도 그 개념이 실제적 · 정치적으로는 실현될 수 없는 것이기 때문에 실제적인 의미에서도 비현실적일 뿐만 아니라, 이론적인 면에서도 마찬가지로 비현실적이라는 데에 있다. 이러한 논지는 시사하는 바가 많으므로 좀 더 자세한 설명을 필요로 한다.

1. 첫 번째의 근거는 국민의사(Volkswillen)의 표현과 실현조건에 대한 분석에 관련된 것이다. 국민의 의사에 관하여 말할 때마다 항상 문제가 되는 것은 도대체 국민의 의사란 것이 실제로 존재하는가, 아니면 오히려 허구에 불과한 것이냐 하는 문제이다. 과연 단지 실제로 존재하는 대다수 개개인의 의사를 그저 머리 속으로 총괄하여 일컫는 것 이외의 다른 의미로 국민의 의사에 대해서 말할 수 있을까? 경험에 의하면 국민의 의사와 같은 것은 확실히 실제적인 크기(Größe)로서, 그것도 실제의 정치적인 크기로서 존재하며 표현될 수 있는 것이다. 그러나 국민의 의사 그 자체기 분리되어 개개인의 의사와 무관하게 존재하는 것은 아니다. 국민의 의사는 국민, 공동의 국가, 정치적 및 사회적 생활관계들의 형성과 조직 등에 대해 불특정 다수가 지니고 있는 보편적인 생동감 있는 의사 속에서 파악되는 어떤 것이다.6) 그러나 국민의 의사는 특별한 특성을 가지고 있다. 이 특성이란, 국민의 의사는 그 자체로는 조직되지 않은 산란한 상태이며 우선적으로 형성을 필요로 한다는 것이다. 국민의 의사는 자체 속에 가능성들을 가지고 있지만, 처음에는 역시 현실화를 필요로 하는 구체적인 자아의 가능성만을 가지고 있을 뿐이다. 그것의 효력은 그것이 문의되는 데에 달려 있으며, 그것의 구체적인 현실화 방향과 방식은 그 의사가 누구에 의해서 어떤 방법으로 문의되느냐에 따라 정해지고 비유적으로 표현된다. 즉 말해진다. 국민의 의사는 이미 그저 소환만을 필요로 하는 완결된 형태로 존재하는 것이 아니라, 오히려 사전형태(事前形態)가 포함하고 있는 문제와 문의의 결과에 따라

5) Walter Euchner, Demokratietheoretische Aspekte der politischen Ideengeschichte, in: Gisela Kress/Dieter Senghaas, Politikwissenschaft, Frankfurt 1969, S. 45.
6) Erich Kaufmann, Zur Problematik des Volkswillens, Berlin 1931. 이제는 Ulrich Matz (Hrsg.), Grundprobleme der Demokratie (Wege der Forschung, Bd. 141), Darmstadt 1973, S. 22 ff.

비로소 그것의 구체적인 특성 속에 소환되고 현실화되는 것이다. 특정하게 강조된 국민의 의사는 ― 불가피하게 ― 답변의 특징을 가지고 있다.7)

여기에 대한 가장 명백한 예로는 국민표결(Volksentscheid)이 있다. 국민투표를 할 때에 국민은 책임 있는 결정을 하도록 호소받지만, 그것은 외부에서 주어진 것, 즉 다른 당해 관청이 국민에게 제시한 문제에 대한 결정을 위해서이다. 국민은 이 문제의 내용이나 표현에 대해서는 직접적으로 어떤 영향도 미칠 수 없으며 그저 제시된 문제에 「가부」만으로 대답할 수 있을 뿐이다. 따라서 국민투표에 있어서 결정적인 문제를 제기할 수 있는 권리가 있느냐에 달려 있다. 즉 어떤 이유에서, 어떤 시기에, 어떤 표현으로건 국민에게 문제를 제기할 수 있는 권리가 누구에게 있는가?8) 이것은 국민투표에서만이 그런 것이 아니라 일반적인 생각과는 달리 국민발안(Volksbegehren)에 있어서도 마찬가지이다. 모든 국민발안은 그것을 부각시키는 발의(Initiative)에 종속되어 있다. 이 발의가 국민발안을 문제시함으로서 확립시켜 주는 것이다. 이러한 발의는 항상 그것이 개인이든 특정 집단이든 간에 소수의 문제이다. 국민투표와의 차이는 단지 국민발안에서는 문제를 제기할 수 있는 권리가 자유로우므로 더 이상 하나 내지 몇몇 국가기관에 제한되어 있지 않다는 데에 있다. 따라서 특정 시민 다수나 사회집단에 잠정적인 정치권력을 승인하는 것은 국민적 발안의 요구를 허용하는 데에 있다. 여기에 대해서는 스위스에 있어서의 국민투표적 민주주의(Referendumsdemokratie)의 실제가 많은 예를 제공해 준다.9)

2. 두 번째의 근거는 민주주의에 관한 다원주의 이론과 주로 미국에서 진행된 이에 대한 토론의 결과와 관련된 것이다.10) 민주주의에 관한 다원주의 이론은 정치적인 의사형성의 과정에 있어서 일반인의 관심과 참여 및 그 중요성(allgemeine Interessen-Beteiligung und Relevanz)을 출발의 토대와 모델 개념으로 한 것이다. 결국 이것은 직접·민주주의의 시발점에 상응하는 것이다. 그러나 경험적인 관찰과 분석에 따르면 그것은 곧 엘리트 구조임을 확인하게 된다. 즉 일정한 엘리트만이 주어진 참여 가능성들을 십분 이용하여

---

7) Erich Kaufmann, ebd., S. 26.

8) Werner Weber, Mittelbare und unmittelbare Demokratie, 1959 = ders., Spannungen und Kräfte im westdeutschen Verfassungssystem, 3. Aufl. Berlin 1970, S. 185 f. 즉 「인민투표는 항상 문제에 대한 하나의 대답이다. 이러한 대답의 내용이 결정적으로 좌우되는 것은 어떠한 상태에서, 어떠한 대상에 대해서, 그리고 어떠한 형식화를 통하여 국민에게 문제를 제시하는가에 있다. 거기에서 나오는 것은 결정이 국민투표의 실시에 관하여, 그 시점에 관하여, 그리고 개별적인 사항에서의 형식화가 최고의 헌법기능에 속한다는 사실이다」.

9) 이에 관하여는 예컨대 Leonhard Neidhart, Plebiszit und pluralitäre Demokratie, Bern 1970; Jean-François Aubert, Le référendum populaire dans la révision totale de 1972/74: ZSR 93 I (1974), S. 431; Kurt Eichenberger, Der Staat der Gegenwart (Fn. 1), S. 103 f.를 보라.

10) Fritz W. Scharf, Demokratietheorie zwischen Utopie und Anpassung, 2. Aufl. Kronberg 1975, S. 29 ff.와 그 밖의 지시를 보라.

자신들의 관심을 강조한다. 따라서 엘리트들은 정치과정에서 우선적인 의미를 가지고 있다. 이것은 국가적인 차원에서와 다름없이 자치단체 차원에서도 발생하는 과정이다.11)

이것에 대한 근거는 어렵지 않게 인식할 수 있다. 일반인의 정치참여라는 슬로건을 실행함에 있어서는 발안권이 필요한데, 이 발안권은 국민 모두에게 주어진 것이 아니라, 발안권 담당자(Initiativträger)에게 주어져 있다. 이 발안권자는 대표의 성격을 띤 지도기관으로 구성되며, 그 스스로가 답변할 책임(als solche-antwortende-Resonanz)이 있다. 바로 이 때문에, 그러나 단지 이것을 통해서만이 이해관계는 민주적으로 조직되는 것이다.

더 나아간 인식은, 이처럼 다원적인 이익들이 팽배한데도 일반인의 정치참여라는 골격을 십분 발휘한다는 것인 정치적 의사형성의 **분리화**(*Segmentierung*)를 초래한다는 것이다.12) 구성된 이익집단들이 정치적 의사형성의 결정적인 요인들이라고 한다면, 정치과정에는 기본적 갈등을 조정할 수 있는 장(場)이 결여되게 된다. 이러한 기본적 갈등들은 단지 시민 전체를 동원할 때에만 강조가 가능한데, 그러기 위해서 전체를 동원하려고 해도 제각기 나름대로의 특수한 이익을 강조하고 논의하는 저항에 부딪쳐 동원체계 전체가 파괴될 것이기 때문에, 결과적으로 기본적 갈등들은 배척된다. 이러한 현상에 대해서도 명확한 해결책이 있다. 즉 모든 사람들이 관계된 기본적 갈등을 강조하는 것도 역시 그 자체로는 이루어질 수 없고, 마찬가지로 그것을 문제화하여 토론과 결정을 하게 하도록 부가시키는 지도기관이 필요하다는 것이다 그러나 그것은 이익의 다원화로 충전된 정치참여의 테두리 안에서는 어려움이 있다. 기본적 갈등을 해소하기 위한 논의와 그로 인해 생겨나는 논의는 단지 이런저런 특정 이익에만 대립되는 것이 아니라, 오히려 이러한 이익전체에 대해 어긋나 있으며, 그 때문에 정치적으로 강조될 수 있는 여지가 이미 폭넓게 완료 내지 모두 소모되어 있기 때문이다.

이렇게 된 원인은 경험적으로 습득한 통찰에서 일 수 있듯이, 시민들에게 있어서 정치참여에 대한 관심은, 기본적으로 모든 다른 관심에 자신의 관심을 일치시켜 그것에 종속시키는 것이 아니라는 데에 있다. 오히려 정치참여에 대한 그들의 관심은 개별적인 다른 관심들과 경쟁관계에 있으며, 이러한 경쟁상태가 시민들 측면에서 그 토대가 되는 것이다.13) 개개인의 생활은 정치참여에 몰두하진 않으며 ─ 시민들이 한 집안의 가장으로서 노예와 하인들을 부리던 아테네의 민주주의와는 달리 ─ 그러면서도 거기에는 어떤 어려움도 가지고 있지 않다. 정치활동과 그것으로 인한 동원화는, 따라서 그 자체와 마찬가지로 소수의 일이다. 특히 그것은 정치적인 일상사와 관계된 것인 한, 그것의 의미와 영향력이 증가한다 하더라도 마찬가지이다. 더구나 절박한 결정사항들의 수가 더욱 증가하며 점점 복합성을 띠고 있어서 정치참여가 더욱 더「전문화되는」요인이 되고 있다.

---

11) Robert A. Dahl, Who governs? Democracy and Power in an American City, New Haven 1961의 연구는 ─ 민주정치의 다원주의 이론의 테두리 안에서 ─ 중요한 인식이었다.
12) Fritz W. Scharf, a. a. O., S. 48 ff.를 보라.
13) 이에 관하여는 Fritz W. Scharf, a. a. O., S. 57 ff.

여기에서도 역시 중요한 결론이 나온다. 개개인에게 있어서 (그리고 마찬가지로 이에 상응하여 형성된 헌법상의 테두리에 있어서도) 일반적인 정치적 참여가능성이라는 요청은 외견상으로 보아 규범적인 것으로 여겨지는 직접 민주적인 성격을 가지고 있기는 하지만, 정치현실에서 볼 때에는 그것으로 말미암아 활동적인 소수에게 정치력과 영향력 있는 지위를 마련해 주는 합법성과 그 전개 공간의 근거가 된다. 직접민주주의라는 외투는 대표제의 구조를 은폐하고 있으나, 이 경우에 그 구조는 전개되고 있는 것이다.

3. 세 번째의 근거는 사회현실의 실제형태와 조직화된 행위 및 작용통일체(Handlungs-und Wirkeinheit)로서의 사회적 및 정치적 형성물의 성격을 분석하는 것으로, 이것은 헤르만 헬러(Hermann Heller)에서 비롯한다.[14] 이 분석에서는 직접 민주주의의 문제가 사회과학적으로, 그리고 조직적으로 포괄되어 있으며 그 근원으로 소급된다.

헬러는 인간의 공동생활에서 사회적 및 정치적인 통일체가 어떻게 성립되고 지속되는가 하는 의문을 제기하였다. 그것은 본래적인 실체(Substazeinheit), 또는 단순히 주관적인 관념의 통일체로서가 아닌, 작용과 행동의 통일체로서 성립되어 존재한다. 그것은 다양한 인간의 행동과 태도를 통합하거나 특정한 유형으로 정돈, 상응하게 현실화시키는 조직과정을 통하여 성립된다.[15] 거기에서 하나의 행위관련이 나타나는데, 이러한 행위관련 속에서 다양한 행동들이 하나의 행동조직으로 정돈되고, 거기에서 하나의 — 경우에 따라서는 분류된 — 작용통일체가 성립한다. 이러한 행동조직으로의 정돈과 정비가 결여되면 자기 자신을 위하여 존재하는 개개인, 상호적으로 행동하지 않는 개개인들의 단순한 병렬로 남게 될 뿐이다. 즉 제한된 통일체로서의 집단은 지향하는 바를 위해 서로 관계를 맺는 상호작용을 통하여 비로소 성립되는 것이다. 즉 그러한 상호작용을 통하여 (행위 및 작용통일체로서의) 집단의 통일체가 성립되고 생겨난다.

축구팀이나 행진하는 중대원들의 예를 보면 이러한 관계가 명백해진다. 몇몇 또는 다수의 개개인이 특정한 목적을 위하여 행동하는 태도는 통일된 지도에 의해서만이 비로소 행동의 통일을 이루고 — 외적으로도 인지할 수 있고 그 자체가 영향력을 지니는 — 행동체로 존재하는 것이다.

그러나 이러한 방법으로 작용통일체들이 성립되는 것은 그쪽에서 보면, 하나 내지 몇몇의 지도기관의 존재여부에 달려있다. 이 기관들이 통일시키고 조직화하는 기능을 함으로써 작용통일체를 성립시키는 것이다.[16] 이러한 기능을 가지고 있다고 해서 그것이 이미 존속하는 작용통일체임을 나타내는 것은 아니다. 기존의 작용통일체는 오히려 특정하게 각인되고 정돈되어 통일된 작용연관성으로서의 그러한 기능을 통하여 맨 처음

---

14) Hermann Heller, Staatslehre, 3. Aufl. Leyden 1971, S. 81 ff., S. 228 ff. (홍성방 옮김, 『국가론』, 민음사, 1997, 108면, 324면 이하).
15) Hermann Heller, a. a. O., S. 83 ff. 국가에 관련된 것은 S. 231.
16) Hermann Heller, a. a. O., S. 88 f., 231 f.

부각된 것이다. 헬러가 정당하게 지적하듯이,[17] 모든 관계자들에게 있는 통일에의 의지 (이른바 의지의 결합)로는 그러한 행위 및 작용통일체를 성립시키기에 충분하지 못한 것이다. 왜냐하면 이러한 통일에의 의지는 아직 조직화되지 못했기 때문이다. 행동의 통일을 가져오기 위해서는 계획에 따른 정돈의 방법과 목적, 그리고 일반적인 지지를 얻어 현실화되도록 요구되는 것(따라서 다른 가능성들이 배척되는)을 내적으로 정돈하고, 그때 사용될 수 있는 수단 등을 결정하는 것이 추가로 필요하다.

이러한 불가피한 활동을 함에 있어서 지도적인 기관들은 자치적으로 독립되어 행동한다. 그들의 활동은 주어진 상황과 그 상황이 요구하는 바에 따라서 다수의 의지상태나 기대태도에 의해 자극되거나 설득될지도 모른다. 즉 특정한 내용에 대한 구체적인 발안이 의사의 통일화와 작용통일체를 부각시킬 때에, 그 자체는 이미 확립된 것을 사용하거나 실행한 것이 아닌, 창조적인 것이다.[18] 여기에서 사회적 및 정치적 행동통일체가 가질 수밖에 없는 작용양식과 실현형태의 특성이 설명된다. 즉 항상 마주치는 근본적인 불가피한 관계, 즉 문제와 해답의 관계, 소수의 행동과 다수의 승인 내지 거부의 관계가 그것이다.

헬러 자신이 이러한 인식을 국가형태로서의 민주주의에 적용한 바 있다. 그의 국가학에는 이에 대해서 다음과 같이 말한다. 즉 「…사회적으로 평등한 기회를 부여하는 민주주의에서 국민은 단지 지배조직을 매개로 해서만이 지배할 수 있을 뿐이다. 그러나 모든 조직은 권위를 필요로 하며 모든 권력행사는 소수지배의 법칙에 따르는 것이다. 즉 조직적으로 결합된 권력업적(Machtleistung)을 현실화하는 사람들은 어느 정도의 결정의 자유가 있어야만 하며, 또한 그 때문에 민주적으로 구속되지 아니한 권력을 행사해야만 한다」.[19] 또한 그는 그것이 정당의 권력구조에 있어서는 물론 국가구성에 있어서도 마찬가지로 적용되는 것임을 강조하고 있다.

III. 국가형태로서의 민주주의의 개념과 구조

민주주의의 개념과 현실에 대한 귀결로서 이러한 논증을 근거로 할 때에 어떠한 결과가 나타나는가?

1. 그 결과는 다음과 같이 요약할 수 있다. 즉 국가형태라는 개념으로서의 민주주의는 직접 민주주의의 의미로 파악될 수 없다는 것이다. 매일 매일의 국민투표(Plébiscite

---

17) Ebd., S. 89/90.
18) Hermann Heller, a. a. O., S. 233.
19) Hermann Heller, a. a. O., S. 247. 나아가 Hermann Heller, Politische Demokratie und soziale Homogenität, 1928; in: Ulrich Matz (Hrsg.), Grundprobleme der Demokratie, Darmstadt 1973, S. 10 (헬러, 정치적 민주주의와 사회적 동질성, 김효전 편역, 『바이마르 헌법과 정치사상』, 산지니, 2016, 212면) 참조.

de tous les jours)*는 결코 국가형태가 아니다(카를 슈미트). 따라서 명백한 비합리주의 개념형성의 출발점이 되어 그 핵심(본질적인 목적)에 있어서 처음부터 현실성이 결여된 민주주의 개념을 형성하게 했으리라는 것이다. 이러한 개념에 비추어 본다면 실제로 나타난 민주주의는 어느 것이나 다 열등하고 결함이 있거나 비합법적인 현실일 것이다. 즉 영원히 성취되지 않을 민주주의가 필수불가결한 민주주의 개념의 요소로서 나타날 것이다. 나는 이러한 의미의 개념이 학문적인 개념을 형성할 수 있다고 보지는 않는다.

  민주주의 ── 국가형태로서의 ── 가 정치적 지배형태나 지배조직의 형태를 나타낼 때에, 그것은 어떤 상황에서든 역시 결정 및 작용통일체를 형성하고 상대적인 의지를 통합하는 체계로 부각되어야만 한다.20) 그러기 위해서는 지도적이고 자치적인, 그리고 그 한도 내에서 대표적인 조직들이 절대적으로 필요하다. 그 조직들이 민주적인 조직을 가능케 하는 조건들이다. 더구나 이 조직들은「제2의 수단」으로서 또는 공간·기술적인 여건 내지 숫자상의 여건 때문에 인정되는 것으로서가 아니라, 기본적으로 필요한 것이다. 따라서 정치적 공동체들을 민주적으로 조직하는 과제는 지시에서 독립된 지도권력 및 자치적인 대표자들을 철폐하거나 불가피한 소수로 억제시키는 것 ── 즉「본래의」민주주의에 도달하려는 것으로서 ── 은 아니다. 오히려 그 과제는 그러한 지도권력과 대표자들을 존속시키고 어쩌면 고정화시키는 것인지도 모른다. 그러나 그것을 민주적 정당성에 따라서 민주적인 의사형성이 공개과정 속에 이루어지고 책임과 민주적인 통제 하에 구속시킴으로써, 그 조직들의 행동을 권위있는 행동으로서, 국민을 위해, 그리고 국민의 이름으로 받아들여지게 하며, 또한 그러한 행위일 수 있게 하려는 것이다.21) 이처럼 실현가능한 민주적인 지배조직 및 지배조직의 행사라는 개념 ── 이 개념은 대표제를 민주주의의 구성요소로서 포함하고 있다 ── 은 민주주의 현실과 실현조건에 위배되는 상상적인 환상적·유토피아적인 모델은 아니다.

  2. 국가권력을 민주적으로 실현가능케 하는 조직의 개별적인 요소들은 다음 세 가지 핵심으로 요약할 수 있다.22) 첫째, 자치적이며 대표적인 지도 및 결정권은 항상 국민과 재귀관계(Rückbeziehung)에 있다는 것이다. 즉 국가권력과 국가직무의 법학적·정통적인 구조는 아래에서 위로의 성격을 지닌다.23) 둘째, 자치적인 대표자들이 주권적인 지위로 파생되는 것을 막는 것이다. 그렇게 함으로써 그들에게 부여되는 지도권력은

---

20) 그리하여 Hermann Heller, Politische Demokatie, (wie Fn. 19), S. 10 (역서, 211면).
21) 이러한 의미에서 독일연방의회의 헌법개정을 위한 조사위원회의 최종보고도 그렇다. Schlußbericht der Enquetekommission Verfassungsreform des Dt. Bundestages, BT-Drs. Ⅶ/5924 = Beratungen und Empfehlungen zur Verfassungsreform(I), Parlament und Regierung (Zur Sache 3/76), S. 49.
22) 이 점에 관하여는 또한 Hermann Heller, Politische Demokratie (wie Fn. 19). S. 10-11와 Martin Kriele, Einführung in die Staatslehre, 1975, S. 244-46 (국순옥 옮김, 『헌법학입문』, 종로서적, 1983, 303-306면)을 보라.
23) Roman Herzog, in: Maunz/Dürig/Herzog/Scholz, Grundgesetz Kommentar, Rdnr. 48 ff. zu Art. 20은 「민주적 정당성의 속박」이라는 원리에 관하여 적절하게 말하고 있다.

직무에 적합하고 법적으로 제한된 권한이어야 한다. 셋째, 대표제에 의한 지도 및 결정권을 민주적으로 교정하고 균형을 이루는 것으로 대표자를 소환하든 국민 자신의 일을 결정하든 무방하다. 국민이 결정한다는 것(Sachentscheidungen) ── 이른바 국민투표적 요소 ── 은 국가권력이 민주적으로 조직되는 경우에 철저히 제 자리를 차지하게 된다. 즉 단지 기본적인 설립원칙으로서 뿐만 아니라, 균형을 이루고 교정하는 요소로서의 자리이다. 이 세 가지는 그 자체가 민주적인 헌법조직 속에 수용될 수 있으며, 또한 수용되어야만 할 것이다.[24]

그러면 국가권력의 행사와 국가질서를 이와 같이 실현 가능하게 민주적으로 조직한 결과는 무엇인가? 그것은 국가적 행위통일체에 필수불가결한 자치적인 지도기관과 그 지도권이 법적으로 형성되고 **민주적인 권위화**(權威化, demokratische Autorisation)가 반복하여 계속적으로 일어난다는 것이다. 이러한 권위화는 단 한번, 토마스 홉스에서 처럼,[25] 양도함으로써 행해지는 것이 아니라, 계속적으로 일어나는 것이며, 국민과의 재귀관계 및 국민에 대한 책임을 형성함으로써 귀속관계(歸屬關係, Zurechnungszusammenhang)의 근거가 된다. 이와 같은 형태로 권위가 부여된 자치적인 지도기관들은 국민의 이름으로, 그리고 국민을 위해서 행동하며 정치적인 행동통일체로 조직되어 나타난다. 이러한 의미에서 이 지도기관들은 국민의 대표자들이며, 그렇게 조직된 국가권력은 민주적·대표적인 국가권력이 된다.

B

따라서 다음과 같은 문제가 제기되는 것은 당연하다. 그와 같은 귀속관계가 생겨난다고 할 때에는 이미 국가적 지도기관의 행위가 국민을 실질적으로 대표하게 되는 것이냐 하는 점이다. 실로 논쟁하기 어려울 수밖에 없는 사실은, 이미 언급한 정당화행위와 재귀관계를 통하여 나타난 귀속관계가 어느 정도 노출된 단순한 의사(意思)의 위임(委任)이 될 수 있는가 하는 점이며, 거기에는 그의 다양함 속에 실제적인 국민의사를 공통된 결합 속에 표출하고 유효하도록 하는 요구가 가시적이 아니라는 점이다. 그리하여 현실화된 국민의 지배로서의 민주주의에 대해서 대표가 어떤 의미를 가지고 있느냐 하는 원칙적

---

24) 그것은 당연한 일이지만 헌법제정과 헌법개정에 있어서 타당한 것이다. 본질적인 비판점에 속하는 것은, 독일 연방의회의 헌법개정을 위한 조사위원회의 최종보고에 대해서도, 또한 한 사람의 의원(議員)에 대해서도 동일하게 타당해야만 한다는 것이다. 그 최종보고에는 입법의 인민투표적 형식과 구별되는 헌법개정에 대한 국민의 참가라는 문제가 전혀 설명되지 않고 있다.

25) Thomas Hobbes, Leviathan, c. 17 a. E. 참조. 국가창설계약과 복종계약의 핵심은 다음과 같다. 즉 「그들의 인격을 책임지는 동시에 만인은 그들의 인격을 책임지고, 행동하고 또 행동해지도록 하는 자의 **창조자로서** 자처하면서 인간 또는 한 집단의 인간을 지명하는 것이다」(방점은 필자). 또한 상세한 서술은 Hasso Hofmann, Repräsentation, Berlin 1974, S. 382-92, insb. 386 ff.를 보라

인 문제가 제기된다.

I. 다양한 대표의 개념들

우선 대표의 개념부터 살펴보기로 하자. 대표는 현재의 국가이론적 및 헌법이론적인 논의에서 대체로 두 가지의 개념적인 의미로 사용된다.26)

1. 형식적인 의미에서 대표를 말할 때에는 국민 내지 시민으로부터 자치적인 지도기관이 권위를 위임받았다는 것과 관련된다. 즉 대표는 기존의 것 내지 대표를 통하여 생겨난 국민과 지도기관의 행위간의 정당성 관계와 귀속관계(Legitimations-und Zurechnungs-zusammenhang)를 나타낸다. 즉 지도기관은 국민의 이름으로, 그리고 국민으로서 국민을 대표하여 행동하며 그 행동을 매개로 하여 국민에게 의미를 부여할 수 있는 힘을 가진다.27) 이러한 의미에서 바로 (형식적 대표로서의) 대표가 일컬어진다.

2. 이에 반하여 내용상의 대표개념(inhaltliche Repräsentationsbegriff)은 항상, 국민에 의해 권위가 부여되고 정당화 된 행위 속에서 국민의 의지가 실질적으로 현실화되어 표출되는 것을 목표로 한다. 내용상으로 볼 때에 대표는 지도기관의 행위가 개개인과 시민 전체(국민)의 다양한 견해는 물론, 그들이 일반적으로 옳다고 여기고 원하는 것이 지도기관의 행위로 나타날 수 있도록 조직되는 데에 그 본질이 있으며, 그렇게 조직됨으로써 성립된다. 개개인들이 ── 처음에는 단지 형식적으로 대표되었던 ── 공동생활에서 일어나는 보편적인 모든 문제들이 대표자들을 통하여 처리되고 조정되는 것을 보는 것, 심지어는 의견상충이나 견해차이에도 불구하고 그러한 방법으로 처리나 결정의 동일화를 가능케 하고, 또 그렇게 하도록 야기시키는 것 등이 여기에 속한다. 대표자들의 권능(Befugnis), 특히 의무를 지우는 (명령하는) 권능 이외에 이런 식으로 동의 및 따를

---

26) 특히 19세기와 20세기의 국가이론적인 논의 속에서 나타난 대표개념의 다양한 의미변화에 관하여는 여기서 언급할 수가 없다. 20세기 초기의 대표이론과의 비판적인 대결은 Hans J. Wolff, Theorie der Vertretung, Berlin 1934, S. 16-91; 대표에 관한 논의의 수용과 전개는 Joseph H. Kaiser, Art. Repräsentation; Staatslexikon der Görres-Gesellschaft, 6. Aufl., Bd. 6, 1961, Sp. 865 ff.와 Peter Badura, in: Bonner Kommentar (Zweitbearb. 1966), Rdn. 23-34 zu Art. 38.

27) 이 점에 관하여 1791년의 프랑스 헌법 제3장 제2조~제4조는 입법단체와 국왕에 관하여 입법권(pouvoir exécutif)이 「위임」되었다고 하는, 프랑스 국민의 「대표자」(représentants)라고 말한다. 또한 Johann Caspar Bluntschli, Allgemeines Staatsrecht, 3. Aufl. 1862, Bd. 1. S. 478 ff.에서도 대표에서(기관으로서의) 개인의 행위와 이른바 특별대표라는 등족의 원리를 대립시킴에 있어서 통일과 전체로서의 국민간의 권위화(權威化)의 관련과 귀속 관련을 우선시키고 있다. 이와 마찬가지로 오토 폰 기이르케의 대저에서도 국가인격성의 사상과 결부되어 있다. Otto v. Gierke, Johannes Althusius und die Entwicklung der naturrechtlichen Staatstheorien, 1880, 4. Aufl., Berlin 1929, S. 211 ff.; Das deutsche Genossenschaftsrecht, Bd. 1, 1868, S. 822 ff. 참조. 이러한 대표개념은 옐리네크에서도 법학적으로 형식화되고 탈정치화 된 것으로 나타난다. Georg Jellinek, Allgemeine Staatslehre, 3. Aufl. 1914, S. 566 (김효전 옮김, 『일반 국가학』, 460면)(서두의 정의)와 S. 582 ff.(역서, 472면 이하).

수 있는 여건을 만들어주는 능력이 나타나는 것이다.[28]

이와 같이 내용적인 의미에서 볼 때에 대표는 하나의 과정이다. 더 정확히 말하면 정신적·정치적인 과정이다. 즉 이것은 비록 가시적인 존재는 아니라 하여도, 단순히 스스로 존재하는 존재를 묘사하거나 표현함으로써 주어지는 것은 아니다.[29] 이것은 성립될 수 있고 형성 내지 해체될 수 있는 것이다. 법적으로 본다면, 법적인 조치에 의해서 가능한 것이지만 보증될 수 있는 것은 아니다 ─ 이것은 대표자들의 행위 속에서 그리고 행위로 형태가 갖추어 져야만 하는 것이다.

3. 민주주의를 실현하기 위해서는 두 가지 방식의 대표제가 요구된다. 형식적인 대표제에서 민주주의는 권위화 관계, 정당성 관계, 그리고 귀속관계(Autorisations-, Legitimations-, und Zurechnungszusammenhang)에 있다. 이것은 민주적인 국가구조의 외적인 형태를 나타낸다. 그러나 단지 이 외적 형태만을 성립시킬 뿐이다. 실질적인 대표제가 존재하게 될 때야 비로소 민주주의는 그것이 형식적인 대표제 구조임에도 불구하고 위임된 개인이나 집단들을 지배하거나 변화하는 다수절대주의로 가라앉는 것이 아니라, 국민이 통치하는 개개인의 정치참여를 실현시키기 위한 조건이 된다. 이러한 의미에서 민주주의에 있어서도 한편으로는 (형식적인) 대표제를 통하여 지배가 정립되는 것이며, 다른 한편으로는 (실질적인) 대표제가 국민에 대한 통치를 제한하고 실질적으로 구속하게 된다. 모든 민주주의는 이러한 중개과정에 의존하고 있다. 지배자와 피지배가 일치된 직접 민주주의로는 실현될 수 없기 때문이다.

II. 민주적 대표의 내용과 성립

그러면 이러한 실질적인 대표는 어떻게 성립되며 어떻게 지속되는가?

1. 헨니스(W. Hennis)*는 대표민주주의를 설명하기 위하여 직무(Amt)라는 개념의 의미를 지적한 바 있다.[30] 내가 보기에 이것은 정당한 출발점이었다고 본다. 자치적인

---

28) 이에 관하여 기본적인 것은 Martin Drath, Die Entwicklung der Volksrepräsentation, 1954, in: Heinz Rausch (Hrsg.), Zur Theorie und Geschichte der Repräsentation und der Repräsentativverfassung, Darmstadt 1968, S. 275 ff., 292 ff. 나아가 Siegfried Landshut, Der politische Begriff der Repräsentation, 1964, ebd., S. 491 ff. 그리고 Ulrich Scheuner, Das repräsentative Prinzip in der modernen Demokratie, in: Festschrift für Hans Huber, Bern 1961, S. 240 f.에서의 지시들. 나는 대표의 징표로서 다른 것을 열거하는 능력에 대한 지시를 나의 동료인 프라이부르크의 빌헬름 헨니스에게 감사한다.

29) 이와 같이 '정태적인' 의미에서의 대표개념은 여전히 Carl Schmitt, Verfassungslehre, 5. Aufl., Berlin 1970, S. 209 f. (역서, 230면 이하)에 나타나 있다. 이에 따르는 것은 J. H. Kaiser (Fn. 26), Sp. 865.

형식적·대표제에 있어서 지도기관의 지위를 직무로서 이해한다면 —— 대표자들이 행동하는데 불가피한 전제가 되는 —— 부분결합 및 기본명령(Partikuarbindungen und Basisimperativen)에 대한 위임이 임의적인 의사, 즉 지배자 개인의 「적나라한」의사로 되돌아가지 않기 위한 토대가 얻어진 것이다. 이러한 직무의 개념에 속하는 것으로는 이타주의(Fremdnützigkeit), 자신의 이익과는 구별되는 의무와 책임으로서의 수행,31) 신탁통치(Trusteeship)의 사상 등이 있다. 대표하는 지도기관의 행위에 대한 위탁은 이것을 나타낸다. 즉 행동하는 개인의 단순한 자기 의사나 본능적인 의사가 아닌, 「직무상의」(amtlich), 공적인 의사, 즉 일반성의 요구, 국민의 관심을 전체적으로 지향하여 객관적인 위탁을 현실화하는 공적인 의사가 표준이 되어야만 한다. 이러한 행위는 자연적인 의사와 자연적인 관심과는 일치하지 않는 포괄하는(übergreifend) 관념점을 지향하고 있으며 그때 나타나는 결속과 의무를 실현한다.

2. 그러나 이렇게 포괄하는 관념점이란 것이 어떤 점에서 **민주적** 대표를 위한 것인가? 여기에는 여전히 해결해야 할 문제가 대두된다. 한편으로는 단순히 본능적·경험적인 의사를 넘어서서 결속하는 것이 불가피하여, 그렇게 함으로써 대표제가 성립되는 반면, 다른 한편으로는 이러한 정비로 결속이 되었다고 해서 지도기관의 행동과 그 내실이 민주적인 의사를 형성하고 논의하는 과정을 거치게 하는 명분이 될 수는 없다는 데에 있다. 만일 그렇다면 실질적인 대표제에 대한 요구는 공공의 이익, 일반적 중요성, 공공복리 등을 국민과 민주적인 과정과는 분리된 관헌(官憲)이 규정한다는 사실을 감추기 위한 은폐논리임을 표현해 줄뿐이다. 따라서 포괄하는 관련점은 국민과의 관련이 없이는 나타날 수 없는 것이다. 그래야만 실질적인 대표제는 민주적 대표제가 되기도 하는 것이다.32)

그러나 이러한 관련점이 그 측면에서 다시 자연적·경험적인 의사, 즉 다수의 자연적·경험적인 의사로 되돌아가 결국 대표제가 여론조사로 그치는 것을 막으면서 이 관련점을 규정하는 방법은 무엇일까?33) 지난 세기 동안에 있었던 대표제 논의는 내가 보기에는

---

30) Wilhelm Hennis, Amtsgedanke und Demokratiebegriff, in: Staatsverfassung und Kirchenordnung, Festgabe für Rudolf Smend, Tübingen 1962, S. 51 ff. passim. 마찬가지로 이와 관련된 것은 Martin Kriele (Fn. 22), S. 242 f. (역서, 301면 이하).

31) Hans J. Wolff/Otto Bachof, Verwaltungsrecht Ⅱ, 4. Aufl., München 1976, §73 I, S. 28-31를 보라. 나아가 Herbert Krüger, Staatslehre, 2. Aufl., Stuttgart 1966 §19, insb. S. 258 f.

32) 민주적 대표에 대해서 이와 같이 필요한 관련은 대표에 관한 논의 속에서 자주 간과되었다. 그것은 대표의 관련점으로서 직접적인 이념, 가치 또는 공공복리로서 간주되며, 그럼으로써 민주적인 정치과정으로부터 대표는 다소간 분절(分節)되는 것이다. 예컨대 Gerhard Leibholz, Das Wesen der Repräsentation unter besonderer Berücksichtigung des Repräsentativsystems, Berlin 1929, S. 32 ff. 또한 Wilhelm Hennis (Fn. 30), S. 54 ff.도 같은 취지. 또한 「경험적」 국민의사와 「가설적」 국민의사의 구별도 Ernst Fraenkel, Die repräsentative und plebiszitäre Komponente im modernen Verfassungsstaat, in: Heinz Rausch (Hrsg.), wie Fn. 28, S. 330 ff.에서 강조하고 있으며, 민주적 과정으로부터의 분절이라는 경향을 다루고 있다. 또한 Peter Badura (Fn. 26), Rdn. 28 f. zu Art. 38.

이 문제를 여기에서 좀 더 진전시켜 줄 것이며, 어쩌면 문제를 해결해 줄지도 모른다고
보여진다. 이 논의에서 밝혀진 바에 따르면, 실질적인 대표제 민주주의에서는 포괄하는
관련점이 필연적으로 규범적인 요소를 포함하고 있으며, 또 포함해야만 하고, 그럼으로써
자연적·경험적인 의사와 이에 상응하는 의사위임(意思委任)의 영역을 벗어나게 된다.

　따라서 이러한 관점에서 생겨난 두 가지의 논의방향, 즉 보다 이론적인 독일에서의
논의와 보다 경험적인 미국에서의 논의에 대해서 좀 더 자세하게 추적해 볼만한 가치가
있다. 독일에서 진행된 논의의 출발점은 대의제를 —— 게르하르트 라이프홀츠(Gerhard
Leibholz)*에서도 규정된 바 있는34) —— 초시간적인 이념이나 가치의 구현 내지 표출로서
이해하는 것을 문제화한 것이며, 다른 한편으로는 대표제가 경험적인 개별의사의 단순한
「대표」(Vertretung)인 것으로 파생되어서는 안 된다는 입장에서 출발한다. 따라서 카를
슈미트에 있어서의 대표제는 모든 개개인의 의사나 경험적인 국민의사에 관계된 것이
아니라, 자연적인 존재로서의 국민과는 다른 **정치적 통일체**(politische Einheit)로서의
국민과 관계된 것이다.35) 에리히 카우프만(Erich Kaufmann)에 있어서의 대표제는 개개인
들이 각인하는 실제적인 정신력, 곧 국민정신에 의해 각인된 국민의사 속에 관련점을
가지고 있어서 대표자들이 그러한 관련점을 자기 안에 형성하고 강조할 수 있는 것이다.36)
지그프리트 란즈후트(Siegfried Landshut)*에 의하면 대표에서는 (경험적·심리학적인)
국민의 의사가 현실화되어 작용되는 것이 아니라, **규제원리**(regulatives Prinzip), 곧 (공적
·정치적인) 생활태도의 지도이념 —— 이 지도이념을 근거로 하여 다수의 생활이 곧 공통된
것으로 이해된다 —— 이 현실화되어 작용되는 것을 말한다. 즉 다수의 개개인 속에 있는
한 사람의 국민은 이 일반성과 공통성 속에서 자기 자신을 공통체 일원으로 재발견하는
것이다.37)

　미국의 토론 경향은 단순한 형식적 대표제와 지시에 따르는 대표(weisungsabhängige
Vertretung) 사이의 이율배반을 극복하려는 것이다. 단순한 형식적 대표는 자주적·독립
적인 신탁통치라는 의미에서 선거를 통하여 선출된 사람들에게 완전한 행동의 자유를

---

33) 이 점에 관하여는 Wilhelm Hennis, Meinungsforschung und reräsentative Demokratie, Tübingen
　　1957 참조.

34) Gerhard Leibholz, a. a. O., (Fn. 32).

35) Verfassungslehre, 5. Aufl. 1970, S. 212 (역서, 233면). 또한 S. 210 (역서, 230면).

36) Erich Kaufmann (Fn. 6), S. 22 f.

37) Siegfried Landshut (Fn. 28), S. 492 ff. 국가 안에서, 그리고 국가에 대립한 사회적 세력과 이익들의
　　대표에 관련된 어떤 다른 방향이라는 점에서의 대표개념은 카이저(Joseph H. Kaiser)에게서 절박하게
　　나타난다. 국가적인 영역에서의 그 단체적 상승을 통하여 정당이 그 지위가 변경된 후에는 사회의 대표는
　　오늘날 단체와 집단들의 그것으로 된다. 그것은 물론 어떤 국가제도에서가 아니라 다만 사실적으로,
　　「사실상의 대표」(représentation de fait)로서 실현될 수 있을 것이다. Joseph H. Kaiser (Fn. 26),
　　Sp. 867 그리고 ders., Die Repräsentation organisierter Interessen, 2. Aufl. 1979, S. 338 ff.
　　민주적 대표의 문제는 여기서 19세기의 입헌적 문제의 전통이라는 작용에서 계속되며, 중심점에 있는
　　것은 아니다.

부여하며, 지시에 따르는 강제위임과 일반적인 정치참여라는 사상에 상응하여 나타난 것이다. 미국에서의 토론이 지니고 있는 개념은 **대응성**(Responsivität, Responsiveness) 개념이다.38) 여기서 대응성이란, 단순화시켜 요약하자면, 피대표자들의 희망과 이익에 대해서 이에 상응하는 지각능력을 지닌 대표자들의 민감성과 수용 자세들을 말하는 것이다. 그러나 이것에만, 그리고 단순한 집행자의 역할에만 종속되어 있는 것은 아니다. 양립할 수 없게 배치되는 이익과 요구가 있을 경우에 공정한 균형을 이루거나, 또는 모두에게 공통되는 포괄적인 관심을 지향한다는 사물지향적인(sachorientiert) 결정을 할 수 있는 자세, 그리고 욕구와 관심을 선취할 수 있는 능력과 고유발의권(Eigeninitiative) 을 유지하는 것이다. 더 자세하게 살펴보면 그것은 규범적인 구상에 의해 각인된 것과 마찬가지로 위임과는 관계없는 형식적 대표제와 지시에 종속된 위임자의 지위, 이 두 양 극단의 한 가운데가 되는 결과가 된다. 이 대응성이라는 개념을 좀 더 생각해 보면 헤겔(Hegel)의 대표제 논의사상에까지 거슬러 올라간다. 이에 따르면 대표제는 두 부분 ── 즉 피대표자와 대표자 ── 사이의 법률외적인 특수 관계를 전제로 한다. 이것은 신뢰에 근거를 두고 이렇게 선언하고 있다. 「우리가 어떤 사람을 신뢰한다는 것은 그가 나의 일을 곧 그의 일로 여기며, 그가 최상의 지식과 양심에 따라서 처리할만한 그러한 식견을 지닌 것으로 간주한다는 것이다」. 그렇게 되면, 대표한다는 것은 더 이상 「어떤 한 사람이 다른 사람을 대신하는」 것이 아니라, 문제가 되는 이익, 사건 등이 대표자를 통하여 「실제로 현재화」(wirklich gegenwärtig)되는 의미를 가지게 된다.39)

이 두 가지 논의의 방향에서 나타나는 대표제의 개념은 그 자체 속에 포괄할 수 있는 규범적인 계기를 포함하고 있다. 그러나 그 자체를 의지하여, 스스로 존재하는 이념 내지 당연히 통용되어야 하는(geltensollend) 가치 속에서 추구되는 것이 아니라, 국민과 시민 자신들과 재결합되어 그들의 욕구와 이익, 그리고 그것들을 보편적으로 결속시킨다 는 구상으로 중개하는 대표제 개념이다. 동시에 대표제는 이미 완결된 것을 단지 표출하거 나 현실화시키는 것으로서 나타나는 것이 아니라, (변증법적인) 과정으로서 나타난다.40) 이것은 대표자들의 행동으로 나타나는데 이 행동은 요구된 특정 내용에 상응하는 것, 그러나 동시에 시민들이 그들 공동생활의 질서에 구속력 있는 공통적인 것으로 알고

---

38) Heinz Eulau, u. a., The Role of the Representative: Some Empirical Observations on the Theory of Edmund Burke: Am. Pol. Science Review 53 (1959), S. 742 ff.; ders., Changing Views of Representation, in: de Sola Pool (Hrsg.), Contemporary Political Science: toward empirical theory, New York 1967, S. 53 ff. (이병화역, 대의정치에 대한 관점의 변화, 하인츠 율로·존 월크 편, 『대의정치론』, 전예원, 1985, 37-67면); Heinz Eulau/Paul D. Karps, The Puzzle of Representation: Specifying Components of Responsiveness, in: Legislative Studies Quarterly 2 (1977), S. 233 ff. (이병화역, 대의정치의 수수께끼: 대응성의 요소에 관한 고찰, 위의 책, 68-91면)를 보라.

39) Georg Wilhelm Friedrich Hegel, Grundzüge der Philosophie des Rechts, Ausg. Gans. 3. Aufl., 1952, §§ 309 Zus., 311 Anm. (임석진 옮김 『법철학』, 한길사, 2008).

40) 대표의 이와 같은 성격을 체계적으로 제시한 것은, 특히 Martin Drath (Fn. 28), S. 268 ff., 275 ff., 292-96.

느끼고 있는 것을 표출하고 현실화하는 것이다(더구나 중요한 것은 욕구와 이익을 처리하고 균형을 이루는 일정한 양식이 여기에 속한다). 바로 그럼으로써 개개인이 대표자들의 행위 속에서 재발견되고 스스로가 대표되고 있다는 것을 볼 수 있고 내면적으로 의무를 지우게 할 수 있게 되는 것이다.

3. 민주적 대표제의 과정과 그 구조는 그 후에야 명확하게 서술할 수 있다. 민주적인 대표제는 시민의 마음속에 있는 본래적인 국민의 자아를 보편성을 근거로 하여 국민의 관념 속에 있는 일반적인 문제처리의 유형이나 일반적인 것에 대한 욕구나 이익을 중개하는 방식에 관한 생동감 있는 상(像)을 표출하고 현실화시키는 것을 의미한다. 민주적 대표제는 대표자들의 행동, 그들의 숙고, 결정, 그리고 국민에 대한 질문 등에서 개개인은 시민으로서 자신의 자아(citoyen in sich)를, 국민은 그 본래의 자신(volonté générale)을 재발견하게 될 때에 성취된다.41) 따라서 이것은 시민들이 지닌 보편성으로의 중개과정으로 나타난다. 그것의 성격은 여기에서 전체의사(volonté de tous)와는 차이가 있는 일반의사(volonté générale)로서 나타난다. 민주적 대표제는 이와 같은 방법으로 성립될 수 있으며, 견고해질 수 있으나, 또한 해체되고 파괴될 수도 있다.

III. 민주적 대표제와 이원화의 문제

(실질적인) 민주적 대표제의 성립과 특성에 대한 인식은 대표제 민주주의라는 형태 속에서 마땅히 지녀야 할 기본적인 의미를 통찰하게 한다. 대표제라는 형태로 된 민주주의, 그리고 그것을 참고로 하는 민주주의는 이원화(二元化, Entzweiung)와 그 소성이 미해결인 채로 남아 있다는 것을 용인한다.42) 따라서 정치적 의사형성과 지배행사는 민주적 대표제에서 그와 같이 형성되기 때문에, 개개인에 있어서의 인간(homme)과 시민(citoyen)의 이원화, 그리고 국민에 있어서의 전체의사(volonté de tous)와 일반의사(volonté générale)로 이원화되는 것을 부정하거나 조직적으로 무시하는 것이 아니라 용인하게 되는 것이다. 지배자와 피지배자의 지동적(自同的) 민주주의는 분리가 직접 국민이 결정한다는 점에서 이미 조정되는 것으로 간주하며, 권위 있는 정치질서라는 구상은 정치과정에서 조정되는 것이 아니라, 그 대신 한 개인이나 소규모의 개인들로 된 집단(지도기관)에게만 주어진다. 이에 반하여 대표제 민주주의는 이러한 조정이 미해결인 채 그 조정을

---

41) Martin Drath (Fn. 28), S. 295/96를 보라. 대표에 관한 이러한 분석과 설명은 현대 사회심리학의 인식에서 지지를 받을 뿐만 아니라 바로 기초가 된다는 사실은 최근 Dieter Suhr, Repräsentation in Staatslehre und Sozialpsychologie: Der Staat 20 (1981), S. 517 ff.에서 매우 인상깊게 밝히고 있다.

42) 「이원화」(Entzweiung)의 개념에 관하여는 Joachim Ritter, Entzweiung, in: Historisches Wörterbuch der Philosophie, Bd. 2, Basel/Stuttgart 1972, Sp. 566-71을 보라.

정치과정 자체 속으로 옮겨 놓는다. 즉 국민 본래의 자신을 현실화하고 효력있게 하는 것은 보류된 대표과정을 통하여 제도적으로, 절차에 따라 가능하다. 그러나 대표민주주의는 이러한 과정에서 발생하여 수행되어야만 한다. 생활 가운데에서 개개인에게 과제와 문제로 제기되어 그 개인에 의해 자유롭게 조정되어야만 할 것이 이와 같은 절차에 상응하게 정치적 공동체의 조직화된 생활과정(Lebensprozeß) 속에서 반복되는 것이다.43) 이러한 한도 내에서 민주적 대표제는 철저하게 집단들의 자기 자신과의 변증법적 과정으로서 이해할 수 있다.44)

여기에서 이원화를 적극적·생산적으로 조정할 수 있는 현실적인 기회가 생겨난다. 이원화의 또 다른 극은 개개인 자체의 요구로서만이 존재하는 것이 아니기 때문이다. 그것은 대표적인 지도기관에서 제도적으로 독립화되어 그 지도기관을 담당하는 자들에게서 개인적인 존재가 되기 때문이다. 이러한 존재는 자연적인 자아(natürliche Ich und Selbst)와 비교해서 공적인 개인(öffentliche Person)으로 나타난다.45) 이것은 어느 정도 본래적인 자아의 강조를 용이하게 해준다. 즉 본래적인 자아의 요구가 대표자에게서 공적인 것으로 표출될 수 있으며, 대표자들에 의해서 단지 승인만을 필요로 하는 다수에 대한 질문으로 표현될 수도 있다. 다수의 직접성으로부터 일반성을 야기시키고 불러내야 할 필연성이 없으며, 또한 그런다고 하더라도 별 어려움이 없다.

사람들은 이 사실을 반대로 표현할 수도 있을 것이다. 즉 이원화가 나타나고 조정되었을 때 —— 그럼으로써 사회적·경제적·정치적인 갈등이 극복되었을 때 —— 에 정치지배가 보편적으로 시민을 결합시켜 주는 견해를 지향하고 공적인 생활지도라는 원칙을 지향하는 것은 결코 저절로, 또는 국민의 자동성과 직접성에서 수립되는 것이 아니다. 그것은 오히려 적어도 항상 노력하여 획득해야만 하는, 의식적으로 성취해야만 하는 것이다. 그러기 위해서는 민주적 직접성과 그 대표적인 전제의 형성에 대해서 정치적 결정행위를 상대적으로 독립시켜 주는 것이다.46) 거기에서 생겨나는 가능성은 물론 이용해야만 하며, 특히 의회와 정부에 있는 지도기관 —— 자치적으로 행동할 자격이 있으며 그것을

---

43) 여기서 나타나는 로렌츠 폰 슈타인의 가장 다의적인 언명이 지니는 보다 깊은 의미는, 인간의 공동사회의 형태로서의 국가란 「인격의 보다 높은 형태」라고 서술한 점에 있으며, 거기에서 개별 인격의 계기와 생활의 표현은 반복되는 것이다. Lorenz v. Stein, Die Verwaltungslehre, T. 1, 1 Abt., 2. Aufl. Stuttgart 1869, S. 3-7.

44) Herbert Krüger, Staatslehre, 2. Aufl. 1966, S. 241. 크뤼거에 있어서 이러한 과정은 물론 그 자체가 개인과 국민의 「자기 보상」(Selbstvergütung)보다 우선하는 것으로 간주되며, 그럼으로써 문제는 강하게 도덕적 차원과 교육의 도덕적 차원으로 확대된다.

45) 이 점에서 관하여는 Herbert Krüger, a. a. O.를 보라.

46) 그리하여 아무도 결코 간접 민주정치에 대한 맞상대로서 비견할 수 없는 장 자크 루소는, 당연한 일이지만 그 때문에 통치형태로서의 민주주의를 반대한다. 왜냐하면 민주주의는 결코 어려운 행위를 유발시키지 않는 윤리라는 하나의 커다란 소박한 것이며, 신분과 재산에 관련된 거의 완전한 평등을 전제로 한 것이기 때문이다. Contrat social, Buch III, c. 4 참조.

위해 「자유로운 위임」(freies Mandat)의 형태로 위임된 지도기관 —— 이 그렇다. 즉 이 기관들은 또한 (실질적인 의미에서) 국민의 대표자가 **되고자** 해야만 한다. 이것이 실현되지 않는다면, (실질적인) 대표제는 성립될 수 없으며, 국민은 자기 자신을 강조할 수 있는 가능성을 잃게 된다.[47]

C

민주적인 정당성의 절차, 의사형성의 절차, 그리고 결정의 절차가 있는 민주적 대표제는 이미 확고하게 주어져 있는 것이 아니라, 우선 만들어내어 성취되어야만 하는 것이라면, 그러한 민주주의가 중단되거나 붕괴되었을 때 나타나는 결과는 무엇인가 하는 문제가 제기된다. 바로 여기에 현대 민주적 대표제가 안고 있는 문제와 난점이 있다. 민주적 대표제가 중단된 결과는 개별적으로 다양하며 단계적일 수 있다. 오늘날 이것은 특히 시민 발안권이 강화됨에 따라 나타나는 것이기도 하지만 대체로 정당이나 정치를 외면하는 데에 기인한다.[48] 개개인 또는 시민 전체가 대표제를 기대하고 있다가 대표자들의 행동에 실망하게 되면 대표자들의 행동은 어떻든 간에 개개인이나 시민들을 대표할 수 없게 되고, 따라서 필연적으로 민주적인 형성절차와 결정절차의 정당성에 대한 문제가 생겨나게 된다. 이 경우에 지배자와 피지배자의 자동화(Identifikation)에 대한 가능성 내지 그것에 대한 실망은 대표자들이 제시한 논지나 그들이 내린 결정들이 개별적인 어떤 경우에서건 실질적으로 일치하지 않기 때문이 아니다. 즉 다시 말해 그것은 일치 (Einigkeit) 또는 합치(Konformität)라는 신화에 관계된 것이 아니다.[49] 더욱 정확히 이해하기 위해서 결정적인 것은, 처리되어야 할 문제들이 기존의 다양한 의견 속에서도 이해할 수 있고, 또 이해하도록 만드는 방식으로 다루어지고 조정될 것, 그리고 모두에게 공통적으로 관계된 것, 또한 그런 관점에서 결정되어야 할 사항들이 중요시될 것, 일반성을 근거로 하여 조정될 것 등이다. 이러한 의미에서 민주적 대표제는 보상할 수 있는 것이 아니다. 민주적 대표제의 실패와 붕괴는 무조건적으로 민주주의의 정당성 그리고 그와 함께 기존 절차와 내려진 결정에 복종할 자세에 달려 있다. 따라서 민주주의가 실패하고 성공하는 그 운명의 책임은 우선적으로 대표하는 지도기관, 즉 의회, 정부, 그리고 —— 정당국가적 민주주의에서의 —— 정당 등에 선출된 책임 있는 대표자들에게 있다.[50]

---

47) Ernst-Wolfgang Böckenförde, Der Staat als sittlicher Staat, Berlin 1978, S. 38 f.를 보라.

48) 「국가의 불쾌함」(Staatsverdrossenheit)이라는 표현 아래 이러한 현상이 주로 논의되는 것은 문제가 적절하지 못함을 나타내는 것이다. 중요한 것은 국가에 있어서의 불쾌함이 아니라 정당의 지배라는 체제에서의 불쾌함인데, 이것은 정당의 행위에 있어서의 민주적 내용을 지닌 대표에 대한 확립된 결손 때문이다.

49) 낭만적 또는 전체적인 오해를 피하기 위해서도 거기에 관하여 명확하게 지적되어야 한다. 정당한 것은 M. Drath (Fn. 28), S. 292-96. 또한 Kurt Eichenberger, Der Staat der Gegenwart (Fn. 1), S. 510을 보라.

이러한 상술은 마치 민주주의가 지닌 이론적인 문제와 실제적·정치적인 문제들이 손쉽게 도덕적인 차원으로 옮아간다는 인상을 줄지도 모른다. 대표제 민주주의에도 결함이 있다는 포괄적인 분석 대신에 도덕에 호소하는 것으로 빗나가고 있다는 말이다. 더욱이 다음과 같은 반박도 제기된다. 즉 대표제 민주주의가 그의 기능을 위한 조건이 되고, 또 (실질적인) 대표제 민주주의의 성립이 그 정당성을 이루는 경우에 도대체 대표제 민주주의는 이미 앞에서 배척된 바 있는 직접적·자동적 민주주의 개념보다도 실제로 더 많은 실현 기회를 가지고 있는 것일까? 그렇게 본다면 마찬가지로 대표제 민주주의도 환상적인 전제와 가정에 기인하고 있는 것은 아닐까?

이와 같은 유형의 이견(異見)들을 경시할 수는 없다. 즉 이러한 이견들은 국가형태와 정부형태로서의 민주주의에 대한 문제를 다시 한번 명확하게 해준다. 본래적인 민주주의의 형태로서의 직접 민주주의라는 관념에 대한 비판은,51) 이것이 사회과학적 및 사회이론적으로 증명할 수 있는 국민의 형성과 표현의 조건, 그리고 정치적 행위통일체의 존재형태에 관한 조건 등과 모순된다는 것을 근거로 한 것이다. 대표제 민주주의의 실현 여부는 다른 종류의 것이다. 그것은 사실적·사회구조적인 영역이 아닌, **윤리적·규범적인** (ethisch-normative) 소여성(所與性)과 가능성의 영역에 속한다. 이러한 윤리적·규범적 소여성과 가능성들이 마찬가지로 한 국가형태의 실현조건에 속한다는 것이 처음에는 낯설게 들릴지도 모른다. 그러나 물론 19세기 이래로 국가학과 국가형태론에서 잊혀져 왔던,52) 오래된 경험만이 다음과 같은 점으로 반복한다. 즉 인간의 공동생활을 유지할 수 있는 질서는, 조직·참가·정당성 그리고 통제 등의 문제, 또한 합리적·기능적인 방지조치 등만으로 이루어지고 정비될 수 있는 것은 아니라는 것이다. 그것을 넘어서 윤리적·규범적인 지향, 변형(變形), 그리고 현실화 등도 마찬가지로 필요로 한다. 개개인의 생활에서 커다란 의미를 지니는 것 — 즉, 여러 면에서 생활의 흥망성쇠를 결정하는 것 — 이러한 인간의 정치적인 공동생활에서 갑자기 그 중요성을 상실하거나 심지어 무시될 수 있는 것은 아니다. 이 때에는 조직된 공동생활에서의 제도적인 변형이 실현을 지향하기 위한 다리로서 중요한 역할을 한다. 즉 제도적인 변형은 윤리적·규범적인 지향이 처음부터 추상적인 전제에 머물러 버리게 되는 것을 막아주며, 그 실제적인 실현을 보다 용이하게 한다. 물론 이러한 실현을 축소시키지 않고서도 말이다.53)

---

50) 매우 강력하게 Ulrich Scheuner (Fn. 28), S. 246은 의회의 책임을 이렇게 밝히고 있다. 즉 「그리하여 근대 자유국가의 운명이 그의 의회와 불가결하게 결합된 것으로 여겨질 때에 비로소 정당화되는 것이다」.
51) 전술한 S. 8-14 (본서 1161-1165면)을 보라.
52) 그에 관하여 전형적인 것은 예컨대 국가형태의 서술로서 Georg Jellinek (Fn. 27), S. 669-736 (역서, 541-598면).
53) Aristoteles, Politik, Buch III, c. 7 (1279 a)는 이와 같은 관련을 보았으며, 바로 그 후에 타락한 도시국가 형태에 대해서 「선한」 도시국가형태를 구별하였다. Lorenz von Stein (Fn. 43), S. 207 ff.는 이러한 관련을 19세기의 군주적·입헌적 국가와 관련하여 직무와 직무제도(Amt und Amtswesen)라는

민주주의에 있어서 불가양의 윤리적·규범적인 지향은 민주적 대표제에서 변형되어 나타난다. 이 변형의 특성은 절차에 적합한 것이지만 (형식적 대표제) 미비하게나마 제도적으로 뒷받침되어 본질적인 면에서는 공개된 정치과정 자체로 옮겨져 있다는 데에 있다. 즉 이 점에서 대표제 민주주의는 그것이 성립될 수 있는 기회를 가지고 있으나, 또한 그 성립상의 위험이 되기도 한다. 물론 이러한 기회는 과소평가되어서는 안 될 두 가지의 난관을 극복해야만 한다. 그 하나의 난점은, 그 이념에 따랐던 이전의 단체들이 보여주고 있는 것처럼, 일반성을 근거로 하는 중개(Vermittelung)로서의 대표제에는 사전형태(Vor-form)가 없다는 데에 있다.54) 오늘날의 사회는 개인주의적이며 이익다원적으로 구성되고 조직되어 있다. 단체나 이익집단들은 자기들의 이익을 유효하게 하여 그것이 인정받고 관철되도록 하는 것이 자신들의 과제 내지는 심지어 자신들의 의무라고 여기고 있다. 그들은 일반성에 대해서 고려하는 것은 국가당국에게 넘겨주고, 이 국가당국의 결정을 민주적인 질서의 테두리 안에서 받아들인다. 그러나 그들 자신의 과제를 위해서 그러는 것은 아니다. 이것이 의미하는 것은, 국가적인 지도기관에 의해서만이, 그리고 정치의 영역 안에서만이 일반성으로의 중개가 수행되고, 거기에서만이 집중되는 것이며, 단계별로 한 걸음씩 성취될 수 있는 것이 아니라는 것이다. 따라서 명백한 사실은, 대표하는 기관들이 자주, 아마도 계속적으로 과대한 요구를 받게 된다는 것이다. 즉 대표하는 행위의 과제와 요구가 거의 이 기관들에게만 부과되어 있어서 그것이 그들에게 너무 거대하게 된다는 것이다.

또 다른 난점이 생겨나는 것은, 대표적인 지도 기관들은 그 지위를 차지하기 위한 공개 경쟁에 의해서 국민을 대표하고 통치하게 되며, 이 때에 이러한 지위에 대한 주상은 투표권자의 동의에 좌우된다는 점이다.55) 그렇다고 해서 지도 기관들이 대표적인 행동을 하는데 있어서 필요한 노력이 용이해지는 것은 아니다. 즉 언뜻 보기에 안이하고 단기적인 성공은 일반의사(volonté générale)의 본래의 자아 대신에 전체의사(volonté de tous)의 자연적 자아에 상응하는 호소가 항상 타개책으로 제공되는 것인데, 민주주의는 그것을

<hr>

개념 속에서 서술하고 있는데, 이는 그러한 요소에 반대하는 국가 내부에서의 진정하고 순수한 국가이념을 대표해야 할 과제를 지니고 있으며, 또한 그 이익을 위해서 동일한 것의 폭력과 법을 이용하려는 것이다(S. 208).

54) 또한 여기서는 Georg Wilhelm Friedrich Hegel (Fn. 39), §254-256에 대해서 — 그의 법철학에서 여전히 미완성 단편인 — 언급하기로 한다. 단체는 그에게 있어서 시민사회와 국가 간의 필수불가결한 매개물이며, 거기에서는 단체 속에서 단순한 사적(私的) 목적을 위한 영업활동은 방향을 상실하며, 하나의 공동목적을 위한 의식적 활동으로 높여진다. 이 경우에 헤겔에게는 결코 혁명 이전의 질서들을 확립하기 위해서가 아니라, 여전히 존속하는 낡은 형식 속에서 하나의 새로운, 즉 이미 시작된 국가와 사회의 이원화로부터 획득한 의미와 이에 상응하는 과제를 지정하기 위한 것이 문제였다. 즉「시민사회의 이원화를 통하여 직접적인 윤리성을 발전」(§256 Anm.)시키는 것이었다.

55) 이 점에 관하여 기본적이며, 오늘날에도 탁월한 분석은 Joseph A. Schumpeter, Kapitalismus, Sozialismus, Demokratie, 3. Aufl. 1972, S. 427 ff.를 보라.

저지할 수 있는 어떤 제도적인 방지조치도 알지 못하며, 또 그것을 견디어 내지도 못한다. 따라서 민주적 대표제의 성공은 특이하게도 미해결인 채 남아있다. 즉 개개인이나 집단이 결정적인 역할을 하는 결정이 내려질 수 있을 때에 그것은 몹시 까다로운 문제가 된다. 그리하여 대표적인 행동에 대한 요구와 이에 상응하는 국민에 대한 질문을 위해서 성장한 지도적 인물과 지도적인 집단 — 이들은 의회·정부 그리고 정당에서 필요로 한다 — 이 부재하게 되면 민주주의는 곧 정치적으로 자신을 돌보아야 하는 처지로 악화되어 버리거나, 또는 어려운 결정문제에 부딪혀서는 이것이 제도적으로 유지되거나 뒷받침될 수 없는 단말마가 되고 말 것이다. 이 점에서 기인하는 민주주의의 불안정성은 그 특성에 속한다. 그렇다고 이 불안정성을 민주주의라는 토대 위에서 논의하고 지향하는 것을 포기할 수는 없는 일이다. 자신의 정치생활이 민주적으로 조직되고 정비된 국민은 그것을 유지할 수 있는 자세와 힘을 가지고 있어야만 한다. 그렇게 본다면 민주주의는 참으로 요구하는 것이 많은, 아마도 어려운 국가형태라고까지 할 수 있을 것이다. 즉 민주주의는 그 전제로서 정치문화라는 폭 넓은 기초를 가지고 있는 것이다.

배제된 예외상황*
― 비상사태에서의 국가권력의 행위를 위하여 ―

에른스트-볼프강 뵈켄회르데

《차 례》

테러리즘에서 비롯된 반국가적 행위들이 대두됨에 따라서 민주적 법치국가가 비상사태에 직면하여 법치국가로서의 성격을 문제 삼지 않고서도 어떻게 효과적으로 대처할 수 있는가 하는 문제가 새롭게 부각되었다. 이에 대해서 지배적인 의견과는 달리 필자가 주장하는 바는, 법치국가적 질서가 침해를 받지 않고 유지되는 것은 이른바 테러활동방지법과 같은 입법을 증가시킨다거나, 나아가 「초법률적인 긴급사태」를 헌법에 도입한다고 하여 될 수 있는 것은 전혀 아니며, 예외상황(Ausnahmezustand)의 가능성을 인정하고, 그러한 상황을 헌법적으로 정착시키는 데 달려 있다는 것이다.

---

* 1978년 7월 11일의 카를 슈미트 90세 생일을 기념하여.
 Ernst-Wolfgang Böckenförde, Der verdrängte Ausnahmezustand. Zum Handeln der Staatsgewalt in außergewöhnlichen Lagen, in: Neue Juristische Wochenschrift 1978, S. 1881-1890.

I. 구성요건과 문제

평상시의 법의 유지는 예외상황의 인정을 전제로 한다. 이 점은 다음에 보다 자세하게 설명되고 규명될 것이다.[1]

1968년 긴급사태헌법(Notstandverfassung)*이 기본법에 삽입되었을 때에, 당시 관계자의 대다수는 그러한 삽입에 타협이 내포되어 있음에도 불구하고, 마치 그것이 법치국가에서 긴급사태 문제를 극복할 수 있는 불가피한 방법으로 간주하였다.[1a] 이러한 삽입은 지금까지 예외규정의 징표였던 — 특히 바이마르 공화국 헌법 제48조 2항*의 — 일반조항적인 종류의 광범위한 집행권한은 피하면서 (예외상황을) 법률화함으로써 예외상황을 규제하려는 시도로 설명되어진다. 이러한 규제는 내부적인 긴급사태로서의 예외상황은 그저 부수적인 것으로 간주하면서 가상의 내외적인 긴급상황을 겨냥한 것이었다. 따라서 이 규제는 그러한 한도 내에서 모든 것이 관할권의 집중에 관련된 것이었다(기본법 제91조, 제87조 a 4항).[2]

당시 이와 같은 방법으로 예외상황의 문제가 법적으로 극복될 수 있겠는가 하는 회의적인 목소리가 없었던 것은 아니다.[3] 그동안 그때그때 달리 피할 길 없는 비상사태 상황임을 이유로 하여 기존의 법률이나 헌법상의 침해권한 밖에 있는 국가행위가 행사된 몇몇 경우가 있다. 이때에 그것이 실제 상황이냐 아니면, 단지 추측된 비상사태 상황이냐

---

1) 이 논문은 1978년 5월 31일에 행한 저자의 프라이부르크 대학 취임강의를 정리한 것이다. 강의의 형식과 스타일은 그대로 유지되었으며, 주는 가장 필요한 지시에만 한정하였다. 중요하고 자료가 풍부한 논문 Meinhard Schröder, Staatsrecht an den Grenzen des Rechtsstaates: AöR 103 (1978), S. 121-48은, 물론 동일한 테마를 다루고 있으나 더 이상 참고할 수 없었다.

1a) 연방의회에서의 긴급사태법률에 관한 최종토론에서 나타난 의견들은 BT-Prot.[연방의회 의사록] 5, S. 9313 f. (Lenz); S. 9378 (Benda); S. 9495 f. (Barzel); S. 9463 f. (Hirsch); S. 9475 (Benda); S. 9648 (H. Schmidt); S. 9649 f. (Kiesinger). 반대의견에 대해서는 S. 9632 (Matthöfer); S. 9640 (Scheel)을 보라. 나아가 Scheuner, in: Lenz, Notstandsverfassung des GG, 1971, Einl. S. 18; Benda, Die Notstandsverfassung 8.-10. Aufl., 1968.

2) 기본법 제19조 2항은 부수적인 행위권한과 침해권한을 규범화한 것이 아니라, 단지 연방정부에 있어서의 권한집중을 위한 연방적 관할구조의 파괴만을 규범화하고 있다. 기본법 제87조 a 4항에서 가능하게 된 군대의 동원은 「경찰과 연방국경수비대를 지원하기 위한」 결과를 가져왔으며, 따라서 — 성립사를 통해서도 증명된 것은 — 군대가 그 고유한 권리에 따라서, 즉 군사적·전투적인 투입을 취할 아무런 권한도 포함하지 않고 있다. Dürig, in: Maunz-Dürig, GG, Art. 87 a Rdnr. 126; Lenz, (Fn. 1), Art. 87a Rdnr. 15.

3) 그러한 소리들은 이미 연방의회의 법사위원회에 앞선 공적인 청문절차 중에서도 나타났으며, 이와 아울러 긴급사태헌법에 관한 다양한 초안들의 토론에서도 나타났다. 예컨대 1967년 11월 9일의 법사위원회의 제55차 회의, Prot. S. 3 (Bettermannn), 23 ff. (Bernhardt), 32 ff. (Ellwein), 60 ff. (Evers); 57. 1967년 11월 16일의 법사위원회의 제57차 회의, Prot. S. 5 (Bettermann), 59 f. (W. Weber), 88 ff. (Hesse), 93 ff. (Zweigert)를 보라. 나아가 Evers, Die perfekte Notstandsverfassung: AöR 91 (1996), 1-41, 191-222: Hans Schäfer, Die lückenhafte Notstandsverfassung: AöR 93 (1968), 37-80. 의회의 광범위한 배제, 정상사태의 불명확한 구분, 그리고 기본법 제87조 a 4항에 따른 군대투입의 가능성에 대한 비판은 Hesse, Das neue NotstandR der Brep. Dtschld., 1968, S. 18 ff.

하는 문제는 — 그런 경우들은 부분적으로 여전히 sub judice의 상태이므로 — 여기서 더 이상 논의되어서는 안 된다고 하지만.[4] 이러한 경우들이 문제를 명백히 해 줄 수는 있다.

(1) 이른바 **트라우베**(Traube) 사건에서 원자력과학자 트라우베의 거실에 기본법 제13조에 위반하여 도청장치가 비밀리에 설치되었다. 이것은 혐의의 확증을 잡기 위한 것이었다.[5]

(2) **슈투트가르트 · 슈탐하임**(Stuttgart-Stammheim) **교도소**에서 법무부장관의 지시에 따라, 형사소송법 제 148조에 위반하여 변호인과 변호의뢰인간의 대화를 도청으로 감시하였다.[6]

(3) 1977년 9월 5일 **쉴라이어**(H. M. Schleyer) 납치사건이 있은 후 죄수와 미결수에 대해서 광범위한 접견금지 조치가 취해졌다. 법무부장관의 요청에 따라 베를린 주를 제외한 각 주의 법무부 장관들은 변호인 교섭단체를 포함한 포괄적인 접견금지를 지시하였다.[7] 이 접견금지는 형사소송법 제119조, 제148조 a에 따라 구류를 명할 권한 있는 법관[8]의 결정을 무시하고 적어도 두 사람의 주 법무장관에 의해서 견지되었다. 이들은 교도소장에 대해서 구류를 명한 법관의 결정이나 명령에 복종하지 말 것을 지시하였다. 결국 이상한 입법절차 중에서 조치-수권(Maßnahme-Ermächtigung)으로서 법률의 형식을 취한 이른바 1977년 9월 30일의 접견금지법이 제출되고 의결되기에 이르렀다. 위원회의 심의를 포함하여 제1독회에서 제3독회에 걸친 심의와 의결이 1977년 9월 28일 9시에서 1977년 9월 29일 15시 30분까지 있었다.[9]

여기에서 언급된 행위의 근거와 정당성은 그때마다 단독으로 생겨난 것이거나 초법률적 내지는 긴급피난이라는 법리를 근거로 한 것이었다. 1977년 3월 17일의 이른바 트라우베 사건에 대한 연방정부의 해명을 보면, 기본법 제13조 3항 — 이것은 보다 세밀한 검증을 거치면 설득력이 없다.[10] — 이외에 형법전 제34조*의 긴급피난 시의 「법익형량」

---

4) 헌법소원의 절차들은, 알려진 한에서는, 트라우베(Traube) 사건에서는 계속 중이며, 1978년 9월 30일의 이른바 접견금지법(BGBl I, 1877)이 시행되기 이전의 쉴라이어 납치사건에 따른 접견금지 명령에 대한 약간의 사건에서는 반대하고 있다. 연방헌법재판소의 결정, NJW 1977, 2157=JZ 1977, 714 f.은 선고된 접견금지에 대해서 가처분을 내리는 신청에만 관련하고 있다.

5) 1977년 3월 16일의 연방정부의 설명. Bulletin der BReg. Nr. 27 v. 18. 3. 1977, S. 243 f.

6) 1977년 3월 24일의 제24차 바덴 · 뷔르템베르크 주의회에서 행한 바덴 · 뷔르템베르크 주 법무장관 벤더 (Bender)의 설명. LT-Prot. [주의회 의사록] 7, S. 1444를 보라.

7) 쉴라이어 납치에 관련된 사건과 판결문 기록은 Hanns Martin Schleyer, Presse- und Informationsamt der BReg., 1977, S. 21.

8) 이에 관하여는 KritJ 1978, 395 ff. (396-399) 참조.

9) 기록 (주 7), S. 69-71. 주목할 만한 것은 위원회의 심의가 이미 9월 28일 9시, 즉 9월 28일 13시에 개최된 연방의회의 총회에서 법률안에 대한 제1독회를 하기 이전에 시작하였다는 사실이다.

(Güterabwägung)을 근거로 한 것이었다.11) 슈투트가르트·슈탐하임에서 변호인과의 대화를 감시한 것에 대해서는 초법률적인 긴급사태(übergesetzlicher Notstand)라는 것만이 정당성의 근거로 제시되었다.12) 구류를 명한 법관의 결정을 무시한 것에 대해서도 관계 법무장관 중 한 사람에 의해서 초법률적인 긴급사태라는 법률해석으로 정당화되었다.13) 여기서 주목할 만한 것은 법관에게 알고 있던 모든 것을 말하지 않을 수도 있었다는 것이다. 그렇게 되면 변호인에게 알려 재판에 이용할 수 있는 사실로 만들 것이 틀림없기 때문이라는 논거이다. 끝으로 접견금지법을 의결할 때의 긴급절차도 역시 긴급사태임을 근거로 한 것이었다.14) 국가기관의 권한의 긴급사태(Befugnisnotstand)는 상응하는 법률상의 침해권한을 즉각 수행하여 제거했어야만 했다. 그럼으로써 초법률적인 긴급사태는 실제로도 긴급사태의 근거로서만 가능하도록 말이다.

II. 예외사태의 법질서로서의 초법률적인 긴급사태는 가능한가?

이와 같이 상술한 구성 요건들과 이를 뒷받침하는 근거들에 대해서 다음과 같은 문제가 제기된다. 즉 초법률적인 긴급사태라는 원칙이 예외상황의 법질서로서 적용될 수는 없지 아니한가? 아니 적용되어서는 안 되지 않는가? 단지 그렇게 해야만 예상할 수 없었던 비상사태에 직면하여 국가기관의 행동력을 보장할 수 있는 것은 아니지 않는가? 동시에 그렇게 해야만 입헌국가적 법질서의 완결성은「여기서 법은 끝난다」15)는 명제를 받아들이지 않아도 될 만큼 보장될 수 있는 것은 아니지 않는가? 초법률적인 긴급사태는 일반적인 법사상을 내포하고 있으며, 이 일반적인 법사상은 형법 제34조와 민법 제228조*에 특히 공법과 여기서 말하는 국가적 행위나 침해수권의 법에서도 적용될 수 있다는 것은 널리 유포된 견해이다. 이러한 견해는 보다 면밀한 검증이 필요하다.

1. 형법전 제34조, 민법전 제228조의 규범기능과 규범영역

형법전 제34조는 **형법상의** 책임이라는 영역에서 정당성의 근거가 된다.16) 형법상의

10) 이에 관하여는 de Lazzer-Rohlfs, Der Lauschangriff, JZ 1977, 209 f.
11) 1977년 3월 16일의 연방정부의 설명(주 5), S. 244.
12) 1977년 3월 24일의 바덴·뷔르템베르크 주 법무장관 벤더의 설명(주 6), S. 1444.
13) 필자가 참석한 구두 발언 중에서.
14) 필자에게 반대하는 어떤 연방의회 의원의 발언.
15) 그 고전적인 정식은 안쉬츠에서 유래하며, 프로이센 헌법분쟁에 대한 입장표명으로서 이렇게 말하였다. 즉「여기에 국법학은 끝난다」. Meyer-Anschütz, StaatsR, 7. Aufl., 1914/19, S. 906.
16) 이 법제도에 관하여 일반적인 것은 Jescheck, StrafR AT, 3. Aufl., 1977, §33 IV, S. 288 ff.; Lenkner, Der rechtfertigende Notstand, 1965.

책임은 기본적인 법익과 이익의 존중을 고려한 것이다. 이러한 보호는 질서 있는 공동생활을 위하여 법공동체에서 불가피한 것이며, 그렇기 때문에 이러한 권익이 침해되었을 때에는 바로 처벌의 대상이 된다. 초법률적인 긴급사태라는 법리는 여기서 어느 정도의 면책기능을 가지고 있다. 일정한 법익과 이익의 충돌이 있을 때에 어느 정도의 침해행위를 위법하지 아니한 것으로 간주함으로써 형법상의 책임에서 벗어나게 하기 때문이다. 이것이 「법익의 사회적 구속」[17]이라고 표현되는 것은 그만한 충분한 근거가 있다. 이 때에 형법전 제34조 2문이 어느 정도까지 초법률적인 긴급사태란 근거를 배제시킬 수 있느냐 하는 논의는 필요 없다. 이것은 예섹(Jescheck)*과 그에 따르는 잠손(Samson)*에 의해 충분한 근거에서 시인된 바 있다.[18] 여하튼 형법전 제34조에서 중요한 것은, 개인에 대한 ― 공무 위반일 경우에 그 개인이 사인(私人)으로서든 공무원으로서든 간에 ― 국가형벌권의 행사에 대한 **한계규범**이라는 것이다.[19] 민법전 제228조의 규범영역은 훨씬 더 제한되어 있다. 이 규범영역은 단지 물적인 것에만, 그리고 손해나 파괴에 대한 보상요구를 고려하여 위법성의 배제에만 관계된 것이다.[20]

2. 국가 기관의 행위권한 및 침해 권한의 영역에서 「초법률적인 긴급사태」의 규범기능과 규범영역

a) 이에 반하여 「초법률적인 긴급사태」라는 기본원칙이 국가기관의 행위권한과 침해권한이라는 영역에 적용된다면, 더 이상 형법상 또는 민법상의 책임에 대한 정당화규범은 문제가 되지 아니한다. 그것은 정당화 규범의 문제를 넘어서 권한규범과 권능규범에까지 이르는 것이다. 즉 이것은 법률상 존재하며 의식적으로 제한된 수권과 행위의 범위를 초월하여 국가기관의 행위권능과 침해권능을 창출하는 것이다.[21] 여기에서 나타나는 다른 종류의 새로운 규범기능은 요즈음 새롭게 통용되는 사상이라고 경시한다거나 일련의 위법 내지 정당화의 근거가 된다고 합법화할 수 있는 것이 아니다.[22] 확실히 형법전 제34조는 공무원이나 장관들에게 있을 법한 권한유월(權限踰越)에 대한 형법상의 책임에 대해 정당화할 수 있는 근거로 간주된다. 그러나 그렇다고 해서 그것이, 요구된 권한이

17) Samson, in: SKStGB I AT, 1975, § 34 Rdnr. 2.
18) Jescheck (Fn. 16), S. 292; Samson (Fn. 17), § 34 Rdnr. 22.
19) 거기에 대해서 Amelung, NJW 1977, 833은 분명히 지적하고 있다. 마찬가지로 Krauß, Die Anmaßung der Ämter: Die Zeit, Nr. 14 v. 25. 3. 1977, S. 3.
20) Jescheck (Fn. 16), § 33 II, S. 285 f.; Larenz, BGB AT, 1967, § 21 II (S. 280 f.)을 보라.
21) 여기에서 제기되는 문제성을 다룬 것은 Amelung, NJW 1977, 835 ff. 또한 Sydow, JuS 1978, 224 f. 참조. 아멜룽에 비판적인 것은 R. Lange, NJW 1978, 785 f.이다. 그러나 그 비판은 형법 제34조의 원칙을 공법으로 이전하는 권한이양의 효과가 문제로 되는 한은 공허한 것이 된다. 왜냐하면 랑게 자신이 하나의 법질서를 함께 구성하는 「헌법과 행정법의 제1차적 조직기능」을 형법에 반하여 인정하였기 때문인데, 이 형법은 「법적으로 중대한 가치와 이해들의 현상태를 보호하는」 것이다.
22) 그러한 것은 Schwabe, Zur Geltung von Rechtfertigungsgründen des StGB für Hoheitshandeln: NJW 1977, 1902, insb., 1906, 1907.

행정상의 또는 헌법상의 적법성에 대해서 무엇을 말해주고 있는가? 다양한 적법성 내지 위법성 요구에 차이가 있다는 것은 공법에서 익히 잘 알려진 바이다.23) 관청 내부의 지침과 대외적으로 효력 있는 법적 구속이나 재량영역과의 관계만이 고려된 것이라고 한다.

b) 그러한 권한규범 및 권능규범으로서의「초법률적인 긴급사태」는 현행의 조직법과 권한법의 훼손을 야기하는 것이다. 이것은 처벌구성요건에 적합하거나 위법행위에 대해 보다 더 점적(點的)인 면책유보에 해당되는 것은 아니다. 순수하게 실체법적인 구조에 의해서,24) 주어진 비교형량에 따라 법률상의 권한질서와 권한의 한정을 무시하는 모든 기관에 대한 **일반유보**(Generalvorbehalt)가 생겨나는 것이다.

c)「초법률적인 긴급사태」는 헌법에 적용하면「초헌법적인 긴급사태」가 된다. 그 권한의 배열과 권한의 한정 속에, 그 일정한 권한에만 일정한 과제가 결부되어 있는 헌법질서는 유보 아래 두어지는 것이다. 다시 말하면 실제적이거나 또는 인정된 비상사태 어느 것에서는 포괄적인, 즉 모든 곳에 적용 가능한 침해나 부분적인 효력배제의 가능성이 생겨나는 것이다.「비례성의 형량」만이 유일한 제한으로 간주되는데 그러나 그것도 담당자, 범위, 그리고 영역에 따른 제한은 아닌 것이다.

d)「초법률적인 긴급사태」가 모든 기관에 대한 법적 권원(權原, Rechstitel)으로서 적용 가능한 것은, 조직법상의 규정과 한계에 결함이 있기 때문인데, 동시에 이와 같은 적용은 긴급사태를 관료주의의 기능 양식으로 만든다. 그리하여 관료주의는 자신들을 보증해주는 합법성-체계 내에서 그들이 매일 매일의 과제를 해결해 나가기 위하여 삽입될 수 있는 법적 권원을 얻는 것이다.

3. 결 과

따라서「초법률적인 긴급사태」를 국가기관의 공법상의 행위수권(行爲授權)과 침해권한(侵害權限)에 적용시킨 결과는 다음과 같다. 긴급상황·긴급사태를 극복하기 위해서 스스로 열려진 완전한 일반적 수권이 생겨나는데, 이 일반적 수권에 대해서 모든 헌법상의 또는 법률상의 권한이나 그 제한은 **잠정적인** 것이 된다. 헌법상 및 법률상의 관할권과

---

23) 이에 관하여 이제 기본적인 것은 ── 또한 공법의 영역을 넘어서 ── Kirchhof, Unterschiedliche Rechtswidrigkeiten in einer einheitlichen Rechtsordnung, 1978. 나아가 ders., NJW 1978, 969. Schwabe (Fn. 22)는 추상적·법이론적 전제들로부터 연역하는데, 왜냐하면 이러한 전제들은 타당한 법질서의 소여성(所與性)을 수용하지 못하기 때문이며, 이는 너무 간결하게 시도된 것이며, 따라서 타당한 법질서의 현실성을 통하여 반박되는 것이다.

24) 순수한 실체법상의 구조는 형법 제34조라는 형법상의 규범기능 속에서, 만인을 위한 형법상의 책임에 대해서 하나의 면책규범이기를 도모하는 것이다. 관할규정·권한규정 그리고 절차규정은 이와 같은 규범기능의 내부에서는 제자리를 가지지 못한다. 바로 그 때문에 형법 제34조는 공권력의 담당자가 조직권과 행위권으로 이전하며, 필연적으로 기존의 구성된 권한질서와 관할질서를 상대화하는, 실로 해체하는 하나의 일반적 수권(授權)으로서 작용하는 것이다. Amelung (Fn. 21), S. 836 f.; Sydow (Fn. 21), S. 224.

권한규정 속에는 모든 위급상황(또는 단지 어려운 경우)에 대한 효력의 유보가 삽입되는데, 이는 위급상황이라고 결정할 수 있는 관할권규정에 구속되지 않는 것이다. 이와 같이 알려진 일반적인 수권이 아무리 폭넓게 포괄되는 것이라고 하여도, 헌법에 규정된 모든 수권조항은 한계이며 제한이다. 왜냐하면 그 수권조항에는 여하튼 관할권한정과 최소한의 절차가 확립되어 있기 때문이다. 이것은 악명 높은 바이마르 공화국 헌법 제48조 2항에 대해서도 역시 타당한 것이다.[25]

그렇게 열려진 일반적 수권은 법치국가적 헌법의 기본구조에 위반된다. 여기서 논할 수 없는 헌법개념과 국가와 헌법의 관계에 대한 논의는 제쳐두고서도 법치국가의 헌법은, 국가기관의 행위권한에 대해서 단지 개별적일 뿐만 아니라 포괄적이며 따라서 궁극적이기도 한 구속력 있는 규정을 제시한다.[26] 나 자신도 이와 같은 견해에 동조하지만, 헌법은 국가적 행위권한을 우선 규정하는 것이 아니라 구속하고 제한한다는 견해에 대해서도 여하튼 헌법은 구속력 있는 **한정하는** 작용과 기능을 가지는 것이다. 초법률적인 긴급사태의 기본원리 ― 헌법적 레벨에서는 「초법률적인 긴급사태」로 이관하는 ― 는 법치국가적 헌법의 완전성을 해체하거나 입헌국가원리의 포기를 의미하는 데 불과한 것이다.[27]

4. 남아있는 문제

그러나 이와 같이 단언한다고 해서 문제가 이미 해결된 것일까? 아직은 이르다. 오히려 국가기관의 행위권한과 침해권한의 영역에서 초법률적인 긴급사태를 배제하는 것이 ― 그것이 효과가 있다고 해서 ― 헌법 자체가 예외상황을 수용하고 이를 거부하지 아니한다는 전제가 되는 것은 아니지 않겠는가 하는 문제가 생겨난다. 이 문제는 다음과 같이 고찰해볼 때에 구체적 사실들을 포함하는 것이다.

---

25) 바이마르 헌법 제48조 2항은 라이히 대통령의 관할, 더구나 라이히 대통령의 그것만을 확정하였다. 절차상의 요소들에 대해서 이 조문은 부서(副署)에 대한 라이히 대통령의 구속(바이마르 헌법 제50조), 모든 관련 조치들을 라이히 의회에 대해서 통지할 의무, 그리고 언제나 관련된 조치들을 실효화(失效化)시키는 라이히 의회의 권리를 요구하는 것이 내포되어 있었다.

26) 다른 것 대신에 Adolf Arndt, Gesammelte juristische Schriften, 1976, S. 162, 163; Badura, EvStL, 2. Aufl., 1975, Art. Verfassung Sp. 2716 ff.; Hesse, Grundzüge des VerfR der BRep. Dtschld., 10. Aufl., 1977, §1 Ⅲ (S. 13)(계희열역, 『통일독일헌법원론』, 42면); Carl Schmitt, Verfassungslehre, 5. Aufl., 1970, S. 38-41, 126 f.(김기범역, 『헌법이론』, 58-61면, 148면 이하); Stern, StaatsR der Brep. Dtschld., 1977, § 3 Ⅲ, S. 75를 보라.

27) 이러한 관점에서 매우 단호한 것은 Adolf Arndt (Fn. 26), S. 162 f.; ders., Demokratie-Wertsystem des Rechts, in: Adolf Arndt-M. Freund, Notstandsgesetze - aber wie? Köln 1962, S. 13. 즉 「헌법전으로부터 정당화되지 못하는 조치들을 허용하는 것으로서 초헌법률적인 긴급사태를 지닌 모든 사변적(思辨的)인 것들은, 헌법파괴나 헌법배반에 대한 비난할만한 변명 이외에 아무것도 아니다」. 나아가 오래된 문헌으로서, 모든 초입헌적 국가긴급권을 단호히 거부한 ― 오늘날의 초헌법률적인 긴급사태에 상응하는 개념이었다 ― 것은 Anschütz, in: Meyer-Anschütz, (Fn. 15), S. 30 Anm. d. 및 Thoma, in: HdbDStR Ⅱ, 1932, § 76, S. 232. 즉 「헌법상의 규제를 초월한 국가긴급권은 정돈된 공화제 입헌국가에서는 존재할 수 없으며, 또한 이미 제국에서나 입헌군주제에 있어서조차도 그것은 타당하지 아니한 것이다」.

(1) 어떤 헌법에 예외상태에 관한 규정이 없다면, 언제나 「초법률적인 긴급사태」라는 법적 특성이 헌법 속에 유입될 것을 요구한다. 그것도 자주 헌법외적인 행위에 대한 정당화의 근거로서 강제적이며 불가피하게.

(2) 기본법의 긴급사태헌법 역시 진정한 예외사태를 피하고 법률적으로 정상화함으로써 예외적 문제를 해결하고자 하였는데, 「초법률적인 긴급사태」에 대한 논의를 저지할 수는 없었다. 오히려 헌법실제와 재판이 그것에 대해서 준비를 시작하도록 만들기에 이른다.28)

여기서 배제된 현실이 보복하는 것일까?28a) 예외사태와 예외상황은 헌법이 현실을 인식하지 못하고 규범적으로 거부함으로써 이미 헌법상 극복된 것은 아닐까? 아니면 잠재적인 헌법현실이라는 제거할 수 없는 실재 요인들에 속하며, 따라서 이 헌법이 그 완전성을 유지하려고 하는 경우에 헌법 속에서 어떤 규정을 발견해야만 하는 그런 현상이 중요한 것인가? ― 우리는 결국 예외상황에 대한 법철학과 헌법이론의 문제 앞에 직면해 있는 것이다.

III. 법철학적 및 헌법이론적 문제로서의 예외상태

우선 외관상으로 볼 때 예외상태는 결코 원칙적으로 법이론과 헌법이론적인 문제가 아니라고 말할 수 있을지도 모른다. 특정한 헌법이 예외적인 문제가 아니라고 말할 수 있을지도 모른다. 특정한 헌법이 예외적인 권한을 규정하지 않고 있다고 하여 바로 그러한 예외권한이 헌법에 존재하지 아니한다는 말은 아니다. 즉 행위기관(handelnde Organ)은 어려운 상황 속에서도 헌법을 고수하며, 그리고 헌법은 그 규범적 요구에 상응하는 현실성을 형성할 수 있는가 하는 문제이다.

---

28) 헌법실제에 관하여는 상술한 주 5)와 6)에 게시한 연방정부의 설명과 바덴·뷔르템베르크 주 법무장관 벤더의 설명 참조. 또한 연방수상 헬무트 슈미트(Helmut Schmidt)는 1977년 3월 26-27일자 쥐드도이체 차이퉁(Süddeutsche Zeitung, Nr. 71, S. 8)과의 한 인터뷰에서 「초법률적인 긴급사태」의 논의를 이용하였다. 판례에서는 연방대법원(BGH)의 결정, NJW 1977, 2172, 이 잠정적인 정점을 나타내었다. 연방대법원은 형법 제34조에서 하나의 일반적인 법사상을 보며, 형사소송법 제148조에 반하여 접근금지라는 명령에 대한 그 적용이 보다 더 가능하다고 하며, 그러한 행위로서는 더구나 「법적으로 달리 보장된 이익 ― 마치 절차 규정들에서도 표현될 수 있듯이 ― 이 침해되지만, 결코 형법에 저촉되지는 아니한다」. 이것은 완전한 헌법상 및 공법상의 예견치 못한 것, 그것의 가벼운 손짓으로 법치국가와 입헌국가의 기본원리, 즉 국가적인 침해행위의 적헌성(適憲性)과 적법성(適法性)이 형법보다도 적은 규범적 가치성을 지닌 하나의 단순한 절차규정으로 환원되며, 그 결과로서 아멜룽(상술한 주 19)이 정당하게 논평하듯이, 「제2선의 긴급사태헌법」이 창조되는 것이다. 다만, 가망이 있는 것은 연방헌법재판소가 그러한 논의에 대해서 연계되어 있지 않다는 것이다.

28a) 예컨대 Roman Schnur, Die Wanzen zum Mond aus betrachtet, Die Welt Nr. 69 v. 23. 3. 1977.

약 50년 전까지만 해도 이러한 식의 대답은 가능하였을 것이다. 즉 자기에게 관계된 규범주의의 절정에서 이 규범주의는 법을 스스로 존재하는 규범적 행위명령의 체계로 이해하였으며, 법과 사회적 현실간의 필연적인 관련성을 **법의** 문제로서 숙고해 보지 않았다 라고.[29] 오늘날 그러는 동안에 법과 사회적 현실과의 이러한 관련성은 마치 종교적 윤리나 또는 도덕과 같은 다른 규범체계와는 다르게 법의 구성적인 요소로서 인식되고 있다.[30]

1. 규범과 정상사태의 관련성

a) 사회를 질서있게 하는 힘을 지닌 규범적 행동기대치로서의 법규범은 「상태」, 어떤 사회적 현실과 관련성을 지닌다. 즉 이러한 상태와 사회적 현실을 질서있게 하며, 일정한 방법으로 이를 규제하는 것이 문제이다. 법규범은 이러한 현실과 관계되어야 하며, 또한 그러한 현실을 전제로서 자체 내에 수용해야만 한다. 그럼으로써 이러한 현실을 법규범에 의해서 규범적으로 간섭을 받거나 또는 다른 식으로 규제될 수 있는 것이다.[31] 이와 같은 관련성이 결여된다면 법규범은 질서를 잡는 현실에 잘못 부딪쳐 공허하게 된다.

b) 이와 같이 모든 법규범에 전제된 상황이나 정상사태에는 단지 외적인 사건·사실 그리고 경과들뿐만 아니라 마찬가지로 법외적인 규범들(관습·에토스)에 의해서 형성된 행동방식도 속하는 것이다.[32] 법규범이 의도한 효과와 사실상의 효과는 이와 같은 행동방식이 존재한다는 데에 근거하고 있으며, 그리하여 소송법의 효과와 같은 것들은 절차적 규정과의 교류에서 성실과 관련된 관습에 미치는 것이다. 이것을 잘 설명해 주면서도 시사적인 예를 들어보자. 즉 형사소송법 제148조*의 감시 없는 변호인 교통의 보장은 기존 질서에 대한 정치적 적대감을 중재할 때에 같은 공범자(Helfershelfer)로서의 변호사가 아닌, 공정한 소송이 되도록 피고인을 도와주는 사법기관으로서의 변호사를 전제로 한다. 변호인의 교통을 보장하는 것은 이와 같은 전제에 입각하는 것이며, 그러한 전제하에서 그것이 의도한 효력이 전개되는 것이다.

c) 자기측에서의 법규범은 상황의 정상화를 초래하거나 또는 고정시켜주는 하나의 작용요인이다. 그것을 달성하기 위한 길은 규범수취인에 의해서 규범이 요구하는 행위를

---

29) 이에 대해서 특징적인 것은 한스 켈젠과 순수법학의 입장이며, 순수법학은 법학을 인과적·설명적인 규범과학으로 환원시켜, 그 대상들에게 법규범과 사회적 현실성의 관계는 더 이상 속하지 아니한다. Kelsen, Reine Rechtslehre, 2. Aufl., 1960, S. 72 ff. 참조.

30) 그것에 대해서 경험적으로 입증할 수 있는 근거는, 법이 법 복종자인 대중에 의해서 사실적 준수에 의존하고 있다는 것이며, 다른 경우에는 법이 그 사회정서적인 힘, 즉 법에 대해서 본질적 힘 속에서 깨어지며, 한편 사실상의 준수로부터 독립한 윤리와 도덕은 타당성과 존속을 가질 수 있는 것이다.

31) 이 문제에 대해서는 Henkel, Einführung in die Rechtsphilosophie, 2. Aufl., 1977, §§ 23, 25.

32) 규범적 질서력(秩序力)으로서의 법에 관련된 사회적 현실성은 규범적 「공백」이 아니라 이미 법외적인 사회적 규범체계에 의해서 각인되고 형성되는 것이다. Henkel (Fn. 31), S. 9, 29 참조. 이미 이전에 Heller, Staatslehre, 1934, S. 184 ff.; Radbruch, Die Natur der Sache als juristische Denkform, 1948, Sonderausg., 1960, S. 11 ff.

인정하고 실현하고, 습관적으로 동화하는 것이다. 이와 같은 방법으로 법규범은 규범으로
형성된 정상상태로 이행하는 것이다.[33]

d) 결과적으로 다음과 같이 확정지을 수 있다. 즉 법규범과 그 속에 전제된 사회적
현실 간에는 상관적인 부속이라는 의미에서의 불가피한 관계가 존속하는 것이다. 전제된
평상상태가 상실되면 기도했던 규범의 규제력을 위한 관련점은 상실된다.「어떤 확실한
정상성은 확실히 규범성을 지속하기 위한 전제이다. …규범의 효력은 그와 같은 정상적인
일반상태를 전제로 하며, 규범의 효력은 그러한 일반상태를 위해서 평가되며, 또 전혀
평가될 수 없는 예외상태는 규범적으로도 평가될 수 없는 것이다」. 이 인용은 카를
슈미트(Carl Schmitt)의 것으로 보이기는 하지만 헤르만 헬러(Hermann Heller)에서 발견
된다.[34]* 인용된 문장은 법철학적인 진술을 내포하고 있을 뿐만 아니라 동시에 정치적인
차원도 가지고 있다. 왜냐하면, 평화통일체로서의 국가의 존립 역시 헬러가 말하는 전제된
정상적인 일반상태에 속하는 것이며, 따라서 국가 내부의 위험을 초래하는 공격적인
정치적 적대관계의 부존재도 이에 속하기 때문이다.

2. 규범과 정상사태의 연관성을 적용하는 경우로서의 예외상태

여기서는 물론 개괄할 수밖에 없는 이러한 이론적인 숙고를 근거로 하여 이제 헌법상의
예외상태에 관한 문제를 보다 자세하게 규명하고 파악하기로 한다.

a) 국가기관의 임무수행은 헌법과 법률이 규정한 행위권한과 행위방식에 따라서 처리된
다. 임무수행자에 의해서 불가피하다고 간주되는 모든 수단과 권한들을 행사한다는
것이 그 임무의 원칙은 아니며,[35] 오히려 임무수행자는 자신의 임무를 승인한 권한과
규정된 방식에 의해서 구속을 받고 제한 받으며 이행해야만 하는 것이다. 이 때문에
그의 임무의 유형은 자주 좀 더 세분화되는 것이다. 이 경우에는 효과적인 임무수행
— 적어도 그 핵심에서 — 이 가능할 수 있도록 하기 위해서 규정된 행위권한과 행위양식이
충분하다는 것이 전제로 된다. 국가적 행위의 이성과 형평이라는 관련에서 임무수행시의
장애들과 확실한 절차들은 의식적으로 감수할 수 있지만, 그러나 원칙적으로 그것들은
충분히 전제된 것들이다. 이와 같은 전제들 속에는 계속하여 다른 전제들이 포함되어
있다. 즉 정상상태의 존속, 다시 말하면 일정한 성격이 부여되고 제시된 상황 말이다.
예정된 행위의 욕구와 행위양식들은 그러한 상태를 근거로 하여 규정하며 제한받는
것이다.

b) 예외사태(Ausnahmelage)는 이에 반하여 예정된 권한/양식들과 효과적인 임무수행

---

33) Heller (Fn. 32), S. 252 f.
34) O. Fn. 32, S. 255 참조. 카를 슈미트의 테제와의 대결 중에서.
35) 이러한 원칙의 무효는 권력분절적(權力分節的)인 입헌국가와 법치국가의 토대이며, 이 국가는 그렇게
    함으로써만 가능하게 되고 현실성을 가진다. 국가적 행위권한과 침해권한은 행위기관에 대해서 결합된
    관할들이 변경되고 서로 한정될수록 하나의 체계를 이루게 된다.

간의 **기본적인** 불화가 나타난다는 점에서 그것도 평화통일체와 법질서의 보장이라는 국가의 **기본적인** 성격에 관련된 유례없이 다급한 위험에 직면하여 나타난다는 점에서 다르다. 권한과 부과된 양식들은 변화된 유례없는 상황에는 더 이상 적합하지 않다. 규정들 속에 선취(先取)되지 못한 새롭고 이상한 사실들에 직면하여, 임무의 수행은 이와 같은 규정/양식들 때문에 더욱더 어려워질 뿐만 아니라, 완전히 그렇지는 않다고 하더라도 불가능하게 만들어 버린다.

c) 그다음에 마침내 임무를 수행해야 할 책임과 과제는 계속 남아있으면서도 상황에 따라서 매우 절박하게 되면, 계속 남아있는 임무수행의 책임과 관련하여 비상사태에 적합한 단순화된 양식과 권한에 대한 요구가 부각되는 것이다. 확대된 권한들 내지 간편해진 양식들을 위한 법적 권원(權原)을 찾게 된다. 즉 위급함은 어떤 명제도, 국가긴급권도, 초법률적인 긴급사태 등도 알지 못한다. 그러한 법적 권원이 기존의 헌법질서에 의해서 거부된다면, 헌법질서는 엄격하게 평상시에 입각한 것이며 예외상태는 법적 문제로서 인식하지 않았기 때문에, 효과적인 임무수행의 책임을 상대화하는 것은 불가피하다. 즉 하늘이 무너져도 정의는 솟아난다(fiat justitia pereat mundus). 국가행위의 실제에 있어서 이 마지막 대안은 물론 결코 실현되지 못할 것이다. 왜냐하면 국가기관의 행위에 대한 압력은 바로 예외상태에서 너무나 강하기 때문이다. 그것이 타당한 것은 특히 예외상태에서는 어떤 임무가 아니라 안전이란 임무, 법질서의 보장, 즉 국가의 기본적인 목적에 관련되어 있기 때문이다. 헌법이 법적인 예외상태의 거부라는 입장을 고수한다면, 이것은 결과적으로 그러한 상황에서는 따라서 결과적으로 국가기관이 비활동적이라는 말이 아니라, 그 절박함에 적절하지 못한 것처럼 보이는 설정된 법적 한계를 제쳐둔 채 행사한다는 것과 법적 구속으로부터 자유로운 공간으로의 전이를 의미하는 것이다.

d) 예외상태가 법에 의해서 포괄되고 지배되어야 한다면, 이것은 거부, 즉 예외상태란 법적으로 나타나지 아니한다는 확정에 의한 것이 아니라, 단지 그러한 상황과 관련하여 적법한 권한과 방식을 유보함으로써만 나타날 수 있는 것이다. 이것은 바로 예외상태가 예외적인 성격을 지니고 있을 때에, 즉 가능하면 신속하게 정상상태로 되돌아가게 해야만 한다고 할 때에도 타당한 것이다. 단순히 예외상태를 배척하거나 거부하는 것은 현실성이 결여된 단순한 의지를 열변하는 것에 불과하다.

3. 예외상태의 규제가능한 특성

이와 같이 일반적인 숙고를 근거로 하여 예외상태라는 문제에 대한 해답으로서 법적으로 가능한 몇 가지의 추론을 전개시킬 수 있다. 이러한 추론들은 여하튼 일반적인 방식이며, 다시 말해서 아직까지 특정한 헌법체계에 해당되지 아니하는 것이다.

a) 예외상태를 충분하게, 따라서 요컨대 **내용상으로** 규정하는 것은 가능하지 않다.

예외의 특성은 예견될 수 없는 것, 미리 고려할 수 없는 상황, 따라서 규범적으로도
예측할 수 없는 것이다.36) 그렇지만 비상사태(außergewöhnliche Situation)라고 하더라
도 내용상 현재의 긴급사태헌법에서 어느 정도 방위사태에 관련된 특별한 규정들에
의해서 확실하게 **예견가능한** 상황을 분별하는 것은 가능하다. 그러나 이 경우에 중요한
것은 단지 **궁극적인** 특성을 요구할 수 없는 상황이다. 이와 같은 상황 속에서와 마찬가지로
그러한 상황을 분별하는 것에 부수해서도 예견할 수 없는 것, 본래의 예외는 더욱 가능하며,
또한 법적으로 유보해 두어야 한다. 그 때문에 아마도 무의식적인 것인지도 모르는
예외문제의 거부는 일정한 비상사태를 예측하여 법률화함으로써 예외문제는 이미 그
자체가 해결될 수 있다는 견해가 지배적인 곳에서 나타나는 것인지도 모른다. 여기에
근본문제가 있으며, ― 나의 견해로는 ― 1968년의 긴급사태입법도 이러한 점에 결함이
있는 것이다.

  b) 이에 반하여 규정할 수 있으며 필요한 것은,

    (1) 예외상태의 전제들과 출현이다. 이것들은 무엇보다도 규정이라는 관점 하에서
접근할 수 있으며 이해할 수 있는데, 이미 위급한 상황이 아닌 가장 극단적인 경우에
가서야 예외상태가 된다는 것을 필요로 한다. 이러한 제한은 물론 어떤 포섭가능하게
규정된 구성요건이라는 의미에서 나타날 수 있는 것이 아니라 상대적인 일반조항에
의존하고 있으며, 예견할 수 없는 것을 다시 배제해서는 안 된다.37)
    (2) 예외권한의 수행을 위한 관할권. 여기서 문제가 되는 것은 누가 예외권력의
소유자이어야 하며, 누가 그러한 예외권력의 장악의 위임자이어야만 하는가 이다.
즉 특별한 권한을 가지는 평상시 기관 중의 하나인가, 아니면 로마법상의 독재관과
같은 이른바 예외기관인가?38)
    (3) 예외권한의 목적과 한계. 여기에서 예외권한의 엄격한 방향정립이 정상상태에
로의 복귀에 대해서 규정가능하고 반드시 규정되어야만 하는 것으로 보이는데,
그럼으로써 예외권한이라는 구실 아래 하나의 새로운, 다른 종류의 정상상태에로
이행하지 못하게 되는 것이다. 즉 이것은 주권적 독재(主權的 獨裁)* 대신에 위임적
독재(委任的 獨裁)의 창출과 보장이라는 고전적인 문제이다.39) 정상상태에로 복귀하

---

36) Hesse, JZ 1960, 107; Carl Schmitt, Politische Theologie, 2. Aufl., 1934, S. 19 (카를 슈미트,
   정치신학, 김효전옮김, 『헌법과 정치』, 19면).
37) 따라서 내용상 다소 각인된 「폭동」, 「무장봉기」와 같은 개념들과 아울러 「심각한 위험」, 「직접 위협을
   주는 위험」과 같은 불확정 개념들이 안전 등과 같은 국가질서의 존립을 위하여 사용되는 것은 불가피한
   일이다. 그러한 개념들이 내포하는 것은, 사법적 통제의 용어법으로 말한다면, 여하튼 하나의 광범위한
   판단이 연출되는 장(場)이다. 비록 그러한 것들이 정치적인 재량개념(裁量槪念)들로서 까지는 간주되지
   않지만, 그 때문에 때때로 비상사태를 확정하기 위한 특별한 절차가 불가결한 것이다. 후술하는 V.를
   보라.
38) 로마법상의 독재에 관해서는 Ernst Meyer, Römischer Staat und Staatsgedanke, 2. Aufl., 1961,
   S. 39 ff., 158 ff.; v. Lübtow, in: Der Staatsnotstand, hrsg. von Fraenkel, 1965, S. 91-137을
   보라.

려는 이와 같은 방향정립 속에 예외상태의 본질적인 정당화와 그 특수한 조치의 정당화가 있으며, 또한 그럼으로써 그 예외사태는 한정되는 것이다. 이것을 넘어서 권한의 대상을 한정하는 것은 극도의 제한이라는 의미에서 추상적으로 가능하다. 예견할 수 없는 상황과의 관련성은 유지되어야만 한다. 구체적으로 주어진 예외사태 에 직면해서만이 명백한 제한은 확정될 수 있는 것이다.

c) 예외사태의 방책은 정상사태의 법으로부터 본질적이며 구조적으로 구별되어 있어야 한다. 1968년 긴급사태헌법을 위한 자문에서 콘라드 헤세(Konrad Hesse)도 이 점을 강조하여 지적한 바 있다.[40] 이때에 중요한 것은 결코 예외상태의 확대 또는 격상이 아니라 평상사태의 완전성의 보전과 유지이다. 비정상적인 사태에 대해서 지속적으로 계산된 일반 규범들을 창출하려는 시도는 일반적인 형식으로는 상황에 구속된 수권으로 인도하며, 이 수권은 그 목적이 된 사태를 초월하여 사용하게 된다. 그 결과는 정상사태와 관련을 가진 규정내용에서 법적인 정상상태를 철폐하는 것이다. 이것은 모든 개인의 상황에 단지 부분적으로만 발생하는 것이지만 총체적으로 볼 때에는 계속하여 일어나는 것이다. 테러활동방지법은 그 약간의 규정들에서 이에 대한 명백한 예시들을 제공하고 있다.[40a]

정상사태의 법의 완전성(Integrität)은 이에 반하여 법률과 조치와의 구별을 요구하는데, 이것은 특히 카를 슈미트에 의해서 만들어진 것이다.[41] 예외상태를 극복하기 위한 조치는 집행가능성과 명령적 성격을 필요로 하기는 하지만, 그러나 그것은 법률의 성격, 따라서 평상사태의 법과 동등한 지위와 특성을 가지고 있어서는 안 된다. 목적에 관련되고, 구체적 상황에서 규정되고 종속적인 그 조치의 성격, 그 잠정성, 그리고 목적달성과 함께 즉시 종결된다는 것이 명백하게 존속하고 보장되어야만 한다. 그것들은 조치들로서 결코 최종적인 성격을 창조하지 않으며, 법적 효력에 영향을 미치지 않으며, 아무런 변화도 일으키지 아니한다. 다만, 현행 법률상의 법적 상태를 일시적으로 경합하게 하거나 정지시킬 뿐이다.[42]

예외법의 목적종속성과 목적한정은 동시에 정상사태의 법을 위한 보장의 수단이다. 이것은 특히 예외상태에서의 조치의 목적설정은 자유가 아니라 평상사태의 회복에로

39) 이 점에 관하여는 Carl Schmitt, Die Diktatur, 3. Aufl., 1964, S. 25-42, 191-205 (김효전역, 『독재론』, 법원사, 1996, 50-71면, 234-245면)을 보라.
40) BT-Rechtsausschuß, 57. Sitzung v. 16. 11. 1967, S. 88 f.
40a) 후술하는 주 57)을 보라.
41) Carl Schmitt, Die Diktatur des Reichspräsidenten nach Art. 48 WRV, VVDStRL H. 1 (1924); ders., Die Diktatur (Fn. 39), S. 247-252 (김효전역, 라이히 대통령의 독재, 『독재론』, 287-292면; 『동아법학』 제12호 1991, 292-298면에도 수록).
42) Carl Schmitt, ebda., S. 250 f. (위의 책, 290면 이하). 오히려 조치들의 '기술적'이며 명령적인 성격은 국가권력을 우선 단순한 행위권력으로서 나타나게 하는 것인데, 그 성격은 예외상황을 초월하여 기존의 (정상적인) 법적 상태의 원칙적인 유지라는 형식적인 법적 행위의 차원과 질로 승화시키지 못함으로써 바로 작용하는 것이다.

향해지고, 또한 그것에 의해서 재심사하고 통제가 가능한 것이기 때문이다. 바로 이 점에 정상사태의 법이 지속적인 법률화에 의해서 예외의 기준으로부터 새로운 예외로 각인된 정상사태에로 변형되는 것을 방지하는 보장이 있는 것이다.

IV. 예외상태를 명시한 헌법규정의 문제

지금까지 고찰한 것들은 예외사태(Ausnahmelage)의 문제에 대한 불가피한 법적 대답과 규정가능한 예외상태의 필수불가결한 구조적 징표들을 대상으로 한 것이었다. 민주적·의회주의적 헌법체계에 있어서 보다 자세히 말하자면 기본법의 헌법체계에 있어서, 그러한 규정들을 구체적으로 적합하게 형성하는 문제가 남는다. 이를 위해서는 우선 외국에서의 경험과 규정들에 관하여 검토하는 것이 적절할 것이다. 외국의 헌법질서는 기본법과 구조적으로 동일하지는 않지만 기본법과 유사하며 비교할 수 있는 것이다. 이러한 비교는 예외상태를 명시적인 헌법률로 규정하는 것이 절대 불가피한 것인지, 아니면 오히려 명확하지 아니한 규정들을 헌법전통이나 헌법의식 속에 포함시키는 것으로 충분한 것인지에 대해서도 살펴보아야 할 것이다.[43]

1968년의 긴급사태법을 반대한 사람들의 주요한 주장은 전쟁사태/방위사태에 대한 대비 이외에 긴급사태 규정을 명시하는 것은 무의미하다는 것이었다. 즉 실제적인 예외사태의 종류와 사태들은 예견불가능하다는 것이며, 더구나 실제적인 위급상황에서는 정부가 부득이한 것을 대비할 것이며, 대비해야만 한다는 것이다. 이 때에 주어진 법적 상태가 침해되거나 파괴된다면 의회가 사후에 면제를 베풀 수 있다는 것이다.[44] 명시적인 규정에 대한 이러한 거부는 이들에 의해서 — 여하튼 정상사태가 가능하다면 — 정상사태의 완전성과 부동성을 유지하는 수단으로 간주되었다. 이때에는 영국의 예가 자주 지적되었다.

1. 영국에서의 예외상태의 규정

영국에서의 예외상태의 법은 사실 본질적인 것이 명시적으로 규정되어 있는 것이 아니라 관습과 전통에 적합하게 인정된 것이다. 이것은 물론 영국에 있어서의 성문헌법의 결여와 결부된 것이기는 하지만, 그렇다고 해서 예외상태가 전혀 규정되어 있지 않다는 것은 아니며, 헌법 일반이 그렇듯이 비명시적이며 불명료하게 규정되고 있음을 말하는 것이다.

---

43) 그 때문에 비교는 영국과 스위스에 한정하였다. 이 양국은 명확하게 규정하고 있지는 않지만 역시 실존적인 비상사태권은 가지고 있다.

44) 그리하여 특히 코곤(Kogon)과 리더(Ridder)의 1967년 11월 9일의 제55차 연방의회 법사위원회에서의 청문에서 그렇다. Prot. 12 (Kogon), 81 f. (Ridder). 이전에 이미 Seifert, Notstand und Verfassung: Atomzeitalter, Krieg und Frieden, S. 116 f.

예외상태에 대한 규정은 내용상 의회주권, 통치의 대권, 그리고 코먼로의 원칙에 의해서 각인되고 있다.[45] 의회는 그 주권에 의해서 사법을 포함한 다른 권력들에 대해서 권한을 확대하는 권한(Kompetenzkompetenz)을 가지고 있다. 즉 판결의 기각, 자신의 법률의 폐기, 불문헌법에 대한 변경이나 파기, 시민적 자유(civil liberties)를 정지하는 조치법, 모든 종류의 수권법 등이 의회의 권한에 속한다.[46] 법률의 개념은 내용상의 특질이나 제한없이 본질적으로 형식적이다. 즉 법률의 개념은 예외사태에 있어서 주권적 상황에 관련된 규정이나 수권을 위해서 적합한 것이다. 이 때에 이와 같은 규정/수권들은 경우에 따라 관련될 수 있으며, 또한 일반 법률(general laws)로서 타당할 수도 있다. 의회는 여기에 대해서도 역시 다양하게 적용하였다. 그리하여 예컨대 1920년과 1939년의 긴급법(emergency laws), 그리고 1973년과 1975년의 북아일랜드(긴급 조항)법이 그렇다.[47] 예외상태의 선포는 — 특히 배제된 더구나 주권적 권한이 비로소 발효되는 — 따라서 요구되지 않으며, 또한 기능하지 못할 것이다. **정부의 대권**(Prärogative der Regierung)은 사전에 법률에 의한 수권이나 어떤 집행상의 과제라는 필요성 없이, 자신의 행위에 대해서, 또한 침해의 영역에서도 정부의 자유를 포함하는 것이다.[48] 이러한 대권은 대외적 권력, 국토방위, 그리고 공공의 안전을 위해서 인정된 것이다. 이 대권은 의회의 법률로써 제한 가능하며 구속가능한데, 어떠한 법률도 존속하지 않는 곳이지만 「국가행위」(acts of state)*를 설정하는 사태에 있는 근원적인 명령권력으로서 나타난다. 대권이라는 고유한 행위를 위한 기초는, 법률이 존재하지 않거나 또는 정부가 법률을 제정하는 한, 코먼로이다. 코먼로에서 국가의 보호라는 막중한 임무(방위와 안전의 유지를 위해 불가피한 것)가 파생되는 것이다. 극단적인 경우에 코먼로는 계엄(martial law)이 효력을 발생하는 토대가 되기도 한다.[49] 즉 주어진 사태에

---

45) 다음에 관한 서술들로는 Dicey, Introduction to the Study of the Law of the Constitution, 10th ed. by E. C. S. Wade, London 1959 (Reprint 1975), S. 39 ff., 284 ff., 464 ff. (안경환·김종철 공역, 『헌법학입문』, 1993) 및 Introduction (E. C. S. Wade), S. XXXIV ff., CLXXXIX ff.; Wade and Philipps, Constitutional and Administrative Law, 9th ed. London 1965, S. 59 ff., 237 ff., 513 ff.; Loewenstein, Staatsrecht und Staatspraxis von Großbritannien, I , 1967, S. 61 ff., 499 ff.; II, S. 374-390. 또한 1967년 12월 7일의 제60차 연방의회 법사위원회의 청문에서의 되링(Doehring)의 보고, Prot., S. 24 f.를 보라.

46) 예컨대 Dicey (Fn. 45), S. 39 ff.; Loewenstein, (Fn. 45) I, S. 65-68을 보라.

47) 1920년과 1939년의 긴급법(emergency laws)에 관하여는 Loewenstein (Fn. 45) II, S. 381 f., 386 f.; 1973년과 1975년의 북아일랜드(긴급규정)법에 관하여는 Geoffrey Wilson, Cases and Materials on Constitutional and Administrative Law, 2nd ed. Cambridge 1976, S. 738-792, 797/798을 보라.

48) Dicey (Fn. 45), S. 464-69; Wade and Philipps, (Fn. 45), S. 233 f.; Loewenstein, (Fn. 45), I, S. 502 ff., 509 f.

49) 계엄에 관하여는 Dicey (Fn. 45), S. 284 ff.; Loewenstein, (Fn. 45), Bd. 2, S. 376 ff.; Carl Schmitt, Diktatur, (Fn. 39), S. 172-81 (역서, 213-223면) 참조.

따른 법률적인 제한의 발생을 허용하지 않는 이러한 상황에서 위험상태를 제거하기 위한 조치를 취해도 좋다는 명령권한이 군대에게 이양되어 있는 것이다. 예외상태에 대한 조치를 취함에 있어서 정부가 기존의 전권이나 명시적인 법률상의 한계를 벗어나게 되면 영국법은 면제법(indemnity acts)[50]의 가능성을 알고 있다. 그러한 면제법은 그것이 시행된 당시에는 불법적이었던 법령들의 합법화 내지는 이미 발생한 법적 파괴에 대해서 일정한 인물의 해방을 의미하는 것이다. 이와 같은 합법화나 해방은 의회주권의 산물이며, 그것 때문에 의회는 사후에 불법을 합법이라고 선포하거나 법적으로 없었던 것으로 만들 수 있는 것이다. 예외상태는 면제법의 원인이나 연결점이 아니라 병존하는 면제법의 적용영역들 가운데 하나인 것이다.

　영국에 있어서의 예외상태에 관한 이와 같은 법을 기본법이라는 헌법질서 속에 이양하는 것은, 그 불명확함을 고려해서도 또한 그 내용에 관해서도 가능하지 않은 것으로 보인다. 예외법의 형식화되지 않은, 관습법에 적합하게 불명료한 타당성은 영국의 법질서라는 관련에서 분리될 수 없으며, 독일의 헌법에 이전할 수도 없는 것이다. 독일에 있어서의 헌법개념과 헌법사상은 경성헌법에 의해서 규정되며, 고권적 공권력(高權的 公權力)이라는 행위권한과 침해권한을 궁극적으로 규정하는 일관된 헌법의 관념에 의한 것이다.[51] 따라서 독일의 헌법개념과 헌법사상이 갑자기 관습과 명시되지 아니한, 마치 전제된 것과 같은 규정들에 의해서 결정되도록 내버려둔다는 것은 있을 수 없는 일이다. 그 밖에 영국에서마저 예외상태를 형식화하지 아니하는 것이 현저하게 나타났으며, 더구나 이미 언급한 긴급법률에 의해서 예외사태를 위한 명시적인 수권규정과 조치규정들로서 나타나고 있다.

　영국 예외법의 주요 부분, 즉 면제법의 기능과 실제는, 구조적인 이유 때문에 기본법의 헌법질서에 도입할 수는 없다. 그것은 형식적인 법률개념과 특히 주권적 행위로서의 법률을 전제로 한다. 기본법에 따르면 입법자는 그 동안 헌법에 의해서 구성된 권력(pouvoir constitué)이며, 헌법을 파괴하는 권한도 없으며, 헌법상 보장된 권리들을 정지할 권한 등도 없는 것이다.[52] 이미 발생한 법률상의 월권행위나 헌법상의 월권행위를 법적으로 발생하지 아니한 것으로 만들거나 또는 소추하지 아니하는 것은, 권력분절에 있어서의 침해를 의미하며, 일반 규정으로서의 법률의 지배, 헌법의 우월 등(소급적인 예외규정에 의한 헌법) 법률 앞의 평등에 대한 침해를 의미하는 것이다. 우리들의 헌법질서에서 볼 때 연방의회의 면제법(indemnity acts)이란 법적 사고와 헌법의식으로는 소화할 수

---

50) 이 점에 관하여는 Dicey (Fn. 45), S. 49, 237, 정지법(suspension act)과 면제법의 관계에 관하여는 S. 233 f.; Loewenstein (Fn. 45), I, S. 68. 제1차 세계대전 이후에는 1920년의 포괄적인 면제법이 공포되었는데, 이것은 제1차 세계대전 기간 중의 전권위반(全權違反)을 합법화한 것이다.

51) 상술한 주 26)을 보라.

52) 이것은 기본법 제1조 3항, 제20조 3항, 제79조 1항·3항, 제93조 1항, 제100조에 의해서 완전히 명확하게 되었다. 기본법은 주권자를 알지 못하는 헌법질서의 원형이다.

없는, 잠시 끼어든 허위의 주권행위로 작용할 것이다.53)

2. 스위스에서의 예외상태 규정

성문헌법인 스위스 연방헌법도 정부에 대한 예외규정이나 긴급명령의 수권을 포함하지는 않고 있다. 그럼에도 불구하고 1914년과 1939년 유럽에서의 세계대전의 발발과 관련하여, 「스위스의 안전·자주성·중립성의 고수·국가의 경제적 이익과 신용유지, 그리고 생계의 보장 등을 위하여 불가피한 조치를 취하는」 일반적 수권을 스위스 통치당국인 연방참사회에 위임한다는 연방의회의 전권결의가 발표되었다.54)

이러한 수권들은 규범적 실체에 대해서 내용상 한계가 없는 것이다. 법률과 헌법 — 헌법의 경우 기본권, 연방과 주, 그리고 적극적 시민의 권리간의 권한질서라는 영역에서 — 으로부터의 이탈은 무방한 것으로 간주되었다. 그럼에도 불구하고 상응하는 긴급명령들에 해당되는 것은 법을 변경하는 것이 아니라 단지 정상적인 법적 상태를 전복하거나 정지시키는 작용뿐이다. 이러한 이른바 「전권을 가진 정권」 (Vollmachtenregime)은 헌법에서의 기초 없이도 그 권력을 행사하였으며, 그동안 정치적 동의에 의해서 유지되었다. 그 정당성 — 그것이 정당화되었던 한에서 — 은 불문율의, 헌법 내재적인 국가긴급권에서 비롯된 것이었다. 이에 대해서 배경을 이루는 것은 단절되지 아니한 스위스 국가의식과, 헌법과 헌법에 적합한 권리는 국가가 존속하고 존재된다는 전제 아래 비롯된다는 견해이다. 1973년의 연방의회의 선언에서 「서약공동체」(Eidgenossenschaft)가 몰락한다면 … 연방과 주의 권한들도 역시 함께 사라지는 것이다. 모든 사정 이레서도 개인의 권리와 권한의 한정들이 신성하게 유지되어야 하며, 비록 서약공동체가 파멸하게 되는 경우마저에 그래야 한다는 것이 연방헌법의 의미일 수 있는가? 헌법은 이성적으로 볼 때 이러한 의미를 가질 수 없다.55) … 따라서 이해해야 할 것은, 스위스 헌법의 전면개정을 준비하기 위하여 설치된 바알렌 작업반(Arbeitsgruppe Wahlen)은 그 최종보고서에서 관습에 적합한 특수입헌주의적인 국가긴급권이라는 의미에서의 규정되지 아니한 상태로

---

53) 저자는 유감스럽게도 이러한 확증을 지적하였다. 왜냐하면 보다 많은 관점 아래서는 이른바 면제의 해소가 그 자체가 철저한, 정치적으로 명확하고 의원내각제의 정부형태에 특별한 방법으로 적합한 모델일 것이기 때문이다. 이에 관하여는 Seifert, Die Abhöraffäre 1977 und der überverfassungsgesetzliche Notstand, KritJ 1977, 122 참조. 주권자 없는 헌법질서 내에서, 그 위에 권리침해로서의 권리파괴가 나타나는 것(기본법 제79조 1항)은, 그럼에도 불구하고 그러한 모델을 전환시키지 못할 것이다. 즉 의회로부터 수용한 정치적 책임은 또한 주권행위 속에서 법적으로 치유될 수 있어야만 하는 것이다.
54) 1967년 12월 7일의 연방의회 법사위원회의 제60차 회의에 의한 청문에서의 한스 후버(Hans Huber)의 보고, Port. S. 17 ff.를 참조. Fleiner-Giacometti, Schweiz. StaatsR, 1949, S. 786, 790; Aubert, Traité de droit Constitutionnel suisse Ⅱ, 1967, S. 553-56.
55) 1973년 9월 17일의 연방의회(Bundesversammlung)에 대한 연방참사원(Bundesrat)의 보고. Arbeitsgruppe für die Totalrevision der Bundesverfassung, Schlußbericht, 1973, S. 602.

끝맺는 것을 추천하였다는 사실이다. 근거를 들자면, 있을 수 있는 가중한 구성요건 전체를 자세하게 기술하는 것은 목적에 적합하지 않으며 또한 불가능할 것이며, 실제의 예외상태들에서 국가기관이 미리 규정된 권한의 제한 안에서 행동하기는 아마도 불가능할 것이다.56)

여하튼 헌법에 규정되거나 예견되지는 아니하였지만, 필요한 경우에는 독자적으로 실천된 예외법이라는 주어진 상황은, 여하튼 연방공화국의 헌법질서 속에 적용될 수는 없는 것이다. 우선 그러한 상황은 연방공화국에서는 이식시킬 수 없는 스위스의 국가전통과 정치의식이라는 특별한 전제들에 근거하고 있으며, 다른 한편 지금까지 실천된 예외권한들의 종류와 범위는 스위스라는 특별한 정치적 존재조건들, 특히 그들의 독특한 상황에 의해서 특색 지어진 것들이기 때문이다. 그러나 그 외에 — 이것은 특히 주목할 가치가 있는데 — 그러한 예외정부의 활동은 헌법재판권의 결여를 전제로 하기 때문에 마지막 말은 정치적 심급(Instanz)에 남아있는 것이다. 규범통제에 관한 권한과 헌법소원에 대한 결정권을 가지는 현행 헌법재판권에서는 필연적으로 헌법을 보충하는 해석 입법자로서 헌법재판을 통하여 예외상태법의 즉각적인 고정화가 이루어지는 것이다.*

V. 기본법의 헌법질서에서의 예외상태 규정의 모델구조

헌법의 관념과 헌법의 전통을 위해서 — 우리는 그 속에 살고 있으며 그것에 의해서 각인된 기본법의 헌법질서가 명백하게 예외상태의 규정을 포기할 수 없는 — 궁극적으로 입헌국가를 해체시키는, 윤곽 없는 초법률적인 긴급사태라는 글로발한 수권은 방어되어야 한다. 그러한 규정은 그 쪽에서 보면 문제가 되었던 가능한 예외상태-규정의 필수적인 구조적 징표들을 포함해야 하지만, 다른 한편으로는 기본법의 민주적·의회주의적 헌법구조와 관련하여 가능한 한 그것에 적합하여야만 한다.

마지막 장에서는 그러한 예외규정의 모델구조를 그 본질적인 점에서 전개하는 시도가 이루어져야 할 것이다.

1. 정상사태와 예외상태의 구별

a) 그러한 모델구조의 첫 번째 징표는 정상사태의 상황과 법, 그리고 예외상태의 상황과 법을 명확하게 분리하는 것이다. 이것은 단지 형식적인 관점에서만, 예외상태를 형식적으로 선언함으로써만 타당한 것이 아니가 실제적인 관점에서도 타당한 것이다. 이에 속하는 것은 체험되거나 또는 우려된 구체적인 예외 상황들의 계속적인 「법률화」

---

56) Arbeitsgruppe für die Totalrevision, Schlußbericht (Fn. 55), S. 604.

(Vergesetzlichung)의 시도를 단념하는 것이다. 그러한 법률화의 의도는 전적으로 법치국
가적이다. 즉 법률의 지배, 일반규범의 반응형식은 가능한 한 널리 미쳐야 한다. 그러나
이 때에 법률은 비밀리에 변화하는 것이다. 법률은 목적 지향적인 상황에 규정된 방어조치
(Abwehr-Maβnahme)가 되며, 단지 일반적인 형식으로, 지속적으로 된 형식으로만, 그러
므로 주어진 경우를 넘어서 적용 가능하게 되면, 관료제의 기능양식으로서 유용하게
된다. 그 결과 정상사태의 법은 일반화된 예외-방어규정에 의해서 실시되는 것이다.
이 규정들은 잘게 그러나 조각조각 정상 사태의 법을 변경하며, 더구나 이와 같은 법에
내포된 자유의 질서에 손상을 입히게 한다. 접견금지법과 가장 최근에 계획되었거나
의결된 테러활동방지법의 일부분이 이에 대한 명확한 예들을 보여 준다.[57]

   쉴라이어 납치에 따른 상황에서 구체적인 조치로서의 접견금지는 불가피하고
적절한 것이었을 수도 있으며, 변호인 감시라는 조치 역시 특정한 경우에는 마찬가지
일 것이다. 그러나 왜 그러한 사건으로부터 불확정한 미래를 위해서 통용되어야만
하는 — 어떤 조치가 입법절차에 의해서 몰아지는 것처럼 — **일반화된** 접견금지법이
나 방탄유리분리법(Trennscheiben-Gesetz)이 생겨나야만 하는 것인가? 여기서는
동기나 의도를 알아낼 수가 없다. 그러나 접견금지법의 심의에서 사회민주당의
압바이흘러(Abweichler)의 입장은 한편으로는 **구체적으로** 취해진 접견금지 조치에
대해서 원리적으로 아무런 이의를 제기하지 않았으나, 그러나 다른 한편으로는
이에 상응하는 일반법률로의 의결을 결정적으로 저지할 것인데, 객관적으로는 정상
사태와 예외상태를 구별하기 위하여 정당한 의미를 보여 주었다. 그 입장은 아마도
그 때문에 그렇게 이해를 받지 못하였을 것이다.

---

57) 이른바 테러행위방지법에서 구별해야 할 규정들은, 하나는 말하자면 집회의 평온성과 비무장성을 위해서
   보다 강력한 보호를 예견하려거나 또는 실시하기 위한 경찰상의 통제직책이 억압적 · 형법적인 체포를
   가능하게 하는 것 — 이것은 정상상태의 법에 속한다 — 이며, 다른 하나의 규정은 예외 · 방어적 성격
   (Ausnahme-Abwehr-Charakter)을 가지는 것으로 말하자면 접견금지법, 방탄유리분리규정
   (Trennscheibenregelung), 수상한 자에 대한 수색권한의 확대, 특히 건물 전체에 대한 통일적인 수색을
   가능케 하는 것이다. 이 후자의 규정에 대해서 연방 법무장관이 행한 진술과 방어(H. J. Vogel,
   StrafverfahrensR und Terrorismus-Bilanz: NJW 1978, 1217 ff.)는 문제를 더 한층 명백히 하고
   있다. 포겔(Vogel)은 이 규정들에서 입법국가로서 법치국가의 검증을 보는데(1228), 이때에 그 법치국가
   는 구체적이며 입증 가능한 필요성에만 향하고 있으며, 또한 그의 반작용에서 비례성이 유지되며, 그
   뿐만 아니라 형법 제129조 a에 따른 피의자나 유력한 혐의가 있는 경우에 확대된 권한을 제한함으로써
   유지된다는 것이다. 그럼에도 불구하고, 이러한 규정들은 일반적인 법률로 의결되었으며, 테러리스트(의
   행위)로부터 방어와 테러리스트(의 행위)의 수색으로서만 그 자체 속에 확대된 적용영역을 내포하고
   있다는 사실에 대한 방도를 지나쳐 버려서는 안 된다. 왜냐하면 형법 제129조 a의 구성요건은 결코
   테러리스트의 결사에 대해서만 미치는 것이 아니라, 일반적으로 모든 형사상의 결사를 포괄하는데, 그
   결사의 목적이나 활동은 형법 제129조 a에서 상세히 규정한 범죄행위, 즉 살인 · 살해(Totschlag) · 공동
   위험적인 방화죄나 폭발물 행위 등을 범하는 데에 향해진 것들이다. 다른 한편, 이러한 규정들은, 일반
   법률로서 의결되었기 때문에, 우리들의 법률상의 법질서라는 체제 속에 편입되며, 그럼으로써 모든 논의의
   모습, 말하자면 확대된 해석 · 유추 · 흠결의 충족 · 법적 형성과 같은 것에 친숙한 것이다. 이러한 것들은
   그의 통일성과 모순 없는 것을 산출 내지는 보유하는 수단으로서의 그러한 체제에 속하는 것이다.

법치국가적인 사고, 즉 정상사태(Normallage)의 법과 예외사태(Ausnahmelage)의 법의 구별과 분리를 실현하지 못하고, 일반규범의 반응형식에 고정된 사고는, 그 고유한 전제들을 반영하지 못하는 전도된 법치국가적 사고이다(포르스토프).[58] 정상사태의 완전성은 바로 그러한 법치국가 사상에서 — 부득이하게 — 파생된 것이다. 그것이 강하면 강할수록 더욱 더 일반적인 규범설정에 의해서 잠재적인 예외사태를 정상화하려고 시도하는 것이다. 예외사태(Ausnahmelage)는 일반적인 규범설정에 의해서만 대처할 수 있거나 또는 대처하도록 허용된다고 생각하는 사람은, 예외상태(Ausnahmezustand)를 법률적으로 규범화하며, 결국 예외상태에 의해서 규정된 정상사태의 법을 창조하는 것이다.

b) 실질적으로 정상사태와 예외상태(Ausnahmezustand)의 분리는 법률과 조치의 실질적 구별을 승인하는 것과, 이것의 실현을 내용으로 한다고 이미 말한 바 있다.[59] 이러한 구별은 결코 예외상태의 조치들에 대해서 특별한 자유를 부여하거나 그 지위를 상승시키는 것을 의미하지는 않는다. 이러한 구별은 비상조치가 사태와 목적에 상응한 행동, 구체적 목표를 위한 실제적·기술적인 집행의 표현으로서 보전되는 것을 돕는다. 바로 그 때문에 이 조치들은 새로운 **법적** 상태를 창출하는 노력을 가지는 것이 아니라, 오히려 필요하다면 현재 존재하며 존속하는 법적 상태를, 특정한 점에 대해서 한정된 기간 경합 또는 정지하는 효력을 가지는 것이다.[60] 목적에 종속된, 상황에 따른 조치들에서 — 그것들의 명령적 특성이나 그 집행력에도 불구하고 — 하나의 법적 원리를 지향하는 법규정 중의 하나로서 법률의 위계와 품위가 박탈된다면, 정상사태의 법적 상태라는 완전성은 해체되는 것이 아니라 바로 보장되는 것이다.

이와 같은 조치적 성격의 승인과 확정은 동시에 예외권한을 임시적인 입법권, 이른바 진정한 긴급명령권 속으로 이행하는 것을 저지하는 출발점이다. 불특정 다수를 향한 조치들은 행정법의 일반적 처분이라는 종류에 따라서 일반적 명령일 수 있다. 그러나 조치를 위한 수권은 결코 임시 입법을 위한 수권은 아니며, 대용입법자를 만들지도 못한다.[61] 그럼으로써 동시에 예방되는 위험은, 예외권한들이 1930년~32년 이래로 독일에서 입법자들의 책임으로부터의 도피를 두둔하는 예외규정을 두려는 모든 시도들을

---

58) Forsthoff, Der Staat 2 (1963), S. 385-98.
59) 상술한 Ⅲ. 3. c)를 보라.
60) 그 속에 법률과 조치의 구별이라는 법치국가의 내용이 있다. 상술한 Ⅲ. 3. c) 및 주 42)를 보라.
61) 그리하여 카를 슈미트는 1924년에 발표한 라이히 대통령의 독재에 관한 보고(Fn. 41), S. 250에서 밝히고 있다. 1930~32년 간의 바이마르 헌법 제48조 2항에 근거한 라이히 대통령의 긴급명령 — 입법으로 이행한 것은 이 규정에 대한 헌법변천의 표현이며, 그것은 물론 이미 라이히 대통령 에버트(Ebert)의 개별적인 긴급명령-법률에 의해서 준비된 것이었다. 국법학의 유력한 견해에 의하면 1930~1932년이란 상황 속에서의 이러한 헌법변천은, 비록 일부 의심이 없는 것은 아니지만, 시인되었다. Anschütz, Die Verfassung des Deutschen Reiches vom 11. 8. 1919, 14. Aufl. (1933), Art. 48 Rdnrn. 10, 13, 14; Carl Schmitt, Die staatsrechtliche Bedeutung der Notverordnung, 1931, ders., Verfassungsrechtliche Aufsätze, 1958, S. 238 ff. (정태호 옮김, 바이마르 헌법상의 긴급명령의 국법적 의의: 그 법적 효력을 중심으로,『경희법학』제40권 1호, 2005, 277-303면) 참조.

은폐시키는 트라우마(Trauma)의 위험이다. 다른 측면에서 특별한 사태가 매우 광범위하게 예측가능하고, 그와 같이 기대된 기간일 경우에, 그 사태가 일반규범에 의해서 규정에 친근하고 필요한 것처럼 보이는 곳에서는 더 이상 진정한 예외사태가 문제로 되지는 아니한다. 진정한 예외사태의 특징은 그 구체적인 성격을 예상할 수 없다는 것이 아니라 오히려 여기서 문제가 되는 것은, 그러한 상황과 관련된 법률적 내지는 법률적인 종류의 규정들에 대해서 아무런 이의도 제기할 수 없는 의도적인 특별-정상사태(Sonder-Normallage)이다.

예외적 명령의 조치적 성격은 예외가 「집행부의 최후」(Stunde der Exekutive)라는 것을 함축하지도 아니한다. 조치의 개념은 권한의 개념이 아니라 법내용적인 개념이다. 이 때에 **누가** 조치를 취할 권한을 가지거나 보유하는가는 열려져 있다. 이와 같은 권한은 예외상태에 대한 규정에 따라서 의회 또는 정부에게 있을 수도 있다. 의회에 그러한 권한이 있다고 하여 조치의 성격이 그럼으로써 지양되지는 아니한다. 그러면 의회는 법률을 의결하고 그 밖의 조치들을 취하거나 그러한 것들을 하도록 권한을 위임한다. 그 경우에 정상사태에 대한 법의 정립으로부터 구별되는 조치의 고유한 기능은 특히 명백해지는 것이다.

2. 예외상태의 확정권한과 예외권능의 보유와의 분리

예외상태의 요건을 형식적으로 확정하는 것 ── 예외상태를 규정하는 오래된 수단 ── 은 두 가지의 이유에서 필요하다. 하나는 이러한 요건들이 법치국가적인 구성요건의 명확성에서 한정적으로만 정식가능하기 때문이며, 따라서 요건의 확정은 항상 정치적 결정의 성격을 가지기 때문이다.62) 다른 하나는 이러한 확정을 그 정치직 의의에 비추어 관료제의 일상적 포섭실제(Subsumtionspraxis)로부터 벗어나기 위한 것이다. 이 때에 결정적인 것은 이러한 **확정** 권능을 예외 권한의 **보유**로부터 분리하는 것이다. 예외권한의 담당자의 자기수권(自己授權)의 위험은 회피되어야 하기 때문이다. 이것은 이미 1851년의 프로이센의 계엄상태법에서의 법치국가적 내용이었다. 이 법률에 따라서 내각은 계엄상태를 선포하였으며, 그다음에 상승된 집행권은 그것 자체가 아닌 군대의 명령권자에게 이전되었다.63) 기본법 제91조와 제115조 e에서는 이러한 분리는 나타나지 아니하였다.64)

---

62) 상술한 Ⅲ. 3. b)를 보라.

63) §§2 Ⅱ, 4 PrG über den Belagerungszustand v. 4. 6. 1851 (PrGS S. 451). 또한 E. R. Huber, Deutsche Verfassungsgeschichte seit 1789, Ⅲ, 160, S. 61 f., 1048 f. 및 Boldt, Rechtsstaat und Ausnahmezustand, 1967, S. 68-72 참조.

64) 기본법 제9조 2항에 따라서 연방정부 자신은 예견된 관할권의 집중에 대한 전제들이 있는가의 여부를 결정한다. 즉 기본법 제87조 a 4항에 따른 군대의 동원에 관한 전제들도 마찬가지이다. 기본법 제115조 e에 따라서 공동위원회 자신이 3분의 3의 다수로써 연방의회와 연방참사원의 지위를 차지하는 전제들이 충족되었는가의 여부를 확정한다. 그러한 한에서 이 규정들은 주목할 만한 방법으로 바이마르 헌법

민주적 헌법조직의 원칙에서 본다면, 이러한 확정권한은 입헌군주제에서 군주의 정부가 그렇듯이 주권자에게 가장 가까운 기관인 국민대표에게 주어야 한다. 더 나아가 예외권한을 소지하게 되는 자는 여하튼 정부나 정부기관이기도 하기 때문에, 이와 같이 확대된 관점 아래서도 확정권한의 담당자로서의 정부는 문제 밖에 있는 것이다. 국민대표의 집회가 방해를 받게 되면, 확정권한의 담당자로서의 정부가 아니라 의회의 의장 (Präsidium)이나 연방대통령이 문제로 되는데, 왜냐하면 연방대통령은 기본법에 따라서 통치권능의 행사에 내용적으로 관여하지 않기 때문이다.

3. 예외권한의 규정

여기서는 두 가지의 문제가 의미를 지닌다. 즉 누가 예외권한의 소지자이어야 하는가? 그리고 어떠한 방법으로 예외권한이 법적으로 제한될 수 있는가?

a) 예외권한의 **소지자**(Inhaber)로서는 하나의 기관만이 고려된다. 그 기관은 한편으로는 신속하게 행동하는 것에 향하고, 이에 상응하여 조직되며, 다른 한편으로는 단순한 행정기관이 아닌 정치기구이다. 이 점에서 본다면 정부나 정부기관에게 예외권능을 맡기는 것은 항상 당연한 것이다. 공동위원회(Gemeinsamer Ausschuß)와 같은 준의회적 기관(準議會的 機關)은 적합하지 못하다.[65] 행동으로 향한, 기관의 **의회적** 성격을 등급이나 작업방식에 따라서 불가피하게 상실할지도 모르며, 단지 의회적 권한의 외관만을 견지할는지도 모른다. 그럼에도 불구하고 정부기관에로의 예외권한의 이양이 결코 여러 모로 우려되는 의회의 해산이나 축출을 의미할 필요는 없다. 의원내각제의 원리, 즉 국가의 지도를 의회와 정부의 수중에 전부 귀속시키는 것[66]은 예외상태에서도 상응하게 실현될 수 있다. 의회가 예외상태가 확정될 경우에 한정하고, 이미 확정된 집행권에 전반적인 관할권이 발휘하도록 하는 것이 반드시 필요한 것은 아니다.[67] 마찬가지로 의회는 주어진 **구체적** 예외상황과 관련하여 예외상태를 확정함에 있어서 상세하게 제한적으로 조치수권(措置授權, Maßnahmeermächtigung)을 한정하는 권한을 가질 수 있는 것이다. 목적을 자세히 명문화하거나 지역적으로 한정함으로써, 또는 특정한 개입을 배제하는 등등으로 말이다. 정부기관의 예외적 행위의 집행으로서의 성격은 그렇게 함으로써 보다 상세하게 규정할 수 있는 것이다.

제48조 2항을 모방한 것이며, 보다 이전의 법과는 달리, 또한 비상사태의 확정과 비상권한의 점유 간의 구별도 하지 않았다. 바이마르 헌법 제48조 2항에 대한 비판은 이미 Anschütz (Fn. 61), Art. 48 Rdnr. 14.

[65] 연방의회의 법사위원회가 개최한 청문에서의 헤세(Hesse)의 의심 (주 43), S. 90을 보라.

[66] Friesenhahn, VVDStRL (1958), S. 38.

[67] 여기에는 1950년 4월 20일의 긴급사태헌법을 위한 이른바 슈뢰더(Schröder) 초안의 중요한 결함 중의 하나가 있었다(BT-Dr Ⅲ/1800). 이 초안은 현실적인 비상사태를 내용적으로 사전에 규범화하는 것이 불가능하다는 올바른 인식이 집행권에 대한 포괄적인 수권(授權)과 결부된 것이다. 한편 의회는 비상사태의 결정에 대해서, 그리고 집행권이 발한 규정과 조치들을 실효화시키는 요구를 넘어서는 권리에 관여해서는 안 되었다.

b) 예외권한의 **법적 한정**은 내용적 규범화를 통하여 도달 가능한 것은 아니다. 이에 관하여는 이미 언급하였다. 구체적으로 예견할 수 없는 예외상태가 정말 법적으로 포괄되어야 한다면, 그것은 전제된 목적 달성, 즉 정상상태에로의 환원을 위해서 「필요한 조치」를 취할 수 있는 권한을 규정하는 것은 불가피한 일이다.[68] 일반적으로는 기본법 제1조와 제20조의 원리들과 비교할 수 있는 극단적인 한계만이 설정될 수 있을 뿐이다. 그럼에도 불구하고 다른 종류의 제한이 가능하다. 즉 **조치의 성격**(Maßnahme-Charakter)에 대한 확정과 한계, 그와 함께 주어진 잠정성·목적종속성 그리고 단지 중층적(重層的) 내지는 정지적인 작용, 자기 자신이 부담하는 형성의 목표를 배제하고 제시된 목적에의 구속, 그리고 이러한 목적을 고려한 엄격한 비례원칙에의 구속, 의회에 의한 효력상실의 가능성뿐만 아니라 반드시 유효기간을 명시하여 당초부터 조치의 유효성에 대해서 시간적인 기한을 두는 것,[69] 기본권 영역에서와 같은 광범위한 특정한 침해에 대해서 의회에 의한 특별수권(Sonderermächtigung)의 유보 등등.

4. 예외권한 소지자의 책임과 통제

예외권한 소지자의 책임과 통제는 특별히 중요한 규정요소이다. 통제의 강화는 예외권한에 대한 선명한 내용적 규정이 결여된 것에 상응하여야 한다. 그렇게 함으로써만이 이러한 권한이 민주적·의회제적 헌법체제에 포함되는 것을 견지할 수 있는 것이다. 두 가지의 문제가 이와 같은 관련에서 제기된다.

a) 예외권한의 소지자의 **책임**은 통상의 정치책임보다도 강력하고 또한 엄격하게 추궁되어야 한다. 따라서 의회의 통제에 그치는 것이 아니라 조치권능의 의식적인 유월(踰越) 또는 남용에 있어서 상응하는 소추의 가능성을 수반한, 전통적인 국법상·형법상의 장관책임제도의 부활도 생각되어야 할 것이다.[70] 이 때에 중요한 것은 형사소송적인 방식의 재판절차가 아니라 본래의 의미에서의 소재(Materie)의 정치적 성격에 상응하는 정치적 사법(司法)의 형태이다.

b) 예외권한을 정지시키는 정치적 통제가 다만 경우에 따라서 의회의 동의에 의해서 개시되어야 하는지, 아니면 직무상 예외상태가 종료된 후 개시되어야만 하는 것인지는 심사숙고하여야 한다. 직무상의 통제에 유리하기 위해서 좋은 근거들을 언급하는 것은 상응하는 통제의 **기관**(Kontroll*instanz*)을 가진 사태에 적합한 통제절차가 마련되는 경우이다. 현재의 의회조사위원회(parlamentarische Untersuchungsausschuß)의 형식과 실제는 물론 고무적이지 못하다.[71] 통제의 문제와 관련해서는 예외상태의 요건을 확정하기

68) 이 점에 관하여는 Hesse (Fn. 36), S. 106.
69) 이것은 행위의 주도권이 전복되는 것을 야기 시키며, 따라서 의회의 단순한 해제권한에 대한 본질적인 구별을 의미한다.
70) 이와 같이 장관의 책임이라는 낡은 제도에 관하여는 Carl Schmitt, Verfassungslehre, 5. Aufl., 1970, S. 136 f., 331 f. (역서, 157면 이하, 360면 이하)를 보라.

위한 의회다수파의 문제도 제기된다. 때에 따라서 다른 다수에 의해서 너무 용이하게 사용되는 것으로부터 보호한다는 관점 아래서 3분의 2라는 다수의 사상은 설득력이 있다. 그러나 3분의 2 다수도 양날을 가질 칼이다. 그러한 사상이 예외상태의 편파적인 해명을 배제하기는 하지만, 그때그때의 반대를 신속하게 공동책임으로 끼워 넣기도 하여 조치-정권(Maßnahme-Regimes)의 의회제적·정치적 통제를 어렵게 한다. 의원의 단순다수가 필요할 때에도 역시 정부의 다수는 정치적인 폭파력 때문에 반대파에 동조하려는 경향을 띠게 된다. 그렇게 되면 결정은 여기에 종속되지 않으며, 반대파는 보다 자유롭게 이 동조를 거부할 수 있으며 통제의 칼은 예리해질 수 있다.

5. 대규모의 예외상태와 소규모의 예외상태

테러리즘에서 비롯된 정치적 적대활동의 경험이 보여주는 것은, 예외상태는 대규모적인 차원에서만이 아니라 한정된 차원에서도 가능하다는 사실이다. 오늘날 한정된 범위의 목표를 추구하는 활동에서도 그 극복이 평상상태의 규범적 수단으로는 이미 충분하지 아니한 「대위기」를 초래하지는 않는다 하더라도 비상상태를 야기하는 것이다. 여기에서 나오는 문제는 대응하는 절차나 권한, 권능의 형태에 따라서 「소규모적인」 예외상태와 「대규모적인」 그것 간의 구별(Differenzierung)의 필요성이다.72) 여기서는 이 문제에 대해서 더 이상 해답을 줄 수는 없으며, 단지 문제를 제기할 뿐이다. 이 문제를 논의함에 있어서 지도적인 관점은 정상사태를 가능한 한 오래 침해당하지 않게 유지하는 것, 그러나 바로 그 때문에 예외문제를 단지 대규모적인 예외상태에만 환원함으로써 평상상태를 혹사해서는 안 된다는 것이다.

VI. 요 약

이제 끝마치기로 한다. 이상의 규정 모델안은 연방제의 문제성이 고려되지 아니한 한에서는 불완전한 것이다. 그 밖에도 개별적인 규정요소들과 같은 항목은 보다 상세한 숙고와 논의가 요구된다. 이것은 최초의 시도가 가지는 위험이기도 하지만 그 때문에 중단되어서는 안 될 것이다. 확실히 이러한 규정모델은 현존하는 예외권한의 남용가능성에 대해서 절대적인 보호를 해줄 수 없다는 것이다. 그러나 그러한 절대적 보호란 결코 이루어질 수 없는 것이다. 법적 및 정치적인 자유에 대한 위협은 인간의 공동생활에서

---

71) 이에 관하여는 독일 연방의회의 헌법개정을 위한 조사위원회의 최종보고 = Beratungen und Empfehlungen zur Verfassungsreform (Ⅰ): Zur Sache 3/76, Bonn 1977, S. 122-134, 151-166 (Sondervoten)에서의 여러 가지 개정 구상을 보라. 이것들은 부분적으로 위원회 구성원들의 구체적인 경험에 의거하고 있으며, 조사위원회의 구성원은 의원이었다.
72) 그러한 단계화는 — 물론 다른 관점에서이지만 — 프로이센 계엄법(Fn. 63) 제16조도 알고 있었다.

비롯된 것이며, 이 위협에 대해서는 항상 상대적으로만 최선의 보장이 있을 뿐이며 절대적 보장이란 결코 있을 수 없는 것이다. 우리가 토마스 홉스(Thomas Hobbes)에게 감사하는 정치요강의 명제는 여기서도 여전히 타당하다. 즉 모든 것을 보호할 만큼 강한 자는 역시 (잠재적으로) 모든 것을 억압할 만큼 강한 것이기도 하다.[73] 그러나 이 면제는 예외상태에 관한 헌법문제를 더욱더 배제하는 근거가 되지는 아니한다.

---

73) Thomas Hobbes, Elementa philosophica de cive, c. 6, 13 annotiatio. 이준호 옮김, 『시민론: 정부와 사회에 관한 철학적 기초』(서광사, 2013).

제9편
독일의 헌법학자들

페르디난트 라살레 (1825-1864)
사회주의 · 국가주의 혁명가*

틸로 람

《차 례》

I. 독일사에서의 라살레의 지위

페르디난트 라살레(Ferdinand Lassalle; 1846년까지는 Lassal)가 19세기의 독일사에 이름을 남긴 것은 틀림없다. 그의 만년까지의 3년 동안이 바로 그것을 이야기해 준다. 그를 유명하게 만들고, 그의 후세의 평가를 결정지은 사건들이 몰려온다.

---

*   Thilo Ramm, Ferdinand Lassalle (1825-1864). Der sozialistische, nationale Revolutionär, in: Helmut Heinrichs, Harald Franzki, Klaus Schmalz, Michael Stolleis (Hrsg.), Deutsche Juristen jüdischer Herkunft, C. H. Beck, München 1993, S. 117-131.

1. 『노동자강령』(Die Arbeiterprogramm)

1862년 4월 12일에 라살레는 베를린에서 「현대라는 역사적 시대와 노동자계급의 이념과의 특수한 관계에 대해서」(『노동자강령』)란 제목으로 강연을 하였다. 그 중에서 그는 제4계급, 즉 노동자계급은 모든 인류와 같은 가치이기 때문에 그 문제는 인류 전체의 문제이며, 그 자유는 인류 그 자체의 자유이며 그 지배는 모든 자의 지배라고 하였다. 「노동자계급의 도덕적 이념」은 「이해의 연대, 발전의 공동성과 상호성」이라고 말한다. 라살레는 도덕적인 국가목적은 오로지 개인의 인격적 자유나 그 소유를 보호하는 데에만 있다는 부르주아지의 「야경국가론」에 반대하였다. 라살레는 이것을 역사적으로 설명한다. 「역사란 자연과의 투쟁이다. 곤궁·무지·빈곤·무력 그리고 그 때문에 역사의 시초에 인류가 등장한 때의 우리들의 상태였던, 모든 종류의 부자유와의 투쟁이다. 이러한 무력함을 *극복*해 나아가는 것, 이것이야말로 역사가 보여주는 자유의 발전이다. 이러한 투쟁에서 만약 우리들 *각자가 자신을 위해서* 단독으로 싸웠거나 또는 싸우려고 했다면, 우리들은 한 발자국도 앞으로 전진하지 못했을 것이며, 앞으로 다시 나아가지 못할 것이다. *국가야말로* 이 *자유의 발전, 인류의 자유에로의 발전*을 실현할 *직무*를 가진다」. 헤겔학파의 라살레는 국가를 다음과 같이 정의내렸다. 국가란 「하나의 도덕적 총체에 있어서의 개인의 통일, 그 결합 중에 포함된 모든 개인의 힘을 백만 배 증대시키고, 개인으로서 그들이 가지고 있는 모든 힘을 백 만배 증대하는 개인의 통일체이다. 국가의 목적은 그 결합에 의해서 개인으로 하여금 개인 한 사람으로서는 결코 도달할 수 없는 목적과 생존 단계에 도달하는 힘을 부여하고, 자신 한 사람으로는 미치지 못하는 교양, 권위 그리고 자유의 총액을 얻는 것을 가능하게 것이다. … 바꾸어 말하면 인간의 사명, 즉 인류가 할 수 있는 문화를 현실적 존재로 만드는 데에 있다. 그것은 자유를 향한 인류의 교육과 발전이다」.

따라서 라살레는 물론 기존의 국가가 아니라 보통·평등·직접 선거의 실현으로 변화된 국가를 생각하고 있었다. 그는 다른 강연에서도 기존의 국가에 대해서 대결하고 있다.

2. 『헌법의 본질』(Über Verfassungswesen)

『노동자강령』4일 후인 1862년 4월 16일, 라살레는 베를린의 시민=지구 협회에서 「헌법의 본질」이라는 강연을 하였다. 이 강연은 나중에 세 개의 다른 시민협회에서도 하였다. 그는 이 강연에서 국왕 빌헬름 1세가 프로이센 하원을 무시하고 행한 군대의 증강에 관한 프로이센 헌법분쟁*에 관여하였다.

라살레는 성문헌법에서 떠나서 「실제의」 헌법, 즉 「기본법」(Grundgesetz)에 눈을 돌렸다. 이것은 「통상의」 법률과는 다르며 보다 깊은 곳에 있으며, 그것들의 근거가 되며 효력을 미치며, 또한 「헌법이 모두 그러하듯이 일정한 범위 내에서 절대적으로 불가결하다」는 정도의 힘을 가지는 것이다.

이러한 결정적인 영향력을 가진 효력의 것을 라살레는 「주어진 사회에 내재하는 *사실상의 권력 관계*」(tatsächlichen Machtverhältnisse)라고 부른다. 그는 다음의 것을 든다. 즉 군대를 복종케 하여 대포를 뜻대로 조종하는 왕, 궁정이나 왕으로부터의 신뢰를 얻은 귀족, 거대 기업주, 은행경영자가 있으며, 다른 한편 일반 교양을 가지고 있어도 인격적 자유가 박탈된 소시민인 노동자가 있으며, 그들도 극단적으로 말하면 하나의 헌법이다.

라살레는 이러한 사실적인 관력관계가 있는 「실제의」 헌법과 법률상의 성문 헌법, 즉 「종이에 쓰여진」 헌법을 대비시켰다. 「사실상의 권력관계」가 종이에 쓰여지고, 문자에 의한 명확성을 가지고 그리고 일단 제정되었다면 그것은 이미 사실상의 권력관계가 아니라 이제 법으로 되고 법적인 제도가 되어 여기에 위반하는 자는 누구나 처벌된다!」.

라살레는 성문 헌법에로의 발전을 사실상의 권력관계가 변화한 것이나 부르주아지가 경제력을 가지게 된 것에 수반하여 현대의 특징이라고 서술하고, 여기에서 1848년의 프로이센 혁명의 해석에 이르렀다. 그는 조직적인 힘을 바꾸기 위해서 국민의 비조직적인 힘이 어떻게 우위에 움직였는가를 제시하였다. 그것은 군인의 근무 연한을 6개월로 단축하는 것, 소위까지의 하급 사관의 선거, 군사재판권의 폐지, 군수품의 점유, 민중에서 선출된 관청, 이러한 것들에 의한다. 이 모든 것들이 일어나지 않았다면 조직적인 힘을 가진 왕은 혁명을 진압할 수 있을 것이다.

라살레는 다음과 같이 정리하였다. 「헌법문제는 원래 법률문제가 아니라 힘의 문제이다. 국가의 실제의 헌법은 국내에 있는 실제의 사실상의 권력관계 속에서만 존재하며, 성문헌법이 실제로 사회에 내재하는 관력관계를 정확하게 나타내지 못한다면 가치는 없고 지속하지 못한다」.

헌법에 대한 그의 두 번째의 강연 「무엇을 할 것인가?(Was tun?)」에서도 라살레는 자신의 생각을 계속하였다. 그는 실제의 프로이센 헌법과 「외견적 입헌주의」로서의 성문 헌법 간에 있는 모순에 대한 특징을 서술하였다. 헌법에 적합한 상태라는 단순한 외관을 배제하기 위해서는 그는 프로이센 하원에게 「가장 강력한 정치적 수단」을 이용할 것, 즉 피히테(Fichte)에 의하면 나폴레옹 1세가 즐겨 사용하는 수단인 「무엇을 할 것인가를 표명하는 힘」을 권하였다. 그러므로 하원이 거부한 군대 증강을 위한 지출을 이 이상 계속하지 않기를 정부가 인정하기까지는 무기한으로 의회를 정지하고 단순한 「헌법에 적합한 상태라는 외관」를 배제해야 할 것이라고 하였다.

3. 『공개 답장』(Offene Antwortschreiben)

『노동자강령』은 「무산계급의 유산계급에 대한 증오와 멸시를 공공연하게 선동하였다」고 하여 라살레는 기소되었다. 그는 「학문과 노동자」(Die Wissenschaft und die

Arbeit)(1863년 1월 16일)라는 연설, 그 후의 베를린 고등법원에서의「간접세와 노동자계급」(Die indirekte Steuer und die Lage der Klassen)(1863년 1월 12일)이라는 연설로써 변명하였다.

한 달 후인 1863년 2월 11일, 라이프치히 중앙위원회의 일원이 독일 노동자협회에 라살레를 초청하고 노동운동에 대해서, 특히 자유주의자인 슐체-델리취(Schulze-Delitzsch)*가 제창한 자산 없는 자를 위한 협동조합에 대해서 그의 견해를 표명할 것을 요구하였다. 라살레는 이 초빙에「공개답장」(1863년 3월)으로 응수하였다. 그 중에서 그는 노동당의 정책상의 기본방침으로서 독일의 입법기관에 노동자계급의 대표를 낼 것을 주장하고, 또한 보통・평등・직접선거의 요구를 반복해서 서술하였다. 사회적인 관점에서 볼 때 이전의 자유와 영업의 자유에의 요구는 50년 이상 뒤떨어지고 있다. 저축조합, 상이기금・구조 및 질병 기금의 창설은「상대적이며 완전히 부차적인 것이며 이 연설에서는 거의 이용가치가 없다고 평가」되었다.「평균임금은 항상 생명을 유지하기 위해서, 또한 자손을 번영시키기 위해서 국민이 언제나 필요로 하는 절대로 불가결한 생활비로 계속 억압하는 것」이며, 오히려 노동자계급은 생산자계급이 되어「임금철칙」의 지배로부터 해방될 것이라고 하였다. 그는 국민 스스로가 기업가가 되고, 이윤을 주어야할 것이라고 말한다. 국가는 국민이 스스로 조직하고 스스로 단결하는 수단과 가능성을 부여할 임무를 지고 있다. 그는 공장생산방식에 의한 거대한 이익을 얻기 위한 생산협동조합을 조직해야 한다고 생각하였다.

라살레는 다시 추격하였다. 그것은 라이프치히 노동자협회에 대해서 행한「노동자문제」(Zur Arbeiterfrage)(1863년 4월 16일)라는 연설, 그리고 슐체=델리취와의 토론 (물론 이것은 중지되었는데)에 초청받기 위해서 행한 프랑크푸르트에서의 1863년 5월 17일과 19일의 연설, 즉『노동자독본』(Arbeiterlesebuch)이었다.

4. 전독일노동자협회의 창설

1863년 5월 23일 라이프치히에 「전독일노동자협회」(Allgemeine Deutsche Arbeiterverein)가 창설되었다. 라살레는 그 초대 총재로서 실제로는 전권이 위임된 독재자로서 5년의 임기로 선출되었다. 이것에 이어서 다음과 같이 노동자를 선동하였다. 라살레는「베를린의 노동자에게」(An die Arbeiter Berlins)(1863)라는 제목의 팸플릿을 인쇄하여 배포하고, 마침내는 1864년에『바스티아트 슐체 폰 델리취씨, 즉 경제학의 율리아누스 또는 자본과 노동』(Herr Bastiat-Schulze von Delitzsch. Der ökonomische Julian oder Kapital und Arbeit)이라는 책을 저술하였다.「베를린의 노동자들에 대한 인사말」때문에 라살레는 반역죄로 기소되었는데, 그는 자신을 변호하여 (1864년 3월 12일) 무죄판결을 받았다. 그는 그 최후의 연설(「론스도르프 연설」(Ronsdorfer Rede))을 「전독일노동자협회」의 최초의 창설기념일(1864년 5월 22일)에 하였다.

1864년 8월 31일 라살레는 한 여인을 둘러싼 결투에서 입은 상처 때문에 제네바에서 사망하였다.

II. 저작 전체

라살레에 대한 평가는 정치가에 한정하여 그의 방대한 저작을 개관해 보기로 한다. 간단히 정리하면 다음과 같다.

철학에 관한 저작들로는 『에페소스의 암흑, 헤라클레이토스의 철학』(Die Philosophie Herakleitos des Dunkeln von Ephesos, 1858)이 헤겔학파의 가장 뛰어난 역사철학 논문이며, 라살레가 정통적인 헤겔학파라는 것을 분명히 한 『헤겔과 로젠크란츠 논리학과 헤겔 체계에서의 헤겔 역사철학의 기초』(Die Hegelsche und Rosenkranzsche Logik und die Grundlage der Hegelschen Geschichtsphilosophie im Hegelschen System, 1861), 그리고 축하연설 「피히테 철학과 독일 국민정신」(Die Philosophie Fichtes und Deutsche Volksgeist, 1862)이 있다.

정치적인 저작에 관련된 논문은 「피히테의 정치적 유언과 현대」(Fichtes politische Vermächtnis und die neueste Gegenwart)이며, 그 중에서 라살레는 피히테의 정치단편을 정리하여 해설을 붙였다. 나아가 이 그룹에 속하는 것은 『이탈리아전쟁과 프로이센의 사명』(Der italienische Krieg und die Aufgabe Preußens)(1859)이며, 독일-이탈리아 간의 분쟁에 있어서의 프로이센의 입장을 명확하게 하였다. 그리고 「헌법의 본질」(Über Verfassungswesen, 1862, 1863)이라는 2회의 강연이 있다.

법학에 포함되는 것은 『기득권의 체계, 실정법과 법철학의 융합』(Das System der erworbenen Rechte. Eine Versöhnung des positiven Rechts und der Rechtsphilosophie, 1861)이다.

문학의 영역에서 라살레는 레싱(Lessing)에 대해서 쓴 논문(1861)으로 나아가고, 매우 예리한 논평 「문예사가 율리안 슈미트씨」(Herr Julian Schmidt, der Literaturhistoriker, 1862), 사극 『프란츠 폰 지킹겐』(Franz von Sickingen, 1859)이 있다.

만년의 라살레는 노동자를 선동하는 중에 국민경제를 휘둘렀다.

III. 일관된 인생

라살레의 업적이 하나도 없는 것은 유일하게 정신과학의 영역이다. 헤라클레이토스에 관한 논문 중에서조차도 통화론 문제에 관한 장문의 논평이 있다. 『기득권의 체계』는 소유권의 발전에 관한 부론과 사극 지킹겐(Sickingendrama)을 포함하고 있다. 이탈리아

전쟁에 관한 논문 또는 『노동자강령』은 라살레의 역사철학에 대한 깊은 통찰을 알 수 있다. 그렇지만 개별적인 업적 간의 결합은 더욱 강하다. 이들 모두에 공통되는 것은 정치적 관점이다. 헤겔과 로젠크란츠 논리학에 관한 얼핏보면 순수한 전문적 철학연구에 서조차 역사철학에 관한 예가 군주정치의 장래와 같은 고도로 정치적인 문제에 관련되어 있다. 『사극 지킹겐』에서, 또한 이 무렵에는 꿈속에 있어서 성공하지는 못했지만 어떤 여성에게 구혼하는 편지(1860), 즉 「영혼의 고백」이라고 불리는 라살레 자신의 바람에 대한 매우 개인적으로 시사하는 바가 많은 견해에서 그는 1848년의 혁명운동의 패배와의 역사적인 유사성을 이끌어 내고 있다. 『기득권의 체계』에서 라살레는 — 당시 문제가 되고 있던 귀족의 특권의 박탈에 대해서 개념법학적 연역법 아래 숨지 않고 — 부르주아의 소유권에 반대하는 이론상의 무기를 제공하고, 카를 마르크스보다도 훨씬 과격하게 보상 없는 국유화라는 이론을 전개하였다. 『헤라클레이토스』에서만은 정치적 경향이 없었는데, 라살레가 마르크스에게 보낸 편지 속에서 그는 고전적・이론적・철학적 교양 을 다른 모든 것의 근본과 원천이 되는 정신적 자유라고 특징지음으로써 정치적 경향을 보였다.

라살레는 자신의 일관된 인생을 「영혼의 고백」에서 두 가지의 문장으로 요약하였다. 즉 「정신과학과 정치는 대립하지 아니하며」, 가장 깊은 의미에서는 「서로 독립도 하지 않으며」, 또한 「정치란 그때그때의 일시적인 효과이며 다른 모든 것은 학문에서도 돌 볼 수가 없다」.

저 내면적인 통일을 내용적으로 규정하려고 시도한다면 물론 새로운 문제에 부딪힌다. 즉 1848년 라살레는 마르크스, 엥겔스와 함께 민주주의의 극좌파와 투쟁하고 1859년에 는 「정치가 프리드리히 대왕」을 지지하고, 오스트리아에 진격하고, 독일 제국을 선언하려 고 생각하고, 1861년의 가리발디(Garibaldi)*와의 회담에서 그는 도나우 왕국에로의 공격을 하고, 베를린에도 그것을 파급시키려고 하였다. 프로이센 국왕과 하원 간의 군대증 강에 관한 헌법분쟁에서 그는 후자를 지지했는데, 거의 동시에 「전독일노동자협회」의 기초가 된 『노동자강령』과 그 후의 「공개 답장」에 의해서 자유주의의 부르주아지의 분열을 생기게 하였다. 이리하여 부르주아지에 대한 투쟁은 라살레의 선동으로 주로 프로이센 진보당과의 투쟁이 되었다. 나아가 이 때 그는 비스마르크와 회담을 하고 프로이센에 의한 슐레스비히-홀슈타인의 병합을 요구하였다.

라살레의 자전에 의하면 그의 인생을 관통한 것은 혁명을 둘러싼 투쟁이었다.

IV. 혁명가와 사회주의자

라살레는 카를 마르크스에게 보낸 편지 중에서 1840년 이후는 혁명가, 1843년 이후는 단연 사회주의자라고 자칭한다. 48년 혁명 때에 그는 양자를 보여주었다. 브란덴부르크에

서 해산된 프로이센 국민의회가 해산 전에 프로이센 국왕 프리드리히 빌헬름 4세에게
부당한 요구를 하고 전면적인 납세거부를 결정한 때에 라살레는 뒤셀도르프의 세금의
징수에 반대하는 무력항쟁을 기도하였다. 그는「왕권에 반대하여 시민에게 무기를 들
것을 시사하였다」고 하여 1848년 11월 22일에 체포되고 기소되었다. 그의 ── 방청
금지에 항의한 것으로 실시되지 않은 ── 뒤셀도르프 배심재판에 대한 변호 연설(1849년
5월 6일의 배심재판 연설)은 무죄 판결이라는 결과를 가져왔다. 그러나 직업법관으로
구성되는 징계경찰법원(Zuchtpolizeigericht)은 관헌에게 폭력적인 반항을 선동한 이유로
그를 유죄로 하고, 그는 1850년 10월 1일부터 1851년 4월 1일까지 6개월 간의 금고형에
처하였다.

　마르크스에게 보낸 편지에 의하면, 라살레는 혁명과 사회주의에 대한 결의가 외면적인
조건이 아니었음을 알 수 있다. 그 계기가 된 것은 라살레의 고향 브레슬라우(Breslau.
현재의 폴란드 서부의 도시 브로츠와프[Wrocław]) 근교에서 일어난 실레지엔 직조공의 폭동이
었다. 유복한 모직물 상인의 아들은 착취받는 계급의 빈곤을 없애기 위해서 혁명가가
된 것은 아니다. 그는 사회주의자의 혁명가로서 반대로 나아갔다. 왜냐하면 그는 카를
마르크스처럼 혁명을 진전시키는 담당자는 노동자라고 생각했으며, 또한 자유와 평등에
근거한 사회가 확립된 사회주의야말로 역사의 종말이어야 한다고 생각했기 때문이다.

　라살레에게 커다란 정치적 사건은 48년 혁명이었다. 그 후의 헌법의 본질에 관한
연설의 기초가 되는 견해를 선취한 1849년의 배심재판에서의 연설 중에서 그는 다음과
같이 변명하였다. 국왕의 권력이 국가의 법을 파괴하였다는 것, 즉「최고이며 신성한
법, 국가를 근저로부터 전복하거나 오데르강에서 라인강까지의 모든 국민의 권리에
마치 전기봉으로 치명상을 입은 것같이 하지 않으면 침해할 수 없는 보편적 자유라는
성역, 개인의 자유를 위하 시민군, 출판의 자유, 협동조합에 관한 법, 국민대표의 권한과
불가침에 관한 법」을 파괴했다는 것이다. 사실상의 권력관계의 변화, 그것을 법으로
받아들이는 것은 새로운 법상태를 창조하는 것이라고 말한다. 라살레에게는 중간단계가
있는 것이 아니라 항상 새로운 법상태가 있었다.

　복고 후에 라살레는 어떤 나라의 한 사람의 혁명가로서 그 입장이 전해지고, 그
혁명에 대한 힘은 1849년 이래 남김없이 발휘되었다. 그의 정치적 전략은 새로운 혁명상황
을 내부와 외부의 양쪽에서 야기하는 것을 목표로 하였다. 그는 다른 나라들의 혁명가들을
부추켜서 불꽃을 일으키려고 하였다. 그가 슐레스비히-홀슈타인의 프로이센 병합을
지지한 때에 이것이 프로이센 오스트리아의 대립은 격화되었다. 라살레는 오스트리아와
프로이센 간의 전쟁을 바랬으며 ── 더구나 급속하게 해결되었다. 즉 도나우 왕국이
프로이센의 괴멸, 또는 적어도 호헨촐레른가의 실각이다. *국내정치*에 관하여 그는 정치적
목적을 내세웠는데 그것은 그 자신이 충분히 인정하며 권력자가 그것을 추구하는 것도
가능하였지만, 권력자에 대해서는 최종적으로 치명적이었을 것이다. 이것에 해당되는
것은 국가부조에 의한 생산협동조합을 설립한다는 그의 요구이다. 최초에는 그는 자신의

제안이 받아들여지지 않을 것을 예상하고 있었다. 그 때문에 하츠펠트(Hatzfeldt) 백작 부인에게 「공개 답장」에 관하여 이렇게 썼다. 「이에 대해서 가장 좋은 것은 이 성명이 원래 전적으로 가진 보수적이며 — 그 말을 올바르게 이성적인 의미로 파악하면 — 매우 보수적이며, 많은 칭찬이나 유산계급과의 관련을 얻을 만 하다는 것입니다. 그러나 물론 동시에 이것은 반드시 혁명에 영향을 미쳐서는 안 된다는 것도 확실합니다. 왜냐하면 유산계급은 어떠한 공정·정의·분별도, 여하튼 가지고 있지 않기 때문에 노동자계급이 평화적인 방법으로 유산계급의 특권을 빼앗는 것을 적어도 바라지 않습니다. 이것을 간단히 실행하면 할수록 또한 어떠한 재산도 손상을 입히지 않고 용이하게 할 수 있는 것을 보이지 않으면 않을수록 그들을 분노케 할 것입니다!」. 라살레는 혁명가로 보이지 않으려고 했다. 그런데 오히려 혁명의 진전은 권력자의 무분별하게 기인하는, 법칙대로의 어쩔 수 없는 과정이라고 이해해야 한다고 생각한다. 그러나 국가부조에 의한 생산협동조합을 창설한다는 그의 제안이 받아들여지게 되면 국가가 큰 실험에 관련되지 않으면 안 되고, 그 결과 도중에서의 방향전환은 — 그것이 일어나는 것이 늦으면 늦을수록 점점 — 국민을 분노케 하고 그는 권위를 상실할 것이다.

라살레는 봉건사회의 특권의 폐지에 대해서 「개인이 계승하는 재산으로서 민주의 의사를 구축한다」는 가장 크고 강고한 특권으로서의 주권이 이와 같은 특권이나 이에 의한 특별한 존재를 때려 부술 것이라고 이해하고 있었음에도 불구하고, 반역죄소송(1864년 3월 12일)에서 사회적인 국민주권을 요구하였다.

라살레는 항상 사태를 첨예화시켰다. 그는 「임금철칙」을 주장하였다 — 이로써 그는 새로운 이론을 전개한 것은 결코 아니며 그 반대로 자유주의적인 이론가의 의견에 근거하여 자유주의사회에는 노동자계급이 도망갈 길은 없을 것이라는 것을 지적하였다. 이것은 노동자의 결사의 자유에 대해서도 타당하다. 라살레는 론스도르프의 연설 중에서 노동조합과 쟁의권의 기초 놓기를 중단하였다 —「인간으로서 행동하려고 것은 사물이며 상품인 노동력의 쓸데없는 노력이다」라고. 단결권은 「아무리 보이지 않는 예외적 사례에 대해서 빠져나가는 일시적으로 어떤 종류의 노동자집단만은 쉽게 생길 수 있지만, 노동자계급의 상황을 실제로 개선하는 데에는 결코 인도할 수 없을 것이다」.

모든 길은 혁명으로 인도하였다. 라살레는 법관에 대한 법정 연설 중에서만은 혁명개념의 이중적인 해석을 사용하지 아니하였다 — 그것은 근본적으로 사상적이 변혁과 폭력에 의한 개혁이라는 두 개의 해석이다. 그가 공공의 장소에 등장하는 모두는 혁명을 위한 선동이었다. 그러나 그에게는 개인을 옹호하는 것도 기존의 질서를 흔드는 것과 동일하였다. 그리하여 라살레는, 하인리히 하이네(Heinrich Heine)가 그의 사촌에게 그 아버지가 낸 금리를 계속 지불하도록 요구한 것을, 은행가와의 공개 논쟁을 위하여 이용하려고 하였다. 하츠펠트 부인의 이혼 소송은 그에게 여성의 해방을 위한 투쟁이었다. 문예사가인 율리안 슈미트와 출판의 자유에 대한 문서에 의한 캠페인은 시민계급의 교육을 요구하는 것에로 향하였다.

권력도 혁명에의 길이 되었다. 헤겔학파의 라살레는 그 관점에도 표리가 있었다. 그는 맹우 ── 유력한 정치가이며 학자, 특히 남아있는 48년의 혁명인 ── 를 찾았다. 그와 가장 가까이 있던 사회주의적 민주주의자 로베르투스(Robertus)가 그러했는가의 여부는 확실하지 않으나, 또는 보수적 사회주의자인 V. A. 후버(Huber), 민주주의자 프란츠 지글러(Franz Ziegler), 나중의 비스마르크의 동료, 로타르 부허(Lothar Bucher) 또는 유물론자 카를 뷔흐너(Karl Büchner)였다. 비스마르크 자신도 그를 동맹자로 보고 있었다 ── 물론 금후의 역사적 방향성을 알고 있다고 주장하는 헤겔학파 그 자체도 보다 강력한 동맹자라고 보고 있었다. 그러므로 보수파와 노동자 간의 선거동맹은 가능하지 않다는 비스마르크의 질문에 대한 그의 회답에 관한 기록도 신용할 수 있을 것이다. 「각하, 얼핏보면 노동당과 보수파 정당과의 연합은 가능합니다. 그러나 우리들이 함께 갈 수 있는 것은 짧은 기간 동안만일 것입니다. 그래서 또 우리들과 보다 격렬하게 투쟁하게 됩니다」. 이에 대해서 비스마르크는 이렇게 답했다고 한다. 「아 당신은 악마와 부합하는 자가 우리들 속에 있는가의 여부에 의한다고 말하는 것인가. 우리들은 압니다」(Nous verrons).

라살레가 혁명을 시인하는 근원에 있는 것은 유대 민족이다.

V. 라살레와 유대 민족

혁명에 대한 라살레의 결의는 유대인이라는 데에 열등감을 느끼고 있었기 때문에 생긴 ── 그리고 그것은 어떤 문예작품에서 만나게 된다. 소년시대의 일기 중에서 15세의 라살레는 유대 민족에 대해서 이렇게 고백한다. 「나는 의례적인 규칙에는 따르지 않지만 지금 있는 중에서 최고의 유대인의 한 사람이다」. 이것에 이어서 불워리턴(Bulwer-Lytton)*의 장편소설 『라일라, 또는 그라나다의 포위』(Leila, oder die Belagerung von Granada, 1838)의 첫 인상에 대해서 다음과 같은 문장이 있다. 즉 「나는 불워의 '라일라'에 등장하는 유대인처럼 현재의 억압된 상황에서 유대인을 구출하기 위해서 자신의 목숨을 걸 계획이다. 나는 유대인을 다시 존경하는 민족으로 만들려면 처형대도 두렵지 않다」. 라살레는 유대인의 선두에 서서 무기를 손에 쥐고 유대인을 독립시킬 것이 「애호하는 생각」이라고 썼다(1840년 2월 2일). 3개월 후 그는 다마스커스의 의식 살인을 알고, 이렇게 적었다. 「각지에서 유대인이 봉기하여 여기저기 불을 놓고 화약으로 탑을 쌓고 그들을 괴롭히는 자와 함께 그는 깊은 실망을 드러내었다. 「비열한 민족이여. 밟힌 벌레는 몸을 도사리는데 너는 깊숙히 몸을 굽히는구나! 너는 죽는 것, 전멸되는 것을 알지 못하고, 당연한 권리란 무엇인지를 알지 못하며 적과 함께, 사라지는 것도 죽음과의 싸움 중에 갈기갈기 찢기는 것도 알지 못한다! 너는 태어나면서부터 노예다!」(1840년 5월 21일).

실망과 경멸을 느낀 라살레는 그렇다고 기독교로 전향하지 않고 유대교의 신앙고백에서
도피하였다. 「영혼의 고백」 중에서 그는 이것을 다음과 같이 표현한다. 「우리들에게
유대인이라는 것은 이미 아무런 의미도 없다. 왜냐하면 그것은 독일, 프랑스, 영국에서는
신앙에 불과한 것이며 국적(Nationalität)은 아닌 것입니다. 우리들에게 유대인이라는
것은 프로테스탄트냐 가톨릭이냐와 마찬가지입니다. 특히 나처럼 사람이 혼의 절규나
재능을 가진 경우에는 누구나 평등한 권리를 가지고 있습니다」. 라살레는 확실히 결혼을
위해서 기독교도가 되는 것도 나타내고 있었다. 그러나 그는 이때 편견에 굴복하였을
뿐이며 「비겁함이었을 것이다」. 그런데 그것은 위장도 있었다. 왜냐하면 그는 기독교교도
가 되지는 않았기 때문이다. 당시 그는 이렇게 말했다. 「나는 유대인을 결코 사랑하지
않는다. 나는 그들을 더구나 아주 전부 증오한다. 그들은 위대한 그러나 훨씬 이전에
완전히 사라져버린 가거 시대의 아들들일 뿐이다. 이러한 인간이 그들을 예속시킨 100년
속에 노예의 신분을 받아들인 것이며, 그래서 나는 그들에게 호감을 갖지 않는 것이다.
나는 그들과는 완전히 관련이 없다. 내 친구들 사이나 나를 둘러싼 사회 속에서 우수한
유대인은 아주 없습니다」. 그 후 라살레는 전독일노동자협회의 총재로서의 그의 후계자인
베른하르트 베커(Bernhard Becker)에게 분명히 이렇게 말했다. 「인간에게는 내가 특히
좋아하지 않는 두 가지의 계급이 있다. 문사와 유대인이다. 유감스럽게도 나는 양쪽에
속한다」.

라살레는 유대인배척의 공격에 거의 나서지 않았다. 그에 대한 혐오할 매우 불쾌한
유대인 배척의 발언은 카를 마르크스에서 나왔다.

VI. 독일인의 민족문제와 세계사적 사명

라살레의 국민주의적인 입장은 혁명의 긍정에 직접 관련된다. 그는 철저한 연방주의
반대론자였는데 그것은 연방이 지금까지의 독일의 역사를 지워버렸다는 이유에서였다.
「35의 하위 주권을 완전히 장악하는 세습군주에 의한 통일된 독일 제국을 요구하고
또한 모든 미사여구, 외견적인 장식, 학생조합시대의 생각으로 거기에 동의하는」자는
연방공화제보다도 훨씬 높은 지식이나 정치적 진실의 단계에 있다고 한다. 그러므로
그는 프랑크푸르트 제국 헌법을 「반동적 유토피아」라고 불렀다. 정신적인 통일이 국내적
통일에 관련된다고 생각했다. 이때에 라살레는 피히테와 함께 헤겔의 민족정신 이념을
미래에로 연관시키고, 역사의 정당성과 그 전체적 발전을 보다 크게 특수한 민족의
그것으로 간주함으로써 독일인에게 세계사적 사명을 부여하였다. 특별한 존재인 것에
근거한 민족정신의 정당성은, 독자적인 방법으로 발전을 이루고 전체의 문화적 과정과
보조를 함께 하는 민족정신이 거기에는 있다는 것과 결부된다. 그렇지 않다면 정복하는
것이 정당하게 되어버릴 것이다. 종래의 독일인의 민족성의 상실이나 역사적으로 생긴

민족의 특수성의 결여에서 라살레는「통일을 위해서 모든 문화적 이념을 통합한다는 태도」에 입각한 피히테에 따라서「그때까지의 독일인의 민족성의 결여가 장래적으로는 강하게 되는 것」이라는 독일인의 세계사적 사명을 도출하였다.

VII. 이성에 의한 독재

라살레는 민주주의자는 아니었다. 전독일노동자협회의 지도자로서 그는「엄격한 통일과 기율」을 요구하였다. 개인적으로 바라거나 불평하거나 하는 병에 걸리지 않은 분별 있는 독재자만이「매우 어려운 사회의 과도적 과제를 처리할 수 있다」라고 한다. 이것은 엄격한 통제에 의한 이상으로, 라살레가 사망했을 때 전부 4,610인의 구성원이 있던 약점을 극복하는 것을 의미하였다. 독재자는 이론상 역사적 발전을 이해하고 형성하며 그리고 간략화하는 능력이 있는 것이 제일이라는 것을 기초에 둔다고 말한다. 왜냐하면 라살레는 부르주아지의 지배를 뛰어넘으려고 하였기 때문이다.

1878년 9월 7일의 그의 유명한 제국 의회 연설에서 비스마르크는「극단적인 형태의 야심이다」고 서술하고, 특징적인 라살레의 신념을 악의를 가지고 논했는데, 경우에 따라서는「철저한 군주제」로서 아주 적절하였다고 하여 이렇게 덧붙였다.「독일 제정 (라살레가 추구하려고 하는)은 호헨촐레른 왕조로 끝나거나 그렇지 않으면 라살레 왕조로 끝날지는 분명히 말할 수 없는 것이었다」. 1840년 라살레는 피에스코(Fiesko) 상연 후에 일기에 이렇게 적었다.「나는 지금 혁명적, 민주주의적, 공화주의적인 생각을 가지고 있음에도 불구하고, 그것이 어떠한 것인지를 알지 못한다. 그러므로 내가 라바니야(Lavagna) 백작의 입장이 되어도 똑 같이 행동하고, 최고의 시민이 제노바 시민인 것에 만족하지 않고 왕관에 손을 뻗쳤을 것을 생각한다. 거기에서 내가 사물에 빛을 투사하자 나는 단순한 이기주의자라는 것을 잘 알게 된다. 내가 왕자나 후작으로서 태어났다면 나는 몸과 마음도 귀족이 되었을 것이다. 그러나 나는 보통의 시민의 아들에 불과하기 때문에 그의 시대에서는 민주주의자가 되었을 것이다」.

VIII. 라살레와 법

라살레는 법률가였는가? 여하튼 그 자신은 그와 같이 표현하지는 않았으나 변호사로서도 표현하지 않았다. 그러나 그는 오랫동안 하츠펠트 백작 부인의 이혼소송이나 재산분할소송을 수행하고 있었다. 전기 작가인 헤르만 옹켄(Hermann Onken)은 적확하게도 그를 가장 위대한 독일의 법정 변호사의 한 사람이라고 불렀다. 그러나 그의 연설은 모두가 법정 변호사 이상의 것이었다. 그의 연설은 모두 학문의 자유가 불분명해지고 그 학문의

자유나 비난과 정치적 선동을 위해서 변명할 여지가 있는 것을 이용하여 선전문서로서
그 자신이 배포하였다. 그것들은 형법의 문언 해석에 의거하고 있으며, 만년에는 자유주의
자의 자유이론이나 군주제의 국가충성이라는 암흑 속에서 발전하였다. 연설은 법비판을
포함하지 않았다.「배심재판 연설」(1849)만이 예외였다. 그것은 배심법원에서 나온 것인
데, 그 중에서 라살레는 반혁명 시대의 직업법관과 대결한 것이다. 그 법관은 그 구성원과
의장이 의원으로서 평결하는 것을 이유로 그 직을 해임하거나 또는 자신의 도덕적 강제에
의한 퇴직을 강요하거나 하였다. 여기서 그는 독일 국민과 프랑스 국민이 관대하다는
것과 그를 괴롭힌 것에의 보복을 인정하지 않고 그것을 제압하는 자들이 형식적인 법을
존중한 것을 비교하였다. 프로이센은 자본가계급을 유능하다고 보아 민족의 적인 정부의
공범자로 한다는 굴욕을 우리들 국민에게 부여한 세계 최초의 국가라고 라살레는 서술하
고 있다.

라살레는 참으로 규범적인 헌법이해를 하는 비평가로서 그 (최초의) 강연「헌법의
본질」에서 국가이론의 역사에 이름을 남기고 있다. 이 이후 쓰여진 법과 사실상의 권력관
계와의 대비는 불변의 과제로서 법률가 앞에 나타났다.

라살레는『기득권의 체계』를 가지고 오늘날에도 여전히 주목할 만한 법률에 관한
위대한 업적을 남겼다. 이 강연 중에서 그는「정치적·사회적 투쟁의 핵심적 근거」에
대해서 이렇게 상세하게 서술하였다.「기득권의 개념에는 여러 번의 다툼이 있으며
이들 다툼은 오늘날의 세계의 심장부를 흔들며, 이 100년의 정치적 사회적 투쟁의 심오함
에 있는 원인을 형성하는 것이다」. 그 중심적 개념은 다음과 같이 규정하고 있다.「개인이
그 의사행위를 매개로 해서만 규정된 법은 소급적인 효력을 가져서는 안 된다」. 이에
대해서 개인이「본능적, 일반적-인간적이거나, 또는 당연하거나 사회에서 물려 받은
속성 중에서 규정하는 법, 또는 사회 그 자체가 조직적인 제도들 속에서 변경함으로써만
규정되는 법」은 소급하는 것이 허용된다. 그는 모든 시민의 법의식의 표출로서의 법의
개념에서 그 근거를 도출하였다. 개인의 의사만이 법을 규정한다. 그는 기득권의 본질을
발견하였을 뿐이다. 왜냐하면 입법자는 개인이 실제로 인정한 것과는 별개의 것을 구하는
것이 없도록 하여야 하기 때문이다. 그러한 소급적 법은 법률이 아니다.

라살레의 관심사는 봉건적 압력에 대해서 해체하는 법관에게 무기를 주는 것이었다.
이에 대해서 그는 동일한 것이 재산 특히 시민의 재산에도 말한다는 것을 분명히 하였다.
화려한 괴물과 같은 논평에 의해서 역사적인 전개에 의해서 상속권은 오래 제한되기에
이른 것이 뒷받침한다. 이와 같이 라살레는 법학의 역사에서도 법철학 중에 역사철학이
침투하는 것을 강조하였다.

라살레는 모든 인간의 자유와 평등에 근거하여 법질서의 형성에 대해서는 아무 곳에도
다루지 아니한다. 그러한 원대한 목표는 과도기의 이론가로서의 그의 머리에는 없었다.
이처럼 과도기에 있었기 때문에 그는 법률허무주의였다. 권력획득과 권력유지만이 그에
게는 중요하였다. 그 수단이야말로 그가 바로 현실적이라고 생각하는 혁명이었다. 1853년

의 편지 속에서 그는 회고하면서 고백했는데, 「특히 1848년의 민주주의가 아주 불쾌하고 무질서한 것은 없다」고 느낀 것은 이미 그 만은 아닐 것이다. 그럼에도 불구하고 그는 주의를 환기하였다. 승리한 혁명의 「열풍」이 매우 많은 존재의 번영과 매우 많은 인생의 좋아하는 관심들이 파괴된 것 속에서 「역사와 인류의 진화의 숭고한 숨소리를 보았다. ... 그리고 그것은 물론 현실세계를 단순히 똥으로 만들어 그 성장을 위한 대지에 던진 것이다」. 세계사적 발전에 상반되는 민족의 절멸에도 동일한 정당성이 있다고 한다.

「이성에 의한 독재자」란 혁명의 계획과 자신의 의사의 관철을 동일한 것으로 보는 것을 의미하였다. 그러나 하츠펠트 소송을 제기하고 끝낸 것도 라살레가 법을 경멸한 것을 특징짓고 있다. 라살레는 기존의 법을 경멸하였다. 그는 그것을 도구로 하여 이용한 것이며, 일반적으로도 성문법상 또는 자연법상으로도 어떠한 원칙에 복종하는 것을 거부하였다. 그는 유대인법을 중시한 것이었다.

IX. 평 가

라살레의 특징을 묘사하는 경우 오랫동안 독일사회민주주의를 둘러싼 투쟁에 의거해 왔다. 「국가주의의」 라살레가 「국제적인」 카를 마르크스에 대해서 대립적이었다면, 사회민주주의는 국가에 편입되었을 것이다. 라살레는 특히 비스마르크와의 회담이라는 수단을 사용하여 자신의 의견을 표명함으로써 그 이해를 촉진하였다. 그 때문에 그는 「이상을 가진 책략가」의 희생이 되고, 또한 『사극 지킹겐』에서 그가 분석한 혁명의 목적을 공표하지 아니한다는 교묘한 책략의 희생도 가져왔기 때문에 그는 이 위험에서 몸을 지키려고 하였다. 20년 간에 남긴 방대한 양의 저작물에 의해서 이제는 이러한 오해는 없어지게 되었다.

라살레는 자기이해에 따라서 혁명가로 되고, 국가주의, 사회주의혁명가가 되었다. 그는 레닌, 스탈린과 함께 일련의 이론가에 속하며, 또 무섭게 들릴지도 모르지만 아돌프 히틀러와 나란히 이론가에 속한다. 그들과 다른 것은 그가 아직 권력을 추구하여 투쟁하고 「이성에 의한 독재자」로 되지 못한 무렵부터 전부터 노력하고 있었던 것뿐이다. 그가 활동한 역사는 물론 다른 데도 있다. 「임금철칙」은 선동으로서의 효과가 있으며 독일에서 자유주의가 자연법의 질서로서 받아들이지 아니한 데에 기여하였다. 소유의 형태를 바꾸어 생산수단에 대해서 국가가 개입한다는 점에 대해서 그에 이은 자는 아무도 없었다. 그러나 그는 철도노조법의 영역에서 국가개입을 가져왔다. 「강단사회주의」는 그 없이는 생각할 수 없다.

전 거

개별적인 전거에 대해서는 기재하지 않는다. 이에 대해서는 나의 저작 『법철학자와 사회철학자로서의 『페르디난트 라살레』(Ferdinand Lassalle als Rechts-und Sozialphilosoph, 1953, 2. Aufl. 1955) 그리고 나의 『페르디난트 라살레 선집』(Ferdinand Lassalle, Ausgewählte Texte, 1962)에서 볼 수 있다.

유대 민족에 대한 라살레의 견해에 대해서 상세한 것은 에드문트 질베르너(Edmund Silberner)의 치밀한 조사 『유대 문제에 대한 사회주의자』(Sozialisten zur Judenfrage) 참조. 19세기 초부터 1914년까지의 사회주의의 역사에 대한 기고는 아르투어 만델(Arthur Mandel)의 영어에서 번역(1962, 160 S.)이 있다. 거기에는 유대인과 유대 민족에 관한 라살레의 모자라는 견해에 대해서 다른 출전이 있다. 라살레는 문예사가 율리안 슈미트를 비난하였다. 「아 당신은 유대인, 유대인인 것이다. 당신은 은행가에 매수되고, 문예사가 가진 커다란 영향력에 의해서 독자를 유대화 할 계획을 가진 것인가?」. 에두아르트 베른슈타인(Eduard Bernstein), 프란츠 메링(Franz Mehring), 구스타프 마이어(Gustav Mayer), 헤르만 옹켄(Hermann Onken) 그리고 가장 격렬한 율리우스 발타이히(Julius Vahlteich)와 같은 전독일노동자협회(ADAV)의 공동설립자들의 업적에는 유대계의 라살레의 영향이 강하다. 최악의 유대인 배척론의 표명은 프리드리히 엥겔스(Friedrich Engels)와의 왕복 편지 중에서의 카를 마르크스(Karl Marx)의 것이다. 그중에는 L. 에프라임 그쉬하이트(Ephrahim Gscheit), 유델 브라운(Jüdel Braun), 야콥 비젤티어(Jakob Wieseltier), 야콥 비이젠리슬러(Javob Wiesenriesler)를 폴란드 태생의 유대인이라는 의미에서의 유대공(Itzig)이라든가 유대의 니거(Jüdischer Nigger)라고 불렀다. 「유대인 남작 또는 남작과 같은 유대인」이라고 마르크스가 성격을 묘사한 것은 함께 소송을 한 하츠펠트 백작부인의 영향이다.

마르크스와 라살레의 관계에 대해서는 Thilo Ramm, Lassalle und Marx, Marxismusstudien 3. Folge (1960), 185; Hans Kelsen, Marx oder Lassalle? in Archiv für die Geschichte des Sozialismus und der Arbeiterbewegung 11 (1925), S. 261. 마르크스주의자의 시각에서 Georg Lukacs, Die Sickingendebatte zwischen Marx und Lassalle (1931), 또한 in: Karl Marx und Friedrich Engels als Literaturhistoriker (1952), 5. Hermann Klenner, Marx und Engels gegen Lassalle's Verfassungstheorie und Realitätspolitik, Staat und Politik 1953, 223.

라살레에 관한 정신분석학적 견지에서는 Erwin Kohn, Lassalle, der Führer Imago-Bücher IX 1926.

법률가로서의 라살레에 대해서는 Ernst von Plenner, Fedinand Lassalle, Allgemeine deutsch Biographie Bd. 17, S. 740 ff. 1883년을 경계로 라살레는 법률가라고 불렸다는 잘못된 주장을 하는 Raimund Beyer, Ferdinand Lassalle's juristische Ader, NJW 1990, 1959도 참조. 잘못된 주장(변호사)과 잘못된 평가(법투쟁자)는 나아만(Na'aman)의 기고 논문 Streitbare Juristen. Eine andere Tradition (Hrsg. Kritische Justiz) 1989에서 유래한다.

『기득권의 체계』와 이에 대한 법적 논쟁에 대해서는 G. Bückling, Das wohlerworbene Recht in seinen Beziehungen zu den Gedanken des Rechtes und der Macht. Ein Beitrag zur Geschichte des 19. Jahrhunderts 1932.

라살레의 다양한 평가에 대해서는 Helmut Hirsch's Auswahl, 1963 참조. Thio Ramm의 레닌과 히틀러의 비교도 쉴로모 나아만(Shlomo Na'aman)의 Ferdinand Lassalle, Deutscher und Jude, 1968, S. 105)이 트로츠키와의 비교도 포함하지 않고 있다.

출 전

Reden und Schriften, Neue Gesamtausgabe mit einer biographischen Einleitung, herausgegeben von Eduard Berstein, 3 Bände, 1892/1893 ("Heraklit"와 강연 "Über die Hegelsche und Rosenkranzsche Logik"는 수록하지 않고 『기득권의 체계』는 요약만이 다).

Gesammelte Reden und Schriften, herausgegeben von Eduard Bernstein. Vollständige Ausgabe in 12 Bänden, 1919/1920 (「선동 연설」, 「카세트 테이프의 연설」과 라살레의 형사소송 2와 3호는 포함하지 않음)

예나치크(Jenaczek)에 의하면 Ferdinad Lassalle Reden und Schriften 1970 (초판에 거슬러 올라가서) 중에서 B는 신뢰할 수 없다.

Nachgelassene Briefe und Schriften, herausgegeben von Gustav Mayer, 6 Bände, 1920-1925.

Gustav Mayer, Bismarck und Lassalle, ihr Briefwechsel und ihre Gespräche, 1928.

Ferdinand Lassalles Tagebuch, herausgegeben von Paul Lindau, 1892 und von Friedrich Hertneck, 1926.

Eine Liebesepisode aus dem Leben Ferdinand Lassalle's Tagebuch-Briefwechsel-Bekenntnisse 1878 (프랑스어로 쓰여진 이른바 「영혼의 고백」은 개선된 번역이며, Hirsch의 선집, 1963에 수록)

Ina Britschgi-Schimmer, L's letzte Tage. Nach den Originalbriefen und Dokumenten des Nachlasses Berlin 1925)

선 집

Stefan Grossmann, 1919; Franz Diederich, 1920; Hans Feigi, 1920; Karl Renner, 1923; Ludwig Maenner, 1926; Thilo Ramm, 1962; Helmut Hirsch, 1963; Friedrich Jenaczyk, 1970.

전 기

Bert Andreas, Ferdinand Lassalle - Allgemeiner Deutscher Arbeiterverein, Archiv für Sozialgeschichte 1963 u. 1981 eingel. von Cara Stephan.

전기 서술

Eduard Bernstein, Ferdinand Lassalle. Eine Würdigung des Lehrers und Kämpfers, 1919.

Hermann Onken, Lassalle. Eine politische Biographie (unübertroffen), 1904; 4. Aufl.
    1923, 5. Aufl. 1966; Shlomo Na'aman, Lassalle 1970.

최근의 간략한 서술은 Eckard Colberg, 1969; Gösta von Uexkull, 1974; Wolfgang Kessler,
    1984.

기타 문헌

1. Peter Brandt u.a. (Hrsg.), Ferdinand Lassalle und das Staatsverständnis der
    Sozialdemokratie, Baden-Baden, Nomos 2014.

2. Wilhelm Raimund Beyer, Ferdinand Lassalles juristische Ader, in: Neue Juristische
    Wochenschrift v. 43-32, 1990.

3. Hans Kelsen, Marx oder Lassalle. Wandlungen in der politischen Theorie des Marxismus,
    in: Archiv für die Geschichte des Sozialismus und der Arbeiterbewegung, 11.
    Jahrgang, 1924, S. 261-298.

4. Hans Kelsen, Marx oder Lassalle. Leipzig: C. L. Hirschfeld, 1924. 38 S.

한국 문헌

1. 라살레, 서석연 옮김, 『노동자강령』(범우사, 1990).

2. 빌리 아이힐러, 이태영역, 『독일 사회민주주의 100년』(중앙교육문화, 1989) (Willi Eichler,
    Hundert Jahre Sozialdemokratie, 1962).

3. 에두아르트 베른슈타인, 송병헌 옮김, 『사회주의란 무엇인가』(책세상, 2002).

4. 헤르만 헬러, 김효전 옮김, (서평) 페르디난드 라살레, 『노동자강령』 서문, 『유럽헌법연구』
    제17호(2015), 749-757면; 김효전 편역, 『바이마르 헌법과 정치사상』(산지니, 2016),
    387-392면에 수록.

5. 틸로 람, 김효전 옮김, 페르디난트 라살레 (1825-1864) 사회주의 · 국가주의 혁명가, 『유럽헌법
    연구』 제32호(2020), 473-476면(본서)

6. 김효전편, 독일의 공법학자들(6), 『동아법학』 제18호(1995), 228-238면.

7. 김희경, 독일 노동운동에서의 라살레주의, 전남대 사학과 석사 논문, 1999.

8. 김희경, 라살레주의와 고타 강령, 조선대 교육대학원 석사 논문, 2008.

9. 나수봉, 독일 서회민주주의와 민주주의(1863-1914): 라살레(Ferdinand Lassalle)와 베른슈
    타인(Eduard Bernstein)의 민족관을 중심으로, 성균관대 석사 논문, 2001.

10. 나수봉, 독일 사회민주주의와 민주주의(1863-1914): 라살레와 베른슈타인의 민족관을 중심
    으로, 『사림』17집, 2002.

11. 박영호, 맑스와 라쌀레: 맑스와 라쌀레의 가치론의 차이, 『경제학연구』 제51권 4호 (2003).

12. 박호성, 사회주의적 민족 사상의 두 종류: 마르크스와 라싸알레의 경우, 『한국정치학회보』

제20권 1호(1986).

13. 신율, 한국 사회에서의 사회민주주의 개념의 문제점: 라살레(Lassalle)와 슈타인(von Stein) 사상의 연관관계를 중심으로, 『평화학연구』 제14권(2013), 29-52면.

14. 오영옥, 독일 초기 노동운동과 F. Lassalle, 『梨大史苑』 제17호(1980).

15. 오영옥, 독일 초기 노동운동과 Ferdinand Lassalle, 이화여대 석사 논문, 1978.

16. 윤동렬, 독일 사회민주당의 정책이념과 정치노선 전환, 동아대 정책과학대학원 석사 논문, 1999.

17. 임미성, F. Lassalle의 정치사상, 서울대 석사 논문, 1986.

18. 전종덕·김정로 편역, 『독일 사회민주당 강령집』(백산서당, 2018).

19. 한운석, 1860년대 독일 사회민주주의: 정당형성 및 민족문제와의 관계를 중심으로, 『사총』 제30집 (1986).

20. E.-W. 뵈켄회르데외, 김효전 편역, 『국가와 헌법』(산지니, 2024), 1207-1223면.

일본 문헌

1. 森勇監譯, 『ユダヤ出自のドイツ法律家』(中央大學出版部, 2012), 177-197면.

2. ハンス・ケルゼン, 山下威士・根森健譯, マルクスかラサルレか, 『埼玉大學紀要』 제29권 (1982), 77-105면.

3. F. ラサール, 森田勉譯, 『憲法の本質・勞働者綱領』(法律文化社, 1981).

4. 森三十郎譯, ラサールの憲法講義(1)(2) ─ 當面の方策? 憲法の本質に關する第二の講演, 『福法』 제26권 1-2호 (1981).

파울 라반트 (1838-1918)
학문으로서의 국법학*

발터 파울리

《차 례》

동시대인과 후세 사람들에 대해서 라반트와 씨름하는 것은 언제나 국법학의 기본문제와 대결하는 것이다. 라반트에 동의하거나 반대하는 가운데 새로운 입장이 윤곽을 얻은 것이며, 또한 오늘날에도 여전히 법률가와 국법학자는 라반트에 대해서 보이는 관심과 비판의 정도에 의해서 특징 지워지는 것이다. 따라서 저명한 동료들이 그를 이미 생존 중에서부터 「독일 국법의 거장」[1]이라고 칭송하거나, 또한 안쉬츠(Anschütz)처럼[2] 비스

---

* Walter Pauly, Paul Laband (1838-1918) Staatsrechtslehre als Wissenschaft, in: Helmut Heinrichs, Harald Franzki, Klaus Schmalz, Michael Stolleis (Hrsg.), Deutsche Juristen jüdischer Herkunft, C. H. Beck, München 1993, S. 301-320.

1) P. Zorn, Die Entwicklung der Staatsrechts-Wissenschaft seit 1866, AöR Bd. 1 (1907), S. 65. 그를 「대가」라고 부르는 것은 G. Anschütz, Paul Laband, DJZ 1918, Sp. 269.

2) G. Anschütz, Paul Laband, Juristisches Literaturblatt 1908, S. 74. 그리고 찬동하는 형태를 취하는 것은 O. Liebmann, Paul Laband, DJZ 1919, Sp. 503. 라반트는 『회상록』(Lebenserinnerungen, 1918), S. 86에서 이렇게 말한다. 비스마르크는 라반트의 『독일 제국 국법』(Staatsrechts des Deutschen Reiches)의 제1권에 커다란 관심을 보였다. 그러나 헤르베르트 비스마르크(Herbert Bismarck)가 — 아마 이러한 관심과 라반트의 입장에 근거하여 — 부친에 대해서 1890년 2월 24일, 즉 그 실각 직전에 어떤 중요한 문제에서 자필로 된 밑줄로 그은 제1권을 제시했을 때 「이것은 비스마르크에게는 아무런 인상도 주지 못했다. 문제가 학문에서 매우 논의되고 있다는 문장에서, 그는 「학문」이라는 말에 밑줄을 긋고 거기에 다음과 같이 써 붙였다. 「그러나 헌법에서는 그렇지 않다」. 라반트를 원용하여 그는 이렇게 서술한다. 즉 「진정한 해석이란 존재하지 않는다」. E. Zechlin, Staatsstreichpläne Bismarcks und Wilhelm II., 1929, S. 40 참조.

마르크(Bismarck)에 비견한 것은 결코 놀랄 일이 아니다. 덧붙여 말하면 비스마르크는 이 제국헌법의 가장 중요한 해석자로 알려지고 있었다. 황제 빌헬름 2세(Wilhelm II)도 마찬가지며 그에 대해서 라반트3)가 그의 회상록 중에서 말하는 곳에서는 빌헬름 2세는 그 정찬(正餐)에서 라반트에 대해서 그의 강의를 듣지 아니한 것을 후회하였다고 한다. 이것은 의례적인 말이나 제스처에 불과할지도 모르지만 사회적이며 정치적인 체제의 대표자의 제스처이다. 여기에는 빌헬름시대의 사회에서 라반트에게 주어진 지위와, 그가 제국의 정책에서 수행한 역할이 제시되고 있다. 라반트가 이러한 지위에 나아갈 수 있었던 것은 오직 그가 학문에서 지배적이었고, 반론의 여지가 없다고는 할 수 없지만 능가할만한 것이 없었기 때문이다. 트리펠(Triepel)4)은 나중에 학자, 특히 그와 같이 젊은 학자는 라반트 학파에 「매료」되고 있었다고 서술한다. 매료되고 있었다는 것은 당초부터 라반트의 방법과 체계, 개별적인 문제에 대한 입장에 관하여 결정적인 비판이 존재한 것만으로 더욱 놀랍다.5) 라반트는 1918년 제국이 붕괴한 후 말하자면 악몽에서 깨어나기까지 학문을 정막 속에서 하고 또한 반론 없이 리드하는 것으로는 결코 하지 아니하였다. 반대로 게르버(Gerber)와 라반트에 의한 국법실증주의가 그 지위에 오르는 데에는 수 십년이 걸렸다. 학파에는 끊임없이 적대자가 있으며 동요와 침식은 1918년 이전에 이미 분명히 나타나고 있었다.6) 국법학은 독일의 후기 입헌주의 시대에 동질적이었던 것과는 완전히 달랐다. 그리고 바로 거기에서 즉 「라반트주의」(Labandismus)7)와 개념법학에 대한 공격 그리고 방법, 실체문제에 관한 끊임없는 논쟁에서야말로 상당한 감수성과 반성이 생기며 거기에서 문제와 그 처리의 수준이 얻어진 것이다.

상응하는 반성이 나타나자 라반트의 독자적인 방법적 입장이 발견되고, 그리고 그의 텍스트를 숙고하면 바이마르 시대와 연방공화국 초기의 2차 문헌에 의한 독해에서 생긴

---

3) 참조. (aaO Fn. 2), S. 107. 거기에서는 또한 빌헬름 2세의 연회사를 반복하고 있다. 즉 「귀하는 실로 가장 고명한 인물 중의 한 사람이다. 전 세계가 귀하를 이끌어 당긴다. 지난 날은 나의 의형제마저도 그렇게 주장하고 있었다. 나는 귀하의 청원서를 읽었고 그것에 의거하여 처분을 내렸다」.

4) H. Triepel, Staatsrecht und Politik, 1927, S. 9.

5) 세기의 전환기까지에 대해서는 특히 A. v. Kirchenheim, Das Staatsrecht in Zivil, Allg. Conservative Monatsschrift 1884, S. 272 ff.; O. v. Gierke, Labands Staatsrecht und die deutsche Rechtswissenschaft, Jahrbuch für Gesetzgebung, Verwaltung und Volkswirtschaft im Deutschen Reich, Jg. 7 (1883), S. 1097 ff.; F. Stoerk, Zur Methode des öffentlichen Rechts, 1885; E. Loening, Die konstruktive Methode auf dem Gebiete des Verwaltungsrechts, für Gesetzgebung, Verwaltung und Volkswirtschaft im Deutschen Reich, Jg. 11 (1887), S. 541 ff.; K. Rieker, Über Begriff und Methode des allgemeinen Staatsrechts, Vierteljahresschrift für Staats-und Volkswirtschaft, Bd. 4 (1896), S. 250 ff.; sowie H. Preuß, Zur Methode juristischer Begriffskonstruktion für Gesetzgebung, Verwaltung und Volkswirtschaft im Deutschen Reich, Jg. 24 (1900), S. 359 ff.

6) 이에 대해서는 현재 S. Korioth, Erschütterungen des staatsrechtlichn Positivismus im ausgehenden Kaiserreich, AöR Bd. 117 (1992), S. 212 ff. 그리고 실증주의의 그 후의 영향에 대해서는 W. Heun, Der staasrechtliche Positivismus in der Weimarer Republik, Der Staat Bd. 28 (1989), S. 377 ff. 참조.

7) 이 말은 H. Heller, Die Krisis der Staatslehre, Archiv für Sozialwissenschaften und Sozialpolitik, Bd. 55 (1926), S. 300 (김효전 옮김, 국가학의 위기, 동인 편역, 『바이마르 헌법과 정치사상』, 산지니, 2016)의 창안에 의함.

개념법학이라는 저 소박한 인상은 부정된다. 라반트의 기피와 함께 자주 생기는 라반트의 방법론과 국법이론의 단순화는 국법실증주의8)에 사회적, 정치적 기능이 확실히 존재하고 있었던 것에 비추어 보아도 미래는 완전히 허용되지 아니하며 또는 적어도 장기적으로는 허용되는 것도 아니다. 방대한 저작 다양한 테마와 관심을 가르친 것만으로도 라반트가 소박하게 개념을 맹신하는 실증주의자가 아님을 알 수 있다. 마찬가지로 베른하르트 슐링크(Bernhard Schlink)*의 「정치가로서의 라반트」9)에 관한 고찰도 있고, 또 「비평가로서의 라반트」라는 고찰도 있을 수 있는데, 이것들은 보다 더욱 신뢰할 수 있는 새로운 법률가로서의 라반트 모습의 다양한 측면을 제공한다.

왜 라반트는 후세에 만든 이미지 중에서 왜소화되고 단순화되고 또 부정확하게 묘사되었는가? 이 문제에 대답하는 것은 쉽지 않다. 확실히 그는 결단력과 자의식, 그 순수주의적 방법에 포함된 규칙과 요구 그리고 도그마티슈한 면밀함과 완전성으로 동료나 후세 사람들에게 압도적인 영향을 주었다. 그러나 이것은 학설이 그의 사후에 몇 년이나 국법상의 조건이 완전하게 변한 중에도 그에 대해서 반감을 나타내고 있었던 것을 설명하는 데에 충분하지는 않다. 오히려 라반트는 국법학에서 많은 자에 대해서 전문 영역을 빛나게 만든 것을 박탈하고, 탈마술화한다는 방법으로 사람을 매료하는 신비주의적인 것을 제거한 것처럼 보인다. 그처럼 신비주의적인 것은 국가의 연구에 종사하는 자가 깊이 느끼는 욕구에 대응하고 있다. 루돌프 스멘트(Rudolf Smend)는 이러한 비난을 매우 분명하게 정식화하고 라반트가 학문과 국가생활에 같은 정도로 부여한 「심각한 불법」10)을 비난하지 않을 수 없었다. 라반트는 「독일 국민의 헌정상의 양심과 생활문제에 대해서 진지함이 결여되었다」11)고 하였다. 왜냐하면 그에게 「국법은 정당한 정치적 질서의 시도는 아니기」12) 때문이었다. 본래의 문제를 라반트는 눈에 띄는 순수한 방법 —— 실제로는 형식주의적인 「관료를 위한 사고기술」13) —— 에 의해서 슬쩍 은폐하고, 그리고 이러한 방식으로 국가를 「생활 그 자체와 아무런 관계도 없는, 권한 권력의 영역에 관하여 의미가 공허하게 된 체계라는 기묘한 모습」14)에로 압박하였다. 스멘트에

---

8) 국법실증주의의 정치적 배경에 대한 통찰을 이미 제시하고 있었는데 G. Jellinek, Der Kampf des alten mit dem neuen Recht, 1907, S. 49 ff. 참조. 또한 ders., Allgemeine Staatslehre, 3. Aufl., 5. Neudr. 1928, S. 64. 따라서 1953년에 타이프 원고로 발표된 스멘트 학파의 P. v. 외르첸의 연구 P. v. Oertzen, Die soziale Funktion des staatsrechtlichen Positivismus, 1974는 단지 국법의 새로운 경향의 사회정치적·권력정치적 의의를 보여주는 것은 아니다. 오히려 사적 유물론에 근거한 지식사회학적 고찰의 틀 안에서 국법실증주의를 전체 사회의 발전의 단면이라고 설명하려고 한다.

9) B. Schlink, Laband als Poitiker, Der Staat, Bd. 31 (1992), demnächst [S. 553].

10) R. Smend, Der Einfluß der deutschen Staats- und Verwaltungslehre des 19. Jahrhunderts auf das Leben in Verfassung und Verwaltung, 1939, in: ders., Staatsrechtliche Abhandlungen, 2. Aufl., 1968, S. 336.

11) R. Smend, (aaO Fn. 10).

12) R. Smend, (aaO Fn. 10), S. 333.

13) R. Smend, Politisches Erlebnis und Staatsdenken seit dem 18. Jahrhundert, 1943, S. 356.

14) R. Smend, Der Einfluß der deutschen Staats- und Verwaltungslehre des 19. Jahrhunderts auf das Leben in Verfassung und Verwaltung, 1939, S. 333.

있어서 라반트는「부르주아」의 전형,「자본주의 시대의 합리적 이기주의자」15)에 유사하게 된다. 이러한 자에게는「다양한 음색」16)을 들으며 재현할 수 없으며, 말하자면 평평한 상법상의 카테고리로 국가를 파악하려고 한다. 그러나 스멘트는 겨우 시사하는데 그치지만 라반트에 더욱 울리는「음색」을 찾는데 그것은 스멘트와 같은 학자에게도 놀라운 것이었다. 스멘트는「과거의 유산을 보다 강하게 유지하고 라반트가 분열한 독일 국법 전체의 통일성을 어느 정도 산출하고 그리고 그와는 다른 의미에서 정치적 교육자였던 것에 성공한」논자로부터 라반트를 구별하고, 이렇게 계속한다. 즉「이러한 구별의 보다 깊은 이유에 대해서 여기서는 논할 필요는 없다」17) ── 1939년에 이와 같이 썼고『국법 논집』(Staatsrechtliche Abhandlungen) 제2판(1968)까지 변경하지 않는다. 그리고 아주 최근에는 미하엘 슈톨라이스(Michael Stolleis)*에 의해서「라반트의 유대인 출신을 그의 체면을 손상하는 형태로 풍자하는 것」이라고 평하였다.18) 이러한 설명 ── 그리고 스멘트가 텍스트의 해당되는 곳을 의식적으로 막연하다고 한 형태로 만든 것에 비추어 본다면 더욱 하나의 설명인 것에 그치는데 ── 을 지지하는 사정으로서 스멘트가 라반트에 돌린 부정적인 특성은 특히 19세기 후반에 생겼듯이, 반유대주의적인 르상티망과 합치되는 점이 열거된다. 형식주의의 비난에는 가치파괴적인 사고의 비난이, 그리고 전통망각의 비난에는 근대주의의 비난이 각각 대응한다.19)

「유대인 출신의 독일인 법률가」라는 테마에 관한 논고가 그러한 르상티망을 단순히 무시할 수 없다는 것은 당연하다. 그러나 그 테마 자체가 사용할 수 없고 정당하지 않다고 반복해서 주장하는 것으로 시종할 수는 없다. 여기서는 그것을 초월하여 나아가 라반트가 요청하고 실천한 방법은 결코 부적절하게 형식적이며 비역사적 또는 인식론적으로 무반성한 것만은 아니었다는 것을 증명하려고 함으로써 제기된 여러 가지 비난에 대항한다. 그럼으로써 동시에 라반트가 독일 국법학에서 추적한「학문이라는 프로젝트」(Projekt Wissenschaft)에 이른 발자취가 묘사된다.

라반트의 유대인성이 그의 인생과 업적에 대해서 실제로 결정적인 의의를 전개하였는가

---

15) R. Smend, Bürger und Bourgeois im Deutschen Staatsrecht, 1944, S. 311.

16) R. Smend, Der Einfluß der deutschen Staats- und Verwaltungslehre des 19. Jahrhunderts auf das Leben in Verfassung und Verwaltung, 1939, S. 338.

17) R. Smend, ebd.

18) 참조. M. Stolleis, Geschichte des öffentlichen Rechts, Bd. 2, 1992, S. 348. 이러한 풍자는 은폐되고 있으나 아주 명백하다. 고려할 수 있는 다른「보다 깊은 이유」는 제외된다. 왜냐하면 그것에 대해서 스멘트는 미리 명시적으로 말하기 때문이다. 이 구별의 보다 깊은 근거를 강조하는 것은 스멘트에게는「당시의 세대와 그 작용에 관한 올바른 판단 전체를 위한 첫 번째 전제조건」이다(ebd.). 제시된 설명의 결론에서 빌헬름 시대에 있어서의 유대인의 영향을 연구한다는 스멘트의 요구를 찾을 수가 없다. 여기서 스멘트에 있어서는 동시대의 르상티망으로 언어상 위장한 형태로 시사된 것인데, 다른 논자, 예컨대 E. R. 후버에 있어서는 (E. R. Huber, Heer und Staat, 1. Aufl. 1938, S. 223, Fn. 3), 명확하게 서술한 것이 보인다. 후버는 라반트를 비판한 곳에서 바로 노골적으로「유대인 국법학자」라고 부른다.

19) 유대인이 전통을 파괴하고 가치질서를 붕괴시켰다는 선입관과 아울러 반유대주의와 반근대주의의 결합에 대해서는 T. Nipperdey, Deutsche Geschichte 1866-1918, Bd. I, 1990, S. 404, Bd. II, 1992, S. 292 ff.; F. Stern, Kulturpessimismus als politische Gefahr, 1986, S. 177 u. passim 참조.

의 여부는 더욱 분명하지 않을 것이다. 물론 라반트가 『회상록』에서 자신의 유대 출신에 대해서 19세의 학생시절에 행한 개종과 동일하게 침묵한 점은 눈길을 끈다. 이러한 사정에서는 라반트가 유대인성 일반 그리고 특히 자신의 유대인성에 대해서 어떤 시각을 지니고 있었는가 하는 물음이 생긴다. 거기에는 동시에 그의 생애를 고찰하는 시각을 위한 규준이 존재한다.

I. 생애와 업적사

라반트의 인생에 접근하는 데에는 현재에도 『회상록』에 의할 수밖에 없다. 라반트의 전기는 존재하지 아니한다. 1838년 5월 24일에 폴란드 서부 브레슬라우(Breslau)에서 태어나고 자란 유대인 의사의 아들이 그의 『회상록』에서 ― 이미 언급한 그가 유대인이고 개종했다는 ― 기본적인 전기상의 상세함에 대해서 침묵한 것만으로도 그러한 전기는 부족하다. 19세의 법학도가 1857년에 세례를 받은 이유는 반드시 종교적인 성격에만 한정되지는 않는다. 학문의 환경에서 유대인 일반, 그리고 특히 세례에 의해서 설립된 단체에 대한 「입장권」(Entréebillet)(하인리히 하이네(Heinrich Heine)*을 얻지 못한 자는 장래의 직업에 대한 전망이 더욱 어둡다. 이것에 비추어 본다면 그러한 수단을 취한 것에 대해서 경력상의 이유도 생각된다. 피터 게이(Peter Gay)*에 의하면, 유대인이 기독교로 개종하는 것은 대체로 「그 직업상의 승진을 방해하는 오점을 제거하려고 하기 때문이며…. 그리고 독일에 있어서의 유대인 아카데미의 약 절반은 개종자였다」.[20] 라반트가 기독교로 개종한 것에 대해서는 가능한 한 완전하게 동화하는 것 이외의 동기가 매우 중요하였다면, 『회상록』에서 세례 또는 다른 종교적인 접촉이나 관여에 대해서 언급하는 쪽이 명백할 것이다. 젊은 라반트가 더욱 확실히 느낀 유대인 출신의 문제는 해를 거듭하는 중에 사고와 감각의 깊은 곳으로 후퇴하고 아마 완전히 해결되었던 그리고 [회상록] 집필한 나이가 [젊은 때로부터] 멀었던 것에서 그러한 문제는 단지 이미 가치가 없는 것이라고 생각하였던 곳에는 충분한 이유가 있다. 회상록을 집필하고 수 십 년에 출세하고 황제와 제국으로부터 훈장을 받고 경의를 표시함으로써 거기에 젖은 라반트는 전향 유대인인 그가 서 있는 「박빙」[21]을 출세한 때에는 이미 두려워하지 않고 그 중에서도

---

20) P. Gay, Begegnung mit der Moderne. Die deutschen Juden in Wilhelminischen Kultur, in: ders., Freud, Jüden und andere Deutsche, dt. 1989, S. 118. 유대인 법률가의 장래의 직업 전망에 대해서는 H.-P. Benöhr, Jüdische Rechtsgelehrte in der deutschen Rechtswissenschaft, in: K. E. Grozinger (Hrsg.), Judentum im deutschen Sprachraum, 1991, S. 280 ff. 그리고 대학이라는 진로를 취하는 기회에 대해서는 특히 K. F. Ringer, Die Gelehrten, dt. 1987, S. 127 u. passim.

21) B. Schlink, Laband als Politiker, Der Staat, Bd. 31 (1992), S. 553 참조. 그는 라반트에 있어서 동화는 「매우 철저하게 성공하였기」 때문에 그것을 잊은 것이나 또는 「유대인인 그가 독일인, 학자, 제국의 충실한 공복 그리고 독일 국법의 위대한 아버지로서 행동할 장소가 박빙인 것에 주의하려고 하지 않았던」 여부에 대해서는 미해결 그대로이다.

이미 박빙인 것을 느끼지 않게 되었을지도 모른다. 이러한 견해의 이유로 전향한지 13년 후에 쾨니히스베르크대학의 정교수로서 유대의 채무법에 관한 단행본을 서평한 라반트의 초연성, 그리고 그 서평에서 「유대 인민의 독창성, 정신적 재능 그리고 높은 문화사적 의의」[22)]에 대해서 말하는 객관적인 태도와 냉정함이 열거된다. 여기서도 라반트가 단호하고 확실한 형태로 제국 창설의 시대에 성립하고 있던 질서의 기초에, 그리고 이것을 뒷받침하는 사회의 안쪽에 서 있었던 것의 징후를 발견할 수 있다.

법의 세계에서 라반트는 1855년 4월에 브레슬라우대학에 입학했는데 처음으로 ── 테오도르 몸젠(Theodor Mommsen)*의 강의였음에도 불구하고 ── 거기에서는 진정한 만족을 얻지 못하였다. 라반트가 하이델베르크의 후기에 청강한 방게로우(Vangerow)의 판덱텐에 관한 「뛰어난 강의」에 처음으로 사회적으로 적극적인 학생, 나아가서는 학생회의 학생에게 「어떠한 권리를 가지고 법률학은 학문인가」[23)]를 제시하였다. 로베르트 폰 몰(Robert von Mohl)*이 국법에 대해서 행한 강의에서는 거기에 필적하는 감격을 받지 못하였다. 프리드리히 율리우스 슈탈(Friedrich Julius Stahl)*의 강의에 강한 인상을 받았는데, 그에게는 더구나 강사가 「그 초반동적인 경향과 광신적일 정도로 경건함 때문에 매우 공감을 가지 않은」[24)]데에 머물렀다. 사법(私法)에 대한 발자취는 1858년 3월에 심사를 통과한 박사논문이 로마법에서 유래하는 것임을 간취하고 있다. 이어서 라반트는 시보가 되는데 상급 시보시험을 보기 전에 학문에의 길로 가고 싶다고 하여 시보를 사임하였다. 그가 관심을 두었던 것은 주로 사법과 법사였다. 1861년에 하이델베르크대학에서 논문 「슈바벤슈피겔론」(Beiträge zur Kunde des Schwabenspiegel)로 교수 자격을 얻었다. 1863년에는 『14세기 중엽 이후의 막데부르크-브레슬라우 체계 참심인 법』(Das Magdeburg-Breslauer systematische Schöffenrecht aus der Mitte des 14. Jahrhunderts), 1869년에는 『중세의 작센의 법원에 근거한 재산법상의 주장』(Die vermögenrechtlichen Klagen nach den sächsischen Rechtsquelle des Mittelalters)를 저술하였다. 같은 해 『막데부르크의 법원: 학문적 이용에 대해서』(Die Magdeburger Rechtsquellen. Zum akdemischen Gebrauch)를 편집하였다. 1864년, 라반트는 쾨니히스베르크대학의 조교수로 취임하고, 1866년에는 정교수로 임명되었다. 레빈 골드슈미트(Levin Goldschmidt)는 그에게 『전상법잡지』(Zeitschrift für gesamte Handelsrecht)의 공동 편집을 제안하고, 라반트는 1865년부터 1898년까지 근무하였다. 이 잡지에서 라반트 자신의 논고 중 주목할 만한 것은 「아말피의 해법」(Das Seerecht von Amalfi, 1864), 「일반 독일 상법전에 따른 법률행위의 체결시의 대리」(Die Stellvertretung bei dem Abschluß von Rechtsgeschäften nach dem Allgemeinen Deutschen Handelsgesetzbuch, 1866)[25)] 그리고 「회사의 도그마티크」(Beiträge zur Dogmatik der Handelsgesellschaft,

22) P. Laband, Literatur. Leopold Auerbach. Das jüdische Obligationsrecht ..., Zeitschrift für das gesamtes Handelsrecht, Bd. 16 (1870), S. 674.

23) P. Laband, Lebenserinnerungen, 1918, S. 27.

24) P. Laband, (aaO Fn. 23), S. 35.

1885)이다. 이 마지막 논문은 법인과 사단론에 관하여 연방 국법에 대한 영향력을 가진 기초적인 논고인데 연방 국법에 대해서 기준이 되는 『국법』 제1권 훨씬 뒤에 발표되었다. 쾨니히스베르크 시대의 학문적 생산을 라반트 자신이 그렇게 표현한 이 해의 「오락의 칼렌더」 옆에 놓는다면, 어떻게 그가 「동일한 시대에 그토록 많고 그토록 성공을 거둘 수 있었는」[26]가는 오늘날에도 여전히 놀라웁다. 그의 이 시대에 관한 회상에는 어떤 동료 부인에 대한 불행한 애정을 품위 있게 혐오한 형태로 돌본 것, 자주 공공의 장소에 등장했는데 그때에는 언제나 극도로 긴장한 것, 「어린이의 놀이에 보이는 게르만의 유산」(Germanische Rechtsaltertümer in unseren Kinderspielen)에 관한 강연에 대한 것이 있는데 이것들은 라반트라는 인물에 대해서 호의적인 이미지를 가지기에 적합한 것이다.

쾨니히스베르크대학에서 국법이 공석이었기 때문에 라반트는 1866년의 겨울 학기에 이 과목에서의 강연을 인수하지 않으면 안 되었는데, — 여기서 그의 말대로 받아들인다면 — 거기에 적합한 학문적 관심을 불러일으키지는 아니하였다.[27] 그렇지만 그는 이미 1863년에는 십자신문(Kreuz-Zeitung)의 논설에서 「의회의 예산수정권」(Das Recht des Abgeordnetenhauses zu Budget-Aenderungen)[28]에 대해서 논하고 있다. 거기서 그는 1871년에 저술한 『예산법론』(Das Budgetrecht)에서 처음으로 상세하게 전개하고 근거를 마련하는 입장을 취한 것과 같은 입장에 서 있었다. 여하튼 북독일연방의 창설과 거기에 계속하여 이은 헌법제정에 의해서 라반트에게 국법에 대한 깊은 관심이 생겼다. 그는 강의 노트를 미리 만들고 그때에 「지금까지 통상이었던 역사적-정치적 고찰 대신에 엄밀하게 법학적인 논구」[29]를 하였다. 이 방법을 실제로 그는 1871년에도 그의 본래의 국법에 관한 데뷔작인 예산론[30]의 기초에 두었다. 이 논문은 예상대로 반향을 부르고, 회고하며 스스로 인정한 곳에서 「이 논문부터 국법은 나의 본래의 활동 영역이 되었다」.[31] 이 논문의 서론에서 라반트는 단지 학문에만 종사하려고 한다고 공언하고, 그리고 이것은 그에게 현행의 그리고 이러한 의미에서 실정적인 법만을 기초에 두며 이에 대해서 정치적 이상을 시계 밖에 두며, 개선의 가능성을 입법에 위임한다는 것이었다. 그럼에도 불구하고

25) 이 논문에서 라반트가 제안한 Vollmacht와 Grundgeschäft의 구별을 H. 될레는 「법학적 발견」의 하나라고 같은 이름의 논고 중에서 평가한다. H. Dölle, Verh. 42. DJT, Bd. II, 1959, S. B. 5 ff.

26) P. Laband, (aaO Fn. 23), S. 56.

27) P. Laband, (aaO Fn. 23), S. 62.

28) 신프로이센신문(Neue Preußische Zeitung)(십자신문) 1863년 2월 21일자. 찾는 항목 괄호에서 「비프로이센의 한 법학자」라고 적혀 있다. 라반트는 회상록에서 그 논고를 1862년 12월 12일자로 하고, 「남독일의 한 법학자」 명의로서 열거하고 있다(aaO Fn. 23), S. 51. 그러나 라반트가 게시한 날짜에는 그것에 대응하는 논고는 보이지 않으며, 그 날의 주변에서는 앞의 논고만이 있을 뿐이다. 그것이 진정한 것에 대해서는 스타일과 내용에서 볼 때 의심이 없다. 라반트는 회고에서 날짜를 조금 바꾸고 명의를 기억에만 의거하여 재현한 것이 타당할 것이다.

29) P. Laband, Lebenserinnerungen, S. 62.

30) P. Laband, Das Budgetrecht nach den Bestimmungen der Preussischen Verfassungs-Urkunde unter Berücksichtigung der Verfassung des Norddeutschen Bundes, 1871. 처음 발표는 Zeitschrift für Gesetzgebung und Rechtspflege in Preußen, Bd. 4 (1870), S. 625 ff.

31) P. Laband, (aaO Fn. 30), S. 63.

그의 연구는 하인리히 알베르트 차카리아에(Heinrich Albert Zachariä)*의 비판32)에서
보듯이, 일면적으로 「문법적이고 논리적인 해석-요소」에 의해서 행한 것만은 아니다.
이미 첫머리에서 「'법률'이라는 문언」을 역사적으로 해석하며,33) 그리고 성립사적으로
검토한 결과 직접적으로 또한 불문인 채로 실정법에 관한 언명에로 전환되는 것은 아니라
고 하여도 논문에는 성립사적인 요소의 참조에 결여한 곳은 없었다.34) 따라서 「그 내용이
법규, 즉 법관계의 규율인 결정에 관한 규범인, 국가의사의 표명」35)이라는 라반트가
제기한 법률의 정의는 완전히 역사에 근거하고 있다. 이 법률개념을 라반트는 법률의
내용에 방향지워진 정의이기 때문에 「실질적」 개념이라고 부르고, 이것에 동시에 형식적
개념을 첨가하였다. 형식적 개념은 입법절차, 바로 「형식적 메르크말, 즉 국왕과 방의회의
일치」36)에 착안하나, 이와 같은 준비작업을 거쳐 이번에는 라반트는 예산쟁의37)에
관여한 규범, 프로이센 헌법전 제62조와 제99조를 고찰한다. 제62조는 「입법권은 ...
국왕과 양원이 공동으로 행사」한다고 규정하고 있는데, 「물론 ... 거기에서 입법은 실질적
의미에서만 이해할 수 있다. 즉 법질서의 변경과 계속 형성은 모두 국민대표의 공동작용
아래서 행하여야 한다」.38) 헌법에서는 물론 규범화되지 못하고 법률학과 실무에 의해서
규정된 실질적인 입법개념을 기초로 한 경우에만 제62조는 「의미」를 얻는 것이다. 그리고
이것은 논문에서 라반트가 목적론적으로 논하는 유일한 장소는39) 아니었다. 그는 예산을
그것이 규율이 아니라 「장래 예상되는 세입과 세출에 관한 ... 계산」,40) 즉 「견적서」에서
행하는 「사실」에 관한 계산이기 때문에 예산법 제62조의 적용 영역에는 포함되지 아니한
다고 하였다. 그러나 제99조도 또한 라반트에 의하면 고전적인 예산쟁의에서 결정규범을
부여할 수는 없다. 확실히 이 규범은 예산이 「매년 법률로써 정하는」 것을 요구하고
있는데 국왕과 국민대표가 하나의 법률상의 모체가 되는 것으로 일치할 수 없는 경우에
대한 아무런 해결책도 제시하지 않고 있다. 따라서 「흠결이 존재를 인정하는데 아무리
반대하려고 하여도 흠결이 존재하는 데에 의문은 없다」.41) 그러나 라반트에게 헌법전에

32) H. A. Zachariä, Laband, Das Preussische Budgetrecht, Göttingische gelehrte Anzeigen, 1871,
    1. Bd., S. 367.
33) P. Laband, (aaO Fn. 30), S. 3 참조.
34) P. Laband, (aaO Fn. 30), S. 76 참조.
35) P. Laband, (aaO Fn. 30), S. 3.
36) P. Laband, (aaO Fn. 30), S. 5. 라반트의 법률개념에 대해서는 E.-W. Böckenförde, Gesetz und
    gesetzgegende Gewalt, 2. Aufl. 1981, S. 226 ff. 참조.
37) 이에 대해서는 포괄적으로 E. R. Huber, Deutsche Verfassungsgeschichte seit 1789, Bd. III, 3.
    Aufl. 1988, S. 275 ff. 그리고 근래의 문헌에서는 H.-C. Kraus, Ursprung und Genese der
    "Lückentheorie" im preussischen Verfassungskonflikt, Der Staat, Bd. 29 (1990), S. 209 ff. 참조.
38) P. Laband, (aaO Fn. 30), S. 10.
39) 나아가 P. Laband, (aaO Fn. 30), S. 76. 거기에서 라반트는 어떤 해석제안이 가지는 「부조리한 귀결」을
    지적하고, 또한 S. 77 ff.에서는 「헌법은 국가의 자살을 의미하는 듯한 법규를 포함할 수 없다」는 인식을
    보여주고 있다.
40) P. Laband, (aaO Fn. 30), S. 13.
41) P. Laband, (aaO Fn. 30), S. 75.

있어서의 흠결은 여전히 헌법에 있어서의 흠결을 의미하는 것은 아니었다. 「법률에는 흠결이 있을 수 있으나 법질서 그 자체에는 자연의 질서와 마찬가지로 흠결이란 것은 존재할 수 없다」.[42] 물론 제62조도 제99조도 ── 지금까지의 연구 결과와 마찬가지로 ── 예산 없는 통치를 금지하지는 아니한다. 국가의 존속을 의식적으로[43] 국가주의적으로 고려하여 라반트는 「법률 또는 국가의, 복지에 의해서 필요」[44]하게 되는 지출을 인정한다. 이러한 결론은 그에 의한 예산법률의 성격규정과 합치한다. 왜냐하면 예산법률은 형식적 법률로서 「'세입의 징수와 동일하게 세출의 이행에 대해서' 법률상의 근거를」 부여할 수 없기 때문이다. 그러나 법률상의 세출의무가 존재하는 한, 여하튼 예산입법자는 「현행법과 법률상 존재하는 국가의 제도」를 자금의 갹출을 거부함으로써 침해해서는 안 된다.[45] 확실히 이러한 결론은 정부를 유익하게 하는 바가 많았지만, 그러나 고전적인 흠결이론이 될 수 있도록 유익한 바가 있었던 것은 아니다. 그것만으로 라반트는 흠결을 지적하였던 것을 고려한 것으로도 「예산법률이 성립하지 않은 경우에는 … 예전의 무제약한 국왕의 권력이 예산의 확정에 관하여 부활하고, 방해를 받지 않고 주장할 수 있다고 하는 절대주의이론」[46]으로 단순히 환원되는 것은 아니다. 이와 같이 차하리아는 서평에서도 강조한 것이다. 차하리아 자신이 선택한 해결방법은 법이론상 안쉬츠(Anschütz)의 유명한 주장과 마찬가지로 문제가 있는 것이다. 안쉬츠의 주장에서는 법에 있어서의 흠결이 인정되며, 「국법은 여기서 끝난다」[47]는 결론에 도달한다. 차하리아도 상당히 국가주의적이며 「국가란 기계는 정지해서는 안 된다」고 주장하였다. 그러나 동시에 그는 예산 없는 세출 속행의 요청을 「위헌상태」라고 보고 있었다. 「… 거기에서 위헌상태의 의식을 갖지 않으면 안 되는 바로 그 때문에 두 개의 부분, 동일하게 중요한 이익」과 그리고 동시에 의무는 제거하여야 한다」.[48]

이제 추방된 국법교수는 1872년에 스트라스부르크대학*에 초빙되었다. 그는 「국법」의

---

42) P. Laband, (aaO Fn. 30).

43) P. Laband, (aaO Fn. 30), S. 77 f. u. 83. 참조. S. 79에서 라반트는 그렇지 않으면 「최고도로 완벽한 의회주의」즉 타협을 허용하지 않는 의회가 확립하게 된다고 강조한다.

44) P. Laband, (aaO Fn. 30), S. 81.

45) P. Laband, (aaO Fn. 30), S. 35.

46) H. A. Zachariä, Laband, Das Preussische Bugetrecht, Göttingische gelehrte Anzeigen, 1871, 1. Bd., S. 375.

47) G. Meyer/G. Anschütz, Lehrbuch des Deutschen Staatsrechts, 7. Aufl. 1919, S. 906. 또한 마찬가지로 이미 G. Anschütz, Lücken in den Verfassungs-und Verwaltungsgesetzen, VerwArch. 14 (1906), S. 336.

48) H. A. Zachariä, (aaO Fn. 46), S. 380. 위헌상태는 「헌법의 기본원리」에 합치된 제거」를 요구한다(aaO., S. 382). 저자[라반트]와 평자[차하리아에]의 법이론과 국가이론상의 관념에 관한 차이에 대해서는 P. v. Oertzen, Die Bedeutung C. F. von Gerber für die deutsche Staatsrechtslehre, FS R. Smend, 1962, S. 202. 이에 의하면 「국법질서의 내적 관련은 … 차하리아에 있어서는 국법질서에 내재하는 것이 아니며」, 오히려 「이성적 윤리적 공동사회로서의 국가의 실제의 관련에」 근거한다. 폰 외르첸이 차하리아에의 국가이론상의 관념에 동감을 느끼는 것에는 위화감을 가지지 않을 수 없다. 그것은 법이론상의 관점에서는 그가 차하리아도 「엄격히 법학적으로」 논의한다고 단언하고 있는(Die soziale Funktion des staatsrechtlichen Positivismus, 1974, S. 161) 것과 마찬가지이다.

집필을 계획했는데 당초에는 계획에 필요한 시간과 작품의 최종적인 범위를 적절하게 이미지하지 못하였다. 라반트는 특히 「예측하지 못한」 「완성으로 향한 많은 이론상의 문제」에 의해서 진행이 저지되었다. 이러한 사정에서 보아도 라반트가 높은 요구와 뛰어난 학문적 에토스를 지니고 있었음이 증명된다. 『독일 제국 국법』(Staatsrecht des Deutschen Reiches) 제1권은 기본적으로 연방국법의 설명인데, 이것은 1876년에 출판되고, 특히 입법과 행정을 검토하는 제2권은 1878년에 제2분책에서는 재정법을 각각 논하였다. 제2판과 제3판에서는 이 책은 큰 판형의 두 권으로 발간되고, 재4판과 제5판에서는 다시 4권이 책이 되었다. 거기에서는 제4권에 군사법과 재정법이 정리되고 있는데, 제3권에는 제국의 외교, 국내문제와 재판권에 관한 장이 포함되어 있었다. 라반트의 『국법』은 동시대인에게는 제국에 있어서의 공법의 거의 모든 문제에 관한 기본 문헌이었다. 행정법 각론의 중심적인 테마에 대해서조차도 이 책에서 상세히 논하고 있다. 오늘날 이 저작을 이용하는 사람 역시 재빨리 라반트가 당시 명성을 누린 것을 이해하는 것이다.

커다란 국법 외에 라반트는 1894년에 요약한 한 권짜리 『독일 제국 국법론』(Deutsches Reichsstaatsrecht)을 저술하였다. 이것은 1912년에 제6판이 라반트 사후인 1918년에 오토 마이어(Otto Mayer)가 개정한 제7판이 출판되었다. 라반트가 저술가로서 다작인 것은 지금도 여전히 놀라웁다. 특히 『로마법 수용이 독일 국법에 미친 영향』(Die Bedeutung der Rezeption des Römischen Rechts für das deutsche Staatsrecht, 1880), 『독일 제국 헌법의 변천』(Die Wandlungen der deutschen Reichsverfassung, 1895), 『독일 제정론』(Das deutsche Kaisertum, 1896)에 대한 연설을 하고,[49] 또한 수많은 논문 중에서도 「제국 창설 이래의 제국 헌법의 역사적 발전(Die geschichtliche Entwicklung der Reichsverfassung seit Reichsgründung)은 뛰어난 것이다.[50] 그동안 라반트는 세 개의 중요한 잡지를 편집하고 있다. 『공법 연감』(Jahrbuch des öffentlichen Rechts der Gegenwart), 『공법잡지』(Archiv für öffentliches Rechts), 『독일 법률가 잡지』(Deutsche Juristen-Zeitung)이 그것이다.[51] 특히 후자의 두 잡지에서는 무수한 서평 논문을 발표하고 있으며, 라반트의 관심영역의 광범위함을 보여주고 있다. 그것은 『스에즈 운하의 역사 문서』(Urkunden zur Geschichte des Suezkanals)로부터 『국제민사소송법의 문제들』(Streitfragen aus dem internationalen Civilprozeß), 『헝가리 상법전 초안』(Entwurf des ungarischen Handelsgesetzbuchs), 『국제법과 헌법』(Diritto internationale e Diritto Costituzionale), 『주권과 연방국가에 관한 연구』(Étude sur la Souveraineté et l'état fédératif), 『괴팅겐에서의 국법 연구의 초기 수 십년』(Die ersten Jahrzehnte des

---

49) 이러한 연설은 P. Laband, Abhandlungen, Beiträge, Reden und Rezensionen, Teil 1, Leipzig에 재수록되어 있다.

50) JöR, Bd. 1 (1907), S. 1 ff.

51) 『공법잡지』는 P. 라반트와 F. 슈퇴르크(F. Stoerk)가 1886년에 창간하고, 『공법 연감』은 G. 옐리네크(G. Jellinek), P. 라반트, R. 필로티(R. Piloty)가 1907년에 창간하고 있다. 1896년부터 발간되는 『독일 법률가 잡지』는 전 직종, 전 법영역의 법률가를 대상으로 하며 라반트에 더하여 M. 슈텡글라인(M. Stenglein)과 H. 슈타우프(H. Staub)가 공편자였다.

staatsrechtlichen Studiums in Göttingen) 그리고 『프라이헤르 폼 슈타인』(Der Freiherr vom Stein an Fritz Schlosser)에까지 미친다. 끝으로 라반트는 생애에서 많은 시간을 감정의견에 쏟았다. 그것은 백을 훨씬 넘으며, 그중에서도 특히 유명한 것은 립페 왕위계승 투쟁이다. 여하튼 그처럼 많은 것을 라반트는 회고하면서 이렇게 서술할 정도이다. 「감정 의견의 공표를 원칙적으로 그리고 일관하여 거부하였더라면 좋았을지도 모르는데」, 「최종적으로는 이 활동은 매우 금전적 이익이 되었다. ... 그리고 이것은 자본주의의 시대에는 거절할 수 없었던 것이다」.52)

법실무상의 문제에 정통한 라반트는 대학에로의 명예로운 초빙에 응하였을 뿐만 아니라 제국재판소, 프로이센 사법성, 끝으로 프로이센 상급행정재판소에서도 그를 모시려고 하였다. 라반트는 스트라스부르크에 머무르고, 53) 거기에서 1880년부터 엘자스 로트링겐 추밀원의 구성원이 되고, 추밀원이 해체된 후에는 1911년에는 이곳의 상원의 의원이 되었다.54) 1918년 3월 23일 스트라스부르크에서 사망하였다.

II. 학문으로서의 국법학

국법학이 학문으로서, 그리고 법률학의 분야로서 이해된 것은 독일 후기 입헌주의가 처음은 아니다. 연혁적으로 형성된 법률학의 학문이해는 이미 카를 프리드리히 폰 게르버 (Karl Friedrich v. Gerber)와 파울 라반트 이전에 19세기 전반에 예컨대 이미 열거한 하인리히 알베르트 차하리아에에서 보였다. 물론 차하리아에 대해서 「국법의 진정한 학문적 취급」은 「실천적 방법과 역사적 방법 및 철학적 방법과 결합시킨 것」에서 생긴다55) ― 따라서 역사, 철학 그리고 실천에서 자율적으로 구성되는 법학에 고유한 영역은 차하리아에는 인정하지 아니한다. 역사・철학・실천은 그에게는 법학적 요소와 병존하여 결합하지 않는 것은 결코 아니며, 오히려 그의 법개념의 통합적인 구성부분이다. 역사적 방법, 철학적 방법 그리고 실천적 방법은 그에게는 결코 비법학적인 것은 아니며 그 종합에서 법학적 방법이 생기는 것이다.56)

---

52) P. Laband, Lebenserinnerungen, 1918, S. 80.

53) 19세기 말부터 20세기 초까지 이 대학 도시의 학문적 분위기가 매우 좋았던 것에 대해서는 P. Schiera, Laboratorium der bürgerlichen Welt, dt. 1992, S. 121 f. 참조.

54) 정치가로서의 라반트에 대해서는 B. 슐링크의 동명의 논문 (B. Schlink, Der Staat, Bd. 31 (1992)), S. 553 참조. 슐링크는 정치적인 라반트가 법률가로서의 라반트에 의해서 형성되고 규정된 것을 보여준다.

55) H. A. Zachariä, Deutsches Staats- und Bundesrecht, 1. Abt., 1. Aufl. 1841, S. 26. 물론 차하리아에 있어서 국법의 체계에로의 지향은 간과할 수 없으며, 이 책 S. 27에서는 국법의 「총론」에 대해서 말하고 있다.

56) 법사학적 연구에서는 ― 과거의 문제와 해결을 오늘날의 언어와 이론배경으로 정식화하고 재구성하는 것이 헤르메노이틱하다고 보아 불가결함에도 불구하고 ― 그때그때의 역사적인 학문상의 개념이나 모델을 현대의 학문이론상의 기준에서 출발하려 비판하고, 평가하는 것이 중요할 수는 없다. 오히려 그러한

이에 대해서 라반트의 법학적인 학문이해는 완전히 달랐다. 여기서 관찰되는 변화는 수 십년을 걸쳐 예고되고, 준비되어 온 것인데 그러나 이 변화는 「실증주의」라는 슬로건으로 단순히 정리되지 아니한다. 실증주의적 작업기술을 국법학은 이미 차하리아에 이전부터 알고 있었다. 그것은 국법학이 법전화에 경의를 표하고 그 문언을 부분적으로는 매우 중요시하는 것에 의한다. 로메오 마우렌브레허(Romeo Maurenbrecher)*에 보이는 실증주의는 소박하다고 말하기 어렵고 이미 나이브하다고 조차 부를 수 있다. 그는 『현대 독일 국법의 원리들』(Grundsätze des heutigen deutschen Staatsrechts)에 대한 저명한 서평[57]에서 빌헬름 에두아르트 알브레히트(Wilhelm Eduard Albrecht)*가 국가는 법인에게 맡겨진다고 한 것에 반론하여, 헌법들은 군주를 「원수」, 「최고권력자」라고 부르며, 그러므로 군주는 이미 문언상, 법학상의 국가인격의 기관과 봉사자일 수는 없다고 하였다.[58] 알브레히트에게 국가의 법인격은 하나의 「이론」[59]이며 현행법의 명제는 아니었다. 비록 「새로운 법」에 의해서 적실성이 제시되고, 그러한 새로운 법과 완전히 일치하는 것이라 하더라도 그러하였다. 물론 도그마티슈한 이론의 전제들이 법 텍스트의 해석을 형성한다. 그리하여 예컨대 「최고권력자」라는 말의 해석은 알브레히트의 이론적 컨텍스트에서는 마우렌브레허의 경우와는 완전히 다른 것이 되는, 즉 지도적인 이론으로 이해한다면 「최고권력자」는 다른 기관이나 신민의 상위에 위치하는 최상급 기관 이상의 것을 의미하지는 않는다. 그리고 텍스트에서 귀결하지 않고 또한 텍스트에 의해서 파탄하는 것도 아닌 도그마티슈한 이론에 의해서 법텍스트가 강력하게 형성되고 그리고 점령되는, 이런저런 덕이 라반트의 법학적 작업을 각인하는 것이다.

라반트는 자신의 국법의 이론에 관하여 카를 프리드리히 폰 게르버의 학설을 받아들이고 있다. 게르버는 자신의 학설을 두 가지의 스텝으로 전개하였다. 모두 현행의 법 텍스트에서는 독립으로 된 것으로『공권론』(Ueber öffentliche Rechte, 1852)과 1865년에 발간된 『독일 국법 체계 강요』(Grundzüge eines Systems des deutschen Staatsrechts)가 그것이다. 특히 후자의 작품에서 게르버는 국법상의 기본개념을 전개하였다. 그 기본개념은 법 일반과 특히 국법의 구조에로의 근본적인 통찰을 당연히 포함하고 있으며, 진지한 국법학이라면 간과할 수 없는 것이었다. 그 매우 깊은 근본적인 통찰은 법의 본질에도 타당하다. 게르버는『독일 사법의 체계』(System des deutsche Privatrechts)에서 이미 개인 의사를 원용하여 그것을 규정하고 있었다. 거기에서 게르버는 참으로 법학적으로

연구는 어떠한 구체적인 조건 아래서 어떠한 형태의 학문이 만들어지고, 주장되어 왔는가를 이해하기 위해서 함의와 컨텍스트를 해명하려고 한다(「콘텍스트 중의 학문」(science in context). 19세기 초기의 국법방법론에 있어서의 역사적 요소의 위치사의 가치가 높은 이유에 대해서는 M. Stolleis, Die historische Rechtsschule und das öffentliche Recht. FS S. Gagnér, 1991, S. 495 ff. 그리고 ders., Gibt es eine Historische Schule im öffentlichen Recht? Quaderni camerti di studi romanistici 19 (1991), S. 121 ff. 참조.

57) W. E. Albrecht, Rezension über Maurenbrechers Grundsätze des heutigen deutschen Staatsrechts, Göttingische gelehrte Anzeigen 1837, S. 1489-1504, 1508-1515, Neudruck 1962.
58) R. Maurenbrecher, Die deutschen regierenden Fürsten und die Souveränität, 1839, S. 133.
59) W. E. Albrecht, (aaO Fn. 57), S. 21 u. 23.

타당한 것은 「법의 체계뿐이며, 이것은 일체의 법적 소재를 개인의사가 취할 수 있는 표현으로서만 보는 것이다」라고 하였다.60) 개인의 의사는 게르버에 대해서 사법의 보편적 코드이며, 그것을 계기로 함으로써 모든 사법 체계를 구성하며, 또는 재구성할 수 있는 것이다. 그것에 대응하는 중심적 위치를 게르버는 공법에서의 의사에 인용한다. 게르버는 『공권론』에서는 국가를 아직 법인으로 파악하지 않기 때문에 거기에서는 국민집회의 구성원으로서의 개인의 의사표명61)만이 공법을 만드는 소재를 형성한다. 이에 대해서 『강요』에서는 이번에는 인정된 국가라는 법적 인격의 의사표명이나 그 생각가능한 여러 가지 형태의 것이 중요하게 된다. 「국가의 의사력, 국가권력이 국가의 법이다. 국법은 그러므로 국가권력의 이론이며 '국가는 그 자체로서 무엇을 의사할 수 있는가? 라는 물음에 대답하는 것이다」.62) 의사가 여기서도 법시스템의 코드이며, 구성상의 기본원리이다. 「지배」로부터 군주 또는 연방국가관계의 구성에 이르는 법학상의 중심적 개념은 모두 의사의 요소를 계기로 해서 해독할 수 있다. 게르버는 이와 같이 해서 국법을 실정법에 돌리지 않고 ── 생각하듯이 ── 코드화하고 또한 독해했는데, 이러한 조작은 그 바로 그때그때의 실정법의 해석, 법학적 구성과 체계구상에 결정적인 영향을 미쳤다. 게르버는 확실히 법률실증주의적인 태도를 위한 것만은 아니지만 그의 학문상의 실증주의의 성과는 법률실증주의적인 논문에서 이용될 수 있었다. 게르버 이후의 법률실증주의, 특히 라반트의 그것은 라반트 이전의 것과는 다르며, 보다 숙달된 것이었다. 따라서 라반트에 있어서는 게르버의 법학상의 실증주의와는 반대로 여전히 천박한 법률실증주의만이 발견된다는 평가63)는 설득적이지 않다. 라반트의 법률실증주의에서는 게르버의 학문상의 실증주의가 광범하게 걸쳐 수용되고 있다.

라반트에 대해서도 법을 표현하는 코드는 확정하고 있기 때문에 존재하는 것은 완결된 법의 모습이며, 이것을 조합하는 방법으로 형식논리적인 조작을 함으로써만 확장할 수 있다. 「독일 헌법 아울러 모든 구체적인 법형성에 특유한 것은 다만 여러 가지 일반적인 법개념의 구체적인 사용과 결합만이다. 이에 대해서 보다 고차의 일반적인 법개념 아래에 결코 위치지을 수 없는 새로운 법제도의 창설은 새로운 논리적 범주의 발견이나 새로운 자연력의 발생과 전적으로 동일하게 불가능하다」.64) 입법자는 실정법을 창출할 때에

---

60) C. F. Gerber, System des Deutschen Privatrechts, 14. Aufl. 1882, Vorrede zur 2. Aufl. 1850, S. XIX.

61) C. F. Gerber, Ueber öffentliche Rechte (1852), Ndr. 1913, S. 29.

62) C. F. Gerber, Grundzüge eines Systems des deutschen Staatsrechts, 1. Aufl. 1865, S. 3.

63) M. Friedrich, Paul Laband und die Staatsrechtswissenschaft seiner Zeit, AöR Bd. 111 (1986), S. 206. 이에 대해서 R. v. Stinzing/E. Landsberg, Geschichte der deutschen Rechtswissenschaft, Abd. 3, Halbbd. 2, Text, 1910, S. 883에서 사용한 「떡갈나무」와 「떡갈나무 열매」, 그리고 「정신적 유언집행인」이라는 비유는 적절하다. 그 점에 동의하는 형태의 서평으로서 O. v. Gierke, Literatur, ZRG (GA) XXXII (1911), S. 359.

64) P. Laband, Das Staatsrecht des Deutschen Reiches, Bd. 1, 5. Aufl. 1911, Aus dem Vorwort zur ersten Auflage, 1876, S. VI 동일한 것은 이미 초기의 R. v. 예링에 보인다. R. v. Jhering, Unsere Aufgabe, Jahrbücher für die Dogmatik des heutigen römischen und deutschen Privatrechts,

법적 가능성을 이용하는 것에 관하여 내용상의 요구를 세울 수 있으며, 또한 법제도를 창출하거나 회피할 수 있는데, 법의 코드화와 기본형상을 변경할 수는 없다. 사법에 있어서의 코드는 국법과 동일한 것이기 때문에 게르버와 라반트에 대해서 법의 모습을 이러한 법영역 간에서 전용하는 데에도 아무런 문제가 없다. 라반트는 그러므로 사법에서 특히 널리 전개된 일반적인 법의 개념들을 「다만, 특수 사법적인 메르크말로부터 그것들을 순화」한 후에 공법에서도 사용할 수 있다고 한다. 그리고 이리하여 그는 잘못된 「국법의 '민사적' 취급」[65]을 회피한다고 생각한다.

　게르버와 라반트에게는 국법학의 기초에 대해서는 일치가 보였으나 거기에서 모든 도그마틱상의 문제에서 양자가 일치한다고 귀결해서는 안 된다. [66] 공통된 전제를 토대로 해서 라반트는 게르버보다도 개별적인 법형상에 대해서 보다 분명히 한 윤곽을 부여한 것이 많았다. 일부는 단지 양자의 차이가 예컨대 연방국가의 구성이나 법률개념에서 확인된다. 나아가 양자의 차이는 라반트가 게르버와는 달리 자신의 도그마틱을 구체적인 헌법, 우선은 1871년의 제국 헌법과의 관련에서 전개해 왔으며, 그 때에 헌법 텍스트에 의해서 촉발되고 요구되었다는 것에 근거할 수 있다. 이미 서술한 예산쟁의에서는 법률개념의 이론의 발견 프로세스도 확실히 프로이센 헌법전 제62조와 제99조*의 구체적인 해석문제에 영향을 받고 있었다. 제99조가 법률에 의한 예산의 확정을 규정하고 있음에도 불구하고, 예산법률을 입법에 관한 규범인 제62조의 적용영역에서 제외하기 위해서 라반트는 두 개의 법률개념을 설정하지 않을 수 없었다. 그런데 두 개의 법률개념은 헌법으로부터의 해석에 의해서 얻은 것은 아니었다. 이 구별은 범주적인 것이었다. 왜냐하면 한편에서는 국가의사의 내용에 착안하고 다른 한편에서는 그 실현에 착안한 것이기 때문이다. 라반트의 논의전략은 사물논리적으로 구별되는 기본형상으로서 설득적인 이들 두 개의 개념에, 앞서 열거한 헌법규범을 채우는 데에 근거하고 있다.[67] 이리하여 그의 논증에 강렬한 설득력이 생긴 것이며, 이에 대해서는 우선 법적으로는 아무런 이론(異論)도 서술하지 않는 것이다.

　1857, S. 16. 즉 「유개념이 파악되고 적절하게 형성된다면, 이로써 단지 현재 이미 존재하는 모든 종에 대해서뿐만 아니라 일체의 장래에 나타나는 종에 대해서도 이미 준비가 있는 법적 소재가 획득된다. ... 왜냐하면 얼마나 이상하고 일탈된 형태에서도 거래는 계속되기 때문에 우리들에게 무엇이 절대적으로 새로운 것을 가져올 수 있는가 하는 불안은 동물이 오늘날 여전히 발견될 수 있다고 믿으려고 하는 경우와 마찬가지로 근거가 없다. 수 천년 이래 행해 온 법률학이 법세계의 기본형태 내지 기본유형을 발견해 왔다」. 라반트는 알브레히트나 게르버와 마찬가지로 예링과 우호적인 접촉을 취하며 이상의 인용도 읽었을 것이다.

65) P. Laband, (aaO Fn. 64), S. VII.

66) 필자가 현재 진행하고 있는 1871년 1월에 시작해서 1887년 11월에 끝나는, 라반트가 게르버에게 보낸 9통의 편지의 평가와 공표로 더욱 명확히 밝혀질 것이다. 그때에 지금까지 알려지지 아니한 라반트에 의한 게르버의 『강요』의 서평(1866), 주목하지 않은 게르버에 의한 라반트의 『예산논집』의 서평(1871) 아울러 지금까지 미발견의 게르버에 대한 라반트의 『국법』의 각 권의 서평(1876-1883 ?)이 『Literarischen Centralblatt』에 편입된다.

67) 그러므로 라반트는 이 두 가지의 법률개념을 제국 입법의 설명의 모두에 도입한다(Das Staatsrecht des Deutschen Reiches, Bd. 2, 5. Aufl. 1911, S. 1). 그것이 독자를 곧 그 설득력으로 이끄는 것이다.

 이론구조의 다층성은 게르버와 라반트 간의 개별적인 차이를 설명하는 것인데, 라반트 비판에도 다대한 효과가 있다. 시종일관성의 결여, 또한 잘못이 있다고 증명하는 것[68])에 의해서도 라반트 국법학이 의거하고 입각하는 기초는 여전히 파괴되지 아니한다. 라반트 가 예컨대 — 오늘날의 관점에서 본다면 부당한 것인데 — 행정의 내부 영역을 국가인격의 통일성이란 사상을 강력하게 파악함으로써 거의 완전하게 법이 침투하지 못하는 영역으로 서 형성한 때에,[69]) 그것은 도그마티슈한 구성의 하나이며, 이 구성은 기본 전제의 [논리적] 귀결이 아니라 그 이론구조에 한정적으로 손을 대는 것으로 수정가능한 것이다. 그렇지만 상술한 복잡성은 라반트 국법의 정치적 기능의 판단에 대해서도 중요하다. 개별적인 문제에 있어서의 보수적인 지적이나 일련의 보수적 지적조차[70]) 게르버와 라반트가 국법을 기초짓는 방법으로 만든 국법이 자동적으로 보수적인 것이 된다는 것을 의미하는 것은 아니다. 이에 대해서 완전히 별개의 문제로서 이론상의 기초, 특히 의사이론상의 정초 — 이것은 「지배」 등의 개념을 가져오고 여러 가지 형식에 의해서 작용하는 — 는 어느 정도로 국법에 권위주의적 구조를 심는가? 그리고 국법학의 이러한 정초에 대한 학문상의 다른 선택지는 존재하는가의 여부라는 문제가 있는데, 이 문제에는 여기서 는 대답하지 아니한다.

 라반트에 있어서는 법발견의 프로세스도 일반적으로 생각하기보다도 복잡한 형태를 취한다. 개념법학은 무반성으로 개념으로부터의 추론의 가능성에 의거한다고 반복해서 비난하는데,[71]) 이러한 비난은 라반트가 믿지 않을 정도로 소박하다고 가정한다. 비판에 대한 부수적인 논평은 개념론, 정의(定義)론의 기초에 대한 그의 통찰을 증명하는데, 왜냐하면 기억하지 못하고 마치 그가 스스로 써서 기록한 것을 알지 못하듯이 다루었기 때문이다. 「다만 개념에서 전개하는 것은 미리 [당해 개념의] 속에 포함된 것만이다」.[72])

---

68) [라반트 이론의] 편성의 시론으로서 O. Fröhling, Labands Staatsbegriff, Diss. iur. Marburg, 1967, S. 10 ff.

69) P. Laband, Das Staatsrecht des Deutschen Reiches, Bd. 1, 5. Aufl. 1911, S. 366 f. u. Bd. 2, 5. Aufl. 1911, S. 181.

70) 여하튼 P. v. 외르첸의 관찰은 적절한 것이다(Die soziale Funktion des staatsrechtlichen Positivismus, 1974, S. 322). 그것에 의하면 라반트의 국법학은 그 형식에 근거하여 보수적 내용과 동일하게 자유주의적 내용도 보존하고 있다. 게르버의 국법 내지 라반트의 국법의 정치적 기능을 기묘한 형태로 기초지운 것이 W. Wilhelm, Zur juristischen Methodenlehre im 19. Jahrhundert, 1958, S. 145. 즉 「따라서 국법상의 제도를 비정치적으로 고찰한다는 결정은 그 자체 정치적 결정을 의미하고 있었다」. 따라서 빌헬름의 출발점은 라반트가 자신의 방법으로 국법에 있어서의 현행의 법상태를 정당하다고 표현하는 데에 성공했다는 것이다. 그거에 의하면 법학적 방법은 국법의 대상 영역에서 주장하는 다른 일체의 방법과 아주 마찬가지로 정치적이었다. 왜냐하면 현행의 국법에 대한 언명은 모두 정치적 컨텍스트 중에서 하며 정치적 효과를 가지기 때문이다.

71) W. Wilhelm, (aaO Fn. 70), S. 12 f. m. w. Nachw. 참조. 이에 대해서 M. Herberger, Logik und Dogmatik bei Paul Laband, in: E. V. Heyen (Hrsg.), Wissenschaft und Recht der Verwaltung seit dem Ancien Régime, 1984, S. 92 ff.은 적절하다. 또한 W. Henke, Recht und Staat, 1988, S. 594 ff. 참조.

72) P. Laband, Das Staatsrecht des Deutschen Reiches, Bd. 2, 5. Aufl. 1911, S. 279, Fn. 5. 참조. 나아가 「문언」과 「개념」의 구별에 대해서 서술하고 있다(ebd., S. 283, Fn. 2). 또한 ders., Das deutsche Kaiserthum, 1896, S. 6. 즉 「그러므로 모든 적용 사례에 적합한 제국 개념을 정립한다는 것은 무익하고

덧붙여 라반트의 방법 프로그램이 실제로 공허한 개념의 천착을 가리키는 것이었다면 프로그램과 그 실시 간에는 뚜렷한 차이가 존재하였을 것이다. 이미 예산론에서 진단된 역사적, 발생적, 목적론적 고려를 라반트는 도그마틱의 어느 영역에서도 포기하지 않고 연방국법에서도 또한 예컨대 군인직무법에서도 포기하지 아니하였다.73) 끝으로 라반트가 루돌프 스멘트의 박사학위논문의 서평에서 매우 분명히 이렇게 서술하였다. 「헌법 ...의 정당한 판단이 요구하는 것 ... 그것은 일체를 그 전체성에서 그 개별적인 명령의 상호작용에서, 그리고 그 역사적 근거를 고려하여 파악하는 것이다.」74) 라반트의 이처럼 시종일관된 사상가의 경우, 이러한 요청은 확실히 외진 곳에 놓일지라도 자신의 방법 프로그램 속에 위치하지 않는다는 것은 생각하기 어렵다.

실제로 『국법』 제2판의 서문에서 제시한 라반트의 유명한 방법 프로그램은 종래의 라반트 모습의 묘사에서 소개된 것보다도 훨씬 정교하다. 라반트가 사고를 언어에서 행하는 과정으로서 파악하고 있던 것에서도 확실히 그에 대해서는 개념에 근거한 법률학이 문제였다. 그럼에도 불구하고 라반트에 대해서 개념은 확정한 본질은 아니며 작용요소이며 학문적 관점에 근거한 작업 프로세스 중에서 수정되며, 특징지워지고 규정되며 필요하다면 변경되는 것이었다. 이러한 의미에서 라반트에 대해서 「도그마틱의 학문적 과제는 ... 법제도의 구성, 개별적인 법규의 보다 일반저인 개념에로의 환원, 그리고 다른 한편으로는 이러한 개념에서 생기는 귀결의 도출에」 있는 것이다.75) 이러한 법적 작업의 단계에서는 그에 대해서는 「논리 이외의 수단」76)은 존재하지 아니한다. 이 장소에서는 역사적, 철학적, 정치적 또는 목적론적 고찰은 그에게는 무가치한 것이었다. 그러나 이것은 라반트에 대해서 도그마틱에서는 이들의 요소가 법획득의 프로세스에로 받아들이는 장이 존재하지 않는 것을 의미하는 것은 아니다. 왜냐하면 라반트에 있어서는 도그마틱

쓸데없는 노력이다. 왜냐하면 일체의 개별적인 현상형태는 동시에 특별한 종류를 형성하며 공통되고 타당한 제국의 정의를 정식화하는 그 자체에는 성공했다고 하더라도 그것은 무색, 포괄적이며 무내용한 것이며, 그 정의와 특정한 관념이 결부되는 것은 아닐 것이다. 호칭 이외에 공통성이 없는 것은 서로 비교되지 아니한다. 그것은 현재의 독일 제국의 선사(先史)를 우리들의 눈으로 회고적으로 통람케 하는 ... 데에 유익 ... 할는지도 모른다」.

73) 참조. P. Laband, Das Staatsrecht des Deutschen Reiches, Bd. 1, 5. Aufl. 1911, S. 4 ff. 여기서는 직접적으로 역사적 개략을 사용하고 있다. 또는 ebd., Bd. 4, 5. Aufl. 1914, S. 191 ff. 과거로 거슬러 올라가서 실익이 많은 것이 되고 있다. 그 연방국법에 대해서는 참조. W.Pauly, Anfechtbarkeit und Verbindlichkeit von Weisungen in der Bundesauftragsverwaltung, 1989, S. 140 ff. 그리고 그의 군인직무법에 대해서는 P. Dieners, Das Duel und die Sonderrolle des Militärs, 1992, S. 231 ff. 참조.

74) P. Laband, Rud. Smend, Die Preußische Verfassungsurkunde im Vergleich mit der Belgischen, Göttingen 1904, AöR Bd. 19(1905), S. 426. 라반트는 여러 번 역사적 전개에 의한 법의 창출, 따라서 「헌법상태와 헌법전 간의 대립」, 그러므로 헌법관습법을 인정해 왔다. 참조. ders., Die Wandelungen der deutschen Reichsverfassung, Jahrbuch der Gehe-Stiftung zu Dresden 1895, Bd. 1, S. 150 f. u. ders., Die geschichtliche Entwicklung der Reichsverfassung seit Reichsgründung, JöR Bd. 1 (1907), S. 1 f.

75) P. Laband, Das Staatsrecht des Deutschen Reiches, Bd. 1. 5. Aufl. 1911, Vorrede zur 2. Aufl. 1887, S. IX.

76) P. Laband, (aaO Fn. 75).

은 두 개의 임무를 가지고 있었기 때문이다. 「실정법의 소재를 면밀하고 완전하게 확정하
는 것, 그리고 그것을 개념에 의해서 논리적으로 통제하는 것」이 그것이다.[77]

예컨대 법사학은 라반트에 대해서 우선은 고유한 학문 영역인데 덧붙여 그 인식은
실정법의 소재의 이해와 해석에 기여함으로써 도그마틱에 기여할 수 있다. 그러나 이것은
역사와 역사적 고찰이 법학적 작업방법을 지배한다는 것이 아니라 역사와 역사적 고찰은
이것들에 거슬러 올라가는데 이들을 고려에는 더 소진하지 않는 프로세스에 있어서의
입력 데이터에 머무른다. 아주 마찬가지로 법적 소재의 파악을 위하여 결과의 고려는
불가결한데 법적 소재는 개념화되고 그때에 「법제도가 봉사하는 목적은 .... 그 개념의
피안」[78]에 있다. 그리하여 라반트는 이미 보았듯이, 프로이센 헌법 제62조의 의미와
목적의 문제를 제기하고, 특히 목적의 고찰로 인도하여 이 규범에서 실질적 법률개념을
규정했다고 본다고 결정하였다. 그런데 그러나 실질적 법률개념 그 자체에는 제62조의
의미와 목적이 포함되어 있는 때문은 아니며 이 법률개념은 게르버/라반트 학파에 대해서
기본적인 법의 코드화, 형식적 구조와 카테고리에 근거하고 있다. 「법학적 형식은 법의
형태이며 법률학에서 중요한 것은 이 법의 형태인 것이며 그 실질적 목적은 아니다」.[79]

그리고 나중에 한스 켈젠(Hans Kelsen)[80]이 행했듯이, 라반트는 ― 사람 눈에 띠지
않는 장소에서 ―「사회학적 방법과 법학적 방법의 대치」를 학문이론상 평가하였다.[81]
「현실의 재생산에 그 본질이 존재하는 듯한 '진리'가 존재하는, 그리고 현실이 충실하게
재현되는 세계의 거울이라는 낡은 환상」[82]이라고 하는 라반트의 호소에는 경탄할 정도로
현대적인 울림이 있다. 라반트는 법을 「형식」이라고 부르고, 「복잡하고 다양한 관계들의
외피」라고 부른다. 이것은 「물리학과의 관계에 있어서의 수학」과 동일하게 가변적인
내용에 대해서 불변적인 것이다.[83] 이것과 병행하여 그에겐 다른 현실파악의 형식이
존재한다. 「사태의 학문적 인식은 항상 사태의 특성 내지 관계에 관하여, 학문적 개념이
형성되는 듯한 구별이나 추상에 의해서만 가능하다. 모든 학문의 진보는 분업화, 분리와
추상의 진전에 근거한다」.[84] 그리고 계속하는 부분은 현대 개념론에서의 것과 동일하게

---

77) P. Laband, (aaO Fn. 75).
78) P. Laband, (aaO Fn. 75), S. 67.
79) P. Laband, Otto Mayer, Theorie des französischen Verwaltungsrechts, 1886, AöR Bd. 2 (1887),
   S. 161. 또한 참조. ebd., S. 151. 즉 「법학적 요소를 국가활동의 전체상에서 이끌어내고 분리하는
   것, 법제도와 법개념을 행정이 제시하는 다수의 관계에서 뛰어나게 하는 것, 무한하고 다양한 생활의
   현상들을 그 법적 내용이 나타나는 전형적인 형식으로 환원하는 것 이것이야말로 행정법학의 임무이다」.
80) H. Kelsen, Über Grenzen zwischen juristischer und soziologischer Methode, 1911.
81) P. Laband, Alfredo Bartolomei, Diritto pubblico e teoria della conoscenza, 1903, AöR Bd. 19
   (1905), S. 615.
82) P. Laband, (aaO Fn. 81), S. 616.
83) P. Laband, (aaO Fn. 81).
84) P. Laband, (aaO Fn. 81). 또한 참조. P. Laband, Brief an J. C. Bluntschli v. 12. Februar 1876,
   인용은 E. V. Heyen, Positive Staatsrechtslehre und politische Philosophie, Quaderni Fiorentini
   8 (1979), S. 277에 의함. 즉 「 ... 내가 믿기로는 우리들의 견해 사이에는 귀하가 생각하듯이 생각할
   만큼 커다란 차이가 존재하지 않습니다. 또 내가 확신하기로는 국가의 형식적ㆍ법학적 견해는 일면적이며

읽을 수 있다. 「모든 개념은 항상 추상과 분리의 사물이다. 즉 그곳은 단지 특정한 관점에서 그리고 특정한 학문이 추구하는 목적에 따라서만 획득할 수 있다 ... 추상 없는 학문은 유치한 나이브만을 가진 꿈이며, 개념법학에 대한 사회학자의 반감은 개념 그 자체에 대한 선전포고이다」,[85] 이와 같은 문장과 통찰에 의해서 수십 년 래 묘사해온 라반트의 모습은 무너진다.

파울 라반트의 저작

1. Das Magdeburg-Breslauer systematische Schöffenrecht aus der Mitte des 14. Jahrhunderts, 1863.

2. Die vermögensrechtlichen Klagen mach den sächsischen Quellen des Mittelalters, Königsberg 1869. Neudruck 1970.

3. Die Stellvertretung bei dem Abschluß vor Rechtsgeschäften nach dem Allgemeinen deutschen Handelsgesetzbuch, in: ZHR 10 (1866), S. 183 ff.

4. Die Magdeburger Rechtsquellen, Königsberg 1869.

5. Das Budgetrecht nach den Bestimmungen der preußischen Verfassungsurkunde unter Berücksichtigung der Verfassung des Norddeutschen Bundes, in: Zeitschrift für Gesetzgebung und Rechtspflege in Preußen 4 (1870), 625 ff. (Sepratausg., Berlin 1871, Neudruck 1971)

6. Das Finanzrecht des deutschen Reiches, in: Annalen des deutschen Reiches, 1873.

7. Das Staatsrecht des deutschen Reiches, 4. Bde., Tübingen, 1876-1882, 1911-1914. Neudruck 1964 (sog. "großes Staatsrecht").

8. Das Staatsrecht des deutschen Reiches (=Handbuch des öffentlichen Rechts Ⅱ, 1), 1883, ab 1907 u. d. T.: Deutsches Reichsstaatsrecht (und mit neuem Reihentitel: Das öffentliche Recht der Gegenwart, Ⅰ), 1912, 1919 bearb. v. Otto Mayer (sog. "Kleines Staatsrecht")

9. Abhandlungen, Beiträge, Reden und Rezensionen. 5 Bde. Leipzig: Zentralantiquariat der DDR, 1986.

10. Staatsrechtliche Vorlesungen: Vorlesungen zur Geschichte des Staatsdenkens, zur

---

불충분한 것이며, 나 역시 의원이 지법판사 입장 이외의 것을 발견할 수 없다면 잘못이라고 생각합니다. 그러나 나는 국법과 정치의 혼동은 쌍방의 학문에 유익이 없는 것, 그리고 정치적 고려를 국법이라고 칭하고, 법학적 명제를 정치라고 칭한다면 국가제도의 본질의 인식이 촉진되지 않음을 확신합니다. 따라서 나는 자신을 법학적 분석과 권위에만 한정하는 것이 명해 있다고 생각합니다. 그럼으로써 나는 독일 제국의 한 측면만을 조명할 수 있게 되리라는 것을 알고 있습니다.

85) P. Laband, Alfredo Bartolomei, Diritto pubblico e teoria della conoscenza, 1903, AöR Bd. 19 (1905), S. 617.

Staatstheorie und Verfassungsgeschichte und zum deutschen Staatsrecht des 19. Jahrhunderts, gehalten an der Kaiser-Wilhelm-Universität Straßburg 1872-1918, Berlin: Duncker & Humblot 2004.

참고문헌

1. Affolter, A.: Zur Lehre von der Rechtspersönlichkeit des Staates, in: Archiv des öffentlichen Rechts, Bd. 20 (1906), S. 374 ff.

2. Anschütz, Gerhard: Paul Laband, in: DJZ 23 (1918), S. 265-270.

3. Anschütz, Gerhard: Paul Laband, in: Juristisches Literaturblatt von 15. 4. 1908, S. 73.

4. Bärch, Claus-Ekkehard: Der Gerber-Laband'sche Positivismus, in: M. J. Sattler (Hrsg.), Staat und Recht. Die deutsche Staatslehre im 19. und 20. Jahrhundert, München: Paul List Verlag, 1972, S. 43-71.

5. Böckenförde, Ernst-Wolfgang: Gesetz und gesetzgebende Gewalt, Schriften zum öffentlichen Recht, Bd. 1, Berlin 1958. 2. Aufl. 1981.

6. Dölle, H.: Juristische Entdeckungen (=Festvortrag vor dem 42. DJT), in: Verhandlungen des 42. DJT, 1958, ⅡB(Separatausg. 1958, 3/7).

7. Friedrich, Manfred: Paul Laband und die Staatsrechtswissenschaft seiner Zeit, in: Archiv des öffentlichen Rechts, Bd. 111 (1986), S. 197.

8. Friedrich, Manfred: Geschichte der deutschen Staatsrechtswissenschaft, Berlin: Duncker & Humblot 1997.

9. Friedrich, Manfred: Paul Laband, NDB, Bd. 13, 1982, S. 362 f.

10. Fröhling, O.: Paul Laband Staatsbegriff, Diss., Marburg 1967.

11. Ganslmeier, Florian: Laband, Paul. in: Biographisch-Bibliographisches Kirchen-lexikon(BBKL), Bd. 25, Bautz, Nordhausen 2005. Sp. 761-764.

12. Gaudemet, P. M.: Paul Laband et la doctrine française de droit public, RDP 1989.

13. Gierke, Otto von: Labands Staatsrecht und die deutsche Rechtswissenschaft, in: Schmollers Jahrbuch 7 (1883), 1097-1195, Separatausg. 1961.

14. Häfelin, U.: Die Rechtspersönlichkeit des Staates, 1. Teil: Dogmengeschichtliche Darstellung, Tübingen 1959.

15. Herberger, M.: Logik und Dogmatik bei Paul Labands, in: E. V. Heyen, (Hrsg.), Wissenschaft und Recht der Verwaltung seit dem Ancien Régime, 1984, S. 91.

16. Hof, H.: Paul Laband, in: Kleinheyer, Gerd/Schröder, Jan (Hrsg.): Deutsche Juristen aus fünf Jahrhunderten, Heidelberg: C. F. Müller, 1976. S. 155-157. 日譯: 小林孝輔 監譯, 『ドイツ法學者事典』(學陽書房, 1983).

17. Koch, Hans-Joachim: Die jurististische Methode im Staatsrecht, 1977.

18. Kremer, Carsten: Die Willensmacht des Staates. Die gemeindeutsche Staatsrechtslehre des Carl Friedrich von Gerber, Frankfurt a. M.: Vittorio Klostermann 2008.

19. Liebmann, O.: Paul Laband, in: DJZ 13 (1908), S. 457-503.

20. Mußgnug, Reinhard: Paul Laband (1838-1918), in: P. Häberle u.a. (Hrsg.), Staatsrechtslehrer des 20. Jahrhunderts, 2. Aufl, 2018, S. 21-46.

21. v. Oertzen, Peter: Die Bedeutung C. F. von Gerbers für die deutsche Staatsrechtslehre, in: Staatsverfassung und Kirchenordnung, Festgabe für Rudolf Smend zum 80. Geburtstag, Tübingen 1962, S. 183-203.

22. v. Oertzen, Peter: Die soziale Funktion des staatsrechtlichen Positivismus, Frankfurt 1974.

23. Pauly, Walter: Paul Laband (1838-1918) Staatsrechtslehre als Wissenschaft, in: Heinrichs, Helmut; Franzki, Harald; Schmalz, Klaus; Stolleis, Michael: Deutsche Juristen jüdischer Herkunft, München: C. H. Beck, 1993, S. 301-320. 土屋武譯, パウル・ラーバント(1838-1918) 學問としての國法學, 森勇監譯, 『ユダヤ出自のドイツ法律家』(中央大學出版部, 2012), 463-490면.

24. Pauly, Walter: Die Wendung zum Staatsrecht. Paul Laband in Königsberg, in: Die Albertus-Universität zu Königsberg und ihre Professoren. Aus Anlaß der Gründung der Albertus-Universität vor 450 Jahren. Hrsg. von Dietrich Rauschning, Donata von Nerée, Berlin: Duncker & Humblot 1995, S. 341-347.

25. Picard, N.: Positivismus, in: Staatslexikon, hrsg. von der Grörres-Gesellschaft, 1961, S. 426-429.

26. Rehm, Hermann: Geschichte der Staatsrechtswissenschft, Freiburg-Leipzig 1896.

27. Schlink, Bernhard: Laband als Politiker, in: Der Staat, Bd. 31 (1992), S. 553

28. Schlüter, Bernd: Rechtswissenschaft. Staatsrechtslehre, Staatstheorie und Wissenschaftspolitik im Deutschen Kaiserreich am Beispiel der Reichsuniversität Straßburg, De Gruyter, Berlin 2014.

29. Schönfeld, Walther: Grundlegung der Rechtswissenschaft, Köln: W. Kohlhammer, 1951.

30. Sinzheimer, Hugo: Jüdische Klassiker der deutschen Rechtswissenschaft, Amsterdam: Menno Hertzberger & Co. N. V., 1938, S. 181-200.

31. Stolleis, Michael: Geschichte des öffentlichen Rechts in Deutschland, Bd. 2: Staatsrechtslehre und Verwaltungswissenschaft 1800 bis 1914, Beck, München 1992.

32. Wieacker, Franz: Privatrechtsgeschichte der Neuzeit, Göttingen 1952.

33. Wilhelm, Johannes: Die Lehre von Staat und Gesetz bei Paul Laband, jur. Diss., Köln

1967.

34. Wilhelm, W.: Zur juristischen Methodenlehre im 19. Jahrhundert. Die Herkunft der Methode Paul Labands aus der Privatrechtswissenschaft, 1958, S. 58 ff.

35. Zorn, Philipp: Die Entwicklung der Staatsrechtswissenschaft seit 1866, in: Jahrbuch des öffentlichen Rechts der Gegenwart, 1907, S. 47 ff.

한국 문헌

1. 석종현, 게르버와 라반트의 실증주의, 김효전편, 『독일헌법학설사』(법문사, 1982), 9-37면.

2. 권해호역, 栗城壽夫, 게르버와 라반트의 형식적 헌법이론, 동아대 대학원, 1993.

3. 김효전편, 독일의 공법학자들(6), 『동아법학』 제18호(1995), 217-219면.

4. 김효전 옮김, 발터 파울리, 파울 라반트 (1838-1918). 학문으로서의 국법학, 『헌법학연구』 제26권 1호 (2020), 349-384면.(본서)

일본 문헌

1. 森勇監譯, 『ユダヤ出自のドイツ法律家』(中央大學出版部, 2012), 463-490면.

2. 西村清貴, 『近代ドイツの法と國制』(成文堂, 2017).

3. 西村清貴, パウル・ラーバントの國制論, 『早誌』 제58권 2호(2008).

4. 遠藤泰弘, 第二帝政創立期ドイツの政治思想(1) ― オット・フォン・ギールケ國家論の發展とギールケ=ラーバント論爭の再評價, 『北大法學論集』 제56권 3호(2005), 111-157면; (2) 제56권 4호, 47-93면.

5. 中川義朗, ドイツ公權理論にかんする若干の考察 ― C. F. ゲルバーの法理を中心として (1)~(5), 『宮崎大學教育學部紀要 社會科學』 제40~41호(1977), 제49호(1981).

6. 杉本幹夫, C. F. ゲルバー國法理論研究, 『憲法の階級性と普遍性』(日本評論社, 1975), 43-102면.

7. 栗城壽夫, ゲルバーの國家觀, 『法學雜誌』(大阪市立大學) 제8권 2호.

8. 芦部信喜, ラーバント/ドイツ帝國憲法論, 『法學セミナー』 1974년 6월호 부록 『法學者・人と作品』, 22-15면.

9. 宮沢俊義, ドイツ型豫算理論の一側面, 『國家學會雜誌』 제52권 10・11호(1938); 同人, 『憲法の原理』(岩波書店, 1967), 245-279면.

10. 栗城壽夫, 『一九世紀ドイツ憲法理論の研究』(信山社, 1997), 467-505면.

후고 프로이스 (1860-1925)
도시법제에서 바이마르 공화국 헌법으로[*]

디안 쉐폴드

《차 례》

I. 모순과 문제들

후고 프로이스는 독일 국법학의 발전과 체계에 당연히 편입되지는 않는다. 지방자치와 지방정책의 변호인은 베를린의 발전과 밀접한 것처럼 보인 순간에 갑자기 바이마르 라이히 헌법의 기초자가 되고, 거기에서는 포괄적인 영역 개혁을 중재하기 위해서 자치단체의 독자성을 옹호하였다. 그는 베를린에서 오토 폰 기이르케(Otto von Gierke)의 지도 아래 한 편의 중요한 논문을 작성하고 화려하게 대학교수자격을 얻고, 수많은 저서를 발간하였다. 그 후 오늘날에 이르기까지 계속 중요한 자치법과 근대 입헌국가의 근본문제에 관한 업적을 발표하였는데, 끝내 국립대학 교수의 지위를 얻지 못하고, 17년 동안이나

* Dian Schefold, Hugo Preuss (1860-1925) Von der Stadtverfassung zur Staatsverfassung der Weimarer Republik, in: Helmut Heinrichs, Harald Franzki, Klaus Schmalz, Michael Stolleis (Hrsg.), Deutsche Juristen jüdischer Herkunft, C. H. Beck, München 1993, S. 429-453.

사강사(Privatdozent)를 지낸 후 당시 그다지 알려지지 않은 베를린 상과대학의 교수가
되었다. 프로이센 3등급선거법*의 제1 선거구 유권자였고 부유한 자제인 프로이스는
다름 아닌 이 3등급 선거법과 투쟁하고, 국민국가나 바이마르 초기의 급진적 민주주의를
지지하고, 나아가 처음에는 비판적이었던 사회민주당의 입장에 호의적이었다. 지방 동료
조직의 대변자이며 자신도 오랫동안 베를린시 당국의 명예회원이었던 프로이스는 바이마
르 헌법에서 대통령제를 실현하고, 그럼으로써 프로이스의 민주주의 관념을 반대하는
입장에 직면하였는데, 곧 ― 그리고 프로이스가 살아있는 동안에는 ― 바이마르 헌법의
어떤 문제에 대해서도 분명히 하지 않은 그대로였다. 국법학상의 실증주의와 강력하게
대립하고 그런 한에서 스승인 기이르케에 충실했던 학설을 정치학적으로 전개한 국법학자
프로이스는 일찍부터 정당의 영향력에 관심을 가지고, 현실 정치로부터 헌법체제를
논하려고 했으며, 바이마르 헌법에서 하나의 통치체계를 만드는데, 이것은 나중에 당시의
정치학적 인식을 오인한 것이었다고 낙인을 찍어 비판을 받게 된다. 과연 1919년에
제정된 헌법이 최초로 권위적으로, 그다음에는 전체주의적으로 변모된 것에 대해서
프로이스에게 책임이 있다고 말할 수 있을 것인가?

　이 문제는 수많은 학문적 논쟁의 대상이며, 하나의 명확한 대답은 주어지지 않는다.
그러나 대답의 단편으로서 후고 프로이스의 출신이나 인생에서 찾을 수 있을 것이다.
그는 유복하고 사회에 동화하여 독일의 문화발전과 밀접하게 결부된 ― 그의 저작에서
아름다운 문학을 인용하지 않는 것이 거의 없을 정도로 ― 유대인이며 역시 거절을
경험하지 않을 수 없었다. 이러한 실존적 경험이 약간의 결론을 이해하는 열쇠가 될
것이다. 그러한 한에서 프로이스의 인생은 독일의 정신생활, 특히 법적 생활에 완전히
통합하면서도, 다른 한편 「보이지 않는 벽」이나 운명이나 어려움 속에서 살고 그것들을
갈고 닦은 전형적인 예라고 할 수 있을 것이다.

II. 외면에의 길

　퀴르쉬너* 초판에는 「베를린-그루네발트 쾨니히스알레 37 (Berlin-Grunewald,
Königsallee 37, ebda. 28/10. 60)」라고 적혀 있다.[1] 출생에서부터 1925년 10월 9일
작고하기까지 프로이스는 베를린에 머물고, 보다 정확하게는 부유층이 사는 베를린
서부 지역에 계속 살았다.[2] 그의 인생의 대부분을 티어가르텐(Tiergarten)의 마태키르히

---

1) Kürschner, Deutscher Gelehrten-Kalender, 1925, Sp. 792. 1926년의 제2판에서는 더 이상 언급하지
　않고 작고인 명부에도 보이지 않는 점이 눈에 띈다.
2) 전기는 특히 E. Feder, Hugo Preuß, Ein Lebensbild, 1926; G. Gillessen, Hugo Preuß. Studien
　zur Ideen- und Verfassungsgeschichte der Weimarer Republik, Diss. Freiburg (masch.) 1955;
　S. Grassmann, Hugo Preuß und die deutsche Selbstverwaltung, 1965, S. 6 ff.; J. Mauersberg,
　Ideen und Konzeption Hugo Preuß' für die Verfassung der deutschen Republik 1919 und ihre
　Durchsetzung im Verfassungswerk von Weimar, 1991, S. 12 ff.

거리(Matthäikirchstraße)에 있는 집에서 살았다.3) 유복한 유대 상인의 아들이며 풍족한 숙부의 의붓아들이기도 한 프로이스는 1879년 이후 베를린과 하이델베르크에서 법학을 배웠다. 1883년 5월에 왕립 프로이센 제실재판소 아래서 사법시험 제1차 시험을 치르고, 같은 해 괴팅겐에서 사법(私法)에 관한 박사학위논문을 작성하였다.4)

그러나 곧 다른 흥미가 생겨 프로이스는 법률가 실습을 그만두었다. 처음으로 흥미를 가진 것은 정치학인데 이로써 가족의 전통적인 영향도 있어서 좌파 자유주의정당에 참가하게 된다. 프리드리히 3세의 제정에 대한 기대가 젊은 세대의 계획들을 고무하였을 것이다. 즉 1867/71년 라이히 헌법에 의한 제후동맹을 진정한 입헌주의로서 계속하게 하고, 특히 제국의회가 「평등한 보통선거권이라는 가장 넓은 민주주의적 근거」에 근거하여 감독기관으로서 「역할」하여야 한다는 계획이다.5) 이러한 분위기에서 프로이스는 1885년 이후, 1883년에 발간된 테오도르 바르트(Theodor Barth)가 편집한 주간지 『국민』(Die Nation)6) 등의 잡지에서 화려한 헌법과 헌법정치적인 분석들을 집필하였다.

다른 한편, 이러한 활동은 국법학의 체계적인 연구에 관련되고 있었다. 최초의 계기는 자치에 관한 논의이며, 이에 대해서 프로이스의 생애에 결정적이었던 것은 프로이센 개혁, 특히 슈타인(Friedrich Freiherr vom Stein)의 도시조례들이었다. 또한 나아가 근대에 들어와서부터 루돌프 그나이스트(Rudolf Gneist) 자신과 그나이스트의 영향을 받은 70-80년대의 행정개혁도 계기가 되고 있다.7) 그러나 특히 오토 폰 기어르케에 의한 법사학과 사법의 기본문제 뿐만 아니라 헌법에 대해서도 의미 있는 게노센샤프트 (Genossenschaft) 이론은8) 프로이스 고유의 개념의 기초가 되었다. 프로이스가 1889년에 프리드리히 빌헬름 대학에서 교수자격(venia legendi)을 신청한 교수자격논문은 부제목에 「게노센샤프트 이론에 근거한 독일 국가체제의 고찰」이 붙어 있으며, 「독일에 있어서의 게노센샤프트이론의 선구자」로서 기어르케에게 헌성한다.9) 이에 앞서 하나의 다른 헌법에 관한 논문이 있으며,10) 처음에는 약간의 논문에서, 나중에는 몇몇 서적을 계속 발간하고 지금까지의 인식에서 특히 국법에 관한 결론들을 다시 발전시켰다.

이렇게 볼 때 학문상의 경력은 순조로웠다. 프로이스는 화학 교수의 딸이며 화가인

---

3) Gillessen, (aaO Fn. 2), S. 11 ff.와 그 이후.

4) 「점유소송에서 패소한 매수인의 추탈에 대한 구상」(Evictionsregreß des in possessorio unterlegenen Käufers)*은 프로이스 자신 「거의 유용성이 없다」고 하고, 전기에서 「시대에 뒤떨어진」 것이라고 하여 문헌목록에서 제외하고 있다.

5) Preuß, Die Organisation der Reichsregierung und die Parteien (1890), in ders., Staat, Recht und Freiheit, 1926 (Neudruck 1965), S. 172 (177).

6) 그 위치와 의의에 대해서는 E. R. Huber, Deutsche Verfassungsgeschichte seit 1789, Bd. 4, 2. Aufl. 1982, S. 80 f. 참조.

7) Preuß, Rudolf von Gneist (1895), in: Staat, Recht und Freiheit, aaO, S. 503 ff.

8) Otto von Gierke, Labands Staatsrecht und die deutsche Rechtswissenschaft, Schmollers Jahrb. 7 (1883), S. 1097 ff. (Neudruck 1961)만을 참조.

9) Preuß, Gemeinde, Staat und Reich als Gebietskörperschaften, 1889 (Neudruck 1964).

10) Preuß, Friedenspräsenz und Reichsverfassung. Ein staatsrechtliche Studie, 1887.

막스 리버만(Max Liebermann)의 친척 딸인 엘제 리버만(Else Liebermann)과 결혼하고, 아들 셋의 아버지가 되어 전형적인 베를린의 지식인이 된다.11) 그러나 그는 생애를 통하여 국립대학에 초빙을 받지 못하고, 프리드리히 빌헬름대학의 조교수의 지위를 얻으려던 시도도 1896년에는 학부에서 이미, 다시 1902년과 1910년에는 대학 당국 (Ministerium)에서도 실패한다. 이로써 학문에 내재하며 정치적으로 보수적이며 반유대적인 특정한 동기를 수반한 국법학적 실증주의의「지배적 견해」라는 도처에 만연된 상태를 제거하려는 시도는 단념하지 않을 수 없었다.12) 그렇고 그랬지만 바로 프로이스가 쌓아올린 학문적 지위는 그 자신을 고립시킨 것이다.

재산이 있었기 때문에 프로이스가 경제적으로 파탄하지 않고, 그 덕분에 프로이스는 자치사무의 실무에서 활동할 장소를 구할 수 있었다. 프로이스는 1895년 과세제일등급에 속하기 때문에 테오도르 바르트도 있던 베를린시 의회(Stadtverordnetenversammlung)에 아무런 지장도 없이 선출되었다. 거기에서 프로이스는「사회진보주의」회파에 참가하였는데, 또 당시의 의회의 상황에 주목하게 된다. 당시 3등급선거법에도 불구하고 이미 당시부터 상당수였던 사회민주주의의 현세력과 아울러 다시 기본적인 곳에서는 경합하는 세 개의 자유주의적 회로 구성하며,13) 프로이센 하원과는 분명히 거리를 두고 평등한 선거권에 의해서 선출된 제국 의회도 능가하고 있었다. 이리하여 프로이스는 세기의 전환기의 대도시 지방행정의 구체적인 상황을 파악하고, 그 처리에 참가할 기회를 얻었다. 1910년에는 수입으로 시참사회(Magistrat)의 명예 (무급의) 회원으로 선출되었으나 1912 년의 제국 의회의 입후보는 성공하지 못하였다.

그러나 그동안 지방에서의 프로이스의 활동은 학문적으로 인정을 받게 되었다. 행정실무에 대해서도 중요한 지방공무원법(kommunaler Beamtenrecht)과 학교법(Schulrecht)14) 에 관한 방대한 중요 문헌과 크게 구상한 시(市)의 역사 자료15)를 발간한 후 수많은 논문을 쓰고 프로이스는 적어도 1906년에는 상인(상공회의소)의 손으로 신설된 상과대학 교수직을 얻었다.16) 이로써 폭넓은 학문적 활동의 장소를 얻게 된다. 지방정치와 교직과 연구가 서로 보완하고 일부는 실천적인 고찰, 일부는 국법학상의 논문들에서 발전시킨 행정개혁의 고찰을 통하여 지금까지 손을 댄 분야의 논문들을17) 증보하고, 프로이스는

---

11) Gillessen (aaO Fn. 2), S. 13.
12) Gillessen (aaO Fn. 2), S. 68, S. 70 f.에서 일부 노골적인 차별의 구체적인 예시를 들고 있다. 또한 IV 참조.
13) Gillessen (aaO Fn. 2), S. 10 mit Fn. 13에서의 수치에 의하면 140에서 150의 시회 의원 중 사회민주파는 1900년까지 19, 1914년에 44를 헤아린다.
14) Preuß, Das städtische Amtsrecht in Preußen, 1902 (501 Seiten!); ders., Das Recht der städtischen Schulverwaltung in Preußen, 1905.
15) Preuß, Die Entwicklung des deutschen Städtewesens, Bd. 1: Entwicklungsgeschichte der deutschen Städteverfassung, 1906 (이후에는 발간되지 않음).
16) 그 법적 지위와 문제점에 대해서는 Huber (aaO Fn. 6), S. 937 f., 947 f. 베를린 상과대학은 프로이스의 사후인 1926년에야 비로소 독토르 학위수여권을 얻었다.
17) Preuß, Zur preußischen Verwaltungsreform. Denkschrift, verfaßt im Auftrag der Ältesten der

란트(邦)의 행정개혁과 그에 따르는 간접적인 란트 제도개혁에 관하여 자신의 능력을
발휘할 수 있는 자치법의 전문가가 되었다. 나아가 그는 그 이후에도 교수자격논문에서
얻은 인식을 발전시켰다. 중요한 것은 1908년의 슈타인 도시조례 100주년 기념이다.
거기에서 프로이스는 매우 포괄적으로 논하고 이전의 프로이센 개혁의 실적을 정당하게
평가할 뿐만 아니라 자치의 현실적 문제와 이론적 고찰을 관련시킬 기회를 얻었다.18)
　전쟁의 발발이 가져온 것은 — 지방의 문제가 현실적으로 첨예화하는 동시에 —
국수주의자의 경직화가 증가하는 데에 직면하여 왜 전쟁이 불가피한가를 자각하고,
동시에 독일은「평화의 교란자」19)가 아니라 그랬어야 하는가 하고 묻는 과제이다. 초기의
저작에서 언급하고 비판한「관헌국가」로부터 이제 현실적으로 된 입헌주의적「국민국가」
에로의 전환이라는 요청, 1915년에 출간한 대저에서 독일의 미래와 평화적인 질서를
위해서 중요 문제라고 강조하였다. 이와 같이 프로이스는 여전히 전황을 알 수 없는
때부터 윌슨(Wilson)의 14개 조항*과 그 3년 전, 승리의 기대와 전쟁의 목적이 끓어오른
상황 아래서 패전이 임박해온다는 반향이 있는 것을 알아차리고 있었다. 물론 그는
따라서 국가주의 진영으로부터 신랄한 비판을 받게 되었고, 이제 이러한 비판은 숨김없이
반유대적으로 나타나게 되었다. 다른 사람 아닌 구스타프 슈몰러(Gustav Schmoller)는
프로이스를 실제보다도 더욱 피상적이며 듣기 좋은 말(captatio benevolentiae)에 불과하
다고 이렇게 평하였다.

　「프로이스는 가장 유능한 신진 국법학자 중의 한 사람이다. 확실히 기이르케의 제자인데
독일의 정치생활에서 이 학문의 보수적인 견해에로의 이행에는 기여하지 못하고 반대로
게노센샤프트 이론을 발전적으로 해석하였다. 프로이스는 유대인의 부유한 사회적 기반
에 근거하며, 수도 베를린을 석권한 지방주의적 자유주의사상의 지도자 중의 한 사람이다.
그리고 항상 생각나게 한 것은 이러한 집단에서는 이들 지도자는 유능하며 존경해야
할 것인데 그 정치적인 시야나 판단은 항상 하나의 생각으로 가득 차 있다. 즉 지성,
소질과 능력이 우수하기 때문에 베를린의 시정과 동일하게 대학, 군대, 고급관료를 아직
절대적으로는 지배하지 못하는 것은 국가와 사회에 대해서 정당하지 않다는 생각이다.
많은 경우, 그리고 프로이스에게도 바로 자각하지 못하고 이러한 풍조가 이 집단의
정치적인 생각에 영향을 미치고 있다. 내가 말하고 싶은 것은, 프로이스에 대한 존경은
앞의 풍조가 근본적으로 프로이스의 판단의 핵심이라는 추론을 떨쳐버릴 수 없다는
것이다.

Kaufmannschaft von Berlin, 1910. 이에 덧붙여 많은 논문들을 발표한다.
18) Preuß, Selbstverwaltung, Gemeinde, Staat, Souveränität, in: Festgabe Paul Laband, 1908, S.
　　199 ff.; ders., Ein Jahrhundert städtischer Verfassungsentwicklung (1908), in; Staat, Recht und
　　Freiheit (aaO Fn. 5), S. 25 ff.
19) Preuß, Die Legende vom Störenfried (1916), in: Staat, Recht und Freiheit (aaO Fn. 5), S. 252
　　ff. 특히 Preuß, Das deutsche Volk und die Politik, 1915. 이에 대해서는 본문의 바로 뒤 참조.

　그러나 그렇다고 해서 세례를 받지 않은 유대인 지원자는 받지 않는 관청이 있다는 이유로, 또한 몇몇 부대가 장교 전원에게 주어지는 자유로운 선거권을 유대 배제를 위하여 행사한다는 이유로, 나아가 대학에서 수많은 유대 사강사는 누구나 개인적으로 생각할 만큼 재능에 따라서 그처럼 빨리 교수가 되지 못한다는 이유로, 우리들이 헌법상의 법적 평등을 잔혹하게 침해한다는 등과 같은 것은 아주 정당하지 않다....

　유대인 사강사나 교수가 얼마나 급격하게 증가하고 있는가! 얼마나 급격하게 몇몇 대학 병원에서 유대인 조수만을 고용하게 되었는가! 몇몇 학부에서 유대인 정교수를 한 번 채용하면 수년 중에 다른 유대인을 5인, 아니 그 이상으로 채용한다는 예상이 어느 정도 진실이 되었는가! 프로이센 국가에 있어서의 유대인에 대한 냉대는 오늘날 이미 거의 사라진 정도이며 정반대의 것이 차지한 것이다」.[20]

　학자의 논쟁이라는 형식적인 고귀함을 통하여 나중의 바이마르 시대와 독일 문화에로의 유대인의 공헌을 제거하려고 하는 선동이 나타나고 첨예화하는 것이 희미하게 빛나고 있다.

　그러나 승리의 평화는 기대한 대로 가져오지 못하고 프로이스의 입장은 희망적으로 되었다. 프로이스가 전쟁이 종결되기 직전에 베를린 상과대학의 학장으로 선출되고, 국제적 공동체를 바랐을 때에도 지금까지 일관하여 주장해온 것에 의거하고 있었다.[21] 1917년에는 이미 부활절의 복음 후에 제국의회 헌법위원회의 협의[22]와 병행하여 프로이스는 최고 군사지도부 측근으로부터 검토 과제인 라이히 헌법과 프로이센 헌법의 민주화를 위해서 필요한 변혁을 달성하도록 위탁을 받고 있었다.[23] 여기서 나온 제안은 바울교회*에서의 자유주의적 헌법구상과, 군주제를 유지시킨다는 현실적인 현상유지적 제안과, 곧 중요하게 되는 앞으로의 구상과의 가교를 만들었다.

　패전을 맞았을 때 프로이스는 준비를 정리하였다. 그는 여전히 「즉석의 의회주의」[24]를 비판하였는데, 이것은 1918년 10월 28일의 헌법개정을 서둘러 채택한 것 같으며, 관헌국가의 와해를 환영한 11월 14일의 논설에서 11월혁명을 받아서 새로운 권력자에 대해서 명확하게 전했다.

---

20) Schmoller, Obrigkeitsstaat und Volksstaat, ein mißverständlicher Gegensatz, in: Schmollers Jahrb. 40/2 (1916), S. 423 (424-426), in: ders., Walter Rathenau und Hugo Preuß, 1922에 재수록. Th. Heuss, Hugo Preuß, in: Preuß, Staat, Recht und Freiheit (aaO Fn. 5), S. 1 (15) 참조.

21) Preuß, Nationaler Gegensatz und internationale Gemeinschaft, Rektoratsrede vom 20. Oktober 1918, in: Staat, Recht und Freiheit (aaO Fn. 5), S. 345 ff.

22) 이에 대해서는 Huber, Deutsche Verfassungsgeschichte, Bd. 5, 1978, S. 143 ff. 그러나 본문에서 언급한 프로이스에의 위촉에는 언급하지 아니한다.

23) Staat, Recht und Freiheit (aaO Fn. 5), S. 290 ff.에 수록. 그때까지의 전개에 대해서는 Gillessen (aaO Fn. 2), S. 108, 217; Mauersberg (aaO Fn. 2), S. 43 ff.

24) 1918년 10월 26일의 신문기사에 대해서는 Staat, Recht und Freiheit (aaO Fn. 5), S. 361 ff.

「여러분은 패배한 독일 국민에게 정신적 고양을 가져오거나 혼란한 독일 방들에게 새로운 생명을 불어넣는 것은 시민계급의 특권을 박탈하는 것이거나 또는 계급투쟁의 징표로서는 불가능할 것이다. .... 수많은 시민적 존재가 원리적으로는 서로 용납되지 않는 관헌의 전횡 아래서 공적 직무를 수행한다는 오늘날의 상황은 현하의 응급조치로서 어쩔 수 없다. 그러나 그것은 아주 단기간의 일이며, 곧 다양한 점에서 참을 수 없음을 알게 될 것이다. 그때가 올 때까지 모든 국민적 동포의 평등에 근거한 민주적인 정치기관에서 해결책을 찾지 못한다면, 법에 의하지 아니한 권력과 경제생활의 완전한 붕괴를 수반한 타개책만이 남게 될 것이다」.[25]

이 논설은 독일의 헌법발전을 결정적인 방법으로 대답한 것이며, 그다음 날에 인민대표위원회는 프로이스를 라이히 내무차관에 임명하였다.[26] 마침내 여기서 의회민주적 공화국, 즉 프로이스식의 국민국가를 위한 레벨이 설치되었다. 그리하여 프로이스가 바이마르 헌법의 아버지가 되어 초안을 작성하고, 어떤 단계의 협의에서도 대표가 된다.[27] 그가 어떻게 이러한 임무에 관련되었는가는 바이마르 공화국 최초의 정권의 위기 시에 나타났다. 베르사유조약에 대한 자세가 분열한 것으로 샤이데만(Phillip Scheidemann) 내각이 총사직하고, 당시 프로이스가 소속하고 있던 민주당(DDP) 정권에서 이탈한 결의를 한 때에 프로이스는 이 흐름과는 달리 인민대표위원회의 헌법대표를 위해서, 특히 제2, 제3 독회 동안에는 정부위원을 담당하고 있었다.

물론 이로써 프로이스는 독일민주당 내에서는 불리한 입장에 놓이게 된다. 최초의 제국의회 선거에서 의원추천을 받지 못하고 독일민주당이 1919년 10월에 정권에서 물러났을 때에도 에리히 코흐-베서(Erich Koch-Weser)가 내무장관이 되고, 프로이스에게는 아무런 지위도 배려하지 아니하였다. 아이러니칼하게도 그 대신 프로이스는 프로이센 헌법제정 란트회의와 란트의회에서 선출되고, 여기서도 헌법정책에 관련하여 자치법에 관한 입법심의에 참가할 기회가 주어졌다.[28] 나아가 만년에는 오로지 저널리즘과 학문 양쪽에 중점을 두었다. 수많은 저서 중에서 프로이스는 「바이마르 라이히 헌법에 관한」[29] 상황과, 프로이센의 헌법문제[30]에 대해서도 입장을 밝혔다. 1925년 10월 9일, 프로이스는 65세를 눈앞에 두고 세상을 떠났다.[31]

프로이스의 수많은 저작은 단편으로 끝났다. 그러나 그것이 얼마나 중요한가는 유고에

---

25) Preuß, Volksstaat oder verkehrte Obrigkeitsstaat? in: Staat, Recht und Freiheit (aaO Fn. 5), S. 365 (366).
26) 구체적인 경과에 대해서는 Grassmann (aaO Fn. 2), S. 92; Mauersberg (aaO Fn. 2), S. 57 m. Nachw.
27) 구체적으로는 V.
28) 이에 대해서는 Grassmann (aaO Fn. 2), S. 111 ff.
29) 이것은 1924년에 발표한 신문투고집의 제목이다.
30) 보고는 DJZ 1920, Sp. 793 ff.; JÖR 10 (1921), S. 222 ff.
31) Feder (aaO Fn. 2), S. 27 f.; Gillessen (aaO Fn. 2), S. 187 f.에 사망할 때를 묘사하고 있다.

서 처음으로 발간된 세 개의 저서에서 명백하다. 먼저 가장 중요한 소논문을 엮고 오늘날까
지 프로이스에게 의의가 있는 것을 제시한 논문집은 『국가, 권리 그리고 자유』32)이다.
당시 독일민주당의 제국 의회의원이며 어떤 의미에서 프로이스의 선행자인 독일 정치대학
강사인 테오도르 호이스(Theodor Heuss)가 서문을 쓴 것은, 제2차 세계대전 후의 공화국
창설에의 가교가 된 것인지도 모른다.33) 나아가 공동 집필자인 헤드비히 힌체(Hedwig
Hintze)는 유고에서 대저인 독일공화국 국법학 교과서의 역사에 관한 단편을 편집하였
다.34) 또한 바이마르 헌법의 콤멘타르에서도 프로이스가 거기에서 하나만을 발표한
단편이 발견되었다.35) 친구인 게르하르트 안쉬츠(Gerhard Anschütz)는 오늘날에도 여전
히 중요한 연방제의 해석에 관한 저작을 발간하였다.36) 당초 이 저작의 사정(射程)을
이해하는 데에는 시간이 걸렸다. 바이마르 시대의 추도와 칭찬37)에서 연방공화국 초기
단계의 철저한 검증38)을 거쳐, 근래의 수용하려는 시도39)까지 프로이스의 저작을 모사한
다는 과제는 아직도 남아있다.

III. 기본문제: 영역단체로서의 게마인데, 방 그리고 라이히

프로이스의 저작을 체계적으로 이해하려면 1889년에 접수되고 같은 해에 발간된
교수자격논문에서 시작하는 것이 가장 좋다. 확실히 그의 논문은 먼저 제4 반 세기의
이론사에 대해서 집필하며, 그러므로 흥미 깊은 수법이 있는 것, 거기에는 고풍스런
것을 많이 느끼게 할지도 모른다. 그러나 그 방법과 내용은 국법학이 오늘날까지 편입한
헌법사를 선취하고 있다. 프로이스는 기이르케를 그대로 따르지는 않고, 그것을 진척하여
당시 지배적이던 세 가지의 흐름과 대결하고 있다. 먼저 권리주체에 관하여 절대시한

---

32) Fn. 5 참조.
33) 동독에서도 이러한 가교가 보인 것은 카를 폴락의 저서에서도 알 수 있다. Karl Polak, Die Weimarer
    Verfassung — ihre Erregungenschaften und Mängel, 3. Aufl. Berlin-Ost 1952. 또한 프로이스에
    대해서 상세하고 적극적으로 평가하는 ders., Reden und Aufsätze Berlin-Ost 1968, S. 175 ff.
34) Preuß, Verfassungspolitische Entwicklung in Deutschland und Westdeuropa, 1927.
35) Preuß, Artikel 18 der Reichsverfassung, seine Entstehung und Bedeutung, 1922.
36) Preuß, Reich und Länder. Bruchstücke eines Kommentars zur Verfassung des Deutschen Reiches,
    1928.
37) Feder (aaO Fn. 2), Heuss (aaO Fn. 20)에 의해서 이미 언급한 저작 외에, 특히 H. Hintze, Hugo
    Preuß, Die Justiz 2 (1927), S. 223 ff.; C. Schmitt, Hugo Preuß. Sein Staatsbegriff und seine
    Stellung in der deutschen Staatslehre, 1930; W. Simson, Hugo Preuß, 1930.
38) Fn. 2에서 인용한 Gillessen (Kurzfassung auch in Staatslexikon, hrsg. von der Görres-Gesellschaft,
    Bd. 6, 6. Aufl. 1961, Sp. 472 ff.)과 Grassmann의 저작 참조.
39) 상술한 Mauersberg (aaO Fn. 2)의 저작 외에, 특히 Hof, Hugo Preuß, in: Kleinheyer/Schröder,
    Deutsche Juristen aus fünf Jahrhunderten, 1976, S. 203 ff.; Hueber, in: Handwörterbuch zur
    deutschen Rechtsgeschichte, Bd. 3, 1984, Sp. 1924 ff.; Lehnert, Hugo Preuß als moderner
    Klassiker einer kritischen Theorie der "verfaßten" Politik, PVS 33 (1992), S. 33 ff.; G. Schmidt,
    Hugo Preuß, in: H. U. Wehler (Hrsg.), Moderne deutsche Historiker, Bd. 7 (1980), S. 55 ff.

개인의 개념에 입각한 로마법 연구에 의한 견해에 대해서이다.[40] 프로이스는 이 점에서는 기이르케에 따른 위에 이 견해에 대해서 인적 결합의 생성에 근거한 「사회법적」 게노센샤프트 이론과, 공법상의 단체(Körperschaft) 이론과 그리고 또한 기관이론을 대치시켰다.[41] 다음은 로마법연구에서 도출해 낸 추론에 대해서이다. 그 중에서 특출한 것은, 또한 모든 법의 연원으로서 생각되는 국가의 법인격성에 관하여 실증주의적 국법학에서의 로마법 연구의 수용에 의해서 인도되어 온 추론을 다루었다. 이에 대하여 기이르케와 마찬가지로 프로이스를 상징하는 것이 법치국가의 원형인 국가와 법의 생성의 변증법과 상관관계이다.[42] 끝으로, 특히 주권이론이다. 기이르케의 체계화에 대해서 제자인 프로이스는 일관하여 대립하며 게노센샤프트로서 파악하는 정치적 결합(Verbände)의 관념과 주권개념은 양립하지 않음을 강조하였다.[43]

거기에서 프로이스는 자신의 저서를 발간하기 이전의 학설의 계보에서 논의의 중심이 되어 온 문제로, 무릇 해결 불능이라는 연방국가 논쟁에로의 주권이론의 적용을 출발로 삼았다. 라이히와 라이히 구성 邦을 국가들(Staaten)로 파악하고, 동시에 주권을 최고 결정권력으로서 정의하고 국가개념의 메르크말로서 파악하려고 해도 만족할 만한 해결책은 얻지 못하였다. 라반트(Laband)가 지지하는 「단체통치」의 주권은 민주국가적 요소를 무시할 뿐만 아니라 기교적이며 결과적으로 라이히에 대해서 참을 수 없었다.[44] 그러므로 프로이스는 「아주 부당한 결론」이라든가 「연방국가개념의 파산선고」라고 단언한다.[45] 정치적 단체들의 다양성을 정당화하기 위해서는 연방의 구성국가에 대해서 다른 개념에 의거할 수밖에 없다. 게노센샤프트 조직은 사회의 구성물인 법인격이 될 수 있으나 한 영방의 구성물인 법인격에게만은 그렇지 않다. 지배는 국가에 고유한 것이 아니며 「구성인격에 대한 모든 전체 인격의 사회법적 관계에 대해서 공통의 성질인 근본적 특질」[46]이다.

이와 같은 주권이론의 탈구축에서 출발하여 프로이스는 게노센샤프트와 단체에 관한 기이르케의 학설을 발전시키고 한 영역의 통치주체인 영역단체(Giebietskörperschaft)라는 관념을 전개하였다. 하나의 영역에서 복수의 영역단체가 통치를 행사할 수 있다. 무엇보다 영역단체 간에도 지배관계는 형성된다. 한 영역단체가 다른 영역단체를 통치의 수단으로 할 수 있다. 그럼으로써 그 영역 단체는 통치되는 측의 영역단체 중에 기관적 (anstaltlich)* 요소를 생기게 하며 그러한 한에서 단체적(körperschaftlich)이 아닌 요소를 생기게 한다. 이와 같은 보강에 의해서 영역단체는 자신의 통치를 강화하는 것이다.[47]

---

40) Windscheid에 대해서 Gemeinde, Staat und Reich (aaO Fn. 9), S. 109 f.
41) AaO, S. 133 ff.
42) AaO, S. 199 ff.
43) AaO, S. 130 ff., S. 175 참조. 기이르케와의 관계에 대해서는 Grassmann (aaO Fn. 2), S. 23 ff.
44) Preuß (aaO Fn. 9), S. 41 ff. 또한 Huber, Deutsche Verfassungsgeschichte, Bd. 3, 3. Aufl. 1988, S. 791 ff.도 동일한 결론에 도달하며 오늘날에도 논의되고 있다.
45) (AaO Fn. 9), S. 83.
46) (AaO Fn. 9), S. 189.

나아가 영역단체의 통치는 자신의 결정 외에 통치하는 측의 영역단체의 결정에 의해서도 형태를 변경하고 해소되며 다른 영역단체와 결합할 수 있게까지 이른다. 그리고 영역단체는 영역고권이 결여되어 있는데 또한 한쪽의 영역단체는 영역고권이 특질을 이루게 된다.[48]

법학과 법실무에 관한 추론은 그 대부분이 교수자격논문에서 이미 전개되었거나 적어도 시사하는데 그 밖의 업적과 활동을 특징짓고 있다. 먼저 법이론적으로 볼 때 주권개념의 부정을 직시하고 법적 방법론을 위해서 국가와 법의 관계가 새롭게 규정되지 않으면 안 된다. 국가에 의한 법제정독점이라는 관념이 상실한 것은 물론 전(前) 실정법적인 자연법에 근거한 법적 근거를 위해서는 아니다.[49] 그렇지 않고 인간의 공존은 동시적인 법형성에 의해서만 가능하며, 즉「개인과 가족, 그리고 또한 국가와 법이 원형에서는 동시적으로 존재한 것이다」.[50] 법치국가는 국가가 법의 형식으로 구성되는 데에 있으며, 여기서 국가는 모두 법치국가로 볼 수 있다는 비판이 나온다.[51]

그러나 프로이스는 이렇게 상정된 비판에 대해서 법치국가이념이 법제정에 대해서 일정한 형식을 전제로 하는 것을 지적하고 이와 관련하여 자치와 아울러「입헌국가형태, 국민대표에 의한 국가」에 언급한다.[52] 이 단계에서는 이것을 정식화하는 데에는 소극적인데, 특히 같은 시기의 논문과 관련해 보면, 이미 정치적 입장의 선택은 밝히고 있다. 나아가 앞에서 언급한 국가와 사회의 구별에 관한 영역고권의 기준을 중시한다. 프로이스는, 게마인데는 라이히나 방들과는 달리, 자신의 법에 의해서 자신의 영역을 뜻대로 할 수 없다는 것을 보여주고 있다.[53]

동시에 이 법적 방법론의 선택이「'기초된' 정치의 비판적 이론」을 기초지우며, 데틀레프 레너르트(Detlef Lehnert)는 최근 프로이스를 그 주창자로서 평가한다.[54] 사실 지적할 수 있는 것은 근대의 다양성이론을 기이르케로 환원하려는 자는,[55] 다양성의 민주적 기능에 대해서 프로이스를 보다 분명히 주창자라고 부를 수 있다는 것이다. 기이르케가 아니라 프로이스야말로 국가주권의 도그마를 깨뜨린 것이다. 프로이스는 먼저 공동체(Gemeinschaft)의 의사형성은 최초로 작은 영역단체의 기관을 통한 부분적 집합의 의사로 이루어지며, 그 다음에 전체적인 결정기구라는 커다란 영역단체로 이루어지는 것을 묘사한다. 거기에서 프로이스는 기이르케와 마찬가지로 인민 전체의 주권이라는 의제에

---

47) (AaO Fn. 9), S. 253 ff.

48) (AaO Fn. 9), S. 396 ff.

49) (AaO Fn. 9), S. 199 ff.

50) (AaO Fn. 9), S. 205.

51) (AaO Fn. 9), S. 214 참조. 이미 여기서 켈젠의 법과 국가의 동일시와의 유사성이 눈에 띈다.

52) (AaO Fn. 9), S. 216, 218.

53) (AaO Fn. 9), S. 393 ff. (406).

54) Lehnert, PVS 33 (1992), S. 33 (39 f.).

55) 그러한 것으로서 예컨대 Eisfeld, in: Holtmann (Hrsg.), Politik-Lexikon, 1991, S. 445; E. Fraenkel, Der Pluralismus als Strukturelement der freiheitlich-rechtsstaatlichen Demokratie (1964), in: ders., Deutschland und die westlichen Demokratien, Ausgabe stw 1991, S. 297 (303).

반대하여,56) 좁고 넓은 공동체에서의 공동참가를 더욱 중요시한다.

그와 함께 내용상 가장 중요한 결론과 저작에서의 논의의 목적에 대해서 논한다. 게마인데와 방과 라이히를 포괄하는 영역단체의 개념을 발전시키고, 주권이라는 기준을 거부함으로써 프로이스는 단체마다의 본질적인 차이를 부정하고 어떠한 단체도 독자적인 의사형성, 즉 자치57)를 하는 정치사회적 권력의 다층성을 지적한다. 이 정치사회적 권력이 협동하는 것에서 사회질서에 따른 각인의 욕구를 만족하는 것이다. 영역고권에 대해서 게마인데에 대해서 라이히와 방을 특기하더라도 란트(방)와 게마인데, 라이히와 란트의 구조적 대립은 해소되며, 모든 것은 시민에 의한 게노센샤프트의 자치조직으로 된다. 그나이스트(Gneist)의 자치이론이 국가와의 질적인 친근성, 특히 국가의 결정구조 중에 편입되는 것을 촉진한다면,58) 방과 게마인데의 본질적인 유사성을 의문시하는 것이 되기 때문에, 그러한 한에서 프로이스는 그나이스트에 따른다고 한다.59) 그러나 실제로 프로이스는 그나이스트에 반대하며 결정의 중심이 되는 지방공동체의 독립성과, 그와 함께 지방의 공화제 원리에 고집하는 것이다. 1815년에 프로이센에서 해방을 계기로 하여 주어진 국민대표의 동맹은 정치적으로만이 아니라 법해석학상으로도 요구되고 다음과 같이 말했다. 「의회주의적 헌법이 없는 도시의 자치는 지붕 없는 건물과 같으며, 보호 없는 모든 가혹함에 내맡기며, 위에서 비가 쏟아져 들어와 버섯이 자라나게 된다」.60) 확실히 교수자격논문에서는 정치적으로 도전하는 구절은 아직 거의 찾아볼 수 없다. 논의는 학문상 해석상의 것에 그치며 정치적으로는 신중하다. 그러나 정치적 선택은 이미 내비추이며 「프로이센 도시직무법」과 「독일의 도시조직의 발달」61)에 관한 커다란 논문은 단지 원칙적으로 지금까지의 입장을 발전시킨 것으로서 출판한 것이다. 게노센샤프트의 관념은 도시 게마인데에서 발달하며 어떤 단계에서나 구성의 모범이 된다. 자치와 연방국가는 단지 **하나의** 원리의 발전으로서 나타난다.

끝으로 그러나 이 원리는 방과 라이히를 초월한다. 프로이스는 주권개념을 포기하는

---

56) 예컨대 Preuß, Die Sozialdemokratie und der Parlamentarismus (1891), in: Staat, Recht und Freiheit (aaO Fn. 5), S. 144 ff. (148). 나아가 Lehnert (aaO Fn. 39), S. 40 참조. 프로이스에 의한 루소관의 문제에 대해서 Fetscher, Rousseaus politische Philosophie, Ausgabe stw 1975, S. 102 ff.; Schefold, Rousseaus doppelte Staatslehre, in: Gedenkschrift M. Imboden, 1972, S. 333 ff. 참조.

57) Preuß (aaO Fn. 9), S. 218 ff.; N. Hlépas, Unterschiedliche rechtliche Behandlung von Großgemeinden und Kleingemeinden, 1990, S. 70 ff. 참조.

58) 이 「관헌국가의 자치」의 관념에 비판적인 것으로서 Heffter, Die deutsche Selbstverwaltung im 19. Jahrhundert, 2. Aufl. 1969, S. 729 ff., 739 f.

59) 그러므로 그나이스트에 대한 칭찬은 Staat, Recht und Freiheit (aaO Fn. 7), S. 503 ff. 이러한 한 Heffter (aaO Fn. 58)에 의해서 기초지워지고, Gillessen (aaO Fn. 2), S. 40 ff.; Grassmann (aaO Fn. 2), S. 15에 의해서 계수된 명제는 그나이스트와 프로이스의 거리에 의해서 상대화할 수 있다. 본문의 직후를 참조.

60) Preuß, Ein Jahrhundert städtischer Verfassungsentwicklung (1908), in: Staat, Recht und Freiheit (aaO Fn. 7), S. 25 (39).

61) (AaO Fn. 60), Fn. 14, 15.

것으로 국내법과 동격의 법을 제정하는 공동체질서인 국가간 관계도 쉽게 인정할 수 있다고 생각하고 있었다.62) 확실히 프로이스는 라이히에서 국제법을 실현하기 위한 기관적 요소를 가진 국제공동체의 가능성을 평가하고 있다. 「순수하게 게노센샤프트적 단체」로서의 국제법적 공동체는 국가적 단체를 더하여 그 조직의 기관적 요소를 활용한다. 프로이스는 장래에 향하여 이러한 요소를 강화하는 것을 미리 생각하고 있었다.63) 이렇게 생각하는 것으로 근대에 있어서의 초국가적 통합과정의 의의가 유익하게 되는 것은 분명하다. 바로 국법상의 도그마에 의한 주권개념이 절대시되는 시기에 프로이스가 이것은 고작해야 독일에 있어서의 관점의 「하나」에 불과하다는 것은 설득력이 있으며, 프랑스가 제1차 세계대전에서 독일의 국법상 및 국제법상의 지위를 비판하는 것에 직면하여 프로이스는 27세 때부터 지지해 온 입장을 원용할 수 있는 것이다.64) 나아가 바로 주권문제에 대해서 프로이스와 프로이스의 방법론과 대조적인 켈젠(Hans Kelsen)의 대화가 눈길을 끈다.65) 게노센샤프트 이론과 법이론, 공동사회(Gemeinschaft) 형성의 설명과 순수법학에 대해서는 모두 대립하는 것, 두 사람은 국가와 법의 밀접한 결합의 강조, 전통적인 주권이론의 거부, 영역고권과 국제법에의 친화성의 강조와 같은 점에서 접근하고 있다. 제1차 세계대전 후에 독일과 오스트리아 각각의 헌법의 아버지가 한 대화의 기초·역할·실천적 영향은 상세하게 고찰할 만하다.66)

IV. 지방정책, 자치법과 행정개혁

이와 같이 교수자격논문에서의 고찰과 관련된 저작에서 볼 때 게마인데와 자치의 범위는 완전히 시야에 들어온다. 그러나 이 방향성은 결코 필연적인 것은 아니다. 프로이스는 분명히 「행정법의 특수한 성질」67)에 대해서 고찰하는 것을 주저하며, 그러한 한에서 자치법과의 거리를 둔다.

이것은 교수로서의 경력에 대한 장해와 시의회 선거를 눈앞에 두고 변해 간다. 이것들과 명백한 관련성을 가진 지방자치법상의 문제에 관한 소론과 아울러 지방자치의 근본문제에 관련되며,68) 또한 1902년의 『프로이센 도시공직법』에 관한 중요한 고찰에도 걸리는

62) (AaO Fn. 9), S. 119 ff.
63) (AaO Fn. 9), S. 255 f.
64) Die Legend von Störenfried (1916), in: Staat, Recht und Freiheit (aaO Fn. 5), S. 252 (261), Das deutsche Volk und die Politik, 1915, insb. S. 41 ff. 그 밖의 논증은 Gillessen, S. 64 ff.
65) 켈젠에 대해서는 Horst Dreier, Hans Kelsen (1881-1973): "Jurist des Jahrhundert"? in: Heinrichs/Franzki/Schmalz/Stolleis, Deutsche Juristen jüdischer Herkunft, S. 705-732 참조.
66) 우선은 Lehnert, PVS 33 (1992), 33 (48 f.)의 논고를 참조.
67) Gemeinde, Staat und Reich (aaO Fn. 9), S. 218 Fn. 35 — 보론으로서 의식적으로 쓴 것이 분명하며 우선 연속하지 아니한다.
68) 방에 의한 허가권에 대해서는 먼저 AÖR 15 (1990), S. 202 ff. 그리고 Preuß. Jahrb. 107 (1902) H. 2 (본질적인 곳은 Das städtische Amtsrecht in Preußen (aaO Fn. 14)에서 수용되고 있다. 논문

테마도 명확하게 되어 온다. 이 테마는 처음에는 — 특히 1899년 7월 30일의 프로이센 지방공무원법 공포 직후에 — 순수하게 기술적으로 공표되었다고 말할지도 모른다. 사실 특히 제3부는 공무원이 임명, 파면, 재산법상의 청구권과 그 절차적 실현, 직책과 징벌법과 같은 구체적이며 실천적인 문제도 다룬다. 나아가 저작 전체는 특히 이러한 해설이 오토 마이어(Otto Mayer) 자신[69]과 오토 마이어가 공무원법의 규율에서 발전시킨 행정행위이론에 의해서 특징지워졌듯이, 공무원관계의 계약적 또는 고권적, 사법적 또는 공법적 성질과 요소에 관한 19세기 후반의 해석상의 문제를 규정하고 있다. 그렇지만 프로이스는 이 논의를 한편으로는 교수자격논문과 마찬가지로 국가와 지방 차원에서의 공적 조직의 다양성을 부정하고, 국가의 조직권한에 있어서 — 공적인 — 지방자치의 발전과 관련시키고, 다른 한편으로는 지방과 게노센샤프트의 영역단체에서 정치적 공동체의 원형이 된 기관이론, 공무원이론과 관련시켰다. 공무원은 기관이다. 이로써 도시공직법은 영방군주의 정신제(廷臣制)의 유물에서 벗어난다.[70]

프로이스는 이 단계에서 국가의 조직과 지방조직의 대비를 교수자격논문 이상으로 강조한다. 확실히 실정법이 국가의 임무를 실현하기 위한 게마인데의 기관을 사용하고 이것으로써 위임이나 기관파견(Organleihe)의 개념이 기초지워지는 것을 인정한 위에, 특히 1808년('평판이 나쁜 제166조')과 1831년의 도시법제들에 있어서의 지방경찰조직에 대해서 이러한 해결의 유래에 대해서 서술한다. 그러나 프로이스는 절대주의적 사고에의 역행과 「원칙과 다른 감시와 복종의 혼성」[71]이 생기는 것을 제시하려고 한다. 이와 같은 두 개의 개념의 대립, 오늘날에 말하면 자치와 타치의 대립이 이들 저작의 특징이 되고 있다.

이미 교수자격논문에서도 그러하였듯이, 기이르케의 영향을 받은 역사적 고찰방법이 눈길을 끈다. 프로이스는 도시공직법을 특히 슈타인의 도시조례들과 같은 프로이센의 개혁시대의 성과로서 절대주의의 유물과 대치하고, 새로운 법적 발전을 절대주의 유물의 극복과 게노센샤프트적 자치제 구조의 관철이라고 파악하고, 또 전제하려고 하였다. 지금까지의 흐름이 두 개의 방향으로 나아가고 있다. 프로이스는 특히 학교법에 관한 논문들[72]이나 그 후의 프로이센 행정개혁에 관한 연구[73]에서 시대에 따라서 해석학적으로 자치와 방의 행정과의 차이를 강조하고, 후자의 불법을 순수하게 법적으로 감독하는

"West-östliches Preußen" (1899), in: Staat, Recht und Freiheit (aaO Fn. 5), S. 200 ff.도 이에 추가한다.

69) 기본적으로는 Mayer, Zur Lehre vom öffentlich-rechtlichen Vertrage, AÖR 3 (1887), S. 1 ff. 나중의 지위에 대해서는 ders., Deutsches Verwaltungsrecht, Bd. 2, 3. Aufl. 1924 (Neudr. 1969), S. 145 ff.; Wolff/Bachof/Stober, Verwaltungsrecht, Bd. 2, 4. Aufl. 1987, § 106, S. 460 ff. 참조.

70) Preuß, Das städtische Amtsrecht (aaO Fn. 14), S. 113.

71) (AaO Fn. 14), S. 141, 142.

72) Preuß, Das Recht der städtischen Schulverwaltung in Preußen (aaO Fn. 14); ders., Die Maßregelung jüdischer Lehrerinnen in Berliner Gemeindeschulen, 1898 (이에 대해서는 S. 443 f.).

73) (AaO Fn. 72), Fn. 17.

것에 한정하려고 하였다. 이것은 예컨대 지배적인 견해에 의해서 방의 임무가 된 방안의 교육고권74)이나 방의 군장(Landrat)을 의문시하며, 바울교회 헌법 제184조 b항과 동일하게 지방경찰을 지방의 권한으로 할 것을 다시 요구하고 있다.75)

역사적으로 본다면 지금까지의 연구에서 묘사해 온 역사상을 체계적으로 전개하는 것이 요구된다. 이러한 역할을 수행한 것이 1906년에 발간된 — 유일하고 그 자체 완결된 — 제1권의『독일 도시제도의 발전』(Entwicklung des deutschen Städtwesens)이다.76) 이 저작이 중후하고 근본적인 사료편찬인 것은 비록 전문가가 묵살했다고 하더라도 준비작업 후에, 또한 편찬하기 전에 이론이 제기되지 아니하였다.77) 그러나 이 책의 의의는 프로이스를 회고하는 데에 최적이다. 현하의 자치개념을 정당화하는 과제와 중세 도시문화의 생성과 붕괴, 그리고 절대주의에 있어서의 도시문화에 대한 억압과 프로이센 개혁 이후의 재건을 도시화의 발전과 동시에 문제로 삼고 묘사하는 것을 과제로 삼는다. 왜냐하면 프로이스는 이 발전을 완전한 것으로서는 보지 않고, 인구통계학적, 경제적, 사회적 경향에 의해서 다시 진전한다고 생각한다. 그리고 끝으로 도시화현상과 사회적 긴장을 지적하고, 이에 대해서는 또다시 선거권을 구분하는 것으로 이에 대응하며 대도시 집중에 의한 새로운 영역질서가 단념되는 것을 지적한다.78) 이것이 해결책이 될 수 없다는 것은, 프로이스에게는 분명한 것이다. 당시 그나이스트와 마찬가지로, 프로이스는 영국의 예를 들고 그러나 이제 스승인 기이르케와는 거리를 두고 이미 귀족제적 자치가 아니라「도시의 개혁에 의해서 국민을 형성하기」79) 위해서 독일에 대해서도 불가결한「지역적 사회주의」를 지적한다.

여기서 도시의 범위를 초월한 헌법정책상의 프로그램이 상기된다. 거기에 특히 나타난 것은 프로이스가 구체적인 견해를 가지게 된 계기로서 베를린의 지방정책에서의 구체적인 경험이다. 프로이스는 시의회 의원과 명예 시참사회 구성원으로서 베를린 도시행정의 다양한 부국에 참여하였는데, 특히 급성장하는 대도시 집중의 평형장해를 알게 된 것이다. 1895년 2월 21일의 시의회의원 회의에서의 최초의 연설에서 이미, 그리고 그 후에도 여러 차례 프로이스는 확실히 유복한 서쪽만이 아니라 교외도 포함한 베를린 전체의 합병에 진력하고, 나아가 대칭을 이루어 대베를린의 행정 내부를 분권화하는 것을 요구하고 있다.80) 이러한 생각들은 마침내 서서히 형식을 취하고 설득력을 얻게 되는데, 1920년

---

74) Grassmann (aaO Fn. 2), S. 59 ff.

75) Grassmann (aaO Fn. 2), S. 54 ff. 여기서는 사실 그나이스트와의 거리는 명백하다. (aaO Fn. 58 ff.) 참조.

76) (AaO Fn. 15).

77) Hueber, HRG Bd. 3, Sp. 1924 (1926, aaO Fn. 39)는 법제사에 관한 논문은 프로이스에 의한 공표가 논평되지 않고 프로이스에게 추도문도 헌상하지 않은 것을 정당하게도 지적한다. 여하튼 v. Below, HZ 102 (1909), S. 524 ff.의 매우 상세한 비평을 참조. 나아가 이에 대해서는 Schmidt (aaO Fn. 39), S. 55 ff.

78) Preuß (aaO Fn. 15), S. 371 ff.

79) (AaO Fn. 15), S. 377, 379.

80) Gillessen (aaO Fn. 2), S. 75 f.; Grassmann (aaO Fn. 2), S. 34 ff.

에 공포된 서쪽의 대베를린법이 프로이스의 생각에서 유래하는 것이 인정된다.[81]

다른 한편, 이미 언급한 교육정책과 지방정책에의 편입은 매우 구체적인 행정실무의 경험에 근거하고 있었다. 이 경험에 대해서는 특히 길레센(Günther Gillessen)[82]이 프로이스에게 발전을 가져오게 만들고 발전을 제한한 대결자세의 요소라고 서술하고 있다. 프로이센 문교장관이 1898년에 초등학교의 유대인 여성교사의 활동에 대해서 행정명령으로 유대교의 종교수업의 허가를 제한하려고 하였을 때에, 프로이스는 이 제한이 초등학교의 종파혼합적 성질에 반하며 교육의 자유, 특히 지방의 교육고권을 침해한다고 생각하여 통렬히 이의를 제기하였다.[83] 이것을 계기로 프로이스에 대항하는 반유대적 보도가 나오는데 그치지 않고, 처음에는 한정적인 문제였으나 특히 지방정책의 관점에서 프로이스가 관심을 가진 여러 가지 문제에 대해서 기독교와 유대교의 국면을 심각화하게 만든다. 나아가 황제의 궁내 장관이 문교장관과 대학총장에 대해서 황제의 기밀서한에서 불만과 「이와 같은 유대인 독신자가 우리들의 청년 유대인 교사가 될 위험을 회피할」 희망을 표명하였다. 이 사태는 그대로 덮어지지 않고 황제에 의한 간섭의 합법성문제를 발생케 하였다. 그럼에도 불구하고 이 서한은 1902년의, 그리고 무릇 1910년에서도 여전히 조교수임용거부에 영향을 미쳤다.[84]

끝으로 언급할 것은 도시에 있어서의 사회정책적 활동과 마찬가지로, 공공기업의 인수, 특히 시내 전차와 전기 공공사업에 프로이스가 관여한 것이다.[85] 이러한 구체적인 자치체 정책의 해결은 국가론적이며 헌법적인 출발점에 관계하고 있다. 프로이스에 대해서는 예컨대 택지개발이나 사회적 긴장 등의 대도시의 사회문제를 눈뜨게 하면서 도시 게노센샤프트의 통일성을 보장하는 것이나 공공적 과제의 자율적 실현에 대한 국가에 의한 간섭으로부터 방어하는 것, 나아가서는 거기에서 공무원의 특별한 지위가 나오게 된다는 지방행정조직의 동질성이 문제로 된다.[86] 예컨대 도시의 택지의 공영화를 거부하고 주거정책의 세분화를 지지한다고 한[87] 약간의 결론에 대해서 비록 프로이스가

81) Grassmann (aaO Fn. 2), S. 38 m Nachw.

82) (aaO Fn. 2), S. 68 ff.

83) 주 72에 인용한 연설 Die Nation 16 (1898/99), S. 396 ff. 참조. 프로이스는 고발에서 「각하가 하사하시고 각하가 인수하시고 각하의 이름이 찬양받으시기를」라고 적고 있다. Gillessen (aaO Fn. 2)에서 인용.

84) Gillessen (aaO Fn. 2), S. 69-73는, 프로이스 자신이 불러일으킨 차별감각을 유대인 자치조직과 함께 만나려고 하지 않았다는 중요한 증거를 제시한다. 또한 Heuss, in: Staat, Recht und Freiheit, (aaO Fn. 5), S. 15.

85) 이에 대해서는 Grassmann, (aaO Fn. 2), S. 67 ff.; Gillessen (aaO Fn. 2), S. 77 ff. 최근의 것으로서 특히 논문 Sozialpolitik im Berliner Verkehr, 1911을 지적한 W. Hofmann, in: Deutsche Verwaltungsgeschichte, Bd. 3, 1984, S. 595 Fn. 69.

86) Das städtische Amtsrecht (aaO Fn. 14), S. 429 ff. 여기서는 Hermann Heller, Rechtsstaat oder Diktatur? 1929; 김효전 옮김, 법치국가냐 독재냐? 동인 편역, 『바이마르 헌법과 정치사상』, 산지니, 2016 (이에 대해서는 Christoph Müller, Hermann Heller (1891-1933) Von liberalen zum sozialen Rechtsstaat, Heinrichs u.a., Deutsche Juristen jüdischer Herkunft, S. 767의 논문)에서의 사회적 법치국가개념과의 유사성이 눈에 띤다.

87) Grassmann, (aaO Fn. 2), S. 71 f.

주저했다고 하더라도 실제적인 과제들의 인상에서, 또한 법적 지위의 전개에서 추론하더라도 도시사회주의(Munizipalsozialismus)에로의 이행은 일견해서 명백하다.88)

V. 라이히 내무부, 라이히 내무장관 그리고 바이마르 헌법

이상과 같은 발전의 경과를 볼 때, 즉 게마인데, 라이히 구성 란트, 영방 국가들 각각의 차원에서의 게노센샤프트의 자치와 국민국가의 모델을 이론적으로 완성하거나 학문적으로나 실천적으로도 지방에서 그러한 자치 모델을 실천적으로 활동한 것을 추적하면, 상술한 1918년 11월 14일의 프로이스의 의견표명은 다음 날에 프로이스를 장관에 임명한 에버트(Friedrich Ebert)의 결정과 동일하게 설명할 수 있다.89) 물론 여전히 프로이스의 전개를 이와 같이 이해하고 다시 제3의 길을 상정할 수 있다. 가령 이처럼 좌파적 ― 독일 자유사상적, 사회발전적 ― 방향성으로 분류한다고 하더라도 프로이스는 여전히 자유주의자였다. 프로이스의 정치적 전개를 보면 최초에는 완전히 반사회주의적 입장인 것을 알 수 있다. 젊은 사강사로서 1891년에 사회민주주의가 가진 의회주의의 문제를 가차 없이 지적한 일련의 논설을 발표하고,90) 그 중에서 의회주의가 사회적 평등의 요청에 반하며, 계급투쟁의 극복을 전제로 하는 불가피한 격차를 포함한 것이라든가 ― 프롤레타리아트의 마르크스주의 독재란 의미에서 ― 현실적 평등에 주목한 정치적 지배가 되고 그 결과 이 지배가 소수파의 권력지배에 연결되는 것을 지적하였다. 사회민주주의는 사회적 평등의 요청을 인정하고 격차를 승인하게 되는데, 민주적 의회주의의 적이 되기도 한다.

12년 후 안톤 멩거(Anton Menger)*와의 대결 중에서91) 프로이스는 국가의 의회주의적 민주제의 근거요건에 집착하고, 일반적인 정치운영과는 다른 경제관리에 반대한다. 이미 보았듯이 이 전향은 지방의 경제법에 관한 프로이스의 입장에 합치된다. 왜냐하면 베른슈타인(Eduard Bernstein)의 수정주의의 영향 아래 선거권은 사회민주주의의 권력획득의 수단이며, 동시에 사회개혁의 수단이 될 수 있는 것이 명백하기 때문이다. 프로이스는 이것을 받아들이는데 베를린 시 의회의원으로서의 활동을 인상 깊게 할 것이다. 그러나 이것과 사회적 구분은 어떠한 관계에 있는 것일까. 이 문제에는 여기서 대답할 수 없다.

---

88) 명백한 것으로서 Preuß, Die Entwicklung des deutschen Städtwesens (aaO Fn. 15), S. 377 f.

89) 상술 II S. 435와 (aaO Fn. 25) 이하.

90) Die Sozialdemokratie und der Parlamentarismus (1891), in: Staat, Recht und Freiheit (aaO Fn. 5), S. 144 ff. 이에 대해서 Hintze, Einleitung zu: Preuß, Verfassungspolitische Entwicklungen (aaO Fn. 34), S. XV f. ― 프로이스 자신 사회민주주의에 완전하게 관용인 것을 인식하는 것은 그의 훌륭한 논문이 보여주고 있다. Ein Besuch in Hottingen-Zürich (1888), in: Staat, Recht und Freiheit (aaO Fn. 5), S. 554 ff.

91) Menger, Neue Staatslehre, 1903. 이에 대해서는 Preuß, Ein Zukunftsstaatsrecht, AöR 18 (1903), S. 373 ff.; Sozialismus und Konstitutionalismus (1903), in: Staat, Recht und Freiheit (aaO Fn. 5), S. 230 ff.

프로이스 자신 다른 저작에서도 명확하게 대답하지 아니한다.

그러나 간접적으로 확인할 수 있다. 1917년의 라이히 헌법개정에 관한 강연에서[92] 프로이스는 프로이센의 선거권이 아주 불충분한 것, 다른 한편 지금까지의 라이히 선거법에 의한 선거구획이 우대적인 것을 계기로 기계적 배분에 의한 비례대표선거법을 명확하게 지지하고 있다. 여기서도 프로이스는 평등원칙에 근거하여 논증하며 선거구의 「자의적 구획」을 비판한다. 그리고 지금까지 강화되어 온 대표에 의한 사회적 구분을 포기한다. 이것은 1891년 때의 입장과는 명백히 모순된다.

1917년에 발표된 제안은 1890년이라는 이른 시기에 나온 「라이히 정부와 정당의 조직」(Die Organisation der Reichsregierung und die Parteien)[93]에 관한 연구와도 관련된 것인데 이것으로 프로이스는 자신이 민족 단위에서의 「민족국가적」 헌법의 초안작성에 대해서 제시한 것을 증명하게 되었다. (오스트리아와는 달리) 독일에서는 당시 사회민주주의적 국가이론은 존재하지 않았다.[94] 지금까지 보아왔듯이, 프로이스와 같은 연구자가 나아가기가 얼마나 어려웠는가를 알 수 있다. 그리고 현실적으로 프로이스는 시민적 자유주의나 공법학의 가교가 되었다. 바이마르 헌법초안 작성의 공적에 대해서 언급하는 것이 많은데,[95] 여기서는 간결하게 정리하는데 그치고 프로이스의 저작집에서 정리하기로 한다.

그때에 헌법초안의 작성은 물론 특히 거대한 인적 조직이나 많은 과제를 진 라이히 최고행정청 장관 한 사람 개인의 공적일 수는 없다. 그러나 프로이스는 자신의 기질과 학문적 특질에 맞게 헌법제정을 자신이 개인적으로 전력을 경주할 라이히 행정청의 주요 과제라고 생각하였다. 인민대표 위원회의 선거의 준비가 끝난 후 ── 프로이스는 거기에서는 독일독립사회민주당(USPD)과 일관하여 대립하는데, 특히 이 선거를 강력하게 압박한 ── 헌법초안이 중요한 위치를 차시하게 된다. 인민대표위원회의는 1918년 12월 3일, 프로이스의 보고와 제안에 근거하여 초안작성의 기초로서 전문가도 참가한 라이히 행정관(Reichsämter)의 제1차 예비회의를 개최할 것을 결정하였다. 이 예비회의는 프로이스 의장 아래 12월 9일부터 12일까지 라이히 내무부에서 개최되고 거기에는 관련된 라이히 행정관의 최고 간부에 더하여 막스 크바르크(Max Quarck)(SPD)나 요제프 헤르츠펠트(Josef Herzfeld)(USPD)와 같은 정치적으로 선출된 배석자(Beigeordnete) 또한 오스트리아 공사관의 사무관인 알프레드 폰 페어드로스(Alfred von Verdroß),[96]

92) (AaO Fn. 91), 특히 S. 316 ff.

93) (AaO Fn. 5).

94) W. Jellinek, Entstehung und Ausbau der Weimarer Reichsverfassung, Handbuch des Deutschen Staatsrechts, Bd. 1, 1930, S. 127. 또한 Apelt, Geschichte der Weimarer Verfassung, 1946, 2. Aufl. 1964, S. 56 f.

95) Jellinek와 Apelt (aaO Fn. 94) 외에 비교적 오랜 문헌으로서 Heuss, Hugo Preuß, in: Staat, Recht und Freiheit (aaO Fn. 5), S. 19 ff.; Hintze, Einleitung zu: Preuß, Verfassungspolitische Entwicklungen (aaO Fn. 34), S. XVI ff. 나아가 Gillessen (aaO Fn. 2), S. 115 ff.; Grassmann (aaO Fn. 2), S. 92 ff.; Huber, Deutsche Verfassungsgeschichte, Bd. 5 (aaO Fn. 22), S. 1178 ff. 최근의 상세한 것으로서 Mauersberg (aaO Fn. 2), S. 56 ff.

특히 막스 베버(Max Weber)가 전문가로서 참가하였다. 이 회의에 근거하여 내무부는
프로이스 주도로 1919년 1월 3일까지 제1 초안97)을 작성하였다. 프로이스는 — 비록
예비회의의 결과나 거기에서 나온 의견, 개별 참가자나 다른 전문가에 의해서 추가된
견해의 영향을 받았다고 하더라도,98) — 사무차관이 쓴 내용을 널리 표시하고 그것이
다음 날 이후에 작성한 보고서의 토대도 되었다.99) 그 동안 인민대표위원회는 1919년
1월 14일에 초안을 심의하였는데, 거기에서 의견이 일치된 구조에는 거의 변경을 하지
않았다. 이러한 형태로 1919년 1월 20일, 라이히 관보에 프로이스의 보고서와 함께
초안이 발표되었다(「제2 초안」).

 물론 그때까지 프로이스가 강력하게 특징지은 성과도 수많은 다른 영향을 받지 않을
수 없었다. 먼저 방들이 참가를 신청하여 1월 25일에 소집된 방회의, 그리고 회의가
임명한 라이히 위원회, 잠정 라이히 권한법 제2조에 의한 제방(諸邦)위원회100) 등 약간의
회의에서 초안에 영향을 미치고 있다. 프로이스는 라이히 내무장관에 부임한 후 그
후에 재편되어 2월 17일에 내각에 의해서 승인된 제3 초안101)을 제방위원회에 제안하였
다. 두 번의 협의를 거쳐 이 초안은 2월 21일 라이히 정부가 받아들인 변경과 세 개의
쟁점에 대해서 인민대표위원회에서 검토하였다. 이 「제4 초안」에 대해서 프로이스는
2월 24일의 인민대표위원회 앞에서 구두로 설명하였다.102) 2월 28일부터 3월 4일까지의
제1 독회를 수반한 의회에서의 면밀한 협의에서는 프로이스도 거기에 다시 발언할 기회를
얻고, 그 후 3월 4일부터 6월 18일까지의 제2 독회에서의 위원회의 심의가 계속되고
이 날에 제5 초안103)이 전체회의에 제출하게 되었다. 제2, 제3 독회104)에서는 프로이스
가 다시 관여하게 되며,105) 특히 정치적인 문제를 잉태한 개정을 몇 가지 하였다. 7월
31일에 최종 조정을 하고, 1919년 8월 11일 라이히 헌법의 인증을 실시하였다.106)
 그러면 라이히 헌법에 대해서 프로이스가 미친 영향은 얼마나 구체적으로 지적할

---

96) 그의 참가는 기대했던 오스트리아와의 결합만이 아니라 페어드로스의 학문적 역할과 오스트리아 헌법의
 창시자인 켈젠과의 관계에서도 중요하다.
97) Huber (aaO Fn. 5)에 의해서 수용된 Triepel, Quellensammlung zum Deutschen Reichsstaatsrecht,
 3. Aufl. 1922, 5. Aufl. 1931, S. 7 ff., Nr. 7에 의한 초안의 조사. 제1 초안은 Mauersberg (aaO
 Fn. 2), S. 87 ff.
98) 이에 대해서 Mauersberg (aaO Fn. 2), S. 78 ff.
99) 프로이스가 서명한 1919년 1월 20일 라이히 관보에 공표되었다. Staat, Recht und Freiheit (aaO
 Fn. 5), S. 368 ff.에 복제가 게재되어 있다.
100) 1919년 2월 10일 (RGBl. S. 169)에 의함.
101) Triepel (aaO Fn. 97), Nr. 13에서.
102) Triepel (aaO Fn. 97), Nr. 14에서의 초안의 텍스트. Preuß, Staat, Recht und Freiheit (aaO Fn.
 5), S. 394 ff.에서의 이유.
103) Triepel (aaO Fn. 97), Nr. 22.
104) 제4 초안의 성과를 수반한 7월 2일부터 22일의 제2 독회, 7월 29일부터 31일까지의 제3 독회.
105) Verhandlungen der Nationalversammlung, Bd. 328, S. 2080; Mauersberg (aaO Fn. 2), S. 187
 ff.에서 중요 부분에 대해서 언급한다.
106) RGBl. S. 1383.

수 있을 것인가? 전체적으로 볼 때,[107] 세 개의 핵심적인 분야로 나눌 수 있을 것이다.

프로이스에 대해서 중요했던 것은 주권의 요구를 강조하지 않는 게마인데, 고차의 영역단체, 국제법질서에 있어서의 연합국가라는 각 레벨에서의 국민국가의 자치개념이다. 이것은 먼저 이론적으로 교수자격논문 이래, 그리고 헌법정치의 실천에서는 프로이센의 행정개혁에 관한 논의 이래 발전해 온 것이다.[108] 1918년 11월까지는 이것이 목적으로 하는 것과 개별적인 방들의 왕조와 영방국가 특히 프로이센은 대립하였다. 따라서 란트만이 아니라 게마인데도 포함하여 그 지위를 라이히 헌법상 확립하는 것이나 국제법의 승인은 별도로 하고, 특히 자치단체가 기능하는 형태로 성립하는 정도까지 라이히의 권한을 강화하는 라이히를 구분하는 것이 중요하였다. 기본적으로 이것을 목적으로 한 것이 제1 초안(과 제2 초안)인데,[109] 모두 역사적 배경 앞에 중앙집권적으로 나타난 것일지도 모르며, 그러므로 프로이스는 이에 반대하여, 또한 자신의 학문적 발전에 따라서 자치의 원리를 상당히 강조한 것이다.

이러한 관념은 바이마르 헌법의 도처에서 보인다. 예컨대 특히 국제법의 승인(바이마르 헌법 제4조)이나 — 비록 개별적으로는 약간의 협의에서 크게 수정하였다고 하더라도 — 라이히 권한의 확장과 나아가 란트와 시읍면의 동질성(바이마르 헌법 제127조에 결부된 제17조) 등이다. 그러나 이것들과 관련된 명문화, 특히 프로이스가 항상 주장해 온 지역경찰의 분권화[110]는 이루어지지 못하고, 오늘날까지 리버럴한 입장에서의 요구사항이 되고 있다 (되어야할 것인데). 이에 대해서 란트를 「가장 높은 자치」[111]의 주체로서 새로이 조직하고, 합리적으로 만든 영역고권(Territorialorganisation)에 편입하고, 의회의 제2부회를 통하여 바울교회헌법에 의거한 방들의 의원에 입법권한을 부여한다는 프로이스의 생각은 암초에 부딪쳤다. 다음 해 일찍 나타난 공화주의적 란트들은 자신의 독립성을 주장하고, 일단 헌법제정전차에서 통합된 후 인민대표위원회의 형식적인 배타적 권한에도 불구하고, 헌법운용의 현실적 역할을 수행하게 된다. 그리고 헌법 레벨에의 새로운 편입은 좌절되고, 바이마르 헌법 제18조의 재편성권한의 환상은 깨지고,[112] 연방참의원의 원리는 최종적으로 극복불가능한 것이 명백하게 되었다. 열망해 온 제방원(諸邦院)의 역할에 가까웠던 라이히 의회는 구 라이히 헌법에서 연방참의원에 비해서 약한 지위에

---

107) 개별 국면에 따라서 상세하게 나누어 고찰하는 것은 여기서 불가능하며 이에 대해서는 (aaO Fn. 95)에서 열거한 저자를 지적할 수 있다. 비교적 새로운 정리에 대해서는 Willoweit, Deutsche Verfassungsgeschichte, 2. Aufl. 1992, §37 III, S. 289 참조.

108) 헌법제정에서의 이러한 관념의 조문화에 대해서는 1919년 1월 3일의 보고서인 Staat, Recht und Freiheit (aaO Fn. 5), S. 368 ff. 참조.

109) 특히 제1 초안의 (Mauersberg (aaO Fn. 2), S. 87 ff.) §§ 2 I, III, 8, 11, 12, 25-29 참조.

110) 제1 초안 § 12 Nr. 5.

111) Staat, Recht und Freiheit (aaO Fn. 5), S. 379에서의 보고서.

112) Huber (aaO Fn. 22) Bd. 5, S. 1196 f.에서의 칭찬을 참조. Gillessen (aaO Fn. 2), S 163 ff. 또한 특히 Preuß, Artikel 18 der Reichsverfassung, 1922. 나아가 ders., Reich und Länder, 1928, S. 154 ff. 바이마르 시대의 새로운 재편성의 시도가 기본적으로 성공하지 못했던 것과 마찬가지로 특히 프로이센 문제는 미해결 그대로이다.

놓인 것이나 프로이센 지방(Provinz) (바이마르 헌법 제63조 1항 2문)에 유리한 특별한
결정이 내려졌음에도 불구하고, 제방의 대표로서의 라이히의 기관이며, 제2원은 아니었
던 것이다.113) 그러므로 그 핵심 부분에서 프로이스는 부분적인 성공을 거두면서도
대폭적인 후퇴에 타협하지 않을 수 없고, 이것이 현재까지 독일의 헌법상황을 특징지우게
된다. 물론 이것은 프로이센의 종말을 통하여, 또한 바이마르 시대와 비교하여 난폭한
1945년 이후의 재편성에 의해서 완화되기는 하였지만 말이다.

  둘째로, 바이마르 헌법을 프로이스 초안과 비교해 보면 초안에서는 당초 상세하게
규정되었던 제2부 기본권의 의미가 주의를 끈다.114) 1917년의 제안에서 이미 「악평이
높은 '기본권'」을 단념하게 된 것과 마찬가지로, 기본권은 「오늘날에도 여전히 적절하지
않다」고 평가되고,115) 프로이스 초안에서도 기본권에 대해서는 거의 중요시되지 않았다.
특히 프리드리히 나우만(Friedrich Naumann)의 제안들116)에 의해서 논의가 수습되지
못하게 되었을 때 이로써 헌법제정을 지연시키지 않는 것이 프로이스의 주된 목표였
다.117) 프로이스에게는 1848년에 기본권에 관한 논의가 오래 끌었기 때문에 치명적으로
지연된 것을 반복하지 않도록 하는 것이 여하튼 중요하였다. 그러므로 바이마르 헌법
제2부의 중요성과 거기에 따르는 오늘날의 기본권해석의 발전은 프로이스와는 거의
관계가 없는 것이 확실하다. 그러나 그는 인민대표위원회가 기본권논쟁에 빠져들지
않도록 하는 데에 성공하였다. 그 점에서도 프로이스가 가결된 조문에 반대한다고는
말할 수 없다. 다만, 그는 영방군주에 의한 공용징수에 관한 논의에 대해서 국민국가체제에
대한 반론으로서 기본권을 원용할 수 없는 것을 중요시하고 있었다.118)

  셋째로, 프로이스는 제방원 문제가 일단 중단되었을 때 최고 국가기관과 그 권한들과의
관계에 관한 규율에 대해서 제1 초안에서는 거의 전면적으로 자신의 견해를 관철하였다.
확실히 다음과 같은 점에서 제1 초안과 다르다. 즉 제1 초안에서 예정하였던 제국의회와
제국대통령의 피선기간(제1 초안 제31조, 제62조)은 단축되고, 헌법 레퍼렌덤(제45조 2항
2문)이 삭제되고, 그 대신 보다 광범위한 인민입법의 형식이 예정되고,119) 제국의회에
의한 긴급명령의 추가적인 허가를 실효시키는 권리에로 완화하게 된다. 그러나 최고

---

113) 바이마르 헌법 제60조. Schefold, Der Bundesrat als konkordanzpolitisches Stabilisierungs-
    instrument, in: Stuby (Hrsg.), Föderalismus und Demokratie, 1992, S. 101 ff.
114) 제1 초안(aaO Fn. 97) 제18조부터 제23조까지는 부분적으로는 완성되지 못한 그대로였다. 제2
    초안(Triepel (aaO Fn. 97, Nr. 10)에서 이미 독립한 장을 가진 제18조부터 제29조까지 확장되고
    있다.
115) 라이히 헌법의 수정제안에 대해서는 Staat, Recht und Freiheit (aaO Fn. 5), S. 290 (300).
116) 이제는 E. R. Huber, Dokumente zur deutschen Verfassungsgeschichte, Bd. 4, 3. Aufl. 1992,
    Nr. 89, S. 91.
117) Mauersberg (aaO Fn. 2), S. 173.
118) 프로이스가 발간하지 않은 1923년 6월 23일의 의견서에 대해서는 Jung, Volksgesetzgebung Bd.
    1, Hamburg 1990, S. 548, 587에서 인용.
119) 제1 초안 제55조 3항과 비교하여 바이마르 헌법 제73조, 제74조를 참조. 다만, 국민입법의 거부에
    대해서 학설에서는 널리 논하였으나 프로이스는 거의 언급하지 아니한다.

라이히 기관의 기본구조는 그대로일 뿐만 아니라 비례대표선거에 의해서 선출된 제국의회, 국민에 의해서 직접 선출되는 라이히 대통령120)과, 대통령과는 달리 내각원리와 관할원리를 함께한 의회의 신임에서 독립한 라이히 내각이 유지되었다. 개별적인 규율에서도 예컨대 선거의 심사, 국사재판소, 의회의 조사위원회에 대해서는 프로이스의 초안에서는 그만큼 크게 개정되지 아니한다.

여기서 주목할 것은 인민투표에 의한 강력한 라이히 대통령을 선택한 것이다. 라이히 대통령은 프로이스가 주장하는 자치개념에는 적합하지 않으며, 특히 도시공직법상의 합의체인 시참사회에는 적합하지 않다. 그러나 이와는 반대로 프로이스의 헌법정책에 관한 저작은 군주국가로 향하고 있으며, 프로이스는 이에 대해서도 미국과 프랑스를 의식하고 있었다. 1890년의 제안121)에서부터 1917년 1월 27일의 황제탄생축제 강연122)을 거쳐 1917년 9월의 라이히 헌법과 프로이센 헌법의 수정123)에 대한 제안들에 이르기까지 단독의 국가지도자의 수용과 프로이센 통치의 합의제에 대한 비판은 계속하여 결정적인 요소였다. 프로이스가 혁명 이후에도 이와 같은 생각에서 떠나지 않았던 것은 분명하다.

이러한 사실에 란트들이 주권을 요구하는 걱정이 추가되었다. 즉 통일된 라이히의 권위를 란트에 대치시키는 것이 중요하였다.124) 그러므로 직접 인민이 선출하는 단독의 라이히 대통령을 선출하는 것은 프로이스의 사고과정에서 이미 이해할 수 있다. 적어도 12월의 협의에서 이미 로베르트 레즈로브(Robert Redslob)와 거기에 참가하고 있던 막스 베버가 주장한「진정한」의회주의와 총통을 선정하는 착상의 영향은 매우 중요하였다고 하겠다.125) 그 후 의회에 대해서 책임을 지는 정부와 아울러 거기에서 독립하고, 특별히 정통화 된, 즉 국민국가에서 국민에 의해서 직접 선출된 국가원수가 필요하였다. 프로이스는 그것에 관여하게 되었다.

---

120) 그때에 피선거권자는 10년 간 독일인이어야 한다는 요건은 삭제되었다. 누가 1919년에 이 의의를 예견하였을 것인가?

121) Preuß, Die Organisation der Reichsregierung und die Parteien, in: Staat, Recht und Freiheit (aaO Fn. 5), S. 172 ff. (186).

122) Preuß, Die Wandlungen des deutschen Kaisergedankens (aaO Fn. 5), S. 273 ff.

123) (AaO Fn. 5), S. 290 ff.

124) 1919년 1월 3일의 의견서에 대해서는 Staat, Recht und Freiheit (aaO Fn. 5), S. 368 (387 ff.). 초안의 근거에 대해서는 (aaO Fn. 5), S. 394 (416 ff.).

125) 이것과의 명확한 관련은 의견서(aaO Fn. 5), S. 387; Redslob, Die parlamentarische Regierung in ihren wahren und in ihrer unechten Form, 1918; Max Weber, Parlament und Regierung im neugeordneten Deutschland, 1917, in: ders., Gesammelte Politische Schriften, 1921, S. 126 ff.(주수만역, 신질서 독일에 있어서의 의회와 정부, 동인역, 『막스 베어버어의 정치사상』, 경희대출판부, 1982) 참조. Apelt (aaO Fn. 94), S. 57; Gillessen (aaO Fn. 2), S. 125 f.; Mauersberg (aaO Fn. 2), S. 78 참조.

VI. 비판 · 한계 · 의의

이와 같은 결정에 대한 비판은 1919년의 국민대표위원회에서는 여전히 미약하고
기껏해야 독립사회민주당이 명확히 한 긴급명령이 실제로 나온 것에 직면하여, 특히
1945년 이후의 논의에서 강력하게 되었다. 거기에서의 광범위한 논의를 본고에서 개별적
으로 다룰 수는 없으나,[126] 바이마르 공화국[127]이 좌절된 것에 대해서, 특히 외교정책이
나 경제와 같은 다른 근본적인 이유를 들 것도 없이 확실하였던 것은 1919년 체제가
엄격하게 심사에 합격하지 못했다는 사실이다. 그리고 프로이스가 주장한 비례대표선거
와 정부의 의회에 대한 책임의 구축, 의회의 해산과 긴급명령에 대해서 거의 무제한의
권한을 가지고 국민이 직접 선출하는 라이히 대통령과의 강력한 지위를 결부시킨 것도
그 일부에 기여한 것을 특히 프렝켈(Ernst Fraenkel)은 지적한다.[128] 그러한 한에서
프로이스 자신이 시대의 선행성을 만들고, 그 자신이 거기에 특징을 부여한 것이다.
국민국가나 선거권에서의 소수파보호, 장관책임제도, 국가지도자의 민주적 정통성과
같은 수십 년에 걸쳐 달성한 제도들은 이러한 요소가 지닌 효과에 대해서까지 충분히
고려하지 않고 그 희생을 지불하였다. 그 후 바이마르 시대에 결정된 체제에 대해서
1919년 당시부터 이미 있었던 영미와 프랑스로부터의 비판이 묵살된 것이 확인되고
있다.

나아가 또한 프로이스의 헌법제정에 대해서 저술한 책에서 그가 반복해서 지적해왔
음[129]에도 불구하고, 19세기 후반에 예고되고 바이마르 국민대표위원회의에서는 이미
있었던 정당국가의 리얼리티에까지 실제로 프로이스가 생각이 미쳤던 것을 지적하는
것은 거의 알 수 없다. 채택된 바이마르 헌법과 마찬가지로 프로이스 초안도 정당에
대해서는 침묵하고 있다. 그러므로 프로이스가 만약 국가의 이론적 근거에 대해서 현대의
다원론의 창시자로 파악하고 그리고 그에 따르는 커다란 존경과 평판을 기대하더라
도,[130] 정당국가의 리얼리티에 대한 이해나 거기에서 나오는 헌법상의 결론에 대해서는
그만큼 타당하지 않다. 이러한 문제는 프로이스가 사망한 직후 특히 하인리히 트리펠
(Heinrich Triepel)이나 게르하르트 라이프홀츠(Gerhard Leibholz)에 의해서 새롭게 정식
화되었다.[131] 그리고 프로이스는 실제로 비판을 하는 자보다도 강력하게 독일적으로

---

126) 전체 논의 대신에 K. D. Bracher, Die Auflösung der Weimarer Republik, 5. Aufl. 1971, S. 644
   ff.(이병련 · 이대헌 · 한운석 옮김,『바이마르 공화국의 해체』, 나남, 2011) 참조. 또한 특히 E. Fraenkel,
   Die repräsentative und die plebiszitäre Komponente im demokratischen Verfassungsstaat,
   1958, in: ders., Deutschland und die westlichen Demokratien (aaO Fn. 55), S. 153 (194 ff.).
127) 이에 대해서는 Apelt (aaO Fn. 94), S. 369 ff.; Huber, Deutsche Verfassungsgeschichte, Bd.
   7, 1984, S. 1266 ff.
128) (AaO Fn. 55), S. 194 ff.와 이하에 대해서도.
129) 특히 사회민주주의와 의회주의에 관한 논문들과 라이히 정부의 조직과 정당에 관한 Staat, Recht
   und Freiheit (aaO Fn. 5), S. 144 ff., 172 ff.에서.
130) 이것과 일치하는 것으로서 Lehnert, PVS 33 (1992), (39, 51 f.).
131) Triepel, Die Staatsverfassung und die politischen Parteien, 1928 (김효전 옮김, 헌법과 정당,

생각했기 때문에,132) 서유럽의 모범적인 예를 보지 못했거나 보려고 하지 않았다.

바이마르 헌법은 이렇게 본다면 프로이스가 전개해 온 여러 가지의 이론과 마찬가지로, 초기의 차별과 탄압에 대한 반작용으로서 나타나며, 그리고 그러므로 아마 어떤 점에서 보더라도 당시 대중민주주의가 가진 치명적일 정도로 해결불가능한 문제들에 대해서 계속적으로 견딜 수 있는 대답이 될 수는 없었다. 그러나 바이마르 헌법은 ― 프로이스 자신과 또한 그의 국가이론과 법이론에 관한 저작 덕분에 ― 독일의 자유주의적 국가제도 의 최량의 전통을 확인하였다.133) 나중에 다른 방향성으로 전개되고 있었다는 점에서 헌법사의 요소로서 바이마르 헌법은 고려에 넣지 않으면 안 된다. 나아가 후고 프로이스가 그처럼 빛나는, 그러나 또한 자주 그토록 고뇌하면서 전개한 이념과 논거와 경험에는 우리들의 헌법적 사고의 기본이 되고 견고한 기초에 불가결한 많은 것들이 속해 있는 것이다.

후고 프로이스의 저작

주요 저작

1. Gemeinde, Staat und Reich als Gebietskörperschaften: Versuch einer deutschen Staatskonstruktion auf Grundlage der Genossenschaftslehre, Berlin: Springer, 1889. Neudruck Aalen 1964.
2. Das städtische Amtsrecht in Preußen, Berlin 1902.
3. Über Organpersönlichkeit. Eine begriffskritische Studie, Schmollers Jahrbuch 26 (1902), 103.
4. Das Recht der städtischen Schulverwaltung in Preußen, Berlin 1905.
5. Die Entwicklung des deutschen Städtewesens, Bd. 1: Entwicklungsgeschichte der deutschen Städteverfassung, Leipzig: Teubner, 1906.
6. Selbstverwaltung, Gemeinde, Staat, Souveränität, in: Staatsrechtliche Abhandlungen: Festgabe für Paul Laband zum fünfzigsten Jahrestages der Doktor-Promotion, Bd. 2, Tübingen: Mohr, 1908, S. 197 ff.
7. Zur preußischen Verwaltungsreform. Denkschrift verfaßt im Auftrag der Ältesten der Kaufmannschaft von Berlin, Leipzig/Berlin 1910.

동인 옮김, 『독일 헌법학의 원천』, 산지니, 2018, 208-223면); Leibholz, Das Wesen der Repräsentation, 1929.
132) Preuß, Die "undeutsche" Reichsverfassung (1924), in: Staat, Recht und Freiheit (aaO Fn. 5), S. 473 ff.
133) Apelt (aaO Fn. 94), S. 423 f. 참조.

8. Die Lehre Gierkes und das Problem der preußischen Verwaltungsreform, Festgabe
   Otto von Gierke, Breslau 1910, Bd. 1, S. 245.

9. Das deutsche Volk und die Politik, Jena: Diederichs, 1915. 2. Aufl. 1916.

10. Deutschlands republikanische Reichsverfassung, Berlin 1921, 2. Aufl., Berlin: Neuer
    Staat, 1923.

11. Artikel 18 der Reichsverfassung, seine Entstehung und Bedeutung, Berlin 1922.

12. Um die Reichsverfassung von Weimar, Berlin: Mosse, 1924.

13. Staat, Recht und Freiheit: Aus 40 Jahren deutscher Politik und Geschichte, Mit einem
    Geleitwort von Theodor Heuss, Tübingen: Mohr, 1926 (Neudruck Hildesheim 1965).

14. Verfassungspolitische Entwicklung in Deutschland und Westeuropa. Historische
    Grundlegung zu einem Staatsrecht der Deutschen Republik. Aus dem Nachlaß.
    Herausgegeben und eingeleitet von Hedwig Hintze, Berlin: Heymanns 1927.

15. Reich und Länder: Bruchstücke eines Kommentars zur Verfassung des deutschen
    Reiches. Aus dem Nachlaß herausgegeben von Gerhard Anschütz, Berlin: Heymann,
    1928.

16. 전집 Hugo Preuss Gesammelte Schriften im Auftrag der Hugo-Preuss-Gesellschaft
    e. V. hrsg. von Detlef Lehnert und Christoph Müller, 5 Bde., Tübingen: Mohr
    2007-2015.
    Bd. 1: Politik und Gesellschaft im Kaiserreich, Lothar Albertin/Müller, Christoph,
    2007.
    Bd. 2: Öffentliches Recht und Rechtsphilosophie im Kaiserreich, hrsg. und eingeleitet
    von Dian Schefold, Chr. Müller, 2009.
    Bd. 3: Das Verfassungswerk von Weimar, hrsg. und eingeleitet von Detlef Lehnert,
    Chr. Müller, Dian Schefold, 2015.
    Bd. 4: Politik und Verfassung in der Weimarer Republik, 2008.
    Bd. 5: Kommunalwissenschaft und Kommunalpolitik, 2012.

저작 목록은 Gesammelte Schriften, Bd. 5, S. 853 ff.; H. Hintz (Hrsg.), Verfassungs-
politische Entwicklungen in Deutschland und Europa, 1927, S. 583-588; Staat, Recht
und Freiheit, 1926. Ndr. 1965.

1. 참고문헌

1. Bilfinger, Carl: Reich und Länder, in: Zeitschrift für Politik 19 (1929), S. 63 ff.
2. Caldwell, Peter C.: Hugo Preuss's Concept of the Volk: Critical Confusion or sophiscated

conception? in: University of Toronto Law Journal, Vol. 63, No. 3 (2013), p. 347-384.

3. Feder, Ernst: Hugo Preuss: Ein Lebensbild, Berlin: Hapke & Schmidt, 1926.

4. Flecker, Hans-Georg: Freiheit, Recht und Demokratie. Zum 125. Geburtstag des Staatsrechtler und Politikers Hugo Preuß, in: Liberal. 1985, 4. S. 85-91.

5. Gillessen, Günther: Hugo Preuss: Studien zur Ideen-und Verfassungsgeschichte der Weimarer Republik, Dissertation, Universität Freiburg, 1955.

6. Gillessen, Günther: Hugo Preuß. Studien zur Ideen-und Verfassungsgeschichte der Weimarer Republik, Berlin: Duncker & Humblot 2000.

7. Grassmann, Siegfried: Hugo Preuss und die deutsche Selbstverwaltung, Lübeck & Hamburg: Matthieson, 1965.

8. Green, Allen Taber: Hugo Preuß and the Weimarer Constitution, Dissertation, 1965.

9. Hamburger, Ernest: Hugo Preuss: Scholar and Statesman, in: Leo Baeck Institute, Yearbook 20 (1975), S. 179-206.

10. Hennig, Friedrich: Zum 120. Geburtstag von Hugo Preuß. Schöpfer der Weimarer Verfassung, in: Die Neue Bonner Depesche 1980, 11. S. 14-15.

11. Heuss, Theodor: Hugo Preuss, in: Hugo Preuss. Staat, Recht und Freiheit, Tübingen: Mohr, 1926, S. 1 ff.

12. Hintze, Hedwig: Hugo Preuss: Eine historisch-politische Charakteristik, in: Die Justiz, Bd. 2, Berlin: Rothschild, 1926-27, S. 223-237.

13. Kleinheyer, Gerd/Schröder, Jan: Deutsche Juristen aus fünf Jahrhunderten, 1976, 2. Aufl. 1983, S. 201-204.

14. Landau, Peter: Juristen jüdischer Herkunft im Kaiserreich und in der Weimarer Republik, Beck 2020. € 22

15. Lehnert, Detlev: Hugo Preuss als moderner Klassiker einer kritischen Theorie der verfaßten' Politik: Vom Souveränitätsproblem zum demokratischen Pluralismus, in: Politische Vierteljahresschrift, 33 (1992), S. 33 ff.

16. Lehnert, Detlev: Verfassungsdemokratie als Bürgergenossenschaft. Politisches Denken, Öffentliches Recht und Geschichtsdeutung bei Hugo Preuss - Beiträge zur demokratischen Institutionslehre in Deutschland, Baden-Baden: Nomos, 1998.

17. Mauersberg, Jasper: Ideen und Konzeption Hugo Preuss' für die Verfassung der deutschen Republik 1919 und ihre Durchsetzung im Verfassungswerk von Weimar, Frankfurt am Main: Peter Lang, 1991.

18. Müller, Christoph: Hugo Preuß, der Vater der Wemarer Verfassung. Ihre Grundlegung in der Gemeinde-Demokratie, Hamburg Europäische Verlagsanstalt 2022. €28

19. Müller, Christoph: Privat-Dozent Dr. Hugo Preuß, in: Stefan Grundmann u. a. (Hrsg.),

Festschrift 200 Jahre Juristische Fakultät der Humboldt Universität zu Berlin, Berlin: De Gruyter 2010, S. 701-731.

20. Schefold, Dian: Homogeneity in multilevel systems. Remarks on the topical interests of Hugo Preuss's among historical development, old analyses and new terminology, in: Journal of Constitutional History (Giornale di Storia Costituzionale), 2010, Issue 19, p. 141.

21. Schefold, Dian: Hugo Preuss (1860-1925): Von der Städtverfassug zur Staatsverfassung der Weimarer Republik, in: Heinrichs/Franzki/Schmalz/Stolleis (Hrsg.), Deutsche Juristen jüdischer Herkunft, München: C. H. Beck, 1993, S. 429-453.

22. Schmidt, Gustav: Hugo Preuss, in: Deutsche Historiker, Bd. 7. hrsg. von Hans-Ulrich Wehler, Göttingen: Vandenhoeck & Ruprecht, 1980, S. 55 ff.

23. Schmitt, Carl: Hugo Preuss: Sein Staatsbegriff und seine Stellung in der deutschen Staatslehre, Tübingen: Mohr, 1930. 34 S. (Recht und Staat in Geschichte und Gegenwart, Nr. 72). jetzt in ders., Der Hüter der Verfassung, 5. Aufl., Berlin: Duncker & Humblot, 2016, Anhang: S. 161-186. Eng. tr. Hugo Preuss: His Concept of the State and his position in German State Theory, in: History of Political Thought, v. 38. n. 2 (2017), pp. 345-370.

24. Schnur, Roman: Hugo Preuss und die Weimarer Republik. Erinnerungen an den Staatsrechtslehrer und Politiker, in: Neue Zürcher Zeitung, 1976. 187 von 13. 8. 76. S. 20.

25. Simons, Walter: Hugo Preuss, Berlin: Heymanns 1930. 148 S.

26. Stirk, Peter: Hugo Preuss, German Political Thought and the Weimar Constitution, in: History of Political Thought, v. 23. n. 3 (2002), pp. 497-516.

27. Voßkuhle, Andreas: Hugo Preuss als Vordenker einer Verfassungstheorie des Pluralismus, in: 100 Jahre Weimarer und Wiener Republik - Avantgard der Pluralismustheorien 2018, S. 39-56.

28. With, Hand de: Hugo Preuß zum Gedächtnis. Zu seinem 120. Geburtstag am 28. Oktober, in: Sozialdemokratischer Pressedienst 1980, 207. S. 2.

한국 문헌

1. 카를 슈미트, 김효전 옮김, 후고 프로이스 — 그 국가개념과 독일 국가학상의 지위, 동인 편역, 『헌법과 정치』(산지니, 2020).

2. 디안 쉐폴드, 김효전 옮김, 후고 프로이스 — 도시법제에서 바이마르 공화국 헌법으로, 『헌법학연구』 제25권 4호(2019), 265-305면. 또한 김효전 옮김, 『국가와 헌법』(산지니, 2024),

1245-1275면에도 수록.

3. 김효전, 독일의 공법학자들 (8),『동아법학』제20호(1996), 405-408면.

4. 칼 슈미트, 김효전 옮김, 후고 프로이스 ― 그 국가개념과 독일 국가학상의 지위,『정치신학외』 (법문사, 1988), 125-154면에 수록. 또한 김효전 편역,『헌법과 정치』(산지니, 2020), 231-248면에도 수록.

5. 칼 슈미트, 김효전 옮김, 후고 프로이스 ― 그 국가개념과 독일 국가학상의 지위,『법정논총』(동아 대) 제24집(1984), 19-39면.

일본 문헌

1. 諸岡慧人, 第二帝政期におけるフーゴー・プロイスの法理論と政治・社會・歷史觀察の連關 (1)(2)(3),『國家學會雜誌』제135권 제5・6호 (2022), 1-35면/제7・8호/제11・12호.

2. 初宿正典,『カール・シュミットと五人のユダヤ人法學者』(成文堂, 2016), 389-506면.

3. 遠藤泰弘, フーゴー・プロイスの國際秩序觀 直接公選大統領制構想の思想的前提,『政治思想 研究』제14호(2014). 同人, ヴァイマル憲法制定の審議過程におけるフーゴー・プロイス 直接公選大統領制をめぐって, 權左武志編,『ドイツ連邦主義の崩壊と再建: ヴァイマル共和 國から戰後ドイツへ』(岩波書店, 2015), 2면 이하.

4. 遠藤泰弘, フーゴー・プロイスとドイツ革命,『政治思想研究』제12호 (2014).

5. 武市周作譯, フーゴー・プロイス (1860-1925) 都市法制(Städtverfassung)からヴァイマル共 和國憲法へ, 森勇 監譯,『ユダヤ出自のドイツ法律家』(中央大學出版部, 2012), 649-682면.

6. 遠藤泰弘, 帝國 國家 ゲマンデ: フーゴー・プロイスの政治構想,『松山大學論集』제24권 1호 (2012).

7. 遠藤泰弘, オットー・ギールケとフーゴー・プロイス, 鈴木秀光ほか編,『法の流通』(慈學社, 2009).

8. 大野達司編,『主權のゆくえ―フーゴー・プロイスと民主主義の現在』(風行社, 2011).

9. 今野元, マックス・ヴェーバーとフーゴー・プロイス: ヴァイマル共和國制における連邦制 問題を中心として,『政治思想研究』제10호 (2010).

10. 平山令二, カール・シュミットとフーゴー・プロイス: ワイマール憲法と反ユダヤ主義,『中 央大學人文紀要』제56호 (2006).

11. 野村耕一, フーゴー・プロイスとプロイセン=ドイツの行政改革,『史林』제74권 1호 (1991), 1면.

12. 初宿正典, フーゴー・プロイスとヴァイマル憲法構想, 宮田光雄編,『ヴァイマル共和國の政 治思想』(創文社, 1988), 139면. 앞의 『カール・シュミットと五人のユダヤ人法學者』에 수록.

13. 鳥居喜代和, フーゴー・プロイスの憲法構想 ― ワイマル憲法制定期における法思想の一側 面,『立命館法學』제149호 (1980), 84면.

14. 鳥居喜代和, フーゴー・プロイスの主權槪念否認論とワイマル憲法(1) ― ワイマル憲法制定
      期における法思想の一斷面,『札幌學院法學』제1권 1호(1984), 113-128면.

15. 鳥居喜代和, フーゴー・プロイスの基本權理解に寄せて ― 法治國家から憲法裁判までの道
      程,『札幌商科大學論集』제34호(1983). 이상 鳥居 논문은 同『憲法的價値の創造 ― 生存權を
      中心として』(日本評論社, 2009)에 수록.

16. 若尾祐司, フーゴー・プロイス政治思想の一考察 ― 19世紀プロイセン・ドイツの立憲制と
      地方自治について,『琉大法學』제16권(1975), 25면.

17. 上原行雄譯, フーゴー・プロイス(1930年) ― その國家槪念およびドイツ國家學上の地位,
      淸水幾太郎責任編集 現代思想1『危機の政治理論』(ダイヤモンド社, 1973), 149-178면.

2. 바이마르 관련 참고문헌

바이마르 헌법과 공화국 역사에 관련하여 중요한 문헌을 열거하면 다음과 같다.

한국 문헌

1. 송석윤, 독일 바이마르헌법에서의 연방대통령 ― 바이마르헌법 제정 백주년을 즈음하여,『세계헌
      법연구』제28권 1호 (2022).

2. 김효전, 바이마르 헌법 100년을 맞이하여,『대한민국학술원통신』2019. 7. 1 (제312호).

3. 헤르만 헬러, 김효전 편역,『바이마르 헌법과 정치사상』(산지니, 2016). [헌법 전문, 858-885]

4. 김효전, 한국헌법과 바이마르 헌법,『공법연구』제14집(1986).

5. Horst Möller, 신종훈 옮김,『바이마르 미완성의 민주주의』(다해, 2015).

6. 칼 디트리히 브라허, 이병련・이대헌・한운석 옮김,『바이마르 공화국의 해체: 민주주의에서
      권력붕괴 문제에 관한 연구』(나남, 2011) 전3권.

7. 우디 그린버그, 이재욱 옮김,『바이마르의 세기』(회화나무, 2018).

8. 송석윤,『위기시대의 헌법학: 바이마르 헌법학이 본 정당과 단체』(정우사, 2002).

독일 문헌

헌법 원문은 Ernst Rudolf Huber (Hrsg.): Dokumente zur deutschen Verfassungsgeschichte,
Bd. 4: Deutsche Verfassungsdokumente 1919-1933. 3. Aufl. Kohlhammer, Stuttgart 1992.
S. 151-179.

1. Anschütz, Gerhard: Die Verfassung des Deutschen Reichs vom 11. August 1919.
      Kommentar. 14. Aufl. Berlin 1933. Nachdruck Darmstadt 1960.

2. Anschütz, Gerhard und Richard Thoma: Handbuch des deutschen Staatsrechts. 2 Bde.
      Tübingen 1930-1932. Nachdruck ebd. 1998.

3. Apelt, Willibalt: Geschichte der Weimarer Verfassung, 2. Aufl. C. H. Beck, München 1964.

4. Bracher, Karl Dietrich: Die Auflösung der Weimarer Republik. Eine Studie zum Problem des Machtsverfalls in der Demokratie, Ring-Verlag, Villingen 1955. Droste Taschenbücher Geschichte, Athenäum 1978.

5. Dreier, Horst; Christian Waldhoff (Hrsg.): Das Wagnis der Demokratie. Eine Anatomie der Weimarer Reichsverfassung, C. H. Beck, München 2018.

6. Dreyer, Michael; Braune, Andreas: Die Weimarer Republik, Erfurt: Landeszentrale für politische Bildung Thüringen, 2019.

7. Fabio, Udo Di: Die Weimarer Verfassung. Aufbruch und Scheitern, C. H. Beck, München 2018.

8. Gusy, Christoph: 100 Jahre Weimarer Verfassung: Eine gute Verfassung in schlechter Zeit, Mohr Siebeck, Tübingen 2018.

9. Gusy, Christoph: Ooyen, Robert Christian van, Wassermann, Hendrik: 100 Jahre Weimarer und Wiener Republik. Avangarde der Pluralismustheorie, Duncker & Humblot, Berlin 2018.

10. Gusy, Christoph (Hrsg.): Demokratisches Denken in der Weimarer Republik, Baden-Baden 2000.

11. Gusy, Christoph: Die Weimarer Reichsverfassung, Mohr, Tübingen 1997.

12. Gusy, Christoph: Weimar - die wehrlose Republik? Verfassungsschutzrecht und Verfassugsschutz in der Weimarer Republik, Tübingen 1991.

13. Holste, Heiko: Warum Weimar? Wie Deutschlands erste Republik zu ihrem Geburtsort kam, Böhlau Verlag. Wien/Köln/Weimar 2018.

14. Huber, Ernst Rudolf (Hrsg.): Dokumente zur deutschen Verfassungsgeschichte. Bd. 4: Deutsche Verfassungsdokumente 1918-1933, 3. Aufl. Kohlhammer, Stuttgart 1992.

15. Huber, Ernst Rudolf: Deutsche Verfassungsgeschichte seit 1789. Bd. 5.: Die Weimarer Reichsverfassung, Kohlhammer, Stuttgart 1993.

16. Jellinek, Walter: Revolution und Reichsverfassung. Bericht über die Zeit vom 9. November 1918 bis 31. Dezember 1919, in: Jahrbuch des öffentlichen Rechtes der Gegenwart, Bd. 9 (1920), S. 1-128.

17. Kolb, Eberhard: Die Weimarer Republik, 6. Aufl. München 2002.

18. Kortum, Cläre und Willy Meerwald (Hrsg.): Schrifttum des geltenden Verfassungsrechts des Reichs und der Länder einschließlich der Freien Stadt Danzig, Berlin: Carl Heymanns Verlag, 1929. 116 S.

19. Kühne, Jörg-Detlef: Die Entstehung der Weimarer Reichsverfassung: Grundlagen

und anfängliche Geltung, Droste Verlag, Düsseldorf 2018.

20. Kurz, Achim: Demokratische Diktatur? Auslegung und Handhabung des Artikels 48 der Weimarer Verfassung 1919-1925, Berlin 1992.

21. Lehnert, Detlef: Die Weimarer Republik. Reclam Sachbuch, Stuttgart 1999. 2. Aufl., 2009.

22. Lehnert, Detlef: Die Weimarer Republik. Parteienstaat und Massengesellschaft, Stuttgart 1999.

23. Mai, Gunther: Die Weimarer Republik, C. H. Beck, München 2009.

24. Mommsen, Hans: Aufstieg und Untergang der Republik von Weimar 1918-1933, Berlin 1998.

25. Nipperdey, Hans Carl (Hrsg.): Die Grundrechte und Grundpflichten der Reichsverfassung. Kommentar zum zweiten Teil der Reichsverfassung, Berlin: Verlag von Reimar Hobbing, 1929. 3 Bde. Reprint Scriptor Verlag Kronberg/Ts. 1975.

26. Pauly, Walter: Grundrechtslaboratorium Weimar: Zur Entstehung des zweiten Hauptteils der Reichsverfassung vom 14. August 1919, Tübingen 2004.

27. Polzin, Wolfgang: Die Rezeption der Weimarer Reichsverfassung in der deutschen Tagespress, Jena 2017.

28. Preuß, Hugo: Reich und Länder. Bruchstücke eines Kommantars zur Verfassung des Deutschen Reiches. Hrsg. von Gerhard Anschütz, Berlin 1928.

29. Sontheimer, Kurt: Antidemokratishes Denken in der Weimarer Republik, Nymphenburger Verlagshandlung, München 1962. dtv 1978.

30. Stolleis, Michael: Geschichte des öffentlichen Rechts in Deutschland, C. H. Beck, München, Bd. II. 1992; Bd. III, 1999; Bd. IV, 2012.

31. Triepel, Heinrich: Quellensammlung zum Deutschen Reichsstaatsrecht, 5. Aufl. Tübingen 1931. - Neudr. Aalen 1987.

32. Voßkuhle, Andreas: Hugo Preuß als Vordenker einer Verfassungstheorie des Pluralismus, in: Christoph Gusy u.a., 100 Jahre Weimarer und Wiener Republik - Avantgarde der Pluralismustheorie, Duncker & Humblot, Berlin 2018. S. 39-56.

33. Winkler, Heinrich August: Weimar 1918-1933. Die Geschichte der ersten deutschen Demokratie, München 1993.

일본 문헌

1. 林健太郎, 『ワイマル共和國: ヒトラーを出現させたもの』, 1963 (中公新書 27).
2. クリストフ・グズィ, 原田武夫譯, 『ウァイマル憲法 ― 全體像と現實』(風行社, 2002).
3. Ch. ミュラー/I. シュタフ編著, 安世舟・山口利男編譯, 『ワイマール共和國の憲法狀況と國家

學- H. ヘラ, C. シュミット, H. ケルゼン間の論爭と共和國への影響』(未來社, 1989).

4. W. シュルフター著, 今井弘道譯, 『社會的法治國家への決斷 — H. ヘラ: ヴァイマール國家論 論爭と社會學』(風行社, 1991).

5. 池田浩士, 『ウァイマル憲法とヒトラー: 戰後民主主義からファシズムへ』(岩波書店, 2015).

6. 小林昭三, 『ワイマール共和制の成立』(成文堂, 1980).

7. 小林昭三, 『ワイマール大統領論共研究序説』(成文堂, 1964).

8. 平島健司, 『ワイマール共和國の崩壞』(東京大學出版會, 1991).

9. E. コルプ, 柴田敬二譯, 『ワイマール共和國史: 研究の現狀』(刀水書房, 1987).

10. カール・シュミット, 松島裕一譯, 『國民票決と國民發案: ワイマール憲法の解釋および直接 民主制に關する一考察』(作品社, 2018).

11. ライナー・ヴァール著, 石塚壯太郎譯, ワイマール憲法, 『憲法學の創造的展開』上卷, 戶波 江二先生古稀記念(信山社, 2017), 83-106면.

에리히 카우프만 (1880-1972)
시대 속에서, 그리고 시대를 초월한 법률가[*]

만프레드 프리드리히

《차 례》

세 권의 전집으로도 망라하지 못하고 테마라는 점에서도 광범하게 걸친 에리히 카우프만의 업적을 한마디로 정리하는 것은 매우 어려운데, 적어도 강령적인 표어라는 의미에서 더욱 그렇다. 그것은 여하튼 그의 업적의 커다란 특징으로서 다음 두 가지가 있다. 우선 먼저 첫째로 카우프만은 당시의 주요한 문제들에 대해서 객관적인 정열을 가지고 이론적으로 적절한 해결책을 제시하려고 하였으며, 둘째로 그의 업적은 특수한 문제의 상론에서도 본래의 방향을 제시하는 표식으로서 법에 있어서의 시간을 초월한 사고를 명확하게 제시한 것이다.

I. 1924년까지의 제2제정 시대에서의 출발점과 발전

그의 업적은 매우 다기하게 걸쳐 있으며 더구나 거기에서 서술하는 대부분은 여전히

---

[*] Manfred Friedrich, Erich Kaufmann (1880-1972) Jurist in der Zeit und jenseits der Zeiten, in: Helmut Heinrichs, Harald Franzki, Klaus Schmalz, Michael Stolleis (Hrsg.), Deutsche Juristen jüdischer Herkunft, C. H. Beck, München 1993, S. 693-704.

중요성을 상실하지 않고 있으므로, 이 초상화에서도 경력보다는 오히려 업적에 중점을
두어야 할 것인데 전기에 의해서 동시에 시대배경도 제시할 수 있다.

1. 1898년 젊은 에리히 카우프만은 — 그는 1880년 폼메른* 지방의 뎀민(Demmin)*에
서 변호사의 아들로서 태어나고, 곧 아버지의 일 관계로 베를린으로 이주하였다 —
문예사와 철학을 연구하기 위해서 — 더욱이 그는 입학 후 곧 법학연구에 몰두하였는데,
이 대담한 기도의 동기는 역시 강렬한 철학적 관심이었다 — 베를린대학에 입학한 때에
빌헬름 제정 독일은 이미 위기의 시대로 들어가고 있었는데 그것은 뚜렷하였다. 사회주의
운동은 이제 지배층을 두렵게 하고 대중적 정치운동으로 발전하고 있었는데, 황제 정부의
제국 의회에 대한 관계는 비스마르크 내각의 최후의 시기처럼 일촉즉발이라는 상황은
아니었으며, 또한 제국은 아직 외교적으로 고립한 것도 아니며 취소할 수 없는 모험에로의
길로 나아간 상황도 아니었다. 학문과 예술 분야에서는 제1차 세계대전 전의 시기에
지도적 역할을 담당하게 되는 새로운 여러 가지 시도는 아직 등장하지 않았으나, 원래
정신생활 분야 전체가 10년 후에 비하여 그만큼 다양하지는 않았다. 당시의 학문과
철학에 관한 시대를 규정한 조류는 관념론적 사변에 한계가 있는가 하는 문제로부터
학문적 인식이 정당한가의 여부가 확고한 방법이 있는가 하는 문제로 이행한 신칸트주의
였다. 젊은 카우프만은 그 자신이 말하는 바에 의하면, 서남 독일파의 신칸트주의의
영향을 받아서 하이델베르크대학과 프라이부르크대학에서도 배웠는데, 이미 1914년에
이전에 서남독일파의 신칸트주의에서 떠나고 있었다. 국법학자 중에서는 게오르크 옐리
네크(Georg Jellinek)가 이 입장에 친화적이었기 때문에,[1] 카우프만의『군주제원리의
국가론적 연구』(Studien zur Staatslehre des monarchischen Prinzips)라는 야심적인 처녀
작(1906년 할레대학 법학박사학위 논문)을 넓은 의미에서의 옐리네크 학파, 즉 근대 국가의
정신사적 연구로 자리매김하는 것도 가능할 것이다. (그러나) 옐리네크 업적 이상으로
또는 국법해석학을 순수하게 법적 개념에 근거하여 형성하려고 한 파울 라반트(Paul
Laband)의 실증주의 국법체계[2] 이상으로 카우프만 청년에게 커다란 영향을 준 것은
알베르트 해넬(Albert Hänel)과 오토 폰 기이르케(Otto von Gierke)의 저서와의 만남이며,
그들의 업적에 배움으로써 그는 국법상의 문제들에 현실의 생생한 연구, 특히 비교법적인
연구를 진척시켰다. 이러한 연구의 최초의 성과는『미합중국에서의 외교권과 식민지
지배권 — 미국 헌법과 독일 헌법의 기초의 비교법적 연구』(Auswärtige Gewalt und
Kolonialgewalt in Vereinigten Staaten von Amerika — Eine rechtsvergleichende Studie
über die Grundlagen des amerikanischen und deutschen Verfassungsrecht, 1908)이며,

---

1) 옐리네크에 관하여는 Martin J. Sattler, Georg Jellinek (1851-1911) Ein Leben für das öffentliches
   Recht, in: H. Heinrichs, H. Franzki, K. Schmalz, M. Stolleis (Hrsg.), in: Deutsche Juristen jüdischer
   Herkunft, München: C. H. Beck, 1993, S. 355-368 참조.
2) 라반트에 관하여는 Walter Pauly, Paul Laband (1838-1918) Staatsrechtslehre als Wissenschaft,
   in: Deutsche Juristen jüdischer Herkunft, S. 301-319 참조.

이 논문으로 카우프만은 1908년에 킬 대학에서 해넬의 비호도 있어서 교수취임자격이 인정되고, 1912년에는 이 대학 조교수가 되고, 1913년에는 쾨니히스베르크대학 정교수가 되었다.

카우프만은 이미 당초부터 공법연구에서 정치적 관점을 배제한다는 형식주의를 거부하였는데, 그렇지만 초기의 저작에서는 라반트의 전임자인 카를 프리드리히 폰 게르버(Carl Friedrich von Gerber)가 창시한 국법의 학문적 「구성」까지 부정한 것은 아니었다. 오히려 젊은 카우프만은 이것을 엄청나다고 해도 좋을 정도로 평가하고 있었다.3) 그러므로 군주제원리의 이론가인 프리드리히 율리우스 슈탈(Friedrich Julius Stahl)에 대한 박사학위논문도 역사연구를 의도한 것은 아니며, 제1차적으로는 「구성적 문제들의 추적」(Verfolgung von Konstruktionsproblemen)4)의 시도였다. 이 박사학위논문에서는 이 논문을 도입편으로서 근대 국가에 대한 이념사적 연구를 3권의 책으로 정리할 곳이 예고되었는데 슈탈의 국가론과 그 헌법사적 배경은 그 제1부에 불과하다. 이 초기의 시도와 이것에 이은 저작에서 법적 구성으로서 그가 이해한 것을 공리와 같은 원리로 오해해서는 안 된다. 카우프만이 그것으로 이해한 것은 어떤 법제도나 법사상의 특수한 의미는 고찰의 경계넘기(übergreifender Betrachtung)를 통해서만 파악이 가능하다는 발견적 원리였다. 그러므로 그의 학위논문의 제1차적 의도는 「시대의 기본적 성격」에서 생기며, 국법상의 여러 가지 형성물을 근거지우는 「형이상학적」 이념을 구체적인 법형식을 단지 그 반사물로 해소시켜 버리는 것이 아니라 전개하는 것이었다. 물론 박사논문에서는 이러한 장대한 구상은 슈탈 이론의 소개와 검토라는 형식으로 일부가 실현되었을 뿐이며, 그 후 곧 킬대학에서 실시한 「19세기 국가학에서의 유기체의 개념에 대해서」라는 제목의 교수취임 강연(1908)에 의해서 19세기의 국가사상에서부터 게르버에 이르는 국가사상이 일련의 흐름으로 정리되기에 이른다.

2. 1914년 이전에서의 그의 학문적 정점은 카우프만 저작 중에서는 헤이그에서의 강연을 제외하고, 『국제법의 본질과 사정변경의 원칙 —— 법, 국가 및 계약개념에 대한 법철학적 연구』(Das Wesen des Völkerrechts und die Clausula rebus sic stantibus —— Rechtsphilosophische Studie zum Rechts-, Staats-, und Vertragsbegriff, 1911)인데 가장 체계적으로 정리한 저서이며 논란도 많았다. 카우프만의 저작 중에서 이만큼 비판받은 것도 없으며, 국제법의 타당성의 포기까지도 그의 이론의 짐이 되었다. 재기로 가득 찬 이 저서에서 그는 국제법에 대한 연구만을 수행한 것은 아니며, 그랬더라면 비판자는 자신의 이의를 받아들이는 것도 가능했을지 모르지만 사법(私法)에 대해서도 연구하고

---

3) 1908년의 강연 「19세기 국가학에 있어서의 유기체의 개념에 대해서」(Über den Begriff des Organimus in de Staatslehre des 19. Jh.)에서는 게르버는 국법의 「구성」에 처음으로 성공했기 때문에 국법학사에서의 소진점으로 평가하고 있었다. 그러나 이미 1914년의 Verwaltung, Verwaltungsrecht (Schriften I, S. 139)에서는 게르버의 법개념을 엄격하게 비판하고 있다.

4) Schriften I, S. 5.

있었다. 즉 당시의 사법이론을 검토하면서 계약개념을 분석하고 그 분석을 출발점으로서 국제법에 있어서의 이 원칙의 존재를 긍정한 것이다. 많은 비판을 받은 이 저작의 핵심이 되는 명제에 의하면, 국가의 자기보존권이 국가 간의 법은 모두에 내재하는 한계이며, 그러므로 국제법상의 계약에는 모두 사정변경의 원칙이라는 성질이 내재하고 있다. 즉「국가간 계약에는 모두 대등관계의 법(Koordinationsrecht)의 계약으로서, 하나의 한계가 있다. 즉 국가간 계약이 구속력을 가질 것이며 또한 그렇게 요구할 수 있는 것은 계약이 체결된 시점에서 존재하고 있던 권력상황과 이익상황이 변화하고 계약의 본질적 부분이 계약체결국의 자기보존권과 모순되기에 이른다는 것이 아닌 한에서이다 」.5) 이처럼 권력국가적으로 울리는 명제는 국제법의 주체가 되는 국가에 대해서 자기의 역할을 동의(?)하는 것을 요구하지 않으며, 전쟁도 승리하는 한에서는 사회의 이상이라고 하여 카우프만이 전쟁을 장려한 것은 자주 비판을 받는데, 그러나 그럼에도 불구하고 법적 사고의 위험한 연화라고 비판할 수는 없다. 왜냐하면 이와 같은 빌헬름 제정의 국가권력을 전제로 한 실증주의를 비판하는 것은 쉽지만 그러나 카우프만의 윤리적 권력국가의 철학은 국제법의 적용영역 중 법의 구속을 받지 아니하는 영역을 만들어내려고 한 것이 아니고 오히려 이 원칙의 가치의 절상으로 이것을 피하려고 했다는 것은 부정할 수 없기 때문이다. 물론 그의 경우 국제법의 효력의 근거는 의론의 여지가 있는 법이론상의 기본 테제, 즉 종속관계의 법(Subordinationsrecht)와 대등관계의 법의, 전적으로 모순대립적 의미로 이해된, 대항관계라는 테제에 근거한 것이기는 하지만 말이다. 이리하여 그는 이에 대해서 국가질서 내부에서는 법적 구속력을 가진 행위의 근거는 모두 수권에 있다는 상정의 근거는 민주적이며 입헌국가적인 질서의 의미내용에서 구한다. 원칙 논문에서의 이와 같은 법이론상의 기본적 입장을 카우프만은 그 후에도 계속 유지하는데, 다른 한편 재기 넘치는 초기의 논고에 있어서의 사회철학적 기본사상은 그 후의 카우프만의 이론의 특징으로서는 한정적인 것에 그친다.

3. 원칙 논문보다도 더욱 실로 성과가 많은 것은 1914년까지의 시기에서의 최후의 저작, 즉 사전의 한 항목이지만 한 권의 책에 필적하는「행정, 행정법」(Verwaltung, Verwaltungsrecht, 1914)이다.6) 그 목적은 매우 독특하며 여전히 젊은 법학적 행정법학에 오토 마이어(Otto Mayer)의 지도에 의해서 제시된 것과는 다른 길을 보이며, 여하튼 거기에 인도하는 것, 그가 제시한 방향의 일면성을 극복하는 것이었다. 예컨대 이것은 다른 학자도 이미 비판했던 것인데「법학적 방법」을 지나치게 확장해서 행정법에 전용한 것, 그리고 이 방법에 근거하여「합리주의적인」프랑스 행정법의 형식들을 무비판적으로 받아들여 해석이론을 형성한 것이 그렇다.7) 물론 사전의 한 항목으로 마이어 행정법학에

---

5) Das Wesen des Völkerrechts und die Clausula rebus sic stantibus, 1911, S. 204.
6) In: Wörterbuch des Deutschen Staats-u. Verwaltungsrechts, begr. v. K. Frhr. v. Stengel, hrsg. v. M. Fleischmann, 2. Aufl. 1914, Bd. 3 (=Schriften I, S. 75 ff.).
7) 마이어의 업적의 평가에 대해서 상세한 것은 Verwaltungsarchiv, 1925에 게재된 카우프만에 의한 추도문

반대하는 이론을 상세하게 제시하는 것은 분량적으로 원래 불가능한 일이었지만 말이다. 그것은 여하튼 카우프만은 많은 점에서 독일의 행정제도들의 역사적 전개의 계통에 대해서 마이어도 또한 그의 법학적 행정법학과는 다른 기본적 입장에 선 학자들과도 다른 모습을 보여주었다. 입헌국가적 질서의 근본적인 문제들에 관하여 취한 명확한 입장을 카우프만은 1918년 이후에도 수정할 필요가 없었는데, 특히 헌법에 저촉되는 것이 아닌 입법권한이라는 의미에 있어서의 독립한 명령제정권의 부정이 그러하다.

II. 세계대전과 바이마르 민주주의

1. 최전선의 사관으로서 부상당하고 돌아온 제1차 세계대전은 그의 정신적 발전의 커다란 전기가 되었다. 그 이후 형식적 실증주의에 대한 거부는 명백하게 전투적 색채를 지니게 되었다. 그러나 세계대전의 종결로 그의 정치적, 국제법적 문제들에 대한 실천 활동에 의한 참가도 시작하였다. 그리고 마침내 전쟁과 종전의 첫 해가 그의 생활을 크게 바꾸었다. 즉 1917년에 카우프만은 베를린대학에 정교수로서 초빙되었다. 물론 그는 일찍부터 1920년에는 보다 평온한 일을 기대하고 ─ 그 기대에 어긋나지 않은 ─ 본대학으로 옮긴 것이다. 1927년 그는 외무부의 법률고문과 독일 제국의 소송대리인 이라는 그의 새로운 역할을 수행하기 위해서 베를린으로 돌아갔는데 그동안에도 베를린대학 명예교수 등의 형태로 교육에 종사하였다.

세계대전이 종반에 접어든 날들로부터 종전이 가까웠던 비스마르크 헌법체제를 옹호하는 헌법정책적 시도가 생겼다. 즉「제국헌법에 있어서의 비스마르크의 유산」(Bismarcks Erbe in der Reichsverfassung, 1917)이다. 민주주의와「서구적」이념에 대한 격렬한 반박에도 불구하고 이 전투적 논문을 독일의 대학교수가 행한 전쟁옹호 저작의 전형적인 예의 하나로 들 수는 없다. 물론 이 논문이 말하자면 최후의 순간까지 비의회제적 입헌주의를 ─ 더구나 이것은 카우프만의 명예가 되지 않는 것인데 ─「세계관적」인 이유를 들어 단호하게 지지한 논문인 것은 확실하지만 말이다. 이 논문의 의의는 그가 포기하지 않은 비스마르크의「유산」으로 본 비스마르크 헌법체제의 특별한 의미관련 내지 작용관계를 간결하고 명료하게 제시한 점에 있다. 이러한 의미관계를 보여주려고 의도한 헌법분석은 그 이전에는 없었던 것은 아니며 ─ 해넬과 하인리히 트리펠(Heinrich Triepel)의 업적, 특히 루돌프 스멘트(Rudolf Smend)에 의한 제국헌법에 있어서의「동맹적」교류권의 연구8)가 있다 ─ 그렇지만 역시 카우프만은 상술한 의도대로 비스마르크 헌법체제에 대한 이론적으로 정리한 독자적인 견해를 제시한다. 즉 그는 비스마르크 헌법에 고유한, 그러나 반드시 헌법규범에 의해서 규율된다고는 한정하지 않는「유기체적인 결합과

(Schriften I, S. 388 ff.) 참조.
8) Ungeschriebenes Verfassungsrecht im monarchischen Bundesstaat, Fest. O. Mayer, 1916.

분리」를 이 헌법의 핵심으로서 뚜렷하게 하였다. 그에 의하면 황제적이며 재상적인 부분과 연방참의원, 연방참의원에 의해서 제국재상에게 제방 정부의 통일성을 확립한다는 과제가 부여되고 있었는데, 이것들의 밀접한 결합이 제국의 연방제의 핵심부분이며, 그러므로 제국에 대해서는 의회제적인 정부는 물론인 것, 통상의 입헌적 정부조차도 기본적으로 불가능하다. 이 논문으로 의회제도입을 지지하는 막스 베버(Max Weber)의 논문 「신생 독일에 있어서의 의회와 정부」(Parlament und Regierung im neugeordneten Deutschland, 1917)* — 물론 이 논문은 프랑크푸르트 신문에 연재했던 논문을 정리한 것이며, 카우프만이 위의 논문을 집필한 때에는 발간되지 않았는데 — 이 논문과 정반대의 입장이 제시되었다. 카우프만에 의한 비스마르크 헌법체제의 헌법정책상의 지도사상의 명시에는 민주주의 진영에 의한 비스마르크 헌법체제의 변천을 과소평가한다는 문제는 있는 것, 독일적 「특질」9)이라는 내용 없는 상투어를 가진다는 것은 그것보다도 더욱 의문이다.

2. 제정의 붕괴와 혁명 후에 카우프만은 바로 여전히 반대하고 투쟁하였던 의회제를 받아들였을 뿐만 아니라 의회제를 강조한 헌법을 형성하기 위해서 적극적으로 활동하게 되었다.10)

두 개 논문이 공화국의 초창기부터 무조건 열거되어야 하는데, 그 까닭은 각각 새로운 테마에 대한 논의의 투입점을 제시하였기 때문이다. 즉 「조사위원회와 국사재판소」(Untersuchungsausschuß und Staatsgerichtshof, 1920)과 「프로이센과 제국에 있어서의 정부의 형성과 정당의 역할」(Die Regierungsbildung im Preußen und Reich und Rolle der Parteien, 1921)이다.11) 「조사위원회와 국사재판소」에서는 새 헌법의 위험에서 어려운 문제들이 검토되고 있으며, 새로운 정부의 형성이라는 문제에 대한 소론에서는 헌법사회학의 새로운 중심 문제, 즉 헌법규범에 의해서 규정되지 않고, 또한 규정할 수 없는 의회제 체제의 기능조건이라는 문제를 다루고 있다. 이 소론에 의해서 카우프만은 대전 이전에 여전히 무시되고 있던,12) 현실의 헌법생활을 형성하는 정치세력, 즉 정당의 분석에 편입할 결의를 제시한 것인데, 그 바로 직후에 카를 슈미트(Carl Schmitt)가 다른

9) 이것을 막스 베버는 Bismarcks Erbe in der Reichsverfassung의 서평(Gesammelte politische Schriften, 2. Aufl. 1958, S. 229 ff.)에서 신랄하게 비판한다.

10) 이에 대해서는 다음의 문헌을 참조. Grundfragen der künftigen Reichsverfassung (1919. Schriften I, S. 253 ff.), 아울러 카우프만이 그 작성에 결정적인 역할을 한 정당횡단적인 단체인 「법과 경제」의 헌법초안, 이 헌법초안은 새로운 정당의회정치를 강화하기 위해서 종래의 정부적 연방 참의원과는 단절한, 「의회의 한 원으로서의」 제방 의원이라는 생각을 「... 철저하게 관철하는」(카우프만) 것이었다. 이 헌법초안은 1919년에 베를린의 라이마르 호빙(Reimar Hobbing)사에서 출판되었다. 여기에는 카우프만의 해설이 첨부되어 있다. Recht und Wirtschaft 8 (1919), S. 46 ff.에 수록. 헌법초안 작성위원회, 트리펠도 이 위원회의 위원이었던, 의 설치에 대해서는 같은 책 S. 32 참조.

11) In: Die Westmark 1 (1921), S. 205-218 (=Schriften I, S. 374 ff.).

12) 제1차 세계대전 이전 시대에서의 예외는 Triepel, Staatsrechtliche und politische Studie: Unitarismus und Föderalismus im Deutschen Reiche, 1907.

관점, 즉 헌법이념과 헌법현실의 대립이라는 관점에서 이것을 수행하였다. 전쟁책임문제를 검토하기 위한 조사위원회의 설치를 국민회의가 결의한 것을 받아들여 작성한 논문에서는 이것도 또한 대전 전에는 거의 자각하지 못했던 문제, 즉 헌법에 있어서의 특별한 법학적 문제들을 논하고 있다. 카우프만의 저작 중 대부분을 차지하는 헌법해석론에서 그가 거둔 중요한 성과는 「형식의 남용」이라는 헌법 전체에 대해서 중심적 의의를 지닌 개념을 제시한 것이다. 이 개념이 표현하는 현상들은 대전 전의 형태로는 아주 도식적인 권력분할 사고 아래서는 주목할 만한 현상은 아니었다.

3. 「신칸트주의 법철학 비판」(Kritik der neukantischen Rechtsphilosophie, 1921)은 아주 단기간이었던 본시대의 가장 주요한 성과였다고 한다. 이 논문은 카우프만의 정신적 발전에 있어서의 단절의 증거는 아니다. 왜냐하면 세계대전 이전 시대에 이미 그는 신칸트주의적 입장에서 떠났다는 것을 확인할 수 있기 때문이다. 정당하게는 이 논문은 그의 활동의 거의 중간점, 즉 그때까지의 활동 노선의 도달점인 동시에 새로운 그것의 출발점이기도 한 업적이다.

「비판」 논문의 내용을 여기서 검토할 수는 없다. 그러나 카우프만의 정신적 발전에 있어서의 이 논문이 가지는 의의와 그 정신사적인 위치에 대해서 여기서 약간 서술하기로 한다.

「비판」 논문의 격렬한 논조는 이 논문에는 자기비판이라는 의미도 있었다는 것에서 유래한다. 비판의 대상이 된 여러 가지 입장을 「신칸트주의」라는 애매하고 파악하기 어려운 넓은 개념으로 다루는 것이 타당한가의 여부를 의문시하는 것은 가능하지만, 그러나 그것은 여하튼 카우프만은 그럼으로써 매우 다양한 입장을 거의 무리하게 하나의 전선으로 정리하였다. 「비판」 논문의 공격 방향이 문제가 되진 않았다. 즉 카우프만은 동시대의 법학 적어도 독일의 법학에서, 여전히 지배적이었던 경향, 즉 「내용이 공허한」, 현실을 보지 못하는(anschauungslosen), 그 때문에 항상 방향을 가리키지도 못하고 책임을 지지도 못하게 된 사고에 반대한 것이다. 카우프만은 신칸트주의 철학을 이러한 태도의 양아버지라고 생각하였는데 이 점은 그에게 동의할 수 있다. 그는 「전체」, 즉 형이상학의 문제들로 축소된 칸트(Kant)의 이론을 신칸트주의 철학과 대립하는 것으로서 자리매김하였다.

「비판」 논문은 학파나 새로운 사상을 수립하지는 않았으나 학문의 기본적 입장을 크게 변화하는 데에 공헌하였다. 이 논문은 학문상의 새로운 활동의 싹이 성장하기 위하여 필요한 편견 없는 논의 환경을 만드는 데 매우 크게 기여하였다. 감동적으로 스멘트는 이러한 공헌을 다음과 같이 확인하고 있다. 즉 「그러나 그 역사적 효과에 우리들은 오늘날에도 여전히 감사하지 않으면 안 된다. 왜냐하면 우리들은 현재에도 여전히 실증주의가 우리들을 인도한 사막에서, 신칸트주의에 의해서 설치된 울타리 속에서, 이 강제수용소에서 탈출하려는 자에게는 학문상의 명예를 자동적으로 상실한다는 형벌이 부과된다는 상황에 서있기 때문이다. 따라서 그러한 상황은 현재 존재하지 않으며, 우리들의 세대는 동일한 생각을 가지지 않는 한 해방의 프로그램적 표현을 발견한 것이다......」.[13]

4. 새로운 학문상의 물가로 향하는 1920년대의 운동에 카우프만은 한정적으로만 참가할 수 있었던 것은 아니다. 즉 「비판」 논문을 발표한 1년 후인 1922년부터 그는 법적 실천 활동을 시작하였다. 이것은 나치에 의한 권력장악으로 갑자기 종말을 맞이한 후 1950년부터 1958년까지 그는 연방수상과 외무부의 법률고문으로서 법적 실천활동에 제휴하였다. 외무부의 법률고문으로서의 활동의 일부에 대해서는 파르취(K. J. Partsch)*에 의해서 구체적으로 검증되고 있는데, 관직의 피라미드에 편입되지 아니한 법률고문이라는 특별한 지위라는 것도 있고, 이에 대응하는 1933년 이전의 활동에 대해서는 상세하지 않다. 바이마르 국가를 위한 카우프만의 실천활동의 대상은 당초에는 독일과 동방의 인접 국가 특히 폴란드와 체코슬로바키아와의 법적 문제에 한정되었는데, 도즈안*을 받아들인 후에는 다른 국가들과의 관계에 있어서의 문제들에도 확대되었다. 역할과 과제라는 점에서는 이 새로운 활동은 다방면에 걸쳐서 또한 많은 노고를 필요로 하였다. 즉 카우프만은 감정인인 동시에 법적 조언자이기도 하였다. 그는 조약교섭의 준비를 하고, 교섭에도 참가하였다. 그는 정부의 대리인 또는 정당의 대리인으로서 혼합중재재판소에 나타났다. 마침내 그는 헤이그 국제사법재판소에서, 제국 나아가서는 오스트리아나 단치히의 대리인을 역임하였다.

이러한 새로운 과제는 그의 학문적 활동을 정리하는 것을 방해할 정도로 많은 노력을 요구하였다. 그러므로 카우프만은 「비판」 논문 이래 1933년 이전의 시기에는 새로운 학문상의 뚜렷한 성과를 낼 수 없었으나, 이것이 카우프만의 이념의 수용에 불리하게 작용한 것은 부인할 수 없다. 그러나 그럼에도 불구하고 그는 국법학의 새로운 근거의 논의에 가담하고 논의의 방향 설정에 공헌하였다. 즉 1926년의 뮌스터 국법학자대회에서의 「라이히 헌법 제109조의 의미에 있어서의 법률 앞의 평등」(Die Gleichheit vor dem Gesetz im Sinne des Art. 109 der Reichsverfassung)이란 제목의 보고와 1931년의 「국민의 사의 문제성에 대해서」(Zur Problematik des Volkswillens)라는 제목의 강연을 하였다.

뮌스터에서의 평등에 대한 신앙고백 같은 보고와 그 명제들에 대한 비판이 바이마르 국법학을 근거지우는 논쟁을 분명히 야기하고, 「국민의사의 문제성에 대해서」란 제목의 강연이 그 후의 논쟁에서 지도적인 역할을 수행하고 있던 일정한 경향에 대한 반론이 되었다. 뮌스터의 보고는 평등조항을 입법자도 구속하는 자의의 금지조항으로 하는, 바이마르 시대에 등장한 평등조항의 새로운 해석을 제창한 보고만은 아니며 — 이미 가장 젊은 세대의 학자들이 「새 이론」을 만들어 내고 있었다 — 법철학상의 문제에까지 미치는 카우프만의 보고가 정당성을 부여한다는 형태로 이를 보조한 것은 과소평가할

---

13) Zu Erich Kaufmanns wissenschaftlichem Lebenswerk, Festg. E. Kaufmann, 1950, S. 395.

것이 아니다.

기본법 제정 이후에는 「새로운」 이론이 실정법으로 되었으므로 이 이론에 대한 1933년 이전과 그 후의 찬부의 논의를 설명할 필요는 없을 것이다. 카우프만은 그 당시 이미 입법자의 평등조항에 대한 구속을 자명한 요구로 하고 있었다. 거기에서 그의 보고의 중점은 법관의 위헌심사권과 관련된 헌법문제가 아니라 법관에 대한 윤리상의 요구에 두어지고 「정의란 무엇인가」를 직접 묻고, 그 구체적인 핵심은 열거할 수 없는 것, 그러나 자연법은 필요불가결하다는 것을 고백하게 되었다. 이 자연법에 대한 신앙고백은 뮌스터 에서 아주 겨우 지지만을 얻었을 뿐인데 아마 많은 자는 묵시적으로 이 신앙고백에 동의하고 있었다고 생각된다. 그러나 1945년부터 49년까지의 시기의 나중의 시대 전체에 서도 카우프만의 새로운 존재론적 법학에로의 전향은 그의 제도적 법사상을 수용하기 어려운 것으로 하였다.

그의 제도적 법이해의 요약적 설명을 카우프만은 「국민의사의 문제성에 대해서」에서 시도하였다. 이 강연에서 명백히 한 것은 그에게 뮌스터 보고의 의미에서의 일반적이며 실체적인 정의이론은 구체적 헌법이론을 결코 불필요하지 않다는 것이다. 물론 이 보고는 경험적이며 형이상학적이지만 민주적 헌법생활의 문제들과 과정들에 합치하도록 재단된 헌법이론의 일정한 기초적 범주를 제시하는데 그치는데, 그러나 이것들은 모든 정치적 공동생활과 모든 다방면에서 대표적인 의사형성의 본질과 구조의 법칙에서 도출된 것이 다. 카우프만은 그것들을 이렇게 구분한다. 즉 행동(Aktion), 시인(Approbation)과 거부 (Reprobation), 행동에 관한 협의(Deliberation), 시인 또는 거부에 관한 협의이다. 더욱 후에 영향력의 행사, 즉 권리와 의무가 첨가되었다. 이러한 범주의 유용성을 카우프만은 충실한 민주적 헌법생활을 형성하기 위한 조건들을 설명할 때에 다루었다. 특히 거부와 시인의 능력을 상실한 의회는 정부에 대한 영향력도 상실한다는 지적 등은 그 예이다. 그럼으로써 시사된 헌법이론은 스멘트의 통합이론의 의미에서의 정신과학적인 「영성 부여」(Spiritualisierung)에도, 또한 카를 슈미트의 결단주의에서와 같은 헌법문제와 헌법 내용의 「기회원인론적인」 상대화에도 반대하는 것이었다.

III. 제3제국과 그 후

1. 제3제국 시대에 카우프만은 실직을 경험하고 경찰의 감시 아래 놓인다는 굴욕을 맛보게 되며, 그리고 마침내는 1940년 이래 독일에 의해서 점령되고 있던 토지로 이주가 강요되었다. 1933년 1월 30일로써 법률고문으로서의 직이 해임되고, 1934년에 카우프 만은 바로 그가 처음으로 얻은 직무인 베를린대학 정교수의 지위도 추방되었다. 독재자의 억압 아래서도 당초는 여전히 약간의 학문적 활동을 하는 것이 가능하였다. 거기에서 1934년부터 — 역시 이것도 금지되기까지는 — 그는 베를린의 니콜라제에 있었던

자택에서 「니콜라제 세미나」(Nikolasseer Seminar)*라는 사숙을 열고 젊은 사람들에게 법과 국가의 기본문제를 가르쳤다.14)

그러나 이른바 「제국 수정의 밤」*은 카우프만 부부가 더 이상 독일에 머무는 것을 불가능하게 하였다. 그러나 그는 ─ 이것은 제3제국에 대한 정신적 독립을 지키기 위한 또 하나의 다른 가능한 길이었는데 ─ 자신의 외국과의 접촉을 활용하여 자기의 학문적 활동의 성과를 외국에서 출판하였다. 그리하여 1935년 여름에 헤이그 국제법 아카데미에서 행한 「평화의 법의 일반원리」(Règles générales du Droit de la Paix)라는 제목의 강연, 이것은 아마 그의 가장 체계적인 저작이며, 이 강연은 국제법 아카데미에서 1936년에 출판되었다. 이 강연은 국가와 법이념, 평등조항에 대한 보고에서 이미 시사되고 있던 정의의 형식들, 인간의 공동생활의 제도 그리고 「보편적 법」이라는 법학의 오래된 문제 등에 대한 카우프만의 생각을 보여주는 파노라마이며 원칙논문과 아울러 그의 법이론을 알기 위한 가장 중요한 원천이다.

2. 1946년 카우프만이 망명지인 네덜란드에서 독일로 돌아왔을 때 그는 낙담하지 않고 재건할 준비가 되어 있었다. 먼저 그는 ─ 1950년의 퇴직까지 계속했는데 ─ 뮌스터대학의 정규의 강좌의 담당을 인수하고 나아가 이 대학에서 국제법에 관한 조직의 장이나 법대학장도 역임하였다. 그 후 1958년까지 연방수상과 외무부의 법률고문과 본대학 명예교수(강의 담당)를 겸하였다. 그리고 1963년까지 일종의 준 공직에도 활동하고 있었다. 즉 푸르 르 메리트 훈장* 수장자회의 회장(Kanzler des Ordens Pour le mérite)을 지내기도 했다. 그 후 고령이 되어서도 그는 1972년에 카를스루헤에서 사망하기 까지 학문 활동에 활발하게 참가하고, 국법학자대회에 출석한 때 등에 정신활동의 왕성함과 후진의 연구에 대한 높은 관심을 보여주었다.

1945년 이후의 저작도 중요하지 않은 것은 아니다. 확실히 커다란 저작은 아니지만 테마의 광범성은 그 이전에 비해서도 손색이 없다. 특히 다음의 저작은 열거할 가치가 높다. 「점령하에서의 독일의 법적 지위」(Deutschlands Rechtslage unter der Besatzung, 1948)이다. 이 논문에 제시된 독일의 권리능력과 행위능력의 준별이라는 견해, 무조건 항복 이후의 독일의 국법상・국제법상의 지위를 이른 시기에 해명하고, 또한 독일 연방공화국에로 가는 길에서 서방측 연합국 국가들에 대한 독일의 입장을 확인할 때에 중요한 도움이 되었다. 나아가 뮌헨의 국법학자대회에서의 「헌법재판의 한계」(Grenzen der Verfassungsgerichtsbarkeit)에 대한 보고(1950)와 스멘트의 기념논문집에 기고한 논문인 「국가이론의 인류학적 근거 ─ 루소, 루터 그리고 칸트에 대한 논평」(Die anthropologischen Grundlagen der Staatstheorien ─ Bemerkungen zu Rousseau, Luther und Kant, 1952)에도 언급할 필요가 있을 것이다. 뮌헨에서의 보고는 헌법재판에 본질적으로 내재하

---

14) 이에 대해서는 사가판의 회상록인 Nikolassee Kreis (Hrsg.), Ansprachen zum 80. Geburtstag von ERICH KAUFMANN am 21. September 1960 in Heidelberg 참조.

는 한계, 즉 헌법재판은 정치적인 결정을 할 수 없다는 것에 대해서 검토한 보고인데, 추상적인 내용 공허한 정식만을 제시하지 않도록 하기 위해서 구체적인 예를 들면서 이 오해되는 원칙에 대해서 논하며, 다면적인 관찰과 사고에 의해서 독일에 대해서 최초의 독자적인 양식이 된 헌법재판의 과제를 이해하는 계기가 되었다. 루소, 루터 그리고 칸트의 국가이론에 관한 개관적인 논문은 ― 이러한 문제 관심은 1952년 당시에는 전적으로 유행이 되지는 않았는데 ― 정치이론에 있어서의 「인간상」을 묻는 논문이며, 칸트의 법이론과 그의 「영원한 평화를 위하여」*라는 논문의 해석 ― 그것은 「신칸트주의 법철학 비판」에서 묘사한 법사상가로서의 칸트상을 다시 조탁한 것인데 ― 그것들의 해석이 이 논문의 정점이 되고 있다.

IV. 독일 법학에서의 고전파인가?

　일반적으로 에리히 카우프만은 독일 법학에 있어서의 「고전파」의 한 사람으로 열거하는 데 그것은 아마 허용될 것이다. 물론 그는 결코 통상의 의미에 있어서의 고전파는 아니지만 말이다. 고전파라는 말을 자기의 견해를 커다란 한 권 또는 여러 권의 체계적 저서로 정리하는 자로 이해한다면, 카우프만에게는 헤이그에서의 강연을 제외하고, 그러한 저서는 없기 때문에 고전파라고 부르는 데에는 적합하지 않다. 또한 개별적인 학문에서 오랫동안 모범이 된 이론 또는 개념을 창조한 자를 고전파라고 부르는 경우에도 카우프만을 고전파라고 부를 수는 없다. 물론 그의 덕택으로 학계의 공유재산이 된 조형적인 개념들은 있다. 형식의 남용이 그러하며, 시인과 거부라는 개념도 그렇다. 그러나 아마 이러한 개념은 그의 이름으로 뒤덮이지는 않았으며, 아마도 그의 학문의 본질적인 중점을 보여주는 개념도 아닐 것이다.

　그렇지만 고전파라고 부르기에 적합한 특징을 카우프만의 업적이 갖춘 것은 부정할 수 없다. 무엇보다도 이것을 정당화하는 것은 그의 많은 일에 있어서의 역사·철학·공법 나아가서는 사법까지도 함께 아울러 충분하게 마스터하고 사용한 성과로 가득 차 있다. 그 위에 카우프만의 소품은 아주 짧은 문장으로 문제의 핵심을 파악한 점과 그리고 형식은 아주 천편일률적인 것이 아니라 문제의 전개에 의해서 필요하게 된 경우에, 또한 그 경우에 한하여 고찰의 지평을 변경한다는 점에서 매력이 있다. 카우프만은 문장의 완성도의 저열함이 지적되는 일이 많은 것, 그의 핵심이 되는 전문 분야, 즉 국법에 대한 문체의 변화에 그의 문장이 영향을 미친 것이다. 그렇다면 아마 그 요인의 대부분은 그가 제시한 테제나 개념 등 저작의 결론보다도 논의 방법의 청신함에 있을 것이다. 그가 다룬 테마의 광범위함은 오늘날에는 한 사람의 공법학자가 달성하기에는 거의 불가능하다고 할 정도이다. 그의 특징적인 논의 방법 때문에 그는 19세기의 법실증주의에 의해서 특히 헌법과 헌법적 사고에 강요된 사고의 분할과 정체를 그 이전이나 동시대의 누구보다도 근본적으로 극복하였다고 할 수 있다. 예컨대 외국 헌법을 연구 대상에 첨가하는 것은 이미 해넬의 저작의 특징이 되고 있었는데, 해넬의 경우에는 확실히 추상적이며 무미건조하고 구상성이 결여되었다. 트리펠도 이미 외국 헌법의 경험을 유효하게 활용함에 있어서 탁월함을 보여주고 있었다. 그러나 트리펠은 제1차 세계대전 전의 자세를 대폭적으로 바꿀 수는 없었다. 스멘트의 『헌법과 실정헌법』 (Verfassung und Verfassungsrecht, 1928)과 이 책에서 전개한 통합이론까지는 하나의 협소한 분야만이 대상이 되고 있었다.

끝으로 카우프만이 국가와 법의 문제들을 반복하고 인간의 질서의 **윤리적** 근본문제에까지 소급하여 검토하였다는 점에서도 그의 저작은 고전이라고 부르지 않으면 안 된다. 상세하게 말하면, 여기서도 역시 19세기에 더욱 진전된 법사상의 형식화에로의 카우프만적인 반응 방법 때문이기 말이다. 즉 그는 인간 존재의 의미라는 문제에 성급하게 거슬러 올라가거나 주관적인 세계관 철학으로 도피하려고 하지는 않았다. 그는 정치철학의 고전만이 확고한 토대를 형성할 수 있다고 믿고 있었다. 그는 법률가가 어느 날엔가 조문 속에서 발견하지 못하는 초실정적인 생의 질서에 소급하지 않을 수 없게 된다는 것을 명언하였다. 그리고 이러한 그의 자세는 그가 포괄적인 전문적 연구의 권위이기 때문에 신뢰되었다. 물론 인간 존재의 구조법칙에로의 방향전환은 ── 그것은 1918년 이후 폭 넓게 영향을 미친 존재론에 있어서 그것과는 다른 것인데 지지자를 얻지 못했지만 말이다. 아마 새로운 헌법사상의 발전에 보다 많은 공헌을 한 것은 카우프만의 사회학적이며 기능적 헌법이해일 것이다. 그러나 그는 헌법에서도 또한 연방공화국에 있어서의 출발을 그도 적극적으로 지원한 정치학에서도 학파를 형성하지 못하였다. (이상 본고는 Der Staat 26 (1987), S. 213-249를 가필한 것이다).

카우프만의 저작목록과 참고문헌

1. 저작 목록

1. Studien zur Staatslehre des monarchischen Prinzips (Einleitung; die historischen und philosophischen Grundlagen), Diss. Halle, 1906.

2. Auswärtige Gewalt und Kolonialgewalt in den Vereinigten Staaten von Amerika. Eine rechtsvergleichende Studie über die Grundlagen des amerikanischen und deutschen Verfassungsrechts, 1908.

3. Das Wesen des Völkerrechts und die Clausula rebus sic stantibus. Rechtsphilosophische Studie zum Rechts-, Staats- und Vertragsbegriffe, Tübingen: J. C. B. Mohr, 1911. Neudruck Aalen: Scientia 1964.

4. Verwaltung, Verwaltungsrecht, in: Wörterbuch des deutschen Staats-und Verwaltungsrechts, begr. von Karl Freiherrn v. Stengel, hrsg. von Max Fleischmann, 2. Aufl. 1914, Bd. III, S. 688-718.

5. Bismarcks Erbe in der Reichsverfassung, 1917.

6. Untersuchungsausschuß und Staatsgerichtshof, 1920.

7. Kritik der neukantischen Rechtsphilosophie - eine Betrachtung über die Beziehungen zwischen Philosophie und Rechtswissenschaft, 1921.

8. Die Gleichheit vor dem Gesetz im Sinne des Art. 109 der Reichsverfassung, in: VVDStRL 3 (1927), S. 2-24.

9. Zur Problematik des Volkswillens, 1931.

10. Règles générales du Droit de la Paix, in: Recueil des Cours - Académie de Droit international 1935, IV, Tome 54 de la Collection, Paris 1936, S. 309-620.

11. Deutschlands Rechtslage unter Besatzung, 1948.

12. Die Grenzen der Verfassungsgerichtsbarkeit, in: VVDStRL 9 (1952), S. 1-16.

2. 전집 내용

카우프만의 저작은 "Auswärtige Gewalt und Kolonialgewalt in den Vereinigten Staaten von Amerika" (1908)을 제외하고 1960년 80세 생일을 맞이하여 다음의 3권으로 전집이 발간되었다.

Erich Kaufmann Gesammelte Schriften zum achtzigsten Geburtstag des Verfassers am 21. September 1960. Herausgegeben von A. H. van Scherpenberg · W. Strauss · E. Kordt · F. A. Frh. v. d. Heydte · H. Mosler · K. J. Partsch, Göttingen: Otto Schwarts & Co., 1960. 3 Bde.

Bd. I. Autorität und Freiheit. Von der konstitutionellen Monarchie bis zur Bonner parlamentarischen Demokratie.

1. Studien zur Staatslehre des monarchischen Prinzipes (Einleitung; die historischen und philosophischen Grundlagen)(1906)

2. Kirchenrechtliche Bemerkungen über die Entstehung des Begriffes der Landeskirche (1911)

3. Die Theorie der Koordination von Staat und Kirche (1911)

4. Verwaltung, Verwaltungsrecht (1914)

5. Bismarcks Erbe in der Reichsverfassung (1917)

5. Locarno (1925)

6. Der Begriff der Liquidation im Liquidationsregime des Versailler Vertrages und des deutsch-polischen Abkommens über Oberschlesien (1926)

7. Souveränitätswechsel und Minderheitenschutz (1930)

8. Unanhängigkeit der Staaten und Zollunion (1931)

9. Der Völkerbund (1932)

10. Völkerrechtliche Autonomie und Staatensukzession — Die Okkupationskosten und die Militärrenten des Memelgebietes (1933)

11. Der österreichische-italienische Zollunionsplan von 1922 (1934)

12. Minderheitenschutz und Gleichheit der Staaten (1934)

13. La concurrence de titres juridictionnels — observations au sujet de l'arrêt de la Cour Permanente de Justice Internationale du 4 avril 1939 (1940)

14. Die Freilassung und Heimschaffung der deutschen Kriegsgefangenen in völkerrechtlicher Beleuchtung (1947)

15. Deutschlands Rechtslage unter Besatzung (1948)

16. Die völkerrechtlichen Grundlagen und Grenzen der Restitutionen (1949)

17. Völkerrechtliche Bemerkungen zu den allierten Entflechtungsgesetzten (1949)

18. Le contrôle politique des institutions européennes (1953)

19. Die Übertragung von Hoheitsrechten in der deutschen Verfassungsgeschichte des 19. Jahrhunderts (1953)

20. Die für die Aburteilung von "Kriegsverbrechen" eingesetzten Gerichtsbarkeiten und der Kontrollrat (1954)

21. Die Staatsangehörigkeit der Österreicher (1955)

22. Das "Verbrechen gegen den Frieden" (1957)

23. Die völkerrechtlichen Vorkriegsverträge (1958)

24. Traité international et loi interne (1958)

Schriftenverzeichnis

Bd. III. Rechtsidee und Recht — Rechtsphilosophische und ideengeschichtliche Bemühungen aus fünf Jahrzehnten

1. Friedrich Julius Stahl als Rechtsphilosoph des monarchischen Prinzipes (1906)

2. Über den Begriff des Organismus in der Staatslehre des 19. Jahrhunderts (1908)

3. Zur Philosophie des Privat-und Strafrechts (1911)

4. Über die konservative Partei und ihre Geschichte (1922)

5. Kritik der neukantischen Rechtsphilosophie — eine Betrachtung über die Beziehungen zwischen Philosophie und Rechtswissenschaft (1921)

6. Die Gleichheit vor dem Gesetz im Sinne des Art. 109 der Reichsverfassung (1927)

7. Juristische Relationsbegriffe und Dingbegriffe (1928)

8. Zur Problematik des Volkswillens (1931)

9. Hegels Rechtsphilosophie (1932)

10. Ideologie und Idee (1932)

11. Problem der internationalen Gerichtsbarkeit (1932)

12. Staat und Recht (1936)

13. Die anthropologischen Grundlagen der Staatstheorien — Bemerkungen zu Rousseau, Luther und Kant (1952)

14. Carl Schmitt und seine Schule — Offene Brief an Ernst Forsthoff (1955)

15. Max Huber — ein großer Rechtsgelehrter (1960)

2. 한일 문헌

1. 김효전, 독일의 공법학자들 (5), 『동아법학』 제17호(1994), 316-320면.

2. 만프레드 프리드리히, 김효전 옮김, 에리히 카우프만 (1880-192) — 시대 속에서, 그리고 시대를 초월한 법률가, 『유럽헌법연구』 제31호 (2019), 1-29면.(본서)

3. 初宿正典, カール・シュミットとエーリヒ・カウフマン, 『社會科學論集』(愛知教育大學) 제20호 (1981), 1-60면. 지금은 初宿正典, 『カール・シュミットと五人のユダヤ人法學者』(成文堂, 2016), 189-287면에 수록.

4. ヘルムート・ハインリッヒス 外著, 森勇 監譯, 『ユダヤ出自のドイツ法律家』(中央大學出版部, 2012), 1035-1052면 (日本比較法研究所飜譯叢書 62).

5. 三宅雄彦, 政治的體驗の概念と精神科學的方法(2) — スメント憲法理論再構成の試み, 『早稲田法學』 제74권 4호(1999), 677면 이하.

6. 西浦公, エーリヒ・カウフマンの憲法理論における人間像, 『岡山商大法學論叢』 제2호 (1994), 25-40면.

7. 古賀敬太, E. カウフマンの保守的政治思想, 京大政治思想史研究會編, 『現代民主主義と歷史意識』(ミネルヴァ書房, 1991), 220-246면.

8. 浜田純一, 制度概念における主觀性と客觀性, 現代憲法學研究會編, 小林直樹先生還曆記念 『現代國家と憲法の原理』(有斐閣, 1983), 485-528면.

9. 日比野勤, 實質的憲法理論の形成と統合理論 (1), 『國家學會雜誌』 제99권 9・10호 (1986), 1-41면.

10. 西浦公, カウフマンの憲法理論の基礎構造, 『法學雜誌』(大阪市立大學) 제24권 제3호 (1978),

317-354면.

3. 구미 문헌

1. Bauer, Wolfram: Wertrelativismus und Wertbestimmtheit im Kampf um die Weimarer Demokratie, Berlin: Duncker & Humblot, 1968.

2. Castrucci, Emanuele: Tra organicismo e 'Rechtsidee': Il pensiero giuridico di Erich Kaufmann. Per la storia del pensiero giuridico moderno, Edited by Emanule Castrucci, Milano: Giuffre, 1984.

3. Cloyd, D. Stephen: Weimar Republicanism: Political Sociology and Constitutional Law in Weimar Germany, Ph.D. diss. University of Rochester, 1991.

4. Degenhardt, Frank: Zwischen Machtstaat und Völkerbund. Erich Kaufmann 1880-1972, Baden-Baden: Nomos 2008 (Studien zur Geschichte des Völkerrechts, Bd. 16).

5. Freiherr von der Heydte, Friedrich August: Das rechtsphilosophische Anliegen Erich Kaufmanns. Versuch einer Deutung, in: Um Recht und Gerechtgkeit. Festgabe für Erich Kaufmann zu seinem 70. Geburtstage — 20. September 1950. hrsg. von Hermann Jahrreiss u.a., Stuttgart und Köln: W. Kohlhammer, 1950, S. 391-400.

6. Friedrich, Manfred: Erich Kaufmann, in: Der Staat, Bd. 26, Heft 2 (1987), S. 231-249.

7. Friedrich, Manfred: Erich Kaufmann (1880-1972). Jurist in der Zeit und jenseits der Zeiten, in: Heinrichs/Franzki/Schmalz/Stolleis (Hrsg.), Deutsche Juristen jüdischer Herkunft, München 1993, S. 693-704. (김효전 옮김)

8. Gräfin von Lösch, Anna-Maria: Der nackte Geist. Die Juristische Fakultät der Berliner Universität im Umbruch von 1933, Tübingen: Mohr Siebeck, 1999.

9. Hanke, Stefan und Daniel Kachel: Erich Kaufmann, in: Mathias Schmoeckel (Hrsg.), Die Juristen der Universität Bonn im "Dritten Reich", Köln u.a. 2004 (=Rechts-geschichtliche Schriften, 18), S. 387-424.

10. Heller, Hermann: Hegel und der nationale Machtstaatsgedanke in Deutschland: Ein Beitrag zur politischen Geistesgeschichte, Leipzig: Teubner 1921. in: Gesammelte Schriften, 2. Aufl., Hrsg. von Christoph Müller u.a., Tübingen: Mohr, 1992. 김효전 옮김, 헤겔과 독일에서의 국민적 권력국가사상, 동인 편역, 『바이마르 헌법과 정치사상』(산지니, 2016), 398-591면.

11. Korioth, Stefan: Erschütterungen des staatsrechtlichen Positivismus im ausgehenden Kaiserreich — Anmerkungen zu frühen Arbeiten von Carl Schmitt, Rudolf Smend und Erich Kaufmann, in: Archiv des öffentlichen Rechts, Bd. 117, Heft 2 (1992), S. 212-238.

12. Lerche, Peter: Erich Kaufmann †, in: Archiv des öffentlichen Rechts, Bd. 98 (1973), S. 115-118.

13. Lerche, Peter: Erich Kaufmann — Gelehrter und Patriot, in: P. Landau/H. Nehlsen (Hrsg.), Große jüdische Gelehrte an der Münchener Fakultät, 2001, S. 20-31.

14. Liermann, Hans: Kaufmann, Erich. in: Neue Deutsche Biographie (NDB), Bd. 11, Berlin: Duncker & Humblot, 1977, S. 349 f.

15. Lösch, Anna-Maria Gräfin von: Der nackte Geist. Die Juristische Fakultät der Berliner Universität im Umbruch von 1933, 1999.

16. Mosler, Hermann: Erich Kaufmann zum Gedächtnis, in: Zeitschrift für ausländisches öffentliches Recht und Völkerrecht (ZaöRV) 32 (1972), S. 235-238.

17. Partsch, Karl Josef: Erich Kaufmann, in: Juristen Zeitung, 28 (4) S. 133-134.

18. Partsch, Karl Josef: Der Rechtsberater der Auswärtigen Amtes 1950-1958 Erinnerungsblatt zum 90. Geburtstag von Erich Kaufmann, in: Zeitschrift für ausländisches öffentliches Recht und Völkerrecht (ZaöRV) 30 (1970), S. 223-236.

19. Paz, Reut Yael: Review Essay — Erich K. Before the Law: Reflections on Degenhardt's Study of Erich Kaufmann, in: German Law Journal, Vol. 11, No. 4 (2010), pp. 439-456.

20. Paz, Reut Yael: A gateway between a distant god and a cruel world [electronic resource]: the contribution of Jewish German-speaking scholars to international law, Leiden, Boston: M. Nijhoff Pub., 2013.

21. Quaritsch, Helmut: Eine sonderbare Beziehung: Carl Schmitt und Erich Kaufmann, in: M. Dreher (Hrsg.), Bürgersinn und staatliche Macht in Antike und Gegenwart. Festschrift für Wolfgang Schuller, 2000, S. 71-87.

22. Rennert, Klaus: Die "geisteswissenschaftliche Richtung" in der Staatslehre der Weimarer Republik. Untersuchungen zu Erich Kaufmann, Günther Holstein und Rudolf Smend, Berlin: Duncker & Humblot 1987. (Schriften zum Öffentlichen Recht, Bd. 518); zul. Diss., Univ. Freiburg, 1986.

23. Rozek, Jochen: Erich Kaufmann (1880-1972), in: Peter Häberle, Michael Kilian, Heinrich Wolff (Hrsg.), Staatsrechtslehrer des 20. Jahrhunderts. Deutschland-Österreich-Schweiz, Berlin/Boston: Walter de Gruyter, 2015, 2. Aufl. 2018, S. 263-280.

24. Séglard, Dominique: Présentation du juriste Erich Kaufmann (1880-1972), in: Cités, 2004, 17, pp. 149-152.

25. Six: Erich Kaufmann, in: Arthur Jacobson & Bernhard Schlink (eds.), Weimar. A Jurisprudence of Crisis. Berkeley, Los Angeles, London: University of California Press, 2002, pp. 189-206.

26. Smend, Rudolf: Die Vereinigung der Deutschen Staatsrechtslehrer und der Richtungsstreit, in: Festschrift für Ulrich Scheuner zum 70. Geburtstag, hrsg. von Horst Ehmke, Berlin: Duncker & Humblot, 1973.

27. Smend, Rudolf: Zu Erich Kaufmanns wissenschaftlichem Werke, in: Um Recht und Gerechtigkeit. Festgabe für Erich Kaufmann zu seinem 70. Geburtstage, Stuttgart und Köln: Kohlhammer, 1950, S. 391-400.

28. Um Recht und Gerechtigkeit. Festgabe für Erich Kaufmann zu seinem 70. Geburtstage, 21. September 1950, Stuttgart, 1950.

29. Wendenburg, Helge: Die Debatte um die Verfassungsgerichtsbarkeit und der Methodenstreit der Staatsrechtslehrer in der Weimarer Republik. Göttinger Rechtswissenschaftliche Studien, Bd. 128. Göttingen: Otto Schwartz, 1984.

루돌프 스멘트 (1882-1975)*

만프레드 프리드리히

    루돌프 스멘트의 일생의 학문적 연구는 이미 그의 생존 시와 그의 사후에 수없이 감동적으로 평가되었다.[1] 아래에서는 그의 연구를 망라적으로 다루지는 않는다. 이를 망라적으로 다룰 수도 없다. 국가학, 헌법이론과 국법이론에 기울인 스멘트의 연구의 일부에만 관심을 한정한다. 스멘트의 교회법적 연구는 함께 취급하지 않는다. 이를 평가하기 위해서는 필자의 능력이 부족하다. 그러나 스멘트의 역사 분야의 연구는 다음에 가볍게 다룰 것이다.

---

*   Manfred Friedrich, Rudolf Smend 1882-1975, in: Archiv des öffentlichen Rechts, Bd. 112, Heft 1. 1987, S. 1-24.

1) 인간과 저작에 관한 평가와 상세한 서술에 대해서는 완전하지는 않지만 시기적으로 열거하면 다음과 같다.* 즉 U. Scheuner, Rudolf Smend. Leben und Werk, in: Rechtsprobleme in Staat und Kirche (Festschr. f. Rudolf Smend zum 70. Geburtstag), Göttingen 1952, S. 433 ff.; K. Hesse, In memoriam Rudolf Smend, in: ZevKR 20 (1975), S. 337 ff.; A. Frhr. v. Campenhausen, Zum Tode von Rudolf Smend, in: JZ 1975, S. 621 ff.; P. Häberle, Zum Tode von Rudolf Smend, in: NJW 1975, S. 1874 f. (auch in ders., Verfassung als öffentlicher Prozeß, Berlin 1978, S. 685 ff.); H. Zwirner, Rudolf Smend †, in: DÖV 1976, S. 48; G. Leibholz, Rudolf Smend, in: In memoriam Rudolf Smend, Göttingen 1976 (Göttinger Universitätsreden 60); P. Badura, Staat, Recht und Verfassung in der Integrationslehre. Zum Tode von Rudolf Smend (15. Jan. 1882-5. Juli 1975), in: Der Staat 16 (1977), S. 305 ff.; E. R. Huber, Rudolf Smend, 15. Jan. 1882-5. Juli 1975, in: Jahrbuch der Akademie der Wissenschaften in Göttingen für das Jahr 1976, Göttingen 1977, S. 105 ff.; K.-H. Kästner, Rudolf Smend 1882-1975, in: F. Elsener (Hg.), Lebensbilder zur Geschichte der Tübinger Juristenfakultät, Tübingen 1977, S. 135 ff. ― 스멘트의 국가이론과 헌법이론에 관한 근래의 보다 방대한 해석들은 R. Bartlsperger, Die Integrationslehre Rudolf Smends als Grundlegung einer Staats-und Rechtstheorie, Diss. jur. Erlangen-Nürnberg 1964; M. H. Mols, Allgemeine Staatslehre oder politische Theorie? Untersuchungen zu ihrem Verhältnis am Beispiel der Integrationslehre Rudolf Smends, Berlin 1969; J. Poeschel, Anthropologische Voraussetzungen der Staatstheorie Rudolf Smends. Die elementaren Kategorien Leben und Leistung, Berlin 1978.

I.

카를 프리드리히 루돌프 스멘트(Carl Friedrich Rudolf Smend)는 1882년 1월 15일 바젤에서 구약학과 동양어 교수인 루돌프 스멘트(Rudolf Smend)와 그의 부인 헤드비히 (Hedwig)의 아들로 태어났다. 그의 부친은 1889년 괴팅겐으로 초빙되었기 때문에 스멘트 는 그곳에서 성장하였다. 여기서 그는 1900년까지 인문 고등학교를 다녔으며 공부를 계속하기 위해서 바젤, 베를린, 그리고 본으로 유학을 다녔으며 마지막에는 괴팅겐으로 돌아왔다.

스멘트의 학문적 출발점은 법제사와 헌법사였다. 여기에서 그는 처음에는 역사가로서 평판을 얻었으며 그의 포괄적인 소양을 위한 기초를 닦았다. 이 제1차의 연구시대는 벨기에 헌법전에 대한 프로이센 헌법전의 관계2)에 관하여 괴팅겐 대학에서 학위를 취득함으로써 시작하였는데, 카를 초이머(Karl Zeumer) 학파에서 발간한 제국 궁정재판소(Reichskammer- gericht)에 관한 논문에서 정점에 도달했다. 그리고 이 논문의 탁월한 제1부는 제국 궁정재판 소의 역사와 구성을 다루고 있다.3) 모든 계속적 연구의 토대가 된 이 꼼꼼한 작품의 발전과 완성을 스멘트는 후에 더 이상 결행할 수 없었다. 1900년경에는 현대적 공법 철학의 결여로 인하여 젊은 국가이론 및 법이론의 연구자에게는 법사와 헌법사에 관한 연구가 ─ 여기에 대하여 스멘트는 1911년에 튀빙겐 대학의 취임연설에서 지적했다 ─ 4) 특히 어울렸다. 「군주제원리의 국가론에 관한 연구」(1906)라는 제목의 에리히 카우프 만(Erich Kaufmann)의 이념사적인 노력도 이를 증명하는 것이다.

제국 궁정재판소에 관한 연구로서 스멘트는 1908년 킬 대학에서 알베르트 해넬(Albert Hänel)*의 지도 아래 교수자격을 취득했다. 이에 근거하여 1909년 조교수로서 그라이프 스발트*에 처음 초빙되었다. 1911년에는 정교수로서 튀빙겐에서, 1915년에는 본에서 초빙을 받았다. 그곳에서의 초빙을 스멘트는 프로이센 대학에서는 국가생활의 실제 문제를 비프로이센인으로서 접촉할 수 없다고 예상하여 마침내 받아들이지 않았다.5) 1922년부터 스멘트는 이미 1920년에 제안되었으나 그가 잠정적으로 거절한 베를린 대학에서 교직을 차지하고 있었다.6) 1935년에는 스멘트는 정치적 압력으로 괴팅겐에서 초빙을 받아 「시골」로 초빙에 응했다. 그럼에도 불구하고 그는 이를 유감으로 생각하지 않았다. 이 도시와 대학에 대한 지속적인 사랑으로 연결되어 그는 괴팅겐에서 일생

---

2) Die preußische Verfassungsurkunde im Vergleich mit der Belgischen. Eine von der Juristischen Fakultät der Universität Göttingen gekrönte Preisschrift in erweiterter Form, Göttingen 1904.

3) Das Reichskammergericht. Erster Teil. Geschichte und Verfassung (Quellen und Studien zur Verfassungsgeschichte des Deutschen Reiches in Mittelalter und Neuzeit, Bd. IV, H. 3), Weimar 1911.

4) Maßstäbe des parlamentarischen Wahlrechts in der deutschen Staatstheorie d. 19. Jhs., in: Staatsrechtliche Abhandlungen und andere Aufsätze, Berlin 1968², S. 37 (김승조 옮김, 『국가와 사회』, 교육과학사, 1994, 90-116면).

5) 이에 대해서는 Kästner (Anm. 1), S. 139.

6) Leibholz (Anm. 1), S. 18; Kästner, S. 141 참조.

동안 머물렀는데, 1945년 이후에는 이를 특히 표현하기도 했다. 정치적으로 부담없이 스멘트는 그의 힘과 인격을 완전히 대학의 재건에 쏟아부었다. 그는 괴팅겐 대학에서 교육활동과 연구활동의 신속한 재개를 위하여 1945년 늦여름에 이미 권위 있게 활동을 개시한 전국 최초의 총장이었다(1945/46). 그 밖에도 그는 1944년에서 1949년까지 괴팅겐에서 과학아카데미 회장의 지위에 있었다.[7]

베를린에서의 기간이 스멘트의 관념을 완성하는 데에 가장 생산적인 시기로 보여지는 것은 틀림없지만, 이 시기는 본과 튀빙겐 시대에까지 이어졌다. 그의 「본보기적인 징후」[8]는 스멘트가 처음으로 그의 독자적인 헌법적 착상을 제시한 「군주제적 연방국가에서의 불문헌법」에 관한 연구이다. 이 연구는 1916년 본 대학으로 옮긴 직후 오토 마이어(Otto Mayer)의 기념논문집에 발표되었는데,[9] 그러나 여기에서 활용된 뷔르템베르크 문서가 보여주는 것은 이미 튀빙겐에서 최소한 착수되어 있었다. 이것은 비스마르크 헌법의 문제에 대한 스멘트의 유일한 연구는 아니지만,[10] 그가 이미 헌법적 문제의 전개를 위한 최상의 상태에 있다는 것을 보여주고 있다.

이 연구의 주제는 「제국 헌법의 내용적 불완전성」을 그 「사실상의 특성」으로 표현한 것이다. 연구의 관심은 「완전히 또는 독특하게 오해된 형식으로 서술되어 그래서 제국의 국가법의 설명에서 — 비록 그 실제적 의미가 중요함에도 불구하고 — 너무 쉽게 철저히 오해된」 헌정과 헌법의 한 부분에 관한 것이었다.[11] 헌법의 이 부분은 제국과 개별국가 간의 관계에서 선언되어 있는데, 「조약적 성실과 연방우호적 신념」의 원칙에서 그 현저한 사실상의 표현을 하고 있다.[12] 헌법의 이 부분이 헌법전에서 독특하게 오해된 형식으로 규정되었다는 것을 스멘트는 헌법에서 규정한 연방상원외교위원회에서 설명했다. 이 위원회의 존립을 규정한 법규에서는, 그는 설명하기를, 이러한 조직적 제도를 마련하는 것이 중요한 것이 아니라 이로써 제기되는 「제국과 개별국가 산의 기능적 관계」가 중요하다고 했다.[13]

이 연방국가법적 연구의 성과는 그럼에도 불구하고 전적으로 일반적인 연방의 법원칙 즉, 연방우호적 태도라는 원칙의 근거에서 보여지지 않는다. 물론 이것은 스멘트의 초기 연구의 통상의 이론사적 관점인데, 연방헌법재판소도 이를 인용했다. 동 헌법재판소는 초기에 이 원칙을 실현하고 확대할 때에,[14] 전적으로 1916년의 스멘트의 연구[15]에만

---

7) 대학 활동에 대한 스멘트의 기여에 대해서는 die Gedenkwort des Präsidenten der Akademie A. Pirson, in: In memoriam Rudolf Smend (Anm. 1), S. 12 ff.
8) Smend, Art. Integration, in: EvStL, 1975², Sp. 1025. (김승조역, 통합, 『월간고시』, 1993년 12월호).
9) Staatsrechtl. Abhandlungen, S. 39 ff.에 재수록.
10) 그 밖에 Die Stellvertretung des Reichskanzlers, in: Annalen des Deutschen Reiches 39 (1906), S. 321-341 참조.
11) Staatsrechtl. Abhandlungen S. 40.
12) Ebd. S. 51.
13) Ebd. S. 40 ff., 42.
14) 이러한 판례의 경향에 대한 비판에 대해서는 K. Hesse, Der unitarische Bundesstaat, Karlsruhe 1962, S. 6 ff.

의지했는데, 군주제적 연방국가와 그 흠결투성이의 헌법에서 전개된 스멘트의 테제가 현재에도 적용될 수 있는지와, 될 수 있다면 어느 정도 될 수 있는지의 문제16)는 제기하지도 않았다. 스멘트 자신도 1916년의 자신의 명제의 그러한 사후 실현을 지원했다. 그래서 그는 12년 후에 『헌법과 실정헌법』에서 이 명제를 엄청나게 변화된 바이마르의 약한 연방주의에 대해서도 적용된다고 아무렇지도 않게 선언했다.17)

1916년의 연구의 성과는 개별적 헌법원칙의 전개보다는 헌정과 헌법에 대한 보기가 되는 새로운 이해의 개척에 놓여있다. 이것은 군주제적 연방국가와 그 헌법의 법학적 특수성의 발견에서만 나타나는 것이 아니다. 스멘트의 생각은 헌법을 그 명문규정의 「내재적 논리」로 축소시키려고 하는 법학적 사고방식을 반대하는 것이며, 그의 생각은 사실상의 헌법생활의 형성적 이념과 힘에로 소급하여 헌법과 헌법생활의 관계를 강조하는 것이다. 이렇게 하여 스멘트의 연구에서는 전형적인 동시대의 국가법적 논문들과 비교하면 12년 후에 『헌법과 실정헌법』에서 그의 원칙적인 이유를 포함한 본질적으로 보다 인상적이고 보다 포괄적인 국가법과 헌법의 사고방식이 단초적으로 전개되었다. 이미 1916년에 스멘트에게는 헌법의 고유한 의미원리는, 비록 「통합」이라는 용어가 등장하지는 않았지만, 헌법생활을 담보하는 세력들의 통합이었다. 통합이론에 대하여 그렇게 표현된 사상과 헌법생활에 부여된 성과는 「정치적 생활흐름에 의하여 정확한 헌법적 방향에 도달하지 않을 수도 있다」는 사상18)은 말하자면 연방상원 외교위원회에 관한 헌법규정을 해석할 때 바로 그것을 산발적으로 구성하는 것도 충분히 헌법적으로 승인될 수 있다고 했을 때 이미 나타났다. 그 대상에서부터 스멘트의 연구는, 그 헌법구조적 및 방법적 인식에 따르지 않더라도, 혁명과 혁명에 의해 야기된 국가해체를 통하여 아마도 스멘트에 의해서는 과소평가되었지만, 광범위한 정도로 시대에 뒤져 있다.

II.

1916년 연구에서 시작하여 『헌법과 실정헌법』 및 여기에서 전개된 국가와 헌법의 문제에 관한 새로운 시각에 이르는 하나의 노선이 도출될 수 있듯이, 선거법의 원칙문제에 대한 초기의 두 연구, 「19세기 독일 국가이론에서의 의회 선거법의 기준」(1912)19)과 「비례선거에 의한 입헌주의 질서의 변질」(1919)20)에서도 하나의 노선이 도출될 수

---

15) 특히 스멘트의 연구와 명시적인 관계를 가지는 BVerfGE 12, 205 (255)와 이와 일치하는 선행하는 판례에 대한 개관 참조. 또 예컨대 BVerfGE 13, 54 (75 f.); 14, 197 (214 f.) 등.
16) 당시(바이마르)와 현재의 헌법상황 간의 관계있는 구분에 대해서는 K. Hesse (Anm. 14), S. 8 f.
17) Staatsrechtl. Abhandlungen S. 271 ff. (본서 775면 이하).
18) Ebd. S. 190.
19) 튀빙겐 대학 취임연설, Stuttgart 1912; Staatsrechtl. Abhandlungen S. 19 ff.
20) In: Festgabe der Bonner Juristischen Fakultät für Karl Bergbohm, Bonn 1919; Staatsrechtl. Abhandlungen S. 60 ff.

있다. 이 두 연구는 보다 분명한 헌법정책적 색채로 인해 다른 스멘트의 연구와는 구분된다. 선거법의 기준에 관한 취임연설에서는 19세기의 국가과학상의 문헌에서 일정한 정치적 논쟁노선을 가지는 참여적 대결이 주목할 가치가 있다. 왜냐하면 스멘트는 후에는 이 논문에 관하여 거의 언급하지 않았기 때문이다. 튀빙겐의 취임연설과 1919년의 연구에서 의 설명에는 이미 통합사상이 헌법정책적 생각의 지도적 동기로서 기초가 되어 있다는 것도 주목할 가치가 있다. 그래서 이것은 근본적으로 두 개의 중요한 선거제도의 헌법정책 적 가치평가를 그 주제로 삼고 있는, 국가의 변혁 이후 출판된 연구에서 비례선거와 비교하여 다수대표제의 강한 집단형성의 작용, 보다 강한 통합효과의 포기이다. 그 때문에 스멘트는 비례선거의 결과로서「정치적 체험에서의 희생」과 정치적 생활의「공동화」를 예상하여 비례선거의 급진적·극단적 도입을 극구 반대했다.21) 통합이론의 개발에서의 중심적 관심을 이 두 헌법정책적 연구는 후기의 스멘트의 연구보다 월등하게 인식하게 했다. 말하자면 국가정책적 및 헌법정책적 원칙문제와 관련하여 공동의 논쟁근거를 발견하는 ― 또는 1911년의 취임연설에서 막스 베버(Max Weber)에게 촉구된 어법에서 처럼 ― 즉, 정치적 논쟁의 해결에 개입되는 것이 국가법학의 대상은 아니지만, 국가법학 은 그로부터 올바른 결정이 발견될 수 있는 전제를 분명하게 할 수는 있다.22)

통합이론의 직접적인 예비연구는「헌법국가에 있어서 정치권력과 국가형태의 문제」 (1923)23)라는 논문이다. 여기에서「통합」(Integration)이라는 개념이 처음으로 등장했으 며, 이것은 잠정적인 의미가 아니었다. 이 연구의 주제는 지금까지의 실증주의적·형식주 의적 국가이론과 국법론의 곤경, 말하자면 ―「정치권력」이라는 표현으로 언급되는 ― 국가권력의 고전적인 3분법식 도식에는 포함될 수 없는 통치의 지위이다. 그러나 그 지위의 해명은 정치적인 것의 본질에 관한 해명 없이는 불가능하다. 즉, 스멘트의 문제의 선택은 이제부터는 이것의 국가이론적 및 헌법이론적 중심개념의 해명을 불가피하 게 했다. 스멘트는 이 연구에서 통치의 지위를 통치가 다른 권력에 우월하는 것은 아니지만, 다른 권력에 대하여 우선적 지위를 유지한다는 국가지도적 작용이라는 개념으로 규정했 다.24) 이 우선적 지위는 지금까지의 연방신뢰와 연방우호적 태도의 원칙과 마찬가지로 실정헌법에서 직접 도출될 수는 없다. 오히려 스멘트는 이제 처음으로 대략적으로 전개된 그의 통합론으로 이를 근거지웠다. 그래서 통치의 영역은 정치의 영역에 속하는 국가기능 의 한 부분영역과 동일시된다. 그러나 이를 표현하기 위하여 이제부터 통합이론에 대하여 그가 표현하는 완전한 의미의「통합」이라는 개념이 사용되었다. 즉 국가가 계속 항상 새로운 것에서 통일체로 통합되어 가는 제도와 기능의 전체가 정치적인 것으로 규정되었

---

21) Staatsrechtl. Abhandlungen S. 65. 스멘트의 비판에 대한 관점에 대해서는 P. Badura, AöR 97 (1972), S. 1 ff., 6.

22) Ebd. S. 19.

23) In: Festgabe der Berliner Juristischen Fakultät für Wilhelm Kahl, Tübingen 1923; Staatsrechtl. Abhandlungen S. 68 ff. (본서)

24) 이에 대해서는 E. R. Huber (Anm. 1), S. 107.

다.25) 나아가 다양한 국가적 통합 체제가 구별되었으며,26) 특히 국가적 통합과정에서 헌법의 고유한 핵심과 의미가 파악되었다.27) 그럼에도 불구하고 통합이론의 이러한 예비설계는 지배적인 사회학적인 통합관념의 영역에 서있다고 말하는 것이 완전히 잘못되었다고 할 수는 없다.28) 통합개념이 국가적 단체의 계속적 쇄신과 계속적 형성의 모든 현실과 관련되기보다는 오히려 특정한 국가적 기관집단의 기능과 활동과 관련되는 한에서 이것이 적절하다.

1927년의 뮌헨 국법학자대회에서의 「자유로운 의견표현의 권리」(Das Recht der freien Meinungsäußerung)(1927)29)에 관한 공동보고는 통합사상을 좀 더 완성시켰다. 표현의 자유권과 기본권으로 그는 현대 국가생활의 사실상의 기초를 증명했다. 이 뮌헨 보고서, 바이마르 시대의 국법학자 협회에서의 토론의 정점에서 「형식적 법논리의 명목적 규칙에서 사실상의 문제에 대한 무책임한 회피」30)의 거부가 스멘트 연구의 지도적 계기로서 지금까지의 연구에서보다 더욱 두드러졌다. 새로운 이정표를 세우는 기본권의 이해에서 실질적 국법론에로의 전환이라는 요구는 소멸되었다. 그래서 바이마르 기본권 국가는 민족자결이라는 민주주의적 열정(Pathos)이란 의미에서 「한정된 문화체계의 국가」로서 표현되었으며, 그 기본권에 의해 공인되었다. 기본권도 최소한 그 의도에 따르면 군주제적 헌법요소의 기능의 한 부분을 떠맡았다는 것이다.31) 이것은 지금까지 기본권을 한계로서 이해하는 민주주의적 기본권 이해의 거부로서 언급되는 것이 아니다. 오히려 이것은 기본권에 부가되는 새로운 차원의 의미를 분명히 해야 한다. 정치적 기본관념의 동질화란 의미에서 모든 국가에 부과된 사실상의 통합은 민주주의에서는 특히 기본권에 부여되며, 여기에서 기본권은 지금까지 한계로서의 반국가적 기능을 넘어서 국가적 자기실현의 과정, 사회적 집단형성 및 국가에로의 체험적 편입을 위한 기여로서 생각된다.

「시민적 자유」와 「정치적 자유」의 상호 근거제공을 목적32)으로 하는 이러한 스멘트의 사고과정은 독일에서의 정치적 사상의 발전에서 하나의 전환점이 되었다. 그 목표방향에서 이 사고과정은 물론 출발하기 시작한 바이마르 시대에서 항상 정당하게 평가되지는 못했다. 그래서 당시에 국법학에서의 광범위한 호응을 받은 한 유파가 기본권을 폐쇄적인 세계관적인 체계로 해석하려는 시도에서 「가치체계」와 「문화체계」33)로서 표현한 스멘트를 증거로 끌어댈 수 있다고 믿었다면 이것은 스멘트의 착상에 관한 오해였다. 스멘트는 바이마르 공화국이 종말을 고하기 전에 그의 새로운 착상을 이렇게 주장하는 것을 그것의

---

25) Staatsrechtl. Abhandlungen S. 82 (본서 791면).
26) Ebd. S. 85 ff.
27) Ebd. S. 84.
28) 그리하여 M. H. Mols (Anm. 1), S. 131.
29) In: VVDStRL 4 (1928); Staatsrechtl. Abhandlungen S. 89 ff.
30) VVDStRL 4 (1928), S. 96 (결론).
31) Staatsrechtl. Abhandlungen S. 92.
32) Mols (Anm. 1), S. 213.
33) Staatsrechtl. Abhandlungen S. 264.

왜곡이라고 분명하게 거부했다. 1933년 1월 18일 베를린 대학의 축제에서 행한「독일 국법학에서의 시민과 부르주아」에 관한 연설34)에서 그는「어떤 실질적인 시종일관한 정치적 사고체계라는 의미에서」기본권을 해석하기 위한 시도로부터 분명히 한계를 그었는데,「개인적 정치적인 직분상의 권리란 의미에서」기본권을 해석하는 인식론적으로 중립적인 사상의 단초는 이 시도와는 대립된다.35) 그의 사상의 단초를 분명히 하기 위해서 여기에서 스멘트에 의해 인용된 사례의 정점에는 우연하지 않게도 단결권과 바이마르 헌법에 의해 보장된 다른 사회적 권리와 사회보장이 놓여 있는데,「이것은 사회정책적이 아니라 헌법정책적으로 규정되었다는 것이 확실히 되었다. 가장 광범위하게 민주주의적으로 기초가 마련된 국가에서는 근로자 계층의 헌법적 공동결정권은 이들이 형식적 민주주의상으로만 투표권이 있을 뿐만 아니라 사회적으로도 자유로운 적극적 민주주의적 국민의 지위에 있기 때문에 보장된다」스멘트의 논문에서 경제와 사회에 관한 문제는 그의 연구주제가 아니었지만 그 때문에 그에 대한 생각에 대해서는 무관심했다는 것은 아니었다는 것을 그렇게 분명히 증명하는 곳은 얼마 없다. 스멘트는 그의 새로운 사상적 단초를 내보였는데, 이는 분명히 바이마르 기본권 부분에 대해서만 고찰하는 것이었지만, 다른 기본권의 보장에로 확대되었으며, 나중에는「기본권이 형식적 민주주의란 관점에서 단순히 형식적이 아니라 현실적인 시민의 자유와 그 활동의 전제로서 필수적인 자유와 안전을 다양한 시민들에게 부여하는 것이 제국헌법의 기본권의 의미의 출발점이며 중요한 부분」36)이라고 요약했다. 오늘날에는 민주주의적 과정에 대한 기본권의 이러한 기능적 관계설정은 공동의 재산이다.

III.

스멘트의 가장 유명한 저작인『헌법과 실정헌법』은 1928년 출판되었을 때 찬성과 거부를 함께 받았다.37) 이것은 국가, 헌정 및 헌법에 관한 학문에서 그의 위치를 유지케 하는 스멘트의 주요 작품이다. 여기에서 그의 완전히 개인적인 성과로서 간주되는 통합이론은 처음으로 일관되게 전개되었으며, 오직 여기에서만 통합이론이 상세하게 서술되었다. 물론 스멘트는 보다 후기의 연구에서 그의 이론으로 되돌아갔다. 그러나 그 내용을 다시 요약하고 분명하게 하고 악센트를 다시 설정하고 비판을 거부한 보다 간결한 논문38)

---

34) Ebd. S. 309 ff.
35) Ebd. S. 319 f.
36) Ebd.
37) 찬성하는 논평은 G. Holstein (Dtsch. Lit. Ztg. 49 [1928], S. 1367 ff.)와 A. Hensel, Staatslehre und Verfassung, in: Arch. f. Sozwiss. u. Sozpol. 61 (1929); 예리하게 비판적인 것은 H. Kelsen, Der Staat als Integration, Wien 1930 (김효전역,『통합으로서의 국가』, 법문사, 1994).
38) Art. Integrationslehre, in: HdSW 5 (1956), S. 299 ff. (Staatsrechtl. Abhandlungen S. 475 ff.); (김승조역, 통합이론,『월간고시』, 1993년 9월호); Art. Integration, in: EvStL, 1966, Sp. 803 ff.

에서만 여기에서 새로운 또는 지금까지 은폐된 사상이 주장되었다. 그럼에도 불구하고 이 후기의 설명에서도 통합이론의 고유한 계속적 발전은 발견될 수 없다. 이는 주요 부분의 구성에서도 통합이론을 전제하고 있기 때문이다.

보다 상세하게 통합이론에 대하여 태도를 정하려고 하는 자는 여전히 유동적인 상태에 있는 분화된 스멘트의 논거에서 통합이론에 대한 관점을 경계지우려고 시도해야 한다. 이것은 여기에서 가능하지 않다. 오히려 다음의 것 중에서 (a) 스멘트 이론의 특질에 관한 개관, (b) 그 정치적 입장, (c) 스멘트 이론에 대한 본질적인 반대 및 (d) 이 이론의 영향사(史)에 한정되어야 한다. 이 때의 설명은 스멘트의 주요작품에만 관련되는 것이 아니라 스멘트의 자신의 사상에 대한 후기의 해명과 수정과도 관련될 수 있다.

a) 우선 안이하게 불명확한 것으로 간주될 수 있는 통합이론의 이론적 상태에 대한 논평. 일반적으로 통합이론은 국가이론으로 통용되는데, 이것은 그 사상적 단초에서부터도 그러했다. 그러나 통합이론은 단편적이고 특징적으로만 국가이론으로서 전개되지 않았다. 스멘트는 그가 발견한 통합, 통일적인 결합의 의미원리를 국가의 의미원리로서 주장한 것이 아니라 국가의 헌법의 의미원리39)로서 주장했다. 그리고 그가 통합이론에서 검증하려고 한 것은 일차적으로 통합이론을 실정헌법의 문제에 적용하는 것이었다. 따라서 이것은 의도와 목적에 의하면 분명히 법학이론40) — 또는 스멘트에 의한 그의 보다 상세한 최종적인 표현으로서는 「완전하고 올바른 헌법해석을 위한 법학이론」41)이다. 통합이론에 대한 오해는 그에 대한 세밀한 비평가들에게 있어서 조차 이러한 통합이론의 법학적 주장이 과소평가 되거나 또는 간과되었기 때문에 발생했다. 그 학문적 기초에 의하면 통합이론은 특히 스멘트의 저작도 쉽게 추출해내지 못한 시대라는 의미에서 하나의 정신과학적 이론이며, 그는 이를 거의 「정신과학적」 및 그가 암호로서 만든 「정신과학적 방법」이라는 개념 아래서 이해했다. 그는 후자에 관하여 주로 단수를 사용했기 때문42)에 이것은 그가 딜타이(Dilthey)를 사사하여 모든 정신과학에 대해서는 통일적 방법이 구속력이 있는 것이라고 잘못 생각했다는 전제와 그는 이른바 20년대의 방법논쟁에 대한 여러 번 관찰된 서곡, 홀슈타인(G. Holstein)*의 실용주의적 논문 「오늘날 국법학의 과제와 목표에 관하여」(Von Aufgabe und Zielen heutiger Staatsrechtswissenschaft)43)에 근거하고 있다는 관점을 분명하게 해주는 것 같다.44) 그러나 스멘트의 연구방법은 이러한 이론적인 지도관념과 일치하지는 않는다. 그는 대상과 문제에 따라 각기 다른, 특히 문제 또는 현상의 역사적 뿌리의 파악을 겨냥한 출발점을 사용하였기 때문에, 그의

(Staatsrechtl. Abhandlungen S. 482 ff.; Neufassung: EvStL, 1975², Sp. 1024 ff.).

39) Staatsrechtl. Abhandlungen S. 120.

40) 그의 이러한 특성에 대해서는 예컨대 P. Badura (Anm. 1), S. 310; G. Leibholz (Anm. 1), S. 30.

41) EvStL, 1975², Sp. 1026.

42) 이미 『헌정과 헌법』의 서문에서; Staatsrechtl. Abhandlungen S. 119.

43) AöR 50 (1926), S. 1 ff.

44) 정신과학적 방법에 대한 홀슈타인의 이해에 대해서는 P. Badura (Anm. 1), S. 313; M. Friedrich, Der Methoden-und Richtungsstreit, in: AöR 102 (1977), S. 190 ff.

의도는「정신과학적 방법」이라는 개념으로는 불완전하고 너무 단순하고 잘못된 방향으로
만 표현되게 된다.[45] 그 위에 스멘트는「정신과학적 방법」을 국가론과 헌정론에 대해서만
설명할 수 있는 것으로 주장했을 뿐이며 국법론에 대해서는 직접적으로 설명할 수 있는
것으로 주장하지 않았다.[46] 즉 그는 현행법의 규범의미의 탐구라는 목적에 의해 규정된
특별한 규범적 연구방법을 그의 시각과 헌법에서 배제하지 않았다.

정신사적으로나 학문사적으로 통합이론은 20년대를 나타내는 역류와 관련하여 이른바
국법 실증주의에 속하는데, 여기에서 분리된 1918년 이후의 사상은 한스 켈젠(Hans
Kelsen)의 규범주의와, 이와는 극적으로 반대되는 근거 위에 있지만, 카를 슈미트(Carl
Schmitt)의 결단주의[47]에 의해 계속 발전되었다. 1928년의 스멘트의 논문은 이 분파사상
에 대한 반대에 의해 야기된 방법론쟁의 정점에 놓여있다. 여기에서 전개된 국가에
대한 그의 전반적 이론은 조금 전에 출판된 켈젠의 순수 규범적 국가론[48]에 대한 반대명제
이며, 포괄적 국가인식의 가능성에 대한 가장 급진적 논쟁시도의 반대명제이다. 그렇다.
이것은 스멘트가 틀림없이 전체 국가이론적 전통의 귀납적 결론이라고 생각한 켈젠의
규범주의에 의한 도전 없이는 완성될 수 없는 것 같다. 그러나 통합이론의 설계는 스멘트에
게도 그에게 적당한 시민적 참여행위였다. 첨예한 세계관적 대립에 의하여 표현되는
바이마르 공화국의 상황에서 그는 다시금 구속력있는 국가의 의미와 내용을 승인하려고
했다. 이것이 그 의미와 내용의 명확화를 위한 것이라고 생각되는 새로운 국가상을
그리는 통합이론의 고유한 관심사이다. 이러한 국가상의 요소는 스멘트에 의해 규정되었
는데, 너무나 유명하게 사용된다. 이를 여기에서 상세하게 설명한다면, 국가는 인과적
또는 목적론적 관계로 소급될 수 있는 정적인 소여물이 아니라 처음부터 어떤 과제,
지속적 갱신과 자기쇄신의 사건, 이와 결부된 개인을 결집시키는 지속적 과정에서 존재하
는 정신적 헌신의 영역, 과정, 생활이다. 이를 위하여 바로 통합이라는 개념이 존재한다.[49]

하나의 국가론으로서 통합이론의 사실상의 핵심적 부분은 세 개의 통합유형 또는
형태의 구분이다. 즉 인적, 기능적 및 물적 통합의 구분이 그것이다.[50] 이 세 가지의
스멘트의 통합유형도 그 유명함에도 불구하고 상술될 필요가 없다. 이로써 통합이론은
비로소 적용될 수 있는 이론이 되었다. 물론 세 가지의 유형은 국가적 집단생활과만
관련되는 것이 아니지만, 여기에서 그 가장 의미있는 적용영역을 갖는다. 이 세 가지

---

45) 그리하여 K. Hesse (Anm. 1), S. 339.
46) Staatsrechtl. Abhandlungen S. 119를 보라. P. Badura (Anm. 1), S. 312.
47) 이에 대해서는 특히 H. Hoffmann, Legitimität gegen Legalität - Der Weg der politischen Philosophie
    Carl Schmitts, Neuwied 1964; I. Maus, Bürgerliche Rechtstheorie und Faschismus, München
    1980².
48) 켈젠의 일반 국가학(Allgemeine Staatslehre)(민준기 옮김,『일반 국가학』, 민음사, 1990)은 1925년에
    출판되었다. 이보다 앞선 비판적 기초로서는 Der soziologische und der juristische Staatsbegriff,
    Tübingen 1922.
49) 특히 Staatsrechtl. Abhandlungen S. 136 참조.
50) Ebd. S. 142 ff.

유형은 막스 베버의 유명한 순수 지배유형과 같이 순수 이념적 유형이다. 즉 각각의 통합유형에 속하는 현상은 현실에서는 그 자체로서만 나타나는 것이 아니라 항상 다른 유형에 속하는 현상과 함께 나타난다. 그래서 실제로는 기껏해야 항상 어느 한 유형이 우세하다고 말할 수 있을 뿐이다.[51] 따라서 이 유형들은 특정한 국가형태 또는 지배형태에 확실히 부속될 수 없다. 그러나 예컨대 자유주의적 대의민주주의는 주로 기능적 통합에, 현대의 국민투표적 대중민주주의는 물적 통합유형에 부속된다고 한다면, 이들의 결합방식에 따라 국가형태와 지배형태의 보다 상세한 구분이 가능하다. 현대의 경험과학적인 민주주의 이론의 개발을 위한 노력은 물론 스멘트의 통합유형에 관하여 분명히 거의 사용되지 못하였다.[52]

통합이론의 대상은 단순히 국가가 아니라 규범적 관점 하의 헌법질서 속에 있는 국가이며,[53] 따라서 통합이론은 사실상 국가이론으로 이해될 수 없다. 그러나 통합이론은 일반적으로 그렇게 이해되고 있다. 오히려 통합이론은 헌법이론, 물론 기초로서 국가이론 또는 특정한 국가이론적 전제를 가지는 헌법론이다. 헌법론으로서 통합이론은 헌법의 외적인 현상형태, 조직법령으로서의 헌법의 특성에서 출발하는 것이 아니라 국가의 전체에 대한 내적인 관계설정에서 출발하는 헌법의 이해를 발전시켰다. 그래서 헌법은 국가의 생활현실의 법질서, 국가의 통합과정의 법질서로 표현되며, 이 과정의 개별적 측면을 법률적으로 규범화한 것[54]으로 표현된다. 헌법을 이렇게 국가적 통합과정의 계기로서 고찰하는 방법에서 헌정과 헌법의 사회학적인 효과전제, 다른 법 영역과 비교하여 헌법과 헌법규범의 특수성, 그리고 고유한 헌법해석 방법론의 필요성에 관한 새로운 인식이 나타난다. 이러한 고찰방법의 전환적 측면은 헌법은 헌정의 본질과 기능에 따라서만 판단되며 법으로서 헌법의 기능과 본질에 따라서는 판단되지 않는다는 것이다. 이것은 통합론에서는 헌법과 헌법규정의 지배적 원리는 소위 「통합적 가치」뿐이라는 것에서 분명하게 되었다. 이 통합적 가치에 대하여 스멘트는 「복지가치」 내지 「행정가치」뿐만 아니라 「법가치」도 대립적 의미원리로 대응시켰다.[55] 이러한 통합가치와 법가치의 엄격한 구분은 헌법의 법적 질서과제에 적당하지 않으며, 정치적 현실에 대한 헌법의 긴장을 균등하게 한다. 스멘트도 후에 이를 논박할 수 없는 통합이론의 하자라고 고백했다.[56]

b) 이미 언급한 바와 같이, 스멘트에 있어서 통합이론의 초안은 자신의 시민적 참여행위이기도 했다. 독일 국민의 정치적 통일은 1918년 이후 그에게는 「붕괴될 수 없는 찰흙의 장벽」인 것 같았다. 이러한 비유는 1967년의 그의 사신(私信)[57]에서 발견된다. 그의

---

51) Ebd. S. 142, 176.
52) 슘페터(J. Schumpeter)의 민주주의의 경쟁이론에 관한 스멘트의 한계설정에 대해서는 Staatsrechtl. Abhandlungen S. 507.
53) P. Badura (Anm.1), S. 311.
54) Staatsrechtl. Abhandlungen S. 189.
55) Ebd. S. 193 ff.
56) Ebd. S. 480 (Art. Integrationslehre, 1956).
57) 필자인 프리드리히에게 보낸 스멘트의 편지.

논문에서는 스멘트는 그의 정치적 체험에 관한 유사한 공개적 표현을 회피했다. 하여튼 통합이론에 관한 후기의 요약은 「1920년대의 병든 헌법국가의 혼돈에 관한 정치적 조망」을 그 사실적 기초라고 힘주어 강조했다.58)

이러한 후기의 지적은 통합이론이 정치적 맞수로서 바이마르 공화국의 통합력이 없는 헌법생활과 대결하는 것으로 이해되어서는 안 된다. 통합이론을 민족국가적 개별성 사상의 사후의 승화로 이해하는 것59)이 명백하다 하더라도, 이것은 19세기의 시민적 민족국가를 정신적으로 복구하는 것은 더욱 아니다. 오히려 통합이론은 발전된 정치적 및 사회적 대립(모순)을 갖는 의회 민주주의 국가의 이론이며, 이를 어떤 정적인 통일적 개념의 이질성에 대립시키지 않고 그에게 고유한 정치적 통합방법으로 완성하려 한다.

그래서 통합이론에는 파시즘적인 지도자 국가와 민족공동체국가를 위한 은폐된 선택이 간직되어 있다고 하는 것보다 더 근거 없는 것은 없다. 그러나 바로 이 근거 없는 주장이 바이마르 국가법이론에 대한 보다 최근의 논문의 일부에서는 판에 박힌 상투어로 되고 있다.60) 이 주장의 근거는 옹색하다. 즉 스멘트 논문의 특정한 부분, 말하자면 그가 새로운 파시즘적인 움직임을 현실적 통합방법의 예로서 언급하고 여기에서 때때로 파시즘 문헌을 통합적 사고에 대한 연구를 위한 「거대한 보고」라고 표현한 것61)을 이 논문의 전후맥락을 무시하고 열거하여 여기에 그 의미를 벗어난 의의를 부여하는 것에 이 주장은 근거하고 있다. 물론 이것은 스멘트가 어떤 흥미 있는 호기심으로 파시즘 현상을 대하고 그의 새로운 기술은 민주주의적·자유주의적 의회주의의 기술보다 효과적으로 정치적으로 통합할 수 있지 않을까 하는 기대에서 이렇게 언급하였다. 그러나 여기에서 양차 대전 중간의 새로운 파시즘 운동의 방법과 목적에 대한 스멘트의 동조를 도출할 수 없으며, 그가 그러한 동조를 표현했다고 하는 것은 더욱 더 도출할 수 없다. 이것은 사회주의 국가이론의 통합사상62)의 의미에 대한 과소평가 때문에 사회주의 국가이론에 대한 스멘트의 발판을 사회주의 운동의 목표에 대한 비판과 혼동하는 것처럼 어림없는 것이다. 명백히 스멘트는『헌법과 실정헌법』에서 그의 통합사상의 현실적 의미를 정치적인 현재현상의 한 단면에서만 분명하게 하려고 노력하지 않았다. 그러나 그는 정치적인 현재의 노력을 그 정치적 및 역사적 자격에서 평가하지 않고, 어느 한 편을 옹호하지도 않고, 「어떻게 해서든지 의미 공동화와 분산으로부터 자유주의에 근거한 의회주의적 국가를 유지할 수 있는 방법」을 모색하려고 했다.63)

---

58) Staatsrechtl. Abhandlungen S. 481 (Art. Integrationslehre, 1956).

59) 이러한 의미에서 W. Hennis, Politik und praktische Philosophie, Neuwied 1963, S. 17.

60) 예컨대 W. Hill, Gleichheit und Artgleichheit, Berlin 1966, S. 160 ff.; J. Meinck, Weimarer Staatslehre und Nationalsozialismus, Frankfurt a.M. 1978, S. 52 ff. 참조. 그러나 특히 W. Bauer, Wertrelativismus und Wertbestimmtheit im Kampf um die Weimarer Demokratie, Berlin 1968; 이러한 잘못된 의미에 대해서는 M. Friedrich, Die Grundlagendiskussion in der Weimarer Staatsrechtslehre, in: PVS 13 (1972), S. 582 ff. (591 ff.).

61) Staatsrechtl. Abhandlungen S. 141, 149, 157, 163, 175 참조.

62) Ebd. S. 173 f. 참조.

여기에서 그는 이를 지나치게 요구하는 이념적 동질성을 갖지 않는 민주주의적 정당국
가와 마주친다. 마치 하인리히 트리펠(Heinrich Triepel)의 유명한 취임연설 「국가헌법과
정당」(Die Staatsverfassung und die politischen Parteien)(1927)(김효전역, 헌법과 정당,
『월간고시』, 1985년 9월호 및 『독일 헌법학의 원천』, 2018, 208-223면)이 간과되어서는 안
되는 정당국가의 내적 거부에 의해 분산적이라고 부담이 될 수 있는 것과 같다.64) 오히려
통합이론은 헌법이라는 민주적 경기규칙이 외면적으로 뿐만 아니라 그 의미에 따라서도
존중될 것을 요구한다. 이것은 통합이론에게는 바이마르 민주주의를 위한 유일하고
필요한 조건으로 기능한다. 스멘트가 1945년 이후 회고적인 고찰에서 그의 이론에서
그가 병의 원인이 되는 것으로 느낀 바이마르 헌법생활에 대한 지원기능을 증명했다면,
이는 무엇보다도 통합이론은 민주적 토론의 의미 있는 가능한 통합효과와 그러한 토론
규칙을 내적으로 긍정하는 필요성을 의식시키려는 의미에서 행해졌다.

이런 신중하고, 고백과 입지확정을 거부하는 바이마르 민주주의의 정당화는 그 당시의
역사적 상황에 부응하는 것이었다. 1918년 이후 상황에서는 지극히 실질화 된 민주주의
이론은 거의 동의를 얻을 수 없었다. 이들에게서는 인식할 수 있는 정치적 및 세계관적
양태의 결합이 언급될 수 없는 매우 소극적인 학자들만이 그러한 전선의 가교를 확실하게
무릅쓸 수 있었다. 물론 스멘트는 그의 통합이론으로 고유한 정치적 확신과 군주제적인
과거에 대한 감각적 연계를 약화시켜야 함이 없이 의회주의적 국가와 동일시될 수 있는
가능성이 제시되어야 하는 스스로 보다 절박하게 느낀 정치적 권리의 위기에 일차적으로
방향을 돌리고자 했다.65) 그러나 통합이론은 분명히 이 위기만을 고려하지 않았다. 통합이
론은 마르크시즘에 근거하여 의회제적 공화국을 중간단계로서만 파악하는 좌파적 사회민
주당원들도 그 이론을 편견 없이 긍정할 수 있게 해야 했다. 그래서 통합이론은 바이마르
민주주의의 사회적 문제를 서서히 약화시켜 소멸시키리라는 것은 얼토당토 않는 근거
없는 비난이다. 확실히 통합이론은 헤르만 헬러(Hermann Heller)의 국가이론과 같이,
분명한 사회적 상황분석에 근거하고 있는 것은 아니지만, 결국 그 명제의 증거는 이
명제에 그러한 분석이 추측될 수 있다는 것에 근거한다. 바이마르 국가의 정치적 세력들을
그 헌법의 토대 위에서 결합하려는 통합이론의 의도를 공화국의 허무한 종말도 허위임을
증명하지 못했다. 바이마르 민주주의를 의도적이면서도 비감정적으로 긍정하려는 스멘트
에 의해 제시된 방법으로서는 공화국의 자체소멸이 어쩌면 회피될 수도 있었을 것이다.
그 밖에 스멘트는 완전히 그의 이론의 의미에서 시민으로서 행동했다. 즉 독일국가 민족당
이 후겐베르크(Hugenberg)*의 지도하에서 반체제적 투쟁 정당노선으로 궤도를 수정하자

---

63) K. Sontheimer, Antidemokratisches Denken in der Weimarer Republik, München 1964², S. 100.

64) 트리펠의 정당에 관한 언급에 대해서는 A. Hollerbach, Zu Leben und Werk Heinrich Triepels,
    in: AöR 91 (1966), S. 434 ff.

65) 이러한 정치적 입장은 다음의 논문에서 특히 뚜렷이 나타난다. Hochschule und Parteien, in: Das
    akademische Deutschland III, Berlin 1930 (Staatsrechtl. Abhandlungen S. 277 ff.). 이것은 거리를
    두고 있는 자들에게도 분명하다. Th. Eschenburg, Aus dem Universitätsleben vor 1933, in: Deutsches
    Geistesleben und Nationalsozialismus, Tübingen 1965, S. 37.

그는 1930년 트리펠과 함께 여기에서 탈당했다.66)

c) 10년간 행해진 통합이론에 대한 반대에 대해서는 여기서 상세하게 언급할 수 없다. 그러나 이를 통하여 스멘트의 이론이 보다 진지하게 드러날 수 있는 한, 최소한 이것이 언급되어야 한다. 스멘트의 이론에 대한 반대는 이미 언급되었다. 즉, 법의 고유한 의미에 대한 과소평가가 그것이다. 여기에 대해서는 오직 통합이론에 대한 검증을 통해서만 이미 그 근거에서부터 대응될 수 있는 것 같다. 또 다른 반대는 통합이론은 이미 그 출발점에서부터 국가의 통일을 근거지울 수 없다는 것으로 환원되는 현대 국가의 사회·경제적 토대를 점차 약화시켜서 소멸시켜버린다는 것에 초점을 맞추고 있다.67) 통합이론의 단순한 내용적 확장을 통해서는 이러한 반대의 예봉을 피하지 못하는 것 같다.68) 그러나 그러한 확장은 꼭 필요한 것 같지도 않다. 비록 통합이론이 당시 마르크시즘에 의해 선정된 사회와 경제에 관한 문제를 그 주제로 삼지 않았다 하더라도, 여기에는 암시된 바와 같이, 그 명제에 처음으로 엄밀하게 증거를 제시한 바이마르 독일의 사회적 문제에 대한 특정한 시각이 기초가 되어 있다. 국제정치 과정의 이해에 대한 이 이론의 명백한 부진은 그 내용적 정비를 위한 근거일 수 없다. 물론 스멘트는 외교정책의 문제에서도 그의 이론을 전개하려고 했다.69) 그러나 이 이론은 국내적 생활과정에 대한 통찰로서 계획되었으며, 이를 파악하기 위하여 원칙적으로 새로운 근거를 제공한다는 것이 오늘날까지 그 이론적 현실성의 근거가 되고 있다.

통합이론에 대한 또 다른 반대는 좀 더 무겁게 주장된다. 이것은 통합이론을 급진적인 정치적·내재적 사고의 한 모델이라고 비판하는데, 여기에서부터 이 이론의 사실상의 내용의 결정적 한계를 간파해 낸다. 이 반대는70) 스멘트 스스로가 그의 이론을 정치적 내재적 사고의 시도로서 주장했을 때 더욱 진지하게 받아들여졌다. 그래서 『헌법과 실정헌법』에서는 통합이론은 「일차적으로 최소한 다른 가치, 특히 법가치를 통한 국가의 본질규정과 국가의 정당화를 간과하고 모든 문화체계에 대하여 통합요소, 특히 물적 통합요소라는 체계의 탄력성 덕분에 임의적인 「기본변수」 또는 「우선적 요소」로서 그 타당성을 주장할 수 있다」고 언급되어 있다.71) 그러나 국가의 형이상학적 의미에 대한 문제와 이와 함께 국가의 윤리적 문제에 대한 의문을 배제하는 급진적·정치적·내재적 사고의 추구로서의 통합이론의 해석에는 통합과정은 「개인들 속에서, 그리고 개인들로부터」72) 이루어지고, 개인들의 필요와 가치관념이 항상 출발점과 근거가 된다는 것이

66) 이에 대해서는 Leibholz (Anm. 1), S. 18과 전거들을 가지고 Hollerbach (Anm. 64), S. 420.
67) 이러한 의미에서는 이미 H. Heller, Staatslehre, Leiden 1963³, S. 49, 69 f., 88 f., 166, 229 usw.(홍성방 옮김, 『국가론』, 1997, 69면, 93면 이하, 119면 이하, 230면, 324면 등등).
68) 그러나 명백히 Mols (Anm. 1), S. 273.
69) Ebd. S. 176 ff.
70) 비록 카우프만의 비판에는 스멘트가 국가를 심리적 체험으로 잘못 축소시킨 것이 전면에 나오기는 하지만, 이 반대는 통합이론에 대한 카우프만의 비판의 핵심이 된다. Ges. Schriften Ⅲ, Göttingen 1960. S. XXX ff.
71) Staatsrechtl. Abhandlungen, S. 186.

대립되어 있다. 물론 스멘트의 주요 논문에서는 이와 함께 통합이론에 내재하지만 즉시 인식될 수는 없는 인간학적 기초가 사실 국가의 통합과정의 고유한 가치법칙성에 관한 사상 뒤에 강하게 숨어 있으며, 나중에 말하겠지만, 국가를 일반적으로 마음대로 될 수 없는 인간의 소명으로 이해하는 관념에 의해 비로소 스멘트에 의해 분명하고 신중하게 제시되었다.73) 여하튼 이러한 관념이란 의미에서 1928년의 논문에서는 다음과 같이 언급되었다. 즉「국가적 세계는 개인에 대하여 정신적 작용의 가능성을 의미하며 따라서 동시에 개인적 자기 형성을 의미한다」. 여기에서 이 사상은 정치윤리의 가장 중요한 출발점으로서 뿐만 아니라 국가론에 대해서는「그 대상의 예외 없는 계기」로서도 주장된 다.74) 그래서 통합이론이 강조하고 현대 민주주의 국가유형으로 스멘트에 의해 정당화 된.75) 국가와 그 통합과정의 존속에 대한 타율적 보장의 거부 때문에 통합이론이 국가의 목적과 과제를 고찰에서 제외하는 것은 분명히 잘못이다. 오히려 통합과정의 내재적 요소와 조건과 비교하여 부득이한 이의 과소평가가 부담이 될 수도 있다. 사실 통합이론이 국가적 질서의 사실상의 내용과 나양성을 간과한다는 것은 스멘트의 국가적 통합유형이라 는 내용을 포함하고 있는 도식과 관련해서는 주장될 수 없다.

   d) 1933년 전에는 통합이론의 영향은 시대적 상황에 근거하여 여전히 방해를 받았다. 당시 기본권 논의에서는 주로 스멘트가 개척한 방법과는 다른 방법이 논의된 것과 마찬가 지로, 통합이론은 바이마르 헌법 제48조의 적용에 관한 논의에서도 아무런 역할을 하지 못했다.76) 연방공화국의 헌법적 사고에서 비로소 그 지도적 사상이 보다 큰 효과에 도달했다. 그래서 특히 전체로서의 헌법해석이라는 원칙이 연방공화국 성립 이후 헌법이 론과 헌법판례의 공동의 재산이 되었다. 이 원칙은 중점적으로 스멘트의 1928년의 논문에 의거하고 있다.77) 나아가 스멘트적인 공식화와 관념의 표현이 보다 새로운 기본권에 관한 논의에서 뿐만 아니라, 정당의 헌법적 지위에 관한 설명에서도 등장했다. 특히 당시 정당의「제도초월적」지위 때문에 정당은 스멘트의 주요 작품에서는 중심적 위치에 서는 다루어지지 못하였지만,78) 정치적 · 사회적 세력들을 헌법의 이해에서 배제하지 않는 통합이론은 현대 정당국가의 문제에 관한 올바른 헌법적 해석을 위한 이정표가 되었다. 나아가 이미 언급된 연방의 신뢰라는 스멘트의 원칙의「장기적 효과」도 지적되어 야 한다. 물론 기본법 하에서 통합이론에서 구상된 실정헌법의 역동성과「유동적 효력유 지」79)를 매우 광범위하게 긍정하려는 통합이론의 대비상태는 바이마르 헌법 하에서보다

---

72) Ebd. S. 138.
73) Das Problem der Institutionen und der Staat(1956), in: Staatsrechtl. Abhandlungen S. 500 ff.를 보라.
74) Ebd. S. 131.
75) 특히 Art. Integration, in: EvStL, 1975², Sp. 1027 참조.
76) 바이마르 헌법 제48조에 대한 스멘트의 태도 Staatsrechtl. Abhandlungen S. 212 f., 258 f.
77) Staatsrechtl. Abhandlungen S. 233 ff.
78) 예컨대 Ebd. S. 190, 241을 보라.
79) Ebd. S. 242.

훨씬 쉽게 수용되었다. 한편 통합이론의 바로 이「유동적」헌법사고가 기본법 하에서는 정치적 과정이라는 비용을 지불하고 헌법을 확대시키려는[80] 확장된 경향에 대한 수정으로서 현실적으로 기대되지 않았다.

통합이론은 특히 새로운 인식과 연구 시도의 주도자로서 작용했다. 비록 통합이론은 전체적으로 구축되고 유지되지는 않았지만, 바두라(P. Badura)의 공식[81]에 의하면 그 학문적 사고의 기초에서는 많은 사람들에 의해 수용되었다. 완전성을 요구하지도 않고 가치평가도 하지 않고 통합이론을 자신의 사상으로 의식적으로 동화시킨 몇몇 사람들을 열거한다면, 울리히 쇼이너(Ulrich Scheuner), 콘라트 헤세(Konrad Hesse), 호르스트 엠케(Horst Ehmke), 프리드리히 뮐러(Friedrich Müller), 페터 해벌레(Peter Häberle) 등을 들 수 있다. 특히 국가이론의 영역에서 생각한다면, 헤르베르트 크뤼거(Herbert Krüger), 로만 헤어초크 (Roman Herzog)가 첨가될 수 있을 것 같다. 정치학의 영역에서는 여하튼 빌헬름 헨니스(Wilhelm Hennis)가 있다. 이처럼 효과의 성과에서 스멘트의 착상은 다른 위대한 바이마르 국법이론의 대가들, 즉 에리히 카우프만, 헤르만 헬러, 그리고 카를 슈미트의 착상을 능가한다. 통합이론의 이러한 성과는 결국 통합이론이 그 착상에서부터 국법적 실증주의의 유산인 규범과 현실의 준별을 극복하고 이렇게 함으로써 새로운 연구영역을 개척한 것에 근거한다. 통합사상에서부터 사고하는 자는 현실과 규범을 통일적 개념 하에 결합시킨다. 자신의 결론에 관한 승화된 근거에 대한 책임을 수용하며, 자신을 유도하는 관점의 심화, 확대 및 상대화를 수정할 준비가 되어 있다. 스멘트의 특정 개별 명제 또는 인식 이상으로 이것이 통합이론이 오늘날까지 그 고무적인 효과를 신세지고 있는 통합이론에 근거가 된 학문적 태도이다.

IV.

『헌법과 실정헌법』의 출판 몇 년 후 독일에서 확립된 국가사회주의적 독재에 의하여 통합이론에 관해 처음으로 겨우 희망차게 시작된 논의도 중단되었다. 12년 동안 독일에서는 국가법적 문제에 관한 자유로운 학문적 논의가 실제적으로 불가능했으며 유명무실해졌다.

스멘트에게도 괴팅겐으로 강제적 이주를 하게 한 제3제국은 그럼에도 불구하고 학문적 활동에 있어서는 그를 방해할 수 없었다. 다른 사람들처럼 그는 정치권력자의 관념과 기대에 의해 보다 방해를 적게 받고 연구될 수 있는 보다 덜 현실적인 연구영역으로 회피하려고 하지 않았다. 물론 현실적인 국법문제에 대한 연구는, 그 해명을 위해 통합이론이 고찰되었지만, 이제는 더 이상 행할 수 없었다. 그러나 1933년 이전에 시작된 전공의

---

80) 이러한 경향에 비판적인 것은 K. Hesse, Das Grundgesetz in der Entwicklung; Aufgabe und Funktion, in: E. Benda, W. Maihofer, H.-J. Vogel (Hg.), Handbuch des Verfassungsrechts der Bundesrepublik Deutschland, 1983, S. 25.

81) Anm.1, S. 305를 보라.

학문적인 새로운 방향은 역사적 연구에 의해 유지되고 계속 추구되었다.

이때의 성과가 그 밖의 대부분의 스멘트의 논문과 마찬가지로 범위가 넓지 않은 두 개의 논문이다. 즉 「19세기 독일의 국법이론과 행정법이론이 헌법과 행정에서의 생활에 미친 영향」(Der Einfluß der deutschen Staats- und Verwaltungsrechtslehre des 19. Jhs. auf das Leben in Verfassung und Verwaltung)(1933)[82]과 「18세기 이후 정치적 체험과 국가사상」(Politisches Erleben und Staatsdenken seit dem 18. Jhr.)(1943)[83]이 그것이다. 한 논문의 제목에서 「생활」이라는 개념이, 다른 논문의 제목에서 「체험」이라는 제목이 등장한 것은 통합이론과 1933년 이전에 도입된 새로운 학문적 방향과 이 논문과의 밀접한 관계를 인식할 수 있게 한다. 먼저 출판된 논문은 이해하는 공법의 학문사를 처음으로 개괄적으로 다루고 있다. 그 주제는 19세기 후반 실증주의에서 정점에 도달한 공법상의 생활소외이다. 즉 이 논문은 『헌법과 실정헌법』에서 시도된 국법적 실증주의와의 논쟁과 실증주의의 책임회피적 학문태도를 역사적 관점에서 계속 추구했다. 엄밀하고 충분한 소재에 근거한 개관에서 공법의 학문사의 발달노선이 헌법사와 정신사, 실제적 법학적 과제와 학문의 이해에서 밝혀졌다. 주제의 전개상 「18세기 이후의 정치적 체험과 국가사상」이라는 논문은 보다 포괄적이며, 정치적 체험의 현대적 유형에 대한 연구이며, 따라서 근본적으로는 정치적 인간학을 역사적 기초 위에 두려는 시도이다.[84]

새로운 민주주의의 시작은 스멘트에게는 우선 이미 언급한 대학에서의 보직 발령을 가져왔으며 교회의 영역에서도 보다 넓은 실제적 활동을 하게 했다.[85] 「보직활동」에서부터 이론적인 방향지향을 위한 새로운 충동이 일어났다. 1945/46년 겨울학기에 괴팅겐 대학의 역사적·정치적인 일련의 강연에 대한 서론적 강연 「국가와 정치」(Staat und Politik)[86]와 같이, 당시 행해진 수많은 스멘트의 견해는 그 밖의 스멘트의 연구와 마찬가지로 그렇게 능숙하게 관심 있는 문제를 논구했다. 바이마르 시절에는 바이마르 헌법과 그 헌법에 의해 의욕된 헌법생활이 담보될 수 있는 정치적인 전체의 태도에 이르는

82) In: Deutsche Rechtswissenschaft 4; Staatsrechtl. Abhandlungen S. 326 ff.
83) In: Nachrichten von der Akademie der Wissenschaften in Göttingen. Philologisch- Historische Klasse, Jg. 1943; Staatsrechtl. Abhandlungen S. 346 ff.
84) 스멘트 국가론의 인류학적 기초에 대해서는 현재 철저한 것은 J. Poeschel (Anm. 1).
85) 교회 협의회에서 스멘트의 여러 해 동안의 협력은 본 시대에까지 이어진다. 그리하여 그는 1918년 이래 라인 교회회의(synodal)체의 구성원이었으며, 1920년 이후에는 옛 프로이센 교회총회의 구성원이었다. 1945년부터 55년까지는 독일 복음교회(EKD)의 평의원이었으며, 1945년에는 그의 주도로 독일 복음교회의 평의회에 의해서 설립된 교회법연구소의 관리를 맡았다. 동 협의회의 법제위원회의 위원이었을 때 그는 독일 복음교회의 임시 규약을 작성하는 데에 참가하였다. 교회의 영역에서의 스멘트의 활동에 대해서는 K. Hesse (Anm.1), S. 340 ff. mit weit. Nachw.; A. v. Campenhausen (Anm. 1), S. 624. 교회정치가로서의 스멘트는 또한 바이마르 국가에 대한 스멘트의 입장을 평가함에 있어서 경시되어서는 안 된다. 이와 관련하여 이른바 「중도파」의 대표자로서 아직 연구되지 아니한 그의 영향에 W. Bauers (Anm. 60)나 다른 저자들의 항목에서 스멘트의 정치적 태도 전체에 대한 전적인 잘못 판단이 수정될 수 있다. 프로테스탄티즘과 민주국가와의 관계라는 변화된 근본문제의 결산을 스멘트는 다음 논문에서 다루고 있다. 즉 Protestantismus und Demokratie, in: Krisis. Ein politisches Manifest, Weimar 1932 (Staatsrechtl. Abhandlungen S. 297 ff.).
86) Staatsrechtl. Abhandlungen S. 363.

방법을 제시하는 것이 스멘트에게는 중요했던 것처럼, 그는 1945년 이후 재건의 시기에는 새로운 민주주의를 담보하는 그러한 태도의 해명과 확립에서 가장 고유한 과제를 찾아냈다. 이러한 의미에서 그의 교육적 활동은 언급된 대학과 교회의 새로운 질서에서의 협력에만 한정되지 아니하고 그가 퇴직(1951) 후에도 여전히 오랫동안 계속한 그가 지속적으로 최대의 헌신을 기울인 학문적 교수활동에 진정한 중점을 두었다. 그는 1965년에 처음으로 그의 교회법 세미나를 시작했으며,* 더구나 국가이론과 헌법이론 세미나는 1969년에야 비로소 시작했다. 물론 일차적으로는 이 세미나를 주도하는 사람의 특성과 인격에 힘입은 바 큰 이 두 세미나의 뚜렷한 영향[87]은 최근의 학자의 역사에서 주목할 만한 장(章)이 되었다. 이 세미나를 통하여 출신과 입장이 다양한 수많은 참여자는 자신의 고유한 학문적 관점을 견지했으며, 이것이 계속하여 우연하지 않게 매우 다양하고 대립적인 길로 나아갔다.

스멘트는 오랫동안 학문적으로 활동했으며 왕성한 학문적 사상교류를 했다. 그의 마지막 논문인 「독일 국법학자 대회와 방향논쟁」(Die Vereinigung der Deutschen Staatsrechtslehrer und der Richtungsstreit)은 그가 서거하기 직전인 93세의 고령에 발간되었는데,[88] 쇠약해지는 형성력과 쇠약해지는 문헌적 영광에 대해 아무것도 인식시킬 수 없었다. 초기 시대의 법사학적 연구를 논외로 한다면, 1945년 이후에 발표된 작품들은 그 범위상 1945년 이전에 발표된 작품에 조금도 뒤떨어지지 않는 것을 알 수 있다. 물론 국가학 사전의 항목, 추도문, 감정의견 또는 전문 잡지의 논문 등과 같은 보다 간단한 연구는 여기서 제외한다. 한편 후기 작품의 주제상의 범위는 초기 또는 중기의 작품의 범위보다 넓다. 그래서 거의 전체적으로 1945년 이후 비로소 출판된 여기에서 취급하지 아니한 교회법적 연구가 이제 첨가된다. 후기 작품의 그 밖의 연구들 중에서 스멘트가 창간한 복음주의 교회법 잡지(Zeitschrift für evangelisches Kirchenrecht)에 기고한 간결한 창간 논문 「본 기본법에 따른 국가와 교회」(Staat und Kirche nach dem Bonner Grundgesetz, 1951)[89]가 연방공화국에서의 국가교회법적 이론과 실무에 대한 오랫동안 결정적인 영향력 때문에 가장 수위에 선다. 주로 학자들의 역사와 학문사에 대한 역사적 연구들이 이 후기 작품에서 특별한 논문 그룹을 형성하고 있다.[90] 이 논문들은 부분적으로는 학문적 인물과 그 저작을 다루기도 하고,[91] 부분적으로는 학문적 단체(연구소) 또는 학문적 활동의 다른 회합장소를 다루기도 했다.[92] 또 후기의 다른 일단의

87) 이에 대해서는 Leibholz (Anm.1), S. 38 ff.; H. Zwirner (Anm.1).
88) Festschr. f. Scheuner, Berlin 1973, S. 575 ff.
89) Staatsrechtl. Abhandlungen S. 411 ff.
90) 일반사와 괴팅겐의 역사에 대해서는 예컨대 Die Göttinger Sieben (1951), Staatsrechtl. Abhandlungen S. 391 ff.
91) 예컨대 Heinrich Triepel, in: Die moderne Demokratie und ihr Recht (Festschr. Leibholz), II. Bd. 1966, S. 107 ff. (Staatsrechtl. Abhandlungen S. 594 ff.).
92) Zur Geschichte der Berliner Juristenfakultät im 20. Jh., in: Studium Berolinese. Gedenkschr. der Westdeutschen Rektorenkonferenz und der Freien Universität Berlin zur 150. Wiederkehr

연구는 통합이론과 국가개념에 대한 연구였는데, 물론 자주 인용되는 국가학 사전의 설명[93]뿐만 아니라 국가이론과 정치이론에 관한 인간학적 기초를 위한 스멘트 노력의 결실인 「제도의 문제와 국가 ― 소명으로서의 국가」(Das Problem der Institutionen und der Staat - Staat als Beruf, 1959)[94]라는 중요한 논문이 그것이다. 후기 작품에는 그 외에 수많은 주목할 만한 논문들이 포함된다. 그래서 「공적인 것과 공공성의 문제에 대하여」(Zum Problem des Öffentlichen und der Öffentlichkeit, 1953)[95]라는 논문, 또는 연방헌법재판소 10주년 기념에 대한 고전적 연설(1962)[96]은 연방공화국 생활의 전체에 헌법재판의 편입, 헌법재판의 역사적 과거의 특징 및 헌법재판에 적용되는 법의 분류 등을 행하고 있다. 여기서는 이들 연구에 대하여 상세하게 언급하지 않는다. 왜냐하면 이것에 의해 여기에서 표현된 스멘트의 인격과 그 작품에 관한 모습에 본질적으로 새로운 특질이 추가될 수는 없기 때문이다. 이런저런 후기의 연구에 의해 스멘트는 헌법적 논의에만 분명히 영향을 끼친 것이 아니라 교회법적 논의에도 영향을 미쳤다. 그에게 부여된 수많은 존경과 인정이 그의 연구에 대한 반향에 상응했다. 그에게는 네 번 명예 박사학위가 수여되었다. 이정표적인 공헌을 한 논문을 수록한 두 번의 의미있는 기념논문이 그에게 헌정되었다.[97] 스멘트는 『복음주의 교회법 잡지』의 공동 창간자였으며, 1948년 복간된 『공법잡지』(Archiv des öffentlichen Rechts)의 편집진에 속했으며, 『외국공법과 국제법 잡지』(Zeitschrift für ausländisches öffentliches Rechts und Völkerrecht)의 표제지에도 그의 이름이 인쇄되어 있었다.

V.

마지막으로 어떠한 특성 덕택에 스멘트의 연구는 엄청나게 자극적인 영향을 미칠 수 있었는가 하는 것이 여전히 문제된다. 이 특성은 세련되고 숙련된 공식으로서는 표현될 수 없다. 스멘트의 연구의 저작상의 유형이 파악되면 이것은 더욱 뚜렷하게

---

des Gründungsjahres der Friedrich-Wilhelms-Universität zu Berlin, Berlin 1960, S. 109 ff. (Staatsrechtl. Abhandlungen S. 527 ff.); Die Berliner Friedrich-Wilhelms-Universität, Göttingen 1961(Staatsrechtl. Abhandlungen S. 547 ff.); Deutsche Staatsrechtswissenschaft vor hundert Jahren - und heute, in: Festschr. Adolf Arndt, 1969, S. 451 ff. (관련된 점은 L. K. v. Aegidis kurzlebige Zeitschr. für Dt. Staatsrecht u. Dt. Verfassungsgeschichte 1865/67); Die Vereinigung der Deutschen Staatsrechtslehrer und der Richtungsstreit (Anm. 88).

93) Anm. 38; Art. Staat (1959), Staatsrechtl. Abhandlungen S. 517 ff.을 보라.
94) Staatsrechtl. Abhandlungen S. 500 ff.
95) In: Forschungen und Berichte aus dem öffentlichen Recht. Gedächtnisschr. f. W. Jellinek, München 1955 (Staatsrechtl. Abhandlungen S. 462 ff.).
96) Staatsrechtl. Abhandlungen S. 581 ff.
97) Rechtsprobleme in Staat und Kirche, Göttingen 1952; Staatsverfassung und Kirchenordnung, Tübingen 1962.

드러난다.

　이러한 유형은 특수한 연구논문이거나 또는 한정된 범위에서 특정한 사실문제를 전개하려는 잡지 또는 기념 논문에 출판하기 위한 보다 명쾌한 작은 논문이다. 스멘트는 결코 교과서를 저술하지 않았으며 오히려 항상 교과서적 소재를 간단한 국가학 항목에서 서술하였다. 그는 헌법에 주석도 하지 않았다. 바이마르 공화국 헌법 교재에 간단한 서문을 실었을 뿐이다.98) 특히 주저『헌법과 실정헌법』은 특수 연구논문이며, 그 때문에 통합이론에는 체계적 이론 구성의 형식이 거의 존재할 수 없다. 스멘트의 모든 연구에서는 문제의 선택과 전개를 지배하는 특징은 명백한 철학적 또는 학문적 중심원리에서 출발하지 않는다는 것이다. 오히려 스멘트의 모든 연구는 최대한으로 인근사항과 응결체에서 설명되는 명백한 실체적 개별문제에서 직접 출발한다. 통합사상도 스멘트의 연구에서는 잠정적인 이론적 중심원리로 혼동되어서는 안 된다. 오히려 1916년의 연구 이후로 점차 성숙된 것이 보이는 바와 같이, 특정 사실 문제에서의 스멘트의 구체적 연구의 결실일 뿐이다.

　문제관련적이라고 할 스멘트의 현상학적 연구방법은, 그의 연구에서 전형적인 형식의 징표에서도 추론할 수 있다. 그래서 스멘트에 의해 이용되거나 또는 그에게 가까이 있는 소재가 대부분 항상 연구주제의 배후관계와 관련되지 않을 때 한편으로는 스멘트적 연구의 엄밀한 범위 — 예외는 주저(主著)와 초기의 제국 궁정재판소에 관한 연구논문 뿐이다 — 와 다른 한편 더욱 더 언급되어야 하는 일반적으로 가공된 예외적인 소재의 풍부성, 스멘트의 연구에는 항상 어떤 새롭고 독창적인 명제가 포함되어 있다면, 그때그때마다 소재가 입체적으로 압축되었기 때문이고 기대되지 아니한 관점 또는 기대되지 아니한 사변적 응용을 통하여 새로운 조명이 거의 고려되지 않았기 때문이다. 그의 생각을 사실싱 언어로 응고시키는 것을 알고 있는 스멘트의 완전한 언어적 교육이 없었다면,99) 물론 이러한 형태의 문제의 전개는 생각될 수 없었을 것이다. 그리고 스멘트가 매우 복잡한 문제를 간결하게 표현하고, 문제 또는 현상의 역사적 뿌리를 매우 적절한 암시를 통하여 묘사할 수 있게 한 유일한 형태의 스멘트의 역사교육이 없었다면 또 불가능했을 것이다. 스멘트의 명제에 의하여 반발심을 가지는 사람도 그의 근거제시의 형태에 대하여 놀라움을 떨쳐버릴 수 없을 것이다.

　스멘트는 그 연구의 개별적인 사실상의 성과가 그 연구의 문체나 스타일에 의하여 국가법적 및 헌법적 사상의 발전에 새로운 길을 개척한 것이 아니다. 그는 국법학의 전문영역의 관점을 다시 확대시켰으며 이를 무책임하고 생활과 유리된 전문 학문이라는 막다른 골목에서 끌어냈다. 여기에 지금까지 계속되는 그의 학문적 의미가 놓여 있는 것이며, 취소될 수도 있는 국가이론 및 헌법이론의 근거제시의 추구에 그의 학문적

98) Die Verfassung des Deutschen Reiches vom 11. August 1919 (Textausgabe mit Einleitung, 23 S.), Berlin 1929 참조.
99) 언어에 대한 스멘트의 관계에 대해서는 G. Leibholz (Anm. 1), S. 40 f.

의미가 놓여 있는 것이 아니다. 수많은 스멘트의 명제, 그 중에서도 특히 그의 주제에서의 명제는 오늘날에는 분명 더 이상 현실적이 아니게 되었거나 또는 오늘날의 현실에서 재조명되어야 한다. 그의 사고의 전제도 적지 아니하게 시대에 뒤떨어져 있다. 그럼에도 불구하고 국법학을 현재의 정치문제에 대한 완전한 책임 아래 두려는 그의 노력은 오늘날 노력과 그의 연구가 한층 더 결합되게 하였다.

루돌프 스멘트 (1882-1975)
분열된 시대의 통합[*]

악셀 프라이헤르 폰 캄펜하우젠

1975년 7월 5일 루돌프 스멘트가 93세의 나이로 괴팅겐에서 사망하였을 때, 그는 거의 독일 프로테스탄트 학문적 전통의 완벽한 구현이라고 여겨질 수 있는 생애를 마친 것이었다. 여러 세대에 걸쳐 그는 법학자, 정치학자, 역사학자 그리고 신학자들에게 있어서 학자의 표본이었다. 그의 세미나에서는 불문율로 된 두 가지의 원칙이 있었는데 스멘트 자신 속에 끊임없이 존재하는 학문에 대한 지극한 요구가 하나이며, 다른 하나는 문제해결이나 토론, 비판에서의 무조건적인 자유와 평등의 원칙이 그것이었다.[1] 그는 모든 것을 알고 있는 것처럼 보였고 모든 것을 읽었다. 그는 모든 것에 대해, 심지어 일찍이 고인이 된 학자나 작가들에 대해서도 알고 있었다. 마지막까지도 그는 무엇이든 새로운 것에 대해서 바로 어린아이와 같은 호기심과 전례 없는 개방적인 사고로 가득 차 있었다. 그는 전부 네 번에 걸쳐 **명예박사학위**(Ehrendoktors)를 받는 영예를 누렸다. 1930년 베를린대학(Friedrich-Wilhelms-Universität) 신학부에서 신학박사 학위를, 1962년 베를린 자유대학의 경제 및 사회과학부에서, 1967년 튀빙겐 대학(Eberhard-Karls-Universität in Tübingen)의 법 및 국가학부에서 명예 정치학박사(Dr. rer. pol. h. c.)학위를, 1972년에는 바젤 대학의 법학부에서 명예 법학박사의 학위를 수여받았다. 그가 수여받은 **훈장들**(Orden) 역시 그의 삶이 미친 영향력과 가치에 대한 인정이 아닐 수 없다. 이러한 인정에 대해서는 그 자신도 기뻐하였다. 즉 1910년 그는 프로이센의 국왕으로부터 4급 보관장 훈장을 수여받았으며, 1952년에는 독일 연방대통령으로부터 독일연방공화국 대공로십자 훈장(Großes Verdienstkreuz des Verdienstorden)을, 1967년에는 대공로 십자훈장 별(der Stern zum Großen Verdienstkreuz)을 수여받았으며,

[*] Axel Freiherr von Campenhausen, Rudolf Smend (1882-1975) Integration in zerrissener Zeit, in: Fritz Loos (Hrsg.), Rechtswissenschaft in Göttingen. Göttinger Juristen aus 250 Jahren, Vandenhoeck & Ruprecht, Göttingen 1987, S. 510-527.
1) Zwirner, Rudolf Smend, † DÖV 1976, 48.

1961년에는 니더작센주의 국무총리로부터 니더작센주 훈장(Landmedalle)을 수여받았다. 군주시대나 공화국 시대에서 모두 그가 인정받았다는 것은 그만큼 그의 권위를 뒷받침해 주는 것이었다. 그러나 스멘트는 마지막까지도 헌법학을 변혁하려는 시도 때문에 논란의 대상이 되었다.2)

I.

그의 생애3)는 일찍이 전래되어 내려오던, 외관상으로는 오히려 평온한 관례적인 학자의 생활이었다. 스멘트는 여러 세기에 걸쳐 목사, 법학자, 그 밖의 다른 분야의 학자들을 배출해 낸 가문의 출신이었다.4)

---

2) 스멘트의 학문은 시초부터 곧 저항에 부딪쳤다. 참조. Kelsen, Der Staat als Integration. Eine prinzipielle Auseinandersetzung, Wien 1930 (김효전 옮김, 『통합으로서의 국가 ― 하나의 원리적 대결』, 법문사, 1994); E. Kaufmann, Vorwort zu »Rechtsidee und Recht«, Ges. Schriften, Bd. 3, Göttingen 1960, S. XXX ff.; Heller, Staatslehre, hg. von Gerhart Niemeyer, Leiden 1961², S. 69 f. u. ö.; Nawiasky, Allgemeine Staatslehre, 1. Teil: Grundlegung, Einsiedeln u.a. 1958², S. 18 ff., 109 ff., 134 ff. 이후 시대에는 특히 Forsthoff, Die Umbildumng des Verfassungsgesetzes, in: FS Carl Schmitt, Berlin 1959, S. 35 ff. (헌법률의 개조, 계희열 편역, 『헌법의 해석』, 고려대학교 출판부, 1993, 89면 이하), jetzt abgedr. in: ders., Rechtsstaat im Wandel. Verfassungsrechtliche Abhandlungen 1950-1964, Stuttgart 1964, S. 147 ff.; 이에 대해서는 Hollerbach, Auflösung der rechtsstaatlicher Verfassung? Zu Ernst Forsthoffs Abhandlung »Die Umbildung des Verfassungsgesetzes« in der Festschrift für Carl Schmitt, AöR 85 (1960) S. 241 ff. (법치국가적 헌법의 해체? 칼 슈미트 기념논문집에 실린 에른스트 포르스토프의 논문 〈헌법률의 개조〉에 대하여,전게 『헌법의 해석』, 125면 이하); 즉시 동의하는 것은 Holstein, Dt. Literaturzeitung 49 (1928) Sp. 1367 ff.; Hensel, Staatslehre und Verfassung, Arch. f. Sozialwissenschaft und Sozialpolitik 61 (1929) S. 168 ff.

3) 이에 관하여는 특히 그의 사후에 발표된 평가와 부고들. 즉 Badura, Staat, Recht und Verfassung in der Integrationslehre. Zum Tode von Rudolf Smend, Staat 16 (1977) S. 305 ff.; A. v. Campenhausen, Zum Tode von Rudolf Smend, JZ 1975, 621 ff.; ders., in: Deutsches Allgemeines Sonntagsblatt Nr. 29/1975, S. 10; Friedrich, Rudolf Smend, AöR 112 (1987), S. 1 ff.; Gottschalk, Gedenkworte des Rektors der Georg-August-Universität, in: In memoriam Rudolf Smend. Gedenkfeier am 17. Januar 1976 in der Aula der Universität Göttingen, Göttinger Universitätsreden, Bd. 60, Göttingen 1976, S. 7 ff.; Häberle, Zum Tode von Rudolf Smend, NJW 1975, 1874 f.; Hesse, In memoriam Rudolf Smend, ZevKR 20 (1975) S. 337 ff.; E. R. Huber, in: Jahrbuch der Akademie der Wissenschaften zu Göttingen 1976, S. 105 ff.; Kästner, Rudolf Smend, in: Elsener (Hg.), Lebensbilder zur Geschichte der Tübinger Juristenfakultät, Tübingen 1977, S. 135 ff.; Leibholz, Rudolf Smend. Gedenkrede, in: In memoriam Rudolf Smend, S. 15 ff.; v. Nostitz, Rudolf Smend. Konservative Lebensleistung eines Staatsrechtlers, Criticón 1976, S. 182 ff.; A. Pirson, Gedenkworte des Präsidenten der Akademie der Wissenschaften zu Göttingen, in: In memoriam Rudolf Smend, S. 12 ff.; Stolleis, Rudolf Smend, in: Benz/Graml (Hg.), Die Weimarer Republik in Biographien, München 1987; Zwirner, aaO. (Fn. 1), S. 48. 스멘트의 국가이론과 헌법이론의 보다 커다란 해석은 Bartlsperger, Die Integrationslehre Rudolf Smends als Grundlegung einer Staats-und Rechtstheorie, Diss. Erlangen-Nürnberg 1964; Mols, Allgemeine Staatslehre oder politische Theorie? Untersuchungen zu ihrem Verhältnis am Beispiel der Integrationslehre Rudolf Smends, Berlin 1969; Poeschel, Anthropologische Voraussetzungen der Staatstheorie Rudolf Smends, Berlin 1978. 이하에서 나는 특히 나의 JZ 1975, 621 ff.의 논문에 의거한다.

그는 1882년 1월 15일 스위스의 바젤에서 태어났다. 스멘트의 부친 루돌프 스멘트는 괴팅겐대학의 교수로 임명되어 1889년 그곳을 떠날 때까지 바젤대학의 신학교수로 재직하였다. 괴팅겐에서 스멘트는 성장하였고 1904년 「프로이센 헌법전과 벨기에 헌법의 비교연구」(Die preußische Verfassungsurkunde im Vergleich mit der Belgischen)라는 학위논문으로 괴팅겐 법학부의 논문상을 수상하면서 학업을 마쳤다.5) 처음에 그는 **역사적인 연구**에 충실하였다. 그는 1908년 킬(Kiel) 대학의 알베르트 해넬(Albert Hänel) 교수 밑에서 제국 궁정재판소에 관한 논문으로 교수자격을 취득하였다.6)

그 이듬해인 1909년에 이미 그는 그라이프스발트(Greifswald) 대학의 교수로 첫 임명을 받았다. 그리하여 그다음에는 튀빙겐(1911), 본(1915) 대학을 거쳐 1922년에는 그 당시 최고의 위치에 있었던 베를린대학 교수로 임명되었다. 1935년에는 괴팅겐대학 교수로 부임하게 되는데 이러한 전근은 그의 의사에 반한 것이었으므로 그가 괴팅겐대학으로의 부임을 견책 전근으로 받아들인 것은 당연하였다. 이곳에서 스멘트는 건강상의 문제가 없었던 것은 아니었지만 그의 마지막까지 40년 동안이나 매우 왕성한 정신적 활동을 보여주었다. 1945년 그는 대학이 새로 개편됨에 따라, 대학 총장이 되었으며,7) 1944년부터 1949년까지 괴팅겐학술원(Akademie der Wissenschaften zu Göttingen)의 회장을 역임하였다.8)

II.

국가, 대학 그리고 교회는 루돌프 스멘트가 학문연구에 바친 대상들이기는 하지만 그의 기나긴 인생을 예속했던 힘들이기도 하다. 나만 **서삭복록**9)에서만 테마상으로 일정

---

4) 참조. Koerner, Deutsches Geschlechterbuch, Bd. 100, 1938, S. 301 ff.
5) 학술상은 1784년 국왕 게오르크 3세가 제정한 것으로 금화 25 두카텐(Dukaten)의 메달이었다. 수상자는 언제나 자주 금액을 현찰로 지불케 하였다. 루돌프 스멘트는 오늘날 더 이상 수여하지 않는 메달의 마지막 수상자로서 결정되었다. 이에 관하여는 Pütter, Versuch einer academischen Gelehrten-Geschichte von der Georg-Augustus-Universität zu Göttingen, 2. Theil, Göttingen 1788, S. 310 ff.; H.-W. Wolf, Eine königliche Stiftung: Zur Geschichte der Göttinger Preismedaille von 1785, in: Informationen der Georg-Augustus-Universität Göttingen, Nr. 2/1987, S. 9 f.
6) Das Reichskammergericht. Erster Teil. Geschichte und Verfassung, Weimar 1911, Neudruck 1965.
7) 이에 관하여는 Gottschalk, aaO. (Fn. 3), S. 7 ff.
8) 이에 관하여는 A. Pirson, aaO. (Fn. 3), S. 12 ff.
9) 그의 가장 중요한 국법상의 저작들은 Smend, Staatsrechtliche Abhandlungen und andere Aufsätze, Berlin 1968². 여기에는 1966년까지의 저작과 논문 목록이 수록되어 있다(S. 609 ff.). 그 이외의 국법상의 발간물들로는 Deutsche Staatsrechtswissenschaft vor hundert Jahren — und heute, FS Arndt, Frankfurt 1969, S. 451 ff.; Das Problem der Institution und der Staat. Staat als Beruf, in: Dombois (Hg.), Recht und Institution, Folge 2: Arbeitsrecht und Referate aus der Institutionenkommission der Ev. Studiengemeinschaft, Stuttgart 1969, S. 66 ff.; Die Vereinigung der Deutschen Staatsrechtslehrer und der Richtungsstreit, in: FS Scheuner, Berlin 1973, S. 575 ff.

한 시대구분이 나타날 뿐이다. 즉 초기에는 법사학에 관한 연구가, 그 후에는 국가이론과 그 이론의 헌법에의 적용이 스멘트 사고의 중심이 되는데, 「자유로운 의견표명의 권리」 (Das Recht der freien Meinungsäußerung, 1928)[10]와 특히 「헌법과 실정헌법」 (Verfassung und Verfassungsrecht, 1928)[11]은 이러한 본과 베를린 시대에 해당되는 것이다. 대학과 학문사에 관한 연구는 보다 이후에 나타나며, 교회법과 국가교회법은 제2차 세계대전 이후인 괴팅겐 시절에 가서야 비로소 전면에 부각된다.

III.

루돌프 스멘트가 이룩한 개별적인 성과들은 법관(法觀)이나 판결에도 영향을 미치는 것이지만, 스멘트 학문의 업적은 그러한 개별적인 성과들에 있는 것이 아니다. 본질적인 그의 업적은 '새롭게 실질적으로 헌법을 고찰'하기 위해서 '국법실증주의 극복'에 결정적으로 기여했다는 사실이다. 1911년 튀빙겐대학 취임강연[12]에서 이미 그는 역사적·정치적·사회적 연관성에 관심을 표명하고 있으며, 지배적이던 국법실증주의와는 완전히 다르게, 당시 배척되던 정치사회학적인 저술로 문제해결의 실마리를 찾았다. 이것이 바로 스멘트 연구방법의 특징인 **'정신과학과 사회과학의 전체적 연관 속에서의 헌법의 재통합'**이다. **통합이론**은 이러한 취지에서 나온 것이다.

활동 초기부터 스멘트가 뛰어난 점은 의미위기(Sinnkrise)에 빠져든 국가세계를 새롭게 이해하려고 하였으며, 특히 당장은 법학자들이 주의하지 않는 것들에 주목하였기 때문이다. 1916년에 이미 그는 「전혀 작성하지 않았거나 또는 고유하게 오해된 형식으로 작성한, 그리고 그러므로 라이히 국법을 서술할 때에 — 커다란 실천적인 의의에도 불구하고 — 아주 쉽게 완전히 간과되어 버리는」[13] 헌법의 한 영역, 즉 연방헌법이 명백하게 제시하지 않는 영역일지라도 **'연방 친화적인 태도'**(bundesfreundliches Verhalten)로서의 연방국가 각 기관들의 법적 의무에 몰두하였다. 비스마르크는 이러한 원칙을 Verfassungsautor (헌법이 이러한 원칙에서 나온다고) 라고 보았으며, 스멘트는 이 원칙이 학문적으로 볼 때 어느 정도는 헌법에 적합한 법의무인 것으로 보았다. 그는 계약신의 (Vertragstreue)와 연방친화적인 정념(Gesinnung)이라는 사상을 척도로서 전개하였는데, 이는 연방의 주들이 상호관계나 헌법상의 의무 이행과 그리고 이에 상응하는 권리의 인식에 있어서 정치적으로뿐만 아니라 법적으로도 측정할 수 있는 것이어야 한다. 연방신의(Bundestreue)라는 사상은 그 후 헌법판례 속에 포함되었다.[14]

---

10) In: Staatsrechtliche Abhandlungen; S. 89 ff.

11) Ebd., S. 119 ff.

12) Maßstäbe des parlamentarischen Wahlrechts in der deutschen Staatstheorie des 19. Jahrhunderts, ebd., S. 19 ff.

13) Ungeschriebenes Verfassungsrecht im monarchischen Bundesstaat, ebd., S. 39 (40). 본서 798면.

스멘트는「하나의 제도, 하나의 법적 제도 또는 헌법체계 전체를 그 역사적 연관성이나 정신적인 근원에서부터 전개하는」15) 정신과학적인 연구방식과 마찬가지로, 법률 조문으로 표현된 실제 생활 자체에 대한 관심도 견지하고 있었다. 그가 문제해결을 위해 이러한 접근방식을 택한 것은「민족 역사의 원동력」을 고려하지 않고서는 시대 마다의 고유한 역사적 과제, 자신의「소명」, 현재「부과된 것」을 인식하고 시대의 도전에 상응하는 것이 불가능하다는 확신에서였다.16)

스멘트가 대학 강단에 들어설 당시 학문의 경향은 형식적인 표준에 소급하여 개념이 가지고 있는 사회적·형이상학적 그리고 정치적인 내용을 가능한 한 제거하는 경향이 지배적이었다. 이러한 학문의 경향에 대해서 스멘트는「사회학적이며 목적론적인 내용들은 물론 실질적인 내용들, 즉 법학적 규범의 전제와 대상인 내용들의 방법론적인 산출」17)을 기본적인 과제로 삼았다. 이때에 그는 함축성 있는 해석이 전제되어야 하는 것은 물론 비판적 사고 속에서 방법론적으로 산출되지 않는 의미지향을 피해야 한다는 것을 깨달았다.

뮌헨에서 개최된 국법학자대회에서 행한 강연18)을 통해 우리는 스멘트의 연구와 사고방식을 특히 명확하게 인식할 수 있다. 그는 기본권의 통합기능에 의거하여 **제한적 법칙의 일반성**(Allgemeinheit der Schrankengesetze)이라는 규정을 그때그때마다 보호하는 가치들 간의 **형량**(Abwägung)으로서의 역할을 부여하였다. 즉

따라서 제118조가 의미하는「'일반 법률들'」은 제118조보다 우선권을 가지는 법률들이다. 왜냐하면 이 법률들에 의해서 보호된 사회적 법익이 의견의 자유보다 더 중요하기 때문이다」.19) 스멘트의 강연에 대한 토론에서는 이미 국가과학의 역사에 있어서 전환점이라 할 수 있는 **실질적인 기본권이해**(materiales Grundrechtsverständnis)로의 기술적-형식적인 근저가 나타난다.20) 기본법 제5조 2항에 대한 연방헌법재판소의 판결에서 형량방식(Abwägungsmethode)은「뤼트(Lüth) 판결」21) 이후로 확고한 자리를 차지하게 되었다.22) 이때 기본권을 **가치질서**(Wertordnung)로서 이해하는 관점의 토대가 마련되었

14) 그리하여 루돌프 스멘트와의 명백한 관련 아래 BVerfGE 12, 205 (254 f.). 나아가 대체로 BVerfGE 13, 54 (75 f.); 14, 197 (215); 34, 9 (20 f.. 38 f., 44).
오늘날의 헌법 상황에 있어서 이 원칙의 반성 없는 답습과 적용의 확대에 대해서 비판적인 것은 Hesse, Der unitarische Bundesstaat, Karlsruhe 1962, S. 8 f.; Friedrich, aaO. (Fn. 3), S. 4 f. 이에 관하여는 나아가 Leibholz, aaO. (Fn. 3), S. 34; Kästner, aaO. (Fn. 3), S. 141.
15) 그리하여 Scheuner, Rudolf Smend - Leben und Werk, in: FS Smend (70 J.), Göttingen 1952, S. 433 (438).
16) Bürger und Bourgeois im deutschen Staatsrecht (1933), in: Staatsrechtliche Abhandlungen (Fn. 9), S. 309 (325). 본서 797(811면).
17) Verfassung und Verfassungsrecht (Fn. 11), S. 124. (본서 652면).
18) Das Recht der freien Meinungsäußerung (Fn. 10).
19) Ebd., S. 97 f.
20) E. Kaufmann, Diskussionsbeitrag, VVDStRL Heft 4, 1928, S. 77.
21) BVerfGE 7, 198 ff.
22) 연방헌법재판소는 스멘트의 시론과 헨첼(Häntzschel, HdbDStR, Bd. II, 1932, S. 651 (659 f.)을 결합하

는데, 이러한 견해가 주는 의미는 그동안 ── 더구나 연방헌법재판소의 판결에 의해서
── 아주 당연한 것으로 받아들여지고 그것이 스멘트에 의해서 비로소 제기되었다는
사실은 거의 잊혀질 정도이다.

약 150페이지에 달하는 「헌법과 실정헌법」(1928)[23]은 국가이론과 헌법 분야에서
스멘트 저술의 정점을 이루는 것으로 학위논문과 교수자격취득 논문 이후에 나온 가장
방대한 저술이다. 이 저술은 여기서 전개하고 있는 통합이론으로 가장 큰 영향을 미쳤다고
한다. 통합이론의 핵심과 통합이란 개념은 이 저술에 앞서 1923년에 저술한 「헌법국가에
있어서의 정치권력과 국가형태」(1923)[24]에 이미 나타나 있다. 1세대가 지난 후 스멘트는
사회과학 사전(Handwörterbuch der Sozialwissenschaften, 1956)[25]과 복음주의 국가사
전(Evangelische Staatslexikon, 1966)[26]에서 통합이론을 다시 한번 간략하게 요약하면서
그동안에 나타난 비판도 첨가하였다. 여기서 그는 통합이론을 「헌법을 정당하고 완전하게
해석하는 법학이론」[27]이라고 일컬었다. 독자들에게는 바로 이 나중에 나온 짧은 논문들
이 스멘트의 기본사상을 이해하는 데에 훨씬 쉬울 것이다.

스멘트 자신의 말에 의하면, 그의 주요 논문은 바이마르 공화국이 점점 위기적인
상황에서 본질적인 **헌법의 의미**(Sinn der Verfassung)를 규정하려는 데에 있다.[28] 여기서
그는 「비교적 낡은 국가사상」이라 할 수 있는 국법실증주의와 뚜렷하게 대립된 입장을
보여주고 있다. 국법실증주의는 헌법을 특정 목적을 위해 특정한 결과를 야기시키기
위한 국가경영에서의 기술적인 질서로 이해하려는 경향이 있었다. 스멘트는 바로 이러한
도구적이고 목적론적인 사고 때문에 정치적 의미와 헌법의 특성에 대한 이해의 길이
차단되는 것이라고 보았다. 이에 반하여 통합이론에서 문제가 되는 것은 정신적 현실로서
의 **국가의 생활현실**(Lebenswirklichkeit des Staates)에 대한 이해였다. 여기에서 「헌법에
부과된 건전한 생활의미를 전개」[29]하려는 갈망이 자라난 것이다.

전래의 국가학과는 반대로 스멘트는 국가를 살아있는 정신적 현실로 파악하려고 하지
않는 3요소설(Drei-elementen-Lehre), 기계적 또는 형식법학적인 법구조이론이 아닌,
대부분이 의식하지 못하는 국가의 자기실현 과정인 것으로 시작하였다. 따라서 정적-실체
적인 이해 대신에 **동적-기능적인** 이해가 자리를 잡게 되었다. 스멘트는 국가의 자기
실현과정을 **통합**(Integration)이라고 일컫는다. 그는 이 개념으로 매일매일 매 시간마다

고 있다.

23) Fn. 11.

24) In: Staatsrechtliche Abhandlungen (Fn. 9), S. 68 ff.

25) Art. »Integrationslehre«, in: Bd. 5, S. 299 ff., jetzt in: Staatsrechtliche Abhandlungen, S. 475
ff.

26) Art. »Integrationslehre«, Sp. 803 ff., jetzt in: Staatsrechtliche Abhandlungen, S. 482 ff.; 다시
수정하여 EvStL, 1975², Sp. 1024 ff.

27) 수정한 항목 Art. »Integration«, Sp. 1026.

28) Art. »Integrationslehre«, S. 479.

29) Ebd., S. 481.

갱신하면서 체험해가는 국가의 진보적인 과정을 표현한 것이다. 개별적으로 그는 **인적, 기능적 그리고 물적 통합**(persönliche, funktionelle und sachliche Integration) 등으로 나누었는데, 이것은 이 과정이 정식 통치자(gekrönte)에 의한 통합이냐 그렇지 않은 통합인물에 의한 것인가 또는 통합작용을 수행하는 일정한 절차 (예를 들면 선거나 국회 논의)에 의한 것이냐, 또는 그것에 대한 일반적인 동의(기본권)가 존재하는 국가생활의 의미내용으로 야기되는 것인가에 따라서 나뉘는 것이다. 이에 따르면 국가는 법률, 판결, 그 밖의 다른 생활표현들이 저절로 생겨나게 내버려두는 잠자고 있는 전체가 아니다. 「그러한 표현들이 국가가 이러한, 개별적인 생활의 표현에서 대체로 현존하는 것은, 이러한 표현들이 하나의 정신적인 관련 전체를 확증하는 것인 한에서일 뿐이며, 더구나 전적으로 이러한 관련 전체 그것만을 대상으로 하는, 더욱 중요한 경신과 형성들 (Erneuerungen und Fortbildung)의 작용들에서이다. 국가는 부단한 경신화의, 지속적으로 새롭게 체험되는 것의, 과정에서만 활동을 영위하며, 그리고 정재(定在, dasein)한다. 국가는 여기서도 또한 르낭(Renan)*의 유명한 국민의 성격을 적용한다면, 매일 반복되는 국민투표에 의해서 활동을 영위하는 것이다. 국가생활의 이러한 핵심적 과정을 위해서, 바란다면 그 핵심적 실체를 위해서, 바로 이를 위해서 나는 이미 다른 곳에서 통합 (Integration)으로서 특징지을 것을 제안하였다.30)

스멘트의 통합이론은 특히 **민주주의와의 관련**31) 때문에 다른 국가이론들과 구별된다. 민주주의와의 관련은 특히 스멘트가 유명한 에르네스트 르낭(Ernest Renan)의 말, 즉 국가의 본질을 바꾸어 말한 이른바, 하나의 민족이 국민이 되기 위한 **매일 반복되는 국민투표**(Plebiszit)와 관련되었을 때 특히 잘 나타나며, 이 국민투표는 국가생활에서 통합과정에 핵심적 본질을 부여하는 것이다. 국가적인 통합을 정치적인 것의 개념의 핵심본질로 내세움으로써 스멘트는 20년대가 정신사적인 전환기를 이룩하는데 결정적인 기여를 하였다.32) 통합은 학문적인 방법론이 아니라 하나의 과정(Vorgang)으로,33) 단지 드물게 의식적인 헌법규정의 대상이나 이론적 사고의 대상이 될 뿐이다.34) 스멘트의 사고방식은 **국가현상학**(Phänomenologie des Staates)의 범주에 한정되어 있다. 나중에

30) Verfassung und Verfassungsrecht (Fn. 11), S. 136. 통합이론에서 ― 부분적으로 나타나듯이 ― 국가학에서 인위적인 조화라는 하나의 심상 초안을 일깨우려는 것은 잘못이다. 스멘트는 반대로 헌법에 적합하도록 미리 표현된 경로 속에서 바로 정치적 대결이라는 통합하는 작용을 강조하고 있다. 스멘트에 있어서 헌법은 국가적인 권력행사의 조직을 위한 법적 도구라기 보다는 오히려 국가적인 통합과정의 법적인 질서이다. 이때에 헌법의 조직적인 규정들에서 통합하는 국가기능들은 법적으로 작성하게 되며, 기본권 속에서 국가적인 전체성의 국가시민을 정서하는 것이다. Kästner, aaO. (Fn. 3), S. 143. 기본권의 통합하는 기능에 대해서는 Verfassung und Verfassungsrecht, S. 262 ff., insb. S. 265 및 Das Recht der freien Meinungsäußerungen (Fn. 10), S. 92 ff.
31) Leibholz, aaO. (Fn. 3), S. 28.
32) 이에 관하여는 Holstein, Von den Aufgaben und Zielen heutiger Staatsrechtswissenschaft. Zur Tagung der Vereinigung deutscher Staatsrechtslehrer, AöR 50 (1926), S. 1 ff.
33) Art. »Integrationslehre« (Fn. 25), S. 475 f.
34) 스멘트가 반복해서 지시하는 하나의 예외는 비스마르크 제국헌법을 형성한다.

그는 이 현상학을 가리켜 자신에게 있어 「국가현상을 이해하기 위한 전제」35)라고 일컬었
다. 그에게 있어서 특징적인 것은 바로 그의 「통합이론」이라는 항목에서 제기한 반복적인
요구, 즉 국가를 전체로서 파악할 것을 요구한다는 데에 있다. 즉 「통합이론은 한편으로는
규범을, 다른 한편으로는 현실을 각각 고립시켜 이해하는 어떤 것이든 거부한다」.36)
「개개인의 개인적인 생활들이 결합된 단일체로서의 국가」, 「그 속에 개개인은 서로가
지속적인 변증법 과정에 있는」 국가, 스멘트에게는 그러한 국가생활의 현실 전체에
대한 이해가 문제되는 것이다.37) 따라서 실증주의에서처럼 규범과 정치-사회적 현실을
분리하는 것은 지양되었다. 단순히 헌법차원으로의 규범적인 연역을 거부하고 사회학적
이며 정신과학적인 지식을 끌어들임으로써 정신적 현실로서의 국가에 대한 이론이 발전할
수 있었던 것이다. 이제 **통치**(Regierung)**와 행정의** 원리적인 **차이**, 즉 헌법과 행정법의
차이가 명확하게 드러난다. 헌법은 정치과정의 질서이면서 정치과정을 고무시키려고
한다. 그 자체로서의 자기목적은 그 본질에 적합한 특유성을 가지고 있다.38) **국법**
(Staatsrecht)은 통합법이며, **행정법**(Verwaltungsrecht)은 기술적 법이다.39) 형식적으로
는 국가헌법의 법학적인 특징이기도 한 「국가헌법과 정치현실에 대한 헌법의 기본적인
의미」는 통합적인, 따라서 정치적인 성격에 있다.40) 스멘트는 국가이론에 대한 일련의
문제들과 국법 문제에 대한 실제적 해결을 위해서 이러한 의미를 좀 더 자세하게 추적하였다.

　이러한 이해의 바탕에서 **헌법해석**(Verfassungsinterpretation)의 문제에 대한 통찰이
심화되었다. 스멘트는 모든 헌법의 규정들이 **헌법의 통일성**(Einheit der Verfassung)에
근거하여 해석될 수 있으며, 국가-헌법의 통합이라는 전체 과정과의 관계에서 규정될
수 있다는 사고를 전개하였다. 헌법에 부과된 해석원리로서의 통합적 의미는 그가 시도한
헌법해석에서 이르게 되는 본질적인 필연적 귀결들 중의 하나이다. 그렇게 되면 결과적으
로 헌법규정들의 다양한 서열인식이 가능해지는 것이다. 이러한 인식이 인정을 받아
보편화되었기 때문에 발안자에 대한 기억은 희미해 진 것이다.

　스멘트는 **헌법내용과 사회 현실과의 지속적인 피드백 관계**(Rückkoppelung des
Verfassungsinhalts zur gesellschaftlichen Wirklichkeit)가 필연적인 것임을 인식하였다.
이 때문에 헌법과 헌법현실이 분리되어서는 안 되었던 것이다. 「제정된 헌법의 효력이
유동적으로 계속해서 형성된다」41)는 것도 이러한 관점에서 비롯된 것이다. 여기에 스멘
트가 긍정적으로 수용한 비판42)이 나타났다.43)

35) Das Problem der Institutionen und der Staat (1956), in: Staatsrechtliche Abhandlungen (Fn.
　9), S. 500 (516).
36) Art. »Integrationslehre«, S. 478.
37) Art. »Integration« (Fn. 26), S. 483.
38) Das Problem der Institutionen, S. 507.
39) Verfassung und Verfassungsrecht (Fn. 11), S. 236.
40) Art. »Integrationslehre« (Fn. 25), S. 477.
41) Verfassung und Verfassungsrecht, S. 242.
42) 참조. Hesse, Grundzüge des Verfassungsrechts der Bundesrepublik Deutschland, Heidelberg

헌법을 정치적으로 이해함으로써 스멘트는 법학적인 비판에 있어서 **바이마르 라이히 헌법의 붕괴**(Zerfall der Weimarer Reichsverfassung)를 헌법에 위반되는 태도의 결과로 규정지을 수 있었다. 이에 반하여 실증주의적 헌법관을 가진 동시대의 사람들은 여기에 대해서 어떠한 법적인 관점도 제시하지 못했다. 민주적인 헌법체계와 생활법칙을 극복하려 했던 많은 동시대인들과는 달리 스멘트에게 문제가 된 것은 보수적 출신으로서의 기본 입장을 손상시키지 않으면서 그것을 학문적으로 인식하고 함축성 있게 파악하는 일이었다.44) 스멘트는 (자신이) 헌법에 위반되는 것으로 인식한 태도에 대해서 통일체를 형성하고 통합하는 것으로 헌법과 그에 상응하는 태도를 이해할 것을 주장하였다.45) 「통합이론은 … 대부분의 국민들이 기존의 국가에 대해 적대적으로 소원한 관계에 있는 시대에, 현실적으로 단일체 형성의사가 결여된 국가의 활동을 적어도 법학적-국가이론적인 요청으로서 선포함으로써 동시에 말 그대로 '국가시민'(Staatsbürger)으로서의 개개인의 의무를 환기시키려는 시도로 볼 수 있다.46)

내란과 같은 양상을 띠던 시기에 스멘트는 국법이론에서 비롯된 가치와 관련된 자신의 관점에서 대안을 제시하려고 했던 것이다. 당시에는 그것이 성공하지 못했다. 그러한 관점이 나타난 때에 일어난 정치적 사건들로 말미암아 스멘트 통합이론의 성과는 방해를 받았던 것이다. 그러나 제3제국이 붕괴된 후 학문 활동이 다시 시작되자 통합이론은 그만큼 더 폭넓은 지지를 받게 되었다. 이제 통합이론은 학문의 영역을 넘어서 실제에 있어서도 유효 적절하게 되었다. 스멘트의 통합시도 이론이 얼마나 현대적이냐 하는 것은 우리 시대에도 입증되고 있다. 우리 시대에는, 국가현상을 지향한 통합적인 공동체의식이 「거의 무정부적인 해체과정으로 인하여 내부와 외부 양쪽 모두의 적 앞에서 내부로부터 위협받고 있는 자유를 보호하기에 적합한 것일 수 있다」.47)

IV.

스멘트 사고의 또 다른 지향은 **국가의 형이상학적인 의미**(metaphysische Sinn des Staates)와 그러한 의미에서의 도덕적인 기본문제들(sittliche Grundproblemen)에 관한 것이다. 격렬한 윤리적 욕구(ethische Impetus)가 없었던 것은 아니지만, 처음에는 그러한 욕구가 표현된다기보다는 이른바 인류학적인 것이 강조된 문제의 제기48)에서 함축적으

1985¹⁵, Rdnr. 74. (계희열역, 『독일헌법원론』, 삼영사, 1985, 42면).

43) 이에 관하여는 참조. Art. »Integrationslehre«, S. 478.

44) Zwirner, aaO. (Fn. 1), S. 48.

45) Art. »Integrationslehre«, S. 479.

46) Kästner, aaO. (Fn. 3), S. 145. 거기서 통합이론은 곧 야기된 비판, 즉 부분적으로 맹렬한 비판을 받은 지지도 그렇다. 통합이론의 시대구속성에 관하여는 스멘트 자신이 수정한 논고인 항목 »Integration« (Fn. 26), Sp. 1025 f.

47) Leibholz, aaO. (Fn. 3), S. 29.

로 나타난다. 보통 짧은 개요의 글이나 논문들이 주류인 그 이후의 저술들에서 스멘트는
국가이론의 이론적 상황을 개관하면서 이전보다 더 명확하고 간결하게, 국가문제가
오늘날 국가이론의 어떤 의미에서 제기된 것인지를 표현하였다.49) 이에 의하면, 항상
문제가 되는 것은 인간의 사회로의 편입이 합리적인 것에 의해 파괴되는 것을 극복하고,
비정치적인 속물근성과 마르크스 또는 파시즘 체계에서의 문제성 있는 의미실현 저
너머에서 새로운 길을 모색하는 데에 있다. 우리 시대의 국가사상에 있어서의 과제는
― 아우구스티누스로부터 마르크스에 이르는 대부(代父)들과는 반대로 ― 국가에 대한
비판이 아니라, 국가를 **옹호**(Verteidigung)하는 데에 있다. 엄밀하게 말해서 도덕적 확신
에 의해서 **시민들의 가슴 속에 새로이 국가를 건설하는 데**(Neubegründung im Herzen
seiner Bürger)에 있다는 것이다. 따라서 국가와 국가이론의 본질적인 문제는 국가활동의
한계를 규정하려는 데 있는 것이 아니라, 국가를 정당화해야 할 사명이 있음을 확고히
하려는 적극적인 요구(positive Forderung) 그리고 「현재 나의 부재(Ohne-mich)에 대한
답변의 시도」50) 속에 있는 것이다. 국가는 도구적인 것으로 소용되었다. 인간이 그리스도
의 수난사에 대해서도 세계사의 발전에 대해서도 더 이상 신뢰하지 않게 된 이후의
인간의 가슴 속에 직면해서는 그만큼 더 그러했다.51) 스멘트는 목적화, 도구화 그리고
그러한 것과 결부하여 국가의 본질이 소강된 상태, 다시 말해 합목적적인 사고 속에
있는 결함을 인지한 것이다. 사람들은 정치생활을 그저 모든 개별적인 목표설정과 목적추
구들이 거대한 정치적인 생활과정의 변증법에 유입되면서 변증법적으로 정돈되는 전체적
인 생활에 불과한 것으로 이해하는 것이 정당할 것이다. 「(그러나) 사람들은 정치생활을
단지 부과된 것, 즉 하나의 직업에 불과한 것으로 이해하고 있으며, 그것이 정당하다고
여긴다. 자신의 국가 속에서 그리고 국가에 속한 모든 개개인의, 소명으로서의 정치생활에
대해서 이처럼 포괄적으로 의미를 부여하는 것, 그것이 곧 정치현실이 상실한 것, 그리고
아무리 내가 없는 태도를 의식한다고 해도 그것 밖에 있는 ― 정치현실이 고통스럽고
절망적으로 아쉬워하는 것이다. 개개인을 전체로 편입하는 것도 이러한 생활의 전체성
(Lebenstotalität)에서부터 비로소 이해될 수 있는 것이다」.52)

스멘트는 자신의 견해에 따라서 국가를 「국가 전체 그 자체로서도, 또한 국가에 편입된
개인의 입장에서도 함축성 있는」 인간 관계들의 함축적인 결합구조로 이해하는 것이
오늘날 얼마나 불가피한 것인지에 대해 거의 선전적인 의도로 반복해서 말해 왔다.53)
큰 목소리가 낯설게 느껴졌던 스멘트에게는 국가를 단지 운명적인 힘으로 받아들이는
동시대인들을 **국가시민으로서의** 그의 **소명**(Beruf als Staatsbürger)에 응하도록 도모하는

---

48) 이에 관하여는 Poschel, aaO. (Fn. 3).
49) Das Problem der Institutionen und der Staat (Fn. 35); Art. »Staat«, in: EKL, Bd. III, Sp. 1105
    ff.; jetzt in: Staatsrechtliche Abhandlungen (Fn. 9), S. 517 ff.
50) Das Problem der Institutionen und der Staat, S. 503.
51) Ebd., S. 504.
52) Ebd., S. 505.
53) Art. »Staat« (Fn. 49), S. 520.

것이 문제였다.54) 그 때문에 속물들과 그러한 사람들의 기본법 이해에 대한 논쟁이
생겨난 것이다.

기본권(Grundrechte)은 스멘트에 있어서 개인을 장악하고 있는 국가를 상대로 한
투쟁수단, 즉 국가로부터 분리되려는 유보조건이 아니라, 정치적 적성(Eignung)의 기초로
서 국가와 결합관계에 있다.55) 개인과 단체의 자유를 보장해 주는 기본권체계는 「 …
국가에 대해 세금을 내고 복종하는 것 이상의 것을 수행해야 한다」는 국가를 규정하는
실질적인 가치질서로서의 기존 문화체계에 대한 일종의 **기본적 동의를 표현한 것**
(Ausdruck eines Grundkonsensus)이다.56) **기본권의 의미**(Sinn der Grundrechte)는 따라
서 국가로부터의 자유나 국가에 대항하는 자유가 아니라 국가를 위한 자유(Freiheit
zum Staat), 국가적 통합과정에 참여하기 위한 자유이다. 스멘트가 이러한 사상을 [나치스
의] 권력장악 2주 전인 제국창설기념일 연설에서 피력하였을 때, 물론 그는 국가를 위협하
는 것은 우선적으로 부르주아에게서 비롯되는 것이 아니라 거대한 정치운동들이 표방하는
「마치 종교와도 같은 흡인력 있는 주장들에서」 비롯한다는 것을 알고 있다.57)

개개인들을 국가로 통합하는 것이 스멘트에게는 운명적인 문제처럼 보였다. 통합이
성공했을 때만이 국가는 역사적 소명과 국가에게 부과된 생활을 성취할 수 있는 희망이
있다고 보았다. 그는 현대의 민주주의 국가에서는 도덕적으로 만족할만한 긍정적인
자유영역이 충분하지 못함을 느꼈고 비판하였다. 자유가 부르주아 개인에 대한 보장에
불과한 것으로 이해되고 사용된다면, 그 후부터 우리 세계에서의 자유는 무책임하게
사용될 것이다. 즉 「헌법생활에 적절하게 참여하지 않아서 그것을 파괴해 버리는 것은
입헌적인 경기규칙을 가장 심하게 손상시키는 것이다」.58) 이것을 보면 왜 스멘트가
그의 세미나에서 얽매이지 않고 파시즘이나 마르크시즘의 새로운 질서들을 항상 다루고
있는지 이해가 갈 것이다. 즉 그러한 질서들은 개개인을 규율과 책임의 위계질서에
엄격하게 편입시켜 윤리적인 요구와 의미체험을 꾸짖고 있다. 거기에 흡인력이 있는
것이다.

스멘트의 「헌법과 실정헌법」에는 어느 정도 테오도르 리트(Theodor Litt)*의 철학
저술이 밑바탕에 깔려 있다.59) 그러나 스멘트 자신의 종교적·윤리적 사상은 **기독교적인**
(christlich) 것이었다. 그의 저술에는 봉사와 직업에 대한 종교개혁적인 이해가 침전되어
있고, 또한 그것이 그의 생애를 좌우하였다. 보다 이후의 저술들에 가서야 스멘트는
이러한 충동을 훨씬 덜 함축적으로 표현하게 된다. 후기의 저술들에서는 국가시민으로서

---

54) 이에 관하여는 또한 Bürger und Bourgeois im deutschen Staatsrecht (Fn. 16); Staat und Politik
     (1945), in: Staatsrechtliche Abhandlungen (Fn. 9), S. 363 ff.
55) Bürger und Bourgeois (Fn. 216), S. 309 (318). 본서 797(804면).
56) Ebd., S. 321 f.
57) Ebd., S. 324.
58) Art. »Integration« (Fn. 26), S. 485.
59) 참조. 이에 관하여는 Smends Vorbemerkung zu »Verfassung und Verfassungsrecht« (Fn. 11),
     S. 119 ff.

그리고 기독교인으로서의 인간의 소명이 직접적으로 일치되어 나타난다. 즉 **복음주의 윤리**(evangelische Ethik)는 세속적인 공동체의 요구에 일치해야 하는 개인의 의무에서 나온다.「그리하여 그는 정치 세계에서 자신의 자리를 찾아야만 했고, 자신을 그러한 세계 속으로 '통합'시켜야만 했으며, … 자발적인 노력으로, 또한 그러한 정치세계에서 주어진 어떤 것이든 간에 신의 뜻대로 소명을 실천시키고 항상 새롭게 의식적으로 정치단체에 편입함으로써 이 정치단체 역시 점점 더 신의 뜻에 따른 단체가 되어가도록 만들어야만 했다. 특히 형식적인 법과 강제적인 권력이 어쩔 수 없이 불가피한 인간사라는 현실의 한계를 솔직하게 인정한다 하더라도, 통합이라는 과정의 현실화는 국가시민에게 세계 속에 있는 기독교인으로서의 소명이라는 이러한 부분을 명백히 하고, 그런 것에 가까이 가도록 하는데 이바지하여야 한다」.[60]

V.

스멘트는 법학자로만 머물렀던 것은 아니다. 그는 만능학자와도 같았다. 그는 모든 것에 대해 지식욕을 가지고 있었다. 국법에 관한 그의 저술들은 이미 국가학과 사회학에도 영향을 미쳤다.[61] **학술사적인 저술들**(wissenschaftsgeschichtliche Schriften)에 나타난 그의 사상은 일반 정신과학에도 적용되었다. 예컨대 자유로운 의견표명의 권리,[62] 괴팅겐의. 7교수 (1950),[63]* 괴팅겐 과학 협회(1951),[64] 괴팅겐대학과 그의 환경(1955),[65] 20세기의 베를린 법학부(1960),[66] 그리고 베를린 프리드리히-빌헬름 대학(1961)[67] 등으로 가장 고결한 독일 대학 전통의 구현자인 스멘트는 타락해 가는 동시대인들에게 그들이 보여주어야만 할 학문 세계의 위대함과 기품의 모범을 보여주었다. 대학이나 학문의 역사에 나타난 증거들[68]이 바로 이러한 간격을 거쳐 오늘날의 현실에 이른 것이다. 이 증거들은 독일 교육사 전성기의 전통을 반영하고 있으며 척도가 되어야 함을 말해주고 있다.

---

60) Art. »Integration«, S. 486.
61) Hesse, Rudolf Smend zum 80. Geburtstag, AöR 87 (1962), S. 110 (112).
62) Fn. 10.
63) In: Staatsrechtliche Abhandlungen (Fn. 9), S. 391 ff.
64) Ebd., S. 423 ff.
65) Ebd., S. 440 ff.
66) Ebd., S. 527 ff.
67) Ebd., S. 547 ff.
68) 그 밖의 학문사에 관한 발간물들은 Zur Biographie Otto Mejers, in: FS Niedermeyer, Göttingen 1953, S. 249 ff.; Zweihundert Jahre Göttinger Kirchenrechtswissenschaft, ELKZ 10 (1956), S. 235 ff.; Wissenschafts-und Gestalprobleme im evangelischen Kirtchenrecht, ZevKR 6 (1957/58), S. 225 ff.; Art. »Göttingen, Universität«, in: RGG³, Bd. II, Sp. 1676 ff.; Art. »Evangelische Kirchenrechtswissenschaft«, ebd., Bd. III, Sp. 1515 ff.; Art »Universität«, in; EKL. Bd. III, Sp. 1568 ff.

VI.

수 십 년 동안 스멘트는 **교회 단체**(kirchliche Gremien)에서 활동하였다. 1918년 이후로는 라인 지방 종교단체(Rheinische synodale Körperschaftsorgane)의 위원이었으며, 1920년 이후에는 구 프로이센 종교회의 총회(Generalsynode) 위원으로, 1922년 이후에는 보다 상급 교회 지도기관의 지도위원이었으나 교회의 분열로 쫓겨나게 된다. 1941년에는 개혁교회위원회(Reformierter Kirchenausschuß) 위원이 되었으며, 1945년에는 개혁교회 연합지도자회(Moderamen des Reformierten Bundes)의 위원이 되었다. 마침내 1945년 그는 전독일 복음교회연합회(EKD; Evangelische Kirche in Deutschland)의 고문으로 임명되어 10년간 역임하였다. 스멘트는 고문위원 자격으로 세계 교회 협의회 대표자들에 대한 EKD 위원회의 성명, 이른바 1945년 10월 19일의 **슈투트가르트 죄책선언**(Stuttgarter Erklärung)*에 서명하였다.69) 오늘날 다른 민족들에게는 독일 재건을 위한 이 성명의 의미가 아마도 과소평가되고 있을 것이다.

스멘트가 교회 일반사에 관해서도 특히 박식한 것도, 그가 가진 다양한 문제의식도 이와 같은 그의 경력에서 기인하는 것이다. 1945년 스멘트는 자신이 발기하여 EKD 위원회에 의해서 건립된 **복음교회법연구소**의 소장직을 맡게 된다. 스멘트는 신학자와 법학자가 함께 공동으로 연구하여 복음교회법의 토대를 새롭게 구상해야 할 과제가 있음을 깨달았다. 『복음교회법잡지』(Zeitschrift für evangelische Kirchenrecht: ZevKR)는 이러한 노력의 일환으로 스멘트에 의해서 창간된 것이며, 그는 14권이 발행될 때까지 이 잡지의 권위 있는 발행인으로 있었다.70) 매년 신학지, 법학자들이 모이는 잡시 관계자 **회의**와 교회법 실무자들에 대한 정기적인 교육집회도 같은 맥락에서 이루어진 것이다.71) 이러한 모임들에서 발표된 수많은 강연들과 그에 따른 토론들은 신학과 교회법학 상호간에 자극과 결실을 맺게 하였으며, 학문과 교회법 실무 간의 유대관계에 이바지하였다. 스멘트는 에른스트 볼프(Ernst Wolf)와 공동으로 에밀 젤링(Emil Sehling)에 의해서 방대한 16세기 복음교회의 **교회규범**(Kirchenordnungen)의 발간을 속행하기도 하였다.72)

스멘트는 명예직이며 자문적인 성격을 지닌 교회 영역에서의 이러한 활동과 병행하여 1945년 이후에는 이미 오래 전부터 강의나 세미나 그리고 드물지만 저술활동을 통해서

69) Abgedr. in: Kirchl. Jahrbuch 1945-1948, S. 26 f.
70) 신학자 크리스타드 마렌홀츠(Christhard Mahrenholz)와 에른스트 볼프(Ernst Wolf)는 스멘트와 함께 공동편집자였다.
71) 이에 대해서는 스멘트의 『복음교회법잡지』에 게재한 집중적인 대회보고.
72) 16세기의 복음교회의 규범은 hg. von Emil Sehling, fortgeführt vom Institut für evangelisches Kirchenrecht der Evangelischen Kirche in Deutschland zu Göttingen, Bde. VI, VII/1, VIII, XI-XIV, Tübingen 1955-1969; 이후 속간되었다. Bd. XV, bearb. von Gunther Franz, Tübingen 1977; Bd. VII/2/1, bearb. von Anneliese Sprengler-Ruppenthal, Tübingen 1980.

연구해 왔던 **교회법과 국가교회법**(Kirchenrecht und Staatskirchenrecht)에 보다 열심히 학문적으로 몰두하였다. 대부분의 스멘트의 저술이 그러하듯이 역시 매우 짧은 논문인 「본 기본법에 따른 국가와 교회」[73]는 특히 이론적으로나 실제적인 면에서 엄청난 영향을 미쳤다. 이 논문은 1951년 복음교회법 잡지에 첫 번째 논문으로서 발표된 것이다. 스멘트의 기본 주장, 즉 비교적 오래된 헌법 원문을 기본법에 단어 그대로 전수시킨다고 해서 **국가교회법에 대한 새로운 이해**(neues Verständnis des Staatskirchenrechts)가 배제되는 것은 아니라는,[74] 이 주장은 그사이 — 때때로 논쟁이 되기도 했지만 — [75] 문헌들이나 실제에서 공동의 재산이 되었다. 국가교회법이라는 스멘트의 병렬이론의 시도는 지속적으로 요구되었는데 나는 그것이 부당하다고 본다. 왜냐하면 그에게 있어서 세속적인 영역에서는 국가가 우위를 차지한다는 것에 의심의 여지가 없었기 때문이다.[76] 이 논문이 불러일으킨 영향력은 결코 과대평가될 수는 없다. 스멘트는 얼마 안 되는 페이지로써 갑자기 「몰락해 가는 바이마르 시대에 협소하게 한정된 실증주의를 훨씬 벗어나서까지」[77] 토론을 끌어들였다는 말은 정당하다. 사실 이 논문에서는 시대에 뒤떨어진 그 시대의 학문이론적인 경향을 다시 한번 허물고 있는 것이다. 다시금 스멘트에 있어서 중요한 것은 법을 역사의 생명력으로, 즉 「법을 각인시키고 해석자들로 하여금 법학적 형식과 기술단체(Technizität der Zunft)의 배후를 꿰뚫케 하여 자명하게 드러나는 역사적 본질의 실체를 파악케 하는 거대한 시대 변화 속에서 역사를 형성하는 형식으로서」[78] 파악하는 것이었다. 다시 그는 주권과 국가에 대한 실질적인 이해로 돌진한 것이다.

그 이후에 나온 교회법과 국가교회법에 관한 저술들[79]은 교회체계와 교회법학, 개별적

---

73) In: Staatsrechtliche Abhandlungen (Fn. 9), S. 411 ff.

74) Ebd., S. 418.

75) 파라독스에 속하는 것은 바로 바이마르 시대에서 과학적인 「진보」의 이름으로 토론상태를 위한 귀환이 요구되었다는 사실이다.

76) Staat und Kirche nach dem Bonner Grundgesetz, S. 419 f.

77) M. Heckel, Staat und Kirchen in der Bundesrepublik. Staatskirchenrechtliche Aufsätze 1950-1967, ZevKR 18 (1973), S. 22 (34).

78) Ebd., S. 34.

79) Deutsches evangelisches Kirchenrecht und Ökumene, in: FS Dibelius, Gütersloh 1950, S. 129 ff.; Zur Rechtsgültigkeit der Westfälischen Ordnung für das Verfahren bei Verletzung der Amtspflichten von Geistlichen vom 1. 9. 1945, ZevKR 1 (1951), S. 302 ff.; Zur Gewährung der Rechte einer Körperschaft des öffentlichen Rechts an Religionsgesellschaften gemäß Art. 137 WRV, ZevKR 2 (1952/53) S. 419 ff.; Glaubensfreiheit als innerkirchliches Grundrecht, ZevKR 3 (1953/54) S. 113 ff.; Der Niedersächsische Kirchenvertrag und das heutige deutsche Staatskirchenrecht, JZ 1956, 50 ff.; Reichskonkordat und Schulgesetzgebung, JZ 1956, 265 ff.; 352, 395 f.; Zum Problem des kirchlichen Mitgliedschaftsrecht, ZevKR 6 (1957/58) S. 113 ff.; Das Recht der Kirchenleitung zur Auflösung einer Landessynode, ZevKR 6 (1957/58) S. 295 ff.; Art. »Disziplinarrecht, kirchliches«, in: RGG³, Bd. II, Sp. 210 ff.; Grundsätzliche Rechtsbeziehungen der Landeskirchen untereinander, in: FS J. Heckel, Köln/Graz 1959, S. 184 ff.; Art. »Evangelische Kirchenverfassung der neuesten Zeit in Deutschland«, in: RGG³, Bd. III, Sp. 1584 ff.; Rechtliche Bedeutung und Rechtsprobleme heutiger landeskirchlicher Einheit, ZevKR 7 (1959/60) S. 279 ff.; Die Konsistorien in Geschichte und heutiger Bewertung, ZevKR

인 교회법상의 제도들과 현실적인 문제들에 관한 것들이었다. 스멘트는 고문 위원이자 교회법연구소 소장으로서 자주 고문으로 초빙되었다. 이러한 활동은 교회의 지위에 대해 저술로 대신한 교회법에 대한 수많은 법률가의 **감정서들**(Gutachten) 속에 침전되었으며, 그것들 중의 일부는 출판되기도 하였다.[80]

교회법의 연구는 국법 연구와 마찬가지로 **역사적인 뿌리**(geschichtliche Wurzel)에 근거하여 행해진 것이며 역사적인 관점, 비교법적인 절차, 세속법에서의 유추, 그리고 자주 극도의 세부적인 응집 등을 원칙적인 결론과 결부시킨 것이다. 이때에 교회법 연구들은 규범과 규정 대상, 법적 논리와 실질적인 사물정의(materiale Sachgerechtigkeit)와의 연관성을 과제로 인식하게 된다. 스멘트는 역사적 개인의 전개 속에서 해답을 찾으려고 하였다. 이때에 그는 반대로 세부적인 특성들을 다시 기본원칙들로 소급시켰다. 항상 관련자들을 통하여 부과된 것을 이해하고 결합시키고 수용하려는 노력이 존재한다. 여기서도 문제는 통합이었다. 구체적인 동기에서 나온 표현들은 자주 예술적이기도 한 스멘트의 특징적인 연구방법뿐만 아니라 전통이 풍부한 교회법 분야의 매력과 부담도 인식하게 해 준다. 즉 자주 비교되는 얼마 안 되는 실정법규정들의 요소들, 특히 항상 새롭게 나타나 괴롭히는 **신학을 통한 문제제기**(Infragestellung durch die Theologie)가 그것이다.

VII.

루돌프 스멘트에 대해서 단지 윤곽만을 회고한다고 하더라도 그의 **세미나**에 대한 언급 없이는 불충분할 것이다. 그의 영향력은 학계에만 한정된 것은 아니었다. 그는 세미나를 통해 영향을 미쳤고 규범을 제시하였다. 세미나 참석자들은 뜻하지 않게 자주 당황하게 만들 정도로 정중하게 다루어졌으며, 동시에 청렴결백하면서도 특징적인 시험을 치루곤 하였다. 스멘트는 편안하게 느긋해질 수 있는 스승이 아니었다. 그러나 그는 자문을 구하는 사람들에게 많은 시간을 할애하였고, 흠결을 자극하여 명백한 문제들에

---

10 (1963/64) S. 134 ff.; Zur neuere Bedeutungsgeschichte der evangelischen Synode, ZevKR 10 (1963/64) S. 248 ff.; Die Hannoversche Vorsynode von 1863 und Synode heute. Festvortrag vor der Landessynode der Evangelisch-lutherischen Landeskirche Hannovers, in: 100 Jahre Wirksamkeit synodaler Organe in der Hannoverschen Landeskirche 1863-1963, Drucksache der Landessynode 1964, S. 11 ff.; auch abgedr. in: JGNKG 62 (1964) S. 93 ff.; Staat und Kirche nach dem Grundgesetz in der Sicht der deutschen Staatsrechtslehrer, ZevKR 13 (1967/68) S. 299 f.; Brüdergemeine und Landeskirche, in: FS Ruppel, Hannover 1968, S. 226 ff.; Grundsätzliche Bemerkungen zum Korporationsstatus der Kirchen, ZevKR 16 (1971) S. 241 ff.

80) 1946-1969년 간의 교회법상의 감정서들은 루돌프 스멘트의 지도 아래 괴팅겐에 있는 전독일 복음교회법 연구소에 의해서 보고하고 있다. hg. von Axel v. Campenhausen und Peter v. Tiling, Jus Ecclesiasticum, Bd. 14, München 1972.

도전하게 만들었다. 스멘트의 모습은 그의 **제자들**에게 잊을 수 없는 스승으로 남아 있다. 그러나 마침내 그의 생애는 그가 특히 영향을 미친 현재의 법률 속에서도 계속 살아 있는 것이다. 더구나 연방헌법재판소의 영구적인 판결에 사용된 헌법해석의 원칙들과,「일반 법률들」이라는 개념의 규정 속에 연방국법의 원칙과 기본권의 이해에 대한 것들 속에 계속 살아 있는 것이다. 다음 세대는 그가 제시한 방향을 따라 계속해서 열심히 연구하면 할수록 그만큼 더 그의 업적을 느끼게 될 것이다.

나치 독일의 황제법학자들*

김 효 전

《차 례》

I. 서론: 문제의 제기

　금년(2023년) 1월은 나치스가 독일의 권력을 장악한 지 꼭 90년이 된다. 멀리 떨어진 독일에서 그것도 오래전에 일어난 일인데 우리와 무슨 상관이 있는가하고 묻는 사람도

---

* 『학술원논문집』(인문사회과학편) 제62집 2호(2023), 109-207면.

있을지 모른다.

해방 후의 한국 공법학, 특히 헌법학에서는 제2차 세계대전 이전의 독일 법학이 주류를 이루어왔다. 예컨대 Georg Jellinek, Hans Kelsen, Carl Schmitt, Rudolf Smend 등이 그 대표적인 것이다.[1] 이들의 이론과 학설은 정작 그들의 고향인 독일에서조차 역사로서만 다루며 더 이상 거론하지 않는데 우리 한국의 교과서에서는 아직도 여전히 나열하고 있는 실정이다.

자주 교과서에까지 등장하면서도 정작 이를 주장하는 학자들 개인의 생애나 그들의 역사적·정치사회적 배경에 관한 연구는 소홀한 편이었다. 특히 나치스 시절에 활약한 사람들의 숫자나 영향력이 엄청난 데도 이것을 직접 다룬 한국 문헌은 별로 없었다고 보겠다.[2] 그 결과 독일법에 대한 무분별한 맹종, 신화화, 자기부정을 낳기도 했다.

개인적인 추억을 회상하면 1983년 필자는 나치스가 권력을 장악한 50주년 되는 해에 프라이부르크 대학에서 에른스트-볼프강 뵈켄회르데(Ernst-Wolfgang Böckenförde, 1930-2019)[3] 교수의 세미나에 참석한 일이 있다.[4] 제목은「제3제국에 있어서의 국법학」.[5] 당시 히틀러와 나치스에 관한 여러 전시회와 강연회 등 각종 관련 서적들이 발간되었으나 대부분 비판적인 것과 반전사상이 중심을 이루었다. 특히 독일 법학계는 과거의 부채로 인하여 과거사를 회피하려는 조심스런 분위기였으며 나치스를 정면에서 다루는 것은 역사의식이 있거나 학문적 용기와 자신이 있어야만 가능한 일이었다.

특히 지난 2012년에는 민족문제연구소에서 만든「백년전쟁」이란 동영상은 그 첫 시작에서 태극기와 나치의 갈고리 십자형(Hakenkreuz) 깃발이 펄럭인다. 우리와 아무런 관련도 없는 나치 국기가 어색하게 한데 어울려 같은 동맹국이나 된 듯 또는 그렇게 되고 싶어하는 바람의 표현인 듯 사람을 혼동케 한 일이 있다.

군사독재와 문민독재를 경험한 우리들 한국인으로서 나치스는 독일만의 특유한 현상은

---

1) 카를 슈미트를 중심으로 이들의 업적을 정리한 것은 김효전, 카를 슈미트의 헌법이론과 한국,『학술원논문집』제58집 1호(2019), 151-409면.
2) 한국에서는 2012년 제18대 대통령선거 직전에 민족문제연구소가 4.9 통일평화재단의 지원을 받아 '백년전쟁'이란 이름의 유튜브 영상을 만들었는데 내용은 이승만을 폄하하기 위한 것이었다. 첫 머리는 태극기와 나치스의 하켄크로이츠기가 펄럭이는 것에서 시작한다.『신동아』2013년 3월호 참조.
3) 뵈켄회르데의 이론이 한국의 헌법학에 미친 영향에 관하여는 Hyo-Jeon Kim, Würdigung des Werkes Ernst-Wolfgang Böckenfördes in Korea, in: Mirjam Künkler und Tine Stein (Hrsg.), Die Rezeption der Werke Ernst-Wolfgang Böckenfördes in international vergleichender Perspektive, Der Staat Beiheft 24. Duncker & Humblot, Berlin 2020, S. 153-188; ders., E.-W. Böckenförde-Würdigung in Korea, in:『국제학술교류보고서』(대한민국학술원) 제10집 (2019), 305-358면; 김효전, E.-W. 뵈켄회르데 저작 수용의 국제비교,『헌법학연구』제25권 1호 (2019), 361-386면. (본서)
   뵈켄회르데와 김효전의 왕복 편지와 관련 자료는 Hyo-Jeon Kim (Hrsg.), Ernst-Wolfgang Böckenförde - Hyo-Jeon Kim Briefwechsel 1981-2018, in:『세계헌법연구』제29권 2호(2023), 205-263면.
4) 김효전, 프라이부르크의 국법학 전통과 뵈켄회르데 교수의 세미나, 프라이부르크 법대 유학인회 엮음,『회상의 프라이부르크』(교육과학사, 1993), 217-234면. (본서)
5) 세미나에서 학생들이 발표한 보고를 엮어 뵈켄회르데 교수는 책자로 펴내었다. E.-W. Böckenförde (Hrsg.), Staatsrecht und Staatsrechtslehre im Dritten Reich, Heidelberg 1985.

아니라고 생각한다. 언제나 어디서나 파시즘은 사람을 유혹하기에 충분한 속성을 지니고 있다. 나치스 시대의 독일 국법학자들은 어떻게 계관 (또는 황제) 법학자(Kronjurist)[6]나 어용법학자가 되어 부역하였는가를 아는 것은 반면교사로서 타산지석이 될 것이며, 여기에 나치스 연구의 필요성은 여전히 있다고 하겠다.

그러나 이 연구는 나치 독일에 법이론을 제공하고 실제로 참여한 법학자들을 고발, 단죄하거나 탄핵하여 교훈적인 의미를 강조하려는 것이 그 목적은 아니다. 그러한 것들은 이미 전승국들과 전후의 독일에서 실천에 옮겼고 현재에도 여전히 진행 중이다. 제2차 세계대전 이전의 독일과 전후의 독일은 법학의 영역에서도 크게 달라졌다. 물론 독일인의 입장에서는 자신의 치부를 은폐하고 역사의 단절을 거부하고 싶은 마음을 애국심으로 포장하고 싶을 것이다. 그러나 지금까지 한국의 법학계는 독일의 법이론을 소개하고 도입하는데 급급한 나머지 이러한 이론이 탄생하고 전개되고 영향을 미친 일련의 과정에 대해서는 무관심 하였거나 무지하였다고 해도 과언이 아닐 정도로 좁은 시각에서 독일법을 천착해온 것으로 보인다.

요컨대 독일의 법학은 전전과 전후가 크게 달라졌고 이에 대한 우리의 연구 자세도 재검토해야 할 것이라고 생각한다. 독일 법학의 명암과 실체를 밝히고 그 전체상을 우리의 시각으로 보려는 하나의 시도이다. 또한 독일의 중요 법학자들이 나치에 대해서 이론을 제공하고 현실적으로 참여한 결과는 우리 한국과 한국의 법학자들에게 어떤 영향을 미쳤으며 관련이 있는가를 검토해 보고 외국의 법과 법이론을 연구하고 수용하는 자세를 검토해 보기로 한다.

중요한 법학자들의 행적과 이론을 열거해 보기로 한다.

II. 본론

1. 카를 슈미트(Carl Schmitt, 1888-1985)

세기의 헌법학자이며 국제법학자이자 정치학자인 카를 슈미트가 나치스에 관여하기 직전의 행적은 이렇다.[7] 그는 스트라스부르크대학에서 프리츠 판 칼커(Fritz van Calker)[8]

---

6) 황제법학자 또는 계관 법학자(Kronjurist)는 중요 법학자로 번역할 수도 있다. 이 호칭에 대한 상세한 분석은 Carl Hermann Ule, Zum Begriff des Kronjuristen, in: DVBl, Jg. 108, H. 2, 1993, S. 77 ff.

7) 카를 슈미트의 생애와 주요 저작에 관하여 상세한 것은 김효전 옮김, 『헌법과 정치』(산지니, 2020) 참조. 슈미트 헌법이론의 한국에서의 소개와 평가에 대해서는 김효전, 카를 슈미트의 헌법이론과 한국, 『학술원논문집』 제58집 1호(2019), 151-409면.
일본 헌법학에서의 슈미트 수용에 관하여는 古賀敬太, 日本の憲法學におけるカール・シュミットの繼受 (1)(2) ― 黒田覺と大西芳雄 ―『國際研究論叢』(大阪國際大學) 33권 2호 및 3호(2020), 85-100면 및 139-157면.

8) 프리츠 판 칼커(Fritz van Calker, 1864-1957). 독일의 형법학자・보수적 정치인. 프라이부르크・베를린

의 지도로 학위와 교수자격논문이 통과된 후 강사를 지내고, 병역을 필한 후 1921년 그라이프스발트대학의 전임이 된다. 다음 해인 1922년 에리히 카우프만(Erich Kaufmann, 1880-1972)9)이 힘써서 본(Bonn)대학으로 옮긴다. 여기서『헌법이론』등 많은 저작을 발표한 후 1928년까지 근무하고 베를린 상과대학으로 다시 자리를 옮긴다.

『헌법이론』

이 시대의 대표작인『헌법이론』(1928)은 바이마르 헌법에 근거하여 종래의 법실증주의 헌법학을 극복하고 시민적 법치국가의 원리를 명쾌하게 체계적으로 밝힌 저작으로서 유명하다. 제2차 세계대전이 끝나고 1954년에 발간된 이 책은 간단한 서문 하나만을 붙여 이렇게 기술한다. 즉「본서는 법치국가적·민주적 헌법의 유형이 실정적 효력을 가지고 있는 한, 그 예로서 인용한 헌법규정의 효력의 존부에 관계없이 그 실제적·이론적 가치를 지속할 수 있다」. 따라서 서독이나 서구의 국가들에 그대로 적용될 수 있다고 자신만만하게 말하고 있다. 이 책은 현재에도 무수정판 그대로 발간되고 여전히 헌법학의 고전으로서의 지위를 상실하지 않고 있다.

이 시기에 그는『독재론』,『정치신학』,『현대 의회주의의 정신사적 지위』등을 발표하며 베르사유체제에 대해서 비판적인 글을 쓰기 시작한다.

『합법성과 정당성』

특히 1932년 나치당 의원의 무법행위와 방해전술로 의회주의 그 자체가 위기에 직면하고, 경제불황 속에서 600만 명의 실업자가 넘쳐나고, 가두에서는 나치당과 공산당의 충돌이 일상화하고, 총격전이나 폭탄투쟁이 예전의 내전을 방불케 하는 위기 상황에서 슈미트는『합법성과 정당성』(1932)을 저술한다. 슈미트에 의하면 어떠한 헌법이나 자신

・뮌헨대학에서 1888년 법학박사. Franz von Liszts의 제자로서 1891년 할레대학에서 교수자격논문 통과. 1896년 스트라스부르크 대학의 초빙 받다. 카를 슈미트와 Max Ernst Mayer 지도. 1912-1918년 국민자유당(Nationalliberale Partei; NLP) 소속 독일 제국의회 의원. 1919년 스트라스부르크를 떠나 뮌헨 공대 정교수인 동시에 뮌헨대 명예교수로서 강의. 나치 시대에는 형법학자로서 NS 제도의 공동연구에 참여하고 Hans Frank가 주도하는 독일법 아카데미(Akademie für deutsches Recht)에 가입. 1937년부터는 동 아카데미 국제법위원회(Viktor Bruns 창설 회장)에 여러 학자들과 참가. 국법이나 정치학적 저작으로는 Grundzüge des deutschen Staatsrechts, 1925; Das Problem der richtigen Politik, 1926; Einführung in die Politik, 1927; Wesen und Sinn der politischen Parteien, 1928. 그의 저서는 가치지향적이며 보수적인 내용이 특색이다. 칼커에 대해서 슈미트는「정말 좋은 사람이며 나를 열심히 보살폈다」고 일기에 적었다. 문헌 R. Mehring, Carl Schmitt. Aufstieg und Fall, 2009. S. 28, S. 601 Anm. 26.

9) 카우프만에 관하여는 Jochen Rozek, Erich Kaufmann (1880-1972), in: Häberle u. a. (Hrsg.), Staatsrechtslehrer des 20. Jahrhunderts, 2. Aufl. 2018, S. 263-280; Frank Degenhardt, Zwischen Machtstaat und Völkerrecht. Erich Kaufmann(1880-1972), Nomos, Baden-Baden 2008; Manfred Friedrich, Erich Kaufmann (1880-1972) Jurist in der Zeit und jenseits der Zeiten, in: Helmut Heinrichs, Harald Franzki, Klaus Schmalz, Michael Stolleis (Hrsg.), Deutsche Juristen jüdischer Herkunft, C. H. Beck, München 1993, S. 693-704. 만프레드 프리드리히, 김효전 옮김, 에리히 카우프만 (1880-1972), 시대 속에서, 그리고 시대를 초월한 법률가,『유럽헌법연구』제31호(2019), 1-29면.

의 기본가치와 원칙에 대해서 중립적일 수 없으며, 바이마르 헌법에 대해서도 그 최대의
위험은 「가치중립적」이며, 「순수하게 기능주의적인」 헌법해석이었다. 가치중립적인 해
석을 한다면 합법적인 권력장악을 위한 평등한 기회에 제한을 두는 것은 헌법위반이
되며, 51퍼센트로 권력을 획득한 정권당은 헌법의 기본가치와 원칙적으로 모순되는
법률, 법질서 전체를 위험에 빠트릴 법률마저 제정할 수 있다. 그러므로 바로 헌법의
수호자로서의 대통령이 위기를 해결하고, 가장적인 합법전술이나 혁명으로부터 현행
질서의 기본적 성격을 보호하기 위해서 헌법 일부의 일시적인 정지를 포함한 조치를
강구하지 않으면 안 된다고 한다. 그러한 의미에서 히틀러의 사이비 합법적인 혁명과
그 조잡한 권력행사를 슈미트는 현실적이며 합리적 분석에서 예언한 것이기도 한다.
  본대학은 학교의 수준이나 연구 여건 등이 좋은 데도 불구하고 슈미트는 정치의 중심인
베를린으로 간다. 출세하기 위한 것일까? 거기서 그는 1933년 봄까지 지낸다.

(1) 나치 시대: 1933~1945년[10]

  바이마르 말기의 슈미트는 단순한 학자가 아니라 파펜(Franz von Papen)[11]내각, 슐라
이허(Kurt von Schleicher)[12] 내각이라는 대통령선출의 초연내각의 추기(樞機)에 관여하
는 정부의 법학적 대변자이기도 하였다. 그가 정부에 대하여 어느 정도의 영향력을
가지고 있었는지는 명확하지 않으나, 파펜 내각이 대통령의 비상사태권한을 발동하여
프로이센의 사회민주당 정부를 파면하였을 때(1932. 7. 20), 그가 라이히 정부대표자로서
법정에 섰던 것으로도[13] 그 지위를 추측할 수 있다.

---

10) 김효전, 카를 슈미트의 생애, 동인 편역, 『헌법과 정치』(산지니, 2020), 925-928면을 중심으로 수정
   보완한 것임.
11) 프란츠 폰 파펜(Franz von Papen, 1879-1969). 독일 라이히 수상(총리). 바이마르 공화국 말기 히틀러와
   나치스가 권력을 잡는데 결정적으로 기여. 1932년 힌덴부르크 대통령에 의해서 라이히 총리로 지명.
   프로이센정부를 전복한 후 1932. 9. 히틀러를 만나 민족보수당인 독일국가인민당(DNVP)과 나치스와의
   연립정부를 협상. 이 정부에서 히틀러를 통제하는 것이 가능하다고 믿은 파펜은 1933. 1. 30 (권력장악)이
   이루어진다. 히틀러 내각에서 자신은 부수상(총리)이 되나 곧 실각. 그 후 오스트리아와 튀르키예 대사가
   된다. 1945년 미군에 체포되어 뉘른베르크의 국제군사재판에서 주요 전범으로 기소되나 무죄가 된다.
   1947. 2. 비나치화(Entnazifizierung)와 관련하여 Spruchkammerverfahren*에서 8년 노동형과 재산몰
   수를 선고 받았으나 상고와 사면으로 1949년 석방된다. 저서 Der 12. November 1933 und die deutsche
   Katholiken, Münster 1934; Vom Scheitern einer Demokratie 1930-1933, Mainz 1968. 문헌 Reiner
   Möckelmann, Franz von Papen. Hitlers ewiger Vasall, Darmstadt 2016.
12) 슐라이허(Kurt von Schleicher, 1882-1934). 독일의 장군 정치인. 바이마르 공화국의 마지막 수상
   (1932. 12~1934. 6. 30).
13) 이른바 프로이센 격퇴(Preußenschlag)란 파펜 내각이 대통령의 비상사태 권한으로써 프로이센의 사회민
   주당 정부를 1932년 7월 20일에 파면한 사건을 말한다. 프로이센 정부는 이를 국사재판소에 제소하였으며,
   10월 25일의 판결은 프로이센 정부를 파면한 것은 부당하다고 하면서 대통령의 일시적인 시정(施政)을
   적법하다고 하였다. 슈미트는 라이히 정부의 대표로서 이 법정에 서서 프로이센의 독자성을 위협하는
   것은 오히려 사회민주당이라는 전국적 조직이며, 대통령이야말로 프로이센의 영예를 보장하는 사람이라고
   주장하였다.
   이와 같이 파펜은 긴급명령으로 프로이센의 사회민주당 브라운 정부를 폐지하고 스스로 프로이센 총감이
   되었다. 이른바 파펜 쿠데타. 사회민주당은 이를 국사재판소에 제소했다. 그때에 라이히측의 변호인은

이 시기의 슈미트는 우파 정당의 이론가로서 「권위주의국가」의 대변자이며, 요하네스 포피츠(Johannes Popitz)[14]와 함께 경제에 대한 정치의 개입을 부르짖는 「전체국가에의 길」[15]의 창도자였으나, 적어도 나치스 신봉자는 아니었다. 그가 모든 당파에게 무한정적으로 중립성을 가지고 임하는 것은 자멸행위라고 경고할 때, 그가 염두에 둔 것은 나치스와 공산당이며, 그는 나치스와 공산당의 라디오 연설의 규제에 찬성하였다.[16] 『합법성과 정당성』에서도 내용의 여하를 불문하고 다수결 만능주의를 비판하고, 나치스와 공산당과 무신론자에게는 개개의 헌법규정의 해석으로써 무제한하게 표현의 자유 등을 인정해서는 안 된다고 주장하여,[17] 1932년 4월 13일의 대통령의 SS·SA금지령을 지지하고 있다.[18] 그리하여 1932년 3월과 4월의 대통령선거는 힌덴부르크(Hindenburg)와 나치스의 히틀러(Hitler)와 공산당의 텔만(Thälmann) 간에 행해지고, 바이마르 체제를 옹호하는 중간세력들은 모두 힌덴부르크에게 투표하였는데, 슈미트는 1933년 2월에 발표한 바이마르 시대의 마지막 논문의 하나에서 대통령을 「바이마르 헌법질서의 최후의 기둥」이라 하고, 이것이 없으면 「극도의 혼란이 공공연하게 되고, 질서의 외관마저 소실될 것이다」라고 하였다.[19] 요컨대 그는 1930년 9월의 총선거에서 나치스가 대약진을 한 후에도 그 나름대로 해석한 바이마르 체제를 나치스에 대하여 수호하려고 하였다.

슈미트가 나치스로 전향한 것은 1933년 1월 30일, 히틀러가 정권을 장악한 직후라고

카를 슈미트였고, 프로이센측의 변호인은 헤르만 헬러(Hermann Heller)였다. 이 재판의 기록은 Arnold Brecht (Hrsg.), Preußen contra Reich vor dem Staatsgerichtshof. Stenogrammbericht der Verhandlungen vor dem Staatsgerichtshof in Leipzig vom 10. bis 14. und vom 17. Oktober 1932, Berlin 1933. 일본어 번역 山下威士譯,「プロイセン對ライヒ」(7月 20日 事件) 法廷記錄 (1)-(18), 『法政理論』(新潟大學) (1985-1998년 연재) 합책본[미완판], 2001.

독일 라이히 국사재판소(Staatsgerichtshof für das Deutsche Reich)는 헌법재판소로 표현하기도 한다. 이 국사재판소는 바이마르 헌법 제108조에 근거하여 라이프치히에 설치. 바이마르 공화국의 국가조직법상 쟁송이 제한된 헌법재판소. 상설 법정이 아니고 필요에 따라 소집. 1927년 자칭 「라이히 헌법의 수호자」라고 표현했다. 판결은 쟁송불가능하며, 집행은 제19조 2항에 따라서 대통령이 한다. 관할권의 분산과 권한의 흠결로 시달렸다. 규범통제제도 불가능하였고 라이히 최고기관 간의 기관쟁송도 결여되었다. 카를 슈미트와 한스 켈젠간의 논쟁이 유명하다. 문헌 Wolfgang Wehler, Der Staatsgerichtshof für das Deutsche Reich, Diss. Bonn 1979; 명재진, 바이마르 헌법과 국사재판소, 『홍익법학』 제17권 2호 (2016).

14) 요하네스 포피츠(Johannes Popitz, 1884-1945. 2. 2 작고). 독일의 정치인, 1933-44년 프로이센 주 재무장관. 반나치운동에 참가했다가 1945년에 처형. 슈미트는 전후 그의 『헌법논집』 (Verfassungsrechtliche Aufsätze, 1958)을 포피츠의 추억에 바친다. 문헌 L.-A. Bentin, Johannes Popitz und Carl Schmitt, C. H. Beck, München 1972.

15) C. Schmitt, Die Wendung zum totalen Staat, 1931, in: Positionen und Begriffe im Kampf mit Weimar-Genf-Versailles, 1923-39, 1940, S. 146-157. 김효전·박배근 옮김, 『입장과 개념들: 바이마르-제네바-베르사유와의 투쟁에 있어서 1923~1939』(세종출판사, 2000), 210-225면.

16) C. Schmitt, Hugo Preuß, 1930, S. 32.

17) C. Schmitt, Legalität und Legitimität, S. 51, in: Verfassungsrechtliche Aufsätze, S. 302. 김효전 옮김, 『합법성과 정당성』(교육과학사, 1993), 73면.

18) C. Schmitt, a. a. O., S. 74; Verf. Aufs., S. 323. 역서, 102면.

19) C. Schmitt, Weiterentwicklung des totalen Staats in Deutschland, in: Verf. Aufs., S. 365; Cf. Bentin, a. a. O., S. 102.

생각되며, 늦어도 같은 해 전반기에는 완전히 나치스의 대변자가 되어 있었다.[20] 그는 심장병으로 갑자기 사망한 쾰른 대학 공법 담당 슈티어-조믈로(Fritz Stier-Somlo)[21]의 후임으로서 초빙되었는데,[22] 그때 법대학장이었던 한스 켈젠(Hans Kelsen)[23]이 힘썼다. 1933년 4월 나치스 정권하에서 켈젠의 파면이 보도되자 법대 교수 전원이 연서하여 그 철회를 정부에 청원하였는데 슈미트만은 그 서명을 거부하였다.[24] 1933년 4월 말 켈젠은 쾰른을 떠나 오스트리아 빈으로 갔다.[25] 슈미트는 켈젠의 추방 직후인 1933년 6월 20일 「라이히・국가・연방」[26]이란 제목으로 쾰른 대학 교수취임 강연을 하고 그해 9월까지 여름 학기 동안 재직한다.

1933년 5월 1일 슈미트는 나치스당에 당원번호 2,098,860으로 입당하고,[27] 7월에는 나치당의 제2인자이며 공군 총사령관인 헤르만 괴링(Hermann Göring)[28]에 의해서

---

20) Lutz-Arwed Bentin, a. a. O., S. 80. 그의 강연제목은 Reich-Staat-Bund, 1933이다.

21) 슈티어・좀로에 관하여는 Ina Gienow, Leben und Werk von Fritz Stier-Somlo, jur. Diss., Köln 1990; NDB. Bd. 25 (2013), S. 354 f.; 初宿正典,『カール・シュミットと五人のユダヤ法學者』(成文堂, 2016), 507-536면.

22) 쾰른대학 법대 교수회는 조믈로의 후임으로 3인의 후보자 명단을 열거했는데 알파벳 순으로 Walter Jellinek (하이델베르크), Karl Rothenbücher (뮌헨), Carl Schmitt (베를린)였다. 당시 쾰른 시장으로 쾰른대학 이사장이었고 나중에 수상이 된 콘라트 아데나워(Konrad Adenauer, 1876-1967)는 슈미트에 대해 회의적이었다. 상세한 것은 전술 初宿正典의 책 참조.

23) 한스 켈젠(1873-1932)에 관하여는 Horst Dreier, Hans Kelsen (1881-1973), in: Häberle u. a. (Hrsg.), Staatsrechtslehrer des 20. Jahrhunderts, 2. Aufl. 2018, S. 281-304; Elif Özmen, Hans Kelsens politische Philosophie, Mohr, Tübingen 2017; Matthias Jestaedt (Hrsg.), Hans Kelsen und die deutsche Staatsrechtslehre, Mohr 2013; D. A. Jeremy Telman, Hans Kelsen in America, Springer 2016; Walter, Hans Kelsen, in: Brauneder (Hrsg.), Juristen in Österreich 1200-1980 (1987); Ramon Pi's, Terminologiewörterbuch Hans Kelsen. Deutsch-englisches Glossar für die Übersetzungspraxis, 2016; 森勇監譯,『ユダヤ出自のドイツ法律家』, 1053-1098면.

24) R. A. Mètall, Hans Kelsen. Leben und Werk, 1969, S. 61; Matthias Jestaedt (Hrsg.), Hans Kelsen im Selbstzeugnis, 2006 (심헌섭역,『켈젠의 자기증언』, 법문사, 2009), 111-114면; 初宿正典,『カール・シュミットと五人のユダヤ法學者』, 3면 이하. 메탈(Métall)의 책을 '표준적인 전기'로 보는 견해(장영민)도 있으나 저자가 켈젠의 제자라는 점에서 공정함과 객관적인 서술로 평가할 수 있을지는 의문이다.

25) 쾰른대학에서의 켈젠의 마지막 상황을 슈이트(Schuett)는 이렇게 전한다. 즉「독일의 나치 학생들은 이전부터 켈젠에 반대하고 있었다. '유대인 교수 물러가라' 라고 하면서, [...] 켈젠이 강의할 대학 건물에는 사람이 꽉차 있었다. 이들은 엄청나게 살벌한 분위기를 조성했다. 이 민족주의 군중은 어디서 왔던 것일까? 그 대다수는 학생도 아니었다. 그것은 폭력조직과 같았다. 켈젠은 그들의 눈에서 '증오의 살기'을 느꼈다. 그는 사람들을 겨우 비집고 강의실에 들어가서 강의를 시작했다. 이때 갑자기 누군가가 외쳤다. '유대인은 꺼져라. 모든 비유대인은 강의실을 나가라!' 이 모든 반유대 민족주의의 책동은 한 순간 흉측한 그림을 만들어 냈다 — '적과 동지' 편가르기. 강의실에 남은 것은 켈젠 혼자 뿐이었다」. Robert Schuett, Hans Kelsen's Political Realism, 2022, p. 123-124. 장영민, 100년 동안의 고독? - 켈젠에 대한 정치적 현실주의적 해석 관견,『법학논총』(이화여대) 제27권 3호(2023), 13면 재인용.

26) C. Schmitt, Reich-Staat-Bund (1933). Antrittsvorlesung gehalten an der Kölner Universität am 20. Juni 1933, in: Positionen und Begriffe im Kampf mit Weimar-Genf-Versailles 1923-1939, 1940. 4. Aufl., 2014, S. 190-198.「라이히・국가・연방」, 김효전・박배근 옮김,『입장과 개념들: 바이마르-제네바-베르사유와의 투쟁에 있어 1923~1939』(세종출판사, 2001), 273-286면.

27) Christian Linder, Freund oder Feind, Lettre, Heft 68, 2005, S. 83.

28) 헤르만 괴링(Hermann Wilhelm Göring, 1893-1946). 나치스의 정치인. 공군 총사령관・원수. 전쟁범죄인. 1933년 라이히 공군장관. 1935년 5월부터 공군 총사령관. 1935/37년부터 독일경제 및 라이히

추밀고문관에 임명된다.[29] 10월에는 베를린대학 교수로 옮기고 이것은 패전 후인 1945
년 12월까지 계속된다. 11월에는 나치 독일 법률가연맹(Bund der Nationalsozialistischen
Deutschen Juristen; BNSDJ) 대학교수부의 지도자가 되고, 연맹의 기관지가 된 『독일
법조 신문』(Deutsche Juristen-Zeitung)의 주필 역할을 한다. 이로써 나치법조단의 지도자
로서 활동하고, 나치스법학의 초기의 대표자가 된다. 특히 룀(Ernst Röhm)[30]의 암살을
정당화한 것이라고 하는 「총통은 법을 보호한다」[31]라든가, 반유대주의의 기수로서의
「유대 정신과 투쟁하는 독일 법학」[32] 등은 지적으로나 윤리적으로도 저열한 것이며,
그의 악명에 기여하였다.[33] 뿐만 아니라 나치스 시대에는 법치국가·권력분립 그리고
개인의 법적 지위와 같은 국법학상의 기본개념 자체들이 국가사회주의적 법치국가,
총통의 권력, 민족 동포의 한 부분 등과 같이 그 의미내용이 변질되었다.[34]
  그 밖에 『국가·운동·민족』[35]을 출간한다. 그는 라이히 총독법(Reichsstatthaltergesetz)[36]
의 작성에 참여하고, 균제화(Gleichschaltung)[37]에 관한 법률에 관여한다.

경제장관. 카를 슈미트를 추밀원에 추천. 뉘른베르크재판에서 사형판결을 받고 집행 2시간 전 음독자살.
  저서 Aufbau einer Nation, Berlin 1934. 문헌 Guido Knopp, Göring. Eine Karriere, München
  2007.
29) Dirk Blasius, Carl Schmitt. Preußischer Staatsrat in Hitler's Reich, Göttingen 2001.
30) 에른스트 룀(Ernst Röhm, 1887-1934). SA 총사령관, 단기간 히틀러 내각의 무임소 장관. 룀은 급진적인
  사회주의 분파였고 보수세력의 지지 상실을 우려하고 경쟁자가 될 것을 두려워 한 히틀러의 지시로
  1934. 6. 30. 피의 숙청으로 살해된다. 문헌 Marcus Menges, Ernst Röhm. Eine biografische Skizze,
  Berlin 2016; Eleanor Hancock, Ernst Röhm. Hitler's SA Chef of Staff, New York 2008.
31) C. Schmitt, Der Führer schützt das Recht, 1934, in: Positionen und Begriffe, S. 199-203. 『헌법과
  정치』 438-442면.
32) C. Schmitt, Die deutsche Rechtswissenschaft im Kampf gegen den jüdischen Geist, in: Deutsche
  Juristen-Zeitung, 41. Jg. 1936.
33) 상세한 것은 카를 슈미트, 김효전 옮김, 바이마르·나치스 시대의 헌법과 정치(1)(2), 『동아법학』 제79호
  (2018), 311-435면; 제80호(2018), 341-427면. 몇 가지 주요한 원문은 김효전, 카를 슈미트의 헌법이론
  과 한국(주 1)에 영인되어 있다.
34) E.-W. Böckenförde (Hrsg.), Staatsrecht und Staatsrechslehre im Dritten Reich, 1985, S. 71
  ff.
35) C. Schmitt, Staat, Bewegung, Volk. Die Dreigliederung der politischen Einheit, 1933. jetzt in
  ders., Gesammelte Schriften 1933-1936 mit ergänzenden Beiträgen aus der Zeit des Zweiten
  Weltkriegs, 2021, S. 76 ff. 김효전 옮김, 『헌법과 정치』(산지니, 2020), 271면.
36) C. Schmitt, Das Reichsstatthaltergesetz, Carl Heymann, Berlin 1933, 24 S. jetzt in: Gesammelte
  Schriften 1933-1936 mit ergänzenden Beiträgen aus der Zeit des Zweiten Weltkriegs, Berlin
  2021, S. 7-28.
  여기서 「라이히 총독법」이라고 번역한 것은 「제국 감찰관(총독)」(이진기 옮김), 「전권 주지사」(문수현
  옮김, 374면) 또는 「제국 위임 주지사」(김학이 옮김)라고도 한다. 이들 대부분은 나치당의 가우 위원장이었
  다. 법률의 원문과 번역은 이진기 옮김, 『나찌 법률: 악마는 가만히 온다1』(박영사, 2022), 216-218면.
37) 균제화(均制化, Gleichschaltung). 「히틀러 정권 밖에 있는 통치단위인 란트나 지방자치체의 파괴에서
  시작하며 정치·경제생활에서의 자율적 조직, 비나치정당이나 노동조합의 해체, 마침내는 나치운동 내부
  에서의 당내 반대파의 탄압에 이르는 일련의 사회과정을 총칭한다. 이 목표를 추구함에 있어서 중앙정부의
  긴급명령이라는 '위로부터의' '합법적인' 탄압의 형태와 함께 나치당 내지 그 투쟁조직에 의한 '아래로부터
  의' 비합법적인 권력찬탈과 테러가 거의 완벽하게 보완·협력한 사실을 간과해서는 안 된다. 독재적인
  국가권력과 '인민투표적' 대중운동의 결합이야말로 '균제화'가 지닌 독특한 전체주의적 동태를 특징짓는

1934년에는 「국가사회주의(나치스)와 국제법」을 발표하고 히틀러의 에른스트 룀 (Ernst Röhm) 살해를 정당화하는 저열한 논문 「총통은 법을 보호한다」를 발표한다.[38] 여기서 그는 「총통은, 위험에 직면하여 그의 총통으로서의 지위에 힘입어 최상위의 재판권자로서 직접적인 법을 창설하는 경우, 법이 극히 사악하게 오용되는 것으로부터 법을 보호하는 것이다」[39]라고 말한다. 이 논문 발표 이후부터 슈미트의 제자였던 구리안 (Waldemar Gurian, 1902-1954)은 슈미트를 「제3제국의 계관 법학자」[40]라고 부르고 이 말은 곧 널리 유포되었다.

[법치국가] (1935)

법치국가란 말의 오해성과 추상성. 카를 슈미트는 법치국가를 논쟁적·정치적 개념, 법철학적 개념, 19세기의 법학적·기술적 개념, 그리고 법치국가의 특징으로서의 제도 또는 규범으로서 설명한 후 나치스 법률가들의 견해를 따라서 다음과 같은 궤변으로 결론짓는다. 「우리들은 나치스 지도자국가를 법치국가로서 나타낼 수 있다. ... 파시스트 국가에서 현실이 된 것은, 다툼의 여지없는 정치지도를 가진 강력한 국가가 자유주의에 의해서 그 기초가 파인 공동체보다도 공공생활·사적 영역 양쪽의 안전과 안정을 보다 더 유효하게 보장할 수 있다는 것이다」.[41]

[유대인] (1936)

유대인문제」(Judenfrage, jewish question, la question juive)는 유럽에서 18세기부터 유대인 해방에서 생긴 문제를 나타내는 표현이다. 독일에서는 슈타인-하르덴베르크의 개혁(1807-1815)에서 유대인의 동등대우가 혁신의 과제가 된다. 그 후 브루노 바우어의 「유대인문제」(1843)와 카를 미르크스의 반박문 『유대인 문제에 관하여』(1844)[42]를

것이다」. 宮田光雄, 『ナチ・ドイツの精神構造』(岩波書店, 1991), 28면. 한국에서는 '동치화'(同置化)(이진기 옮김, 『나찌 법률: 악마는 가만히 온다1』(박영사, 2022); '동기화' 또는 '통폐합'이라고 번역하기도 하며(디트릭 올로, 문수현 옮김, 『독일 현대사』, 미지북스, 2019, 358면), '통폐합 조정작업'(메리 풀브룩, 김학이 옮김, 『분열과 통일의 독일사』, 개마고원, 2000, 265면)으로 옮기기도 한다. 상세한 것은 Wikipedia, Gleichschaltung 참조.

38) 나치스 시절의 슈미트 저작 번역은 김효전 옮김, 바이마르·나치스 시대의 헌법과 정치 (1)(2), 『동아법학』 제79호 및 제80호(2018); 『헌법과 정치』(산지니, 2020)에 재수록.
39) 「총통은 법을 보호한다」, 『헌법과 정치』, 439면.
40) W. Gurian, Carl Schmitt, Der Kronjurist des III. Reiches, in: Deutsche Briefe 1934, Bd. 1. S. 52-54; B. Rüthers, Carl Schmitt im Dritten Reich, München 1990, S. 95; Joseph W. Bendersky, Carl Schmitt. Theorist for the Reich, Princeton 1983, p. 195 ff. 구리안과 슈미트의 관계는 우디 그린버그, 이재욱 옮김, 『바이마르의 세기. 독일 망명자들과 냉전의 이데올로기적 토대』(회화나무, 2018), 217면 이하.
41) C. Schmitt, Der Rechtsstaat, in: Hans Frank (Hrsg.), Nationalsozialistisches Handbuch für Recht und Gesetzgebung, München 1935. jetzt in: Günter Maschke (Hrsg.), Staat, Großraum, Nomos. Arbeiten aus den Jahren 1916-1969, Berlin 1995, S. 116-117. 김효전 옮김, 법치국가, 동인, 『헌법과 정치』(산지니, 2020), 461-462면.
42) Karl Marx, Zur Judenfrage, 1845. 김현 옮김, 『유대인 문제에 관하여』(책세상, 2015).

통하여 논쟁되고, 1880년대부터 반유대주의 운동에 사용된다. 특히 나치의 유대인문제에
대한 최종 해결책으로 이용되고, 이 표현은 1941년부터 홀로코스트를 실천하기 위해
위장하고 정당화되었다.43)

슈미트는 1936년에 반유대주의적 색채가 매우 농후한 논문 「유대 정신과 투쟁하는
독일 법학」44)을 발표한다. 개회사에서 슈미트는 독일 민족에게 유대인의 위험성을 자각
시키는 것이 교육의 과제이며, 독일법에서 유대 정신을 일소해야 한다고 역설하였다.45)
또한 여기서 「유대인 저자」는 우리들에게 아무런 권위도 없다. 만일 유대인 저자를
인용해야만 한다면, 어떤 유대인 저자(ein jüdischer Autor)로서 표현해야 한다. 인용의
문제는 단지 실제상의 문제에 그치지 않고 아주 근본적인 문제라는 취지를 서술하고
있다.46)

한편 「독일 혁명의 좋은 법」에서는 '동종성'(同種性, Gleichartigkeit)47)이 '균제화'보다
깊은 개념임을 강조한다.48)
그 후 SS(돌격대)에서 나치스에 대해서 적극적이 아니라는 공격을 받고 정치 일선에서
물러난다. 베를린 대학 교수직과 슈미트가 높이 평가한 프로이센 추밀고문관 등 나치스당
과 명예직까지 상실하고 이후 법사학과 국제법 연구에 몰두한다.

[광역이론]
생활공간(Lebensraum)의 개념은 독일의 정치지리학자 라첼(F. Ratzel)이 고안한 것이며
이를 하우스호퍼(K. Haushofer)49)가 나치 독일의 팽창 정책에 옹호하였다.50) 슈미트가

43) 문헌 Horst Junginger, Die Verwissenschaftlichung der "Judenfrage" im Nationalsozialismus,
    Darmstadt 2011; 전후에는 Jean-Paul Sartre, Überlegungen zur Judenfrage, Hamburg 1994. 安堂信
    也譯, 『ユダヤ人』(岩波新書); 한나 아렌트, 홍원표 옮김, 『유대인 문제와 정치적 사유』(한길사, 2022);
    테오도르 헤르츨, 이신철 옮김, 『유대국가』(b, 2012).
44) C. Schmitt, Die deutsche Rechtswissenschaft im Kampf gegen den jüdischen Geist. Schlußwort
    auf der Tagung der Reichsgruppe Hochschullehrer des NSRB vom 3. und 4. Oktober 1935,
    in: Deutsche Juristen-Zeitung, 1936, Sp. 1193 ff.
45) C. Schmitt, Gesammelte Schriften 1933-1936, S. 482-491. 김효전 옮김, 유대 정신과 투쟁하는
    독일 법학, 『헌법과 정치』, 479-487면.
    슈미트와 유대인의 관계는 Raphael Gross, Carl Schmitt und die Juden: Eine deutsche Rechtslehre,
    2005; Eng. tr. Carl Schmitt and the Jews: The "Jewish Question," the Holocaust, and German
    Legal Theory, 2007 (山本尤譯, 『カール・シュミットとユダヤ人: あるドイツ法學』, 法政大學出版局,
    2007).
46) C. Schmitt, a. a. O. Sp. 1196.
47) 동종성(Gleichartigkeit). 어느 한 민족이 자신의 독자적인 종(Art)을 자각하고 자기 자신이나 자기의
    동류를 자각하는 것.
48) C. Schmitt, Das gute Recht der deutschen Revolution, in: Westdeutscher Beobachter Nr. 108
    v. 12. Mai 1933. jetzt in: Gesammelte Schriften 1933-1936, S. 28. 김효전 옮김, 독일 혁명의
    좋은 법 (1933), 동인, 『헌법과 정치』, 312면 이하.

사용하는 광역(Großraum)의 개념도 이 생활공간과 같은 범주에 속한다. 이러한 용어들은 모두 제국주의의 침략과 식민지 정책을 뒷받침하기 위한 이론에 불과하며 제2차 세계대전 이후 지정학의 몰락으로 소멸되었다가 다시 부활하는 움직임을 보여주고 있다.[51]

슈미트는 1939년 「역외열강의 간섭을 허용하지 않는 국제법적 광역질서」[52]를 발표하고, 세계평화는 국제연맹과 같은 기구나 베르사유 체제와 같은 국제법에 의해서 달성되는 것이 아니라, 세계질서를 일정한 영역, 즉 광역(Großraum)으로 나누어 그 영역간의 공존체계를 만들 때에 비로소 이루어질 수 있다고 주장한다.

제2차 대전 후 슈미트는 뉘른베르크 국제군사법정에서 로버트 켐프너(M. W. Kempner, 1899-1993)가 「귀하는 히틀러의 광역정책의 이론적 기초에 어느 정도로 추진했는가?」라는 신문을 받고 보낸 진술서에서, 「광역이란 말은 내가 발명한 것이 아니며 1923년 이래 독일의 언어 사용에 침투한 것이며 결코 나의 독점물이 아니다」라고 답변했다. 또 자신은 공간 개념에 대해서 학문적인 문제제기를 했을 뿐이며 무엇보다 불필요한 충돌은 피하고 살인자들이 맹목적으로 돌진하도록 하지는 않았다고 변명한다. 계속해서 그는 나치스 시대의 자신의 위치를 상세하게 말한다.[53]

이에 반하여 루돌프 발터(Rudolf Walther)는, 슈미트의 급진적인 용어사용은 그의 광역 개념과 공간 비유의 불확실성을 제거하지 않았으며, 또한 나치스의 공간 이데올로기는 극단적인 팽창주의에 대한 암호가 되었으며, 광역 이데올로기는 일상 정치와 이데올로기의 기능을 넘어서서 미래 지향적인 요소들을 포함하기도 하였다고 비판한다.[54] 루돌프 발터는 슈미트의 이전의 논문 「현대 제국주의의 국제법적 형태들」(1932)과 「국제법상의

49) Hans-Adolf Jacobsen, Kampf um Lebensraum. Zur Rolle des Geopolitikers Karl Haushofer im Dritten Reich, in: German Studies Review 4 (1981), S. 79-104; 이진일, 독일 지정학 속 조선의 위상 — 카를 하우스호퍼(Karl Haushofer)가 만난 조선, 『독일연구 — 역사·사회·문화』제53집(2023), 103-150면.

50) 생활공간의 계보는 Birgit Kletzin, Europa aus Rasse und Raum. Die nationalsozialistische Idee der Neuen Ordnung, 2. Aufl., Münster u.a., 2002; Olivier Le Cour Grandmaison, Coloniser. Exterminer. Sur la guerre et l'État colonial, Paris 2005; Peter Jahn, Florian Wieler, Daniel Ziemer (Hrsg.), Der deutsche Krieg um «Lebensraum im Osten»1939-1945, Berlin 2017. Lebensraum, German Wikipedia. C. Abrahmssohn, On the Genealogy of Lebensraum, in: Geographica Helvetica, Vol. 68, No. 1 (2013). 슈미트의 『입장과 개념들』, 510-511면에 실린 김효전의 해설. 이진일, 독일에서의 인구·인종주의 전개와 생명정치 — "생존공간"과 제국을 향한 꿈2, 『史林』제50집 (2014).

51) 조선일보 2023. 4. 7.

52) C. Schmitt, Völkerrechtliche Großraumordnung mit Interventionsverbot für raumfremde Mächte. Ein Beitrag zum Reichsbegriff im Völkerrecht, 1939, 4. Ausgabe, Berlin u.a. 1942. 67 S. jetzt in: 4. Aufl. 2022. 김효전역, 역외열강의 간섭을 허용하지 않는 국제법적 광역질서 — 국제법에 있어서 라이히 개념에의 기여, 동인, 『정치신학외』(법문사, 1988), 297-376면 수록.

53) Helmut Quaritsch (Hrsg.), Carl Schmitt — Antworten in Nürnberg, Duncker & Humblot, Berlin 2000, S. 68 ff.

54) J. Fisch, D. Groh, R. Walther, Artikel Imperialismus, in: O. Brunner u.a., Geschichtliche Grundbegriffe. Bd. 3, 1982, S. 230-231. 외르크 피쉬·디터 그로·루돌프 발터 지음, 황승환 옮김, 『코젤렉의 개념사 사전 3 제국주의』(푸른역사, 2010), 132-133면.

중립과 국민의 전체성」(1938)에서 공간개념은 등장하지 않지만 1939년에는 이미 대중화된 공간 개념을 법학에 사용했다고 한다. 그 밖에 「광역 대 보편주의」(1939)라는 논문의 참조를 지시하고 있다.55)

이러한 광역 사상에 대해서 슈미트는 전후에도 『파르티잔의 이론』에서 마오쩌둥(毛澤東)의 시 「곤륜(崑崙)」56)을 동감의 뜻으로 인용하고 있다.57)

    하늘이 발판이라면 나는 내 칼을 빼어
    너를 세 조각으로 자르리라
    하나는 유럽의 선물로
    하나는 미국의 선물로
    그러나 중국을 위해 하나를 남겨두리
    그러면 세계에는 평화가 찾아오리

이 시의 원문은 다음과 같다.

    而今我謂崑崙　不要這高　不要這多雪　安得倚天抽寶劍
    把汝裁爲三截　一截遺歐　一截贈美　一截還東國
    太平世界　環球同此涼熱

슈미트의 광역이론은 바로 일본으로 전수되어 이른바 「대동아전쟁」이란 명칭으로 바뀌고 제국주의 침략정책을 뒷받침하는 이론으로 둔갑하기도 한다.58)

[대동아전쟁]
슈미트의 『국제법적 광역질서』(1939)를 주석한 마슈케(G. Maschke)는 편자의 부록59)

---

55) 이상의 논문은 모두 C. Schmitt, Positionen und Begriffe im Kampf mit Weimar- Genf-Versailles 1923-1939, Hamburg 1940, Nachdruck Berlin: Duncker & Humblot, 4. Aufl., 2014 (김효전·박배근 옮김, 『입장과 개념들: 바이마르-제네바-베르사유와의 투쟁에 있어서 1923-1939』, 세종출판사, 2000)에 수록되어 있다. 최근에 발간된 Gesammelte Schriften 1933-1936 mit ergänzenden Beiträgen aus der Zeit des Zweiten Weltkriegs, Duncker & Humblot, Berlin 2021에도 수록.

56) 유진성 편역, 『모택동 시집』(문원북, 2000), 51면.

57) C. Schmitt, Theorie des Partisanen. Zwischenbemerkung zum Begriff des Politischen, Berlin 1963. S. 63. 김효전 옮김, 『파르티잔』(문학과 지성사, 1998), 99면.

58) 이진일, 냉전의 지정학과 동아시아 '지역'(region)의 구성 ― 칼 슈미트의 '광역질서'(Grossraumordnung) 이론을 중심으로, 『독일연구 ― 역사·사회·문화』 제43집(2020), 5-42면; 사카이 데쓰야, 장인성 옮김, 『근대 일본의 국제질서론』(연암서가, 2010); 松井芳郎, グローバル化する世界における「普遍」と「地域」 ― 「大東亞共榮圈」論における普遍主義批判の批判的檢討, 『國際法外交雜誌』 제102권 4호 (2004); 西平等, カール・シュミットのグーロスラウム理論, 『國際法外交雜誌』 제122권 2호(2023), 1-29면.

59) Günter Maschke (Hrsg.), Carl Schmitt, Staat, Großraum, Nomos. Arbeiten aus den Jahren

에서 문헌목록과 편집상의 지시, 「광역질서」의 직접적인 토론과 수용, 정치적 반작용과 정치적 관련, 외국에서의 기타 반작용, 제2차 세계대전 중 이탈리아에서의 광역 논쟁, 1939-45년 독일에서의 「광역질서」 논쟁, 「경제광역」과 「광역경제」, 「광역질서」에 대한 슈미트의 편지들, 그리고 결론적 고찰과 지시를 무려 30페이지에 걸쳐 기술하고 있다. 이 중 우리의 관심을 끄는 것은 노이만(Franz Neumann, 1900-1956)의 저서 『비히모스: 국가사회주의의 구조와 실제』[60]이다. 여기서 그는 "the Grossdeutsche Reich"를 "Living Space and the Germanic Monroe Doctrine"으로 번역한 것이다. 광역질서를 「먼로 독트린」과 같은 것으로 표현한 것이다.

또 하나는 일본에서 1940년과 1942년 사이에 「광역질서」에 관한 논저가 발표된 것으로 마슈케는 야스이 가오루(安井郁)의 『歐州廣域國際法の基礎理論』(有斐閣, 1942)를 "Kaoru Yasui, Die Fundamentalidee des europäischen Großraum-Völkerrechts, Tokio 1942 (jap.)"라고 소개한다. 그러나 그는 일본인 친구들이 수고했지만 지금까지 자세한 내용은 알지 못했다고 적고 있다. 다 알다시피 제2차 세계대전 중 일본은 아시아 국가들을 침략하면서 「대권역질서」(大圈域秩序), 「대동아공영권」(大東亞共榮圈),[61] 「대동아국제법」(大東亞國際法)과 같은 말들을 만들어 선전했는데, 이러한 것들은 모두 슈미트의 「광역질서」를 모방한 것이다. 일본의 대표적인 사전에 의하면, 「대동아공영권이란 태평양전쟁 때에 일본이 아시아 지배를 정당화하기 위해서 내세운 표어이다. 구미세력을 배제하여 일본을 중심으로 하는 만주, 중국 그리고 동남아시아 민족들의 공존공영을 주장한다. 1940년 외상 마쓰오카 요우스케(松岡洋石, 1880-1946)의 담화에서 유래했다」[62]고 한다.

또 도쿄대학 정치학 교수로서 大東亞省과 해군의 브레인을 지낸 야베 사다지(矢部貞治, 1902-67)는 대동아공영론에서 ① 정치적 독립의 포함, ② 유기적 불평등, ③ 지도 국가의 존재, ④ 일본을 중심으로 하는 다변적 개별적 관계, ⑤ 제국주의적 착취관계 배척, ⑥ 무엇보다도 일본의 자존 자위가 제일이라고 주장했다. 또 다바다 시게지로(田畑茂二郎, 1911-2001)는 일본 외무성의 입장을 대변하며, 그는 슈미트에 따라서 광역질서에 관하여 몇 편의 논설을 쓰기도 하였다.[63]

나치스 시대의 슈미트는 곧 지금까지의 「결단주의」를 버리고 「구체적 질서사상」

1916-1969, Berlin 1995, 2. Aufl., 2021, S. 341-371.

[60] Franz Neumann, Behemoth. The structure and practice of National Socialism, London 1943, 초판 1942; 加藤・小野・岡本譯 (みすず書房, 1963).

[61] 이진일, '생존공간'(Lebensraum)과 『大東亞共榮圈』 담론의 상호전이 ─ 칼 하우스호퍼의 지정학적 일본관을 중심으로, 『독일연구 ─ 역사・사회・문화』 제29집(2015), 199-240면.

[62] 新村出編, 『広辞苑』(第四版)(岩波書店, 1992), 1552면.

[63] 예컨대 田畑茂二郎, カール・シュミット, 『國民社會主義と國際法』, 『法學論叢』 제39권 4호(1938); 동 「ナチス國際法學の轉回とその問題的意義」, 『外交時報』 제107권 1호(1943), 동 「東亞共榮圈國際法への道」, 『外交評論』 제23권 12호(1943), 동 「近代國際法に於ける國家平等の原則について」(1)(2) (3), 『法學論叢』 제50권 3, 4, 5・6호(1944) 등.

(konkretes Ordnungsdenken)으로의 전향을 표명하였다.64) 이는 프랑스 공법학자 모리스 오류(Maurice Hauriou)65)의 제도 중에 신성(神性)이 유숙한다는 지극히 가톨릭적인 「제도이론」(Institution)66)을 탈바꿈하여 「피와 땅」을 기초로 하는 나치스적 질서로써 법의 궁극적 근거로 삼은 것으로,67) 법 이전의 정상적인 사태나 자연적 질서의 존재를 설명하는 점에서 가치 맹목적인 「결단주의」로부터 자연법론에 접근하였다고도 볼 수 있다.68) 이 사상은 곧 「광역이론」(Raumtheorie)으로서 독일의 동유럽침략의 정당화에도 사용되었는데, 이것은 이미 1932년의 『합법성과 정당성』에서 의회의 다수결이라는 결단 이상으로 「독일 국민의 실체적인 내용과 힘」을 중요시하는 주장에서 그 전조를 찾아볼 수 있다.69) 그리고 전후에 이르러 유럽공법을 특수 근대 유럽의 기반 위에 성립한 「구체적 질서」라고 주장하듯이, 나치스적 주장이라고는 할 수 없다.

그러나 슈미트는 「狡兎死走狗烹」70)라는 비유처럼 곧 주류의 자리에서 물러나게 되었다. 1936년 말에는 1934년 이래 그가 편찬하고 있던 「독일 법조 신문」(Deutsche Juristen-Zeitung)이 「독일법 아카데미 잡지」(Zeitschrift der Akademie für Deutsches Recht)에 흡수되고, SS 기관지 1936년 12월 10일호는 일찍이 그가 유대인 도이블러에게 심취하여 반유대주의를 비난한 것, 가톨릭주의 정치의 대변자라는 혐의, 기회주의 등을 공격하였다.71) 쾰로이터(Otto Koellreutter) 등도 슈미트의 이론이 독일적이라기보다는 로마법적, 또한 로마 가톨릭적이며, 적과 동지의 이론은 내적 공동체성을 무시한 외향편중이라는 것 등을 비판하였다.72)

그러나 슈미트는 이것으로 실각한 것은 아니다. 「독일 법조 신문」 폐간호의 고별사에서

---

64) C. Schmitt, Über die drei Arten des rechtswissenschaftlichen Denkens, 1934; Politische Theologie, 2. Ausgabe, 1934, Vorwort; Positionen und Begriffe, 1940.

65) 모리스 오류(1856-1929)에 관하여는 J.-M. Blanquer, Hauriou Maurice, in: Patrick Arabeyre, Jean-Louis Halpérin, Jacques Krynen (sous.), Dictionnaire historique des juristes français XIIᵉ-XXᵉ, PUF, Paris 2015, pp. 516-519. 슈미트는 오류를 자신의 맏형이라고 부르고 그를 알게 해 준 행운을 적고 있다. Carl Schmitt, Glossarium. Aufzeichnungen der Jahre 1947-1951, hrsg. von E. Frhr. von Medem, Berlin: Duncker & Humblot 1991, S. 13. 오류는 슈미트뿐만 아니라 에리히 카우프만·페터 해벌레·니클라스 루만 등 독일의 공법학자와 사회학자들에게도 많은 영향을 미쳤다.

66) Roman Schnur (Hrsg.), Die Theorie der Institution und zwei andere Aufsätze von Maurice Hauriou, 1965; 김효전, 제도이론의 계보 — 모리스 오류와 독일 공법학, 『월간고시』 1993년 9월호; 김충희, 모리스 오류의 제도이론, 서울대 석사논문, 2010.

67) C. Schmitt, Der Weg des deutschen Juristen, in: Deutsche Juristen-Zeitung, 39. Jg. Heft 11, 1934, Sp. 691.

68) 黒田 覺, カール・シュミツト, 『全體主義』, 1939에 수록. 加藤新平, 所謂 具體的 秩序思想に就て, 『法學論叢』 제38권 1호(1938) 참조.

69) C. Schmitt, Legalität und Legitimität, S. 97; Verf. Aufs., S. 344. 역서, 133면.

70) 민첩한 토끼가 죽으면 그동안 고생한 사냥개는 필요 없으므로 잡아먹는다. 적국이 망하면 공이 있던 모신(謀臣)은 이미 소용이 없으므로 주륙(誅戮)당한다는 비유 [史記].

71) H. Hofmann, a. a. O., S. 199-200.

72) O. Koellreutter, Deutsches Verfassungsrecht, 3. Aufl., 1938. ケルロイター, 矢部貞治・田中博三譯, 『ナチス・ドイツ憲法論』, 1939, 4-5면. Cf. Aurel Kolnai, The war against the West, 1938, p. 147.

도 그는 「나치스 사상의 관철을 위한 위대한 세계관적 투쟁에 있어서 우리들은 후퇴하지 않는다」라고 선언하였으며,73) 그 후에도 패전까지 프로이센 추밀고문관(Staatsrat)의 지위를 계속 보유하고, 전술한 「광역이론」으로써 독일 동방정책의 이론적 기초를 수립하려고 시도하였다.74) 그러나 이때부터 그는 제1선에서 물러나 비교적 아카데믹한 활동에 중점을 두게 되었다. 특히 홉스 탄생 350주년 기념으로 출간한 『홉스 국가론에 있어서 리바이어던』75)은 홉스적 결단주의에의 회귀를 생각게 하는 작품으로서 반유대주의적인 성격을 제외한다면 나치스적 성격을 찾아볼 수 없는 학술적 작품이다. 슈미트는 대영미, 대소의 전면전쟁을 예기하지 못한 것 같은데, 일단 전면전쟁이 일어난 후에는 일찍부터 패전을 예기했던 것 같다. 나치스 말기 시대의 슈미트는 저항운동의 동정자였을 가능성도 있다.76)

(2) 제2차 세계대전 이후

1945년 4월 소련군에게 체포되어 심문을 받은 후 석방된다. 9월에는 다시 미군에게 체포되어 베를린 교외 뤼텐샤이트 포로·정치범수용소에 구금되어 옥중기 『구원은 옥중에서』를 집필한다. 1945년 12월 교수직을 상실, 1946년 10월 일단 석방된다. 1947년 3월 미군에 의해서 다시 체포되고 바거제의 감옥을 거쳐 뉘른베르크로 이송되었으나 불기소 처분을 받고 5월에 고향 플레텐베르크로 돌아간다.

대전 후 유대계 독일인 카를 뢰벤슈타인(Karl Loewenstein, 1891-1973)77)은 뮌헨대학 강사 시절 나치스의 박해로 미국으로 건너가 앰허스트 대학의 정치학 교수가 된다. 그는 제2차 대전 중인 1942-44년 미국 고등 검찰청 검사장 고문이 되고, 1945년 9월

---

73) C. Schmitt, Schlußwort des Herausgebers, Deutsche Juristen-Zeitung, Heft 24, 1936, S. 1453.

74) C. Schmitt, Großraum gegen Universalismus. Der völkerrechtliche Kampf um die Monroe-doktrin, Zeitschrift der Akademie für Deutsches Recht, 6. Jg. Heft 7. 1938.

75) C. Schmitt, Der Leviathan in der Staatslehre des Thomas Hobbes. Sinn und Fehlschlag eines politischen Symbols, 1938. 김효전 옮김, 홉스 국가론에서의 리바이어던 (1938), 동인, 『헌법과 정치』, 497-541면; 동인, 『홉스 국가론에서의 리바이어던』(교육과학사, 1992).

76) 그의 『구원은 옥중에서』(Ex Captivitate Salus)는 빌헬름 알만(Wilhelm Ahlmann, 1895-1944)의 추억에 바치는데, 알만은 킬(Kiel)의 은행가의 집에서 태어나 지원병으로서 제1차 세계대전에 종군 중 피스톨의 폭발로 실명하였다. 그 후 그는 연구생활로 들어가 정당방위론의 논문으로 법학박사가 되고, 또한 맹인의 심리를 논한 논문으로 철학박사의 학위를 얻고 계속 한스 프라이어(Hans Freyer) 아래서 국가철학의 연구에 전념하였다. 나치스 초기에는 종교관계의 관직에 관여하기도 하였는데 곧 나치스에 강한 반대적 태도를 취하게 되었다. 1944년 7월 20일의 히틀러 암살미수사건의 주범 슈타우펜베르크(Stauffenberg)와의 관계에 의심을 받고 동년 12월 7일 자살하였다. 슈미트와 이 맹인 사상가와의 관계는 알 수 없으나, 약간 교류가 있었으며 그의 입장에 공감을 가졌던 것으로 생각된다. 슈타우펜베르크에 관하여는 마우-크라우슈니크, 『독일 현대사』, 158-159면.

77) 뢰벤슈타인에 관하여는 Oliver Lepsius, Karl Loewenstein (1891-1973), in: Häberle u.a. (Hrsg.), Staatsrechtslehrer des 20. Jahrhunderts, 2. Aufl. 2018, S. 489-518; Markus Lang, Karl Loewenstein. Transatlantischer Denker der Politik, Franz Steiner Verlag, Stuttgart 2007; Robert Chr. van Ooyen (Hrsg.), Verfassungsrealismus. Das Staatsverständnis von Karl Loewenstein, Nomos, Baden-Baden 2007. 칼 뢰벤슈타인, 김효전역, 『비교헌법론』(교육과학사, 1991); 동인 편역, 『독일 헌법학의 원천』(산지니, 2018), 805-940면.

미점령군 법률고문으로서 카를 슈미트의 체포와 그의 장서를 몰수하도록 교사한다.[78] 또한 슈미트를 전범으로서 처벌하기 위해서 감정서를 작성했으나 아무런 효과를 보지 못했다고 한다.[79]

한편 전후에 전쟁범죄를 처벌하는 것은 죄형법정주의에 반한다는 슈미트의 법감정서에 후기를 작성한 크바리치(Helmut Quaritsch, 1930-2011)[80]는, 슈미트는 내심 나치스를 멀리 했다고 평가하기도 한다.[81]

그러나 나치스가 정권을 장악한 1933년부터 1945년 패전하기까지 슈미트가 집필한 논저 중에는 전국의 도서관에서 유대인의 저서를 폐기하라는 주장으로부터 히틀러의 동방정책을 뒷받침하고 찬양한 저술로 유명한 '광역질서'론에 이르기까지 체제에 협조하는 정도를 넘어 침략전쟁의 정당화에까지 이르고 있다. 따라서 슈미트가 나치스를 멀리 했다고 보는 견해는 수긍하기 어렵다.[82]

(3) 슈미트의 비밀

슈미트의 마력 내지 매력은 현실문제에 대한 예리한 지적, 간결한 문체, 문사철을 아우르는 그의 박학다식함, 자신을 드러내지 않는 신비주의 등 여러 가지로 지적되고 있다. 특히 그의 사생활은 최근 발간된 일기나 『주석집』 등을 통해서 많이 알려지기도 했다.

---

78) R. Mehring, Carl Schmitt. Aufstieg und Fall. Eine Biographie, München 2009, S. 442.

79) H. Quaritsch (Hrsg.), Carl Schmitt: Antworten in Nürnberg, 2000, S. 12. 문헌 『비교헌법론』(김효전 역, 교육과학사, 1991); Robert Chr. van Ooyen (Hrsg.), Verfassungsrealismus. Das Staatsverständnis von Karl Loewenstein, Nomos 2007; Markus Lang, Karl Loewenstein. Transatlantischer Denker der Politik, Franz Steiner Verlag, Stuttgart 2007; Häberle u. a., Staatsrechtslehrer, 2. Aufl., 2018, S. 489 ff.; 우디 그린버그, 이재욱 옮김, 『바이마르의 세기』, 281-347 면.

80) 크바리치에 관하여는 Bernd Grzeszick, Helmut Quaritsch (1930-2011), in: Häberle u.a. (Hrsg.), Staatsrechtslehrer des 20. Jahrhunderts. 2. Aufl. 2018, S. 1167-1178.

81) H. Quaritsch (Hrsg.), Das internationalrechtliche Verbrechen des Angriffskrieges und der Grundsatz "Nullum crimen, nulla poena sine lege", Berlin 1994, S. 133. 「슈미트 자신은 자기의 혁명적인 나치시대를 내심으로는 오래전부터 배후로 돌리고 있었다. 전쟁 중 그는 친구나 동료 간에서만 세미나에서도 원리적인 시스템 비판을 표명하였다. 그가 이 시점에서 감정서에서 나치 통치의 범죄나 성격에 대해서 기술한 것은, 진지하게 생각한 것이며, 그의 확신이며 의뢰인이나 감정자의 캄플라주에 기여하려는 것은 아니었다」. 김효전 옮김, 국제법상의 침략전쟁의 범죄와 「죄형법정주의」원칙(상)(중)(하), 『유럽헌법연구』제43호(2023), 제44호, 제45호(2024).

82) 제2차 세계대전 중 집필한 슈미트의 유치하고 저열한 논저들은 그동안 복간되지 않다가 최근 논문집 C. Schmitt, Gesammelte Schriften 1933-1936 mit ergänzenden Beiträgen aus der Zeit des Zweiten Weltkriegs, Duncker & Humblot, Berlin 2021. 572 S.로 발간되었다.

   슈미트와 나치스와의 관련 문헌은 많다. Reinhard Mehring, Carl Schmitt. Aufstieg und Fall. Eine Biographie, München 2009, S. 304-436; Andreas Koenen, Der Fall Carl Schmitt. Sein Aufstieg zum "Kronjuristen des Dritten Reiches, Darmstadt 1995; B. Rüthers, Carl Schmitt im Dritten Reich, 2. erweiterte Auflage, München 1990; Paul Noack, Carl Schmitt. Eine Biographie, Frankfurt a. M. 1993, S. 164-234; Joseph W. Bendersky, Carl Schmitt. Theorist for the Reich, 1983, Part 4.

그의 박학다식함은 물론 그의 외국어 실력에서 비롯되는 것이다. 그의 프랑스어 능력은 가족 관계에서부터 유래하는 것이기도 하며,83) 특히 헌법이론은 프랑스 제3공화국 시대의 이론에 많이 의거하고 있다.84) 그 밖에 그는 영어는 물론, 이탈리아어, 스페인어 등에도 능통하기 때문에 번뜩이는 기지와 경구를 자유로이 구사할 수 있는 것이다.

우리들의 관심사인 그의 장서에 대해서는 전술한 뢰벤슈타인도 탐냈다고 하나 전후의 행방에 대해서 크바리치는 다음과 같이 기록한다. 슈미트의 장서는 1945년 10월 점령당국의 지령으로 압수되고, 압수중지로부터 여러 해가 지나서도 슈미트는 전혀 이용하지 못했다. 1947년 교도소에서 석방된 후 고향인 플레텐베르크로 돌아가지만 그의 집은 베를린의 도서를 들이기에는 너무나 작았다. 슈미트는 자신의 압수된 도서를 다시 보지 못했다. 그의 책들은 먼저 프랑크푸르트에 있는 이게 파르벤(IG Farben) 회사의 건물 속에 있었던 대(對)독일 미국 고등판무관사무소에 보관되었다. 압수 중지 후에 교회사가 로르츠(Joseph Adam Lortz)는 마인츠대학의 그의 「유럽사연구소」에 슈미트 책의 일시적인 피난처를 마련하였다. 그러나 1954년에 슈미트는 목록을 작성하지 못한 채 군사정부의 붉은 스탬프가 찍힌 많은 책들을 프랑크푸르트의 케르스트(Kerst) 고서적상에게 팔았다.85) 이와 같이 슈미트의 장서는 수난을 겪고 산산조각이 났다.

(4) 슈미트와 한국

카를 슈미트의 이름은 일찍이 유진오(兪鎭午)의 「독일 국가학의 최근 동향: 소위『지도자국가』에 대하야」(동아일보 1938. 8. 16~19 〈夏期紙上大學〉 전4회)에서 나오기 시작하여 1950년대와 60년대에는 한태연(韓泰淵, 1916-2010)에 의해서 정력적으로 소개되었다.

한태연은 그의『헌법학』(1955)에서 슈미트와 E. R. 후버의 이론에 의거하여 저술하였으며, 5. 16 이후에는 나치스의 수권법을 모델로 하여 「국가재건비상조치법」을 작성하기도 하였다.

슈미트 원전의 번역은 "Der Begriff des Politischen"(1927)을 윤근식(尹謹植, 1931-)이『정치의 개념』(1961)으로 발간한 것이 최초라고 하겠다. 이후 슈미트의 이론은 1960년 대에 「헌법제정권력」을 비롯하여 헌법학 교과서에 경쟁적으로 도입 소개되기도 하였다.

이어서 슈미트의 저서『헌법이론』,『정치적 낭만』,『정치신학외』,『대지의 노모스』등 주요 저작이 번역되면서 그의 이름은 더욱더 알려지게 되었다. 특히 슈미트의『정치적인 것의 개념』이나『파르티잔의 이론』은 흑백논리에 휘둘리는 한국의 정치현실에서 자신의 논리를 정당화하는 무기로서 사용되기도 하였고, 여전히 슈미트의 이론을 근거로 삼고 있는 실정이다. 이러한 현상은 70년대의 독일의 좌파 지식인들이 슈미트를 이용한

---

83) 피이트 토미센편, 칼 슈미트와의 대화, 김효전 편역,『칼 슈미트 연구 - 헌법이론과 정치이론』(세종출판사, 2001), 197면 이하.

84) 김효전, 카를 슈미트의 프랑스 헌법이론 연구, 동당 성낙인 총장퇴임기념논문집『국가와 헌법 I. 헌법총론/정치제도론』(법문사, 2018), 191-221면.

85) H. Quaritsch (Hrsg.), Das internationalrechtliche Verbrechen des Angriffskrieges, S. 145.

데에서 비롯하기도 한다.

슈미트 생존 중에 한국에서의 헌법학 연구 상황을 직접 알린 사람은 한태연과 갈봉근(葛奉根, 1932-2002) 외에 최종고(崔鍾庫, 1947-) 교수가 있으며, 그는 슈미트와의 편지 왕래를 일찍부터 소개한 바 있다.[86]

최근에는 역사와 문학을 다룬 슈미트의 『땅과 바다』, 『햄릿이냐 헤쿠바냐』도 일반에게 알려졌고, 이미 번역된 것을 다시 번역한 것들도 여러 가지 나오고 있다.

한국인들에게 일찍부터 알려진 소위 「대동아공영권」이니 「대동아전쟁」이니 하는 표현도 독일과 슈미트의 이른바 「광역이론」의 모방이었고, 오늘날의 반도체를 둘러싼 미국과 중국의 패권경쟁에서 일본이 이득을 취하게 되는 것도 「지정학적 영향」이라고 보는 것[87]도 실은 독일과 슈미트 이론의 망령이 되살아난 것으로 볼 수 있다.

이와 같이 볼 때 슈미트의 이론은 일제 강점기부터 직접·간접으로 한국에 소개되고 영향을 받은 것을 알 수 있다.[88]

슈미트의 이론은 헌법학과 정치학 그리고 국제법이론에서뿐만 아니라 정치현실에서도 진영 간의 대립과 갈등을 정당화 내지 근거로 삼는 데에 이용할 정도로 여전히 위력을 발휘하고 있다. 슈미트는 물론 독일 학문의 올바른 이해와 연구를 위한 자세가 요청된다.

2. 루돌프 스멘트 (Rudolf Smend, 1882-1975)

루돌프 스멘트는 독일의 저명한 교회법학자인데 한국에서는 몇몇 헌법학자들이 헌법학자라고 소개한 탓에 슈미트와 쌍벽을 이루는 헌법학자로서 알려지고 있다. 여기서는 누가 더 뛰어난 학자이냐를 다투려는 것이 아니라 오늘날의 독일 공법학계는 크게 카를 슈미트학파와 루돌프 스멘트학파의 둘로 나뉘고 있어서 이들의 나치 행적을 살펴볼 때에는 스멘트의 경우도 함께 보아야만 좀 더 공정하고 거시적인 관점이 될 것이라고 생각하기 때문이다.

(1) 스멘트의 생애

스멘트는 1882년 스위스 바젤에서 태어났다.[89] 그는 바젤, 베를린 그리고 본으로

---

86) 최종고, 프라이부르그를 회상하며, 프라이부르그 법대 유학인회 엮음, 『회상의 프라이부르그』(교육과학사, 1993), 125-127면. 「칼 슈미트와의 교신」.
  최교수의 편지는 두 통이며 1978-1981년으로 기록되어 있음을 슈미트 문서에서 확인할 수 있다. Dirk van Laak und Ingeborg Villinger, Nachlass Carl Schmitt. Verzeichnis des Bestandes im Nordrhein-westfälischen Hauptstaatsarchiv, Respublica-Verlag, Sieburg 1993, S. 46. 이 책자에는 한태연과 갈봉근 교수의 편지도 한통 기록하고 있다. S. 46.

87) 예컨대 조선일보 2023. 6. 20.

88) 상세한 것은 김효전, 「카를 슈미트의 헌법이론과 한국」, 『학술원논문집』제58집 1호(2019), 151-409면 참조.
  일본의 경우는 古賀敬太, 日本の憲法學におけるカール·シュミットの繼受(1)(2) - 黑田覺と大西芳雄 - 『國際研究論叢』(大阪國際大學) 제33권 2호 및 3호(2020), 85-100면 및 139-157면 참조.

유학을 다녔으며 마지막에는 괴팅겐으로 돌아왔다. 그의 학문적 출발점은 법제사와 헌법사였으며 1904년 괴팅겐대학에서 벨기에 헌법전에 대한 프로이센 헌법전의 관계로 학위를 받았으며, 이어서 1908년 킬 대학에서 알베르트 해넬(Albert Hänel)의 지도 아래 교수자격을 취득했다. 그 이듬해인 1909년 그는 그라이프스발트(Greifswald) 대학의 교수로 첫 임명을 받았다. 그리하여 그 다음에는 1911년 튀빙겐, 1915년 본대학의 초빙을 받았다. 1922년부터는 그 당시 최고의 위치에 있었던 베를린대학에서 교직을 차지하고 있었으나 나치스가 정권을 장악한 1935년 정치적 압력을 받고 괴팅겐대학으로 「좌천」된다.

이에 대해서 공법학자이며 교회법학자인 캄펜하우젠(v. Campenhausen)은 다음과 같이 기술하고 있다.

> 이러한 전근(Versetzung)은 그의 의사에 반한 것이었으므로 그가 괴팅겐대학으로의 부임을 견책 전근으로 받아들인 것은 당연하였다. 이곳에서 스멘트는 건강상의 문제가 없었던 것은 아니었지만 그의 마지막까지 40년 동안이나 매우 왕성한 정신적 활동을 보여주었다. 1945년 그는 대학이 새로 개편됨에 따라, 대학 총장이 되었으며, 1944년부터 1949년까지 괴팅겐학술원(Akademie der Wissenschaften zu Göttingen)의 회장을 역임하였다.[90]

한편 스멘트는 카를 슈미트와 편지를 교환하기도 하였으며,[91] 전후에는 대학재건과 아울러 교회법 연구에 주력하게 된다.

---

89) 문헌 Manfred Friedrich, Rudolf Smend 1882-1975, in: Archiv des öffentlichen Rechts, Bd. 112, Heft 1 (1987), S. 1-24. 김효전 옮김, 루돌프 스멘트 1882-1975, 『헌법학연구』 제5권 2호 (1999), 543-567면; Helmuth Schulze-Fielitz, Rudolf Smend (1882-1975), in: P. Häberle, M. Kilian, H. Wolff (Hrsg.), Staatsrechtslehrer des 20. Jahrhunderts, 2. Aufl., 2018, S. 317-334; Robert Chr. van Ooyen, Integration. Die antidemokratische Staatstheorie von Rudolf Smend im politischen System der Bundesrepublik, Wiesbaden 2014; R. Lhotta, Rudolf Smend (1882-1975), in: R. Voigt, Staatsdenken, 2016, S. 138-142; K. Rennert, Die "geisteswissenschaftliche Richtung" in der Staatsrechtslehre der Weimarer Republik, 1987, S. 141-157, 214-259, 299 ff.; J. Poeschel, Anthropologische Voraussetzungen der Staatstheorie Rudolf Smends. Die elementaren Kategorien Leben und Leistung, 1978; M. H. Mols, Allgemeine Staatslehre oder politische Theorie? Untersuchungen zu ihrem Verhältnis am Beispiel der Integrationslehre Rudolf Smends, 1969; R. Bartlsperger, Die Integrationslehre Rudolf Smends als Grundlegung einer Staats-und Rechtstheorie, Diss. jur. Erlangen-Nürnberg 1964.

90) Axel Frhr. v. Campenhausen, Rudolf Smend (1882-1975) Integration in zerrissener Zeit, in: Fritz Loos (Hrsg.), Rechtswissenschaft in Göttingen. Göttinger Juristen aus 250 Jahren, Vandenhoeck & Ruprecht, Göttingen 1987, S. 515. 김효전 옮김, 루돌프 스멘트(1882-1975) 분열된 시대의 통합, 『헌법학연구』 제30권 1호 (2024).

91) 카를 슈미트와의 편지교환집 R. Mehring (Hrsg.), "Auf der gefahrenvollen Straße des öffentlichen Rechts," Briefwechsel Carl Schmitt-Rudolf Smend 1921-1961, D&H., Berlin 2010.

스멘트의 제자들로는 Hsü Dau-lin(徐道鄰, 1907-1973), 울리히 쇼이너(Ulrich Scheuner, 1903-1981), 호르스트 엠케(Horst Ehmke, 1927-2017), 콘라트 헤세(Konrad Hesse, 1919-2005), 페터 해벌레(Peter Häberle, 1934-), 프리드리히 뮐러(Friedrich Müller, 1938-) 등이 있으며, 이들은 전후 독일 헌법학계의 주류가 되기에 이르렀다. 정치학 분야에서는 빌헬름 헨니스(Wilhelm Hennis, 1923-2012)[92]가 있다.

(2) 통합이론의 핵심

스멘트의 통합이론은「헌법국가에 있어서 정치권력과 국가형태의 문제」[93]에서 최초로 등장하지만 아직 체계화되고 못한 것이었다.

그 후 하나의「시론」으로서『헌법과 실정헌법』[94]에서 좀 더 자세하게 자신의 이론을 전개하기 시작한다.

스멘트는 국가가 자신을 실현해 나아가는 과정을 통합(Integration)이라고 부르고, 통합에는 인적 통합, 기능적 통합 그리고 물적 통합의 세 가지가 있다고 한다.[95] 헌법이란 바로 국가가 통합을 이루어 나아가는 법적 과정이라고 한다. 또 그는 기본권은 국가에게 그 내용과 존엄성을 부여해 주는 물적 통합의 요소이며 가치체계라고 이해하고, 특히 언론의 자유의 국가창설적 기능을 강조한다.[96] 그의 통합이론은 파시즘에 가까운 입장이었으나 나치에의 협력을 거부하여 베를린대학에서 괴팅겐대학으로 좌천되었다. 전후 독일 공법학의 주류가 된다. 카를 슈미트학파와 대립하는 학파로서 한국에도 이를 따르는 몇 사람이 있다.

먼저 스멘트의 헌법에 관한 견해를 본다.

헌법은 국가의 법질서이다. 좀 더 상세히 말한다면 그 속에서 국가가 그 생활의 현실을 가지는 생활의 법질서, 말하자면 통합과정의 법질서이다. 이 통합과정의 의미는 국가생활

---

92) 헨니스에 관하여는 Andreas Anter (Hrsg.), Wilhelm Hennis' Politische Wissenschaft: Frage-stellungen und Disagnosen, Tübingen: Mohr Siebeck 2013.

93) Rudolf Smend, Die politische Gewalt im Verfassungsstaat und das Problem der Staatsform, in: Festgabe der Berliner Juristischen Fakultät für Wilhelm Kahl zum Doktorjubiläum am 19. April 1923, J. C. B. Mohr (Paul Siebeck), Tübingen 1923, Teil III 25 S. jetzt in: ders., Staatsrechtliche Abhandlungen und andere Aufsätze, Berlin: Duncker & Humblot, 1955. 4. Aufl., 2010, S. 68-88. 김효전 옮김, 헌법국가에 있어서 정치권력과 국가형태의 문제, 『헌법학연구』제27권 4호(2021), 485-510 면.

94) R. Smend, Verfassung und Verfassungsrecht, 1928. 김효전 옮김, 『헌법과 실정헌법』, 『헌법학연구』제29권 4호(2023); 永井健晴譯, 『憲法體制と實定憲法 ― 秩序と統合』(風行社, 2017).

95) R. Smend, Verfassung und Verfassungsrecht, 1928, S. 25-55. jetzt in: ders., Staatsrechtliche Abhandlungen, Berlin, 2. Aufl., 1968, 3. Aufl., 1994, 4. Aufl., 2010.

96) R. Smend, Das Recht der freien Meinungsäußerung (1927), in: ders., Staatsrechtliche Abhandlungen, S. 91. 김효전, 통합이론에서의 기본권이론 ― 루돌프 스멘트의 기본권이해, 『고시계』 1993년 8월호, 70-86면; 동인, 『헌법논집 III. 1990-2000』(세종출판사, 2000), 235-251면.

의 전체를 항상 새롭게 설정하는 것이며, 헌법은 이 통합과정의 개별적인 측면을 법적으로 규범화하는 것이다.[97]

이와 같이 그는 통합을 강조한다.

(3) 파시즘 찬양

스멘트는 통합이론의 가장 풍부한 보고는 파시즘이라고 한다. 그가 강조하는 부분을 그대로 인용한다.

  지금까지의 국가이론적인 문헌은 이러한 문제를 설정하지 않았으며, 그러므로 또한 이러한 문제를 다루지 않았다. 지도자제(Führertum)에 대한 이데올로기와 사회학적인, 그것이 대체로 학문으로서의 성격을 요구하는 한, 압도적으로 기계론적으로 고찰하고 있다. 그리하여 그것은 바로 여기서 주장하는 문제설정을 고찰하는 것이 아니다. 국가기능들에 대한 교설은 국가의 기능적 통합을 다루지 않고, 세 권력의 법을 다루고 있다. 그리고 국가의 의미내용에 대한 교설은 세심한 문제설정에도 불구하고,[98] 국가의 정당화와 국가의 목적들에 대한 교설로 해소되며, 그리하여 국가의 생활의 구성요소로서의 의미내용의 곁을 지나가 버린다.

  보다 많은 소재를 포함한 것은 기술하는 정치적 문헌이다. 특히 그것이 이 문제를 또는 이 문제의 부분들을, 그들의 실천적인 측면에서 ― 특히 앵글로색슨적 국가세계들로부터 ― 시야에 들어오는 한에서 그러하다. 그런데 이 방면에서의 연구들에 대해서 풍부한 보고(寶庫)는 오늘날 파시즘의 문헌이다. 이러한 문헌은 폐쇄된[완결된] 국가학을 부여하려고는 하지 않더라도, 국가의 새로운 성립과 창조의, 국가적인 생활익, 즉 엄밀하게 말히먼 여기시 통합으로서 특성싯는 것[99]의 여러 방도와 가능성들은 그러한 문헌의 대상이다. 그리고 그러한 문헌이 여기서 행한 문제제기의 관점 아래서 계획적으로 일관하여 모델화한다면, 풍부한 성과를 가져올 것이며, 이 성과의 가치는 파시스트적 운동의 그 자체의 가치와 미래로부터 독립한 것이 될 것이다.

  새로운 민족공동체와 국가공동체를 계획적으로 구축하려는 운동은 무한한 반성에 의해서 뒷받침되는데, 이 운동에서 의식된 것은 보통 무의식인 것에 그쳤다. 국가이론과 국법학의 침묵은 그러므로 결코 놀랄 일은 아니다. 합리주의적 과학은 의식된 것과 자연주의적 사고가 파악할 수 있는 것만을 볼 뿐이며, 그리고 비합리주의적 과학은 여기서는 유기체이론의 불가지론에 머무른다. 특기할 것은, 바이마르 헌법

97) R. Smend, Verfassung und Verfassungsrecht, Berlin 1928, S. 78. jetzt in: ders., Staatsrechtliche Abhandlungen, Berlin, 2. Aufl., 1968, S. 189.
98) 예컨대 Jellinek, Staatslehre³, I 184 ff., 230 ff.
99) 파시스트적인 조합주의(Korporativismus)*는 그러므로 또한 분명히 「통합적」(integral)으로서, 즉 통합하는 것으로서 특징짓고 있다. 이것은 그 말이 「완전한」(vollständig), 즉 급격한(radikal) 것을 의미할 때의, 그 말의 정치적 적용의 유명한 보다 오랜 사례들의 의미에서와는 좀 다르다. 참조. 예컨대 L. Berhard, Das System Mussolini, S. 93 f., 97 ff.

기초자들이 여기에 있는 첫 번째의 헌법문제를 간과해 버렸다는 사실이다. 이에 대해서 비스마르크 헌법은 여전히 보여주게 되는데, 통합하는 헌법의 실로 반성하지 아니한, 그러나 완전한 예시이다.100)

이상의 서술 외에도 스멘트는 동프로이센의 유대인에 대해서도 적대적인 표현을 노골적으로 나타내기도 하였다.101)

(4) 켈젠의 통합이론 비판

스멘트의 통합이론은 책자로서 발간되자마자 곧 한스 켈젠(Hans Kelsen)에 의해서 신랄한 비판을 받게 된다. 켈젠은 『통합으로서의 국가 - 하나의 원리적 대결』102)에서 유례 없는 방법론상의 혼란이라고 평가하고, 「통합」이란 말은 「결합」(Verbindung)이란 독일어로써 바꾸어 놓을 수 있다고 주장하기도 한다.103)

(5) 전후 그리고 한국과의 관련

스멘트는 이와 같이 나치즘을 뒷받침하는 통합이론을 전개하였으나 나치스가 정권을 장악한 1935년에는 나치당 내부에서 적극적인 지지가 부족하다는 비판과 아울러 정치적인 압력을 받고 베를린대학에서 괴팅겐대학으로 「좌천」된다.

괴팅겐대학에서는 교회법교수로서 연명하다가 패전을 맞이하게 되고 전후에는 대학의 재건에 힘쓰게 된다. 나치로부터 받은 핍박이 이제는 민주투사로서 빛나게 된다.

슈미트와는 대조적으로 스멘트는 소극적으로 나치를 옹호하다가 주류에서 밀려나고 숨죽이고 있다가 다시 민주투사로 변신한 대표적인 케이스라고 할 수 있다. 통합이론의 양면성처럼 스멘트의 양면성을 보여주는 적절한 예가 되고 있다.

한국에서 스멘트의 통합이론은 1970년대에 단편적으로 소개되다가 1980년대에 몇 사람에 의해서 본격적으로 도입 내지 차용하게 된다.

그 대표자로는 독일 프라이부르크대학에서 콘라트 헤세(Konrad Hesse)104)의 지도

---

100) R. Smend, Verfassung und Verfassungsrecht, Berlin 1928, S. 23 f. jetzt in: ders., Staatsrechtliche Abhandlungen, Berlin, 2. Aufl., 1968, S. 140-141.
101) R. Smend, Verfassung und Verfassungsrecht, 1928, S. 29.
102) Hans Kelsen, Der Staat als Integration : Eine prinzipielle Auseinandersetzung, Wien: Verlag von Julius Springer 1930. 김효전역, 『통합으로서의 국가: 하나의 원리적 대결』(법문사, 1994).
103) 김효전역, 『통합으로서의 국가』, 75면.
104) 콘라트 헤세(Konrad Hesse, 1919-2005) 1950년 스멘트의 지도로 괴팅겐대학에서 학위 취득, 1955년 동 대학에서 교수자격논문 통과. 1956년 이래 프라이부르크 대학 교수 역임. 연방헌법재판소 재판관 (1975-87년) 역임. 저서 Grundzüge des Verfassungsrechts der Bundesrepublik Deutschland, 20. Aufl. 1995 (계희열역, 『통일독일헌법원론』, 박영사, 2001); Elemente einer Verfassungstheorie, 2001 (계희열역, 『헌법의 기초이론』, 박영사, 2001); Ausgewählte Schriften, 1984 등. 문헌 P. Häberle, Konrad Hesse(1919-2005), in: P. Häberle u. a., Staatsrechtslehrer des 20. Jahr-

아래 학위를 받고 귀국한 계희열 교수와 뮌헨대학에서 학위를 취득한 허영 교수가 있다. 스멘트의 논저들은 1990년대 이후부터 한국어로 번역되고,[105] 연구 업적도 나오기 시작한다.

통합이론의 문제점과 비판에 대해서는 김효전의 「카를 슈미트의 헌법이론과 한국」[106]에서 상세하게 다루었기 때문에 여기서는 반복하지 아니한다.

3. 한스 프랑크 (Hans Frank, 1900-1946)

한스 프랑크는 나치스의 최고 법학자로서 명실상부한 「계관(황제) 법학자」이다.[107] 카를 슈미트와 루돌프 스멘트와는 달리 한스 프랑크는 나치의 법조실무가로서 대표적인 인물이다.

(1) 생애

프랑크는 제1차 세계대전에 참전한 후, 1923년 나치스 돌격대(SA)[108]에 가담한다.

---

hunderts, Berlin 2015, 2. Aufl., 2018, S. 893-908.

105) 전술한 김승조의 번역 외에 최근에는 김효전, 헌법과 실정헌법, 『헌법학연구』 제29권 4호(2023), 511-743면 (본서); 동인, 군주제 연방국가에서의 불문헌법, 『세계헌법연구』 제26권 1호(2020), 155-177면; 동인, 헌법국가에 있어서 정치권력과 국가형태의 문제, 『헌법학연구』 제27권 4호 (2021), 485-510면; 동인, 프로테스탄티즘과 민주주의, 『유럽헌법연구』 제41호(2023), 1-15면; 독일 국법에 있어서의 시민과 부르주아, 『헌법학연구』 제29권 2호(2023), 525-551면.

106) 『학술원논문집』 제58집 1호(2019), 201-208면.

107) 한스 프랑크 문헌은 Dieter Schenk, Hans Frank - Hitlers Kronjurist und Generalgouverneur, Frankfurt a. M. 2006; Chr. Schudnagies, Hans Frank. Aufstieg und Fall des NS-Juristen und Generalgouverneur, Frankfurt a. M. 1989; Martyn Housden, Hans Frank. Lebensraum and the Holocaust, New York 2003.

108) 돌격대(Sturmabteilung; SA)는 나치당의 하부 조직의 하나로서 준 군사적인 성격. 이 SA 중에서 발탁된 엘리트들의 조직이 「친위대」(Schutzstaffel; SS)이다. SA는 나치스에 적대하는 당파나 그 계열의 노동조합 등과의 무력충돌이나 나치당의 정치집회의 방위, 반대로 적대 당파의 집회를 방해하는 것 등이 주요 임무이다. 대원도 젊은 층이 중심이었다. 군대를 모방한 조직으로 구성되어 있으며, 대원은 나치스 방망이로 불리는 딱딱한 고무 곤봉을 무기로 삼고, 200~300인의 대원을 가진 중대장급이 되면 실탄을 장전한 권총으로 무장하였다. 옛 독일 제국 식민지의 하나인 독일령 동아프리카에 주둔한 수비대의 군복이 패전으로 식민지를 상실하여 필요 없게 되었기 때문에 그것을 사들여 제복으로 삼았는데, SA의 갈색 유니폼이었다. 나치스를 혐오하고 비난하여 「갈색의 페스트」라고 하는 것은 바로 이 제복색에서 유래한다. 히틀러의 사진에도 이것을 착용한 모습이 적지 않다.

한편 SS는 명칭 그대로 원래 히틀러를 비롯하여 당 간부의 신변 경호를 임무로 하는 문자 그대로 「친위대」이다. 그러나 나치스가 권력을 장악한 후에는 점차 세력을 확장하여 비밀국가경찰(게슈타포)을 시초로 하는 공안기관을 장악하고, 정규의 국방군과 아울러 거대한 군대조직이 되고, 강제수용소와 절멸수용소의 관리운영과 간수의 역할도 맡게 된다.

돌격대와 정규 군대의 갈등에서 히틀러는 국방군 편을 들고 돌격대 지도부를 숙청했다. 이것이 유명한 룀(Ernst Röhm, 1887-1934) 살해이며, SA는 나치스 테러의 도구였다. 문헌은 Cornelia Geiger, Die Rechtsstellung der NSDAP und ihrer Gliederungen HJ, SA und SS, in: E.-W. Böckenförde (Hrsg.), Staatsrecht und Staatsrechtslehre im Dritten Reich, Heidelberg 1985, S. 147-166; Jan Erik Schulte u.a (Hrsg.), Die Waffen - SS. Neuere Forschungen, Paderborn 2014; Bastian Hein, Elite für Volk und Führer? Die Allgemeine SS und ihre Mitglieder 1925-1945, München

1926년 법학 국가시험을 마치고 히틀러의 개인 법률고문이 되고 이후 나치당의 법률고문이 되어 나치당 또는 히틀러의 「황제 법학자」109)로 불린다. 1930년 국회의원, 1933년 바이에른주 법무장관, 1933년부터 전국 사회주의 법률가협회 회장 및 독일법 아카데미 (Akademie für Deutsches Recht)110) 회장으로서 주도적인 역할을 한다.

1939년 나치스가 폴란드를 점령하자 프랑크는 이 지역의 총독으로 임명된다. 부임 직후 폴란드 유대인들의 게토 강제수용·재산몰수·시민권 박탈 등 공포정치를 실시한다. 1945년 5월 4일 프랑크는 미군에 의해서 남부 바이에른의 Tigernsee에서 체포된다. 1946년 뉘른베르크 국제전범재판에 회부되고 그는 두 번의 자살을 시도한다. 그는 자발적으로 43권의 일기를 법정에 제출하였으나 그의 뜻에 반하여 유죄의 증거로 사용되었으며, 교수형으로 처형되었다. 옥중에서 집필한 자서전『교수대에 직면하여』(Im Angesicht des Galgens, 1953)111)가 있다.

(2) 활동

한스 프랑크는 1928년 나치당의 내부 조직으로서 「나치 독일 법률가 연맹」(Bund Nationalsozialistischer Deutscher Juristen; BNSDJ)을 창설하였다. 이 단체는 1936년까지 존속하였으며 1936년부터 1945년까지는 나치스 법학자 연맹(Nationalsozialistischer Rechtswahrerbund: NSRB)으로 명칭을 변경하고 베를린에 소재를 두었다.112) 원래는 유력한 변호사들이 소속했으나 나중에는 모든 법학자들을 포함하였다. 1929년에는 90명, 1932년 말에는 1374명의 회원으로 늘어났다. 1933년 4월 25일 프랑크는 파울 폰 힌덴부르크(Paul von Hindenburg, 1847-1934) 대통령으로부터 「사법(Justiz)의 균제화와 법질서 쇄신을 위한 라이히 위원」으로 임명되었다. 따라서 프랑크는 나치스 시대의 가장 영향력 있는 법률가의 한 사람이 되었다. 전후 연합국에 의해서 연맹의 활동은 금지되고 재산은 압류되었다.113)

2012; Sebastian Haffner, Von Bismarck zu Hitler. Ein Rückblick, Droemer, München 2015, S. 240-246. 안인희 옮김,『비스마르크에서 히틀러까지』(돌베개, 2016), 230-235면; 池田浩士,『ヴァイマル憲法とヒトラー』(岩波書店, 2015), 46면.

109) Dieter Schenk, Hans Frank. Hitlers Kronjurist und Generalgouverneur, Frankfurt a. M. 2006.
110) 독일법 아카데미. 문헌 Hans-Rainer Pichinot, Die Akademie für Deutsches Recht. Aufbau und Entwicklung einer öffentlich-rechtlichen Körperschaft des Dritten Reichs, Kiel 1981 (Diss. Univ. Kiel).
111) H. Frank, Im Angesicht des Galgens. Deutung Hitlers und seiner Zeit auf Grund eigener Erlebnisse und Erkenntnisse, 1953.
112) Wikipedia. Nationalsozialistischer Rechtswahrerbund. 여기의 '법률가'(Juristen)에서 '법의 수호자'(Rechtswahrer)로 명칭이 변경된 것은 나치 체제가 종래의 이데올로기적 절충주의에서 독자적인 사상의 원천으로서 북구적·게르만적 전통을 의식적으로 강조하기 위해서였다고 한다. 宮田光雄,『ナチ・ドイツの精神構造』, 180면 및 동인,『ナチ・ドイツと言語 ― ヒトラー演說から民衆の惡夢まで』(岩波新書, 2002).
113) 문헌은 Michael Sunnus, Der NS-Rechtswahrerbund: (1928-1945). Zur Geschichte der nationalsozialistischen Juristenorganisation, Frankfurt a. M. 1990.

또한 사법의 균제화를 위한 라이히 위원인 프랑크는 「독일법 아카데미」의 회장으로서 이 회를 주도하였다. 아카데미는 나치스 시대의 학문적 시설로서 뮌헨에 소재하고 라이히 법무부와 내무부의 감독을 받았다. 1933년 6월 26일 라이프치히에서 열린 나치스 법률가 연맹의 독일 법조인의 날에 프랑크가 선언하였다. 1934년의 라이히 법률에 의하면 아카데미는 라이히의 공법인으로서 「독일 법생활의 새로운 형성을 촉진하고, 입법을 위한 당해 지위와 결합하여 나치스 강령114)을 전 법영역에 실현할 것」을 임무로 한다. 회장은 라이히 수상이 지명하며 연감 등 자료를 발간하였다.115)

1942년 6월 폴란드 총독 프랑크는 베를린, 빈, 뮌헨 그리고 하이델베르크에서 차례로 강연을 하였다. 특히 뮌헨대학에서는 「민족공동체의 기초로서의 법」이란 제목으로 「법은 신성한 민족의 보물이다. 법 없는 민족은 존재하지 않는다」고 강조하고, 「합법적 질서에로의 복귀」를 외쳤다.116) 이러한 프랑크의 행동 배경에는 폴란드 통치에서의 친위대 간부와의 알력, 친위대장 힘러(Heinrich Himmler, 1900-1945), 히틀러 비서관으로 나치당의 관방장이었던 보르만(Martin Bormann, 1900-1945)과의 반목이 존재하였는데, 이 「반역」으로 프랑크는 폴란드 총독 이외의 독일 라이히 내에 있어서의 모든 관직이 박탈되었다. 독일법 아카데미 회장에는 나치 정치인으로 라이히 법무장관을 지낸 (1932~1941) 귀르트너(Franz Gürtner, 1881-1941)의 뒤를 이어 라이히 법무장관이었던 티라크(Otto Thierack, 1889-1946)가 취임하였다. 티라크는 프랑크에 의하면 보르만-힘러파에 속했다고 한다.117)

이러한 정치상황의 변화는 민족법전을 제정하는 작업에도 영향을 미치고 새 법무장관 티라크는 헤데만(Justus Wilhelm Hedemann, 1878-1963)과 회견하고 헤데만은 이에 관여하게 된다.

나치의 형법에 대해서 프랑크는 말한다. 「독일적 세계관, 녹일적 법감정, 바로 독일적 **민족양심**의 직접적인 표현이다. 이러한 독일적 민족양심은 오늘날에는 나치적인 그것이며 따라서 법질서를 난용하여 민족공동체를 손상하는 것을 허용하지 않는 것이다」.118) 이와 같이 노골적으로 독일의 민족공동체119)를 강조하는 것은 유대인의 절멸 정책과

---

114) 나치스 강령 25개조의 번역은 이 논문의 부록 및 이진기 옮김, 『나찌 법률: 악마는 가만히 온다1』(박영사, 2022), 307-312면.

115) 간행물은 Jahrbuch der Akademie für Deutsches Recht와 Schriften der Akademie für Deutsches Recht 등. 아카데미에 관한 자료는 Werner Schubert (Hrsg.), Akademie für Deutsches Recht 1933-1945. Protokolle der Ausschüsse, Frankfurt a. M. 1986 ff.; 문헌은 H.-R. Pichinot, Die Akademie für Deutsches Recht. Aufbau und Entwickung einer öffentlich-rechtlichen Körperschaft des Dritten Reichs, Kiel, Univ.-Diss. 1981; Dennis LeRoy Anderson, The Academy for German Law 1933-1944, New York 1987. Wikipedia. Akademie für Deutsches Recht.

116) H. Frank, Im Angesicht des Galgens, S. 468 ff.

117) 広渡清吾, 『法律からの自由と逃避. ヴァイマル共和制下の私法學』(日本評論社, 1986), 390면.

118) Geleitwort, in: NS-Leitsätze für ein neues deutsches Strafrecht, hrsg. v. H. Frank, 1936, S. 6.

119) Frank Bajohr und Michael Wildt, Volksgemeinschaft: Neue Forschungen zur Gesellschaft des Nationalsozialismus, Frankfurt a. M. 2009.

생활공간120)의 개념으로 전개되는 것이다.

(3) 한스 프랑크의 저작

- Der Wirtschaftsrechtler im BNSDJ, in: Die nationale Wirtschaft, 1./2. Jg. (1933/34) S. 2 ff.
- Der deutsche Rechtsstaat Adolf Hitlers, in: Deutsches Recht 4. Jg. (1934), S. 121 ff.
- Lebensrecht, nicht Formalrecht, in: Deutsches Recht 4. Jg. (1934), S. 231 ff.
- Aufgabe des Rechtslebens ist nicht die Sicherung der Paragraphensanwendung, sondern vor allem Sicherung des Volkslebens; Rede auf dem Reichsparteitag in Nürnberg am 9. 9. 1934, in: Deutsches Recht 4. Jg. (1934), S. 425 ff.
- (Hrsg.), Nationalsozialistisches Handbuch für Recht und Gesetzgebung, München 1935.
- Einheit der Rechtsidee, in: Juristische Wochenschrift 1936, S. 1517 ff.
- (Hrsg.), Deutsches Verwaltungsrecht, München 1937.
- Frank u.a., Grundfragen der deutschen Polizei, Hamburg 1937.
- Rechtsgrundlegung des nationalsozialistischen Führerstaates, München 1938.
- Heroisches und geordnetes Recht - Rede anläßlich der Eröffnung der Ausstellung "Buch und Recht" im Reichsgericht zu Leipzig, Berlin 1938.
- Recht und Verwaltung, München 1939.

그 밖에 교도소에서 쓴 회고록이 있다.

- Im Angesicht des Galgens. Deutung Hitlers seiner Zeit auf Grund eigener Erlebnisse und Erkenntnisse, München-Gräfeling 1953.

(4) 슈미트 저서에 대한 서평

카를 슈미트는 『법학적 사고방식의 세 유형』이란 책자의 결론에서 이렇게 말한다. 「독일 법학계의 지도자이며 독일법 아카데미의 설립자요, 동시에 원장인 라이히 사법위원 한스 프랑크 박사는 독일 법학자의 사명을 특히 독일 정신에 적합한 「사태형성」 (Sachgestaltung)에 있다고 본다. 그가 만든 이 말 중에는 새로운 질서사고와 형성의 사고의 본질적인 특징이 정확하게 표현되고 있다」.121) 이것은 나치스의 최고 법률가에

---

120) 동아시아인의 시각에서 생활공간을 논한 최근 문헌은 Muwon Hong, Die Großraumtheorie von Carl Schmitt im Vergleich mit dem ostasiatischen Völkerrechtsverständnis, Berlin: Duncker & Humblot, 2019. 440 S. (Schriften zum Völkerrecht, Bd. 236).

121) C. Schmitt, Über die drei Arten des rechtswissenschtlichen Denkens, Hamburg 1934. 2. Aufl.

대한 찬사를 넘어 아부에 가까운 서술이라고 할 것이다.

이에 화답하여 한스 프랑크는 다음과 같은 서평을 하고 있다.

> 이 연구에서 카를 슈미트는 법학적 사고의 세 가지 기본 유형을 대비하고 있다. 법과 법률을 동일시하는 규범주의, 결정에 의해 독재적 법을 만들 수 있다고 믿는 결정주의, 그리고 법률과 규범이 특정한 자연질서의 산물일 따름이라고 보는 세 유형이 그것이다. 지도, 규율과 명예는 국가사회주의적 법 형성의 근본적 힘인 구체적인 질서사상의 본질적 요소이다. 카를 슈미트는 여기서 새 국가에서 지지될 사상 형태를 명확하게 그려내고 있다. 그의 저술은 전 생애에 걸친 연구의 획기적 진전을 뜻하며, 오늘 이미 독일 국가론의 계속적 발전에 결정적이다. 라이히 사법위원 Hans Frank

이처럼 그는 슈미트의 「구체적 질서사상」은 나치스 법형성의 근본적인 힘이라고 강조하고 있다.

(5) 가족 관계와 그 후

한스 프랑크의 가족 상황은 다음과 같다. 그는 1925년 Maria Brigitte Herbst (1895-1959)와 결혼하여 3남 2녀의 자녀를 두었다. 장녀 Sigrid (1927년생)는 남아프리카로 이민가서 거기에서 사망하였고, 장남 Norman (1928-2010), 차녀 Brigitte (1935-1981)는 자살하였고, 차남 Michael (1937-1990) 외에, 현재에는 막내 아들 Niklas (1939년생)만이 생존해 있다. 그는 잡지 슈테른(Stern)지에 「나의 아버지, 나치 살인자」[122]라는 제목으로 연재한 글을 1987년 『아버지. 하나의 청산』[123]이란 책자로 펴내었다. 이 책에서 그는 「냉혹한 수법으로 자신의 아버지를 묘사하여」[124] 독일에서 논쟁을 야기하기도 했다. 예컨대 「히틀러 환상의 미끈미끈한 구멍」이라고 표현한 것이라든가, 형집행 이전에 후회한 것에 대해서 의문을 제기하기도 하였다.

또한 니클라스 프랑크는 2005년 『나의 독일인 어머니』[125]를 출간하기도 했는데 여기서 그는 자신의 어머니를 「개성 없는 경력 여인, 무정한 어머니」로 묘사하고 있다. 그 후에도 니클라스는 나치와 아버지에 관하여 저술을 하였는데,[126] 이에 대해서 독일에서

1993, S. 54. 김효전 옮김, 법학적 사고방식의 세 가지 종류, 『헌법과 정치』(산지니, 2020), 352면.

122) N. Frank, Mein Vater, der Nazimörder, in: Stern.

123) N. Frank, Der Vater. Eine Abrechnung, C. Bertelsmann, München 1987; Neuausgabe 2014. 영역판 In the Shadow of the Reich, 1991.

124) Wikipedia. Hans Frank.

125) N. Frank, Meine deutsche Mutter, C. Bertelsmann, München 2005; Neuausgabe 2014.

126) 예컨대 Bruder Norman! "Mein Vater war ein Naziverbrecher, aber ich liebe ihn." J. H. W. Dietz, Bonn 2013; Dunkle Seele, feiges Maul. Wie absurd, komisch und skandalös sich die Deutschen beim Entnazifizieren reinwaschen, J. H. W. Dietz, Bonn 2016; Auf in die Diktatur!

는 자신의 가족사를 예로 들어 과거의 청산 내지 극복에 기여했다는 평가를 받고 있다. 그 밖에 2015년에 David Evans는 "What our Father did: A Nazi Legacy"라는 다큐멘터리 영화를 만들기도 하였다.

4. 오토 쾰로이터 (Otto Koellreutter, 1883-1972)

(1) 생애

김나지움을 마친 후 쾰로이터는 로마, 그르노블, 베를린과 프라이부르크에서 법학을 공부하고 1908년 프라이부르크대에서 법학박사 학위를 받는다.[127] 1912년 같은 프라이부르크 대학에서 리하르트 슈미트(Richard Schmidt, 1862-1944)에게 행정법으로 교수자격논문을 작성하여 통과된다.[128] 제1차 세계대전시 서부전선에 참전하고 여러 훈장을 받는다.

전후 1918년 프라이부르크, 1920년 할레대 조교수, 1921년 예나대 교수. 나치스 시대 이전에 이미 바이마르 공화국의 민주적 제도와 특히 정당국가에 대해서 비판적으로 반대하는 입장이었다.[129] 라이히 대통령의 권력강화를 주장하고, 1921~1926년 철모단(Stahlhelm)[130] 단원으로 1928~1930년은 DVP에 속했다.

1930년 9월의 라이히 의회 선거에서 나치스 측에 동조하는 심파로서 인종주의자이며, 루돌프 스멘트(Rudolf Smend)[131]의 견해, 즉 동부 유대인은 「그 본질상 (독일에서) 통합하

Die Auferstehung meines Nazi-Vaters in der deutschen Politik. Ein Wutanfall, J. H. W. Dietz, Bonn 2020.

127) 문헌은 Jörg Schmidt, Otto Koellreutter, 1883-1972. Sein Leben, sein Werk, seine Zeit, Frankfurt a. M.[usw]: Peter Lang 1995; Olaf Hünemörder, Otto Koellreutter (1883-1972) und Reinhard Höhn (1904-2000): Auf glattem Eis, in: Rechtsgelehrte der Universität Jena aus vier Jahrhunderten, hg. von Gerhard Lingelbach, Jena/Plauen/ Quedlinburg 2012, S. 261-280; M. Stolleis, Art. Koellreutter, in: NDB, Bd. 12, 1980, S. 324 f.; Peter Caldwell, National Socialism and Constitutional Law: Carl Schmitt, Otto Koellreutter and the Debate over the Nature of the Nazi State, 1933-1937, in: Cardozo Law Review, Vol. 16, No. 2 (1994), p. 399 ff.

128) 제목은 「근대 영국에 있어서의 행정법과 행정재판」(Verwaltungsrecht und Verwaltungsrechtsprechung im modernen England, 1912).

129) O. Koellreutter, Die politischen Parteien im modernen Staate, 1926; ders., Der deutsche Staat als Bundesstaat und als Parteienstaat, 1927.

130) 철모단이란 전선병사동맹 철모단 또는 국가사회주의 독일 전선전사연맹 철모단(Bund der Frontsoldaten)의 약칭. 준 군사조직으로 바이마르 공화국 시대의 방위단체 중 하나. 제1차 대전 직후 1918. 12. 25. 예비역 장교 Franz Seldte가 막데부르크에서 창설하고 Theodor Duesterberg와 공동 의장. 그들은 민주주의에 적대하는 독일국가 인민당(Deutschnationalen Volkspartei; DNVP)에 가까운 것으로 간주되고 그리하여 정당집회에서 철모단은 자주 (무장한 채) 참여하였다. Seldte는 1933. 4. 나치당에 입당하여 SA 지도자가 되고 1945년까지 라이히 노동장관직에 있었다. 1935년에는 단원들이 돌격대(SA)로 흡수된다. 1945년 나치와 돌격대가 소멸한 후에도 1951년 쾰른에서 전 야전사령관 Albert Kesselring을 단장으로 추대하고 재단결하였다. Wikipedia, Stahlhelm, Bund der Frontsoldaten.

131) 루돌프 스멘트에 관하여는 전술 참조.
     카를 슈미트의 친한 동료이며 후원자. 1933년 이후 소원. 그는 국가를 살아 있는 정신적 현실이자

는 기능에 적합하지 않다」132)는 견해에 찬동하고, 비판을 넘어서 독일 민족의 정치적 · 경제적 착취를 저지하기 위하여 이민을 가도록 주장했다. 1932년 여름에는 라이히 의회 선거에서 나치스를 선거하는 대학교사들의 호소에 서명한 사람들에 동참하기도 했다.

(2) 나치 시대

1933. 5. 1.자로 쾰로이터는 당원번호 2,199,595로 나치스 입당한다. 그 밖에 그는 SA의 예비 단원. 기타 나치스의 방계조직에 소속한다.

나치 정권 하에서는 1933년 뮌헨대에서 강좌를 얻고 법대 학장을 역임. 나치의 독일법 아카데미(Akademie für Deutsches Recht) 회원. 1934년 '지도자국가의 이론가'로서 논문 「독일의 지도자 국가」133)와 1936년 저서 『일반 국가학 강요』(Grundriß der allgemeinen Staatslehre)를 발간한다. 1938~39년에는 일본 체류 후에 쾰로이터는 일본의 국가구조와 정치발전에 관한 논설도 집필했다.134)

제2차 세계대전 마지막 해에 비로소 쾰로이터는 나치 정권에 비판적인 태도를 취했는데 그것은 혼인으로 친척이 된 그의 백부가 Tresienstadt 강제수용소로 추방되었기 때문이다. 이런 이유로 그는 1944년 빈의 가우 위원장인 쉬라흐(Baldur von Schirach, 1907-1974)에게 조회했으나 쾰로이터에 반대되는 조사 결과가 나왔다.

(3) 나치 시대 전후의 저작

1920년대부터 1940년대까지 쾰로이터는 수많은 저작을 발표하였다. 발표순으로 정리하면 다음과 같다.

생활과정으로 보며, 국가에 대해 동적 · 기능적으로 이해한다. 스멘트는 독일의 사회학자 테오도르 리트(Th. Litt, 1880-1962; 상세한 것은 김효전 옮김, 『독일 헌법학의 원천』, 산지니, 2018, 1096-1097면 참조)의 이론에 입각하여, 국가 자신을 실현해 나아가는 과정을 통합(Integration)이라고 부르고, 통합에는 인적 통합, 기능적 통합 그리고 물적 통합의 세 가지가 있다고 한다. 헌법이란 바로 국가가 통합을 이루어 나아가는 법적 과정이라고 한다. 또 그는 기본권은 국가에게 그 내용과 존엄성을 부여해 주는 물적 통합의 요소이며 가치체계라고 이해하고, 특히 언론의 자유의 국가창설적 기능을 강조한다. 그의 통합이론(Integrationstheorie)은 파시즘에 가까운 입장이었으나 나치에의 협력을 거부하여 베를린대학에서 괴팅겐대학으로 좌천되었다. 전후 독일 공법학의 주류가 된다.

132) R. Smend, Verfassung und Verfassungsrecht, Berlin 1928, S. 29.

133) Otto Koellreutter, Der Aufbau des deutschen Führerstaates, in; Lammers u. a. (Hrsg.), Die Verwaltungs-Akademie, Bd. 1, Heft 19. 지도자의 권력에 관하여는 Alisa Schaefer, Führergewalt statt Gewaltenteilung, in: E.-W. Böckenförde (Hrsg.), Staatsrecht und Staatsrechtslehre im Dritten Reich, Heidelberg 1985, S. 89-105.

134) Jörg Schmidt, Otto Koellreutter, 1883-1972. Sein Leben, sein Werk, seine Zeit, Frankfurt a. M.[usw]: Peter Lang 1995, S. 126-130. 일본에 관한 저술은 Der heutige Staatsaufbau Japans, Junker & Dünnhaupt, Berlin 1941; Zum Wesen des heutigen japanischen Verfassungsrechts, in: AöR. Bd. 71 (NF 32), 1941, S. 1-6.
한태연 교수는 와세다대학 재학 중 그의 강연을 직접 들었으며, 키가 매우 큰 사람이었다고 필자에게 말해준 적이 있다.

- Die Staatslehre Oswald Spenglers. Eine Darstellung und eine kritische Würdigung, Jena 1924.
- Die Stellung des deutschen Reichspräsidenten, in: Deutsche Juristenzeitung 1925, Sp. 551 ff.
- Die politischen Parteien im modernen Staate, Breslau 1926.
- Der deutsche Staat als Bundesstaat und als Parteienstaat. Recht und Staat in Geschichte und Gegenwart, Heft 51, Tübingen 1927.
- Diskussionsbeitrag, in: VVDStRL Heft 4, S. 76 f.
- Artikel "Staat(Allgemeine Staatslehre)", in: Stier-Somlo, Fritz / Elster, Alexander, Handwörterbuch der Rechtswissenschaft, Bd. 5, Berlin und Leipzig 1928, S. 582 ff.
- Staatswissenschaft und Politik, in: Deutsche Juristenzeitung 1928, Sp. 1221 ff.
- Der Beamte im Recht, in: Beamtenjahrbuch, 16. Jg. (1929), S. 561 ff.
- ntergationslehre und Reichsreform. Recht und Staat in Geschichte und Gegenwart, Heft 65, Tübingen 1929.
- Der Sinn der Reichstagswahlen vom 14. September 1930 und die Aufgaben der deutschen Staatslehre. Recht und Staat in Geschichte und Gegenwart, Heft 76, Tübingen 1930.
- Parteien und Verfassung im heutigen Deutschland, Leipzig 1932.
- Der nationale Rechtsstaat. Zum Wandel der deutschen Staatsidee. Recht und Staat in Geschichte und Gegenwart, Heft 89, Tübingen 1932.
- Zur Krise des liberalistischen Staatsdenkens, in: Zeitschrift für Politik Bd. 21 (1932), S. 472 ff.
- Zur Problematik unseres Staats-und Rechtsdenkens, in: Der Ring, Jg. V (1932), S. 188 ff.
- Staatsnotrecht und Staatsauffassung, in: Deutsche Juristenzeitung 1932, Sp. 39 ff.
- Bespr. v. Boehm, Das einständige Volk, in: Archiv des öffentlichen Rechts NF 24, S. 104 ff.
- Vom Sinn und Wesen der nationalen Revolution. Recht und Staat in Geschichte und Gegenwart, Heft 101, Tübingen 1933.
- Das Wesen des "Politischen" in der öffentlichen Verwaltung, in: Reichs-verwaltungsblatt 1933, S. 481 ff.
- Wesen und Rechtscharakter des deutschen Volksstaates, in: Reichs-verwaltungsblatt 1933, S. 806 ff.

- Die nationale Revolution und die Reichsreform, in: Das Recht der nationalen Revolution, Heft 6, Berlin 1933.
- Volk und Staat in Verfassungskrise - Zugleich eine Auseinandersetzung mit der Verfassungslehre Carl Schmitts, in: Zum Neubau der Verfassung, Jahrbuch für politische Forschung, Bd. 1, 1933, S. 7 ff.
- Grundriß der allgemeinen Staatslehre, Tübingen 1933.
- Der deutsche Führerstaat, Tübingen 1934.
- Die Gestaltung der deutschen politischen Einheit. Rede, gehalten bei der Reichsgründungsfeier der Universität München, München, Berlin und Leipzig 1934. Reprint De Gruyter 2021.
- Quellen des nationalsozialistischen Staatsrechts, in: Die Verwaltungsakademie, Bd. I, Gruppe 2, Beitrag 16
- Das Verwaltungsrecht im nationalsozialistischen Staat, in: Deutsche Juristenzeitung 1934, Sp. 625 ff.
- Bespr. v. Huber, "Die Gestalt des deutschen Sozialismus" und "Die Totalität des völkischen Staates", in: Archiv des öffentlichen Rechts NF 26, S. 122 ff.
- Bespr. v. Tatarin-Tarnheyden, Werdendes Staatsrecht, in: Archiv des öffentlichen Rechts NF 26, S. 127 ff.
- Zur Frage der Gesetzesauslegung und Gesetzesanwendung in der Verwaltung, in: Reichsverwaltungsblatt 1935, S. 440 ff.
- Volk und Staat in der Weltanschauung des Nationalsozialismus, Berlin-Charlottenburg 2, 1935.
- Grundfragen des völkischen und staatlichen Lebens im deutschen Volksstaate, Berlin-Charlottenburg 2, 1935.
- Deutsches Verfassungsrecht, Berlin 1935.
- Deutsches Verwaltungsrecht. Ein Grundriß, Berlin 1936.
- Der Aufbau des deutschen Führerstaates, in: Grundlagen, Aufbau und Wirtschaftsordnung des nationalsozialistischen Staates, Bd. 1, Nr. 18, Berlin W 35, 1937.
- Führung und Verwaltung, in: Festschrift für Justus Wilhelm Hedemann, Jena 1938, S. 95 ff.
- Der nationalsozialistische Rechtsstaat, in: Grundlagen, Aufbau und Wirtschaftsordnung des nationalsozialistischen Staates, Bd. 1, Nr. 16, Berlin W 35, 1938.
- Reichseinheit und Reichsrecht, in: Verwaltungsarchiv, Bd. 45 (1940), S. 113 ff.

- Die politische Entwicklung des heutigen Japans, De Gruyter, Berlin 1944.
  Reprint 2019.

(4) 전후 시대

전후인 1945년 그는 바이에른주를 점령한 미군정이 추진한 비나치화 조치 (Entnazifisierungsverfahren)에 의해서 5년 금고형을 받고 관직이 박탈되었다. 또한 그의 나치 시대의 저술들은 특별관리목록에 포함되었다.[135] 1954년에 그는 「비나치화 조치」를 「법과 명예에 반하는 죄」라고 하여 탄핵하기도 한다. 그는 1950년 이후에도 『독일행정법』(1953) 등 저서를 출간한다.[136]

퀼로이터는 전체적으로 바이마르와 나치스 시대를 통해 보수적 입장을 대표하는 국법학자로서 나치스의 어용학자란 오명은 씻을 수 없는 것이다.

(5) 퀼로이터와 한국과 일본

한국에서 퀼로이터를 헌법 교과서에서 최초로 소개한 것은 갈봉근(葛奉根, 1932-2002), 『헌법개론』(보문각, 1964)이며 정당에 관한 서술이라고 생각된다.

일본에서 퀼로이터의 저서는 일찍부터 번역되었다. 예컨대 ケルロイター, 矢部貞治·田中博三譯, 『ナチス·ドイツ憲法論』(1939)이 대표적인 것이며, 와세다 대학에서 강연을 하기도 했다.

또 경제법학자인 토키와 토시타(常盤敏太, 1899-1978)가 퀼로이터의 『독일 지도자국가』(Der deutsche Führerstaat, 1934)를 소재로 삼아 일본 정부에 대해서 「국가에 의한 지도 아래」(unter der Führung des Staates), 「정치적으로 일을 담당하는 계층, 지도자층의 배양」을 제창하였다. 말하기를 「이제 독일에서는 '지도자원리'(das Führerprinzip)(지도-복종관계)는 라이히 전체를 관철하는 질서원리가 되고, 이 원리에 의한 라이히의 민족적 지도자국가에로의 완성이 이상으로 되어 실현되고 있다. 이에 반하여 우리나라에는 관청기구의 형식원리인 명령-복종만이 유착상태를 드러내고 있다. 이것은 어떠한 것인가」라고 비판하여 「독일의 지도자원리」를 일본에 도입할 것을 적극적으로 주장하기도 하였다.[137] 그는 J. W. Hedemann, Deutsches Wirtschaftsrecht, 1939에 의거하여 나치화된 독일경제를 개관한 논문 「경제조직법」을 집필하기도 했다.

---

135) 예컨대 Der Sinn der Reichtagswahlen vom 14. Sept. 1930 und die Aufgaben der deutschen Staatslehre, 1930; Volk und Staat in der Verfassungskrise, 1933; Die Gestaltung der deutschen politischen Einheit, 1934 등.

136) 이 저서에 대해서 전전에 행정법을 전공한 마운츠는 칭찬하였다. Wikipedia Theodor Maunz.

137) 常盤, 「指導者原理」(時評), 『統制經濟』제3권 제30호(1942), 107-113면. 鈴木敬夫, 相對主義の權威志向性 ─ 戰時期の尾高朝雄·木村龜二·常盤敏太の一側面, その史料的考察, 『札幌學院法學』제38권 제2호(2022), 145면 재인용.

5. 테오도르 마운츠 (Theodor Maunz, 1901-1993)

교과서『독일 국법론』[138]의 저자로 한국에서도 일찍부터 알려진 마운츠는 1925년 한스 나비아스키(Hans Nawiasky, 1880-1961)[139]의 지도로 뮌헨대학에서 「법절차에 있어서의 국가의 지위」[140]로 법학박사의 학위를 받는다. 1932년 교수자격논문이 통과되어 뮌헨 대학 사강사가 된다.[141]

(1) 나치 하의 마운츠

마운츠는 1933년 나치 집권 후 나치당에 입당하고 돌격대(SA) 대원이 된다.[142] 1935년부터 1945년까지 프라이부르크대학 교수를 지낸다.[143] 그는 C. Schmitt, E. R. Huber, Karl Larenz, Otto Koellreutter, Herbert Krüger, E. Forsthoff 등과 같이 자신의

---

138) Th. Maunz, Deutsches Staatsrecht, 1951. mit Zippelius, 24. Aufl.(1982)부터 30. Aufl.(1998)까지. jetzt von Thomas Würtenberger, 33. Aufl. (2018), Beck, München. 한국 최초의 소개는 한태연평, Theodor Maunz, Deutsches Staatsrecht 〈서평〉, 『법대학보』(서울대) 제4권 1호(1957).

139) 나비아스키에 관하여는 Yvo Hangartner, Hans Nawiasky (1880-1961), in: Häberle u. a. (Hrsg.), Staatsrechtslehrer des 20. Jahrhunderts. 2. Aufl. 2018, S. 249-262; Hans F. Zacher, Hans Nawiasky (1880-1961) Ein Leben für Bundesstaat, Rechtsstaat und Demokratie, in: Helmut Heinrichs u.a. (Hrsg.), Deutsche Juristen jüdischer Herkunft, Beck, München 1993, S. 677-692; 이명구, 현대 공법학의 문제점 (H. Nawiasky), 의당 장경학박사 화갑기념논문집『근대 법사상의 전개』(1977), 272-285면.

140) Th. Maunz, Die Stellung des Staates im rechtlichen Verfahren, Diss. München Univ. 1926.

141) 마운츠에 관하여는 Peter Lerche, Theodor Maunz (1901-1993), in: Häberle u. a. (Hrsg.), Staatsrechtslehrer des 20. Jahrhunderts. 2. Aufl. 2018, S. 673-678; Lukas Kemnitz, Legal Scholarship in Reich and Republic: Ernst Forsthoff, Theodor Maunz and Hans Peter Ipsen, ProQuest Dissertations Publishing; D. Deiseroth, Kontinuitätsprobleme der deutschen Staatsrechtslehre. Das Beispiel Theodor Maunz, in: Ordnungsmacht, 1981, S. 85-111; Peter Lerche, Theodor Maunz †, in: AöR. 1994, 1. S. 156-157; Heribert Prantl, Theodor Maunz feiert 90. Geburtstag: Ein großer Staats-und Verfassungsrechtler, in: Süddeutsche Zeitung 1991, 201 von 31. 8. 9. S. 11.

142) Ernst Klee, Das Personenlexikon zum Dritten Reich, 2. Aufl., Frankfurt a. M. 2005, S. 395.

143) 전후 프라이부르크 대학의 공법 교수진에 관하여는 Alexander Hollerbach (1931-2020), Öffentliches Recht an der Universität Freiburg in der frühen Nachkriegszeit. Aus Anlaß des 100. Geburtstags von Konrad Hesse am 29. Januar 2019, Tübingen: Mohr Siebeck 2019. 김효전, 프라이부르크의 국법학 전통과 뵈켄회르데 교수의 세미나, 프라이부르그 법대 유학인회 엮음,『회상의 프라이부르크』(교육과학사, 1993), 220면 이하; 김효전, 독일 공법학자들의 최근 동정 ― 문헌 소개를 중심으로,『공법연구』제12집(1984), 219-228면; 프라이부르크 대학 한국동문회 엮음,『한국과 프라이부르크』(관악, 2007).
프라이부르크 대학 법학부의 역사에 관하여는 Alexander Hollerbach, Jurisprudenz in Freiburg. Beiträge zur Geschichte der Rechtswissenschaftlichen Fakultät der Albert-Ludwigs-Universität, Tübingen: Mohr Siebeck 2007. ders., Zur Geschichte des Öffentlichen Rechts an der Freiburger Rechtsfakultät. Von den Anfängen bis in die erste Hälfte des 19. Jahrhunderts, in: ホラーバッハ, 須賀博志譯, フライブルク法學部の公法學の歷史について ― 搖籃期から19世紀前半まで, 栗城壽夫先生古稀記念論文集『日獨憲法學の創造力』(下)(信山社, 2003), 709-686면.

저서를 통해 나치 정권의 법적 정당성을 창조하려고 노력한 아카데믹 법학자로서 손꼽힌다. 주로 나치 국가에서의 경찰의 법적 지위에 관한 연구에 종사한다.[144]

이와 관련하여 킬 학파(Kieler Schule)도 언급해야 할 것이다. 독일 법사학자이며 나치스트로서 SS의 장교인 에카르트(Karl August Eckardt, 1901-1979)는 Kitzeberger 강사회의 (Lager)[145]에서 강사 아카데미를 조직한다. 킬 만의 이 공동체 모임에서 나치 법학자들은 민족의 법적 쇄신에 관하여 보고하기 위해서 여러 차례 회합을 가졌다. 여기서의 보고는 1년 후에 새로 나온 잡지『독일의 법학』(Deutsche Rechtswissenschaft) 제1권으로서 발간되었다. 킬의 법학자들과 나란히 프라이부르크의 마운츠도 참여하였다.

나치 시대의 저작은 다음과 같다.

* Neue Grundlagen des Verwaltungsrechts. Der deutsche Staat der Gegenwart, Heft 9, Hamburg 1934.
* Führertum und Verwaltungsgerichtsbarkeit,in: Deutsches Recht 5. Jg. (1935), S. 478 ff.
* Neugestaltung des Enteignungsrechts,in: Deutsche Juristenzeitung 1935, Sp. 1011 ff.
* Das Ende des subjektiven öffentlichen Rechts, in: Zeitschrift für die gesamte Staatswissenschaft, Bd. 96 (1936), S. 71 ff.
* Die Enteignung im Wandel der Staatsauffassung, Freiburg 1936.
* Das Verwaltungsrecht des nationalsozialistischen Staates, in: Frank (Hrsg.), Deutsches Verwaltungsrecht, München 1937, S. 27 ff.
* Die Rechtsmäßigkeit der Verwaltung, in: Frank (Hrsg.), Deutsches Verwaltungs- recht, München 1937, S. 51 ff.
* Gestaltung und Recht der Polizei. Idee und Ordnung des Reiches, E. R. Huber (Hrsg.), Hamburg 1943.

여기서 보듯이, 나치 시대의 마운츠는 주로 행정법 책을 통해서「행정부는 결코 지도자

144) 나치 경찰의 법질서에 관하여는 Michael Kilchling, Die rechtliche Ordnung der Polizei. Teil A: Begriff und Aufgabe der Polizei; Teil B: Stefan K. Pinter, Organisatorische Veränderungen im Bereich der Polizei und die Verklammerung von Polizei und SS, in: E.-W. Böckenförde (Hrsg.), Staatsrecht und Staatsrechtslehre im Dritten Reich, Heidelberg 1985, S. 167-190.
145) 키체베르크(Kitzeberg)는 킬 협만의 작은 Heikendorf에 있는 지명이다. Kitzeberg에서는 1933~1935 년 킬 대학의 나치스 법학자들이 회합을 가졌으며, Ernst Rudolf Huber가 조직하고 참가자는 Georg Dahm, Karl Larenz, Karl Michaelis, Friedrich Schaffstein, Wolfgang Siebert, Franz Wieacker 등. Wikipedia. Kitzeberger Lager. 広渡清吾, キッツェベルク(Kitzeberg)會議における若き法律家た ち,『法學論叢』제92권 4·5·6호 (1973).

의 정치적 결정들을 방해하거나 저해할 수 없다」146)거나, 민족질서의 내부에서 권력들은 지도자의 인격과 결합한다. 따라서 그것들은 진정한 전체 권력, 즉 지도자권력의 하나가 되어야 한다고 주장한다.147) 또한 1943년에는 마운츠는 파시스트 내지 나치스의 지도자 국가를 열렬히 선전하기도 했다.148)

(2) 전후의 마운츠

마운츠는 패전 직후인 1948년 헤렌힘제의 헌법제정회의에서 남바덴을 위해서 참여하기도 했다. 1952년 마운츠는 스승인 나비아스키가 힘써서 프라이부르크대학에서 나치의 발상지인 뮌헨의 대학으로 옮기고, 여기서 그는 정년퇴직 시까지 교직에 종사한다. 1957~1964년 바이에른의 기독교 사회주의 동맹(Christlich-Soziale Union; CSU)의 정치인으로서 바이에른주 문화장관이 된다. 그러나 1945년 이전의 나치스 시대의 텍스트가 알려진 후, 정치적 차원에서 문제가 되어 압력을 받고 1964년 7월 사임한다.149)

1958년 귄터 뒤리히(Günter Dürig, 1920-1996)150)와 표준적인 주석서인 기본법 콤멘타르(Kommentar zum Grundgesetz)를 창간한다. 뒤리히는 아펠트(Willibalt Apelt, 1877-1965)151)의 제자로서 교수자격논문이 통과된 후 1953/54년 튀빙겐대학의 초빙을 받고 부임한다. 그는 1956년 마운츠로부터 공저자로서의 제의를 받고 콤멘타르의 집필에 착수한다. 여기서 그는 기본법 제1조와 2조 그리고 3조에 관하여 일관된 가치체계와 청구체계로서의 기본권이라는 기본적인 관념을 전개한다. 이 콤멘타르는 Maunz/Dürig/Herzog/Scholz로 계속 발간된다. 마운츠는 이 콤멘타르와『독일 국법론』외에도 몇 가지의 저서가 있다.152)

1945년 독일이 패전하는 해에 카를 슈미트는 프라이부르크 대학에 있던 마운츠를 베를린 대학으로 초빙하려고 하였으나 실패한 일도 있다.153) 전후 마운츠는 뮌헨 대학에서

146) T. Maunz, Neue Grundlagen des Verwaltungsrechts, 1934, S. 48 und S. 55.
147) T. Maunz, Verwaltung, 1937, S. 42.
148) T. Maunz, Gestalt und Recht der Polizei, 1943.
149) Guter treuer Menschenstoff - Bayerns Kultusminister kapituliert vor der Beharrlichkeit einer Frau, in: Der Spiegel, Nr. 30/1964, S. 32 f.
150) 뒤리히에 관하여는 Walter Schmitt Glaeser, Günter Dürig (1920-1996), in: Häberle u. a. (Hrsg.), Staatsrechtslehrer des 20. Jahrhunderts. 2. Aufl. 2018, S. 1079-1096.
151) 아펠트에 관하여는 Wolfgang März, Willibalt Apelt (1877-1965), in: Häberle u. a. (Hrsg.), Staatsrechtslehrer des 20. Jahrhunderts. 2. Aufl. 2018, S. 223-248.
152) 저서 Neue Grundlagen des Verwaltungsrechts, 1934; Gestalt und Recht der Polizei, 1943; Deutsches Staatsrecht. Ein Studienbuch, 1951 (mit Reinhold Zippelius, 33. Aufl., 2017); 공저 Bruno Schmidt-Bleibtreu, Bundesverfassungsgerichtsgesetz, 1965 (1996).
153) 이 사실을 크바리치는 이렇게 적고 있다.「베를린대학의 학부 기록 중에는 학부장 볼프강 지베르트 (Wolfgang Siebert)가 1945년 1월 26일에 학술교육부(RMinWEV)에 보낸 테오도르 마운츠(Theodor Maunz)를 국가법과 행정법 영역의 군사대표(Kriegsvertretung)로서 베를린에 파견하는 것을 의뢰하는 편지의 사본이 있다. 강의일람표는 과연 라인하르트 횐(Reinhart Höhn), 카를 빌핑거(Carl Bilfinger), 한스 페터스(Hans Peters)를 전문 대표(Fachvertreter)로서 기록하고 있는데, "그러나 실제로는 목하

수많은 제자를 배출하였는데, 여기에는 Peter Lerche (1928- 2016)[154]와 그의 제자인 연방국방장관을 역임한 Rupert Scholz (1937-), Klaus Stern (1932-),[155] Reinhold Zippelius (1928-),[156] Klaus Obermayer (1916-1988), 연방대통령을 지낸 Roman Herzog (1934-2017)[157] 그리고 Hans- Ulrich Gallwas (1942-), 그 밖에 후임으로 Hans F. Zacher (1928-2015),[158] Hans-Jürgen Papier (1943- ; 1992~2011 재직; 2002~2010 헌재 소장) 그리고 2012년 이래 Martin Burgi (1964-)를 들 수 있다.[159] 마운츠가 배출한 기라성 같은 공법학자들의 면모를 볼 때 그가 독일의 공법학에 미친 영향은 가히 절대적이라고 할 수 있다.

(3) 한국과 마운츠

일찍이 김철수 교수는 1950년대에 뮌헨 대학에 유학하여 마운츠의 강의를 수강하고 이렇게 회고한다.

> 마운쯔 교수는 뮌헨학파를 창시한 헌법학자였다. 그는 당시 바이에른국의 문교부 장관이었다. 강의는 철저히 하였으나 세미나에는 소극적이었다. 그래서 세미나 등은 조교들이 주로 진행하였다. 조교로는 나중에 연방헌법재판소장과 연방대통령을

추밀고문관 카를 슈미트만이 완전한 강의 활동을 하고 있다"고 한다. 그것에 의하면, 빌핑거는 병 때문에 휴가 중이며, 횐은 자기에 대한 군사명령(Kriegsbeorderung)을 이유로 하며, 리터부슈 (Ritterbusch)는 헌법사만을 강의하고, 페터즈는 국방군에 있게 되었다. 그리고 슈미트가 인사상의 결원에 직면하여 횐의 「헌법」강의를 맡을 것을 이미 명백히 하였는데, 이 견디기 어려운 상황은 마운츠의 파견으로 다가올 1945년 여름 학기에는 끝내도록 되어 있다. 프라이부르크의 마운츠는 이미 베를린으로 오지 못했다」. Carl Schmitt, Das internationalrechtliche Verbrechen des Angriffskrieges und der Grundsatz "Nullum crimen, nulla poena sine lege," herausgegeben, mit Anmerkungen und einem Nachwort versehen von Helmut Quaritsch, Berlin: Duncker & Humblot, 1994, Nachwort, S. 132.

154) 레르헤에 관하여는 Rupert Scholz, Peter Lerche (1928-2016), in: Häberle u. a. (Hrsg.), Staatsrechtslehrer des 20. Jahrhunderts. 2. Aufl. 2018, S. 1179-1188; 허영 편역, 『법치국가의 기초이론. Peter Lerche 논문선집』(박영사, 1996). 허영, 나의 인생, 나의 학문, 『공법학회보』 제2호 (2011), 8면.

155) Der grundrechtsgeprägte Verfassungsstaat. FS f. Klaus Stern zum 80. Geburtstag, Hrsg. von Michael Sachs und Helmut Siekmann, Berlin 2012.

156) 치펠리우스의 한국어 번역은 양화식역, 『법철학』(지산, 2001); 이재룡역, 『법의 본질』(길안사, 1999); 양화식역, 『법과 사회: 법사회학과 국가사회학의 기본개념들』(길안사, 1998); 김형배역, 『법학방법론』 (삼영사, 1990); 김형배역, 『법학입문』(삼영사, 1980) 등.

157) Staatsrecht und Politik: FS f. Roman Herzog zum 75. Geburtstag / hrsg. von Matthias Herdegen... München: Beck, 2009; Rupert Scholz, Roman Herzog zum 75. Geburtstag, in: AöR. 2009, 2. S. 268-270; Peter Badura, Roman Herzog zum 75. Geburtstag, in: JZ. 2009, 7. S. 358-359.

158) 차허에 관하여는 Michael Stolleis, Hans F. Zacher (1928-2015), in: Häberle u. a. (Hrsg.), Staatsrechtslehrer des 20. Jahrhunderts, 2. Aufl. 2018, S. 1189-1198.

159) P. Badura, Öffentliches Recht in München seit 1945, in: Jahrbuch des öffentlichen Rechts der Gegenwart, NF. Bd. 65 (2017), S. 612. 헌법재판소 도서관, 『독일 법정보조사 자료집 — 법정보조 사, 독일헌법, 연방헌법재판소』(2013), 140면; 김효전편, 독일의 공법학자들 (1)~(12완), 『동아법학』 제12호(1991)~제37호(2005); 日笠完治編著, 『現代ドイツ公法學 人名辭典』(信山社, 1991).

지낸 헤어쪼크(Roman Herzog)와 뮌헨 대학 교수가 된 레르헤(Peter Lerche), 쾰른대학 헌법 교수가 된 슈테른(Klaus Stern)과 뒤리히(Günter Dürig) 등이 맡아 하였다. 그는 공직이 바빠서 박사논문의 지도를 하지 못했고 조교들도 독자적으로 연구하여 박사논문을 썼다. 후에 마운쯔는 1940년대의 논문이 친나치적이라 하여 장관을 물러나서 박사를 양성하기 시작하였다.160)

마운츠는 전술한 교과서『독일 국법론』이나 콤멘타르를 통해서 한국의 헌법학계에도 널리 알려지고, 그 후 뮌헨 대학에는 많은 한국인들이 유학하였다.161)

6. 에른스트 포르스토프 (Ernst Forsthoff, 1902-1974)

포르스토프는 일찍부터 한국에 알려진 행정법학자로서 그에 관한 여러 문헌이 존재한다.

(1) 생애

포르스토프는 신학자인 하인리히 포르스토프(Heinrich Forsthoff, 1871-1942)의 아들로 태어났다.162) 1921년부터 프라이부르크, 마부르크와 본 대학에서 법학과 국가학을 공부. 1925년 카를 슈미트 문하에서 박사학위 취득.163) 프라이부르크 대학에서 교수자격 논문이 통과된 후 1933년 나치의 정권장악으로 스페인으로 망명한 프랑크푸르트 대학의 헤르만 헬러(Hermann Heller)164)의 후임으로 초빙을 받는다. 1935년 함부르크대학으로, 1936년에는 쾨니히스베르크 대학으로 옮긴다. 1937년 나치당에 입당한다.165) 나치스트

---

160) 김철수, 나의 헌법학 편력, 김효전편,『헌법정치 60년과 김철수 헌법학』(박영사, 2005), 14면; 김효전편,『헌법을 말한다』남랑 김철수선생 9순기념 및 추모논문집(산지니, 2023), 543-544면.

161) 예컨대 60년대에 허영 교수는 Lerche의 지도로 박사학위를 취득하였다. 허영, 나의 인생, 나의 학문,『공법학회보』제2호(2011), 8면; 동, 서독 뮌헨대학교,『계간 연세·진리·자유』제5호(1990); 동, 서독 유학의 이모저모 — 법학의 경우를 중심으로,『연세법학』제7집 (1985).

162) 문헌 Florian Meinel, Der Jurist in der industriellen Gesellschaft. Ernst Forsthoff und seine Zeit, Berlin: Akademie Verlag, 2011; Willi Blümel (Hrsg.), Ernst Forsthoff. Kolloquium aus Anlaß des 100. Geburtstag von Prof. Dr. Dr. h.c. Ernst Forsthoff, Duncker & Humblot 2003; Peter Axer, Otto Mayer, Walter Jellinek, Ernst Forsthoff und das Recht der öffentlichen Sache, in: Christian Baldus, Herbert Kronke und Ute Mager (Hrsg.), Heidelberger Thesen zu Recht und Gerechtigkeit, Mohr, 2013; Hans Hugo Klein, Ernst Forsthoff (1902-1974), in: Häberle u. a. (Hrsg.), Staatsrechtslehrer des 20. Jahrhunderts, 2. Aufl. 2018, S. 711-730; Peter Caldwell, Ernst Forsthoff and the Legacy of Radical Conservative State Theory in the Federal Republic of Germany, in: History of Political Thought, Vol. XV. No. 4 (1994), p. 615-641. 김효전편, 독일의 공법학자들,『동아법학』제14호(1992), 252-259면.

163) 카를 슈미트와 관련해서는 Dirk van Laak, Gespäche in der Sicherheit des Schweigens, 1993. S. 240-246; 서신 교환집은 Briefwechsel Ernst Forsthoff-Carl Schmitt (1926-1974), Berlin: Akademie Verlag 2007.

164) 헬러에 관하여는 Uwe Volkmann, Hermann Heller (1891-1933), in: Häberle u. a. (Hrsg.), Staatsrechtslehrer des 20. Jahrhunderts. 2. Aufl. 2018, S. 471-488; 김효전 옮김,『바이마르 헌법과 정치사상』(산지니, 2016).

가 창건한 독일법 아카데미의 회원은 아니었지만 여러 계획에 참여하고 종교법 위원회의 일에 종사한다. 1941년에는 빈 대학, 1943년에는 하이델베르크 대학의 초빙을 받으며 1942/43년 그는 전쟁역무에 자발적으로 봉사한다.

제2차 대전 후 미군정의 지시로 포르스토프는 공직에서 추방된다. 1946-1948년 킬에서 슐레스비히-홀슈타인주의 장관인 슈텔처(Theodor Steltzer, 1885-1967)의 개인 고문으로서 활동하기도 했다. 1950년부터 그는 1952년에 이미 하이델베르크대학에 복귀할 수 있었으며 여기서 정년퇴직하는 1967년까지 가르쳤다.

(2) 업적

1938년에 발간한 저서 『급부주체로서의 국가』(Die Verwaltung als Leistungsträger)에서는 오늘날에도 적용하는 「생존배려」(Daseinsvorsorge)의 개념을 전개하였다. 이 이론은 한국과 일본에도 많은 영향을 미쳤다.[166]

제2차 대전 후에는 독일 연방공화국 기본법의 주석자로서 나타난다. 여기서는 사회국가성과 법치국가성을 둘러싼 논쟁에서 일정한 역할을 한다. 사회주의적으로 각인된 견해를 대표하는 아벤트로트(Wolfgang Abendroth, 1906-1985)[167]와 논쟁을 벌이기도 한다.[168] 1957년과 1971년에는 슈타이거발트에 있는 에프라하(Ebrach) 연구회에 참여하여 전설적인 명성을 얻는다.

1960년부터 1963년까지 포르스토프는 키프로스 헌법재판소의 소장직을 맡았는데 당시의 상황은 키프로스와 독일에서 부분적으로 예리한 비판에 직면하고 있었다. 저서로는 『행정법 교과서』(1950, 10. Aufl., 1973); 『근대 독일 헌법사』(3. Aufl., 1967)[169];

---

165) Ernst Klee, Das Personenlexikon zum Dritten Reich, 2. Aufl., 2005, S. 159.
166) 예컨대 길준규, 포르스토프의 생애와 생존배려사상: 한 나치스 법학자의 생애와 사상, 『공법연구』 제37집 4호(2009), 257-286면.
167) 볼프강 아벤트로트(Wolfgang Abendroth, 1906-1985). 독일 북서부 공업지대인 부퍼탈·엘버펠트 출생. 1930년 프랑크푸르트 대학 졸업 후 사법관시보. 1935년 스위스의 베른 대학에서 박사학위 취득. 학위논문의 출판 후 곧 게슈타포(Gestapo)에 의해서 압류·체포되고 반역죄로 4년 강제노동. 나치스 시절 저항운동. 전후인 1947년 동독 할레 대학에서 교수자격논문 통과. 1948년 라이프치히, 예나 대학 교수를 역임하다가 동서독이 분열된 후에는 서독으로 이주하여 1949년 빌헬름스하펜, 1951년부터 1974년까지 마부르크 대학의 정치학 교수로서 활약했다. 헤센 주와 브레멘 주 헌법재판소 재판관 역임. 그에게서 위르겐 하버마스가 교수자격논문 완성. 저서 『1968년 이전의 유럽 좌파』(A short history of the European working class; 책벌레, 2001); 『유럽 노동운동사』(Sozialgeschichte der europäischen Arbeiterbewegung, 1965, 김금호역, 석탑, 1984); 『기본법』(Das Grundgesetz, 1966) 등. 문헌 Ulrich K. Preuß, Wolfgang Abendroth (1906-1985), in: Häberle u. a. (Hrsg.), Staatsrechtslehrer des 20. Jahrhunderts, 2. Aufl. 2018. S. 849-862; Jürgen Habermas, Wolfgang Abendroth zum 100. Geburtstag, in: Kritische Justiz, 2006, 3. S. 293-294.
168) 상세한 것은 E. Forsthoff (Hrsg.), Rechtsstaatlichkeit und Sozialstaatlichkeit, Darmstadt 1968; 김효전 편역, 『법치국가의 원리』(법원사, 1996) 참조.
169) 부분 번역 강문용역, 독일헌정사(1·2·3), 『법제월보』제9권 6·7·8·10호 (1967); 鍋澤幸雄譯, 近世ドイツ國制史(1)(2), 『立正』제6권 3·4호 및 7권 1·4호. 이 책은 히틀러를 수상으로 임명한 1933년까지 서술하고 있다.

『변화 속의 법치국가』(1964) 등이 있다.

한국에서는 슈미트 다음으로 번역과 연구 문헌이 많은 편이다.[170]

포르스토프의 제자로는 Karl Doehring (1919-2011),[171] Georg-Christoph von Unruh (1913-2009), Roman Schnur (1927-1996), Wilhelm Grewe (1911-2000),[172] Hans Hugo Klein (1936-), Michael Ronellenfitsch (1945-), Willi Blümel (1929-2015), Karl Zeidler 등이 있다.

(3) 포르스토프와 나치즘

나치 시대의 포르스토프의 저작은 다음과 같다.

먼저 Friedrich Grüter란 가명으로 집필한 것이 있다.

- Der Rechtsstaat in der Krise, in: Deutsche Volkstum, 1932, 1. Halbjahr, S. 260 ff.

포르스토프란 이름으로 발간한 것은 아래와 같다.

- Der totale Staat, Hamburg 1933.
- Recht, Richter und nationalsozialistische Revolution, in: Deutsches Adelsblatt, 1933, S. 714 ff.
- Bespr. v. Koellreutter, Deutsche Führerstaat, in: Juristische Wochenschrift 1934, S. 538.
- Führung und Bürokratie, in: Deutsches Adelsblatt, 1935, S. 1339 ff.
- Von den Aufgaben der Verwaltungsrechtswissenschaft, in: Deutsches Recht 1935, S. 934 ff.
- Nationalsozialismus und Selbstverwaltung, in: Frank (Hrsg.), Deutsches Verwaltungsrecht, München 1937, S. 176 ff.
- Die Verwaltung als Leistungsträger, Königsberger Rechtswissenschaftliche Forschungen, Bd. 2, Stuttgart und Berlin 1938.
- Grenzendes Rechts, Königsberg 1941.
- Der Staatsrechtler im Bürgerkrieg. Carl Schmitt zum 70. Geburtstag, in: Christ und Welt v. 17. 7. 1958, Jg. 11, Nr. 29, S. 14.

---

170) 한국에서의 포르스토프 연구는 후술.
　　저작 목록은 최송화, Bibliographie Ernst Forsthoff, 『서울대 법학』 제16권 1호 (1975), 141-185면.
171) 되링에 관하여는 Torsten Stein, Karl Doehring (1919-2011), in: Häberle u.a.(Hrsg.), Staatsrechtslehrer des 20. Jahrhunderts. 2. Aufl. 2018, S. 1055-1066.
172) 그레베에 관하여는 Jochen A. Frowein, Wilhelm G. Grewe (1911-2000), in: Häberle u.a.(Hrsg.), Staatsrechtslehrer des 20. Jahrhunderts. 2. Aufl. 2018, S. 937-944.

포르스토프는 보수혁명에 의해서 이데올로기적으로 강하게 특징지워진다. 그는 처음에 나치스의 정권장악을 환영했으며 이러한 태도는 그를 프랑크푸르트대학의 초빙을 받는데 간접적으로 도움이 되었다. 저술로 나치즘을 국법학적으로 정당화하는데 기여한 법학자들로는 Carl Schmitt, Ernst Rudolf Huber, Karl Larenz, Theodor Maunz, Herbert Krüger와 나란히 포르스토프도 포함된다.[173] 포르스토프 자신은 처음에 얼마나 '히틀러의 마력'에 이끌렸던가 하고 말한다. 이 무렵 그는 가명으로 나치즘과 파시즘을 선전하는 팸플릿을 썼다고 한다. 『전체국가』(Der totale Staat, 1933)도 그의 작품이다. 그러나 그는 비교적 늦게 1937년에야 나치당에 입당한다. 포르스토프의 저서 『전체국가』는 그 국가주의적인 성향으로 인하여 나치의 이데올로그들로부터 비판적으로 보였으며 그리하여 1934년의 제2판에서는 나치의 의미를 개조하였다. 이미 1934년 이래 정치적인 이유에서 포르스토프의 스승인 카를 슈미트와 긴장하는데 이는 슈미트의 극단적인 나치 참여를 비난하여 두 사람의 접촉은 끊어진다. 1935년에는 이와 유사한 이유로 에른스트 루돌프 후버와의 갈등도 생긴다.[174]

특히 포르스토프의 교회 참여와 한때의 어설픈 나치 비판은 나치 권력자들의 불만을 거의 자극하지 못했다. 더구나 1938년에는 여전히 킬 대학 법학부(이른바 「돌격반 학부」→ 후버 항목)는 포르스토프를 위해 노력했지만, 그는 킬 대학의 초빙을 거절하였다. 1941년 오스트리아 빈 대학의 초빙 과정에서는 가우 위원장(Gauleiter)이며 라이히 지방장관[175]인 쉬라흐(Baldur von Schirach, 1907-1974)와 갈등하게 되어 어려운 생활을 한다. 그 후 라이히 교육부는 포르스토프에게 쾨니히스베르크 대학으로의 복귀에 동의할 것을 제안한다. 그러나 동부전선에서의 군사적 상황과 아울러 포르스토프는 동프로이센으로 복귀하는 것을 반대하는 자기주의도 이유로 들었는데 아마도 그는 패전을 느꼈을 것이다. 빈에서의 나치당의 간섭에서 벗어나기 위해서 그는 방위군에 입대할 수 있었으며, 교육부대에서 여러 달을 보냈다. 라이히 교육부에서 힘쓴 결과 1943년 하이델베르크 대학의 초빙으로 비로소 포르스토프는 더 좋고 안정된 생활을 하게 된다.

이처럼 나치스 시대에 여러 대학을 옮겨 다닌 포르스토프의 행적에 대해서 「권위주의국가를 위한 전도여행」이라고 해석하는 사람도 있다.

전후에 포르스토프는 1944년 7월 20일의 히틀러 암살계획[176]에 관련된 인사들,

---

173) Ewald Grothe, Zwischen Geschichte und Recht. Deutsche Verfassungsgeschichtsschreibung 1900-1970, Oldenbourg, München 2005, S. 188 f.

174) Florian Meinel, Der Jurist in der industriellen Gesellschaft. Ernst Forsthoff und seine Zeit, Berlin 2011, S. 226.

175) 가우지도자(Gauleiter)이며 라이히 지방장관(Reichsstatthalter). 가우(Gau)란 나치스의 행정구역. 대관구(大管區). 디트릭 올로는 이렇게 말한다. 즉 「먼저 나치당은 가우(Gau, 옛 게르만의 영토 단위)라고 불린 지역 단위로 나뉘었고, 각 가우 위원장(Gauleiter)이 이끌었다. 대개의 경우 가우의 경계는 연방의회 선거구와 일치했고, 가우 활동가들의 일차적인 역할은 선거운동을 하고 유권자의 지지를 얻는 것이었다」(『독일 현대사』, 350면 이하).

176) 1944년 7월 20일의 히틀러 암살계획. 나치스 시대 히틀러를 암살하려는 여러 시도 중 군대가 저항한

예컨대 Wilhelm Ahlmann, Johannes Popitz 그리고 Adolf Reichwein과 친교를 가졌다
고 하는데,177) 이에 관한 출처는 모두 비나치화의 과정에서 나온 것이기 때문에 주의해서
다룰 필요가 있다.178) 포르스토프는 라드브루흐(Gustav Radbruch, 1878-1949)에게 보낸
어떤 편지에서 자신의 「일반적인 윤리적이며 정치적인 확신에 따라서 공모자로 만든
것은 아니며」, 따라서 「자신은 이를 자랑스럽게 여기지도 않으며 그러한 사람인 것이
다」179)라고 강조하고 있다.

(4) 포르스토프와 한국
한국에 소개된 포르스토프의 저작목록과 번역 그리고 논설은 다음과 같다.

1. 최송화, Bibliographie E. Forsthoff, 『법학』(서울대) 16권 1호 (1975).

[번역]

1. 김남진역, 헌법해석에 있어서의 문제점, 『법조』 제13권 10, 11, 12호 및 제14권 3, 4, 5
   호 (1965).

2. 강문용역, 독일 헌정사(1)(2)(3), 『법제월보』 9권 6, 7, 8, 10호 (1967).

3. 계희열역, 헌법률의 개조, 계희열 편역, 『헌법의 해석』(고려대학교출판부, 1993),
   89-124면.

4. 김효전역, 사회적 법치국가의 본질과 개념 (1954년), 『독일학연구』(동아대) 제8호
   (1992), 43-62면 및 동인 편역, 『법치국가의 원리』(법원사, 1996), 97-130면에 재수
   록.

5. 김효전역, 헌법학의 오늘날 상황에 대해서, 김효전 편역, 『독일 기본권이론의 이해』(법
   문사, 2004), 147-180면.

[논설]

1. 한태연, Forsthoff의 행정법이론에 대하여, 『법학논총』(단국대) 제2집(1959.7).

2. 최치봉, Forsthoff의 행정법체계 - Daseinsvorsorge론을 중심으로, 고병국박사환갑기
   념 『법학의 제문제』, 1969.

3. 강문용평, 〈서평〉 Ernst Forsthoff, Deutsche Verfassungsgeschichte der Neuzeit,

---

가장 유명한 체제 전복 시도이다. 슈타우펜베르크(Claus von Stauffenberg, 1907-1944) 대령역을
톰 크루즈가 맡은 2008년의 미국 영화 「작전명 발키리」(Valkyrie)는 이 사건을 영화한 것이다.
177) Wilhelm Ahlmann (1895-1944) 병역 복무 중 부상으로 실명. 히틀러에 저항하는 집단의 신뢰자.
   1944년 7월 20일 이후 자살. 카를 슈미트는 그의 『구원은 옥중에서』를 알만의 추억에 바친다. Johannes
   Popitz (1884-1945) 프로이센 재무장관. 슈미트의 베를린대학 동료이며 친구. 『헌법 논집』을 포피츠에
   게 바친다. Adolf Reichwein (1898-1944) 지도적인 사회민주당원. 이 두 사람은 베를린-플뢰첸제
   (Berlin-Plötzensee) 감옥에서 처형되었다. 알만은 1944. 7. 20 암살계획 사건의 인명록에는 들어
   있지 않다.
178) Wikipedia Ernst Forsthoff.
179) Florian Meinel, Der Jurist in der industriellen Gesellschaft. Ernst Forsthoff und seine Zeit,
   S. 240.

『공법연구』 제2집 (1972).

4. 고시연구 편집부, 포르스트호프의 생애와 사상 〈사회사상가평전〉, 『고시연구』 1976년 12월호.

5. 김민규, 사회적 법치국가에 관한 구조분석: Ernst Forsthoff의 이론을 중심으로, 『동아법학』 제19호(1995).

6. 양천수, 생존배려 개념의 기원: 법철학의 시각에서 본 포르스트호프의 사회보장법 체계, 『영남법학』 제26호(2008).

7. 이상덕, Ernst Forsthoff의 행정법학 체계와 방법론 개관, 『행정법연구』 제10호(2003).

8. 이은선, 생존배려(Daseinsvorsorge) 개념에 관한 연구: 에른스트 포르스츠호프(Ernst Forsthoff)의 이론을 중심으로, 고려대 석사 논문, 2002.

9. 길준규, 포르스토프의 생애와 생존배려사상: 한 나치스 법학자의 생애와 사상, 『공법연구』 제37집 4호(2009), 257-286면.

이상의 문헌에서 보듯이 포르스토프의 「생존배려」 개념에 집중되고 있으며, 나치스와의 관련을 다룬 문헌은 하나에 불과하다.

7. 에른스트 루돌프 후버 (Ernst Rudolf Huber, 1903-1990)

후버는 나치 시대의 대표적인 황제 법학자의 한 사람으로 당시의 독재를 정당화했으며, 전후에는 『1789년 이후의 독일 헌법사』 전8권으로 유명하게 되었다.[180]

(1) 1933년 이전
그는 중류 계층 상인의 아들로 Oberstein에서 태어나 복음주의파에 속한다.[181] 1926년 본 대학에서 카를 슈미트의 제자로서 바이마르 헌법 제138조의 국가교회법에 관한 테마로 박사학위 취득. 1931년 괴페르트(Heinrich Göppert, 1867-1937)에게서

---

180) 문헌 Ewald Grothe (Hrsg.), Ernst Rudolf Huber. Staat-Verfassung-Geschichte, 2015; ders. (Hrsg.), Carl Schmitt-Ernst Rudolf Huber: Briefwechsel 1926-1981, Berlin 2014; Hans H. Klein, Zum Gedenken an Ernst Rudolf Huber (1903 bis 1990), in: AöR 1991. 1. S. 112-119; Werner von Simson, Ernst Rudolf Huber, in: NJW 1991. 14. S. 893-894; R. Mußgnug, Nachruf: Ernst Rudolf Huber, in: DÖV 1991. 6. S. 343-345; Christoph Gusy, Ernst Rudolf Huber (1903-1990) - Vom neohegelianischen Staatsdenken zur etatistischen Verfassungsgeschichte, in: P. Häberle u. a. (Hrsg.), Staatsrechtslehrer des 20. Jahrhunderts, 2. Aufl. 2018. S. 763-776. 후버의 헌법이론은 일찍이 한태연, 『헌법학』(1955)에서 소개되었으며, 최근에는 그의 문화국가에 관하여 최우정, 헌법상 문화, 국가 그리고 기본권의 관계에 대한 고찰과 전망, 『헌법학연구』제27권 4호(2021), 49면 이하.

181) 후버는 1933년 라이히 최고재판소 소장을 지낸 발터 시몬즈(Walter Simons, 1861-1937)의 딸 Tula Simons와 결혼하여 아들 5명을 두었다. 이 중 Ulrich Huber는 본대학의 민사법 교수 역임. 발터 시몬즈에 관하여는 小野秀誠, 『ドイツ法學と法實務家』(信山社, 2017), 205-206면.

교수자격을 취득한 후 본 대학 강사로 출발. 1932년 슈미트의 지도로 Papen과 Schleier 대통령내각의 법고문으로 활동. Preußen contra Reich 소송의 대리인 슈미트를 도와준다.[182] 후버는 히틀러와 나치스가 정권을 장악하기 오래 전부터 바이마르 공화국에 노골적으로 강력하게 적대하였으며, 권위주의적인 지도자국가를 선전했다. 이미 1933년 이전에 가명으로 60개에 달하는 콤멘타르와 시사문제에 발표한 기록들이 존재한다.

(2) 나치 시절(1933~1945)의 활동

1933. 4. 28. 후버는 킬 대학의 초빙을 받으며 1933. 5. 1.자로 나치당에 가입한다. 킬대학에서의 교수취임 강연은 「헌법의 의미에 관하여」이며 여기서 그는 이렇게 말한다. 「정치적 헌법은 성문의 헌법규범이 아니라 살아있는 근본질서로서, 그 안에서 민족은 역사적 형태를 획득하고 국가가 된다. .... 살아있는 질서로서의 헌법은 규범이 아니라 행위를 통해 탄생하기 때문에, 형식적인 법률로 규정될 필요가 없다」.[183] 이것은 슈미트의 구체적 질서사상과도 동일한 선상에 있는 것이다.

킬에서 후버는 명망 있는 국법학자와 재판관인 쉬킹(Walther Schücking, 1875-1935)[184]의 후임자로서 이득을 도모한다. 쉬킹은 헤이그의 상설 국제재판소 재판관이었는데 「직업공무원제의 재건을 위한 법률」(Gesetz zur Wiederherstellung des Berufsbeamtentums vom 7. April 1933)[185]에 근거하여 1933. 4. 25.자로 우선 휴가를 주고 이어서 강제로 공직에서 추방되었다. 후버는 킬 대학에서 동료들과 소위 킬 학파(Kieler Schule)[186]를 형성했는데 이들의 명단은 Georg Dahm (1904-1963),[187] Karl Larenz (1903-1993),

---

182) 이 소송에 대한 슈미트의 입장은 라이프치히 국사재판소에서의 최후 연설 (1932), 김효전·박배근 옮김, 『입장과 개념들. 바이마르-제네바-베르사유와의 투쟁에 있어서 1923~1939』(세종출판사, 2001), 258-264면.

183) E. R. Huber, Vom Sinn der Verfassung, Kieler Universitätsreden, NF H. 4. Hamburg 1935, S. 6 f. zitiert nach Fritz Loos und Hans Ludwig Schreiber, Artikel Recht, Gerechtigkeit, in: O. Brunner, W. Conze, R. Koselleck (Hrsg.), Geschichtliche Grundbegriffe. Historisches Lexikon zur politisch-sozialen Sprache in Deutschland, Stuttgart: Klett-Cotta, 1. Aufl. 1984, Bd. 5. S. 306.

184) 발터 쉬킹(Walther Adrian Schücking, 1875-1935). 독일의 국제법학자·평화주의자로서 베베르크 (Hans Wehberg, 1885-1962)와 협력. 1896년 괴팅겐대 박사. 1899년 괴팅겐대에서 교수자격논문 통과. 1900년 브레슬라우대 조교수. 이후 마부르크·킬대학 교수. 헤이그의 상설 국제 재판소에서 최초의 유일한 독일 재판관. 1919년 베르사유 조약 협상시 독일측 대표 역임. 킬대학에는 발터 쉬킹 국제법연구소(Walther-Schücking-Institut für Internationales Recht)가 있다. 문헌 "Aus Kiel in die Welt" Duncker & Humblot 2014; Wolfgang Kohl, Walther Schücking (1875-1935) Staats-und Völkerrechtler — Demokrat und Pazifist, in: Kritische Justiz (Hrsg.), Streitbare Juristen, Baden-Baden: Nomos, 1988, S. 230-242; Christian Tietje, Walther Schücking (1875-1935), in: Häberle u. a. (Hrsg.), Staatsrechtslehrer des 20. Jahrhunderts, 2. Aufl. 2018, S. 211-222.

185) 법률의 번역은 이진기 옮김, 『나찌 법률: 악마는 가만히 온다1』(박영사, 2022), 16-24면.

186) Jörn Eckert, Was war die Kieler Schule? in: Franz Jürgen Säcker (Hrsg.), Recht und Rechtslehre im Nationalsozialismus, Baden-Baden 1992.

187) 게오르크 담(Georg Dahm, 1904-1963). 형법·국제법학자. 프리드리히 샤프슈타인과 나란히 나치

Karl Michaelis (1900-2001),[188] Franz Wieacker (1908-1994),[189] Karl August
Eckhardt (1901-1979),[190] Paul Ritterbusch (1900-1945),[191] Friedrich Schaffstein

---

형법학의 뛰어난 대표자의 한 사람. 튀빙겐·함부르크·킬 대학에서 법학 공부. 1925년 제1차 사법시험
합격. 동년 SPD 가입. 1927년 형법으로 박사학위 취득. 1930년 하이델베르크 대학에서 G. Radbruch
지도 아래 중세 이탈리아 형법사로 교수자격논문 통과. 1933년 샤프슈타인과 논쟁적인 저서『자유주의적
형법이냐 권위주의적 형법이냐』발간. 1933년 담은 나치스의 관념들과 가까웠기 때문에 킬대학의
초빙을 받는다. 1944. 5. 4. 나치당 가입, 11월에는 SA 가입. 1935년 이른바 킬 학파의 일원이 된다.
1939년 담은 킬을 떠나 라이프치히대로, 이어서 스트라스부르 제국 대학의 교수 겸 총장 대행이 된다.
연합국에 의한 스트라스부르대학 점령 후에 담은 1944년 베를린에 교직을 얻는다. 그 밖에 특별재판소
재판관직도 수행. 1945년 패전 후 비나치화 때문에 대학에서 직을 얻지 못하고 1951~1955년 파키스탄의
Dhaka 대학의 법대 학장으로서 건설에 주력한다. 1955년 킬 대학 국제법 교수로서 초빙을 받고 여기서
대표작『국제법』(Völkerrecht, 3 Bde., Stuttgart 1958-1961, de Gruyter 2002)을 집필한다. 뉘른베르
크 재판에 대해서 인도에 반한 죄와 전쟁범죄는 법치국가의 원칙, 나아가 소급입법금지와 명확성의
원칙에 위배된다고 주장했다. 그리고 비나치화도 법치국가의 원칙에 위반된다는 것이다. 저서
Deutsches Recht, Hamburg 1944. 문헌 Fr. Schaffstein, Erinnerungen an Georg Dahm, in:
Jahrbuch der Juristischen Zeitgeschichte 7 (2005/06), S. 173-202.

188) 카를 미하엘리스(Karl Michaelis, 1900-2001). 뮌스터·뮌헨·괴팅겐 대학에서 법학·국민경제학·
철학 공부. 1925년 괴팅겐대에서 법학박사. 1931년 교수자격논문 통과. 1934년 킬대학 조교수로
초빙을 받는다. 나치 당원으로서 이른바 킬 학파에 소속하고, 동시에 나치 법쇄신을 위한 위원회의
일단이 된다. 1938년 라이프치히대학의 민법·민사소송법·근대 법제사의 정교수가 되고, 1942-44년
에는 법대 학장 역임. 제2차 세계대전이 끝나자 나치 조직의 구성원이었다는 이유로 교수직에서 추방된다.
1949년 뮌스터의 지방학교 교수단의 사법사(私法史) 교수로 취임. 1951년 뮌스터대학의 독일법사·민
법·민사소송법 정교수가 된다. 1956~1969년 정년퇴직 시까지 괴팅겐대학 민법·근대 법사 및 교회법
교수. 1960/61년 법대 학장. 1970년부터 괴팅겐 아카데미 회원. 저서 Beiträge zur Gliederung und
Weiterbildung des Schadenrechts, Leipzig 1943; H.-M. Pawlowski und F. Wieacker (Hrsg.),
FS f. Karl Michaelis, Göttingen 1972. de.wikipedia.org/wiki/karl_michaelis(Rechtswissenschaftler)

189) 프란츠 비아커(Franz Wieacker, 1908-1994). 독일의 사법학자·법사학자. 1930년 프라이부르크
대학에서 박사학위. 1933년 킬대학 사강사. 나치스에 입당하고 나치스 사강사 연맹에 가입. 나치스의
법이론가인 Hans Frank가 창립한 독일법 아카데미 회원. 1937년 라이프치히 대학 조교수, 1939년
정교수. 대전 중「리터부슈 작전」에 참여. 군복무와 포로 생활을 한 후 1945년 괴팅겐대학 교직에
종사. 1948년 프라이부르크대학 로마법·민법·근세법사 교수. 1953년 괴팅겐대 교수, 1973년
정년 퇴직. 저서 Privatrechtsgeschichte der Neuzeit unter besonderer Berücksichtigung der
deutschen Entwicklung, 1952, 신판 2016; 구판의 일본어 번역은 鈴木祿彌譯,『近世私法史』(創文社,
1961). 중국어 번역은 陳愛娥·黃建輝 合譯,『近代私法史』, 五南圖書出版公司, 2004). 이 책은 법사학
분야의 탁월한 서술로서 오랫동안 고전적인 지위에 있다. 기타 미완성의 Römische Rechtsgeschichte,
1988, 2006. 문헌 Okko Behrends und Eva Schumann (Hrsg.), Franz Wieacker. Historiker
des modernen Privatrechts, Göttingen 2010; Viktor Winkler, Der Kampf gegen die
Rechtswissenschaft. Franz Wieackers "Privatrechtsgeschichte der Neuzeit" und die deutsche
Rechtswissenschaft des 20. Jahrhunderts, Hamburg 2014; 平田公夫, フランス・ヴィーアッカー
(Franz Wieacker, 1908-1994)の軌跡: ドイツ法史學 現代史の一齣,『岡法』제62권 4호(2013).

190) 카를 아우구스트 에카르트(Karl August Eckhardt, 1901-1979). 1919년부터 마부르크대에서 법학
공부. 1922년 법학박사. 1924년 괴팅겐대에서 교수자격논문 통과. 1928년 킬대학 초빙. 1930년 베를린
상과대학, 1932년 본대학. 1931. 5. SA 가입, 1932. 3. 1. 나치스 (당원번호 952,083) 입당, 1933.
10. SS 가입. 1933~1934. 3. 21. 킬 대학에서는 단기간 가르쳤으나 킬 학파의 인적 지위와 내용적인
위치에서 매우 커다란 영향을 미침. 1935. 1. SS의 하부조직 지도자로서 파견되고, SS의 보안 임무
(Sicherheitsdienst; SD)에도 소속. 여기서 국법학자 R. Höhn의 부서에서 활동. 1934~1936년
Bernhard Rust 아래의 라이히 학술교육 장관의 대학부 책임자. 여기서 유대인 법학자의 조기 은퇴와
추방에 참여. E. R. Huber와 함께「법학 공부」지침을 마련. Hans Frank의 위탁으로 Paul Ritterbusch,
Georg Dahm, Wolfgang Siebert 그리고 Reinhard Höhn과 나치스법의 적용을 위한 법관직의 새로운

(1905-2001),192) Wolfgang Siebert (1905-1959)193) 등.

지침을 작성하여 1936년 공표. Walter Hinz와 함께 라이히 고대사 및 새독일사 연구소 창립. SS 지도자인 Heinrich Himmler와 밀접하게 접촉하여 SS의 여러 지도자로 승진. 1935년 베를린대에서 중세사 교수로 초빙. 1936년 게르만법 교수로 법학부로 이적. 1936~38년 킬 학파의 이념을 전파하기 위한 확성기인 「독일 법학」을 편집. 1937년 본 대학으로 귀환. 독일법 아카데미 회원. 1939년 국방군에 소집되어 단치히-서프로이센에서 근무. 1941. 4. 재차 병사로서 복귀. 1945년 미국과 프랑스의 전쟁포로로 2년 복역. 전후 대학직 박탈. 1948. 10. 일찍 연금 퇴직. 1943~1979년 뮌헨의 게르만 역사 기념관 (Monumenta Germaniae Historica, MGH)에서 전전의 학술 활동을 계속. 저서 Nordische Chronologie, Bonn 1940 등. Wikipedia.

191) 파울 리터부슈(Paul Ritterbusch, 1900-1945). 나치의 학문적인 관리로서 선명히 한 사람 중 1인. 1918년 제1차 대전시 기관총 부대의 소총수로서 참전. 자신의 진술에 의하면 1922년 학생 때부터 나치 운동의 적극적인 추종자. 라이프치히・할레대에서 법학 공부. 1925년 라이프치히대 법학박사. 1929년 교수자격논문 통과. 1932년 나치 입당. 나치의 권력장악 이후인 1933년 쾨니히스베르크대 정교수 취임. 1935년 킬대의 헌법・행정법・국제법 교수. 민주적 인사인 Walther Schücking의 자리를 빼앗아 그의 후임이 된다. 1936. 7. 하이델베르크대에서의 강연에서 나치 공무원직의 재건을 위한 법률로 정치적・인종적 이유에서 대학소속원들의 직무를 박탈한 것을 정당화했다. 1937년 젊은 법학자인 리터부슈는 나치의 관용법으로 「북방 공간의 국경대학」인 킬대의 총장으로 임명되고, 나치 강사연맹의 지도자가 된다. 기타 수많은 기능을 수행하고 나치 법률가연맹(NS-Rechtswahrerbund)의 대학교사부의 전문가반에서 Carl Schmitt의 후임으로 독일법 아카데미의 국제법과 경찰법위원회 위원. 1940년 킬 대 강연에서 그는 나치즘의 초기 테러와 살인 등에 대해서 「이러한 절대적인 인적 변혁은 1933년 이후의 하나의 평온하고 부단한 발전을 저해하였다」고 말했다. 리터부슈는 1940년 자신의 가장 중요한 과제로서 정신과학의 전쟁투입(리터부슈 작전, Aktion Ritterbusch)을 위한 라이히 과학장관의 의장으로서 처음부터 부업으로 여겼다. 그러나 1941년 이후로는 주임무가 되고 이로 인해 일선의 군복무가 면제된다. 1941년 킬대 총장과 교수직을 버리고 베를린대로 가서 국제법 잡지를 편집. 전쟁 중 나치당에서는 리터부슈 작전에 비판이 일어난다. 1944년 그는 SS의 재촉으로 실각. 전쟁 말기에 연합군이 접근해 오자 자살한다. 문헌 Frank-Rutger Hausmann, Deutsche Geisteswissenschaft im Zweiten Weltkrieg. Die "Aktion Ritterbusch"(1940-1945), 3. Aufl. Heidelberg 2007, S. 30-48; Martin Otto, Ritterbusch, in: NDB. Bd. 21 (2003), S. 668-670.

192) 프리드리히 샤프슈타인(Friedrich Schaffstein, 1905-2001). 형법과 법사학자. G. Dahm과 나란히 나치 형법학의 뛰어난 대표자의 1인. 1924년 괴팅겐・인스브룩에서 법학 공부. 1928년 괴팅겐에서 Robert von Hippel의 지도로 법학박사. 1930년 그의 지도로 교수자격논문 통과. 1933년 Dahm과 『자유주의적 형법이냐 권위주의적 형법이냐』 공저. 나치 권력장악 직후 샤프슈타인은 알려지고 나치즘을 명백히 표방한다. 1933년 라이프치히대 초빙 수락. 1935년 킬대로 옮긴다. 1937년 나치 입당. 독일법 아카데미의 청소년형법위원회 지도. Dahm과 나란히 킬 학파의 형법에서 제2의 주요 대표자. 여기서 그는 Karl Larenz, Franz Wieacker, E. R. Huber 등과 함께 나치와 민족적 의미에서의 모든 법의 근본개념을 개조하고 새로이 해석하는 작업에 힘쓴다. 샤프슈타인은 킬 학파의 이론형성을 위해서 3개의 관점에서 기여했다. 1) 「정치적 형법학」이라는 그의 관념을 통해서, 2) 의무의 침해로서의 그의 범죄론을 통해서, 3) Dahm이 기초한 심정행위자유형론(Gesinnungstätertypenlehre)에 대한 기여를 통해서. 이처럼 샤프슈타인은 Dahm의 이론을 구체화하고 발전시켰다. 그는 1941년부터 제2차 대전 동안 스트라스부르 제국 대학에서 가르쳤고, 형법연구소를 지도하며 학장을 역임. 1945년 비나치화 때문에 대학에서의 교수직은 얻지 못했다. 1954년에야 비로소 괴팅겐대의 초빙을 받는다. 이후 1969년 정년퇴직까지 재직. 1955년 괴팅겐 아카데미 회원. 저서 Jugendstrafrecht. Eine systematische Einführung, Stuttgart 1959 (14. Aufl. 2002). Gerald Grünwald u. a. (Hrsg.), FS f. Friedrich Schaffstein zum 70. Geburtstag am 28. Juli 1975, Göttingen 1975.

193) 볼프강 지베르트(Wolfgang Siebert, 1905-1959). 독일의 법학자・대학교사. 나치즘의 킬 학파 소속. 단치히에서 아비투어 마치고 뮌헨・할레 대에서 법학 공부. 국가시험 합격 후 박사학위 취득. 1932년 할레대에서 교수자격논문 통과. 히틀러 청년단(Hitler-Jugend) 분단장 역임. 1933. 5. 나치당 입당 (당원번호 2,255,445). 그는 1935년 킬대학 사법・노동법 조교수로 임명되고, 독일법 아카데미의 청소년법위원회의 위원장대리가 된다. 그는 Adolf Hitler의 결정에 반하여 법률 또는 명령의 형태로

나치 정권에 봉사하는 '법적 쇄신'을 위해서 생긴 이 모임은 공식적으로 「돌격반 학부」(Stoßtruppfakultät)[194]라고 표현되었다.

1937년 후버는 라이프치히 대학의 초빙을 받으며, 1941년에는 신설된 스트라스부르크 제국대학으로 자리를 옮긴다. 거기서 법과 국가학부의 구축에 힘쓴다. 1944년 11월 서방 연합국의 독일 진격 이전에 방향을 바꾼다. 거기서 그는 1944/45년 겨울 학기에 그의 친구와 이전의 본대학 박사과정 동료인 포르스토프(Ernst Forsthoff, 1902-1974)의 주선으로 하이델베르크 대학의 강좌를 얻는다. 1945년 초에는 사인으로서 가족과 함께 호흐슈바르츠발트의 Falkau로 피신하고, 역사가 하임펠(Hermann Heimpel, 1901-1988)과 잠시 한지붕에서 살기도 했다.

후버는 나치 시절 지도적인 국법학자였으며 그 때문에 역사적 연구에 있어서 제3제국의 '계관 법학자'로서 여긴다.[195] 1937년에는 지도자국가에서 나치스법을 전체적으로 서술한 『헌법』을, 1939년에는 『대독일 라이히의 헌법』을 출간한다. 여기서 그는 지도자의 권력을 「포괄적이고 전체적이다. ... 자유롭고 구속되어 있지 않으며 독점적이고 무제한하다」[196]라고 기술한다. 또 「유대인의 완전한 축출」을 논했으며 따라서 그는 1935년의 뉘른베르크 법을 지지하는 법률가 집단에 속했다. 인격적 자유권과 사법권의 독립에

포장한 것은 어떠한 사법심사권도 주장할 없다는 견해를 대표한다. 동일하게 「나치당의 강령은 우리들의 전체 민족 생활을 일반적으로 구속하는 법적 기초이며, 어떠한 법적 결정도 그 점에서 모순되는 것은 허용되지 아니한다」고 강조한다. 1938년 베를린대 정교수가 된다. 1940년 독일법 아카데미 청소년법위원회의 위원장. 1941년부터 Friedrich Schaffstein, Franz Wieacker와 공동으로 「청소년법 총서」의 편집자. 1935. 10. 12~13. Carl Schmitt 지도 아래 BNDJ (1936년부터 Rechtswahrerbund, 또한 나치 법률가연맹) 대회를 개최. 지베르트와 Ulrich Scheuner(1903-1981)는 다른 많은 사람들의 지원을 받아 법적 평등에 위반되는 다음의 결의를 투표로 결정했다. 1) 독일 민법 제1조의 「인간」의 법적 개념은 민족동포(Volksgenosse), 라이히 시민, 유대인 등등의 다양성을 은폐하고 변조한다. 2) 동일한 것은 「자연인」개념에도 타당하다. 이 단어들은 민족적으로(völkisch) 정의된 개념으로 대체되어야 한다. 이러한 요구는 바로 본질적으로 1935. 11. 14.의 반유대인 법률, 즉 Hans Globke(1898-1973) 초안의 「유대인」개념에 적합한 개념의 규정이나 「혼혈」금지처럼 찬양되었다. 이것은 이른바 뉘른베르크 법률로 명확하게 되고 예리하게 된다. 패전 후 지베르트는 수험준비 강사(Repetitor)가 된다. 1948년 비나치화 절차에서 「면제」등급을 받고, 그의 과거 전력에도 불구하고 괴팅겐대에서 교직을 얻는다. 1953년 여기서 정교수가 되고, 나중에 연방대통령이 되는 Richard von Weizsäcker (1920-2015)의 지도교수가 된다. 1957년부터 하이델베르크대 교수. 그의 이름은 Soergel/Siebert, BGB-Kommentar로 유명. 역사학자 Norbert Götz는 지베르트를 나치즘에서의 적극적인 역할에도 불구하고 연방공화국에서 경력을 쌓은 「무서운 법률가」로 분류한다. 문헌 Hans-Peter Haferkamp, Siebert, Wolfgang, in: NDB. Bd. 24 (2010), S. 325; Christoph Mies, Wolfgang Siebert: Arbeitsverhältnis und Jugendarbeitsschutz im Dritten Reich und in der frühen Bundesrepublik, Diss. Uni. Köln 2007. Wikipedia. Wolfgang Siebert. 독일청소년법은 Bernd-Dieter Meier u.a., 김성은 · 박학모 · 윤재왕 옮김, 『독일청소년형법』(한국형사정책연구원, 2014).

194) Rudolf Meyer-Pritzl, Die Kieler Rechts- und Staatswissenschaften. Eine "Stoßtruppfakultät", in: Christoph Cornelißen, Carsten Mish (Hrsg.), Wissenschaft an der Grenze. Die Universität Kiel im Nationalsozialismus, 2. Aufl. Essen 2010, S. 151-173.

195) Bernd Rüthers, Entartetes Recht. Rechtslehren und Kronjuristen im Dritten Reich, München 1988. 3. Aufl., 1994, S. 102 ff.

196) Huber, Verfassungsrecht des Großdeutschen Reiches, 2. Aufl., 1939, S. 230.

관한 그의 견해는 이렇다. 「특히 개인의 자유권은 민족의 법원리와는 결합할 수 없다」. 국가로부터 존경받게 될 개인의 인격적 · 전 국가적 그리고 국가외적인 자유란 존재하지 아니한다」[197]고 잘라 말한다. 또 사법권에 관하여는 「살아있는 민족의 법은 우선 첫째로 민족 속에서 지도자에 의해서 실현되며, 새로운 라이히의 사법관은 반드시 가장 최고의 법의 표현인 지도자의 의사에 종속하는 것이다」[198] 등등.

후버는 1934~1944년 슈미트와 함께 「독일 법조 신문」(Deutsche Juristen-Zeitung)을 편집하기도 하고, 킬의 동료인 경제학자 벤테(Hermann Bente, 1896-1970)와 함께 『전 국가과학 잡지』(Zeitschrift für die gesamte Staatswissenschaft)를 만들기도 한다.

나치 시절의 후버의 논저를 정리하면 다음과 같다.

- Das Deutsche Reich als Wirtschaftsstaat. Recht und Staat in Geschichte und Gegenwart, Heft 85, Tübingen 1931.
- Reichsgewalt und Staatsgerichthof, Schriften an die Nation, Bd. 42, Oldenburg i. O. 1932.
- Bedeutungswandel der Grundrechte, in: Archiv des öffentlichen Rechts NF 23, S. 1 ff.
- Die Totalität des völkischen Staats, in: Die Tat, April 1933, S. 31 ff.
- Die genossenschaftliche Berufsordnung, in: Blätter für Deutsche Philosophie, Bd. 7 (1933), S. 293 ff.
- Die Gestalt des deutschen Sozialismus, in: Der deutsche Staat der Gegenwart, Heft 2, Hamburg 1934.
- Die Einheit der Staatsgewalt, in: Deutsche Juristenzeitung 1934, Sp. 950 ff.
- Das Ende des Parteienbundesstaates, in: Juristische Wochenschrift, S. 193 ff.
- Wesen und Gehalt der politischen Verfassung. Der deutsche Staat der Gegenwart, Heft 16, Hamburg 1935.
- Neue Grundbegriffe des hoheitlichen Rechts, in: Larenz, Karl (Hrsg.), Grundfragen der neuen Rechtswissenschaft, Berlin 1936, S. 143 ff.
  Vom Sinn der Verfassung. Kieler Universitätsreden, Neue Folge, Heft 4, Hamburg 1935.
- Die deutsche Staatswissenschaft, in: Zeitschrift für die gesamte Staatswissenschaft, Bd. 95 (1935), S. 1 ff.
- Das Staatsoberhaupt des Deutschen Reiches, in: Zeitschrift für die gesamte

---

197) Huber, Verfassung, Hamburg 1937, S. 213.
198) Huber, Verfassungsrecht des Großdeutschen Reiches, 2. Aufl., 1939, S. 278 f.

Staatswissenschaft, Bd. 95 (1935), S. 223 ff.

- Bespr. v. Krüger, Führer und Führung, in: Zeitschrift für die gesamte Staats-wissenschaft, Bd. 95 (1935), S. 742 ff.
- Partei, Staat, Volk, in: Deutsches Recht 5. Jg. (1935), S. 742 ff.
- Die Rechtsstellung des Volksgenossen. Erläuterung am Beispiel der Eigentumsordnung, in: Zeitschrift für die gesamte Staatswissenschaft, Bd. 96 (1936), S. 438 ff.
- Verfassung, Hamburg 1937.
- Die Verwirkung der volksgenössischen Rechtsstellung im Verwaltungsrecht, in: Zeitschrift der Akademie für deutsches Recht 1937, S. 368.
- Die Selbstverwaltung der Berufsstände, in: Frank (Hrsg.), Deutsches Verwaltungsrecht, München 1937, S. 293 ff.
- Verfassungsrecht des Großdeutschen Reiches, 2. Aufl., Hamburg 1939.
- Ständisches Recht, in: Zeitschrift für die gesamte Staatswissenschaft, Bd. 99 (1939), S. 351 ff.
- Die Rechtsgestalt der NSDAP, in: Deutsche Rechtswissenschaft Bd. 4 (1939), S. 314 ff.
- Reichsgewalt und Reichsführung im Kriege, in: Zeitschrift für die gesamte Staatswissenschaft, Bd. 101 (1941), S. 530 ff.
- Bau und Gefüge des Reiches, in: Idee und Ordnung des Reiches. Gemein-schaftsarbeit deutscher Staatsrechtslehrer, hrsgg. v. E. R. Huber, Bd. 1, Hamburg 1941.
- Die verfassungsrechtliche Stellung des Beamtentums, in: Festschrift für Heinrich Sieber, Leipzig 1941, S. 275 ff.
- Bespr. v. Weber, Die Verkündung von Rechtsvorschriften, in: Zeitschrift für die gesamte Staatswissenschaft, Bd. 104 (1944), S. 336 ff.
- Zur Lehre vom Verfassungsnotstand in der Staatstheorie der Weimarer Zeit, in: Festschrift für Werner Weber ("Im Dienst an Recht und Staat"), Berlin 1974, S. 31 ff.

(3) 1945년 이후

나치스 독재 말기 이후 후버는 처음에는 Falkau 에 거주하다가 프라이부르크로 이주한다. C. Schmitt, R. Höhn, O. Koellreutter 등과 같이 나치의 부채 때문에 대학으로의 복귀는 거부된다. 그러나 1952년 프라이부르크 대학의 명예교수직을 얻고, 5년 후인 1957년 마침내 빌헬름스하펜 사회과학 대학(Hochschule für Sozialwissenschaft Wilhelmshaven-Rüstersiel)의 초빙을 받는다. 이 작은 대학에 편입된 이래 1962~1968년 괴팅겐 대학에서 활동하다가 정년퇴직한다. 1956년 후버는 그의 나치스 전력에 관한 오랜 논란 끝에 독일 국법학자협회에 재가입한다. 1966년 괴팅겐 학술원의 정회원이 된다.

1957년부터 1991년 사이 그는 『1789년 이후의 독일 헌법사』전8권, 7700면의 기념비적인 대저를 완성한다.199) 이와 함께 『독일 헌법사』자료집 전3권을 발간한다. 이처럼 실정 헌법에 대한 연구는 전후 중단한다. 자신의 역사적 경험과 교훈을 후학에게 전수하기 위한 참회의 발로인가? 아니면 실정 헌법을 외면함으로써 침묵의 저항은 가능하다는 아리안족의 고집인가?

(4) E. R. 후버와 한국

후버의 헌법이론은 전술한 한태연의 『헌법학』(1955)에서 자주 인용되었으며 그 밖에는 찾아보기 어렵다. 후버를 직접 만나서 면담한 최종고 교수의 간단한 소개가 있다.200)

8. 울리히 쇼이너 (Ulrich Scheuner, 1903-1981)

쇼이너의 이름 역시 한국에서는 일찍부터 알려졌으나 그가 나치의 열렬한 지지자였다는 사실은 별로 알려진 것이 없다고 할 것이다.201)

(1) 나치스 시대

쇼이너는 뒤셀도르프에서 태어났으며 1925년 뮌스터대학에서 법학을 공부하고 베를린으로 간다. 1928년 루돌프 스멘트(Rudolf Smend)202)와 하인리히 트리펠(Heinrich Triepel)203)의 제자로서 「바이마르 헌법에서의 법치국가 사상」204)으로 교수자격논

---

199) Huber, Deutsche Verfassungsgeschichte seit 1789, Kohlhammer, Stuttgart 1957-1991. 8 Bde.
200) 최종고, 프라이부르그를 회상하며, 『회상의 프라이부르크』(교육과학사, 1993), 118-123면. 「후버 교수의 인상」.
201) 문헌 Wolfgang Rüfner, Ulrich Scheuner (1903-1981), in: P. Häberle u. a. (Hrsg.), Staatsrechtslehrer des 20. Jahrhunderts, 2. Aufl. 2018. S. 777-790; NDB. Bd. 22 (2005).
202) 루돌프 스멘트(Rudolf Smend, 1882-1975)에 관하여는 전술 주 89 참조.
203) 하인리히 트리펠(Heinrich Triepel, 1868-1946) 공법학자・국제법학자・정치학자. 튀빙겐・킬・베를린대학 교수와 총장 역임. 공법학에 이익법론을 도입하고, 국제법과 국내법과의 관계에서 이원론을 주장하고, 정당과 국가의 관계에 관한 4단계론 등을 주장했다. 나치에 비협조적이었다. 저서 『국제법과 국내법』(Völkerrecht und Landesrecht, 1899); 『라이히 감독』(Die Reichsaufsicht, 1917); 『국법과

문이 통과된다. 1933년 예나 대학 공법 교수로 부임하며, 1937. 5. 1. 나치당에 입당한다. 잠시 1940/41년 괴팅겐 대학에 근무한 후 1941년 나치가 점령한 알사스에 신설된 스트라스부르 제국 대학의 초빙을 받는다.

그는 1934년 잡지 『공법 논총』에 「국민혁명 — 하나의 국법학적 연구」205)란 대작을 발표한다. 여기서 쇼이너는 나치스의 「권력장악」(Machtergreifung)은 혁명의 특수 독일적 형태라고 기술한다. 그동안의 과정, 특히 1933. 2. 28의 라이히 의회 방화에 관한 명령(Reichstagsbrandverordnung)206)과 1933. 3. 24의 수권법207)의 정당성과 합법성을 긍정한다. 여기서 중요한 것은 바이마르에 각인된 자유주의적 법치국가의 원칙을 적용한 것이다. 논문에서 쇼이너는 이것을 단호하게 시인한다. 나치즘은 공동체사상과 민족사상의 강조를 통해서 개인주의를 극복한다는 것이다. 이때 쇼이너가 강조하는 것은 민족계층(Volkstum)에서 작용하는 힘들 속에서 순수한 혈통(blutmäßige Abstammung)에 대해서 심화된 이해이며, 민족계층과 인종의 이념에 의해서 만들어진 민족의 국민적 통일을 본 것이다. 따라서 쇼이너는 나치스의 인종 이데올로기의 기반에 입각한 것이다.

(2) 나치 시대의 저작
발간순으로 정리하면 다음과 같다.

- Die staatsrechtliche Bedeutung des Gesetzes zur Behebung der Not von Volk und Reich, in: Leipziger Zeitschrift für Deutsches Recht, 27. Jg. (1933), Sp. 899 ff.

- Die nationale Revolution. Eine staatsrechtliche Untersuchung, in: Archiv des

---

정치』(Staatsrecht und Politik, 1927); 『헌법과 정당』(Die Staatsverfassung und die politischen Parteien, 2. Aufl., 1930); 김효전역, 헌법과 정당, 『월간고시』 1985년 9월호 및 동인, 『독일 헌법학의 원천』, 2018, 208-223면에 수록.
문헌 Ulrich M. Gassner, Heinrich Triepel. Leben und Werk, Duncker & Humblot, Berlin 1999 (저작목록과 문헌 S. 525-595); Andreas von Arnauld, Heinrich Triepel (1868-1946), in: P. Häberle u.a. (Hrsg.), Staatsrechtslehrer des 20. Jahrhunderts, 2. Aufl. 2018. S. 165-182; Armin von Bogdandy und R. Mehring, Heinrich Triepel - Parteienstaat und Staatsgerichtshof. Gesammelte verfassungspolitische Schriften zur Weimarer Republik, Baden-Baden: Nomos 2021; 三宅雄彦, 國際憲法と國內憲法の相克: トリーペル覇權論の憲法理論的意義, 『法律時報』제90권 5호(2018); 大西楠・テア, 「帝國監督」と公法學における利益法學: トリーペルによる連邦國家の動態的分析(1)-(3), 『法協』 131-133호 (2016).
204) Der Rechtsstaatsgedanke in der Weimarer Reichsverfassung, 1928.
205) U. Scheuner, Die nationale Revolution. Eine staatsrechtliche Untersuchung, in: Archiv des öffentlichen Rechts, N.S. Bd. 24, 1933/34.
206) 본 논문 부록 참조.
207) Gesetz zur Behebung der Not von Volk und Reich ["Ermächtigungsgesetz"] vom 24. März 1933. 원문과 번역은 이진기 편역, 『나찌의 법률: 악마는 가만히 온다1』(박영사, 2022), 2-3면 및 본 논문 부록 참조.

öffentlichen Rechts NF 24, S. 166 ff. und 261 ff.

- Beamtenpflicht und Berufspflicht, in: Beamtenjahrbuch, 21. Jg. (1934), S. 303 ff.
- Das Verordnungsrecht der Länder nach dem Gesetz über den Neuaufbau des Reiches, in: Reichsverwaltungsblatt Bd. 55 (1934), S. 513 ff.
- Bespr. v. Koellreutter, Staatslehre, in: Archiv für Rechts-und Sozialphilosophie Bd. 28 (1934/35), S. 162 ff.
- Gesetz und Einzelanordnung, in: Festschrift für Rudolf Hübner, Jena 1935, S. 190 ff.
- Eigentum und Eigentumsbindung, in: Reichsverwaltungsblatt 1936, S. 5 ff.
- Die Gerichte und die Prüfung politischer Staatshandlungen, in: Reichs-verwaltungsblatt 1936, S. 437 ff.
- Die Rechtsstellung der Persönlichkeit in der Gemeinschaft, in: Frank (Hrsg.), Deutsches Verwaltungsrecht, München 1937, S. 82 ff.
- Le peuple, l' Etat, le droit et la doctrine nationale-socialiste, in: Revue du droit public et de la Science politique en France et à l'étranger, Bd. 54 (1937), S. 38 ff.
- Die freien Berufe im ständischen Aufbau, in: Festschrift für J. W. Hedemann, Jena 1938, S. 424 ff.
- Die deutsche Staatsführung im Kriege, in: Deutsche Rechtswissenschaft, Bd. 5 (1940), S. 1 ff.
- Staatstheorie und Verfassungsrecht des Faschismus, in: Zeitschrift für die gesamte Staatswissenschaft, Bd. 101 (1941), S. 252 ff.
- Der Bau des Rechts und seine politischen Lebenskräfte, in: Deutsches Recht 12. Jg. (1942), S. 1169 ff.

전후에 스멘트와 슈미트에 관한 글을 발표한 바 있다.

- Rudolf Smend. Leben und Werk, in: Rechtsprobleme in Staat und Kirche. Festschrift für R. Smend zum 70. Geburtstag, Göttinger rechtswissenschaftliche Studien, Bd. 3. Göttingen 1952, S. 433 ff.
- Carl Schmitt heute, in: Neue Politische Literatur 1956, S. 181 ff.

(3) 전후의 쇼이너
나치스 독일 라이히가 패배한 후 쇼이너는 1947~1949년 슈투트가르트의 복음주의 보조기구(Hilfswerk) 사무소에 근무한다. 1950년 이후부터 본 대학에서 가르치고,

1958~1972년 그가 정년퇴직할 때까지 국제법연구소를 운영한다. 학문적인 활동과
병행하여 쇼이너는 1960년대에는 연방정부의 국제법 고문과 연방수상 Konrad
Adenauer (1876-1967)의 국제법 고문으로서 활약한다. 그 밖에 연방 정부와 주정부의
소송대리인으로서 또는 양대 교회의 법고문으로서 그리고 연방 정부의 정당법위원회의
의장으로서도 활동한다. 그의 학문적인 저작에서 그는「평화의 집단적 보장」에 관심을
두었다. 쇼이너는『국제법사전』208)의 자문단에 소속했을 뿐만 아니라 후에는『국제공법
백과사전』209)에도 관여한다. 또한 1961~1980년에는 독일 대외정책 학회(Deutsche
Gesellschafts für Auswärtige Politik)의 회원으로서 또는 회장을 역임하기도 한다.

쇼이너의 유럽법에 관한 학문적 업적은 유럽 통합에 있어서의 헌법발전 등이며,「브델
그룹」(Groupe Vedel)의 구성원으로서 1972. 3. 25의 보고를 들 수 있다. 국법학 분야에서
는 경제에 대한 국가의 작용을 강조하며,210) 교회법에 관하여는 1974/75년에 Ernst
Friesenhahn (1901-1984)211)과 함께『국가교회법 한트부흐』212)를 펴내었다.

연구 논저는『국가이론과 국가법』,213)『국가교회법에 관한 문헌』214) 그리고
『국제법에 관한 문헌』215) 3권으로 정리되었으며, 기념논문집216)이 출간되었다.217)

(4) 쇼이너와 한국

한국과 관련해서는 한형건(韓亨健, 1930-2009)218) 교수가 쇼이너의 문하에서 1965년

208) Wörterbuch des Völkerrechts, Hans-Jürgen Schlochauer (Hrsg.), 4 Bde., 2. Aufl. de Gruyter, Berlin 1962.
209) Max Planck Encyclopedia of Public International Law, under the auspices Rüdiger Wolfrum, Max Planck Institute for Comparative Public Law and International Law, Oxford Uni. Press, 10 vols. 2012.
210) U. Scheuner, Die staatliche Einwirkung auf die Wirtschaft, Frankfurt a. M. 1971.
211) 에른스트 프리젠한(Ernst Friesenhahn, 1901-1984) 1928년 카를 슈미트의 지도로 본대 법학박사. 1932년 교수자격논문 통과. 나치의 권력장악 후 정당후보자(Parteianwärter)로서 주목을 받고 SA에도 가입. 그러나 이미 1934년 다시 SA를 탈퇴. 슈미트와 Johannes Heckel과는 달리 그는 나치 정권을 거부하고 1938년 본대학 교수로 취임하나, 곧 나치스에 의해서 교직에서 추방된다. 1939~1946년 변호사 개업. 1946년 본대학 복직. 1950/51년 본대학 총장. 1951~1963년 신설된 연방헌법재판소 재판관. 1968/69년 독일 국법학회 의장. 저서 Der politische Eid, Diss. Bonn 1928, ND 1979; Parlament und Regierung im modernen Staat, Berlin 1958; Die Verfassungsgerichtsbarkeit in der Bundesrepublik Deutschland, Köln 1963 (廣田健次譯, 西ドイツ憲法裁判論, 有信堂, 1972); 문헌 Hans Meyer, Ernst Friesenhahn (1901-1984), in: P. Häberle u. a. (Hrsg.), Staatsrechtslehrer des 20. Jahrhunderts, 2. Aufl. 2018. S. 693-710.
212) Handbuch des Staatskirchenrechts der Bundesrepublik Deutschland, 2 Bde., Berlin 1974/75 (mit Ernst Friesenhahn). 2. Aufl. 1994. hg. von Joseph Listl und Dietrich Pirson.
213) U. Scheuner, Staatstheorie und Staatsrecht, 1978.
214) U. Scheuner, Schriften zum Staatskirchenrecht, 1973.
215) U. Scheuner, Schriften zum Völkerrecht, 1984.
216) Festschrift für Ulrich Scheuner zum 70. Geburtstag, hg. von Horst Ehmke, Joseph H. Kaiser, Wilhelm A. Kewenig, Karl Matthias Meessen, Wolfgang Rüfner, Berlin 1973.
217) Klaus Schlaich, Von der Notwendigkeit des Staates. Das wissenschaftliche Werk Ulrich Scheuners, in: Der Staat 21 (1982), S. 1-24.

에 박사학위를 취득했으며,[219] 하나의 번역 논문이 있다.[220]

9. 카를 라렌츠 (Karl Larenz, 1903-1993)

민법학자이며 법철학자인 라렌츠는 1945년 이후에는 『법학방법론』과 『채권법 교과서』의 저자로서 유명해졌다. 그러나 나치스의 전력은 항상 따라다닌다.

(1) 생애

카를 라렌츠(Karl Alfred Rudolf Larenz)는 상급행정재판소 재판관인 카를 라렌츠(Karl Larenz)의 아들로 태어났다.[221]

1921년부터 베를린·마부르크·뮌헨·괴팅겐 등지에서 법학·국민경제학·역사 등을 공부한다. 1926년 괴팅겐 대학에서 율리우스 빈더(Julius Binder, 1870-1939)의 지도 아래 「헤겔의 귀책이론과 객관적 귀책의 개념」[222]으로 학위를 취득한다. 1928/29년 괴팅겐대학에서 『법률행위해석의 방법』[223]으로 교수자격논문이 통과된다.

1933년 5월부터 라렌츠는 킬 대학에 처음에는 대강으로 1935년부터는 유대인이기 때문에 대학에서 추방된 후설(Gerhart Husserl, 1893-1973)[224]의 자리를 물려받아 킬 대학의 정교수가 된다. 이른바 킬 학파[225]의 핵심으로서 Franz Wieacker, Karl Michaelis, Wolfgang Siebert, Ernst Rudolf Huber, Georg Dahm, Friedrich Schaffstein 등과 활동한다. 나치의 법적 쇄신을 위한 운동의 선두사상가의 일원이 되고

---

218) 한형건 교수는 1930년 함북 명천 태생이며 2009년 서울에서 작고하였다. 서울대 법대를 졸업하고 서독 본대학 법학박사. 경희대와 인하대 국제법 교수 역임

219) Hyong-Kon Han, Die Aufnahme von Staaten als Mitglieder in die Vereinten Nationen, Frankfurt a. M. dipa 1967, 239 S. Diss. Bonn Uni. Rechts-und staatswiss. Fak., Diss. v. 1965.

220) 한국 문헌은 울리히 쇼이너, 독일에 있어서의 법치국가의 근대적 전개 (1960), 김효전 편역, 『법치국가의 원리』(법원사, 1996), 161-204면.

221) 문헌은 Bernd Rückert, Karl Larenz - Methodenlehre und Philosophie des Rechts in Geschichte und Gegenwart, 2. Aufl. Berlin 2016; Claus-Wilhelm Canaris, Karl Larenz, in: Stefan Grundmann & Karl Riesenhuber (Hrsg.), Zivilrechtler des 20. Jahrhunderts in Berichten ihrer Schüler, Bd. 2, Berlin 2010, S. 263-308; Frank Hartmann, Das methodologische Denken bei Karl Larenz, Frankfurt a. M. 2001; Hyung-Bae Kim, Wolfgang Freiherr Marschall von Bieberstein (Hrsg.), und Yu-Cheol Shin, Zivilrechtslehrer deutscher Sprache: Lehrer-Schüler-Werke, Seoul: Korea Univ. Press 1988, pp. 244-245.
https://portal.dnb.de/opac.htm?method=simpleSearch&Query=118569724

222) Larenz, Hegels Zurechnungslehre und der Begriff der objektiven Zurechnung, Göttingen Diss.

223) Larenz, Die Methode der Auslegung des Rechtsgeschäfts - Zugleich ein Beitrag zur Theorie der Willenserklärung, Göttingen 1928/29. 엄동섭 옮김, 『법률행위의 해석』(서강대출판부, 2010).

224) 게르하르트 후설(Gerhart Husserl, 1893-1973) 독일과 미국의 법학자이자 법철학자. 현상학으로 유명한 에드문트 후설의 아들. 1940~48년 미국 워싱턴 D.C.의 "National University of Law School" 교수 역임.

225) Jörn Eckert, Was war die Kieler Schule? in: Franz Jürgen Säcker (Hrsg.), Recht und Rechtslehre im Nationalsozialismus, Baden-Baden 1992, S. 37-70

민법에서 나치 이론가의 가장 중요한 인물의 한사람이 된다.[226]

1934년 이래 라렌츠는 글로크너(Hermann Glockner, 1896-1979)와 공동으로『독일 문화철학 잡지』(Zeitschrift für Deutsche Kulturphilosophie)를 편집하며, 1937년 5월 1일자로 나치당에 당원번호 5.041.008로 입당한다. 또한 나치 법률가 연맹(NS-Juristenbund)의 회원이 된다.[227] 제2차 세계대전 중에는 나치의 전쟁계획인 '정신과학의 전쟁투입'에 참여하여,[228] 훈장도 받는다.

전후에는 나치스의 전력 때문에 처음에는 대학에서의 강의가 금지되었다가, 1949년 킬 대학에 복직한다. 1960년 뮌헨 대학으로 옮기고 여기서 정년퇴직까지 근무한다.

(2) 라렌츠와 나치즘

라렌츠와 나치즘의 관계에 대해서는 오랫동안 논란이 있어 왔다.[229] 라렌츠를 옹호하는 측에서는 이미 킬 시대 시작부터 나치즘의 반대자였으며 나치즘의 지적인 울타리를 위한 이른바 알만 계획(Ahlmann-Plan)의 일부였다는 것이며, 그의『법학방법론』을 수정한 제자인 카나리스(Claus-Wilhelm Canaris, 1937-2021)가 이에 따른다. 다른 측면에서는 1960년대 이래 라렌츠가 나치즘에 휘말려 들어갔다는 것이 강력하게 주장되었다. 이러한 측면에서 라렌츠는 특히 뤼터스(Bernd Rüthers, 1930-)와 베셀(Uwe Wesel, 1933-)에 의해서 제3제국의 계관 법학자로서 분류하고, 이미 살인적인 반유대주의의 길을 열었다는 것이다. 여기에는 클레(Ernst Klee, 1942-)가 민사법에서 가장 중요한 나치 이론가로서, 또한 벤츠(Wolfgang Benz, 1941-)[230]도 민법과 법철학에서 가장 중요한 나치 이론가로서 손꼽는다.

1933년 이후의 연간에서 라렌츠는 자신의 저작에서 나치즘의 원리들에 법질서를 제시하려고 하였으며 이러한 의미에서 그는 헤겔의 이상주의를 연결하려고 노력하였다.[231]

라렌츠는 1935년의 논문「법인과 주관적 법」에서 이렇게 말한다.「개인으로서, 오로지

226) E. Klee, Das Personenlexikon zum Dritten Reich, 2. Aufl., 2005, S. 358.
227) George Leaman, Contextual misreadings: The US Reception of Heidegger's Political Thought, Part 1. University of Massachusetts 1991, S. 110.
228) E. Klee, Das Personenlexikon zum Dritten Reich, 2. Aufl. 2005, S. 358.
229) Horst Heinrich Jakobs, Karl Larenz und der Nationalsozialismus, in: JZ 1993, S. 805-815; Massimo La Torre, A National-Socialist Jurist on Crime and Punishment - Karl Larenz and the So-Called "Deutsche Rechtserneuerung", European University Institute, Florenz 1992.
230) Wolfgang Benz, Von der Entrechtung zur Verfolgung und Vernichtung. Jüdische Juristen unter dem nationalsozialistischen Regime, in: H. C. Helmut Heinrichs, Harald Franzki, Klaus Schmalz, Michael Stolleis (Hrsg.), Deutsche Juristen jüdischer Herkunft, München: C. H. Beck, 1993, S. 813-852. 김효전 옮김, 나치 독일 하의 유대인 법률가 — 박해와 말살을 위한 권리박탈에 대해서,『헌법학연구』제29권 3호(2023), 451-526면. (본서)
231) 공법과 국가학에서 헤겔의 이론에 의거한 논자들은 Hermann Heller, Hegel und der nationale Machtsstaatsgedanke in Deutschland. Ein Beitrag zur politischen Geistesgeschichte, 1921. 김효전 옮김, 헤겔과 독일에서의 국민적 권력국가사상, 동인 옮김,『바이마르 헌법과 정치사상』(산지니, 2016), 398-591면.

인간으로서만 나는 권리와 의무와 가능성, 법적 관계를 형성하는 것이 아니라 오히려 민족공동체의 구성원으로서 형성하는 것이다. 단지 공동체 속에서 살아 있는 존재로서, 민족동포로서 개인은 하나의 구체적인 인격인 것이다. 민족공동체의 구성원으로서만 그는 자신의 명예를 지니며, 법동료로서의 존중을 향유하는 것이다」.[232] 나아가 그는 여기의 '민족동포'(Volksgenosse)란 독일인의 피를 가진 사람을 의미하는 것이며, 민족공동체 외부에 있는 자는 법 속에 있는 것이 아니라고 말한다.[233] 요컨대 라렌츠는 나치스의 인종 이데올로기의 토대를 마련한 것이다.

이것은 나치당의 강령 제5항과 일치한다. 즉 「국가공민(Staatsbürger)이 아닌 자는 손님으로서만 독일에서 살 수 있으며 외국인 입법 아래 두어야 한다」.[234] 이와 같이 볼 때 라렌츠는 나치스의 전위라고 하지 않을 수 없으며 이미 인종생물학적인 아파라트헤이드 정권을 위해서 투쟁한 것이다. 여기의 '손님' 또는 타자란 물론 유대인을 의미하며 그들은 동국민(Mitbürger)은 아닌 것이다.[235]

(3) 업적
라렌츠의 1945년 이전의 저작은 다음과 같다.

* Rechts-und Staatsphilosophie der Gegenwart, in: Philosophische Forschungs-berichte, Heft 9, Berlin 1931.
* Staatsphilosophie, München 1933 (mit Günther Holstein)
* Deutsche Rechtserneuerung und Rechtsphilosophie, Tübingen 1934 (Recht und Staat in Geschichte und Gegenwart, Heft 109)
* Bespr. v. Schmitt, Über die drei Arten des rechtswissenschaftlichen Denkens, in: Zeitschrift für deutsche Kulturphilodophie, Bd. 1, 1934, S. 112 ff.
* Rechts-und Staatsphilosophie der Gegenwart, Junker & Dünnhaupt, 2. Aufl., Berlin 1935.
* Grundfragen der neuen Rechtswissenschaft, Berlin 1935 (Hrsg. mit Georg Dahm u.a.)

---

232) Karl Larenz, Rechtsperson und subjektives Recht - Zur Wandlung der Rechtsgrundbegriffe, in: Georg Dahm, Ernst Rudolf Huber, Karl Larenz, Karl Michaelis, Friedrich Schaffstein, Wolfgang Siebert (Hrsg.), Grundfragen der neuen Rechtswissenschaft, Junker und Dünnhaupt Verlag, Berlin 1935, S. 241.

233) Ernst Klee, Das Personenlexikon zum Dritten Reich, 2005, S. 358.

234) Gottfried Feder, Das Programm der NSDAP und seine weltanschaulichen Grundgedanken, Verlag Franz Eher Nachf, München 1927. 또한 Das 25-Punkte-Programm der National-sozialistischen Deutschen Arbeiterpartei vom 24. Februar 1920 (http://www.documentarchiv.de/wr/1920/nsdap-programm.html.)

235) 나치스와 유대인에 관하여는 엘리 위젤, 김범경 옮김, 『나치스와 유대인: 밤과 새벽 그리고 낮』(한글, 1999).

- Volksgeist und Recht, in: Zeitschrift für deutsche Kulturphilosophie, Jg. 1935, S. 40 ff.
- Rechtsperson und subjektives Recht. Zur Wandlung der Rechtsgrundbegriffe, in: Karl Larenz u.a. (Hrsg.), Grundfragen der neuen Rechtswissenschaft, Berlin 1935, S. 225 ff.
- Vertrag und Unrecht. Teil 1: Vertrag und Vertragsbruch. Teil 2: Die Haftung für Schaden und Bereicherung, Hamburg 1936/37.
- Über Gegenstand und Methode des völkischen Rechtsdenkens, Berlin 1938.
- Hegelianismus und preußische Staatsidee. Die Staatsphilosophie Joh. Ed. Erdmanns und das Hegelbild des 19. Jahrhunderts, Hamburg 1940.
- Zur Logik des konkreten Begriffs. Eine Voruntersuchung zur Rechtsphilosophie, in: Deutsche Rechtswissenschaft Bd.5 (1940), S. 279 ff.

1945년 이후의 저작은 다음과 같다.

- Lehrbuch des Schuldrechts, München 1953 (Bd. 1), 1956 (Bd. 2)
- Allgemeine Teil des deutschen Bürgerlichen Rechts, München 1960.
- Methodenlehre der Rechtswissenschaft, Heidelberg 1960.
- Über die Unentbehrlichkeit der Jurisprudenz als Wissenschaft, Berlin 1966.

(4) 라렌츠의 영향과 동아시아

독일에서의 영향력 있는 라렌츠 제자로서는 Claus-Wilhelm Canaris (1937-2021), Uwe Diederichsen (1933-), Helmut Köhler (1944-), Detlef Leenen (1942-), Manfred Wolf (1939-2007)를 들 수 있다.236) 반면에 라렌츠의 행적에 비판적인 것은 베를린 자유대학의 교수였던 바그너(Heinz Wagner, 1926-)가 대표적이다.237)

동아시아에서 라렌츠는 일찍부터 독일의 추축국이었던 일본에서 먼저 소개되었다.238) 기타 기무라 가메지(木村龜二, 1897-1972)가 라렌츠의 법철학과 전체주의에 경사(傾斜)

---

236) 여기에 Hyung-Bae Kim u.a. (Hrsg.), Zivilrechtslehrer deutscher Sprache, S. 244는 Joachim Hruschka (1935-2017), Gerhard Hassold, Jürgen Prölss와 그리스의 Apostolos Georgiades (1935-)를 추가한다.

237) Heinz Wagner, Kontinuitäten in der juristischen Methodenlehre am Beispiel von Karl Larenz, in: Demokratie und Recht, Heft 3. 1980.

238) 예컨대 我妻榮等著, 『ナチスの法律』(日本評論社, 1934); 吾妻光俊, 『ナチス民法學の精神』(1942); 번역은 大西芳雄・伊藤滿 共譯, 『現代ドイツ法哲學』(有斐閣, 1942); 米山隆譯, 『法學方法論』(勁草書房, 1991); 伊藤剛, 初期ラーレンツの法思想の再檢討: 新ヘーゲル主義とナチズムとの接點, 日本法哲學會 『法哲學年報』 1990년, 170-178면. 기타 라렌츠의 『行爲基礎論』 관련 논문.

한 바 있다.239)

　한국에서는 일찍이 50년대에 김철수 교수가 라렌츠의 세미나에 참석하였다. 그는 이렇게 회고한다.

　　당시 뮌헨 대학에는 세 명의 유명한 법철학자가 있었다. 한 분은 칼 엥기쉬(Karl Engisch) 박사였고 또 한 분은 칼 라렌츠(Karl Larenz) 박사였고, 또 한 분은 프리드리히 베르버(Friedrich Berber) 교수였다. 이들의 세미나 과정은 나에게 교시하는 바가 많았다. .... 칼 라렌쯔 교수는 나치스 시대에 이미 『현대 법철학』(Rechts-und Staatsphilosophie der Gegenwart)이라는 책을 써서 유명했는데, 이 분은 나치스의 법철학을 완성한 사람으로 지탄을 받기도 하였으나 제2차 대전 후에는 법철학방법론을 중심으로 연구와 강의를 하고 있었다. 우리들이 세미나에서 다루었던 결과가 나중에 『법학방법론』(Methodenlehre der Rechtswissenschaft)으로 출판되었다. 라렌쯔의 법학방법론은 해석학에 치중한 것이어서 별반 흥미를 끌지 못했다.240)

　라렌츠 이론의 본격적인 소개는 양창수(梁彰洙, 1952-) 교수가 번역한 『정당한 법의 원리』가 최초의 번역이라고 생각된다. 그는 라렌츠를 「카를 슈미트의 '구체적 질서사상'에 원칙적으로 공감하면서 나치스에 협력한 소위 킬 학파의 중요한 멤버로 활약하였었다」241)고 소개하고, 나치스시대의 법철학과 민법에 관하여 간단히 언급하고 있다. 36년만인 2022년 박영사에서 새 번역이 출간되었다.

---

239) 기무라 가메지(木村龜二, 1897-1972). 일본의 형법학자. 마키노 에이이치(牧野英一)와 함께 주관주의 형법학의 대가로 불린다. 1921년 도쿄(東京)대학 졸업. 1926년 규슈(九州)대학, 1931년 호세이(法政)대학, 1936년 도호쿠(東北) 제대 교수 역임. 저서 『刑事政策の諸問題』(1933); 『刑法の基本概念』(1948); 『刑法總論』(增補版, 1978) 등.

240) 김철수, 나의 헌법학 편력, 김효전편, 『헌법정치 60년과 김철수 헌법학』, 12-13면.
　　김철수, 나의 법철학적 편력, 『법철학과 사회철학』 제3집(1993), 241-255면; 동인, 법철학에서 헌법정책학으로, 『철학과 현실』 1991 가을, 313-324면; 김효전편, 『헌법을 말한다. 금랑 김철수 선생 9순 기념 및 추모논문집』(산지니, 2023), 543면.
　　엥기쉬(Karl Engisch, 1899-1990) 저작의 번역은 안법영·윤재왕 옮김, 『법학방법론』(세창, 2011); 윤재왕·임철희 옮김, 『인과관계: 형법 구성요건의 한 요소』(세창, 2019). 그리고 『법률가의 세계상』의 번역이 예고되고 있다. 엥기쉬에 관한 논문은 심헌섭, 현대 형법의 사상과 가치상대주의론 (K. Engisch), 의당 장경학박사 화갑기념논문집 『근대 법사상의 전개』(1977), 254-272면; 동인, Karl Engisch의 법명령설, 명령으로서의 법규범, 관계개념으로서의 법, 『사법행정』 제20권 11호(1977), 47-51면; 심헌섭편, 〈서평〉 Festschrift für Karl Engisch zum 70. Geburtstag, 『법학』(서울대) 제11권 2호 (1970). 참고 문헌은 Andreas Maschke, Gerechtigkeit durch Methode: Zu Karl Engischs Theorie des juristischen Denkens, Heidelberg 1993.
　　베르버에 관하여는 Albrecht Randelzhofer, Friedrich Berber (1898-1984), in: Häberle u. a. (Hrsg.), Staatsrechtslehrer des 20. Jahrhunderts, 2. Aufl. 2018, S. 599-608.

241) 양창수역, 『정당한 법의 원리』(박영사, 1986), 194면 역자 후기 및 신장판(박영사, 2022), 역자 후기 260면. 역자는 신장판에서도 라렌츠의 나치스 행각에 대해서는 구판 그대로 한 줄로 적고 있다.

그 후에 번역된 『법학방법론』과 『법률행위의 해석』에서는 나치스에 관한 언급이 없다.242) 최근 중국어 번역도 발간되었다.243)

10. 라인하르트 횐 (Reinhard Höhn, 1904-2000)

라인하르트 횐은 나치스의 지도적인 이데올로그였으며, 전후에는 하르츠부르크 모델을 개발하기도 했다.244) 횐은 마운츠와 함께 스멘트를 대표로 하는 통합이론을 민족공동체의 이념과 관련하여 국가이론을 설명하는 견해도 있다.245)

(1) 1945년 이전 생애

구(區) 재판소 검사(Amtsanwalt)의 아들인 횐은 1922년 독일 민족 공수동맹(Deutsch-Völkischen Schutz-und Trutzbund)에 가입하고, 1923년부터 법학을 공부하여 1929년 예나 대학에서 「프랑스 혁명 시대의 법률들에 있어서 형사재판관의 지위」에 관한 테마로 법학박사의 학위를 받는다. 1923년과 1932년 간에 횐은 청년독일 기사단(Jungdeutschen Orden)의 단원이었으며, 아르투어 마라운(Artur Mahraun, 1890-1950)246)에 관하여 책을 저술하기도 했다.

1933년 7월 횐은 나치당에 당원번호 2.175.900로서 가입하고, 같은 해 12월에는 돌격대(SS) 대원 번호 36.229로서 대원이 된다. 1933년부터 1935년까지 SD-주요 부서의 위원이었으며 그의 직속 상관은 하이드리히(Reinhard Heydrich, 1904-1942)였다. SD-주요 부서는 라이히 지도자의 안전 업무를 담당하는 최고의 지도적 지위에

---

242) 번역서로는 『정당한 법의 원리』 외에 허일태역, 『법학방법론』(세종출판사, 2000); 동인, 『법학방법론 입문』(세종출판사, 2001); 엄동섭 옮김, 『법률행위의 해석』(서강대출판부, 2010) 등. 기타 「매매계약과 소유권양도」, 양창수역, 『독일 민법학 논문선』(박영사, 2005), 133-156면; 김영환역, 「방법론적인 문제로서 법관의 법형성」, 『법학논총』 제25권 1호(2008), 199-218면 등 행위기초론에 관한 몇 가지의 논문이 있다.

243) 예컨대 卡尔 拉倫茨, 陳愛娥譯, 『法學方法論』(北京: 商務印書館, 2003).

244) 문헌은 Alexander O. Müller, Reinhard Höhn. Ein Leben zwischen Kontinuität und Neubeginn, Berlin 2019; Bernd Rüthers, Reinhard Höhn, Carl Schmitt und andere - Geschichten und Legenden aus der NS-Zeit, in: NJW 2000, S. 2866-2871; Michael Wildt, Der Fall Reinhard Höhn, in: A. Gallus, A. Schildt (Hrsg.), Rückblickend in die Zukunft, Göttingen 2011, S. 254-271; Olaf Hünemörder, Otto Koellreutter (1883-1972) und Reinhard Höhn (1904-2000): Auf glattem Eis, in: Rechtsgelehrte der Universitat Jrena aus vier Jahrhunderten, hg. von Gerhard Lingelbach, Jena/Plauen/ Quedlinburg 2012, S. 261-280.
https://portal.dnb.de/opac.htm?method=simpleSearch&query=118705490. wikipedia Reinhard Höhn.

245) Jürgen Meinck, Weimarer Staatslehre und Nationalsozialismus. Eine Studie zum Problem der Kontinuität im staatsrechtlichen Denken in Deutschland 1928 bis 1936, Campus, Frankfurt a. M./New York 1978, S. 66 ff.

246) 마라운은 독일의 정치활동가이며 작가. 청년독일 기사단의 『호흐마이스터』(Hochmeister) 창간자로서 보수혁명에 속한다. 기본적인 민주적 대안 내지 배타적인 정당국가에 대한 보충으로서 이른바 「정치적 상린관계」(politischen Nachbarschaften)라는 관념을 전개하였다.

있었다.

신속하게 경력을 만든 횐은 예루살렘(Franz Wilhelm Jerusalem, 1883-1970)[247]의 조교로서 1934년에는 예나에서 개최된 사회학자들의 회합을 결정적으로 조직하고 관철하는 데에 참여하고, 독일 사회학회 회장 퇸니스(Ferdinand Tönnies, 1855-1936)와 총무 비이제(Leopold von Wiese, 1876-1969)를 '균제화(획일화)'란 미명 아래 무력화시킨다.

1934년 횐은 하이델베르크 대학에 「개인주의적 국가개념과 법학적 국가인격」[248]이란 제목의 교수자격논문을 제출하고 통과된다. 이 논문에서 그는 국가를 단호하고 일관된 「장치」(Apparat)로서 규정하며, 같은 해 10월 베를린의 Carl Heymanns 출판사에서 단행본으로 발간된다. 이 책 서문에서 그는 Roger Diener만을 특히 감사하는데 자연법적 연구에 있어서 가치가 많은 도움을 제공했다는 것이다.[249] 이미 1934년 5월 12일에 하이델베르크 대학 총장은 공식적인 교수취임강의를 초청한 것이다.[250] 한편 라이히 교육부는 나치스와 거리를 둔 Rudolf Smend를 베를린대에서 내보내고 횐을 초빙하기 위해서 교수직을 공석으로 두려고 하였으나 Smend는 1935년 괴팅겐대의 초빙을 수락하지 않을 수 없었다.[251]

SS의 지식인들과 공동으로 횐은 1936년 제3제국에 있어서의 카를 슈미트의 경력의 종말에 대해서 근심하였다. 그들은 슈미트 등의 사고 구조에 있어서 순혈, 종족 그리고 민족의 범주에 대해서 형사적으로 소홀히하는 것을 비난하였다.[252]

1936년부터 횐은 나치스의 독일법 아카데미(Akademie für deutsches Recht) 회원이 되었으며, 경찰법 위원회의 위원장대리였고, 위원장은 베스트(Werner Best, 1903-1989) 였다.[253] 1936년 그는 지도자원리의 법철학적 정당화를 시도하였고, 거기에서 그 중에서도 「법률이나 명령의 형식으로 포장된 지도자의 결정들에 반하여 재판관에게는 심사할 권한이 없다고」[254]고 기술하였다. 1938년 3월혁명에 있어서의 군대와 국가의 관계에 관한 포괄적인 논문을 제출하였다.[255] 1939년에 횐은 라이히 안전부(RSHA)의 위원장이

247) 예루살렘(Franz Wilhelm Jerusalem, 1883-1970) 독일의 사회학자·법학자. 1918년부터 예나 대학 교수. 자신의 조교 라인하르트 횐과 독일사회학회를 무력하게 만든다. 1937년 나치 입당. 1945년 이후 프랑크푸르트, 뮌헨에서 가르쳤다. 저서 『사회학원론』(Grundzüge der Soziologie, 1930), 『국가』 (Der Staat, 1935) 등. Carsten Klingemann, Soziologie im Dritten Reich, Baden-Baden 1996, S. 38 f.

248) R. Höhn, Der individualistische Staatsbegriff und die juristische Staatsperson, 1934.

249) R. Höhn, Der individualistische Staatsbegriff und die juristische Staatsperson, Berlin: Carl Heymanns Verlag 1935, S. IX.

250) 일반 국가학과 국법 강좌. SWB-PPN: 476724589

251) Anna-Maria Gräfin von Lösch, Der nackte Geist. Die juristische Fakultät der Berliner Universität im Umbruch von 1933, Tübingen 1999, S. 294 ff.

252) 이에 관하여는 Ulrich Herbert, Best. Biographische Studien über Radikalismus, Weltanschauung und Vernunft 1903-1989, Bonn 1996, S. 274, S. 601, Anm. 73.

253) Ulrich Herbert, Best. S. 177.

254) Ernst Klee, Das Personenlexikon zum Dritten Reich, Wer war was vor und nach 1945, 2. Aufl. 2005, S. 261.

되었다.256) 1939년과 1945년간에 그는 베를린대학으로 옮겨 이곳의 국가연구소 소장이
되었고, 1942년 5월에는 국가 및 행정과학 국제 아카데미의 소장으로 지명되었다.
1941년부터 1944년까지는 잡지 『라이히-민족질서-생활공간. 민족의 헌법과 행정 잡
지』(Reich-Volksordnung-Lebensraum. Zeitschrift für völkische Verfassung und
Verwaltung)를 6인의 추종자들과 함께 다름슈타트의 L. C. Wittich 출판사에서 편집하였는
데 이는 고위 장교들을 위한 SS의 하나의 지정학적인 기관이다. 편집진에는 독일이 점령한
지역에서 지배의 안전 문제를 다룬 4인의 수석 공무원이 포함되기도 했다. 이 공동편집자의
2인은 유럽의 유대인층의 종국적인 절멸을 위한 반제(Wannsee) 회의가 열린 1942년
1월 20일에 참가하였다. 즉 내무부의 국무위원이며 SS의 상급반 지도자인 슈투카르트
(Wilhelm Stuckart, 1902-1953)인데, 횐과 함께 개인적으로 친분이 있었다. 그리고 SS
집단지도자인 클로퍼(Gerhard Klopfer, 1905-1987)는 당수상부의 국무위원이다. 그 밖의
편집자들로는 Werner Best와 OKW에 있어서의 법무담당 위원인 레만(Rudolf Lehmann,
1890-1955)이다. 잡지의 기고자들은 베르버(Friedrich Berber, 1898-1984),257) 브룬스
(Viktor Bruns, 1884-1943), 마운츠(Theodor Maunz, 1901-1993), 발츠(Gustav Adolf
Walz, 1897-1948), 리터부슈(Paul Ritterbusch, 1900-1945), 다이츠(Werner Daitz,
1884-1945) 그리고 무트(Heinrich Muth, 1903-1989)이다.

1942년에 횐은 검 없는 2등 전쟁무공철십자 훈장을 수여받는다. SS의 위계질서에
있어서는 횐은 1939년에 SS 표준지도자, 1944년에는 SS 상급지도자로 승진하고 라이히
지도자-SS의 명예 군도를 받는다.

기회주의로까지 변모할 수 있는 마라운의 제자인 횐은 자유주의적인 헌법국가와
민주주의를 부정하고, 「민족의 종류공동체로서의 민족공동체」와 「지도자국가」를 위한
법철학적인 근거를 부여하려고 추구하였다. 또한 그는 전쟁 말기 무렵에는 비독일인에
대한 가혹한 형법을 옹호하고, 1944년에는 아돌프 히틀러에 대한 선서 역시 그의 사망을
넘어서 타당성을 가진다는 견해를 대표하였다. 횐은 가장 윤곽이 뚜렷한 나치스 법학자와
국가학자들에 속하며, 나치스의 관계들을 위해서 특히 법치국가원리의 급진적인 해체에
종사하였다.258)

(2) 1945년 이후의 경력

전후에 횐은 Rudolf Haeberlein 이라는 이름 아래 위조 문서를 만들고 비나치화
(Entnazifizierung)를 피하였다. 그는 자신의 딸들에게 「루디 아저씨」(Onkel Rudi)라고

---

255) Ewald Grothe, Zwischen Geschichte und Recht. Deutsche Verfassungsgeschichtsschreibung
    1900-1970, Oldenbourg, München 2005, S. 247-251.
256) E. Klee, Das Personenlexikon zum Dritten Reich. 2. Aufl. 2005, S. 261.
257) 베르버에 관하여는 Albrecht Randelzhofer, Friedrich Berber (1898-1984), in: Häberle u. a.
    (Hrsg.), Staatsrechtslehrer des 20. Jahrhunderts, 2. Aufl. 2018, S. 599-608.
258) Wikipedia Reinhard Höhn.

부르게 하고, Lippstadt에서 무면허 의사로서의 일에 전념하였다. 1950년부터 그는
시민의 이름으로 실무에 종사하였고, 관청들과 짜증을 냈는데 이는 그의 무면허 의사가
「교수. 박사」(Prof. Dr.)라는 타이틀 아래 수행되었기 때문이다. 1958년 그의 나치스
시대의 행적으로 인하여 서베를린 법원으로부터 12,000 마르크의 벌금형을 선고받았다.
나치스 시대의 횐의 무수한 저서들은 소련 점령 지역과 독일 민주 공화국(동독)에서
특별 관리 문헌 목록 속에 포함되었다.[259]

1953년에 횐은 1946년에 창설된 독일 국민경제 협회의 소장이 되었다. 1956년
에는 Bad Harzburg에 경제의 지도력 아카데미(Akademie für Führungskräfte der
Wirtschaft)를 설립하였다. 1962년 횐은 자신의 「폐쇄된」 관리 체계, 즉 하르츠부르크
모델(Harzburger Modell)[260]을 개발하였는데 이것은 이후의 10년간 독일의 기업을 지도
하였다.

횐은 전후에 독일 연방공화국에 민주적으로 정착된 근본질서에 적응한 것으로 보였는데
지도자에 대한 선서문제에서는 원칙적으로 새로운 선언을 발표하지 않았다. 무엇보다
논란 된 것은 어느 정도로 그가 반민주적인 견해를 내려놓았는가 하는 점이다. 1965년
동독의 선전지인 Braunbuch는 횐을 두 가지 측면에서 헌정하였다.[261]

1980년대 독일에서 횐의 관리모델은 순차적으로 객체에 의한 관리로부터 분리되었다.

(3) 횐의 논저
국법학에 관련된 횐의 저작은 다음과 같다.

- Die kommende Demokratie und ihre Staatsform, in: Der Meister 4 (1928), S.
  49-67.
- Artur Marion, der Wegweiser zur Nation. Sein politischer Weg aus seinen Reden

---

259) http://www.polunbi.de/bibliothek/1946-nslit-h.html
260) 하르츠부르크 모델(Harzburger Modell)이란 관념은 1954년 국법학자 횐이 만든 것으로 지도 모델이다.
그 핵심은 책임의 위임으로부터 위계질서 차원에 존속하며, 그 본질상 결정의 권한에 속한다. 하르츠부르
크 모델의 표어는 「위임을 통한 지도」(Führung durch Delegation)이다. 문헌 Reinhard Höhn, Das
Harzburger Modell in der Praxis, Bad Harzburg 1967; Führungsbrevier der Wirtschaft, 12.
Aufl. 1972; Stellenbeschreibung und Führungsanweisung, 9. Aufl. 1976; Nikolaus Lelle, "Firm
im Führen". Reinhard Höhn und eine (Nachkriegs-) Geschichte deutscher Arbeit, in: Werner
Konitzer, David Palme (Hrsg.), »Arbeit«, »Volk«, »Gemeinschaft«. Ethik und Ethiken im
Nationalsozialismus. Jahrbuch zur Geschichte und Wirkung des Holocaust, Frankfurt a. M.
2016.
Johann Chapoutot, Libres d'Obéir: Le Management, du Nazisme à aujourd'hui, Paris 2020;
요한 샤푸토 지음, 고선일 옮김,『복종할 자유: 나치즘에서 건져 올린 현대 매니즈먼트의 원리』(빛소굴,
2022); 독역판 Gehorsam macht frei: Eine kurze Geschichte des Managements - von Hitler
bis heute. Übersetzung und editorische Notiz Clemens Klünemann, Berlin: Propyläen 2021.
유대인 수용소 정문 간판에는 'Arbeit macht frei'라는 표어가 적혀 있다.
261) Reinhard Höhn, in: Braunbuch. Kriegs- und Naziverbrecher in der Bundesrepublik, 1965,
S. 311 f.

und Aufsätzen, Rendsburg 1929.

- Der bürgerliche Rechtsstaat und die neue Front. Die geistesgeschichtliche Lage einer Volksbewegung, Berlin 1929.
- Die Staatswissenschaft und der Jungdeutsche Staatsvorschlag, Berlin 1929.
- Wahre Integration und Scheinintegration, in: Der Meister 9 (1929), S. 424-429.
- Der Staatsaufbau im Jungdeutschen Manifest - ein bewußtes Integrationssystem, in: Der Meister 4 Jg. (1929), S. 195-223.
- Staat und Berufsstände, in: Der Meister, 5 Jg. (1930), S. 424 ff.
- Staatsbürgerliche Bildsamkeit, in: Der Meister. 5 Jg. (1930), S. 510 ff.
- Die Volksgemeinschaft als wissenschaftliches Grundprinzip, in: Süddeutsche Monatshefte, Jg. 1933, S. 5 ff.
- Die Wandlung im staatsrechtlichen Denken, Hamburg 1934.
- Der Staat als Rechtsbegriff, in: Deutsches Recht 4. Jg. (1934), S. 324.
- Vom Wesen der Gemeinschaft, Das Wissen um die Gemeinschaft, hrsgg. v. R. Höhn, Heft 1, Berlin 1934.
- Bespr. v. Schmitt, Über die drei Arten des rechtswissenschaftlichen Denken, in: Jugend und Recht 1934, S. 71 ff.
- Form und Formalismus im Rechtsleben, in: Deutsches Recht 4. Jg. (1934), S. 346.
- Das Gesetz als Akt der Führung, in: Deutsches Recht 4 Jg. (1934), S. 443 ff.
- Bespr. v. Koellreutter, Staatslehre, in: Juristische Wochenschrift 1934, S. 1635 f.
- Allgemeines Schuldrecht. Lehrbuch, Berlin 1934.
- Staat und Rechtsgemeinschaft, in: Zeitschrift für die gesamte Staatswissenschaft, Bd. 95 (1935), S. 656 ff.
- Der individualistische Staatsbegriff und die juristische Staatsperson, Berlin 1935.
- Rechtsgemeinschaft und Volksgemeinschaft, Hamburg 1935.
- Rechtsgemeinschaft oder konkrete Gemeinschaft? in: Deutsches Recht 5. Jg. (1935), S. 233 ff.
- Der Führerbegriff im Staatsrecht, in: Deutsches Recht 5. Jg. (1935), S. 296 ff.
- Partei und Staat, in: Deutsches Recht 5. Jg. (1935), S. 474 ff.
- Führer oder Staatsperson? Um eine neue staatsrechtliche Dogmatik, in: Deutsche Juristenzeitung 1935, Sp. 66 ff.
- Das subjektive öffentliche Recht und der neue Staat, in: Deutsche Rechtswissenschaft, Bd. 1 (1936), S. 49 ff.
- Die Wandlung im Polizeirecht, in: Deutsche Rechtswissenschaft, Bd. 1 (1936), S.

100.

- Alte und neue Polizeiauffassungen in der Praxis, in: Deutsche Verwaltung 1936, S. 330 ff.
- Otto von Gierkes Staatslehre und unsere Zeit. Zugleich eine Auseinandersetzung mit dem Rechtssystem des 19. Jahrhunderts, Hamburg 1936.
- Führung und Verwaltung, in: Frank, Hans (Hrsg.), Deutsches Verwaltungsrecht, München 1937, S. 67 ff.
- Wohlfahrtspflege - Gefahrenabwehr - öffentliche Ordnung, in: Deutsches Recht 7. Jg. (1937), S. 121 ff.
- Volk und Verfassung, in: Deutsche Rechtswissenschaft Bd. 2 (1937), S. 193 ff.
- Vom Wesen des Rechts, in: Heymann, Ernst (Hrsg.), Deutsche Landesreferate zum II. Internationalen Kongreß für Rechtsvergleichung im Haag 1937; veröffentlicht in: Zeitschrift für ausländisches Privatrecht 11. Jg. (1937), (Sonderheft), S. 151 ff.
- Volk, Staat und Recht, in: Höhn/Maunz/Swoboda, Grundfragen der Rechts- auffassung, München 1938, S. 1-27.
- Verfassungskampf und Heereseid. Der Kampf des Bürgertums um das Heer (1815-1850), Leipzig 1938.
- Frankreichs demokratische Mission in Europa und ihr Ende, Darmstadt 1940.
- Die englische Ideologie vom Volksaufstand in Europa, Prag 1944.
- Revolution, Heer, Kriegsbild, Darmstadt 1944.

전후의 저작은 다음과 같다.

- Die Führung mit Stäben in der Wirtschaft, Bad Harzburg 1961.
- Die Armee als Erziehungsschule der Nation. Das Ende einer Idee, Bad Harzburg 1963.

기타 군주의 수중에 있는 「장치」(Apparat)로서의 국가에 관하여는 Höhn, Der individualistische Staatsbegriff und die juristischen Staatsperson, 1935, S. 37 ff. 횐의 견해에 대한 비판은 W. Merk, Der Staatsgedanke im Dritten Reich, 1935.

11. 롤란트 프라이슬러 (Roland Freisler, 1893-1945)

프라이슬러는 나치스의 대표적인 법률가이다.[262] 제1차 세계대전에 참전했다가

1915년 동부 전선에서 러시아군의 포로가 되어 모스크바 근교의 장교수용소에 수용되었다. 10월혁명과 브레스트-리토프스크(Brest-Litowsk) 평화조약263) 후에 포로수용소가 독일행정으로 이관되고, 프라이슬러는 수용소장으로 임명되었다. 그는 유창한 러시아어를 구사하며 볼세비키에 입당하고 1918년 독일군 포로들이 귀환할 때에도 2년 동안 소련에 머물렀다.264) 1920년 독일로 돌아와서 1922년 예나대학에서 법학박사학위를 취득한다.265) 1925년 나치당 입당. 1932년부터 프로이센주 의회의원. 1933년부터 라이히의회 의원, 동시에 프로이센과 라이히 법무부 간부. 1942년부터 베를린의 인민재판소의 소장으로서 재임 중인 1945년 2월 소송지휘 중 연합군의 공습으로 사망한다.266)

---

262) 문헌 Walter Pauly und Achim Seifert (Hrsg.), Promotion eines furchtbaren Juristen: Roland Freisler und die Juristische Fakultät der Universität Jena, Tübingen 2020; Matthias Blazek, Zur Biographie Roland Freislers (1893-1945), in: Thomas Vormbaum (Hrsg.), Journal der juristischen Zeitgeschichte, Heft 1/2010, S. 35 ff.; Gert Buchheit, Richter in roter Robe. Freisler, Präsident des Volksgerichtshofes, List, München 1968; Helmut Ortner, Der Hinrichter. Roland Freisler, Mörder im Dienste Hitlers, Göttingen 1995. https://de.wikipedia.org/wiki/Roland_Freisler Sigrun Meier-Fediuk, Roland Freisler - Materialien zu einer politischen Biographie, Wissenschaftliche Hausarbeit im Rahmen der Ersten Staatsprüfung für Mittel-und Oberstufe im Fach Gesellschaftslehre an der Gesamthochschule Kassel, 1984. https://kobra.bibliothe k.uni-kassel.de/bitstrean/urn:nbn:de:hebis:34-2015122249492/1/FreislerStudie.pdf (zuletzt abgerufen am 1. 10. 2019.

263) 브레스트-리토프스크(Brest-Litowsk)는 백러시아의 도시. 폴란드로 가는 가장 중요한 도시. 인구 약 31만(2009년 1월). 1918년 독일 라이히와 소비에트 러시아 간에 브레스트-리토프스크의 평화조약을 체결한 곳.
브레스트-리토프스크 평화조약(Friedensvertrag von Brest-Litowsk von 9. Feb. 1918) 제1차 세계 대전 중 소련과 중앙 강대국(독일, 오스트리아 헝가리, 불가리아, 오스만제국) 간에 체결된 조약. 이 조약으로 중앙강대국은 이전의 러시아제국의 서부 영토를 군사적으로 점령하게 되고 소련은 참전국으로 서의 지위를 상실한다. 문헌 Gilbert H. Gornig und Alfred Eisfeld (Hrsg.), Der Friede von Brest-Litowsk vom 3. März 1918 mit Russland und der sog. Brotfrieden vom 19. Februar mit der Ukraine. Die vergessene Frieden: 100 Jahre später in den Blickpunkt gerückt, Berlin 2020. 253 S. € 62.

264) 한국 문헌은 이진기 옮김, 『나찌 법률: 악마는 가만히 온다1』(박영사, 2022), 378-380면.

265) Walter Pauly und Achim Seifert (Hrsg.), Promotion eines furchtbaren Juristen: Roland Freisler und die Juristische Fakultät der Universität Jena, Tübingen 2020.

266) 프라이슬러의 사망과 관련한 일화 소개. 「종전을 석 달 가량 앞둔 1945년 2월 3일 11시 3분, 공습 대피 도중 법원에 두고 온 피고인 서류를 가지러 갔다가 미육군 항공대의 B17 폭격기가 투하한 폭탄이 법원 청사에 명중, 건물이 무너질 때 사망하였기 때문이다. 그 서류의 주인이 바로 당시 히틀러 암살 미수사건 관련자로 재판을 받던 파비안 폰 슐라브렌도르프였다. 이렇게 프라이슬러가 죽은 덕분에 그는 살아남아 종전 후 서독 대법원판사까지 지냈다」. 對馬達雄, 『ヒトラーに抵抗した人々』(中公新書, 2017). 쓰시마 다쓰오, 이문수 옮김, 『히틀러에 저항한 사람들: 반나치 시민의 용기와 양심』(바오, 2022), 146면의 역주.
파비안 폰 슐라브렌도르프(Fabian von Schlabrendorff, 1907-1980)는 1944. 7. 20.의 히틀러 암살에 가담한 투사이며, 1967-1975년 연방헌법재판소 재판관을 역임했다. 문헌 Ludger Fittkau und Marie-Christine Werner, Die Konspirateure. Der zivile Widerstand hinter dem 20. Juli 1944, Darmstadt 2019; NDB. Bd. 23 (2007), S. 16 f.

(1) 인민재판소

먼저 인민재판소(Volksgerichtshof)[267]는 나치 국가에 대한 반역죄를 판결하기 위한 특별 법원으로서 1934년 4월 24일 베를린에 설치되었다.[268] 1936년에는 정규 법원이 되었고, 1938년 오스트리아 합병 후 관할권이 확대되었다. 「인민의 이름으로」(Im Namen des Volkes) 판결을 내린다.[269]

관할과 절차는 6개부로 구성되며, 한 부는 2인의 직업 법관과 3인의 명예직 인민법관이 참여하며, 이들은 보통 나치당원, 장교 또는 고위 공무원들이다. 법관은 법무장관의 제청으로 아돌프 히틀러가 임명하며, 나치스적 의미에서 신뢰할 수 있는 자만이 선출된다. 재판의 조직과 절차는 법치국가의 원칙에 위배되어 통상의 형사소송절차보다 간소하게 처단한다. 인민재판소의 결정에 대해서는 법적 구제절차가 허용되지 아니한다(1934년 4월 24일의 법률 제3조). 변호인(Verteidiger)의 자유로운 선임은 허용되지 않으며, 변호 활동 그 자체도 나치당의 구속을 받고 소송자료의 열람도 완전히 보장되지 않는다. 또 「반역죄」의 개념 그 자체가 변질되고 이제 폭력적인 체제변혁에 대한 사실의 입증 없이 그 의혹만으로 충분하며, 모든 적대적 태도가 국사범의 낙인을 찍을 수 있게 되었다. 이러한 제3제국에 특징적인 재판절차의 기만은 자주 인정되는 검사국과 비밀경찰과의 협동과 함께 사법기능의 전면적인 정치화를 가져왔다. 인민재판소가 후에 저항운동의 인사들에게 내린 판결은 가공할 정치적 사법의 본질을 단적으로 보여주는 것이다.[270]

그리하여 인민재판소의 부소장이며 SS의 상급지도자였던 엥게르트(Karl Engert, 1877-1951)는 인민재판소의 과제를 노골적으로 이렇게 규정한다. 「민족의 운명에 영향을 미칠 수 있는 모든 것은 말의 본래의 또한 최선의 의미에서 정치로서 평가하지 않으면 안 된다. 그러므로 당 재판소의 전체 재판관으로부터, 나아가 모든 기소관청의 대표자로부터 요청해야 할 것은 그들이 첫째로 정치인이며, 그런 후에 사법관인 것이며, 결코 그 반대는 아니라는 것이다」. 이와 같은 의미에서 인민재판소의 재판관은 「정치적 관리」로서 「정치적 사고」를 가질 것이 요구되며, 「볼셰비즘, 유대주의, 나아가 프리메이슨」 등의 위협에 대해서 「국가비밀경찰(Geheime Staatspolizei=Gestapo)과 제휴하여 국가의 존립

---

267) 「인민재판소」는 「민족재판소」 또는 「인민법정」(對馬達雄, 『ヒトラーに抵抗した人々』(中公新書, 2017). 쓰시마 다쓰오, 이문수 옮김, 『히틀러에 저항한 사람들: 반나치 시민의 용기와 양심』(바오, 2022), 184면)으로 번역하기도 한다.

268) Rocco Räbiger, Die Geschichte des Volksgerichtshofes – "Recht ist, was dem Volke nützt!"(?), Unterseite einer Dokumentation über Roland Freisler bei Freimut Köster, abgerufen am 5. Januar 2014; Klaus Marxen, Das Volk und sein Gerichtshof, eine Studie zum nationalsozialistischen Volksgerichtshof, Frankfurt a. M. 1994; Klaus Marxen und Holger Schlüter, Terror und "Normalität": Urteile des nationalsozialistische Volksgerichtshofs 1934-1945. Eine Dokumentation, Düsseldorf 2004; H. W. Koch, Volksgerichtshof. Politische Justiz im 3. Reich, München 1988.

269) H. Hillermeier (Hrsg.), "Im Namen des Deutschen Volkes." Todesurteile des Volksgerichts-hofes, 1980; H. W. Koch, Volksgerichtshof. Politische Justiz im Dritten Reich, 1988; Wikipedia Volksgerichtshof.

270) 宮田光雄, 『ナチ・ドイツの精神構造』(岩波書店, 1991), 61-62면.

을 대내적으로 지킬 의무」를 가진다고 한다.[271]

전후에 엥게르트는 뉘른베르크 법률가 재판에서 신병으로 더 이상 행동이 불가능하였다. 그러나 심문에서는 지침의 결과에 대해서 모든 책임을 부인하였다.

여하튼 인민재판소는 사법 테러의 도구로서 1945년까지 약 5200건의 사형판결을 집행하였다.[272]

(2) 프라이슬러의 저작

프라이슬러의 논저는 몇 가지 되지 아니한다.

- Richter, Recht und Gesetz, in: Deutsche Justiz 1934, 1333.
- Richter und Gesetz, in: Grundlagen, Aufbau und Wirtschaftsordnung des nationalsozialistischen Staates, Bd. 1, Nr. 17, Berlin W 35, 1936.
- Rasse als Ursprung, Träger und Ziel des deutschen Volksrechts, Deutscher Juristentag 1936, Berlin 1936, S. 149 ff.

(3) 프라이슬러의 활동

프라이슬러는 1893년 Celle에서 태어나 제1차 세계대전에 참전하고 1915년 동부전선에서 러시아군의 포로가 되었다가 1920년 석방된다. 독일의 혁명 시대가 아닌 러시아에서의 혁명를 보낸 그는 러시아어에 능통했다고 전한다. 1922년 예나 대학에서 「경영조직에 관하여 근본적인 것」[273]이란 테마로 학위논문을 작성하고 최우등(summa cum laude)으로 법학박사 학위를 받는다. 그의 지도교수는 당시 유명한 유스투스 빌헬름 헤데만(Justus Wilhelm Hedemann)[274]이었고, 부심은 나치스 공법을 대표하는 법학자 오토 쾰로이터(Otto Koellreutter)였다. 그는 1924년 Homberger에서 반년 동안 사법관 시보를 하고, 형과 함께 Kassel에서 변호사를 개업한다. 1925년 7월 9일자로 당원번호 9.679호로 나치당에 입당한다.[275] 1928년 3월 루세거(Marion Russegger, 1910-1997)와 결혼하여 두 아들을 둔다.

나치스를 위해서 프라이슬러는 Kassel의 시의원이 되고, 1932년부터 1933년까지는 프로이센 주의회 의원을 역임한다. 그 외에 그는 SA에서 장교의 직위에 오른다. 그러나

271) K. Engert, Stellung und Aufgaben des Volksgerichtshofes, in: Deutsches Recht, 1939, S. 485.
272) 인민재판소의 법관 리스트는 Wikipedia Liste der Richter am Volksgerichtshof, NS-Prozesse
273) Grundsätzliches über Betriebsorganisation, Diss. Jena Univ. 1922.
274) 헤데만(1878-1963)의 저서는 Justus W. Hedemann, Die Flucht in die Generalklauseln: Eine Gefahr für Recht und Staat, Tübingen 1933. 문헌은 Christine Wegerich, Die Flucht in die Grenzlosigkeit. Justus Wilhelm Hedemann (1878-1963), Tübingen 2004; 広渡清吾, 『法律からの 自由と逃避. ヴァイマル共和制下の私法學』(日本評論社, 1986); 윤철홍, 헤데만의 '일반조항으로 도피' 에 대한 수용적 고찰, 『법학논총』(숭실대) 제43호(2019), 219-250면.
275) Hartmut Jäckel, Menschen in Berlin. Das letzte Telefonbuch der alten Reichshauptstadt 1941, 2. Aufl. Stuttgart/München 2001.

1934년의 히틀러의 에른스트 룀(Ernst Röhm)의 숙청 이후에는 거리를 둔다.

1933년부터 그는 라이히 의회 의원이 되고, 동시에 프로이센 법무부의 간부이자 인사국장, 그리고 몇 달 후에는 국무위원 겸 프로이센 추밀원이 된다. 1934년에는 차관, 1935년부터 라이히 법무부 차관을 지낸다. 법무부에서의 활동은 나치스의 사법정책과 보조를 맞추려고 1938년에는 형사재판의 영역에서 법치국가의 기본원칙인 죄형법정주의를 경멸하였다.

프라이슬러는 나치스 형법의 제정에 주도적인 지위를 차지하고, 1933년 10월부터는 한스 프랑크가 주도하는 독일법 아카데미(Akademie für Deutsches Recht)[276] 형법 부문의 책임자가 되어 특히 형법의 「개정」문제에 주력하였다.[277] 1933년 12월 이후 프라이슬러는 '독일 국가사회주의 법학자 연맹'(BNSDJ)의 대리인 지도자였으며 한스 프랑크는 그를 한스 켈(Hanns Kerrl, 1887-1941)과 함께 이 조직에 임명하였다.

1942년에 인민재판소 소장이 되기까지 프라이슬러는 라이히 법무부에 재직했으며 반제(Wannsee) 회의에서는 국무위원으로서의 기능을 대표하였다.

히틀러에 의해서 인민재판소 소장이 된 프라이슬러 아래서는 사형판결의 수가 급격히 증가하였다.[278] 모든 소송절차의 90퍼센트는 이미 재판 개시 이전에 사형 또는 종신금고형에 처하였다. 1942년부터 1945년까지의 약 5,200건의 사형 판결이 선고되었는데 이 중 약 2,600건이 프라이슬러가 지도한 제1부에서 내려진 것이다.

하나의 예시로서 1944년 7월 20일의 히틀러 암살미수 사건을 보기로 한다.

이 재판은 언론에도 공개되었는데, 나치당 관계자와 각 부대에 할당된 300명의 장교들이 방청인들 앞에 자리를 잡았고, 재판장석 뒤에는 눈에 띄지 않게 촬영 카메라를 설치하였다. 이런 상황에서 개정된 재판은 프라이슬러의 1인극이나 다름없었다.

필자[쓰시마 다쓰오]는 이 재판의 일부를 영상으로 보았는데, 거기에는 프라이슬러가 시끄럽게 욕하는 소리와 분노에 차서 고함치는 소리, 피고의 변호를 가로막는 그의 날카로운 목소리뿐이다.[279] 광란의 재판 진행이라고 하지 않을 수 없다. 괴벨스가 본보기용으로 만들어낸 선전영화처럼 사실 일반에게 보여줄 수 있는 알맹이가 있는 재판은 아니었다. 하지만 히틀러에게는 자신을 죽이려 했던 피고인들로부터 자존심과 인간의 존엄을 빼앗는 것이었기 때문에 이런 재판은 용인될 수 있었다.[280]

---

276) Zeitschrift *Preußische Justiz*, Nr. 45 vom 26. Oktober 1933, S. 583.

277) 나치스 형법에 관하여는 이재승, 근대형법의 성립과 법학방법론: 나치즘과 형법 이데올로기, 『일감법학』(건국대) 제26호(2013).

278) Robert D. Rachlin, Roland Freisler and the Volksgerichtshof: The Court as an Instrument of Terror, in: The law in Nazi Germany: ideology, opportunism, and the perversion of justice, edited by Alan E. Steinweis and Robert D. Rachlin, New York 2013, pp. 63-88.

279) 이 영상은 유투브에서 Volksgerichtshof (인민법정)과 Attentat vom 20. Juli 1944 (7월 20일 사건), Roland Freisler (롤란트 프라이슬러)로 검색하면 쉽게 찾아볼 수 있다. [옮긴이: 이문수]

한스 베른트 폰 헤프텐(Hans-Bernd von Haeften)이 프라이슬러와 법정에서 1944년 8월 15일에 진술한 내용의 중심 부분을 그대로 옮겨본다. 한스 헤프텐은 슈타우펜베르크 (Claus von Stauffenberg) 대령의 부관이었던 베르너 폰 헤프텐(Werner von Haeften)의 형이다. 슈타우펜베르크는 톰 크루즈가 2008년에 주연한 미국 영화 「발키리 작전」으로 일반인에게도 널리 알려진 사람이다. H는 헤프텐. F는 프라이슬러.

F : 귀하는 지금까지 외무부에서 근무했는가?

H : 공사관의 참사관이었습니다.

F : 공사관의 참사관이군. 마지막에는 문화정책부의 부장대리였군.

H : 그렇습니다.

F : 그런데 국민이 고생하고 있고, 군의 많은 지휘관들이 목숨을 걸고 싸우고 있는데 총통에게 충성하지 않는 것은 배신이 아닌가. 귀하는 그렇게 생각하지 않는가?

H : 그렇게 말한 충성의 의무를 저는 이제 더 이상 지고 있지 않습니다.

F : 뭐라고! 귀하가 충성하지 않는다고 확실하게 말한다면, 그건 배신이 아닌가?

H : 아니, 다릅니다. 총통의 세계사적 역할에 대한 것이지만, 요컨대 저는 총통은 거대한 악의 실행자라고 생각합니다.

F : 뭐라고. 확실하군. 그러면 더 할 말이 없는가?

H : 없습니다.

F : 그렇다면 귀하에게 하나 묻겠다. 그럼에도 불구하고 외무부의 관리가 되려 했던 것인가?

H : 그렇습니다.

F : 그래, 더 이상 말할 필요가 없군.281)

헤프텐의 답변에 놀란 프라이슬러는 크게 분노하면서 갑자기 심문을 중단해버렸다. 헤프텐의 말이 정곡을 찔렀던 것이다. 프라이슬러는 판결 이유를 간단하게 기록하고 있다.

"헤프텐은 총통을 '거대한 악의 실행자'로 보고, 증오로 가득한 언사를 내뱉었다."
헤프텐은 그날 베를린 플뢰첸제 형무소에서 처형되었다.282)

---

280) 인용은 對馬達雄,『ヒトラーに抵抗した人々』(中公新書, 2017). 쓰시마 다쓰오, 이문수 옮김,『히틀러에 저항한 사람들: 반나치 시민의 용기와 양심』(바오, 2022), 184-185면.

281) Barbara von Haeften, Nichts Schriftliches von Politik — Hans Bernd von Haeften: Ein Lebensbericht, C. H. Beck, München 1997.

282) 인용은 쓰시마 다쓰오, 이문수 옮김,『히틀러에 저항한 사람들: 반나치 시민의 용기와 양심』(바오, 2022), 186-188면.
한스의 동생인 베르너 폰 헤프텐은 즉결심판(Standgericht)에서 사형 선고를 받고 베를린 동물원이 있는 Bendlerblock 의 앞뜰에서 총살되었다고 한다. German Wikipedia의 Werner von Haeften

이와 같이 자신의 신념에 따라서 용기 있게 발언한 사람은 한스 헤프텐만이 아니었고, 많은 희생자들이 직접 또는 간접으로 '거대한 악의 실행자'(großen Vollstrecker des Bösens)에 대해서 목숨을 걸고 고발한 것이다. 지금도 베를린에 있는 플뢰첸제 (Plötzensee)의 형무소는 기념관으로서 이들의 업적을 기리고 있다.

히틀러를 제거하려는 여러 차례의 시도가 있었으나, 특히 1944년 7월 20일의 히틀러 암살미수 사건에서 히틀러는 스탈린이 1936년부터 1939년 사이의 위장된 숙청 재판에서 의 법률가 비신스키(Andrei Wyschinski, 1883-1954)가 행한 역할에 비유하기도 했다. 그럼에도 불구하고 프라이슬러는 법률가에 대한 히틀러의 혐오에 대해서 예외없이 서술하 였다.[283] 그리하여 프라이슬러는「피 비릿내 나는 법관」(Blutrichter) 또는 히틀러에 의해서 볼셰비키라는 별명을 얻은 것이다.[284]

(4) 카를 슈미트와의 관계 등

프라이슬러와 카를 슈미트는 '독일 국가사회주의 법학자 연맹'(BNSDJ)의 회원으로서 기관지인『독일법』(Deutsches Recht)에 기고하기도 하고, 또 독일법 아카데미의 회원으 로서『독일 법조 신문』에 투고한 점에서 공통된다. 특히 프라이슬러는 국무장관 시절 카를 슈미트의 저서『국가·운동·민족』에 대해서 이렇게 평했다.

> 이 책자는 하나의 구원이다. 나치스적 토대의 완전한 자주성에 대한 타당성 있는 학문적 증거」라고 서평하고, 또한 슈미트의『정치적인 것의 개념』에 대해서도 이렇게 논평한다. 즉「이 책자는 하나의 구원이다! 우리는 이 서술을 — 분량이 적음에도 불구하고 저술임이 명백함으로 — 지속적으로 해방감을 느끼며 읽게 된다. 마침내 바이마르 헌법의 극복을 위한, 세계관에 의해 뒷받침되어, 명쾌하고 진정으로 학문적 기반을 둔 고백서 한편! 마침내 국가사회주의적 토대의 완전한 자주성에 대한 타당성 있는 학문적 증거!.[285] — 국무장관 프라이슬러 박사, Deutsche Justiz

또한 BNSDJ의 기관지인『독일법』에서는「그의 새 저서『국가·운동·민족』에서 추밀 원(Staatsrat) 고문관인 카를 슈미트 교수는 국가사회주의적 국법학과 국가사회주의적 국가론의 기초를 정립하였다」고 평하기도 했다. 나치스의 1급 법학자인 프라이슬러가

항목.
헤프텐 형제와 1944년 7월 20일의 히틀러 암살미수 사건에 관하여 상세한 것은 Rieke C. Harmsen, Werner und Hans-Bernd von Haeften und der 20. Juli 1944. Diss. Fernuniversität Hagen, Institut für Geschichte und Biographie, München/Hagen 2019.
283) Bernd Rüthers, Die unbegrenzte Auslegung, 7. Aufl. 2012, S. 106.
284) Henry Picker, Hitler's Tischgespräche im Führerhauptquartier, Bonn 1951, S. 212.
285) Deutsche Justiz.

나치스 국법학과 국가론의 기초를 마련한 저서라고 극찬한 평가는 아무리 슈미트가
나치스를 벗어나려고 해도 벗어날 수 없는 1급 증거가 된 것이다.

그 밖에 프라이슬러는 헤데만의 60세 축하기념논문집286)을 뢰닝(George Anton
Löning, 1900-1946), 니퍼다이(Hans Carl Nipperdey, 1895-1968)287)와 함께 편집하기도
했다. 전술한 헤데만은『일반조항으로의 도피』란 책자로 유명한 보수적인 법학자로서
바이마르의 민주체제를 거부하고 나치스에 적극 참여한 사람이다.288) 프라이슬러와는
『생성 중의 독일 보통법』289)을 공저하고, 리하르트 다인하르트의 75세 기념논문집
『독일 민족법을 위한 투쟁』290)을 편집하기도 하였다.

프라이슬러는『제3제국에서의 법률가의 생성』(1933) 등 민족의 지도자국가를 비롯하
여 인종이론과 나치스 선전을 위한 여러 가지 저서를 남겼다.291)

최근 영국의 케임브리지 대학에 박사학위 논문으로 프라이슬러를 연구한 젊은 역사학도
Thomas Clausen의 논문 일부가 발간되었다.292) 그는 독일의 법체계의 어떤 형태가
프라이슬러의 부분이었으며, 이것은 함께 형성되었는가를 집중 연구한 후, 브라우닝
(Browning)의 「보통 사람」(Ordinary men) 이론293)을 빌려서 프라이슬러를 설명하고
있다. 이것은 한나 아렌트가『예루살렘의 아이히만』294)에서 악의 평범성(banality)에
대해서 보고한 것과 같은 결론이다. 그렇다면 우리들 평범한 보통 사람들은 모두 악마적인
소질을 가지고 태어났다는 성악설을 입증하기 위해서 Thomas Clausen은 수많은 시간과

---

286) Festschrift Justus Wilhelm Hedemann zum sechzigsten Geburtstag am 24. April 1938, hg.
von Roland Freisler, George Anton Löning und Hans Carl Nipperdey, Jena 1938.

287) 프라이슬러의 학위논문에 대한 니퍼다이의 서평 Hans Carl Nipperdey, Bücherbesprechungen,
in: Neue Zeitschrift für Arbeitsrecht 1923, Sp. 244-245. jetzt in: Walter Pauly und Achim
Seifert (Hrsg.), Promotion eines furchtbaren Juristen, 2020, S. 99-101에 재수록. 니퍼다이에
관하여는 Thorsten Hollstein, Die Verfassung als "Allgemeiner Teil": Privatrechtsmethode und
Privatrechtskonzeption bei Hans Carl Nipperdey (1895-1968), Tübingen 2006.

288) 나치스 시대의 헤데만에 관하여는 Heinz Mohnhaupt, Justus Wilhelm Hedemann als
Rechtshistoriker und Zivilrechtler vor und während der Epoche des Nationalsozialismus, in:
Rechtsgeschichte im Nationalsozialismus: Beiträge zur Geschichte einer Disziplin, hg. von
Michael Stolleis und Dieter Simon, Tübingen 1989, S. 107-159.

289) R. Freisler (mit Hedemann), Deutsches Gemeinrecht im Werden, Berlin 1940.

290) R. Freisler/J. W. Hedemann (Hrsg.), Kampf für ein deutsches Volksrecht. Richard Deinhardt
zum 75. Geburtstage, Berlin 1940.

291) R. Freisler, Das Werden des Juristen im Dritten Reich, 1. Teil, Berlin 1933. 저작목록은
https://de.wikipedia.org/wiki/Roland_Freisler

292) Walter Pauly und Achim Seifert (Hrsg.), Promotion eines furchtbaren Juristen: Roland Freisler
und die Juristische Fakultät der Universität Jena, Tübingen 2020. 이 책자는 전체 44면이며,
나머지 101면까지는 자료로 구성되어 있다.

293) Christopher R. Browning, Ordinary men: Reserve Police Battalion 101 and the final solution
in Poland, New York 1992.

294) Hannah Arendt, Eichmann in Jerusalem: A Report on the Banality of Evil, New York: Viking
Press 1963. 김선욱 옮김, 『예루살렘의 아이히만』(한길사, 2006).

노력을 허비했단 말인가? 이 책의 제목은『무서운 법률가의 학위취득』(Promotion eines furchtbaren Juristen) 대신에 『보통 법률가의 학위 취득』(Promotion eines *Ordinary* Juristen)이라고 했어야 정직할 것이다.

12. 헤르베르트 크뤼거 (Herbert Krüger, 1905-1989)

(1) 생애

천 페이지가 넘는 방대한 책『일반 국가학』(Allgemeine Staatslehre, 1964)으로 유명한 크뤼거는 한국에서는 별로 알려지지 않은 편이다.[295] 그는 1905. 12. 14. Krefeld에서 태어났으며, 상인인 아버지를 따라 모스크바에서 유년시절을 보냈다. 1924~28년 쾰른, 하이델베르크, 베를린대학에서 법학 공부. 1934년 베를린대에서 「자유주의적 형법에 있어서 법사상과 법기술」[296]이란 제목으로 콜라우쉬(Eduard Kohlrausch, 1874-1948) 지도 아래 법학박사. 1936년 루돌프 스멘트(Rudolf Smend)에게서 (행방불명 된) 국가이론적 논문 「19세기 법학과 국가학에서의 법과 현실의 관계」[297]로 교수자격을 취득한다. 처음에는 1936년 베를린대와 하이델베르크대 사강사로서 출발, 1937년 하이델베르크대 공법 및 교회법 조교수, 이어서 1940년 정교수가 된다. 1941년 스트라스부르크대 정교수로서 행정법을 담당하려고 했으나 방위군으로부터 뜻대로 되지 않아서 1939년 8월 입대한다. 1943년 12월 중순까지 만하임 지역 포병 중대장, 이어서 비스바덴의 항공대관구 사령부의 「군인정신 지도」(Wehrgeistige Führung)를 위한 보고자(Referent)가 된다.

크뤼거는 나치스트였다. 1933. 11. 2. 돌격대(SS)에 대원 번호 185,074로 가입했으며,[298] 1937. 5. 1. 나치당(NSDAP)에 당원 번호 4.271.348로 등록한다. 1944년 이래 나치당의 한 조직인 나치스 독일 강사 연맹(NSDDB; Nationalsozialistischer Deutscher Dozentenbund)의 지도적인 서클에 속한다.[299] 이 단체는 나치스 교사연맹 (Nationalsozialistischer Lehrerbund)에서 유래하며, 1935. 7. 총통 대리인인 헤스 (Rudolf Heß, 1894-1987)의 지시로 창설되었다.[300]

---

295) 크뤼거에 관하여는 Thomas Oppermann, Herbert Krüger (1905-1989), in: Häberle u. a. (Hrsg.), Staatsrechtslehrer des 20. Jahrhunderts, 2. Aufl., 2018, S. 835-848; Th. Oppermann, Ein deutscher Staatsrechtslehrer im 20. Jahrhundert. Zum 100. Geburtstag von Herbert Krüger (1905-1989), in: Archiv des öffentlichen Rechts, Bd. 130, 2005, S. 494-499.

296) H. Krüger, Rechtsgedanke und Rechtstechnik im liberalen Strafrecht, Diss. Berlin Univ. 1934.

297) H. Krüger, Das Verhältnis von Recht und Wirklichkeit in der Rechts-und Staatsleben des 19. Jahrhunderts, 1936.

298) Herwig Schäfer, Juristische Lehre und Forschung an der Reichsuniversität Straßburg 1941-1944, 1999, S. 82; Birgit Vezina, "Die Gleichschaltung" der Universität Heidelberg, 1982, S. 128 Fn. 519.

299) Ernst Klee, Das Personenlexikon zum Dritten Reich, 2. Aufl., 2007, S. 344.

300) Joachim Scholtyseck, Christoph Studt (Hrsg.), Universitäten und Studenten im Dritten Reich, Berlin 2008, S. 115-132.

(2) 나치 시대의 저작

나치 시대에 발표한 논저들은 다음과 같다.

- Die Absage an den Westen, in: Volk im Werden, 1. Jg. (1933), S. 81 ff.
- Preußischer Sozialismus, in: Der deutsche Student, 1. Jg. (1933), S. 81 ff.
- Politik und Kunst, in: Der deutsche Student, 1. Jg. (1933), Novemberheft, S. 21 ff.
- Der moderne Reichsgedanke, Teil I, in: DIE TAT, 25. Jg. (1933/34), S. 703.
- Der Führergedanke in der Außenpolitik, in: Volk im Werden, 2. Jg. (1934), S. 4 ff.
- Der Minderheitenstandpinkt und seine Überwindung, in: Volk im Werden, 2. Jg. (1934), S. 4 ff.
- Der Führer als Wendepunkt des Denkens, in: Jugend und Recht. Zeitschrift für Neugestaltung des deutschen Rechts. (Hrsg.) Nationalsozialistischer Rechtswahrerbund, Junge Rechtswahrer, Berlin 1934, Nr. 150.
- Die Aufgabe der Staatsrechtswissenschaft, in: Jugend und Recht, 1935, S. 150 ff.
- Führer und Führung, Korn, Breslau 1935.
- Der Aufbau der Führerverfassung, in: Deutsches Recht, 5. Jg. 1935, S. 210 ff.
- Öffentliches Amt und öffentliche Aufgabe, in: Jugend und Recht, 1937, S. 74 ff.
- Vertrauen als seelische Grundlage der Volksgemeinschaft, Winter Verlag, Heidelberg 1940 (Kriegsvorträge der Universität Heidelberg).
- Die geistige Grundlagen des Staates, Kohlhammer, Stuttgart, Berlin 1940.
- Einheit und Freiheit. Die Strukturprobleme der Verfassungstypologie, Hanseatische Verlagsanstalt, Hamburg 1944.

(3) 전후의 활동과 저작

패전 후인 1945년 먼저 크뤼거는 프랑크푸르트에서 변호사 개업을 한다. 1951년 이미 괴팅겐대학에서 첫 번째 직장을 얻은 후인 1955년 함부르크대에서 국법 및 국제법 강좌의 초빙을 받고 이것은 그의 정년퇴직까지 이어진다. 1991년 그의 딸 Gabriel Krüger 는 헤르베르트 크뤼거 교수 재단을 설립하였고, 1만 5천 권의 개인 장서는 크뤼거의 제자인 브리데(Brun-Otto Bryde, 1943년생. 2001-2011년 연방헌법재판소 재판관)의 주선 으로 기센대 도서관에 기증하였다. 크뤼거는 뉘른베르크 군사재판에 대해서 비판적이었 다.[301] 크뤼거는 나치 정권 측에 기꺼이 가담한 국법학자 집단에 속하는 것으로 평가를

---

301) H. Krüger, Das Janusgesicht der Nürnberger Prozesse: Die Gegenwart, 3. Jg. Nr. 17 (1948.

받는다.302) 그의 생애와 업적에 관한 몇 가지 문헌이 있다.

그는 1989. 4. 25. 함부르크에서 세상을 떠났다.

전후에 발표한 저작으로는 『일반 국가학』을 비롯하여 몇 가지 되지 아니한다.

- Allgemeine Staatslehre, Kohlhammer, Stuttgart 1964 (2. Aufl. 1966).
- Rechtsstaat, Sozialstaat, Staat. Oder: Rechtsstaat+Sozialstaat ergeben noch keinen Staat (=Hamburger Öffentlich-rechtliche Nebenstunden 29). Metzner, Frankfurt a. M. 1975.

국법학에 관한 크뤼거의 저작 목록은 다음과 같다.303)

https://portal.dnb.de/opac.htm?method=simpleSearch&query=118567128

III. 결론

이상으로 나치스의 대표적인 황제 법학자 12인의 생애와 행적을 간단히 살펴보았다. 그들은 참여한 정도와 기간 그리고 역할과 영향이란 점에서 차이가 있지만 학자로서 나치즘의 이론적 정당성을 세우는데 기여한 점은 공통된다. 또한 황제 법학자들을 포함하여 나치 시대의 공법학자들은 거의 모두가 국가교회법(Staatskirchenrecht) 학자로서 보신 내지 숨죽여 산 것이 공통된다. 여기의 국가교회법이란 종교 및 세계관 공동체에 대해서 국가가 제정한 법을 말하며, 공법의 한 분과로서 때로는 종교헌법(Religions-verfassungsrecht)이라고도 표현한다. 이것은 또 다른 연구 테마이기 때문에 생략한다.

히틀러에게 지지투표를 던지고 나치가 승승장구할 때 갈채를 보내고 열광했던 독일 국민들 역시 책임 없다고 할 수 없을 것이다. 독일에서 나치스는 불과 12년 동안 존속했지만 그 영향력과 결과는 독일뿐만 아니라 전세계에 엄청난 파국과 피해 그리고 손실을 가져왔으며 아직도 여전히 그 잔재를 청산하지 못하고 있다.

이들은 한국의 공법학 발전에도 본인들은 상상조차 하지 못했겠지만 직접·간접으로

---

9. 1), S. 11-16. 이 기고 논문에 의해서 야기된 로버트 W. 켐프너(Robert W. Kempner, 1899-1993)와 그레베(W. Grewe)의 논쟁에 대한 크바리치의 설명은 C. Schmitt, Das internationalrechtliche Verbrechen des Angriffskrieges und der Grundsatz "Nullum crimen, nulla poena sine lege", Helmut Quaritsch (Hrsg.), Berlin 1994, S. 183, 234. 칼 슈미트, 김효전 옮김, 국제법상의 침략전쟁의 범죄와 「죄형법정주의」 원칙, 『동아법학』 제34호(2004), 381-496면 및 동인 옮김, 편자 후기 (Nachwort, S. 125-247), 『유럽헌법연구』 제43호(2023).

302) Horst Dreier, Die deutsche Staatsrechtslehre in der Zeit des Nationalsozialismus, in: VVDStRL, 60 (2001), S. 17.

303) 크뤼거에 관한 문헌은
https://portal.dnb.de/opac.htm?method=simpleSearch&query=118567128

영향을 미친 것이 사실이다. 과거에는 독일의 원서 한 권 입수하기도 어려웠고 또 설령 구했다고 하더라고 제대로 판독하여 이해하기가 매우 곤란하였다. 자료와 정보의 부족은 책에 쓰여진 그대로 무비판적으로 수용하는 수밖에 별 도리가 없었다. 더구나 저자 개인의 사상적 내지 역사적인 관련에서의 소개와 평가 없는 외국법의 이해는 외국법에 대한 맹목적인 추종으로 인도하고 자신의 문제의 해결을 외국인에게 맡기는 웃지 못할 결과를 낳았다.

성낙인 총장이 적절히 표현했듯이, 독일을 법학의 성지(聖地)304)처럼 여기는 시대는 끝내어야 한다. 모든 법이 상황의 법이라면 나치스 시대에 군림했던 (황제)계관 법학자들의 상황과 행적에 대한 검토 없이 그들의 법이론을 운위하는 것은 사상누각일 뿐이며 사대주의적인 발상의 발로라고 생각한다. 여기에 열거한 법학자 이외에도 수많은 지식인들이 나치스에 열광한 사실을 외면해서는 안 된다.

독일 역사에서 가장 부끄러운 나치스 시대와 당시 독일 법학의 치부에 대해서도 우리는 언구할 필요가 있다. 한국에서는 이론과 생애의 소개 순서가 뒤바뀐 감도 있고, 또 카를 슈미트와 에른스트 포르스토프처럼 일부 학자의 행적만이 알려진 편이지만 기타 법학자들에 대해서도 상세한 연구가 나오기를 기대한다. 독일의 법학자들도 우리와 같은 인간이며 그들도 인간적으로나 이론적으로도 잘못을 저지를 수 있다. 따라서 나치스 시대의 법학자들의 활동을 하나의 타산지석으로 삼아 독일 법학의 실상과 허상을 바로 보고 우리의 연구 자세를 새로이 여미고 나아갈 방향을 올바로 설정하는 계기가 되기를 간절히 바란다.

---

304) 성낙인평, 김철수저, 『인간의 권리』 서평, 『대한민국학술원통신』 제338호 (2021. 9. 1).

참 고 문 헌

1. 한국 문헌

김효전편, 독일의 공법학자들 (1)~(12완),『동아법학』제12호(1991)~제37호(2005).

헌법재판소도서관,『독일 법정보조사 자료집 ― 법정보조사, 독일헌법, 연방헌법재판소』(2013).

카를 슈미트, 김효전 옮김,『헌법과 정치』(산지니, 2020).

카를 슈미트외, 김효전 옮김,『독일 헌법학의 원천』(산지니, 2018).

게오르그 옐리네크외, 김효전 편역,『독일 기본권이론의 이해』(법문사, 2004).

벤저민 카터 헷 지음, 이선주 옮김,『히틀러를 선택한 나라』(눌와, 2022).

요한 샤푸토 저, 고선일 역,『복종할 자유: 나치즘에서 건져 올린 현대 매니지먼트의 원리』(빛소굴, 2022).

이진기,『나찌의 법률: 악마는 가만히 온다1』(박영사, 2022). 관련 법령 번역집

쓰시마 다쓰오, 이문수 옮김,『히틀러에 저항한 사람들. 반나치 시민의 용기와 양심』(바오, 2022).

김우석, 이데올로기와 법 ― 국가사회주의 이데올로기와 제국상속농지법을 중심으로,『법철학연구』제23권 1호 (2020), 329-364면

미하엘 슈톨라이스, 이종수 옮김,『독일 공법의 역사. 헌법/행정법/국제법의 과거·현재와 미래. 16세기부터 21세기까지』(푸른역사, 2022).

크리스티안-프리드리히 멩거, 김효전·김태홍 옮김,『근대 독일헌법사』(교육과학사, 1992).

전진성,『보수혁명: 독일 지식인들의 허무주의적 이상』(책세상, 2001).

2. 독일 문헌

Ambos, Kai: Nationalsozialistisches Strafrecht: Kontinuität und Radikalisierung, Baden-Baden: Nomos 2019. 신동일·박경규역,『나치 형법』(박영사, 2022).

Böckenförde, Ernst-Wolfgang (Hrsg.): Staatsrecht und Staatsrechtslehre im Dritten Reich, Heidelberg 1985.

Bracher, Karl Dietrich: Die Auflösung der Weimarer Republik, 6. Aufl. 1978. 이병련·이대헌·한운석 옮김,『바이마르 공화국의 해체』(나남, 2011) 전3권.

Bracher, Karl Dietrich: Die deutsche Diktatur, Köln-Berlin 1969.

Broszat, Martin: Der Staat Hitlers. Grundlegung und Entwicklung seiner inneren Verfassung, Deutscher Taschenbuchverlag, Munchen 1969. 12. Aufl., 1989. 김학이 옮김,『히틀러 국가 ― 나치 정치혁명의 이념과 현실』(문학과지성사, 2011).

Broszat, Martin: Die Machtergreifung . Der Aufstieg der NSDAP und die Zerstörung der

Weimarer Republik, dtv. München 1984.

Dreier, Horst: Die deutsche Staatsrechtslehre in der Zeit des Nationalsozialismus, in: VVDStRL, 60 (2001), S. 17.

Grothe, Ewald (Hrsg.): Ernst Rudolf Huber. Staat-Verfassung-Geschichte, 2015.

Grothe, Ewald (Hrsg.): Carl Schmitt-Ernst Rudolf Huber: Briefwechsel 1926-1981, Berlin 2014.

Häberle, Peter, Michael Kilian, Heinrich Wolff (Hrsg.): Staatsrechtslehrer des 20. Jahrhunderts. Deutschland-Österreich-Schweiz, 2. Aufl. Walter de Gruyter, Berlin 2018.

Heiber, Helmut: Universität unterm Hakenkreuz, Teil 1: Der Professor im Dritten Reich: Bilder aus der akademischen Provinz, München 1991; Teil 2: Die Kapitulation der Hohen Schulen: das Jahr 1933 und seine Themen, 2 Bde., München 1992/94.

Heinemann, M. (IIrsg.): Erziehung und Schulung im Dritten Reich, Stuttgart 1980.

Klee, Ernst: Das Personenlexikon zum Dritten Reich. Wer war was vor und nach 1945, 2. Aufl. Frankfurt a. M. 2005.

Marxen, Klaus: Das Volk und sein Gerichtshof, eine Studie zum nationalsozialistischen Volksgerichtshof, Frankfurt a. M. 1994.

Meinel, Florian: Der Jurist in der industriellen Gesellschaft. Ernst Forsthoff und seine Zeit, Akademie Verlag, Berlin 2011.

Möller, Horst: Die Weimarer Republik. Eine unvollendete Demokratie, 1985. 신종훈 옮김, 『바이마르 미완성의 민주주의』 (다해, 2015).

Müller, Alexander O.: Reinhard Höhn. Ein Leben zwischen Kontinuität und Neubeginn, Berlin 2019

Pauly, Walter und Achim Seifert (Hrsg.): Promotion eines furchtbaren Juristen: Roland Freisler und die Juristische Fakultät der Universität Jena, Tübingen 2020.

Rothfels, Hans: Die deutsche Opposition gegen Hitler, Fischer, Frankfurt a. M. 1958.

Rückert, Bernd: Karl Larenz - Methodenlehre und Philosophie des Rechts in Geschichte und Gegenwart, 2. Aufl. Berlin 2016

Rüthers, Bernd: Entartetes Recht. Rechtslehren und Kronjuristen im Dritten Reich, München 1988. 3. Aufl., 1994.

Rüthers, Bernd: Carl Schmitt im Dritten Reich, 2. Aufl. München 1990.

Schenk, Dieter: Hans Frank - Hitlers Kronjurist und Generalgouverneur, Frankfurt a. M. 2006

Schmidt, Jörg: Otto Koellreutter, 1883-1972. Sein Leben, sein Werk, seine Zeit, Frankfurt a. M.[usw]: Peter Lang 1995

Stolleis, Michael: Geschichte des Öffentlichen Rechts: Weimarer Republik und Nationalsozialismus, München 2002.

Tröger, Jörg (Hrsg.): Hochschule und Wissenschaft im Dritten Reich, Campus Verlag, Frankfurt a. M. 1984.

Universität im Nationalsozialismus, German Wikipedia

3. 영미 문헌

Bendersky, Joseph W.: Carl Schmitt: Theorist for the Reich, Princeton: Princeton University Press, 1983.

Dyzenhaus, David: Legality and Legitimacy. Carl Schmitt, Hans Kelsen and Hermann Heller in Weimar, Oxford: Clarendon Press 1997.

Jacobson, Arthur J. & Schlink, Bernard (eds.), Weimar. A Jurisprudence of Crisis, Berkeley, Los Angeles, London: University of California Press, 2002.

McCormick, John P.: Carl Schmitt's Critique of Liberalism. Against Politics as Technology, Cambridge: Cambridge University Press, 1997.

Shirer, William L.: The Rise and Fall of the Third Reich: A History of Nazi Germany, 1960 (이재만 옮김, 『제3제국사: 히틀러의 탄생부터 나치 독일의 패망까지』, 책과함께, 2023 전4권).

4. 일본 문헌

宮田光雄, 『ナチ・ドイツの精神構造』(岩波書店, 1991).

広渡清吾, 『法律からの自由と逃避: ヴァイマル共和制下の私法學』(日本評論社, 1986).

広渡清吾, ナチスと利益法學, 『法學論叢』 제91권 3호 (1971).

初宿正典, 『カール、シュミットと五人のユダヤ法學者』(成文堂, 2016).

日笠完治編著, 『現代ドイツ公法學 人名辞典』(信山社, 1991).

山本尤著, 『ナチズムと大學 ― 國家權力と學問の自由』(中公新書 775), 1985.

B. リュータース, 古賀敬太譯, 『カール・シュミットとナチズム』(風行社, 1997).

池田浩士, 『ヴァイマル憲法とヒトラー』(岩波書店, 2015).

ハンス・ロートフェルス, 片岡啓治・平井友義譯, 『第三帝國への抵抗』(弘文堂, 1963)

對馬達雄, 『ヒトラーに抵抗した人々』(中公新書, 2017).

古賀敬太, 『ヴァイマール自由主義の悲劇: 岐路に立つ國法學者たち』(風行社, 1996).

K. D. ブラッハ, 山口定・高橋進譯, 『ドイツの獨裁 ― ナチズムの生成・構造・歸結』 I, II (岩波書店, 1975).

〔부 록〕 1

국가사회주의독일노동자당(나치당) 25개조 강령

(Das 25-Punkte-Programm der Nationalsozialistischen Deutschen Arbeiterpartei vom 24. Februar 1920)[1]

전문에 이어진다.

1. 우리들은 전독일인이 민족자결권에 입각한 단일의 대독일국(Groß-Deutschland)에 통합될 것을 요구한다.

2. 우리는 독일 민족이 다른 국민들과 동등한 권리를 가지는 것과 베르사유조약과 생제르망조약의 폐기를 요구한다.

3. 우리는 민족의 부양과 과잉인구의 이주를 위해서 국토와 토지(식민지)를 요구한다. (괄호는 원문 그대로임)

4. 국가시민(Staatsbürger)[2]은 민족동포(Volksgenosse)만이 될 수 있다. 민족동포는 신앙·종파의 여하를 불문하고 독일인의 혈통을 가진 자만이다. 그러므로 어떠한 유대인도 민족동포일 수는 없다.

5. 국가시민이 아닌 자는 손님으로서만 독일에서 생활할 수 있으며, 외국인 입법 하에 두어야 한다.

6. 국가의 행정과 입법에 대해서 결정할 권리는 국가공민에게만 부여할 수 있다. 그러므로 우리들은 어떠한 공무원직도 그것이 어떠한 직이든, 또한 라이히,[3] 란트[4] 또는 게마인데[5] 여하를

---

1) Gottfried Feder, Das Programm der NSDAP und seine weltanschauuliche Grundgedanken, Verlag Franz Eher Nachf. München 1927. 페더(Gottfried Feder, 1883-1941)의 이 책자 『NSDAP의 강령과 그 세계관적 기본사상』은 1932년에 제25~40판 (누계 총부수 12만 1000~20만부)이 발간되었고, 정권을 장악한 1933년에는 제111~115판 (누계 총부수 55만 1000~57만 5000부)이 출판되었다.
   영역은 Wikipedia. The 25-point Program of the NSDAP 및 Hitler's Official Programme and its Fundamental Ideas, London; Routledge 1934, 2010; 일역본은 高山洋吉譯, 『獨逸第三帝國の理論: 公益優先と利子奴隷制』(東京: 1941). NAVER에 한국어 번역이 있으나 부적절한 용어와 표현·오역·누락 등이 발견된다. 최근 이진기 편역, 『나찌의 법률. 악마는 가만히 온다 1』(박영사, 2022), 307-312면의 원문과 번역이 신뢰할 만 하다. 이 번역을 참고하면서 역주를 첨가하였다.

2) Staatsbürger. 「국가시민」, 「국민」, 「국가공민」 또는 「공민」 등으로 번역한다. 일찍이 칸트는 그의 『법이론』 (Rechtslehre, §46)에서 「법칙수립을 위해 합일된 사회(市民的 社會)의, 다시 말해 국가의 구성원들을 [국가]시민이라고 일컫는다」(백종현 옮김, 『윤리형이상학』, 아카넷, 2012, 267면)고 했다. 역자(백종현) 는 'Bürger'를 '시민'으로 옮길 수밖에 없는 한 'Volk'와의 혼동이 따른다는 것을 고백하고 있다. 또 이충진의 역서 『법이론』(이학사, 2013, 176면)도 「국가 시민」(cives) 옆에 라틴어를 붙여놓았다. 한편 나치스당 강령 제4항을 영어로 번역하면서 'citizen'으로 표현한 것은 정확한 내용 전달이 되지 아니한다.

3) 라이히(Reich)의 개념. 흔히 「제국」이라고도 번역하지만 정확하지는 않다. 예컨대 제정이 무너지고 성립된 바이마르 공화국 역시 'Deutsches Reich'이기 때문이다. 원래 Reich는 영방(領邦) 내지 지방(支邦)을

불문하고 국가공민에 의해서만 담당할 것을 요구한다.

우리는 인물과 능력이 무시된 정당에 점령된 부패한 의회의 모습에 투쟁한다.

7. 우리들은 무엇보다도 국가가 국가공민의 생업과 생활의 가능성에 배려할 의무를 요구한다. 국가의 총인구를 부양하는 것이 불가능할 때에는 외국의 국민(국가공민이 아닌 자)은 라이히에서 퇴거하지 않으면 안 된다.

8. 비독일인(Nicht-Deutscher)의 더 이상의 이민은 제한되어야 한다. 우리는 1914년 8월 2일 이후에 독일로 이주한 비독일인을 즉시 국외로 추방할 것을 요구한다.

9. 모든 국가시민은 동등한 권리와 의무를 가진다.

10. 모든 국가시민의 첫 번째 의무는 정신적으로나 육체적으로 창조해야 한다. 개인의 활동은 공공의 이익에 반해서는 안 되며, 전체의 틀 안에서 이익을 가져와야 한다.

    따라서 우리들은 다음을 요구한다.

11. 불로소득의 철폐와 이자노예제(Zinsknechtschaft)[6]의 타도!

12. 모든 전쟁에서 민족이 치른 재산과 피의 막대한 희생을 고려하여 전쟁에 의한 개인적인 이득은 민족에 대한 범죄로 간주해야 한다. 따라서 우리는 모든 전시 이득의 남김 없는 환수를 요구한다.

13. 우리는 모든 (지금까지) 사회화 된 (트러스트) 기업의 국유화를 요구한다.

14. 우리는 대기업의 이익 분배를 요구한다.

15. 우리는 노령 연금의 대폭적인 강화를 요구한다.

16. 우리는 건전한 중산층의 육성과 그 유지, 대규모 소매점의 즉시 공유화 (Kommunalisierung), 소규모 경영자에 대한 염가 임대, 모든 소규모 경영자를 최대한 고려한 국가, 란트들 및 게마인데에 대한 조달을 요구한다.

17. 우리는 국민의 요구에 적합한 토지 개혁, 공익 목적을 위한 토지의 무상 수용 법률의 제정을 요구한다. 지대 징수의 금지와 모든 토지 투기의 제한.

18. 우리는 공공의 이익을 해하는 활동에 대한 가차 없는 투쟁을 요구한다. 민족에 대한 공동의 범죄자, 고리대금업자, 부정 상인 등은 종파나 인종에 관계없이 사형에 처한다.

19. 우리는 유물주의 세계 질서에 봉사하는 로마법을 독일 공통법(deutsches Gemein-Recht)으

포괄하는 국가를 의미한다. 여기서는 번역하지 않고 「라이히」 그대로 사용한다. 문헌 Elisabeth Fehrenbach, Reich, in: O. Brunner, W. Conze, R. Koselleck (Hrsg.), Geschichtliche Grundbegriffe. Historisches Lexikon zur politisch-sozialen Sprache in Deutschland, Stuttgart: Klett-Cotta, Bd. 5. 1984, S. 423-508.

4) 란트(Land). 주 또는 개별 국가를 말한다.

5) 게마인데(Gemeinde). 기초지방자치단체 또는 시읍면. 공법상의 자치단체이며 그 자치는 기본법에 의해서 보장된다(기본법 제28조 2항).

6) 「이자노예제」(Zinsknechtschaft)란 강령의 작성자 G. 페더가 만든 말이다. 이 말은 주식 등 엄청난 이자로 비대한 대자본, 특히 금융자본의 노예가 된 서민이 살아가야 할 현실을 비판한 것이다. 페더는 이 항목의 해설에서 이자노예제의 장본인은 유대인이라고 강조하고, 이자노예제의 철폐야말로 유대인 문제의 해결이라고 주장한다. NAVER에서는 「기생 지주」라고 번역하는데 적절하지 않다. 「금리노예제」라고도 옮긴다.

로 대체할 것을 요구한다.[7]

20. 모든 유능하고 근면한 독일인이 높은 교양을 추구하고 그에 따른 지도적 지위에 오를 수 있도록 국가는 우리 민족의 교육 제도 전반을 배려하도록 철저하게 확충한다. 모든 교육 기관의 수업계획은 실생활에 적합한 것을 필요로 한다. 국가사상의 이해는 이미 학교(국가공민학)를 통한 이해의 시작을 목표로 하여야 한다. 우리는 정신적인, 특히 소질이 있는 가난한 부모의 자녀에 대해서 그 지위나 직업에 관계없이 국비로 직업교육을 요구한다.

21. 국가는 민족의 건강을 향상시키기 위해서 어머니와 어린이의 보호, 아동 노동의 금지, 체육 활동의 의무를 법률로 규정함으로써 육체 단련을 제공해야 하며, 육체적 청소년 전문 교육에 종사하는 단체를 최대한 지원해야 한다.

22. 우리는 용병 부대의 폐지와 국민군의 창설을 요구한다.

23. 우리는 고의적인 정치적 허위와 언론에 의한 보도에 대해서 법적인 투쟁을 요구한다. 독일의 언론을 창설하기 위해서 우리는 다음 사항을 요구한다.

   a) 독일어로 발행되는 신문의 모든 기자와 투고자는 독일동포이어야 한다.

   b) 독일 이외에서 발행되는 신문은 발행에 대해서 국가의 명백한 허가를 필요로 한다. 독일어로 발행해서는 안 된다.

   c) 비독일인이 독일 신문에 대한 모든 재정적 참여나 그 영향력의 행사는 법률로 금지되며, 이를 위반한 신문 기업은 폐쇄하며, 관여한 비독일인은 즉시 라이히로부터 추방한다.

   d) 공공복리에 반하는 신문은 금지된다. 우리는 우리의 민족 생활에 퇴폐적인 영향을 주는 예술과 문학적 경향과 행사에 대한 합법적 투쟁을 요구하며, 상술한 위반에 대한 법적 투쟁을 요구한다.

24. 우리는 어떠한 종교도 국가의 존립을 위태롭게 하지 않거나 게르만 종족의 선량한 풍속과 도덕 감정에 위배되지 않는 한, 모든 종교 고백의 자유를 요구한다.

   우리 당 자체는 특정한 신념에 구속되지 않으며 적극적인 기독교의 입장을 지지한다. 당은 우리 내외의 유대적(jüdisch)-유물론적 정신과 투쟁하며, 우리 민족의 영속적인 회복은 내면적으로만 달성될 수 있음을 확신한다. 그 기초는: 공익 우선(Gemeinnutz vor Eigennutz).

25. 이 모든 것을 실시하기 위해서, 우리는 라이히의 강력한 중앙권력의 창설을 요구한다. 전 라이히와 그 조직 일반에 대한 정치적 중앙의회의 절대적인 권위.

   라이히가 발포하는 대강 법률을 개별적인 연방 국가들에 실시하기 위한 신분과 직능위원회를 결정한다.

---

7) 카를 슈미트는 「나치즘의 법사상」(1934)이란 논문 속에서 강령 제19조에 상응하게 「로마법의 계수 때문에 독일에 있어서의 법률가의 유형은 그 모양을 전부 변화시키고 왜곡시켜버린 것이다」라고 비판한다. 김효전 옮김, 『헌법과 정치』, 423면. 독일에서의 로마법의 계수는 Franz Wieacker, Privatrechtsgeschichte der Neuzeit, 2. Aufl., Göttingen 1967, S. 97-203.

〔부 록〕2

민족과 국가를 보호하기 위한 라이히 대통령령 (1933. 2. 28)[1]

독일 라이히 헌법[=바이마르 헌법] 제48조 제2항에 의거하여 공산주의적, 국가공안을 침해하는 폭력행위를 방지하기 위하여 다음과 같이 명령한다.

§1 (기본권의 정지) 독일 라이히 헌법 제114조・제115조・제117조・제118조・제123조・제124조와 제153조는 당분간 효력을 정지한다. 인신의 자유・언론의 자유권 (출판의 자유를 포함), 결사와 집회의 권리의 제한, 서신・우편・전신・전화의 비밀에 대한 간섭, 가택수색과 압수의 명령과 아울러 소유권의 제한 등은 이에 관한 일정한 법률상의 한계를 초월할 때에도 인정된다.

§2 (라이히 정부에 의한 란트 관청의 권한행사) 란트에서 공공의 안전과 질서의 회복에 필요한 조치가 취해지지 않을 때에는 라이히 정부는 그러한 한에서 란트 최고관청의 권한을 일시적으로 사용할 수 있다.

§3 (라이히 정부의 명령의 준수의무) 란트들과 게마인데 (게마인데 단체)의 각 관공서는 §2에 근거하여 발포되는 라이히 정부의 명령을 그 권한의 범위 안에서 준수하지 않으면 안 된다.

§4 (벌칙) 란트 최고관청 또는 그 하급관청이 이 대통령령을 시행하기 위해서 발하는 명령 또는 라이히 정부가 §2에 의해서 발하는 명령에 위반한 자, 또는 그러한 위반을 교사하거나 선동하는 자는 그 행위가 다른 법규에 의해서 본조에 규정하는 이상의 형이 규정되지 아니한 한, 2개월 이상의 금고 또는 150 라이히 마르크 이상 15,000 라이히 마르크 이하의 벌금에 처한다.

전항에 규정하는 위반행위에 의해서 국민생활에 대해서 공공의 위험을 야기하는 자는 6개월 이상의 징역 ─ 정상이 경미한 경우는 금고 ─ 에 처하며, 그 위반행위에 의해서 사람을 죽음에 이르게 한 경우는 사형, 정상이 경미한 때에는 2년 이상의 징역에 처한다. 위의 형에 부가하여 재산을 몰수할 수도 있다.

공안을 해할 우려가 있는 위반행위(제2항)를 교사 또는 선동하는 자는 3개월 이상의 징역

---

1) 나치스는 1933년 3월 5일의 총선거에 즈음하여 테러 행동을 하거나 정치집회・정치단체 등을 탄압하였다. 그리고 2월 27일 밤의 라이히 의회의사당 방화 사건 다음날 아침에 이 「민족과 국가를 보호하기 위한 라이히 대통령령」(Verordnung des Reichspräsidenten zum Schutz von Volk und Staat vom 28. Februar 1933, RGBl. I S. 83)을 공포하였다. 이 영은 「라이히 의회 화재 명령」(Reichstagsbrand-verordnung)으로도 불린다. 실질적으로 이 영은 바이마르 헌법 제48조 2항의 기본권 전부를 정지하며, 「당분간」은 1945년까지 효력을 상실하지 않았다. 문헌 Thomas Raithel und Irene Strenge, Die Reichstagsbrandverordnung: Grundlegung der Diktatur mit den Instrumenten des Weimarer Ausnahmezustandes, in: Vierteljahrshefte für Zeitgeschichte, Bd. 48. 2000, S. 413-460.

― 정상이 경미한 경우는 금고 ― 에 처한다.

§5 (형법의 특칙 등) 형법 제81조 (내란)·제229 (독극물 투여)·제307조 (방화)·제311조 (폭파)·제312조 (일수)·제315조 (철도 방해)·제324조 (공안을 해하는 독극물 투여)에 해당되며, 무기징역을 과할 범죄에 대해서는 사형으로써 벌한다.

다음의 자에 대해서는 사형 또는 종전 이 조문에 규정되는 이상의 형을 규정하지 아니하는 한, 무기 또는 15년 이하의 징역에 처한다.

1. 라이히 대통령 또는 라이히 정부나 란트 정부의 각료 또는 관리관의 암살을 기도하는 자, 또는 그러한 암살을 주장하고, 제의하고, 그러한 제의를 승인하거나 그러한 암살에 대해서 타인과 통모하는 자

2. 형법 제115조 제2항(소요) 또는 제125조 제2항(치안교란)에 해당하는 경우에, 그 행위를 무기사용에 의하거나 또는 무장자와의 의식적·의욕적으로 협력하여 행하는 자

3. 피감금자를 정치투쟁의 인질로서 이용할 의도를 가지고 사람을 감금(형법 제239조)하는 자.

§6 (이 영의 시행) 이 영은 공포일로부터 시행한다.

1933년 2월 28일 베를린에서
라이히 대통령 폰 힌덴부르크
라이히 수상 아돌프 히틀러

〔부 록〕 3

1933년 3월 24일의 민족과 국가의 위난을 제거하기 위한 법률(수권법)[1]

제1조 (라이히 정부의 법률제정권) 라이히 법률은 라이히 헌법에 규정된 절차 외에 라이히 정부에 의해서도 이를 의결할 수 있다. 라이히 헌법 제85조 제2항과 제87조에 열거한 법률에 대해서도 동일하다.

제2조 (정부 제정 법률의 헌법에 대한 우위) 라이히 정부가 의결한 라이히 법률은 라이히 의회와 라이히 참의원의 제도 그 자체를 대상으로 하지 아니하는 한, 라이히 헌법에 위반할 수 없다. 라이히 대통령의 권리는 이에 의해서 영향을 받지 아니한다.

제3조 (정부 제정 법률의 공포 시행 등) 라이히 정부가 의결한 라이히 법률은 라이히 수상이 인증하며, 독일국 관보로써 공포한다. 다른 별도의 규정이 없는 한, 이 라이히 법률은 공포 다음 날부터 시행한다. 라이히 헌법 제68조부터 제77조까지의 규정은 라이히 정부가 의결하는 법률에는 이를 적용하지 아니한다.

제4조 (조약의 체결) 라이히가 외국 간에 체결하는 조약으로 라이히 입법의 대상에 관한 것은 입법 참여 기관의 동의를 요하지 아니한다. 위의 조약을 실시하기 위하여 필요한 법규는 라이히 정부가 이를 제정한다.

제5조 (본법의 시행 유효기간 등) 이 법은 공포일로부터 이를 시행한다. 이 법은 1937년 4월 1일에 그 효력을 상실한다. 또한 이 법은 현 라이히 정부로부터 다른 정부에로의 교체가 있은 경우에도 효력을 상실한다.

---

1) 1933년 3월 24일의 「민족과 국가의 위난을 제거하기 위한 법률」(Gesetz zur Behebung der Not von Volk und Reich vom 24. März 1933. RGBl. S. 141). 이 법은 흔히 「수권법」(授權法, Ermächtigungsgesetz)이라고 불린다. 카를 슈미트는, 「수권법」이란 말은 「법학적으로는 부정확하고 잘못된 표현」이며, 「사실 새로운 독일의 잠정 헌법률」이라고 단정한다. 그리하여 1933년 3월 5일의 국회 선거는 「법학적으로 본다면 사실 일종의 국민투표, 플레비지트이며, 이로써 독일 민족은 국가사회주의 운동의 지도자인 아돌프 히틀러를 독일 민족의 정치적 지도자로서 인정하였다」고 규정한다. C. Schmitt, Staat, Bewegung, Volk, 1933, S. 7 f. (김효전 옮김, 「국가·운동·민족」, 동인, 『헌법과 정치』, 산지니, 2020, 273면). 문헌 C. Schmitt, Das Gesetz zur Behebung der Not von Volk und Reich, in: Deutsche Juristen-Zeitung, 38 Jg. Heft 7, Sp. 455-458. jetzt in: ders., Gesammelte Schriften 1933-1936 mit ergänzenden Beiträgen aus der Zeit des Zweiten Weltkriegs, Berlin 2021, S. 3-6; Christian Bickenbach, Totenschein für die Weimarer Republik. Zum 80. Jahrestag des "Ermächtigungsgesetz", Dr. Otto Schmidt 2014; Das Ermächtigungsgesetz ("Gesetz zur Behebung der Not von Volk und Reich") vom 24. März 1933. Reichstagsdebatte, Abstimmung, Gesetzestexte, Berliner Wissenschafts-Verlag, Berlin 2003; H. Schneider, Das Ermächtigungsgesetz vom 24. März 1933, 2. Aufl. 1961; Christian Bickenbach, 조영주역, 수권법을 통한 바이마르 제국 헌법의 폐지 — 수권법 통과 제75주년을 맞이하면서, 『공공거버넌스와 법』(연세대) 제1권 2호(2010). 수권법 원문은 Wikisource: Ermächtigungsgesetz - Quellen und Volltexte

나치 독일 하의 유대인 법률가*
박해와 말살을 위한 권리박탈에 대해서

볼프강 벤츠

《차 례》

1933년 1월 30일의 아돌프 히틀러(Adolf Hitler)*의 수상 취임은 수많은 독일인 법률가들에 의해서 환영을 받았다. 국가사회주의자들에 의해서는 「권력장악」으로 표현되고, 그리고 하르츠부르크 전선*의 독일 국가동맹의 동료들과 함께 「국가적 고양」이라고 찬양되었다. 바이마르 공화국의 국가와 통치체제는 찬성 다수로 부결되고, 그 다수가 사법과 행정, 변호사계 그리고 법과대학*을 지배하고 있었다. 독일 법관연맹, 프로이센 법관 연합, 라이히* 법원과 저명한 법학자들이 새로운 통치체제를 호의적으로 맞이하였다.

전통과 신념, 즉 중산계급 출신의 대부분의 법률가의 애국적이며 보수적인 사고방식, 그리고 권력국가적인 전통에 입각한 법실증주의사상은 법률가들을 새로운 권력자[1])의

---

* Wolfgang Benz, Von der Entrechtung zur Verfolgung und Vernichtung. Jüdische Juristen unter dem nationalsozialistischen Regime, in: H. C. Helmut Heinrichs, Harald Franzki, Klaus Schmalz, Michael Stolleis (Hrsg.), Deutsche Juristen jüdischer Herkunft, München: C. H. Beck, 1993, S. 813-852.

유혹에 쉽게 넘어가게 만들었다. 그 유혹이란 제1차 세계대전 후의 베르사유조약, 배상협정, 영토상실의 굴욕과 속박에서 독일을 해방하고, 동시에 달갑지 않은 의회민주주의제도를 극복함으로써 실업과 빈곤, 인플레나 세계공황의 상태를 없앨 것을 약속하는것이었다.

I. 서막: 권력장악 후의 폭력행위

1933년 초의 일반적인 분위기는 법률가뿐만 아니라 과격파, 국가사회주의독일노동자당[나치당]*의 당원과 준군사적 당구성원의 「돌격대」,* 조직적인 행동주의자 등의 다수에게 과오를 범하는 원인이 되었다. 그것은 이전의 적대자에 대한 보복으로서, 또는 승리의기분에 의한 국민적 감정의 비등으로서 처리되었다. 왜냐하면 혐오스런 자에 대한 구타, 체포 그리고 돌격대사무소나 잔인한 강제수용소로의 연행은 권력자 히틀러의 대명(大命, Machtspruch)으로 끝나리라고 생각하였기 때문이다. 특히 공산당원에 대해서는 자주학대하였다. 국가사회주의독일노동자당의 저속한 반유대적인 형식을 경원하는 자들도국가사회주의사상의 구성요소인 유대인 배척 — 반볼셰비즘과 아울러 국가사회주의사상의 구성요소였던 — 을 호의적으로 받아들였다. 히틀러의 지지자나 독일 국수주의와그 밖의 좌익운동의 동조자들에 의해서 공공연하게 자행된 항의행동, 즉 유대인배척론에대한 거부는 「유대인 문제」*가 존재하고, 그것은 유대인이 상당한 다수를 차지하는 직업에서 그들을 추방하는 것, 그리고 유대인이 독일의 공적 생활, 특히 문화나 재계에서 가지는영향력을 배제함으로써 해결해야 한다고 말하는 많은 독일인이 품고 있던 신념을 방해하지는 않았다.

1933년 2월 28일의 독일 라이히 의사당 방화사건 이후 그 사건의 결과로서 히틀러정권이 독일 라이히 대통령의 긴급명령으로 독재적인 권력확대를 획득하고, 특히 기본법에서 해방됨으로써 법치국가의 침식이 시작된 때에 유대인 법관과 변호사에 대한 테러행위적 행동이 증가하였다. 뮌헨에서는 경찰본부에서 변호의뢰인의 보호구금에 대해서항소한 변호사 미하엘 지겔(Michael Siegel) 자신이 체포되었다. 목에 「나는 파렴치한유대인입니다. 두 번 다시 항소하지 않습니다」라는 팻말을 걸고 시내 거리를 돌게 하였다. 나아가 그를 모욕하려고 그의 바지는 무릎까지 내렸다. 차별적인 광경은 자주 공개되었다.[2]

유대인 배척의 동기를 마련한 국가사회주의자들의 부당한 간섭은 — 그것은 대체로

---

1) *Lothar Gruchmann*, Justiz im Dritten Reich 1933-1940. Anpassung und Unterwerfung in der Ära Gürtner, 1988; *Hermann Weinkauff*, Die deutsche Justiz und der Nationalsozialismus. Ein Überblick, 1968; *Horst Göppinger*, Juristen jüdischer Abstammung im "Dritten Reich," 2. Aufl. 1990 참조.

2) *Robert Heinrich*, 100 Jahre Rechtsanwaltskammer München, 1979, S. 106.

군복을 착용한 돌격대였다 ― 다음 주에 이어지는 많은 도시에서 행해졌다. 가장 가혹했던 것은 브레슬라우(Breslau)*에서였다. 브레슬라우에서는 3월 11일 오전, 그날은 토요일이 었는데 나치 돌격대의 집단이 구법원(Amtsgericht)*으로 돌진하여 유대인으로 보이는 법관과 변호사를 학대하고 법정과 집무실에서 거리로 내쫓았다.

　매주 토요일에 유대교회를 방문한 후 구법원에 찾아온 변호사 루드비히 푀르더(Ludwig Foerder)는 이렇게 보고하였다. 「갑자기 ― 그것은 11시 경이었다 ― 복도에서 야생동물과 같은 신음 소리가 가까이 들려왔다. 변호사들 집의 문이 열렸다. 나치당의 갈색 셔츠와 모자를 쓴 20 여명의 돌격대원이 가운데 들어와서 ‘유대인은 꺼져라’고 외쳤다. 그 순간 모든 사람, 즉 유대인과 그리스도교도들 모두 공포에 떨었다. 그 후 대부분의 유대인 변호사들은 집에서 나갔다. 나는 법률고문관으로 변호사회의 이사이기도 한 70세가 넘은 고령의 지그문트 콘(Sigmund Cohn)을 주목하였다. 그는 공포에 떤 나머지 바늘방석 같은 의자에서 그대로 서 있을 수가 없었다. 나치당의 갈색 제복을 입은 한 쌍의 무리들이 그에게 달려들었다. 거기에 독일 국민 ‘철모단’*의 단원을 포함하여 젊은 기독교인 변호사 몇 사람이 다가왔다. 그리고 젊은 변호사들은 침입자들에게 콘에 대한 공격을 못하도록 그를 방어하려고 그 앞에 막아섰다. 처음에는 나 자신도 그곳에서 움직일수 없었다. 나치 돌격대의 한 사람이 나에게 날아와서 내 팔을 묶었다. 나는 그를 밀쳤지만 그는 바로 갈색 셔츠의 오른쪽 소매에서 금속 기구를 꺼냈다. 그것을 누르자 코일이 튀어나오고 그 앞에는 납탄이 붙어 있었다. 그는 이 기구를 사용하여 내 머리를 두 번 내리쳤다. 그러자 내 머리에서는 피가 흐르기 시작했다. 관복을 입고 있던 많은 법관, 검사, 변호사들이 갈색 제복을 입은 작은 집단의 몇 사람에 의해서 거리로 내몰리는 것이 보였다. 도처에서 침입자들은 법정의 문을 열고, ‘유대인 꺼져라’고 외쳤다. 바로 심리를 속행하던 침착한 젊은 법원시보가 침입자들에게 큰 소리로 질렀다. ‘너희들이야말로 꺼져라’. 그러자 침입자들은 급히 퇴거하였다. 어떤 집에 유대인 사법연수생이 혼자 앉아 있었다. 두 사람의 불량배가 큰 소리로 외쳤다. ‘여기 유대인은 없나?’ 그는 평온하게 대답했다. ‘나는 보지 못했소’. 그 후 그들은 문을 닫고 다시 나갔다.

　나는 잔인한 자들에 대해서 밖으로부터 구원을 호소할 생각으로 구법원장 집으로 갔다. 일찍이 국토방위대의 대장으로 20년 이상 전부터 정직하고 정력적인 독일 국민인 것을 알고 있는 64세의 구법원장은 상당히 창백한 모습으로 안락의자에 앉아 있었다. 나는 전대미문의 사건이 일어난 것에 대해서 어떻게 대처해야 할지를 물었다. 그는 이렇게 대답했다. 이미 지방법원 부원장과 전화로 이야기했는데, 그때 부원장으로부터 그의 입장으로서는 고등법원장과 연락을 취해야 한다고 말했다는 것이다. 나는 이런 상황에서 심급을 준수하는 것은 아주 적절치 못할 것이라고 항의하고 법원장에게 전화의 사용을 부탁하고, 그는 이를 허락하였다. 나는 가까이에 있는 경찰본부의 특별기동대에 전화하고 이미 20인의 경찰관이 법원 청사로 향하고 있다는 회답을 얻었다. .... 몇분 후 나는 20인의 경찰관이 거리를 일렬로 행진해 가는 것을 보았다. 그것은 매우

천천히 가는 발걸음이었다. 나는 바로 신임 경찰서장 하이네스(Heines)가 이 계획을
정리했다는 느낌이 들었다. 즉 하이네스는 그의 부하 20인의 경찰관이 법원에 일찍
도착하지 않도록 계획을 세웠다. ... 이리하여 브레슬라우의 법관들이 독일 법사의 역사상
일찍이 존재한 일이 없는 사건에 반응한 것은 매우 흥미로우며, 아마 오늘날까지도
충분히 알려지지 않은 것이다. 같은 날 오후 법관들은 고등법원에 모이고, 브레슬라우시에
있는 모든 법원에서 재판을 정지할 결정을 내렸다. 일정한 기간 법관은 법원 내에 들어가서
는 안 된다고 공고되고, 그 결과 법원에서 변론은 하지 못하고 중요한 법정기간의 진행은
정지 내지 중단되었다. 바꾸어 말하면 법관들은 스트라이크를 한 것이다. 그 다음 주에
마찬가지로 품격을 떨어트리는 사건이 일어나 모든 법원에서 스트라이크가 추구되었다
면, 그러한 모랄의 저하를 가져온 '국가적 고양'이 어떠한 경과를 거쳤는가를 상상할
수 있다」.[3]

같은 날 브레슬라우 지방법원에서 그다음 주의 월요일에는 고등법원에서 유사한 사건이
발생하였다. 재판은 — 3월 11일 오후에 결정된 재판의 정지로 — 정지되었다. 그것은
유대인 이외의 변호사와 법관의 단결심에 근거한 행동이며 다행히도 브레슬라우의 유대인
신문이 이에 대해서 언급하고 있었다. 「정치적으로는 다른 극우파에 속하는 그리스도교도
의 법률가들이 유대인의 동료들을 위해서 정력적으로 가담한 것은 크게 상찬하지 않으면
안 된다」.[4]

브레슬라우 법원 청사는 재판을 정지한 동안 나치 돌격대(SA)와 나치 친위대(SS)*에
의해서 점령되고, 변론기일과 재판업무는 실시하지 못했다. 국가사회주의자들은 1933년
3월 16일에 유대인 변호사의 사무소에 대해서 행동을 개시하는 취지의 성명을 냈는데
그것은 실행되지 않았다. 그러나 경찰부서장, 사법행정의 대표자, 나치돌격대와 나치
친위대 간의 대화 때에 쉴레지엔 변호사회의 회장으로 독일변호사연합회의 부회장이기도
한 75세의 아돌프 하일베르크(Adolf Heilberg)의 안전에 대해서는 보장할 수 없게 되었다.

위협적인 보호구금에서 도피하기 위해서 법률고문관 하일베르크는 브레슬라우에서
떠났다. 그는 이미 프로이센과 라이히 법무부에서의 면담, 그리고 변호사연합회의 임원과
의 이야기에서 브레슬라우에서 일어난 법률위반의 위협적인 사태에 대해서 보고를 한
베를린으로 부임하였다. 법률고문관 하일베르크는 몇 주일 후에 바덴-바덴에서 회고록에
브레슬라우시의 사건을 상세하게 기록하고 그 결과에 대해서 평가하였다.[5]

장래의 규칙을 결정함에 있어서 3월 15일에 브레슬라우에서 행한 심의에 참가한
자들은 타협안에 동의하고, 그것은 곧 브레슬라우시의 모든 변호사에게 통지되었다.
할당규칙이 광신적인 국가사회주의자인 경찰서장 에드문트 하이네스(Edmund Heines)

---

3) *Wolfgang Benz* (Hrsg.), Die Juden in Deutschland 1933-1945. Leben unter nationalsozialistischer
    Herrschaft, 1988, S. 284.
4) *Tillmann Krach*, Jüdische Rechtsanwälte in Preußen. Über die Bedeutung der freien Advokatur
    und ihre Zerstörung durch den Nationalsozialismus, 1991, S. 174.
5) *Krach*, (aaO Fn. 4), S. 175.

의 권고로, 그리고 고등법원장 비테(Witte)의 동의로 도입되었다. 이 제안의 내용은 다음과 같다. 「브레슬라우의 모든 유대인 변호사 중에서 브레슬라우 법원에 출정이 인정되는 변호사를 17인 선출한다. 이들 17인은 자격을 증명하기 위해서 경찰에서 특별한 허가서를 얻는다. 그 밖의 모든 유대인 변호사는 법원에 출정하는 것이 금지된다」.[6]

아돌프 하일베르크는 고등법원장에 대해서 브레슬라우에서도 헌법, 법원조직법과 변호사법이 적용되며 변호사의 직무를 누구에게 대리시키는 것은 유대인 변호사에 대해서 도움이 되지 않으며, 그들 법률사무소의 붕괴를 피할 수 없을 것임을 지적하였다. 이에 대해서 고등법원장은 이렇게 대답하였다. 「그렇지만 목하의 그것은 바로 혁명이며 이것은 단지 과도적 상황에 불과하다」.[7]

브레슬라우의 사례는 많은 동조자를 얻었다. 나치당의 신문은 독일에 대한 「국제적 유대교도에 의한 거짓과 선동 보도」라고 선전하였는데, 외국에서의 보도는 유대인에 대한 국가사회주의자에 의한 부당한 침해를 우려하고 있다. 이 외국에서의 보도에 흥분하여 3월 29일에 괴를리츠(Görlitz)에서 사건이 일어났다. 그것은 지방지인 "Oberlausitzer Frühpost"에서 「민족주의적 혁명」의 시작이라고 축하하였다. 「이미 아침 일찍부터 거리에는 흥분한 사람들의 왕래가 있었다. 나치 돌격대의 전대원, 지구의 간부(Keisleitung),* 나치 친위대 그리고 그 밖에 국가사회주의독일노동자당에서 소집한 나치 당원이 11시 조금 전에 법원 앞에 모이고, 무조건 즉시 유대인 법관의 보호구금을 요구하였다」. 나치 돌격대와 나치 친위대가 법원 입구를 점령하고, 각 건물을 샅샅이 수색하고, 지방법원장 슈벤크(Schwenk), 지방법원의 법률고문 아르마데(Armade) 그리고 변호사 2인을 구속하였다. 적어도 그 외 6인의 법관과 변호사가 그들의 주거와 사무소에서 체포되었다. 괴를리츠의 신문은 다시 이렇게 전했다. 「괴를리츠의 저명한 나치 당원인 변호사·공증인 프리체(Fritsche) 박사의 지휘 아래 법원 안에서의 행동이 괴를리츠시의 국가사회주의독일노동자당의 지구 간부의 정치적 지도에 의해서 행해지는 동안에 민족주의의 혁명에 근거한 권리와 감정을 주장하기 위해서 괴를리츠의 민족주의자들이 거리와 광장에 모여온 것이다. 큰 소리로 격분한 타도의 외침과 함께 나치 돌격대에게 호위된 유대인들을 맞이한 것이다.… 괴를리츠의 독일인들은 그 외침으로 마침내 일어난 정당방위와 보복행동을 승인하고, 기율 있는 행동으로 그 지역의 정치지도에 의한 필요하고 정력적으로 강경수단에 대한 신뢰를 보였다」.[8]

마지막으로 4인의 유대인 법률가가 시청사 앞에서 장시간에 걸쳐 사람들의 눈에 전시된 후 경찰의 구치소로 넘겨졌다. 이 행동이 「민족주의적으로 필요불가결한 것으로서 국가사회주의독일노동자당의 라이히 지도부의 지시로 행해진」 것을 강조하는 국가사회주의독일노동자당의 지구 지도자(Kreisleiter)의 성명으로 차별적인 연극은 끝났다. 괴를리츠 시민의

---

6) *Krach*, (aaO Fn. 4), S. 175.

7) 슐레겔베르거에게 보낸 하일베르크의 1933년 3월 18일자 문서, Institut für Zeitgeschichte München, MA 108, Bl. 146, *Krach*, (aaO Fn. 4), S. 175에서 인용.

8) Oberlausitzer Frühpost, Zeitungsausschnitt, Bundesarchiv/Abteilung Potsdam, 30. 01 RMJ.

성대한 박수 속에 국가사회주의독일노동자당의 지구지도자는 여러 해에 걸쳐 「독일 민족이 유대인 법관에 의해서 재판받아 온 것은 민족주의적 품위를 더럽히는 상태였다」고 호소하고, 그들에게 다음의 것을 보장하였다. 「우리들은 국민의 품위를 더럽히는 상태를 해소하고 유대인 법관이 두 번씩 괴를리츠의 구법원과 지방법원에 들어가지 못하도록 배려할 것이다!」.9)

괴를리츠의 신문은 대중의 우레와 같은 갈채에 대해서 보도하였다. 그러나 항의의 소리도 있었다. 괴를리츠의 어떤 법률가는 4월 초에 학우회 동료인 라이히 수상부의 사무차관 하인리히 람머스(Heinrich Lammers)*에게 보낸 장문의 편지 중에서 폭도들에 의한 유대인 동료에 대한 폭동 때의 감정을 서술하였다. 감상이나 유대인을 편드는 마음의 움직임 또는 새로운 정치체제에 대한 저항이 보수적이며 애국심을 가진 법률가에게 사무차관에게 보낸 편지를 움직인 것은 아니다. 그것은 오히려 「자연스럽게 일어난 국민의 분노」로서 나타나고 새로운 상태를 가져오기 위해서 실천한 법률위반에 대한 불쾌감이었다.

「1933년 3월 29일 수요일, ― 상세한 것은 여하튼 ― 수치스러운 상태 아래 법원에서 일부는 법정에서 법관 2인과 변호사 2인이 구속되고, 중무장한 나치 돌격대에 호위되어 거리로 연행되었다. 법관 2인과 변호사 1인은 의심할 것 없이 유대인이며 우리들의 동료와 마찬가지로 헌신적으로 그 직무에 공헌하던 자들이었다」. 편견 없는 목격자의 관찰에 의하면, 그것은 실제로는 보호구속은 아니었다. 왜냐하면 그것은 「흥분한 국민으로부터 보호하기 위한 체포였다는 보도에 반하는 것이며, 이유 없이 체포된 자를 의도적으로 흥분케 한 국민에게 보여주기 위한 것이기 때문이다」. 이것은 사무차관 람머스에게 보낸 편지에 첨부한 신문기사에서도 분명히 인식할 수 있다. 이 사건은 「한편으로는 그 직후에 자연스럽게 일어난 국민감정의 폭발, 그리고 다른 한편으로는 상급관청에 의해서 사전에 지도된 조치」였던 것을 보여주고 있다. 「동기가 분명히 불성실하거나 또 전혀 요구되지 아니한 잔인한 행위가 행해진 것은 정치적 활동에 의해서 두각을 나타낸 것이 아니라 의무, 충성 그리고 신뢰에서 뛰어난 국가공무원의 다수에 대해서 나쁜 영향을 미칠 것 같다」.

「혐오감을 일으키는 외국의 선전」으로 국가적 행동을 취할 것이 필요하게 되었다. 그러나 괴를리츠의 법률가는 「4월 1일의 기율 있는 보이코트와는 아주 달리 대조적으로」 그 행동이 필요성의 한도를 현저하게 넘는 것이었다고 단언하였다. 법치국가의 침식, 그리고 히틀러 운동의 난폭한 요소의 명백한 독자성이 편지의 작성자뿐만 아니라 그의 동료들에 대해서도 분명히 불쾌감을 가져왔다. 「당지의 법관들 사이에서 증대하고 있던 실망과 낙담의 분위기가 이것을 나타내고 있다. 결코 우리들의 수상의 의지의 진지함과 순수함을 의심하지 않던 자도 객관적 보도가 총통의 귀에 들어간다는 사실에 낙담하는 것이다. 신문에서 침묵한 1933년 3월 8일의 브레슬라우 지방법원에서의 사건이 ―

---

9) Ebenda.

그것은 3월 12일의 수상의 성명보다도 앞선 것이다 — 우리들의 기분을 우울하게 하였다. 나는 브레슬라우 고등법원장으로부터 구법원의 고문에 이르기까지 애국적이며 신뢰할 수 있는 법관들과 이야기했는데 그 회화에서 사태의 심각하다는 인상을 받았다」.

마지막으로 괴를리츠의 법관은 학우회 동료 람머스가 그의 편지에 대해서 자기의 견해를 분명히 하거나 또는 답장을 기대하지 않았다. 왜냐하면 그는 람머스의 직무상의 입장, 그리고 그 직무의 부담에 대해서 생각했기 때문이다. 「우리들 법관은 국가를 위해서 몇 년을 솔선해서 의무에 충실하게, 그리고 견실하게 일해 왔다. 우리들은 재차 진심으로 국가를 위해서 진력하고 싶다고 생각한다. 그 국가를 위한 생각, 나는 나의 걱정에 대해서 편지를 쓰지 않으면 안 되었다. 신생 독일의 문제는 나 자신에 관한 것이기 때문에 더욱 나는 1933년 3월 12일의 히틀러의 명령을 의무라고 느낀다」.「민족의 순결과 명예의 고양을 보호하기 위해서 힘쓰지 않으면 안 된다」.10)

II. 보이코트와 「휴직」

1933년 3월 중순에 라이프치히에서 집회가 열렸다. 이 집회에는 「독일 국가사회주의 법률가연맹」(Bund Nationalsozialistischer Deutscher Juristen; BNSDJ)*이 초대되었다. 독일 국민만이 공직에 취임해야 한다는 국가사회주의 독일노동자당의 강령(「국민이 될 수 있는 자는 민족동포만이다. 신조에 관계없이 독일의 혈통을 가진 자만이 민족동포가 될 수 있다. 그러므로 유대인은 동포가 될 수 없다」)*를 인용해 내어 연설자인 변호사 비볼스 (Wiebols)는 유대인이 제3제국에서 법관, 공증인 또는 변호사로서 활동해서는 안 된다는 것을 요구하였다. 라이프치히 일간 신문의 기사에 의하면, 우레와 같은 박수갈채를 받은 연설자의 논술은 국가사회주의 법률가연맹의 요구 항목에 들어갔다.11)

첫째로, 최상급의 라이히 최고법원까지 독일의 모든 법원은 「다른 인종」의 법관과 직원을 배제하지 않으면 안 된다. 둘째로, 마찬가지로 「다른 인종」의 변호사에 대해서 독일의 법원에서의 변호사 등록은 곧 금지하지 않으면 안 된다. 셋째로, 「다른 인종의 여성과 친족관계에 있는 자」의 현존하는 변호사 등록은 즉시 취소하지 않으면 안 된다. 넷째로, 전쟁참가자의 우선적 임용을 조건으로 「독일의 동포」만이 「독일의 공증인」이 될 수 있다. 다섯째로, 4년 이내에 모든 유대인은 변호사의 직에서 배제하지 않으면 안 된다. 즉 연간 4분의 1의 유대인 변호사가 배제된다. 여섯째로, 마르크스주의 정당(즉 독일 공산당 또는 독일사회민주당)의 당원이었던 모든 「다른 인종 변호사」로부터 곧 변호사 자격이 박탈되지 않으면 안 된다. 이것은 마찬가지로 법관에 대해서도 타당하다. 일곱째

10) Bundesarchiv/Abteilung Potsdam, 30. 01 RMJ.
11) 1933년 3월 16일의 라이프치히의 일간 신문(우리들 법률가의 요구). 「독일국가사회주의법률가연맹」은 1936년부터 「국가사회주의법옹호자연맹」으로 불렸다. 국가사회주의법옹호자연맹에 대해서는 *Michael Sunnus*, Der NS-Rechtswahrerbund, 1990 참조.

로, 국가사회주의의 법률가는 변호사회의 즉시 해산과 「유대인과 마르크스주의자 배제」라는 기준 아래 새로운 선거를 요구한다. 제1차 세계대전의 전투원과 전투에서 자식을 잃은 변호사에 대해서는 필요하다면 예외가 인정된다.

국가사회주의법률가연맹의 이 계획은 1933년 3월 14일 이후 전독일 라이히에서 선전되었다. 유대인 법률가에 대한 폭력적인 침해보다도 ─ 그것은 겨우 개별적인 광신자에 의한 폭력행위로 평가할 수 있는데 ─ 이 선전활동은 도래할 발전에 대해서 나쁜 영향을 많이 미쳤다. 국가사회주의자들의 요구는 그 후 곧 실천으로 옮겼다.

변호사 한스 프랑크(Hans Frank)* 박사가 임시 법무장관으로서 재직하고 있던 바이에른에서 ─ 그는 1923년의 히틀러의 폭동에 참가한 나치 돌격대원으로서 국가사회주의독일노동자당의 법무부의 지도자로서, 나아가 독일국가사회주의법률가연맹의 창설자로서 「국가사회주의혁명」의 입안자였다 ─ 최초로 국가사회주의자들의 요구가 실행되었다. 법무장관 프랑크는 3월 25일 각 고등법원장과 검찰총장에 대해서 이렇게 설명하였다. 「새로운 정치질서에서 제시된 민의」는 「유대계 법관이 더 이상 형사재판과 징계재판의 심리에 관여해서는 안 되며, 나아가 유대계의 검사와 국선변호인이 더 이상 법정기일에서의 공소대리인으로서 활동해서는 안 될」 것을 요구하고 있다.12)

1933년 4월 1일 국가사회주의독일노동자당은 「유대인 상점, 유대인의 상품, 유대인 의사와 유대인 변호사」에 대한 보이코트를 명하였다. 이것은 장래 독일에서 실행되는 반유대주의를 표명하기 위한 최초의 공적인 행동이며, 외국의 신문에 의해서 크게 주목을 받았다. 이 행동에 앞서 행해진 외국 ─ 특히 영국과 미국 ─ 신문의 우려하는 논평은 「유대인에 의한 흑색 선전」이라고 하여 그것은 반유대주의의 슬로건과 원동력으로서 이용되었다.13) 유대인 상점, 유대인 법률사무소 앞에서의 나치 돌격대에 의한 경비와 함께 1933년 4월 1일의 기도에는 대규모적인 흥행이 포함되어 있었다. 그 핵심은 인구의 할당에 따르도록 일정한 직업에 있어서의 유대인 수를 할당에 따라 제한하는 것을 요구하는 것이었다. 「행동의 압력을 높이기」 위해서 행동실천위원회(이것은 반유대주의의 수령인 율리우스 슈트라이허(Julius Streicher)를 중심으로 하는 지도 아래 설치)는 의사와 변호사직을 제한하는 것, 그리고 학교와 대학교원의 자격을 제한하는 데에 전념하였다.14)

1933년 3월 27일부터 프로이센의 사법행정의 라이히 정부위원이 되고, 4월부터 프로이센의 법무장관이 된 한스 케를(Hanns Kerrl)*은 3월 31일 밤에 텔레타이프와 경찰의 무선통신으로 각 고등법원장, 검찰총장과 행형집행청장에 대해서 명령을 내렸다. 그 명령은 「사법에 제휴하는 유대 민족에 대해서 최초의 파멸적 타격」을 주기 위해서 생각된 것이었다. 케를은 무선통신에서 다음과 같이 서술하였다.

---

12) *Gruchmann*, (aaO Fn. 3), S. 272 ff.; *Göppinger*, (aaO Fn. 1), S. 57. 뷔르템베르크, 바덴과 헤센에서 같은 종류의 요구가 있었다. 함부르크에서는 법무장관 로텐베르거(Rothenberger) 박사가 예방조치로서 유대인 법관을 강제로 휴직케 하였다.

13) *Benz*, (aaO Fn. 3), S. 272 ff.

14) *Gruchmann*, (aaO Fn. 1), S. 221 ff.

「재직 중인 유대인 변호사와 유대인 법관이 오만한 태도로 출정하는 것에 대해서 국민의 분노는 한도를 넘었다. 그것은 다음과 같은 가능성에 대해서 특히 강력하게 고려해야 할 것이다. 즉 유대인에 의한 모든 흑색 선전에 대해서 독일 국민이 정당하게 방어하기 위해서 싸울 때에 국민이 자력구제에 착수하리라는 것이다. 그것은 사법의 권위유지에 대해서 위협이 될 수 있을 것이다. 그러므로 모든 관계 관청은 그 책임에서 늦어도 국가사회주의독일노동자당에 의해서 명해진 방어를 위한 보이코트가 개시되는 동시에 그와 같은 자력구제행동의 원인을 제거하는 데에 노력하지 않으면 안 된다. 그러므로 재직 중인 모든 유대인 법관에 대해서 곧 휴가원의 제출을 권고하는 것, 그리고 곧 그것을 인정할 것을 요구한다. 나아가 유대인 법관시보의 임명을 곧 철회할 것을 요구한다. 유대인 법관이 휴가원의 제출을 거부하는 모든 케이스에서 이러한 자에 대해서 가택불가 침권에 근거하여 법원 안에 진입을 금지할 것을 요구한다. 유대인 비전문 법관(상사법관, 참심원, 배심원, 노동법관 등)에 대해서는 이미 소집하지 않을 것을 요구한다. 그럼으로써 예컨대 재판 정체의 위험이 발생하는 곳에서는 곧 보고할 것을 요구한다. 유대인 검사와 행형기관에서의 유대인 공무원에 대해서는 곧 휴직시킬 것을 요구한다. 유대인 변호사의 오만한 태도에 의한 출정이, 특히 국민의 격렬한 분노를 야기하고 있다. 그러므로 변호사 회, 당해 지역의 변호사협회 또는 그 밖의 관할기관 간에 금일 중으로 다음 사항에 대해서 합의할 것을 요구한다. 내일 10시부터 일정한 유대인 변호사, 즉 전국민에 대한 유대인의 할당에 합치된 수의 유대인 변호사에게만 법원의 출정이 인정된다. 출정이 허용된 변호사에 대해서는 국가사회주의독일노동자당의 지구지도자 또는 국가사회주의 독일법률가연맹의 지구단체의 대표자와의 합의로 그것을 선출하고 결정할 것을 요구한다. 유대인 변호사의 방해로 이와 같은 내용의 합의를 보지 못하는 곳에서는 이러한 자에 대해서 법원에의 진입을 금지할 것을 요구한다. 물론 내일 10시부터 유대인 변호사를 소송비용의 원조를 받는 자의 소송대리인, 국선변호인, 파산관재인, 강제관리인 등의 임명에 대해서 하지 않는 것은 당연하다. 왜냐하면 유대인 변호사를 임명하는 것은 독일 국민의 보이코트 의무에 위반되기 때문이다. 유대인 변호사에게 국가배상소송의 소송위임을 바로 철회하고 국가의 소송대리를 유대인 이외의 변호사에게 위임할 것을 요구한다. 그때에 새로운 소송대리인과의 사이에서 종전의 소송대리 때에 발생한 보수를 청구하지 않는 것에 대해서 결정해 둘 것을 요구한다. 내 생각으로는 그와 같은 동의는 변호사의 직업윤리의무에 위반하지 아니한다. 타당한 교섭에 의해서 변호사회의 전이사 가 해임될 것을 요구한다. 국가사회주의 또는 그 밖의 민족주의적 변호사조직과의 협의에 의해서 선출된 임시대행자에게 변호사의 임시의 업무집행에 대해서 위임할 것을 요구한다. 변호사회의 이사회와 이사가 해임을 거부하는 경우에는 바로 보고할 것을 요구한다. 이제 여기에 서술한 조치를 완전하게 실시한 후 국민의 이해 있는 협력 속에 거기에 필요한 모든 수단을 사용하여 질서와 위엄 있는 사법의 유지에 노력하지 않으면 안 된다. 국가사회주의독일노동자당의 지구 또는 지구 지도자가 제복을 착용한 경비원에 의한 법원 내의 안전과 질서에 대한 감시를 구하는 경우에는 이 요구에 대해서 배려하고, 그것으로 긴급하게 필요한 사법 당국의 권위유지가 확보되지 않으면 안 된다. 절대로 필요한 사법의 권위유지가 확보될 것을 희망한다」.15)

바이에른의 동료인 한스 프랑크(Hans Frank)가 같은 시기에 행한 완전히 유사한 명령과 마찬가지로, 케를의 명령도 법적으로 근거가 없는 것이었다. 그의 라이히 법무부 반공식 설명이 「1933년 4월 1일 아침 갑자기 독일 사법에서 대부분의 유대인이 사라졌다」라고 해도,16) 그것은 케를과 프랑크가 표면상 계속 증대하는 유대인에 대한 격노에는 전혀 언급하지 않고, 그들의 명령을 위해서 사용한 이유(사법의 위엄이 지켜져야 한다)처럼 전적으로 선동적인 것은 아니었다. 보이코트의 원인을 가져오기 위해서 유대인 박해의 분위기가 상층부에 의해서 야기되었듯이, 법관을 「휴직」시키는 목적은 정치체제의 의도인 반유대주의를 추적할 법률상의 이유를 강행하는 데에 있었다.

유대인에 대한 조치는 그 법적 의미내용과 반비례하여 심리적인 효과가 있었다. 퀴스트린(Küstrin)의 변호사, 공증인이며 민주주의자, 평화주의자 그리고 유대 교구의 활동적인 구성원으로서 알려진 지그프리드 노이만(Siegfried Neumann)은 그 회상에서 모든 유대인 공증인이 인구 비율에 의한 최종적 규제가 행해지기까지 모든 공무가 소외된다고 하는 1933년 4월 1일의 프로이센 법무부의 명령의 효력에 대해서 이렇게 서술하고 있다. 「당시 법률로써 유대인 공증인을 배제할 수 없었기 때문에 정당한 절차를 거쳐 아주 조악한 협박장을 보급시켰다. 그것을 한 것은 무엇보다도 법무장관이었다」.17)

1933년 4월 1일에는 장래 발생할 부끄러워해야 할 예감이 들었는데, 그것은 유대인의 상점, 사무소 그리고 법률사무소 앞에서 경비하는 나치 돌격대원의 눈앞에서 보이코트 당한 유대인과 함께, 용기 있는 시민에 의해서 일시적인 연대 내지 동조하는 데모가 일어난 것이다. 법원 내에 있는 변호사의 집에서는 국가사회주의자들이 승리하였나. 변호사사무소의 간판에는 「유대인」이라고 위에 썼다. 뮌헨의 법원에서는 「재판 업무의 평온과 질서유지를 위해서, 그리고 사법의 존엄을 확보하기 위해서 4월 1일부터 추후 통지가 있기까지 유대인 변호사에게 법원 청사 안에 진입을 금지한다」라는 게시가 내붙었다.18)

켐니츠(Chemnitz)에서는 독일변호사연합회의 전 회장(1924년-1932년), 그리고 명예 회장으로서 명성이 높은 법률고문관 마르틴 드루커(Martin Drucker)가 4월 1일 오후 법정에서의 변론 중에 「보호구금」되었다. 그것은 3인의 나치 돌격대를 수반한 경찰관이 드루커에 대해서 법정에서의 퇴거를 요구하고 변론이 중단된 직후의 일이었다.19) 킬에서는 동프로이센에서 온 어떤 변호사가 나치 돌격대원과 충돌한 후 살해되었다.20) 이것은

15) *Sievert Lorenzen*, Die Juden und die Justiz, Hamburg 1942, S. 172 f.; *Göppinger*, (aaO Fn. 1), S. 59; *Krauch*, (aaO Fn. 4), S. 184 ff.에서 인용.
16) *Lorenzen*, (aaO Fn. 15), S. 175.
17) *Siegfried Neumann*, Vom Kaiserhoch zur Austreibung, 1978, S. 87; *Krach*, (aaO Fn. 4), S. 187 참조.
18) *Göppinger*, (aaO Fn. 1), S. 60.
19) *Krach*, (aaO Fn. 4), S. 190.

보이코트 당일에 일어난 가장 중대한 돌발적 사건이었다.

법의 영역에서 4월 1일이 단순히 공공의 지도에 근거하여 법치국가의 규범을 무시하는 데모를 하였다는 이유로 최악의 날이 된 것은 아니다. 그 날은 다음과 같은 법규정을 제정하기 위한 발단과 파이오니어로서도 이용되었다.

III. 공무원법과 변호사법

독일의 유대인으로부터 해방의 성과를 다시 빼앗는 최초의 법적 조치는 1933년 4월 7일에 행하였다. 최초의 법적 조치는 즉「직업공무원제도의 재건을 위한 법률」(Gesetz zur Wiederherstellung des Berufsbeamtentums)*이라는 명칭은 충분히 시니칼한 것이었다. 왜냐하면 그것은 싫은 임원을 그 직무에서 축출하기 위한 법률이며 아주 정반대의 것을 의미하는 것이었기 때문이다.

이 법률은 한편으로는 국가사회주의체제의 정적, 특히 사회민주주의자, 의회민주주의를 채택하는 바이마르 헌법의 명시적인 신봉자에 대해 향하고 있다. 그러나 다른 한편, 이 법률의 제3조에 다음과 같은 규정이 있었다. 「아리아 혈통이 아닌 공무원은 퇴직 처분된다」. 명예공무원은 공무관계에서 해임되었다. 시행규칙에서 유대인 사법연수생, 법관과 공증인은 공무원과 동일한 상황에 두는 것이 확보되었다. 이「유대인 배척조항」은 공적인 직장에 있어서의 종업원과 노무자에게도 적용되었다.[21]

그러나 공무원법의 효력이 미치는 범위는 공직의 영역을 훨씬 초월하였다. 유대인 구성원을 그 단체에서 배제하기 위해서 단기간 동안 사단법인, 상업단체, 그리고 교회단체의 협회, 나아가서는 체육 및 음악협회에 이르기까지 「유대인 배척조항」이 적용되었기 때문이다. 이에 대해서 프로테스탄트교회에서는 미약하나마 이의가 제기되었다. 즉 마르부르크대학 신학부의 소견에서 「유대인 배척조항」은 기독교의 가르침과 일치하지 않는다는 테제가 주장되었다. 이에 반하여 에어랑겐대학의 프로테스탄트 신학부는 다음과 같은 결론에 이르렀다. 「오늘날 독일 국민의 대다수는 독일 국민 중에 있는 유대인을 이민족이라고 느끼고 있다. 해방된 유대교에 의해서 독일 국민의 사생활에 대한 위협이 인정되며 이 위험에 대해서는 법적 예외규정에 의해서 방어하지 않으면 안 된다」. 가톨릭교회는 합법적 정부, 즉 히틀러 정권의 행위의 합법성에 대해서 의문을 제기하는 태도를 보이지 않았다. 1933년 11월 독일 가톨릭학생조합연합은 어떤 결정을 내렸다. 그 결정에 의하면, 「독일의 혈통」을 가진 자만이 조합원으로 될 수 있었다. 또한 「아리아 혈통이 아닌」 여성과의 결혼은 가톨릭학생조합연합에서 제명하는 이유가 되었다.[22]

20) (aaO Fn. 19), S. 189.
21) RGBl. 1933 I S. 175 ff.; *Joseph Walk* (Hrsg.), Das Sonderrecht für die Juden im NS-Staat. Eine Sammlung der gesetzlichen Maßnahmen und Richtlinien und Bedeutung, Heidelberg 1981.
22) *Göppinger*, (aaO Fn. 1), S. 71 ff.

1933년의 「유대인 경제원조 센터」의 개산에 의하면, 무릇 2,000인의 대학교육을 받은 공무원이 반유대입법에 의해서 직업과 직장을 잃었다. 여기에는 약 700인의 유대인 대학교원은 포함되지 않고 있다.23) 1934년 4월 30일까지 574인의 유대인 법관과 검사가 퇴직하였다. 당시 이들의 인적 범위가 그 정도로 컸기 때문에 라이히 대통령 힌덴부르크 (Hindenburg)*의 요구에 근거하여 공무원법에 예외규정을 두게 되었다. 히틀러 정권 발족 후 곧 유대인 전쟁참가자들은 전형적인 민주주의자는 아니지만 제1차 세계대전의 군지휘관으로서 일반적으로 군인의 영예라고 칭송된 고령의 국가원수에 대해서 그들의 위협받은 법적 지위가 옹호될 것을 기대하고 끊임없이 어필하였다. 1933년 4월 초에 힌덴부르크는 이 문제에 대해서 라이히 수상에게 의견을 진술하였다. 그의 생각으로는 전쟁에서 부상당한 공무원, 법관, 교원과 변호사, 나아가서는 제1선의 전투원, 전사자의 자녀 또는 전장에서 자식을 잃은 자는 그대로 직무에 종사하여야 한다. 「그들이 독일을 위하여 싸우고, 그리고 피를 흘린 가치 있는 인재라면 그 직무에서 조국을 위해서 진력하는 자로서의 가치를 인정하지 않으면 안 된다」.24)

히틀러는 — 틀림없이 — 힌덴부르크의 강요를 거부하지 못하고 라이히 대통령에 대해서 다음과 같이 답변하였다. 법안은 이미 상응한 규정을 포함한 것이다. 구제를 위한 예외규정인 공무원법 제3조 2항은 오히려 보호의 범위를 보다 넓게 하고 있다. 즉 「유대인 배척조항」은 「1914년 8월 1일 이전에 공무원이며 현재에도 그 직에 있는 자, 세계대전에서 독일 라이히 또는 그 동맹국을 위해서 전장에서 싸운 공무원, 또는 세계대전에서 아버지나 자식을 잃은 공무원」에는 적용되지 아니한다.25)

사법의 영역에 있어서의 공무원법의 시행은 1934년 1월 30일에 주(州)사법행정이 해소되기까지 각주에 그 권한이 위임되어 있었다. 특히 프로이센과 바이에른은 곧 엄격한 시행규칙의 제성에 착수하였다. 프로이센에서는 해당자는 3일간의 기간 내에 증빙서류를 첨부하여 전투원이었던 것, 내지 그에 따른 특권을 가질 것을 증명하지 않으면 안 되었다. 의심스러운 경우에는 마찬가지로 3일 이내에 「아리아 혈통」인 증명이 필요하였다. 「아리아 혈통이 아닌, 특히 유대인의 양친 내지 조부모의 혈통을 이은 자는」, 「아리아 혈통이 아닌 자」로 간주되었다.26) 양친 또는 조부모의 한쪽이 「아리아 혈통이 아닌」 경우에도 동일하였다. 나아가 양친 또는 조부모의 한쪽이 유대인 교도인 경우, 아리아 혈통이 아닌 것으로 되었다. 라이히법상의 규정에 의하면, 1914년 8월 1일 이전에 공무원자격을 가지고 있지 아니한 공무원은 「아리아 혈통」인 것을 증명하지 않으면 안 되었다. 의심스러

---

23) 1933년 4월 1일에 전체로서 프로이센의 상급 사법직에 있던 643명의 유대인이 휴직되었다고 하는 로렌첸의 기술이 제1차 세계대전 참가자를 포함한 유대인 법관과 검사의 수가 근거로 된다. *Lorenzen*, (aaO Fn. 15), S. 176. 프로이센의 사법에 있어서의 유대인의 할당은 기타 주에서의 할당보다도 매우 많았다. *Benz*, (aaO Fn. 3), S. 286; *Göppinger*, (aaO Fn. 1), S. 74.

24) *Gruchmann*, (aaO Fn. 1), S. 134; *Göppinger*, (aaO Fn. 1), S. 74.

25) *Hans Mommsen*, Beamtentum im Dritten Reich, 1966, S. 159 ff.

26) 1933년 4월 11일의 법률을 시행하기 위한 법률의 제1 명령, RGBl. 1933 I S. 195; *Göppinger*, (aaO Fn. 1), S. 73.

운 경우에는 라이히 내무부에서 혈통검사를 위해서 감정인에 의한 감정이 요구되었다.

전투원이었던 특권 내지 1914년 8월 1일 이전에 공무원이었던 자에 대한 예외규정은 1933년 4월 7일의 「변호사등록에 관한 법률」(Gesetz über die Zulassung zur Rechtsanwaltschaft)*에서도 적용되었다. 이 법률은 제2의 반유대배제법으로서 가결된 것이었다. 힌덴부르크의 의견에 대한 1933년 4월 5일의 히틀러의 회답에서 명백하듯이, 유대인 변호사도 공무원과 법관에 대해서 계획된 배제의 대상이 되는 것이 처음부터 의도되고 있었다. 히틀러는 힌덴부르크에게 다음과 같은 문서를 보냈다. 「유대 민족이 일정한 직업에 범람하는 것에 대해서 독일 국민에 의한 방어」가 요구된다. 왜냐하면 대부분의 지적 작업은 라이히의 몇몇 장소, 특히 베를린에서 「80% 내지 그 이상의 할당으로 유대 민족에 의해서 차지하고 있다」.[27] 히틀러가 서술한 것은 분명히 변호사와 의사였다.

실제로 유대인이 점하는 비율의 규모를 확인하는 데에 통계를 얼핏 보면 충분하다. 공식 데이터에 의하면 프로이센에서는 1933년 4월 7일 당시 등록된 변호사의 총수 11,814인 중 3,370인이 유대인이었다. 즉 유대인이 차지하는 비율은 28.6%였다. 베를린에서는 그 비율은 보다 높았는데, 「80%를 초과」한 것이었다.* 베를린 고등법원의 관할구역 내지 베를린, 고트부스, 프랑크푸르트/오데르, 란스베르크발데, 노이루핀, 플렌트라우 및 포츠담의 지방법원의 관할구역에서 유대인이 차지하는 비율은 전체 48.3%였다.[28] 프로이센 이외에서는 유대인 변호사와 공증인의 비율은 현저하게 적었다. 공식 평가에 따르면 다음의 고등법원의 관할구역에서 전체 1,215인의 유대인 변호사가 등록하고 있었다. 즉 유대인 변호사의 수는 밤베르크에서는 51인, 브라운슈바이크에서는 10인, 다름슈타트에서는 77인, 드레스덴에서는 129인, 함부르크에서는 220인, 예나에서는 23인, 칼스루헤에서는 191인, 뮌헨에서는 230인, 뉘른베르크에서는 134인, 올덴부르크에서는 2인, 로스토크에서는 11인, 슈투트가르트에서는 92인, 츠바이브뤼켄에서는 45인이었다.[29]

1933년 4월 7일의 변호사법은 그 문언에 의하면, 배척된 인적 범위(「아리아 혈통이 아닌」)를 명확하게 정의하는 공무원법과 비교하여 그 정도로 엄격한 것은 아니었다.

변호사법의 중요한 한 절에 의하면, 1933년 9월 30일까지 변호사등록을 취소할 수 있으며, 최종적으로는 「비록 이 점에 대해서 변호사법으로 정한 사유가 존재하지 아니한 경우에도」 변호사등록을 거부할 수 있었다. 변호사법 제3조에 의해서 「공산주의활동을 한 자」는 변호사등록에서 배제되었다. 이 규정에 의해서 의심스러운 경우에는 예전부터 등록한 변호사나 세계대전 참전자에게 특권을 부여하는 규정의 효력을 상실시킬 수 있었다.[30] 실무에서 재량규정이 해당되는 유대인 변호사에 대해서 엄격하게 적용되었다

27) *Krach*, (aaO Fn. 4), S. 205에서 인용.
28) *Lorenzen*, (aaO Fn. 15), S. 166의 기재와 *Krach*, (aaO Fn. 4), S. 416과 419.
29) *Lorenzen*, (aaO Fn. 15), S. 166.
30) 1933년 4월 7일의 변호사등록에 관한 법률, RGBl. 1933 I S. 188.

해도, ― 법률의 문언에 의하면 가능성은 주어졌으나 그들의 변호사등록은 취소되었다 ― 예외규정을 이용할 수 있었던 자의 수는 상당히 많았다. 프로이센에서는 3,379인의 유대인 변호사 중 2,158인이 등록을 유지하였다. 약간의 다툼이 있는 사건을 심사한 후 1944년 여름에는 유대인 변호사의 수는 다시 증가(2,609인까지)하였다. 그렇지만 많은 유대인 변호사가 스스로 예외 규정의 이용을 단념하거나 또는 이주를 구하거나 퇴진하여 그 수는 끊임없이 저하하였다.

그것은 원래 법률상 부당하였으나 전투원으로서 특권을 가진 몇몇 사람의 저명한 변호사로부터 적어도 등록하고 있던 공증인사무소가 빼앗겼다. 그들은 전투원으로서 변호사등록의 취소에서 지켜지듯이 공증인사무소의 탈취에 대해서도 보호되지 않으면 안 되었다. 나아가 그들에 대해서「공산주의활동」을 이유로 그 책임을 추궁할 수는 없었다. 왜냐하면 그들은 좌파의 독일자유민주당 또는 사회민주당에 속하거나 유대교파의 독일국민중앙연합회에서 적극적으로 활동하였기 때문이다.

율리우스 브로드니츠(Julius Brodnitz, 1866-1936) 박사, 그리고 루드비히 홀랜더(Ludwig Holländer, 1877-1936)는 그들의 공증인사무소를 잃었다. 브로드니츠 박사는 1933년 4월부터 중앙연합회 이사장으로서「독일의 유대인제국 대표부」를 설립할 때에 중요한 역할을 한 인물이었다. 홀랜더는 중앙연합회의 회장과 법률고문이며, 1919년에 필로(Philo) 출판사를 설립한 인물이었다. 필로 출판사는 중앙연합회의 위탁으로 특히 반유대주의를 방어하기 위한 저작을 발간하고 있었다. 후고 진츠하이머(Hugo Sinzheimer, 1875-1945)31)*는 1933년에 공증인으로서의 직을 상실하였을 뿐만 아니라 장기간에 걸쳐 변호사로서 활동하고, 1919년에 사회민주당원으로서 헌법제정 국민의회의 구성원이 되고, 그 후에는 법학잡지『사법(Die Justiz)』의 공동 편집자 또는 프랑크푸르트대학의 조교수로서, 나아가 노동법의 업적으로 매우 저명한 인물이었다. 진츠하이머는 네덜란드로 도피하는 데 성공하고 암스테르담대학과 라이덴대학에서 조교수로서 활동하였다. 1940년에 그는 테레지엔슈타트(Theresienstadt)로 보내지고 1945년 석방된 후 장기간의 구속이 원인이 되어 사망하였다.

1933년 에리히 아이크(Erich Eyck, 1878-1964)도 공증인 직을 상실하였다. 그는 1906년부터 베를린에서 변호사로서 활동할 뿐만 아니라 베를린의 일간지와 베를린의 포스(Vossische) 신문의 공동 경영자로서, 또한 역사가로서 저명하였다. 중앙연합회의 간부였던 아이크는 1937년에 이탈리아를 거쳐 런던으로 도피하였다. 율리우스 마그누스(Julius Magnus, 1867-1944)32)도 민주주의사상을 이유로 공증인사무소를 빼앗겼다. 그는 1898

---

31) 진츠하이머에 대해서는 *Hans-Peter Benöhr*, Hugo Sinzheimer (1875-1945) Mitbegründer des Arbeitsrechts, in: H. C. Helmut Heinrichs u.a. (Hrsg.), Deutsche Juristen jüdischer Herkunft, München 1993, S. 615-630 참조.

32) 마그누스에 관하여는 *Gerhard Jungfer*, Julius Magnus (1867-1944) Mentor und Mahner der freien Advokatur, in: H. C. Helmut Heinrichs u.a. (Hrsg.), Deutsche Juristen jüdischer Herkunft, München 1993, S. 517-530 참조.

년부터 베를린에서 변호사등록을 하고 1914년에 법률고문관의 칭호를 얻었다. 마그누스
는 1915년부터 법학전문잡지인『법률 주보』(Juristische Wochenschrift)의 편집자, 그리
고 독일 변호사연합회의 이사였다. 1939년 8월 그는 네덜란드로 도피하는데 성공하였다.
1940년에 독일군이 네덜란드로 진주한 후 마그누스는 1943년 베스타보르크의 강제수용
소에서 테레지 엔슈타트로 이송되고 거기에서 1944년 이름에 사망하였다. 굶주림이
그 원인이었다.[33]

통계에 의하면 변호사법의 성과는 그 정도로 크지 않고 예전부터 등록하고 있던 변호사
와 전투원의 비율을 상당히 낮게 견적하고 있던 사회민주주의자들을 매우 분노케 하는
결과가 되었다. 나아가 1933년 4월의 법적 조치의 결과도 1933년 4월 1일의 보이코트
과정에서 한꺼번에「유대인을 소멸시킬」것을 목적으로 적어도 그것을 고지하고 있던
프로이센과 바이에른의 임시 법무장관의 통첩과 부당한 책략을 크게 하회하는 것이었다.

1933년 초에 상당수의 법률가의 신상에 내린 직업금지에 따른 정신과 생존의 파멸에
대해서 모두 기술할 수는 없다. 5년간의 활동 후 1933년부터 1934년에 브레멘에서
변호사자격을 상실한 헤르만 레만(Hermann Lehmann) (그는 망명지인 칠레에서 태어나
30년 후에 다시 변호사자격을 돌려받았다)은 ― 법률가뿐만 아니라 ― 많은 자가 동일한
것을 맛본 생존상실의 쓰라린 경험을 상세하게 기술하고 있다. 그것은 레만이 사법연수생
으로서 수습을 받은 브레멘 지방법원장의 태도였다.「나는 변호사로서 여러 번 그의
부(部)에서 변론하고 서로 잘 아는 동료였다. 나는 어느 날 오전에 롤란드 가까운 광장에서
그를 만나서 연장자인 그에게 정중하게 인사하였다. 그는 곧 나를 알아보고 훑어보고는
인사에는 대답도 하지 않았다. 나는 그에게 이미 존중할만한 가치가 없었다. 슬프게도
인간 동료의 존중에서 내가 얼마나 낮게 보였는가 하는 기분이 들었다」.

이에 반하여 헤르만 레만은 이전의 동료들의 것으로 좋은 경험도 하였다.「그들의
태도는 나무랄 데가 전혀 없고 그들은 나를 동포처럼 취급하였다. 오랫동안 동급생의
한 사람이며 나중에 동료가 된 자만이 나와의 모든 관계를 거부하였다. 놀라운 것은
나의 의뢰인의 태도이며, 어떤 위임도 나를 해임하지 않았다. 나 자신 위임에 대해서
배려하지 않으면 안 되었다. 자주 물려받은 고문으로서 활동하도록 의뢰하였다. 그런데
나에게 매월 고문료를 지불한다는 의뢰인도 있었다. 그러나 나는 이미 환상을 갖지
않았다」.[34]

「직업공무원법」은 유대인의 행정직 법률가를 배제하기 위한 이유로서 이용되었다.
오랫동안 괴벨스(Goebbels)*에 의해서「이지돌」(Isidor)*로 폄하된 베를린 경찰서의
부서장 베른하르트 바이스(Bernhard Weiss)*처럼 저명하거나 정치적으로 위험한 공무원
은 여하튼 그 직무와 그 땅에서 쫓겨났다. 1933년에 바이스는 영국으로 망명하였다.

---

33) *Göppinger*, (aaO Fn.1), S. 219 ff. 약전 (출전 일람 포함)과 *Krach*, (aaO Fn. 4), S. 429 ff. 참조.
그 밖에 *Joseph Walk*, Kurzbiographien zur Geschichte der Juden 1918-1945, 1988.

34) *Hermann Lehmann*, Wanderer in drei Kontinenten, in: Veröffentlichungen der Hanseatischen
Rechtsanwaltskammer Bremen, Bremen 1990, S. 19 ff.

그의 이름은 국적박탈자 리스트 첫 번째로 올랐다. 1926년부터 프로이센 국가공무원이며 최종적으로는 통상산업부에 근무하던 헤르만 바이히만(Hermann Weichmann)의 경우도 비슷하였다. 이전에는 사회민주주의자인 수상 비서관 오토 브라운(Otto Braun)이 함부르크의 정치가로서 중요한 역할을 맡고 있었는데 망명 후 (1933년에 프랑스, 그 후에는 미국), 바이히만은 1948년부터 함부르크의 정치가로서 최종적으로는 최초의 시장으로서 중요한 역할을 하였다. 행정직 법률가로 지방자치체의 정치가이기도 한 프리츠 엘자스(Fritz Elsas)의 운명은 그 정도로 행운은 아니었으며 말하자면 전형적인 것이었다. 그는 독일 도시 의회의 상임이사(1926- 1931년)로서 나아가 두 번째의 베를린시장으로서 유명하였다. 엘자스가 최초로 구속된 것은 1937년이었다. 1944년 그는 카를 괴르델러(Carl Goerdeler)와의 관계를 이유로 자유주의 저항세력의 구성원으로서 체포되고 작센하우젠의 강제수용소로 이송되었다. 1945년 1월 4일 엘자스는 그 수용소에서 총살되었다.

　　1923년부터 1932년까지 프로이센 내무부, 그 후에는 국무부의 사무차관이었던 저명한 법률가 로베르트 바이스만(Robert Weismann)은 망명에 성공하였다. 그의 망명지는 체코슬로바키아, 스위스, 마지막에는 미국이었다. 바이스만은 1942년 2월 미국에서 사망하였다. 유명한 법률가의 가문에서 태어난 파울 하이니츠(Paul Heinitz)는 프로이센 농무부의 참사관이었는데 1934년 3월 31일에 강제로 퇴직되었다 ― 그는 당시 47세였다 ―. 그 3년 후 그는 라이히 유제품공장에서의 종업원으로서의 직도 상실하였다. 왜냐하면 기타 종업원이 유대인과 함께 일하는 것은 부당한 요구라는 주장이 있었기 때문이다. 하이니츠는 1942년 2월 베를린에서 위 천공으로 사망하였다. 그것은 하이니츠가 유대인이었기 때문에 일반 병원에서 치료를 받을 수 없었고, 또한 세례를 받은 그리스도 교도이었기 때문에 유대인의 병원에서도 치료를 받지 못하고 구급차의 운전수가 그의 운반을 기부한 것이 원인이었다.

　　유대인이 아닌 동료들의 반응으로 보아 알 수 있듯이, 1933년부터 1934년의 유대인 법률가에 대한 배제와 차별은 서론에 불과하였다. 그러나 법치국가를 확신하는 독일인 법률가의 다수가 품고 있는 공감과 연대감의 표명은 유대인에 대한 박해가 증대함에 따라서 급속히 감소하고 있었다.

　　강좌에서 추방된 대학교수, 독일의 대학에서 조교, 강사, 시간강사, 조교수의 직을 상실한 법률가의 다수는 오랫동안 극우 학생에 의한 매도와 중상에 시달리지 않으면 안 되었다. 히틀러의 「권력장악」 후 대부분의 대학교수는 곧 새로운 정치체제에 충성을 맹세하였다. 많은 대학에서 폭동, 강의 보이코트, 유대인 교원을 해직시키라는 학생대표에 의한 요구가 있었을 때, 유대인에 대한 지원은 전혀 기대할 수 없었다. 1933년 봄 대학에서의 상황은 법원에서와 마찬가지였다. 1933년 3월 29일, 국가사회주의학생연합회의 연방대표자가 다음과 같은 성명을 내었다. 그것은 독일의 대학에서 유대인 교원과 조교를 철저하게 배제할 것을 요구하는 것이며, 4월 1일부터 유대인 교수에 의한 강의와 세미나의 보이코트를 통지하는 것이었다.35) 4월 중에는 먼저 바덴주에서 유대인 교원의 휴직이 시작되었다. 킬에서 그랬듯이, 많은 대학에서 소란스런 사태는 계속되었다. 함부르크의 교육위원회가 이에 저항하고 항의한 것은 예외였다.

1933년 봄 공무원법의 적용으로 독일 라이히의 23개 법학부에서 유대인 교원이 해직되었다. 그것은 200인 이상의 대학 교원이며 (많은 경우 조교의 수는 확인되지 않는다) 여기에는 경제학부, 공과대학, 예술대학과 상과대학 등의 법률가도 포함되어 있었다.

교육활동에 대한 귀결은 비극적이었다. 많은 교과(예컨대 로마 법제사, 세법, 비교법)에서 해직은 괴멸한 것과 동일한 결과를 가져왔다. 해직된 자에 대해서도 그 결과는 마찬가지로 비극적이었다. 왜냐하면 망명에 성공한 경우에도 그 경력을 계속케 하거나 또는 그 밖의 직에 취업할 가능성은 전혀 없었기 때문이다.

대학에서 추방했을 때 유대인 대학 교원은 그들이 받은 불법 이상으로 유대인이 아닌 동료들의 반응에 배척의 신랄함을 느꼈다. 동료 의식의 겉치레가 희박했듯이, 동료들은 우리들이 하층민이 된 것을 강렬하게 느끼게 하였다. 라이프치히 대학의 강사, 쾨니히스베르크대학과 프라하대학의 교수, 할레대학의 정교수로서 멋진 경력을 가진 저명한 법사학자인 귀이도 키쉬(Guido Kisch)는 1933년 봄 44세에 그 직을 상실하였다.

「히틀러의 '권력장악' 후 곧 나는 유대인이나 유대계의 많은 교원들과 마찬가지로 먼저 '휴직'되었다. ... '휴직'은 내가 강의를 하지 못하고 나아가 박사학위시험과 제1차 국가시험에 관여해서는 안 된다는 것을 의미하였다. 내가 몇십 년 동안 많은 시간과 노력을 들여 온 법학연구소의 소장직은 해직되었다. 그 조금 전에 할레대학에 초빙된 형법의 젊은 교수 에리히 슈빙게(Erich Schwinge)는 나의 후임으로서 불법적인 방법으로 공석이 된 소장직에 취임하는 것을 거부하지 않았다. 슈빙게는 그 설립자이며 소장이었던 외르게스(Joerges) 교수가 해직됨으로써 버림받은 노동법연구소의 운영도 인수하였다」.

유대인 구성원의 배제 후에 무언을 통한 대학 동료들의 단결심의 결여가, 특히 배제된 자에게 상처를 주었다. 「이와 같은 사건을 이해할 수 없었던 외국에서는 누차 다음과 같은 것을 말하고 있었다. 히틀러는 종교 또는 혈통을 이유로 내쫓은 동료들의 직을 인계한 자를 임용하려고 해도 후임 교수를 찾을 수 없었을 것이다. 나는 법과 정의의 대변자로 도덕적 의무를 부과하는 법률학의 교수를 전혀 알지 못하였다. 내가 아는 한, 유일한 프랑크푸르트대학의 아르투어 바움가르텐(Arthur Baumgarten)이 독일에서 교수직을 포기할 인물은 아니었다. 왜냐하면 그는 책임감 있는 법률학 교수로서 국가사회주의적인 '법철학' 강의를 수행할 수는 없다고 선언하였기 때문이다. 할레대학의 동료들은 초빙할 때에 그 표가 중요했던 정교수에 대해서 몇 년 동안 그들의 저서와 논문의 별쇄를 겸허하게 기증했음에도 불구하고 침묵으로 일관하고, 나머지 타인과 같은 태도를 취하였다. 나는 그와 같은 동료들이 많음을 제시할 수 있다. 그들은 위로의 말조차도 자신의 체면을 위해서 하려고 하지 않았다」.

귀이도 키쉬는 그 숙명으로서 많은 것을 보증하였다. 그는 생존의 상실에 더하여

---

35) *Rudolf Schottlaender*, Verfolgte Berliner Wissenschaft, ein Gedenkwerk, 1988, S. 28.

마르크스주의자, 평화주의자 또는 호전적 자유주의자라는 혐의를 받았는데 그 어떤 구실로 인한 가택수색,「보호구속」, 학대와 같은 가혹한 사태에는 대비하였다. 키쉬 교수에 대한 배제는「통상의 케이스」였다.

「1933년 가을, 나는「직업공무원제도의 재건을 위한 법률」제3조에 근거하여 공식적으로 퇴직하게 되고, 동시에 작센 주의 주위원회의 결정으로 작센-안할트의 역사위원회에서 제명되었다. 내가 창설한 학술총서, 즉『독일법 연구』(Deutschrechtliche Forschung)의 발행인인 슈투트가르트의 W. 콜함머(W. Kohlhammer), 그리고 상법 전문 잡지인『상법총서』(Beiträge zum Handelsrecht)의 발행인인 라이프치히의 R. 노스케(R. Noske)는 일방적으로 나와의 계약을 해제하였다. 연금은 대학교수가 정년퇴직한 때에 적용되는 기준에 근거하지 않고, 그보다 훨씬 불리한 행정직 공무원의 기준에 근거하여 산정하고, 곧 그 지불은 완전히 중단되었다. 내가 고문서를 연구하고 있던 대학도서관의 이용은 금지되었다.

사회적 추방과 배제에 의한 갑작스런 권리박탈, 그리고 학문영역에서의 활동금지라는 이유 없는 선고가 자신의 노력으로 교수의 지위에 도달한 44세의 학자에 대해서 무엇을 의미하였는가는, 오늘날에도 여전히 상상할 수 있을 것이다」.[36]

IV. 1933년부터 1934년에서의 「법개정」과 사법의 통합

히틀러가 독일 라이히 수상으로 임명되기 바로 전부터 항상 그것을 분명히 하였듯이, 히틀러에 대해서 법은 ─ 사회조직의 이념, 질서의 기본원리, 규칙의 소산으로서의 ─ 명령과 정복, 약자에 대한 강자의 권력행사에 근거하여 그의 세계상, 즉 동속적 생물신화론적 사고의 과정과 군주철학에서 도출된 그의 세계상과는 정반대되는 것이었다. 법에 근거하여 구성된 정치적 및 사회적 질서의 이념은 히틀러와는 관계가 없는 것이어서 그는 그것을 단지 경멸하고, 그가 경멸한 법률은 법률가계층에 속하는 모든 자에게 향하고 있었다.

총통의 의사는 국가사회주의 이데올로기에서 다툼이 없는 법을 초월하는 최상급의 권력으로서의 효력을 지녔다.「국민의 법감정」을 이끌어 내어 히틀러는 헌법과 제정법에 구속되지 않는 독재자, 그리고「독일 국민의 최상급의 재판권소유자」*로서의 예외적 지위를 이용하고, 법 대신에 격세유전적 권력에 의해서 ─ 피, 토지, 인권, 국민이 그것을 상징하고 있는 ─ 정당화된 총통의 맹수와 같은 독단을 행사하였다.

이와 같은 총통의 권력이 최초로 공공연하게 행사된 것은 1934년 6월 30일에 행한 노골적인 형태에서의 살해였다.* 히틀러가 직접 명령한 대항자, 적대자 그리고 좋지 않은 위험 인물에 대한 피비린내 나는 청산은 나중에 국가의 자위로서 정당화되었다.

---

36) *Guido Kisch*, Der Lebensweg eines Rechtshistoriker. Erinnerungen, 1975, S. 75 ff.

이 목표를 달성하기 위해서 히틀러는 1933년 7월 13일의 라이히 의회에서 법과 제정법에 대한 그의 입장을 밝혔다. 「반란은 영원히 변함 없는 철칙에 따라서 박살난다. 우리들이 판결에 정규 법원을 관여케 하지 않는다는 이유로 누군가가 나를 비난한다면, 나는 그에 대해서 이렇게 반론할 수 있다. 그때에 나는 독일 민족, 즉 독일 국민의 운명에 대해서 책임 있는 최상급의 재판권소유자였다. 반란을 일으킨 지역에는 항상 처형으로 다시 질서가 잡히지 않으면 안 된다. 유일하게 어떤 국가가 전쟁조항을 사용하지 않았다. 그 국가는 그 때문에 붕괴되었다. 그것은 독일이다. 나는 새로운 제국을 구제국의 운명의 손에 맡겨둘 수는 없었다. 나에 대해서 재판절차에 의해서만 죄와 벌에 대해서 정확하게 판단할 수 있다는 이의를 주창한다면, 나는 그러한 견해에 대해서 단호히 항의한다. 독일에 대해서 반란을 일으키는 자는 국가에 대한 반역행위를 하는 것이다. 국가반역행위를 하는 자는 그 행위의 범위와 정도에 따라서 처벌해야 할 것이 아니라 드러난 그 주의에 의해서 처벌하지 않으면 안 된다」.[37]

같은 날 헤르만 괴링(Hermann Göring)*도 프로이센 수상으로서 검찰총장 앞에서의 연설에서 히틀러에 가세하였다. 「권한만이 계속 존재한다면 모두가 붕괴할 수 있다는 과장된 명제를 우리들은 알지 못한다. 우리들은 법을 일차적인 것으로서 보지 아니한다. 일차적인 것, 그리고 일차적인 것으로서 계속 존재하는 것은 국민이다. … 그러나 국가와 국민을 유지하기 위한 법은 당연히 강력하게 옹호되지 않으면 안 된다. … 법과 총통의 의사는 하나이다. … 오늘날에 있어서 국가지도의 행위는 국민의 법의식을 가장 잘 실현하는 것이었다. 이미 어떤 기관도 이 행위를 재심사하기 위한 권한을 사용할 수는 없다. 하나의 법관념, 즉 총통 자신이 확고히 한 법관념만이 정당할 수 있다」.[38]

이미 국가사회주의 지도의 그와 같은 법관념이 공식으로 제시되기 오래전부터 — 국가사회주의 이데올로기 아래에서의 국가와 사회의 정복을 위해서 인사 이외에 조직의 철저가 요구되고 있었다. 히틀러 자신에 대해서 국가사회주의의 의미에서의 법개정은 오히려 아무래도 좋은 것이었다. 왜냐하면 그는 여하튼 현존하는 제도로는 방해를 받는다고 느끼고, 제도와 결정기관을 모두 변경하여 새로이 창설한 때에 그 책무에서 불명료성이 생기며, 또한 책임 있는 자 간의 대항관계가 생기는 것을 중시했기 때문이다. 그러나 총통의 국가의 법적 기초를 공고히 하기 위해서 자신의 임용을 원하는 야심적 법률가가 다수 존재하였다.

카를 슈미트(Carl Schmitt)*, 에른스트 포르스토프(Ernst Forsthoff)*, 에른스트 루돌프 후버(Ernst Rudolf Huber)*, 오토 쾰로이터(Otto Koellreutter)*와 같이 국가사회주의를 신봉하는 대학의 법률학의 엘리트들*은 「전체주의국가」를 정당화하기 위한 법이론적 연역을 얻으려고 노력했는데, 국가사회주의 독일노동자당의 「옛 전투원」이었던 히틀러

---

37) *Gerd Rühle*, Das Dritte Reich. Dokumentarische Darstellung des Aufbaues der Nation. Das zweite Jahr 1934, 2. Aufl. 1935, S. 245 ff.에서 인용.

38) Deutsche Justiz 1934, S. 881 ff.; *Weinkauff*, (aaO Fn. 1), S. 44.

의 법적 보병대는 간소한 논거로 헤쳐나가려고 하였다. 그러한 논거는 물론 소리 높게 주장되고 관련된 정기간행물 — 예컨대『독일법』(Deutsches Recht)과『독일 사법』(Deutsche Justiz)에서 — 끊임없이 복창되었다. 카를 슈미트는 1934년 6월 30일의 대량학살 때에 히틀러가 법률에 근거하지 않고 법관의 신분을 강탈한 것에 대해서 다음의 말로 이를 정당화하였다. 「진정한 지도자는 항상 법관을 겸한다. 지도자의 신분에서 법관의 신분이 생긴다. 이 두 가지 신분을 서로 분리하거나 대항시키는 자는 사법을 사용하여 국가를 근저로부터 바꾸려는 것이다. 총통의 행위는 진정한 재판권이었다. 총통의 행위는 사법권에 복종하는 것이 아니라 그 자체 최상급의 사법권이었다. 모든 법은 국민의 생존권에서 유래한다」.39)* 롤란트 프라이슬러(Roland Freisler)*는 동일한 것을 간소한 방법으로 서술하였다. 「법관은 법률과 그 양심에만 책임을 진다는 법원법의 규정은 새로운 해석을 필요로 한다. 개별적인 사례에서 법관이 자기의 양심과 국가의 지도자가 명하는 것이 다르다고 느끼는 경우에는 법관은 그 잘못된 양심에 따라서는 아니된다. 법원(法源)은 법률 이외에 건전한 국민감정, 당의 강령과 총통의 권위 있는 표명이다. 법관의 독립성은 법관의 자신(自信)이며 그것은 국가사회주의와 최상급의 재판권소유자로서의 총통에 대한 충성에 뿌리를 둔 것이다」.40)*

　법치국가라는 사상으로부터의 기쁜 결별은 집단의 속박(「민족공동체」), 그리고 세계관적, 인종적 및 감정적인 사회의 동종성(Gleichartigkeit)이라는 지상명령을 위해서 개인의 자유를 거절하면서 유유히 나아갔다. 시민의 시대는 청산되었다고 에른스트 포르스토프는 환성을 지르고 이렇게 서술하였다. 유대인은 적이며 그들은 「해악이 퍼지지 않도록 봉쇄하지 않으면 안 된다」.41) 카를 슈미트는 총통의 지위는 「총통과 그 신봉자 간의 절대적인 인종동일성(Artgleichheit)*」42)에 근거하는 것이라고 확신하고 있었다. 쾰로이터는 「민족주의적 이상」이 「국가사회주의 국가의 확고한 기초」라는 것을 인정하였다.43) 한스 프랑크는 「피, 토지, 명예, 방위력과 노동」 중에서 「법의 본질적 가치」를 인정하였다.44) 헬무트 니콜라이(Helmut Nicolai)*는 국가사회주의의 인종이론이 「자연법적 지위」를 가지는 것을 확인하였다. 니콜라이처럼 국가사회주의독일노동자당의 활동가로서 고위직의 공무원(국장, 장관)으로 출세한 법률가 빌헬름 슈투카르트(Wilhelm Stuckart)*는 그의『국가사회주의적 법학교육』*에서 다음과 같은 기본사상을 선언하였다. 「시대의 중요한 임무는 우리들의 의식에 있는 법과 법관념을 우리들의 피에 있는 법과 다시 일치시키는 것이다」. 「인종동일성」은 「명예, 자유, 성실, 용감성, 내적 존재, 심정, 공공의 정신」을 기본으로 하는 「독일법의 생물학적 기초」이다.45)

---

39) *Weinkauff*, (aaO Fn. 1), S. 87에서 인용.
40) Nationalsozialistisches Recht und Rechtsdenken, S. 53 ff.; *Weinkauff*, (aaO Fn. 1), S. 75에서 인용.
41) *Weinkauff*, (aaO Fn. 1), S. 87.
42) *Weinkauff*, (aaO Fn. 1), S. 85.
43) *Weinkauff*, (aaO Fn. 1), S. 84.
44) *Weinkauff*, (aaO Fn. 1), S. 60.

  그러한 관념들은 국가사회주의국가에서 법과 사법을 규정해야 할 것이 되었다. 그 전제가 된 것은 유대인의 배척 ―「인종동일성」의 회복 ― 이외에 법질서와 법제도를 완전하게 개조하는 것, 법치국가의 전통을 포기하는 것, 그리고 국가제도의 윤리를 규정하는 모든 원칙을 거부하는 것이었다.

  이러한 것들을 달성하기 위해서 국가사회주의자들은 권력장악 이후에 곧 일에 착수하였다. 국가사회주의지배의 제1단계, 정적, 민주주의제도의 지지자, 그리고 유대인처럼 「적」으로 간주되는 소수파에 대한 공포정치였다. 「권력장악」 후의 첫 번째 달에 좋지 않은 엘리트와 간부를 모든 국가기관에서 「추방」하기 위한 입법상 보장된 조치를 통하여 폭력적인 침해가 행해졌다. 「직업공무원제도의 재건을 위한 법률」은 인적 배제를 가능하게 하였다. 거기에 이어서 국가와 사회의 제도적인 개혁이 실시되었다. 바이마르 헌법 제48조의 긴급명령을 근거로 하고, 정적 배제의 절차, 그리고 1933년 1월 30일의 「권력장악」 직후에 중앙집권화 된 총통의 국가조직의 모든 제도의 「통제」가 개시되었다.

  독재제로 가는 과정에서 1933년 2월 27일의 독일 라이히 의사당 방화사건은 국가사회주의자들에 대해서 바로 하늘이 내린 선물이었다. 겨우 몇몇 사람들만이 이것을 의회민주주의의 붕괴의 신호탄으로 보고 있었다. 그러나 대다수는 이것을 법과 질서에 대한 공격이라고 느끼고 그것이 ― 증명되고 있음에도 불구하고 몇 사람의 범인에 대해서는 오늘날까지 많은 사람들에 의해서 의문시되고 있었다 ― 정치적으로 크게 이용되었다. 1933년 2월 28일 라이히 대통령은 수상 히틀러에 대해서 「국민과 국가를 보호하기 위한 명령」(Verordnung zum Schutz Volk und Staat)*을 허가하였다. 이 명령은 헌법의 본질적인 기본권을 실효시키고 ― 선거의 최중에 ― 독일공산당과 독일사회민주당의 정적에 대한 박해나 광범위하게 걸치는 배제를 가능하게 하였다.

  라이히 정부는 긴급명령에 의해서 국가사회주의의 방침을 취하지 아니한 주정부를 배제하고, 그것을 라이히 위원회에 대체할 수 있었다. 2월 28일의 명령으로 발생한 예외 상태는 모든 사람에 대한 경찰의 직접적인 개입을 가능케 하였다. 법원의 감독 없이 사람을 체포하고 단체를 해산하고 재산을 압류하는 것이 가능하게 되었다. 나치 친위대의 라이히 지도자로서의 경력은 아직 남지 않았으나 1933년 3월에 뮌헨의 경찰본부장이 된 하인리히 힘러(Heinrich Himmler)*는 다하우(Dachau)*에 최초의 「강제수용소」를 설치하였다. 그것으로써 경찰과 사법과 아울러 국가사회주의 지배체제 아래서 증대하는 공포정치를 실시하기 위한 장비의 기초, 그리고 「총통의 의사」만이 법으로서 타당한 국가에서 나치 친위대에 의해서 조정하는 국가기관의 기초가 공고하게 되었다. 독일 라이히 의사당 방화사건에서의 명령으로 생긴 예외적 상태는 1945년 초에 히틀러 정권이 붕괴하기까지 존속하였다.

  1933년 3월 5일의 라이히 의회선거에서 국가사회주의독일노동자당은 정적에 대한 방해에도 불구하고 총투표의 43.9%밖에 획득하지 못했다. 시민연합의 파트너, 즉 알프레

---

45) *Weinkauff*, (aaO Fn. 1), S. 61.

드 후겐베르크(Alfred Hugenberg)*가 이끄는 독일 국민당과의 연립으로 히틀러 정권은 총투표의 51.9%를 획득하였다. 이것은 안정된 의회제민주주의 정부에 대해서는 충분하였으나 절치부심하는 보수파 시민과 타협함으로써 권력을 장악하고, 현재의 통치제도의 완전한 제거와 독재제에로의 교대를 목표로 「권력장악」의 슬로건에서 과격주의를 표명한 「나치당」에 대해서는 매우 적은 것이었다.

「수권법」(Ermächtigungsgesetz),* 즉 최초의 4년간의 포괄적 대리권은 의회의 통제 없이 정부에 대해서 행동과 조직형성의 자유를 부여하였다. 그러나 여기에는 라이히 의회의 3분의 2의 다수가 필요하였다. 중앙당, 그리고 가톨릭교의 이익의 보호와 구호를 신앙하는 바이에른 국민당의 표에 의해서 1933년 3월 23일에 의회로부터 권력이 박탈되었다. 독일사회민주당의 94의 반대표에 대해서 「국민과 국가의 위난을 제거하기 위한 법률」(Gesetz zur Behebung der Not von Volk und Reich)*이 가결되었다. 히틀러가 이끄는 라이히 정부에 대해서 국가와 사회를 개혁하기 위한 수단이 자유롭게 되었다. 이미 3월 21일의 2일 전에 사법조직을 파괴하기 위해서 모든 고등법원의 관할구역에서 특별법원의 설치가 개시되었다. 독일 라이히 의사당 방화사건 때의 명령, 그리고 정부에 대한 「악의 있는 공격에서 방어하기 위한 명령」(Verordnung zur Abwehr heimtückischer Angriffe)*을 근거로 특별법원은 정부와 여당의 비판자에 대해서 대항하였다. 이것은 재판상의 예비조사, 개시명령, 상고의 가능성 없이 행해 졌다. 동시에 「보호구속」의 수단은 계속하여 설치된 강제수용소 제도에서 정치의 통상의 수단으로서 실행되었다. 3월 말의 「판 데어 룹베법」*, 즉 「죄형법정주의」의 법원칙에 반하여 방화에 대해서 소급적으로 사형을 도입한 것은 사법에 대한 균열을 더욱 부채질하였다.

국가기구의 제도적 구성도 개혁하지 않으면 안 되었다. 그 개혁을 위해서 먼저 「라이히와 각주의 통합」을 위한 법률이 이용되었다. 1933년 3월 말에 라이히 의회 선거의 비례대표제에 근거한 선거를 실시하지 않고, 주의회가 새로 구성되고, 4월 초에 각주에 대해서 「히틀러가 작성한 정치지령을 준수하도록 하기」위해서 라이히 총독에 의해서 각주의 권력이 박탈되었다.

4월 22일, 한스 프랑크가 「각주에서의 사법의 통합과 법제도개정을 위한 라이히 위원」에 임명되었다. 「변호사 한스 프랑크 II 박사」(1923년에 나치 돌격대와 국가사회주의독일노동자당에 가입한 히틀러 운동의 스타 법률가는 법률사무소와 법원에서 이러한 상호를 사용하고 있었다)는 고위의 당직무 이외에 라이히위원으로 임명되는 것을 미리 예정하고 있으며, 그의 상호 II가 그것을 보여주고 있었다. 프랑크는 1933년 이전의 「투쟁의 시대」에 있어서의 당동지의 변호사로서, 그리고 히틀러의 법률고문으로서 출세하였다. 1930년부터 프랑크는 국가사회주의독일노동자당 지도부의 법무부장, 그리고 「국가사회주의독일법률가연맹」의 지도자가 되고, 1933년 3월부터 바이에른 법무장관이 되었다. 1933년 10월 그의 직무에 「독일법 아카데미」*의 원장직, 듣기 좋은 「라이히법 지도자」란 칭호, 그리고 1934년 「무임소 라이히 장관」이란 직명이 첨가되었다. 이러한 다수의 직무에서

프랑크가 실제로는 일하지 않은 직무를 적당히 일한 히틀러의 협력자였다고 보아도
좋다(프랑크는 점령 중의 폴란드에서 히틀러 정권의 총독이 되고, 제2차 세계대전 이후 중요한
임무를 수행하게 되었다. 그는「총독부」의 총독으로서 국가와 국민에 대해서 중대한 결과를 가져오
는 사실상의 권력을 가졌다).

독일국가사회주의법률가연맹에 의거하여 새로운「라이히 사법위원」은 1933년 봄에
법률가의 직업조직을 독일국가사회주의법률가연맹에「통합하는」것을 시작하였다.
1933년 3월 14일에 프랑크가 이끄는 국가사회주의의 법률가에 의해서 요구된 법관직의
인종적·정치적 숙청에 대해서 결의되고, 이 결의가 현존하는 업계별의 연맹을 분쇄하는
발단이 되고, 1934년 1월에 독일 법관연맹과 각주의 법관협회가 정식으로 해체되었다.
먼저 상부조직으로서의 법관연맹이 라이히 정부에 대한 충성심을 표명하였다. 라이히
정부에 대한 프로이센 법관협회의 충성심은 보다 커다란 것이며, 동 협회는 다음과
같은 성명을 내었다.「프로이센 법관협회는 사법의 영역에서 독일법과 독일민족공동체의
새로운 구축에 기여할 것을 우리들의 중요한 임무라고 공언한다. 이 목표는 프로이센의
법관과 검사가 라이히 수상 아돌프 히틀러의 지도 아래 공동전선의 일원이 됨으로써만
달성할 수 있다. 우리들의 투쟁의 범위는 국가사회주의독일법률가연맹에 의해서 윤곽이
드러나고 확정된다. 그러므로 우리들의 모든 구성원에 대하여 독일국가사회주의법률가
연맹의 일원이 될 것을 요청한다」.[46]

뷔르템베르크의 법관협회도 마찬가지로 새로운 시대에의 순응에 의욕적이었다. 이에
대해서 법관연맹과 그 밖의 주의 협회는 신분조직에서도 법관의 독립성을 지키려고
하였다. 독일변호사협회는 1933년 5월 12일, 국가사회주의독일법률가연맹에 단체가입
할 것을 결의하였다. 그 2주 후에 법관연맹도 이에 따랐다. 그럼으로써 적어도 국가사회주
의조직에 있어서의 개인 회원 획득을 위한 강제를 피할 필요가 있었다. 그러나 이것은
구연맹을 최종적으로 해체하는 과정에서의 중간적 사건에 불과하였다.

프랑크는 법률가의 통합을 진행함에 있어 경쟁 상대가 있었다. 1933년 3월부터 프로이
센 법무장관이었던 한스 커를(Hanns Kerrl)(1923년부터 그는 국가사회주의독일노동자당의
당원이며 중급 사법관료였다)*은 독일공무원연맹의 비호 아래 먼저 프로이센에서 모든
법률직 공무원에 의한 독자적인 통일조직을 형성하려고 하였다. 커를과 프랑크의 경쟁은
두 사람이 라이히 법무장관 자리를 얻으려는 것이었다. 두 사람은 히틀러가 적절한
기회에 파펜(Papen)*이 1932년에 라이히 법무장관으로서 베를린으로 불러들인 독일국
민당의 당직자인 프란츠 귀르트너(Franz Gürtner)(그 이전에 그는 10년간에 걸쳐 바이에른의
법무장관이었다)*를 국가사회주의자로 교체할 것을 기대하고 있었다. 프랑크와 커를이
강력하게 자천했음에도 불구하고, 히틀러는 최악의 사태를 회피하기 위해서 귀르트너를
1941년에 그가 사망하기까지 공직에 두었다. 그럼으로써 정권에 있었던 중산계급의
정치인은 법의 도착과 법치국가 붕괴 시에 귀르트너를 겉 간판으로서 이용할 기회를

---

46) *Weinkauff*, (aaO Fn. 1), S. 103 ff.

얻었다.[47]

　귀르트너는 그에게 주어진 기대에 부응하였다.

　1933년 6월 1일에 프랑크는 통역자, 감정인, 집행관 등의 사법과 관련된 모든 직업연맹의 상부조직으로서 「독일법률전선」을 창설하였다. 그것으로 프랑크는 경쟁에서 커를을 누루고, 나아가 독일국가사회주의법률가연맹(BNSDJ)*의 지지단체에 있어서의 모든 조직을 병합하려고 하였다. 1933년 10월 초의 라이프치히에서의 법률가회의에서 프랑크는 독일에서의 법률직의 통일이 달성된 것을 고하고, 나아가 「라이히에서의 독일사법의 통일」이 조급하게 실현될 것을 선언하였다. 다른 한편에서는 프로이센 법무장관 한스 케를과의 경쟁에서 프랑크는 독일국가사회주의법률가연맹의 구원활동을 하였다. 이것이 국가사회주의독일노동자당과 동일하게 매우 많은 지지를 얻었다. 특히 법률직의 다수 공무원은 1936년부터 독일국가사회주의법옹호자연맹(NS-Rechtswahrerbund)*이라고 부르고, 1935년부터 국가사회주의독일노동자당의 「병설연맹」이 된 국가사회주의독일법률가연맹에 가입함으로써 그 경력과 존속을 지킬 것이 필요하다고 느끼고 있었다.

　각주의 사법행정의 통합은 그 후 곧 각주의 병합과 병행하여 실시되었다. 1935년 2월 16일과 12월 5일의 「사법을 라이히로 이행하기 위한 법률」(Gesetz zur Überleitung der Rechtspflege auf das Reich)*에 의해서 사법권이 행정절차상 완전하게 라이히로 이행되기까지 각주의 법무부는 우선 라이히 법무부의 외부기관이 되었다. 주관청은 라이히 관청이 되고 주의 공무원은 라이히 공무원이 되었다.

　여러 해에 걸쳐 당의 법률가의 리더였던 롤란트 프라이슬러(Roland Freisler)는 사무차관으로서 프로이센 법무부에서 라이히 법무부로 옮겼다. 라이히 법무부에서 프라이슬러는 1942년 여름까지 (그는 민족재판소*의 소장이었다), 정력적이며 광신적으로 국가사회주의에 근거하여 법을 변형하는 일에 종사하였다. 업계별 협회의 통합과 모든 조직의 장악으로 사법과 법률가는 ― 말할 만한 저항 없이 ― 국가사회주의자 또는 그 원조자의 수중으로 떨어졌다. 1933년 봄의 숙청 후 여전히 존재한 좋지 않은 자의 배척은 더 이상 저지할 수 없게 되었다.

V. 배제: 1935년의 뉘른베르크법

　1935년 9월 15일 「자유를 위한 당대회」에서 「뉘른베르크법」(Nürnberger Gesetze)*이 공포되었다. 이 법률은 당시의 법률문헌에서 「국가의 기본법」으로서(쾰로이터), 국가사회주의독일노동자당의 강령의 실현으로서(프리크) 높이 평가되고, 나아가 「라이히가 사법에서의 유대교도를 근절하기 위한 제2의 타격을 줄 수 있는」 도표라고 간주되었다.[48]

---

47) *Gruchmann*, (aaO Fn. 1), S. 70 ff.

48) *Otto Koellreutter*, Grundfragen unserer Volks-und Staatsgestaltung, 1936, S. 10; Reichsminister

입법적 조치는 즉석에서 실시되었는데 — 초안의 작성은 공포 전날, 조급하게 베를린에서 뉘른베르크로 불러들인 라이히 법무부의 직원이 행한[49] — 그 효력은 철저하고 완전하였다. 「라이히 시민법」(Reichsbürgergesetz), 그리고 「독일의 혈통과 독일의 명예를 보호하기 위한 법률(혈통보호법)」(Gesetz zum Schutz des deutschen Blutes und der deutschen Ehre [Blutschutzgesetz])*은 아우슈비츠,* 트레블린카, 소비보르, 벨체크, 헬름노 그리고 몇백만인이나 되는 생명을 박탈한 그 밖의 도시들에서 최후의 민족살해가 자행되기까지 국가사회주의체제의 인종차별정책을 위한 기초가 되었다.

「라이히 시민법」은 한편으로는 상투적인 문구를 병렬한 것이며, 다른 한편으로는 매우 상징적인 작용을 수반한 신호이기도 하고 최종적으로는 유대인으로부터 권리를 박탈하는 배척수단을 실행하는 골격을 형성하는 것이었다. 이 법률은 국적보유자(「독일 라이히의 보호연맹에 속하며, 특히 거기에 속하는 것이 의무인자」)와 「라이히 국민」을 구별하고 있었다. 이것을 정한 규정은 다음과 같은 내용이었다. 「독일 국민과 라이히에 충성을 다할 의사가 있고, 그 자격이 있는 깃을 행동으로 증명하는 독일 또는 같은 혈족의 국적보유자만이 라이히 국민이다」.[50] 이 문언에 의해서 유대인과 좋지 않은 인물을 완전한 자격을 가진 국민공동체에서 배척하고 국민의 범위를 「인종차별적」또는 세계관적 관점에 근거하여 자유롭게 정의할 수 있었다. 신티와 로마(Sinti und Roma)* 이외에 「국민의 적」도 이 법률의 대상이 되었다. 그것은 첫째로, 배제될 독일의 유대인, 즉 제2계급의 복종자가 될 모든 자였다. 왜냐하면 「라이히 국민」만이 「이 법률의 기준에 근거한 완전한 정치적 권리의 보유자」였기 때문이다.[51]

1935년 11월 14일에 공포된 라이히 시민법을 위한 제1 명령에서 법률로써 차별할 인적 범위를 정의하려고 시도하였다. 곧 국가사회주의국가의 관청에 대해서 문제가 발생하였다. 그것은 「혼혈」유대인이 어느 정도 유대인 또는 「아리아인」으로 취급되는가 하는 것이었다. 입법자의 의사를 강조하는 슈투카르트/글로프케(Stuckart/Globke)의 유명한 콤멘타르가 그 정의에 공헌했는데,[52] 이 정의의 노고로 국가사회주의의 인종학의 문제가 명백하게 되었다. 왜냐하면 혼혈의 속성을 규정하기 위해서는 종교적 귀속성도 고려하지 않으면 안 되었기 때문이다. 「혈통상 완전하게 유대인 피를 이은 조부모의 한쪽이나 쌍방의 혈통을 이은 혼혈 유대인이다. ... 조부모의 한쪽이 유대교의 종교단체에 속하는 경우에는 어려움 없이 완전한 유대인으로 간주되었다」.[53] 많은 사람에게 「완전한

Dr. Frick, Das Reichsbürgergesetz und das Gesetz zum deutschen Blutes und der deutschen Ehre vom 15. September 1935, in: Deutsche Juristen-Zeitung 1935, S. 1390 ff.; Lorenzen, (aaO Fn. 15), S. 183.

49) 라이히 내무부와 인종차별입법: 베른하르트 뢰세너(*Bernhard Lösener*) 박사의 수기, in: Viertel-jahrshefte für Zeitgeschichte 9 (1961), S. 262-313.

50) 1935년 9월 15일의 라이히 시민법, RGBl. 1935 I S. 1146.

51) Ebenda, §2 (3).

52) *Stuckart/Globke*, Kommentar zur deutschen Rassengesetzgebung, Bd. 1, 1936; *Martin Hirsch, Diemut Majer, Jürgen Meinck*, Recht, Verwaltung und Justiz im Nationalsozialismus. Ausgewählte Schriften, Gesetze und Gerichtsentscheidungen von 1933 bis 1945, 1984, S. 340 참조.

「유대인」과「반 유대인」을 넘어 해당자의 범위를 확장하는 것보다도 먼저 유대인 공무원을 예외 없이 그 직무에서 배제하는 규정이 중요하였다. 라이히 내무장관 프리크(Frick)는 라이히 시민법을 위한 명령을 쉬운 말로 바꾸어 다음과 같이 기술하였다.「유대인은 라이히 국민이 될 수 없다는 사실에서 여하튼 유대인은 공직에의 관여가 배제된다는 결론이 나온다. 그러므로 현재 그 직에 취임하고 있는 유대인 공무원은 배제되지 않으면 안 된다. 유대인 공무원은 1935년 12월 31일 자로 퇴직한다. 그때에 유대인 공무원에 대한 퇴직금은 지불된다. 그중 전투원이었던 자에 대해서는 특별 규정이 적용된다. 즉 전투원이었던 자에 대해서 정년에 달하기까지의 사이 최후로 지불된 급료액이 퇴직금으로서 지불된다」.54)

뉘른베르크에서의 라이히 당대회 직후 라이히 법무장관 귀르트너는 몇 사람의 유대인 법관과 검사가 여전히 사법직에 종사하는 것이 보고되었다. 1935년 9월 30일의 전보에 의해서 유대인 법관과 검사는 즉시 휴직시켰다. 1933년 이후 전투원의 특권에 근거하여 그 직에 머무른 자의 다수가 자진해서 단념하고 공직에서 떠났기 때문에 유대인 법관과 검사의 수는 232인이었다. 1945년 중순까지 205인의 유대인 법관과 검사가 해직되었다. 그 후 여전히 그 직에 머무른 27인은 특별한 이유로 해직되었다. 베를린 고등법원 관할구역에서는 74인의 법률가가 그것에 해당되고, 브레슬라우에서는 21인, 함에서는 14인, 쾨니히스베르크에서는 12인, 칼스루헤와 뒤셀도르프에서는 각각 6인, 프랑크푸르트 마인, 함부르크와 뉘른베르크에서는 각각 5인, 킬, 밤베르크와 드레스덴에서는 각각 4인, 다름슈타트와 츠바이브뤼켄에서는 각 3인, 첼레와 예나에서는 각 2인, 슈투트가르크, 로스토크와 올덴부르크에서는 각 1인이었다. 그 당시 마리엔베르더와 브라운슈바이크의 고등법원의 관할구역에서는 이미 사법직에 한 사람의 유대인도 없었다.55)

「라이히 시민법」에서 정의한 인적 범위를 넘어서 ¹유대인과 혼인관계에 있는」공무원도 퇴직시켰다. 그 근거로서 유대인에 대한 주거에서의 라이히 국기의 게양의 금지가 이용되었다. 빈번하게 국기를 거는 것이 명해진 탓으로「혼혈 부부」에게는 의무와 금지의 충돌이 발생하고, 그 때문에「유대인과 혼인관계에 있는 공무원의 다수는 유대인과 마찬가지로 퇴직케 하였다」.56)

「혼혈 유대인」에 대해서 1937년 1월 26일의 독일공무원법은 공직에서 배제하기 위한 근거를 부여하였다. 새로운 공무원법상의 규정은「유대인 배척조항」에 의해서 1933년의 공무원법을 훨씬 초월하는 것이며, 뉘른베르크 인종차별법을 극단적으로 짐작하는 것이었다. 공무원법에 의하면 공무에 종사하는 자의 배우자도「독일 또는 같은 혈족」이어야 하며 배우자에 대한 예외적 허가는「2 등급의 혼혈자」에게만 가능하였다.57)

53) 1935년 11월 14일의 라이히 시민법을 위한 제1 명령, §2 (2), RGBl 1935 I S. 1333.
54) *Frick*, Das Reichsbürgergesetz, in: Deutsche Juristen-Zeitung 1935, S. 1390 ff.
55) *Lorenzen*, (aaO Fn. 15), S. 185.
56) Ebenda.
57) 1937년 1월 26일의 독일공무원법, 특히 §§25, 59, 72, RGBl. 1937 I S. 41 ff.

1935년 가을, 1933년의 변호사법에 의한 제한과 그 가혹한 실시에도 불구하고 독일 라이히에는 2,300인의 유대인 변호사가 활동하고 있었다. 이들에게 라이히 시민법에 의해서 정의하는 인적 범위를 산입한다면, 그 수는 2,900인이었다.58) 1935년 11월에 행한 국가사회주의독일법률가연맹의 회의 때에 「라이히의 법률가 지도자」는 「모든 기회에 그에 대해서 기여된 의견, 나아가 순수한 유대인으로서 독일의 법정에서 과거의 시대의 타락적 법률 과업을 계속하고, 독일의 법치국가를 장사꾼 정신에 의한 거래소로 폄하하려고 한『동료』에 반대하는 독일인 변호사의 의견에 대해서」자기의 견해를 피력하였다. 「변호사회에서 유대인과 품위를 저하하는 모든 요소」를 배제하는 것은 국가사회주의의 요청이다.59) 「유대인은 변호사직에서 배제된다」는 규정을 가지는 1938년 9월 27일의 라이히 시민법을 위한 제5 명령이 여전히 현존하는 유대인 변호사를 배제하기 위한 근거를 부여하였다. 구 라이히의 영역에서는 1938년 11월 30일에 유대인의 변호사 등록이 실효되었다. 그 후 독일 라이히에 병합된 오스트리아에는 경과규정이 적용되었다.60)

유대인에 대한 법적 조언과 변호는 「유대인 법률고문」에 의해서만 하였다. 유대인 변호사, 특히 전투원이었던 자 중에서 소수의 자가 법률고문으로서 라이히 법무부에 의해서 허가되고 등록되었다. 라이히 변호사회의 부회장 에르빈 노아크(Erwin Noack)는 법학전문 잡지인 『법률주보』(Juristische Wochenschrift)에서 국가사회주의의 특수용어를 사용한 정부의 동기에 대해서 해설하였다. 「독일 법원에서 법적 보호를 구하는 유대인은 같은 인종자에 의해서 대리되는 것」이 배려되지 않으면 안 된다. 왜냐하면 「독일인 변호사에 대해서 유대인을 위해서 활동하는 것, 신분법에 위반되는 것, 그리고 국가사회주의법방어연맹의 징계절차에 복종할 가능성이 있는 것을 요구하지 않으면 안 되기 때문이다」. 여하튼 「유대인이 그 권리를 실행할 때에 신뢰할 수 있는 같은 인종자를 이용하여 좋은 것은 공평의 요구」이다. 그러나 「유대인의 법률고문은 어떠한 경우에도 권리의 옹호자 또는 변호사 유사한 기관으로 간주되어서는 안 된다. 나아가 유대인의 법률고문은 유대인 당사자의 이익의 옹호자는 아니다. 사법기관으로서의 법관과 변호사만이 권리를 보호할 수 있다」.61)

법률고문은 일정한 관할구역에 배속되며, 그들은 라이히 법무부의 감독 하에 두었다. 라이히 법무부는 유대인 법률고문의 활동에 대해서 지불할 보수를 「보상금」으로서 관리하였다. 즉 그들에게는 보수의 일부로서만 지불되었다. 보상금 이상으로 유대인의 법률고문은 그들의 보수에 의해서 실직한 유대인 변호사, 그중에서도 전투원이었던 자를 우선하여 원조하지 않으면 안 되었다. 유대인 법률고문에 대한 허가는 기한부이며 철회가능하였다.

---

58) *Lorenzen*, (aaO Fn. 15), S. 187 및 *Erwin Noack*, Die Entjudung der deutschen Anwaltschaft, in: Juristische Wochenschrift 1938, S. 2796 ff.에 의한 수.

59) Grundlegende Neugestaltung der Rechtsanwaltsordnung, in: Juristische Wochenschrift 1935, S. 3448 ff.

60) 1938년 8월 27일의 라이히 시민법을 위한 제5 명령, RGBl. 1938 I S. 1403 ff.

61) *Erwin Noack*, Die Entjudung der deutschen Anwaltsschaft, in: Juristische Wochenschrift 1938, S. 2796 ff.

그들의 활동은 대부분 유대인의 사업과 기업의 해산과 청산에 관여하는 것이었다. 그들은 소송비용의 구조의 틀 안에서 긴급대리인과 국선대리인으로서 활동하였다.

1935년의 두 개의 뉘른베르크 인종차별법의 또 하나, 즉 혈통보호법[62]*은 라이히 시민법과 비교해서 법률가의 신분에 커다란 영향을 미치는 것은 아니었으나, 그 대신에 생존을 위협하는 방법으로 많은 유대인의 프라이버시에 개입하는 것이었다. 이 법률은 유대인과 비유대인의 혼인, 그리고 유대인과 「아리아인」의 혼외의 성교를 금지하였다. 유대인과 아리아인의 혼외의 성교를 금지하는 규정은 밀고를 추진하고, 나아가 가혹한 추궁과 국가사회주의사법의 형사실무에 의해서 많은 인간의 생명을 박탈하였다.

「혈통보호법」에 의해서 유대인 법률가의 처분은 함부르크 지방법원의 소송절차에 의해서 제시되고 있다. 이 사례는 하나의 예로서 어떻게 국가사회주의사법이 정치적 및 인종적 박해의 독수로서 이용되었는가를 증명하고 있다. 1886년에 태어나 1912년부터 함부르크에서 정력적으로 활동하던 유력한 변호사는 1938년 8월에 비유대인 여성과 관계를 지속한 혐의로 체포되었다. 그 밖의 고발(외화밀수와 수간)로 확대된 고소는 원래 임대차 사건에 근거한 것이며 그것은 보복행위에 의한 것이었다. 유책사실의 증인은 수사기관에 의한 강력한 압력하에 있었다. 고소된 변호사 (그는 세계대전 참전자로서 1933년의 변호사법의 적용을 받지 않고 체포되기까지 변호사로서 활동하고 있었다)는 매우 의심스러운 증인의 증언에도 불구하고 1938년 12월 1일 6년 형에 처하여졌다. 그 이유는 다음과 같다. 「피고인에 대해서 형벌을 정할 때에는 그가 변호사, 그리고 그 직무에 따른 뉘른베르크법의 내용과 사정(射程)을 곧 판단해야 할 사법시험에 합격한 법률가임에도 불구하고 혈통보호법을 위반한 것이 중시된다. 인종적 불명예사건의 변호인으로서 수많은 변호를 한 피고인의 상황에서 유대인이 더욱 1937년과 1938년에 이와 같은 행위에 의해서 뉘른베르크법을 무시했다면 거기에는 많은 범행의 의사가 필요하다」. 보석금에 의한 석방, 상고와 재심절차, 그리고 사면을 위한 노력은 모든 관할기관에 의해서 항상 각하되었다. 수형자에 대해서 그 미결구류기간은 산정되지 않았다. 1942년 12월 10일 그는 함부르크-풀스뷔텔(Hamburg-Fuhlsbüttel)의 교도소에서 아우슈비츠로 이송되고, 1943년 1월 초에 거기에서 살해되었다. 1946년 여름 함부르크 지방법원 형사 제2부의 재심절차에 의해서 그에게 사후에 무죄판결이 선고되었다.[63]

VI. 박해와 처분

법정과 법률사무소, 대학의 법학부 그리고 공공관청에서의 배제 후 유대계 법률가의

---

62) 1935년 9월 15일의 독일혈통 및 독일의 명예를 보호하기 위한 법률, RGBl. 1935 I S. 1334 ff.

63) *Hans Robinsohn*, Justiz als politische Verfolgung. Die Rechtsprechung in "Rassenschandefälle" beim Landgericht Hamburg 1935-1943, 1977, S. 94 ff.

운명은 그 밖의 독일의 유대인 직업 그룹과 거의 다름이 없었는데, 거기에는 미묘한 차이가 있었다. 법률가의 경우 법학교육과 법실무가 보충적으로 이주를 방해하는 원인이 었었다. 나아가 의사와 비교해서 생존이 빼앗긴 유대인 법률가는 그들에게 대한 연대감 내지 공감을 어느 정도 기대할 수 없었다. 의사에 대해서는 비유대인 환자의 애착이나 감사의 기분이 약간 남아 있고, 이것이 경우에 따라서는 그들의 도망을 용이하게 하거나 일시적으로 상황을 완화하기도 하지만, 법관과 변호사는 그들이 보복의 희생자가 되는 것을 각오하지 않으면 안 되었다. 이 점에 대해서는 다수의 사례가 존재하였다. 어느 정도 알려지지는 않았지만 중요한 것으로서 변호사 한스 리텐의 경우가 있다.

1903년 한스 아힘 리텐(Hans Achim Litten)*은 할레에서 보수적인 중산계급의 가정에 태어났다. 아버지 프리츠 율리우스 리텐(Fritz Julius Litten)은 쾨니히스베르크대학의 로마법과 민사법의 정교수가 되고, 추밀원고문관, 독일애국주의자, 공화국의 반대자, 그리고 프로이센 정부의 고문이었다. 유대의 혈통은 이미 중요하지 않았다. 세례를 받지 않고 아버지가 그와 같은 경력을 얻는 데에 불가능하였을 것인데 자식에 대해서는 유대의 전통, 유대의 신비주의에 관한 것, 특히 아버지와 일선을 긋는 것이 중요하였다. 한스 리텐은 법학을 배우고 1928년에 약간의 연상의 동료와 제휴하여 베를린에서 변호사로서 활동하였다.

어떤 정당에도 속하지 않고 리텐은 노동자운동을 위해서 참여하고,「구원단체」(Roten Hilfe Deutschland)의 법률고문으로서, 정치적 이유에서 법원에의 출두가 어려운 노동자 계급을 구제하는 단체를 위해서 활동하였다. 이 단체는 알베르트 아인슈타인(Albert Einstein),* 캐테 콜비츠(Käthe Kollwitz),* 토마스 만(Thomas Mann),* 하인리히 만 (Heinrich Mann),* 쿠르트 투홀스키(Kurt Tucholsky)* 그리고 아르놀드 츠바이크(Arnold Zweig)*의 지적인 지원을 받고 있었다.

젊은 변호사 리텐은 살인교사를 이유로 사회민주주의자인 베를린경찰서장 최르기벨 (Zörgiebel)의 대해서 형사고소한 것으로 잘 알려지게 되었다. 1929년의 금지된 5월 데모 때에 경찰관은 노동자가 데모의 금지를 무시하였다고 하여 군중에 대해서 발포하였 다. 33인의 사망자가 추모되었다. 리텐의 고소는 조사위원회가 설치하게 되고 항의집회를 가져왔다.

변호사 리텐이 국가사회주의자에 대한 고소를 수임한 것이 그에게 중대한 결과를 가져왔다. 1930년 11월 악명 높은 베를린의 나치돌격대원 33인이 노동자가 모이는 술집「에덴발라스트」를 습격하고, 남성 4인이 중상을 입었다. 리텐은 공소참가인으로서 그들을 대리하고 아돌프 히틀러를 국가사회주의독일노동자당의 책임 있는 당수로서 증인석에 출두시키고 그를 궁지에 몰아넣었다. 리텐은 나치돌격대원의 폭력행위가 당지 도부에 의해서 승인되었을 뿐만 아니라 계획된 것이라는 것을 증명하려고 하였다. 그는 히틀러를 공중의 면전에서 베를린 지구 지도자 괴벨스(Goebbels)로부터 억지로 이끌어내 려고 하였다. 그것은 극적이었는데 리텐의 실무에서의 유일한 케이스는 아니었다. 국가사회주의자는 복수를 맹세하였다.

히틀러가 라이히 수상으로 취임한 때에 리텐은 그의 친구의 충고에 반하여 외국으로 도피하지 않았다. 라이히 의사당이 방화된 1933년 2월 28일 밤 리텐은 체포되고, 슈판다우 교도소에 수감되었다. 5년간에 걸친 리텐의 고난의 길은 먼저 존넨부르크의 강제수용소에서 시작하였다. 그 후 그는 다시 슈판다우 교도소로 들어갔다. 1933년 10월 말에 그는 브란덴부르크 교도소로 이송되었다. 1934년 2월에 엠스란트의 에스터베겐 강제수용소에 수용되기 전, 학대와 고문을 수반하는 신문을 받고 다시 리텐이 나치돌격대원에 대한 소송에서 대리한 공산노동자의 위협과 철회에 의한 부담이 원인이 되어 자살을 시도하였으나 실패로 끝났다. 그 후 1934년 6월부터 3년 2개월 동안 그는 리히텐부르크의 강제수용소에 들어갔다. 리텐은 가혹한 육체노동과 의료적 보호를 받지 못한 탓에 심한 심장병을 앓았다. 그는 3개월간 베헨발트 강제수용소, 마지막에는 1937년 10월부터 다하우 강제수용소에서 지냈다. 1938년 2월 초에 리텐의 어머니는 리텐이 목매어 자살하여 사망했다는 통지를 받았다. 그의 사망상황은 확인할 수 없었다.

한스 리텐의 어머니는 3개월가량의 방문 때에 자식의 육체적 쇠약을 느끼고 그간 잠시 자식을 구출하기 위해서 할 수 있는 한 전력하였다. 리텐의 어머니가 사회적 관계를 가지고 있던 국가사회주의국가의 중요 인물에 대해서 항의한 것과 마찬가지로, 라이히 장관 폰 블롬베르크(von Blomberg), 힌덴부르크 그리고 라이히 법무장관 귀르트너에 대한 진정은 아무런 소용도 없이 끝났다. 외국으로부터의 호소도 성과가 없었다. 왜냐하면 한스 리텐은 히틀러의 개인적인 복수의 대상이었기 때문이다. 리텐의 어머니는 그 일을 사건의 조서를 지니고 있던 롤란트 프라이슬러를 방문한 때에 알았다. 프라이슬러는 리텐 어머니의 청원을 바로 불쾌하게 여겨 퇴자 놓고, 어떤 일이 있어도 리텐을 위해서는 아무 일도 할 수 없다고 고했다. 프라이슬러는 히틀러와 말하고 그 결과를 친구에게 진술하였다. 「아무도 리텐을 위해서는 손 쓸 수가 없다. 히틀러가 리텐의 이름을 귀에 들었을 때 그의 얼굴은 분노로 검붉은 색이 되었다」.[64] 1937년 가을 다하우 강제수용소를 마지막으로 방문했을 때 한스 리텐은 그의 죄수복에 정치범이란 것을 나타내는 표식 이외에 황색 마크를 붙이고 있었다. 그것은 수용소의 철조망 밖에서의 시민의 일상생활과는 거리가 먼 수용소에서 죄인에게 찍힌 낙인이며, 그것을 붙인 자에 대해서는 엄격한 취급과 극단적인 횡포를 가져오는 것이었다.

국가사회주의체제의 유대인 정책에서 1933년 봄에 폭력행위가 개시되고 나아가 1938년 가을에는 뉘른베르크법이 정식으로 성문화된 때에 유대인에 대한 차별과 배척의 국면은 절정에 달하였다. 다수의 규정, 포고, 명령이 규정되고 독일에서의 유대인의 일상생활에 대해서 혐오가 행해졌다. 11월 초부터 사법관청 내에서 유대인에 대해서 「독일인이 인사하는 것」이 금지되고, 이것은 적지 않게 유대인의 기분을 상하게 하였다.

---

64) *Irmgard Litten*, Eine Mutter kampft gegen Hitler, 1984, S. 64 ff. 처음에 본서는 영어로 발간되었다. A mother fights Hitler, London 1940. 그 후 리텐 사건을 전세계에 알리기 위해서 파리 등에서 발간되었다.

1937년 11월 16일의 라이히 내무부 포고에 따라 여권의 발행은 예외적인 경우에만 인정하게 되고, 이것이 유대인에 대해서는 보다 중대하였다. 1938년 3월 말에 유대 교구는 사단법인의 지위를 상실하였다. 1938년 4월 끝에 모든 유대인에 대해서 재산(5,000 라이히 마르크 이상)을 신고할 의무가 주어졌다. 「유대인에 대한 운동」의 과정에서 전과가 있는 모든 유대인(경범죄자도 포함)이 체포되고 강제수용소에 집어넣었다. 이것은 유대인에 대한 위협으로서 기능하고 나아가 그들을 이주시키기 위한 압력이 되었다.

7월 23일 유대인에 대한 특별한 신분증명서의 발급(1938년 1월 1일부터)이 고지되고, 나아가 8월 17일 유대인에 대해서 *사라* 또는 *이스라엘*의 이름을 강제적으로 부가하는 것에 동의하도록 의무지우는 것이 고지되었다. 이것은 장래에 있어서 보다 가혹한 과정을 시사하였을 뿐만 아니라 이러한 조치는 권리를 박탈해야 할 소수민족에 대한 계획적인 약탈과 박해의 준비를 위해서 실천적인 의미를 가지는 것이었다. 10월 초에는 유대인에게서 여권이 박탈되었다. 재발행은 바로 하지 않고, 재발행할 때에는 「J」*의 스탬프를 찍었다. 그러나 이러한 것들이 유대인에 대한 모든 조치는 아니었다. 여기에는 니이가 지방과 지역 차원에서 보충적으로 고안된 명령이 첨가되었다. 예컨대 그 토지의 입구에 유대인은 바람직하지 않다는 간판이 서있고, 공원의 벤치에는 「아리아인 전용」이라고 써 있고, 다시 유대인에 대해서 시영 풀장, 공원, 일정한 시가의 구역에 출입 등 그 밖의 많은 것이 금지되었다.*

1938년의 가을, 즉 국가사회주의가 지배한 5년 반 후에 국가에 의해서 계획되고 형식상 「합법적」인 차별로 인하여 독일에 있어서의 유대인의 생존조건은 격렬하게 악화되었다. 많은 사람들은 많은 법률가가 입은 직업의 상실, 사회적 지위, 시민으로서의 존엄과 시민권의 상실보다도 나쁜 상황이 된다고는 믿지 않았다. 그러나 그 밖의 자는 그 고지에서 명백하였듯이, 독일로부터의 유대인의 배제 내지 추방 또는 거기에 유사한 조치에 의해서 「유대인 문제해결」을 위한 위협이 현실이 될 것이라고 확신하고 있었다. 그러나 결국 아무도 이미 일어난, 즉 1938년 11월 9일에 「폭발」했듯이, 도발적인 국민의 분노가 일어난다고 생각하지는 않았다.

독일 라이히에서 생활하고 폴란드 정부의 포고로 1938년 10월 30일에 무국적으로 된 약 5만인의 폴란드계 유대인의 국외퇴거가 표면상의 계기가 되었다. 독일로부터 이들을 비인도적으로 추방한 것에 대한 항의로서 가족이 국외로 퇴거 당한 17세의 헤르셀 그륀스판(Herschel Grünspan)은 파리의 독일 대사관에 근무하는 참사관을 권총으로 암살하였다. 대사관의 참사관 에른스트 폰 라트(Ernst von Rath)(히틀러는 암살 후 곧 공사관 서기관을 파견하였다)의 암살이 행동을 불러일으키는 계기가 되고, 공공연한 유대인 배척의 흉악한 살인을 위한 전환기가 되었다. 그 밖의 어떠한 사건보다도 국가사회주의 정부는 법치국가의 전통과 형식의 체제를 이미 중시하지 않는다는 시니칼한 행동으로 나오지는 않았다. 국가사회주의 이데올로기의 구성요소로서 최초로 선전된 유대인 배척론은 마침내 원시적인 방법에 의한 신체적 폭력과 박해로 급변하였다. 「라이히 수정의

밤」*으로 전유럽에서의 유대인의 「최종적 해결」, 즉 몇 백만의 민족살해를 위한 수단이
최고조로 달하였다.

괴벨스는 11월 9일 밤 교묘한 연출로 국가적 만행, 즉 유대 시민, 그들의 재산과
그들의 예배당에 대한 폭력행위를 촉진하였다. 국가사회주의자들은 전독일 라이히의
나치돌격대 지도자, 지구지도자(Ortsgruppenleiter)와 관구지도자(Kreisleiter)의 명령으
로 잔인자로 모습을 바꾸고, 유대 교회를 불사르고, 유대인을 욕하고, 조롱하고 나아가서
는 그들을 괴롭히고 학대하고 철저하게 약탈하였다. 그러나 이와 같은 행위 외에도
「라이히 수정의 밤」에는 다음 날로부터 체포·구류도 포함하여 그 밤에 전 독일에서
약 3만인의 유대인 남성, 특히 분명히 더 좋은 상태에 있었던 유대인 남성이 체포되고,
다하우, 부헨발트와 작센하우젠/오라니엔부르크의 세 개의 강제수용소로 보내졌다. 그것
이 해당자에 대해서 무엇을 의미하였는가 — 많은 변호사, 법관 일찍이 공직에 취임하고
있던 사람들이었다 — 그것을 전하는 무수한 기술이 있음에도 불구하고 아주 상상하기가
어렵다. 이와 같은 행동이 수 주간에 한정되고, 이들이 위협과 이주시키기 위한 압력으로서
사용되고, 유대인을 절멸시키기 위한 것이 아니었다는 확인은 그 정도로 중요하지 않다.
중요한 것은 강제수용소에서의 체재가 지금까지의 생활방식, 고학력으로 사회적으로
뛰어난 인간의 황폐, 희생자의 자부심에 비극적인 결과를 가져온 것이다. 대부분은 석방
후 침묵을 통해서 그들의 신상에 일어난 것을 아무도 가족에게 고하지 않았다. 유대인에
대한 모욕은 학대자, 즉 정치적 노력으로 하층계급으로부터 지배계급으로 오르고, 상층계
급의 일원이 된 자를 사회적 열등감에서 해방하는 데에 기여하였다. 어떤 희생자는
작센하우젠의 강제수용소에 수용된 때의 상황을 다음과 같이 서술하였다. 「거의가 21세
미만의 나치 친위대원은 특히 고령에, 배 나온 유대인의 외모를 가지고 나아가 사회적
상층계급에 속하는 유대인, 예컨대 교원, 변호사를 노렸다. 다른 한편, 그늘은 스포티하고
젊은 유대인에는 부드럽게 대했다. 그리하여 이전에 고위 법률직 공무원이며 그 관직명이
알려진 자는 특히 난폭하게 다루었다...」.[65]

강제수용소에 수용하기 위한 서막으로서 나치 돌격대원과 그 밖의 히틀러 신봉자는
많은 도시에서 마을의 유력자인 유대인을 술집에서 괴롭혔다. 에어푸르트에서는 유대인
박해의 밤에 18세부터 80세의 모든 남성이 체포되었다. 여기에는 유대 교구의 이사로
변호사·공증인이었던 하리 슈테른(Harry Stern) 박사도 포함되어 있었다. 불타는 유대
교회를 지나면서 체육관으로 연행되었다. 「거기에서는 분명히 술 취한 경찰관, 나치
친위대원, 나치 돌격대원, 그리고 많은 시민들이 소란스러웠다. 특히 세례를 받은 변호사
플레쉬(Flesch)가 나치 돌격대원의 한 사람에게 고통을 받고 모욕을 당하고 있었다.
그 대원은 플레쉬가 변호한 이혼소송의 상대방이었다...」.[66]

---

65) *Benz*, (aaO Fn. 3), S. 350.
66) 1954년 10월 31일의 하리 슈테른과의 인터뷰, Wiener Library, London/Tel Aviv, Best. P II d, Nr.
2.

프랑크푸르트에서는 변호사 율리우스 마이어(Julius Meyer)가 희생자가 되었다. 마이어는 금요일 밤, 즉 안식일에 가족과 지낼 수 있었는데 다음날 이른 아침에 그의 연행을 명하는 명령이 내릴 것을 예상하고 있었다. 1938년 9월 27일 라이히 시민법을 위한 제5 명령*에 따라서 11월 30일 모든 유대인 변호사의 변호사등록이 말소되었기 때문에 마이어는 그의 법률사무소를 닫을 준비를 하고 있었다. 그러나 그는 여전히 법률고문으로서 활동을 계속하려고 생각하고 있었다. 「법률사무소에는 변호사등록박탈에 관한 서류가 정리되어 있었다. 나는 그저께 이미 준비한 등록을 고등법원장에게 보냈다. 왜냐하면 11월 30일에 모든 유대인 변호사의 변호사등록이 말소되고 소수의 변호사만이 「법률고문」으로서 활동이 허용되기 때문이다. 많은 동료들은 처음부터 등록을 단념하고 있었다. 그들은 여하튼 이주하려고 하였고, 권리가 제한된 「비호 유대인」으로서 법원을 배회하지 않고, 동정을 받거나 조롱당하지 않으려고 생각하였다. 동시에 그들은 소수의 변호사에게 허용된 법률고문의 가혹한 일이 증가한다고 생각하지 않았다. 그러나 나는 등록을 보냈다. 왜냐하면 나는 지금 계속하지 않으면 안 되더라도 장래 돌아온다고 생각했기 때문이다. 나는 나를 묶어서 무리하게 연행한다고는 생각하지 않는다」.

변호사 마이어는 다른 날 아침에 나치 친위대 내지 게슈타포의 3인의 상부 간부에 의해서 연행되었다. 그러나 마이어는 약간 정중하게 취급되고 먼저 유대 교회의 강연장, 그리고 그 후에는 프랑크푸르트의 유대인 집합소인 공회당으로 연행되었다. 거기는 이미 강제수용소의 색채가 강하였다. 「우리들은 콧수염을 말아 올리고, 진한 녹색의 새로운 제복을 입은 젊은 신처럼 거만하게 서 있던 경찰관에게로 뛰어갔다. 그는 우리들의 등록을 받은 경찰관이었다」. 그는 나의 직업을 물었다. 「변호사입니다」.「당신은 법을 왜곡하는 자인가?」.「나는 지방법원의 변호사입니다」. 「이미 법은 존재하지 않는다」. 가련하군! 나는 그에게 대답했다. 「독일 라이히는 존재합니다」.[67]

1938년 11월의 유대인 학살*은 국가기관에 의해서 그리고 보다 높은 레벨에서 실행되었다. 이 사건에 대해서 결정적이었던 것은 파리에서의 암살자나 그 희생자가 아니라 1933년의 독일 라이히 의사당 방화사건처럼 국가사회주의자들에게 그와 같은 행위를 행할 가능성이 주어졌던 것이다.

국가사회주의 체제에 의한 유대인 박해의 계획은 첫째로, 독일 경제로부터의 유대인의 배척, 즉 거리 모퉁이의 소매상으로부터 백화점, 공장에 이르기까지의 모든 기업과 사업의 「아리아화」와 독일로부터의 유대인의 강제이주였다. 실제로 유대인 박해의 공포 후 독일의 유대인은 완전히 희망을 잃고 전력을 다하여 망명의 가능성을 찾으려고 노력하였다. 그러나 거기에는 매우 커다란 장해가 있었다. 국가사회주의자가 지배한 최초의 해 많은 유대인은 조국 독일에서 떠난다는 생각에 저항하였다. 그 결과 자산을 외국에 가지고 나가는 것, 이주허가를 얻는 것, 그리고 출국을 위해서 비용을 대는 것이 더욱

---

67) Dokumente zur Geschichte der Frankfurter Juden, hrsg. von der Kommission zur Erforschung der Geschichte der Frankfurter Juden, 1963, S. 32 ff.

어렵게 되고, 마침내는 불가능하게 되었다. 세계경제공황은 아직 극복되지 못하고 어떤 나라도 이주를 위한 자금을 갖지 아니한 자에게는 관심을 보이지 않았다. 그 위에 독일의 유대인의 직업구성도 장해의 원인이 되었다. 왜냐하면 많은 이민수용국은 독일의 유대인이 제공할 수 있는 것과는 다른 적성에 관심이 있었기 때문이다. 법률가는 다른 자보다도 더 곤란하였다. 왜냐하면 법률가는 습득한 직업에 대해서 이주지에서 확고한 지위를 가질 기회가 아주 없었기 때문이다. 앵글로색슨법은 독일의 법률가에게 새로이 대학교육을 받을 것을 요구하였다. 그로 인해 미합중국은 법률가에 대해서 희망하는 이주지로서 매력을 잃었다. 팔레스타인에서는 여전히 오스만 제국에서 유래하는 법이 타당하고 있었다. 거기에 더하여 1948년까지의 영국의 위임통치국의 제한이 유대인의 이주를 강하게 방해하고 있었다. 마지막으로는 「에레츠 이스라엘」(Erez Israel)*의 기후와 생활조건들이 중년의 독일 법률가에 대해서 어느 정도 매력 있는 곳은 아니었다.

심리적 장해는 별도로 하고, 독일에서 대학교육을 받은 중산계급의 대표적인 그 밖의 많은 자들과 마찬가지로, 유대인 법률가도 혐오하면서 그리고 어려움을 수반하지 않는 망명을 결의한 것은 이상하지는 않았다. 법률가이면서 망명자로서 화려한 경력을 가진 에른스트 C. 슈티이펠(Ernst C. Stiefel)*은 예외였다. 그는 확실히 대부분의 나이 많은 동료들보다도 잘 준비하고 있었다. 슈티이펠은 1909년 만하임에서 태어나 베를린, 하이델베르크 그리고 파리의 대학에서 공부하였다. 그는 1929년 박사학위를 취득하고, 제2차 국가시험에 합격한 후 1933년에 만하임에서 변호사로서 개업하였다. 개업하고 이틀 만에 변호사법에 근거한 그의 변호사로서의 활동은 끝났다. 슈티이펠은 프랑스로 망명하고, 1934년 파리에서 변호사자격을 취득하였다. 그 후 그는 영국법을 배우고, 1938년 런던 고등법원의 법정변호사(barrister)로서 활동하는 것이 허가되었다.

다음 해인 1939년 슈티이펠은 뉴욕의 법률사무소에 온당한 근무처를 얻었다. 전시 중과 그 직후 그는 미국 육군에서 일하고 그 후 독일에 대한 군정에서 활동하였다. 1947년 이후 그는 뉴욕과 워싱턴에서 변호사등록을 하고 독일에서 투자하는 미국의 대기업, 그리고 미국에 있는 독일 기업의 고문이 되고, 나아가서는 일류의 법률 저술가, 대학교원, 고위의 수훈자, 그리고 코스모폴리탄이 되었다.[68]

그 밖의 법률가의 운명도 훌륭한 것이었다. 슈티이펠과 마찬가지로 그 출발점은 만하임이었다. 구법원 고문 한스 루드비히 외팅거(Hans Ludwig Oettinger)는 1933년 봄에 직업공무원제도의 재건을 위한 법률에 근거하여 해고되었다. 월수 146.62 라이히 마르크의 보조금은 1년간 지불되었다. 32세의 외팅거는 우선 프랑크푸르트의 석탄 도매상사의 행위대리인과 법률고문으로서의 직을 얻었다. 1938년 그는 「비아리안」이라는 이유로 국가사회주의독일노동자당의 압력으로 이러한 직을 상실하였다. 11월계획, 즉 「라이히 수정의 밤」후에 그는 체포되고, 다하우의 강제수용소로 보내졌다. 1939년 3월, 그는

---

68) *Otto Sandrock, Ernst C. Stiefel*, in: Juristen im Porträt, 1988, S. 683-686; *Ernst C. Stiefel/Frank Mecklenburg*, Deutsche Juristen im amerikanischen Exil (1933-1950), 1990.

독일에서 떠나는 조건으로 석방되었다. 독신으로 재산도 없고 신체적 장해를 가진(다하우에서 항의하는 행동의 밤을 지낸 후 그의 두 손은 동상에 걸렸다), 그리고 외국과 관계가 없는 외팅거는 그가 영국을 경유하여 미국에 들어가는 비자를 취득하는 데에 1939년 8월까지 기다리지 않으면 안 되었다. 프랑크푸르트의 석탄 거래상의 직에서 해고된 후 그는 가정전문학교(Dienerfachschule)*에서 배웠다. 그가 가정학교에서 배운 지식은 1940년에 「적성 외국인」으로서 구속되기까지 그를 위해서 신원보증을 해준 영국의 사제관에서 가정부로서 일하는데 기여하였다.

영국인은 전쟁 발발 후 전투능력 있는 남성을 「적성 외국인」으로서 억류했는데 아이러니하게도 히틀러로부터 도망하거나 또는 그 밖의 이유로 영국에 체류하는 독일인, 경우에 따라서는 국가사회주의자인가에 대해서 그 정도 명확하게 구별하지 않았다. 그들은 전원 배에서 전장으로부터 멀리 떨어진 오스트레일리아나 캐나다 같은 국외로 퇴거되었다. 포로를 태운 선박은 오스트레일리아와 캐나다로 향하는 도중 독일의 군함에 의해서 침몰되었다.

캐나다에서 억류되고 있을 때 이전의 독일 법률가는 영국 육군에 지원하고, 먼저 공병대, 그 후에는 정보부에 입대하였다. 영국 국민이 되어 1943년부터 헨리 루이스 오르몬드(Henry Lewis Ormond)라는 영국 이름을 사용하던 외팅거는 전쟁 종결 후 정보부대의 점령군 장교로서 먼저 하노버, 그 후에는 함부르크를 방문하였다. 방송시설, 신문, 영화, 극장, 음악 등의 민주적·문화적 생활제도의 통제와 재건이 정보부대의 임무였다. 함부르크에서 헨리 오르몬드는 정기 간행 잡지인『슈피겔』(Der Spiegel)*의 창설 책임자였던 3인의 정보국 장교의 한 사람이었다.『슈피겔』지의 창설자와 대부 역할을 한 사람으로 그의 공헌은 언제까지나 사람들의 기억에 남고, 영향력을 가지게 된 정보잡지는 1973년 오르몬드의 추도기사에서 그의 공헌을 칭찬하였다.

영국의 점령군 관료를 퇴직한 후 헨리 오르몬드는 1950년 4월에 프랑크푸르트에서 변호사로서 개업하였다. 오르몬드는 변호사로서의 활동영역에서 유명하게 되었다. 그는 I.G. 파르벤(I. G. Farben)*에 대한 볼하임(Wollheim)*의 소송에서 유대인 강제노동복역자의 배상금을 받아내고, 나아가 60년대에는 프랑크푸르트의 아우슈비츠 소송에서 공동원고(Nebenkläger)가 되었다. 1973년 5월 그는 법정에서 변론 중 71세로 사망하였다. 65세부터 피해자보상금으로서 예전의 만하임 구법원 고문에 대해서 지방법원장의 퇴직금을 주는 것이 인정되었다.[69]

11월학살 후 유대인의 신문과 단체가 금지됨으로써 유대인의 공적 생활은 정지되었다. 무엇이든 빼앗기고 비참한 경우가 되고 유대인에게는 새로운 혐오가 일상이 된 나날의 비참한 상황 아래에서의 사적 생활만이 남았다. 4월 30일 「유대인과의 임대차관계에 관한 법률」(Gesetz über Mietverhältnisse mit Juden)*에 근거하여 유대인의 가족을 「유대

---

69) I. G. 파르벤 대 볼하임(Wollheim) 사건 참조. *Henry Ormond*, Entschädigung für 22 Monate Sklavenarbeit. Plädoyer, in: Dachauer Hefte 2 (1986), S. 142-174.

인 주택」에 집중시킬 준비가 시작되었다. 유대인을 조급하게 어떤 주거로 밀집시킨다는
의도는 유대인의 감시(그리고 그 후의 국외추방)를 쉽게하는 것이었다. 그러나 그 이유는
같은 주택에서 유대인과 공동생활하는 것을 「아리아인」에게 요구할 수 없다는 것이었다.
1939년 9월 1일의 전쟁개시에 의해서 외출은 제한되었다. 유대인은, 여름은 21시 이후,
겨울은 20시 이후에 주거에서 나오는 것이 금지되었다. 9월 20일부터 유대인에 대한
라디오의 소지가 금지되었다. 그것은 전쟁을 함에 있어서 불가결하다고 설명되었다.
동시에 전화를 가지는 것이 금지되었다(1940년 7월 19일부터). 왜냐하면 유대인은 「라이히
의 적」으로 간주되었기 때문이다. 1938년 12월 초부터 유대인은 자동차의 운전과 자동차
를 소유하는 것이 금지되었다. 1939년 9월부터 유대인은 특별히 지정된 식료품에서
구입하는 것이 정하여졌다. 1940년 7월부터 베를린의 유대인은 16시부터 17시까지
식료품을 구입하는 것이 허용되었다(거기에 더하여 유대인에게 할당된 배급량은 「아리아인」에
게 할당된 배급량과 비교하여 현저하게 적었다). 교활한 관료들은 예컨대 반려동물을 가지거나
대출도서의 이용 금지 등 끊임없이 비열한 행위를 생각해 내었다.

1941년 9월 1일에 유대인을 식별하기 위한 명령을 내렸다. 8월 15일부터 6세 이상의
모든 유대인은 입은 옷에 노란색의 별*을 달도록 의무지워졌다. 그것으로 유대인을 공공연
하게 모욕하고, 그들에게 낙인을 찍는 것이 철저하게 되고, 박해할 소수민족의 감시가
완전한 것이 되었다. 1941년 7월 1일부터 독일에서의 유대인(라이히 시민법을 위한 제13의
명령에 의해서)은 경찰법 아래 놓이게 되었다. 즉 유대인에게는 법적으로 해결할 기관이
없게 되었다. 그러나 이 시기에는 이미 많은 유대인은 독일에서 생활하고 있지 않았다.
공식적으로는 독일 라이히에 「유대인은 존재하지 않는다」라고 하였다. 아주 극소수의
유대인이 비합법적으로 도망하였다. 비유대인과 「다른 종교인과 결혼한」* 그 밖의 자는
불확실한 보호 아래서 생활하고, 언제나 독일 유대인의 다수와 운명을 함께할 것을
각오하고 있었다.

1941년 여름 이후 독일 라이히의 「유대인 문제」에 대해서 최종적인 권한을 가진
헤르만 괴링(Hermann Göring)을 대리하는 형식으로 게슈타포*의 소장 라인하르트 하이
드리히(Reinhard Heydrich)*에게 두 가지의 임무가 주어졌다. 하나는 「독일이 영향력을
가지는 유럽의 전영역에서 유대인 문제를 완전히 해결하는 데에 필요한 조직적 및 물질적
준비를 적절하게 행하는 것이며」, 또 하나는 하이드리히가 라이히의 목표인 「유대인
문제의 최종적 해결」을 위해서 필요한 모든 계획을 「즉시」 입안하고, 그것을 제출하는
것이었다.70) 그 준비는 철저하게 실행하고 1941년 10월 중순에 유대인 문제의 최종적
해결을 위한 계획은 완성되었다.

유대인은 「소개」를 위해서 집결소에 모이도록 하는 요청이 도처에서 반복 실시되었다.
또한 유대인에 대해서 그들이 「동부로 이주할 때에」 무엇을 가지고 나가도 좋은가,

---

70) 전체적 관련의 상세한 것은 *Raul Hilberg*, Die Vernichtung der Europäischen Juden. Die
Gesamtgeschichte des Holocaust, 1982, durchgesehene und erweiterte Ausgabe 1990.

어떠한 상태에서 주거를 명도하지 않으면 안 되는가(전기, 가스, 수도요금은 출발 전에
지불하지 않으면 안 된다)와 같은 행동에 관한 규칙이 규정되었다. 나아가 유대인에 대해서
— 동시에 주어진「이주 번호」아래 — 1941년 10월 15일로 소급하여 그들의 모든
재산이 국가경찰에 의해서 압류하는 것,「1941년 10월 15일 이후에 행한 재산의 처분(증
여 또는 양도)은 무효이다」는 것이 고지되었다. 거기에 더하여 재산신고서의 작성이 명해지
고, 거기에는 그동안에 양도 또는 증여된 재산과 그 재산의 새로운 소유자의 성명과
주소를 기재하지 않으면 안 되었다. 나아가 재산목록에는 채권증서, 유가증권, 보험증서,
매매계약서 등 모든 중요한 증서를 첨부하지 않으면 안 되었다.

유대인에게 고지한 재산의 약탈은 관료적으로 능숙하게 처리하는 자들에 의해서 강제되
고, 그 약탈은 1935년의「라이히 시민법」을 위한 제11의 명령으로 합법화되었다. 제11의
명령을 집행함으로써 유대인의 권리는 곧 제한되었다. 그것은 적시에 이주할 수 없는
모든 유대인을 최종적으로 게토(Ghetto)*와 죽음의 수용소로 집어 넣는 것이었다. 1941년
11월 25일에 시행된 제11의 명령은 유대인이 어떠한 상황 아래서 독일 국적을 상실하는가
에 대해서 규정하고, 그 상세한 것을 정의하고 있었다. 유대인은「거소를 외국으로 이전함
으로써」자동적으로 독일 국적을 상실한다.[71]

국적과 재산을 소급하여 상실시키는 것의 법적 구성은 충분히 의심스러운 것이었다.
거기에 더하여 유대인들은 결코「거소」를 외국에 이전하려고 하지 아니하였다. 1938년부
터 1939년 간에 국가사회주의 관청에 의해서 강요된 이주*는 1941년 가을부터 정식으로
금지되었다. 유대인은 그 시점에서 자신의 신상에 무엇이 일어나는지를 알지 못했다 하더라
도, 그들은 결코「소개」하려고 하지 않았다. 독일에서의 유대인을 체포하는 데에 기여하는
그물의 간극을 막고, 최종적으로 그들의 생존을 빼앗기 위해 라이히 내무부는 1941년
12월 초에 라이히 시민법을 위한 제11의 명령을 집행하기 위한 밀명에 의해서 외국에로의
이주의 케이스에 관하여「외국」의 개념을 정의하였다.「국적의 상실과 재산의 몰수는
독일의 군대가 점령하거나, 독일의 관리 하에 두어진 지역, 특히 총독부, 그리고 동부
지방과 우크라이나의 라이히 인민위원회의 관리 아래 두어진 지역에 거소를 가진 유대인
또는 장래 거기에 거소를 두는 유대인도 대상으로 한다」.[72]

이와 같은 입법상의 조치로 독일에서 유대인을 추방하기 위한 골격이 만들어졌다.
라이히의 영역에서의 유대인의 퇴출은 이미 여러 장소에서 시도되었다. 전쟁개시로부터
반년도 안 되는 사이에 폼메른 지방에서 최초로 독일의 유대인 추방이 실시되었다.
1940년 2월 12일 밤 중에 슈테틴(Stettin)과 그 주변에 사는 1,000인의 유대인이 주거에서
연행되고, 루블린의 세 개의 마을에서 퇴거되었다. 이 추방을 면한 자는 극소수이며
대부분은 1942년 봄에 개시된 집단학살로 희생되었다.[73] 그 밖의 행동은 1940년 10월

---

71) 1941년 11월 25일의 라이히 시민법을 위한 제11의 명령, RGBl. 1941 I S. 722-724.

72) *Joseph Walk* (Hrsg.), Das Sonderrecht für die Juden im NS-Staat. Eine Sammlung der gesetzlichen
Maßnahmen und Richtlinien-Inhalt und Bedeutung, 1981, S. 358.

73) *Martin Gilbert*, Endlösung. Die Vertreibung und Vernichtung der Huden. Ein Atlas, 1982 참조.

마지막에 바덴과 자르팔츠에서 행해지고, 이들의 행동은 나치스당의 지역 지도자인 로베르트 바그너(바덴)와 요제프 뷔르켈(Josef Bürckel)*(자르팔츠)가 주도한 것이었다. 그들은 인적 조직에서 엘자스와 로트링겐의 민정의 대표자이기도 하였기 때문에 그들은 특별히 전권이 위임되고, 그것에 근거하여 그들은 약 6,500인의 유대인을 게슈타포에 의해서 체포케 할 권한을 가지고 있었다. 유대인은 대도시의 집결소로부터 철도로 아직 점령하지 못한 남부 프랑스로 수송되었다. 거기에서는 비시(Vichy) 정부가 유대인을 억류하고 있었다. 대부분의 유대인은 수송 도중 또는 수송 직후에 사망했는데「브뤼켈 작전」(Bürckelaktion)때에 추방된 자의 약 3분의 1이 살아남았다. 폼메른 지방, 그리고 독일 서남 지방에서의 두 개의 행동은 한 지역에 한정된 것이며, 바로 이에 계속된 행동은 행하여지지 않았다. 독일의 유대인은 마지막으로 한 숨 돌릴 수 있었다. 그러나 「병합」후의 오스트리아에서의 추방과 마찬가지로, 그 행동 자체, 독일 라이히로부터 모든 유대인을 추방하기 위한 견본으로 보지 않으면 안 되었다.

독일에서 유대인을 추방하기 위한 하이드리히의 계획 외에 러시아에 출병을 개시한 후 이미 치안경찰과 비밀호위경찰의 「특별기동부대」라는 형식으로 유대인을 현실적으로 말살하기 위한 장치의 일부가 존재하고 있었다. 한편으로는 이전부터 동부와 발트해 연안 국가들에서 이 특별기동부대가 폴란드, 우크라이나 그리고 러시아의 유대인에 대해서 대규모적인 집단학살을 자행하고 있으며, 다른 한편으로는 서부에서 게슈타포가 유대인을 추방할 계획을 준비하고 있었다. 유럽의 유대인의 조직적 추방과 살해의 상세에 대해서 이야기한 1942년 1월 20일의 반제(Wannsee) 회의* 이전에,74) 이미 그것을 실행하기 위해서 필요한 장치가 풀 가동하고 있었다.

독일 유대인의 어떤 그룹은 직접으로 죽음의 수용소로 보내진 자보다도 특권처럼 생각되었다. 고대 오스트리아 시대로부터의 요새지인 북부 보헤미아 지방에서는 체코슬로바키아, 오스트리아, 독일(몇 사람인지는 덴마크와 네덜란드)로부터의 유대인을 위해서 특별수용소와 고령자의 거주지로 하는 게토가 설립되었다. 그것이 테레지엔슈타트였다.75) 그러나 훈장이 수여된 세계대전 참전자와 저명 인사 등 전체로서 독일의 4만인의 유대인을 위한 고령자용 게토(Ghetto)는 곧 유대인의 자치를 수반한 강제수용소, 그리고 많은 자에 대해서 아우슈비치,* 트레블린카, 소비보르, 벨제크의 강제수용소로 가는 길의 중간 체류지인 것이 판명되었다. 지배체제의 냉소주의는 무서워서 물러날 것은 아니었다. 장래의 게토 거주자는 고령자의 평안한 거주 장소라고 속인 매매계약으로 철저하게 빼앗고, 대중은 국제적 파견단이 방문했을 때에 실시된 예술적 개최물이나 사회적 활동 등 걱정 없이 명랑하고 세련된 생활을 연출하여 기만하였다. 독일어권에서의 유대인, 그리고 독일 문화에 완전히 동화된 유대인에 대해서 테레지엔슈타트에서의

---

74) *Kurt Pätzold/Erika Schwarz*, Tagesordnung Judenmord. Die Wannseekonferenz am 20. Januar 1942. Eine Dokumentation zur Organisation der "Endlösung", 1992.

75) *H. G. Adler*, Theresienstadt, 1941-1945. Das Antliz einer Zwangsgemeinschaft, 1955.

현실은 그들에 대한 독일인의 배신과 같은 뜻이었다. 그들은 1933년 시점에서 여전히 해방될 것을 확신하고 있었다. 왜냐하면 그들의 애국심이 짓밟히고, 그들의 독일 문화에 대한 자각이 경시되고, 그들의 시민계급이 더 이상 인정되지 않거나 무시된다고는 상상할 수 없었기 때문이다.

폴란드, 그리고 소련 지역의 게토와 죽음의 수용소에서 살해된 추방자 중에는 1933년부터 1938년 간에 그 직에서 쫓겨나고, 나치스 국가의 법률과 명령에 근거하여 그 직이 박탈된 이전의 변호사와 법관, 행정직의 법률가 그리고 법과대학의 교수들도 포함되어 있었다. 「라이히 수정의 밤」에 나치 돌격대원에 의해서 주거가 황폐하게 된 (그들은 가구, 커텐, 카페트에 휘발유를 붓고 불을 질렀다) 에센의 변호사이며 공증인 잘로몬 하이네만(Salomon Heinemann) 그리고 그의 아내 안나(Anna)는 앞으로의 공포에서 벗어나기 위해서 자살하였다. 이것은 결코 유일한 케이스는 아니었다. 대부분은 1938년 11월학살(Novemberpogrome)로부터 1941년과 1942년의 유대인 추방*이 개시된 시기에 자살하는 방법을 선택하였다. 왜냐하면 그들은 이후의 모욕과 고난을 이미 참을 수 없었기 때문이다.76)

많은 것 중에서 가려 낸 다음의 비극은 대다수의 독일 유대인 법률가의 결말을 대표하는 것이다.77) 하일보른의 변호사로 1936년부터 뷔르템베르크의 유대인 최고평의회의 의장이었던 지그프리트 굼벨(Siegfried Gumbel)은 1941년 11월에 다하우 강제수용소로 보내지고, 그는 1942년 1월 27일에 거기에서 살해되었다. 슈투트가르트의 유력한 변호사·공증인 루드비히 헤스(Ludwig Hess)는 직업과 주거를 상실하는 비운을 겪은 후 1942년 8월에 테레지엔슈타트로 이주하게 되고, 그는 그해 9월에 거기서 사망하였다. 마찬가지로 슈투트가르트의 로베르트 블로흐(Robert Bloch)는 1933년 8월에 연금이 지급되지 않고 뷔르템베르크 법무부에서 퇴직되었다. 그는 1942년 7월에 아우슈비츠의 강제수용소로 보내지고, 거기에서 살해되었다. 브롬베르크 출신으로 1920년부터 1938년까지 베를린의 변호사 내지 「법률고문」이었던 게오르크 아론손(Georg Aronsohn)은 1942년에 테레지엔슈타트로 보내지고, 그는 1943년 1월에 거기에서 사망하였다. 1935년 10월 1일까지 만하임 지방법원장이었던 지그프리트 보덴하이머(Siegfried Bodenheimer)는 얼마 후에 네덜란드로 망명했다가 국방군이 네덜란드를 점령한 후 게슈타포에게 붙들렸다. 1942년 그는 그의 아내와 함께 베스터보르크(Westerbork)의 강제수용소로, 거기에서 테레지엔슈타트로 보내지고, 거기에서 쇠약과 기아로 사망하였다.

뮌헨의 변호사 엘리자베스 콘(Elisabeth Kohn)에 대해서는, 그녀가 1941년 11월 20일에 그녀의 어머니와 자매와 함께 수송된 것만이 알려지고 있다. 아마 그녀는 그 후 곧 리가에서 살해되었다. 할레대학의 국가학 조교수이며 1933년까지 법학 전문 잡지인

---

76) *Hermann Schröter*, Geschichte und Schicksal der Essener Juden. Gedenkbuch für die jüdischen Mitbürger der Stadt Essen, 1980, S. 575.

77) 모든 기재의 출전은 *Göppinger* und *Krach* (aaO Fn. 31) 참조.

『전국가과학』(die gesamte Staatswissenschaft)의 편집자였던 게오르크 보드니츠(Georg Bodnitz)는 1941년 12월 초에 로즈(Lodz)의 게토에서 사망하였다. 에센의 구법원 고문이 었던 요하네스 아우스터리츠(Johannes Austerlitz)는 폴란드의 이즈비카(Izbica)로 보내 진 후 (1942년 4월 22일) 그 시기를 알 수 없는 때에 민스크의 강제수용소에서 사망하였다. 1933년까지 베를린 고등법원의 변호사였던 쿠르트 레비(Kurt Levy)는 그 직에서 금지된 후 독일 국민 유대교 단체의 본부에서 활동하고 있었다. 그는 1938년의 11월학살에 의해서 작센하우젠의 강제수용소에서 구류되었는데 그 후 독일에서의 라이히 유대 협회의 부(部)국장이 되고, 1943년 6월 17일에 추방되기까지 그 협회의 회장이었다. 테레지엔슈 타트는 그에게 그 밖의 많은 자들과 마찬가지로 일시적인 체류지에 불과하였다. 1944년 가을, 그는 다시 아우슈비츠의 강제수용소로 보내지고 10월 30일 도착 직후 거기에서 살해되었다.

저명한 사람들은 이전의 변호사와 공증인으로서 성공하고 법관으로서 존경받고 대학교 수로서 명성이 높고 나아가 행정관으로서 유능한 독일의 유대인 법률가들이었다. 나치스 의 광신적 인종차별이 그들을 배제하고, 그들을 법률사무소와 집무실에서 내쫓고, 그들을 대학교수직에서 퇴출하고 마지막으로는 신체적 존재를 사라지게 하였다.

더욱 놀라운 것은 독일의 유대인 법률가의 운명을 규정한 법률·명령·조치·보이코트 행동·폭력행위보다도, 그들과 같은 신분의 사람의 압도적 다수가 이러한 정책을 순종으 로 받아들였다는 사실이었다. 독일 법조회로부터 유대인은 공공연하게 「배제」되고, 나치 스 정권은 수익자·기회주의자 그리고 침묵자의 찬성을 얻었다. 1936년 10월 초에 베를린 에서 개최된 「법학에서의 유대인 민족」이란 제목의 회의에 수많은 저명한 독일 법률가가 참가하고, 모인 법률가들은 서로 경쟁적으로 유대인 배척을 표명하였다. 카를 슈미트는 이 회의의 폐회사에서 「유대 사상과 독일 정신과의 관계」에 대해서 「기생충적」, 책략적이 며 상인적인 관계*라고 서술하였다. 나아가 슈미트는 회의의 참가자에 대해서 「라이히의 법지도자」 한스 프랑크의 요구에 따르기 위해서 진력해야 할 결의를 표명하였다. 「이 회의가 독일 법학에 있어서의 유대 민족의 완전한 종말을 의미하는 것이 되기를 바란다 」.78) 「아리아」계의 독일인 법률가는 이것을 전적으로 지지하였다. 독일에 있어서의 유대인 법률가의 몇 사람이 망명 또는 비합법적인 방법으로 「이교도 간 혼인」에 의한 보호 또는 최종적으로는 강제수용소에서 생명을 연장할 수 없었다면, 그것은 적어도 그들과 같은 신분의 사람들의 연대감에 의한 것이었을 것이다.

---

78) *Göppinger*, (aaO Fn. 1), S. 153 ff.

1938. 8. 16.

獨逸 國家學의 最近 動向: 所謂「指導者國家」에 對하야*

俞 鎭 午

[1]

一

近代 公法學의 泰斗 G. 예리네크(G. Jellinek)氏는 國家에 關한 科學 卽 國家科學 (Staatswissenschaften)을 三部門으로 分하엿스니 第一로는 國家의 生成, 變化, 消滅 等 事實의 過程을 記述하는「政治史」가 그것이오 第二로는 目的論的 立場으로부터 實踐的으 로 國家를 論究하는「政治論」그것이오 第三으로는 國家現象의 全貌를 理念的으로 說明하 는「國家學」(Staatslehre)이 그것이다. 卽 國家學이라는 것은 國家에 關한 科學 中「實在하 는 國家를 對象으로 하야 此를 그 實在하는 姿態 그대로 理論的으로 認識하는 科學」인 것이다.

國家學은 이러틋 國家의 理論的 認識을 目的 삼는 것이므로 時代와 場所를 따러 國家 그 自體가 그 實質內容을 달리 함을 隨하야 國家學의 主張 內容도 相異케 되는 것은 自然의 理致다. 그 中에도 時代의 相異에 依한 國家學의 主張 內容의 相異는 實로 顯著한 바 잇다. 例하면 部族國家, 都市國家 時代로부터 中世 封建國家 乃至는 近世 初期의 絕對主義 國家를 通하야 그 뉴안스를 各各 달리하면서도 一言에 存在하던 所謂 神意說 ― 國家는 神意의 所產이오 主權者는 神意의 代表者라는 ― 과 이러한 神秘的 迷信的인 主張을 一掃하고 國家란 一個의 社會요 社會란 그 構成員의 契約에 依하야 成立하는 것이라고 主張하는 所謂 契約說의 兩者를 對比해 본다면 우리는 詳細한 知識과 說明 없이도 一見해 能히 兩者 사이에 잇는 歷歷한 時代의 差異를 看取할 수 잇는 것이다.

그러므로「國民革命」以後 國家體制上에 一大 變化를 遂行한 獨逸에 잇어서 그 國家의 理論的 認識을 꾀하는 國家學이 또한 一大 變貌를 受할 것은 論理的 當然의 歸結이다.

東亞日報 1938. 8. 16~19〈夏期紙上大學〉전4회.

그것은 非但 論理的 當然일 뿐 아니라 事實에 잇어서 이미 一大 轉換을 遂行하엿다.

사람들은 같은「파쇼」의 稱號下에 伊太利와 獨逸과를 同一視하지만은 獨逸의 國家體制는 伊太利보다도 한 層 새로우니만치 國家學의 主張 內容도 또한 同一之論이 아니다. 伊太利에서는 그래도 市民的 古典的 國家論의 有力한 殘骸를 보는 것이나 獨逸에 잇어서는 그러한 것은 바야흐로 자최를 감추랴 하고 잇다. 市民的 古典的 國家論 — 卽 國家法人說에 對하야 새로운「나치」의 公法學者가 提出하는 國家槪念은「指導者國家」(Führerstaat)라는 것이다. 그들은 이「指導者國家」의 理論으로써 市民的 古典的 國家論 — 國家法人說을 全面的으로 否認하랴 하고 잇다.

指導者國家라는 것이 무엇인가의 論述에 들어가기 前에 한 마디 注意해 둘 것은 나치 獨逸의 公法學界에 잇어서는 本稿 劈頭에 紹介한 엘리네크的 立場 그 自體가 否認되고 잇다는 것이다. 一見해 알 수 잇듯이 엘리네크는 歷史와 理論과 政策의 三者를 區別하는 學問的 立場을 직혓고 따라서 國家의 理論的 認識을 目的 삼는 國家學은 爾他의 政治史나 政治論으로부터 區別되엇던 것이나 나치 獨逸에 잇어서는 이러한 區別은 現實의 卓上的 歪曲이라 하야 拒否되고 理論的 認識의 實踐的 要求에의 追從이 要請되며 따라서「公法學의 政治化」라는「科學」을 爲해서는 名譽스럽지 못한 標語가 白日下에 公公然히 揭揚되고 잇는 것이다. 이것은 現代 獨逸 公法學의 根本的 傾向을 形成하는 것인 同時에「指導者國家」理論에의 前提가 되는 것이므로 以下의 論述을 읽어 나감에 際하야 누구나 銘記하여야 할 바다.

二

指導者國家란 무엇인가. 이것의 理解를 爲하여는 우리는 그것에 先行하는 國家人格說의 說明을 通遇하지 아니할 수 없다. 周知하듯이 國家人格說 乃至는 國家法人說은 알프레히트(Albrecht)*에 依하야 基礎를 잡은 것으로서 G. 예리네크에 至하야 大成된 것이다. 그 以前에 잇어서는 國家는 人格을 갖인 國家統治權의 主體라고 觀念되지 아니하엿었다. 古代 中世는 고만 두고라도 近世 初期에 와서 國家權力이 漸次 强大하여짐을 따러 어떠케 해서든지 그것에 理論的 根據를 付與하여야 될 必要에 直面하엿으나 君主의 絶對的 專制에 支配되던 이들 所謂 絶對主義 國家에 잇어서는 統治의 主權은 君主의 私私의 權利엇으며 따라서 國家는 다못 領土와 人民을 要素 삼어 君主가 此를 支配하기 爲하야 맨드러낸 一種의「權力裝置」(Machtapparat)에 지나지 안는다고 說明되었다. 이러한 絶對主義에 立脚한 國家의「家産說」에 抗하야 루-소流의 社會契約說은 君主의 專制的 支配를 排하고 天賦人權과 國民主權을 提唱하엿으나 루-소-에 잇어서도 아직 國家人格이 主張되엇다고는 볼 수 업다. 勿論 國民總體를 卽 國家로 보고 國民總意를 卽 國家의 意思로 보는 限에 잇어서 國民主權說은 卽 國家主權說이 되는 것이나 루-소-에 잇서서는 國家는 個人과 區別되는 그 本來의 固有한 意味를 가진 것으로 主張되지 못하고 個人을 爲해서 잇는 것, 個人의 目的에 奉仕하기 爲해서 잇는 것으로 觀念되엇기 때문에 國家 그 自體에 固有한 人格을 付與하랴는 國家人格과는 本質的인 差異가 잇섯던 것이다.

1938. 8. 17.

[2]

　國家人格說은 말하자면 루-소流의 個人主義的 國家觀에서 一步를 進하야 國家 그 自體에 固有한 人格을 附與히므로써 逐次 强大한 權力機構가 된 近代的 國家에 理論的 基礎를 附與키 爲하야 誕生한 學說이다. 그것이 보담 個人主義的 自由主義的인 英佛 等 資本主義의 先進國에서 發生, 發展하지 아니하고 처음부터 强力的인 國家的 保護와 統制 밑에서만 能히 成長할 수 잇었던 後進 獨逸 資本主義를 母胎로 하야 誕生하고 大成하고 나중에는 英佛로 逆輸出하게 까지 된 것은 이리해 決코 偶然이 아니엇던 것이다.
　이곳에서 우리는 國家人格說의 歷史的 意味를 좀더 具體的으로 分析해 볼 必要를 느낀다. 그것은 그 提唱되던 當時에 잇어서 어떠한 社會的 機能을 가젓던 것인가. (一聯의 國家人格說論者에 依하야 從來의 政治에 對한 學問의 奴婢的 地位가 排斥된 根本的 立場은 이곳에 詳論치 안키로 하고)
　첫째로 우리는 國家人格說의 特質을 그 民主主義的 構成에서 본다. 얼뜻보면 國家人格 說은 루-소流의 國民主權說에 反하야 國民과 區別되는 抽象的인 國家를 設定하므로써 反民主主義的 인듯도 하다. 그러나 그러케 보는 것은 皮相的 觀察이오 國家人格說의 眞意義는 統治의 主權을 君主로부터 移動하야 國家 — 그것은 實質的으로는 國民의 總體를 意味한다 — 에게 賦與한 곳에 잇는 것이다.
　學者 — 或은 國家人格의 觀念으로써 한 개의 「抗議的　觀念」이라고 稱함은 이런 것을 意味함이다. 나치스의 御用學者 칼·쉬미트氏가 — 最近와서는 히틀러에 對한 忠誠을 疑心 받어 不遇의 逆墮으로 轉落햇지만 — 國家人格說의 提唱者 알프레히트의 努力을 評하야 「君主로부터 權力을 除去하고 君主의 一身과 國家를 同一視하는 可能性을 拒絶하기 爲한　確實한 一步」라 한 것은 또한 這間의 消息을 바로 傳하는 것이라 할 것이다.
　둘째로 우리는 國家人格說이 一聯의 國家 特히 獨逸과 같은 君主主義 國家에 잇어서 君權을 擁護하야 國家體制의 急激한 民主主義化를 防禦하엿던 것을 들지 아니할 수 없다.

이 말은 國家人格說의 民主主義的 構成을 指摘한 上述한 바와 矛盾되는 듯이 보인다. 그러나 國家人格說은 文字 그대로의 國民主權說은 아니다. 이 國民主權說에 依하야 佛蘭西에서는 루이 王朝가 顚覆되고 英國에서는 國王의 議會에의 從屬 所謂 King in Parliament 一이 實現되었다. 그러나 國家人格說은 國家統治의 主權이 國民에게 잇다는 것이 아니고 君主에게 잇다는 것도 아니고 國民도 君主도 아닌 第三者로서의 國家에 잇다고 主張하는 것이니 이것은 한편으로는 우에서 指摘한 바와 같이 國民의 民主主義的 要求에 對應하는 것인 同時에 한편으로는 君權에 對한 國民의 急激한 攻勢를 緩和하야 君權의 維持, 擁護를 圖謀하는 것이 되는 것이다.

아까 引用한 칼·쉬미트氏도 이 點에 對하야「이 理論(國家人格說)은 同時에 君主를 維持하고 國民主權에 加擔함이 없이 絶對主義로부터 다만 그 毒牙를 拔去한 것」이라고 指摘하고 잇다.

國家人格說은 이러한 微妙한 矛盾의 統一이라는 妖術모양으로 나타난 것이다. 그러나 그것이 妖術的 色彩를 띠고 잇엇던 것은 카이제르 治下의 獨逸에서 뿐이고 一次 英佛, 米 等 民主主義 國家로 輸出되자 文字 그대로 그를 國家의 實質 內容을 正確히 把握하는 것으로 認容되어 邇來 國家學, 公法學界에 잇어서의 不動의 定說이 되고 말엇다.

그들은 國家人格說을 採用함에 依하야 獨逸에서와 같이 國家와 君主와의 關係를 說明하는 困難이 없엇을 뿐 아니라 漸次로 基礎가 確立되고 巨大한 發展을 하면서 잇는 當時의 國家體制의 說明에 가장 適合하는 것이엇기 때문이다.

이리하야 十九世紀 後半은 國家人格說을 爲하야 黃金時代를 지엇으나 二十世紀로 들어서서 各國 國家體制에 漸次로 그 前과는 다른 發展이 잇게 되자 이 古典的인 學說 우에도 漸次로 各種의 批判이 나려지기 始作하였다. 그 中 重要한 것으로 두 가지를 들 수 잇스니 한 가지는 맑스主義的 方向으로부터의 批判이오 한 가지는 極端個人主義, 無政府主義的 方向으로부터의 批判이엇다. 맑스主義的 批判은 이곳에 言及치 안흐나 極端個人主義의 立場으로부터의 批判도 相當히 猛烈하였다. 그 中에도 佛國의 故 레온 듀기氏* 維也納*에 잇던 켈젠 敎授 等의 國家人格說에 대한 批判은 相當히 尖銳하야 켈젠氏는 國家로부터 形而上學的 觀念인「人格」을 빼앗는 代身 此를「法律規範의 體系」라는 무쇠틀 속으로 집어너헛고 듀기氏에 至하야는 예리네크에 依하야 創設된 萬能의 國家는 이미 死滅하엿다고 까지 絶叫하였다. 이러한 傾向에의 批判은 이곳에 試驗하지 안는다. 그러나 이러한 極端個人主義의 國家觀이 强力的인 國家統制를 生命삼는 파쑈의 體制에 맞지 안흠은 明若觀火한 일이다. 果然 무쏘리니 伊太利에서는 이러한 雜音은 一顧도 되지 안코 强力的인 國家思想이 鼓吹되며 國家人格說은 이에 이르러 그 最高의 絶頂에 達햇는가 하는 感想을 觀者에게 일으키게까지 된 것이엇다.

1938. 8. 18.

[3]

國家人格說은 이와 같이 파쇼 治下에 이르러 두 번째 봄을 맞이한 것이나처럼 보엿다. 그러나 그것은 파쇼의 如何한 形態에 까지든지 適應할 수 잇는 것일까. 不然하다. 왜 그러냐 하면 國家人格說은 治者 被治者 以外에 國家라는 第三의 人格者를 假想함에 依하야 兩者間의 對立을 糊塗하려는 十九世紀의 사롱 紳士的인 體臭를 多分으로 가젓기 때문이다. 萬一 治者와 被治者間에 何等의 對立이 없다 하면 또는 對立이 잇어도 國家라는 第三者를 내세우는 것이 도리어 不便하고 차라리 탁 터노코 現實을 그대로 直面할 必要가 잇다하면 구태어 國家라는 抽象的 觀念에다 일부러 人格을 附與해 가면서 長遑한 說明을 加할 必要가 없는 것이 아닐까. 마치 各國 間의 外交에 잇어서 己往에는 修辭와 禮儀로써 邊幅을 粧飾할 必要가 잇엇지만 오늘과 같이 各國間의 關係가 尖銳해지면 그런 것은 切無用이오 차라리 大膽率直하게 各自 自國의 主張을 露骨하게 表明하는 것이 要請되게 되는 것과 類似한 變化라 할 것이다. 우리는 國家學에 잇어서의 이러한 變化를 最近 獨逸의 國家學에서 보는 것이다.

그러나 나치스 獨逸의 國家學도 처음부터 國家人格을 否認하고 出發한 것은 아니엇다. 그러케 否認하기에는 國家人格의 觀念은 너무나 明確한 너무나 普及된 것이엇던 것이다.

나치스 獨逸의 公法學者는 爲先 從來의 國家學의 根本態度에 對한 批判으로부터 出發하엿다. 스멘드, 칼·쉬미트 等을 爲始하야 한스·게르버, 켈로이터 等은 從來의 國家學에 對하야 첫째로는 그「純粹法學」的 態度를 非難하야 法律 그 中에도 特히 公法과 政治와의 不可分離的 結合을 强調하고 둘째로 從來의 모든 國家學說의 個人主義的 構成을 非難하야 어떠한 共同體的 觀念으로써 이에 代身할 것을 主張하엿다.

이러한 根本立場으로부터 그들은 從來의 國家理論에 代身하야「指導者國家」의 理論을 提出하엿다. 이 理論의 初期에 잇어서는 國家의 人格이 否認되거나 하지는 안엇지마는 어쨋건 從來의 法人國家와는 顯著히 差異 잇는 것으로 主張되엇고 人格의 問題는 적어도 非常히 後退한 것만은 事實이엇다.

그러면 指導者國家란 어떠한 것인가. 우리는 그 理論의 代表者 오토 켈로이터 (O. Koellreutter, Der deutsche Führerstaat, 1934, Deutsches Verfassungsrecht, 2. Auflage, 1936, usw.)*를 따라 그 輪廓을 찾어보기로 하자.

指導者國家의 根本觀念은 種族, 民族, 血統에 對한 異常한 執着에 잇다. 從來의 法人國家에 잇어서는 이러한 것은 적어도 法律的으로는 問題되지 안헛엇고 國家

는 數種의 民族으로도 構成될 수 잇는 것이며 한 國家의 國民인 以上 法律 앞에는 平等한 地位에 서는 것이엇다. 그러나 指導者國家에 잇어서는 問題는 單純한 形式的 法律의 領域을 넘어 超法律的에까지 들어가는 것이며 (이곳에서 벌서 그들의 根本的 態度의 表現을 본다) 이러케 볼 때에 사람은 國家生活을 사람의 政治的 生活形態로부터 벗어날 수 없고 사람의 政治的 生活形態는 항상 民族的 人種的 根據에 依하야 決定된다는 것이다. 사람들은 獨逸 指導者國家를 파시스트 國家라고 말하지만 獨逸 指導者國家와 파시스트 國家와는 다만 反自由主義的 態度에 잇어서 一致할 뿐으로 그 國家의 本質에 잇어서는 判然히 다르다. 卽 伊太利 파시스트 國家에 잇어서는 民族은 問題되지 안코 잇으되 獨逸 指導者國家는「民族의 人種的 場所的 條件과 民族精神의 本質에 依하야 그 政治的 形式이 決定된 國家」라는 것이다.

　그러면 民族이란 무엇이냐. 形式的 民主主義-法人國에 잇어서는「사람 얼굴을 가진」모든 者가 民族이엇고 파시스트 理論에 잇어서는「國家的 訓練下에 整頓된」사람들을 말하는 것이엇으나 나치스에 잇어서는 民族이란 獨立的 存在를 가진 것으로서 피와 흙과의 自然的 共同體요 人種的 特性을 가진 것이다. 法人國家에 잇어서는「國民」은 卽 市民的이엇으나 指導者國家에 잇어서는 이 自然的, 文化的, 共同體로서의 民族이 自覺하야 政治的 意思共同體가 되므로써 國民이 된다는 것이다.

　指導者國家는 이러틋「民族」을 그 基礎로 삼음으로써 벌서 法人國家와 訣別한다. 그러면 그의 指導原理는 무엇인가. 그것은「國家權威」다. 國家權威의 本質은「民族과 國家의 精神的 結合」「民族과 國家의 同一의 表象」속에 잇는 것이오 따라서 그것은「民族 全體로서의『우리들』이란 理念」을 基礎로 삼고 잇는 것이다. 換言하면 一種 全體性(Totalität)의 原理가 指導者國家의 指導原理인 것이다.

　指導者(Führer)는 이 指導原理로써　國民 — 나치의 用語를 쫓으면「聽從者」또는「被指導者」(Gefolgsleute) — 를 指導한다. 다시 말하면 民族共同體의 構成原理는 이 指導者와 聽從者 間의 本質的인 種族同一性을 前提로 하는 指導 — 聽從의 關係다. 指導者는「下部에 對하야는 權威를 갖고 上部에 對해서는 責任을 갖는다」. 이 權威(Autorität)와 책임(Verantwortlichkeit)의 原則은 指導의 槪念과 뗄 수 없는 것이다. 이 原則에 依하야 政治的으로 民族과 國家의 統一化 及 共同化가 實現되며 民族과 國家의 意識的인 政治的 結合이 實現되는 것이다. 同時에 聽從者는 法人國家에 잇어서의「臣民」과 같이「支配者」와 對立하면서 服從하는 것이 아니라 單純히 共同體의 原理에 立脚한 指導者의 指導에 聽從하는 것에 지나지 안는다. 그곳에는 何等 國家人格說에서 보든 것과 같은 支配와 被支配 命令과 服從이라는 것같은 對立은 存在치 안는다. 대개 國家人格說은 個人主義 思想에 立脚하엿기 때문이오 指導者國家論은 民族共同體 理念 우에 立脚하엿기 때문이다.

1938. 8. 19.

[4]

以上과 如한 것이 켈로이터의 指導者國家論의 基本點이다. 詳細히 論할 수는 업으나 大體로 이곳에서 結論할 수 잇는 것은 켈로이터에 잇어서는 國家人格의 觀念은 그대로 維持되어 잇다고 할 수 잇고 (그것은 그가 『獨逸團體法』의 著者로서 有機體的 國家論者이고 따라서 國家法人論者인 기-르케(O. Gierke)*를 오늘의 國民的 國家建設의 開拓者로 헤이고 잇는 事實로도 알 수 잇다), 다만 그 國家人格論의 基礎가 되어 잇는 個人主義的 原則을 民族이라는 共同體原則으로 補充함에 그치엇던 것이다.

이러한 傾向은 非但 켈로이터뿐 아니라 피쉬, 헬프리츠, 메르크, 후-버 等* 多數한 나치 學者에서 共通으로 볼 수 잇는 것이다. 그러던 것이 다시 最近에 와서는 一步를 進하야 國家人格 그 自體를 否認하랴는 데까지 다다른 것이다.

國家人格을 否認하랴는 것은 그리 明確치는 안흐나 이미 有名한 히틀러 總統의 『나의 鬪爭』 속에 나타난 思想이다. 卽 指導者는 獨逸 民族을 指導함에 잇어서 指導者도 아닌 第三의 「國家」라는 人格을 代表하야 指導하는 것이 아니고 實로 指導者 自身의 이니시아티브로써 하는 것이며 따라서 國家는 히틀러가 民族을 指導하기 爲한 手段機構에 지나지 안는 것이다. 이러한 思想을 國家體系에 잇어서 明瞭히 한 者는 예루살렘(Jerusalem), 회-ㄴ(Höhn) 等이다.

예루살렘(Der Staat, 1934)*에 依하면 國家人格의 觀念은 「다만 個人主義 時代에만 可能한 것이고 共同體 國家에서는 不可能한 것」이며 指導者는 決코 國家라는 第三者를 代表하야 指導하는 것이 아니라 自己 自身의 이니시아티브에 依하야 하는 것이다. 「國民의 指導者는 國家權力의 모든 作用을 自己 一身에 集中하고 잇다. 뿐만 아니라 그 國家權力을 國民의 指導者로서 自己의 名義에 잇어서 行使하는 것이다. 指導者가 그 作用을 눈에 보이지 안는 國家人格의 機關으로서 行使하는 것이라는 觀念은 無意味한 것이다」라고 그는 말한다.

회-ㄴ(Der individualistische Staatsbegriff und die juristische Staatsperson, 1934; Die Wandlung im staatsrechtlichen Denken, 1934)*도 예루살렘과 같은 趣旨의 말을 한다. 曰 「法律學的인 國家人格은 모든 時代에 妥當하는 槪念은 아니다. 이것은 國法의 個人主義的 把握에만 妥當하는 것이다. 國民共同體의 觀念이 基礎的 法的이 된 오늘에 잇어서는 法人으로서의 國家는 國法學의 出發點으로서 意味를 이미 喪失하엿다. ... 共同體的 觀念을 法律學的 人格의 個人主義的 法律體系와 調和시키랴는 努力에 잇어서는 共同體 觀念의

本質은 喪失된다.

　왜 그러냐하면 個人主義的 法律體系에 잇어서는 共同體의 觀念은 個人의 集合을 意味하는 觀念이 되는 까닭이다. 國家法人의 觀念과 指導者의 觀念과는 一致하지 안는다. … 指導者는 共同體 우에만 築造된다. 國家法人의 觀念은 指導者를 個人으로 把握하고 따라서 法律學的으로는 눈에 보이지 안는 國家人格의 機關을 맨들어야 한다. 이것에 對해서는 臣民이 對立한다. 이에 依하야는 聽從을 前提로 하는 指導의 槪念은 그 本質을 喪失한다」.

　以上의 論述로써 極히 大綱이나마 우리는 最近 獨逸 國家學의 動向을 알엇다. 그러면 이와 같이 民族共同體에 立脚한 指導者國家를 前面에 내세워 傳統的인 國家人格說을 拒否하는 그들의 努力은 如何한 歷史的 性格을 갖는 것일까. 이것이 지금 우리에게 끝으로 남겨진 課題다. 그러나 이것은 우에 우리가 國家人格說의 歷史的 意義를 吟味한 바 잇으니 그것으로부터 演繹하야 賢明한 讀者는 이미 짐작하엿을 것으로 생각한다. 다만 누구나 爲先 생각하는 것은 이리해 構成된 그들의 國家論이 近代 初期의 絶對主義 國家와 如何히 區別되는 것인가 그리고 또 所謂 指導者의 地位와 絶對主義 國家의 獨裁的 主權者의 地位와 如何히 다른 것인가 하는 點이다.

　이 疑問에 對하야 나치의 公法學者들은 勇敢히 否定的 說明을 내리고 잇다. 그들은 指導者國家는 決코 法治主義를 廢棄하는 것이 아니라는 것 指導者와 聽從 사이에는 먼저도 말한 듯이 옛날 支配者와 臣民 사이에 잇던 것과 같은 對立이 없다는 것을 되푸리해 强調한다. 그 基礎는 亦是 民族共同體 우에 잇다. 民族이라는 것은 피와 흙을 가치한 自然的 文化的 運命共同體이므로 그 內部에는 何等의 本質的인 對立이 잇을 수 없다는 것이다.

　이 斷言이 果然 正確한 것인가. 그 眞理性을 判斷할 수 잇는 것은 結局 實踐이오 政治요 信仰이다. 우리의 合理主義의 世界를 멀리 떠난 神祕의 世界에서만 解決지울 수 잇는 問題다.

프라이부르크의 국법학 전통과
뵈켄회르데 교수의 세미나*

김 효 전

《차 례》

I. 서 설

필자는 훔볼트 재단의 초청으로 서독 프라이부르크대학 공법연구소에서 1982년 8월부터 1984년 7월 초까지 헌법학을 공부한 일이 있다. 당시 Betreuer는 뵈켄회르데 (Ernst-Wolfgang Böckenförde) 교수였기 때문에 그의 세미나에 청강생(Gasthörer)의 자격으로서 참가하였다. 프라이부르크 시절의 경험과 인상들은 이미 몇 군데 발표한 일이 있어서,1) 여기서는 프라이부르크 대학의 공법학 전통과 필자가 참가하였던 뵈켄회르데 교수의 세미나에 한정하여 서술하기로 한다.

---

* 이 글은 프라이부르크 법대 유학인회 엮음, 『회상의 프라이부르그』(교육과학사, 1993), 217-234면에 수록된 것을 약간 수정·증보한 것임. (독문 제목 Staatsrechtliche Tradition in Freiburg und Seminar von Prof. Böckenförde).

1) 김효전, 프라이부르크 대학 체류기, 『고시계』 1984년 11월호, 206-214면; 동인, 독일 공법학자들의 최근 동정 — 문헌소개를 중심으로, 『공법연구』 제12집(1984), 215-287면; 동아대학보 1982. 9. 6; 11. 8; 12. 1. 또한 『헌법논집 1975-1985』, 441-449면에 재수록.

II. 프라이부르크의 국법학 전통[2]

  프라이부르크 법과대학 구내서점 발타리(Walthari) 옆 잔디밭에는 로텍(Karl von Rotteck, 1775-1840)의 흉상이 서있다. 그는 프라이부르크에서 태어나 그곳에서 법학과 국가학을 배우고 20년간 세계사를 가르쳤다. 그 후 법학부로 옮겨 국가학과 이성법(理性法)의 교직(敎職)에 종사하였으며, 그는 광범위한 독일 시민층에게 칸트의 철학과 프랑스의 계몽철학(루소)에 의거한 자신의 이념을 전하려고 노력한 사람이다.[3]

  공법학자 로텍 이외에도 사회학자 막스 베버(Max Weber)[4]로부터 하이에크(F. A. Hayek, 1900-1990)[5]에 이르기까지 프라이부르크와 관련된 학자는 무수히 많다.

  다시 공법학자에 한정하더라도 우선 트리펠(H. Triepel, 1868-1946)이 이곳에서 1886-87년 세 학기[6] 동안 법학을 공부하였고,[7] 안쉬츠(G. Anschütz, 1867-1948)[8]와 함께 「바이마르 헌법편람」을 편찬한 토마(R. Thoma, 1874-1957)가 이곳 슈바르츠발트 출신으로 프라이부르크 대학에서 1906년 교수자격을 취득하였다.[9] 또 나치스의 어용학자로 유명한 쾰로이터(O. Koellreutter, 1883-1972)도 이곳 출신으로 1912년 프라이부르크 대학 사강사로서 학계에 데뷔하였다.[10] 나치스 시대에는 1935년에 마운츠(T. Maunz, 1901-1993)가 부임하였고,[11] 1952년 뮌헨 대학으로 옮겼다. 1941년에는 게르버(Hans

---

 2) 법학 일반은 A. Hollerbach, Jurisprudenz in Freiburg. Beiträge zur Geschichte der Rechtswissenschaftlichen Fakultät der Albert-Ludwigs-Universität, Mohr Siebeck, Tübingen 2007. A. Hollerbach, 須賀博志譯, フライブルク法學部の公法學の歷史について, 栗城壽夫先生古稀記念論文集 『日獨憲法學の創造力』(下)(信山社, 2003).

 3) H. Ehmke, Karl von Rotteck, der "politische Professor" (Freiburger Rechts-und Staatswiss. Abhandlungen Bd. 3), 1964.

 4) 이종수 편저, 『막스 베버의 학문과 사상』(한길사, 1981), 25-26면.

 5) Hans-Jürgen Krupp, Die Gnade des Glaubens. Der Ökonom und Philosoph Friedrich August von Hayek wird neunzig, in: Die Zeit 1989, 21 von 19. 5. S. 36.
    하이에크의 역서로는 김균·민경국 옮김, 『자유헌정론』(자유기업센터, 1997), 전2권 등 다수.

 6) Alexander Hollerbach, Zu Leben und Werk Heinrich Triepels, in: AöR Bd. 91 (1966), Heft 4, S. 418.

 7) 상세한 것은 Ulrich M. Gassner, Heinrich Triepel, Duncker & Humblot, Berlin 1999; A. Hollerbach, Zu Leben und Werk Heinrich Triepels, in: AöR. Bd. 91 (1966), Heft 4, S. 418 참조.

 8) 안쉬츠에 관하여는 김효전, 국법학은 여기서 끝난다 ― G. Anschütz의 생애와 헌법이론, 여산 한창규박사화갑기념 『현대공법의 제문제』, 1993, 62-87면 및 G. Anschütz, Aus meinem Leben. herausgegeben und eingeleitet von Walter Pauly, Klostermann, Frankfurt a. M. 1993 참조.

 9) H.-D. Rath, Positivismus und Demokratie. Richard Thoma 1874-1957. Duncker & Humblot, Berlin 1981, S. 21.

10) Jörg Schmidt, Otto Koellreutter 1883-1972. Sein Leben, sein Werk, seine Zeit. Peter Lang, Frankfurt a. M. u. a. 1995.

11) D. Deiseroth, Kontinuitätsprobleme der deutschen Staatsrechtslehre. Das Beispiel Theodor Maunz, in: Ordnungsmacht, 1981, S. 85-111.

Gerber, 1889-1981)가 취임하였다.[12]

제2차 세계대전이 끝난 뒤부터 지금까지의 주요한 공법학자들을 부임 순서로 열거하면 다음과 같다.[13] 이들의 간단한 경력과 연구업적은 김효전, 독일공법학자들의 최근동정 - 문헌소개를 중심으로『공법연구』제12집(1984)과 김효전편, 독일의 공법학자들 (1)~ (12完),『동아법학』제12호(1991)~제37호(2005)에 수록되어 있다.[14]

　　1947년 그레베(Wilhelm G. Grewe, 1911-2000)

　　1952년 후버(Ernst Rudolf Huber, 1903-1990)[15]

　　1955년 카이저(Joseph H. Kaiser, 1921-1998)[16]

　　1956년 헤세(Konrad Hesse, 1919-2005)[17]

　　1961년 엠케(Horst Ehmke, 1927-2017)

　　1963년 불링거(Martin Bullinger, 1930-2021)

　　1967년 짐손(Werner von Simson, 1908-1996)[18]

　　1969년 홀러바흐(Alexander Hollerbach, 1931-2020)[19]

　　1970년 벤더(Bernd Bender, 1919-)

　　1970년 포이흐테(Paul Feuchte, 1919-)[20]

　　1973년 기에르드(Karl Gierth, 1911-)

　　1977년 뵈켄회르데(Ernst-Wolfgang Böckenförde, 1930-2019)[21]*

　　1978년 발(Rainer Wahl, 1941-)

---

12) M. Bullinger, Hans Gerber (1889. 9. 29-1981. 10. 16), in: AöR. Bd. 106. 1981, 4. S. 651-654.

13) A. Hollerbach, Öffentliches Recht an der Universität Freiburg in der frühen Nachkriegszeit, Mohr Siebeck, Tübingen 2019. 프라이부르그 대학 법학부의 역사에 관하여는 Alexander Hollerbach, Jurisprudenz in Freiburg. Beiträge zur Geschichte der Rechtswissenschaftlichen Fakultät der Albert-Ludwigs-Universität, Mohr Siebeck, Tübingen 2007.

14) A. Hollerbach, 須賀博志譯, フライブルク法學部の公法學の歷史について, 栗城壽夫先生古稀記念論文集『日獨憲法學の創造力』(下)(信山社, 2003).

15) 후버에 관하여는 Häberle u.a., Staatsrechtslehrer des 20. Jahrhunderts, S. 763-776; Ewald Grote (Hrsg.), Ernst Rudolf Huber. Staat-Verfassung-Geschichte, 2015.

16) 카이저(1921-1998)에 관하여는 Jürgen Becker, Nachruf Joseph H. Kaiser, in: AöR 124 (1999), S. 305-307. Literatur von und über Joseph Heinrich Kaiser, im Katalog der Deutschen Nationalbibliothek.

17) P. Häberle, Konrad Hesse zum 70. Geburtstag, in: AöR 1989, 1. S. 1-6; P. Lerche, Konrad Hesse zum 70. Geburtstag, in: NJW 1989, 5. S. 281.
번역서로는 계희열역,『서독헌법원론』(삼영사, 1985) 및『헌법의 기초이론』(삼영사, 1985) 참조.

18) 문헌 Wolfgang Graf Vitzthum, Den Staat denken - Werner von Simson (1908-1996), in: P. Häberle u.a. (Hrsg.), Staatsrechtslehrer des 20. Jahrhunderts, 2. Aufl. 2018. S. 889-904.

19) 번역서는 최종고·박은정 공역,『법철학과 법사학』(삼영사, 1984).

20) A. Hollerbach, 須賀博志譯, フライブルク法學部の公法學の歷史について, 栗城壽夫先生古稀記念論文集『日獨憲法學の創造力』(下)(信山社, 2003).

21) 번역서는 김효전역,『국가와 사회의 헌법이론적 구별』(법문사, 1989);『헌법·국가·자유』(법문사, 1992);『헌법과 민주주의』(정태호와 공역, 법문사, 2003).

1988년 뷔르텐베르거(Thomas Würtenberger, 1943-)
1989년 쉬바르체(Jürgen Schwarze, 1944-)
1990년 무어스비이크(Dietrich Murswiek, 1949-)

위의 『공법연구』 제12집에 누락된 엠케와 그 후 새로 부임한 교수들을 간단히 소개한다.
엠케는 1927년 단치히(Danzig)에서 외과의사의 아들로 출생하여 1946년부터 1951년
까지 괴팅겐 대학과 미국 프린스턴 대학에서 법학·정치학·역사학 등을 공부하였다.
1952년에는 괴팅겐 대학에서 스멘트(R. Smend)의 지도 아래 법학박사의 학위를 취득하
였고, 1960년에는 본 대학에서 교수자격논문이 통과되고, 다음 해에 프라이부르크 대학의
초빙을 받아 부임하였다. 1969년 이래 연방의회의 의원이 되어 현재에 이르고 있다.[22]
프라이부르크 시절의 제자로서 해벌레(P. Häberle)[23]가 있다.

뷔르텐베르거(Thomas Würtenberger)는 1943년 에어랑겐에서 출생하여 제네바, 베를
린, 프라이부르크 대학과 프랑스 국립 행정대학원(ENA: Ecole Nationale d'Administration)
등에서 수학하였다. 1971년 프라이부르크 대학에서 헤세의 지도로 학위를 취득한 후
1977년 에어랑겐 대학에서 교수자격논문이 통과되었다. 1979-80년 아우그스부르크
대학교수, 1981-1988년 트리어 대학 교수를 거쳐 1988년부터 프라이부르크 대학의
헌법 및 행정법 교수로 취임하였다.[24]

한편 쉬바르체(J. Schwarze)는 1944년 빌레펠트에서 태어나 괴팅겐, 뮌스터, 그리고
프라이부르크 대학에서 법학을 공부하였다. 1969년 짐손의 지도 아래 프라이부르크
대학에서 박사학위를 취득한 후 1976년 교수자격논문이 통과되었다. 뮌헨과 하이델베르
크 대학에서 강좌대행을 맡은 후 1979년 보쿰 대학의 공법 교수로 초빙을 받았다. 1980년
에는 함부르크 대학의 초빙을 받아 옮겼으며, 1986-1989년까지는 플로렌스의 유럽대학
연구소의 교수를 겸임하였다. 1989년부터는 프라이부르크 대학의 독일법 및 외국공법,
유럽법과 국제법 강좌의 초빙을 수락하였다.[25]

또한 1990년에 부임한 무어스비이크(D. Murswiek)는 1948년 함부르크에서 출생하여
에어랑겐, 마르부르그, 하이델베르크 대학 등에서 공부한 후 1978년 하이델베르크 대학에
서 되링(Karl Doehring)의 지도로 박사학위를 취득한 후 1984년 자아르브뤼켄 대학에서
교수자격논문이 통과되었다. 그 후 1984-1986년까지 자르브뤼켄 대학과 슈파이어 행정
대학의 교직을 맡고 있다가 1986년부터 1990년까지 괴팅겐 대학 교수를 역임. 1990년
뵈켄회르데 교수의 후임으로 프라이부르크 대학의 국법학 및 행정법 교수로 자리를

---

22) Wer ist Wer? Das deutsche Who's Who. Lübeck: Schmidt-Römhild, 1991, S. 275.
   또한 그의 논문 「헌법이론적 문제로서의 '국가'와 '사회'」가 1992년 필자에 의해서 번역되어 뵈켄회르데의
   『국가와 사회의 헌법이론적 구별』 증보판에 부록으로서 수록되어 있다.
23) 김효전, Peter Häberle Bibliographie, 『동아법학』 제9호(1989), 467-498면.
24) Dirk Heckmann u.a. (Hrsg.), Verfassungsstaatlichkeit im Wandel: Festschrift für Thomas
   Würtenberger zum 70. Geburtstag, Berlin 2013. 필자에게 보낸 1991. 11. 17. 편지.
25) 필자에게 보낸 1991. 11. 28. 편지.

옮겼다.26) 2013년 정년퇴직.

2023년 현재 프라이부르크대학의 공법 교수로서 현존하는 사람의 명단을 『독일 국법학자협회보』27)에서 찾아보면 다음과 같다.

Matthias Jestaedt, Olivier Jouanjan, Jan Henrik Klement, Dietrich Murswiek, Ralf Poscher, Jürgen Schwarze, Silja Vöneky, Andreas Voßkuhle, Rainer Wahl, Thomas Würtenberger 등이다.

이 가운데 예슈태트(Matthias Jestaedt, 1961년생)는 1992년 본대 박사, 1999년 교수자격 논문 통과 후 에어랑겐-뉘른베르크대 교수를 거쳐 2011년부터 프라이부르크대 교수로 재직. 포스쿨레(Andreas Voßkuhle)는 연방헌법재판소 소장으로서 한국에도 잘 알려져 있다.

이상의 여러 교수들 가운데 많은 사람이 한국과 직접·간접으로 관계를 맺고 있다. 우선 헤세는 계희열(桂禧悅) 교수의 지도교수이며, 계 교수는 1970년 프라이부르크 대학에서 공법으로 학위를 받은 최초의 한국인이라고 생각된다.28)

카이저(J. H. Kaiser)는 1972년 중앙대학교에서 명예 정치학박사 학위를 받았으며 갈봉근(葛奉根, 1932-2002) 교수와 친분이 두텁다.29) 또 홀러바흐(A. Hollerbach)는 최종고(崔鍾庫, 1947-) 교수30)와 박은정(朴恩正, 1952-) 교수31)의 지도교수로서 1984년 한국을 다녀갔다.

뵈켄회르데는 필자를 여러 가지로 도와주었으며,32) Rainer Wahl 교수에게서는 김백유 (金白庾) 박사가 1993년에 학위를 취득하였다.33) 1997년에는 Murswiek로부터 김상겸 (金湘謙, 1957-) 교수가 학위를 받고 귀국하여 동국대학교에서 재직하고 정년 퇴직하였 다.34) 근래에는 정광현(鄭光賢) 교수가 「재판소원의 유용성에 대하여」35)로 박사학위를

---

26) Wikipedia. Dietrich Murswiek. 필자에게 보낸 1991. 11. 5. 편지.
27) VVDStRL, Bd. 82 (2023).
28) 학위논문 제목은 Heeyol Kay, Die innere Ordnung der politischen Parteien, 1969.
29) 한국에 소개된 문헌은 박문옥역, 독일에 있어서의 공기업, 『헌법연구』 제2집(1972), 155-176면이 있다.
30) 학위논문 제목은 Chongko Choi, Staat und Religion in Korea: Zur Grundlegung eines Korenischen Religionsrecht, 1979.
31) 학위논문 제목은 Un Zong Pak, Über Rechtsontologie, 1978.
32) 뵈켄회르데 교수의 저작들은 김효전과 정태호 교수에 의해서 『헌법과 민주주의』(법문사, 2003)로 번역되 었다.
   최근에는 Mirjam Künkler와 Tine Stein에 의한 영역본이 "Constitutional and Political Theory" (Oxford, 2017)로 발간되고, 기타 "Staat, Gesellschaft, Freiheit"가 J. A. Underwood에 의해서 영어로 번역되었다. State, Society, and Liberty, New York 1991 등.
33) 학위논문 제목은 Baik-Yu Kim, Regierungskrisen und verfassungsrechtliche Lösungsansätze, 1993. 이 논문은 1993년 Baden-Baden의 Nomos 출판사에서 단행본으로서 발간되었다.
34) 학위논문 제목은 Sang-Kyum, Kim, Vorläufiger Rechtsschutz durch die einstweilige Anordnung des Bundesverfassungsgerichts. Zugleich ein rechtsvergleichender Beitrag unter Berücksichtigung

받고 한양대학교 법학전문대학원에 재직 중이다.

그 밖에 뵈켄회르데는 심재우(沈在宇, 1933-2019) 교수가 1973년 빌레펠트대학에 제출한 학위논문 「저항권과 인간의 존엄」을 지도교수인 베르너 마이호퍼(Werner Maihofer)와 구술시험을 함께한 부심으로서의 인연을 맺고도 있다.[36]

III. 뵈켄회르데 교수의 세미나

서독 대학의 수업방식은 대체로 강의와 세미나의 두 가지 방식이 있다. 강의는 우리나라의 그것과 거의 같으나, 출석할 의무가 없으며 학점과도 관계가 없다. 그러나 수강신청을 한 사람은 대부분 자발적으로 강의에 참석한다.

필자는 1983년 4월 11일 여름학기가 시작되는 첫날 뵈켄회르데 교수의 일반 국가학과 법철학, 그리고 발(Rainer Wahl) 교수의 헌법강의 시간에 들어가 보았다. 수강생은 150명 내지 200명으로 조교가 교수요목을 나누어 준다. 첫날이라 그런지 국가학의 의의와 과제, 법철학의 중요성, 헌법의 개념과 기능 등 기초적인 내용과 아울러 문헌소개를 해주었다. 오전 내내 연속적으로 강의를 듣고 나니 배도 고프거니와 알아듣느라고 신경을 써서 무척 피로하고 골치가 아프기까지 하였다. 수업 분위기는 한국의 대학과 다를 것이 없으나, 강의실에서 담배를 피우는 사람이 한 둘 있는가 하면 뜨개질하며 강의를 듣는 여학생도 눈에 띄었다. 강의의 내용은 결국 기초적인 것이어서 계속 참석하는 것은 독일어를 알아듣는 데에는 도움이 되겠으나 보다 깊은 연구는 자신이 하는 것이기 때문에 더 이상 참석하지 아니하였다. 그러나 박사학위 취득이 목표라면 강의는 듣는 것이 좋다는 생각이 든다.

그렇다고 혼자 책만 본다는 것도 무의미하여 뵈켄회르데 교수의 승낙을 받아 그의 세미나에 청강생으로서 참석하게 되었다. 테마는 「제3 제국에 있어서의 국법학」(Die Staatsrechtslehre im Dritten Reich)이며 참가자는 25명 정도, 저녁 8시부터 밤 10시까지 공법연구소 도서실 겸 세미나실에서 열린다. 1983년은 마침 나치스(NSDAP)가 정권을 장악한 지 50주년이 되는 해이기 때문에 히틀러와 나치스에 관한 각종의 전시회, 강연회를 비롯하여 이에 관한 서적도 쏟아져 나오고 있다.[37] 이것은 국가사회주의에 대한 향수 내지는 복고주의적 경향의 일면이 아닌가 하고 우려했으나, 거의 나치즘에 대한 비판과 전쟁의 참화에 대한 반성 내지는 공포로 일관하고 있었다.

---

der koreanischen Rechtslage, Peter Lang, Frankfurt a. M. 1997, 233 S.

35) Kwang-hyun Chung, Zur Nützlichkeit der Urteilsverfassungsbeschwerde, Freiburg i. Br. Univ. Rechtswiss. Fak. Diss. v. 2012.

36) 심재우, 『저항권』(박영사, 2022), 206면의 편집자 후기. 윤재왕 집필.

37) 나치스에 관한 문헌목록은 Peter Hüttenberger, Bibliographie zum Nationalsozialismus, Vandenhoeck & Ruprecht, Göttingen 1980, 214 S.

여하튼 독일 민주주의의 암흑기(1933-1945)를 여러 가지 측면에서 헌법학적 시각으로 분석·비판하고 재검토하는 것은 헌법사학자로서의 뵈켄회르데 교수만이 할 수 있는 일이라고 생각되었다.

이 세미나의 내용을 간단히 소개하면 다음과 같다.

1) 바이마르 공화국으로부터 제3 제국에로의 이행
 (1) 바이마르 공화국의 국법학에 있어서 민주주의와 의회주의의 대립
 (2) 1930~32년간의 국가위기에 따른 대립
 (3) 「국민혁명」의 해석과 평가
2) 새로운 관계들에 대한 적응
 (4) 국법학에서의 개인적인 변화들과 권력장악 이후의 그 새로운 상황
 (5) 새로운 국가에서의 국법학의 자기 이해
 (6) 새로운 방법론적 입장 등
3) 국법학적 기본개념에서의 변화들
 (7) 법치국가 비판
 (8) 새로운 국가질서의 국가이론적 및 헌법이론적 평가
 (9) 권력분립 대신 지도자국가
 (10) 개인의 법적 지위
 (11) 다원적 사회 대신 신분질서

이 세미나는 1983/84 겨울 학기(Winter Semester)에도 계속되었으며 그 내용은 다음과 같다.

1) 정치적 통일체의 조직
 (1) 각 주의 법적 지위
 (2) 법률의 개념과 입법권
 (3) 사법부의 지위
 (4) 행정에서의 법적 구속과 재량
 (5) 공직과 공무원제
 (6) 경찰의 법적 지위
2) 정치적 공동체의 구성
 (7) 정당과 국가와의 관계
 (8) 나치스와 그 산하 조직의 법적 지위 —— 특히 SA와 SS
 (9) 경제질서
 (10) 게마인데의 지위

⑾ 국방군의 지위
3) 정치질서에서의 개인의 지위
⑿ 국적·국민으로서의 소속, 라이히 국민의 자격
⒀ 유대인의 법적 지위
⒁ 주관적 공권
⒂ 재산권과 재산권의 구속

뵈켄회르데 교수는 이 세미나에서 사회를 맡아 진행한다. 먼저 보고자가 지정된 날짜에 20분 내지 30분 구두로 발표를 마치면 다른 참가자들은 미리 읽어온 것을 토대로 질문, 보충 내지는 자기의 소견을 피력한다. 교수는 사회를 맡아 세미나를 진행하면서 참가자들의 의견에 대한 보충 설명 내지는 잘못된 점을 고쳐준다. 세미나가 끝나면 교수는 연구보고서와 발표한 것을 중심으로 평가하고 수료증을 발부한다.

이 세미나에 참가하여 기억에 남는 일 몇 가지만 적어본다. 우선 두 학기에 걸쳐서 실시된 세미나에 참가한 학생들의 보고를 취사 선택하여 뵈켄회르데 교수는 책자로서 출판하였다.[38] 이러한 일은 독일에서도 드문 일로서 특히 제3제국 시대의 국법과 국법학에 관한 학술적 연구가 전후 세대의 시각으로 평가되고 논의되었다는 점에서 커다란 의미가 있다.

다음에 뵈켄회르데 교수는 1983년 12월 20일에 연방헌법재판소 재판관으로 선출되었다.[39] 헌법문제를 실천적으로 해결하는 재판관이 되었다는 점에서는 축하를 하면서도 헌법학자로서 연구에 전념할 수 없게 된 면은 아깝게 생각한다. 당시 30% 정도 진행되고 있다는 교과서 집필은 아직까지 미루어지고 있는 실정이다. 그는 1997년에 정년 퇴직하였다.

또 당시의 세미나 참가자 중에는 여학생이 서너 명 있었다. 그 중 위의 책자의 편집자의 한 사람인 Ute Sacksofsky라는 여학생에게 "Fräulein"이란 호칭을 사용하였더니 눈을 동그랗게 뜨고 왜 Frau와 Fräulein을 구별하느냐고 대든다. 그러면 뭐라고 부르느냐고 반문하니 그냥 Frau라고 부르란다. 교수의 여비서인 Ursula Hennek도 맞장구를 치면서 "Frau"로 족하며 어디 "Herrlein"이란 말을 쓰냐고 응수한다. 불쾌한 생각이 들지만 참고 나와서 필자의 연구실에서 함께 공부하는 Martin Brandt에게 이 사실을 이야기하니 그는 "Deutsche Frauen sind schon emanzipiert"라고 냉소적으로 말한다.

이와는 대조적으로 필자를 여러 가지로 도와준 Alisa Schaefer와 알게 된 것을 잊을 수 없다. 역사학을 공부한 탓인지 동양에 대해서 많은 관심이 있었고, 필자의 독일어 번역과 문장을 성심껏 수정해 주었다. 이제는 어엿한 여류 변호사가 되었으며 아직도 필자와 소식을 전하고 있다.

---

38) E.-W. Böckenförde (Hrsg.), Staatsrecht und Staatsrechtslehre im Dritten Reich, Heidelberg: C. F. Müller, Heidelberg 1985.
39) Karl Friedrich Fromme, Recht und Geschichte: Ernst-Wolfgang Böckenförde, in: Frankfurter Allgemeine Zeitung, 1983, 278 von 30. 11. 1983. S. 12.

그 밖에 인상적인 것은 저녁 늦은 시간에 세미나가 열려도 누구 한사람 졸거나 자는 사람 없이 참가자 전원이 매우 진지하다는 점이다. 또 은퇴한 Werner von Simson 교수를 초청하여 제2차 대전을 전후한 증언(?)을 듣기도 하였으며, 한번은 슈바르츠발트에 있는 대학 별장(Uni Hütte)에서 세미나 참가자들과 하룻밤을 같이 지내면서 이야기를 나누고 산책을 하기도 하였다. 세미나가 끝나면 뵈켄회르데 교수는 참가자 전원을 식당에 초대하여 저녁식사와 포도주 또는 음료수를 내어서 자축한다. 과연 독일의 교수는 명예와 아울러 재력도 있는 것 같아 보였다. 같은 교수로서 부럽게 느꼈다.

귀국하는 1984년 여름 학기 세미나는 스위스 바젤(Basel) 대학의 Kurt Eichenberger 교수와 공동으로 개최하였다. 테마는 「기본권의 이해」(Grundrechteverständnisse)로서 그 내용은 다음과 같다.

1. 제도적 기본권 이해
2. 참여권과 급부청구권으로서의 기본권
3. 차카리아 지아코메티(Zaccaria Giacometti)[40] : 국가권력의 제한과 민주주의에 대한 전제로서의 기본권
4. 카를 슈미트의 기본권 이해
5. 카를 슈미트 : 자유주의적 기본권 보장
6. 루돌프 스멘트 : 가치체계와 통합의 요소로서의 기본권
7. 객관적 기본원칙규범과 가치결정으로서의 기본권
8. 기본권은 제3자 효력
9. 기본권은 타당근거 ― 자연법이냐 국가에 의한 보장이냐
10. 19세기 있어서의 기본권이해 ― 기본권과 법치국가

이 세미나에서는 각 테마마다 프라이부르크 대학과 바젤 대학의 학생 한 사람씩 발표를 하였으며, 기본권의 제3자 효력은 3인이 발표하였다.

바젤은 프라이부르크에서 불과 60여 킬로 떨어진 곳이지만 외국이기 때문에 여권이 필요하였고 세관의 조사도 까다로웠다. 바젤 대학은 서독의 대학과 외관상 다른 점은 거의 없고, 세미나에 군복을 입은 학생이 한두 명 보이는 것이 이상하였다. 또한 프라이부르크 지역도 알레마니쉬(alemannisch)라는 사투리를 많이 쓰는 편이지만 바젤은 더 심한 편이어서 알아듣는 데에 신경을 많이 써야 할 독일어였다.

---

40) 지아코메티(Z. Giacometti, 1893-1970)는 스위스의 헌법학자로서 바젤 대학에서 법학을 공부하였으며, 1918년 취리히 대학에서 박사학위를 취득하고 그곳에서 학문활동을 하였다. 1936년 Fritz Fleiner (1867-1937)의 후임으로 정교수가 되고 취리히 대학 총장도 역임하였다. 그러나 1960년에는 이미 건강상의 이유로 은퇴하지 않을 수 없었다. 주요 저서로는 Die Verfassungsgerichtsbarkeit des schweizerischen Bundesgerichtes, 1933; Staatsrecht der schweizerischen Kantone, 1941; Schweizerisches Bundesstaatsrecht, 1949; Allgemeine Lehren des rechtsstaatlichen Verwaltungsrechtes, 1960 등이 있다.

아이헨베르거 교수는 이미 1982년에 60세를 맞이한 분으로,[41] 이에 비하면 뵈켄회르데 교수는 훨씬 젊어 보였다. 학생들은 각기 자신들의 교수가 이야기할 차례가 되면 주먹을 책상으로 치면서 좋아라고 환영하였다. 바젤 대학 학생들은 스위스의 헌법학자 중심으로 기본권을 설명하고 독일과는 무엇인가 다른 자국의 독특한 이론 내지는 독자성을 강조하려는 점이 매우 인상적이었다. 외국의 학설이나 이론이라면 거의 맹목적으로 추종하고 그것이 진정한 학문이나 되는 듯이 떠들어대는 한국의 줏대 없는 학문의 분위기를 생각할 때 비록 대학생들이지만 자국의 이론을 존중하는 태도에 깊은 감명을 받았다.

IV. 공법연구소의 추억

필자가 원래 훔볼트 재단에 제출한 연구 테마는 「독일의 공법학이 한국에 미친 영향」 (Einfluß des deutschen öffentlichen Rechts auf das Korea)이었다. 그러나 서독에 도착하여 뵈켄회르데 교수를 만나니 그는 김남진(金南辰) 교수에 의하면 한국의 제헌헌법은 바이마르 헌법의 영향을 많이 받았다고 들었는데 원래의 테마가 너무 크니 바이마르 헌법과의 관련에 한정하여 연구하면 어떻겠느냐고 제안하였다. 특별히 준비한 것은 없지만 수락하고 나니 어디서부터 손을 대야 할지 막막하였다.

우선 대학도서관(Universität Bibliothek) 참고 도서실에서 Karlsruhe Juristische Bibliographie (KJB)를 중심으로 하여 바이마르 헌법,[42] 서독 기본법, 공법관계 잡지 총목차,[43] 축하기념논문집의 내용에 관한 문헌목록[44]을 정리하거나 복사하였다. 또한 서구어로 된 한국법에 관한 문헌[45]도 정리하는 한편 독일에서 학위를 취득한 사람과 그들의 논제도 적어두었다. 그 밖에 필자가 관심을 두고 있는 C. Schmitt의 저작 중 구입할 수 없는 것은 모두 복사하고 귀국하여 쓸만한 자료들을 수집하였다.

바이마르 헌법에 관한 독일 문헌을 정리한 후 뵈켄회르데 교수에게 보여서 기본문헌의 지시를 요구하고 연구의 범위를 한정하였다. 다음에는 제헌 헌법의 독일어 번역을 구하였

---

41) 그의 60세 축하논문집 Staatsorganisation und Staatsfunktionen im Wandel. Festschrift für Kurt Eichenberger zum 60. Geburtstag. Hrsg. von Georg Müller, René A. Rhinow u.a. Helbing und Lichtenhahn, Basel, Frankfurt a. M. 1982, 799 S.이 있으며, 저작목록 Bibliographie Kurt Eichenberger, in: Der Staat der Gegenwart. Ausgewählte Schriften, Helbing und Lichtenhahn. Basel, Frankfurt a. M. 1980. S. 561 ff.가 있다.

42) 김효전편, 바이마르 헌법에 관한 문헌목록,『동아법학』창간호(1985), 515-551면. 이것은 한국, 일본, 그리고 독일의 문헌을 정리한 것이다.

43) 예컨대 Archiv des öffentlichen Rechts, Der Staat, Jahrbuch des öffentlichen Rechts 등.

44) Helmut Dau, Bibliographie juristischer Festschriften und Festschriftenbeiträge. Deutschland, Schweiz, Österreich, Berlin Verlag, Berlin 1982, 546 S.

45) Hyo-Jeon Kim (compiled), Bibliography on Korean Law and Politics in Western Languages, 『독일학연구』(동아대) 창간호(1985), 79-119면; 제11집(1995), 79-93면; 제13집(1997), 139-158면;『동아법학』제30호(2002), 215-331면 참조.

으나 도저히 입수할 수 없어서 번역에 착수하였다. 그러나 번역은 어려운 일이어서 제헌 헌법의 영역본과 제3, 제4공화국 헌법의 독역본을 참고하여 번역한 후 Alisa Schaefer와 Martin Brandt의 수정을 받아 표현을 매끄럽게 하였다.[46]

한편 바이마르 헌법과 제헌 헌법과의 관계를 이념적 배경, 기본권의 체계, 국가권력의 구조, 경제질서 순서로 차례를 작성하여 뵈켄회르데 교수에게 보였다. 그는 당시 왜 한국에서 바이마르 헌법을 이상적인 모델로 삼게 되었는가라고 역사적인 배경을 묻고, 기초자인 유진오 박사가 생존하면 그와의 인터뷰 등도 필요하다고 지적하였다. 그러나 독일에 앉아서 한국문헌, 특히 바이마르 헌법과 관련된 논문을 구하기도 어렵거니와 바이마르 헌법과 그 역사적 발전을 체계적으로 이해한다는 것도 쉬운 일이 아니었다. 그보다 더 중요한 것은 연구성과를 문서로서 남겨 놓는 일이다. 물론 훔볼트 재단이나 뵈켄회르데 교수는 연구보고서를 요구하지 않았다. 그러나 필자 자신을 구속하기 위하여, 또한 무엇인가 연구한 흔적을 남겨둘 필요가 있다고 생각하여 독일어로 적어두고 앞의 두 사람에게 수정을 의뢰하였다.

이러한 작업들은 필자의 능력의 한계를 넘는 것으로서 상당한 시일이 소요되었다. 더구나 외국 여행도 많이 다니면서 연구업적을 내겠다는 것은 두 마리의 토끼를 잡겠다는 것이나 다름없는 어리석은 일이었다. 그리하여 6개월 더 체류기간을 연장하고 집필에 몰두하여 집에서 전동타자기로 정리한 후 R. Wahl 교수와 Rottmann 박사에게 먼저 보여 논의를 거쳤다.

마침내 귀국하기 직전에 뵈켄회르데 교수에게 연구보고서를 제출하였더니 훌륭한 논문이라고 칭찬하여 주었다.[47]

프라이부르크 대학에 2년간 체류하면서 보고 배우고 느낀 바는 한 두 가지가 아니지만 학문적인 면에서 볼 때 훌륭한 시설과 열심히 연구하는 그들의 모습은 매우 인상 깊고 감명적이었다. 로마는 하루아침에 이루어지지 않았다는 말이 있듯이, 우리도 하나하나 성실하게 연구하는 것만이 법학의 기초를 다지고 꽃피우는 첩경이라고 생각한다. (1991. 11. 15. 동아대학교 교수)

---

46) Hyo-Jeon Kim (Übersetzt), Die Verfassung der Republik Korea von 1948, 『독일학연구』(동아대), 제5호(1989), 63-78면.
47) 귀국 후 한국공법학회는 1985년 8월 15-16일 청주대학교에서 학술발표회를 개최하였는데, 주제는 헌법분야에서 「한국 헌법과 외국 헌법」이었으며, 필자가 「바이마르 헌법과 한국 헌법」에 관하여 보고하였다. 상세한 것은 김효전, 한국 헌법과 바이마르 헌법, 『공법연구』 제14집(1986), 7-48면 참조.

E.-W. 뵈켄회르데 저작 수용의 국제비교[*]

김 효 전

《차 례》

I. 서 설

에른스트-볼프강 뵈켄회르데 저작의 수용에 관한 비교적 시각」(Die Rezeption der Werke Ernst-Wolfgang Böckenfördes in vergleichender Perspektive)이란 주제로 국제회의가 지난 2019년 2월 13일과 14일 양일 간 독일 괴팅겐대학 알테 멘자에서 개최되었다. 여기에는 프랑스·이탈리아·일본·한국·폴란드·남아메리카의 칠레와 콜롬비아가 참가하였다.

괴팅겐대학 정치학연구소 주최로 열린 이 회의는 미르얌 퀸클러와 티네 슈타인 두 여교수가 기획하고 주관한 것이다. 이 두 사람은 지난 2017년 뵈켄회르데의 중요 저작을 가려 뽑고 이것을 영어로 번역하여 유명하게 되었다. 책 이름은 Constitutional and Political Theory. Selected Writings, Vol. I. Oxford University Press, 2017이며,

* 『헌법학연구』 제25권 1호 (2019), 361-386면.

금년 여름에는 제2권 Religion, Law and Democracy. Selected Writings, Vol. II가
발간될 예정이라고 한다.*

뵈켄회르데의 업적은 헌법학뿐만 아니라 법철학·역사학·정치학·사회학·종교 등
여러 분야에 걸쳐 있어서 그의 사상과 이론을 정확하게 파악하기는 쉬운 일이 아니다.
그의 전체상을 영어로 묘사한 것은 전술한 영역판에 붙인 퀸클러와 슈타인의 해설(State,
Law, and Constitution: Ernst-Wolfgang Böckenförde's Political and Legal Thought in
Context, pp. 1-35)이며, 이 글은 다시 수정·증보하고 독일어로 번역하여 『공법 연감』1)
에 수록되었다.

주최자를 간단히 소개하면 미르얌 퀸클러(Mirjam Künkler)는 1977년 독일 Datteln에서
태어났으며 남아공화국의 Cape Town 대학에서 정치학을 공부한 후 미국 컬럼비아대학
에서 박사학위를 받았으며, 현재 할레에 있는 막스 플랑크 인종학 연구소 교수로서
정치학, 이슬람학과 종교사회학 관련 저서 외에 여러 전문 잡지를 편집하고 있다.

티네 슈타인(Tine Stein)은 1965년 독일 Lindlar에서 출생하였으며 쾰른대학에서 철학
박사학위를 받고 자유베를린대학에서 교수자격취득논문이 통과되었다. 킬대학 교수를
거쳐 현재는 괴팅겐대학의 정치이론과 사상사 교수로 재직 중이다.2) 저서로는
Himmliche Quellen und irdisches Recht (2007)가 있으며, 연구 분야는 민주적 헌법국
가와 그 규범적 기초로서 특히 정치, 법과 종교 아울러 정치와 자연의 관계이다.

II. 한국에서의 E.-W. 뵈켄회르데 평가

필자는 「한국에서의 E.-W. 뵈켄회르데의 평가」(E.-W. Böckenförde-Würdigung in
Korea)를 발표하였다. 서설에서는 먼저 금년에 우리 한국식 나이로 90세가 되는 뵈켄회르
데를 기념하여 전세계의 동료와 제자들이 학술회의를 개최하게 된 것을 축하하고 또
여기에 참석하게 된 것을 기쁘게 생각한다. 특히 독일 최초의 자유롭고 민주적인 바이마르
헌법 제정 100주년을 독일인과 함께 축하하는 것도 영광이라고 인사말을 시작하였다.
그러나 뵈켄회르데의 연구범위와 관심방향은 헌법학으로부터 법철학·역사학·종교·
정치학 그리고 사회학에 이르기 때문에 이 모두를 평가하는 것은 필자의 능력을 넘는
것이기 때문에 한국에 소개된 문헌을 중심으로 연대기적으로 서술하는 취지를 설명하였다.

---

1) Mirjam Künkler und Tine Stein, Staat, Recht und Verfassung. Ernst-Wolfgang Böckenfördes
   politisches und verfassungstheoretisches Denken im Kontext, in: Jahrbuch des Öffentlichen
   Rechts der Gegenwart, N.F. Bd. 65 (2017), S. 573-610.
2) 괴팅겐대학에서 공법학으로 학위를 취득한 한국인으로는 윤근식, 권영성 교수가 G. 라이프홀츠의 지도
   아래, 김형성 교수가 Chr. 슈타르크 교수의 지도로 박사학위를 받았다. 라이프홀츠에 관하여는 Christian
   Starck, Gerhard Leibholz (1901-1982), in: Peter Häberle, Michael Kilian, Heinrich Wolff,
   Staatsrechtslehrer des 20. Jahrhundert. Deutschland-Österreich-Schweiz, Walter de Gruyter,
   Berlin/Boston 2015, S. 581-592.

제2장의 내용은 한국에서 발간된 뵈켄회르데 저작을 연대순으로 소개하였으며, 구체적으로는 1989년의 『국가와 사회의 헌법이론적 구별』, 1992년의 『헌법 · 국가 · 자유』 그리고 2003년에 정태호 교수와 함께 번역한 『헌법과 민주주의』를 열거하였다. 여기에는 뵈켄회르데 교수와 주고받은 편지, 그리고 한국어판을 위한 저자의 서문 등을 게재하였다.

다음 제3장에서는 뵈켄회르데 이론에 대한 적극적인 평가를 다루었다. 일찍부터 뵈켄회르데의 논문을 요약 소개한 이강혁 전외국어대 총장, 교과서에 뵈켄회르데의 기본권이론을 소개하고 외국 법이론의 무분별한 도입을 경고한 권영성 교수, 필자의 몇 가지 논문과 뵈켄회르데 세미나에 참석한 회고담,3) 홍성방 교수와 윤재만 교수의 뵈켄회르데 소개를 열거하였다.

제4장 비판과 비판적 평가에서는 1980년에 발간된 허영 교수의 『헌법이론과 헌법』 (상), 계희열 교수의 1983년 논문과 교과서를 논평하였다. 뵈켄회르데의 학설을 비판하는 사람들은 이른바 스멘트학파에 속한다고 주장하는 사람들이 대부분이다.

제5장에서는 최근의 평가를 정리하였다. 이덕연 교수는 허영 교수의 60세 축하기념논문집에 기고한 글 전체 47면 중 12면에 걸쳐 뵈켄회르데의 논문 「기본권이론과 기본권해석」을 반복하면서 이 논문이 이미 김효전에 의해서 완역되었다는 사실도 밝히지 않고, 또한 뵈켄회르데의 이름은 각주에서 잘 보이지 않게 처리한 바가 있다. 이러한 사실에 대해서 독일 학자들은 「표절」(Plagiat)이라고 한다. 또 장영수 교수는 「이미 헌법관의 논쟁을 통해 정리되어야 할 기본적 방향에 대한 다툼은 통합론의 상대적인 승리로 결론지어졌다」4)고 독단적인 주장을 하기도 하였다. 또 정종섭 의원은 뵈켄회르데의 다섯 가지 카테고리에 대해서 기본권이해의 변천에는 다소 기여했으나 기본권이론과 기본권 도그마틱 영역의 많은 숙제를 해명하는 작업에는 별로 기여하지 못했다고 평가된다고 각주에서 간단히 언급하고 있다. 그는 특히 뵈켄회르데 비판으로서 로베르트 알렉시의 『기본권이론』5) 하나만을 문헌으로서 지시하고 있다. 이러한 견해들은 독일의 사정을 정확하게 이해하지 못하고 내린 독단적인 평가에 불과하며 세계적인 학계의 흐름을 외면한 것이라고 하겠다. 뵈켄회르데의 이론은 「뵈켄회르데 정식」(Böckenförde-Dictum)으로서 독일의 유력한 학자들도 「폭넓은 스펙트럼」을 나타낸 것으로 인정하는 통설적 지위에 있다.6)

---

3) 상세한 것은 김효전, 프라이부르크의 국법학 전통과 뵈켄회르데 교수의 세미나, 법대 유학인회 엮음, 『회상의 프라이부르크』(교육과학사, 1993), 217-234면 (본서 수록) 참조.

4) 장영수, 『헌법학』 제10판 (홍문사, 2017), 33면.

5) R. Alexy, Theorie der Grundrechte, Erste Aufl. Nomos 1985; Zweite Aufl. Suhrkamp 1994. 이 제2판은 이준일 옮김, 『기본권이론』(한길사, 2007)으로 번역되었다. 3. Aufl. Suhrkap, Frankfurt a. M. 1996.

6) K. Stern, Idee und Elemente eines Systems der Grundrechte, in: Josef Isensee und Paul Kirchhof (Hrsg.), Handbuch des Staatsrechts, Bd. V. Heidelberg 1992, S. 58 ff. 김효전역, 기본권체계의 이념과 요소(2), 『헌법학연구』 제7권 1호(2001) 및 동인 편역, 『독일 기본권이론의 이해』(법문사, 2004), 295면 이하. 김효전, 한국 기본권이론의 역사적 발전, 금랑 김철수선생 8순기념논문집 『헌법과 기본권의 현황과 과제』(경인문화사, 2012), 311면의 주 93.
또한 김철수 교수도 독일의 통설이라고 할 만하다고 한다. 동인, 헌법과 기본권 연구의 동향 회고, 대한민국

그 밖에 이계일 교수와 이승수씨가 뵈켄회르데를 비판적으로 보고 있다.7)

제6장은 필자의 발표에 대한 공개 토론에서 나온 질문에 대한 응답이다. 먼저 뵈켄회르데의 기독교론은 한국의 토론에서 어떤 역할을 하였는가 하는 질문이다. 이것은 필자가 뵈켄회르데의「크리스천의 과제로서의 종교의 자유」와「교회와 국가의 긴장 관계 속의 종교의 자유」를 번역한 것을 보고 이러한 논문들이 한국에서 어떤 반향을 불러일으켰는가 하는 물음이다. 다 알다시피 서구에서의 종교란 역사적으로 기독교를 말하며 구교와 신교의 피비린내 나는 종교전쟁의 참화를 겪고 정치와 밀접하게 결합된 역사를 지니고 있다. 이에 반하여 한국에서의 종교는 서구와는 달리 기독교, 불교, 유교 등 다양하며, 또 국가는 종교에 대해서 불간섭주의를 한다고 헌법 제20조는 명백히 선언하고 있다. 요컨대 뵈켄회르데의 종교의 자유에 관한 논문은 단지 학술적인 면에 그쳤고 종교생활 실제에서 어떤 역할을 하였다고 보기는 어렵다.

다음에 도쿄대학의 하야시 도모노부(林知更) 교수는 일본에서의 뵈켄회르데 논의는 한국에서의 뵈켄회르데 이해에 어떠한 영향을 미쳤는가? 또 1987년 헌법개정으로 헌법재판소가 도입되기 전과 후에 독일 헌법학의 연구의 본질적인 변화가 있었는가? 라는 커다란 질문을 하였다. 이에 대해서 필자는 1970년대까지는 일본어를 해득하는 세대가 많았으나 현재는 일본어 해득자와 독일어 해득자로 확연히 구별되며 오늘날의 연구자들은 바로 독일문헌을 본다고 답변했다.

헌법재판과 관련해서는 헌법이 살아 있는 법으로서 직접 국민의 생활을 규율하게 되었다. 그러나 재판은 헌법소원의 대상이 되지 않는 점, 추상적 규범통제가 없는 점이 문제이고 헌법재판에 대한 연구와 번역서가 많이 발간된 점 등을 지적하였다. 또 헌법재판소가 도입되기 전과 후에 독일 헌법학의 연구의 본질적인 변화가 있었다고 보기는 어려우며, 독일 헌법학의 연구가 더욱 심화되었다고 보겠다. 독일 헌법과 헌법학이 한국에 미친 영향은 독일측에서도 매우 재미있는 테마이기 때문에 1987년 이후에 발간된 독일의 국가학, 일반 헌법학, 기본권 그리고 헌법재판 등에 관한 한국어 번역 리스트를 작성하여 새로 첨부하였다.

공개적인 질문에는 없었으나 뵈켄회르데와 카를 슈미트와의 관계,8) 특히 뵈켄회르데

학술원,『학문연구의 동향과 쟁점. 법학』(2018), 162면.

7) 이승수씨는「헌법재판과 민주주의: 헌법재판실무에 대한 뵈켄푀르데의 비판과 하버마스의 응답을 중심으로」(『연세 공공거버넌스와 법』제5권 2호, 2014)라는 글을 발표했는데, 제목만 보면 뵈켄푀르데와 하버마스가 논쟁을 한 것 같은 인상을 준다. 하버마스는 뵈켄푀르데 뿐만 아니라 에어하르트 덴닝거, 디터 그림과 같은 비판가들의 견해를 자신의 저서『사실성과 타당성』(Faktizität und Geltung, Suhrkamp 1998, 6. Aufl. 2017; 한상진・박영도 공역,『사실성과 타당성: 담론적 법이론과 민주주의적 법치국가 이론』, 나남출판, 2000)에서 비판한 것인데, 독자들을 오도할 우려가 있는 제목은 피해야 할 것이다. 논제 자체가 큰 것이기 때문에 주변적인 예비적 고찰은 생략하고 바로 논점에 대해 집중적으로 검토했더라면 하는 아쉬움이 있다.

8) 상세한 것은 Mirjam Künkler and Tine Stein, Carl Schmitt in Ernst-Wolfgang Böckenförde's Work: Carrying Weimar Constitutional Theory into the Bonn Republic, in: Constellations. 2018, S.

가 집필한 논문 「카를 슈미트 국법학 저작의 열쇠로서의 정치적인 것의 개념」9)은 각국어로 번역되었을 뿐만 아니라 카를 슈미트의 정치적인 것의 개념에 대한 올바른 이해와 새로운 지평을 여는데 기여한 문헌이라고 생각한다.

III. E.-W. 뵈켄회르데 저작 수용의 국제비교

대회 첫째 날인 2월 13일에는 실비 르그랑 티시(Sylvie LeGrand-Ticchi)의 「프랑스에서의 에른스트 - 볼프강 뵈켄회르데 수용」(Die Rezeption Ernst-Wolfgang Böckenförde in Frankreich)이 발표되었으며, 특히 종교의 자유와 관련한 내용이 중심 주제였다. 콤멘트는 뵈켄회르데와의 인터뷰를 통하여 생애를 정리한 역사학자 Dieter Gosewinkel10)이 맡았다.

이어서 이탈리아 피사대학의 엘리사 베르토(Elisa Berto)의 「이탈리아에 있어서의 에른스트-볼프강 뵈켄회르데 국가이론의 의미」(Die Bedeutung der Staatstheorie von Ernst-Wolfgang Böckenförde in Italien)였으며 주로 이탈리아와 독일의 관계를 역사적으로 고찰한 발표였다. 콤멘트는 Trento의 Michele Nicoletti 교수가 담당하였다.

두 번째 날인 2월 14일 오전에는 도쿄대학의 하야시 토모노부(Tomonobu Hayashi, 林知更) 교수가 「개인적 자유의 보장자로서의 국가: 일본에 있어서의 뵈켄회르데 수용」 (Staat als Garant der individuellen Freiheit: die Rezeption Böckenfördes in Japan)을 발표하였다. 콤멘트는 함부르크대학의 Johannes Kiebrecht가 맡았다.

이어서 필지의 「한국에 있어서의 뵈켄회르데의 평가」가 계속되었다. 콤멘트는 괴팅겐대학의 Christian Starck 교수가 맡기로 되어 있었는데 전날 몸이 좋지 않다고 하더니 당일에는 결석하였다. 오래전부터 서로 친분이 있어서 한국의 사정이나 내 독일어 실력도 잘 알고 있어서 그는 나의 부족한 독일어를 대변해 줄 것으로 기대했는데 큰 낭패가 아닐 수 없다. 그리하여 Starck 교수가 미리 작성한 원고를 Stein 교수가 대신 읽었다. 한국의 외국법 수용사를 간단히 언급하고,11) 외국법 수용에 대한 발표자인 나의 비판적인 견해가 옳다는 요지였다. 이제 아무도 나를 도와줄 사람도 없어서 나는 준비한 원고의 요지를 내 발음대로 읽었다. 좌중은 내 발표문을 이해하려고 나보다 더 긴장하는 모습이

1-17.

9) 칼 슈미트, 김효전역, 『정치적인 것의 개념: 서문과 세 개의 계론을 수록한 1932년판』[증보판](법문사, 1992), 183-209면에 레오 스트라우스의 슈미트 비판 논문과 함께 수록. 그러나 정태호 교수와 공역한 『정치적인 것의 개념』(살림, 2012)에서는 출판사의 요구로 게재하지 않았다.

10) Böckenförde/Gosewinkel, Wissenschaft, Politik, Verfassungsgericht. Aufsätze von Ernst-Wolfgang Böckenförde. Biographisches Interview von Dieter Gosewinkel, Suhrkamp Verlag, Berlin 2011. 492 S.

11) 슈타르크는 법을 수용하는 이유·조건·형태에 관한 논문에서 한국을 예시하고 있다. 김대환 대표편역, 『민주적 헌법국가: 슈타르크 헌법논집』(시와진실, 2015), 544-560면 참조

역력하였다. 다음에는 질문과 토론인데 한국어도 제대로 알아듣지 못하는 청각 장애인인 나로서는 질문은 종이에 써서 해달라고 요청하였다. 이탈리아 Sassari에서 온 Kallscheuer 교수와 도쿄대학의 하야시 교수가 문서로 질문하였고, 그 답변은 아주 간단히 하였다. 그러나 앞에서 보았듯이, 귀국 후 보충한 보고서에서는 상설하였다. 독일 이외에서 온 발표자들은 모두 독일어가 유창하였고 콤멘트하는 독일의 교수들은 바로 영어로 토론할 정도로 기본이 되어 있었다. 심지어 콜롬비아에서 온 Miranda 교수는 26세인데 영어와 독일어 모두 가능할 정도였고, 더구나 그 나이에 헌법재판소 재판관이라는데 더 더욱 놀랐다. 어느 외국어 회화 하나 신통하게 하지 못하는 나 자신이 부끄럽고 답답했으며 우리의 후학들은 이런 일이 없도록 빨리 동료나 후배 교수들에게 전하고 싶은 마음이 간절하였다.

이처럼 적격자가 아닌 내가 독일까지 오게 된 사연을 부연 설명하면 이렇다. 주최측에서 처음에는 독일에 와서 발표를 안 해도 된다고 하였으나 내가 지난 해 연말에 보낸 원고를 보고는 항공권과 체류비를 부담할 터이니 독일로 와 달라고 태도를 바꾸었다. 내가 1983년의 뵈켄회르데 세미나에 참석한 것은 독일 헌법학설사에서 하나의 이정표가 된다는 것이 퀸클러 교수의 평가였다. 거기에 더하여 뵈켄회르데 교수와 내가 주고 받은 편지,12) 그리고 한국어판에 붙인 뵈켄회르데의 서문 등은 독일에서는 구해볼 수 없는 귀중한 역사적인 자료의 하나로 평가를 받은 모양이다. 여하튼 나로서는 적지 않은 나이에 12시간 이상의 장거리 비행은 쉬운 일이 아니어서 참석 자체를 깊이 생각하고 주저하였다. 그러나 나의 독일 유학을 가능케 하고 더구나 훔볼트 재단의 장학금까지 얻게 해 준 뵈켄회르데 교수에 대한 은덕을 갚을 마지막 기회라고 생각하니 일신의 안일만을 생각할 수는 없는 노릇이다. 한편 올해는 바이마르 헌법을 제정한 지 100주년이 되는 해이어서 직접 현지의 모습을 보고 싶었고, 또 내가 살던 프라이부르크와 독일을 다시 가볼 기회나 계기가 없을 것 같아서 결단을 내렸다. 그 밖에도 주최하는 교수들은 40대, 50대 교수들이고 그들은 뵈켄회르데가 53세에 헌법재판관이 되었기 때문에 직접 배울 기회가 없었고 책으로만 접한 사람들이어서 나는 살아 있는 증인으로서 가치가 있었던 것이 아닌가 하고 생각되었다. 그러나 얼마나 주최 측의 기대에 부응했는지는 알 수가 없다.

내 뒤를 이어 폴란드 크라카우에 있는 바울 2세 교황대학의 요안나 미소나 비르스카 (Joanna Mysona Byrska) 교수는 「폴란드에 있어서의 에른스트-볼프강 뵈켄회르데의 정치 및 입헌사상의 수용」(Die Rezeption des politischen und konstitutionnellen Denkens Ernst-Wolfgang Böckenförde in Polen)을 발표했는데 내용은 주로 폴란드의 민주화 이후에 뵈켄회르데 사상이 도입된 점을 구체적으로 설명하였다.

---

12) 최근에 내가 정리한 왕복 편지는 Hyo-Jeon Kim (Hrsg.), Ernst-Wolfgang Böckenförde - Hyo-Jeon Kim Briefwechsel 1981-2018, in: World Constitutional Law Review, Vol. XXIX, No. 2 (2023), pp. 205-263 참조.

오후에는 칠레 아우스트랄 대학의 디에고 파르도-알바레스(Diego Pardo-Álvarez) 교수의「국민의 헌법제정권력에 관한 에른스트-볼프강 뵈켄회르데의 이론이 스페인어 사용권의 헌법논의에 미칠 가능성」(Die Einflussmöglichkeiten der Lehre Ernst-Wolfgang Böckenfördes zur verfassunggebenden Gewalt des Volkes auf die spanischsprachige Verfassungsdiskussion)이 발표되었다. 발표자는 뵈켄회르데 이론에 대해서 비판적이었다. 모든 발표자가 뵈켄회르데 저작의 구체적인 적용과 논의를 다룬데 반하여 그는 단지 '가능성' 내지 가정적인 것만을 언급한 것이 지적되었다.

끝으로 카를로스 리바르도 베르날 풀리도(Carlos Libardo Bernal Pulido)와 니콜라스 에스구에라 미란다(Nicolás Esguerra Miranda) 콜롬비아 헌법재판소 재판관은「콜롬비아 헌법재판소의 판결에 미친 뵈켄회르데의 영향」(Der Einfluss von E.-W. Böckenförde auf die Rechtsprechung des kolumbianischen Verfassungsgerichts)을 발표하였다.

주최측에서는 각 발표자들이 만든 원고 초안을 모든 발표자에게 미리 참고 자료로서 발송하였는데 여기서 보듯이, 국가만이 다를 뿐만 아니라 다루는 테마도 상이하였다. 특히 폴란드와 이탈리아에서 뵈켄회르데 저작의 번역이 활발한 것을 알 수 있었다.

발표문과 콤멘트 그리고 공개 토론에서 나온 논점에 대해서는 발표자가 수정·증보하여 주최측에게 보내도록 요구를 받았고, 이에 대해서는 이미 손을 보아 제출하였다. 이 모든 자료들은 뵈켄회르데 교수가 창간한 "Der Staat"지에 별책으로서 발간될 예정이라고 한다.13)

종합토론을 마친 후 발표자와 주석자 그리고 행사 관련자 모두 학교 인근 이탈리아 레스토랑 Boccadoro에서 저녁 식사를 하고 석별의 정을 나누었다.

IV. 귀국과 E.-W. 뵈켄회르데의 죽음

학술대회를 마친 후 필자는 드레스덴을 경유하여 체코의 프라하 시내를 둘러보았다. 유명한 블타바 강과 카를 다리를 건너본 후 1박하고 다시 드레스덴을 거쳐 바이마르에 도착했다. 25년만에 동독을 다시 찾으니 너무나 크게 변했다. 그때는 도시 전체가 시커멓고 도로 포장이나 호텔 건축 등에 바빴으나 이제는 모두 복구된 듯 거리는 활기가 넘쳤다. 바이마르 헌법 제정 100주년을 기념하여 무슨 행사라도 있는가 싶어 국립극장에 가보니 너무 일찍 온 탓인지 괴테와 실러의 동상만이 그대로일 뿐 그 흔한 현수막 하나 없었다. 그러나 이 작은 도시의 규모에 비해서 극장은 큰 편이며 저녁에 가보니 관객들이 제법 있었다. 연극을 감상할 시간적·정신적 여유가 없는 나그네로서는 그나마 빡빡한 일정

---

13) Mirjam Künkler und Tine Stein (Hrsg.), Die Rezeption der Werke Ernst-Wolfgang Böckenfördes in vergleichender Perspektive, Beihefte zu »Der Staat«(BH STAAT), Band 24. Duncker & Humblot, Berlin 2020. 267 S. € 53, 90

속에서 바이마르 관련 서적을 구입하고 그림엽서와 자료 등을 모은 것만도 다행으로 여길 수밖에 없었다.

귀국 후 주최 측으로부터 발표문에 공개 토론에서 논의된 사항들을 반영하여 수정·가필하라는 요구가 있어 다시 원고를 손질하는데 돌연 뵈켄회르데 교수가 2월 24일에 세상을 떠났다는 비보를 접했다. 위독하다는 이야기는 들었으나 이렇게 빨리 소천할 줄은 몰랐다. 우리 나이로 90세이지만 독일 나이로는 88세로 Au bei Freiburg에서 기나긴 생을 마감하였다. 그의 죽음은 독일 헌법학계의 큰 별이 하나 떨어진 것으로 이는 독일의 손실일 뿐만 아니라 우리 시대의 위대한 법사상가의 한 사람을 잃은 것이라고 하겠다.

티네 슈타인 교수에 의하면 독일의 모든 언론 매체는 일제히 세기의 위대한 법사상가이며 연방헌법재판소 재판관의 죽음이라는 제목 아래 그의 부고를 알렸다고 한다. 그녀가 필자에게 보내 준 대표적인 부고로서는 Süddeutsche Zeitung,[14] Die Zeit[15]에서부터 전문잡지,[16] 프랑스의 Le Mond[17] 등이며 그 밖에도 여러 가지가 있을 것으로 생각된다.

한국의 언론에서는 과문한 탓인지 뵈켄회르데의 죽음에 관한 보도는 보지 못하였다. 지금까지 필자는 독일의 공법학자 중에서는 독일 연방헌법재판소 소장과 연방대통령을 지낸 Roman Herzog의 부고[18] 하나만을 보았을 뿐이다. 아마 그의 독일 대통령으로서의 자격 때문이었을 것이다.

V. 최근에 작고한 독일어권의 공법학자들

이제 제2차 대전 이후에 활약하던 공법학자들이 하나둘 세상을 떠나고 있다. 참고로 2000년대에 작고한 독일어권의 공법학자 명단을 알파벳순으로 열거하고 부고와 관련 문헌을 간단히 소개하면 다음과 같다.

---

14) Heribert Prantl, Der Grundgesetzliche. Ernst-Wolfgang Böckenförde, der große Rechtsgelehrte, ist gestorben. Ein berühmter Satz von ihm aber hat das ewige Leben, in: Süddeutsche Zeitung v. 25. Februar 2019.

15) Elisabeth von Thaden, Sein Satz macht Geschichte. Zum Tod des Staatsrechtler und Verfassungsrichters Ernst-Wolfgang Böckenförde, in: Die Zeit Nr. 10/2019, 28. Feb. 2019.

16) Mirjam Künkler & Tine Stein, Denker des Staates und der Freiheit, Verfechter des Bürgerethos. Ein Nachruf auf Ernst-Wolfgang Böckenförde, in: Theorieblog. de. Politische Theorie, Philosophie & Ideengeschichte, 13 März 2019.

17) Olivier Jouanjan, Mort du constitutionnaliste allemand, Ernst-Wolfgang Böckenförde. Juge à la constitutionnelle fédérale allemande pendant treize ans, l'universitaire et grand juriste est mort le 24 février, à l'âge de 88 ans, dans: Le Monde, 5 mars 2019.

18) 조선일보 2017. 1. 10.

Walter Antoniolli (1907-2006)[19]

Otto Bachof (1914-2006)[20]

Ernst Benda (1925-2009)[21]

Karl August Bettermann (1913-2005)[22]

Albert Bleckmann (1933-2004)

Ernst-Wolfgang Böckenförde (1930-2019)[23]

Winfried Brugger (1950-2010)[24]

Martin Bullinger (1930-2021)

Karl Doehring (1919-2011)[25]

Ralf Dreier (1931-2018)[26]

Kurt Eichenberger (1922-2005)[27]

Horst Ehmke (1927-2017)[28]

Wilhelm G. Grewe (1911-2000)[29]

---

19) Karl Korinek, Walter Antoniolli (1907-2006), in: Peter Häberle, Michael Kilian, Heinrich Wolff (Hrsg.), Staatsrechtslehrer des 20. Jahrhunderts, Walter de Gruyter, Berlin 2015, S. 735-742.

20) Dieter Scheuing, Otto Bachof (1914-2006), in: P. Häberle, u.a. (Hrsg.), Staatsrechtslehrer des 20. Jahrhunderts, 2015, S. 847-866.

21) Eckart Klein, Ernst Benda †, in: JZ. 2009, 14. S. 737.

22) Detlef Merten, Karl August Bettermann (1913-2005), in: P. Häberle, M. Kilian, H. Wolff (Hrsg.), Staatsrechtslehrer des 20. Jahrhunderts, 2015, S. 825-846.

23) Mirjam Künkler und Tine Stein: Staat, Recht und Verfassung. Ernst-Wolfgang Böckenfördes politisches und verfassungstheoretisches Denken im Kontext, in: Jahrbuch des öffentlichen Rechts der Gegenwart, N.F., Bd. 65 (2017), S. 573-610; Tine Stein, Ernst-Wolfgang Böckenförde (geb. 1930), in: Rüdiger Voigt (Hrsg.), Staatsdenken. Zum Stand der Staatstheorie heute, Baden-Baden: Nomos 2016, S. 142-147.

24) Ernst-Wolfgang Böckenförde, In Memoriam Winfried Brugger, in: Der Staat, Bd. 50, Heft 1 (2011); 2. Aufl., S. 1295-1300.

25) Jochen Abr. Frowein, Zum Tode von Karl Doehring (17. 3. 1919-24. 3. 2011), in: AöR. 2012, 3. S. 49-50; Torsten Stein, Karl Doehring (1919-2011), in: P. Häberle, M. Kilian, H. Wolff (Hrsg.), Staatsrechtslehrer des 20. Jahrhunderts, 2015, S. 909-920.

26) Robert Alexy, Nachruf auf Ralf Dreier, in: Jahrbuch der Akademie der Wissenschaften zu Göttingen 2018, 2020, S. 91-92.

27) P. Häberle, M. Kilian, H. Wolff (Hrsg.), Staatsrechtslehrer des 20. Jahrhunderts, 2. Aufl. 2015, S. 1131-1152.

28) Kurt Graulich, Horst Ehmkes Aufsatz "Demokratischer Sozialismus und demokratischer Staat"(1974). Like a bridge over troubled water, in: JöR 2018. S. 509-519; Frieder Günther, "Renegatentum" als Lebensprinzip. Horst Ehmke und die alte Bundsrepublik, in: JöR 2018. S. 521-529; Peter Häberle, Gedächtnisblatt für Horst Ehmke, in: JöR 2018. S. 487-493; Fritz Scharpf, Horst Ehmke kontrafaktisch. Prinzipien der Verfassungsinterpretation im Europarecht? in: JöR 2018. S. 495-507.

29) Jochen A. Frowein, Wilhelm G. Grewe (1911-2000), in: Peter Häberle, Michael Kilian, Heinrich Wolff (Hrsg.), Staatsrechtslehrer des 20. Jahrhunderts. Walter de Gruyter, Berlin 2015, S. 791-798.

Yvo Hangartner (1933-2013)[30]

Wilhelm Hennis (1923-2012)[31]

Roman Herzog (1934-2017)[32]

Konrad Hesse (1919-2005)[33]

Werner Heun (1953-2017)[34]

Reinhard Höhn (1904-2000)[35]

Alexander Hollerbach (1931-2020)[36]

Werner Hoppe (1930-2009)[37]

Werner Kägi (1909-2005)[38]

Hans Klecatsky (1920-2015)[39]

Alfred Kölz (1944-2003)[40]

Karl Korinek (1940-2017)[41]

Martin Kriele (1931-2020)[42]

Erich Küchenhoff (1922-2008)[43]

---

30) Yvo Hangartner, Das Leben als Werk, in: JöR. Bd. 62 (2014), S. 485-497.

31) 문헌 Heinrich Meier, Politik und Praktische Philosophie, 2014; Andreas Anter (Hrsg.), Wilhelm Hennis' politische Wissenschaft, Tübingen 2013.

32) Staatsrecht und Politik: FS f. Roman Herzog zum 75. Geburtstag / hrsg. von Matthias Herdegen... München: Beck, 2009; Rupert Scholz, Roman Herzog zum 75. Geburtstag, in: AöR. 2009, 2. S. 268-270; Peter Badura, Roman Herzog zum 75. Geburtstag, in: JZ. 2009, 7. S. 358-359.

33) Wolfgang Hoffmann-Riem, Praktische Konkordanz im Verfassungsrechtsdenken von Konrad Hesse, in: AöR 144/3 (2019), S. 467-485; Andreas Voßkuhle, in: AöR 144/3 (2019), S. 425-442; P. Häberle, Konrad Hesse (1919-2005), in: P. Häberle u.a., Staatsrechtslehrer des 20. Jahrhunderts, Berlin 2015, S. 893-908; P. Häberle, Die "Grundzüge" und ihre Rezeption im Ausland, in: JöR, Bd. 57 (2009), S. 145-548.

34) Alexander Thiele, Werner Heun (1953-2017), in: JZ 2017. S. 1156-1157.

35) Alexander O. Müller, Reinhard Höhn. Ein Leben zwischen Kontinuität und Neubeginn, Berlin 2019; Bernd Rüthers, Reinhard Höhn, Carl Schmitt und andere — Geschichten und Legenden aus der NS-Zeit, in: NJW 2000, S. 1866-1871. 나치시대의 헌법학자. 카를 슈미트의 베를린대학 동료. SS의 라이벌. 1933년 7월 나치 입당. 하이델베르크, 이어서 베를린대학 교수. 동시에 SS의 요인으로서도 활약. 논문 Die kommende Demokratie und ihre Staatsform, 1928; Wahre Integration und Scheinintegration, in: Der Meister 9 (1929). 문헌 요한 샤푸토, 고선일역, 『복종할 자유: 나치즘에서 건져 올린 현대 매니즈먼트의 원리』(빛소굴, 2022).

36) Badische Zeitung. Traueranzeige vom 18. Dezember 2020.

37) Wilfried Erbguth, Werner Hoppe (1930-2009): Nachruf, in: DÖV. 2009, 18. S. 768-769; Hans Schlarmann, Werner Hoppe †, in: NJW. 2009, 49. S. 3562-3563.

38) Walter Haller, Werner Kägi (1909-2005), in: Peter Häberle, Michael Kilian, Heinrich Wolff (Hrsg.), Staatsrechtslehrer des 20. Jahrhunderts. Walter de Gruyter, Berlin 2015, S. 779-790.

39) 2. Aufl., 2018, S. 1113-1130.

40) 2. Aufl., 2018, S. 1289-1294.

41) Christoph Grabenwarter, Karl Korinek †, in: JZ 2017. S. 836; Michael Holubek, Nachruf. Karl Korinek (1940 bis 2017), in: ZöR 2017. S. 211-215.

42) Frankfurter Allgemeine Zeitung v. 3. November 2020.

Walter Leisner (1929-2023)[44]

Peter Lerche (1928-2016)[45]

Jutta Limbach (1934-2016)[46]

Jörg Luther (1959-2020)[47]

Joseph Listl (1929-2013)[48]

Werner Maihofer (1918-2009)[49]

Christian-Friedrich Menger (1915-2007)[50]

Hermann Mosler (1912-2001)[51]

Thomas Oppermann (1931-2019)[52]

Adalbert Podlech (1929-2017)[53]

Helmut Quaritsch (1930-2011)[54]

Helmut Ridder (1919-2007)[55]

Gerd Roellecke (1927-2011)[56]

---

43) 저서 Günther Küchenhoff와 공저, Allgemeine Staatslehre, 8. Aufl. 1977.

44) 1961-1998년 에어랑겐-뉘른베르크대학 헌법·행정법 및 국제법 정교수. 괴팅겐·쾰른·베를린(FU)·아우크스부르크대학 등의 초빙을 거절. 저서 Institutionelle Revolution: Grundlinien einer Allgemeinen Staatslehre, Berlin 2012; Demokratie, Berlin 2020; Der Zeifel im Staatsrecht, Berlin 2020 등 다수.

45) Peter Badura, Nachruf für Peter Lerche, in: Archiv des öffentlichen Rechts, Bd. 141, Heft 2 (2016), S. 283-285; ders., Öffentliches Recht in München seit 1945, in: JöR 2017, S. 611-616.

46) Peter-Alexis Albrecht und Eike Schmidt, Jutta Limbach: zur Vollendung ihres 75. Lebensjahres, in: KritV. 2009, 1. S. 3-4.

47) Peter Häberle, Nachruf auf Jörg Luther (1959-2020), in: AöR 2020, S. 522-525.

48) Wolfgang Rüfner, Zum Tode von Joseph Listle (2. 10. 1929-23. 8. 2013), in: AöR. 2014, 1. S. 152-154.

49) Heribert Prantl, Ex-Innenminister Maihofer gestorben — Im Zweifel für die Freiheit, in: Süddeutsche Zeitung von 19. Oktober 2009.

50) 저작목록은 System des verwaltungsgerichtlichen Rechtsschutz, 1985.

51) Christian Tomuschat, Mermann Mosler (1912-2001), in: P. Häberle u.a., Staatsrechtslehrer des 20. Jahrhunderts, Berlin 2015, S. 813-824.

52) 자전 Meine sechs Jahrzehnte Öffentliches Recht, in: Jahrbuch des Öffentlichen Rechts der Gegenwart, Bd. 61 (2014), S. 511-527; Martin Nettesheim, Thomas Oppermann, † in: Juristen Zeitung, Bd. 74, Nr. 6 (2019), S. 293.

53) Bernhard Schlink, Erinnerungen an Adalbert Podlech, in: JöR 2018. S. 471-481.

54) Ernst-Wolfgang Böckenförde, Andreas Voßkuhle, In Memoriam Helmut Quaritsch, in: Der Staat. 2011, 4. S. 491-492; Bernd Grzeszick, Helmut Quaritsch (1930-2011), in: P. Häberle u.a., Staatsrechtslehrer des 20. Jahrhunderts, 2015, S. 981-992.

55) Ulrich K. Preuß, Helmut Ridder (1919-2007), in: Neue Politische Literatur, Bd. 20. Heft 2 (2007), S. 185-188; U. K. Preuss, Feuerkopf der Demokratie: Helmut Ridder (1919-2007), in: Blätter für deutsche und internationale Politik. 2009, 7. S. 24-27; Karl-Heinz Ladeur, Helmut Ridder (1919-2007), in: Peter Häberle, u.a. (Hrsg.), Staatsrechtslehrer des 20. Jahrhunderts. 2015, S. 921-932.

56) Otto Depenheuer (Hrsg.), Gerd Roellecke, Staatsrechtliche Miniaturen. Positionen zu Fragen der Zeit, Tübingen: Mohr Siebeck 2012; Patrick Bahners (Hrsg.), G. Roellecke,

Walter Rudolf (1931-2020)[57]

Hans Heinrich Rupp (1926-2020)[58]

Michael Sachs (1951-2022)[59]

Klaus Schlaich (1937-2011)[60]

Hans Schneider (1912-2010)[61]

Peter Schneider (1920-2002)[62]

Norbert Simon (1930-2013)[63]

Heinhard Steiger (1933-2019)[64]

Ekkehart Stein (1932-2009)[65]

Helmut Steinberger (1931-2014)[66]

Michael Stolleis (1941-2021)[67]

Dimitris Th. Tsatsos (1930-2010)[68]

Georg Christoph von Unruh (1913-2009)[69]

Wissenschaftsgeschichte in Rezensionen, Tübingen: Mohr 2013; Eberhard Denninger, Gerd Roellecke †, in: ARSP. 2012, 3. S. 421-422.

57) Markus Kotzur, Walter Rudolf (8. Mai 1931-1. Oktober 2020), in: Archiv des Völkerrechts, 58/4 (2020), S. 395-397.

58) Friedhelm Hufen, Nachruf: Hans Heinrich Rupp, auf der Website der Uni Mainz.

59) Nachruf von der Universität zu Köln, abgerufen am 18. Feb. 2022. 1976년 쾰른대 박사. Klaus Stern의 제자. 1985년 교수자격논문 통과. 1986년 킬, 이어서 아우크스부르크 대학을 거쳐 2001-2020년 쾰른대 교수. 저서 Sachs (Hrsg.), Grundgesetz Kommentar, 9. Aufl. 2021; Verfassungsrecht II - Grundrechte, 3. Aufl., 2017.

60) In memoriam Klaus Schlaich: (1. 5. 1937-23. 10. 2005); Reden gehalten bei der Akademischen Gedenkfeier am 21. April 2007 im Festsaal der Rheinischen Friedrich-Wilhelms-Universität Bonn / [Universität Bonn]. Bonn: Bouvier, 2007. 34 S.; Stefan Korioth, Klaus Schlaich (1937-2011), in: Peter Häberle, u.a. (Hrsg.), Staatsrechtslehrer des 20. Jahrhunderts, 2015, S. 1045-1056.

61) Reinhard Mußgnug, Hans Schneider. 11. Dezember 1912-9. Juli 2010, in: JöR, Bd. 60 (2012), S. 377-386; Paul Kirchhof, Hans Schneider als Wissenschaftler und Homo politicus, in JöR, Bd. 60 (2012), S. 387-399; Reinhard Mußgnug, Hans Schneider (1912-2010), in: Peter Häberle, Michael Kilian, Heinrich Wolff (Hrsg.), Staatsrechtslehrer des 20. Jahrhunderts, 2015, S. 799-812.

62) Erhrs Denninger, Der Elefant — Ein Gespräch mit Peter Schneider (1920-2002) über das Recht, in: Peter Häberle, u.a. (Hrsg.), Staatsrechtslehrer des 20. Jahrhunderts, 2015, S. 967-980.

63) Ernst-Wolfgang Böckenförde, In Memoriam Norbert Simon, in: Der Staat. 2013, 3. S. 473-474.

64) Traueranzeige Heinhard Steiger, in: Frankfurter Allgemeine Zeitung, 31. Juli 2019. Literatur von und über Heinhard Steiger, im Katalog der Deutschen Nationalbibiliothek.

65) Götz Frank; Stintzing, Heike: Ekkehart Stein †, in: JZ. 2009, 5. S. 252-254. 정극원, 『둔필』(한국정보인쇄, 2018), 258-261면.

66) in: S. 1215-1238.

67) Miloš Vec, Der menschenfreundliche Tod. Zum Tod des Frankfurter Rechtshistorikers Michael Stolleis, in: Frankfurter Rundschau 21. 03. 2021. 守矢健一, ミハャエル・シュトルライス先生を追悼して, 石部雅亮 責任編集, 『法の思想と歴史2』(信山社, 2022).

68) Martin Morlok, Dimitris Th. Tsatsos (1930-2010) — Ein Mann der Vielfalt, in: Peter Häberle, u.a. (Hrsg.), Staatsrechtslehrer des 20. Jahrhunderts, 2015, S. 993-1004.

Klaus Vogel (1930-2007)[70]
Hans F. Zacher (1928-2015)[71]

이 밖에도 많을 사람들이 있을 것이다. 독일 국법학자협회에 소속한 학자들의 생애와
업적 중 1990년대부터 2000년대 초까지는 필자의 「독일의 공법학자들」[72]에 정리되어
있다. 최근에는 헌법재판소에서 현대 독일 공법학자 계보도, 『독일 법정보조사 자료집』
(헌재 도서관, 2013), 139-159면[73])이 발간되어 이용하기 편리하다.[74]

VI. 결 론

이번 학술대회에서는 개인적으로 많은 것을 보고 배우고 깨우치는 바가 많았다. 독자들
과 함께 생각하는 계기가 되고 공통된 토론의 광장이 되었으면 한다.

1. 그러면 왜 뵈켄회르데인가? 이번 대회를 주관한 주최자들만이 뵈켄회르데를 흠모하
고 그를 기리기 위한 행사인가? 반드시 그렇지만은 않다고 보는 것이 이번 그의 죽음을
계기로 나타난 유럽 각국에서의 뵈켄회르데에 대한 평가와 반향이라고 하겠다.

영어로 독일 학자의 저작을 번역하는 것은 바로 세계화의 일환이다. 일찍이 Hans
Kelsen은 나치스의 박해를 피해 미국으로 망명 겸 이민을 떠나 인생의 후반부는 영어로
저술한 관계로 그의 이름은 전 세계의 독자들에게 알려진 반면, Carl Schmitt의 이름과
저작은 독일어로만 저술된 관계로 1980년대 이후에야 영미권의 독자들에게 소개되었다.
오늘날에도 독일의 학자 중에는 Jürgen Habermas, Ralf Dahrendorf, Niklas Luhmann
만이 있는 것이 아니라 E.-W. Böckenförde도 있다는 것을 보여주고 싶고 또 선전하고
싶은 것이 아닐까?[75]

---

69) 1967년 이후 Kiel 대 교수.
70) Paul Kirchhof, Klaus Vogel (1930-2007), in: Peter Häberle, u.a. (Hrsg.), Staatsrechtslehrer
    des 20. Jahrhunderts, 2015, S. 1005-1020.
71) Eberhard Eichenhofer, Nachruf auf Hans F. Zacher (22. Juni 1928 bis Februar 2015), in:
    Vierteljahresschrift für Sozialrecht 2015, 2. S. 111-117.
72) 김효전편, 독일의 공법학자들, 『동아법학』 제12호(1991)부터 제37호(2005) 참조.
73) 저본은 ドイツ憲法判例研究會編, 『ドイツ憲法判例 III』(信山社, 2008), 572-579면.
74) 오래된 일본 문헌은 日笠完治 編著, 『現代ドイツ公法學人名辞典』(信山社, 1991) 참조.
75) 독일 헌법학이 세계에 미친 영향과 관련된 문헌은 Uwe Kischel (Hrsg.), Der Einfluss des deutschen
    Verfassungsrechtsdenkens in der Welt: Bedeutung, Grenzen, Zukunftsperspektiven, Mohr,
    Tübingen 2014. 이 책은 일본·브라질·스페인·오스트리아·유럽연합법에 미친 독일 헌법사상을
    다루고 있다. 한국과 관련해서는 Hyo-Jeon Kim, Das Bonner Grundgesetz und die koreanische
    Verfassungen, in: U. Battis, E. G. Mahrenholz und D. Tsatsos (Hrsg.), Das Grundgesetz im
    internationalen Wirkungszusammenhang der Verfassungen. 40. Jahre Grundgesetz, Duncker
    & Humblot, Berlin 1990, S. 175-187.

2. 반대로 우리 한국 학자의 사상과 저술은 영어로 저술하거나 번역한 것이 없는가? 헌법학에 한정하는 경우에도 많지 않다고 보겠다. 전술한 독일 『공법 연감』의 아시아 부분을 보면 일본과 중국에 관한 논설은 자주 보이는 편이고, 독일과 일본, 독일과 중국 간의 학술교류도 활발한 편이다.76) 그러나 이에 비해서 한국에 관한 것은 상대적으로 적은 편이다.77) 거의 찾아보기 어렵다.

3. 독일 헌법학의 소개와 수용 자세를 보더라도 편파적이며 왜곡된 것이 드러나고 있다. 뵈켄회르데 이론의 도입과 평가에서도 여전히 필자가 지적해 온 점은 반복되고 있다.

4. 법학전문대학원의 도입 이후 한국 법학의 위기라는 말이 유행어가 되고 있다. 우리들 법학도는 법령의 개폐나 판례의 변경에 신경을 곤두세우고, 또 학생들에게도 판례의 암기를 강요하고 변호사시험에서도 그대로 출제하는 폐단은 과감히 척결하여야 한다. 법률기술자가 아니라 법의 원리를 탐구하는 자세부터 가르쳐야 할 것이다. 법학적성시험 에서도 영어의 비중을 높여 국제사회에서도 활약할 수 있는 법률가와 법학자를 양성하여 야 할 것이다.

5. 요컨대 우리들 법학도는 국내생활에만 안주할 것이 아니라 국제적인 시야와 안목도 넓혀야 할 것이다. 새로운 세계의 자극과 자기 충전의 시간을 자주 가질 필요가 있다. 세상은 넓고 할 일은 많다.(2019. 3. 27)

독일 공법학자의 저서 중 최근에 영어로 번역 내지 저술된 것을 몇 가지만 열거한다. 우선 George Pavlakos (ed.), Law, Right and Discourse: The Legal Philosophy of Robert Alexy, Oxford 2007: Dieter Grimm, The Future of Constitution; Sovereignty: The Origin and Future of a Political and Legal Concept, tr. by Blinda Cooper 2015; The Constitution in the Process of Denationalization, 2007; Michael Stolleis, A History of Public Law in Germany, 1914-1945. tr. by Thomas Dunlap, Oxford 2004; Public Law in Germany, 1800-1914. New York 2001; Markus Kotzur, Peter Häberle on Constitutional Theory, Hart Publishing 2018; Ulrich K. Preuss, Constitutional Revolution: The Link between Constitutionalism and Progress, tr. by Deborah Lucas Schneider, 1995; Preuß, Revolution, Progress and Constitution; Raphael Gross, Carl Schmitt und die Juden: Eine deutsche Rechtslehre, 2001(山本尤譯, 『カール・シュミットとユダヤ人: あるド イツ法學』, 法政大學出版局, 2002).

76) 예컨대 Kazuhiro Takii und Michael Wachutka, Staatsverstandnis in Japan. Ideen und Wirklichkeiten des japanischen Staates in der Moderne, 1. Aufl. 2016; Matthias Jestaedt und Hidemi Suzuki, Verfassungsentwicklung I. Auslegung, Wandlung und Änderung der Verfassung. Deutsch-Japanisches Verfassungsgespräch 2015, Mohr Siebeck, Tübingen 2017; Johannes Kaspar und Oliver Schön, Einführung in das japanische Recht, Nomos, Baden-Baden 2018.

77) 한국에 관하여 최근에 발표된 논문들은 Hwang Sik Kim, Gegenwart und Zukunft der Koreanischen Verfassung, in: Verfassung und Recht in Übersee. 2014, 3. S. 283-292; Barbara Wagner/Heinrich Scholler, Das koreanische Verfassungsgericht, in: JöR. Bd. 60 (2012), S. 621-642; Kolja Naumann, Die verfassungsgerichtliche Entwicklung des Grundrechtsschutz in der Republik Korea, in: JöR. Bd. 58 (2010), S. 685-712; Young Huh, Parteienstaat, repräsentative Demokratie und Wahlsystem - Idee und Wirklichkeit in der Repubik Korea, in: JöR. Bd. 51 (2003), S. 695-710; Y. Huh, Zur neueren Entwicklung des Verfassungsrechts in der Republik Korea, in: JöR. Bd. 48 (2000), S. 471-488; Y. Huh, Sechs Jahre Verfassungsgerichtsbarkeit in der Republik Korea, in: JöR. Bd. 45 (1997), S. 535-554.

E.-W. 뵈켄회르데 관련 문헌

1. 독일 문헌

Böckenförde, Ernst-Wolfgang: Diskussionsbeitrag [zu Hans Kelsen] . In: Hans Kelsen und die deutsche Staatsrechtslehre. Stationen eines wechselvollen Verhältnisses / hrsg. von Matthhias Jestaedt. Tübingen: Mohr Siebeck, 2014. S. 141-143.

Böckenförde/Gosewinkel, Wissenschaft Politik Verfassungsgericht. Aufsätze von Ernst-Wolfgang Böckenförde. Biographisches Interview von Dieter Gosewinkel, Berlin: Suhrkamp Verlag 2011. 492 S.

Böckenförde, Ernst-Wolfgang: In Memoriam Winfried Brugger. In: Der Staat, Bd. 50, Heft 1 (2011).

Böckenförde, Ernst-Wolfgang; Voßkuhle, Andreas: In Memoriam Helmut Quaritsch. In: Der Staat. 2011, 4. S. 491-492.

Böckenförde, Ernst-Wolfgang: Zum Briefwechsel zwischen Ernst Forsthoff und Carl Schmitt. In: Archiv des öffentlichen Rechts, Bd. 133, Heft 2 (2008), S. 261-266.

Böckenförde, Ernst-Wolfgang: Staatsrecht in der Bonner Republik. In: Rechts-geschichte-Legal History, Issue Rg 6 (1. Januar 2005), S. 220-225.

Ehrenpromotion zum Dr. theol. Ernst-Wolfgang Böckenförde: eine Dokumentation des Festaktes vom 12. Mai 1999. Bochum: Ruhr-Univ., 1999. 58 S. (Universitäts-reden/Ruhr-Universität Bochum; N.S., 9)

Böckenförde, Ernst-Wolfgang: Dem Bundesverfassungsgericht droht der Kollaps. Bestandsaufnahme und Vorschläge nach zwölf Richterjahren. In: Frankfurter Allgemeine Zeitung 1996, 120 von 24. 5. 96. S. 8-9.

Böckenförde, Ernst-Wolfgang: Escritos sobre derechos fundamentales. [Aus dem Deutschen], Baden-Baden: Nomos 1993. 138 S.

Böckenförde Ernst-Wolfgang: Der Staat als sittlicher Staat. In: Zeitgeist und Freiheit. 1982. S. 34-84.

Brugger, Winfried und Hans Erich Brandner: Ernst-Wolfgang Böckenförde: Der säkularisierte Staat. Sein Charakter, seine Rechtfertigung und Probleme im 21. Jahrhundert. In: Juristen Zeitung 2008. 11. 7.

Freiheit des Subjekts und Organisation von Herrschaft. Symposium zu Ehren von Ernst-Wolfgang Böckenförde anläßlich senes 75. Geburtstages (23. und 24. September 2005), Berlin: Duncker & Humblot 2006, 90 S.

Fromme, Friedrich Karl: Recht und Geschichte: Ernst-Wolfgang Böckenförde. In: Frankfurter Allgemeine Zeitung 1983, 278 von 30. 11. 1983, S. 12.

Gosewinkel, Dieter: Geschichtlichkeit des Rechts-Recht in der Geschichte. Zum Werk Ernst-Wolfgang Böckenförde (1930-2019), in: Historische Zeitschrift, Bd. 310 (2020), S. 569-579.

Grawert, Rolf: Ernst-Wolfgang Böckenförde zum 75. Geburtstag. In: Archiv des öffentlichen Rechts, Bd. 130, Heft 3 (2005), S. 345-349.

Jestaedt, Matthias: Glückwunsch Ernst-Wolfgang Böckenförde zum 80. Geburtstag. In: Juristen Zeitung. Bd. 65, Heft 18 (2010), S. 890-892.

Kirchhof, Paul: Ernst-Wolfgang Böckenförde: Vom Ethos der Juristen. In: Archiv des öffentlichen Rechts, Bd. 137, Heft 1 (2012), S. 151-156.

Klein, Heribert: Hüter der Verfassung: Ernst-Wolfgang Böckenförde. In: Frankfurter Allgemeine Zeitung Beilage Magazin Heft 737 von 15. 4. 1994. S. 12-22.

Künkler, Mirjam und Tine Stein: Staat, Recht und Verfassung. Ernst-Wolfgang Böckenfördes politisches und verfassungstheoretisches Denken im Kontext. In: Jahrbuch des öffentlichen Rechts der Gegenwart, N.F., Bd. 65 (2017), S. 573-610.

Künkler, Mirjam und Tine Stein: Denker des Staates und der Freiheit, Verfechter des Bürgerethos. Ein Nachruf auf Ernst-Wolfgang Böckenförde. In: Theorieblog. de. Politische Theorie, Philosophie & Ideengeschichte, 13 März 2019.

Lüddecke, Dirk: Gegenstrebige Fugungen der Demokratie. Überlegungen zum historisch-institutionellen und ordo-sozialliberal Demokratieverständnis Ernst-Wolfgang Böckenfördes. In: R. Mehring & M. Otto (Hrsg.), Voraussetzungen und Garantien des Staates. Ernst-Wolfgang Böckenfördes Staatsverständnis, Baden-Baden: Nomos 2014, S. 119-144.

Mandelartz, Herbert: "Furchtbare Juristen" und der Umgang mit den NS-Eliten: Prof. Dr. Ernst-Wolfgang Böckenförde zum 85. Geburtstag. In: Recht und Politik, Bd. 51, Heft 3 (2015), S. 138-144.

Manterfeld, Norbert: Die Grenzen der Verfassung. Möglichkeiten limitierender Verfassungstheorie des Grundgesetzes am Beispiel E.-W. Böckenfördes, Duncker & Humblot, Berlin 2000.

Marwedel, Rainer: Zur Rechts-und Gesellschftstheorie von Ernst-Wolfgang Böckenförde. In: Demokratie und Recht, 1979, 2. S. 186-194.

Mehring, Reinhard: Welch gütiges Schicksal. Ernst-Wolfgang Böckenförde/Carl Schmitt. Briefwechsel 1953-1984. Nomos, Baden-Baden 2022. € 169

Mehring, Reinhard: Ernst-Wolfgang Böckenförde (1930-2019) — Bürger, Gründer,

Richter. Ein Nachruf, in: Recht und Politik, Duncker & Humblot, Berlin 2019, S. 305-308.

Mehring, Reinhard: Politische Theologie oder Staatskirchenrecht. Bemerkungen zur Diskussionslage nach Carl Schmitt und Ernst-Wolfgang Böckenförde. In: H.-G. Nissing (Hrsg.), Naturrecht und Kirche im säkularen Staat, Springer, Wiesbaden 2016, S. 141-161.

Mehring, Reinhard: Von der diktatorischen "Maßnahme" zur liberalen Freiheit. Ernst-Wolfgang Böckenfördes dogmatischer Durchbruch in Heidelberg. In: Juristen Zeitung, 60 (2015), S. 860-865.

Mehring, Reinhard und Martin Otto (Hrsg.), Voraussetzungen und Garantien des Staates: Ernst-Wolfgang Böckenfördes Staatsverständnis, Nomos, Baden-Baden 2014.

Mehring, Reinhard: Ernst-Wolfgang Böckenförde: Wissenschaft, Politik, Verfassungsgericht. Aufsätze von Ernst-Wolfgang Böckenförde. Biographisches Interview von Dieter Gosewinkel [Rezension]. In: Juristen Zeitung, Bd. 67, Heft 4 (2012), S. 197.

Mehring, Reinhard: Zu den neu gesammelten Schriften und Studien Ernst- Wolfgang Böckenförde. In: Archiv des öffentlichen Rechts, Bd. 117. 1992. S. 449-473.

Offene Staatlichkeit. Festschrift für Ernst-Wolfgang Böckenförde zum 65. Geburtstag. Herausgegeben von Rolf Grawert, Bernhard Schlink, Rainer Wahl, Joachim Wieland, Berlin: Duncker & Humblot 1995. 436 S.

Prantl, Heribert: Der Grundgesetzliche. Ernst-Wolfgang Böckenförde, der große Rechtsgelehrte, ist gestorben. Ein berühmter Satz von ihm aber hat das ewige Leben. In: Süddeutsche Zeitung von 25. Februar 2019.

Das Recht des Menschen in der Welt. Kolloquium aus Anlaß des 70. Geburtstags von Ernst-Wolfgang Böckenförde. Rainer Wahl/Joachim Wieland (Hrsg.), Berlin: Duncker & Humblot 2002. 206 S.

Schönberger, C.: Der Indian Summer eines liberalen Étatismus. In: H.-J. Große Kracht & Große Kracht (Hrsg.), Religion, Recht, Republik. Studien zu Ernst-Wolfgang Böckenförde, Paderborn: Schöningh 2014, S. 121-136.

Das Staatsdenken von Ernst-Wolfgang Böckenförde, Database: Networked Digital Library of Thesis & Dissertation. Open Access (NDLTD)

Stein, Tine: Ernst-Wolfgang Böckenförde (geb.1930). In: Rüdiger Voigt, Staatsdenken. Zum Stand der Staatstheorie heute, Baden-Baden: Nomos 2016, S. 142-147.

Steinberg, Rudolf: Buchbesprechung von E.-W. Böckenförde, Der Staat als sittlicher Staat. In: Archiv des öffentlichen Rechts, Bd. 105. Heft 2. 1980, S. 311-313.

Thaden, Elisabeth von: Sein Satz macht Geschichte. Zum Tod des Staatsrechtler und Verfassungsrichters Ernst-Wolfgang Böckenförde. In: Die Zeit, Nr. 10/2019, 28. Februar 2019.

Volkmann, Uwe: Gespräche mit Hegel. Ernst-Wolfgang Böckenfördes Suche nach dem "Haltenden" des liberalen Staates, in: Der Staat 2020, S. 489-511.

Windmöller, Martin: Ernst-Wolfgang Böckenförde. Richter am Bundesverfassungsgericht. In: Verfassungsrichter: Rechtsfindung am U. S. Supreme Court und am Bundesverfassungsgericht. Bernhard Großfeld, Herbert Roth (Hrsg.), Münster [u.s.w.]: Lit 1995. S. 271-285.

2. 영미 기타 문헌

(1) 번역서

Translated by Underwood, J. A: State, Society and Liberty: Studies in Political Theory and Constitutional Law. New York: Berg Publishers 1991. 320 pages.

Edited by Mirjam Künkler and Tine Stein, Constitutional and Political Theory. Selected Writings, Vol. I. Oxford University Press, 2017. 429 pages.

Edited by Mirjam Künkler and Tine Stein, Law, Religion and Democracy. Selected Writings, Vol. II, Oxford University Press, 2020.

(2) 논저

Böckenförde, Ernst-Wolfgang: The Concept of the Political: A Key to Understanding Carl Schmitt's Constitutional Theory, in: The Canadian Journal of Law and Jurisprudence, Vol. 10, No. 1 (1997), pp. 5-19.

Bojan, Cristina: The Democratic Motivation. The Modern Secular State and its Challenges through Democracy in the View of Ernst-Wolfgang Böckenförde, in: Studia Europaea, July, 2010, p. 147.

Cohen, Jean L.: On the Genealogy and Legitimacy of the Secular State: Böckenförde and the Asadians, in: Constellations. Vol. 25, No. 2. 2018. pp. 207-224.

Collings, Justin: Ernst-Wolfgang Böckenförde on Constitutional Judging in a Democracy, in: German Law Journal, Vol. 19, No. 2 (2018), pp. 161-196.

Ernst-Wolfgang Böckenförde and the Politics of Constituent Power, in: Jurisprudence (In Press, 4 April 2018: 1-24) Full Text.

Hahn, Judith: Ernst-Wolfgang Böckenförde's Approach to Natural Law as Normative Legal Ethics, in: Oxford Journal on Law and Religion, Vol. 7, No. 1 (2018), pp. 28-50.

Hollerich, Michael J.: Böckenförde Paradox: What a German Jurist can teach American Catholics, in: Commonweal. Vol. 144, No. 19 (2017), pp. 22 (4).

Jouanjan, Olivier: Between Carl Schmitt, the Catholic Church, and Hermann Heller. On the Foundations of Democratic Theory in Work of Ernst-Wolfgang Böckenförde, in: Constellations, Vol. 25, No. 2 (2018), pp. 184-195.

Kim, Hyo-Jeon: Würdigung des Werkes Ernst-Wolfgang Böckenfördes in Korea, in: Künkler, Mirjam und Tine Stein (Hrsg.): Die Rezeption des Werke Ernst-Wolfgang Böckenfördes, Berlin 2020, S. 153-188.

Künkler, Mirjam und Tine Stein (Hrsg.): Die Rezeption des Werke Ernst-Wolfgang Böckenfördes in international vergleichender Perspektive, Beihefte zu »Der Staat« (BH STAAT), Band 24. Berlin: Duncker & Humblot 2020. 267 S. € 53, 90

Künkler, Mirjam and Tine Stein: Democratic Pluralism, Social Cohesion and Individual Ethos in the Secularized State: The Political Thoughts of Ernst-Wolfgang Böckenförde, in: Constellations. Vol. 25, No. 2 (2018), pp. 181-183.

Künkler, Mirjam and Tine Stein: Ernst-Wolfgang Böckenförde: Inner-catholic Critic and Advocate of Open Neutrality, in: Oxford Journal on Law and Religion 7, 1-12 (2018).

Künkler, Mirjam and Tine Stein: Carl Schmitt in Ernst-Wolfgang Böckenförde's Work: Carrying Weimar Constitutional Theory into the Bonn Republic, in: Constellations. 2018; 1-17.

Künkler, Mirjam and Tine Stein: State, Law and Constitution: Ernst-Wolfgang Böckenförde's Political and Legal Thought in Context, in: M. Künkler & T. Stein (eds.), E.-W. Böckenförde, Constitutional and Political Theory: Selected Writings, Vol. I. Oxford: Oxford University Press, 2017, pp. 1-36.

Künkler, Mirjam and Tine Stein: Böckenförde's Political Theory of the State, in: Mirjam Künkler & Tine Stein (eds.), E.-W. Böckenförde, Constitutional and Political Theory: Selected Writings, Vol. I. Oxford: Oxford University Press, 2017, pp. 38-53.

Manent, Aline-Florence: Democracy and Religion in the Political and Legal Thought of Ernst-Wolfgang Böckenförde, in: The Oxford Journal of Law and Religion, Vol. 7, No. 1 (2018), pp. 74-96.

Miller, Larry: State, Society and Liberty: Studies in Political Theory and Constitutional Law. In: New York University Journal of International Law and Politics, Vol. 24, No. 2 (Winter 1992), pp. 1053-1055.

Perju, Vlad: On the (De-) Fragmentation of Statehood in Europe: Reflections on Ernst-Wolfgang Böckenförde's Work on European Integration, in: German Law Journal, Vol. 19, No. 2 (2018), pp. 403-434.

Polke, Christian: Böckenförde's Dictum and the Problem of 'Value Fundamentalism', in: 2018.

Röben, Betsy: Review of Ernst-Wolfgang Böckenförde: Geschichte der Rechts-und Staatsphilosophie Antike und Mittelalter, in: German Law Journal, Vol. 4, No. 2 (2003), p. 8.

Ruff, Mark Edward: Ernst-Wolfgang Böckenförde and the Rapprochement of Catholicism and Socialism, in: The Oxford Journal of Law and Religion, Vol. 7, No. 2 (2018), pp. 13-27.

Sacksofsky, Ute: Ernst-Wolfgang Böckenförde's Oeuvre on Religious Freedom Applied to Recent Decisions of the European Court of Human Right, in: German Law Journal, Vol. 19, No. 2 (2018), S. 301-320.

Somek, Alexander: The European Model of Transnational Democracy: A Tribute to Ernst-Wolfgang Böckenförde, in: German Law Journal, Vol. 19, No. 2 (2018), pp. 435-460.

Stein, Tine: The Böckenförde Dictum - On the Topicality of a Liberal Formula, in: Oxford Journal of Law and Religion, Vol. 7, No. 1 (2018), pp. 97-108.

Vinx, Lars: The Political Theology of the Secular State in Hobbes and Böckenförde, in: Oxford Journal of Law and Religion, Vol. 7, No. 1 (2018), pp. 51-73.

Vinx, Lars: Ernst-Wolfgang Böckenförde and the Politics of Constituent Power, in: Jurisprudence 4. April 2018, pp. 1-24.

역자의 주

* 다음의 역주는 그동안 역자가 카를 슈미트의 『헌법과 정치』(산지니, 2020), 카를 슈미트외, 『독일 헌법학의 원천』(산지니, 2018), 그리고 헤르만 헬러, 『바이마르 헌법과 정치사상』(산지니, 2016), 헬무트 크바리치편, 『반대물의 복합체』 등에 수록했던 내용들을 중심으로 하고 여기에 새로운 항목과 문헌들을 추가한 것이다.

제1편 헌법과 헌법학

* 출전. 여기에 수록한 논설은 에른스트-볼프강 뵈켄회르데의 저서를 번역한 『헌법·국가·자유 – 헌법이론과 국가이론에 관한 연구』(법문사, 1992)와 정태호 교수와 공역한 『헌법과 민주주의 – 헌법이론과 헌법에 관한 연구』(법문사, 2003) 중에서 가려 뽑은 것이다. 정 교수가 번역한 논문은 제외하였다.

국법과 국법학의 특질 (에른스트-볼프강 뵈켄회르데)

* 출전. Ernst-Wolfgang Böckenförde, Die Eigenart des Staatsrechts und der Staatsrechtswissenschaft, in: Recht und Staat im sozialen Wandel. Festschrift für Hans Ulrich Scupin zum 80. Geburtstag. Hrsg. von Nobert Achterberg, Werner Krawietz und Dieter Wyduckel, Berlin 1983, S. 317-331. jetzt in: ders., Staat, Verfassung, Demokratie. Studien zur Verfassungstheorie und zum Verfassungsrecht, Suhrkamp, Frankfurt a. M. 1991, S. 11-28.

   김효전·정태호 옮김, 『헌법과 민주주의』(법문사, 2003), 3-25면; 『경희법학』 제35권 1호 (2000), 245-262면.

에른스트 볼프강 뵈켄회르데 (Ernst-Wolfgang Böckenförde, 1930-2019). 카셀 출생. 프라이부르크에서 사망. 1956년 뮌스터에서 볼프(Hans Julius Wolff, 1898-1976)의 지도로 법학박사. 이어서 1960년 뮌헨에서 슈나벨(Franz Schnabel, 1887-1966) 지도로 역사를 공부하고 철학박사. 1964년 뮌스터 대학에서 Die Organisationsgewalt im Bereich der Regierung으로 교수자격

논문 통과. 1964-69년 하이델베르크 대학, 1969-1977년 빌레펠트 대학 교수. 1977년부터 프라이부르크 대학 교수. 1995년 정년퇴직. 사회민주당의 법정책 이론가. 1983-1996년 연방헌법재판소 재판관 역임. 프라이부르크 대학 명예교수. 뵈켄회르데는 좁은 의미에서의 학술적인 스승과 아울러 지적인 발전에서 뚜렷하게 각인된 인물은 철학자 요아힘 리터(Joachim Ritter, 1903-1974)와 국법학자 카를 슈미트로서 '리터 학파'(Ritter-Kreis)에 속한다. 저서 『국가와 사회의 헌법이론적 구별』(김효전역, 법문사, 1989); 『국가·사회·자유』(김효전역, 법문사, 1992); 『헌법과 민주주의』(김효전·정태호 옮김, 법문사, 2003); Geschichte der Rechts-und Staatsphilosophie, 2002. 최근 영역판 Constitutional and Political Theory. Selected Writings. edited by Mirjam Künkler and Tine Stein, Vol. I. Oxford University Press 2017; Law, Religion, and Democracy. Selected Writings, Vol. II. 2020.

R. 메링은 뵈켄회르데를 슈미트의 「직계 제자」로 표현한다. 뵈켄회르데는 1953년 이래 슈미트로부터 많은 가르침을 받았으며 그의 저작에 직접·간접으로 관여한 것을 회상한다. Böckenförde/Gosewinkel, Wissenschaft Politik Verfassungsgericht. Aufsätze von Ernst-Wolfgang Böckenförde. Biographisches Interview von Dieter Gosewinkel, Suhrkamp, Berlin 2011, S. 359 ff. 문헌 M. Künkler und Tine Stein, Staat, Recht und Verfassung. Ernst-Wolfgang Böckenfördes politisches und verfassungstheoretisches Denken im Kontext, in: JöR. Bd. 65 (2017), S. 573-610; Tine Stein, Ernst-Wolfgang Böckenförde (geb. 1930), in: R. Voigt, Staatsdenken, 2016, S. 142-147; N. Manterfeld, Die Grenzen der Verfassung. Möglichkeiten limitierender Verfassungstheorie des Grundgesetzes am Beispiel E.-W. Böckenfördes, Duncker & Humblot, Berlin 2000.

뵈켄회르데가 독일을 비롯하여 각국의 현대 헌법학에 미친 영향에 관하여는 김효전, E.-W. 뵈켄회르데 저작 수용의 국제비교, 『헌법학연구』 제25권 1호(2019), 361-386면 (본서); Hyo-Jeon Kim, Würdigung des Werkes Ernst-Wolfgang Böckenfördes in Korea, in: Mirjam Künkler und Tine Stein (Hrsg.), Die Rezeption der Werke Ernst-Wolfgang Böckenfördes in international vergleichender Perspektive, Duncker & Humblot, Berlin 2020. Beihefte zu »Der Staat«, Bd. 24. S. 153-188. 김효전과의 왕복 편지 모음은 Ernst-Wolfgang Böckenförde-Hyo-Jeon Kim Briefwechsel 1981-2018, in: 『세계헌법연구』 제29권 2호 (2023), 205-263면. 슈미트와의 편지 모음은 Reinhard Mehring, Welch gütiges Schicksal. Ernst-Wolfgang Böckenförde/Carl Schmitt. Briefwechsel 1953-1984. Nomos: Baden-Baden 2022. € 169. 뵈켄회르데가 남긴 유품은 Koblenz의 연방문서고(Bundesarchiv)에 보관되어 있다.

* 10 카를 폰 게르버(Carl Friedrich von Gerber, 1823-1891). 독일 법실증주의 국법학의 대표자. 사법체계를 공법에 적용. 에어랑겐·튀빙겐·라이프치히대학 교수 역임. 저서 『공권론』 (Ueber öffentliche Rechte, 1852), 『독일 국법학 체계 강요』(Grundzüge eines Systems des

deutschen Staatsrechts, 1865). 문헌 Carsten Kremer, Die Willensmacht des Staates. Die gemeindeutsche Staatsrechtslehre des Carl Friedrich von Gerber, Frankfurt a. M. 2008; 西村清貴, 『近代ドイツの法と國制』(成文堂, 2017), 15-91면.

* 10 파울 라반트(Paul Laband, 1838-1918). 유대계 독일 프로이센의 대표적인 실증주의 헌법학자. 쾨니히스베르크·스트라스부르대학 교수 역임. 게르버(C. F. v. Gerber)와 함께 독일 국법학의 정립자. 1871년의 독일제국헌법의 해석에 과학적 일반성을 부여하고 제1차 세계대전 전의 독일 국법학의 대표자로서 마이어(Mayer), 자이델(Max von Seydel) 등을 비롯하여 그 후의 국법학자에게 영향을 미쳤다. 『예산법론』(Das Budgetrecht, 1871)에서 흠결이론을 주장하여 제2제정시대의 통치에 법학적 기초를 마련하고 이로써 통치를 정당화했다. 저서 『독일 제국 헌법론』(Das Staatsrecht des Deutschen Reichs, 1876-1882, 3 Bde.). 문헌 P. Häberle u.a., Staatsrechtslehrer des 20. Jahrhunderts, 2. Aufl., 2018, S. 21-46; B. Schlink, Laband als Politiker, in: Der Staat 31 (1992), S. 553 ff.; M. Friedrich, Paul Laband und Staatsrechtswissenschaft seiner Zeit, in: AöR. Bd. 111 (1986), S. 197-218; ders., Geschichte der deutschen Staatsrechtswissenschaft, Berlin 1997; H. Sinzheimer, Jüdische Klassiker der deutschen Rechtswissenschaft, Amsterdam 1938, S. 181-200; G. Kleinheyer/J. Schröder, Deutsche Juristen aus fünf Jahrhunderten, 2. Aufl., 1983, S. 155-157; 석종현, 게르버와 라반트의 실증주의, 김효전편, 『독일헌법학설사』(법문사, 1982), 9-37면; 발터 파울리, 김효전 옮김, 파울 라반트 (1838-1918) 학문으로서의 국법학, 『헌법학연구』 제26권 1호 (2020), 349-384면; 西村清貴, 『近代ドイツの法と國制』(成文堂, 2017), 93-156면.

* 13 파블로프스키(Hans Martin Pawlowski, 1931 2016). 독일의 민법 및 법철학자. 뮌스터·프라이부르크·뮌헨대학에서 법학·신학·철학 공부. 1960년 괴팅겐대 법학박사, 1964년 교수자격 논문 통과. 1966년 만하임대 교수, 1969/70년 총장 역임. 저서 Methodenlehre für Juristen: Theorie der Norm und das Gesetz, 1980. 3. Aufl. Heidelberg 1999; Allgemeiner Teil der BGB, 7. Aufl. Heidelberg 2003.

* 13 리하르트 토마(Richard Thoma, 1874-1957). 독일의 국법학자. 켈젠·안쉬츠와 함께 바이마르 공화국시대의 대표적인 국법실증주의자. 안쉬츠와 공편한 『독일 국법 편람』(Handbuch des Deutschen Staatsrechts, 2 Bde., 1930-32) 외에 논문집 Horst Dreier (Hrsg.), Rechtsstaat-Demokratie-Grundrechte, Mohr, 2008. 문헌 H.-D. Rath, Positivismus und Demokratie. Richard Thoma 1874-1957, Duncker & Humblot, Berlin 1981; Kathrin Groh, Richard Thoma (1874-1957), in: P. Häberle u.a. (Hrsg.), Staatsrechtslehrer des 20. Jahrhunderts, 2. Aufl., 2018, S. 183-196.

* **14** 켈젠 → 본서 제5편 통합으로서의 국가(1592면)

헌법의 역사적 발전과 의미변천 (에른스트-볼프강 뵈켄회르데)

* 출전. Ernst-Wolfgang Böckenförde, Entwicklung und Bedeutungswandel der Verfassung, Juristische Arbeitsblätter 1984, S. 325-332. jetzt ders., Staat, Verfassung, Demokratie. Studien zur Verfassungstheorie und zum Verfassungsrecht, Suhrkamp, Frankfurt a. M. 1991, S. 29-52.

『헌법 · 국가 · 자유: 헌법이론과 국가이론에 관한 연구』(법문사, 1992), 41-64면.

* **19** 「헌법」(Verfassung)의 개념사는 H. Mohnhaupt und D. Grimm, Verfassung (I, II), in: O. Brunner, W. Conze, R. Koselleck (Hrsg.), Geschichtliche Grundbegriffe. Historisches Lexikon zur politisch-sozialen Sprache in Deutschland, Bd. 6, 1990, S. 831-899. 송석윤 옮김, 『코젤렉의 개념사 사전 20 헌법』(푸른역사, 2021). 한국의 경우는 김효전, 『헌법』(소화, 2009) 한국개념사총서 3 참조.

* **20** 마그나 카르타(대헌장)의 원문과 번역은 나종일 편역, 『자유와 평등의 인권선언 문서집』(한울, 2012), 6-57면.

* **20** 마그나 카르타로부터 20세기의 헌법전 사료 원문은 https://www.jura.uni-wuerzburg.de/ lehrstuehle/dreier/verfassungsdokumente-von-der-magna-carta-bis-ins-20-jahrhundert/revidierte-preussische-verfassung-1850/

프로이센 헌법(Preußische Verfassung)의 경우, 접속 후 우측 클릭하면, 모든 자료가 나온다. lker (Lehrstuhlvertretung Prof. Dreier)

Verfassungsdokumente von der Magna Carta bis ins 20. Jahrhundert

Magna Carta Libertatum (1215)
First Charter of Virginia (10. April 1606)
Mayflower Compact (11. Nov. 1620)
Petition of Right (1628)
Fundamental Orders of Connecticut (14. Jan. 1639)
Articles of the New England Confederation (19. Mai 1643)
Agreement of the People (1647)
Instrument of Government (1653)

Habeas Corpus Act (1679)

Bill of Rights (1689)

Pennsylvania Charter of Privileges (28. Okt. 1701)

The Associations (20. Okt. 1774)

Virginia Bill of Rights (12. Juni 1776)

Declaration of Independence (4. Juli 1776)

Déclaration des Droits de l'Homme et du Citoyen (1789)

Federal Bill of Rights (1791)

Washington's Farewell Address (17. Sep. 1796)

Reichsdeputationshauptschluß (25. Feb. 1803)

Verfassung des Königreichs Bayern (26. Mai 1818)

Verfassung des Großherzogtums Baden (22. Aug. 1818)

Verfassung des Königreichs Württemberg (25. Sep. 1819)

Schlußakte der Wiener Ministerkonferenz (15. Mai 1820)

Verfassung des Großherzogtums Hessen (17. Dez. 1820)

Verfassung des Kurfürstentums Hessen (5. Jan 1831)

Verfassung des Königreichs Sachsen (4. Sep 1831)

(Oktroyierte) Preußische Verfassung (1848)

Verfassung des Deutschen Reichs vom 28. März 1849

(Revidierte) Preußische Verfassung (1850)

Emancipation Proclamation (1. Jan. 1863)

Gettysburg Address (19. Nov. 1863)

Bismarck-Verfassung (1871)

The American's Creed (1917)

Wilson's Address (8. Jan. 1918)

Weimarer Reichsverfassung (1919)

The Four Freedoms (6. Jan. 1941)

The Atlantic Charter (14. Aug. 1941)

한국 문헌은 국회도서관,『세계의 헌법. 35개국 헌법 전문 I, II』(3판, 2018); 김철수・정재황・김대환・이효원,『세계비교 헌법』(박영사, 2014); 김충희 옮김, 프랑스 역대 헌법전(1)(2),『동아법학』제69호(2015) 및 제70호(2016); 나종일 편역,『자유와 평등의 인권선언 문서집』(한울, 2012).

* 21 모저(Johann Jacob Moser, 1701-1785). 독일 뷔르템베르크의 국법학자・뷔르템베르크 국회의 법률고문. 저서『독일 국법론』(Teutsches Staatsrecht, 50 Teile 1737-1754)에 의해서 독일 국법학의 시조로 불린다. 기타 Neues teutsches Staatsrecht, 20 Teile, 1766-1775.

문헌 Andreas Gestrich und Rainer Lächele (Hrsg.), Johann Jacob Moser. Politiker, Pietist, Publizist, Karlsruhe 2002; NDB. Bd. 18 (1997), S. 175-178.

* **26** 빈 최종 규약(Wiener Schlußakte). 독일 동맹협약, 독일 동맹의 헌법계약의 보충. 1815년 빈 회의 동맹규약은 독일의 여러 국가들을 결집시켰다. 그것은 국가연합이라는 국제법상의 느슨한 형태였다. 그러나 1820년의 빈 회의 최종 규약은 동맹 집행기관을 설치함으로써 동맹에 연방국가로서의 성격을 부가하였다. Christian-Friedrich Menger, Deutsche Verfassungsgeschichte der Neuzeit. Eine Einführung in die Grundlagen, 7. Aufl. 1990. S. 109. 『근대 독일헌법사』(김효전 · 김태홍 옮김, 교육과학사, 1992), 228면; F. Hartung, Deutsche Verfassungsgeschichte, 9. Aufl. 1969.

* **27** 1789년의 인간과 시민의 권리선언(Déclaration des Droits de l'Homme et du Citoyen du 26 août 1789). 선언과 1791년 9월 3일의 헌법은 Stéphane Rials, Textes Constitutionnels Français, Que sais-je? 32ᵉ édition 2020, p. 3-14; Maurice Duverger, Constitutions et Documents politiques, Paris: PUF, 8ᵉ éd. 1978. 원문과 번역은 G. 옐리네크/É. 부뜨미, 김효전 역, 『인권선언논쟁』(법문사, 1991), 201-206면. → 본서 제6편

* **30** 바이마르 헌법 전문은 헤르만 헬러, 김효전 옮김, 『바이마르 헌법과 정치사상』(산지니, 2016), 857-885면.

* **30** 바이마르 헌법 제76조(헌법개정) (1) 헌법은 입법에 의하여 개정할 수 있다. 다만, 헌법개정을 위한 라이히 의회의 의결은 법률에 정한 의원 정수의 3분의 2 이상의 출석과 출석의원 3분의 2 이상의 동의가 있어야 한다. 헌법개정을 위한 라이히 참의원의 의결도 투표수 3분의 2의 다수를 필요로 한다. 국민발안에 의하여 국민투표로서 헌법개정을 결정하는 경우에는 유권자의 과반수의 동의가 있어야 한다.

  (2) 라이히 의회가 라이히 참의원의 이의에도 불구하고 헌법의 개정을 의결한 경우에 라이히 참의원이 2주일 이내에 국민투표에 회부할 것을 요구할 때에는 라이히 대통령은 이 법률을 공포할 수 없다.

* **30** 카를 빌핑거 → 본서 1564면; 카를 슈미트 → 1516면; 하인리히 트리펠 → 1525면

* **30** 게르하르트 안쉬츠(Gerhard Anschütz, 1867-1948). 하이델베르크 대학 교수. 프로이센 헌법과 바이마르 헌법의 정치한 해석자로서 유명. 라이프치히 · 베를린 · 할레에서 법학 공부. 1891년 할레에서 Edgar Loening(1843-1919)의 지도로 박사학위. 1896년 베를린 대학에서 교수자격논문 통과. 1896-97년 사강사. 1899년 튀빙겐 대학의 국법 · 국제법 강좌 초빙. 1900년

작고한 Georg Meyer(1841-1900)의 후임으로 하이델베르크 대학 초빙을 수락하고 G. Jellinek를 대리하다. 1908년 베를린 대학 초빙. 1916년 다시 하이델베르크로 돌아가서 1933년 정년 시까지 재직. 저서『독일 헌법 주해』(Die Verfassung des Deutschen Reichs, 14. Aufl., 1933). 토마와 공동으로 편찬한『독일 국법 편람』(Handbuch des deutschen Staatsrechts, 2 Bde., 1932; Nachdruck 1998)이 유명하다. 문헌 Anschütz, Aus meinem Leben. Hrsg. und eingeleitet von Walter Pauly, Vittorio Klostermann, Frankfurt a. M. 1993; Chr. Waldhoff, Gerhard Anschütz (1867-1948), in: P. Häberle, M. Kilian, H. Wolff (Hrsg.), Staatsrechtslehrer des 20. Jahrhunderts, 2. Aufl., 2018, S. 129-146; 김효전, 국법학은 여기서 끝난다 — G. Anschütz의 생애와 헌법이론, 여산 한창규박사화갑기념『현대공법의 제문제』(1993), 62-87면.

* **32** 루돌프 스멘트 → 본서 1295면 이하, 1548면; 귄터 뒤리히 → 1626면; 막스 셸러 → 1624면; 하르트만 → 1625면

* **32** 마운츠(Theodor Maunz, 1901-1993). 독일의 국법학자・정치인(CSU). 1926년 뮌헨대 법박. 1932년 동 교수자격논문 통과. 뮌헨대 사강사. 1933년 나치 집권 후 입당 및 돌격대(SA) 대원. 1935년~1945년 프라이부르크대 교수. 그는 C. Schmitt, E. R. Huber, Karl Larenz, Otto Koellreutter, Herbert Krüger, E. Forsthoff 등과 같이 자신의 저서를 통해 나치 정권의 법적 정당성을 창조하려고 노력한 아카데믹 법학자로서 손꼽힌다. 1952년부터 정년퇴직 시까지 뮌헨대 교수. 1957~1964년 바이에른주 문화장관, 나치 시절의 행적이 알려진 후 사임. 1958년 Dürig와 표준적인 주석서인 기본법 콤멘타르(Kommentar zum Grundgesetz)를 창간하고, Maunz/Dürig/Herzog/Scholz로 계속 발간. 저서 Neue Grundlagen des Verwaltungsrechts, 1934; Gestalt und Recht der Polizei, 1943; Deutsches Staatsrecht. Ein Studienbuch, 1951 (mit Reinhold Zippelius, 33. Aufl. 2017); 공저 Bruno Schmidt-Bleibtreu, Bundesverfassungsgerichtsgesetz, 1965 (1996). 문헌 Häberle u.a., Staatsrechtslehrer des 20. Jahrhunderts, 2. Aufl. 2018. S. 673-678; Lukas Kemnitz, Legal Scholarship in Reich and Republic: Ernst Forsthoff, Theodor Maunz and Hans Peter Ipsen, ProQuest Dissertations Publishing; D. Deiseroth, Kontinuitätsprobleme der deutschen Staatsrechtslehre. Das Beispiel Theodor Maunz, in: Ordnungsmacht, 1981, S. 85-111; P. Lerche, Öffentliches Recht in München, JöR. Bd. 65 (2017), S. 611-116.

* **32** 헤어초크(Roman Herzog, 1934-2017). 법학자・정치인. 1958년 뮌헨대 법학박사. 1964년 까지 Th. Maunz 조교. 이 시기에 교수자격논문 완성. 1965년 뮌헨대 사강사. 1965년 자유 베를린대 정교수 초빙. 1969년 슈파이어 행정대학으로 이동. 1971/72년 동교 총장. 1978-1980년 바덴-뷔르템베르크주 문화장관, 1980-1983년 동 내무장관. 1983-1994년 연방헌법재판소 재판관. 1987년 동 소장. 1994-1999년 제7대 연방대통령 역임. 유럽 기본권헌장 초안 작성. 저서 Kommentar zum Grundgesetz (1964년 이래 공동 저자 및 편자). Allgemeine Staatslehre, 1971.

* **32** 루페르트 숄츠(Rupert Scholz, 1937-). 독일의 정치인(CDU)・국법학자. 1966년 뮌헨 대학에서 Peter Lerche 지도로 박사학위. 1971년 뮌헨대 교수자격논문 통과. 1972-78년 베를린 자유대학 교수. 1978년 이후 뮌헨 대학 교수 역임. 1981-1988년 베를린시 평의회 의원. 1988-89 년 연방국방장관. 2005년 정년 퇴직. 마운츠-뒤리히 콤멘탈(Kommentar zum Grundgesetz)의 공동 집필자 및 편저자. 저서 Das Grundrecht der Koalitionsfreiheit, 1972; Krise der parteienstaatlichen Demokratie? 1983; Parlamentarische Demokratie in der Bewährung. Ausgewählte Abhandlungen, R. Pitschas und Arnd Uhle (Hrsg.), 2012.

헌법제정권력 (에른스트-볼프강 뵈켄회르데)

* 출전. Ernst-Wolfgang Böckenförde, Die verfassunggebende Gewalt des Volkes. Ein Grenzbegriff des Verfassungsrechts, Metzler, Frankfurt a. M. 1986. 32 S. (Würzburger Vorträge zur Rechtsphilosophie, Rechtstheorie und Rechtssoziologie, Heft 4). jetzt Böckenförde/Gosewinkel, Wissenschaft, Politik, Verfassungsgericht. Aufsätze von Ernst-Wolfgang Böckenförde, Biographisches Interview von Dieter Gosewinkel (stw 2006), Frankfurt a. M. 2011, S. 97-119; ders., Staat, Verfassung, Demokratie. Studien zur Verfassungstheorie und zum Verfassungsrecht, Suhrkamp, Frankfurt a. M. 1991, S. 90-112.
『헌법・국가・자유: 헌법이론과 국가이론에 관한 연구』(법문사, 1992), 13-40면; 헌법제정권 력 — 헌법학의 한계개념(상)(하), 『고시계』 제34권 12호 (1989. 12), 165-172면 및 제35권 6호 (1990. 6), 153-165면.

* **36** 빌헬름 헨케(Wilhelm Henke, 1926-1992). 독일의 법학자・법철학자. 1948~1953년 괴팅 겐・튀빙겐 대학 수학. 1957년 헌법제정권력으로 박사학위 취득. 1964년 Werner Weber (1904-1976) 아래 교수자격논문인 『정당의 권리』(Das Recht der politischen Partei, 2. Aufl. 1972) 통과. 1967~1989년 에어랑겐-뉘른베르크 대학 공법 교수. 저서 Recht und Staat: Grundlagen der Jurisprudenz, 1988. 문헌 Albert Janssen, Die Kunst des Unterscheidens zwischen Recht und Gerechtigkeit, 3. Teil: Wilhelm Henke, 2016; Rolf Gröschner, Erinnerungen an Wilhelm Henke, Juristenzeitung 1992, S. 1067-1070.

* **39** 시에예스(Emmanuel-Joseph Sieyès, 1748-1836). 프랑스의 성직자・정치가. 저서 『제3신 분이란 무엇인가』(Qu'est-ce que le tiers état?, 1789. 박인수 옮김, 책세상, 2003). 슈미트는 시에예스의 「헌법제정권력」의 이론을 자신의 헌법론의 골격으로 삼는다. 일본어판 稻本洋之助他

譯, 『第三身分とは何か』(岩波文庫, 2011)에는 상세한 역주와 해설이 붙어 있다. 문헌 P. Arabeyre, J.-L. Halpérin, J. Krynen (sous.), Dictionnaire historique des juristes français XIIᵉ-XXᵉ siècle, Paris: puf. 2ᵉ éd. 2015, pp. 931-933. 기타 駿河昌樹, スィエスの『特權についての試論』, 『中央學院』 제32권 2호(2019); 春山習, シィエス憲法思想の再檢討, 『早法』 제94권 4호(2019), 469-509면.

* **41** 바울교회 의회(Paulskirchenparlament). 프랑크푸르트 국민의회(Frankfurter National-versammlung)라고도 하며, 1848년 5월부터 1849년 5월까지 독일 혁명의 결과를 헌법으로 제정하는 단체 아울러 성립 중인 독일 제국의 임시 의회를 가리킨다. 프랑크푸르트 바울교회에서 개최되었기 때문에 국민의회를 위한 「바울교회」란 명칭이 붙는다. 의회(Parlament)로서 국민의회는 라이히 법률들을 의결했으며, 1848년 6월 28일에 중앙권력법률로써 임시 중앙권력을 설치하고 잠정적인 독일 정부를 구성했다. 문헌 Günter Mick, Die Paulskirche. Streiten für Recht und Gerechtigkeit, 1997; Wilhelm Ribhegge, Das Parlament als Nation, die Frankfurter Nationalversammlung 1848/1849, 1998); 김효전 옮김, 독일 라이히 헌법 (바울교회 헌법), 『헌법학연구』 제20권 1호(2014), 355-419면. 위키 백과.

* **42** 마르틴 크릴레(Martin Kriele, 1931-2020). 독일의 국법학자·정치인(SPD 후에 CDU). 프라이부르크·뮌스터·본에서 법학과 철학 수학. 미국 예일대 법학석사. 뮌스터대의 볼프(H. J. Wolff) 조교. 1962년 박사, 1966년 교수자격논문 통과. 1967~1996년 쾰른대 일반 국가학과 공법 교수. 오랫동안 빌리 브란트(Willy Brandt)의 데탕트 정책을 지원. 1976~1988년 노르트라인·베스트팔렌주 헌법재판소 재판관 역임. 저서 Einführung in die Staatslehre, 1975; 6. Aufl. 2003 (국순옥 옮김, 『헌법학입문』, 1983); Befreiung und politische Aufklärung, 1980 (홍성방 옮김, 『해방과 정치 계몽주의』, 1988); Die demokratische Weltrevolution, 1987 (동, 『민주주의 세계혁명』, 1990); Grundprobleme der Rechtsphilosophie, 2003 등.

* **45** 에비앙 조약(Verträge von Évian, Accords d'Évian). 1962년 3월 18일 프랑스와 알제리 국민해방전선(Front de Libération Nationale, FLN) 간에 에비앙 레 뱅(Évien-les-Bains)에서 알제리 전쟁을 종결지은 조약(협정). 조약의 원칙선언은 양국 간의 휴전의 종결과 알제리 독립이며, 기타 6개의 협정으로 구성되며, 프랑스와 알제리의 장래의 협력과 알제리 거주 프랑스인의 지위를 구체화하는 내용 등이다. 문헌 Mohammed Harbi, Benjamin Stora (éd.), La guerre d'Algérie. 1954-2004. La fin de l'amnésie, 2004; Bernhard Schmid, Das koloniale Algerien, 2006.

* **52** 기본적 가치들(Grundwerte). 인간이나 사회의 기본적인 가치들. 가치관(Wertvorstellung) 또는 가치들(Werte)의 일반적인 언어사용은 추구할 가치나 도덕적으로 선하다고 생각된 특성 내지 성질로서 대상·이념·실천적 내지 윤리적인 이념들·사태·행위모범·특성 또는 재화도

고려된다. 독일 헌법학계에서는 1980년대에 기본가치를 둘러싸고 논쟁이 전개되었다. 기본 문헌은 Eberhard Straub, Zur Tyrannei der Werte, 2010; Michael S. Aßländer, Von der vita acta zur industriellen Wertschöpfung, 2005; Erich Fromm, Haben oder Sein, 1976; Max Scheler, Der Formalismus in der Ethik und die materiale Wertethik, 1916; Siegbert A. Warwitz, Wenn Wagnis den Weg weist des Werdens, in: ders., Sinnsuche im Wagnis, 2. Aufl. 2016, S. 260-295.

헌법국가의 개념과 문제들 (에른스트-볼프강 뵈켄회르데)

* 출전. Ernst-Wolfgang Böckenförde, Begriff und Probleme des Verfassungsstaates, in: R. Morsey, H. Quaritsch, Siedentopf (Hrsg.), Staat, Politik, Verwaltung in Europa. Gedächtnisschrift für Roman Schnur, Berlin 1997, S. 137-147.
  김효전・정태호 옮김,『헌법과 민주주의』(법문사, 2003), 26-42면; 김효전 옮김, 헌법국가의 개념과 문제들,『고시연구』2002년 9월 (통권 제342호), 134-148면; 동『성균관법학』제14권 2호(2002. 9), 321-333면.

* 58 국가와 주권의 개념사는 Hans Boldt, Werner Conze, Görg Haverkate, Diethelm Klippel und Reinhard Koselleck, Staat und Souveränität, in: O. Brunner, W. Conze, R. Koselleck (Hrsg.), Geschichtliche Grundbegriffe, Bd. 6, 1990, S. 1-153. 한국의 경우는 박상섭,『국가・주권』(소화, 2008) 한국개념사총서 2 참조.

* 55 카를 뢰벤슈타인(Karl Loewenstein, 1891-1973). 유대인 주석 주물제조업자의 아들로 뮌헨 출생. 파리・하이델베르크・베를린에서 법학 공부. 1922년 뮌헨대 박사. 제1차 대전 후 변호사 개업. 독일 민주당 입당. 1931년 뮌헨대에서 교수자격논문 통과 후 강사. 1933년 10월 나치 문화장관 Hans Schemm (1891-1935)에 의해서 공직에서 면직. 이유는 아리안족이 아닌 사람에게서 나치 국가의 국가학과 국법을 배울 수는 없기 때문. 같은 해 미국으로 피난가서 1934-36년 Yale 대학 강사(이미 Loewenstein), 이어서 Amherst College의 정치학 교수. 그의 학위 논문은 1936년 유해롭고 원치 않는 저작목록에 포함되어 1941년 학위 타이틀 박탈. 제2차 대전 중 1942-44년 미국 고등 검찰청 검사장 고문. 1945년 9월 미점령군 법률고문으로서 카를 슈미트의 체포와 그의 장서를 몰수하도록 교사(Mehring, CS. Aufstieg, 2009, S. 442). 또한 슈미트를 전범으로서 처벌하기 위해서 감정서를 작성했으나 아무런 효과를 보지 못했다(H. Quaritsch (Hrsg.), Carl Schmitt: Antworten in Nürnberg, 2000, S. 12). 1956년 독일에서 추방된 사람들의 회복을 위해서 뮌헨대 정치학과 법정책학 교수직을 얻다. 회복 절차는 이민자들과 나치 시대의 인사 그리고 학교 당국과 갈등도 있었다. 정년 후 베를린・교토・멕시코시티 등지의 초청 교수 역임. 교수의 저작과 문헌은 Katalog der Deutschen Nationalbibliothek; 기타 Stefanie

Harrecker, Degradierte Doktoren... 2007; Peter Schneider, Löwenstein, Karl, in: Neue Deutsche Biographie (NDB), Bd. 15, 1987, S. 103 f.; Oliver Lepsius, Karl Loewenstein (1891-1973), in: Häberle u.a. (Hrsg.), Staatsrechtslehrer des 20. Jahrhunderts, 2. Aufl. 2018. S. 763-776; Markus Lang, Karl Loewenstein: Transatlantischer Denker der Politik, Stuttgart 2007: Robert Chr. van Ooyen (Hrsg.), Verfassungsrealismus: Das Staats-verständnis von Karl Loewenstein, Baden-Baden 2007; Udi Greenberg, The Weimar Century, Princeton 2014 (이재욱 옮김, 『바이마르의 세기: 독일 망명자들과 냉전의 이데올로기적 토대』, 회화나무, 2018), 281-347면; 김효전 옮김, 『독일 헌법학의 원천』(산지니, 2018). → 본서 1566면

* 61 주권적 독재(die souveräne Diktatur). 카를 슈미트에 의하면, 극도의 비상사태시 헌법의 일체의 틀이나 수권을 초월한 비법의 독재정치를 초입헌적 독재 또는 주권적 독재라고 한다. 이에 대해서 헌법 자체가 긴박한 비상사태를 미리 예정하고 입헌주의를 일시 정지하여 독재권력을 인정하는 것을 위임적 독재(die kommissarische Diktatur)라고 한다. C. Schmitt, Die Diktatur. Von den Anfängen des modernen Souveränitätsgedankens bis zum proletarischen Klassenkampf, 1928. 김효전 옮김, 『독재론. 근대 주권사상의 기원에서 프롤레타리아 계급투쟁까지』(법원사, 1996), 제1장과 172면 이하.

* 61 프리드리히 에버트(Friedrich Ebert, 1871-1925). 독일 사회민주당의 정치가. 1919년부터 1925년까지 바이마르 공화국 초대 대통령 역임. 문헌 Walter Muhlhausen, Friedrich Ebert, 2018; Eberhard Kolb (Hrsg.), Friedrich Ebert als Reichspräsident ― Amtsführung und Amtsverständnis, 1997. → 본서 1578면

제2편 국가와 사회

국가와 사회의 헌법이론적 구별 (에른스트-볼프강 뵈켄회르데)

* 출전. Ernst-Wolfgang Böckenförde, Die verfassungstheoretische Unterscheidung von Staat und Gesellschaft als Bedingung der individuellen Freiheit, Westdeutscher Verlag, Opladen 1973, 65 S.
　『국가와 사회의 헌법이론적 구별』[증보판](법문사, 1992), 115-152면; 『동아법학』 제4호 (1987. 5), 143-217면.

* 75 스쿠핀(Hans Ulrich Scupin, 1903-1990). 독일의 국법학자 · 국가철학자. 1929년 뮌스터

대학에서 박사학위. 1938년 브레슬라우(Breslau) 대학에서 Axel von Freytagh-Loringhoven (1878-1942)의 지도로 교수자격논문 통과. 1944년 포젠(Posen) 제국대학 교수. 1952년 뮌스터 대학 공법교수로 초빙을 받고 1971년 정년 퇴직 때까지 재직. 공법 및 정치연구소 소장 역임. 전공은 국제법·국법·경찰법·영업법. 저자인 뵈켄회르데의 은사. 대표 업적으로는 울리히 쇼이너와 공편한 요하네스 알투지우스 문헌 정리 Althusius-Bibliographie, 1973. 저서 Unvollendete Demokratien, 1965. 문헌 Norbert Achterberg u.a. (Hrsg.), Recht und Staat im sozialen Wandel, FS f. Ulrich Scupin zum 80. Geburtstag, 1983.

* 81 모저(Johann Jacob Moser) → 본서 1497면

* 81 브루노 바우어(Bruno Bauer, 1809-1882). 독일의 신학자·성서 비판가·철학자·역사학자. 청년 헤겔파(헤겔 좌파)의 대표적 인물. 젊은 카를 마르크스도 바우어의 영향 아래 헤겔 철학을 배웠다. 유일자 사상을 전개한 Max Stirner (1806-1856)와의 관계, 무신론 사상, 국가와 종교의 분리, 유럽 체제가 붕괴할 예언 등 니체와 연결된다. 저서 Die Judenfrage, 1843; Kritik der Evangelien und Geschichte ihres Ursprungs, 1850-1852, 4 Bde.; Das Judenthum in der Fremde, 1863.

* 83 프로이센 일반 란트법(Allgemeines Landrecht für die Preußischen Staaten). 프리드리히 대왕의 명령으로 스바레츠(Carl Gottlieb Svarez, 1746-1798) 등이 기초하고 1794년에 공포한 프로이센의 법전. 근대 유럽 최초의 체계적인 대법전으로 2부 43장으로 구성되어 있으며, 민법을 중심으로 헌법·행정법·형법·상법 등의 규정을 포함하고 있다. 프로이센 민법이라고도 한다. 18세기의 절대주의 국가의 자연법사상을 대표하며 후견적 색채가 현저하다. 원문은 https://opinioiuris.de/quelle/1622 Allgemeines Landrecht für die Preußischen Staaten (01.06.1794)

　문헌 Allgemeines Landrecht für die Preußischen Staaten. Von 1794. Textausgabe. Mit einer Einführung von Hans Hattenhauer und einer Bibliographie von Günther Bernet, 3. Aufl. Luchterhand, Neuwied u.a. 1996; Wolfgang Stegmaier, Das Preußische Allgemeine Landrecht und seine staatsrechtlichen Normen, D&H, Berlin 2014. 일본 문헌 淺岡慶太譯, プロイセン一般ラント法 (1794) 第2編 19章,『桐蔭法學』제22권 2호.

　김종호, 독일의 법치국가 사상의 형성과정에서 시민적 자유와 국가 개입의 한계 ― 몰(Mohl)과 스바레즈(Svarez) 사상을 비교하여,『유럽헌법연구』제23호(2017), 247-299면; 스바레츠에 관하여는 G. Kleinheyer/J. Schröder, Deutsche Juristen aus fünf Jahrhunderten, Heidelberg 1983, S. 279-283; ders. (Hrsg.), Deutsche und Europäische Juristen aus neun Jahrhunderten, 6. Aufl. 2017, S. 441-445; Klaus-Peter Schroeder, Vom Sachsenspiegel zum Grundgesetz. Eine deutsche Rechtsgeschichte in Lebensbildern, C. H. Beck, München

2011. S.77-96.

* **84** 빌헬름 에두아르트 알브레히트(Wilhelm Eduard Albrecht, 1800-1876). 괴팅겐 대학의 국법학자. 1837년 하노버 국왕 에른스트 아우구스트 1세의 헌법 폐기에 항거한 「괴팅겐대학 7교수」의 한 사람. 저서 『옛 독일 작센법의 기초로서의 게베레』(Die Gewere als Grundlage des älteren deutschen Sachenrechts, 1828)는 역사법학파 시대의 게르마니스텐의 입장에서 가장 중요한 연구 논문의 하나로서 평가. 자비니(Savigny, 1779-1861)의 『점유권』(Das Recht des Besitzes, 1803)과 좋은 대조를 이룬다. 문헌 Jörn Ipsen, Wilhelm Eduard Albrecht, in: Verfassungsrecht im Widerstreit. Gedächtnisschrift für Werner Heun (1953-2017), 2019, S. 3-12; Stintzing-Landsberg, Geschichte der deutschen Rechtswissenschaft, III 2, S. 318-327; 柳瀨良幹, 『元首と機關』(有斐閣, 1969), 53-77면. → 본서 1651면

* **85** 토마스 홉스(Thomas Hobbes, 1588-1679) 영국의 철학자. 저서 De Cive, 1642; On Citizen: Philosophical Rudiments concerning Government and Society, 1651 (이준호 옮김, 『시민론: 정부와 사회에 관한 철학적 기초』, 서광사, 2013); Leviathan, or The Matter, Forme, & Power of a Common-wealth Ecclesiasticall and Civill. Reprinted from the Edition of 1651, Oxford, 1909 (진석용 옮김, 『리바이어던: 교회국가 및 시민국가의 재료와 형태 및 권력』 (1)(2), 나남, 2008); The Elements of Law, Natural and Politic, 1640 (김용환 옮김, 『법의 기초: 자연과 정치』, 아카넷, 2023); De Homine, 1658 (本田裕志譯, 『人間論』, 京都大學學術出版會, 2012); A Dialogue between a Philosopher and a Student of the Common Laws of England, 1666 (田中浩他譯, 『哲學者と法學徒との對話: イングランドのコモン・ローをめぐる』, 岩波文庫, 2002); Behemoth or The Long Parliament, 1682. Ed. by Ferdinand Tönnies, Univ. of Chicago Press, 1990 (山田園子譯, 『ビヒモス』, 岩波文庫, 2014). 문헌 A. P. Martinich, A Hobbes Dictionary, Cambridge, Mass.: Blackwell, 1995.

* **85** 주 32에 인용한 라틴어 원문의 번역은 이준호 옮김, 『시민론』에 따랐다. 그러나 라틴어 원문의 인용에 오류가 있다고 최병조 교수가 지적해 주었다. 예컨대 • Hac autem → Hoc autem • voluntatem manu, alterues minus → voluntatem suam, alterius unius • . . . ita subiciat → voluntati, ita subiciat (. . . 으로 생략된 부분에서 생략해서는 안 되는 voluntati 까지 생략되어 의미가 통하지 않는다). • 그리고 필자(뵈켄회르데)가 강조한 이탤릭체가 제대로 반영되지 않았다. 특히 한 주체의 하나·공통된 의사가 강조되고 있다.

* **97** 주 72의 라틴어. 영어판에서는 "For he that hath strength enough to protect all, wants not sufficiency to oppress all."로 되어 있다. 즉, 만인을 보호할 수 있는 힘을 충분히 가진 자는 또한 만인을 억압할 수 있는 힘도 충분히 가진다. † want = to lack. 여기서도 라틴어

오류가 있다. • Annotiatio → Annotatio

* **94** 마르틴 드라트(Martin Drath, 1902-1976). 독일의 법률가·연방헌법재판소 재판관. 그의 혁신적인 국가와 법이론은 오늘날까지도 국가과학 분야에서 발견된다. 1927년 킬 대학에서 Walter Jellinek 지도로 박사학위. 1926/27년 독일사회민주당(SPD) 당원. 1931년 이래 헤르만 헬러와 루돌프 스멘트 조교. 1932년 프랑크푸르트 대학 강사. 1939-1945년 국방군 군사행정 복무. 1946년 예나 대학 공법 교수. 예나 시절은 전후 교수자격논문으로서 특징지으며, 카를 슈미트의 국가론과 대결한 최초의 저작으로 평가된다. 1949년 서독으로 넘어와서 신설된 자유 베를린 대학 교수. 1951년 연방헌법재판소 재판관으로 임명되어 12년간 근무. 그동안 Lüth, 약국 판결, Elfes 판결 등을 다룸. 이후 다름슈타트 공대(TU Darmstadt) 교수. 저서 Rechts-und Staatslehre als Sozialwissenschaft, 1977. 문헌 Michael Henkel, Oliver W. Lembcke (Hrsg.), Moderne Staatswissenschaft. Beträge zu Leben und Werk Martin Draths, Berlin 2009: Häberle, Staatsrechtslehrer, 2. Aufl. 2018. S. 743-761.

* **106** 한스 프라이어(Hans Freyer, 1887-1969). 독일의 사회학자. 「현실과학」의 주창자. 라이프 치히대학 교수 역임. 베버 형제·좀바르트·트뢸치·만하임 등과 동시대에 독일 사회학의 중요한 담당자의 1인. 그의 주장은 형식사회학에 대해서는 매우 예리하고 핵심을 찔렀으나, 현실과학으로서의 사회학의 주장에는 그 적극성을 인정하지만 그 자신의 사회학의 형성에서 내용이 결여되고, 그의 역사주의 주장은 민족·국가의 특수구체성의 주장으로 변하고, 그것은 나치스를 정당화하는 역할을 하기도 했다. 이처럼 나치시대에 활약하다가 전후에는 소외되었다가 뮌스터대학 (1953-55) 교수. 저서 Der Staat, 1926; Soziologie als Wirklichkeitswissenschaft, 1930 (福武直譯, 『現實科學としての社會學』, 1962); Einleitung in die Soziologie, 1931 (진인숙역, 『사회의 조건』, 경서출판사, 1974; 동인역, 『사회학강화』, 규문사, 1967); 『지배와 계획』(1933); 논문집 Elfriede Üner (Hrsg.), Herrschaft, Planung und Technik. Aufsätze zur Soziologie, 1987 등. 문헌 C. Schmitt, Die andere Hegel-Linie. Hans Freyer zum 70. Geburtstag, in: Christ und Welt (Stuttgart), 10. Jahrgang, Nr. 30 vom 25. Juli 1957, S. 2; Hartmut Remmers, Hans Freyer: Heros und Industriegesellschaft, Opladen 1994; Michael Henkel, Hermann Hellers Theorie der Politik und des Staates, Tübingen 2011, S. 114-152. → 본서 1541면

* **110** 국가국민(Staatsvolk)과 국가시민(Staatsbürger). 국가국민은 국가의 지배질서에 의해서 결합한 인간의 총체. 국제법에서 영토, 국가권력과 함께 국가개념의 세 요소 중의 하나. 국적자 외에 외국인과 무국적자도 포함한다. 영어로는 people. 국가시민은 국적에 의해서 성립하며 자신이 속한 국가에서 자연인의 권리와 의무를 지는 것이 특색이다. 영어로 citizen. 이에 대해서 민족(Nation)의 개념은 독일에서 1400년경 라틴어에서 유래한다. 인민·씨족·출신이나 출생, 원래 출생공동체를 말하며, 언어·전통·윤리·관습 또는 혈통을 공통된 특징으로 한다.

「국민」(Volk)의 다의성. 카를 슈미트는 「국민이란 보통 선거 또는 표결에 관여하고 대개 다수를 결정하는 사람을 말한다. ... 국민은 관청의 기능을 하지도 통치하지도 않는 사람들이다」(Volksentscheid und Volksbegehren, S. 33. 김효전 옮김, 『국민표결과 국민발안』, 41면)고 하며, 그는 'Volk'를 정치적인 의사를 공유하는 집합체로서의 「인민」 또는 조직화되지 않고 소박하게 사는 「민중」과 같은 의미를 포함하는 것으로 이해한다. 그러나 「국민(Nation)이란 말은 정치의식에 눈뜬 행위능력 있는 인민(Volk)이다」(C. Schmitt, Verfassungslehre, S. 50; 김효전 옮김, 『독일 헌법학의 원천』, 산지니, 2018, 60면). 또한 「국민(Nation)은 인민(Volk)이라는 일반적인 개념에 비해서 정치적 특수의식에 의해서 개별화된 인민을 의미한다」(S. 231). → 본서 1555면

* 113 엥겔스의 국가사멸론. → 본서 1565면

* 113 헬무트 셸스키(Helmut Schelsky, 1912-1984). 독일의 사회학자. 나치스 독일 학생 연맹 회원으로 1937년 나치 입당. 라이프치히 사회학 학교에서 나치스의 철학·아카데미 교육을 받다. 제2차 대전 마지막 달에 스트라스부르크 제국대학 사회학 강좌 초빙을 받으나 더 이상 활동할 수 없었다. 1948년 신설된 함부르크의 공동경제 아카데미(Akademie für Gemeinwirtschaft) 교수. 1953년 함부르크대로 이직. 1960년 뮌스터대로 가서 도르트문트 소재 뮌스터대 연구소 소장. 1960년대 Bielefeld 대 창설에 참여. 1973년 뮌스터 대학으로 전 강좌를 옮김. 1978년 정년 후에 Graz 대학 명예 교수. 정치적으로는 SPD 소속. 저서 Soziologie der Sexualität, 1955. 신판 2017; Die skeptische Generation, 1975 등 다수. 문헌 Th. Gutmann, Chr. Weischer, Fabian Wittreck (Hrsg.), Helmut Schelsky. Ein deutscher Soziologe im zeitgeschichtlichen, institutionellen und disziplinären Kontext-Interdisziplinärer Workshop zum 100. Geburtstag, Berlin 2017 (Rechtstheorie Beiheft 22); Fr. Kaulbach/Werner Krawietz (Hrsg.), Recht und Gesellscaft. Festschrift für Helmut Schelsky zum 65. Geburtstag, Berlin 1978; Bibliographie Helmut Schelsky, in: Criticon 1983, 77. S. 107; Thomas Hoeren (Hrsg.), Münsteraner Juraprofessoren, Aschendorff Verlag GmbH & Co., Münster 2014. 山內惟介 編譯, 『ミュンスター法學者列傳』(中央大出版部, 2018), 319-348면.

* 116 맥거번(George McGovern, 1922-2012). 미국 민주당 정치인. 노스웨스턴대 철학박사. 1957-1961년 하원의원. 1963-1980년 사우스다코다주 상원의원 역임. 1972년 민주당 대통령 후보로 출마했으나 Richard Nixon에게 참패했다. 문헌 Thomas J. Knock, The Rise of a Prairie Statesman: The Life and Times of George McGovern, Princeton 2016.

* 117 도노소 코르테스(Juan Maria de la Salud Donoso Cortés, 1809-1853). 스페인의 외교관·보수적인 가톨릭 사상가. 젊은 때에는 자유주의 사상을 지니고 있었으나, 1847년 심경의 변화를 일으켜 합리주의나 유물론은 신의 노여움을 초래할 전조(前兆)라는 종말론적 역사관을 역설하였

다. 슈미트에게 많은 영향을 끼쳤다. 문헌 Telos 125, Carl Schmitt and Donoso Cortés, New York: Telos Press, Fall 2002; José Rafael Hernández Arias, Donoso Cortés und Carl Schmitt. Eine Untersuchung über die staats-rechtsphilosophische Bedeutung von Donoso Cortés im Werk von Carl Schmitt, Paderborn u.a. 1998; 古賀敬太,『カール・シュミットとカトリシズム』(創文社, 1999), 51-158면; 김효전 옮김, 전유럽적 해석에서의 도노소 코르테스,『헌법과 정치』, 654면 이하.

* 117 파울 요크 폰 바르텐부르크(Paul Yorck von Wartenburg, 1835-1897). 독일의 법학자・철학자. 본에서 법학과 철학 공부. 부친과 이탈리아 여행. 사법관시보를 마치고 부친의 사후 1865년 가문의 재산을 관리하고 프로이센 상원의 세습직을 물려받음. 1871년 브레슬라우의 빌헬름 딜타이를 만나 개인적 친분과 학문적 대결을 발전시킴. 문헌 Francesco Donadio, Religion und Geschichte bei Paul Yorck von Wartenburg, Würzburg 2013.

딜타이(Wilhelm Dilthey, 1833-1911)와의 서신 교환은 Briefwechsel zwischen Wilhelm Dilthey und dem Grafen Paul Yorck von Wartenburg 1877-1897, Halle 1923, Reprint Hildesheim 1995.

* 120 슐리이커(Willy H. Schlieker, 1914-1980). 독일의 대기업가.

* 120 보르크바르트(Borgward). 독일의 자동차 메이커. 1939년과 1963년 사이에 브레멘에서 승용차와 화물차를 생산. 그 밖에 '보르크바르트'는 1920~1969년 일부는 차례로, 일부는 병존해서 존재한 여러 가지 기업 명칭의 구성 요소. 창업주는 Carl Friedrich Wilhelm Borgward (1890-1963). 1961년 위기 관리가 논란된 후 재정적으로 어려움을 겪다가 파산선고를 받았다.

* 121 요아힘 리터(Joachim Ritter, 1903-1974). 독일 철학자. 리터 학파(Ritter-Schule)의 창시자. 하이델베르크・마부르크・프라이부르크 대학 수학. 1925년 Ernst Cassirer (1874-1945) 지도로 박사학위. 1932년 교수자격논문 통과. 함부르크 대학 강사. 1933년 히틀러에 대한 독일 교수의 고백에 서명. 1937년 나치스 입당. 1940년부터 국방군 예비군 장교로 복무. 1941년 동부 전선에서 훈장 받다. 1943년 킬 대학 철학 정교수로 지명되었으나 그의 군활동으로 교수직을 차지할 수 없었다. 1946년 뮌스터 대학 교수로 취임한 이후 1968년 정년시 까지 재직. 저서 Hegel und die französische Revolution, 1957 (김재현 옮김,『헤겔과 프랑스 혁명』, 한울, 1983); Das bürgerliche Leben, 1956; Zur Grundlegung der praktischen Philosophie bei Aristoteles, 1960. 1960년대부터 Historische Wörterbuch der Philosophie 준비. 수많은 문하생들이 있으며 뵈켄회르데와 크릴레(Martin Kriele, 1931-2020)도 이에 속한다. 문헌 Mark Schweda, Joachim Ritter und die Ritter-Schule. Zur Einführung, 2015; Bernd Haunfelder, Die Rektoren, Kuratoren und Kanzler der Universität Münster 1826-2016. Ein

biographisches Handbuch, 2020; NDB. Bd. 21 (2003), S. 663 f.

* **121** 현존재(Dasein). → 본서 1556면

* **121** 권리(Recht). 독일어의 'Recht'는 법·권리·올바른 것 등의 뜻이 있다. 헤겔의 『법철학』 (Rechtsphilosophie) § 33과 「추가」에서 보듯이, 여기서 법의 철학은 권리의 철학, 정의의 철학으로서 윤리학과 국가론이 포함된 법철학이다. 이 책의 영역판의 제목도 Philosophy of Right이다.

현재의 민주적 사회국가에 있어서의 국가와 사회의 구별의 의미 (E.-W. 뵈켄회르데)

* 출전. Ernst-Wolfgang Böckenförde, Die Bedeutung der Unterscheidung von Staat und Gesellschaft im demokratischen Sozialstaat der Gegenwart, in: Rechtsfragen der Gegenwart. Festgabe für Wolfgang Hefermehl zum 65. Geburtstag. Kohlhammer, Stuttgart etc. 1972, S. 11-36.
  E.-W. 뵈켄회르데, 김효전역, 『국가와 사회의 헌법이론적 구별』[증보판](법문사, 1992), 115-152면.

* **135** 니클라스 루만(Niklas Luhmann, 1927-1998). 독일의 사회학자. 프라이부르크 대학에서 법학과 사회학 공부. 1965-1968년 도르트문트 소재 뮌스터대의 사회연구소 소장. 1965/66년 겨울 학기 뮌스터대에서 사회학을 등록하고 사회과학 박사학위 취득. 5개월 후 Dieter Claussens와 Heinz Hartmann에게서 1964년의 저서 "Funktion und Folgen formaler Organisation"으로 교수자격 취득. 1968년 빌레펠트 대학의 초빙을 받고 1993년 정년까지 여기서 가르치고 연구. 1960년 Ursula von Walter와 결혼하여 1녀 2남을 두나 1977년 상처. 저서 Grundrechte als Institution, 1965, 6. Aufl., 2019 (일역 今井弘道·大野達司譯, 『制度としての基本權』, 木鐸社, 1989); 『절차를 통한 정당화: 법은 '공정'과 '정의'를 위한 것인가? 정치는 '민주화'를 위한 것인가?』 (윤재왕 옮김, 새물결, 2022); 『사회의 법』(윤재왕 옮김, 새물결, 2014); 『사회체계이론』(박여성 옮김, 한길사, 2007); 『사회의 사회』(장춘익 옮김, 새물결, 2012) 외에 다수의 한국어 역서 있음. 문헌 야라우스 外 편저, 박여성·송형석·이철 옮김, 『루만 핸드북: 생애-저작-영향』[제1권](이론출판, 2024); Walter Reese-Schäfer, Niklas Luhmann zur Einführung, 6. Aufl., 2011 (이남복 옮김, 『니클라스 루만의 사회사상』, 백의, 2000).

* **144** 디터 주어(Dieter Suhr, 1939-1990). 독일의 법률가·공법 교수. 1966년 함부르크 대학에서 Herbert Krüger 지도로 법박. 1973년 자유 베를린 대학에서 Helmut Quaritsch 제자로서 교수자격논문 통과. 1975년 이래 아우크스부르크 대 교수. 동시에 바이에른 주 헌법재판소 재판관을 잠시 겸직. 주요 관심 분야는 기본권, 특히 재산권과 환경권. 저서 Gleiche Freiheit, 1988;

Der Kapitalismus als monetäres Syndrom, 1988; Entfaltung des Menschen durch die Menschen, 1976 등.

* **148** 몰록(Moloch). 구약성경에 등장하는 이교의 신. 암몬의 국가신으로서, 어린 자녀를 제물로 바쳐야 하는 파괴적인 신이었다. 무조건적인 희생을 강요하는 신이었으며, 유다가 멸망하기 전에 가장 성행했던 우상이었다. 열왕기상 11:7 및 레위기 18:21, 20:2 등.

헌법이론적 문제로서의 「국가」와 「사회」 (호르스트 엠케)

* 출전. Horst Ehmke, "Staat" und "Gesellschaft" als verfassungstheoretisches Problem, in: Staatsverfassung und Kirchenordnung. Festgabe für Rudolf Smend zum 80. Geburtstag am 15. Januar 1962. Hrsg. von Konrad Hesse, Siegfried Reicke und Ulrich Scheuner, J. C. B. Mohr, Tübingen 1962, S 23-49. jetzt in: ders., Beiträge zur Verfassungstheorie und Verfassungspolitik, Athenäum, Königstein/Ts. 1981, S. 200-324.
E.-W. 뵈켄회르데, 김효전역, 『국가와 사회의 헌법이론적 구별』[증보판](법문사, 1992), 153-189면.

호르스트 엠케(Horst Ehmke, 1927-2017). 단치히 출생. 1946-1951년 괴팅겐대학과 미국 프린스턴대학에서 법학・정치학・역사학 공부. 1952년 괴팅겐대학에서 스멘트의 지도로 학위취득. 1960년 본대학에서 교수자격논문 통과. 같은 해에 본대학, 1963년 프라이부르크대학에, 1969~1994년 연방의회 의원 역임. 저서 『경제와 헌법』(Wirtschaft und Verfassung, 1961), 『도전으로서의 정치: 연설・강연과 논문들』(Politik als Herausforderung. Reden, Vorträge, Aufsätze, 1974), 『헌법이론과 헌법정치 논집』(Beiträge zur Verfassungstheorie und Verfassungspolitik, 1981). 논문. 헌법이론적 문제로서의 「국가」와 「사회」(E.-W. 뵈켄회르데, 김효전역, 『국가와 사회의 헌법이론적 구별』(증보판), 법문사, 1992, 153-189면에 수록). 문헌 Wolfgang Clement u.a., JöR. Bd. 66 (2018), S. 483-529; Benjamin Seifert, Träume vom modernen Deutschland. Horst Ehmke, Reimut Jochimsen und die Planung des Politischen in der ersten Regierung Willy Brandts, Stuttgart 2010.

* **151** 오토 브룬너(Otto Brunner, 1898-1982). 오스트리아의 역사가. 1922년 빈 대학 철학박사. 1929년 「빈 시의 재정」으로 교수자격논문 통과. 1931년 오스트리아 역사 연구소(Institut für Österreichische Geschichtsforschung) 조교수. 1939년 "Land und Herrschaft" 발간. 이 책은 중세사 연구에서 가장 영향력 있는 저서로 평가를 받는다. 1941년 동 연구소 정교수. 1942-44년 군복무. 제3제국에 대해서 공개적으로 동정하고 정당 활동. 1945년 교직에서 나치스트와 공동 연구한 탓에 면직. 1948년 은퇴. 대표저서 Land und Herrschaft: Grundfragen der territorialen

Verfassungsgeschichte Österreichs im Mittelalter, Wien 1939. Neudruck der 5. Aufl. Darmstadt 1990; 영역 Land and Lordship, 2015; Sozialgeschichte Europas im Mittelalter, Göttingen 1978 (山本文彦譯, 『中世ヨーロッパ社會の內部構造』, 知泉書館, 2013; 石井紫郎他譯, 『ヨーロッパ: その歷史と精神』, 1979). 기타 개념사 사전인, O. Brunner, W. Conze, R. Koselleck (Hrsg.), Geschichtliche Grundbegriffe, 8 Bde. 1972-1997. 이 사전의 여러 항목들은 한림대학교 한림과학원에 의해서 한국어로 번역되었다. 문헌 Reinhard Blänkner, Otto Brunner (1898-1982), in: Karel Hruza (Hrsg.), Österreichische Historiker, Bd. 3, 2019, S. 439-478.

* **154** Staat 개념. 개념사 사전 → 본서 헌법국가

* **156** 바르톨루스(Bartolus de Saxoferrato, 1313-1357). 중세 이탈리아의 저명한 법학자. 주석학파에 속함. 후세의 보통법(Ius commune) 법률가들에게 그의 명성은 「바르톨루스의 추종자가 아니면 아무도 훌륭한 법률가는 아니다」(Nemo bonus iurista nisi bartolista.)할 정도로 유명하다. 저서 Consilia, quaestiones et tractatus, Thomas Berthelier, Lyon 1547. 문헌 F. C. v. Savigny, Geschichte des römischen Rechts im Mittelalter, Bd. 6. 1850, S. 137-184.

* **157** 콘링(Hermann Conring, 1606-1681). 독일의 의사・국법학자・보편학자. 독일 법사학의 창설자. 철학・물리・의학 연구. 의사로서 뿐만 아니라 정치적으로도 유럽의 여러 궁정에서 궁정 고문으로서 활동. 1620년 헬름슈테트(Helmstedt) 대학 등록. 1625년 라이든 대학에서 후고 그로티우스를 알게 되고 그의 영향을 받는다. 1632년 헬름슈테트 대학 자연철학 강좌를 얻는다. 1637년 의학 교수, 1650년 정치학 교수. 저서 De origine iuris Germanici, 1643. 문헌 G. Kleinheyer/Jan Schröder, Deutsche Juristen aus fünf Jahrhunderten, 2. Aufl. 1983, S. 62-64.

* **158** 볼프강 트릴하아스(Wolfgang Trillhaas, 1903-1995). 독일의 신학 교수. 1922-25년 뮌헨・에어랑겐・괴팅겐에서 철학・신학 공부. 1931년 철학박사. 1932년 신학사. 1944년 신학박사. 할레 대학의 초빙은 고백교회(Bekennende Kirche)에서의 공동연구자가 방해하여 좌절. 1945년 에어랑겐대 실천신학 정교수. 1946년 괴팅겐으로 옮겨 1972년 정년까지 재직. 저서 Grundzüge der Religionspsychologie, 1946; Studien zur Religionssoziologie, 1949; Religionsphilosophie, 1972. 문헌 G. Weber, Wolfgang Trillhaas' Beitrag zur Homiletik, 1987.

* **164** 파울 요아힘센(Paul Joachimsen, 1867-1930). 유대계 독일 역사가. 프로테스탄트로 개종하면서 이름도 변경. 아우크스부르크의 김나지움 교사 및 1903-1925년 뮌헨의 빌헬름 김나지움 교사. 1908년 교수자격논문 통과. 1916년 뮌헨에서 역사교수법 강좌의 명예교수직을 얻다.

1925년 비로소 원외교수로서 완전한 학문적 이론에 헌신할 수 있었다. 저서 Die humanistische Geschichtsschreibung in Deutschland, 1895; Gesammelte Schriften, 2 Bde., 1970/1983. 문헌 NDB, Bd. 10 (1974), S. 441 ff.

* **164** 가다머(Hans-Georg Gadamer, 1900-2002). 독일의 철학자. 철학적 해석학(Hermeneutik)에 관한 대저『진리와 방법: 철학적 해석학의 방법들』(개정판)(이길우·임홍배 외 옮김, 문학동네, 2012)로 국제적인 명성을 얻었다. 1922년 마부르크대에서 Nicolai Hartmann 과 Paul Natorp의 지도로 박사 학위. 1929년 Heidegger와 Friedländer 지도로 교수자격논문 통과. 1933년 나치스 교사 동맹 가입. 1934/35년 킬 대학에서 유대인이어서 강의 자격이 정지된 Richard Kroner 강의 대강. 1937년 마부르크 대학은 공무원이 아닌 원외교수직의 칭호를 주었으나 거부한다. 2년 후 1939년 라이프치히 대학의 초빙을 받음. 1947년 프랑크푸르트대로. 1949년 카를 야스퍼스의 후임으로 하이델베르크대로 옮겨 정년시까지 재직한다. 전집 Gesammelte Werke, 10 Bde., 1985-1995. 문헌 Jean Grodin, Hans-Georg Gadamer: eine Biographie, 2. Aufl., 2013; Wolfgang Drechsler, Gadamer in Marburg, 2013.

* **168** 카이저(Joseph Heinrich Kaiser, 1921-1998). 독일 법학자. 1947년 튀빙겐대 법박. 교수자격논문 통과 후 1954년 본 대학에서「정치적 스트라이크」로 취임 강연. 1955년 이후 정년까지 프라이부르크 대학 공법 및 국제법 교수 역임. 카를 슈미트 학문적 유산의 관리인. 저서 Die Repräsentation organisierter Interessen, 1956.

* **170** 발러슈테트(Kurt Ballerstedt, 1905-1977). 독일의 법학자. 브레슬라우·할레·프라이부르크·쾨니히스베르크에서 법학 공부. 1938년 쾨니히스베르크대 법박. 1925년 슐레지안에 민중대학 기숙사(Volkshochschulheim)를 공동으로 창설. 1945년 킬 대학 사강사. 1947년 하이델베르크대에서 교수자격논문 통과. 1949년 킬 대학 정교수. 1955년 본 대학으로 옮겨 1971년 정년퇴직. 민법과 경제법 전문. 문헌 Raisch, Nachrufe Kurt Ballerstedt, NJW 31, 5 (1978); Archiv für die civilistische Praxis 151 (1951), S. 501-531.

* **171** 콘스탄틴 프란츠(Constantin Frantz, 1817-1891). 독일의 국법학자. 1836-1840년 할레와 베를린 대학에서 수학·철학 공부. 저서『국가생리학 강요』(Vorschule zur Physiologie der Staaten, 1857);『국가의 자연학설』(Die Naturlehre des Staates als Grundlage aller Staatswissenschaft, 1870). 문헌 R. Schnur, Mitteleuropa in preußischer Sicht; Constantin Frantz, in: Der Staat, Bd. 25, Heft 4 (1986);『國家學會雜誌』제10호.

제3편 법치국가의 원리

* 출전. 헤르만 헬러 외, 김효전 편역, 『법치국가의 원리』(법원사, 1996), 307면.

법치국가냐 독재냐? (헤르만 헬러)

* 출전. 처음 발표한 곳은 Die Neue Rundschau (Hg. O. Bie), S. Fischer Verlag, Berlin 1929, 40. Jg. der Freien Bühne, S. 721-735. 게재한 것은 그 후 수정 증보한 Hermann Heller, Rechtsstaat oder Diktatur? J. C. B. Mohr, Tübingen 1930, 26 S. (Recht und Staat in Geschichte und Gegenwart, Heft 68). jetzt in Gesammelte Schriften, Bd. 2, S. 445-462.
　헤르만 헬러, 법치국가냐 독재냐? 김효전 옮김, 『바이마르 헌법과 정치사상』(산지니, 2016), 224-237면; 김효전 편역, 『법치국가의 원리』(법원사, 1996), 5-26면; 玄齋 김영훈박사화갑기념 논문집 『공법학의 제문제』(법문사, 1995), 701-717면.

　헤르만 헬러(Hermann Heller, 1891-1933). 오스트리아 테셴 출생. 빈·그라츠·인스브루크·킬대학에서 법학·국가학 수학. 1915년 그라츠대학에서 학위취득. 라드브루흐와 민중대학 창설에 참가. 사회민주당 입당. 베른슈타인의 수정주의에 가까운 입장으로 켈젠·슈미트 등과 논쟁. 1928년 『주권론』(김효전 옮김, 관악사, 2004)으로 조교수로 초빙받다. 1932년 프랑크푸르트대학 정교수. 1933년 4월 히틀러의 권력장악으로 대학에서 추방된다. 스페인 마드리드대학으로 망명하나 거기서 심장병으로 곧 사망한다. 저서 『바이마르 헌법과 정치사상』(김효전 옮김, 산지니, 2016); 『국가론』(홍성방 옮김, 민음사, 1997). 문헌 Michael Henkel, Hermann Hellers Theorie der Politik und des Staates, Mohr, Tübingen 2011; Kathrin Groh, Demokratische Staatsrechtler in der Weimarer Republik, Mohr, Tübingen 2010; O. Lembcke, Hermann Heller (1891-1933), in: R. Voigt, Staatsdenken, 2016, S. 129-134; Häberle u.a., Staatsrechtslehrer, 2. Aufl., 2018, S. 471-488.

* **178** 상수시(Sanssouci). 궁전 이름. 무우궁(無憂宮). 프랑스어로 「근심 없는」의 뜻. 베를린 교외의 포츠담에 있는 로코코 양식의 궁전. 1745-47년 프리드리히 대왕이 건조.

* **178** 융커(Junker). 원래는 젊은 귀족이란 뜻. 독일 동 엘베 지방의 대농장을 경영하는 지주귀족의 호칭. 프로이센의 군인이나 관료가 많으며 이 계층에서 나왔다. 보수주의적이며 자유주의적 개혁에 반대하고 독일 군국주의의 온상이 되었다.

* **179** 헬러가 인용한 몽테스키외의 『법의 정신』 제12편 2장은 제11편 6장 「영국헌법에 관하여」이다. 원문은 "La liberté politique, dans un citoyen, est cette tranquillité d'esprit qui provient de l'opinion que chacun a de sa sûreté." Montesquieu, De l'esprit des lois (1748), Paris:

Garnier-Flammarion, T. 1. 1979, p. 294(시민에 있어서 정치적 자유란 각자가 자기의 안전에 관해서 가지는 의견에서 생겨나는 정신의 안정이다). 신상초역, 『법의 정신』(을유문화사, 1963), 161면. 새 번역 진인혜 옮김 (나남, 2023), 269면. 기타 『어느 페르시아인의 편지』(Lettres persanes, 1721: 이자호 옮김, 문지사, 2022). 문헌 É. Tillet, Montesquieu, in: Patrick Arabeyre et al. (sous), Dictionnaire historique des juristes français XIIᵉ-XXᵉ siècle, Paris: puf 2ᵉ éd. 2015, pp. 745-747; Antonio Merlino, Montesquieu: Eine Perspektive, Berlin: De Gruyter, 2020.

* **179** 생시몽(Claude Henri de Rouvroy, Comte de Saint-Simon, 1760-1825). 프랑스의 사회사상가. 초기 사회주의 대표자의 한 사람. 청년 시절 18세기 계몽주의자 달랑베르의 교육을 받았으며, 미국 독립전쟁에 프랑스군 장교로 참전. 프랑스혁명에 찬성하였으나 반대자로 간주되어 투옥된 일도 있다. 종교를 중요시하고 산업인이 지배하는 사회를 이상으로 여긴다. 마르크스에 의해서 공상적 사회주의자라고 비판을 받았다. 제자인 바자르(S.-E. Bazard, 1791-1832), 앙팡탱 (B. P. Enfantin, 1796-1864) 등이 생시몽주의를 형성하고 콩트에게도 영향을 미쳤다. 저시 Réorganisation de la société européenne, (1814; 『유럽사회의 재조직에 대하여』); Le Système industriel (1821; 『산업체제에 대해서』); Le Catéchisme des industriels, 1824 (『산업자의 교리문답』); Le Nouveau Christianisme, 1869 (『새로운 그리스도교』, 박선주 옮김, 좁쌀한알, 2018) 등. 문헌 Maxime Leroy, La vie véritable du Comte de Saint-Simon (1760-1825), Paris 1925; Frank Edward Manuel, The New World of Henri Saint-Simon, 1956; Dietrich-E. Franz, Saint-Simon, Fourier, Owen ― Sozialutopien des 19. Jahrhunderts, 1987.
회고록으로 유명한 생시몽(Louis de Rouvroy, duc de Saint-Simon, 1675-1755) 역시 프랑스의 정치인이며 작가였다. 회고록, 『루이 14세와 베르사유 궁정』(이영림 옮김, 나남, 2009).

* **179** 가상디(Pierre Gassendi, 1592-1655). 프랑스의 철학자·물리학자·수학자. 근대 원자론의 창시자이며, 과학자로서는 천체의 관측과 지중해의 수로도(水路圖) 작성에 업적을 남김. 저서 Three Discourses of Happiness, Virtue and Liberty, Kessinger Pub. 2003.

* **179** 빌헬름 폰 훔볼트 → 본서 1526면

* **182** 니체의 『도덕의 계보』(김정현 옮김, 『니체 전집』 14, 책세상, 2002).

* **182** 장 보트랭(Jean Vautrin)은 발자크(Honoré de Balzac, 1799-1850)의 이른바 『인간 희극』(Comédie humaine) 중 『고리오 영감』(Le père Goriot), 『환멸』, 『들뜬 여성 쇠기』(La femme de trente ans)라는 세 개의 소설의 등장인물이다. 나중에 나오는 루시앵 드 뤼반프레는 『환멸』, 『들뜬 여성 쇠기』에 또한 으제니 드 라스티냐크는 『고리오 영감』에 나오지만 "Laboro

d'Italia"에서 인용하는 것은 『고리오 영감』일 것이다.

* 183 양과 염소의 비유는 성서에서 자주 나온다. 목자는 모든 민족을 양은 오른편에, 염소는 왼편으로 구분한다. 오른편은 은혜와 구원의 자리, 왼편은 저주와 멸망의 자리이다. 목자가 양과 염소를 구별하듯이, 재판장되는 예수는 최후 심판 때에 의인과 악인을 구별하고 심판한다는 것이다. 마태 25:32-33; 요한 10:2-5; 이사야 53:7; 갈라디아 4:23-28; 창세기 25:23 등.

* 184 악숑 프랑세즈(Action Française). 프랑스의 정치단체 또는 그 기관지 이름. 1898년 샤르르 모라(Charles Maurras)와 레옹 도데(Léon Daudet)의 주도 아래 조직된 프랑스 왕권파의 중심조직. 악숑 프랑세즈는 '인테그랄 내서널리즘'(nationalisme intégral)을 대표하며, 반민주주의·반의회주의·반정당정치로 일관하며 전통적인 왕정·가톨리시즘에 입각하여 독일에 적대적이었다. 1930년대를 절정으로 1944년 프랑스의 해방으로 해체될 때까지 프랑스의 정치와 문학에 많은 자극을 주었다. 또한 벨기에·이탈리아·포르투갈·스페인·루마니아·스위스의 극우적 국가주의운동에도 영향을 미쳤다. 문헌 Anne-Marie Denis, L'Action Française et l'Allemagne, 1997.

* 184 P.N.F. Partito Nazionale Fascita. 민족 파시스트당의 약자.

* 189 로코(Alfredo Rocco, 1875-1935). 나폴리 출생. 파시즘의 대표적인 정치인·법률가. 우르비노(Urbino)대 상법 교수, 파르마(Parma)대 민사소송법 교수, 파두아(Padua)대 기업법 교수 역임. 로마의 Sapienza대학 교수 및 총장 역임. 로코는 경제 감각을 지닌 정치인으로 초기 조합주의(corporatism)의 경제와 정치이론의 개념을 전개했으며, 후일 국민 파시스트당의 이데올로그가 되었다. 1921년 국회의원으로 선출되고, 1925-32년까지 법무장관을 시내고 형법전과 형사소송법의 법전화를 추진했다.

* 189 엔리꼬 꼬라디니(Enrico Corradini, 1865-1931). 이탈리아의 작가·정치인. 뛰어난 공법학자이자 이탈리아 민족주의 이데올로그. 1910년 이탈리아 최초의 민족 정당인 - 이탈리아 국민협회(Associazione nazionalista Italiana (ANI)를 결성하고 1914년까지 의장. 1922년 그는 결정적으로 무솔리니의 국민 파시스트당(Partito Nazionale Fascita)과 합당하는데 참여한다. 문헌 Franco Gaeta, CORRADINI, Enrico, in: Alberto M. Ghisalberti (ed.), Dizionario Biografico degli Italiani (DBI), Bd. 29, Roma 1983; Wolfgang Schieder, Der italienische Faschismus: 1919-1945, München 2010.

* 190 오펠(Opel). 상품명. 오펠 자동차.

법치국가에 관한 논쟁의 의의 (카를 슈미트)

* 출전. Carl Schmitt, Was bedeutet der Streit um den "Rechtsstaat"? in: Zeitschrift für die gesamte Staatswissenschaft, Bd. 95, Heft 2. 1935, S. 189-201. jetzt in: ders., Gesammelte Schriften 1933-1936 mit ergänzenden Beiträgen aus der Zeit des Zweiten Weltkriegs, Duncker & Humblot, Berlin 2021, S. 296-307.

카를 슈미트, 『헌법과 정치』(산지니, 2020), 443-452면; 『동아법학』 제79호(2018), 397-409면; 『합법성과 정당성』(교육과학사, 1993), 203-225면.

이 논문에서 슈미트는 예레미아 고트헬프와 오토 폰 비스마르크에 의거하여 「법치국가」라는 말은 결코 영원한 말일 수는 없다고 한다. 그리하여 나치즘의 정신을 고취하면서 「나치즘에 의한 법치국가」가 규정되어야 한다고 주장하였다.

한편 제3제국 시대에 귄터 크라우스(Günther Krauß)는 법치국가의 개념은 19세기의 헌법상태에 결부된 것이며, 20세기의 국가에는 아무런 근거가 없다는 명제를 제시하였다. 이에 대해서 오토 폰 슈바이니헨(Otto von Schweinichen)*은, 법치국가는 역사상 수많은 법치국가가 있었으며, 19세기의 국가는 전형적인 입법국가였음에 반하여, 진정한 의미의 법치국가는 국가사회주의국가[나치스]라는 반대명제를 주장하였다. 이 논쟁에 대해서 슈미트는 서문과 후기를 써붙여 출판하였다. Günther Krauß und Otto von Schweinichen, Disputation über den Rechtsstaat. Mit einer Einleitung und einem Nachwort von Carl Schmitt, Hanseatische Verlagsanstalt, Hamburg 1935.

카를 슈미트(Carl Schmitt, 1888~1985). 독일의 공법학자・정치학자. 바이마르 공화국 시대부터 그라이프스발트(1921), 본(1922), 베를린상과대학(1928), 쾰른(1932), 베를린대학(1933-1945) 교수 역임. 헌법・국제법・정치학・정치사상 등의 분야에서 폭넓게 활약. 그는 시민적 민주주의의 정치적・법적 개념과 범주에 대한 논쟁적인 해명과 아울러 생명 없는 규범주의 파괴에 관한 지적 작업을 일관되게 해왔다. 가톨릭의 입장에서 사상사적인 배경 아래 예리한 통찰력과 유려한 필치로 시민적 법치국가의 가면을 벗기는 그의 명석한 두뇌는 가히 악마적이라고도 할 정도이다. 이런 의미에서 그는 현대 독일의 가장 자극적이며 논쟁적인 정치사상가의 한 사람에 속한다. 특히 정치적인 것의 개념을 적과 동지의 구별로 보고 낭만주의・정치신학・주권론・독재・합법성과 정당성에 대한 개념적 연구는 독일과 그의 전문 영역을 넘어 여러 나라에 영향을 미쳤다. 1933년 나치의 정권장악에 협력한 죄과로 제2차 세계대전 이후에는 대학에서 추방되고 고향에서 은둔생활을 하다가 96세를 일기로 작고. 저서 Gesammelte Schriften 1933-1936 mit ergänzenden Beiträgen aus der Zeit des Zweiten Weltkriegs, 2021; Frieden oder Pazifismus, 2. Aufl. 2019; Staat, Großraum, Nomos, 1995. 『헌법과 정치』(김효전 옮김, 산지니, 2020); 『정치적인 것의 개념』(김효전・정태호 공역, 살림, 2012); 『헌법이론』(김기범역, 교문사, 1976) 등. 문헌 김효전 편역, 『반대물의 복합체』(산지니, 2014); 김효전 편역, 『칼 슈미트

연구』(세종출판사, 2001); V. Neumann, Carl Schmitt als Jurist, Mohr 2015; R. Mehring, Kriegstechniker des Begriffs, Mohr 2014. 스멘트와의 편지교환집 R. Mehring (Hrsg.), "Auf der gefahrenvollen Straße des öffentlichen Rechts." Briefwechsel Carl Schmitt-Rudolf Smend 1921-1961, D&H., 2010; Häberle u. a. (Hrsg.), Staatsrechtslehrer des 20. Jahrhunderts, 2. Aufl. S. 391-418. → 본서 1661면

* 193 귄터 크라우스(Günther Krauß, 1911-1989). 쾰른대학 시절부터 슈미트의 제자이며 평생의 협력자. 공증인. 문헌 Dirk van Laak, Gespräche in der Sicherheit des Schweigens, S. 246-250; Schmittiana I. S. 55-56.

* 193 오토 폰 슈바이니헨(Otto von Schweinichen, 1911-1938). 독일의 공법학자. 슈미트의 베를린대학 동료였던 Carl August Emge(1886-1970)의 조교. 슈미트의 베를린 제자. 나치시대에 활약.

* 191 세르지오 파눈치오(Sergio Panunzio, 1886-1944). 이탈리아의 국가 생디칼리슴의 이론가. 저서 『법치국가』(Lo Stato di diritto, Bologna 1921), 『파시스트 국가』(Lo stato fascista, Bologna 1925). 생애와 저작은 J. A. Gregor, Sergio Panunzio. Il sindicalismo e il fondamento razionale del fascismo, Rom 1978; F. Perfetti, Einleitung zu: S. Panunzio, Il fondamento giuridico del fascismo, Rom 1987, S. 7-133.

* 191 프리드리히 다름슈태터(Friedrich Darmstaedter, 1883-1957). 유대인 법학자. 1935년 나치스에 의해서 교직에서 박탈되고 영국으로 이민. 그는 저서 『법치국가냐 권력국가냐』 (Rechtsstaat oder Machtstaat? Eine Frage nach der Geltung der Weimarer Verfassung, Verlag Dr. W. Rothschild, Berlin-Grunewald 1932)에서 법치국가와 제48조, 제153조(수용) 그리고 제156조(사회화) 간의 이의를 확실히 하였다. 문헌 H. Göppinger, Der National-sozialismus und die jüdischen Juristen, 1963, S. 98, 101. → 본서 1528면

* 191 문헌 지시는 K. Groß-Fengels, Der Streit um den Rechtsstaat, Diss. jur. Marburg (bei Herrfahrdt u. L. Zimmerl), Druck Düsseldorf 1936, S. VI-VIII 참조.

* 192 로베르트 폰 몰(Robert von Mohl, 1799-1875). 독일의 국법학자. 서남 독일 자유주의의 지도자. 1848년 프랑크푸르트 국민의회 의원. 법치국가론을 체계화했다. 튀빙겐대학 교수 역임. 아렌스, L. v. 슈타인의 영향 아래 널리 사회학적 견지에서 각국의 비교제도론을 전개. 그는 사회의 개념을 국가의 그것에서 구별하고, 국가의 임무는 소극적이어야 한다고 주장했다. 학위논문 「지방 (支邦) 신분들과 대의 헌법의 차이를 제시하는 박사학위 논문」(Dissertatio inauguralis sistens

discrimen ordinum provincialium et constitutionis repraesentativae, 1821)은 신분제 헌법과 대의제 헌법의 차이를 논한 것. 저서 『뷔르템베르크 헌법』(Das Staatsrecht des Königreichs Württemberg, Bd. 1, Tübingen 1829); 『국가학 엔치클로페디』(1860); 『국법학 · 국제법 그리고 정치』(Staatsrecht, Völkerrecht und Politik, 전3권, 1860-69). 문헌 Erich Angermann, Robert von Mohl, 1799-1875. Leben und Werk eines altliberalen Staatsgelehrten, 1962; NDB. Bd. 17 (1994), S. 692-694; Klaus-Peter Schroeder, Vom Sachsenspiegel zum Grund-gesetz. Eine deutsche Rechtsgeschichte in Lebensbildern, Beck, 2011. S. 123-142; 김종호, 독일의 법치국가 사상의 형성과정에서 시민적 자유와 국가 개입의 한계 ― 몰(Mohl)과 스바레즈 (Svarez) 사상을 비교하여, 『유럽헌법연구』 제23호(2017).

* **192** R. Mohl, Die Geschichte und Literatur der Staatswissenschaften, I, 1855, S. 245는 헤겔을 「법치국가의 형성자」로 헤아린다.

* **192** 아담 뮐러(Adam Müller von Nitterdorf, 1779-1829). 독일 정치적 낭만주의의 내표자. 외교관 · 정치사상가. 슈미트에 의해서 「정치적 낭만주의」의 전형적 인물로 불렸다. 저서 Von der Idee des Staates, 1809; Die Elemente der Staatskunst, 1809; Von der Notwendigkeit einer theologischen Grundlage der gesamten Staatswissenschaften, 1819. 문헌 Benedikt Koehler, Ästhetik der Politik. Adam Müller und die politische Romantik, Stuttgart 1980; NDB. Bd. 18 (1997), S. 338-341. 슈미트의 『정치적 낭만』(배성동역, 삼성출판사, 1976/1990), 63면 이하; 프레더릭 바이저, 김주휘 옮김, 『낭만주의의 명령 세계를 낭만화하라: 초기 독일 낭만주의 연구』(그린비, 2011); 장남준, 『독일 낭만주의 연구』(나남, 1989); 지명렬, 『독일 낭만주의 연구』(일지사, 1975).

* **193** 루돌프 조옴(Rudolph Sohm, 1841-1917). 독일의 교회법학자. 로스토크 출생. 1864년 로스토크 대학에서 박사학위 취득. 1866년 괴팅겐 대학에서 교수자격 취득. 프라이부르크 · 슈트라스부르크 · 라이프치히대학 교수 역임. 로마니스텐에 속하며, 독일 민법 제2초안 편찬위원회 위원으로서 1891년부터 1896년까지 활약하였다. 조옴의 테제는 「교회의 본질은 정신적이며 법의 본질은 세속적이다. 교회법의 본질은 교회의 본질과 모순된다」는 것이다. 저서 Institutionen des römischen Rechts, 1884; 7. Aufl. (1898)부터 BGB의 등장으로 제목 변경. Kirchenrecht, 2 Bde. 1892/1923. 문헌 Andreas Bühler, Kirche und Staat bei Rudolph Sohm, Zürich 1965; NDB. Bd. 24 (2010), S. 539-541; Felix Grollmann, "Rudolph Sohm (1841 – 1917). Ein Gelehrtenleben im Spannungsfeld von Staat und Kirche," in: Entwicklungstendenzen des Staatskirchen und Religionsverfassungsrechts: ausgewählte begrifflich-systematische, historische, gegenwartsbezogene und biographische Beiträge (Kirchen- und Staatskirchenrecht 15), hrsg. v. Thomas Holzner/Hannes Ludyga, Paderborn 2013,

S. 467 - 504. 슈미트는 Rudolf라고 표기하는데 'Rudolph'가 올바르다.

* **193** 프리드리히 율리우스 슈탈 (Friedrich Julius Stahl, 1802-1861). 독일의 정치학자·법철학자·교회법학자·정치가. 유대인의 아들로 태어나 프로테스탄트로 개종. 프로이센 왕 빌헬름 4세의 신임을 얻어 베를린대학 교수가 된다. 신학적·역사주의적인 정치철학을 설파하여 보수당을 이끌고 특수한 독일적 입헌군주주의 이론을 확립. 1840년대부터 50년대에 걸친 프로이센 보수주의의 대표적인 이론가이며 정치가. 사상계와 정계에 영향을 미쳤다. 국가와 법을 신의(神意)에 두었다. 저서『법철학』(Die Philosophie des Rechts, 1830-37) 등 다수. 문헌 Chr. Wiegand, Über F. J. Stahl (1801-1862), F. Schöningh 1981; Myoung-Jae Kim, Staat und Gesellschaft bei Friedrich Julius Stahl. Eine Innenansicht seiner Staatsphilosophie, Hannover 1993 (Hannover, Univ., Diss., 1993); Arie Nabrings, Friedrich Julius Stahl. Rechtsphilosophie und Kirchenpolitik, Bielefeld 1983. 오향미, 프리드리히 슈탈의 법치국가론: 정치적 자유에 대한 시민적 자유의 우선성,『법철학연구』제22권 2호 (2019); 남기호, 프로이센 왕정복고와 헤겔의 정치신학적 입장 — 슈바르트와의 논쟁 및 슈탈의 비판을 중심을 중심으로,『헤겔연구』(한국헤겔학회) 제34집 (2013).

* **194** F. J. Stahl, Staats-und Rechtslehre, Ⅱ, 2, S. 106.

* **194** 오토 배어(Otto Bähr, 1817-1895). 카셀·베를린 상급항소재판소 판사, 라이히 최고재판소 판사 역임. 저서『법치국가』(1864)로 그는 행정재판의 성립에 영향을 미쳤다. 논문「의무화근거로서의 승인」(Die Anerkennung als Verpflichtungsgrund, 1854)은 독일 민법전(BGB)에서 승인된, 독자적으로 의무를 지는 채무계약이란 개념을 창조하였다. 문헌 Stintzing-Landsberg, Geschichte der deutschen Rechtswissenschaft, III 2, S. 639-647; 藤田宙靖,『公權力の行使と私的權利主張』(有斐閣, 1978).

* **194** 콘스탄틴 프란츠 → 전술, 1513면

* **195** 조르주 르나르(Georges Renard, 1876-1943). 프랑스의 법사상가. 토머스주의를 거점으로 하여「제도이론」을 주장. 저서『제도의 이론』(La théorie de l'institution, 1930). 문헌 Albert Broderick (ed.), The French Institutionalists. Maurice Hauriou, Georges Renard, Joseph T. Delos, Cambridge, Mass. 1970, p. 163 ff.; G. Bigot, Renard Georges, in: P. Arabeyre et al., Dictionnaire historique des juristes français (XIIᵉ-XXᵉ siècle), 2ᵉ éd. Paris 2015, p. 862.

* **195** 모리스 오류(Maurice Hauriou, 1856-1929) 현대 프랑스의 대표적인 공법학자. 툴루즈대학

교수. 논문「제도와 창설의 이론」(La théorie de l'Institution et de la fondation, 1925)에서
제도이론을 주장했다. 저서 Hauriou, Précis de droit constitutionnel, Paris: Sirey, 1923,
p. 276-300. 카를 슈미트, 에리히 카우프만, 페터 해벌레 등 독일의 공법학자에게 많은 영향을
미쳤다. 문헌 Patrick Arabeyre et al., Dictionnaire historique des juristes française (XIIᵉ-XXᵉ
siècle), 2ᵉ éd. Paris 2015, pp. 516-519; Fabrice Bin, Le «pouvoir de suffrage» chez Hauriou,
in: Revue française de Droit constitutionnel, n° 108 (2016); 김효전, 제도이론의 계보 ─
모리스 오류와 독일 공법학,『월간고시』1993년 9월호; 김충희, 모리스 오류의 제도이론, 서울대
석사논문, 2010; 이광윤, 프랑스 공법학과 모리스 오류(Maurice Hauriou), 한국행정판례연구회
편,『공법학의 형성과 개척자』(박영사, 2007), 83-117면; 김효전, 카를 슈미트의 프랑스 헌법이론
연구, 동당 성낙인총장퇴임기념논문집『국가와 헌법 I 헌법총론/정치제도론』(법문사, 2018),
191-221면.

* 195 레옹 뒤기(Léon Duguit, 1859-1928) 프랑스의 공법학자. 실증주의와 객관주의를 헌법학에
도입. 법사회학의 창설자의 한 사람. 저서『공법변천론』,『법과 국가』,『일반 공법학 강의』(이광윤
옮김, 민음사, 1995); L'État, le droit objectif et la loi positive, 1901; L'État, les gouvernants
et les agents, 1903; Manuel de droit constitutionnel, 1918; Traité du droit constitutionnel,
5 vols. 1921-25. 문헌 Patrick Arabeyre et al., Dictionnaire, pp. 358-361. 김충희, 레옹
뒤기의 생애와 그의 시대,『헌법학연구』제21권 2호(2015), 261-310면; 동인, 레옹 뒤기의
객관법이론, 동당 성낙인총장퇴임기념논문집『국가와 헌법 I. 헌법총론/정치제도론』(법문사,
2018); 장윤영,『레옹 뒤기(Léon Duguit)의 공법이론에 관한 연구』(경인문화사, 2021).

* 196「사실적인 것의 규범력」(die normative Kraft des Faktischen). 법질서의 발생과 존재는
사실적인 것에서 규범력이 나오며 여러 곳에서 실효화한다는 것이다. 게오르그 옐리네크,『일반
국가학』(김효전 옮김, 법문사, 2005), 277면 이하.

* 196「범죄 없이 형벌 없다」(nullum crimen sine poena). C. Schmitt, Der Rechtsstaat (1935),
in: Staat, Großraum, Nomos, S. 119. Anm. 12. 김효전 옮김, 법치국가,『헌법과 정치』(산지니,
2020), 1079면.

* 197 균제화(均制化, Gleichschaltung).「획일화」또는「관제화」,「강제적 일체화」등으로 번역.
히틀러 정권 밖에 있는 통치단위인 란트나 지방자치체의 파괴에서 시작하며 정치·경제생활에서의
자율적 조직, 비나치정당이나 노동조합의 해체, 마침내는 나치운동 내부에서의 당내 반대파의
탄압에 이르는 일련의 사회과정을 총칭한다. 宮田光雄,『ナチ・ドイツの精神構造』(岩波書店,
1991), 28면. → 본서 1657면

* **197** C. Schmitt, Staatsgefüge und Zusammenbruch des zweiten Reiches. Der Sieg des Bürgers über den Soldaten, 1934, bes. S. 9-14. 제2제국의 국가구조와 붕괴 (1934), 김효전 옮김, 『헌법과 정치』, 356-361면. 비판을 위해서는 Fr. Hartung, Staatsgefüge und Zusammenbruch des Zweiten Reiches, HZ, Bd. 151, 1935, S. 528-544; Ndr. in ders., Staatsbildende Kräfte der Neuzeit, 1961, S. 376 ff.

* **198** 하인리히 랑게(Heinrich Lange, 1900-1977). 독일의 민법학자. 1925년 라이프치히대 박사. 1929년 교수자격논문 통과. 브레슬라우대 교수. 저서 Vom Gesetzesstaat zum Rechtsstaat, 1934; Die Entwicklung der Wissenschaft vom Bürgerlichen Recht seit 1933, 1941; BGB. Allgemeiner Teil, 1952. 17. Aufl. 1980; 민법전 주석서 외에『국가사회주의와 민법』등 나치학자로서의 저작이 있다. 나치스 시절 슈미트가 편집하던 Deutsche Juristen-Zeitung의 공동편집자. 문헌 Ernst Klee, Das Personenlexikon zum Dritten Reich, 2007, S. 356.

* **199** 한스 프랑크(Hans Frank, 1900-46). 제1차 대전 참전, 1923년 나치스 돌격대(SA) 가담, 1926년 법학 국가시험을 마치고 히틀러의 개인 법률고문이 되고 이후 나치당의 법률고문. 1930년 국회의원, 1933년 바이에른주 법무장관, 1933년부터 전국 사회주의 법률가협회 회장 및 독일법 아카데미 회장, 1939년 폴란드 점령 지역 총독. 부임 직후 폴란드 유대인들의 게토 강제수용・재산 몰수・시민권 박탈 등 공포정치 실시. 1946년 뉘른베르크 국제전범재판에서 교수형에 처함. 옥중에서 집필한 자서전『교수대에 직면하여』(Im Angesicht des Galgens, 1953)가 있다. 슈미트의『정치적인 것의 개념』에 서평을 함. 문헌 Dieter Schenk, Hans Frank - Hitlers Kronjurist und Generalgouverneur, 2006; M. Housden, Hans Frank. Lebensraum and the Holocaust, 2003; Chr. Schudnagies, Hans Frank. Aufstieg und Fall des NS-Juristen und Generalgouverneurs, 1989. 김효전, 나치 독일하의 황제법학자들, 『학술원논문집』제62집 2호 (2023). → 본서 1353면

* **199** 슈미트의 「법치국가」(1935), 김효전 옮김, 『헌법과 정치』(산지니, 2020), 453-462면. 슈미트의 법치국가 비판 내지 「법치국가」 개념에 관한 비판은 C. H. Ule, Carl Schmitt, der Rechtsstaat und die Verwaltungsgerichtsbarkeit, Verwaltungs-Archiv, 1/1990, S. 1 ff.; O. Beaud, La critique de l'État de droit chez Carl Schmitt, Cahiers du Centre de philosophie politique et juridique de Caen, 1994, S. 111 ff.; U. Schellenberg, Die Rechtsstaatskritik. Vom liberalen zum nationalen und nationalsozialistischen Rechtsstaat, in: E.-W. Böckenförde (Hrsg.), Staatsrecht und Staatsrechtslehre im Dritten Reich, 1985, S. 71-88. 법치국가 일반에 관한 문헌은 E. Forsthoff (Hrsg.), Rechtsstaatlichkeit und Sozialstaatlichkeit, Darmstadt 1968; 헤르만 헬러외, 김효전 편역, 『법치국가의 원리』(법원사, 1996).

* **200** 라인하르트 횐(Reinhard Höhn, 1904-2000). 나치스의 지도적인 이데올로그. 1929년 예나 대학 법박. 1933년 7월 나치 입당. 친위대(SS) 대원. 1934년 독일 사회학회 회장 Ferdinand Tönnies와 총무 Leopold von Wiese를 '균제화(획일화)' 미명 아래 무력화시킴. 1934년 하이델베르크에서 교수자격논문 통과. 슈미트가 인용한 '국가개념'(1935)은 교수자격논문을 출판한 것. 하이델베르크, 이어서 베를린대학 교수. 1945년 대전 후 비나치화를 시도했으나 실패. 논저 Wahre Integration und Scheinintegration, in: Der Meister 9 (1929); Die Wandlung im staatsrechtlichen Denken der Gegenwart, 1934, S. 35 f.; Rechtsgemeinschaft und Volksgemeinschaft, 1935; Volk, Staat und Recht, in: Höhn/Maunz/Swoboda, Grundfragen der Rechtsauffassung, 1938, S. 1-27. 군주의 수중에 있는 장치로서의 국가에 관하여는 Höhn, Der individualistische Staatsbegriff und die juristischen Staatsperson, 1935, S. 37 ff. 횐의 견해에 대한 비판은 W. Merk, Der Staatsgedanke im Dritten Reich, 1935. 문헌 Alexander O. Müller, Reinhard Höhn. Ein Leben zwischen Kontinuität und Neubeginn, 2019; 요한 샤푸토, 고선일여, 『복종할 자유: 나치즘에서 건져 올린 현대 매니즈먼트의 원리』(빛소굴, 2022). → 본서 1388면

권력분립·인권·법치국가 – 개념형식주의와 민주주의 (카를 폴락)

* 출전. Karl Polak, Gewaltenteilung Menschenrechte Rechtsstaat. Begriffsformalismus und Demokratie, in: Einheit, Heft 7, Dezember 1946, S. 385 ff.
　헤르만 헬러외, 김효전 편역, 『법치국가의 원리』(법원사, 1996), 67-95면.

　카를 폴락(Karl Polak, 1905-1963). 베스터슈테데(올덴부르크) 출생. 1925년부터 프랑크푸르트·하이델베르크·뮌헨대학에서 법학 수학. 1933년 사법관 시보 시절 유대계라는 이유로 면직되고 같은 해 프라이부르크 대학에서 박사학위 취득. 덴마크를 거쳐 소련으로 이민. 1941년부터 타슈겐트에서 교수 및 연구 활동. 1945년 독일로 귀환. 사회주의통일당(SED)의 법정책이론가. 1948년 라이프치히 대학 교수. 1949년-1963년 인민회의 의원. 주요 저서 『국가학에서의 변증법』 (Zur Dialektik in der Staatslehre, 3. Aufl. 1963), 『강연과 논문들』(Reden und Aufsätze. Zur Entwicklung der Arbeiter-und-Bauern-Macht, 1968). 문헌 Marcus Howe, Karl Polak: Parteijurist unter Ulbricht, Klostermann, Frankfurt a. M. 2002, 332 S. Zugl. Berlin Freie Univ. Diss., 1998; KJB 1986, 12. S. 640.

* **206** 마르크스가 프랑스의 계급투쟁을 다룬 세 저작은 『프랑스에 있어서의 계급투쟁』 (Klassenkampf in Frankreich 1848-50), 『루이 보나파르트의 브뤼메르 18일』(Der achtzehnte Brumaire des Louis Bonaparte, 1852; 최형익 옮김, 비르투, 2012), 그리고 『프랑스 내전』(Der Bürgerkrieg in Frankreich, 1891; 안효상 옮김, 박종철출판사, 2003)이다. 『프랑스 혁명사

3부작』(임지현·이종훈 옮김, 소나무, 2017).

　　최근 마르크스·엥겔스의 전집이 발간되고 있다. 예컨대『마르크스 엥겔스 전집 II/3.2: 경제학 비판을 위하여(1861~63년 초고) 제2분책 잉여가치론·1』(도서출판 길, 2021).

* **209** 국가 속의 국가(*imperium in imperio*; Staat im Staate 내지 Staaten im Staate). 이 정식은 이미 Severinus v. Monzambano (Pufendorf, 1632-1694), De statu imperii germanici (1667), dt.: Über die Verfassung des deutschen Reiches, 1922, 7. Kap., § 9, S. 108 그리고 Spinoza, Tractatus Politicus (postum 1677) 2. Kap., § 6 등에서 볼 수 있다. 스피노자『신학 정치론』제17장; 시에예스,『제3신분이란 무엇인가』제1장 등.

* **212** 당통(Georges Jacques Danton, 1759-1794). 프랑스의 혁명가. 군주제가 무너진 후 1792년 사법부 장관. 공회에서 선출되었고 산악파의 일원. 공포정치 선동가 중의 하나로서 초급진적 에베르주의 혁명가들을 혹독하게 비판. 1794년 초부터는 공포정치의 중지를 요청하기도 했다. 추문에 휘말려 사형을 선고받고 카미유 데물랭 등과 함께 처형당한다.

* **212** 마라(Jean-Paul Marat, 1743-1793). 코르들리에 클럽 소속으로 공회에서 파리 대표 의원으로 활동. 1789년 9월부터 발행된 신문『인민의 친구』(l'Ami du peuple)로 알려짐. 산악파 소속으로 그를 미워한 지롱드파는 그를 혁명재판소에 회부하고자 하였으나 실패했다. 9월 대학살뿐만 아니라 지롱드파의 몰락에 기폭제 역할. 1793년 샬로트 코르데에게 살해된 후, 민중계급에게 일종의 숭배의 대상이 된다.

* **212** 생 쥐스트(Louis Antoine Saint-Just, 1767-1794). 공회 대표의원이었으며 로베스피에르 및 산악파와 함께 했다. 쿠통, 로베스피에르와 함께 공안위원회 내 3두 연합체제를 구성. 1794년 당파 싸움에 적극 개입하고, '방토즈령'을 통해 공포정치의 날을 세우려고 기도. 로베스피에르와 함께 체포되어 단두대에서 처형된다. 문헌 랄프 코른골드, 정진국 옮김,『죽음의 대천사 생쥐스트: 프랑스 대혁명의 젊은 영웅』(닻집, 2023).

* **212** 로베스피에르(Maximilien Robespierre, 1758-1794). 자코뱅의 지도자로서 프랑스 혁명의 최전선에서 혁명정부의 공안위원회를 장악. 1792년 왕정 폐지의 계기가 된 8월 10일 봉기 이후 파리 코뮌의 대표로 추대. 당통, 마라와 함께 산악파의 거두로서 독재체제를 완성한 후 공안위원회에 가입하여 공포정치를 추진. 부르주아 공화파를 중심으로 하는 테르미도르의 반동으로 단두대에서 처형당함. 저서『로베스피에르; 덕치와 공포정치』(배기현 옮김, 프레시안 북, 2009).

* **216** 아나톨 프랑스(Anatole France, 1844-1924)의 이 말은 소설『빨간 백합』(Le lys rouge, 1894) 중 방랑 시인 슈레트가 혁명 이후의 프랑스를 비판한 말이다. 「[국민(citoyen)이란 것]은

가난한 사람에게는 부자의 권력과 한가로움을 언제까지나 뒷받침해 주는 것입니다. 그들은 엄격한
법의 평등의 이쪽, 그러기 위해서 힘써야 하는 것입니다. 엄격한 법의 평등이란 빈부의 차별
없이 한결 같이 다리 아래서 자거나, 마을에서 구걸하거나, 빵을 훔치는 것을 금하는 것이다」.
→ 본서 1562면

* 216 라드브루흐 → 본서 1582면

본 기본법에 있어서 사회적 법치국가의 개념 (크리스티안-프리드리히 멩거)

* 출전. Christian-Friedrich Menger, Der Begriff des sozialen Rechtsstaates im Bonner
Grundgesetz, Mohr, Tübingen 1953, S. 3-31 (Recht und Staat im Geschichte und
Gegenwart, Heft 173).
헤르만 헬러외, 김효전 편역,『법치국가의 원리』(법원사, 1996), 67-95면;『동아법학』제19호
(1995), 269-297면.

이 논문은 저자가 1952년 5월 21일 뮌스터 대학에서 행한 교수취임강연의 내용을 부분적으로
보완하고 필요한 각주들을 정리하여 다시 작성한 것이다. 이 논문은 현재 멩거의 논문집『역사와
현재 속의 헌법과 행정』(Verfassung und Verwaltung in Geschichte und Gegenwart, C.
F. Müller, Heidelberg 1982, S. 83-104)에도 수록되어 있다.
[이 테마에 관한 저자의 사상은 1964년 Handwörterbuch der Sozialwissenschaften 51
분책의「법치국가」항목 속에 새로이 정식화되었다. 지금은 ders., Verfassung und Verwaltung
in Geschichte und Gegenwart, S. 105-109].

크리스티안-프리드리히 멩거(Christian-Friedrich Menger, 1915-2007). 오버실레지엔의
오펠른 출생. 하이델베르크와 괴팅겐대학에서 법학을 공부한 후, 1940년 괴팅겐대학에서 법학박사
학위 취득. 군복무와 전쟁포로 귀환 후 뮌스터대 볼프(H. J. Wolff)의 조교. 1954년 뮌스터대학에서
행정소송법 연구로 교수자격논문 통과. 1954년 이후 빌헬름스하펜, 슈파이어 대학을 비롯하여,
킬 대학을 거쳐 1968년 은사인 볼프의 후계자로서 뮌스터 대학 정교수에 취임, 1980년 정년
퇴직. 저서 System des verwaltungsgerichtlichen Rechtsschutzes, 1954; Deutsche
Verfassungsgeschichte der Neuzeit, 8. Aufl. C. F. Müller, Heidelberg 1993. 김효전・김태홍
옮김,『근대독일헌법사』(교육과학사, 1992). (본서)

* 218 카를로 슈미트(Carlo Schmid, 1896-1979). 독일의 정치인・국법학자. 1919-1921년
괴팅겐대에서 법학 공부. 1923년 법학박사. 1929년 튀빙겐대에서 교수자격논문 통과. 1930년
사강사. 전후 나치의 국법학자 Carl Schmitt와 구별하기 위해 Carlo로 이름을 바꾼다. 기본법

제정의 기초자와 SPD 고데스베르크 강령의 기초자. 유럽 통합과 독불의 화해를 추진. 1959년 연방대통령 후보. 1966-1969년 키징거(Kisinger) 내각의 연방참사원 장관. 1946-1953년 튀빙겐 대 공법 교수. 1953년 프랑크푸르트 대학 정치학교수. 저서 Europa und die Macht des Geistes, 1976; Erinnerungen, 1979. 문헌 Frank Raberg, Carlo Schmid (1896-1979), 2006; Petra Weber, Carlo Schmid. 1896-1979. Eine Biographie, 1996; Michael Kilian, Carlo Schmid (1896-1979), in: Peter Häberle, Michael Kilian, Heinrich Wolff (Hrsg.), Staatsrechtslehrer des 20. Jahrhunderts, Walter de Gruyter, 2. Aufl. Berlin 2018, S. 565 ff.; Klaus-Peter Schroeder, Vom Sachsenspiegel zum Grundgesetz. Eine deutsche Rechtsgeschichte in Lebensbildern, C. H. Beck, München 2011. S. 225-252.

* **219** 빌헬름 그레베(Wilhelm Grewe, 1911-2000). 국제법 교수 및 외교관. 1930-34년 함부르크・베를린・프라이부르크・프랑크푸르트에서 법학 공부. 1933년 나치 입당. 함부르크에서 에른스트 포르스토프 조교. 1936년 박사학위. 1936-37년 쾨니히스베르크, 1937-39년 베를린대 대외연구소 근무. 1939년 독일 정치대학 강사. 1941년 소련과의 전쟁이 시작되자 '위대한 세계사적 사명'으로 인식. 같은 해 교수자격 취득. 전후 1945-47년 괴팅겐, 1947년 프라이부르크 대학 교수. 1949년부터 Konrad Adenauer 수상의 대외정책과 국제법 고문. 1951-55년 점령상태 종결을 위한 독일측 대표. 그레베로부터 이른바 할슈타인 원칙(Hallstein-Doktrin)이 나온다. 1958-1962년 워싱턴 주재 독일 대사. 1971년까지 NATO 상설대표 역임. 저서 Epochen der Völkerrechtsgeschichte, 1984. 2. Aufl. 1988; Machtprojektionen und Rechtsschranken, 1991. 문헌 Jochen A. Frowein, Wilhelm G. Grewe (1911-2000), in: P. Häberle u.a. (Hrsg.), Staatsrechtslehrer des 20. Jahrhunderts, 2. Aufl. 2018, S. 937-944.

* **220** 하인리히 트리펠(Heinrich Triepel, 1868-1946). 공법학자・국제법학자・정치학자. 튀빙겐・킬・베를린대학 교수와 총장 역임. 공법학에 이익법론을 도입하고, 국제법과 국내법과의 관계에서 이원론을 주장하고, 정당과 국가의 관계에 관한 4단계론 등을 주장했다. 나치에 비협조적이었다. 저서 『국제법과 국내법』(Völkerrecht und Landesrecht, 1899); 『라이히 감독』(Die Reichsaufsicht, 1917); 『국법과 정치』(Staatsrecht und Politik, 1927); 『헌법과 정당』(1928; 김효전역, 『독일 헌법학의 원천』, 2018, 208-223면). 문헌 Ulrich M. Gassner, Heinrich Triepel. Leben und Werk, Duncker & Humblot, Berlin 1999 (저작목록과 문헌 S. 525-595); Andreas von Arnauld, Heinrich Triepel (1868-1946), in: P. Häberle u. a. (Hrsg.), Staatsrechtslehrer des 20. Jahrhunderts, 2. Aufl. 2018. S. 165-182; 三宅雄彦, 國際憲法と國內憲法の相剋: トリーペル覇權論の憲法理論的意義, 『法律時報』제90권 5호(2018); 大西楠・テア,「帝國監督」と公法學における利益法學: トリーペルによる連邦國家の動態的分析(1)-(3), 『法協』 131-133호 (2016). → 본서 헌법과 실정헌법

* **221** 니콜라우스 쿠자누스(Nicolaus Cusanus, 1401-64). 독일의 철학자·신학자. 독일 이름은 Nikolaus von Kues. 그의 사상은 스콜라 철학의 전통과 신플라톤파의 신비사상을 받아들여 신은 능산적 자연(natura naturans), 현상세계는 소산적 자연(natura naturata)이며, 이 모순은 신에서 반대의 일치를 이룬다고 설명한다. 또 이 반대의 일치를 신에서 인식하는 데에는 인식의 최고단계인 직관, 즉 무지(無知)의 지(知)에 의한다고 한다. 그의 사상은 근대철학, 특히 브루노, 라이프니츠에게 영향을 미쳤다. 저서 조규홍 옮김, 『박학한 무지』(지만지, 2013), 동인, 『다른 것이 아닌 것: 존재 및 인식의 원리』(나남, 2007). 문헌 Hans Gerhard Senger, Nikolaus von Kues. Leben-Lehre-Wirkungsgeschichte, 2017; Marco Brösch u.a. (Hrsg.), Nikolaus von Kues. Leben und Werk, 2014; 김형수, 『니콜라우스 쿠사누스의 신 인식과 자기 인식: 신 개념을 통한 정신의 인식 가능성』(누멘, 2012).

* **222** 볼링브로크(Henry St. John, 1st Viscount Bolingbroke, 1678-1751). 영국의 정치가. 토리당 소속으로 대신 역임. 앤 여왕의 사후 제임스 2세의 아들("Old Pretender"라고 불린)을 왕위에 올리려 하고 Act of Settlement, 1701을 폐지하려고 노력했으나 실패하고, 제임스 1세가 즉위하자 프랑스로 망명했다(1714년). 저서 Idea of a Patriot King, 1749.

* **223** 빌헬름 폰 훔볼트(Wilhelm von Humboldt, 1767-1835). 독일의 철학자·언어학자·정치인. 프로이센 교육제도의 개혁을 추진하고 베를린 대학을 창설. 자연과학자로 유명한 동생 알렉산더 폰 훔볼트(1769-1859)와 함께 독일 문화사에서 위대한, 지속적으로 영향력이 많은 인물로 평가를 받는다. 저서 『국가작용의 한계를 규정하는 시도에 대한 이념』(Ideen zu einem Versuch, die Grenzen der Wirksamkeit des Staates zu bestimmen, 1792년 집필, 사후인 1851년 발간)의 부분 번역은 양대종 옮김, 『인간 교육론외』(책세상, 2012). 일역본은 西村 稔 編譯, 『國家活動の限界』(京都大出版會, 2019); 영역본은 J. W. Burrow (ed.), The Limits of State Action (Indianapolis; Liberty Fund, 1993). 전집 Gesammelte Schriften, hrsg. von Albert Leitzmann, 1903-1936, Nachdruck 1968. 문헌 신익성 편저, 『훔볼트: 언어와 인간』(서울대출판부, 1998).

* **225** 안쉬츠, 토마 → 본서 1499, 1495면

* **228** 주 63 사회주의 제국당(SRP)에 대한 위헌판결은 법무부, 『사회주의 제국당』(2014).

* **229** 한스 입센 → 본서 1529면

* **230** 미국 대통령 루즈벨트(Franklin Delano Roosevelt, 1882-1945)의 유명한 네 가지 자유. 1941년 1월 6일 연두 교서에서 제시한 언론의 자유(Freedom of Speech), 신앙의 자유(Freedom of Worship), 결핍으로부터의 자유(Freedom of Want), 공포로부터의 자유(Freedom of Fear)

를 말함. 특히 결핍으로부터의 자유는 제2차 대전을 전후하여 사상적 측면에서 세계적으로 영향을 주었다. 네 가지 자유는 대서양 헌장과 유엔 헌장에도 반영되었다.

* **232** 에른스트 프리젠한(Ernst Friesenhahn, 1901-1984). 독일의 국법 및 교회법학자・재판관. 1927년 본 대학에서 카를 슈미트 지도 아래 「정치적 서약」(Der politische Eid)으로 박사학위. 1932년 교수자격논문 통과. 1938년 본 대학 사강사. 이어서 1939년 교수가 되지만 나치스에 의해서 교직에서 추방된다. 1939~46년 변호사 개업. 1946년 본 대학 교수. 1951~1963년 연방헌법재판소 재판관. 1968-69년 독일국법학자협회 의장. 1970년 정년 퇴직. 저서 Parlament und Regierung im modernen Staat, 1958; Die Verfassungsgerichtsbarkeit in der Bundesrepublik Deutschland, 1963 (廣田健次譯, 『ドイツ憲法裁判論』, 1972); Ulrich Scheuner와 공편, Handbuch des Staatskirchenrechts der BRD, 2 Bde., 1974-75. 문헌 Hans Meyer, Ernst Friesenhahn (1901-1984), in: Häberle u. a. (Hrsg.), Staatsrechtslehrer des 20. Jahrhunderts, 2. Aufl. 2018, S. 693-708; J. A. Frowein, Ernst Friesenhahn 1901-1984. Nachruf. in: AöR. Bd. 110. 1985, 1. S. 99-102.

* **233** 한스 J. 볼프(Hans Julius Wolff, 1898-1976). 독일의 법관・행정법학자. 괴팅겐・본・할레・뮌헨 대학에서 법학 공부. 1925년 괴팅겐 대학에서 Julius Hatschek (1872-1926) 지도 하에 박사학위 취득. 1929년 프랑크푸르트 대학에서 Friedrich Giese (1882-1958)에게 교수자격논문 통과. 1933년 헤르만 헬러의 후임으로 프랑크푸르트 대학의 초빙을 받았으나, 나치의 독촉으로 정치적인 이유에서 거부되었다. 1935~40년 Riga 체류. 1941년 마부르크 대학의 초빙을 거절하고 체코의 프라하로 가서 1945년까지 가르친다. 프랑크푸르트 초빙의 상처 때문에 나치와 거리를 둔다. 그러나 제3제국에 반대한 것은 아니며 새로운 헌법사태를 인정. 그는 「영웅은 아니었지만 적어도 타협하지는 않았다」고 당시를 술회한다. 1948년 뮌스터대 교수 겸 지방자치학 연구소 소장에 취임하여 1967년 정년퇴직까지 재직. 그동안 1952~54년 독일국법학자협회 제1 의장, 1958/59년 법대학장 겸 뮌스터 상급행정재판소 판사. 1948년에 만든 강의안 "Allgemeines Verwaltungsrecht"는 1966년 3권으로 증보. 행정법의 표준적인 교과서로서 법실증주의 방법론에 입각한 것으로 평가한다. 사후에도 Otto Bachof, Rolf Stober, Winfried Kluth가 계승. 그의 문하생으로 G.-Chr. v. Unruh, C.-F. Menger, H. Ridder, E. Küchenhoff, W. Hoppe, E.-W. Böckenförde, M. Kriele, R. Dreier, H. Steiger 등 쟁쟁한 공법학자를 배출하여 뮌스터학파를 형성. 저서 Organschaft und juristische Person, 2 Bde., 1933-34; Verwaltungsrecht, 3 Bde., 1956-1966. 문헌 Markus Möstl, Hans J. Wolff (1898-1976), in: Häberle u. a. (Hrsg.), Staatsrechtslehrer des 20. Jahrhunderts, 2. Aufl., 2018, S. 587-596; Thomas Hoeren (Hrsg.), Münsteraner Juraprofessoren, Aschendorff Verlag GmbH & C., Münster 2014 (山內惟介編譯, 『ミュンスター法學者列傳』, 中央大出版部, 2018), 351-371면. 현대 독일 공법학자 계보도는 『독일 법정보조사 자료집』(헌법재판소도서관, 2013), 부록 143면; ドイツ憲法判例研

究會編,『ドイツ憲法判例 III』(信山社, 2008), 574면.

* **234** 프란츠 비아커(Franz Wieacker) → 본서 1374면

* **235** 프리드리히 다름슈태터(Friedrich Darmstaedter, 1883-1957). 독일 만하임 지방재판소 판사 대학교원. 1928년 이래 하이델베르크 대학 법철학 강좌 담당. 1930년 교수자격논문 통과 후 사강사. 1935년 교직과 바덴의 공직에서 면직되어 이탈리아 로마로 가서 Giorgio del Vecchio와 공동 연구 및 번역에 종사. 스위스를 거쳐 영국으로 가서 1948년 국적 취득. 1949년 이래 런던대에서 강사로서 독일 정치이론과 역사를 강의. 하이델베르크대 명예 교수. 1951년 하이델베르크로 귀환. 저서 Rechtsstaat oder Machtstaat, 1932.

  멩거가 인용한 다름슈태터의 서명『법치국가의 활동한계』는 빌헬름 폰 훔볼트의 저서명을 연상시킨다. 그 완전한 것은 Die Grenzen der Wirksamkeit des Rechtsstaates: Eine Untersuchung zur Gegenwart. Krise des liberalen Staatsgedankens, Carl Winter, Heidelberg 1930. → 본서 1517면

사회적 법치국가의 개념과 본질 (에른스트 포르스토프)

* 출전. Ernst Forsthoff, Begriff und Wesen des sozialen Rechtsstaates, in: Veröffentlichungen der Vereinigung der Deutschen Staatsrechtslehrer, Berlin: Walter de Gruyter. Heft 12. 1954, S. 8-36. jetzt in: E. Forsthoff (Hrsg.), Rechtsstaatlichkeit und Sozialstaatlichkeit, Wissenschaftliche Buchgesellschaft, Darmstadt 1968, S. 165-200. 헤르만 헬러외, 김효전 편역,『법치국가의 원리』(법원사, 1996), 97-130면;『독일학연구』 (동아대) 제8호 (1992), 43-62면.

  에른스트 포르스토프(Ernst Forsthoff, 1902-74). 독일의 공법학자. 루르 지방의 두이스부르크 출생. 1921년 이래 프라이부르크·마부르크·본에서 법과 국가학 공부. 1925년 카를 슈미트 지도로 박사학위. 1933년 프라이부르크 대학에서 교수자격논문 통과 후 나치스의 권력장악으로 공석이 된 프랑크푸르트 대학의 헤르만 헬러 후임으로 조교수 부임. 1935년 함부르크, 1936년 쾨니히스베르크, 1937년 나치 입당. 1941년 빈 대학 교수 등을 역임한 후 1943년 하이델베르크 대학 교수가 된 이래 이곳에서 평생을 보냈다. 일찍이 카를 슈미트의 문하생으로 나치스 초기에는 대표적인 나치스 법학자 중의 한 사람. 그의『급부행정법론』은 한국과 일본에도 많은 영향을 미쳤다. 저서『행정법 교과서』(Lehrbuch des Verwaltungsrechts, 1950; 10. Aufl. 1973); 『근대 독일 헌법사』(Deutsche Verfassungsgeschichte der Neuzeit, 3. Aufl. 1967);『변화 속의 법치국가』(Rechtsstaat im Wandel, 1964) 등. 문헌 Florian Meinel, Der Jurist in der industriellen Gesellschaft. Ernst Forsthoff und seine Zeit, Berlin 2011; Willi Blümel (Hrsg.),

Ernst Forsthoff. Kolloquium aus Anlaß des 100. Geburtstag von Prof. Dr. Dr. h.c. Ernst Forsthoff, Duncker & Humblot, Berlin 2003; Peter Axer, Otto Mayer, Walter Jellinek, Ernst Forsthoff und das Recht der öffentlichen Sache, in: Christian Baldus, Herbert Kronke und Ute Mager (Hrsg.), Heidelberger Thesen zu Recht und Gerechtigkeit, Mohr, 2013; Häberle u. a., Staatsrechtslehrer, 2. Aufl. 2018, S. 711-730. → 본서 1367면

* **238** 오토 바코프(Otto Bachof, 1914-2006). 전후 독일의 법치국가적 행정법학의 가장 중요한 재건자의 한 사람. 프라이부르크 · 제네바 · 베를린 · 쾨니히스베르크 · 뮌헨에서 법학 공부. 1938년 프라이부르크에서 마운츠(Theodor Maunz, 1901-1994) 지도로 박사. 지방법원 법관, 군복무 등을 마치고 1950년 하이델베르크에서 Walter Jellinek 지도 하에 교수자격논문통과. 1952년 Erlangen 대 교수. 1955년 튀빙겐대로 옮겨 1979년 정년 퇴직. 1958~1985년 바덴-뷔르템베르크 주 국사재판소 재판관. 1958~1961년 튀빙겐대 총장. 저서 Wege zum Rechtsstaat. Ausgewählte Studien zum öffentlichen Recht, 1979. 문헌 Dieter H. Scheuing, Otto Bachof (1914-2006), in: P. Häberle u. a., Staatsrechtslehrer, 2. Aufl. 2018. S. 993-1012.

* **239** 입센(H.-P. Ipsen)의「공용수용과 사회화」(Enteignung und Sozialisierung). 김효전 옮김, 『독일 헌법학의 원천』(산지니, 2018), 659-700면 및『독일학연구』(동아대) 제9호 (1993), 55-88면.

* **239** 한스 페터 입센(Hans-Peter Ipsen, 1907-1998). 함부르크 출생. 1932년 함부르크대학에서 법학박사. 1937년 나치 입당. 나치 법률가동맹 세포조직. 1937년 함부르크대에서 Rudolf Laun (1882-1975) 지도로 교수자격논문 통과. 1939년 함부르크대 교수. 대전 중 점령시 안트베르펜, 브뤼셀 대학의 위원. 1972년 유럽법협회 명예회장. 1973년 정년 퇴직. 독일 국법학자협회 명예회장. 저작목록 R. Stödter und W. Thieme (Hrsg.), Hamburg-Deutschland-Europa. Festschrift für Hans Peter Ipsen zum siebzigsten Geburtstag, Tübingen 1977, S. 721-732 및 Lüneburger Symposion für H. P. Ipsen zu Feier des 80. Geburtstages. Gert Nicolaysen und Helmut Quaritsch (Hrsg.), Baden-Baden: Nomos 1988. 입센의 1977-87년의 저작목록은 S. 97-110. 문헌 Klaus Stern, Hans-Peter Ipsen (1907-1998), Häberle u.a. (Hrsg.), Staatsrechtslehrer des 20. Jahrhunderts, 2. Aufl. 2018, S. 863-880; Helmut Quaritsch, Hans Peter Ipsen zum Gedenken, in: AöR, Bd. 123, Heft 1. 1998, S. 1-20; Lukas Kemnitz, Legal Scholarship in Reich and Republic: Ernst Forsthoff, Theodor Maunz and Hans Peter Ipsen, ProQuest Dissertations Publishing; 김효전편, 독일의 공법학자들(4), 『동아법학』제15호 (1993), 345-357면.

* **239** 헬무트 리더(Helmut K. J. Ridder, 1919-2007). 1947년 뮌스터대 박사. 1950년 동

대학 교수자격논문 통과. 1951년 프랑크푸르트대 교수. 1959년 본 대학 교수. Gießen 대학 법학부 재창설. 전공 민주주의이론·기본권·언론법·헌법재판론 등. 저서 Gesammelte Schriften, 2010; Das Gesamtwerk, 6 Bde., 2013. 문헌 Karl-Heinz Ladeur, Helmut K. J. Ridder, 1919-2007, in: Häberle u.a. (Hrsg.), Staatsrechtslehrer des 20. Jahrhunderts, 2. Aufl. 2018, S. 1067-1078; Jessica Hausmann, Wer war eigentlich? Helmut Ridder, in: Ad legendum, 2020. S. 350-553.

* 240 박애(fraternité). 프랑스 문헌은 Michel Borgetto, La notion de fraternité en droit public française: le passé, le présent et l'avenir de la solidarité, Paris: LGDJ. 1993.

* 240 지롱드 헌법 초안 제24조: 「공공의 부조(secour public)는 사회의 신성한 의무이다. 그 범위와 실시는 법률로 정한다」. 김충희 옮김, 프랑스 역대 헌법전 (1), 『동아법학』 제69호 (2015), 374면.

* 244 베르너 캐기(Werner Kägi, 1909-2005). 스위스의 헌법학자. 취리히, 베를린(Dietrich Bonhoeffer 문하), 런던 대학 수학. 1937년 취리히대에서 Zaccaria Giacometti 지도로 박사학위. 1943년 "Die Verfassung als rechtliche Grundordnung des Staates"(홍성방 옮김, 『국가의 법적 기본질서로서의 헌법』, 2011)으로 교수자격논문이 통과되어 사강사. 3년 후 조교수, 1952년 정교수. 개혁 그리스도인 캐기는 적극적으로 사회활동에 참여하였으며, 제2차 대전 중에는 스위스에 임시 설립된 폴란드 대학 법학과를 지도. 기타 여성투표권의 도입을 위해 헌신하고 연방헌법에서의 신앙상의 예외조항(제수이트 조항과 수도원 금지)의 철폐를 위해 기여했다. 문헌 신옥주, 베르너 캐기(W. Kägi)에 따른 헌법국가의 실현을 위한 고찰 ― 독일 연방헌법재판소 판례를 중심으로, 『유럽헌법연구』 제24호(2017); Walter Haller, Werner Kägi (1909-2005), in: Häberle u. a., Staatsrechtslehrer des 20. Jahrhunderts, 2. Aufl. 2018. S. 925-936.

* 251 마르틴 볼프(Martin Wolff, 1872-1953). 독일의 민법학자. 1894년 베를린대 법학박사. 1900년 교수자격논문 통과. 1903년 베를린대 사강사. 1914년 마부르크대 정교수. 1918년 본 대학에, 1921년 베를린대로 이동. 1935년 7월 유대인 출신이어서 나치스에 의해서 베를린대에서 추방. 1938년 영국 옥스포드로 이주. All Souls College의 연구원. 그 성과는 『국제사법』(Private International Law, 1945. 2. ed 1950). 카를 슈미트는 볼프의 이론에 따라 '제도적 보장'을 발전시킴. 헌법 관련 저서 Reichsverfassung und Eigentum, Tübingen 1923. 문헌 D. Medicus, Martin Wolff, in: Helmut Heinrichs, u. a. (Hrsg.), Deutsche Juristen jüdischer Herkunft, 1993, S. 543-554.

* 255 카를 뢰벤슈타인 → 본서 1502, 1564면

* **257** 요제프 슘페터(Joseph Schumpeter, 1883-1950). 오스트리아 경제학자·정치인. 1925년 독일, 1939년 미국 국적 취득. 하버드대 교수 역임.『조세국가의 위기』에서 조세는 근대 자본주의 국가의 탄생에 근거하여 발생한 것이며 '조세국가'라는 표현이 중복어로 생각될 정도로 국가와 깊은 관련이 있다. 그러나 이 조세국가는 기능정지 내지 몰락할 것이며 사회주의가 출현할 것이라고 사회주의자가 아닌 슘페터가 예언하고 있다. 이것은 제1차 세계대전 말기의 오스트리아의 곤궁한 상황에서 나온 생각이지만 조세의 의미는 변화되고 있다. 일본어역 木村元一·小谷義次譯,『租税國家の危機』, 岩波文庫, 1983. 초기 저서 Theorie der wirtschaftlichen Entwicklung, 1911 (박영호 옮김,『경제발전의 이론』, 2005)에서 자본주의의 경제발전을 설명하고, 나중의 저서 Capitalism, Socialism and Democracy, 1942 (변상진 옮김,『자본주의·사회주의·민주주의』, 2011)에서는 사회정치적인 관련도 연구했다. 문헌 Thomas K. McCraw, Joseph A. Schumpeter. Eine Biografie, 2008; NDB. Bd. 23 (2007), S. 755 f.; ÖBL. Bd. 11 (1999), S. 369-371.

독일연방공화국 기본법에 있어서의 민주적·사회적 법치국가의 개념
(볼프강 아벤트로트)

* 출전. Wolfgang Abendroth, Zum Begriff des demokratischen und sozialen Rechtsstaates im Grundgesetz der Bundesrepublik Deutschland, in: Aus Geschichte und Politik. Festschrift zum 70. Geburtstag von Ludwig Bergstraesser. Droste, Dusseldorf 1954, S. 279-300. jetzt in: ders., Antagonistische Gesellschaft und politische Demokratie: Aufsätze zur politischen Soziologie, Hermann-Luchterhan Verlag, Neuwied 1967, S. 109-138. auch in: Ernst Forsthoff (Hrsg.), Rechtsstatlichkeit und Sozialstaatlichkeit, Darmstadt 1968, S. 114-144.

헤르만 헬러외, 김효전 편역,『법치국가의 원리』(법원사, 1996), 131-159면; 심천 계희열박사 화갑기념논문집『공법학의 현대적 지평』(박영사, 1995), 50-74면.

볼프강 아벤트로트(Wolfgang Abendroth, 1906-1985). 독일 북서부 공업지대인 부퍼탈·엘버펠트 출생. 1930년 프랑크푸르트 대학 졸업 후 사법관시보. 1935년 스위스의 베른 대학에서 박사학위 취득. 학위논문의 출판 후 곧 게슈타포(Gestapo)에 의해서 압류·체포되고 반역죄로 4년 강제노동. 나치스 시절 저항운동. 전후인 1947년 동독 할레 대학에서 교수자격논문 통과. 1948년 라이프치히, 예나 대학 교수를 역임하다가 동서독이 분열된 후에는 서독으로 이주하여 1949년 빌헬름스하펜, 1951년부터 1974년까지 마부르크 대학의 정치학 교수로서 활약했다. 헤센 주와 브레멘 주 헌법재판소 재판관 역임. 그에게서 위르겐 하버마스가 교수자격논문 완성. 저서『1968년 이전의 유럽 좌파』(A short history of the European working class; 책벌레, 2001);『유럽 노동운동사』(Sozialgeschichte der europäischen Arbeiterbewegung, 1965,

김금호역, 석탑, 1984); 『기본법』(Das Grundgesetz, 1966) 등. 문헌 Ulrich K. Preuß, Wolfgang Abendroth (1906-1985), in: Häberle u.a. (Hrsg.), Staatsrechtslehrer des 20. Jahrhunderts, 2. Aufl. 2018. S. 849-862; Jürgen Habermas, Wolfgang Abendroth zum 100. Geburtstag, in: Kritische Justiz, 2006, 3. S. 293-294.

* **262** DDR. Deutsche Demokratische Republik. 동독, 즉 독일민주공화국의 정식 명칭. 1949년 10월 7일부터 1990년 10월 7일까지 존속. 1989년 11월 9일 베를린 장벽이 무너지고 2+4 회담을 통해 양 독일과 전승국 4개국도 독일 통일에 동의. 독일연방공화국으로서 유럽 연합에 가입한 최초의 사회주의 국가. 통일 이후 동독은 5개의 주로 편성되었다. 문헌 김철수, 『독일 통일의 정치와 헌법』(박영사, 2004); Andreas Apelt (Hrsg.), Aufbrüche und Umbrüche. 20 Jahre deutsche Einheit, Halle 2010; Michael F. Scholz, Die DDR 1949-1990, 10. Aufl. 2009.

* **267** 한스 니퍼다이 → 본서 1626면

* **273** 프리드리히 기이제(Friedrich Giese, 1882-1958). 독일의 국법학자. 1914년 이래 프랑크푸르트 대학에서 가르쳤다. 나치스에 거리를 둔 관계를 지녀오다가 전후인 1946년, 1938년의 국제법에 관한 저서 때문에 대학에서 해직되었다. 기본적으로 법실증주의관에 입각. 저서 Allgemeines Staatsrecht, 1948; GG Kommentar 1949. 문헌 Bernhard Diestelkamp/Michael Stolleis (Hrsg.), Juristen an der Universität Frankfurt am Main, Baden-Baden 1989. S. 117-127.

* **275** CDU. 기독교 민주 동맹(Christlich-Demokratische Union Deutschlands). 1945년 성립.

* **276** 에리히 페히너(Erich Fechner, 1903-1991). 독일의 법학자·사회학자. 1923-1928년, 1934-1941년 쾰른·본 대학에서 철학·사회학·독문학·경제학·법학 공부. 1927년 Max Scheler 지도로 철학박사. 제1차 수업시대는 1928년 경제학 디플롬으로 종결. 1928-1934년 법률고문(Syndikus). 1933년 5월 나치 입당. 제2차 수업시대는 1937년 법학박사 취득. 1941년 본(Bonn) 대 사강사. 1942년 튀빙겐대 법철학·법사회학 등 조교수. 1944년 정교수. 1943-1945년 군복무와 포로로 연구 단절. 1957년 튀빙겐에 노동법 및 사회법 연구소 창립하고 1968년까지 소장. 1969년 정년퇴직. 문헌 Festschrift für Erich Fechner zum 70. Geburtstag, 1973.

독일에 있어서의 법치국가의 근대적 전개 (울리히 쇼이너)

* 출전. Ulrich Scheuner, Die neuere Entwicklung des Rechtsstaats in Deutschland, in: Hundert Jahre deutsches Rechtsleben. Festschrift zum hundertjährigen Bestehen des

Deutschen Juristentages 1860-1960, Bd. II. Karlsruhe: C. F. Müller 1960, S. 229-262.
jetzt in: ders., Staatstheorie und Staatsrecht. Gesammelte Schriften. Hrsg. von J. Listl
und W. Rüfner, Berlin: Duncker & Humblot 1978, S. 185-221.

헤르만 헬러외, 김효전 편역, 『법치국가의 원리』(법원사, 1996), 161-203면; 『독일학연구』(동
아대) 제7호 (1991), 47-74면.

울리히 쇼이너(Ulrich Scheuner, 1903-1981). 독일의 국법학자. 뒤셀도르프 출생. 1925년
뮌스터대학에서 박사학위 취득. 1933년 예나, 1940년 괴팅겐, 1950년 본대학 교수 및 명예교수
역임. 헌법, 국제법 및 교회법 전공. 저서 『국가교회법에 관한 문헌』(Schriften zum
Staatskirchenrecht, 1973); 『국가이론과 국가법』(Staatstheorie und Staatsrecht, 1978); 『국
제법에 관한 문헌』(Schriften zum Völkerrecht, 1984). 문헌 Wolfgang Rüfner, Ulrich Scheuner
(1903-1981), in: P. Häberle u.a. (Hrsg.), Staatsrechtslehrer des 20. Jahrhunderts, 2.
Aufl. 2018. S. 777-792.

* **298** 오트마르 뷜러(Ottmar Bühler, 1884-1965). 튀빙겐 · 뮌헨 · 베를린대학에서 법학 공부.
1911년 튀빙겐대 박사. 1913년 Breslau대 교수자격논문 통과 후 사강사. 제1차 대전시 중위로
참전. 1919년 뮌스터대 공법 조교수. 1922/23년 잠시 Halle대 교수였다가 1923년 다시 뮌스터로
돌아옴. 1942~1952년 정년시까지 쾰른대 교수. 바이마르 시대에는 철모단 단원. 나치스에 입당하
지 않았으나 SS를 후원하는 구성원. 저서 『공권론』(Die subjektiven öffentlichen Rechte, 1914)
은 '보호규범설'의 발전을 위한 초석으로 평가. Zur Theorie des subjektiven öffentlichen
Rechts, Tübingen: Mohr, 1927; Neutralität, Blockade und U-Boot-Krieg in der Entwicklung
des modernen Völkerrechts, Junker und Dünnhaupt, Berlin 1940. 눈헌 Heßdörfer, Prof.
Dr. Ottmar Bühler zum 80. Geburtstag, in NJW 17, 27 (1964); Thomas Hoeren (Hrsg.),
Münsteraner Juraprofessoren, Aschendorff Verlag GmbH & Co., Münster 2014. 山內惟介
編譯, 『ミュンスター法學者列傳』(中央大出版部, 2018), 177-198면; Ekkehart Reimer, Ottmar
Bühler (1884-1965), in: P. Häberle u.a. (Hrsg.), Staatsrechtslehrer des 20. Jahrhunderts,
2. Aufl. 2018. S. 351-376.

법치국가 개념의 성립과 변천 (에른스트-볼프강 뵈켄회르데)

* 출전. Ernst-Wolfgang Böckenförde, Entstehung und Wandel des Rechtsstaatsbegriffs,
in: Festschrift für Adolf Arndt zum 65. Geburtstag, Frankfurt a. M. 1969, S. 53-76. jetzt
ders., Staat, Gesellschaft, Freiheit. Studien zur Staatstheorie und zum Verfassungsrecht,
Suhrkamp, Frankfurt a. M. 1976, S. 65-92.

헤르만 헬러외, 김효전 편역, 『법치국가의 원리』(법원사, 1996), 205-232면; 동인역, 『헌법 · 국

가·자유』(법문사, 1992), 65-94);『월간고시』 1985년 1월호, 28-44면 및 2월호 80-91면.

* **312** 오토 마이어(Otto Mayer, 1846-1924). 독일 행정법학의 건설자. 에어랑엔 대학 수학.
슈트라스부르크 대학 사강사, 교수 및 총장 역임. 프랑스 행정법을 연구하여 독일 행정법학의
체계를 구축한 행정법학자. 저서 『프랑스의 행정법이론』(Theorie des französischen
Verwaltungsrechts, 1886),『독일 행정법』(Deutsches Verwaltungsrecht, 2 Bde. 1895/96)
등. 문헌 E. V. Heyen, Otto Mayer. Studien zu den geistigen Grundlagen seiner
Vewaltungswissenschaft, Berlin 1981; Reimund Schmidt-De Caluwe, Der Verwaltungsakt
in der Lehre Otto Mayers, Tübingen 1999; Kleinheyer/Schröder, Deutsche Juristen, S.
174-176; Häberle u.a., Staatsrechtslehrer, 2. Aufl., 2018. S. 65-76.; 김성수, 오토 마이어
— 행정법의 아이콘인가 극복의 대상인가,『공법연구』 제45집 2호(2016), 231-252면; 박정훈,
오토 마이어의 삶과 학문,『행정법연구』 제18호; 동인, 독일 공법학과 오토 마이어, 한국행정판례연
구회편,『공법학의 형성과 개척자』(박영사, 2007), 1-48면; 그의『독일 행정법』은 일본어(美濃部
達吉譯,『獨逸行政法』, 1906)로 번역되어 미노베 다츠키치(美濃部達吉, 1873-1948)에게 절대적
인 영향을 미쳤다. 또 중국어(何意志譯,『德國行政法』, 商務印刷館, 2002)로 번역되었으며 한국어
판은 아직 없다. 문헌 塩野宏,『オット―・マイヤ―行政法學の構造』(有斐閣, 1962).

* **312** 아돌프 아른트(Adolf Arndt, 1904-1974). 독일의 법률가·정치가(SPD)·건축비평가.
마부르크 베를린 대학에서 법학·경제학·철학 공부. 제2차 사법시험과 학위를 마친 후 베를린에서
변호사 개업. 베를린 지방법원 판사. 1933년 나치스들과 함께 할 수 없어 법관직을 그만둔다.
그는 「반유대인」(Halbjude)으로 정리되고 1943년 강제노동. 제2차 대전 후 1945년 마부르크에서
변호사, 동년 11월 헤센주 법무부로 이동. 상급검찰관으로서 형법 부국을 지도. 1950년 중반
본으로 가서 지방법원 변호사. 1946년 독일사회민주당(SPD) 입당. 1949-1969년 독일 연방의회
의원 역임. SPD의 계관법학자(Kronjurist)로서 기본법에 대한 명백한 신앙고백을 관철하고 Willi
Eichler 지도 아래 Godesberg 강령 작성에 관여. 저서 E.-W. Böckenförde und Walter Lewald
(Hrsg.), Gesammelte juristische Schriften. Ausgewählte Aufsätze und Vorträge
1946-1972, München 1976; Politische Reden und Schriften, Berlin 1976; Das nicht erfüllte
Grundgesetz, Tübingen 1960. 문헌 Werner Holtfort, Adolf Arndt (1904-1974) Kronjurist
der SPD, in: Kritische Justiz (Hrsg.), Streitbare Juristen, Baden-Baden 1988, S. 451-460.

* **328** 사회주의자진압법(Sozialistengesetz). 1878년 독일 수상 비스마르크가 사회민주당을
탄압하기 위해서 제정한 법률. 1890년까지 존속. 정식 명칭은 「사회민주주의의 공동위험적인
성향을 반대하는 법률」(Gesetz gegen die gemeingefährlichen Bestrebungen der
Sozialdemokratie)이며 영어로는 Anti-Socialist Law로 표기. 독일 제국에서 1878~1890년까지
유효했으며 이 기간 동안 여러 차례 연장되었다. 비스마르크는 이 법률로 사회주의자의 확장을

억제하는 동시에 사회주의의 대안으로 소외계층에 대한 복지를 강화하였다. 문헌 Rainald Maaß, Die Generalklausel des Sozialistengesetzes und die Aktualität des präventiven Verfassungsschutzes, Heidelberg 1990; ders., Entstehung, Hintergrund und Wirkung des Sozialistengesetzes, in Juristische Schulung (JuS), Bd. 30, Nr. 9, 1990, S. 702-706; Horst Bartel u.a., Das Sozialistengesetz. 1878-1890, Berlin 1980. → 본서 1540면

법치국가와 민주주의에의 시각 (울리히 클라우스 프로이스)

* 출전. Ulrich Klaus Preuß, Perspektiven von Rechtsstaat und Demokratie, in: Kritische Justiz 1989, 1. S. 1-12. 이것은 1988년 10월 15-16일 프랑크푸르트에서 개최된 Kritische Justiz 발간 20년 기념 심포지움, "Demokratie und Recht und Streit"에서의 강연이다.
   헤르만 헬러외, 김효전 편역, 『법치국가의 원리』(법원사, 1996), 233-251면;『독일학연구』(동아대), 제10호(1994), 59-69면.

   울리히 클라우스 프로이스(Ulrich Klaus Preuß, 1939-). 독일의 법 및 정치학자. 1960~1964년 킬, 자유 베를린대학에서 법학 공부. 1968년 Gießen 대학에서 법학박사. 1966~1972년 막스 플랑크 교양연구(Bildungsforschung) 연구소 연구 조교. 1969년 사회주의 변호사집단의 창설자로서 참가. 1972~1966년 브레멘 대학 공법 및 행정학 교수. 1970년부터 1976년까지 동시에 베를린과 브레멘에서 변호사 개업. 1989/90년 동독 새 헌법 초안을 위한 노이에 포럼 참가. 1996~2005년 자유 베를린대학 교수로서 정년 퇴직. 주요 저작『공공성의 국법학적 개념』(Zum staatsrechtlichen Begriff des Öffentlichens, 1969);『합법성과 다원주의』(Legalität und Pluralismus, 1973);『혁명, 진보, 그리고 헌법』(Rcvolution, Fortschritt und Verfassung, 1990; 영역); Krieg, Verbrechen, Blasphemie, 2003; Claudio Franzius (공저), Die Zukunft der europäischen Demokratie, 2012. 문헌 Recht und Politik. Zum Staatsverständnis von Ulrich K. Preuß, hrsg. von Claudio Franzius und Tine Stein, Baden-Baden 2015.

* **334** 오페(Claus Offe, 1940-). 독일의 사회학자 · 정치학자. 쾰른 대학, 자유 베를린 대학에서 사회학 · 국민경제학 · 철학 공부. 1965-1969년 프랑크푸르트 대학의 위르겐 하버마스 조교. 1968년 경제학 박사. 1973년 콘스탄츠 대학에서 정치학으로 교수자격논문 통과. 1975-1988년 Bielefeld 대학 정치학 및 사회학 교수. 1988-1995년 Bremen 대학에서는 복지국가의 이론과 헌정 연구소 소장. 1995-2005년 정년 퇴직 시까지 베를린 훔볼트 대학의 정치사회학 교수. 학생운동에 참여하였고 녹색당(Die Grünen) 소속. 저서 Herausforderungen der Demokratie, 2004; Strukturprobleme des kapitalistischen Staates, 1973/2006; Gesammelte Schriften, 6 Bde. 2018-2020.『덫에 걸린 유럽: 유럽 연합, 이중의 덫에 빠지다』(신해경 옮김, 아마존의 나비, 2015);『Westend: 사회비판과 대안 모색을 위한 잡지』(이유선외 옮김, 사월의책, 2013).

문헌 Jens Borchert and Stephan Lessenich, Claus Offe and the Critical Theory of the Capitalist State, New York 2016.

* **336** 울리히 벡(Ulrich Beck, 1944-2015). 독일의 사회학자. 프라이부르크에서 법학 수학. 1972년 뮌헨대 박사. 7년 후 교수자격논문 통과. 뮌스터, 밤베르크 대학 교수 역임. 뮌헨대, 런던 정경대 사회학 교수. 대표 저서 Risikogesellschaft, 1986 (홍성태 옮김, 『위험사회』, 새물결, 1997)는 35개국어로 번역되었다. 문헌 Angelika Poferl, Natan Sznaider (Hrsg.), Ulrich Becks kosmopolitanisches Projek. Auf dem Weg in eine andere Soziologie, 2. Aufl. 2021.

* **336** 히르쉬(Fred Hirsch, 1931-1978). 영국의 경제학자. 오스트리아 태생이나 1934년 영국으로 이민. 1952년 London School of Economics 졸업. Banker, The Economist 등 편집장. 1966-1972년 국제통화기금 고문. 1975년 Warwick 대학 국제연구 교수. 그는 순수한 통화의 이념을 회의적으로 반대하고, 저서 Money International (1967)에서 화폐 및 통화정책에 대해서 고정적인 견해로 여긴다. 저서 Social Limits to Growth, 1976; dt. Die sozialen Grenzen des Wachstums, 1980로 유명하다.

* **338** 정치파(Politiques). 16세기 종교전쟁, 특히 프랑스의 위그노 전쟁 시대에 국가를 중시하고 종교보다도 세속의 질서를 우선시키는, 즉 종교상의 관용으로 내전을 종결시키려는 사상 및 그러한 생각에 입각한 정치세력을 말한다. 정치파는, 왕국의 통일을 위해서는 가톨릭, 프로테스탄트 두 교도는 교리를 초월하여 시민으로서 평화적으로 공존해야 한다는 것으로, 정교분리원칙(Laïcite) 의 토대가 되는 견해의 하나. 그 지지자는 관료층이나 부르주아지에 많으며, 종파의 다툼에 의한 정치의 혼란을 피했다. 대표자는 장 보댕이었고 그는 바돌로매 제야의 학살(Massacre de la Saint-Barthélemy, 1572) 이후에 『국가에 관한 6권의 책』(1576; 나정원 옮김, 아카넷, 2013)에서 주권과 국가의 개념을 확립하였다.

* **340** 버크(Edmund Burke, 1729-1797). 아일랜드 출생의 영국 정치가·정치학자. 조지 3세의 독재정치를 강력하게 반대하고 의회정치를 고취하였다. 저서 Reflection on the Revolution in France, 1790(이태숙 옮김, 『프랑스 혁명에 관한 성찰』, 민음사, 2008); 정홍섭 옮김, 『보수의 품격』(좁쌀한알, 2018); 김동훈역, 『숭고와 아름다움의 이념의 기원에 대한 철학적 탐구』(마티, 2006) 등. 문헌 유벌 레빈, 조미현 옮김, 『에드먼드 버크와 토머스 페인의 위대한 논쟁』(에코리브르, 2016); 박종훈, 『버어크의 정치철학』(학문사, 1993).

* **340** 「보이지 않는 손」 (invisible hand). 의도하지 않은 커다란 사회적 이익과 공공 재산은 개개인에 의해서 그들 자신의 자기 이익이 된다는 것을 기술하는 경제적 개념. 이 개념은 아담 스미스가 『도덕감정론』(The Theory of Moral Sentiments, 1759; 박세일·민경국 옮김, 비봉,

2009)에서 최초로 도입. 또한 『국부론』(The Wealth of Nations, 1776; 김수행 옮김, 2007; 최임환역, 1966) 제4권 2장에서도 사용. 그는 신의 섭리, 즉 예정조화설을 의미한다고 한다.

* **343** 필립 슈미터(Philippe C. Schmitter, 1936-). 미국의 정치학자. 1954-1957년 Dartmouth College에서 국제관계, 역사, 정치경제학 수학. 1968년 California 대 박사. 1975-1984년 시카고 대학 정치학 교수. 1985-1998년 Stanford 대학 교수. 1999년 이후 Konstanz 대학 명예교수. 2000년 Florenz의 유럽대학 연구소 교수직 취임, 2005년 이래 교수로서 강의. 저서 How to democratize the European Union … and why bother, 2000.

법치국가와 전법치국가적 과거의 극복 (크리스티안 슈타르크)

* 출전. Christian Starck, Der Rechtsstaat und die Aufarbeitung der vorrechtsstaatlichen Vergangenheit, in: Veröffentlichungen der Vereinigung der Deutschen Staatsrechtslehrer, Heft 51. 1992, S. 9-42. jetzt in: ders., Der demokratische Verfassungsstaat, Tübingen 1995, S. 297-325.
　헤르만 헬러외, 김효전 편역, 『법치국가의 원리』(법원사, 1996), 253-288면; 『동아법학』 제18호 (1995), 175-212면; 김대환 편역, 『민주적 헌법국가. 슈타르크 헌법논집』(시와진실, 2015), 502-542면.

　크리스티안 슈타르크(Christian Starck, 1937-) 브레슬라우 출생. 킬·프라이부르크·뷔르츠부르크 대학에서 법학·역사학·철학 수학. 1963년 뷔르츠부르크 대학에서 법학박사. 1969년 같은 대학에서 교수자격논문 통과. 1971년부터 괴팅겐 대학 교수로 부임하여 2002년 징년 퇴직. 대한민국학술원 명예회원. 저서 Der demokratische Verfassungsstaat, 1995; 김대환 편역, 『민주적 헌법국가. 슈타르크 헌법논집』(시와 진실, 2015); Verfassungen, 2009; Das Bonner Grundgesetz, 3 Bde., 1985 ff.

* **348** 슈타지 문서(Stasi-Akten). 문헌 Daniela Münkel, Die DDR im Blick der Stasi 1963. Die gemeinen Berichte an die SED-Führung, Göttingen 2020.

* **348** SED(Sozialistische Einheitspartei Deutschland, 독일 사회주의 통일당). 동독의 지배 정당. 통일 후 당명을 「민주 사회당」(Partei des Demokratischen Sozialismus=PDS)로 개칭.

* **349** 주 10. IPbürgR. 제6조.

* **367** 모드로우 정권. 한스 모드로우(Hans Modrow, 1928-2023. 2.11). 독일 정치인. 동독의

단기간 정부수반. 독일사회주의통일당(SED) 드레스덴 지구 제1 서기장. 1989년 11월 13일부터 1990년 4월 12일 동안의 전환기의 평화혁명 기간 중 동독 각료회의 마지막 의장이며 모드로우 정권의 수반. 통독 후 연방의회(1990-1994) 의원과 유럽 의회(1999-2004) 의원. 「민주 사회당」(PDS)의 명예회장이었고, 좌파당(Die Linke) 평의회 의장 역임. 저서 Für ein neues Deutschland, besser als DDR und BRD, Berlin 1990. 회고록 (일역). 문헌 Oliver Dürkop, Michael Gehler (Hrsg.), In Verantwortung. Hans Modrow und der deutsche Umbruch 1989/90, Studien-Verlag, Innsbruck-Wien-Bozen 2018.

* **367** 슈타지(Stasi-). 구동독 국가보안기관(Staatssicherheitsdienst). 문헌 헌법재판소, 『독일 통일과 연방헌법재판소의 역할』(2011).

제4편 독일 헌법사

입헌군주제의 독일형 (에른스트 · 볼프강 뵈켄회르데)

* 출전. Ernst-Wolfgang Böckenförde, Der deutsche Typ der konstitutionellen Monarchie im 19. Jahrhundert. in: Beiträge zur deutschen und belgischen Verfassungsgeschichte im 19. Jahrhundert. Hrsg. v. Werner Conze, Klett, Stuttgart 1967, S. 70-92. jetzt in: ders., Staat, Gesellschaft, Freiheit. Studien zur Staatstheorie und zum Verfassungsrecht, Suhrkamp, Frankfurt a. M. 1976, S. 112-145; Recht, Staat, Freiheit. Studien zur Rechtsphilosophie, Staatstheorie und Verfassungsgeschichte, Suhrkamp, Frankfurt a. M. 1991, 6. Aufl. 2016, S. 273-305.
　김효전역, 『헌법 · 국가 · 자유: 헌법이론과 국가이론에 관한 연구』(법문사, 1992), 95-130면; 입헌군주제의 독일형, 『월간고시』 제14권 4호(1987. 4), 129-155면.

* **373** 에른스트 루돌프 후버(Ernst Rudolf Huber, 1903-1990). 1926년 본 대학에서 카를 슈미트 지도 아래 박사학위. 1931년 Heinrich Göppert 에게 교수자격논문 통과 후 본 대학 강사. 1932년 슈미트 지도 아래 Papen 대통령내각과 von Schleicher의 법률고문으로 활동. 나치스 시절 슈미트가 편집하던 Deutsche Juristen-Zeitung의 공동편집자. 킬 · 라이프치히 · 슈트라스부르크 · 프라이부르크대학 교수 역임. 1968년 괴팅겐대학 정년 퇴직. 저서 『1789년 이후의 독일 헌법사』(Deutsche Verfassungsgeschichte seit 1789, W. Kohlhammer, 8 Bde., Stuttgart 1957-1991); 『독일 헌법사 자료집』(Dokumente zur deutschen Verfassungsgeschichte, W. Kohlhammer, 3 Bde., Stuttgart 1961-1966; 3. Aufl. 5 Bde., 1978-1997). 문헌 Ewald Grote (Hrsg.), Ernst Rudolf Huber. Staat-Verfassung-Geschichte, 2015; ders. (Hrsg.), Carl

Schmitt-Ernst Rudolf Huber: Briefwechsel 1926-1981, Berlin 2014; Hans H. Klein, Zum Gedenken an Ernst Rudolf Huber (1903 bis 1990), in: AöR. 1991. 1. S. 112-119; Häberle u.a. (Hrsg.), Staatsrechtslehrer des 20. Jahrhunderts, 2. Aufl. 2018, S. 763-776. → 본서 1660면

* **374** 오토 힌체(Otto Hintze, 1861-1940). 독일의 역사가. 독일 제국과 바이마르 사회사의 대표적인 학자이며 현대 정치구조사의 개척자. 그라이프스발트와 베를린에서 수학하고 1884년 박사. 루돌프 폰 그나이스트에게 법학과 국가학 공부. 1895년 교수자격논문 통과. 1899년 베를린대 초빙을 받고 건강 문제로 사임하는 1920년까지 재직. 저서 Gesammelte Abhandlungen in 3 Bde., 1941-43 (1962-1967). 문헌 E. Grothe, Otto Hintze, in: D. Lehnert (Hrsg.), Verfassungsdenker, 2017, S. 47-62; NDB. Bd. 9 (1972), S. 194-196.

* **374** 에리히 카우프만 → 본서 1276면 이하

* **375** 프리츠 하르퉁 (Fritz Hartung, 1883-1967). 독일의 역사가. 베를린과 하이델베르크에서 공부하고 1906년 박사. 1910년 할레 대학에서 교수자격논문 통과. 1915년 제1차 세계대전에 병사로 참전하나 건강 탓으로 곧 귀가. 1922년 킬 대학 초빙으로 근대 헌법사 교수. 이후 오토 힌체 후임으로 베를린대로 이동. 이미 1914년『독일 헌법사』(Deutsche Verfassungsgeschichte) 를 발간, 이 책은 1969년까지 출간. 프로이센 학술원 회원. 1948년까지 동 베를린 훔볼트 대학에서 가르쳤다. 자유 베를린대의 초빙을 거절. 문헌 Ewald Grothe, Zwischen Geschichte und Recht. Deutsche Verfassungsgeschichtsschreibung 1900-1970, Oldenburg 2005; G. Oestreich, Fritz Hartung als Verfassungshistoriker (1883-1967), in: Der Staat, Jg. 7 (1968), S. 447-469. 부분 빈역은 김효전 옮김, 『독일 헌법학의 원천』, 399-428, 449-466면.

* **378** 몽젤라(Maximilian Graf von Montgelas, 1759-1838) 바이에른의 정치가. 선제후 및 후에 바이에른 왕 막시밀리안 1세의 대신. 라인 동맹 시기인 1799년부터 18년간 바이에른의 지도적 정치가로서 먼저 바이에른의 외교관계를 오스트리아로부터 프랑스로 바꾸고, 영토확장에 노력하는 동시에 중앙집권적 관료주의적 통일국가의 확립에 노력하였다.

* **381** 부서(副署, Gegenzeichnung, countersignature, contreseing). 하나의 문서(서류 메모ㆍ편지ㆍ업무 편지ㆍ계약서), 지시나 행정행위에 적어도 2인이 서명할 것을 의미한다. 이것은 중요한 문서의 경우 행정에서 국가적 (공행정) 또는 사경제적이든 자주 보게 된다. 한국 헌법은 제82조에서 대통령의 서명에 이어 국무총리와 관계 국무위원이 서명하도록 규정. 군사에 관한 것도 같다. 부서제도의 역사는 Hansjörg Biehl, Die Gegenzeichnung im parlamentarischen Regierungssystem der Bundesrepublik Deutschland, Berlin 1971.

* 381 「국왕은 군림하되 통치하지 않는다」(le roi règne, mais il ne gouverne pas). 이 정식은 카를 슈미트에 의하면, 1600년경 폴란드 왕 지기스문트(Sigismund) 3세에 대해서 서술한 「왕은 군림하지만 통치하지 않는다」(rex regnat sed non gubernat.)는 라틴어를 근대화한 것이라고 한다. C. Schmitt, Politische Theologie II, S. 51 (김효전 옮김, 『헌법과 정치』, 762면).

* 388 비스마르크(Fürst Otto von Bismarck, 1815-1898) 프로이센·독일의 보수주의 정치가. 독일 제2제국의 건설자. 1862년부터 라이히 수상. 1872-80년에 국내의 가톨릭 세력과 다투었다 (「문화투쟁」). 교회의 교육권의 제한, 수도원의 삭감, 예수회의 추방 등을 법률로 규정했다. 가톨릭 이단파인 Joseph von Döllinger (1799-1890) 등을 보호하고 많은 주교를 투옥·추방했는데, 교회의 저항으로 불리한 타협으로 끝났다. 그는 독일에서의 급속한 사회주의운동의 발전을 보고 1878년 사회주의적 경향의 모든 결사·집회·출판을 금지한 사회주의자진압법(Sozialisten-gesetz)을 제정. 이로써 독일의 사회주의운동은 한때 큰 타격을 받았다. 저서 『회상록』(Gedanken und Erinnerungen, 1898; Darmstadt 1998, 2 Bde.); 쇄첼, 강성위역, 『국가』(이문출판사, 1995), 319-332면. 문헌 에버하르트 콜브, 김희상 옮김, 『지금, 비스마르크』(메디치미디어, 2021); 강성학, 『오토 폰 비스마르크』(박영사, 2022); 강미현, 『비스마르크 평전』(에코리브르, 2010); 빌헬름 몸젠, 최경은 옮김, 『비스마르크』(한길사, 1997). → 본서 1535면

* 393 게를라흐 형제. 에른스트 루트비히 폰 게를라흐(Ernst Ludwig von Gerlach, 1795-1877). 프로이센 독일의 보수적 법률가·정치가. 사비니와 할러의 영향을 받고, 『베를린 정치주보』에 민족정신을 고취하고, 프리드리히 빌헬름 4세와 친교가 있고, 그의 정치에 영향을 미쳤다. 또한 프로이센 보수당의 결성에 진력하고 자신도(1848년 이래) 국회의원으로서 활동. 비스마르크의 정책에 반대하여 반정부적 소책자를 써서 유죄 판결을 받았다(1874년).
　　그의 형 레오폴드 폰 게를라흐(Leopold von Gerlach, 1790-1861)는 프로이센의 보병 장군. 두 형제 모두 『십자신문』(Kreuzzeitung) 서클에 속하는 보수 정치인.

* 393 방자맹 콩스탕(Benjamin Constant, 1767-1830). 프랑스의 사상가·작가·정치가. 공화적 자유주의의 입장을 취하고 나폴레옹 1세의 브뤼메르(Brumaire)의 쿠데타 후에 법제위원회에 들어갔다. 나폴레옹의 강권정치에 반대하다가 추방된다. 바이마르에 망명 중 괴테·실러와 사귀고, 귀국 후 백일천하 때에 나폴레옹의 의뢰로 자유제국의 구상을 가진 헌법추가조항을 기초, 7월 혁명을 지지하고 헌법고문관이 된다. 왕정복고로 추방되었다가 하원의원이 된다. 반정부파에 속한 후 자유주의를 주장했다. 저서 De l'esprit de conquête et de l'usurpation dans leurs rapports avec la civilisation européenne, 1814; Principes de politique applicables à tous les gouvernements représentatif, 1815; Cours de politique constitutionnelle, 1818-1820; 심리소설 『아돌프』(Adolphe, 1816; 김석희 옮김, 열림원, 2002, 동평사, 1979) 등. 문헌 카를

슈미트는 그의 「중립적 권력」의 이론을 빌려서 헌법의 수호자를 설명한다. 『헌법의 수호자』(김효전 옮김, 법문사, 2000, 183면 이하). 스탈 부인과의 관계를 다룬 귄터 바루디오, 김이섭 옮김, 『기묘한 관계: 살롱의 여신 스탈 부인과 정치신사 콩스탕』(한길사, 1999); 권유현, 『마담 드 스탈 연구』(서울대 출판부, 2000); K. Steven Vincent, Benjamin Constant and the Birth of French Liberalism, 2016; Norbert Campagne, Benjamin Constant. Eine Einführung, 2003; P. Bastid, Benjamin Constant et sa doctrine, Paris 1966, 2 vols.; P. Arabeyre et al (dir.), Dictionnaire historique des juristes française, 2e éd. Paris 2015, p. 258-260.

근대 독일 헌법사 (크리스티안-프리드리히 멩거)

* 출전. Christian-Friedrich Menger, Deutsche Verfassungsgeschichte der Neuzeit. Eine Einführung in die Grundlagen, Heidelberg: C. F. Müller Juristischer Verlag, 7. Aufl., 1990, 227 S. (UTB 930).

  김효전·김태홍 옮김, 『근대 독일헌법사』(교육과학사, 1992).

* 400 한스 프라이어(Hans Freyer, 1887-1969) 독일의 사회학자·철학자. Greifswald, 라이프치히 대학에서 신학·역사·철학 등 수학. 생의 철학에 관한 그의 초기 저작은 독일 청년운동에 영향을 미침. 킬대학(1922), 라이프치히대학(1925) 사회학과 창설, 1948년까지 재직. 나치시대에 활약. 부다페스트 독일문화원장(1938-44), Walter Frank와 인종 및 반유대 민족 사료 편찬. 전후에는 소외되었다가 뮌스터대학(1953-55) 교수. 저서 Der Staat, 1925; Soziologie als Wirklichkeitswissenschaft, 1930; Einleitung in die Soziologie, 1931 (『사회의 조건』, 진인숙 역, 경서출판사, 1974; 『사회학강화』, 진인숙역, 규문사, 1967). 기타 스멘트가 인용한 것은 프라이어의 『객관적 정신론』(Theorie des objektiven Geistes. Eine Einleitung in die Kulturphilosophie, 1923)이다. 영역 Steven Grosby, Theory of Objective Mind, 1998. → 본서 1506면

* 401 한스 J. 볼프 → 본서 1527면

* 411 키누스(Cinus). Cino da Pistoria 또는 Cynus de Sigibuldis de Pistorio (약 1270-1336/1337). 이탈리아의 법학자이자 피스토리아스 태생의 뛰어난 시인. 저서 Lectura in Codicem [Compagnie des Libraires de Lyon], Lugduni 1547 (라틴어).

* 417 니콜라우스 크렙스(Krebs). 니콜라우스 폰 쿠자누스(Nokolaus von Kues, 라틴어명 Nicolaus Cusanus, 1401-1464)의 가족 이름. 니콜라우스는 1430년 가족명 Cryfftz (Krebs, 라틴어 cancer)로써 자칭하였다. 이 이름은 나중에 그의 정적들에게 사용하였다.

* **432** 마키아벨리의 저서는 『군주론』 외에 『피렌체사1』(김경희·신철희역, 박영사, 2024). 문헌 폴커 라인하르트, 최호영·김하락 옮김, 『마키아벨리: 권력의 기술자, 시대의 조롱꾼』(북캠퍼스, 2022); 마일즈 J. 웅거, 박수철 옮김, 『마키아벨리, 군주론의 탄생』(미래의 창, 2019).

* **437** 게르하르트 리터(Gerhard Ritter, 1888-1967) 독일의 역사가. 1912년 Hermann Oncken 지도로 하이델베르크대에서 박사학위 취득. 제1차 대전 참전. 1921년 교수자격논문 통과. 1924년 함부르크대 초빙. 1925-1956년 정년시까지 프라이부르크대 교수 역임. 니콜로 쿠자누스, 아우구스티누스, 헤겔 등을 연구. 무수한 학문적 제자를 양성. 전후 시대의 독일 역사학을 영속적으로 각인한 학자로 평가. 저서 Machtstaat und Utopie, 1940; Die Dämonie der Macht *usw.* Hannsmann, Stuttgart 1947, 5. umgearbeitete Auflage des Buches *Machtstaat und Utopie.*

* **439** 정치파(Politiques) → 본서 1536면

* **439** 미셸 드 로피탈(Michel de l'Hôpital, 1504-1573) 프랑스의 법률가·정치가. 파리 고등법원 법관, 1547년 트리엔트 종교회의 사절, 재정총감을 거쳐 샤르르 9세의 프랑스 대법관이 된다(1560년). 신구 교도의 대립을 완화하기 위해 노력하고, 또 위그노파에 대한 관용정책을 추진했는데 종교전쟁을 방지하지 못했다. 1563년 3월 19일의 암보아스(Amboise) 화의 이후 가톨릭 귀족의 수령 기즈 후작(Duc de Guise)과 대립하여 파면된다. 1572년 성 바돌로매 제야의 학살 후 곧 사망. 정치적 감각·실천력·인격이란 점에서 근세 초기의 대정치가로 불린다. P. Arabeyre et al (dir.), Dictionnaire historique des juristes française, 2e éd., 2015, p. 665 f.

* **440** 성 바돌로매 제야의 학살(Bartholomäusnacht; Massacre de la Saint-Barthélemy) 12 사도 중의 한 사람인 성 바르톨로메오의 축제일(1572년 8월 24일)에 파리에서 왕권으로 행한 위그노파에 대한 대학살을 말한다. 수천 명이 살해되었다.

* **441** 보댕의 저서는 『국가에 관한 6권의 책』(나정원 옮김, 아카넷, 2013) 전6권. 문헌 Julian H. Franklin (ed.), On Sovereignty. Cambridge Univ. Press 1992. 明石欽司, ジャン・ボダンの國家學及び主權理念と「ユース・ゲンティウム」觀念(1)(2完),『法學研究』(慶應大) 제85권 11호 및 12호 (2012); 佐々木毅, 『主權·抵抗權·寬容 - ジャン・ボダンの國家哲學』(岩波書店, 1973); 오향미, 장 보댕의 주권론, 『국제정치논총』 제53권 3호 (2013).

* **460** 하이 처치(High Church). 이 용어는 「제례, 성직자의 권위와 성례」를 강조하는 기독교의 교회학, 전례 그리고 신학」에 관한 신념과 실천을 말한다. 영국 교회의 전통과 관련하여 로마 가톨릭주의와 동방정교와 함께 민중의 마음 속에 연합한 수많은 의식의 실제를 사용하는 교회들을

묘사하고 있다. 이와 반대되는 전통을 로 처치(low church)라고 한다. 문헌 Kenneth
Hylson-Smith, High Churchmanship in the Church of England, 1993.

* 461「굶을 자유」→ 본서 231면

* 468 콕세이(Samuel von Cocceji, 1679-1755). 프로이센의 정치인으로 사법개혁으로 유명.
그는 아버지 Heinrich von Cocceji에게 법학을 배우고 1699년 학위취득. 1702년 Viadrina
대학 교수. 1723년 베를린의 궁정재판소(Kammergericht) 소장. 기타 1727년 국무 및 국방대신,
1738-1739년 및 1741-1746년 프로이센 사법대신. 프리드리히 2세는 그에게 프로이센과 정복한
슐레지엔과의 새로운 법적 관계를 맡겼으며, 아울러 그는 프로이센의 법체계를 전면적으로 개혁하
였다. 문헌 Erich Döhring, Cocceji, Samuel Freiherr von, in: Neue Deutsche Biographie
(NDB), Bd. 3 (1957), S. 301 f.

* 469 코미사리우스 로키(Commissarius loci=Ortskommissar)는 중앙행정에서 위탁받은 자(라
틴어 commissarius), 장소(라틴어 loci)에서 멀리 떨어진 통일체에서 행정을 감독하는 자를
말한다. 문헌 Commissarius loci, in: Meyers Enziklopädisches Lexikon, 9. Aufl., 1971-79,
Bd. 5, S. 837.

* 469 아담 반드루츠카(Adam Wandruszka, 1914-1997) 오스트리아의 역사가・저널리스트.
쾰른, 빈대학 교수 역임. 직업상 및 사적으로 이탈리아와 밀접한 관련이 있음. 합스부르크가와
레오폴드 2세에 관한 연구는 표준적인 저작으로 평가. 저서 Das Haus Habsburg, Wien 1956;
Leopold II. 2 Bde., Wien 1963/65.

* 480 레지스트(Legist) 라틴어 lex (law)에서 유래하며 법률전문가 또는 법학생을 가리킨다.
특히 캐롤링거 왕조 이래 왕실 고문관, 즉 법률문제에 관한 군주의 고문으로서 로마법에 관한
지식과 절대적 야망에 근거를 두었다. 그들은 대륙법, 즉 로마법의 교사로서 고대 로마의 법전인
「로마법 대전」(Corpus Juris)에서 제기되는 문제점들을 해석・해설하였다. 12세기부터는 법률
연구자들에게 신선한 자극을 주고, 레지스트나 'decretist'(교회법 통달자)라는 용어는 교회의
캐논법 해설자 또는 주석자에게도 적용된다. 봉건제 구조에서 레지스트는 하급 관청에서도 고용하
게 된다. 대학의 대두로 그들의 위치는 서구 세계에서 학술적인 법률가로 인도한다. Wikipedia.

* 485 카를 빈딩(Karl Binding, 1841-1920) 독일의 형법학자. 응보형론의 대표자. 저서 『생존할
가치 없는 생의 부정』(1920)이란 유저가 있다. 문헌 Kleinheyer/Schröder, Deutsche Juristen,
1983, S. 36-39; Dagmar Westphalen, Karl Binding (1842-1920). Materialien zur
Biographie eines Strafrechtsgelehrten 1989.

* 487 카를 추크마이어(Carl Zuckmayer, 1896-1977) 독일의 작가. 미국과 스위스의 시민권 취득. 바이마르시대인 1925년 베를린에서 코미디 「즐거운 포도원」(Der fröhliche Weinberg)으로 시작하여 성공. 1933년 나치스에 정치적으로 반대하고, 1938년 스위스로, 곧 이어 미국으로 날아간다. 1946년 미국 시민으로서 유럽으로 귀환. 같은 해 취리히에서 연극 「악마의 장군」(Des Teufels General)을 공연하여 전후 시대에 대성공을 기록한다. 1957-1977년 사망시까지 스위스에 정주. 유명한 피아니스트・작곡가・지휘자인 Eduard Zuckmayer의 동생. 작품 윤도중 옮김, 『쾨페닉의 대위』(성대출판부, 1999); 문헌 유진상, 『추크마이어의 문학 연구』(자연사랑, 2004). 맹거가 인용한 책의 서명은 "Aufruf zum Leben. Porträts und Zeugnisse aus bewegten Zeiten", S. Fischer, Frankfurt 1976.

* 490 슈타믈러(Rudolf Stammler, 1856-1938) 독일의 관념론적 법철학자. 라이프치히, 기센대학에서 법학 공부. 1879년 라이프치히대학 교수자격 취득. 1882년 마부르크대학 조교수, 이후 기센, 할레, 베를린대학 교수 역임. 1921년 퇴직. 신칸트학파의 입장에서 법철학 탐구. 처음에는 역사적 법이론의 비판에서 출발했으며, 이어서 마부르크학파의 칸트의 인식비판과 결합하여 독자적인 법개념을 전개. 정법의 이론을 체계화하고, 법과 경제와의 관련하여 유물사관을 반박. 저서 『유물사관에 따른 경제와 법』(1896); 『정법의 이론』(1902); 『법철학 교과서』(1922); 『법철학 논문과 강연』(1925); 『법과 법학의 본질』(1925; 한태연역, 1950; 영인본 2020).

* 490 로베르 레즈로브(Robert Redslob) → 본서 1603면

* 490 한스 헬프리츠(Hans Helfritz, 1877-1958) 독일의 국법학자. 1919-1945년 Schlesische Friedrich-Wilhelms Universität 대학 교사. 그라이프스발트, 베를린대 수학. 1905년 오토 폰 기이르케 지도로 박사학위, 1924년 브레슬라우대에서 Wilhelm Kahl 지도로 교수자격취득. 1922년 쉴레지엔 대학 교수직. 1933년 초 브레슬라우대 총장으로 선출됨. 같은 해 가을 나치에 비판적이어서 국제법 교수직에서 교체됨. 그러나 1945년까지 브레슬라우대 교수직 유지. 저서 Allgemeines Staatsrecht. Mit einem SAbriss der Staatstheorien, Köln/Berlin 1949.

* 499 샤르르 알렉산드르 드 칼론(Charles Alexandre de Calonne, 1734-1802) 프랑스의 정치인. 프랑스혁명 직전의 혼란스런 상황에서 1783년 재무총감에 임명된다. 칼론은 국왕에게 내부 관세 억제와 귀족 등 특권계층에 대한 과세를 건의한다. 이것은 튀르고(Turgot)와 네케르(Necker)도 시도했지만 의회의 악의적인 공격으로 실패한다. 루이 16세는 1787년 칼론을 해임하고 그를 로렝으로 추방한다.

* 512 칼리쉬 선언(Kalischer Aufruf) 1813년 3월 25일의 선언. 프로이센과 러시아의 조약으로

동맹관계 수립.

* **518** 브레즈네프 독트린(Breschnew-Doktrine; Brezhnev Doctrine) 또는 제한 주권론 (doctrine of limited sovereignty). '사회주의 국가들의 제한된 주권'에 관하여 1968년 이래 소련의 정치지도 라인을 브레즈네프 독트린이라고 부른다. 주요 테제는 「개별 사회주의 국가의 이익과 주권은 전체 사회주의 체제의 이익과 안전에 그 한계를 둔다」는 것(브레즈네프의 연설). 미국을 필두로 한 서방 '제국주의' 국가가 공산주의 국가를 해체시키려고 시도한다면, 소련이 적극적으로 나서 이를 저지한다는 것을 명시했다. 1968. 8. 21.의 바르샤바 조약군에 의한 체코의 무력 침공을 정당화했다. 이 독트린은 향후 20년간 소련의 대외정책을 규정했으며, 브레즈네프의 후임 Michail Gorbatschow는 1989년 이를 폐기하였다. 그 결과 동구권은 붕괴되었다. 문헌 Matthew J. Ouimet, The Rise and Fall of the Brezhnev Doctrine in Soviet Foreign Policy, Univ. of North Carolina Press, 2003.

* **534** 테오도르 호이스(Theodor Heuss, 1884-1963) 자유주의 정치가. 1949-1959년 독일 연방대통령.

* **544** 올뮈츠(Olmütz) 모라비아의 지명. 「올뮈츠의 굴욕」. 올뮈츠 협약은 1850년에 모라비아의 올뮈츠에서 오스트리아와 프로이센이 맺은 조약. 결성 계획이 좌절되었기 때문에 프로이센의 국민주의적 진영에서는 이를 「올뮈츠의 굴욕」이라고 불렀다.

* **545** 카보우르(Camillo Benso Conte di Cavour, 1810-1861) 이탈리아의 정치인・사업가・귀족. 이탈리아 통일 운동의 지도적 인물. 이탈리아 왕국 초대 수상. 가리발디(Giuseppe Garibaldi, 1807-1882), 마치니((Giuseppe Mazzini, 1805-1872)와 함께 이탈리아 통일의 3걸로 불린다. 문헌 량치차오저, 신채호 번역, 류준범・장문석 현대어 옮김, 『이태리 건국 삼걸전』(지식의 풍경, 2001).

* **560** 카를 프리드리히 폰 바이채커(Carl Friedrich von Weizsäcker, 1912-2007) 독일의 물리학자, 철학 및 평화연구가. 베를린・괴팅겐・라이프치히대학 수학. 베르너 하이젠베르크 아래서 나치 독일의 핵무기 개발 연구에 큰 역할. 1946년 괴팅겐의 막스-플랑크 연구소(MPI) 소속. 1057년 함부르크대 철학교수. 문헌 Ino Weber, Carl Friedrich von Weizsäcker. Ein Leben zwischen Physik und Philosophie, Crotona, Amerang 2012.

* **574** 헬무트 셸스키(Helmut Schelsky, 1912-1984) 독일의 사회학자. 홉스 연구가. 함부르크와 빌레펠트 대학을 거쳐 1973년부터 뮌스터 대학 교수. 저서 『대학의 고독과 자유』,『산업사회의 학교와 교육』 기타 Rückblicke 'Anti-Soziologen', Opladen 1981; Politik und Publizität,

Stuttgart 1983. 문헌 Recht und Institution. Helmut-Schelsky-Gedächtnis-Symposion Münster 1985. Hrsg. v. d. Rechtwiss. Fak. d. Univ. Münster, Berlin: Duncker & Humblot 1985; Helmuth Schelsky — ein Soziologe in der Bundesrepublik. Eine Gedächtnisschrift von Freunden, Kollegen und Schülern. Hrsg. v. Horst Baier, Stuttgart: Enke 1986; Thomas Hoeren (Hrsg.), Münsteraner Juraprofessoren, Münster: Aschendorff Verlag GmbH & C. 2014 (山內惟介編譯, 『ミュンスター法學者列傳』, 中央大出版部, 2018), 319-348면.

* **586** 하멜른의 쥐잡이(Rattenfänger von Hameln) 또는 하멜른의 피리부는 사나이. 독일의 가장 유명한 전설의 하나로서 그림 형제를 비롯하여 여러 작가에 의해 기록된 것. 1284년의 독일 도시 하멜른의 재앙을 전한다. 줄거리는 하멜른시에 쥐가 나타나 큰 피해를 입혔다. 피리부는 사나이가 나타나 천 냥의 큰 돈을 요구하며 쥐를 잡겠다고 한다. 그는 쥐들을 유인하여 베저강에 빠져죽게 했다. 사람들은 쥐가 강물에 빠져 죽은 것이라고 하여 돈을 주지 않았다. 화가 난 사나이는 다시 거기에 나와 피리를 연주한다. 피리소리에 이번에는 쥐가 아니라 어린 아이들과 소녀들이 뒤따라가서 동굴 속으로 들어갔고, 마지막 아이가 들어가자 동굴의 문은 닫히고 130명의 어린이가 사라졌다. 그 뒤로 다시 아이들을 데리고 돌아오면 천 냥을 주겠다고 했지만 그들은 끝내 돌아오지 않았다. 지각한 두 명만 돌아왔는데 한 사람은 소경이었고 다른 한 사람은 벙어리여서 그곳이 어디인지 알려줄 수가 없었다.

이 전설은 30개 이상의 언어로 번역되고 여러 나라에서 학교교육의 소재로서 특히 일본과 미국에서 애용되고 있다. 문헌 Brüder Grimm, Deutsche Sagen, Nr. 245, Die Kinder zu Hameln. 전영애·김남희 옮김, 『그림 동화: 아이들과 가정의 동화』1(민음사, 2023), 한미희 옮김, 『그림 형제 동화집』(비룡소, 2005); 김열규 옮김, 『그림 형제 동화 전집』(현대지성사, 1998).

* **595** 라이히의 크리스탈 밤(Reichskristallnacht) 1938년 11월 9일 수정의 밤 → 본서 1648면

* **601** 비수의 전설(Dolchstoßlegende) 또는 배후 비수란 거짓말(Dolchstoßlügen). 배후중상설 (背後重傷說). 독일 육군최고지휘부(OHL. Oberste Heeresleitung)가 퍼뜨린 거짓말 또는 결탁 설의 하나로서 제1차 세계대전에서 독일 제국의 군사적 패배에 대한 책임은, 군부의 잘못이 아니라 군주제를 전복한 공화주의자들, 특히 사회민주주의, 기타 민주적인 정치인, 볼셰비키 유대인계층에 게 전가해야 한다는 것. 패전의 정당화, 역사 왜곡, 선동 정치 등에 이용되었다. 문헌 Boris Barth, Dolchstoßlegenden und politische Desintegration, Düsseldorf 2003; Rainer Sammet, "Dolchstoß", Berlin 2003; Wolfgang Benz (Hrsg.), Legenden, Lügen, Vorurteile, München 1992.

* **610** 오스카 코코슈카(Oskar Kokoschka, 1886-1980) 오스트리아의 화가·인쇄 예술가 (Grafiker). 빈의 표현주의 작가.

제5편 통합이론과 그 비판

헌법과 실정헌법 (루돌프 스멘트)

* 출전. Rudolf Smend, Verfassung und Verfassungsrecht, Berlin und Leipzig: Duncker & Humblot 1928, 176 S. jetzt in: ders., Staatsrechtliche Abhandlungen und andere Aufsätze, Berlin: Duncker & Humblot, 1955, 4. Aufl., 2010, S. 119-276.
『헌법학연구』 제29권 4호(2023), 511-743면.

이 책은 통합이론의 전모를 체계적으로 서술한 유일한 책자이다. 카를 슈미트의 『헌법이론』과 같은 1928년에, 같은 출판사에서 발간되었다. 번역의 체제는 1928년판에 따라 단락을 나누었다.

스멘트의 통합이론은 1980년대부터 몇몇 헌법학자들에 의해서 독일의 '새로운' 이론으로서 한국에 소개되고, 또 일부는 비판적으로 수용되기도 하였다. 이제는 '통합'하면 정치인들이 일반 국민들에게 일상적으로 외치는 슬로건이 되었고 헌법이론적으로는 진부한 느낌마저 주는 용어가 되기에 이르렀다. 그럼에도 불구하고 하나의 '시론'으로서 출발한 통합이론을 다시 여기서 반추하는 까닭은 '원전'의 내용은 어떤 것이었는데 한국에서는 어떻게 알려지고 이제 무엇이 남았는지 뒤돌아보기 위해서이다.

카를 슈미트는 자신의 저서 『헌법이론』에서 스멘트의 저작들과 대결하려고 시도하였는데 대망의 이 스멘트의 『헌법과 실정헌법』이 같은 1928년에 발간되어 이용하지 못한 것을 애석하게 생각한다고 적고 있다.

이 책은 이미 김승조 박사에 의한 한국어 번역이 『국가와 헌법』(교육과학사, 1994)이란 제목으로 발간되어 독일 문헌을 직접 보지 못하는 사람들에게 많은 도움을 주었다. 뿐만 아니라 스멘트의 통합이론에 대한 신비함이나 오해를 없애는데 크게 기여하기도 하였다. 그러나 이 책은 절판된지도 오래되었고, 또 내가 보기로는 부적절한 표현이나 미비한 점도 있어서 새로운 세대의 독자를 위해서 새로이 번역한 것이다. 번역에 있어서는 나가이 다케하루(永井健晴譯, 『憲法體制と實定憲法: 秩序と統合』, 風行社, 2017)의 일본어 번역을 많이 참조하여 여러 가지로 도움을 얻었다. 아울러 스멘트 관련 자료를 보내준 동 교수에게 감사하는 마음을 전한다.

스멘트의 생애와 업적에 관하여는 다음의 문헌 참조.

루돌프 스멘트(Rudolf Smend, 1882-1975) 독일의 국법학자·교회법학자. 그는 국가를 살아 있는 정신적 현실이자 생활과정으로 보며, 국가에 대해 동적·기능적으로 이해한다. 스멘트는 독일의 사회학자 리트(Th. Litt)의 이론에 입각하여, 국가가 자신을 실현해 나아가는 과정을 통합(Integration)이라고 부르고, 통합에는 인적 통합, 기능적 통합 그리고 물적 통합으로 나눈다.

헌법이란 바로 국가가 통합을 이루어 나아가는 법적 과정이라고 한다. 또 그는 기본권은 국가에게 그 내용과 존엄성을 부여해 주는 물적 통합의 요소이며 가치체계라고 이해하고, 특히 언론의 자유의 국가창설적 기능을 강조한다. 그의 통합이론은 파시즘에 가까운 입장이었으나 나치에의 협력을 거부하여 베를린대학에서 괴팅겐대학으로 좌천되었다. 전후 독일 공법학의 주류가 된다. 카를 슈미트학파와 대립하는 학파로서 한국에도 이를 따르는 몇 사람이 있다. 저서『헌법과 실정헌법』(1928);『국법학 논집』(1955). 통합이론에 대한 비판은 한스 켈젠, 김효전역, 『통합으로서의 국가: 하나의 원리적 대결』(법문사, 1994).

문헌 악셀 폰 캄펜하우젠, 김효전 옮김, 루돌프 스멘트 (1882-1975) 분열된 시대의 통합, 『헌법학연구』제30권 1호(2024); 만프레드 프리드리히, 김효전 옮김, 루돌프 스멘트 1882-1975, 『헌법학연구』제5권 2호 (1999), 543-567면 (본서에 수록); H. Schulze-Fielitz, Rudolf Smend (1882-1975), in: P. Häberle, M. Kilian, H. Wolff (Hrsg.), Staatsrechtslehrer des 20. Jahrhunderts, 2. Aufl. 2018, S. 317-334; Sandra Obermeyer, Integrationsfunktion der Verfassung und Verfassungsnormativität. Die Verfassungstheorie Rudolf Smends im Lichte einer transdisziplinären Rechtstheorie, Berlin: Duncker & Humblot 2008; C. Bickenbach, Rudolf Smend (15. 1. 1882 bis 5. 7. 1975) - Grundzüge der Integrationslehre, in: Juristische Schulung v. 45. 7 (2005). → 문헌 목록(본서 1595-1601면) 참조.

* **647** 테오도르 리트(Theodor Litt, 1880-1962) 독일의 철학자·교육학자·사회학자. 스멘트 통합이론의 원천 내지 골격이므로 상설한다.

리트는 후설(Husserl)의 현상학적 방법을 사회적 관계의 파악에 도입했다. 그러나 이 방법으로 도출된 정신적 현상의「요소들」또는「측면들」은 보통 우리들의「대상을 행하는」사유가 공간계의 객체와의 관계에서 단정하는 배타성의 관계에서 서로 관련짓는 것이 아니라 거듭하는 관계에 있다. 따라서 이 관계는 변증법적 사유만이 정당하게 파악할 수 있는 것이므로 그는 현상학적 본질분석을 변증법과 결합하려고 시도했다. 그는 사회의 본질을「시계의 상호성」(Reziprozität der Perspektiven)인 개념으로 파악하려고 했다. 그것은 인간관계를 체험의 관계로서 체험적 입장에서 규정하는 것이다. 사회란 우리들 밖에 있는 현상이 아니라 우리들이 그 속에 내재하는 사실인 이상 사회를 심적 상호작용으로 보는 짐멜(Simmel)의 개념은 적당하지 않다. 시계의 중심은 나와 너이며, 이 관계는 상호적 내지 대화적이며, 나와 너뿐만 아니라 너와 나의 변증법적 관계이다. 그 어느 절대화도 허용하지 않으며, 양자는 하나의 구조적 전체를 이룬다. 나와 너는 독자적인 생명과 체험의 중심이며, 동시에 그 주관성을 초월하여 본질적으로 결합한다. 이러한 시계의 상호성에 의한 나와 너의 자아의 상대화는 솔직한 체험내용으로서 본원적으로 주어진 것이므로 현상학은 다만 이것을 명료한 의식으로 가져온 것에 불과하다. 그는 인간의 정신적 구조에서 정신적 주객의 통일이 시계의 상호성으로서 성립하는 것으로 보고, 여기에 사회의 본질을 인정했다. 다음에 나·너의 2인 관계가 아니라 3인 이상의 자아의 결합의 경우, 그 전체성과 구성원의 독자성을 조화시키는 것으로서 그는「폐쇄권」(또는「결합권」; geschlossener Kreis)이란 개념을 제시한다. 이것은 그에 의하면, 다수의 인간이 각인이 각인에 대해서 인격적 관계에 입각한다는 방법으로 서로 관계하며, 또 공통된 체험을 통해서 형성될 때 존재한다. 즉 나·너의 관계에 제3자가 추가될 때 단순한 2인 관계의 경우와 달리 거기에는 객관적인 상징이 나타나며, 사태가 질적으로 다른 독자성을 가지게 된다. 이 결합권에서는「전체체험」으로서 의 통일이 그 구조로서 확정된다. 이 전체체험의 통일과 각 구성원의 독자적 체험의 통일은 본질적 필연적으로 결합한다. 즉 이 전체에서는 각 구성원의 시계는 각각의 중심을 가지면서도 더구나 서로 맞물려 교차하고 있다. 따라서 그 중 어떤 행동도 모든 체험에서 나에게 무관계한 것은 아니다.「시계의 상호성」은 여기서 더욱 충실해진다. 이 자아의 체험과 전체체험을 결합하는 구조연관을 그는 「사회적 교차」(soziale Verschränkung)로서 특징짓는다. 나아가 이 결합권의 확대는 많은 권역 (圈域)이 서로 관계하며, 그 결과 하나의 권과 다른 권의 구성원 간에 관계가 성립하며, 공동성이 지배하기에 이를 때에 완성된다. 첫 번째 권의 공동의 정신을 관철하고, 나아가 그것을 넘어서 확대하고, 두 번째 권이 세 번째 권도 비록 뒤의 2자간에 관계가 없더라도 함께 규정하기에 이른다. 따라서 이리하여 있는 것은 그 이전에 존재하고 있었으며, 또는 있는 것은 직접 아무런 관계도 없는 다른 많은 것과 매개자를 통해서 결합되기에 이른다. 이것이「사회적 매개」(soziale Vermittelung)의 본질이다. 이처럼 리트(Litt)는 개인의 독자성과 개인이 다방면에 걸쳐 사회적 결합을 하는 것을 통일할 수 있다고 믿었다. 이 리트의 현상학적 사회학은 스멘트의 통합이론의 방법론적 기초가 되었으며, 또한 헬러의 초기의 국가학적 연구 활동에 적지 않은 영향을 미쳤다. 리트의 저서로는『개인과 공동사회』(Individuum und Gemeinschaft. Grundlegung der Kulturphilosophie, 1919, 3. Aufl., 1926).

상세한 것은 Barbara Drinck (Hrsg.), "Vom Grund des Grundgesetzes." Zeitgeschichtliche Dimension des Wirkens von Theodor Litt 1947 bis 1962, Leipzig: Leipziger Univ.-Verl., 2013; Holger Burckhart, Theodor Litt: Das Bildungsideal der deutschen Klassik und die moderne Arbeitwelt, Darmstadt: Wiss. Buchges. 2003; Wolfgang K. Schulz, Untersuchungen zu Leipziger Vorlesungen von Theodor Litt, Wurzburg 2004; Albert Reble, Theodor Litt. Eine einführende Überschau, Bad Heilbrunn 1995; Ulrich Scheuner, Was bleibt von der Staatslehre Theodor Litts? Theodor Litt und die Staatslehre in der Weimarer Republik und der Bundesrepublik Deutschland, in: Peter Gutjahr-Löser/Hans-Helmuth Knütter/Friedrich Wilhelm Rothenpieler (Hrsg.), Theodor Litt und die politische Bildung der Gegenwart, München 1981, S. 175-192; Michael Henkel, Hermann Hellers Theorie der Politik und des Staates, Tübingen 2011, S. 105-114; Reinald Klockenbusch, Widerspruch und Reflexion. Vergleichende Studien zu "Phänomenologie" und "Dialektik" bei Edmund Husserl, Jonas Cohn und Theodor Litt, [MS] Mainz 1987; Bremer, Theodor Litts Haltung zum Nationalsozialismus, 2005; Wolfgang M. Schwiedrzik, Lieber will ich Steine Klopfen... der Philosophie und Pädagogie Theodor Litt in Leipzig 1933-1947, Leipzig Universitätsverlag 1997; Anke Lansky, 100 Jahre Theodor Litt. Zum

Staats-und Freiheitsverständnis eines philosophischen-pädagogischen Denkers, in: Liberal 1981, 6. S. 455-462; Wolfgang K. Schulz, Untersuchungen zur Kulturtheorie Theodor Litt. Neue Zugänge zu seinem Werk, Weinheim: Deutscher Studien Verlag 1990, S. 71-72; 정영수, Theodor Litt의 변증법적 인간이해, 『교육철학』 제24호(2000); 정영수, Theodor Litt의 정치교육사상, 『논문집』(인하대 인문과학연구소) 제15집(1989), 357-372면 등.

* **649** 게오르크 옐리네크(Georg Jellinek) 19세기 독일국가학의 집대성자. 주저인 『일반 국가학』 (1900; 김효전 옮김, 법문사, 2005)에서 신칸트학파적인 2원적인 방법론을 구사하여 게르버와 라반트 이래의 독일공법이론을 체계화하는 한편, 사회학적 국가론도 주장하여 이른바 국가양면설을 취하였다. → 본서 1602면

* **649** 켈젠(Hans Kelsen) → 본서 1592면

* **649** 독일국법학자협회(Vereinigung der Deutschen Staatsrechtslehrer)에 관한 문헌은, Smend, Die Vereinigung der Deutschen Staatsrechtslehrer und der Richtungsstreit, in: Festschrift für Ulrich Scheuner zum 70. Geburtstag, Berlin: Duncker & Humblot 1973, S. 575-590; U. Scheuner, Die Vereinigung der Deutschen Staatsrechtslehrer in der Zeit der Weimarer Republik, in: Archiv des öffentlichen Rechts, Bd. 97, 1972. ders., Staatstheorie und Staatsrecht. Gesammelte Schriften, Berlin 1978. 크리스티안 슈타르크, 김대환 옮김, 독일국법학자협회, 『둔석 홍정선 교수 정년기념 논문집』(박영사, 2016), 789-802면.

* **649** 홀슈타인(Günther Holstein, 1892-1931) 에리히 카우프만의 제자. 1921년 본 대학에서 교수자격논문 통과. 카를 슈미트의 후임으로 1922년 그라이프스발트 대학에, 이후 킬 대학 교수 역임. 문헌 K. Rennert, Die "geisteswissenschaftliche Richtung" in der Staatslehre der Weimarer Republik. Untersuchungen zu Erich Kaufmann, Günther Holstein und Rudolf Smend, Berlin: Duncker & Humblot 1987, S. 197-213; Ernst Wolf, Artikel G. Holstein, in: NDB, Bd. 9, 1972, S. 552-553.

* **650** 신칸트주의(Neukantianismus) 19세기의 70년대 전후부터 제1차 세계대전 무렵까지 독일을 중심으로 유력했던 관념론학파. 19세기 중엽 당시의 유물론적 경향에 대한 비판으로서 「칸트로 돌아가라!」고 하여 칸트 부흥을 외쳤다. 이 학파는 주로 자연과학의 방법론을 주안으로 하는 「마부르크학파」아 문화과학 내지 역사과학의 방법론을 주안으로 하는 「서남독일학파」로 나뉘었다. 양자는 대상의 차이는 있지만 모두 신칸트학파에서 두 개의 결론이 도출된다. 하나는 어떤 대상의 타당성을 얻기 위해서는 그 대상의 순수형식을 추구해야 한다. 다른 하나는 가치와 존재가 방법론적으로 준별된다는 것이다. 즉 「전(前)」방법론적으로 대상 중에 혼재한 가치는 방법론적 조작으로

가치지워진 주관측에 되돌리게 되며, 여기에 가치와 존재가 절단된다. 이러한 구성주의의 입장에서는 한, 존재론보다 인식론이 주요 관심사가 된다. 대상이 방법을 결정하는 것이 아니라 방법이 대상을 결정한다고 보기 때문이다. 거기에서 대상을 파악함에 있어서 어떤 방법을 취하는 것은 그것에 의해서 파악된 대상이 그것으로 특징짓는 것을 의미한다. 그런데 거기에 만족하는 것이 학문의 정밀성을 보장하는 까닭이 되었다. 따라서 이러한 정밀도를 높이면 높일수록 그것은 점차 존재대상에서 유리되고 추상화하여 가는 경향을 면치 못했다.

* 650 막스 베버(Max Weber, 1864-1920) 독일의 사회학자·경제학자·역사가. 사회학은 인간의 행위를 의미 있는 것으로서 이해하고, 사회현상의 인과적 귀속을 설명하는 것이라고 하였다. 사회과학방법론의 면에서는 과학적 인식으로부터의 실천적 가치판단의 배제, 이념형적인 개념구성에 의한 현실인식을 주창하여 커다란 영향을 주었다. 리케르트 등의 영향을 받고 경제행위나 종교현상, 정치와 법의 사회학적 분야에서도 커다란 발자취를 남겼다. 독일민주당원으로 바이마르 헌법기초에 관여. 주저 Wirtschaft und Gesellschaft, 1922 (『경제와 사회 1』, 박성환역, 문학과지성사, 1997);『프로테스탄티즘의 윤리와 자본주의의 정신』(1904/05; 권세원·강명규 공역, 1960);『법과 사회(법사회학)』, 최식역, 박영사, 1959 (신역『동아법학』제71호, 2016). 문헌『막스 베버』(김덕영, 도서출판 길, 2012); 스티븐 터너, 웅진환 옮김, 『베버』(씨아이알, 2013).

* 650 마이네케(Friedrich Meinecke, 1862-1954) 독일의 역사학자. 정치사와 정신사와의 결합을 목표로 하였으며 양자 간의 관계를 명백히함으로써 역사연구에 이론의 도입을 시사하였다. 특히 근대 국가권력의 사상사적 연구로 저명하다. 이것은 제1차 세계대전으로 깨어진 독일의 상황과 국제간의 파워 폴리틱스를 배경으로써 이루어진 것으로 특히『국가권력의 이념사』(1924; 이광주 옮김, 한길사, 2010)와『세계시민주의와 민족국가』(1908; 이성신·최호근 옮심, 나남, 2007)가 유명하다. 대전 전에는 국가의 본질을 권력충동에 근거한 행동과 도덕적 책임에 근거한 행동과의 숙명적 대결에서 파악하고, 후자에서는 세계시민으로서의 인격성의 요구와 그것을「국민」으로서 파악하려는 국가이성의 요구의 안티노미를 문제사적으로 분석하였다. 후자는 19세기의 독일 정치사상사에 관한 고전적 명저로 일컬어진다. 기타『독일의 비극』(이광주역, 을유문화사, 1965) 등. 문헌 Gisela Bock, Daniel Schöpflug, Friedrich Meinecke in seiner Zeit. Studien zu Leben und Werk, Stuttgart 2006.

* 650 경영체(Betrieb)로서의 국가. 막스 베버는, 경영이란 일정한 종류의 지속적인 목적 행위를 말하는 것이며 경영단체(Betriebverand)는 지속적으로 목적행동을 하는 행정 간부를 가진 사회화라고 한다. 이것은 경제 영역뿐만 아니라 정치나 종교의 영역도 포함하는 넓은 개념이다. 경영이 이종 두격(heterokephal; 他首的)으로 된다는 말은 '경영'이 안슈탈트'(Anstalt)의 일부가 된다고 바꾸어 말할 수도 있다. M. Weber, Wirtschaft und Gesellschaft, S. 28.

* **650** 국가소원성(Staatsfremdheit). 본래 'Verfremdung'이란 말은 독일어에는 없었으나 베르톨트 브레히트가 연극론에서 사용한 이래 자주 사용하게 되었다. 한국에서는 일반적으로 「소외」라고 번역한다(이원양, 『브레히트 연구』, 두레, 1984, 49면). 그러나 그 의미를 살펴 「완곡화 한다」라고 번역하기도 한다. 문헌 정문길, 『소외론 연구』(문학과 지성사, 1978).

* **650** 자유주의(Liberalismus)의 개념사는 Rudolf Vierhaus, Liberalismus, in: O. Brunner, W. Conze, R. Koselleck (Hrsg.), Geschichtliche Grundbegriffe, Bd. 3, 1982, S. 741-785. 공진성 옮김, 『코젤렉의 개념사 사전 7 자유주의』(푸른역사, 2014); 헬러, 김효전 옮김, 『바이마르 헌법과 정치사상』(산지니, 2016), 662-674면. → 본서 1589면

* **650** 트뢸치(Ernst Troeltsch, 1865-1923) 독일의 프로테스탄트 신학자·문화철학자. 『기독교의 교회 그리고 집단의 사회이론』(1919)에서 종교사회학적 연구의 기초를 마련하고, 『역사주의와 그 문제들』(1922)에서 새로운 형태의 역사주의를 확립했다. 문헌 최현종, 『독일 종교사회학의 고전을 찾아서: 베버, 트뢸치, 짐멜』(한국학술정보, 2020).

* **650** 홀트-페르네크(Alexander Hold-Ferneck, 1875-1955) 오스트리아 빈대학 교수와 총장 역임. 저서로 켈젠을 비판한 『초인으로서의 국가』(Der Staat als Übermensch, 1926)가 있다.

* **651** 기이르케(Otto von Gierke, 1841-1921) 독일의 법학자. 게르마니스트의 대표자. 1860년 베를린 대학에서 학위 취득. 1867년 게오르그 베젤러(Georg Beseler)의 지도 아래 교수자격논문 완성. 사비니와 함께 독일 근대 법학의 거두이며 게르마니스트의 입장에서 이른바 판덱텐 법학의 형식적 개념주의와 추상적 개인주의를 비판하였다. 브레슬라우 대학 교수 및 총장. 베를린 대학 교수와 총장 역임. 『독일 단체법론』과 『단체이론』에서는 게르만법적 단체사상을 역사적·실제이론적으로 연구하였으며, 『독일 사법』은 게르만법적 입장에서 독일 사법을 체계화한 것이다. 슈미트가 인용한 책 이름은 Die Grundbegriffe des Staatsrechts und die neuesten Staatsrechts-theorien, 1915이다.

저서 『독일 단체법론』(Das deutsche Genossenschaftsrecht, 1868, 1873, 1881, 1913. 4 Bde. 부분 번역 阪本仁作譯, 『中世の政治理論』(ミネルヴァ書房, 1985); 田中浩他譯, 『近代自然法をめぐる二の概念』(御茶の水書房); 『알투지우스』(Johannes Althusius und die Entwicklung der naturrechtlichen Staatstheorien, 1880; 笹川紀勝 他譯, 『ヨハネス・アルトジウス: 自然法的國家論の展開及び法體系學說史研究, 勁草書房, 2011) 등. 문헌 G. Kleinheyer/J. Schröder, Deutsche Juristen aus fünf Jahrhundert, S. 93-98; ders. (Hrsg.), Deutsche und Europäische Juristen aus neun Jahrhunderten, 6. Aufl., 2017, S. 154-159; 西村淸貴, 『近代ドイツの法と國制』(成文堂, 2017), 157- 250면.

* 652 통합이론에서의 「문화」의 위치에 관하여는 리트와 스멘트 외에 그 후계자로서, 콘라트 헤세(Konrad Hesse), 페터 해벌레(Peter Häberle) 등이 있다. 문헌 P. Häberle, Verfassungslehre als Kulturwissenschaft, 2. Aufl., 1998. 제1판의 초역은 김효전 옮김, 문화과학으로서의 헌법학,『독일학연구』제28호, 2012 및『독일헌법학의 원천』, 363-395면. 문화의 개념사는 Jörg Fisch, Art. Zivilisation/Kultur, in: Otto Brunner u.a.(Hrsg.), Geschichtliche Grundbegriffe, Bd. 7, 1992, S. 679-774(안삼환 옮김, 코젤렉의 개념사 사전 1. 문명과 문화, 푸른역사, 2010). 기타 H. 리케르트, 윤명로역,『문화과학과 자연과학』(삼성문화문고, 1973);『게오르그 짐멜의 문화이론』(김덕영·배정희 옮김, 길, 2007); 랄프 콘너스만, 이상엽 옮김,『문화철학이란 무엇인가』(북코리아, 2006).

* 652 가치서열(Wertrangordnung) 스멘트학파의 가치론에 대해서 카를 슈미트와 에른스트 포르스토프는 정면으로 반박한다. C. Schmitt, Tyrannei der Werte, 1967. 김효전 옮김, 가치의 전제,『헌법과 정치』, 715-737면.

* 652 각주 6에서 논제 없이 인용한 헬러의 논문은 Heller, Die Krisis der Staatslehre, 1926. 김효전 옮김, 국가학의 위기,『바이마르 헌법과 정치사상』, 144면.

* 652 헤르만 헬러(Hermann Heller, 1891-1933)의 현실과학적 연구방법은 한스 프라이어에서 유래하며, 현실과학의 대상은 사회형상이며, 그것은 「우리들 자신이며 그 밖의 아무것도 아니다」. 사회형상은 인간의 실존형태라는 사실이 사회학을 현실과학으로 만든다. 현실과학적 고찰은 인식자를 주관적으로 하지 않고 유책토록 만들며, 그 자신의 상황에서 자유가 아니라 그 중에서 자유이며, 그것에 대하여 자유이다. 따라서 사회적 현실을 인식하는 과학으로서의 사회학은 동시에 윤리학이 아니면 안 된다. 그것은 「윤리적 규범이 얻어지거나 적용된다는 의미에서가 아니라 그 인식대상이 의지방향을 그 자신 속에 포함한다」는 의미에서이다. 그 대상에 대한 실존적 관계에서 사회학적 인식은 동시에 인식되는 것을 지지하거나 반대하는 의지결단이다. 따라서 사회학은 현실과학으로서 동시에 에토스과학(Freyer, S. 91, S. 206)이라고 주장하였다. 문헌 김효전 옮김,『바이마르 헌법과 정치사상』(산지니, 2016); Michael Henkel, Hermann Hellers Theorie der Politik und des Staates, Tübingen 2011, S. 114-152; Uwe Volkmann, Hermann Heller (1891-1933), in: Häberle u. a. (Hrsg.), Staatsrechtslehrer des 20. Jahrhunderts, 2. Aufl. S. 471-488.

* 653 의미구조(Sinngefüge), 의미체계(Sinnsystem). 여기의 「의미」 외에도 스멘트의 핵심 용어인 「의미충만」(Sinnerfüllung)은 후설(Edmund Husserl)의 현상학에서 보는 「의미지향」(Bedeutungsintention), 「의미 충실」(Bedeutungserfüllung), 「의미부여」(Bedeutungsverleihen) 등의 영향을 받은 것으로 밀접한 관련이 있다. 후설의 의미론은 J. Mohanty, Edmund

Husserl's Theory of Meaning, The Hague: Nijhoff 1969. 이종훈역, 『수동적 종합: 1918~1926년 강의와 연구 원고』(한길사, 2018).

* **654** 피어칸트(Alfred Vierkandt, 1867-1953) 독일의 사회학자·사회심리학자. 라이프치히대학에서 과학과 철학 공부. Brunswick에서 교수자격논문 통과. 1920년대 현상학적 사회이론과 형식주의 사회학을 제창. 베를린대학 사회학 교수(1913), 독일 사회학회 창립 멤버(1909), 1934년 정년 퇴직. 저서 Staat und Gesellschaft in der Gegenwart, 1916; Gesellschaftslehre: Hauptprobleme der philosophischen Soziologie, 1923; 『사회학사전』(Handwörterbuch der Soziologie, 1931)의 편자.

* **655** 슈프랑거의 생활형태(Lebensform). 슈프랑거(Eduard Spranger, 1882-1963) 독일의 철학자·심리학자·교육학자. 딜타이의 제자. 그는 『생활의 형태들』(Lebensformen, 1914)에서 퍼스낼리티의 유형을 6개 이상 내지 가치지향으로서 이론적·경제적·미학적·사회적·정치적 그리고 종교적 유형으로 나눈다. 저서 이상오 옮김, 『삶의 형식들』(지만지, 2009); 김재만 옮김, 『천부적인 교사』(배영사, 2019). 문헌 Wolfgang Hinrichs, Eduard Spranger, in: Universitas/Deutsche Ausgabe 2019, S. 53-61. 이상오, 『Spranger의 "삶의 형식들" 연구』(학민사, 1988).

* **657** 슐레겔(Friedrich von Schlegel, 1772-1829) 독일의 낭만주의적 철학자·시인·역사가. 저서 『그리스 문학 연구』(이병창 옮김, 먼빛으로, 2015). 문헌 에른스트 벨러, 장상용역, 『슐레겔』(행림출판, 1987).

* **658** 짐멜(Georg Simmel, 1858-1918) 독일의 사회학자·철학자. 형식사회학의 수립자. 철학적으로는 칸트 철학의 인식론을 취하면서도 생의 철학의 입장을 취하였다. 저서 전집 Georg Simmel. Gesamtausgabe 전24권. 『짐멜의 갈등론』(정헌주 옮김, 간디서원, 2017); 『돈의 철학』(김덕영 옮김, 길, 2013); 『근대 세계관의 역사』(김덕영 옮김, 길, 2007); 『게오르그 짐멜의 문화이론』(김덕영·배정희 옮김, 길, 2007); 『짐멜의 모더니티 읽기』(김덕영·윤미애 옮김, 새물결, 2005). 문헌 김태원, 『짐멜의 사회학』(한국학술정보, 2007); 김덕영, 『짐멜이냐 베버냐: 사회학 발달과정 비교연구』(한울, 2004).

* **658** 비이제(Leopold von Wiese, 1876-1969) 독일의 사회학자. 사회학에 있어서 「관계학」의 제창자. 사회를 사회과정으로 파악하고 군중, 집단, 추상적 집합체를 사회형상이라고 명명하여 그 특성을 논하였다. 정치적으로는 자유주의적 입장에 서서 인간학적 저술도 하고 있다.

* **658** 독일 사회학. 20세기 초까지 사회학에 관한 문헌은 철학자·경제학자·법학자 등에 의해서

출간되었으며 그때까지 대학에 사회학과도 없었고 사회학 교수나 교수직도 없었다. 막스 베버·페르디난트 퇴니스·게오르크 짐멜·피어칸트 등에 의한 독일 사회학회도 1907년에야 창설되었다. 당시 독일 사회학자들의 면모는 Dirk Kaesler, Die frühe deutsche Soziologie 1909 bis 1934 und ihre Entstehungs- Milieus. Eine wissenschaftssoziologische Untersuchung, Opladen: Westdeutscher Verlag 1984; 최재혁 엮음, 『현대 독일 사회학의 흐름』(형성사, 1991).

* **658** 폐쇄된 권역(ein geschlossener Kreis) 리트의 용어. Litt, S. 234 ff. 이하 도처에서 참조 가능.

* **659** 국가시민(Staatsbürger) 「국민」, 「국가공민」 또는 「공민」 등으로 번역한다. 일찍이 칸트는 그의 『법이론』(Rechtslehre, §46)에서 「법칙수립을 위해 합일된 사회(市民的 社會)의, 다시 말해 국가의 구성원들을 [국가]시민이라고 일컫는다」(백종현 옮김, 『윤리형이상학』, 아카넷, 2012, 267면)고 했다. 역자(백종현)는 'Bürger'를 '시민'으로 옮길 수밖에 없는 한 'Volk'와의 혼동이 따른다는 것을 고백하고 있다. 또 이충진의 역서 『법이론』(이학사, 2013, 176면)도 「국가시민」(cives) 옆에 라틴어를 붙여놓았다. 한편 나치스당 강령 제4항에서는 「국가공민(Staatsbürger)일 수 있는 것은 민족동포(Volksgenosse)만이다. 민족동포일 수 있는 것은 신앙종파의 여하를 불문하고, 독일인의 혈통을 가진 자만이다. 그러므로 어떠한 유대인도 민족동포일 수 없다」고 한다. 스멘트와 슈미트는 이 강령을 염두에 둔 것 같다. CS, HH * 179 Staatsbürger. 「국가시민」 → 본서 1507면

* **660** 앙리 베르그송(Henry Louis Bergson, 1859-1941) 프랑스의 철학자. 무의식과 직관을 중시하는 새로운 사유체계를 완성했다. 자연과학적 세계관에 반대하고 물리적 시간개념에 순수지속으로서의 체험적 시간을 대립시키고, 절대적·내면적 자유, 정신적인 것의 독자성과 본원성을 명백히 하고, 구체적 생은 개념에 의해서 파악할 수 없는 부단한 창조적 활동이며(직관주의), 창조적 진화에 불과하다고 말했다. 저서 『물질과 기억』(Matière et memoire, 1896; 박종원 옮김, 아카넷, 2005);『창조적 진화』(L'evolution et créatrice, 1907; 황수영 옮김, 아카넷, 2005);『도덕과 종교의 두 원천』(1932; 송영진 옮김, 서광사, 1998);『웃음. 희극의 의미에 관한 시론』(Le rire, 1900; 김진성 옮김, 종로서적, 1993) 등.

* **662** "Dasein" 헤겔 철학의 전문용어라고도 할 'Dasein'을 일본 학계에서는 정재(定在), 정유(定有) 또는 현존재 등으로 번역하는데, 임석진(1932-2018) 교수는 '현실존재'라고 옮긴다(『법철학』, 한길사, 2008, 55면의 주 2). 한편, Sein은 존재 일반, Dasein은 현존재 또는 '거기 있음'으로 Sosein은 常存在 또는 '그리 있음'으로 번역하는 이도 있다(짐멜, 김덕영 옮김, 『돈의 철학』, 도서출판 길, 2013, 803면 역주). 스멘트에서는 현실, 실제, 실재, 사실 등 유사한 표현이 자주 사용되고 있어서 여기서는 혼동을 피하기 위해 '정재'로 통일한다.

* 662 에르네스트 르낭(Ernest Renan, 1823-1892) 프랑스의 종교학자・동양학자. 저서『예수의 생애』(Vie de Jésus, 1949. 최명관역, 훈복문화사, 2003)는 예수를 인간적인 무정부주의자로서 묘사하여 논쟁을 불러일으켰다. 저서『민족이란 무엇인가』(Qu'est-ce qu'une nation? 1882; 신행선 옮김, 책세상, 2002)에서 말한다. 「민족이란 하나의 영혼이며 정신적인 원리입니다. ... 민족은 이미 치러진 희생과 여전히 치를 준비가 되어 있는 희생의 욕구에 의해 구성된 거대한 결속입니다. 동의, 함께 공동의 삶을 계속하기를 명백하게 표명하는 욕구로 요약될 수 있는 것입니다. 한 민족의 존재는 개개인의 존재가 삶의 영속적인 확인인 것과 마찬가지로 **매일매일의 국민투표**입니다」(80-81면). 이 표현은 헬러(『주권론』, 99면)와 슈미트도 즐겨 인용한다.

* 662 매일매일의 국민투표(plébiscite de tous les jours). 에르네스트 르낭의 유명한 말. 「민족은 이미 치러진 희생과 여전히 치를 준비가 되어 있는 희생의 욕구에 의해 구성된 거대한 결속(연대)입니다. 한 민족의 존재는 개개인의 존재가 삶의 영속적인 확인인 것과 마찬가지로 매일매일의 국민투표입니다」(신행선 옮김, 『민족이란 무엇인가』, 81면).

* 662 빌헬름 칼(Wilhelm Kahl, 1849-1932) 베를린대학의 형법학자. 문헌 Michael Hettinger, Wilhelm Kahl (1849-1932) "... der Strafrechtsreform eigentliche Seele...", in: Stefan Grundmann, Michael Kloepfer, Christoph G. Paulus, Rainer Schröder, Gerhard Werle (Hrsg.), Festschrift 200 Jahre Juristische Fakultät der Humboldt-Universtät zu Berlin. Geschichte, Gegenwart und Zukunft, Berlin/New York: De Gruyter, 2010, S. 405-438.

* 663 스멘트가 주 55에서 인용한 슈미트의 글은 C. Schmitt, Besprechung der 3. und 4. Aufl. des Kommentars von Anschütz zur Weimarer Reichsverfassung, in: Juristische Wochenschrift, 55. Jahrg., Heft 19 vom 2. Oktober 1926, S. 2270-2272.

* 663 스멘트가 주 56에서 논제를 적지 않고 인용한 슈미트의 글은 C. Schmitt, Zu Friedrich Meineckes "Idee der Staatsräson"(1926) jetzt in ders., Positionen und Begriffe im Kampmpf mit Weimar-Genf-Versailles 1923-1939, 1940. 4. Aufl., 2014, S. 45-52. 김효전・박배근 옮김, 프리드리히 마이네케의『국가이성의 이념』에 부쳐, 동인, 『입장과 개념들』(세종출판사, 2001), 61-74면.

* 664 활력설(Vitalismus). 또는 생기론(生氣論). 모든 살아있는 것의 기초로서 생명력 또는 독자적인 원리로서 특별한 생활소재를 지닌다는 학설의 집합개념. 아리스토텔레스에서 기원하며 19세기로부터는 투쟁개념이 된다. 메커니즘의 반대개념. 문헌 Otto Bütschli, Mechanismus und Vitalismus, 1901; Philipp Sarasin, Reizbare Maschinen: Eine Geschichte des Körpers

1765-1914, 2001.

* **665** 오귀스트 콩트(Auguste Comte, 1798-1857) 프랑스의 철학자. 실증주의를 주창. 인간의 인식은 신학적・형이상학적・실증적인 3단계를 거쳐 발전한다고 주장. 또한 사회학(sociologie) 이라는 말과 새로운 학문분야를 창시했다. 미래에는 학자(savants)가 지배하는 합리화된 이상국가를 구상했고, 만년에는 「인류교」(la religion d'Humanit)라는 새 종교를 주장하고 그 교조가된다. 저서 『실증 철학 강의』(1830-1842), 『실증 정치의 체계』(1851-54), 『실증주의서설』(김점석 옮김, 민음사, 2001). 콩트의 3단계 법칙에 관해서는 슈미트의 「중립화와 탈정치화의 시대」, 『정치적인 것의 개념』, 121면; 『정치신학 외』, 109면.

* **665** 허버트 스펜서(Herbert Spencer, 1820-1903) 영국의 생물학자・사회학자・심리학자. 진화론에 입각한 사회적 다윈주의 사상으로 유명. 1865년부터 1895년 사이 진화의 개념을 대중화시켰고, 영국・러시아・미국・프랑스・독일 등지에서 폭넓은 학문적 지지를 얻었다. 저서 『국가의 무의 한계』(이상률 옮김, 이른비, 2021); 『개인 대 국가』(이상률 옮김, 이책, 2014); 『사회학의 원리』(1874-1896). 문헌 DNB Supp. 1901-1911, pp. 360-369.

* **665** 퇴니스(Ferdinand Tönnies, 1855-1936) 독일의 사회학자・철학자. 킬대학 교수. 1936년 나치 정부에 의해서 파면됨. 저서 『공동사회와 이익사회』(Gemeinschaft und Gesellchaft, 1887; 황성모역, 삼성출판사, 1976/1990)에서 사회학의 근본개념을 해명하고 사회학의 발전에 큰 영향을 미침. 마르크스와 홉스에 관한 연구가 있다. 저서 『토머스 홉스』(Thomas Hobbes, 3. Aufl. Stuttgart 1925); 『여론 비판』(Kritik der öffentlichen Meinung, 1922); 『사회학입문』 (Einführung in die Soziologie, 1931). 전집 24권 de Gruyter 2009.

* **665** 빌헬름 딜타이(Wilhelm Dilthey, 1833-1911) 독일의 철학자・사상사가. 「생」과 「정신」의 개념을 기초로 하여 철학・정신과학의 이론을 구축했다. 저서 『정신과학에서 역사적 세계의 건립』 (김창래 옮김, 아카넷, 2009); 『체험과 문학』(한일섭역, 중앙일보, 1984); 『딜타이 시학』(김병욱 외역, 에림기획, 1998) 등.

* **665** 막스 베버는 지배의 유형을 합리적・전통적・카리스마적 지배의 세 유형으로 나눈다. M. Weber, Wirtschaft und Gesellschaft. Grundriss der Verstehenden Soziologie, Fünfte Auflage von Johannes Winckelmann, Tübingen: Mohr 1980, S. 122-176. 박성환 옮김, 『경제와 사회(1)』(문학과지성사, 1997); 금종우・전남석 공역, 『지배의 사회학』(한길사, 1981).

* **665** 국가민족(Staatsvolk) → 본서 1507면의 국가시민

* 666 비스마르크 헌법(Bismarcksche Reichsverfassung) 1871년 4월 16일의 독일 라이히 헌법을 가리킨다. 송석윤 옮김, 독일 제국 헌법 (1871년 4월 16일), 『법사학연구』 제41호(2010), 222-245면.

* 666 이성의 교지(List der Vernunft). 헤겔의 특징적인 표현. 헤겔이 이해하는 과정은 인류의 역사에서 일정한 목적이 실현되지만 행동하는 인간은 이를 의식하지 못한다는 것이다. 예컨대 박카스 축제의 요란스러움. 출처. 헤겔, 임석진 옮김, 『정신현상학』1, 2 (한길사 2005); 김종호 옮김, 『역사철학 강의』(삼성출판사, 1982).

* 666 조합주의(Korporativismus). 정치적 결정과정에 일정한 사회집단이 참가하는 여러 형식을 나타내기 위한 정치학의 전문 개념. 우선 권위적 조합과 자유주의적 조합으로 나뉜다. 권위적 조합은 권위적 결정절차에서 경제적 또는 사회적 집단의 강제적인 주입(Einbindung)을 나타낸다. 자유주의적 조합은 사회적 조직들의 자유로운 관여를 나타낸다. 문헌 B. Weßels, Die Entstehung des deutschen Korporatismus, in: Aus Politik und Zeitgeschichte, B 26-27, 2000, S. 16-21; P. C. Mayer-Tasch, Korporatismus und Autoritarismus, 1971.

* 667 「지도자를 찾는 절규」. 「자신의 무력감, 의지할 데 없고, 돕는 사람 없는 세계대전의 패자들」에게서 나타나는 현상은, 제국주의의 침략 앞에 속수무책으로 당하는 식민지의 피압민족들의 경우와 유사한 면이 있다. 근대 한국의 경우 영웅문학의 등장이 그 좋은 예이다.

* 667 후고 프로이스(Hugo Preuß, 1860-1925) 바이마르 헌법의 기초자. 베를린에서 유대인 부호의 아들로 출생. 일찍부터 비스마르크의 국내정치에 반대하는 진영에 가담하여 사회민주주의자와 공동으로 자유주의적 입장을 취했다. 교수자격논문 『자치체·국가·라이히』(Gemeinde, Staat, Reich, 1889)는 라반트 등의 지배적인 학설을 비판하고 단체이론을 기초로 국가를 재구성하려고 시도하였다. 유대인이었기 때문에 사강사의 지위에 머물렀고 1906년에야 비로소 베를린상과대학의 교수가 된다. 진보인민당에 소속하여 베를린시회 의원으로서도 활동. 지방의회의원을 지내고 제국의회에는 진출하지 못했다. 혁명 후 중도좌파적인 독일민주당(DDP)의 창설 멤버가 된다. 예외상태에서의 대통령의 대권에 관한 제48조는 그의 고안이라고 한다. 그는 바이마르 혁명을 「국민국가냐 관헌국가냐」하는 선택의 문제로서 지지하였다. 1919년 2월 에버트(Ebert) 대통령에 의해서 초대 내무장관에 임명되었으나 베르사유조약에 항의하고 사직한다. 카를 슈미트는 그의 후임으로 베를린상과대학에 취임한다. 저서 Verfassungspolitische Entwicklung in Deutschland und Westeuropa, 1927; Staat, Recht und Freiheit, 1926; Hugo Preuss Gesammelte Schriften, 5 Bde., Tübingen: Mohr 2007-2015. 문헌 Günther Gillessen, Hugo Preuß. Studien zur Ideen-und Verfassungsgeschichte der Weimarer Republik, Berlin: Duncker & Humblot 2000; Häberle u. a. (Hrsg.), Staatsrechtslehrer des 20. Jahrhunderts,

2. Aufl. S. 107-128. 『정치신학』(법문사, 1988), 125-154면. 최근 Der Hüter der Verfassung, 5. Aufl., 2016. Anhang으로서 재수록. 디안 쉐폴드, 김효전 옮김, 후고 프로이스 (1860-1925) 도시법제에서 바이마르 공화국 헌법으로,『헌법학연구』제25권 4호(2019), 265-305면. 初宿正典, 『カール・シュミットと五人のユダヤ人法學者』(成文堂, 2016), 389-506면; 大野達司編,『主權の ゆくえ ― フーゴー・プロイスと民主主義の現在』(風行社, 2011). → 본서 1245면 이하

* **668** 민족동포(Volksgenosse) → 본서 1507, 1555면

* **669** 스멘트가 인용한 켈젠의 민주주의론은, Demokratie. Verhandlungen des 5. Deutschen Soziologentages vom 26. bis 29. September 1926 in Wien, Seite 37-68, 113-118. Tübingen: J. C. B. Mohr (Paul Siebeck), 1927. X, 227 Seiten이다. 기타 Hans Kelsen, Wesen und Wert der Demokratie, 1921. Mit einem Nachwort von Klaus Zeleny, Reclam: Stuttgart 2018. 번역은 한태연·김남진 공역,『민주주의의 본질과 가치』(법문사, 1961); 심헌섭역, 민주주의의 옹호,『법철학연구』제13권 2호(2010) 및 동인,『분석과 비판의 법철학 II』(법문사, 2024), 306-317면. 일역본 長尾龍一·植田俊太郎譯,『民主主義の本質と價値』(岩波文庫, 2015); 布田勉譯, 民主制(1927年),『デモクラシー論』(ケルゼン選集9, 木鐸社, 1977), 95-147면. 영역본은 Tr. by Brian Graf, The Essence and Value of Democracy, Rowman & Littlefield, 2013.

* **669** 빌헬름 2세(Wilhelm 2,1859-1941) 독일 제국 제3대 황제(1888-1918년) 겸 프로이센 국왕. 1918년 11월 9일 독일혁명의 발발로 퇴위하고 네덜란드로 망명.

* **669** 국가(國歌)에 관하여는 P. Häberle, Nationalhymnen als kulturelle Identitätselemente des Verfassungsstaates, Berlin 2007; 신용하, 애국가 작사는 누구의 작품인가,『대한민국학술원 통신』제297호(2018. 4. 1), 2-7면.

* **669** 텔(Wilhelm Tell) 문헌 프리드리히 실러, 이원양 옮김,『빌헬름 텔』(지만지드라마, 2019);홍성광 옮김,『빌헬름 텔·간계와 사랑』(민음사, 2011). 실러의 작품은 이홍우 옮김,『인간의 심성교육』(교육과학사, 2019); 장상용 옮김,『그리스의 신들』(인하대출판부, 2000).

* **669** 빙켈리드(Arnold von Winkelried, 1386년 사망). 스위스 역사에서 일정한 역할을 한 신비적인 인물. 합스부르크 기사단과의 젬파흐(Sempach) 전투에서의 그의 죽음은 레오폴드 3세 공작 하의 합스부르크에 대한 서약공동체의 승리를 열은 열쇠가 된다. 스위스 Unterwalden의 가족.

* **670** 토마스 만(Thomas Mann, 1875-1955). 독일의 작가. 20세기 최대의 독일 소설가로

평가. 1929년 노벨상 수상. 스멘트가 인용한 소설 "Königliche Hoheit"(1909)는 자전적인 특성을
지닌 이야기에 기초한 것. 나치에 비판적이었기 때문에 1936년 국적이 박탈되어 미국으로 이주.
작품 『부덴브로크가의 사람들』(Buddenbrook, 1901; 홍성광 옮김, 2001), 『마의 산』(Der
Zauberberg, 1924; 홍성광 옮김, 2008), 『예술과 정치: 반지성주의를 경계하며』(홍성광 옮김,
2020), 『토마스 만 단편전집 1』(안삼환외, 2020) 외 다수. 파시즘에 관한 우화 『마리오와 마술사』
(Mario und der Zauberer, 1930)에서 대중을 미혹에 빠뜨리는 최면술사의 이야기를 통해 히틀러
의 독일을 풍자했다. → 본서 1666면

* **670** 슐뢰쩌(Leopol von Schlözer, 1859-1946) 프로이센의 장교·저술가. 1891-1894년
사관학교 수학. 1908년 퇴역. R. M. 릴케와 알게 되고 이탈리아 등지에서 생활. Winkel 성에
거주하며 문필 활동. 주요 작품은 숙부인 Kurd von Schlözer의 편지를 수집하여 6권의 책으로
편집. 「서간 문학의 고전」으로 불린다.

* **672** 생활형태 → 본서 1554면

* **673** 카를 뷔흐너(Karl Büchner, 1847-1930) 독일의 경제학자. 유럽에서 신문학 창시자의
1인. 노동사회학(노동과 리듬)과 경제사(국민경제의 성립)에 관한 논문은 혁신적. 기타 사회에서의
상호 과정들에 몰두하고, 대량생산 법칙의 고안자로 여긴다. 1878년 Frankfurter Zeitung 편집자.
1881년 뮌헨대 경제학 Venia legendi. 1901-23년 전국가과학잡지 편집자. 저서 Arbeit und
Rhythmus, Teubner, Leipzig 1899; Die Entstehung der Volkswirtschaft, Laupp, Tübingen
1893. 문헌 Jürgen G. Backhaus (ed.), Karl Büchner. Theory-History-Anthropology-Non
Market Economies, Marburg 2000; Beate Wagner-Hasel, Die Arbeit des Gelehrten. Der
Nationalökonom Karl Büchner (1847-1930), Frankfurt a. M. 2011.

* **673** 프리드리히 폰 비저(Friedrich von Wieser, 1851-1926) 오스트리아의 국민경제학자·사
회학자. Carl Menger, Eugen Böhm-Bawerk와 오스트리아 국민경제학파 건설. 「대체가격 또는
기회가격」이란 관념을 생각했다. 스멘트는 그의 『권력의 법칙』(Das Gesetz der Macht, 1926;
현동균 옮김, 진인진, 2023)에 관하여 언급했다. 저서 Der natürliche Werth 1889.

* **673** 헬파흐(Willy Hellpach, 1877-1955) 독일의 정치인·저널리스트·심리학 교수이자 의사.
1925년 독일민주당(Deutsche Demokratische Partei)의 라이히 대통령 후보.

* **675** 카를 슈미트(Carl Schmitt) 스멘트와의 편지교환집 R. Mehring (Hrsg.), "Auf der
gefahrenvollen Straße des öffentlichen Rechts." Briefwechsel Carl Schmitt-Rudolf Smend
1921-1961, D&H., 2010; Häberle u. a. (Hrsg.), Staatsrechtslehrer des 20. Jahrhunderts,

2. Aufl. S. 391-418.

* 675 리하르트 토마(Richard Thoma) 여기서 스멘트가 언급한 토마의 논문은 Zur Ideologie des Parlamentarismus und Diktatur, in: Archiv für Sozialwissenschaften und Sozialpolitik, Bd. 53. Heft 1, 1925, S. 212-217. 박남규역, 「의회주의와 독재의 이데올로기에 대하여」, 동인역, 『현대 의회주의의 정신』(탐구신서, 1987), 156-169면. → 본서 1495면

* 675 주 99의 「특별동맹전쟁」 → 본서 1576면 분리주의자동맹

* 679 조르주 소렐(Georges Sorel, 1847-1922). 프랑스의 사회주의자. 혁명적 생디칼리슴의 이론적 대표자. 무솔리니에게 사상적 영향을 주었기 때문에 「파시즘의 정신적 아버지」라고 불린다. 그는 의회주의를 부정하고 생디칼리슴의 역할을 높이 평가하고, 의회주의의 「온건주의」에 대항하여 폭력의 윤리성을 강조하고 그 구체적 발현형태로서 총파업을 중요시하고 이것을 재래의 유토피아와는 다른 「신화」라고 하여 새로운 사회담당자로서의 엘리트의 임무를 강조하였다. 저서 『폭력에 대한 성찰』(Réflexions sur la Violence, 1908; 이용재 옮김, 나남, 2007);『진보의 환상』(Les Illusions du Progrès, 1908; 정헌주 옮김, 간디서원, 2020).

* 680 생디칼리슴(Syndicalisme) 19세기 말부터 20세기 초에 걸쳐 서유럽, 특히 프랑스에서 성행한 급진적 노동조합주의. 노동조합이 일체의 정당활동을 배제하고 총파업이나 직접 행동에 의해서 산업관리를 실현하고 사회개조를 달성하려는 입장이다. 1920년부터 아나르코 생디칼리슴이라고 불렸다.

* 680 「복종의 기회」(Gehorsamschance) 여기의 「기회」(Chance) 이 말을 확실히 일어날 수 있는 「가능성」으로 번역하기도 한다. 막스 베버, 김진욱 옮김, 『이해사회학의 카테고리』(범우문고, 2002), 24면의 주.

* 681 물적 통합(sachliche Integration). '인적,' '물적'이란 표현은 헌법 교과서의 「법관의 독립」에 관한 설명 등에서도 자주 보인다. 사물개념(Dingbegriff)
 일찍이 제도이론을 창시한 모리스 오류(Maurice Hauriou, 1856-1929)는 제도를 인적 제도와 물적 제도로 나누었다. 먼저 제도란 사회적 환경에서 법적으로 실현되고 지속하는 일 또는 사업의 이념(idée d'œuvre ou d'entreprise)이다. 이러한 이념을 실현하기 위해서는 하나의 권력이 조직되고 그 기관을 만든다. 다른 한편, 이 이념의 실현에 이익을 가지는 사회집단의 구성원 사이에서 권력기관에 의해 지도되고, 절차에 의해서 규정되어야 할 일치의 표시(manifestations de communion)가 나타난다. ... 「제도에는 두 가지가 있다. 인격화하는 것과 인격화되지 않는 것이 있다. 인격적 제도(institutions personnes) 또는 사단(국가 · 결사 · 조합 등)과 같은 범주를

구성하는 전자에서는 조직된 권력과 집단 구성원의 일치의 표시는, 일의 이념의 틀 속에서 내면화 (s'interioriser)한다. 이념은 사단적 제도의 목적이 된 후 성립한 단체에서 생기는 법인격 (personne morale)의 주체가 된다」. ...「물적 제도(institutions-choses)로서 나타낼 수 있는 두 번째 범주의 제도에서는 조직된 권력도, 집단구성원의 일치의 표시도, 일의 이념이란 틀 속에서 내면화되어 가는 것이 아니며, 그들은 사회적 환경 속에는 있지만, 이념의 외부에 머무른다. 사회적 환경 속에 전파하고 거기서 생활하기 때문에 하나의 제도이다. 그러나 눈에 보이는 형태에서는 고유한 사단을 산출하는 것은 아니다. 그것은 사회집단 속에서, 예컨대 국가 속에서 생활하지만 거기에서는 그 [국가의] 형벌권을 차용하며 그 [국가] 속에서 산출된 일치의 표시를 이용한다. 그 경우에 그것은 행동 또는 사업의 원리가 아니라, 아주 반대로 한정의 원리이기 때문에 사단을 만들어 낼 수 없는 것이다」. Hauriou, La théorie de l'institution et de la fondation (Essai de vitalisme social), in: Cahiers de la nouvelle journée, t. 4, 1925, p. 10-11. 문헌 김충희, 모리스 오류의 제도이론, 서울대 석사논문, 2010. 이처럼 오류의 제도이론은 난해하고 신비적인 것이지만 스멘트의 통합이론을 비롯하여 C Schmitt, E. Kaufmann, P. Häberle 등에게 직접적으로 커다란 영향을 미쳤다.

한편 짐멜(G. Simmel)은 문화철학에서 「문화」(Kultur)를 persönliche Kultur와 sachliche Kultur로 대비한다. 전자는 '인격문화' 후자는 '물격문화'로 번역하고, '인격'은 인간의 품격을 가리키며, '물격'은 사물이 마치 인간처럼 그리고 인간의 품격과 상관 없이 고유한 품격을 지닌다는 의미를 함축한다고 풀이하는 견해도 있다(김덕영 옮김,『돈의 철학』, 길, 2013, 815면의 역주;『게오르그 짐멜의 문화이론』(김덕영·배정희, 길, 2007). [김덕영]은 sachlich를 문맥에 따라서 '물격적' 또는 '객관적'으로 표현하는데, 여기서는 한국의 관용예에 상응하여 '물적' 또는 '실질적' 으로 옮긴다. → 본서 1554면

* **682** 아나톨 프랑스(Anatole France, 1844-1924) 프랑스의 소설가·비평가. 편견과 인습을 혐오하고 사회주의적 정치사상에 동정을 보이고 신랄한 사회 및 풍속 비판을 쓰고 드레퓌즈 사건(1894-1899)에서는 군국주의와 싸웠다. 노벨문학수상자. 스멘트가 인용한 작품은『펭귄의 섬』(L'île des Pingouins, 1908; 김우영역, 다른우리, 2008)이다. → 본서 1524면

* **683** 한스 베베르크(Hans Wehberg, 1885-1962) 독일 출신의 국제법학자·평화주의자. 제1차 대전시 독일의 벨기에의 중립침범을 반대. 킬대학 교수를 지낸 후 1928년 이후 스위스 제네바대학 교수. 1931년의 중일전쟁을 법학적으로 아무런 문제가 없다고 하였다가 수년 후 이 견해를 철회하였다. 스멘트는 베베르크의 평화주의를 비판적으로 보고 있다. 저서 Die internationale Beschränkung der Rüstungen, 1919; The Limitation of Armament, 1921. 문헌 카를 슈미트, 「국가사회주의와 국제법」(김효전 옮김,『헌법과 정치』, 400면); Claudia Denfeld, Hans Wehberg (1885-1962): Die Organisation der Staatengemeinschaft, Nomos 2008.

* **684** 헤르베르트 비스마르크에게 보낸 솔즈베리의 편지.

* **684** 키에르케고르(Kierkegaard)에서의 신화와 상징의 관련은 『선민의 개념』(Der Begriff des Auserwählten, 1917).

* **684** 한스 프라이어 → 본서 1506면

* **684** 1315년 모르가르텐의 전투(Schlacht am Morgarten) 1315년 11월 15일 모르가르텐(현재의 Oberägeri 부분)에서 Werner Stauffacher가 지휘하는 약 1500명의 스위스 동맹군이 매복했다가 신성로마제국의 오스트리아군을 대파한 전투. 이 전투의 승리로 스위스가 독립한다. 전투 후 1291년의 동맹 서약을 경신하고 구 스위스 동맹이란 국면을 열었다. 40년 안에 루체른·추크·취리히 그리고 베른이 동맹에 가담했다. 스위스 바젤 출신의 스멘트는 이 사건을 스위스의 국민적 통합의 결정적인 계기로 본다. 여기의 표현은 한국인에게는 612년 고구려가 중국 수나라 군대를 대파한 살수대첩과 645년 고구려가 당나라 군대를 안시성에서 격파한 전투를 연상시킨다.

* **684** 로마로의 진군(Marsch auf Rom) 1922년에 이탈리아의 파시스트당이 일으킨 무혈 쿠데타. 나폴리에서 결집한 파시스트 전투단이 로마로 진군하여 권력을 장악했고 이로써 무솔리니 내각의 파시스트 정권이 성립하였다. 문헌 헤르만 헬러, 유럽과 파시즘, 김효전 옮김, 『바이마르 헌법과 정치사상』(산지니, 2016), 267면, 271면; 쉬첼, 강성위역, 『국가』, 386-395면.

* **686** 루돌프 첼렌(Rudolf Kjellen, 1864-1922) 스웨덴의 정치가·지리학자. 라첼(F. Ratzel)의 영향을 받고 지정학을 확립. 대학에서 교편을 잡았고 국회의원도 지냈다. 헤르만 헬러도 사용한 「지정학」(Geopolitik) 용어의 창시자. 이 말은 제1차 세계대전 후 일반화되었다. 그의 추종자 하우스호퍼에 의하면 「지정학은 자연적 생활영역에서의 정치적 생활체를 그 지리적 구속성과 역사적 운동에 의한 제한에서 이해하려는 과학이다」라고 정의내린다. 그러나 그 내용은 생각건대 국가유기체론과 지리적 결정론의 복합물이다. 나치스의 어용학문으로서 나치스의 「피와 땅」에 대해서 피에 있어서의 종족학과 같은 역할을 했다. 저서 『생활형태로서의 국가』(Staaten im Lebensform, 1912); 『현재의 열강들』(Die Großmächte der Gegenwart, 1914), 『정치학체계요론』(Grundriß zu einem System der Politik) 등. 문헌 이진일, 독일 지정학 속 조선의 위상 - 카를 하우스호퍼(Karl Haushofer)가 만난 조선, 『독일 연구 - 역사·사회·문화』 제53집 (2023), 103-150면.

* **686** 뤼틀리쉬부어(Rütlischwur) 옛 스위스 동맹을 창설할 때 우리(Uri), 슈비츠(Schwyz) 그리고 운터발덴(Unterwalden) 세 칸톤의 대표자들이 모여 행한 전설적인 서약을 말한다. 이 서약은 특히 실러(Fr. Schiller)의 연극 「빌헬름 텔」(윌리엄 텔)로서 유명하게 되었다.

* **688** 생활공간(Lebensraum) 생활공간의 계보는 C. Abrahmssohn, On the Genealogy of Lebensraum, in: Geographica Helvetica, Vol. 68, No. 1(2013). 문헌 이진일, 독일에서의 인구·인종주의 전개와 생명정치 ― "생존공간"과 제국을 향한 꿈, 『史林』 제50집(2014); 동인, 냉전의 지정학과 동아시아 '지역'(region)의 구성 ― 칼 슈미트의 '광역질서'(Grossraum-ordnung) 이론을 중심으로, 『독일 연구』 제43집(2020).

* **689** 정재(定在) → 1556면

* **692** 카를 빌핑거(Carl Bilfinger, 1879-1958) 독일의 국법학자. 슈미트 동료. 하이델베르크, 베를린대학 교수. 대통령에 의한 프로이센 정부 파면에 관한 재판에서 슈미트와 함께 중앙정부를 변호. 나치당원이 되고 전후 파면된 후 학계에 복귀.

* **693** 여기서 스멘트가 인용한 뢰벤슈타인의 논문명은 Zur Soziologie der parlamentarischen Repräsentation in England nach der großen Reform: Das Zeitalter der Parlaments-souveränität (1832-1867), Archiv für Sozialwissenschaft und Sozialpolitik, Bd. 51 (1924), S. 614-708. jetzt in: ders., Beiträge zur Staatssoziologie, Tübingen 1961, S. 65-171.
  뢰벤슈타인(Karl Loewenstein, 1891-1973) 뮌헨대학 사강사로 재직 중 유대인이라는 이유로 나치스에 의해서 추방. 미국으로 이민 가서 앰허스트 대학의 정치학 교수로 정착. 저서 Political Power and the Governmental Process, 1957 (독역판 Verfassungslehre, 1959, 4. Aufl., 2000)는 한국(김기범역, 『현대헌법론』, 교문사, 1973; 새 번역, 『동아법학』 제74·75호, 2017)과 일본에 지대한 영향을 미쳤다. 뢰벤슈타인은 5. 16 군사 쿠데타 이후 민정으로 이양하기 위하여 새 헌법을 제정하는 과정에서 그를 초빙하려고 하였으나 거절하였다는 소문이 있다(이석제, 제3공화국개헌, 『중앙일보』1980. 6. 9 및 윤길중 외, 개헌비사, 『동아법학』 제72호, 2016, 337면). 특히 1960년대에는 헌법 교과서마다 거의 경쟁적으로 기술하였으며, 심지어는 사법시험 문제에까지 영향을 미쳤다. 문헌 김효전 옮김, 『독일 헌법학의 원천』(산지니, 2018), 805면 이하; 김효전역, 『비교헌법론』(교육과학사, 1991); 이재욱 옮김, 『바이마르의 세기: 독일 망명자들과 냉전의 이데올로기적 토대』, 회화나무, 2018), 281-347면. → 본서 1502면

* **693** 엥겔스(Friedrich Engels, 1820-95) 독일의 사상가·혁명가. 카를 마르크스와 함께 이른바 과학적 사회주의의 창시자. 마르크스를 도왔으며 그의 사후에는『자본론』 2, 3권을 출판. 마르크스와 공저『독일 이데올로기』(1845-46; 새 번역 이병창 옮김, 먼빛으로, 2019);『공산당선언』(1848; 김재기 편역, 1988); 단독으로『가족·사유재산 및 국가의 기원』(1884; 김대웅 옮김, 두레, 2012);『공상에서 과학에로의 사회주의의 발전』(1884) 등. 문헌 트리스트럼 헌트, 이광일역, 『엥겔스 평전』(글항아리, 2010); 이해영편, 『엥겔스 연구』(녹두, 1989). 스멘트가 여기서 언급한 것은

『반뒤링론』(1876; 김민석 옮김, 1987)이다. 스멘트가 인용한 엥겔스의 저작은 『반뒤링론』(김민석 옮김, 새길, 1987), 301면

* **693** 국가의 사멸. 엥겔스는 "Der Ursprung Familie, des Privateigentums und des Staats"(1884; 김대웅 옮김, 『가족, 사유재산, 국가의 기원』, 두레, 2012)에서 「국가는 문명사회를 총괄하는 힘으로서 모든 전형적인 시기에 예외 없이 지배계급의 국가이며, 또 본질적으로 모든 경우에 억압받고 착취당하는 계급을 억압하는 기관이다」(304면)라고 했으며, 「계급의 소멸과 함께 국가도 불가피하게 사라질 것이다. 생산자들의 자유롭고 평등한 결합에 기초하여 생산을 새로이 조직하는 사회에서는 전체 국가기구를 그것이 마땅히 가야 할 곳으로, 즉 고대박물관으로 보내 물레나 청동도끼와 나란히 진열할 것이다」(300면)라고 말했다.

* **693** 연대의 원리(Solidaritätsprinzip) 이 말의 기원은 성경(로마서 12: 4-5; 고전 12:12)과 로마법상의 「연대책임」에서 유래하지만 프랑스혁명 이후 1891년의 Fourmies의 학살 이래 「박애」 대신에 정치적 슬로건으로서 상투어가 되었다. 또한 사회주의 이데올로기와 가톨릭의 사회이론과도 결합하고, 철학·사회학은 물론 다시 법학으로 돌아와서 헌법학과 국가론에 정착하였다. 스멘트는 내각법의 핵심으로서 연대의 관념을 부인한다. 문헌은 M. Borgetto, La notion de fraternité en droit public française: le passé, le présent et l'avenir de la solidarité, Paris: LGDJ, 1993; L. Bourgeois, Solidarité, 1896, reproduit 1998; P. Kunnig, Solidarität als Rechts-prinzip, in: Jahrbuch des öffentlichen Rechts, Bd. 55, 2007; E. Denninger, Verfassungsrecht und Solidarität, in: Krit. Vjschr. f. Gesetzebung und Rechtswiss. 1995, S. 7 ff.; J. Isensee (Hrsg.), Solidarität in Knappheit, 1998. 김종엽, 『연대와 열광』(창비사, 1998).

* **693** 마스 아들러(Max Adler, 1873-1937). 오스트리아의 마르크스주의자. 사회과학방법론과 국가론에서 논쟁을 전개. 켈젠의 『사회주의와 국가』(Sozialismus und Staat, 1923)를 마르크스주의 옹호라는 입장에서 비판한 『마르크스주의의 국가관』(Die Staatsauffassung des Marxismus, 1922)이 유명하다.

* **694** 천년왕국(millenium). 세계가 종말하기 전의 천년 동안 그리스도가 세계를 직접 지배하는 이상적 시대. 공산주의를 천년왕국론으로서 비판하는 것으로서 F. Gerlich, Der Kommunismus als Lehre vom tausendjährigen Reich, München 1920.

* **695** 앙드레 타르디외(André Tardieu, 1876-1945) 프랑스 수상을 세 차례 역임한 정치가(1929-30, 1930, 1932). 강력한 지성적 명망을 지닌 보수 중도파였으나 전 세계에 불어닥친 대공황이 시작되자 나약한 수상이 되었다. 저서 La France et les alliances, 1908; La Paix, 1921 (영역 The Truth about the Treaty); Devant l'obstacle, 1927 (영역 France and America);

La Révolution à refaire, 2 vols. 1936-37.

* **697** 실리(Sir John Robert Seeley, 1834-1895) 영국의 역사가. 그의 유명한 영국발전사론 (1883)은 대영제국의 발전과정을 인과적으로 추구하고 그 식민정책을 분석·비판한 것으로 제국주의적 시류를 타고 크게 환영을 받았다. 실리의『정치학입문』(Introduction to Political Science, London 1896)은 중국인 옌푸(嚴復, 1854-1921)가『政治講義』(1906)로 번역·소개하였다. 이 책의 한국어 번역은 양일모 역주,『옌푸, 정치학이란 무엇인가』(성균관대출판부, 2009), 140면.

* **697** 리실리외(Richelieu, 1585-1642)는 1624년에 프랑스의 사실상의 재상이 되었는데 독일에서 1629년에 발렌슈타인이나 틸리 같이 우수한 장군을 옹호하는 황제 페르디난드 2세의 승리가 확정되고,「회복칙령」의 발포를 보아 독일이 페르디난드 2세 아래 공고한 통일을 형성하여 프랑스를 위협하는 형국이 된 때에 리쉴리외는 1631년에 Bärwalde에서 스웨덴의 구스타프 2세에게 보조금을 줄 것을 약속하고, 독일에 침입하였다. 그러나 구스타프의 독일 침입은 원래 발단부터 리쉴리외 정책을 지지한 것이며, 또 베스트팔렌 강화도 이미 그가 생존 시부터 획책한 것이다. 헤겔의 리쉴리외관은『역사철학강의』(라손판), 899면, 925면 참조.

* **699** 갈채(Akklamation) 카를 슈미트는 국민 고유의 모든 표현의 핵심이며, 루소가 염두에 둔 민주주의의 근원적 현상은 바로「갈채」라고 하여 직접민주주의를 강조한다. 그는「갈채는 모든 정치적 공동사회의 영원한 현상이다. 국민 없는 국가란 없으며, 갈채 없는 국민이란 없다」고 극언을 한다. C. Schmitt, Volksentscheid und Volksbegehren, 1927, S. 34 (김효전 옮김, 『국민표결과 국민발안』, 관악사, 2008, 40면 이하;『헌법과 정치』, 160면 이하). 슈미트의「갈채」 구상은 페터존의 종교사적 연구에 많이 힘입고 있다. E. Peterson, Heis Theos, Göttingen 1926, S. 141-227. 또한 Schmitt, Politische Theologie II, 1970, 6. Aufl., 2017.

* **699** 모리스 오류(Maurice Hauriou,) → 본서 1520면, 물적 통합 1562면

* **700** 볼첸도르프(Kurt Wolzendorff, 1882-1921) 독일의 공법학자. 할레대학 교수. 베르사유회의에 참석. 영양실조로 인한 간염으로 급사. 저서『저항권론』(Staatsrecht und Naturrecht in der Lehre vom Widerstandsrecht des Volkes gegen rechtswidrige Ausübung der Staats-gewalt, Breslau 1916; ND 1968);『국제법의 허구』(Die Lüge des Völkerrechts, 1919);『독일의 국제법 사상』(Deutsches Völkerrechtsdenken, 1919);『국법학의 정신』(Der Geist des Staatsrechts, 1920).

* **701** 피히테(Johann Gottlieb Fichte, 1762-1814) 독일 고전철학의 대표자. 칸트를 수용하여 자아를 유일절대의 원리로 삼고, 거기에서 철학의 전체계를 통일적으로 도출하는 지식학을 시도했

다. 젊은 날의 피히테는 자코뱅으로 불릴 정도로 프랑스 혁명의 찬미자이며 국가계약설의 입장에서
이성국가를 설명했다. 나폴레옹 군대 점령 하에 「독일 국민에게 고함」이라는 연속 강연으로 근대적
민족주의를 환기하고 독일의 재건을 강조한 것으로 유명하다(1807.8). 만년에는 낭만주의적
이상주의로 이행한다. 저서 『독일 국민에게 고함』(황문수 옮김, 범우사, 1997; 김정진 옮김, 삼성문
화문고, 1971);『전체 지식론의 기초』(한자경 옮김, 서광사, 1996);『학문론 또는 이른바 철학의
개념에 관하여』(이신철 옮김, 철학과현실사, 2005); 쉐첼, 강성위역, 『국가』(이문출판사, 1995),
255-264면 등.

* **701** 쉴라이어마허(Friedrich Ernst Daniel Schleiermacher, 1768-1834) 독일의 프로테스탄
트계 종교사상가. 베를린대학 신학 및 철학 교수. 종교의 본질을 「절대의존의 감정」에서 구했다.
「근대신학의 아버지」라고 불린다. 저서 『종교론 — 종교를 멸시하는 교양인을 위한 강연』(1799;
최신한 옮김, 한들, 1997);『성탄 축제』(1806; 최신한 옮김, 문학사상사, 2001) 등. 문헌 『슐라이어
마허의 해석학』(강돈구 지음, 이학사, 2000); Miriam Rose, Schleichermachers Staatslehre,
Tübingem: Mohr 2011.

* **702** 「기회」(Chance). 이 말을 확실히 일어날 수 있는 「가능성」으로 번역하기도 한다. 막스
베버, 김진욱 옮김, 『이해사회학의 카테고리』(범우문고, 2002), 24면의 주.

* **703** 카를 브링크만(Carl Brinkmann, 1885-1954) 독일의 사회학자·경제학자. 사회경제학과
정치경제사를 중점으로 연구. Rhodes 장학생으로 영국 The Queen's College, Oxford 유학.
하이델베르크, 베를린, 튀빙겐대학 교수 역임. 저서 Weltpolitik und Weltwirtschaft im 19.
Jahrhundert, 1921; Soziologische Theorie der Revolution, 1948; Wirtschaftstheorie, 1948.
문헌 H. Winkcl, Das Verhältnis von Theorie und Geschichte bei Carl Brinkmann, Diss.
Mainz 1960.

* **704** 전체국가(Gesamtstaat)와 개별 국가들(Einzelstaaten) 카를 슈미트의 「전체국가」(totaler
Staat)는 국가와 사회의 이원론에 입각하여 국가권력이 종교나 경제에 개입하지 않는 19세기적인
「중성국가」에 대하여, 국가가 전 영역을 지배하는 국가를 말한다. 슈미트, 김효전 옮김, 『헌법의
수호자』(법문사, 2000), 102면; 동인, 「독일에 있어서의 전체국가의 발전」, 『입장과 개념들』(세종
출판사, 2001), 265-272면; 김효전편, 『독일헌법학설사』(법문사, 1982), 175-212면.
　스멘트의 「전체국가」는 독일의 개별 국가(또는 邦)들을 포함한 독일 전체의 국가를 의미한다.

* **704** 법명제(Rechtssatz) G. Jellinek, Allgemeine Staatslehre, S. 505. 김효전 옮김, 『일반
국가학』, 412면에서는 「법규」로 번역.

* 704 페르디난트 라살레(Ferdinand Lassalle, 1825-1864) 독일사회민주당의 전신인「전독일노동자협회」의 창립자. 국가론에서는 헤겔의 영향을 많이 받아 국가의 윤리적 성격을 강조하고, 먼저 보통선거권의 획득 후에 의회주의에 의해서 국가부조의 생산조합을 설립하고 사회주의를 실현해야 한다고 주장하였다. 전독일노동자협회 창립 1년 후에 결투로 사망. 그의 주장은 1890년대에 베른슈타인(Eduard Bernstein, 1850-1932)에 의해서 이론적으로 심화되고, 바이마르 공화국 시대의 독일 사회민주당의 실질적인 지도원리가 되었다. 그러나 에르푸르트 강령(Erfurter Programm)이 채택된 1891년 이후는 공식적으로 마르크스주의가 지도원리가 되었다. 제2차 세계대전 이후 1959년의 고데스베르크 강령에 의해서 라살레주의는 서독 사회민주당의 주요한 공식적 원리가 되었다. 저서 전집 E. Bernstein (Hrsg.), Ferdinand Lassalle. Gesammelte Reden und Schriften, 12 Bde. Berlin 1919-1920;『노동자강령』(1862; 서석연역, 범우사, 1990);『헌법의 본질』(1862) 등. 문헌 Peter Brandt u. a. (Hrsg.), Ferdinand Lassalle und das Staatsverständnis der Sozialdemokratie, Nomos 2014. → 본서 1207-1223면

* 704 레즈로브(Robert Redslob) → 본서 1603면

* 705 에리히 카우프만(Erich Kaufmann, 1880-1972) 독일의 공법·국제법학자.『국제법의 본질과 사정변경의 원칙』(Das Wesen des Völkerrechts und die clausula rebus sic stantibus, 1911)에서 힘의 법에 대한 우위를 주장,『신칸트주의법철학비판』(1921)에서 신칸트주의를「생명 없는 형식주의」로서 비판했다. 바이마르 시대에는 신헤겔주의의 대두에 앞장섰다. 1912년 쾨니히스베르크(현 러시아 Kaliningrad) 대학 조교수. 1917년 베를린, 1920년 본대학 교수 역임. 외무부 고문, 상설국제사법재판소 독일대표로서 활약. 1934년 베를린대학 재직 중 유대인이라는 이유로 추방되어 네덜란드로 이주. 전후 뮌헨대학에 복직. 저서『민주주의의 기본개념』(1950) 외에 전집 Gesammelte Schriften, 3 Bde., 1960. 문헌 Jochen Rozek, Erich Kaufmann(1880-1972), in: P. Häberle, M. Kilian, H. Wolff (Hrsg.), Staatsrechtslehrer des 20. Jahrhunderts, 2. Aufl. 2018, S. 263-280; Frank Degenhart, Zwischen Machtstaat und Völkerbund. Erich Kaufmann 1880-1972, Nomos 2008; K. Rennert, Die "geisteswissenschaftliche Richtung" in der Staatslehre der Weimarer Republik. Untersuchungen zu Erich Kaufmann, Günther Holstein und Rudolf Smend, Berlin: Duncker & Humblot 1987; 初宿正典,『カール・シュミットと五人のユダヤ人法學者』(成文堂, 2016), 189-286면. → 본서 1276-1294면

* 706 여기의 후설(Gerhart Husserl, 1893-1973)은 독일과 미국의 법학자이자 법철학자. 현상학으로 유명한 에드문트 후설의 아들. → 본서 1383, 1625면

* 710 야메스 골드슈미트(James Goldschmidt, 1874-1940) 독일의 형법과 형사소송법 학자. 하이델베르크대학과 베를린대학에서 법학 공부. 1919년 베를린대 교수가 되어 1934년 나치

독일의 유대인 압박 정책으로 물러나기까지 재직. 1938년 마침내 영국으로 이주, 이어서 우루과이로 이주하여 여기서 사망. 저서『법상태로서의 소송』(Prozeß als Rechtslage, 1925).

* **710** 아르투어 베그너(Arthur Wegner, 1900-1989) 독일의 형법학자·국제법학자. Breslau 대학 교수. 1937년까지 Halle/Saale 대학 교수. 대전 중 영국과 캐나다의 이민 내지 구금에서 1945년 귀환. 함부르크, 킬대학을 거쳐 1958년 뮌스터대 교회법연구소장. 1963년 동독 Halle/Wittenberg 대 법학교수. 저서 Strafrecht, A.T. 1951; Jugendrecht, 1929 (Reprint 2012).

* **711** 페더럴리스트. Hamilton, Madison and Jay, Federalist Papers, 1788. 김동영 옮김, 『페더럴리스트 페이퍼』(한울 아카데미, 1995; 새 번역판 2024); 박찬표 옮김,『페더럴리스트』(후마니타스, 2019) 한편 Patrick Henry 등 페더럴리스트에 반대하는 일단의 사람들은 새 헌법의 비준을 저지하는 에세이들을 발간하였다. 그들은 페더럴리스트와는 달리 '브루투스' 또는 '연방 농부'와 같은 가명이나 익명을 사용했다. 안티-페더럴리스트 페이퍼스는 헌법의 비준을 중지하는 데에는 실패했으나, 권리장전을 기초하는 제1차 합중국 의회에 영향을 미치는 데에는 성공하였다. 문헌 Ralph Ketcham (ed.), The Anti-Federalist Papers and the Constitutional Convention Debates, Penguin, 2003.→ 본서 1582면 매디슨

* **711** 윌슨(Woodrow Wilson, 1856-1924) 미국 대통령(1913-21년) 제1차 대전의 종결과 국제연맹의 성립에 공헌. 저서 Congressional Government, 1885; Constitutional Government in the United States, 1909; The New Freedom: A Call for the Emancipation of a Generous People, New York: Doubleday, Page & Co., 1913 (연설) 등. 국가론은 The State: Elements of Historical and Practical Politics, Boston: D. C. Heath, 1889. 쇄첼, 강성위역,『국가』(이문출판사, 1995), 336-347면. 스멘트가 인용한『국가』는 1894년판. 문헌 The Papers of Woodrow Wilson. Arthur S. Link (ed.), In 69 vols. Princeton, NJ: Princeton U. P. 1967-1994. 日本國際政治學會編,『「ウィルソン主義」の100年』(有斐閣, 2020).

* **714** 기관개념(Organbegriff) 어원은 그리스어 Οργανον이며 본래 도구의 의미였으나 바뀌어 인간의 신체의 각 부문, 특히 감각기관의 의미로 사용되기도 하였다. 원래 자연과학상의 용어로서 19세기의 사회이론가에 의해서 생활체로 생각하거나 어떤 종류의 사회집단, 특히 국가의 각 부문을 가리키는 의미로 사용되기에 이르렀다. 문헌 E.-W. Böckenförde, Organ, Organismus, Organisation, politischer Körper, Abschnitt VI-IX. in: Geschichtliche Grundbegriffe. Historisches Lexikon zur politisch-sozialen Sprache in Deutschland, Bd. 4, Hrsg. v. Otto Brunner u. a. Stuttgart: Klett-Cotta, 1978, S. 561-622. 柳瀨良幹,『元首と機關』(有斐閣, 1969).

* **715** 토크비유(Charles Alexis Henri Clérel de Tocqueville, 1805-1859) 프랑스의 정치가·역사가. 1831-32년에 미국을 여행하고, 『미국민주주의론』(De la démocratie en Amérique, 1835-40; 이용재 옮김, 『아메리카의 민주주의』, 아카넷, 2018)을 저술하여 미국론과 민주주의론의 고전이 됨. 39-48년 하원의원으로서 온건자유파의 입장에 선다. 48년 2월혁명 후 헌법의회에 속하고 49년 외상. 그러나 루이 나폴레옹에 반대하여 51년 인퇴. 저서 『앙시앵 레짐과 프랑스 혁명』(이용재 옮김, 박영률출판사, 2006); 『빈곤에 대하여』(김영란·김정겸 옮김, 에코리브르, 2014). 문헌 서병훈, 『위대한 정치: 밀과 토크빌, 시대의 부름에 답하다』(책세상, 2017).

* **715** 북독일 연방헌법(Verfassung des Norddeutsche Bundes vom 16. April 1867) 1862년 프로이센 재상에 기용된 비스마르크(Otto von Bismarck, 1815-98)는 1866년 프로이센-오스트리아 전쟁에 승리한 후 동년 8월 강화조약을 체결하기 직전 프로이센의 주도 아래 북부, 중부 독일의 방국들과 이른바 「8월조약」을 체결하고 북독일연방의 조직화를 준비하여, 1867년에는 북독일의 22개 방국에 호소하여 프로이센을 맹주로 하는 「북독일연방」을 조직하였다. 같은 해 4월 16일에는 북독일연방헌법을 제정하고 7월 1일 시행. 그 후 프로이센은 1870년의 보불전쟁에서 프랑스를 격파한 후 남독일의 방국(바이에른·뷔르템베르크·바덴·헤센)들이 북독일연방에 가입하는 조약을 체결하고, 1871년 1월 1일 북독일연방헌법 실시와 함께 독일 제국, 이른바 「제2 제국」이 성립하여 빌헬름 1세가 즉위한다. 이와 같이 독일 통일이 달성된 후 북독일연방헌법은 그 후 약간 수정하여 1871년 4월 16일에 황제의 인증을 얻어 「독일제국헌법」(Verfassung des Deutschen Reichs)으로서 공포되고 이것이 이른바 「비스마르크 헌법」이다. 이 헌법은 제1차 세계대전이 끝나는 1918년까지 실시되었다. 비스마르크 제국의 구성국가들의 헌법전에는 거의 기본권을 포함하고 있었고, 또 국민의 권리는 라이히의 법률로 정비하려고 하였기 때문에 이 헌법에는 권리장전이 없는 것이 특징이다. 문헌 송석윤 옮김, 독일 제국 헌법(1871년 4월 16일 헌법), 『법사학연구』 제41호(2010), 222-245면.

* **716** 공공성(Öffentlichkeit) 영어 번역 Public Sphere 처럼 '공공 영역' 또는 '공론장'이라고도 한다. J. Habermas, Strukturwandel der Öffentlichkeit. Untersuchungen zu einer Kategorie der bürgerlichen Gesellschaft, 1962 (한승완역, 『공론장의 구조변동: 부르주아 사회의 한 범주에 관한 연구』, 나남, 2001).

* **716** 미헬즈(Robert Michels, 1876-1936) 독일·이탈리아·스위스의 정치사회학자. 막스 베버에게 사사하고 독일사회민주당원으로서 활동. 1907년 이탈리아로 옮겨 생디칼리슴, 이어서 파시즘의 지지자가 된다. 투린(Turin)대학 교수. 1914년부터 스위스 바젤대학 교수. 로마 대학 교수. 저서 『정당사회학』(1911; 김학이 옮김, 한길사, 2003)에서 어떠한 대중정당도 결국 과두지배적이 된다는 「과두지배의 철칙」을 정식화했다. 저서 Der Patriotismus, D&H. 2. Aufl., 2013.

* **717** 스멘트가 인용한 뢰벤슈타인의 논문의 제목과 출처는 전술 → 1564면

영국의 의회정치와 관련하여는 Loewenstein, Der britische Parlamentarismus. Entstehung und Gestalt, Hamburg 1964; British Cabinet Government, Oxford Univ. Press 1967. 하재구 역, 영국 의회정치(1)~(4), 『국회보』 제82호~86호(1968) 등.

* **717** 알베르트 해널(Albert Hänel, 1833-1918). 독일의 공법학자. 자유주의 정치인. 라이프치히 ・빈・하이델베르크 대학에서 수학한 후 1857년 라이프치히에서 법박. 이어서 교수자격논문 통과 후 강사. 1860년 쾨니히스베르크대 조교수. 1863년 킬대학 교수, 1892-1893년 총장. 제국의 회 의원(진보당, 1903-1908년). 저서 『독일 국법 연구』(Studien zum Deutschen Staatsrechte, 3 Bde., 1873-88); 『독일 국법』(Deutsches Staatsrecht, 1892). 당시 독일 국법학이론의 핵심문 제였던 연방국가의 개념을 명확히 하는 데에 기여했다. 법실증주의에 반대하여 트리펠・스멘트・ 카우프만・헤르만 헬러에게 영향을 미침. 스멘트의 지도교수. 문헌 Hannes Pohle, Albert Hänel (1833-1918): Wirken und Werk, Berlin 2022; M. Friedrich, Zwischen Positivismus und materiellen Verfassungsdenken. Albert Hänel und seine Bedeutung für die deutsche Staatsrechtswissenschaft, Berlin 1991; P. Häberle u.a., Staatsrechtslehrer des 20. Jahrhunderts, 2. Aufl., 2018, S. 3-20.

* **718** 대표(Reprasentation) C. Schmitt, Verfassungslehre, S. 204 ff. (김기범역, 『헌법이론』, 교문사, 1973, 224면 이하) 참조. 재현전(再現前)이라고 번역하기도 한다(和仁陽, 『教會・公法學 ・國家: 初期カール・シュミットの公法學』(東京大學出版會, 1990). 나가이(永井)는 「代表」(再 現前)으로 두 가지를 함께 표기한다.

* **718** 두 정식. 바이마르 헌법 제21조에서의 「국회의원은 국민 전체의 대표자이며 자신의 양심에만 따르며, 위임된 것에 구속되지 아니한다」는 두 가지를 말한다.

* **719** 분트(W. Wundt, 1832-1920) 독일의 심리학자, 철학자. 하이델베르크・튀빙겐・베를린 대학에서 철학과 생리학을 배운 후 생리학적 심리학 연구에 몰두. 논저 Sozial Sprachwissenchaft und Völkerpsychologie, in: Indogermanische Forschung, Bd. 28 (1911). 문헌 A. Wiesenhütter, Der Prinzipien der evolutionischen Ethik nach H. Spencer und W. Wundt, Leipzig 1910; 조명환, W. Wundt의 생애와 언어심리학, 『한국심리학회지』 제2권 4호(1979).

* **720** 고권(Hoheit). 국법학 내지 정치학 개념으로 국가권력의 유출(Ausfluss). 고권에서 나오는 개별적인 권한들은 고권적 권리(Hoheitsrechte)로서 표현된다. 예컨대 화폐주조권 (Münzhohheit).

* **721** 군주권(fürstliche Gewalt) 헤겔은 정치적 국가를 다음 세 가지로 구분한다. 1. 일반 원칙을 결정하고 확정하는 권력 - 입법권, 2. 특수한 분야나 개별 사례를 일반 원칙 아래 포섭하는 권력 - 통치권, 3. 최종적인 의지 결정으로서의 주관성의 권력·군주권. 이 군주권 밑에 여러 가지 권력이 개체적인 통일로 총괄된다. 그리하여 이 개체적인 통일이 전체의, 즉 입헌군주제의 장점이며 기점이다. G. W. F. Hegel, Philosophie des Rechts, 1821, §273 (임석진 옮김, 『법철학』, 한길사, 2008, 492면). 스멘트는 헤겔의 권력분립론이 바로 통합이론이라고 한다. 헬러는 에리히 카우프만을 헤겔의 권력국가사상의 추종자 속에 포함시키면서도(김효전 옮김, 『바이마르 헌법과 정치사상』, 587-590면), 스멘트의 이름은 거명하지 않고 있다. 스멘트의 기본 저작이 아직 나오기 전에 헬러가 자신의 논문을 집필한 때문인 것 같다.

* **722** 오이겐 에얼리히(Eugen Ehrlich, 1862-1922) 법사회학자. 오스트리아의 Czernowitz (Bukowina 지방/현 루마니아) 출생. 빈 대학에서 1886년 법학박사, 1895년 교수자격취득. 1896년부터 Czernowitz 대학 교수 및 총장(1906-07), 「살아 있는 법」을 주장. 저서 Grundlegung der Soziologie des Rechts, 1913(부분 번역 장경학역, 『법률사회학의 기초이론』, 원기사, 1955; 영역 Fundamental Principles of the Sociology of Law, 1936/2001; 일역 河上倫逸他譯, 『法社會學の基礎理論』, みすず書房, 1988)은 Émile Durkheim과 Max Weber의 저서와 함께 「과학으로서의 법사회학」의 기초를 확립한 것으로 평가. 기타 『法律的論理』(河上, みすず書房, 1987); 『권리능력론』(강현태외역, 세창, 2004). 문헌 M. Rehbinder, Die Begründung der Rechtssoziologie durch Eugen Ehrlich, 2. Aufl., Berlin 1986; H. Sinzheimer, Jüdischer Klassiker der deutschen Rechtswissenschaft, 1938, S. 231-256; H. Heinrichs u.a. (Hrsg.), Deutsche Juristen jüdischer Herkunft, 1993, S. 469-484.

* **725** 프랑스의 추밀원 또는 참사원(Staatsrat; Conseil d'État) 국참사원(Conseil d'État) 또는 「콩세유데타」라고도 하며, 프랑스의 최고 행정재판소. → 본서 1584면

* **725** 레옹 강베타(Léon Gambetta, 1838-1882). 프랑스의 정치가. 대독 강경론자. 나폴레옹 3세의 전제정치를 비판하고 공화파를 지도. 1870년 보불전쟁 때 국방정부의 내무장관으로 항전을 주장. 열기구를 타고 파리를 탈출, 오를레앙을 프로이센군에게서 탈환하고, 투르·보르도에서 항전을 계속. 강화조약 후 망명처에서 귀국, 제3공화국 성립기에 공화정에 대한 농촌의 지지 획득에 노력. 1881년 총리가 되었으나 단명으로 끝났다. 문헌 Pierre Barral, Léon Gambetta. Tribun et stratège de la République (1838-1882), 2008; Pierre Antonmatti, Léon Gambetta, héraut de la République, 1999; 마리 클로드 쇼도느레외, 이영목 옮김, 『공화국과 시민』(창해, 2000), 29면.

* **726** 바이마르 헌법 제48조 2항 (안전과 질서의 방해에 대한 조치들) 「라이히 대통령은 독일

라이히 내에서 공공의 안녕과 질서가 중대한 장해가 발생하거나 발생할 우려가 있을 때에는, 공공의 안녕과 질서를 회복하기 위하여 필요한 조치를 취하며, 필요한 경우에는 병력을 사용할 수 있다. 이 목적을 위하여 라이히 대통령은 잠정적으로 제114조ㆍ제115조ㆍ제117조ㆍ제118조ㆍ제123조ㆍ제124조 및 제153조에 규정된 기본권의 전부 또는 일부를 정지할 수 있다」. 바이마르 헌법 전문은 김효전 편역, 『바이마르 헌법과 정치사상』(산지니, 2016), 858-885면.

* **727** 행정(Verwaltung) 헤겔에 있어서의 복지행정(Polizei)이 그것이다. 헤겔이 뜻하는 Polizei 는 소극적으로는 경찰이며 적극적으로는 경제정책이나 사회정책을 통하여 복리ㆍ복지(das Wohl)의 실현에 힘쓰는 내정에 해당한다. §235에서 헤겔은 이것을 공권력(öffentliche Macht)이라고도 표현한다. 임석진 옮김, 『법철학』§229. 417면의 역주 99.

* **727** 메테르니히(Klemens Lothar Wenzel von Metternich, 1773-1859). 오스트리아의 정치가. 빈 반동체제의 주역. 빈회의(1814-15년)에는 오스트리아제국 외상으로서 출석하여 의장으로서 유럽의 반동체제 형성에 노력하고, 후에 오스트리아제국 수상이 되어(1821년), 30년 이상 오스트리아의 지도적인 정치가로서의 지위를 누렸다. 그는 보수적으로 프랑스혁명의 사상과 자유주의에 반대하는 동시에, 독일과 이탈리아의 국민적 통일을 우려하여 신성동맹을 이용하여 제국의 자유와 통일운동에 무력적인 간섭을 가하였다. 빈의 혁명(1848년)으로 실각하여 영국으로 망명. 문헌 Alexandra Bleyer, Das System Metternich. Die Neuordnung Europas nach Napoleon, Darmstadt 2014; Wolfram Siemann, Metternich. Stratege und Visionär. Eine Biographie, München 2016; ders., Metternich: Staatsmann zwischen Restauration und Moderne, München 2010; Fr. Hartau, Clemens Fürst von Metternich, Rowohlt 1991; NDB. Bd. 17 (1994), S. 236-243; ÖBL. Bd. 6 (1975). 쇄첼, 깅성위역, 『국가』(이문출판사, 1995), 301-308면.

* **728** 바이마르 헌법 제19조(헌법쟁의 등) (1) 란트 내의 헌법쟁의에 대해서 란트 안에 이를 해결할 재판소가 없을 때 및 란트 상호간이나 라이히와 란트 간에 사법적이 아닌 분쟁이 발생하였을 때에는 당사자 일방의 신청에 의해서 독일 라이히 국사재판소가 이를 결정한다. 다만, 라이히의 다른 재판소의 권한에 속하는 사건은 예외로 한다.

(2) 라이히 대통령은 국사재판소의 판결을 집행한다.

제13조(라이히법은 란트법을 깨트린다) (1) 란트법의 규정이 라이히법과 일치하는가의 여부가 의문이 있거나 또는 의견의 차이가 있는 경우에, 당해 라이히 중앙관청이나 또는 란트 중앙관청은 라이히 법률의 상세한 규정에 따라서 라이히 최고재판소의 판결을 구할 수 있다.

제15조(감독ㆍ지시) (1) 라이히 정부는 라이히가 입법권을 가진 사항에 대하여 감독권을 행사한다.

(2) 란트의 관청이 라이히 법률을 집행하는 경우에, 라이히 정부는 일반적인 지시를 발할 수 있다. 라이히 정부는 라이히 법률의 집행을 감독하기 위하여 란트의 중앙관청에 대해서, 그리고

중앙관청의 동의를 얻어서 그 하급관청에 대해서 위원을 파견할 수 있다.

　(3) 란트 정부는 라이히 정부의 청구에 따라서 라이히 법률의 집행에서 발생한 결함을 제거할 의무를 진다. 의견의 차이가 있는 경우에는, 라이히 정부나 란트 정부는 라이히 법률로써 다른 재판소를 지정한 경우를 제외하고는 국사재판소의 판결을 구할 수 있다.

* **728** 독일 라이히 국사재판소(Staatsgerichtshof für das Deutsche Reich) 헌법재판소로 표현하기도 한다. 바이마르 헌법 제108조에 근거하여 라이프치히에 설치. 바이마르 공화국의 국가조직법상 쟁송이 제한된 헌법재판소. 상설 법정이 아니고 필요에 따라 소집. 1927년 자칭 「라이히 헌법의 수호자」라고 표현했다. 판결은 쟁송불가능하며, 집행은 제19조 2항에 따라서 대통령이 한다. 관할권의 분산과 권한의 흠결로 시달렸다. 규범통제도 불가능하였고 라이히 최고기관 간의 기관쟁송도 결여되었다. 카를 슈미트와 한스 켈젠간의 논쟁이 유명하다. 문헌 Wolfgang Wehler, Der Staatsgerichtshof für das Deutsche Reich, Diss. Bonn 1979; 명재진, 바이마르 헌법과 국사재판소, 『홍익법학』 제17권 2호(2016).

* **729** 자연질서(ordo naturae; ordre naturel). 사물의 본성과 같은 뜻. 칼뱅에서는 신이 자연질서와 자연법의 주(主)이다. 프랑스의 케네 등에서 유래하며, 헤르만 헬러도 자연질서를 강조한다. 헬러는 인간에 대해서 요구할 수 있는 지배는 오로지 자연과 사회에 내재하는 법칙의 지배, 즉 사물의 본질에서 생기는 강제력이라고 한다. 헬러는 『주권론』(김효전 옮김, 29-30면); 동인, 『바이마르 헌법과 정치사상』, 619면, 29-30면 등에서 이 말을 자주 사용한다. 헬러는 칸트가 한 말, 즉 「영원한 평화를 보증하는 것은 **자연**이다」(43면) 또 「인간 이성의 한계를 드러내려고 '**자연**'을 사용하는 것이 더 적절하고 신중할 것 같다」(46면), 기타(53면) 등에서 영향을 받은 듯하다. 이한구 옮김, 『영원한 평화를 위하여』(서광사, 1992). 스멘트도 헬러와 같은 의미에서 이 말을 사용하며, 슈미트도 「나치즘의 법사상」(1934; 역서 428면)에서 자연질서를 언급한다.

* **729** 레오 비트마이어(Leo Wittmayer, 1880-1936) 독일의 헌법학자. 저서 『바이마르 헌법』(Die Weimarer Reichsverfassung, 1922).

* **733** 임마누엘 칸트(Immanuel Kant, 1724-1804). 법의 기관, 법에 복종하는 시민의 결사. 칸트는 국가를 「법질서 아래 결합한 인간의 집단」으로 정의하며, 법질서란 본질적으로 이성의 원리이며, 이 원리들은 초기 법치국가개념이 형성되는 징표로서 나타나며 국법학에 의해서 더욱 구체화된다. Immanuel Kant, Ueber den Gemeinspruch ..., 1793, II: Vom Verhältnis der Theorie zur Praxis im Staatsrecht (gegen Hobbes). 문헌 라이너 차칙, 손미숙 옮김, 『법철학자로서의 칸트』(박영사, 2024).

* **736** 트라야누스(Trajanus, 53-117) 재위 98-117. 로마 제국의 13대 황제. 속주 출신으로서는

최초로 로마 황제에 올랐다. 로마 제국의 영토를 최대 판도로 넓힌 시저이다.

* **738** 미국 헌법의 기본권. 최초의 미국 헌법에는 권리장전에 관한 규정이 없었으나 1787년 10개의 수정 조항으로 기본권규정이 도입되었다. 문헌 조지형, 『미국헌법의 탄생』(서해문집, 2012), 279-316면; 정경희, 『중도의 정치: 미국 헌법 제정사』(서울대출판부, 2001).

* **738** 먼로주의(Monroe-Doktrin). 미국의 전통적인 외교정책상의 원칙. 미국 대통령 먼로(James Monroe, 1758-1831)의 1823년의 성명에서 기원한다. 북아메리카의 러시아 진출과 중남미의 식민지 독립에 대한 유럽 주요 국가들로 구성된 신성동맹의 간섭을 견제하고, 배격하려는 동기에서 나왔다. 독립주의, 미주지역주의, 불간섭주의, 반식민주의로도 표현할 수 있다. 국제연맹규약은 제21조에서 명문의 규정으로 이것을 국제연맹 안에서 유지하는 것을 인정하였다. 1928년의 부전조약도 이를 부정하는 것은 아니라고 했으며, 미주에 관한 행동도 자위권으로 가능하다고 설명했다. 국제연합 헌장은 이를 명기하지는 않았으나, 사실상 집단적 자위권의 규정이 그것을 대신하는 것이라고 본다(헌장 제51조). 이 원칙에 근거하는 미주기구나 북대서양조약기구를 비롯하여 지역적 집단안전보장체제는 「서방측 세계」에 확장된 새로운 먼로주의로서의 측면을 가진다. 『국제법사전』, 330면.
 당시의 미국 외무장관이며 나중에 대통령이 된 존 퀸시 애덤스(John Quincy Adams, 1767-1848)가 편찬한 먼로주의 텍스트는 I. Elliot, James Monroe 1758-1831. Chronology-Documents-Bibliographical Aids, New York 1969, S. 58-70; C. Schmitt, Das politische Problem der Friedenssicherung, 2. Aufl. 1934; 3. Aufl. 1993, S. 4 ff.

* **738** 미국 연방헌법 제4조 4항. 미국은 연방 내의 모든 주의 공화정체를 보장하며, 각 주를 침략으로부터 보호하며, 또 각 주의 주 의회 또는 (주 의회를 소지할 수 없을 때는) 행정부의 요구가 있을 때에는 주 내의 폭동에서 각 주를 보호한다.

* **738** 바이마르 헌법 제17조 (란트의 내부질서) (1) 모든 란트는 자유국가의 헌법을 가져야 한다. 국민대표는 보통·평등·직접·비밀선거에 의해서 비례선거의 원칙에 따라서 모든 독일 국민인 남자와 여자가 선출하여야 한다. 각 란트 정부는 국민대표의 신임을 얻어야 한다. (2) 국민대표의 선거에 관한 원칙은 지방자치단체의 선거에도 적용한다. 다만, 란트의 법률로써 1년을 초과하지 않는 일정한 기간을 계속하여 그 지역 내에 거주하는 것을 선거권의 요건으로 할 수 있다.

* **738** 미국 연방헌법 수정(1870년) 제15조(흑인의 참정권). 제1절 미국 시민의 투표권은 인종, 피부색 또는 과거의 예속 상태를 이유로 미국이나 어떠한 주에 의해서도 거부되거나 제한되지 아니한다.

제2절 연방의회는 적당한 입법에 의하여 본 조항의 규정을 시행할 권한을 가진다.

* **738** 분리주의자 동맹전쟁(Sonderbundskrieg) 스위스에서 1847년 구교 보수세력과 자유주의 진보세력 간의 대립 격화로 발생한 전쟁. 구교 중심의 7개 칸톤, 루체른·우리·슈비츠·오버발덴·니더발덴·추크·프리부르는 1845년에 분리동맹을 결성하였다. 이에 대해 동맹회의는 분리동맹의 해산을 명하고 스위스에서 예수회의 추방과 새로운 민주적 연방헌법의 제정 등을 천명했다. 1847년 예수회 문제로 전쟁이 발발하여 분리동맹의 패배로 분리동맹전쟁은 끝났다. 문헌 안성호, 『스위스연방 민주주의 연구』(대영문화사, 2001).
1874년의 스위스 헌법은 부분 개정을 거쳐 1999년 전면 개정하였다. 전문은 국회도서관, 『세계의 헌법. 35개국 헌법 전문 I』(2010), 635-675면.

* **738** 바울교회헌법(Paulskirchenverfassung) 1849년 3월 28일 프랑크푸르트의 바울교회에서 제정한 독일 제국 헌법(Verfassung des Deutschen Reichs)을 가리킨다. 원문과 번역은 김효전 옮김, 독일 라이히 헌법(바울교회 헌법), 『헌법학연구』 제20권 2호(2014), 355-419면.

* **739** 비스마르크 헌법 제55조. 해군과 상선대의 깃발은 흑·백·적색이다.

* **741** 프리드리히 니체. 그는 국가를 「냉혈의 괴수」라고 불렀다. "Staat heißt das kälteste, aller kalten Ungeheuer."(Friedrich Nietzsche, Also sprach Zarathustra, 'Von neuen Götzen'). 『차라투스투라는 이렇게 말했다』(정동호 옮김, 책세상, 2000, 니체 전집).

* **741** 라가르데(Paul Anton de Lagarde, 1827-1891) 독일의 언어학자·동양학자. 베를린·할레-비텐베르크대학에서 신학·철학·동양 언어 공부. 1869 괴팅겐대학 교수. 강한 민족의식을 가지고 유물론·자유주의·유대교를 공격하였다. 반슬라브주의는 파시즘과 나치즘의 이데올로기를 지지하는데 강력하게 영향을 미쳤다.

* **743** 분리전쟁(Sezessinskrieg) 미국의 남북전쟁(1861-65).

* **743** 주 370의 문헌은 Nawiasky, Die Auslegung des Art. 48 der Reichsverfassung, in: Archiv des öffentlichen Rechts, N.F. Bd. 9 (1925), S. 1 ff.

* **744** 1850년 1월 31일의 프로이센 헌법(Verfassungsurkunde für den Preußischen Staat)의 원문과 번역은 김효전 옮김, 「프로이센 헌법」, 『헌법학연구』 제21권 1호(2015), 435-488면.

* **744** 자이델(Max von Seydel, 1846-1901) 뮌헨대학 교수. 연방국가의 개념에 관한 연구로

유명. 그는 당시 지배적인 바이츠(Georg Waitz)의 견해에 반대하여 주권은 불가분이므로 라이히는 국가연합으로서만 존재할 수 있다고 주장하였다. 그리하여 그는 연방분권주의의 이익대표라는 비난을 받았으나 그는 이를 단호하게 부정하였다. 저서 Grundzüge einer allgemeinen Staatslehre, 1873. 문헌 Maren Becker, Max von Seydel und die Bundesstaatstheorie des Kaiserreichs, Frankfurt: Vittorio Klostermann, 2009, 319 S.; H. Rehm, Max von Seydel, in: AöR., Bd. 16 (1901).

* **744** 하인리히 트리펠(Heinrich Triepel) → 본서 1525면

* **747** 노병평의회(Arbeiter-und Soldatenräte) 1918년 11월 킬 군항에서 수병의 봉기를 계기로 주요 도시에 레테(Räte, 소비에트)로서의 노병평의회(勞兵評議會)가 결성되어 '11월혁명'이 발생하였다. 1919년 1월 총선거 결과 사민당이 중도정당과의 연립정부를 수립하고 7월에는 바이마르 공화국 헌법을 제정함으로써 이른바 바이마르 체제가 성립하였다.

* **748** 게마인데(Gemeinde) 독일의 행정구역 단위 중 최소단위로, 수장이나 지방 의회 등의 자치제도가 있는 것을 뜻한다. 또한 행정구역뿐만 아니라 교구·시민단체·조합 등을 일컫기도 한다. (위키)

* **750** 스멘트의 영향을 받은 중국인 서도린(Hsü Dau-Lin, 徐道鄰, 1907-73)은 1932년 헌법변천론(Verfassungswandlung)을 출판하였다. 서도린은 독일 하이델베르크, 프랑크푸르트, 베를린대학에 유학하고, 1931년 베를린대학에서 「헌법에 있어서 타당성 문제」(Das Geltungsproblem im Verfassungsrecht)로 학위 취득. 공화제 중국에서 정부 관리, 외교관을 지냈고 나중에는 대만에서 중국 법제사 교수를 지내다가 도미하여 중국 문학과 철학을 강의했다. 문헌 김백유, 헌법변천(Verfassungswandlung) : P. Laband, G. Jellinek, Hsü Dau-Lin의 학설을 중심으로, 『성균관법학』(성균관대), 제17권(2005).

* **752** 힌덴부르크(Paul von Hindenburg, 1847-1934) 독일의 육군 군인·정치가. 프로이센·오스트리아 전쟁, 독불전쟁, 제1차 세계대전에 공을 세워 원수, 참모총장으로 승진. 1925년 바이마르 공화국 제2대 대통령, 1921년 재선. 1933년 1월 히틀러를 수상으로 지명.

* **754** 법적 의무(Rechtspflicht) 또는 법의무. 켈젠의 주장이다. 즉 한 개인의 권리는 이미 다른 개인의 의무를 전제로 한다. 내 이익이 보호받는 것은 타인이 내 이익에 관련된 행위에 대해 법적 의무를 지는데 있다. 단지 의무만을 설정하고 아무런 권리도 확정하지 않는 법질서로는 형법이 있다. 법의무를 상정하지 않고는 어떤 법질서나 어떤 법규도 생각할 수 없다. 법의무에서 도덕의무가 법률행위를 결과로서 가지는 한, 도덕의무를 어기는 것은 법적으로 유효하기 때문에

이 경우의 도덕행위는 객관적 법과 상치되지 않는다. 법의무란 심리사실적 속박이 아니라 법적인 속박이다. 민준기 옮김, 『일반 국가학』(민음사, 1990), 93-95면.

* **756** 초대 라이히 대통령. 프리드리히 에버트(Friedrich Ebert, 1871-1925)를 말함. 독일 사회민주당의 정치가. 1913-1919년 독일 사회민주당 당수. 1919년부터 1925년까지 바이마르 공화국 초대 대통령 역임. 문헌 Walter Mühlhauen, Friedrich Ebert, 2018; ders., Friedrich Ebert 1871-1925, 2006; Eberhard Kolb (Hrsg), Friedrich Ebert als Reichspräsident - Amtsführung und Amtsverständnis, 1997. → 본서 1503면

* **756** 헤어파르트(Heinrich Herrfahrdt, 1890-1969) 독일의 공법학자. 1926년 Greifswald 대학에서 교수자격논문 통과. 1932년 동 대학 객원교수. 1933년 이후부터 마부르크대학에서 교수 활동. 문헌 Festgabe für H. Herrfahrdt, Marburg 1961. 그라이프스발트대학은 작은 대학이지만 유명 인사를 다수 배출하였다. 예컨대 Bierling, Sartorius, Hubrich, R. Smend, Pohl, Jacobi, C. Schmitt 등.

* **757** 프리드리히 글룸(Friedrich Glum, 1891-1974) 독일의 공법학자. 1911년에 창설된 카이저-빌헬름 협회(Kaiser-Wilhelm Gesellschaft)의 사무총장. 저서 Das parlamentariche Regierungssystem in Deutschland, 1965. 스멘트가 인용한 글룸의 책은 Staatsrechtliche Stellung der Reichsregierung, Berlin: Springer 1925이다.

* **759** 주 426의 슈미트의 논문 제목은 "Einmaligkeit" und "gleicher Anlaß" bei der Reichstagsauflösung nach Artikel 25 der Reichsverfassung, in: Archiv des öffentlichen Rechts, Neue Folge, Bd. 8, Heft 1/2 (1925), S. 162-174. 김효전 옮김, 라이히 의회의 해산, 『헌법학연구』 제10권 2호 (2004), 539-555면.

* **760** 보통법(gemeines Recht) 12세기 이후 계수된 로마법과 교회법을 중심으로 법률가들에 의해 시대에 맞게 발전시켜 유럽 대륙, 특히 독일어권 지역에서 법적 효력을 갖고 있던 관습법의 통칭. 18세기 후반 그리고 19세기에 법전편찬에 의해 배제될 때까지 가장 중요한 법원(法源)이었다.

* **761** 북독일 연방헌법 → 1570면

* **761** 1867년의 북독일 연방 헌법 제1조. 연방의 영역을 구성하는 것은, 프로이센을 필두로 각 지역을 열거하고, 함부르크 뒤에 「헤센 대공령 중 마인츠강 이북에 위치하는 부분」으로 되어 있다.
Art. 1 (Größ) Das Bundesgebiet besteht aus den Staaten Preußen mit Lauenburg, Sachsen,

Meckleburg-Schwerin, Sachsen-Weimar, Mecklenburg-Strelitz, Oldenburg, Braun-schweig, Sachsen-Meiningen, Sachsen-Altenburg, Sachsen-Koburg-Gotha, Anhalt, Schwarzburg-Rudolstadt, Schwarzburg-Sonderhausen, Waldeck, Reuß älterer Linie, Reuß jüngerer Linie, Schaumburg-Lippe, Lippe, Lübeck, Bremen, Hamburg, und aus den nördlich vom Main belegenen Teilen des Großherzogtums Hessen.

* **762** 라이히 헌법 제105조(특별재판소의 금지) 특별재판소는 이를 금지한다. 누구든지 법률이 정하는 법관의 재판을 받을 권리를 박탈당하지 아니한다. 다만, 법률이 정하는 군법회의나 약식 군법회의에 관한 규정은 이에 저촉되지 않는다. 군인명예재판소는 폐지한다.

* **763** 라이히 헌법 제109조(평등원칙) (1) 모든 독일인은 법률 앞에 평등하다.
(2) 남녀는 원칙적으로 국민으로서 동일한 권리와 의무를 가진다.
(3) 출생 또는 신분에 의한 공법상의 특권이나 불이익은 이를 폐지한다. 귀족의 칭호는 다만 성명의 일부로서만 이를 두며 장래에는 이를 부여할 수 없다.
(4) 칭호는 관직 또는 직업을 표시할 때에만 이를 수여할 수 있다. 학위는 본조의 적용을 받지 아니한다.
(5) 국가는 훈장과 영예기장을 부여할 수 있다.
(6) 독일인은 외국정부로부터 칭호나 훈장을 받을 수 없다.

* **763** 라이히 헌법 제78조 (대외사항) (1) 외국과의 관계의 보호 육성(Pflege)은 라이히에 전속한다.
(2) 란트는 란트 입법으로 규정할 수 있는 사항에 관하여 외국과 조약을 체결할 수 있다. 다만, 이 조약은 라이히의 동의를 얻어야 한다.
(3) 국경의 변경에 관한 외국과의 협정은 관계 란트의 동의를 얻은 후 라이히가 이를 체결한다. 국경의 변경은 주민이 없는 지방의 단순한 경계정리를 제외하고는, 라이히의 법률로써만 이를 할 수 있다.
(4) 외국에 대한 란트의 특별한 경제적 관계 내지는 란트가 외국과 인접한 것에서 발생하는 이익을 확실하게 옹호하기 위해서 라이히는 관계 란트의 동의를 얻어 필요한 시설과 조치를 하여야 한다.

* **763** 알베르트 헨젤(Albert Hensel, 1895-1933) 독일의 세법학자. 철학자 멘델스존의 자손. 카를 슈미트의 본 시절 동료. 저서 『독일 조세법론』. 1933년 쾨니히스베르크대학 교수직 파면. 이탈리아에서 객사. 1980년부터 젊은 세법학자에게 주는 「알베르트 헨젤상」이 창설되었다.

* **764** 요제프 레들리히(Joseph Redlich, 1869-1936) 오스트리아의 법률가 · 정치가 · 학자.

* **764** 헤켈(Johannes Heckel, 1889-1963). 복음주의 국법 및 교회법학자. 1928년 본대학 교수. 1934~1957년 정년시까지 뮌헨대 교수. 저서 Wehrverfassung und Wehrrecht des Großdeutschen Reichs, 1939; Das blinde, undeutliche Wort "Kirche". Gesammelte Schriften, hrsg. v. Siegfried Grundmann, 1964. 저작목록 S. 725-734.

* **764** 제1회 독일국법학자협회(Vereinigung der Deutschen Staatsrechtslehrer)의 대회는 1924년 예나에서 개최되었다. 이 날의 보고는 카를 슈미트와 에르빈 야코비가 발표하고 토론이 이어졌다. C. Schmitt, Die Diktatur des Reichspräsidenten nach Art. 48 der Reichsverfassung, VVDStRL, 1924, S. 63 ff. (김효전역, 라이히 대통령의 독재 — 바이마르 헌법 제48조에 따른, 『동아법학』 제12호, 1991, 253-309면); ders., Die Diktatur, 1921, 6. Aufl., 1994, S. 213 ff. (Anhang). 김효전 옮김, 『독재론』(법원사, 1996), 247-198면. 에르빈 야코비, 김상겸 옮김, 바이마르 헌법 제48조에 의한 제국 대통령의 독재, 『헌법학연구』 제7권 2호(2001).

* **766** 바이마르 헌법 제3조(국기) (1) 국기는 흑·적·금색으로 한다.
(2) 상선기는 흑·백·적색으로 하며, 그 상부 좌측에 국기를 표시한다.

* **766** 국기색. 여기의 국기문제란 주민, 특히 실업가가 바이마르 헌법 제3조에 규정한 흑적금색의 「국기」와 흑백적색의 「상선기」 어느 것도 달지 않고 정치색 없는 란트기·시읍면기·교황기·사기 (社旗)·사기(私旗) 등 중립적인 깃발을 내걸고 문제를 미루는 것을 가리킨다. 헌법 제3조는 정당 간의 타협의 산물로 생긴 것이다. 슈미트에 의하면, 흑적금색이든 흑백적색이든 결단을 내리지 않은 것이다. 이것은 많은 인민들이 자신의 경제적 이익과 직접 관계없는 경우, 쓸데없이 정치적 결단의 부담을 지는 것을 회피하여 그 결과 정치적 무관심·정치적 무책임이 발생한다는 사태를 보여주는 실례이다. C. Schmitt, Verfassungslehre, S. 281 참조.
한편 1933년 3월 12일 힌덴부르크 대통령은 전권위임법이 국회에 상정되기 이전에 「국기게양의 잠정적 규제에 관한 대통령의 명령」을 발하였다. 이 명령은 흑백적의 삼색기를 부활시킨 동시에 나치당의 사기인 갈고리 십자기를 사실상 또 하나의 국기로서 인정한 것이다. 국기문제에 관한 문헌은 G. Anschütz, Die Verfassung des Deutschen Reichs vom 11. August 1919, 14. Aufl., 1933, S. 48-60; Tatarin-Tarnheyden, Die Rechtslage im Flaggenstreit, Deutsche Juristen-Zeitung, 1. 11. 1927, Sp. 1433-37; E. Wolf/O. Neubecker, Die Reichs-einheitsflagge, 1926 등.
국기(國旗)에 대해서는 P. Häberle, Nationalflaggen. Bürgerdemokratische Identitäts-elemente und internationale Erkennungssymbole, Berlin: Duncker & Humblot 2008. 국가 (國歌)에 관하여는 P. Häberle, Nationalhymnen als kulturelle Identitätselemente des Verfassungsstaates, Berlin 2007.

* **766** 공휴일에 관하여는 P. Häberle, Feiertagsgarantien als kulturelle Identitätselemente des Verfassungsstaates, Berlin 1987; ders., Der Sonntag als Verfassungsprinzip, 2. Aufl., 2006. 이송림, 해외 주요국 공휴일 제도와 국내 공휴일 법제화 논의, 국회입법조사처, NARS 현안분석 제152호(2020. 6. 30).

* **766** 안쉬츠(Gerhard Anschütz) → 본서 1499면

* **766** 「공화국의 보호」. RGBl, 1922/I, 521, 532 (1922년 6월 29일의 공화국을 보호하기 위한 명령). A. Lobe, Die Gesetzgebung des Reichs zum Schutz der Republik, 1922; S. Cohn u.a., Gesetz zum Schutze der Republik v. 25. März 1930, 1930; G. Radbruch, Der innere Weg, 1951, S. 161 ff.(최종고역, 『마음의 길』, 종로서적, 1983); G. Jasper, Der Schutz der Republik, 1963, bes. S. 56 ff.; Huber, VI, S. 659-687; Chr. Gusy, Weimar - die wehrlose Republik?, 1991. bes. S. 139 ff.; ders., Die Weimarer Reichsverfassung, 1997, S. 190-193(クリストフ・グズィ, 原田武夫譯, 『ウァイマル憲法 ― 全體像と現實』, 風行社, 2002).

* **770** 바이마르 헌법 제152, 153, 119조, 154조
제152조(계약의 자유) (1) 경제상의 거래에서는 법률이 정하는 바에 따라 계약자유의 원칙이 타당하다.
(2) 고리는 이를 금지한다. 선량한 풍속에 반하는 법률행위는 무효이다.
제153조(소유권·수용) (1) 소유권은 헌법에 의해서 보장된다. 그 내용과 한계는 법률로써 이를 정한다.
(2) 공용수용은 공공복리를 위하여, 또한 법률상의 근거에 의해서만 행할 수 있다. 공용수용은 라이히 법률에 별도의 규정이 없는 한 정당한 보상 하에 이를 행한다. 보상액에 관하여 다툼이 있는 경우에는 라이히 법률에 별도의 규정이 없는 한 통상 법원에 출소할 수 있도록 하여야 한다. 란트·공공단체 및 공익상의 단체에 대해서 라이히가 공용수용을 하는 경우에는 반드시 보상하여야 한다.
(3) 소유권은 의무를 수반한다. 그 행사는 동시에 공공복리에 적합하여야 한다.
제154조(상속권) 상속권은 민법이 정하는 바에 의해서 보장된다. 상속재산에 대해서 국가가 취득하는 부분은 법률로써 정한다.
제119조(혼인과 가족) (1) 혼인은 가족생활과 민족보존과 증식의 기초로서 헌법의 특별한 보호를 받는다. 혼인은 양성의 동권을 기초로 한다.
(2) 가족의 순결과 건강을 유지하고 이를 사회적으로 조장하는 것은 국가와 공공단체의 의무이다. 자녀가 많은 가정은 국가의 보호와 배려를 요구할 권리를 가진다.
(3) 모성은 국가의 보호와 부조를 요구할 권리를 가진다.

제22조(의원의 선거) (1) 의원은 보통·평등·직접·비밀선거에 의해서 비례대표의 원칙에 따라 만 20세 이상의 남자와 여자가 이를 선거한다. 선거일은 일요일 또는 공휴일이어야 한다. (2) 상세한 것은 라이히 선거법으로 규정한다.

* 771 바이마르 헌법 제22조(의원의 선거) (1) 의원은 보통·평등·직접·비밀선거에 의해서 비례대표의 원칙에 따라 만 20세 이상의 남자와 여자가 이를 선거한다. 선거일은 일요일 또는 공휴일이어야 한다. (2) 상세한 것은 라이히 선거법으로 규정한다.

* 772 라드브루흐(Gustav Radbruch, 1878-1948) 독일 신칸트학파의 법철학자·형법학자. 1903년 하이델베르크대학에서 교수자격 취득. 1914년 쾨니히스베르크대학 교수. 1916-1918년 제1차 대전 참전. 1919년부터 킬대학 교수. 1921-23년 법무장관. 1926년 하이델베르크대학 교수. 1933년 「그의 인격과 종래의 정치활동에 비추어」 새로운 나치국가에 대한 충성의 보증이 없다고 하여 해직된다. 전후 1945년 하이델베르크대학에 복귀하여 재건에 힘썼다. 저서 『법철학』(윤재왕 옮김, 박영사, 2021; 최종고역, 삼영사, 1975). 문헌 울프리드 노이만, 윤재왕 편역, 『구스타프 라드브루흐 ― 법철학자, 정치가, 형법개혁가』(박영사, 2017); 박은정 편역, 『라드브루흐의 법철학: 법과 불법의 철학적 경계』(문학과지성사, 1989).

* 772 나우만(Joseph Friedrich Naumann, 1860-1919) 독일의 복음파 신학자. 기독교 사회주의 정치가. 처음에 슈퇴커(A. Stoecker)와 그 보수주의에 반대하고 1896년에 국민사회당을 창설, 스스로 당수가 되었다. 그는 일의적으로 기독교를 강조하는 것이 아니라 오히려 내셔널리즘의 면을 보다 강하게 주장하고 노동운동과 현재의 국자체제와의 화해를 시도하였다. 1918년 말 독일민주당을 창설한 당수. 주저인 「중부 유럽」(Mitteleuropa, 1915) 독일을 중심으로 하는 중부 유럽 제국의 구상을 나타낸 것으로 후년의 그의 사회적 제국주의에의 이행을 나타내고 있다.

* 775 제임스 매디슨(James Madison, Jr. 1751-1836) 미국의 정치가·외교관·저술가. 제4대 대통령(1809-1817). 흔히 「헌법의 아버지」로 불린다. Alexander Hamilton, John Jay와 1788년 "The Federalist Papers"(김동영 옮김, 『페더랄리스트 페이퍼』, 한울아카데미, 1995; 박찬표 옮김, 2019) 발간. 문헌 정경희, 제임스 매디슨과 권리장전의 제정, 『서양사론』 제59권 1호(1998); 론 처노, 서종민·김지연 옮김, 『알렉산더 해밀턴』(21세기 북스, 2018). → 본서 1569면, 1608면

* 775 홈부르크 강화(Homburg Frieden) 1924년 바이에른과 라이히가 체결한 협정을 비웃는 방식으로 표현한 것. 보통 「홈부르크 합의」(Homburger Vereinbarung)라고 표현. https://www.historisches-lexikon-bayerns.de/Lexikon/Homburger_Vereinbarung,_14 ./18._Februar_1924

* 775 스멘트가 주 493에서 논문 제목 없이 인용한 트리펠의 논문은 Der Föderalismus und die Revision der Weimarer Reichsverfassung, in: Zeitschrift für Politik 14 (1924), S. 193-230.

* 777 교회헌법(Kirchenverfassung) 교리(신조·성경·소요리문답·대요리문답), 교회 정치, 헌법적 규칙, 권징조례, 예배모범을 규정한 교회 또는 교단의 최고 상위법. 교회(교인)를 양육하고 치리하는 기준이 된다. 예컨대 기독교대한성결교회 헌법 등.

* 778 울리히 슈투츠(Ulrich Stutz, 1868-1938) 독일의 법사학자·교회법학자. 프라이부르크대학 교수(1896), 본대학(1904-17) 교수로서 교회법연구소 설립. 1917년 이후 베를린대 교수. 프랑켄의 세속권력과 서로마 교회권력의 중세 초기의 관련에 관한 이해에 기여하였다. 문헌 Chr. Waldhoff, Kirchenrecht an der Rechts-und Staatswissenschaftlichen Fakultät der Universität Bonn, in: Zeitschrift für evangelischen Kirchenrecht, Bd. 51 (2006), S. 70-95; Konrad Fuchs, "Stutz, Ulrich," in: Biographisch-Bibliographisches Kirchenlexikon 11 (1996), Sp. 151-152.

* 778 아우크스부르크 신앙고백(Augusburger Konfession) 1530년 6월 25일 독일 종교개혁 당시 루터교회의 신앙고백으로 필리프 멜란히톤(Philipp Melanchthon, 1497-1560)이 기초하고 가톨릭 제후의 승인을 얻어 아우구스부르크 제국 회의에서 낭독했다. 프로테스탄트 최초의 신앙 조항. 이 고백을 통해 로마 가톨릭과의 화해는 이루지 못했으나 루터교도들 속에 강한 연합의 결속이 이루어졌다. 전문 28조. 스멘트가 언급한 제7조는 교회에 관한 것으로 「루터교도들은 하나의 성스런 기독교회가 있는 것을, 그리고 그 근거는 교회의 진리와 순결함 속에서 복음이 전파될 때마다이며, 성례는 복음에 따라서 행할 것을 믿는다」이다.

* 778 율리우스 카프탄(Julius Kaftan, 1848-1926) 독일 프로테스탄트 신학자. 에어랑겐·베를린·킬대학에서 신학 공부. 스위스 바젤대학 교수(1874), 베를린대학 교수(1883) 동 대학 총장(1906-07). 프로이센 복음주의 상급교회 위원회의 위원(1904-1925)이었으며, 1921년 이후에는 부위원장 역임. 저서 Das Wesen der christlichen Religion, 1881; Philosophie des Protestantismus, 1917.

헌법국가에 있어서 정치권력과 국가형태의 문제 (루돌프 스멘트)

* 출전. Rudolf Smend, Die politische Gewalt im Verfassungsstaat und das Problem der Staatsform. Festgabe der Berliner Juristischen Fakultät für Wilhelm Kahl zum

Doktorjubiläum am 19. April 1923. J. C. B. Mohr (Paul Siebeck), Tübingen 1923, Teil III (25. S.). jetzt in: Staatsrechtliche Abhandlungen und andere Aufsätze, Berlin 1955, 4. Aufl., 2010, S. 68-88.

『헌법학연구』제27권 4호 (2021), 485-510면.

이 논문은 스멘트가 처음으로 통합이론을 독일 헌법학계에 알린 문헌으로서 의미가 있으며, 또한 정치적인 것의 개념, 통치행위와 국가형태의 문제는 오늘날에도 여전히 문제가 되고 있기 때문에 아직도 일독할만한 가치가 있다고 생각한다. 스멘트의 통합이론을 올바로 이해하기 위해서는 반드시 읽어야할 기본 자료의 하나이다.

* 781 역대 프랑스 헌법전에 관하여는 김충희 옮김, 프랑스 역대 헌법전(1)(2완), 『동아법학』 제69호 (2015), 229-577면 및 제70호(2016), 471-597면.

* 782 프랑스의 콩세유데타(Conseil d'État). 독일에서 추밀원(Staatsrat) 또는 국참사원으로 번역. 프랑스의 최고 행정재판소. 집행부의 법률 고문관인 동시에 최고 행정재판소. 1799년 나폴레옹이 설립. 문헌 Bruno Latour, The Making of Law: An Ethnography of the Conseil d'État, Cambridge 2009; 전훈, 프랑스 꽁세이데타의 기능과 역할, 『중앙법학』 제12권 3호(2010); J. M. Pontier, 국참사원의 자문적 역할, 『법학논집』(이화여대) 제12권 1호(2007); 김동희, Conseil d'État, 『공법연구』 제4집(1976), 47-69면.

* 782 모리스 오류 → 본서 1520면

* 783 가스통 제즈(Gaston Jèze, 1869-1953). 프랑스의 공법학자. 카를 슈미트는 『정치적인 것의 개념』(김효전 · 정태호 옮김, 살림, 2012), 257면에서 제즈와 스멘트의 이 논문도 인용하고 있다. 제즈에 관하여는 Patrick Arabeyre et al. (dir.), Dictionnaire historique des juristes français VIIᵉ-XXᵉ siècle, 2ᵉ éd. 2015, pp. 554-557,

* 783 통치행위(acte de gouvernement, Regierungsakt). 슈미트는 정치적인 것의 규준으로서 적과 동지의 구별에 특히 흥미로운 통치행위의 정의를 차용하고 있다. 이 이론은 프랑스 행정 판례에서 그대로 도입되었고, 이후 독일(Regierungsakt), 영국(act of state), 미국(political question) 등지에도 전파되었다. 한국의 헌법재판소는 통치행위의 관념을 인정하면서도 기본권보호를 위해서는 사법심사가 가능하다고 한다. 카를 슈미트, 김효전 · 정태호 옮김, 『정치적인 것의 개념』(살림, 2012), 258면. → 본서 예외상태, 국가행위

* 785 크리스피(Francesco Crispi, 1818-1901). 이탈리아의 애국자 · 정치가. 재통일

(Risorgimento) 주역의 한 사람. 주제페 마쩌니와 주제페 가리발디의 가까운 친구이자 후원자. 1860년 이탈리아 통일의 건설자로 불린다. 독일의 비스마르크, 영국의 글래드스턴과 비유. 두 차례 수상 역임. 저서 마쩌니와 공저인 Republica e monarchia, 1865; Cronistoria Frammenti, 1890. 문헌 Christopher Duggan, Francesco Crispi, 1818-1901: From Nation to Nationalism, Oxford Univ. Press 2002.

* **787** 「정치적」 결사와 집회의 개념규정. 1908년 4월 19일의 독일국 결사법 제3조 1항에 의하면, 정치결사란 「정치문제에 어떤 효과를 미칠 것을 목적으로 하는 모든 결사」이다. 이 경우에 정치문제란 실제로는 보통 국가조직의 유지나 변경 또는 국가나 국가에 편입된 공법상의 단체의 기능에 영향을 미치는 것에 관계되는 것이다. 카를 슈미트, 김효전·정태호 옮김, 『정치적인 것의 개념』(살림, 2012), 256-257면.

* **791** 가산제(Patrimonialism). 지배계급의 장이 토지나 사회적 지위를 스스로의 가산처럼 취급하고 가부장제 지배로 통치하는 지배형태를 말한다. 지배자는 국가의 통치권을 자신의 가계 관리의 일환으로 소유권적인 행사를 하고, 그 기구는 국가의 통치기능과 가산의 관리기능이 융합되어 있다. 19세기 스위스의 할러(Karl Ludwig von Haller, 1763-1854)가 「가산국가」의 개념을 제창한 것이 시초이며, 그 현대적인 의미는 막스 베버가 표현했다. 그는 지배를 합법적·카리스마적·전통적의 세 가지로 지배의 세 유형을 고안했다. 문헌 K. L. Haller, Restauration der Staatswissenschaften, 6 Bde., 1816-34; M. Weber, Wirtschaft und Gesellschaft, Kapitel III. Die Typen der Herrschaft, S. 122-176; G. 옐리네크, 김효전역, 『일반 국가학』, 2005, 159-161면.

* **792** 카를 로텐뷔허(Karl Rothenbücher, 1880-1932). 독일의 법학자. 뮌헨대 교회법·국법 및 사회학 교수. 뮌헨·베를린에서 법학 공부. 1905년 제2차 국가시험 합격. 1906년 뮌헨대 법박. 1908년 교수자격논문 통과. 1908-1910년 뮌헨대 강사. 1910-12년 조교수. 1912~1932년 사망시까지 정교수. 1917년 제1차 세계대전 침전. 1927년부터 사회학도 강의. 동년 국법학자대회에서 '자유로운 의견표현의 권리' 발표. 그의 의견 개념은 카를 슈미트가 수용(Verfassungslehre, S. 35, 167 f.). 업적은 국가와 교회의 분리, 바이마르 헌법의 자유로운 의견의 권리와 제48조의 한계를 도그마틱하게 발전시켰다. 저서 Die Trennung von Staat und Kirche, 1908.

* **793** 칼(W. Kahl) → 본서 1556면

독일 국법에 있어서의 시민과 부르주아 (루돌프 스멘트)

* 출전. Rudolf Smend, Bürger und Bourgeois im deutschen Staatsrecht. Rede, gehalten

bei der Reichsgründungsfeier der Friedrich-Wilhelms-Universität Berlin am 18. Januar 1933. Preußische Druckerei-und Verlags-Aktiengesellschaft, Berlin 1933, 24 S. jetzt in: ders., Staatsrechtliche Abhandlungen, Berlin: Duncker & Humblot, 1955, 4. Aufl., 2010, S. 309-325.

『헌법학연구』 제29권 2호 (2023. 6), 525-551면.

* **797** 제국 창설 기념일에 관련된 문헌은 Dirk Blasius, Reichsgründungsfeiern in der Krise der Weimarer Republik - Positionierung führender Staatsrechtslehrer, in: Der Staat, Bd. 56, Heft 2, 2017, S. 255-276.

* **797** 스당 [전승] 기념일(Sedantag 또는 Tag von Sedan). 독일 제국(1871-1918)이 매년 9월 2일에 축하한 기념일. 1870년 9월 2일 보불전쟁에서 프랑스 도시 스당 근교의 전투에서 프랑스 군대가 항복하고 황제 나폴레옹 3세는 포로가 되어 프로이센 국왕 빌헬름 1세에게 인도되었다.

* **797** 하인리히 폰 트라이치케(Heinrich von Treitschke, 1834-1896). 독일의 역사가. 국권주의적인 경향이 강함. 일찍부터 독일 통일론자로 프로이센을 지지. 사회주의자·가톨리시즘·유대인을 비애국적이라고 공격했다. 독일의 제국주의적 발전을 창도하고 영국을 적대시. 저서 『정치』(Politik, 영역, 1916), 『역사 및 정치논집』(Historische und Politische Aufsätze, 4 Bde., 8. Aufl., 1918).)

* **798** 창설시대(Gründerzeit). 「유령회사 범람시대」라고도 번역. 넓은 의미로는 독일과 오스트리아의 19세기 경제사의 한 국면으로 1840년경에 시작된 산업화로부터 1874년 주식시장의 붕괴, 즉 창설도산(Gründerkrach) 시기까지를 말한다. 일반적으로 1848년 독일혁명을 창설시대의 시작으로 보며, 프로이센-프랑스 전쟁에서 승리하고 독일의 통일로 인하여 많은 자본이 밀려들었고, 경기가 번영하였다. 좁은 의미로는 독일제국(1871-1873) 창설 이후의 2년간을 말하기도 한다. 문헌 Chr. Jansen, Gründerzeit und Nationsbildung 1849-1871, Paderborn 2011; Florian Cebulla (Hrsg.), Gründerzeit und Reichsgründung, Braunschweig 2014.

* **799** 천국의 시민권(Politeuma, πολίτευμα). 시민체제(Bürgerschaft)를 말하며, 헬레니즘 세계에서 폴리스에서 소수 민족의 부분적인 자치조직 구조를 위해서 존속했다. 그 개념은 시간·공간에 따라 달리 사용. 이에 관한 무수한 연구는 디아스포라(Diaspora)에서 유대인의 독자적인 자치 행정에 주력하고 있다. German Wikipedia.

* **800** 인간상(Menschenbild, das menschliche Bild). 문헌 Peter Häberle, Das Menschenbild

im Verfassungsstaat. 4., aktualistische und erweiterte Aufl., Berlin 2008.

* **800** 로텍(Karl Wenzeslau Rodecker von Rotteck, 1775-1840). 독일의 역사가·정치가. 벨커와 공동편집한 15권의『국가사전』(Staatslexikon, 1834-43)은 3월 전기의 자유주의 운동의 교과서가 되었다. 벨커(Karl Theodor Welcker, 1790-1869) 독일의 법학자·정치가. 바덴의 자유주의 운동의 지도자. 로텍과 함께『국가사전』편집. 문헌 Helga Albrecht, Karl von Rotteck (1775-1840) und Karl Theodor Welcker (1790-1869), in: Rüdiger Voigt (Hrsg.), Staatsdenken. Zum Stand der Staatstheorie heute, 1. Aufl. Baden-Baden 2016, S. 295-299.

* **801** 슐체-델리취(Hermann Franz Schultze-Delitzsch, 1808-1883). 독일의 정치가·경제학자. 협동조합을 조직화함으로써 노동자를 혁명투쟁으로부터 눈을 돌리게 만들려고 하였다.
    문헌 Frank Schulz-Nieswandt, Genossenschaftsidee und das Staatsverständnis von Hermann Schulz-Delitzsch (1808-1883) im Kontext des langen 19. Jahrhunderts der Sozialreform, Duncker & Humblot, Berlin 2020, 122 S.

* **801** 라드브루흐, 손지열·황우여 공역,『법에 있어서의 인간: 법의 기본문제에 관한 선별된 연설 및 논문들』(육법사, 1981). → 본서 1582면

* **802** 프로이센 일반 란트법 → 본서 1504면

* **803** 「오래고 좋은 법」(gutes altes Recht). 최종고, 중세 독일에 있어서 법관념과 법발견 – gutes altes Recht 이론을 둘러 싼 연구 성과를 중심으로,『법학』(서울대) 제20권 2호(통권 43호, 1980), 360-387면; 동인,『법사와 법사상』(박영사, 1980), 199-231면에 재수록; D. Willoweit, 和田卓明譯, 古き良き法について,『法學雜誌』(大阪公立大學) 제47권 1호 (2000).

* **803** 1814년 헌장(Charte constitutionnelle du 4 juin 1814). 김충희 옮김, 프랑스 역대 헌법전 (1),『동아법학』제69호(2015), 493-502면.

* **803** 메테르니히(Fürst von Metternich) → 본서 1573면

* **804** 슈타인의 나싸우 건의(Steins Nassauer Denkschrift). 완전한 명칭은「프로이센 군주국에 있어서 상급 및 지방, 재정 및 경찰관청의 합목적 형성에 관하여」이며, 1807년 슈타인(Heinrich Friedrich Karl vom und zum Stein)이 프로이센국가를 위해서 전면적인 국가개혁의 초안을 작성한 것이다. 건의는 프로이센 개혁을 위한 하나의 복안으로의 기초를 형성한다. 내용은 국무회의 (Staatsrat)의 설치, 국가행정의 전면적인 개혁, 시민의 지방행정에의 참여, 봉건 관례의 제거,

재산권보장, 이전의 자유, 직업선택의 자유 보장 등이다. 문헌 Elsabeth Fehrenbach, Vom Ancien Regime zum Wiener Kongress, 4. Aufl. München 2001.

* 805 에른스트 모리츠 아른트(Ernst Moritz Arndt, 1769-1860). 독일의 민족주의 · 민주주의 저술가, 역사가 및 프랑크푸르트 국민의회 의원. 저술가와 시인으로서 주로 나폴레옹의 지배에 반대하는 동원에 참가. 해방전쟁의 전사로서 서정 시인으로서 표현. 반유대주의적인 표현에 대한 평가는 논쟁적. 철을 증산시킨 신에 대한 노래는 다음과 같다.

> Der Gott, der Eisen wachsen ließ,
> der wollte keine Knechte,
> drum gab er Säbel, Schwert und Spieß
> dem Mann in seine Rechte;
> drum gab er ihm den kühnen Mut,
> den Zorn der freien Rede,
> dass er bestände bis aufs Blut
> bis in den Tod die Fehde.　(이하 생략)

* 805 국가(國歌, Nationalhymne)에 관하여는 Peter Häberle, Nationalhymnen als kulturelle Identitätselemente des Verfassungsstaates, 2007, 2., durchges. und erw. Aufl., Berlin 2013. 이 책에서는 한국의 애국가 작곡가인 안익태가 R. Strauss의 애제자임을 밝히고 있다. 1. Aufl., 2007, S. 46 Anm. 88. 그 밖에 NZZ vom 16. Mai 2006, S. 26; H. D. Schurdel, Nationalhymnen der Welt, 2006, S. 397 ff. 애국가는 작사자 미상이 아니라 안창호라는 신용하 교수의 주장(「애국가 작사(作詞)는 누구의 작품인가」, 『대한민국학술원통신』 2018년 4월호; 조선일보 2018. 3. 29) 참조. 최근 國歌를 둘러싸고 유럽의 독일 · 오스트리아 · 북미의 캐나다에서 남성 위주의 표현이 논란이 되기도 했다. 조선일보 2018. 3. 10.

* 807 비더마이어(Biedermeier) 시대. 독일 연방의 여러 란트에서 1815년의 빈 회의 말기부터 1848년 3월혁명의 초기까지의 단기간을 말함. 정치사에서는 나폴레옹에 의해서 개변된 유럽의 질서를 프랑스혁명 이전의 상태로 되돌리려는 노력 때문에 왕정복고의 시대라고도 한다. 「비더마이어」는 처음에는 단순히 소시민적인 속물을 나타내는 부정적인 말이었으나, 1900년 경 먼저 주거문화에, 특히 가구의 한 양식을 나타내는 말로 사용된 이래 문학 · 회화 · 패션 · 음악 등에까지 개념의 적용이 확대되었다. 문헌 Friedrich Sengle, Biedermeierzeit, 3 Bde. Stuttgart 1971, 1972, 1980.

* 807 드로이젠(Johann Gustav Droysen, 1808-1884). 독일의 역사가 · 정치가. 프랑크푸르트

국민의회 의원. 헬레니즘의 문화적 가치를 강조하고 알렉산더 대왕 이후의 시대에 헬레니즘이란 명칭을 붙임. 저서 『프로이센 정치사』(Geschichte der preußischen Politik, 1855-1886)는 프로이센·소독일주의의 역사관에 대한 가장 포괄적인 서술로 평가. 문헌 Wilfried Nippel, Johann Gustav Droysen. Ein Leben zwischen Wissenschaft und Politik, München 2008.

* **808** 명사들(Honoratioren). Max Weber, Wirtschaft und Gesellschaft, Grundriss der Verstehenden Soziologie, 5. Aufl., Tübingen 1980. Kapitel III. Die Typen der Herrschaft, §20. Honoratiorenverwaltung, S. 170.

* **809** 어린양을 메마른 곳에 데려오다(Schäfchen ins Trocken bringen). 사리를 도모하다. 어린양은 사리(私利)란 뜻.

* **810** 자유주의(Liberalismus). 문헌 루돌프 피어하우스, 공진성 옮김, 『코젤렉의 개념사 사전 7, 자유주의』(푸른역사, 2014); James J. Sheehan, 정항희역, 『독일 자유주의의 발전사』(법경출판사, 1987). → 본서 1552면

* **810** 랑케(Leopold von Ranke, 1795-1886). 독일의 역사가. 그의 역사서술은 국가들의 흥망성쇠를 논한 정치사이며, 국가의 세력관계의 추이를 도덕적 에너지의 관념을 중심으로 파악한다. 문헌은 F. 마이네케, 차하순역, 『랑케와 부르크하르트』(규장문화사, 1979).

* **811** 프리드리히 횔덜린(Friedrich Hölderlin, 1770-1843). 남독일 슈바벤의 라우헨 출생. 대학시대 헤겔, 셸링과 함께 고대 그리스를 동경하고 칸트 철학에 계발되어 프랑스혁명에 공감. 후반의 생은 광기 속에 지내며 전반 생은 전혀 평가되지 않고, 19세기 말의 「발견」 이후 괴테에 이어 대시인으로 간주된다. 규모가 큰 찬가·비가 외에 소설 『히페리온』(김재혁 옮김, 책세상, 2015; 장영태 옮김, 을유문화사, 2008; 홍경호역, 범우사, 1988) 등. 문헌 장영태 옮김, 『횔덜린 시전집』(전2권 책세상, 2017); 박술 옮김, 『생의 절반』(인다, 2024).

프로테스탄티즘과 민주주의 (루돌프 스멘트)

* 출전. Rudolf Smend, Protestantismus und Demokratie, in: Krisis. Ein politisches Manifest. Erich Lichtenstein, Weimar 1932, S. 182-193, auch, in: ders., Staatsrechtliche Abhandlungen, Berlin: Duncker & Humblot, 1955, 4. Aufl., 2010, S. 297-308.
　『유럽헌법연구』 제41호 (2023), 1-15면.

　루돌프 스멘트는 한국에서 통합이론의 헌법학자로서 알려지고 있으나 독일에서는 교회법학자로

서 더 잘 알려져 있다. 복음주의 신학자로서 스멘트가 프로테스탄티즘과 민주주의의 관계에 관하여 논한 이 글은 나치스가 권력을 장악하기 직전에 쓰여진 것이다. 제1차 세계대전에서 패배한 후 군주제가 무너지고 민주화하는 조국 독일의 장래에 대한 스멘트의 불안과 걱정이 잘 드러나 있다.

* 815 1927년의 쾨니히스베르크의 교회 회의의 「조국표명」(Vaterländische Kundgebung). 독일 복음교회 대회(Deutscher Evangelischer Kirchentag)는 1919년 창설되어 1924년 베델 (Bethel), 1927년 쾨니히스베르크, 1930년 뉘른베르크에서 개최되었다.

* 817 「크리스천 사회 국민봉사단」(der Christlich-Soziale Volksdienst. CSVD, 1929-1933). 「기독교-사회인민봉사」라고도 번역하며, 바이마르 공화국 시대의 프로테스탄트 보수주의 정당. German Wikipedia. 문헌 Günther Opitz, Der Christlich-Soziale Volksdienst. Versuch einer protestantischen Partei in der Weimarer Republik, Droste, Düsseldorf 1969.

* 817 독일 복음주의 교회 대회(Deutscher Evangelischer Kirchentag, DEKT). 복음주의 평신도 운동. 동일한 명칭으로 2년마다 개최되며 1949년 이후부터 활발한 운동을 전개. 제39차 대회는 2025. 4. 30~5. 4 하노버에서 개최 예정.

* 817 독일 복음주의 교회 위원회(Deutscher Evangelischer Kirchenausschuss, DEKA). 1903 년부터 독일 복음주의 교회 대회의 결의기관 및 집행기관. 1922년부터 독일 복음주의 교회 연맹 (Deutscher Evangelischer Kirchenbund)을 구성하였다. 문헌 장수한, 『독일 프로테스탄트 교회의 역사: 사회의 역사로 다시 읽는』(한울아카데미, 2016).

군주제 연방국가에서의 불문헌법 (루돌프 스멘트)

* 출전. Rudolf Smend, Ungeschriebene Verfassungsrecht im monarchischen Bundesstaat. Festgabe für Otto Mayer zum 70. Geburtstag. J. C. B. Mohr (Paul Siebeck), Tübingen 1916, S. 245-270. jetzt in: Staatsrechtliche Abhandlungen und andere Aufsätze, Berlin 1955, 4. Aufl., 2010, S. 39-59.
　『세계헌법연구』 제26권 제1호 (2020), 155-177면.

　군주제, 연방제 그리고 불문헌법 모두 우리 한국과는 직접 관련이 없는 테마이다. 그러나 스멘트가 독일 군주제 치하에서 법제사와 교회법을 연구하다가 헌법을 연구한 성과의 일단을 보여주는 초기 저작으로서 제1차 세계대전 이전의 독일 헌법사에서의 이론과 실제 모습을 살펴볼 수 있는 문헌의 하나이다. 또한 자신의 이론 정립을 위해서 암중모색하던 시대의 스멘트의 고뇌를 엿볼 수 있다.

* **822** 브라이스(James Bryce, 1838-1922). 영국의 정치가・정치학자. 정치가로서는 아일랜드 장관(1905-06), 미국 대사(1907-13) 역임. 옥스퍼드대학의 로마법 교수(1870-93). 저서 The American Commonwealth (1888), Modern Democracies (1921; 서석순 옮김,『현대 민주정치론』, 한국번역도서, 1958)는 체계적은 아니지만 사회학적인 방법으로 저술한 명저로 소개되고 있다. 역사가로서도 Holy Roman Empire (1864)를 저술.

* **823** 카를 폰 바이재커(Karl von Weizsäcker, 1853-1926). 뷔르템베르크 왕국 빌헬름 2세의 수상(1906-1918). 문헌 Martin Wein, Die Weizsäckers. Geschichte einer deutschen Familie, Stuttgart 1988.

* **831** 호엔로에(Chlodwig Fürst zu Hohenlohe-Schillingsfürst, 1819-1901). 바이에른의 수상 겸 외무 장관을 거쳐 독일 제국 수상 겸 프로이센 수상(1894-1900)이 된다. 외교상으로는 비스마르크의 방침을 답습하고, 내정적으로는 사회민주당과의 현저한 대립을 피하려고 하였으나 빌헬름 2세와의 사이는 좋지 못하였다. 독일 제국에서 가장 진보적인 수상으로 꼽힌다. 문헌 Volker Stalmann, Fürst Chlodwig zu Hohenlohe-Schillingsfürst 1819-1901, Paderborn 2009.

* **837** 오토 마이어의 세 개의 오래된 고전적인 형태. 왕제・귀족제・민주제 또는 참주제・과두제・우중제. Dirk Ehlers, Otto Mayer (1846-1924), in: Häberle u. a. (Hrsg.), Staatsrechtslehrer des 20. Jahrhunderts, 2. Aufl. S. 65-76.

* **838** 바울 교회 헌법(Paulskirchenverfassung vom 28. März 1849). 원문과 번역은 김효전 옮김, 독일 라이히 헌법 (바울교회 헌법),『헌법학연구』(2014), 355-419면.

* **838** 에어푸르트 연합 헌법(Erfurter Unionsverfassung). 1848. 4. 28. 프로이센은 독일 영방들에게 헌법을 제정하기 위한 논의를 위해 베를린에 회동할 것을 제안하였다. 프로이센은 같은 해 5. 28. 연합헌법 초안을 제안하였다. 각 소국들과 뷔르템베르크는 프랑크푸르트 헌법에 호감을 느꼈던 반면, 오스트리아・바이에른・하노버・작센의 대표자들이 5. 17. 베를린에 참석하였다. 프로이센・하노버・작센은 3제 동맹을 통해 연방국가의 창설에 합의하였다. 1849. 5. 28. 동맹을 맺은 3 정부가 잠정질서로 수용한 1849. 5. 28. 독일 라이히 헌법 초안이 공표되었다. 이 헌법초안은 1849. 3. 28의 프랑크푸르트 헌법에 토대를 두었다. 프로이센 왕국은 프랑크푸르트 헌법에 비해 보수적이었던 헌법에 토대를 두면서도 소독일주의를 채택하였다. 1849. 3. 28의 헌법초안은 현실에서 발생한 사건을 반영하는 추가조항을 통해 1850. 2. 26에 수정되었다. 연방국가의 호칭을

라이히에서 연합으로 변경한 것도 그 중 하나이다. 1850년 3, 4월의 에어푸르트 연합 의회는 헌법에 대해 심의를 하고 그 초안 전체를 수용하였다. 따라서 자유주의 성향의 의회다수파의 관점에서 에어푸르트 연합이 창설되었다. 정부와 보수파의 요구에 의해서 후에 그 헌법은 개정되었다. 자유주의 성향의 다수파는 4월 29일 최종 회의에서 정부에 자유주의적 및 통일국가 관련 개정안을 제안하였다. 그러나 프로이센 국왕 빌헬름 4세는 자유주의 진영의 대대적인 환영에도 불구하고, 연합 프로젝트를 끝까지 추구하지 않았다. 1850년 가을 위기가 닥친 후 연합 프로젝트의 추진은 끝났고, 따라서 에어푸르트 헌법의 단명한 생애도 마감하게 된다. 원문은 E. R. Huber, Dokumente zur deutschen Verfassungsgeschichte, Bd. 1. S. 501-514. 문헌 Gunther Mai (Hrsg.), Die Erfurter Union und das Erfurter Unionsparlament 1850, Köln u.a. 2000.

* **838** 빈 최종 규약(Wiener Schlußakte). → 본서 1498면

통합으로서의 국가 (한스 켈젠)

* 출전. Hans Kelsen, Der Staat als Integration. Eine prinzipielle Auseinandersetzung. Wien: Verlag von Julius Springer 1930. 91 S.
한스 켈젠, 김효전역, 『통합으로서의 국가 ─ 하나의 원리적 대결』(법문사, 1994), 141면. 부록 포함 236면.

켈젠(Hans Kelsen, 1881-1973) 오스트리아의 법학자. 1906년 빈대학 법학박사, 1911년 교수자격논문 통과. 1919-30년 빈대학 교수, 1919-30년 오스트리아 헌법재판소 재판관, 1930-33년 쾰른대학, 1933-40년 제네바대학, 1936-38년 프라하대학, 1945-52년 미국 버클리대학 교수 역임. 신칸트주의에 입각하여 순수법학을 창시. 사회민주적인 세계관에 입각하여 파시즘과 마르크스주의를 신랄하게 비판하고 미국으로 망명. 한국과 일본을 비롯하여 전세계의 법학계에 커다란 영향을 미쳤다. 저서 『순수법학』(1934; 변종필·최희수역, 길안사, 1999); 『일반 국가학』(1925; 민준기 옮김, 민음사, 1990); 『정의란 무엇인가』(1950; 이남원역, UUP, 2018); 『규범의 일반이론』(1979; 김성룡 옮김, 아카넷, 2016); 심헌섭역, 『켈젠의 자기증언』(법문사, 2009). 전집 Hans Kelsen Werke, Mohr, 2013 (발간 중).
통합이론에 대한 비판은 Der Staat als Integration: Eine prinzipielle Auseinandersetzung, 1930 (김효전역, 『통합으로서의 국가: 하나의 원리적 대결』, 법문사, 1994)(본서); Robert Chr. van Ooyen, Integration. Die antidemokratische Staatstheorie von Rudolf Smend im politischen System der Bundesrepublik, Wiesbaden, Springer VS, 2014; ders., Hans Kelsen ─ Neuere Forschungen und Literatur, Verlag für Polizeiwissens, 2019.
문헌 Thomas Olechowski, Hans Kelsen: Biographie eines Rechtswissenschaftlers, 2020; Elif Özmen, Hans Kelsens politische Philosophie, Mohr, Tübingen 2017; Matthias Jestaedt

(Hrsg.), Hans Kelsen und die deutsche Staatsrechtslehre, Mohr 2013; D. A. Jeremy Telman, Hans Kelsen in America, Springer 2016; Walter, Hans Kelsen, in: Brauneder (Hrsg.), Juristen in Österreich 1200-1980 (1987); Ramon Pils, Terminologiewörterbuch Hans Kelsen. Deutsch-englisches Glossar für die Übersetzungspraxis, 2016; Peter Römer, Hans Kelsen, Dinter, Köln 2009. 210 S. 기타 Horst Dreier, Hans Kelsen (1881-1973), in: Häberle u.a., Staatsrechtslehrer des 20. Jahrhunderts. Deutschland- Österreich-Schweiz, Berlin/Boston: Walter de Gruyter, 2. Aufl. 2018, S. 281-304; Heinrichs/Franzki/Schmalz/Stolleis, Deutsche Juristen jüdischer Herkunft, Beck, München 1993, S. 705-732; 森勇監譯, 『ユダヤ出自のドイツ法律家』(中央大學出版部, 2012), 1053-1098면.

* 843 빈학파(Wiener Schule) 오스트리아 수도 빈(Wien)에서 전개된 학문·예술·문화 등 어떤 집단적인 활동이나 어떤 유사점을 가진 일파를 가리킨다. 여러 분야에서 여러 학파가 있으나 여기서는 한스 켈젠을 중심으로 하는 법학파를 말한다. 문헌 H. Klecatsky, R. Marcic, H. Schambeck (Hrsg.), Die Wiener rechtstheoretische Schule, 2 Bde., Europa Verlag, Wien 1968.

* 843 순수법학(Reine Rechtslehre) 오스트리아의 법학자 한스 켈젠(Hans Kelsen, 1881-1973)이 전개한 법실증주의의 한 변형. 존재와 당위의 준별을 매개로 사회학적 고찰방법과 정치적·윤리적 가치판단을 배제하는 실정법의 순수한 이론을 기도했다. 저서 Reine Rechtslehre, 1. Aufl., Leipzig und Wien 1934. 2. Aufl., Wien 1960. 변종필·최희수 옮김, 길안사, 1999; 초판은 윤재왕 옮김, 『순수법학』, 박영사, 2018; 황산덕역, 『순수법학』, 1949. 長尾龍一譯, 『純粹法學』[第2版](岩波書店, 2014). 문헌 Axel-Johannes Korb, Kelsens Kritiker. Ein Beitrag zur Geschichte der Rechts-und Staatstheorie (1911-1934), Tübingen 2020; Robert Walter, Clemens Jabloner, Klaus Zeleny (Hrsg.), Der Kreis um Hans Kelsen: Die Anfangsjahre der Reinen Rechtslehre, Wien 2008.

* 850 켈젠의 『사회학적 국가개념과 법학적 국가개념』(Der soziologische und der juristische Staatsbegriff, 2. Aufl., 1928; Neudruck 1962). 法思想21硏究會譯, 『社會學的國家槪念と法學的國家槪念』(晃洋書房, 2001).

* 863 헬러의 『주권론』. H. Heller, Souveränität. Ein Beitrag zur Theorie des Staats-und Völkerrechts, Walter de Gruyter, Berlin und Leipzig 1927. 177 S. 김효전 옮김, 『주권론: 국법이론과 국제법이론을 위한 하나의 기여』(관악사, 2004). 영역본은 Edited and introduced by David Dyzenhaus, trans. by Belinda Cooper. Hermann Heller, Sovereignty: A Contribution to the Theory of Public and International Law, Oxford: NY, Oxford U. P.

2019. 189 p.

* 866 켈젠은 통합이론을「유례 없는 방법론적인 혼란」(S. 29)이라고 한다.

* 866 초인간으로서의 국가. 여기서는 홀트-페르네크의 저서『초인간으로서의 국가』(Der Staat als Übermensch. Zugleich eine Auseinandersetzung mit der Rechtslehre Kelsens, Jena: G. Fischer, 1926)를 말한다.

* 867 홀트-페르네크(Alexander Hold-Ferneck, 1875-1955). 오스트리아 빈대학 교수와 총장 역임. 이 책에서 그는 켈젠을 비판한다. 이에 대해서 켈젠은 "Der Staat als Übermensch. Eine Erwiserung, 1926)으로 응수한다. 홀트-페르네크의 저서로는 Lehrbuch des Völkerrechts, Leipzig 1930/1932. 2 Bde. → 본서 1552면

* 872 폐쇄단체(geschlossener Kreis). 스멘트는 리트(Litt, Individiuum und Gemeinschaft, 3. Aufl., 1926, S. 234 ff.)에 따라서 국가를 하나의 폐쇄단체라고 본다(S. 13).

* 872 게오르크 짐멜(Georg Simmel, 1858-1918) 독일의 철학자・사회학자. 신칸트학파의 영향을 받아 상대주의적 철학으로 일관했으며, 특히「문화철학」(Kulturphilosophie)에의 기여와 「생의 철학」(Lebensphilosophie)을 주장하였다. 독일에서 사회학을 사회과학으로 확립하는데 공헌하였다. 저서 Über sociale Differenzierung, 1890; Philosophie des Geldes, 1900 (김덕영 옮김,『돈의 철학』, 2013); Soziologie, 1908. 7. Aufl. 2013; Philosophische Kultur, 1911. 기타『게오르그 짐멜의 문화이론』(김덕영・배정희 공역, 길, 2007);『짐멜의 갈등론』(정헌주 옮김, 간디서원, 2022). → 본서 1554면

* 877 카를 슈미트 비난. 여기서 켈젠은, 스멘트가 카를 슈미트처럼「사회학적으로」국가를 고찰한 다고 하면서 결국은 국가의 **법**이론으로 끝났다고 양자를 동시에 비판하고 있다. Kelsen, Der Staat als Integration, S. 41.

* 881 스멘트는「통합」을「합일화적 연결」(einigender Zusammenschluss)이라고 하는데, 켈젠 은 이것을「결합」(Verbindung)으로 바꾸어 놓을 수 있다고 한다.

통합이론에 관한 문헌

[한국 문헌] (번역) 김효전 옮김,「헌법과 실정헌법」,『헌법학연구』제29권 4호(2023) 본서에 수록; 김효전 옮김, 헌법국가에 있어서 정치권력과 국가형태의 문제,『헌법학연구』제27권 4호

(2021); 동, 프로테스탄티즘과 민주주의,『유럽헌법연구』제41호(2023); 동, 독일 국법에 있어서의 시민과 부르주아,『헌법학연구』제29권 2호(2023); 김효전 옮김, 군주제 연방국가에서의 불문헌법,『세계헌법연구』제26권 1호(2020); 김승조 옮김,『국가와 헌법』(교육과학사, 1994); 동,『국가와 사회』(교육과학사, 1994); 동, 통합이론,『월간고시』, 1993년 9월호; 동, 통합,『월간고시』, 1993년 12월호; 최종고역, 국가의 기본적 생활과정으로서의 통합, 동인편,『위대한 법사상가들 II』(학연사, 1985); 황기굉역, 프로테스탄티즘과 민주주의,『법대논총』(동아대) 제26호(1986); 한스 켈젠, 김효전역,『통합으로서의 국가 ― 하나의 원리적 대결』(법문사, 1994), 236면; 김효전 옮김, 헌법의 통합적 실질내용 ― 특히 기본권, 동인 편역,『독일 기본권이론의 이해』(법문사, 2004)에 재수록.

 (연구 문헌) 유진오, 독일 국가학의 최근 동향: 소위「지도자국가」에 대하야, 동아일보 1938. 8. 16~19 (본서); 계희열, 루돌프 스멘트,『신동아』1971년 1월호 별책부록『현대의 사상 77인』, 116-119면; 한태연, Smend 학파에 있어서의 기본권이론, 백남억박사 환력기념논문집『법률 및 정치에 관한 제문제』(법문사, 1975) 및 김효전편,『독일헌법학설사』(법문사, 1982)에 재수록; 최종고, 루돌프 스멘트의 생애와 국가법사상 ― 그의 1주기를 맞으면서,『고시계』1976년 9월호; 동인,『법사와 법사상』(박영사, 1980)에 재수록; 서원우, Smend 이론과 현대 공법학, 石隅 황산덕박사화갑기념논문집『법철학과 형법』(1979) 및 김효전편,『독일헌법학설사』(법문사, 1982)에 재수록; 허영,『헌법이론과 헌법』(상)(중)(하)(박영사, 1980, 1984, 1987); 허영, 동화적 통합이론과 기본권,『고시연구』1981년 8월호; 계희열, 헌법관과 기본권이론,『공법연구』11 (1983); 전광석, R. Smend의 통합과정론적 헌법이론에 관한 연구, 연세대 법학석사 논문, 1983; 박종보, 독일 헌법학에 있어서 헌법관의 비교 연구 ― 규범주의, 결단주의, 통합주의를 중심으로, 서울대 법학석사 논문, 1985; 유명준, 헌법관에 따른 기본권이론에 관한 비교연구 ― C. Schmitt와 R. Smend의 이론을 중심으로, 동아대 법학석사 논문, 1985; 최종고, 루돌프 스멘트,『위대한 법사상가들 II』(학연사, 1985); 김선택, 헌법이론의 전제로서의 국가개념 ― 스멘트의 통합론적 국가관,『법조』359호 (1986); 박인규, C. Schmitt와 R. Smend의 기본권이론에 관한 비교연구, 건국대 법학석사 논문, 1988; 박정렬, 동화적 통합이론의 비판적 소고,『연세법학』9 (1988. 10); 정영수, Theodor Litt의 정치교육사상,『논문집』(인하대) 제15집 (1989); 홍봉규, 루돌프 스멘트와 칼 슈미트의 기본권이론에 관한 소고,『대학원논문집』제6호 (1990); 김효전, 루돌프 스멘트의 통합이론, 남하 서원우교수화갑기념논문집『현대행정과 공법이론』(박영사, 1991); 김효전, 통합이론에서의 기본권 ― 루돌프 스멘트의 기본권이해,『고시계』438 (1993. 8); 계희열, 통합론적 헌법개념과 그 문제점 소고,『법학논집』(고려대) 제29호 (1993. 12); 한스 켈젠, 김효전역,『통합으로서의 국가 ― 하나의 원리적 대결』(법문사, 1994); 박규하, 스멘트의 헌법이론과 법률개념 ― 슈미트 이론과의 비교를 중심으로, 균재 양승두교수 화갑기념논문집『현대공법과 개인의 권리보호』(1994); 최경옥, 루돌프 스멘트 헌법이론의 정신과학적 방법,『대학원논문집』(동아대) 제19집 (1994); 최경옥, 루돌프 스멘트의 통합이론에 대한 비판적 연구, 동아대 박사학위논문, 1995; 최경옥, 루돌프 스멘트의 통합이론(상) ― 통합의 개념과 종류를 중심으로,『대학원논문

집』(동아대) 제20집(1995); 박규하, 〈서평〉 한스 켈젠저, 김효전역, 통합으로서의 국가 ― 하나의 원리적 대결 (법문사, 1995),『공법연구』제23집 3호(1995); 박규하, 켈젠과 스멘트의 국가·헌법 이론에 관한 일 고찰,『논문집』(한국외대) 제29권(1996); 국순옥, 허영교수의 동화적 통합론과 『한국헌법론』의 상식 밖 논리들(I),『민주법학』제14호(1998); 동인,『민주주의 헌법론』(아카넷, 2015) 재수록; 만프레드 프리드리히, 김효전역, 루돌프 스멘트 1882-1975,『헌법학연구』제5집 2호(1999); 서경석, 스멘트 학파와 기본권이론: 스멘트, 헷세, 해벌레를 중심으로, 인하대 박사논문, 1999; 서경석, 루돌프 스멘트의 국가관념,『사회과학연구』제9권(1999); 김명재, 스멘트의 국가론,『법학논총』(전남대) 20 (2000); 鄭永壽, Theodor Litt의 변증법적 인간이해,『교육철학』제24집 (2000); 서경석, 통합이론은 민주적인 이론인가: 통합이론의 수용에 대한 비판,『공법연구』제30권 1호(2001); 박규하, 한스 켈젠의 법과 국가이론 ― 켈젠의 스멘트의 통합이론에 대한 비판을 중심으로,『외법논집』제31호(2008); 조한상, R. Smend의 헌법학방법론 ― 정신과학적 헌법해석방법을 중심으로,『법학논총』(경기대) 제8집 (2009); 윤재만, R. Smend의 통합론 (Intcgrationslehre) 등 주요 '헌법관' 비판, 대구대, 2010; 이부하, 사회통합과 헌법: 스멘트의 통합론을 분석하며,『세계헌법연구』제16권 3호(2010); 볼프강 슐루흐터, 김효전 옮김, 루돌프 스멘트의 통합이론에서의 생명으로서의 국가,『유럽헌법연구』제18호 (2015); 동인 옮김,『독일 헌법학의 원천』(산지니, 2018)에 재수록; 박찬권, 제20대 국회 개헌논의의 헌법적 정당성에 관한 비판적 고찰, Rudolf Smend와 Carl Schmitt의 헌법관을 중심으로,『헌법학연구』제23권 3호 (2017); 만프레드 프리드리히, 김효전 옮김, 루돌프 스멘트 1882-1975,『헌법학연구』제5권 2호(1999); 악셀 프라이헤르 폰 캄펜하우젠, 김효전 옮김, 루돌프 스멘트 (1882-1975) 분열된 시대의 통합,『헌법학연구』제30권 1호 (2024).

[일본 문헌] (번역) 永井健晴譯,『憲法體制と實定憲法: 秩序と統合』(風行社, 2017); 手塚和男・初宿正典譯, 立憲國家における政治權力と國家形態の問題, 三重大學 教育學部紀要 第30권 3호 (1979); 手塚和男・初宿正典譯, プロテスタンティズムと民主主義, 宮本盛太郎 他譯,『ヴァイマル民主主義の崩壊』(木鐸社, 1980); 三宅雄彦譯, 今日のドイツの憲法問題と科學,『法律時報』第89권 5호(2017. 5); 永井健晴譯, 立憲國家における政治的權力と國家形態の問題(1923),『大東法學』第28권 2호 (2019); 동인, プロテスタンティズムとデモクラシー(1932),『大東法學』第28권 2호 (2019); 동인, 君主制的連邦國家における不文憲法(1916),『大東法學』第28권 2호 (2019); 동인, ドイツ國法におけるBürgerとBourgeois,『大東法學』第27권 2호 (2018).

(연구 문헌) 黑田覺, Integrationとフアシズム,『法學論叢』(京都大) 第27권 第2호(1932); Justus Hashagen, 初宿正典・手塚和男譯, シュミットとスメントの憲法理論 (1・2・3・4) ― ルードルフ・スメントの統合理論,『創文』第183, 184, 187, 第188호(1975); 手塚和男, 基本權の基礎的檢討 ― スメントの基本權理解について, 三重大學 教育學部『研究紀要』第27권 3부 (1976); 藤田宙靖, 法現象の動態的考察の要請と現代公法學 ― R. スメントについての覺書, 岡田

與好他編,『社會科學と諸思想の展開』, 世良晃志郎教授 還曆紀念(下)(創文社, 1977); 塩津徹, 社會的法治國論と憲法解釋の方法 ― スメント學派を中心として,『政治公法研究』(早稲田大) 제7호(1978); 手塚和男, スメントと統合理論 ― 戰後再評價の周邊,『社會科學の方法』, 제102호(1978); 手塚和男, 資料: ルードルフ・スメント追悼文, 三重大學 教育學部『研究紀要』제29권 3호(1978); Hans Kelsen, 佐藤立夫譯, 統合としての國家: 一つの原理的對決 (1)(2)(3),『比較法學』(早稲田大) 제13권 1호(1978); 手塚和男, 資料: ルードルフ・スメント統合理論の展開 (1), 三重大學 教育學部『研究紀要』제30권 제3부(1979); 吉丸憲之, 規範と現實 ― スメント vs. ケルゼン「統合」論爭 (1・2・3),『早公』제7・8・호(1981); 佐藤立夫, 國家理論に關するスメント對ケルゼンの論爭をめぐって,『早稲田政治經濟學雜誌』제266・267 합병호(1981); 日比野勤, 實質的憲法理論の形式と統合理論(1),『國家學會雜誌』제99권 제9・10호(1986); 手塚和男, ルードルフ・スメントの政治理論, 宮田光雄編,『ヴァイマル共和國の政治思想』(創文社, 1988); 宇都宮純一, 合憲性審査權の法理の歷史的展開 ― 第1部ドイツにおける理論的展開・補論(1)/ハンス・ケルゼンとルードルフ・スメント, その批判的檢討,『山形大學紀要』제18권 1호(1987) 및 제20권 1호(1989); 手塚和男, スメント及びドイツ國法學における憲法變遷論, 管野喜八郎教授 還曆紀念『憲法制定と變動の法理』(木鐸社, 1991); 西浦公, スメント Rudolf Smend (1882-1975) ― 統合理論の問題點とその現代的意義, 小林孝輔編,『ドイツ公法の理論』(一粒社, 1992); 西原博史, 統合と自由 ― R. スメントの基本權に關する覺書,『早稲田社會科學研究』제47호(1993); 古賀敬太,『ヴァイマール自由主義の悲劇 ― 岐路に立つ國法學者たち』(風行社, 1996), 제5장「ルードルフ・スメントの統合理論と自由主義批判」, 189-230면; 渡辺康行, シュミットとスメント, 初宿正典=古賀敬太編,『カール・シュミットとその時代』(風行社, 1997); 三宅雄彦, 政治的體驗の概念と精神科學的方法(1),『早比』제74권 2호(1999); 三宅雄彦, 政治的體驗の概念と精神科學的方法(2) ― スメント憲法理論構成の試み,『早稲田法學』제74권 4호(1999); 三宅雄彦, 公法理論と價值秩序(1)(2完),『早法』제77권 2-3호(2002); 三宅雄彦, ドイツ教會法における公共性委託の概念,『埼社』(2011); 三宅雄彦, スメントの規範力, 古野豊秋・三宅雄彦編,『憲法の規範力 1』(信山社, 2013); 三宅雄彦, スメント『國法論文集』の出版と改訂,『社會科學論集』(埼玉大學) 제142호(2014); 三宅雄彦, スメント職務國家論の誕生,『社會科學論集』(埼玉大學) 제143호(2014); 毛利 透, 憲法の前提としての國家と憲法による國家統合, 岡田信弘・笹田榮司・長谷部恭男編, 高見勝利先生古稀記念『憲法の基底と憲法論 ― 思想・制度・運用』(信山社, 2015); 三宅雄彦, 學長時代のスメント: ゲッティンゲン大學戰後史の一斷面,『早法』제91권 3호 (2016); 三宅雄彦, スメントの後任問題: 1951年の國法講座と統合理論の繼承,『文明と哲學』제8호(2016).

[독일 문헌] (단행본)

Arens, Edmund/Baumann, Martin/Liedhegener, Antonius/Müller, Wolfgang W./Ries, Markus (Hrsg.), Integration durch Religion? Geschichtliche Befunde, gesellschaftliche Analysen, rechtliche Perspektiven. Religion-Wirtschaft-Politik, Bd. 10. Pano Verlag, Zürich 2013; Nomos, Baden-Baden 2014. 261 S.

Bartlsperger, Richard: Die Integrationslehre Rudolf Smends als Grundlegung einer Staats-und Rechtsphilosophie, Dissertation. Universität Erlangen-Nürnberg, 1964.

Günther, F.: Denken vom Staat her. Die bundesdeutsche Staatsrechtslehre zwischen Dezision und Integration 1949-1970, 2004.

Hesse, Konrad, Siegfried Reicke und Ulrich Scheuner (Hrsg.): Staatsverfassung und Kirchenordnung. Festgabe für Rudolf Smend zum 80. Geburtstag am 15. Januar 1962. Mohr, Tübingen 1962 (enthält u.a.: Verzeichnis der Werke und Schriften von Rudolf Smend, S. 463-466).

Kelsen, Hans: Der Staat als Integration: Eine prinzipielle Auseinandersetzung, Wien: Julius Springer 1930. Reprint, Scientia Verlag, Aalen 1974.

Korioth, Stefan: Integration und Bundesstaat. Ein Beitrag zur Staats-und Verfassungslehre Rudolf Smends, Duncker & Humblot, Berlin 1990.

Mayer, Hanns: Die Krisis der deutschen Staatslehre und die Staatsauffassung Rudolf Smends, Inaugural Dissertation, Universität Köln 1931, 97 S.

Mols, Manfred: Allgemeine Staatslehre oder politische Theorie? Interpretationen zu ihrem Verhältnis am Beispiel der Integrationslehre Rudolf Smends, Duncker & Humblot, Berlin 1969.

Obermeyer, Sandra: Integrationsfunktion der Verfassung und Verfassungsnormativität. Die Verfassungstheorie Rudolf Smends im Lichte einer transdisziplinären Rechtstheorie, Duncker & Humblot, Berlin 2008, 170 S.

Poeschel, Jürgen: Anthropologische Voraussetzungen der Staatstheorie Rudolf Smends, Berlin 1978.

Rennert, Klaus; Die "geisteswissenschaftliche Richtung" in der Staatslehre der Weimarer Republik. Untersuchungen zu Erich Kaufmann, Günther Hostein, und Rudolf Smend, Duncker & Humblot, Berlin 1987.

Theodor-Litt-Jahrbuch 2018/11: Integration und Wertebildung, Leipziger Universitätsverlag.

Vorländer, Hans: Integration durch Verfassung, Wiesbaden 2002.

(논문) Badura, Peter: Staat, Recht und Verfassung in der Integrationslehre. Zum Tode von Rudolf Smend, in: Der Staat, Bd. 16 (1977), S. 305-325.

Bickenbach, Christian: Rudolf Smend (15. 1. 1882 bis 5. 7. 1975) — Grundzüge der Integrationslehre, in: Juristische Schulung v. 45. 7 (2005), S. 588 ff.

Bogedain, Clemens: Rudolf Smend: Ein Beitrag zum Leben und Wirken eines großen deutschen Staatsrechtslehrer des 20. Jahrhunderts unter besonderer Berücksichtigung seiner Staatskirchen-Bundestreue-und Integrationslehre, in: Thomas Vormbaum (Hrsg.): Jahrbuch der juristischen Zeitgeschichte, Bd. 15, 1 (2014), S. 194-241.

Campenhausen, Axel Freiherr von: Rudolf Smend 1882-1975, in: Jahrbuch des öffentlichen Rechts der Gegenwart. Neue Folge, Bd. 56 (2008), S. 229-234.

Campenhausen, Axel Freiherr von: Rudolf Smend(1882-1975). Integration in zerrissener Zeit, in: Rechtswissenschaft in Göttingen. Göttinger Juristen aus 250 Jahren. Hrsg. von Fritz Loos, Göttingen; Vandenhoeck & Ruprecht (Göttinger Universitätsschriften. Serie A: Schriften 6), 1987, S. 510-527. (본서)

Campenhausen, Axel Freiherr von: Zum Tode von Rudolf Smend, Juristenzeitung 1975, S. 621 ff. ders., in: Deutsches Allgemeines Sonntagsblatt, Nr. 29/ 1975, S. 10.

Friedrich, Manfred: Rudolf Smend, in: Archiv des öffentlichen Rechts, Bd. 112 (1987), S. 1-25. (본서)

Gottschalk, Gedenkworte des Rektors der Georg-August-Universität, in: In memoriam Rudolf Smend. Gedenkfeier am 17. Januar 1976 in der Aula der Universität Göttingen, Göttinger Universitätsdeden, Bd. 60, Göttingen 1976, S. 7 ff.

Häberle, Peter: Zum Tode von Rudolf Smend, in: Neue Juristische Wochenschrift 1975, S. 1874 f.

Hashagen, Justus: Zweierscheinungen zu Verfassungstheorie und Verfassungsrecht, in: Schmollers Jahrbuch für Gesetzgebung, Verwaltung und Volkswirtschaft im Deutschen Reiche, 53 Jg. 1929 (김효전 편역, 『칼 슈미트 연구』, 1-20면).

Hennis, Wilhelm: Integration durch Verfassung? Rudolf Smend und die Zugänge zum Verfassungsproblem nach 50 Jahren unter dem Grundgesetz, in: Wilhelm Hennis, Regieren im modernen Staat. Politikwissenschatliche Abhandlungen, 2 Bde. 1999/2000.

Hennis, Wilhelm: Integration durch Verfassung? in: Juristenzeitung, Bd. 54 (1999), Heft 22, S. 485-495.

Hesse, Konrad: In memoriam Rudolf Smend, in: Zeitschrift für evangelisches Kirchenrecht, Bd. 20. 1975, S. 337 ff. jetzt in: Häberle und Hollerbach (Hrsg.), in: Ausgewählte Schriften, 1984, S. 573-582.

Hintze, Otto: Besprechung: Rudolf Smend, Verfassung und Verfassungsrecht (1929), in: ders., Soziologie und Geschichte. Gesammelte Abhandlungen, Bd. II, 2. Auflage, Göttingen 1964, S. 232-238.

Höhn, Reinhard: Wahre Integration und Scheinintegration, in: Der Meister 9, Jungdeutscher Verlag, Berlin 1929, S. 424-429.

Huber, Ernst Rudolf: in: Jahrbuch der Akademie der Wissenschaft zu Göttingen 1976, S. 105 ff.

Kästner, Karl-Hermann: Rudolf Smend, in: Ferdinand Elsener (Hrsg.), Lebensbilder zur Geschichte der Tübinger Juristenfakultät, Tübingen 1977, S. 135-152.

Kleinheyer, Gerd und Schröder, Jan: Deutsche Juristen aus fünf Jahrhunderten, C. F. Müller, 2. Aufl., Heidelberg 1983, S. 351-352.

Klinghoffer, Hans: Smends Integrationslehe. Bemerkungen zu Smends Schrift "Verfassung und Verfassungsrecht", in: Die Justiz 5 (1929-30), S. 418-431.

Koellreutter, Otto: Integrationslehre und Reichsreform, J. C. B. Mohr, Tübingen 1929, 28 S. (Recht und Staat in Geschichte und Gegenwart, Heft 65).

Koga, Keita: Bürger und Bourgeois in der Staatsrechtslehre der Weimarer Republik. Bemerkungen zur Liberalismuskritik bei Rudolf Smend, Carl Schmitt und Hermann Heller, in: Dietrich Murswiek (Hrsg.), Staat-Souveränität-Verfassung. Festschrift für Helmut Quaritsch zum 70. Geburtstag, 2000.

Korioth, Stefan: Integration und Bundesstaat: Ein Beitrag zur Staats-und Verfassungslehre Rudolf Smends, Duncker & Humblot, Berlin 1990.

Landau, Peter: Smend, Carl Friedrich Rudolf, in: Neue Deutsche Biographie (NDB), Bd. 24, Duncker & Humblot, Berlin 2010, S. 510 f.

Leibholz, Gerhard: Rudolf Smend. Gedenkrede, gehalten am 17. Januar 1976 in der Aula der Georg-August-Universität in Göttingen, in: In memoriam Rudolf Smend, 1976, S. 15 ff.

Lhotta, Roland (Hrsg.): Die Integration des modernen Staates. Zur Aktualität der Integrationslehre von Rudolf Smend, Nomos-Verlag, Baden-Baden 2005.

Mehring, Reinhard (Hrsg.): "Auf der gefahrenvollen Straße des öffentlichen Recht". Briefwechsel Carl Schmitt-Rudolf Smend 1921-1961, Duncker & Humblot, Berlin 2010.

Mols, Menfred Heinrich: Integrationslehre und politische Theorie, in: Archiv des öffentlichen Rechts, Bd. 94. 1969, S. 513-547.

Nostitz, Oswalt von: Rudolf Smend. Konservative Lebensleistung eines Staatsrechtstlers, in: Criticón 36, Juli-August, 1976, S. 182-185.

Ooyen, Robert Chr. van: Die Integrationslehre von Rudolf Smend und das Geheimnis ihres Erfolgs in Staatslehre und politischer Kultur nach 1945, in: Journal der Juristischen Zeitgeschichte, Bd. 2 (2008), S. 52-57.

Pirson, A.: Gedenkworte des Präsidenten der Akademie der Wissenschaften zu Göttingen, in: In memoriam Rudolf Smend, S. 12 ff.

Scheuner, Ulrich: Rudolf Smend — Leben und Werk, in: Rechtsprobleme in Staat und Kirche. Festschrift für R. Smend 70. Geburtstag. Hrsg. von Konrad Hesse, Siegfried Reicke, und Ulrich Scheuner, Mohr, Tübingen 1962, S. 433-443.

Schulze-Fielitz, Helmuth: Rudolf Smend (1882-1975), in: Peter Häberle, Michael Kilian, Heinrich Wolff (Hrsg.), Staatsrechtslehrer des 20. Jahrhunderts. Deutschland-Österreich-Schweiz, Walter de Gruyter, Berlin/Boston 2015. 2. Aufl., 2018, S. 317-334.

Stolleis, Michael: Rudolf Smend, in: Benz/Graml (Hrsg.), Die Weimarer Republik in Biographien, München 1987.

Wackernagel, Jacob: Besprechung von; Smend, Verfassung und Verfassungsrecht, in: Zeitschrift für Schweizerisches Recht, Bd. 47. 1928, S. 504-511.

Wihl, Tim: Rudolf Smend's Legacy in German Constitutional Theory, in: The Press, Cambridge 2023, S. 76-88.

Zwirner, H. : Rudolf Smend, in: Deutsche Öffentliche Verwaltung 1976, S. 48.

Weblinks

▪ Literatur von und über Rudolf Smend (https://portal.dnb.de/opac.htm?method=simple Search&quert=118823817) im Katalog der Deutschen Nationalbibliothek

▪ Dezision oder Integration: Carl Schmitt vs. Rudolf Smend (http://www.dradio.de/dl f/sendungen/essayunddiskurs/968781/), Beitrag von Maximilian Steinbeis in der Reihe Intellektuelle Gegenpole des Deutschandsfunks, 21. Mai 2009.

제6편 인권선언 논쟁

인권선언론 (게오르크 옐리네크)

* 출전. Georg Jellinek, Die Erklärung der Menschen-und Bürgerrechte, München und Leipzig, Duncker & Humblot, 1895, 4. Aufl., 1927, 83 S.
  G. 옐리네크/É. 부뜨미 저, 김효전 역, 『인권선언 논쟁』(법문사, 1991), 9-111면.

* 927 게오르크 옐리네크(Georg Jellinek, 1851-1911). 19세기 독일 국가학의 집대성자. 유대계 독일인으로 라이프치히 출생. 빈·하이델베르크·라이프치히대학에서 법학과 철학 공부. 1878년

빈대학에서 교수자격논문 통과. 빈·바젤대학 교수를 거쳐 1891년 블룬칠리(J. C. Bluntschli)의 후임으로 하이델베르크대학 교수 역임. 주저『일반 국가학』(김효전 옮김, 법문사, 2005)에서 신칸트학파적인 2원적인 방법론을 구사하여 게르버와 라반트 이래의 독일공법이론을 체계화하는 한편, 사회학적 국가론에도 위치를 부여하였다. 이른바 국가양면설을 취하였다. 그리하여 국가학은 철저하게 2원론에 빠졌는데, 한편 법학적 방법은 켈젠에 의해서 순수법학으로 까지 순화되고(민준기 옮김,『일반 국가학』, 1990), 다른 한편 사회학적 측면은 헬러의『국가학』(1934; 홍성방 옮김, 1997)이 계승하였다. 또한 그의 법학적 국가관의 중심관념은 국가의 자기제약설과 국가법인설이며, 이것은 독일의 특수성을 반영한 시민적 공법이론으로서 19세기 후반의 지배적인 학설이 되고 한국과 일본의 헌법학계에 커다란 영향을 미쳤다. 저서『인권선언논쟁』(김효전 편역, 법문사, 1991); 정태호 옮김, 국가의 법적 본질,『독일학연구』(동아대) 제30호(2014), 137-161면;『공권의 체계』(정태호 옮김, 법문사, 근간). 문헌 J. Kersten, Georg Jellinek und die klassische Staatslehre, Tübingen 2000; W. Brugger, R. Gröschner und O. W. Lembcke (Hrsg.), Faktizität und Normativität: Georg Jellineks freiheitliche Verfassungslehre, Tübingen 2016; Jens Kersten, Georg Jellinek und die klassische Staatslehre, Tübingen 2000; Klaus Kempter, Die Jellineks 1820-1955: Eine familienbiographische Studie zum deutschjüdischen Bildungsbürgertum, Düsseldorf 1998; Stanley L. Paulson und Martin Schulte (Hrsg.), Georg Jellinek: Beiträge zu Leben und Werk, Tübingen 2000; M. J. Sattler, Georg Jellinek (1851-1911) Leben für das öffentliche Recht, in: Heinrichs/Franzki/Schmalz/Stolleis, Deutsche Juristen jüdischer Herkunft, München: Beck, 1993, S. 355-368; 森勇監譯,『ユダヤ出自のドイツ法律家』(中央大學出版部, 2012), 541-560면; Jens Kersten, Georg Jellinek (1851-1911), in: P. Häberle u.a. (Hrsg.), Staatsrechtslehrer des 20. Jahrhunderts, 2. Aufl. 2018. S. 77-88. 정호경, 국가법인설의 기원과 전개과정,『행정법연구』제42호(2015), 1-22면.

* **928** 로저 윌리엄스(Roger Williams, 1603-1683). 청교도의 목사이며 신학자였으나 침례교로 옮김. 종교의 자유와 교회와 국가의 분리를 주장한 그의 사상은 미국 민주주의 역사 발전에 기여했으나, 자신의 종교적 신념 때문에 청교도 공동체에서 추방되었다. 급진적 종교 신념 때문에 종교적 박해를 받는 사람들을 받아들였다. 문헌 John Barry, Roger Williams and the Creative of the American Soul, 2012; Edwin S. Gaustad, Liberty of Conscience: Roger Williams in America, 1999.

* **931** 로베르 레즈로브(Robert Redslob, 1882-1962). 스트라스부르 출생의 옛 알사스인으로서 독일에서 프랑스로 이주한 국법학자. 로스토크대학 교수 역임. 스트라스부르대학 교수로서 제1차 대전 중 친불적 태도를 취하고, 전후 프랑스령이 되자 스트라스부르대학 교수가 된다. 그는 행정권과 입법권 간의 균형의 존부를 기준으로 하여「진정한 의원내각제」와「부진정한 의원내각제」로

구별하였다. 저서 『의원정부제』(Die parlamentarische Regierung in ihrer wahren und in ihrer unechten Form. Eine vergleichende Studie über die Verfassungen von England, Belgien, Ungarn, Schweden und Frankreich, Tübingen 1918; 불어판 1924). 『국제법론』, 『국제연맹론』 등. 문헌 A. Le Divellec, Robert Redslob, juriste alsacien entre la France et l'Allemagne, in: Jahrbuch des öffentlichen Rechts, Bd. 55 (2007), S. 474-507.

* **932** 프로이센 일반 란트법 → 본서 1504면

* **934** 볼첸도르프 → 본서 1566면

* **934** 하이네(Heinrich Heine, 1797-1856). 유대인 출신의 독일 시인 · 작가 · 저널리스트. 신랄한 풍자와 비판의식, 허무주의적인 경향이 강한 시와 사설을 남김. 괴테와 함께 세계적인 시인으로 평가. 저서 「영국 단장」, 『프랑스 사정』(Französchiche Zustände, 1832). 『하이네 시집』(서석연 옮김, 범우사, 2016); 『독일의 종교와 철학의 역사에 대하여』(태경섭 옮김, 회화나무, 2019); 『독일. 어느 겨울 동화외』(홍성광 옮김, 연암서가, 2014); 『루테치아』(김재혁 옮김, 문지사, 2003); 『하이네 회상록』(최상안 옮김, 경남대출판부, 1997; 김재혁 옮김, 2008).

* **934** 라파예트(Gilbert du Motier, Marquis de LaFayette, 1757-1834). 프랑스의 군인 · 정치가. 미국 독립전쟁에 장군으로 참전. 1789년 5월 5일 정부의 재정문제를 타개하기 위해 귀족 · 성직자 · 평민의 삼부회가 소집된다. 라파예트는 재산이 아니라 머릿수에 따른 투표를 주장. 1789년 7월 11일 라파예트는 제퍼슨과 의논하여 인권선언 초안을 작성하고 7월 13일 바스티유 감옥이 함락되자 의회는 라파예트를 부의장으로 선출한다. 문헌 Noel B. Gerson, Statue in Search of Pedestal: A Biography of the Marquis de La Fayette, 1976, pp. 81-83.

* **935** 킬 대학 법학부의 역사는 Andreas von Arnauld, 350 Jahre Rechtswissenschaftliche Fakultät der Christian-Albrecht-Universität zu Kiel, Tübingen: Mohr 2018.

* **935** 발터 옐리네크(Walter Jellinek, 1885-1955). 독일의 행정법학자. G. 옐리네크의 아들. 1908년 스트라스부르대학에서 라반트의 지도로 학위취득. 1912년 라이프치히대학의 오토 마이어(Otto Mayer, 1846-1924) 아래서 교수자격 취득. 1913년부터 킬대학 조교수, 1919년부터 공법 담당 정교수, 1929년 부친이 오랫동안(1890-1911년) 재직했던 하이델베르크대학의 정교수로 이동. 바이마르 시대 제1급의 행정법학자로서 알려진다. 1935년 유대인이기 때문에 강제로 퇴직하게 되지만 패전 후 곧 복직하여 이 대학의 재건에 힘쓰고 타계할 때까지 교편을 잡았다. 전후에는 행정재판소법의 제정 등 많은 입법작업에도 참가하고 Baden-Württemberg주 행정재판소와 국사재판소, Bremen 국사재판소의 재판관도 겸직했다. 저서 『행정법』(1928). 저작목록

Gedächtnisschrift für W. Jellinek, 1955, S. 645 ff. 문헌 K. Kempter, Die Jellineks 1820-1955, Düsseldorf 1998; NDB, Bd. 10 (1974), S. 394 f.; Häberle u.a., Staatsrechtslehrer, 2. Aufl., 2018, S. 377 ff.; 人見剛, 『近代法治國家の行政法學: ヴァルタ・イェリネックの行政法學の硏究』 (成文堂, 1993).

* **936** 알투지우스(Johannes Althusius (Althaus), 1557-1638). 독일의 자연법과 사회계약설의 선구자. 칼뱅의 결정주의에 입각하여 「정치」(Politik)라는 이름 아래 국가이론과 사회이론의 합리적인 체계를 발전시켰다. 그는 국가를 하나의 단체로 보고 그 성립에는 계약설을 채택. 또 단체는 구성원에 대해서 행복한 생활·재산 그리고 부를 공급할 수 있는 한 정당화되며, 전제적인 관헌에 대한 인민의 저항권을 인정한다. 저서 De civilis Conversationis Libri Duo, 1601; Politica Methodice digesta, 1603. 영역 Politica Johannes Althusius, Frederick S. Carney (ed.), 1995; 독역 Johannes Althusius Politik, Heinrich Janssen (Hrsg.), 2003; 『共生と人民主權』(笹川紀勝 監譯, 國際基督教大, 2003). 문헌 Scheuner/Scupin (Hrsg.), Althusius-Bibliographie, 2 Bde., 1973; Otto v. Gierke, Johannes Althusius und die Entwicklung der naturrechtlichen Staatstheorien, Berlin 1880 (unveränderte 7. Auflage Aalen, 1981; 笹川紀勝 監譯, 日本譯) Erik Wolf, Große Rechtsdenker der deutschen Geistesgeschichte, 4. Aufl. 1963, S. 177-219.

* **937** 크리스티안 볼프(Christian Wolff, 1679-1754). 독일의 보편학자. 철학·법학·수학자. 라이프니츠와 칸트 사이의 계몽철학자. 자연법론의 대표자이며 19세기 개념법학의 창시자. 독일 철학은 그가 정의한 의식(Bewusstsein), 의미(Bedeutung), 주목(Aufmerksamkeit), 즉자(an sich) 등 기본적인 용어에 힘입고 있으며 후일 일상 언어 속에 채택되었다. 프로이센 입법에 결정적인 영향을 미침. 1699년부터 Jena 대학에서 신학·물리·수학 등 공부. 1702년 라이프치히 대학에서 교수자격논문 통과. 강사를 거쳐 1706년 할레, 마부르크 대학 교수 역임. 저서 Jus naturae methodo scientifica pertractatum, 8 Bde., 1740-1748; Institutiones Iuris Naturae et Gentium, 1750 (dt.: Grundsätze des Natur-und Völkerrechts, 1754). 문헌 H.-J. Kertscher, Er brachte Licht und Ordnung in die Welt - Christian Wolff. Eine Biographie, 2018; Gerhard Biller, Wolff nach Kant. Eine Bibliographie, 2004.

* **940** 1791년 9월 3일의 프랑스 헌법(Constitution française du 3 septembre 1791). 프랑스 최초의 성문 헌법. 1789년 6월 9일 '테니스 코트의 서약' 이후 헌법제정 국민의회는 헌법을 제정할 뜻을 나타내고 7월 9일 국민의회는 「헌법제정 국민의회」(Assemblee nationale constitante)로 개칭하고 입헌 체제 확립에 착수했다. 그러나 7월 14일 바스티유 감옥 습격 사건을 계기로 프랑스혁명이 시작되고 인권선언이 채택되고, 또한 「성직자기본법」의 제정 등 우여곡절을 거쳐 1791년 9월 3일 처음으로 헌법이 제정되었다. 이 헌법으로 프랑스는 입헌군주국이 되고

왕권신수설을 포기한 국왕은 '국가대표'의 지위로 세비를 받는 관료로 규정되었다. 입법의회는 일원제로 745명의 의원이며 임기는 2년 이다. 선거권은 소득 금액에 따른 제한선거이다. 따라서 국민의 대다수를 차지하는 농민과 빈민은 정치에서 배제되어 그들의 불만은 쌓이게 되었다. 또 헌법은 식민지와 기타 프랑스 영토에는 적용되지 않았다. 헌법의 내용은 혁명파, 반혁명파의 타협의 산물이며 혼란의 종식이 헌법의 목적이었다. 이 헌법으로 10월 입법의회가 조직된다. 혁명의 혼란을 거슬러 1792년 8월 10일 튈르리 궁전 습격으로 1791년 프랑스 헌법은 사실상 파탄에 이른다. 이상 위키피디아. 헌법 전문은 김충희 옮김, 프랑스 역대 헌법전 (1), 『동아법학』 제69호(2015), 331-369면. 문헌 Jacques Godechot et Hervé Faupin, Les Constitutions de la France depuis 1789, Flammarion, Paris 1979, 2018. 국회도서관 법제자료실, 『불란서헌법사』(1973).

* 941 루이 18세의 헌장(Charte constitutionnelle du 4 juin 1814). 1814년의 프랑스 헌법을 말한다. 루이 18세(Louis, 1755-1824)는 1814년 나폴레옹의 몰락 직후 망명지에서 파리로 돌아와서 빈 체제의 일환으로서 왕위에 오르고 부르봉 왕조의 복고를 성취하였다. 그때에 군주주권을 가진 흠정헌법을 발포한 것이 이것이다. 이 헌법은 확실히 군주주권의 제도화의 선언이었지만, 다른 한편 프랑스 혁명을 겪은 민중에 대해서 그 성과를 부정하고 통치하는 것은 불가능하였으므로 일단 그 성과를 형식적으로 승인하는 형태로 어느 정도 국민의 자유주의적 권리를 보장하였다. 이 헌법은 남독일, 특히 뷔르템베르크 지방의 헌법제정시에 모델이 되었다. 전문은 김충희 옮김, 프랑스 역대 헌법전(1), 『동아법학』 제69호(2015), 484-502면.

* 942 루소의 『사회계약론』(Du contrat social ou principes du droit politique, 1762). 한국어 번역은 수 십 종이 있다. 최초의 번역은 1909년 황성신문에 연재된 「노사 민약」(盧梭民約)이란 제목의 요약본이라고 생각되며, 이것은 『동아법학』 제22호(1997)와 김효전, 『근대한국의 국가사상: 국권회복과 민권수호』(철학과현실사, 2000), 651-677면에도 수록. 최근의 번역은 김영욱, 2018; 박호성, 2015; 김중현, 2010 등. 이 중 김영욱 옮김, 『사회계약론』(후마니타스, 2018)의 옮긴이 주가 상세하다. 또한 주명철은 프랑스 인권선언에서 「루소의 사회계약론에서 내세운 '일반의사'라는 말을 중시했다 할지라도 그것을 만든 배경이 곧 바로 루소의 사상과 직결된다고 말하기는 어려울 것이다(『1789: 평등을 잉태한 자유의 원년』, 여문책, 2015, 221면)고 한다.

* 942 폴 자네(Paul Alexandre René Janet, 1823-1899). 프랑스의 철학자. 고등사범학교를 마치고 1845-48년 부르주(Bourges)에서 윤리학 교수 역임. 그 후 1848-1857년 스트라스부르대학 교수. 1857-1864년 콜레주 루이 르 그랑(Collège Louis le Grand)에서 가르쳤고, 1864년 소르본느대학 철학 교수 역임. 저서 『정치학사』(Histoire de la science politique dans ses rapports avec la morale, 3. éd. 1886 (2 vols.) 외에, Philosophie française contemporaine, 1879; Traité élémentaire de philosophie, 4. éd. 1884 등.

* **943** 시민종교(religion civile). 루소는 『사회계약론』에서 사회와 관련하여 종교를 인간의 종교와 시민의 종교로 나눈다. 인간의 종교는 사원도 없고 제단도 없으며 의식도 없이 오직 절대의 신에 대한 순전히 내면적인 예배와 도덕의 영원한 의무로 한정된 것으로 복음서의 순수하고 단순한 종교, 진정한 유신론, 따라서 자연적 신앙의 권리이다.

 시민의 종교는 단 한 나라에 국한된 것으로 그 나라에 그의 신과 그의 고유한 수호성인들을 제공한다. 이 종교는 그것의 교리와 의식, 그리고 법으로 규정한 가시적인 예배를 갖고 있다. 그 종교를 따르는 유일한 국민을 제외하면, 모든 사람이 이 종교에는 이교도이고 국외자이며 이방인이다. 이 종교는 그것의 제단이 있는 곳에까지만 인간의 의무와 권리의 적용범위를 확대할 뿐이다. 초기 민족들의 모든 종교는 이러하였는데, 이 종교에 시민적인 혹은 실제적인 신앙의 권리라는 이름을 부여할 수 있다. Rousseau, Du contrat social, liv. IV, ch. 8 (김중현 옮김, 펭귄, 2010, 179면).

* **943** 「교회 밖에는 구원이 없다」(Extra ecclesiam nulla salus). 「교회 없이 구원 없다」라고도 번역. 키프리아누스(Cyprian)가 이 말을 최초로 말했는지의 여부는 불확실하지만, 그에 의해서 이 교의는 명확한 윤곽이 주어지고 교황과 주교에 대한 복종 이외에 구제가 존재하지 않는다고 하여 분파투쟁에 대한 무기가 되었다. 피렌체의 공회의(1447년)가 이를 정통교의로서 채택하였다. 루소는 「'교회 밖에는 구원이 없다'고 말하는 자는 누가 되었던 국가에서 추방되어야 한다」(『사회계약론』 4권 8장)고 말했다. 문헌 키프리아누스, 최원오 역주, 『선행과 자선/인내의 유익/시기와 질투』(분도, 2018); 마르셀 르페브르, 이인숙 옮김, 『교회 밖에서는 구원이 없다』(선우미디어, 1999).

* **944** 테느(Hippolyte Adolphe Taine, 1828-1893). 콩트(Comte) 학도로서 철학자·역사가·비평가. 문예비평에 최초로 과학적 정신을 도입하고 비평에 있어서의 자연주의의 선구자가 되었다. 저서 Les origines de la France contemporaine, 1875-93; Histoire de la littérature anglaise, 1864 등.

* **945** 무니에(Jean Joseph Mounier, 1758-1806). 프랑스의 정치인·법관. 법률을 배우고 1783년 그르노블의 법관직을 얻다. 1789년 제3신분 대표로 선출되어 군주파를 결성. 헌법제정 국민의회에서 처음에는 새로운 이념의 지지자로서 유명한 '테니스장의 선서'를 제안하고, 두 특권 신분과 제3신분과의 연합을 지지, 새 헌법의 준비를 돕고 자크 네케르(Jacque Necker)의 귀환을 요구했다. 1789년 9월 28일 헌법제정 국민의회 의장으로 선출된다. 그러나 그 후 일어난 일련의 사건들을 승인할 수 없어 의원직을 사퇴하고 도피네(Dauphiné)로 물러나 혁명에 의문을 품고 1790년 스위스로 도피. 1801년 프랑스로 귀국. 나폴레옹 보나파르트에 의해서 일르 에 빌렌(Ille-et-Vilaine)현 지사로 임명된다. 저서 Considérations sur le gouvernement, 1789. 문헌 F. A.

Aulard, Les Orateurs de l'assemblée constituante, 2. éd. Paris 1905. 주명철,『1789. 평등을 잉태한 자유의 원년』, 38면, 198면 이하.

* **947** 미라보(Honoré Gabriel Riqueti, Comte de Mirabeau, 1749-1791). 프랑스의 저널리스트 ・정치인・작가. 1789년 혁명시 제3신분인 평민의 대표로 국민의회의 성립에 전력. 3부회의 지도적 인물로 영국식 입헌정치를 목표로 자유주의 귀족과 부르주아지를 대표했다. 1791년 국민회의 의장이 되어 민권의 신장과 왕권의 존립을 조화하려고 했으나 왕궁에 매수된 것이 밝혀져 반역자로 낙인찍혔다. 방탕한 생활로 42세에 요절. 문헌 Ch. F. Warwick, Mirabeau and the French Revolution, 2005; F. Furet and M. Ozouf (eds.), A Critical Dictionary of French Revolution, 1989, pp. 264-272.

* **948** 튀르고(Anne Robert Jacque Turgot, 1727-1781). 프랑스의 정치가・재정가・계몽시대의 경제학자. 백과전서의 기고자. 진보적 중농주의자로서 상공업에 대한 국가의 과도한 간섭에 비판적. 루이 16세 치하의 재정총감을 지냈고(1774년), 프랑스의 재정위기를 타파하기 위해 개혁을 시도. 개혁에 반대하는 귀족들은 1775년의 식량폭동에 대한 책임을 그에게 지워 실각하게 만들어 개혁은 실패하였다. 농업에서 수확체감의 법칙을 인정한 최초의 경제학자로 평가한다. 저서 Réflexions sur la formation et la distribution des richesses, 1766; OEuvres de Turgot et documents le concernant von Gustave Schelle, 1913-1923 (1972).

* **949** 프리메이슨 (Freemason; Freimaurerei). 자연적 윤리에 근거하여 그 추종자를 고귀한 인간의 이상으로 인도하는 것을 목적으로 하는 비밀결사로서 전세계에 확산된 운동이다. 그 기원은 석공(石工) 조합이라고도 하나 1723년 런던에서 성립히였다. 모든 프리네이슨 회원은 진리, 인간애, 자기비판 그리고 인내에 따라서 노력할 의무를 진다. 독일의 경우에는 나치스가 정권을 장악한 1933년 이후 프리메이슨 지부(Loge)는 모두 해체되었다. 문헌 John Dickie, Die Freimaurer — der mächste Geheimbund der Welt, Frankfurt a. M. 2020; 김희보,『비밀결사의 세계사』(가람기획, 2009 제2장 프리메이슨); 자크 크리스티앙, 하태환역,『프리메이슨』(문학동네, 2003); 이안 맥칼만, 김홍숙역,『최후의 연금술사 — 혁명을 꿈꾼 프리메이슨이며 이성의 시대를 뒤흔든 마법사 카릴오스트로 백작에 관한 일곱 가지 이야기』(서해문집, 2004).

* **949** 샹피옹 드 시세(Jérôme Champion de Cicé) 법무장관을 역임하고 인권선언 초안을 작성. 그가 주도하는 6국에 의해서 제24조 초안이 제안되었다. 문헌 주명철,『1789. 평등을 잉태한 자유의 원년』, 198면 이하.

* **950** 조지 메이슨(George Mason, 1725-1792). 미국의 정치인. 1787년 헌법제정회의 대표. 버지니아 권리장전의 초안을 작성. 미국 헌법제정 시에는 기본권보장이 명시되지 않았기 때문에

반(反)연방주의자인 패트릭 헨리와 함께 서명을 거부하였다. 메이슨은 헌법에 인권선언을 추가할 것을 주장하여 1791년에 수정 제1조부터 제10조까지 추가되었다. 노예제도의 폐지에 찬성.

* **950** 제임스 매디슨(James Madison, 1751-1836). 미국의 정치인·외교관·저술가. 제4대 대통령(1809-1817). 흔히 「헌법의 아버지」로 불린다. Alexander Hamilton, John Jay와 1788년 "The Federalist Papers"(김동영 옮김, 『페더랄리스트 페이퍼』, 한울아카데미, 1995) 발간. 문헌 Alice J. Hall, James Madison. Architect of the Constitution, in: National Geographic, Vol. 172, No. 3 (September 1987), p. 340-373. 김철수, 『인간의 권리』(산지니, 2021), 143-149면; 정경희, 제임스 매디슨과 권리장전의 제정, 『서양사론』제59권 1호(1998); 론 처노, 서종민·김지연 옮김, 『알렉산더 해밀턴』(21세기 북스, 2018). → 본서 1582면

* **951** 지고의 존재(être suprême). 1789년 프랑스 인권선언 전문의 마지막 문장 「국민의회는 지고의 존재 앞에, 그 가호 아래 인간과 시민의 다음과 같은 권리를 승인하고 선언한다」를 가리킨다. 국회의 인권선언문 작성 과정에서 그레구아르 신부가 '신'의 이름을 거론하자 본푸아 신부가 '지고존재'로 바꾸자고 제안하여 변경되었다. 주명철, 『1789. 평등을 잉태한 자유의 원년』(여문책, 2015), 231면.

* **960** 라보 드 생테티엔(Jean-Paul Rabaud de Saint-Étienne, 1743-1793). 프랑스 프로테스탄트의 지도자. 혁명온건파. 주명철, 『1789』, 37면, 198면 이하.

* **961** 랄리 톨랑달(Gérard de Lally-Tollendal, 1751-1830). 프랑스의 귀족·정치인. 혁명 전 기간을 통하여 국왕에 대한 충성으로 일관. 그의 재판 중 국왕을 변호하려는 시도 속에서 목숨을 걸기까지 했다. 저서 Plaidoyer pour Louis XVI, London 1793; Mémoirs, 1804. 문헌 주명철, 『1789』, 198면 이하.

* **962** 에드워드 코크 경(Sir Edward Coke, 1552-1634). 영국의 행정관·사법관 및 국회의원. 국왕대권의 강력한 지지자로서 구교도를 잔학하게 탄압했다. 민소재판소(Court of Common Pleas)와 왕좌재판소(Court of King's Bench)의 수석법관이 되자 코먼로의 광신자가 된다. 국왕 제임스 1세와 종교재판소, 형평법재판소(Chancery), 해사고등재판소에 대해서 코먼로와 코먼로 재판소의 우위를 주장하여 다투었다. 왕좌재판소의 수석법관 지위에서 물러나자 국회의원이 되고, 정부반대당의 영수가 되어 인민의 자유 옹호에 노력한다. 1628년의 유명한 「권리청원」(Petition of Right)은 그가 기초한 것. 저서 "Institute of the Law of England"(1628-59)는 한 세기 후반 블랙스턴의 『영법주해』가 나오기까지 코먼로에 관한 최고의 권위서였다. 코크의 법의 우위(supremacy of law) 이론은 미국 헌법의 특색인 입법의 사법심사제도의 사상적 근거가 되었다. Coke는 코크 또는 '쿠크'라고도 표기한다.

* 964 birthright. 출생권, 성서에서는 장자권으로 번역.

* 965 윌리엄 블랙스톤(William Blackstone, 1723-1780). 영국의 법학자. 옥스퍼드대학에서의 최초의 영국법 교수(1758-66년). 영국에서는 전통적으로 로마법만을 강의해오다가 1753년 이 대학에서 블랙스톤이 강사로서 영법 강의를 한 것이 효시이다. 그 강의의 성과가 『영법주해』 (Commentaries on the Laws of England, 1765-1769)이다. 이 책은 독창적이지는 않지만 영법 전체를 체계적으로 설명한 것으로 브랙턴(Bracton)의 책 "De legibus et consuetudinibus Angliae"와 쌍벽을 이룬다. 현행법을 무조건 찬미하는 태도는 벤담과 오스틴의 신랄한 비판을 받았지만 19세기에 들어와서 많은 제정법으로 변용되기 이전의 순수한 영국법을 아는데 편리하다. 또 이 책에서 그는 코먼로를 자연법적으로 정당화했다. 그리하여 이 책은 미국의 법률가들에게 바로 코먼로라고 생각될 정도로 환영을 받았으며 연방헌법과 주헌법의 제정에 커다란 영향을 미쳤다.『영법주해』의 영인본은 Stanley N. Katz의 해설을 첨부하여 University of Chicago Press 에서 전 4권으로 1979년에 발간되었다. 문헌 Dictionary of National Biography, Vol. II. p. 595-602.

* 966 울피아누스(Domitius Ulpianus, c. 170-223/228). 로마의 법학자·정치가. 유스티니아누 스 1세의 법전편찬 사업에 영향을 미쳤으며,『학설휘찬』(Digesta)의 약 3분의 1은 울피아누스 저서의 인용이다. 저서 시민법(ius civile)을 주석한 『시민법 주해』(Ad Sabinum), 칙령(고시)을 주해한 『칙령 주해』(Ad edictum).

* 966 로크와 노예제. 존 로크는 1668~1675년 캐롤라이나 영주 식민지 지배자(Lords Proprietors of Carolina)의 비서를 지내고, 이 직책과 관련하여 샤프츠베리 제일 백작의 감독 하에 캐롤라이나 기본 헌법(Fundamental Constitutions of Carolina) 초안을 작성하였다. 초안 중에는 「캐롤라이 나의 모든 자유민은 어떤 의견이나 종교든지, 그의 흑인 노예에 대해서 절대권과 권위를 가진다」 (Works, X, 196)는 규정도 있다. 그 결과 로크는 영국과 같은 나라에서의 노예제는 반대하지만, 아메리카 식민지에서 영국인들이 흑인을 노예로 소유하는 것에 대해서는 용인했다는 비난을 받고 있다. 이 초안을 로크의 저작에 포함하지 않는 견해도 있다. J. W. Yolton, A Locke Dictionary, 1993, p. 258.

* 967 로버트 브라운(Robert Browne, ca. 1550-1633). 영국의 퓨리턴 분파주의의 창시자. 그의 가장 중요한 저서인『종교개혁론』(A Treatise of Reformation without Tarrying for any... 1582)에서, 교회는 민간인 당국자의 허락 없이 필요한 개혁을 수행할 권리가 있다고 주장했다. 저서 A True and Short Declaration, 1581.

* 967 존 로빈슨(John Robinson, 1576-1625). 영국 조합교회(Congregational Church)의 목사. 메이플라우어(Mayflower)호가 아메리카로 출발하기 전의 Pilgrim Fathers의 목사. 영국의 분리파 또는 브라운파의 초기 지도자의 한 사람. Robert Browne과 Henry Barrow와 함께 조합교회 창설자의 한 사람. 1592년부터 케임브리지대학과 네덜란드 라이든대학에서 신학 공부. 문헌 Stephen Tomkins, The Journey to the Mayflower, 2020.

* 967 조합교회주의(Kongregationalismus). 회중제(會衆制)로도 번역하며, 회중정치 또는 집합적으로 교회정치를 운영하는 제도의 하나. 모든 지역 교회 신도들이 독립적이고, 교회적으로 주권적이며 또는 '자율적'인 교회 정치의 체계. 영국에서 「반체제적인 비국교도들(Non-Conformist) 중에 온건한 우파는 뉴잉글랜드로 이민을 떠났고, 급진적인 좌파는 국교회에서 뛰쳐나가 독립적인 교회설립에 매진하였다. 이들이 브라운교도(Brownist), 바롬교도(Barromists), 분리주의자(Separatists)들인데 후에 이들로부터 침례교회(Baptists), 조합교회(Congregationalists), 천년주의자들(Millenarians), 시이커교회(Seekers), 퀘이커교회(Quakers)가 발생하였다」(오만규, 『청교도 혁명과 종교자유』, 한국신학연구소, 1999, 33면).

* 967 독립교회주의(Independentismus). 영국 청교도 혁명의 중심세력을 이루었던 종파. 예수교 신교의 한 종파로 17세기 영국에서 각 교회의 독립과 자치를 내걸고 국교회로부터 분리하여 독립했다. '조합파' 또는 '회중파'로 불리기도 한다. 문헌 홍치모, 『스코틀랜드 종교개혁과 영국혁명』(총신대학출판부, 1991), 제10장.

* 968 수평파(Levellers). 영국에서 찰스 1세와 의회의 내전(1642-1651년) 기간 중 인민주권, 선거권의 확대, 법 앞의 평등, 종교적 관용 등을 천명한 정치운동. John Lilburne을 비롯하여 Wildman, Overton, Walwyn 등의 지도 아래 결집한 급진적인 정치세력. 유럽 역사상 최초로 민주·공화적 성격을 띠고 나타난 하나의 근대적 정당이라고 할 수 있다. 「수평파」라는 말은 「인간의 신분을 평등히」하고자 한다는 데에서 유래한다. 문헌 Rachel Foxley, The Levellers: Radical Political Thought in the English Revolution, Oxford 2013.

* 973 샤프츠베리 제일 백작(Anthony Ashley-Cooper, 1st Earl of Shaftesbury, 1621-1683). 영국의 정치인. 영국의 북아메리카의 식민지였던 캐롤라이나 총독. 그는 휘그당의 창당에 노력하고, 자신의 비서였던 존 로크의 정치적 이념 형성에 커다란 영향을 미쳤다.

* 973 로크와 캐롤라이나 헌법. 1669년 3월 1일 오늘날의 버지니아와 플로리다 중간의 대부분 토지를 포함한 캐롤라이나 지방의 8인의 지배자가 채택한 헌법. 노예제의 인정 등 문제점을 내포하고 있다. 문헌 David Armitage, John Locke, Carolina and the Two Treatises of Government, in: Political Theory 32, 5 (2015); Vicki Hsueh, Giving Orders: Theory and Practice in

the Fundamental Constitutions of Carolina, in: Journal of Ideas, 63, 3 (2002), 425-446.
→ 본서 1609면

* **975** Popery (형용사 Popish)와 Papism (형용사 Papist)이란 말은 영어에서 프로테스탄트와
기독교 동방정교가 로마 가톨릭 반대파에 레테르를 붙이는 경멸적인 표현의 고어.

* **975** 무력박해(Dragonnades, Dragonaden, 1683-1686). 용기병의 신교도 박해. 국왕 루이
14세가 1681년 위그노(프로테스탄트)를 가톨릭으로 개종하기 위해서 실시한 프랑스 정부의
정책. 경제적 회유를 통한 가톨릭으로의 개종이 성공하지 못하자 이내 가혹한 탄압으로 바뀌고,
세금을 징수하기 위해 정부가 시행하던 용기병을 가톨릭 개종 작업에 투입하여 살인, 강간 등으로
개신교를 잔인하게 탄압했다. 문헌 Eugène Bonnemère, Les dragonnades sous Louis XIV.
Histoire des Camisards, 1869; Eberhard Gresch, Die Hugenotten. Geschichte, Glaube
und Wirkung, 4. Aufl. 2009.

* **977** 유스티니아누스(Justinian I, 527-565). 동로마 황제. 최대의 업적은 로마법 편찬. 로마법의
집대성은 이미 한 세기 전 테오도시우스 2세가 시도하여 『테오도시우스 법전』을 편찬했으나,
이보다 더 나아가 완전히 새로운 법전을 만들고 체계화하였다. 529년 『유스티니아누스 법전』
(Codex Iustinianus), 533년 『학설휘찬』(Digesten). 이것은 판덱텐(Pandekten)으로도 불린다.
법전 중에는 「노예를 소유하고 급료를 주지 않고 부려도 된다. 그러나 노예가 주인에게 덤비지
않는 한, 때리거나 학대할 수 없다」고 규정. 「각자에게 그 자신의 것을 주는」(suum cuique
tribuere) 것은 유스티니아누스가 규정한 세 가지의 기본적인 법률원칙(maxim) 중의 하나. 「각자
에게 그의 것」 (Jedem das Seine)은 원래 로마법에서의 징의의 이념을 나타낸 관용구였다.
그러나 나치 독일이 「노동이 그대를 자유케 하리라」(Arbeit macht frei)는 구호와 함께 강제수용소
의 슬로건으로 이용하여 독일에서는 논란이 많다.

* **977** 세비야의 이시도르(Isidore of Seville, Isidor von Sevilla, c. 560-636). 스페인의 학자·성
직자. 30년 이상 세비야의 대주교 역임. 엄격한 규율로 교회의 기반을 확고히 하고, 교회와 국가
간의 관계를 정비하고 공정하게 운영되도록 공헌했다. 저서 『어원학』(Etymologiae).

* **977** 그라티아누스(Magister Gratianus 또는 Gratianus de Clusio, 11세기말~1160년 이전).
교회법의 아버지로 칭송. 약 1140년 경 중세 교회법에 가장 영향력이 많았던 법전인 『그라티아누스
교령집』(Decretum Gratiani)을 편찬. 문헌 Anders Winroth, The Making of Gratian's
Decretum, 2000.

* **977** 토마스 아퀴나스(Thomas von Aquino, 1225-1274 A.D.). 중세기의 신학자. 저서 정의채역,

『신학대전』(바오로딸, 1985 ff.); 신창석·박승찬·김율 옮김, 『대이교도대전』(분도, 2015). 법에 관하여는 『신학대전』 제2부의 제2에서 질문하고 답한다. 이진남 옮김, 『법』(신학대전 28)(바오로 딸, 2020); 이경상 옮김, 『옛법』(신학대전 29)(한국성토마스연구소, 2022); 이재룡 옮김, 『새 법과 은총』(신학대전 30)(2022); 기타 최이권 역주, 『신학대전(법신학의 정초: 법률편)』(법경출 판사, 1993); 稲垣良典譯, 『神學大典』 第13冊 (創文社, 1977).

* **978** 키케로(Marcus Tullius Cicero, 106-43 B.C.). 로마의 법률가·정치가. 그는 로마법의 제정에 관여했지만 자연법을 중시. 저서 성염 옮김, 『법률론』(한길사, 2007); 김창성 옮김, 『국가론』 (한길사, 2007). 문헌 김용민, 『키케로의 철학』(한울, 2018).

* **978** 아우구스티누스(Augustinus, 354-430 A.D.). 초기 기독교의 신학자·철학자. 저서 윤성범 역, 『신국·고백』(을유문화사, 1966); 김종흡 옮김, 『하나님의 도성: 신국론』(2016); 성염 옮김, 『신국론』(2004) 등.

* **980** 존 밀턴(John Milton, 1608-1674)의 『아레오파지티카』(Areopagitica, 1644). 「아레오파 고스」는 기원 전 4세기 그리스의 전직 집정관(arcon) 9인으로 구성된 법정을 말한다. 학자 간에 논쟁이 있으나 형사재판만을 담당했다는 견해도 있다. 사도 바울이 아테네에서 전도하다가 붙들려 아레오바고에서 설교했다(행 17: 19-22)는 기록이 있으며, 영국의 존 밀턴은 자신의 책 이름에 『아레오파기티카』를 붙여 언론의 자유의 고전으로서 유명하게 되었다. 이소크라테스와 밀턴의 공통점이라면 연설을 말 대신 글로 썼다는 것이다. 문헌 아리스토텔레스의 『아테네인의 헌법』 (Constitution of Athenians); 임상원 역주, 『아레오파지티카』(나남출판, 1998), 17면; 박상익 역주, 『아레오파기티카』(소나무, 1999), 25면.

* **983** 제임스 오티스(James Otis Jr. 1725-1783). 미국의 법률가·정치활동가. 보스턴의 의원. 미국 독립혁명으로 인도한 영국의 정책에 반대하는 패트리어트 견해의 초기 옹호자. 「대표 없는 과세는 폭정」(Taxation without Representation is tyranny)이라는 유명한 캐치프레이즈는 아메리카 애국주의의 기본 입장이다. 저서 The Rights of the British Colonies asserted and proved, 1764.

* **984** 블랙스턴의 『분석』은 "Analysis of the Laws of England"(1754).

* **985** 계약사상(Covenant). 성서에서의 언약(言約). 창세기 15:18 및 17:2.

* **990** 인민협약(An Agreement of the People)은 영국의 헌법변화에 의한 일련의 매니페스토로서 1647년과 1649년에 각각 발간되었다. 제1차 인민협약(The first Agreement of the People

of 28. October 1647)의 원문과 번역은 본서에 수록하였으며, 제2차 인민협약은 「공동의 권리와 자유에 근거한 확고한 현실의 평화를 위한 잉글랜드와 그것에 부속하는 지방 인민의 협약」(An Agreement of the People of England, and the places therewith incorporated, for a secure and present peace, upon grounds of common rights, freedom and safety, presented to the Rump Parliament in January 1649).

제3차 인민협약은 「잉글랜드의 자유로운 인민의 협약」("An Agreement of the Free People of England. Tendered as a Peace-Offering to this distressed Nation", extended version from the Leveller leaders, "Lieutenant Colonel John Lilburne, Master William Walwyn", Master Thomas Prince, and Master Richard Overton, Prisoners in the Tower of London, May the 1. 1649). 일본어 번역은 澁谷浩 編譯,『自由民への訴え ― ピューリタン革命文書選』(早稻田大學出版部, 1978), 199-222면.

인권선언과 옐리네크씨 (에밀 부트미)

* 출전. Émile Boutmy, La déclaration des droits de l'homme et du citoyen et M. Jellinek, in: Annales des Sciences Politique, t. XVII, juillet 1902, p. 415-443.

G. 옐리네크/É. 부뜨미 저, 김효전 역,『인권선언 논쟁』(법문사, 1991), 127-162면.

에밀 부트미(Émile-Gaston Boutmy, 1835-1906). 프랑스의 정치학자·헌법학자. 신문기자 역임. 보불전쟁에서 프랑스가 패배한 원인은 프랑스 국민의 무식함에 있으며 국민의 계몽이 급선무라고 생각하여 사립 정치학교를 세우고 가르쳤다. 게오르크 옐리네크와의 인권선언의 기원에 관한 논쟁으로 유명하다. 저서『비교헌법론』(Études de droit constitutionnel: France, Angleterre, États-Unis, Paris, Plon, 1888;『정치연구』(Études politiques: La souveraineté du peuple, la Déclaration des droits de l'homme, Paris, Armand Colin, 1907; Éléments d'une psychologie politique du peuple américain: la nation, la patrie, l'État, la religion, Paris, A. Colin 1902. 문헌 Pierre Favre, La Naissance de la science politique en France (1870-1914), Fayard, Paris, 1989; Hervé Guettard, Un réformiste libéral. Émile Boutmy (1835-1906), Institut d'études politiques de Paris, 1991. G. 옐리네크/E. 부뜨미, 김효전역,『인권선언 논쟁』(법문사, 1991); 제라르 누아리엘, 권희선 옮김,『프랑스 민중사』(결, 2020), 478면.

* 1002 라르노드(Étienne-Ferdinand Larnaude, 1853-1942). 프랑스의 공법학자. Patrick Arabeyre et al., Dictionnaire historique des juristes français XIIᵉ-XXᵉ siècle, 2ᵉ ed., 2015, p. 609.

* 1006 오귀스트 콩트(Auguste Comte, 1798-1857). 프랑스의 철학자. 실증주의를 주창. 인간의 인식은 신학적 · 형이상학적 · 실증적인 3 단계를 거쳐 발전한다고 주장. 또한 사회학(sociologie) 이라는 말과 새로운 학문분야를 창시했다. 미래에는 학자(savants)가 지배하는 합리화된 이상국가를 구상했고, 만년에는 「인류교」(la religion d'Humanit)라는 새 종교를 주장하고 그 교조가된다. 저서『실증 철학 강의』(1830-1842),『실증 정치의 체계』(1851-54),『실증주의서설』(김점석 옮김, 민음사, 2001).

* 1009 18세기의 공통의 정신. 로크 · 몽테스키외 · 볼테르 그리고 루소의 사상. → 본서 1009면

* 1011 데스튀트 드 트라시(Destutt de Tracy, 1754-1836). 프랑스의 철학자. 후기 계몽주의 정치인. 저서『이데올로기 요론』(Éléments d'idéologie)을 통해서 '이데올로기'(이념)라는 용어를 창시. 아카데미 프랑세즈 회원. 콩디야크의 제자로서 중요한 것은 운동하려는 노력이며, 그것은 촉각만이 아니라 모든 감각에서 동시에 나타난다고 주장했다.

* 1011 에티엔 보노 드 콩디야크(Étienne Bonnot de Condillac, 1714-1780). 프랑스의 성직자철학자. 계몽시대의 논리학자. 존 로크에서 출발한 이 계몽사상가는 감각적인 인식론을 전개했다. 저서 Essai sur l'origine des connaissances humaines, 1746: Traité des sensations, 1754.

* 1011 피에르 장 조르주 카바니스(Pierre Jean George Cabanis, 1757-1808). 프랑스의 심리학자 · 철학자 · 의사. 계몽주의 이념에 영향을 받았으며, 이후 자코뱅으로 이름을 바꾼 헌법의 친우회(Société des amis de la Constitution) 회원. 프랑스 관념학파의 한 사람. 미라보와 콩도르세의친구. 철학에서는 콩디야크(Condillac)의 제자.

* 1017 윌리엄 엘러리 챈닝(William Ellery Channing, 1780-1842). 미국의 신학자 · 목사. 1819년 칼뱅주의를 공격하고 분리하여 유니테리안(Unitarian)주의를 공식으로 선언하고 인간중심적인자유신학을 수립.

* 1019 조지 밴크로프드(George Bancroft, 1800-1891). 미국의 역사가 · 정치인. 주와 합중국전체에서의 중등 교육의 진흥에 공헌. 1845-46년 합중국 해군장관. 애나폴리스에 해군사관학교 설립 등의 업적. 저서 History of the United States, London 1861. rev. ed. 1876.

* 1020 브라우니즘(Brownism). → 본서 1610면

* 1021 윌리엄 펜(William Penn, 1644-1718). 영국의 북미 식민지인 펜실베이니아 식민지창립. 그가 제시한 민주주의 원칙들은 미국 헌법을 위한 영감으로서 작용했다는 평가를 받고

있다. 문헌 Andrew R. Murphy, William Penn: A Life, 2018; John Moretta, William Penn and the Quaker Legacy, 2006.

* 1023 라티푼디아(Latifundia; Latifundium의 복수). '광대한 토지'라는 뜻의 라틴어로 고대 로마의 대토지소유제도를 말함. 로마의 모범은 그 후 포르투갈, 스페인 그리고 라틴 아메리카에 영향을 미침. 보수적인 대농장주와 자유주의적인 도시 시민층 간의 정치적 갈등은 라틴 아메리카의 경우 대체로 1830~1930년 동안 계속되었다.

* 1023 플랜테이션(Plantation). 환금 작물(cash crop)을 전문으로 하는 대규모 상업적 농업 농장. 서양의 자본, 기술과 원주민의 값싼 노동력을 기반으로 이루어진다. 동남아시아, 아프리카, 라틴 아메리카 지역에서 주로 단일 경작을 하며 기업 위주 농업. 재배되는 것은 고무, 담배, 목화, 사탕수수, 삼, 차, 카카오, 커피 등. 최근에는 대규모 기업 위주의 단일 경작농업보다 소규모적인 다각 경영이 주를 이룬다. 위키피디아.

인권선언 재론 — 옐리네크씨가 부트미씨에게 보낸 답변 (게오르크 옐리네크)

* 출전. Georg Jellinek, Die Erklärung der Menschen-und Bürgerrechte, 2. éd., 1904, p. VII sq.; Boutmy, Étudés politiques, 1907, p. 117: La Déclaration des droits de l'homme et du citoyen et M. Jellinek.
  G. 옐리네크/É. 부뜨미 저, 김효전 역, 『인권선언 논쟁』(법문사, 1991), 163-181면.

* 1029 오라르(François Victor Alphonse Aulard, 1849-1928). 프랑스 혁명과 나폴레옹에 관한 최초의 전문적인 프랑스 역사가. 주요 업적은 프랑스에서의 역사의 실제를 제도화하고 전문화 한 것이다. 저서 Études et leçons sur la Révolution française (9 vols. 1893-1924); The French Revolution, a Political History, 1789-1804 (4 vols. 1910).

* 1030 오스트리아의 역대 헌법. 1848. 4. 25~5. 16 필러스도르프 헌법(Pillersdorfsche Verfassung: 필러스도르프는 공포한 내무대신 이름); 1849년과 1851년간의 흠정 3월헌법 (Oktroyierte Märzverfassung); 1860년과 1861년간의 10월문서(Oktoberdiplom); 1861년과 1865년간의 2월특허장(Februarpatent); 1867년과 1918년간의 12월헌법(Dezember-verfassung); 1918년과 1934년간의 연방헌법(Bundesverfassung); 1934년과 1938년간의 5월 헌법(Maiverfassung); 1945년 이후 오스트리아 연방헌법(Bundesverfassung Österreich).
  여기의 1867년 12월헌법은 다섯 개의 국가기본법과 위임법률(Delegationsgesetz)의 총칭. 이 중「공민의 일반 권리에 관한 국가기본법」(Staatsgrundgesetz über die allgemeinen Rechte der Staatsbürger; StGG, StGG 1867)은 1849년 3월헌법의 모범에 따라서 기본권목록을 포함하

고 있다. 그러나 1920년의 연방헌법에서는 기본권을 규정하지 않았다. 1920년 제헌 국민의회는 연방헌법 초안에서 하나의 일치된 기본권목록을 통일할 수 없었기 때문에 이 1867년의 국가기본법 규정을 손쉽게 인용하였다. 그 후 기본권은 추가되었는데 예컨대 1955년의 국가계약(Staats-vertrag)에서 관련 규정들을 포함했고, 1958년 10월 유럽 인권규약이 효력을 발생하여 헌법적 지위에 오르고 관공서에서 직접 적용한다. 그 후에도 1988년의 인격의 자유보호와 데이터보호법 등과 같은 헌법률이나 단순 법률들 속에서 헌법규정들을 통해서 기본권들이 도입되었다. 문헌 Papier/Schäffer, Handbuch der Grundrechte in Deutschland und Europa, Bd. VII/1. Grundrechte in Österreich, Müller, 2009; 김철수,『기본적 인권의 본질과 체계』(대한민국학술원, 2017), 349-360면; 현행 헌법은 국회도서관,『세계의 헌법. 40개국 헌법 전문』제3판, II (2018), 111-179면.

* 1030 벨기에 왕국헌법(Verfassung des Königreichs Belgien). 1830년의 벨기에 혁명의 일환으로 네덜란드 연합왕국에서 분리하여 1831년 2월 7일에 제정한 벨기에 헌법은 여러 차례 개정했다. 이 헌법은 1814년의 네덜란드 헌법에 의거한 의회군주제를 고려한 것이며 19·20세기의 프로이센과 오스트리아 등 유럽의 많은 국가들의 모범이 되었다. 1906년의 이란 헌법에도 영향을 미침. 문헌 벨기에 현행 헌법은 국회도서관,『세계의 헌법. 35개국 헌법 전문』I (2010), 492-525면.

* 1035 퓌스텔 드 쿨랑지(Fustel de Coulanges, 1830-1889). 프랑스의 역사가. 1853년 École Normale Supérieure 졸업. 아테네 유학. 1860년 스트라스부르 대학 교수. 1875년 소르본느 대학 교수. 1880년 모교 교장 역임. 대표 저서 La Cité antique, 1864; 김응종 옮김,『고대 도시: 그리스·로마의 신앙·법·제도에 대한 연구』(아카넷, 2000); 기타 Histoire de Institutions de la France, 1874.

* 1035 모라(mora). OED에 의하면 이 모라(mora 또는 morra)라는 놀이는 이탈리아에서 잘 알려진 것인데 그 기원은 명확하지 않다고 한다. 테이블에 마주 앉은 두 사람 중 한 쪽이 예컨대 손을 두 개 내면서「4」라고 말하면 상대방은 즉시 손가락을 여섯 개 내밀며「6」이라고 말해야 한다. 유럽인들은 이것과 매우 유사한 게임을 중국에서 받아들였다고 한다.

인권선언에 관한 문헌

[한국 문헌]: 김충희 옮김, 프랑스 역대 헌법전(1)(2),『동아법학』제69호(2015), 229-577면 및 제70호(2016), 471-597면; 헌법재판연구원,『2018 국가별 법령집·프랑스편』; 주명철,『1789 ― 평등을 잉태한 자유의 원년』(여문책, 2015); 주명철,『헌법의 완성 ― 입헌군주제 혁명을 완수하다』(여문책, 2017); 노명식,『프랑스 혁명에서 파리 코뮌까지, 1789-1871』(책과함께, 2011); 헌법재판연구원,『1789년 인간과 시민의 권리선언의 헌법적 의미』(헌법재판소, 2014);

나종일 편역·해설,『자유와 평등의 인권선언 문서집』(한울 아카데미, 2012) [프랑스 헌법 관련 내용: 인간과 시민의 권리선언(1789년); 1791년 헌법; 인간의 자연적·시민적·정치적 권리의 선언: 지롱드파의 헌법초안(1793년); 인간과 시민의 권리선언: 산악파 헌법(1793년); 인간과 시민의 권리와 의무의 선언: 프랑스 1795년 헌법; 평등한 사람들의 선언(1796년); 바뵈프의 독트린에 대한 분석(1796년); 1848년의 프랑스 공화국 헌법: 전문 및 제1, 2장]; 장 모랑지, 변해철 옮김,『1789년의 인간과 시민의 권리선언』(탐구당, 1999); 박재연 옮김,『여성과 여성 시민의 권리선언』(꿈꾼문고, 2019); 이세희,『프랑스 대혁명과 여성·여성운동』(탑북스, 2012); 브누아트 그루, 백선희역,『올래프 드 구주가 있었다』(마음산책, 2014).

논설: 권형준, 1789년 프랑스 인권선언의 현대적 의의,『공법연구』제26집 3호(1998), 135-146면; 금석 권형준교수 정년기념 논문집『현대헌법학의 이론적 전개와 조망』(2013), 3-14면 재수록; 권형준, 프랑스의 인권선언과 기본권의 발전,『법학논총』(한양대) 제7호(1990), 171-197면; 김승대, 프랑스 인권과 자유론에 대한 총론적 고찰, 정경식박사화갑기념논문집『법과 인간의 존엄』(1997); 김효전, 프랑스 인권선언의 기원 ― G. 옐리네크와 E. 부뜨미의 논쟁,『고시연구』제16권 10호(1989), 53-70면 및『고시연구 창간 20주년 기념논총』1994, 153-168면 재록; 박영신, "인권선언"의 기원과 이후: 옐리네크, 베버, 그리고 뒤르케임에 이어,『사회이론』제48호(2015), 3-34면; 변해철, 1789년 프랑스 인권선언과 형사법상의 일반원칙,『외법논집』(한국외대) 제4호(1997), 85-106면; 성낙인, 프랑스 인권선언과 헌법,『영남법학』제5권 1·2호(1999); 심재우, 불란서 인권선언에 규정된 형사법의 원칙규범, 김기두교수 화갑기념논문집『현대형사법론』(경문사, 1980), 21-37면; 육영수, 프랑스 혁명과 인권: 세계화시대에 다시 읽는 '인간과 시민의 권리선언',『세계역사와 문화연구』(2011); 윤철홍, 프랑스 혁명과 민법의 발전,『법사학연구』제10호(1989), 133-170면; 전학선, 프랑스 인권선언에 나타난 재산권의 헌내적 의미, 천봉 식종현박사 화갑기념논문집『현대공법이론의 제문제』(2003), 1447-1462면; 정태욱, 프랑스혁명과 인권선언: 로베스피에르에 의해 제안된 1793년 인권선언을 중심으로,『영남법학』11, 12(2000. 12) 49-63면; 조병륜, 프랑스 인권제도의 발전의 근원과 실질적 민주주의 헌법철학 및 정치철학 사상,『헌법학연구』제9권 1호(2003); 최갑수, 1789년의 「인권선언」과 혁명기의 담론,『프랑스사 연구』제4호(2001).

[일본 문헌] ジュリアン・ブドン, 石井三記, フランス革命期の諸人權宣言,『法政論集』(名古屋大學) 281 (2019); 石井三記, 一七八九年フランス人權宣言のテルミノロジーとイコノロジー,『法政論集』(名古屋大學) 255 (2014. 3), 37-74면; 澤登文治, フランス人權宣言 第10條における「信敎の自由」の保障,『南山』32권 3-4호(2009); 同人, フランス人權宣言の起草過程に關する一考察 ― その獨自性と統一性(1),『南山』25권 3호(2002); 同人, フランス人權宣言とアメリカ權利章典の相互影響に關する一考察 (2),『南山法學』第22권 3호 (1999)~(4完) 第23권 4호 (1999); 菅原眞, フランス1789年人權宣言における「市民」觀念と外國人,『人間文化研究』(名古屋市立

大) 제11호(2009); 富永茂樹編, 資料「權利の宣言 ― 1789」, 京都大學人文科學硏究所 共同硏究資
料叢刊(6), (2001); 初宿正典, マルティン・クリーレの人權宣言史論 ― イエリネック=ブトミー
論爭を手がかりとして―『社會科學論集』(愛知敎育大學) 제18호(1979) 및 同人 編譯, 『人權宣言
論爭』(みすず書房, 1981/1995), 223-258면 수록; 深瀨忠一, 一七八九年人權宣言硏究序說
(1)(2)(3), 『北大法學論集』 제14권 3-4호, 15권 1호, 18권 3호 (1964-1968); 稻本洋之助,
一七八九年の『人および市民の權利の宣言』― その市民革命における位置づけ, 東京大學社會科
學硏究所編, 『基本的人權』 제3권 (1968); 三輪隆, 一七八九年の權利宣言における政治的權利
(1)(2), 『早稻田法學會誌』 제26권, 27권 (1975-1976); 佐藤功, 基本的人權 ― イエリネックの
「人權宣言論」「公權論」から, 『法學セミナー』 제71호 (1962).

[구미 문헌]

Claude-Albert Colliard, La Déclaration des droits de l'homme et du citoyen de 1789.
    La documentation française, Paris 1990.

Gérard Conac, Marc Debene, Gérard Teboul éd., La Déclaration des droits de l'homme
    et du citoyen de 1789; Histoire, analyse, et commentaires, Economica, Paris 1993.

Vincent Marcaggi, Les origines de la déclaration des droits de l'homme de 1789,
    Fontenmoing, Paris 1912.

Pascal Nicollier, La Déclaration des Droits de l'Homme et du Citoyen du 26 août 1789,
    Fribourg 1995.

Guy Putfin, La Déclaration des droits de l'homme et du citoyen: recensement et variante
    des textes (août 1789-septembre 1791), in: Annales historiques de la Révolution
    française, vol. 50e année, n° 232, p. 180-200.

Giogio Del Vecchio, La Déclaration des droits de l'homme et du citoyen dans la Révolution
    française: Contributions à l'histoire de la civilisation européenne, LGDJ, Paris 1968.

Stéphane Rials, Textes Constitutionnels Français, 32e éd. Que sais-je? Presses
    Universitaires de France, Paris 2020.

Stéphane Rials éd., La Déclaration des droits de l'homme et du citoyen, Paris 1988.

Roseline Letteron, Libertés publiques, Paris 1959. 9e éd., 2012.

Jacques Godechot et Hervé Faupin, Les Constitutions de la France depuis 1789. Édition
    corrigée et mise à jour en 2018. Flammarion, Paris 2018.

Georg Jellinek, Die Erklärung der Menschen-und Bürgerrechte. Ein Beitrag zu modernen
    Verfassungsgeschichte, Duncker & Humblot, Leipzig 1895.

Marcel Gauchet, Die Erklärung der Menschenrechte: Die Debatte um die bürgerliche
    Freiheiten 1789, Rowohlt, Reinbek bei Hamburg 1991.

Marcel Gauchet, Menschenrechte, in: François Furet, Mona Ozouf (Hrsg.), Kritische

Wörterbuch der Französischen Revolution, Bd. 2: Institutionen und Neuerungen, Ideen, Deutungen und Darstellungen, Suhrkamp, Frankfurt a. M. 1996. S. 1180-1197.

Fritz Kloevekorn, Die Entstehung der Erklärung der Menschen-und Bürgerrechte, Berlin 1911.

Peter Häberle, 1789 als Teil der Geschichte, Gegenwart und Zukunft des Verfassungsstaates, in: Jahrbuch des Öffentlichen Rechts, Bd. 37. 1988. S. 35-64.

Martin Kriele, Zur Geschichte der Grund-und Menschenrechte, in: Öffentliches Recht und Politik. Festschrift für Hans Ulrich Scupin zum 70. Geburtstag, hrsg. v. Norbert Achterberg, Berlin 1973, S. 187 ff. (初宿正典譯,『人權宣言論爭』, 1981, 223-258면)

Jörg-Detlef Kühne, Die französische Menschen-und Bürgerrechtserklärung im Rechtsvergleich mit den Vereinigten Staaten und Deutschland, in: Jahrbuch des Öffentlichen Rechts, Bd. 39. 1990. S. 1-53.

Jack Censor and Lynn Hunt, Liberty, Equality, Fraternity: Exploring the French Revolution, Pennsylvania State Univ. Press 2001.

William Doyle, The Oxford History of the French Revolution, Oxford Univ. Press 1989.

제7편 기본권 이론

* 출전. 여기에 수록한 논설은 에른스트-볼프강 뵈켄회르데의 저서를 번역한『헌법·국가·자유 ― 헌법이론과 국가이론에 관한 연구』(법문사, 1992)와 정태호 교수와 공역한『헌법과 민주주의 ― 헌법이론과 헌법에 관한 연구』(법문사, 2003) 중에서 가려 뽑은 것이다. 정 교수가 번역한 논문은 제외하였다. 위의 두 책의 서문은 제1편의 역자 주 참조.

기본권이론과 기본권해석 (에른스트-볼프강 뵈켄회르데)

* 출전. Ernst-Wolfgang Böckenförde, Grundrechtstheorie und Grundrechtsinterpretation, in: Neue Juristische Wochenschrift 1974, S. 1529-1538. jetzt in: Böckenförde/Gosewinkel, Wissenschaft Politik Verfassungsgericht. Aufsätze von Ernst-Wolfgang Böckenförde, Biographisches Interview von Dieter Gosewinkel (stw 2006), Frankfurt a. M. 2011, S. 156-188; ders., Staat, Verfassung, Demokratie. Studien zur Verfassungstheorie und zum Verfassungsrecht, Frankfurt a. M. Suhrkamp 1991, S. 115-135.

　　김효전·정태호 옮김,『헌법과 민주주의』(법문사, 2003), 69-104면;『헌법·국가·자유』(법문사, 1992), 171-206면; 방산 구병삭박사 정년기념논문집『공법이론의 현대적 과제』(박영사, 1991), 97-124면.

* **1042** 약국 판결(Apotheken-Urteil). BVerfGE 7, 377 (1958). [**사실의 개요**] 헌법소원청구인은 면허있는 약사로서 오버바이에른 지방정부에 영업허가를 신청하였다. 청구인의 허가신청은 당시 약국의 영업을 위하여 허가의무를 규정하고 있는 약사법에 근거하여 거부되었다. 영업허가를 위한 전제조건으로 면허, 독일인, 개인적인 신뢰 등을 규정하고 있다. 그 밖에 이 법은 공익, 약국의 경제적 기초와 인근 약국의 경제적 기초를 침해하지 않을 것 등도 규정하고 있다. 관계 관청은 새로운 약국의 경제적 기초가 확보되지 않았으며, 지역 내에 이미 약국이 충분하다는 이유로 약국 개설 허가를 거부하였다.

[**판결요지**] 연방헌법재판소는 약사법 제3조 1항은 기본법 제12조 1항(모든 독일인은 직업, 직장 및 양성소를 자유롭게 선택할 권리를 가진다. 직업활동은 법률로써 규제할 수 있다)에 위반된다고 하고, 이에 근거한 바이에른 당국의 처분은 무효라고 판결하였다.

이 판결은 직업의 자유에 대한 제한의 강도를 3단계로 구분하여 각 단계마다 제한의 정당화 요건이 더 엄격해진다는 단계이론을 설시한 점에 그 의미가 있다. 이는 직업의 자유를 제한하는 데 비례의 원칙을 엄격하게 적용한 결과이다. 이 판결에 기초한 단계는 제1 단계: 직업행사의 자유의 제한, 제2 단계: 주관적 사유에 의한 직업선택의 자유의 제한, 제3 단계: 객관적 사유에 의한 직업선택의 자유의 제한이라는 단계이론이다. 문헌 이헌환 편저, 『대한민국헌법사전』(2023), 850-852면; 김철수편, 『판례교재 헌법』(법문사, 1974), 252-254면; 栗城壽夫他編, 『ドイツの憲法判例』(信山社, 1996), 223-226면.

* **1046** 뤼트 판결(Lüth-Urteil). BVerfGE 5, 198. 언론의 자유의 제3자효력에 관한 1958. 1. 15의 연방헌법재판소 판례. [**사실의 개요**] 함부르크 주정보국장 뤼트(헌법소원제기인)는 1950. 9. 20 「독일 영화 주간」 개막 시에 함부르크 기자 클럽회장으로 영화제작자, 영화배급업자 앞에서 식사를 통해 나치스 시대에 유태인 박해 영화를 제작했던 영화감독 겸 각본가인 바이트 할란(Veit Harlan)이 독일 영화의 대표자로서 선출된 것을 경고하였다. 그 당시 할란 감독의 영화 『영원한 연인』을 제작 중이던 영화회사는 이 발언에 대한 해명을 요구했다. 1950. 10. 27. 뤼트는 공개장을 신문에 발표하여 이 영화를 보지 말도록 호소하였다.

영화제작회사와 영화배급회사는 함부르크 지방법원에 우선 가처분을 신청하여 인용되었고, 이는 뤼트의 불복에도 불구하고 함부르크 상급법원에서도 유지되었다. 한편 이들은 소송을 제기하여 함부르크 지방법원은 1951. 1. 22. 피고 뤼트는 (1) 영화관과 영화배급업자에 대해서 『영원한 연인』을 상영 계획에 넣지 않도록 권고하지 말 것, (2) 관객에 대해서 이 영화를 보지 않도록 권고하지 말 것을 명하고, 이에 위반하면 벌금형 또는 금고형에 처할 것을 판결하였다. 이는 독일 민법 제826조에 따른 허용되지 않는 행위의 객관적 요건을 충족하였다고 인정한 것이다.

뤼트는 함부르크 상소법원에 항소하는 동시에 이 판결은 본(Bonn) 기본법 제5조 1항의 언론의 자유를 침해하는 공권력의 행사라는 이유로 연방헌법재판소법 제90조 2항 2호에 의하여 연방헌법재판소에 헌법소원을 제기하였다. 위 판결은 다음과 같은 이유로 파기되고 원심으로 환송되었다.

[**판결요지**] (1) 기본적 인권은 우선 첫째로 국가에 대한 국민의 방어권이다. 기본법의 기본권규정에는 객관적 가치질서가 구체화되어 있다. 이 가치질서는 헌법상의 근본적 결정으로서 법의 전영역에 타당하다. (2) 민법에는 사법 규정에 의해 간접적으로 기본권의 법내용이 많이 들어가 있다. 이 법내용은 그 중에서도 특히 강행법규를 구속하며 또한 일반조항을 통하여 법관을 개별적으로 구속한다. (3) 민사법관이 민법에 대한 기본권의 효력을 오인하면 그 판결에 의해 기본권을 침해하게 할 수 있다(연방헌법재판소법 제90조). 연방헌법재판소는 민사사건에 대한 심사를 법률상의 하자에 근거하여 일반적으로 행하는 것이 아니라 기본권의 위와 같은 침해에 관해서만 말한다. (4) 사법의 규정도 기본법에서 말하는 「일반법률」이며, 따라서 표현의 자유에 관한 기본권을 제한할 수 있다. (5) 자유로운 표현에 대한 기본권의 특별한 의의에 비추어 「일반법률」은 자유주의적 민주국가의 입장에서 해석되지 않으면 안 된다. (6) 기본법 제5조의 기본권은 표현의 자유 자체뿐만 아니라 표현에 의한 정신활동도 보장한다. (7) 보이코트 선동을 내용으로 하는 표현은 독일 민법 제826조에서 말하는 선량한 풍속(gute Sitten)에 반드시 위반되는 것은 아니다. 그것은 당해 사건의 상황을 형량할 때에 표현의 자유를 통해서 헌법적으로 정당화될 수 있다. 문헌 이헌환 편저, 『대한민국헌법사전』(2023), 437-438면; 김철수편, 『판례교재 헌법』(법문사, 1974), 126-127면; 헌법재판소, 『독일연방헌법재판소 재판소원사건 판례번역집』(2011), 12-36면; 栗城壽夫他編, 『ドイツの憲法判例』(信山社, 1996), 126-130면.

헌법구조상의 사회적 기본권 (에른스트-볼프강 뵈켄회르데)

* 출전. Soziale Grundrechte im Verfassungsgefüge, in: Soziale Grundrechte. Von der bürgerlichen zur sozialen Rechtsordnung (5. Rechtpolitischer Kongreß der SPD 1980, Dokumentation Teil 2). Hrsg. von Ernst-Wolfgang Böckenförde, Jürgen Jekewitz, Thilo Ramm, Heidelberg 1981, S. 7-16.

　김효전·정태호 옮김, 『헌법과 민주주의: 헌법이론과 헌법에 관한 연구』(법문사, 2003), 120-179면; 김효전역, 헌법구조에 있어서의 사회적 기본권, 『고시연구』 제16권 4호(1989. 4), 199-211면.

* 1066 자코뱅 헌법이라고 불리는 1793년의 프랑스 헌법 제21조에서 「사회는 불행한 시민에게 생활수단을 제공하며, 또한 노동할 수 없는 사람들의 생활수단을 확보함으로써 그 생계(生計)를 책임진다」. 김충희 옮김, 프랑스 역대 헌법전(1), 『동아법학』 제69호(2015), 378면.

* 1066 고타 강령과 에르푸르트 강령(Gothaer und Erfurter Programm). 전종덕·김정로 편역, 『독일 사회민주당 강령집』(백산서당, 2018), 20-26면.

재산권·재산권의 사회적 구속·수용 (에른스트-볼프강 뵈켄회르데)

* 출전. Ernst-Wolfgang Böckenförde, Eigentum, Sozialbindung des Eigentums, Enteignung, in: Gerechtigkeit in der Industriegesellschaft. Dokumentation, Hrsg. von Konrad Duden, Helmut R. Külz u.a., Karlsruhe 1972, S. 215-231. jetzt in: ders., Staat, Gesellschaft, Freiheit (stw 163), Frankfurt a. M. Suhrkamp 1976, S. 318-335.

『헌법·국가·자유: 헌법이론과 국가이론에 관한 연구』(법문사, 1992), 223-242면.

* **1077** 기본법 제14조 (재산권·상속권 및 공용수용) ① 재산권과 상속권은 보장된다. 그 내용과 한계는 법률로 정한다.

② 재산권은 의무를 수반한다. 그 행사는 동시에 공공복리에 봉사하여야 한다.

③ 공용수용은 공공복리를 위해서만 허용된다. 공용수용은 보상의 종류와 범위를 정한 법률에 의하여 또는 법률에 근거해서만 행하여진다. 보상은 공공의 이익과 관계자의 이익을 공정하게 형량하여 정해져야 한다. 보상액 때문에 분쟁이 생길 경우에는 정규 법원에 제소할 길이 열려 있다.

* **1078** 바이마르 헌법 제153조(소유권·수용) → 본서 1581면

사회세력에 대한 자유의 보장 (에른스트-볼프강 뵈켄회르데)

* 출전. Freiheitssicherung gegenüber gesellschaftlicher Macht, in: Freiheit in der sozialen Demokratie (4. Rechtspolitischer Kongreß der SPD vom 6. bis 8. Juni 1975 in Düsseldorf). Hrsg. von Dieter Posser und Rudolf Wassermann, Karlsruhe 1975, S. 69-76. jetzt in: Böckenförde/Gosewinkel, Wissenschaft, Politik, Verfassungsgericht. Aufsätze von Ernst-Wolfgang Böckenförde, Biographisches Interview von Dieter Gosewinkel, (stw 2006), Frankfurt a. M. 2011, S. 72-83; ders., Staat, Verfassung, Demokratie. Studien zur Verfassungstheorie und zum Verfassungsrecht, Suhrkamp, Frankfurt a. M. 1991, S. 264-276.

김효전·정태호 옮김, 『헌법과 민주주의: 헌법이론과 헌법에 관한 연구』(법문사, 2003), 180-193면; 김효전역, 사회세력에 대한 자유의 보장, 『월간고시』 제18호 9호(1991. 9), 58-70면.

* **1090** 로렌츠 폰 슈타인(Lorenz von Stein, 1815-1890). 독일의 행정학자·재정학자·사회학자. 귀족의 가정에서 태어났지만 프랑스에서 사회주의자와 교류. 1846년 킬 대학 교수가 되었으나 파면. 1855년 빈 대학 교수. 헤겔의 영향 아래 시민계급에서의 계급투쟁을 계급중립적인 군주가 조정한다는 「사회군주제론」을 주창. 재정학과 행정학 등을 통합하는 '국가학'을 제창. 행정학에 대한 그의 공헌을 떠나서 당시 논의하던 복지국가로 인도한 계급상태를 마르크스주의 방식이

아닌 방법으로 분석하였다. 저서 『프랑스사회운동사』(Die Geschichte der sozialen Bewegung in Frankreich von 1789 bis auf unsere Tage, 3 Bde., 1850); Handbuch der Verwaltungslehre und des Verwaltungsrechts, Utz Schliesky (Hrsg.), Mohr 2010. 문헌 Chr. Brüning und Utz Schliesky (Hrsg.), Lorenz von Stein und die rechtliche Regelung der Wirklichkeit, 2015; Stefan Koslowski (Hrsg.), Lorenz von Stein und der Sozialstaat, Baden-Baden: Nomos 2014; Andrea Bookmann, Lorenz von Stein (1815-1890). Nachlass, Bibliothek, Bibliographie, 1980; 오향미, 행정권의 제한으로서의 법률과 합헌적 행정권: 로렌츠 폰 슈타인 (Lorenz von Stein)의 법치국가론, 『한국정치학회보』 제54권 5호(2020).

* 1091 기본법 제72조 2항은 「연방은 이러한 영역에서 연방 영역에 있어서의 균등한 생활여건 (gleichwertige Lebensverhältnisse)의 조성이나 전체 국가적 이익을 위한 법적 통일의, 또는 경제적 통일성의 유지를 위하여 연방법률로 규정할 필요가 있는 경우와 그러한 한에서 입법권을 가진다」고 규정하고 있다. 이론에서는 공공교육이나 기타 공공 서비스(건강, 도로 등)를 위하여 사용된 공공 기금은 독일 도처에서 1인당 동일한 것으로 상정한다. 이것은 재정 연방주의의 복잡한 체제의 결과이다. Ernst-Wolfgang Böckenförde, Mirjam Künkler and Tine Stein (ed.), Constitutional and Political Theory. Selected Writings, 2017, p. 291. Editor's Note.

* 1091 조직력(Organisationsmacht). 헤르만 헬러의 표현.

* 1092 방송과 텔레비전의 지위. 1980년대까지 독일에서의 방송과 텔레비전은 수신료에 기반하고 국가로부터 독립적으로 조직된 공영이었다. 수년 후 기본법 제5조 1항 2단의 「신문의 자유와 방송 및 필름을 통한 보도의 자유는 보장된다」는 규정에서 나오는 1986년의 FCC 규칙은, 공영과 사영의 이원적 체계로 나타난 시장에 사영 텔레비전과 라디오 방송을 허용하였다. 시장의 자유화는 국가가 보장하는 모든 시민의 공공 미디어에 대한 접근에 뜻하지 아니한 사건이었다(미디어의 '기본적 공급' BVerfGE 73, 118 참조). 국가는 공영방송의 프로그램 편성에 간섭하는 것과 재정적 으로 영향을 미치는 것을 금지하였다. 그리하여 공영 라디오와 텔레비전은 수신료와 광고로 운영하 게 되었다. Mirjam Künkler and Tine Stein (ed.), op. cit., p. 293. Editor's Note.

* 1093 「시민사회의 물질주의」. Karl Marx, Zur Judenfrage, 1844 (『유대인 문제에 관하여』, 김현 옮김, 책세상, 2015).
http://www.marxists.org/archive/marx/works/1844/jewish-question.

* 1094 칸트의 정식. Kant, Metaphysik der Sitten, T. 2: Metaphysische Anfangsgründe der Rechtslehre, § B. 백종현 옮김, 『윤리형이상학』(아카넷, 2012), 149면 이하.

기본법제정 40주년에 따른 기본권해석의 상태 (에른스트-볼프강 뵈켄회르데)

* 출전. Ernst-Wolfgang Böckenförde, Zur Lage der Grundrechtsdogmatik nach 40 Jahren Grundgesetz, Carl Friedrich Siemens-Stiftung, THEMEN Heft 47. 1990, 79 S.

　김효전 · 정태호 공역, 『헌법과 민주주의: 헌법이론과 헌법에 관한 연구』(법문사, 2003), 120-179면; 김효전역, 기본법 제정 40주년에 따른 기본권해석의 상태, 『동아법학』 제21호(1996), 217-271면.

* **1100** 바이마르 공화국과 헌법에 관하여는 헤르만 헬러, 김효전 옮김, 『바이마르 헌법과 정치사상』 (산지니, 2016). 문헌 → 본서 1272-1275면

* **1108** 막스 쉘러(Max Scheler, 1874-1928). 독일의 철학자 · 인류학자 · 사회학자. 뮌헨과 베를린에서 의학 · 철학 · 심리학 공부. 1899년 예나 대학에서 교수자격논문 통과. 1902년 예나 대학 강사 시절 에드문트 후설을 만나 현상학적 방법론을 연구. 후설의 영향으로 그의 현상학을 정신과학 등에 적용. 1921년 이래 쾰른대, 프랑크푸르트대학 교수 역임. 현상학적 방법에 의한 '실질적 가치윤리학'의 정립과 '철학적 인간학'의 창시자로 알려짐. 카를 만하임과 함께 '지식 사회학'의 창시자. 전집 Gesammelte Werke, 16 Bde., Bouvier 1954-1998. 저서 Der Formalismus in der Ethik und die materiale Wertethik, 1913; Vom Umsturz der Werte, 1919; Wesen und Formen der Sympathie, 1923; 이을상 옮김, 『공감의 본질과 형식』(지만지, 2013); Die Wissensformen und die Gesellschaft, 1926; 이을상 · 정영도 옮김, 『지식의 형태와 사회』(한길사, 2011); Die Stellung des Menschen im Kosmos, 1928; 동, 『우주에 있어서 인간의 위치』(지만지, 2012). 문헌 Ralf Becker u.a. (Hrsg.), Die Bildung der Gesellschaft. Schelers Sozialphilosophie im Kontext, 2007; G. Pfafferott (Hrsg.), Vom Umsturz der Werte in der modernen Gesellschaft, 1997; NDB. Bd. 22 (2005), S. 644-646.

* **1108** 에드문트 후설(Edmund Husserl, 1859-1938). 오스트리아 · 독일의 철학자 · 수학자. 현상학의 창시자. 20세기의 가장 영향력이 많은 사상가의 한 사람. 라이프치히에서 수학과 철학을 배우고 1887년부터 할레대 사강사. 1901년부터 괴팅겐대 교수, 후에 프라이부르크대 교수를 지내고 1928년 정년 퇴직. 후설은 인간의 의식에 드러나는 그대로의 '현상'을 기술하는 방법을 찾으려고 했기 때문에 그의 철학적 방법은 현상학이라 불린다. 그의 현상학은 마르틴 하이데거, 장 폴 사르트르, 모리스 메를로퐁티와 같은 실존주의 철학자들에게 영향을 주었다. 교회법학자인 루돌프 스멘트도 이 범주에 속한다. 저서 Ideen zu einer Phänomenologie und phänomenologische Philosophie, 1913 ff. (이종훈 옮김, 『순수현상학과 현상학적 철학의 이념들』 1, 2, 3 (한길사, 2009); Phänomenologische Psychologie, 1925 (이종훈 옮김, 『현상학적 심리학』, 한길사, 2013). 문헌 Hans-Helmuth Gander (Hrsg.), Husserl-Lexikon, 2009;

Peter Prechtl, Edmund Husserl zur Einführung, 5. Aufl., 2012; 기다 겐(木田元) 외 엮음, 이신철 옮김, 『현상학사전』(도서출판 b, 2011).

* **1108** 니콜라이 하르트만(Nicolai Hartmann, 1882-1950). 독일의 철학자・철학교수. 비판적 현실주의의 대표자, 20세기에 있어서 형이상학의 개선자로 불림. 라트비아의 리가 출생. 1903~1905년 러시아 Petersburg에서 고전문헌학과 철학을 배우고 이어서 독일 마부르크 대학에서 신칸트학파의 Hermann Cohen과 Paul Natorp에게 배운다. 1907년 박사학위 취득, 1909년 교수자격논문 통과. 1914~1918년 통역 및 검열 장교로 복무. 1919년 마부르크대 강사. 1920년 조교수. 1921년 Natorp의 후임으로 정교수. 1925년 쾰른 대학으로 옮겨 Max Scheler와 접촉. 1926년 대표작 『윤리학』 출간. 이 책에서 셸러처럼 실질적 가치윤리학을 전개. 1931년 베를린 대학에서 이론철학 교수로 초빙. 1945년까지 교수직 유지. 이 시기에 『존재론』(1925), 『정신적 존재의 문제』(1933), 『존재론의 기초』(1935) 등 완성. 그는 존재를 물질・유기체・의식・정신의 4층으로 나누고 각 범주 및 층 상호간의 법칙을 분석하고 존재론의 체계를 구축하였다. 제2차 대전 이후인 1945~1950년 괴팅겐대학 교수. 저서 Platons Logik des Seins, 1909; Ethik 1925 (이을상 옮김, 『윤리학』, 지만지, 2014); Der Aufbau der realen Welt, 1940 (하기락역, 『존재학 범주론: 실사 세계 구조』(형설, 1987); Neue Wege der Ontologie, 1942; Ästhetik, 1953 (김성윤 옮김, 『미학이란 무엇인가』, 동서문화사, 2012); Ontologie, 4 Bde., 1935-1950. 이강조 옮김, 『독일 관념론 철학』(서광사, 2008). 문헌 Alois Joh. Buch, Wert-Wertbewus-stein-Wertgeltung, Grundlagen und Grundprobleme der Ethik Nicolai Hartmanns, 1982; M. 모르겐슈테른, 양우석 옮김, 『니콜라이 하르트만의 비판적 존재론』(서광사, 2001).

* **1108** 한스 후버(Hans Huber, 1901-1987). 스위스의 헌법학자. 연방 법관. 취리히・베른 대학에서 법학 공부. 1926년 베른 대학 박사. 같은 해 변호사시험 합격하여 개업. 1934년 연방 하원에서 연방 법관으로 선출. 1946년 베른 대학 국법・행정법 및 국제법 교수. 1970년 정년 퇴직. 1960/61년 총장 역임. 청년자유주의(Jungliberal) 운동 추종자. 저서 Rechtstheorie, Verfassungsrecht, Völkerrecht: Ausgewählte Aufsätze 1950-1970, 1971. 문헌 Häberle u. a., Staatsrechtslehrer, 2. Aufl., 2018. S. 637-652.

* **1109** 권터 뒤리히(Günter Dürig, 1920-1996). 브레슬라우 출생. 1946년부터 뮌헨대학에서 법학 공부. 1949년 박사학위, 1953년 교수자격논문 통과. 뮌헨대 강사. 1955-1982년 튀빙겐 대학 교수. 바덴-뷔르템베르크 행정재판소 재판관 역임. 전후 독일 법학의 건설자로 불림. 기본권 도그마, 특히 기본법 제1조 1항을 '정상적인 기본권'으로 인식할 것이 아니라 전체 국가행위, 국가목적 및 국가의 과제를 위한 구속력 있는 척도로서 파악할 것을 주장. 인간의 존엄을 정의내리기 위한 객관정식(Objektformel)은 연방헌법재판소가 그대로 채택했다. 그의 「간접적」 제3자 효력은 잘 알려져 있다. 대표작 마운츠와의 기본법 콤멘탈(Maunz/Dürig, Grundgesetz. Lose-

blatt-Kommentar, 7 Leinenordnern, Beck, München 2013). 기타 Gesammelte Schriften 1952-1983, Berlin 1984 등. 저작목록 Das akzeptierte Grundgesetz. Festschrift für Günter Dürig zum 70. Geburtstag, 1990, S. 489-493. 문헌 Häberle u.a. (Hrsg.), Staatsrechtslehrer des 20. Jahrhunderts, 2. Aufl., 2018. S. 1079-1096.

* **1109** 니퍼다이(Hans Carl Nipperdey, 1895-1968). 독일의 사법학자. 하이델베르크·라이프치히·예나 대학에서 법학 공부. 1920년 예나 대학에서 교수자격논문 통과. 1924년 예나대 조교수. 1925년 쾰른 대학 정교수로 초빙되어 부임. 당시 독일 최연소 정교수였다고 한다. 평생 쾰른에 머물렀다. 저서 Alfred Hueck(1889-1975)과 공편『노동법교과서』, 민법총칙 Enneccerus-Nipperdey 교과서·민법·상법·경제법 및 노동법에 많은 업적을 남김. 기타 Soziale Marktwirtschaft und Grundgesetz, 1961; Grundrechte und Privatrecht, 1961 등. 1954~1964년 연방노동재판소 초대 소장 역임. 문헌 Thorstein Hollstein, Die Verfassung als "Allgemeiner Teil." Privatrechtsmethode und Privatrechtskonzeption bei Hans Carl Nopperdey (1895-1968), 2007; NDB. Bd. 19 (1999), S. 280-282.

* **1109** 헤르만 폰 망골트(Hermann von Mangoldt, 1895-1953). 독일의 법학자·정치인(CDU). 본 기본법 기초위원. 제1차 대전시 해군으로 참전. 1928년 쾨니히스베르크 대학 법학박사. 1934년 나치스 법률가동맹 가입. 1934년 쾨니히스베르크대에서 교수자격논문 통과. 1935년 동 대학 원외 교수. 1939년 튀빙겐대로 가서 1939년 공법 정교수. 1941년 예나, 1943년 킬 대학. 1939-1944년 프리깃함의 함장으로서 제2차 대전에 참전하여 대학교원으로서의 임무에 제한을 받다. 전후 1945년 제헌 의회의 기본문제와 기본권 위원회 의장. 1946-1950년 슐레스비히-홀슈타인주 의회의원. 1951년-1953년 사망시까지 자유 한자도시 Bremen 헌법재판소 재판관 역임. 후임으로 Werner Weber가 선출된다. 저서 클라인과의 본 기본법 콤멘탈인 H. v. Mangoldt-F. Klein, Das Bonner Grundgesetz, 2. Aufl., 3 Bde., Berlin: Vahlen, 1957 (Chr. Starck에 의한 4. Aufl. 3 Bde., 1999, 2000, 2001). 문헌 Angelo O. Rohlfs, Hermann von Mangoldt (1895-1953). Das Leben des Staatsrechtlers vom Kaiserreich bis zur Bonner Republik, Berlin: Duncker & Humblot 1997; H. A. Wolff, Hermann von Mangoldt (1895-1953), in: P. Häberle u. a., Staatsrechtslehrer des 20. Jahrhunderts, 2. Aufl., 2018, S. 537-550.

* **1109** 프리드리히 클라인(Friedrich Klein, 1908-1974). 뮌스터 대학의 국제법·국법 및 행정법 교수. 망골트와 독일연방공화국 기본법을 최초로 주석. 1927~1931년 프랑크푸르트와 뮌스터에서 법학 공부. 프랑크푸르트 대학에서 Friedrich Giese와 Hermann Heller의 조교. 1934년 Giese 지도 하에 박사. 1939년 교수자격논문 통과. 1940년 프랑크푸르트대 강사. 1942년 대전 중 국방군 복무. 1944년 Ottmar Bühler(1884-1965)의 후임으로 뮌스터 대 초빙을 받다. 전쟁 기간 중에는 더 이상 교단 근무를 하지 못했다. 1933년 5월 이후 나치스에 입당했기 때문에

1945년 10월 대학이 다시 문을 열기 전에 클라인은 해직되었다. 그러나 뮌스터 대학 법학부에서는 적당한, 정치적 부채가 없는 대체 인물을 구할 수 없어서 1946년 11월 임시직 강좌를 맡긴다. 비나치화 이후에 클라인은 1951년 9월 정교수가 된다. 그의 첫 번째 조교・박사과정생・교수자격 논문준비생은 Helmut Ridder. 1965-1967년 뮌스터대 총장, 1967-1969년 총장 대리 역임. 저서 Eigentumsbindung, Enteignung, Sozialisierung und Gemeinwirtschaft im Sinne des Bonner Grundgesetzes, 1972. 기타 다수. 문헌 Thomas Hoeren (Hrsg.), Münsteraner Juraprofessoren, Münster 2014. 山內惟介 編譯,『ミュンスター法學者列傳』(中央大出版部, 2018), 125-149면.

* 1111 콘라트 헤세(Konrad Hesse, 1919-2005). 1950년 스멘트의 지도로 괴팅겐대학 박사. 1955년 동 대학에서 교수자격논문 통과. 1956년 이래 프라이부르크 대학 교수 역임. 연방헌법재판소 재판관(1975-1987) 역임. 저서 Grundzüge des Verfassungsrechts der Bundesrepublik Deutschland, 20. Aufl. 1995 (계희열역,『통일독일헌법원론』, 박영사, 2001); Elemente einer Verfassungstheorie, 2001 (계희열역,『헌법의 기초이론』, 박영사, 2001); Ausgewählte Schriften, 1984 등. 문헌 P. Häberle, Konrad Hesse (1919-2005), in: P. Häberle u.a., Staatsrechtslehrer des 20. Jahrhunderts, Berlin 2015, 2. Aufl., 2018, S. 893-908; Julian Krüper u.a. (Hrsg.), Konrad Hesses normative Kraft der Verfassung, Tübingen 2019.

* 1112 외르크 파울 뮐러(Jörg Paul Müller, 1938-). 스위스의 법학자. 제네바・베른대학에서 법학과 사회학 공부. 하버드 로스쿨 법학석사. 1964년 Bern 대 박사. 1971년 동 대학 교수자격논문 통과. Bern 대학 교수. 아울러 프리부르・바젤・장트 갈렌 대학 헌법・국가이론 및 정치윤리 강좌 담당. 1976~1983년 스위스 연방법원 예비판사. Luzius Wildhaber와 공동으로 Marcel-Benoit 상 수상. 2000년 바젤대 명예 박사. 저서 Die demokratische Verfassung, 2002; Perspektiven der Demokratie: Vom Nationalmythos Wilhelm Tell zur Weltsicht Immanuel Kants, 2012; Verwirklichung der Grundrechte nach Art. 35 BV. Der Freiheit Chancen geben, 2018. 문헌 Kürschners Deutscher Gelehrten-Kalender, 22. Ausgabe (2009), Bd. 3, S. 2832.

* 1115 뵐 대 발덴 사건(BVerfGE 54, 208). → 1113면 주 57.

* 1115 하인리히 뵐(Heinrich Böll, 1917-1985). 전후 독일의 대표적 작가. 1939년 쾰른 대학에 입학하나 곧 전쟁으로 군복무. 1945년 미군 포로로 2년 복역 후 30세에 전업 작가 등단. 1970년 사회참여로 사민당의 빌리 브란트 지원. 작품『열차는 정확했다』, 1947;『아담, 너는 어디 있었는가?』(Wo warst du Adam?, 1951);『그리고 아무 말도 하지 않았다』(Und sagte kein einziges Wort, 1953; 홍성광 옮김, 2011) 등. 1972년 노벨 문학상 수상.

* **1115** 마티아스 발덴(Matthias Walden, 1927-1984). 독일의 보수적 저널리스트. 68운동에 반대 입장.

* **1116** 쉴라이어(Schleyer) 결정. BVerfGE 46, 160. Beschluß v. 16. 10. 1977. 인간의 존엄과 국가의 보호의무에 관한 결정. [**사실**] 쉴라이어씨 유괴 및 처형예고 사건에 관련하여 쉴라이어씨와 대리인(아들)이 연방정부와 관련 주정부를 상대로 하여 유괴범의 요구의 승낙을 의무지우는 가처분을 구한 사안이다. [**결정 요지**] 기본법 제1조 1항 2문과 결부된 제2조 2항 1문은 모든 인간의 생명을 보호할 것을 국가에게 의무지우고 있다. 이 의무는 포괄적이다. 그것은 이 생명을 보호하고 촉진할 것을 국가에게 명한다. 특히 생명에 대한 타자로부터의 위법한 침해로부터 옹호해야할 것을 명한다(BVerfGE 39, 1[42]). … 국가기관이 생명의 효과적인 보호의무를 어떻게 수행할 것인가는 원칙적으로 각각의 고유한 책임으로 결정되어야 할 것이다. 실효적인 생명보호를 보장하기 위해서 어떠한 보호조치가 목적에 적합하며 요구되는가에 대해서는 각각의 국가기관이 판정한다(BVerfGE 39, 1 [44]). 다른 방법으로는 실효적인 생명보호가 달성될 수 없는 경우에는 생명보호의 수단에서의 선택의 자유는 특별한 사정의 경우에 특정한 수단의 선택으로 수축될 수 있다. 그러나 신청인의 주장에도 불구하고 본건은 이러한 경우는 아니다. 문헌 황치연역, 쉬라이어 가처분 판결, 『독일연방헌법재판소판례번역집』(헌법재판소, 2004), 88-92면.

* **1116** 칼카르(Kalkar) 결정. BVerfGE 49, 89. Beschluß v. 8. 8. 1978. 연방헌법재판소는 원자력법에서 이른바 고속증식로형의 원자력발전소의 허가를 허용하더라도 기본법에 적합한 것이라고 판시하였다. 이 판결에는 기본법에 있어서의 권력분립 의회민주주의, 법률유보의 원칙과 원자력법 제7조 1항과 2항, 법률의 충분한 명확성(Bestimmtheit)이라는 헌법상의 요청과 원자력법 제7조 1항 2항의 규정, 입법자의 기본권보호의무와 원자력법 제7조 1항 2항 등에 관하여 판시하고 있다. 기본권은 모든 법영역에 타당한 객관법적 가치질서로 이해하고 있다. 문헌 ドイツの憲法判例研究會編, 『ドイツの憲法判例』(信山社, 1996), 295-302면; 헌법재판소, 『독일연방헌법재판소 판례번역집』(2000).

* **1116** 뮐하임 캐를리히(Mülheim-Kärlich) 결정. BVerfGE 53, 30. Beschluß v. 20. 12. 1979. [**사실**] 뮐하임-캐를리히에 원자력발전소를 건설하는 허가절차가 문제로 되었다. 관할권을 가진 란트의 부는 소정의 절차를 거친 후 부분허가를 내주었다. 그러나 이 부분허가는 건설시설에 관한 것이며 운전허가와는 구별된다. 또 시설건설도 허가관청이 기술감독협회의 감정의견과 서면에 의한 특별 해제를 한 후 비로소 시작된다.
본건에서 문제가 된 해제결정은 부분허가에서 명한 건축방식과 다른 건축설계를 포함하고 있었다. 거기에 원자력발전소 건설지에서 약 7km 떨어진 곳에 사는 헌법소원 신청인은 위 설계변경은 원자력법 소정의 공시·열람·청문 등을 다시 해야 할 「중대한 변경」에 해당된다고 하여

해제결정에 대한 취소소송을 제기했다. 이에 대해 1심은 해제결정의 집행정지를 인정했으나, 제2심은 제3자 보호기능을 가지는 것은 실체법상의 기능이며 원자력법상의 허가절차 소정의 제3자 참가규정은 그러한 규정이 아니라고 하여 청구를 배척했다. 신청인은 위 2심결정은 생명과 신체가 침해되지 않을 것을 보장한 기본법 제2조 2항 그리고 제19조 4항을 침해한다고 헌법소원을 제기하였다.

[**결정 요지**] 국가의 기본권보호의무와 공동책임에 더하여 실체적 기본권과 절차법에 관한 이해가 중요한 역할을 한다. 기본권보호는 광범위하게 걸쳐 절차의 형식으로도 가져올 수 있는 것, 그리고 기본권은 모든 실체법뿐만 아니라 실효적 기본권보호에 대해서도 절차법이 중요한 한, 거기에도 영향을 미친다는 것이 연방헌법재판소의 확립된 판례이다. 이것은 기본법 제2조 2항에도 타당하다. 따라서 이에 근거한 기본권은 그 우선적인 과제가 원자력 에너지의 위험으로부터의 생명과 건강의 보호에 있는, 원자력발전소 허가 시에 행정절차와 재판절차에 관한 규정들의 적용에도 영향을 미친다. 그러나 이것은 원자력법상의 대량절차(Massenverfahren)에서의 모든 절차하자가 기본권침해로 판단될 수 있다는 것을 의미하지는 않는다. 기본권침해는, 국가가 기본법 제2조 2항에 열거된 법익을 보호한다는 의무의 이행에 있어서 제정한 절차규정을 허가관청이 무시한 경우에만 문제로 된다. 그러나 위에서 고찰한 의미에서의 헌법상의 중요성이 어떠한 원자력법상의 절차규정에 귀속하는가를 확정적으로 심사할 필요는 없다. 오히려 허가절차에의 제3자 참가 규정은 헌법상 중요성을 가지는 규정이기 때문에 신청인은 건축허가의 변경을 다툴 수 있다. 그러나 이것이 소원신청인을 위해서 가정되었다고 하더라도 그것은 행정재판소법 소정의 절차문제가 된 결정의 취소를 가져오는 것은 아니다. 본건 해제결정에 의한 건축방법의 변경이 부분허가에서 일탈하는 「중대한 변경」에 해당된다면, 그것은 헌법소원신청인의 기본권을 침해한다는 것이 되는데, 이 점에 대한 최종적 심사는 행정재판소법에 근거한 절차에 의해서 규정된 약식심사에 의해서가 아니라 본안 절차에서 될 수 있기 때문이다.

이 결정에는 지몬과 호이스너 두 재판관의 반대의견이 있다. 문헌 栗城壽夫他編, 『ドイツの憲法判例』(第2版), 信山社, 2003, 73-77면; I. Richter/G. F. Schuppert, Casebook Verfassungsrecht, 2. Aufl., 2000; 헌법재판소, 『독일연방헌법재판소 판례번역집』, 2000; 전정환역, 『독일헌법 판례(상) 제2판』(2008); 이헌환 편저, 『대한민국헌법사전(증보판)』(박영사, 2023), 473-474면.

* **1121** 이젠제(Josef Isensee, 1937-). 힐데스하임(Hildesheim) 출생. 프라이부르크・빈・뮌헨 대학에서 법학을 공부하고, 에어랑겐 대학에서 연구 조교와 사강사를 지낸 후 1972년 Walter Leisner 밑에서 교수자격을 취득하였다. 1972-75년까지 자르브뤼켄 대학교수를 역임. 1975-2002년까지 본 대학 재직 후 정년 퇴임. 저작목록은 O. Depenheuer, M. Heintzen, M. Jestaedt, P. Axer (Hrsg.), Nomos und Ethos. Hommage an Josef Isensee zum 65. Geburtstag von seinen Schülern, Duncker & Humblot, Berlin 2002, S. 541-569. 문헌 P. Kirchhof, Glückwunsch. Josef Isensee zum Achtzigsten, in: JZ 2017, S. 624-625; 김효전편, 독일의

공법학자들(4),『동아법학』제15호, 1993, 369-388면; 김효전 편역,『독일 기본권이론의 이해』(법문사, 2004).

* **1126** 로베르트 알렉시(Robert Alexy, 1945-). 1968년 이래 괴팅겐에서 법학과 철학 공부. 1976년 법학박사. 1984년 괴팅겐에서 공법과 법철학으로 교수자격논문 통과. 1986년 레겐스부르크 대학의 초빙을 거절하고 Kiel 대학으로 간다. 1991년 오스트리아 Graz 대학의 Ota Weinberger(1919-2009)의 후임으로 초빙받으나 거절. 1997년 괴팅겐 대학의 지도교수 Ralf Dreier(1931-2018)의 후임으로 초빙받고 부임하나 1998년 사임. 2013년 은퇴. 저서 Theorie der Gundrechte, 1985. 3. Aufl. 1996 (이준일 옮김,『기본권이론』, 한길사, 2007; 영역본 A Theory of Constitutional Rights, Oxford 2002); Begriff und Geltung des Rechts, 1992 (이준일 옮김,『법의 개념과 효력』, 고려대출판부, 2007). 문헌 Ruben Hartwig, Die Institutionalisierung des Nichtinstitutionellen: Alexys diskurstheoretische Konzeption der praktischen Vernunfts als Grundlage der Theorie des Rechts und des Staates, 2020; Jan-Reinard Sieckmann (Hrsg.), Die Prinzipientheorie der Grudrechte: Studien zur Grundrechtstheorie Robert Alexys, 2007.

* **1130** 아레오파고스(Areopag). 고대 그리스의 최고법정.

* **1131** 사법의 자기억제(judicial self-restraint). 의회가 제정한 입법의 합헌성을 심사함에 있어서 법원 자신이 억제하거나 판단을 회피하는 룰(rule). 사법소극주의(Judicial passivism)나 판단회피이론(Avoidance doctrine)도 여기에 속한다. 자기제한의 반대말은 사법적극주의(Judicial activism). 문헌 Richard A. Posner, The Rise and Fall of Judicial Self-Restraint, in: California Law Review 100 (3), 2012; D. Arthur Kelsey, Law & Politics: The Imperative of Judicial Self-Restraint, 28 VBA Journal, No. 6. 2002; L. M. Seidman, Judicial Activism and Judicial Restraint, in: L. W. Levy and K. L. Karst (eds.), Encyclopedia of the American Constitution, 2nd. ed. 2000, Vol. 3. pp. 1442-1450; John Hart Ely, Democracy and Distrust. A Theory of Judicial Review, 1980 (전원열 옮김,『민주주의와 법원의 위헌심사』, 나남출판, 2006).

제8편 헌법재판 · 민주주의 · 예외상황

헌법재판권의 구조문제 · 조직 · 정당성 (에른스트-볼프강 뵈켄회르데)

* 출전. Ernst-Wolfgang Böckenförde, Verfassungsgerichtsbarkeit. Strukturfragen,

Organisationen, Legitimation, in: Neue Juristische Wochenschrift 1999, S. 9-17.
김효전·정태호 옮김, 『헌법과 민주주의: 헌법이론과 헌법에 관한 연구』(법문사, 2003), 345-372면; 김효전 옮김, 헌법재판의 구조문제·조직·정당성, 『독일학연구』(동아대) 제17호 (2001), 103-122면.

* **1142** 게르트 룈레케(Gerd Roellecke, 1927-2011). 독일의 법학자·법철학자. 뷔르츠부르크· 프라이부르크에서 경제학·법학 공부. 1960년 프라이부르크대 법박. 1966-1969년 연방헌법재판소 조사관. 1969년 마인츠대에서 교수자격논문 통과. 동년 만하임대의 초빙을 받고 정년까지 공법 및 법철학 교수로 재직. Frankfurter Allgemeine Zeitung지에 무수한 서평 기고자로서 활약. 저서 Der Begriff des positiven Gesetzes und das Grundgesetz, Mainz 1969 (교수자격논문).

* **1143** 제임스 아이어들(James Iredell, 1751-1799). 미국 연방대법원 최초의 판사 중의 한 사람. 조지 워싱턴 대통령이 지명. 1790-1799년 재직. 아들 James Iredell Jr.는 노스캐롤라이나 주 지사 역임. 문서 Don Higginbotham (ed.), The Papers of James Iredell, 2 vols. 1976; 문헌 Clare Cushman, The Supreme Court Justices: Illustrated Biographies, 1789-1995 (2nd. ed.), 2001.

* **1147** 페터 레르혜(Peter Lerche, 1928-2016). 1957년 뮌헨대학에서 Leo Rosenberg에게 학위를 받고, 1958년 Theodor Maunz에게 「과잉입법과 헌법」(Übermaß und Verfassungs-recht, 1961; 2. Aufl., 1999)로 교수자격취득. 1960년 베를린자유대학 교수, 1965년 뮌헨대학에 초빙되어 1995년 정년퇴직. 저서 『과잉금지원칙과 헌법 I, II』(박규환·최희수역, 헌법재판소, 2008, 2009); 허영 편역, 『법치국가의 기초이론. Peter Lerche 논문선집』(박영사, 1996). 문헌 Häberle u. a., Staatsrechtslehrer, 2. Aufl. 2018, S. 1179-1188; Peter Badura, Nachruf für Peter Lerche, in Archiv des öffentlichen Rechts, Bd. 141, Heft 2 (2016), S. 283-285; ders., Öffentliches Recht in München seit 1945, in: JöR. Bd. 65 (2017), S. 611-616.

* **1149** Shirô Kiyomiya (清宮四郎, 1898-1989). 도쿄대학 졸업. 1927년 경성제국대학 교수. 1941년 일본 도후쿠(東北) 대학 교수, 1962년 정년 퇴직. 1967년 일본 학사원 회원, 1968-1982년 독쿄(獨協) 대학 교수 역임. 저서 『헌법 I』(1957), 역서 켈젠 『일반 국가학』(1936/개역 1971). 문헌 김효전 편역, 清宮四郎의 경성제대 시절, 『헌법학연구』 제19권 2호 (2013), 507-556면; 동인, 경성제대 공법학자들의 빛과 그림자, 『공법연구』 제41집 4호(2013), 267-318면.

* **1152** 프랑스에서는 2008년 7월 23일의 대폭적인 헌법개정으로 위헌의 항변에 의한 법률의 사후적 합헌성심사가 도입되었다. 이를 합헌성우선문제, 줄여서 QPC라고 한다. 문헌 Mathieu

Disant, Droit de la question prioritaire de constitutionnalité, 2011; Philippe Belloir, La question prioritaire de constitutionnalité, 2012; 植野妙實子, 『フランスにおける憲法裁判』(中央大學出版部 , 2015); 전학선, 『프랑스 헌법소송론』(한국문화사, 2022); 헌법재판소, 『프랑스의 위헌법률심사제도』(2012); 정재황, 프랑스의 사후적 위헌법률심사제도에 관한 연구, 『성균관법학』제22권 3호(2010).

* **1152** 주 25의 1958년 헌법 제61조 2항은 그 다음에 제61-1조(위헌법률의 사후심사)를 추가하여 1항에서 「법원에서 진행 중인 소송과 관련하여, 당사자가 법률 규정이 헌법에서 보장하는 권리와 자유를 침해한다고 주장하는 경우, 정한 기간 내에 콩세이유 데타나 파기원을 통해 이 문제를 헌법위원회에 제소할 수 있다」고 규정하고 있다.

* **1152** 국사재판소(國事裁判所, Staatsgerichtshof für das Deutsche Reich, StGH). 바이마르 헌법 제108조에 따라서 국가기관법상의 쟁의에 한정된 헌법재판소. 1927년 자신을 「헌법의 수호자」라고 표현. 상설이 아니고 필요시에 소집. 소장은 라이히 재판소 소장의 인적 결합. 라이히 의회는 라이히 대통령, 라이히 수상, 라이히 장관에 대해서 제소한다. 제19조 1항에 따른 헌법쟁의도 관장. 독일 법제사 최초의 독립한 헌법재판소이지만 전후의 연방헌법재판소보다는 그 의미는 분명히 적다. 특히 기본권침해에 대한 시민의 헌법소원의 결여는 결정적이다. 헌법 제107조에 따른 라이히 행정재판소도 1941년에야 설치되었으나 작용하지 못했다. 문헌 Wolfgang Wehler, Der Staatsgerichtshof für das Deutsche Reich, Diss. Bonn 1979; 명재진, 바이마르 헌법과 국사재판소, 『홍익법학』 제17권 2호(2016).

민주주의와 대표제 (에른스트-볼프강 뵈켄회르데)

* 출전. Ernst-Wolfgang Böckenförde, Demokratie und Repräsentation. Zur Kritik der heutigen Demokratiediskussion (Schriftenreihe der juristischen Studiengesellschaft Hannover, Heft 11), Hannover 1983, 31 S. jetzt in: ders., Staat, Verfassung, Demokratie (stw 953), Suhrkamp, Frankfurt a. M. 1991, S. 379-405.
　『헌법 · 국가 · 자유: 헌법이론과 국가이론에 관한 연구』(법문사, 1992), 261-292면.

* **1159** 쿠르트 아이헨베르거(Kurt Eichenberger, 1922-2005). 스위스의 공법학자. 취리히와 베른 대학에서 역사와 법학 공부. 1948년 베른대 법학박사. 1963~1992년 바젤대학 헌법 · 행정법 교수. 1968/69년 바젤대 총장 역임. 튀빙겐 대학과 장트 갈렌(St. Gallen) 대학 명예박사. 저서 Der Staat der Gegenwart. Ausgewählte Schriften, 1980; Staatsfähigkeit, Rede. 1992. 문헌 Andreas Kley, Kurt Eichenberger (1922-2005), in: Häberle u. a., Staatsrechtslehrer, 2. Aufl., 2018, S. 1131-1152.

* **1170** 빌헬름 헨니스(Wilhelm Hennis, 1923-2012). 독일의 정치학자. 아비투어를 마치고 1942-1945년 해군 장교로 제2차 대전 참전. U 보트의 침몰에서 살아남다. 1951년 스멘트의 지도로 박사학위 취득. Henry Kissinger 초청으로 미국 방문. Carlo Schmid의 조교로 프랑크푸르트 대학 정치학연구소 근무. 1960년 「정치학의 개념」으로 교수자격논문 통과. 1962년 함부르크 대학 교수. 1967년 프라이부르크 대학 교수가 되어 1988년 정년퇴직시까지 재직. 저서 Das Problem der Souveränität, 2003; Politik und praktische Philosophie, 1963; Politik-wissenschaftliche Abhandlungen, 3 Bde., 1999, 2000. 문헌 Andreas Anter (Hrsg.), Wilhelm Hennis' politische Wissenschaft, 2013.

* **1171** 지그프리드 란츠후트(Siegfried Landshut, 1897-1968). 독일의 정치학자・사회학자. 전후 독일연방공화국 정치학의 건설자로 불리며, 함부르크 대학 초대 정치학 강좌 담당. 그 밖에 카를 마르크스 초기 저작의 편집자로서 유명. 1921년 프라이부르크 대학 박사. 이어서 Edmund Husserl, Martin Heidegger 등에게 배운다. 1928년 함부르크 대학에서 교수자격논문 통과. 1933년 동 대학에 두 번째 논문 제출. 1933~1936년 이집트 방문 강연, 영국 등 해외 체류. 1945년 귀국. 1950년 함부르크 대학 사회학 교수로 취임하여 1965년 정년 퇴직. 저서 Kritik der Soziologie und andere Schriften zu Politik, 1969; Politik. Grundbegriffe und Analysen, 2 Bde., 2004. 문헌 Rainer Nicolaysen, Siegfried Landshut: Die Wiederentdeckung der Politik, 1997; NDB. Bd. 13 (1982), S. 519 f.

* **1171** 라이프홀츠(Gerhard Leibholz, 1901-1982). 독일의 헌법학자・정치학자. 유대인으로 프로테스탄트로 개종했으며, 처는 히틀러 암살계획에 가담하여 처형된 루터파 신학사 본회퍼(Dietrich Bonhoeffer, 1906-1945)와 쌍둥이. 나치 시대에 파면되어 영국으로 망명, 전후 귀국하여 괴팅겐대학 교수 및 연방헌법재판소 재판관(1951-71년) 역임. 저서 『현대 민주정치론』(1958; 주수만역, 서문당, 1974); 『헌법과 헌법국가』(1974; 권영성역, 박영사, 1975); 初宿正典譯, 『平等論』(成文堂, 2019). 저작목록 F. Schneider, Bibliographie Gerhard Leibholz, Tübingen: J.C.B. Mohr, 2. Aufl., 1981, 92 S. 문헌 C. Starck, Gerhard Leibholz (1901-1982), in: Häberle u. a. (Hrsg.), Staatsrechtslehrer des 20. Jahrhunderts, 2018, S. 679-692; H. H. Klein, Gerhard Leibholz (1901-1982). Theoretiker der Parteiendemokratie und politischer Denker - ein Leben zwischen den Zeiten, in: Fritz Loos (Hrsg.), Rechtswissenschaft in Göttingen, 1987, S. 528-547. 본회퍼에 관하여는 『디트리히 본회퍼 선집』(대한기독교서회, 2010); 『디트리히 본회퍼』(매택시스/김순현 옮김, 포이에마, 2011) 등. 初宿正典, 『カール・シュミットと五人のユダヤ人法學者』(成文堂, 2016), 289-385면.

배제된 예외상황 (에른스트-볼프강 뵈켄회르데)

* 출전. Ernst-Wolfgang Böckenförde, Der verdrängte Ausnahmezustand. Zum Handeln der Staatsgewalt in außergewöhnlichen Lagen, in: Neue Juristische Wochenschrift 1978, S. 1881-1944.

『헌법·국가·자유: 헌법이론과 국가이론에 관한 연구』(법문사, 1992), 293-327면.

* 1180 1968년의 긴급사태헌법(Notstandverfassug). 1949년의 독일연방공화국 기본법에는 원래 긴급권에 관한 규정을 두지 않았으나 1968년 학생운동과 노동운동 그리고 NATO의 가입 등 국내외 정세의 변화에 따라 1968년 6월 24일의 제17차 개정으로 긴급권과 저항권이 추가되었다. 기본법 표제「제10a장 방위상의 긴급사태」는 제115 a조~제115 l조까지로서 전체 11개조가 추가되었다. 이 긴급권에 대한 불안으로 기본법 제20조 4항에 저항권을 규정하였다. BGBl. I 709.

* 1180 바이마르 공화국 헌법 제48조 2항(안전과 질서의 방해에 대한 조치들). 「라이히 대통령은 독일 라이히 내에서 공공의 안녕과 질서가 중대한 장해가 발생하거나 발생할 우려가 있을 때에는, 공공의 안녕과 질서를 회복하기 위하여 필요한 조치를 취하며, 필요한 경우에는 병력을 사용할 수 있다. 이 목적을 위하여 라이히 대통령은 잠정적으로 제114조·제115조·제117조·제118조·제123조·제124조 및 제153조에 규정된 기본권의 전부 또는 일부를 정지할 수 있다」. 바이마르 헌법 전문은 김효전 편역, 『바이마르 헌법과 정치사상』(산지니, 2016), 858-885면.

* 1181 독일 형법 제34조의 한국어 번역과 원문은 다음과 같다.

제34조 (정당화 긴급피난)

생명·신체·자유·명예·재산 기타의 법익에 대한 달리 피할 수 없는 현재의 위험 속에서 자기 또는 타인에 대한 위험을 피하기 위하여 범행을 실행한 자는 충돌하는 이익, 특히 관련된 법익과 긴박한 위험의 정도를 교량하여 보호된 이익이 침해된 이익보다 본질적으로 우월한 경우에는 위법하게 행위한 것이 아니다. 다만, 피난행위가 위험을 피하기 위하여 적합한 수단인 경우에 한하여 적용된다. (법무부, 『독일형법』, 2008, 21-22면).

§ 34 Rechtfertigender Notstand.

Wer in einer gegenwärtigen, nicht anders abwendbaren Gefahr für Leben, Leib, Freiheit, Ehre, Eigentum oder ein anderes Rechtsgut eine Tat begeht, um die Gefahr von sich oder einem anderen abzuwenden, handelt nicht rechtswidrig, wenn bei Abwägung der widerstreitenden Interessen, namentlich der betroffenen Rechtsgüter und des Grades der ihnen drohenden Gefahren, das geschützte Interesse das beeinträchtigte wesentlich überwiegt. Dies gilt jedoch nur, soweit die Tat ein angemessenes Mittel ist, die Gefahr abzuwenden.

https://www.gesetze-im-internet.de/stgb/BJNR001270871.html#BJNR001270871BJNG
005602307

한국 형법 제22조의 규정은 다음과 같다.

제22조 (긴급피난) ① 자기 또는 타인의 법익에 대한 현재의 위난을 피하기 위한 행위는 상당한 이유가 있는 때에는 벌하지 아니한다.

② 위난을 피하지 못할 책임이 있는 자에 대하여는 전항의 규정을 적용하지 아니한다.

③ 전조 제2항과 제3항의 규정은 본조에 준용한다.

* 1182 독일 민법 제228조의 한국어 번역과 원문은 다음과 같다.

제228조 (긴급피난) 타인의 물건에 의한 자신 또는 타인의 임박한 위험을 회피하기 위하여 그 물건을 훼손하거나 파괴한 사람은, 훼손 또는 파괴가 위험의 회피에 필요하고 또 그 손해가 위험에 비하여 상당한 정도를 넘어서지 아니한 경우에는, 위법하게 행위하지 아니한 것이다. 행위자가 위험에 대하여 과책 있는 경우에는 그는 손해배상의무를 진다.

(양창수역, 『2021년판 독일 민법전』, 박영사, 2021, 103면).

§ 228 Notstand. Bürgerliches Gesetzesbuch (BGB)

Wer eine fremde Sache beschädigt oder zerstört, um eine durch die drohende Gefahr von sich oder einem anderen abzuwenden, handelt nicht widerrechtlich, wenn die Beschädigung oder dir Zerstörung zur Abwendung der Gefahr erforderlich ist und der Schaden nicht außer Verhältnis zu der Gefahr steht. Hat der Handelnde die Geafhr verschuldet, so ist er zum Schadenersatz verpflicht.

https://www.gesetze-im-internet.de/bgb/BJNR001270871.html#BJNR001270871BJNG
005602307

* 1183 예섹(Hans-Heinrich Jeschek, 1915-2009). 독일의 형법학자. 프라이부르크 · 뮌헨 · 괴팅겐에서 법학 공부. 1937년 Eduard Kern 지도로 박사학위. 나치스 돌격대(SA) 대원 및 나치당 당원. 1937년 11월 군복무 필하기 직전 제2차 세계대전 발발. 동부 전선에서 부상. 1945년 철십자 훈장 받음. 프랑스군 포로가 되었다가 1947년 석방. 1949년 국제형법으로 교수자격논문을 마치기 직전 상처하여 홀아비가 된다. 1954년~1980년까지 Adolf Schönke의 후임으로 프라이부르크 대학 형법 및 형사소송법 교수. 1964년 총장 역임. 1966년~1982년 막스 플랑크 외국법 및 국제형법연구소 소장. 성균관대 명박. 저서 『형법총론』(Strafrecht. Allgemeiner Teil, 4. Aufl. 1988). 문헌 Ulrich Sieber und Hans-Jörg Albrecht (Hrsg.), Strafrecht und Kriminologie unter einem Dach. Kolloquium zum 90. Geburtstag von H.-H. Jeschek, 2005.

* 1183 잠손 (Erich Samson, 1940-2014). 독일의 형법학자. 괴팅겐 · 마부르크 · 본에서 법학

공부. 1967년 본 대학 법학박사. 1971년 교수자격논문 통과. 1971년부터 2005년 정년까지 킬 대학 교수. 그동안 프랑크푸르트·빌레펠트·잘츠부르크·뮌헨대의 초빙을 거절. 1980년 경제법과 조세형법 잡지 "wistra"를 창간하여 사망 시까지 편집 및 발행인. 1984-2002년 환경, 경제법 및 조세형법연구소 설립. 2008년 슐레스비히-홀슈타인주 헌법재판소 재판관으로 선출. 킬 대학 은퇴 후 Bucerius Law School에서 가르치고 연구. 한국의 손동권 교수 지도교수. 문헌 Wolfgang Joecks, u. a. (Hrsg.): Recht – Wirtschaft – Strafe. Festschrift für Erich Samson, Heidelberg 2010. https://de.wikipedia.org/wiki/Erich_Samson

* **1187** 독일 형사소송법(Strafprozeßordnung; StPO) 제148조, 제148조a, 제149조.
제148조 [피범행험의자와 변호인의 소통](Kommunikation des Beschuldigten mit dem Verteidiger)

(1) 피범행험의자는 구금 중에도 서면이나 구두에 의한 변호인접견교통이 허용된다.

(2) 구금 중인 피범행험의자에게 형법 제129조a, 형법 제129조b 제1항 중 제129조a 부분에 따른 범죄의 현저한 혐의가 있으면, 법원은 발송자가 문서와 다른 목적물을 제148조에 따른 관할법원에 먼저 제출하는 것에 동의하지 않는 한 그것들이 변호인접견교통에 포함되는 것이 기각될 수 있음을 명해야 한다. 형법 제129조a, 형법 제129조 제1항b 중 제129조a 부분에 따른 범죄를 이유로 한 구속명령이 발령되지 않았으면, 재판은 구속명령의 발령을 관할할 법원이 한다. 서면에 의한 접견교통을 제1문에 따라 감시해야 하면, 피범행험의자와 변호인 사이의 대화에는 문서와 다른 목적물이 교부되지 못하게 하는 장치가 갖추어져 있어야 한다.

제148조a [감시조치의 실행]

(1) 제148조 제2항에 따른 감시조치의 실행은 수감시설이 위치한 지역의 구법원의 법관이 관할한다. 형법 제138조에 따라 신고를 해야만 하면, 그 신고의무가 발생한 근거가 되는 문서나 다른 목적물은 잠정적으로 유치할 수 있다. 압수에 관한 규정은 영향을 받지 않는다.

(2) 감시조치를 수탁한 법관은 심리의 대상을 다루고 있어서도 안 되고 장차 다루어서도 안 된다. 법관은 감시의 기회에 알게 된 사항에 관하여 비밀을 지켜야 한다. 형법 제138조는 영향을 받지 않는다.

제149조 [조력인의 허가]

(1) 피고인의 배우자 또는 생활동반자는 공판에서 조력인으로 허가받을 수 있고, 그의 요구가 있으면 진술할 수 있다. 공판의 시간과 장소는 그에게 적시에 통지해야 한다.

(2) 피고인의 법정대리인도 제1항과 마찬가지다.

(3) 수사절차에서 조력인의 허가는 법관의 재량에 따른다.

독일법연구회, 『독일 형사소송법』(사법발전재단, 2018).

독일 형사소송법 원문의 전문은 https://www.gesetze-im-internet.de/stpo/

* **1188** 카를 슈미트와 헤르만 헬러. Joseph W. Bendersky, ジョーゼフ・W・ベンダースキー,

池端忠司譯, カール・シュミットとヘルマン・ヘラー, 『神奈川』 53권 2호(2021).

* **1190** 주권적 독재와 위임적 독재. → 본서 1503면

* **1193** 국가행위 이론(acts of state doctrine). 영미법에서 모든 주권국가는 다른 모든 주권국가의 독립을 존중하도록 구속되며, 법원은 다른 정부의 행위나 어떤 독립 주권국가의 행위에 대해서 자국의 영토 안에서 재판하지 않는다는 원칙이다. 이 이론은 국제법(관습국제법도 아니며 조약법도 아닌)에 의해서 요구되지 않으나, 미국의 연방과 주 법원에서 인정하며 고수하는 원리이다.

* **1196** 스위스 새 헌법상의 긴급권. 1874년의 스위스 헌법은 부분 개정을 거쳐 1999년 전면 개정하였다. 7인의 각료로 구성되는 연방내각이 긴급사태에 대비하고 필요한 결정을 내린다(제185조 3항). 또 군대는 국내의 치안을 중대하게 위협하는 상황이나 예외상황 시에 민간기관을 지원한다 (제58조 2항). 전문은 국회도서관, 『세계의 헌법 I』 제3판 (2018), 574-609면. 문헌 René Rhinow/Markus Schefer, Schweizerisches Verfassungsrecht, Basel 2009; Martin Schubarth, Verfassungsgerichtsbarkeit, 2. Aufl. Stämpfli, Bern 2017; 박영도, 『스위스연방의 헌법개혁과 향후 전망』(한국법제연구원, 2004).

제9편 독일의 헌법학자들

페르디난트 라살레 (1825-1864): 사회주의, 국가주의 혁명가 (틸로 람)

* 출전. Thilo Ramm, Ferdinand Lassalle (1825-1864). Der sozialistische, nationale Revolutionär, in: Helmut Heinrichs, Harald Franzki, Klaus Schmalz, Michael Stolleis (Hrsg.), Deutsche Juristen jüdischer Herkunft, C. H. Beck, München 1993, S. 117-131. 『유럽헌법연구』 제32호(2020), 473-476면.

페르디난트 라살레(Ferdinand Lassalle). 유대계 독일의 사회주의자·정치가·노동운동가. 독일사회민주당의 전신인 「전독일노동자협회」의 창립자. 국가론에서는 헤겔의 영향을 많이 받아 국가의 윤리적 성격을 강조하고, 먼저 보통선거권의 획득 후에 의회주의에 의해서 국가부조의 생산조합을 설립하고 사회주의를 실현해야 한다고 주장하였다. 전독일노동자협회 창립 1년 후에 결투로 사망. 그의 주장은 1890년대에 베른슈타인(Eduard Bernstein, 1850-1932)에 의해서 이론적으로 심화되고, 바이마르 공화국 시대의 독일 사회민주당의 실질적인 지도원리가 되었다. 그러나 에르푸르트 강령(Erfurter Programm)이 채택된 1891년 이후는 공식적으로 마르크스주의가 지도원리가 되었다. 제2차 세계대전 이후 1959년의 고데스베르크 강령에 의해서 라살레주의는

서독 사회민주당의 주요한 공식적 원리가 되었다. 라살레는 헌법을 사실적 권력관계로서 파악한 사람으로서 헌법교과서에 제일 먼저 열거되고 있다. 그러나 그는 헌법학자라기보다는 오히려 사회주의 혁명가로서 널리 알려져 있는 탓으로 법률가로서의 라살레에 관한 문헌은 별로 없는 편이다. 전집 E. Bernstein (Hrsg.), Ferdinand Lassalle. Gesammelte Reden und Schriften, 12 Bde. Berlin 1919-1920; 『노동자강령』(1862; 서석연역, 범우사, 1990); 『헌법의 본질』 (1862) 등. 문헌 Peter Brandt u.a. (Hrsg.), Ferdinand Lassalle und das Staatsverständnis der Sozialdemokratie, Nomos, Baden-Baden 2014.

필자인 틸로 람(Thilo Ramm, 1925-2018). 1949년 마부르크 대학에서 법학을 공부하고 Fritz von Hippel 지도하에 라살레로 박사학위. 1951년 프라이부르크대에서 교수자격논문 통과. 동 대학 사강사 및 1961년부터 조교수. 1962년 기센대학의 초빙을 받아 교수. 민법·노동법·사회법 강좌 공동창설자. 1977년부터 하겐(Hagen) 대학 교수. 1982년 이래 93세로 별세시 까지 다름슈타트 거주. 이 글을 집필 당시는 명예교수. 노동법과 사회권에 관한 저술이 있다. 저서로는 Ferdinand Lassalle als Rechts-und Sozialphilosoph, 1953, 2. Aufl. 1956; Zum freiheitlichen sozialen Rechtsstaat: Ausgewählte Schriften, 1999; Nationalsozialismus und Recht, 2014; Soziale Grundrechte (Hrsg.), 1981 등.

* 1208 프로이센 헌법분쟁(Preußischer Verfassungskonflikt). 군비 증강 문제를 둘러싸고 국왕과 자유주의 의회 간에 일어난 분쟁을 말한다. 예산분쟁 또는 군사갈등이라고도 한다. 독일 프로이센에서 1859-1866년 군대개혁에 대해서 국왕과 의회 간의 권력분할을 둘러싼 분쟁. 1848년의 프로이센 헌법에서 예산은 의회의 승인이 필요하였는데, 의회는 국왕이 요구한 막대한 예산의 승인을 거부하였다. 그러나 부결된 경우에 관한 규정이 없었다. 군비증강을 목표로 한 정부의 예산안을 자유파가 다수를 차지한 하원에서 부결시켰기 때문에 정부와 의회 간에 헌법해석을 둘러싸고 분쟁이 고조되었다. 비스마르크 수상은 라반트의 흠결이론(Lückentheorie)을 내세웠다. 즉 헌법에 규정이 없는 경우에는 군대의 도움으로 해결해야 하는데 이는 군통수권자인 국왕이 결정해야 한다는 것이다. 그는 이 이론을 동원하여 의회를 강요하여 국왕의 뜻을 관철하였다. 그는 다수의 지식인들을 적으로 돌렸고 지식인들은 자유나 민주주의보다 민족통일을 더 중요하게 여겼다. 문헌 Jürgen Schlumbohm (Hrsg.), Der Verfassungskonflikt im Preußen 1862-1866, Göttingen 1970; 前田光夫, 『プロイセン憲法爭議硏究』, 1980; 모치다 유키오(望田幸男), 김순현 편역, 『군부와 헌법분쟁·통일전쟁: 명재상 비스마르크와 명장 몰트케』(병학사, 1987); 송석윤, 프로이센 헌법갈등 연구, 『서울대 법학』 제45권 3호 (2004). → 본서 388면 이하

* 1210 슐체-델리취(Franz Hermann Schulze-Delitzsch, 1808-1883). 독일의 정치인·경제학자. 독일 진보당의 공동 창설자. 세계 최초의 신용협동조합 설립. 문헌 Frank Schulz-Nieswandt, Die Genossenschaftsidee und das Staatsverständnis von Hermann Schulze-Delitzsch

(1808-1883) im Kontext des langen 19. Jahrhunderts der Sozialreform, Berlin 2020.

* **1212** 주세페 가리발디(Giuseppe Garibaldi, 1807-1882). 이탈리아의 장군·애국자·공화주의자. 이탈리아의 통일과 왕국 성립에 공헌한 군사 전문가. 카보우르(Camillo Benso Cavour, Count of Cavour), 국왕 비토리오 엠마누엘레 2세(Victor Emmanuel II) 그리고 마치니(Giuseppe Mazzini) 등과 함께 이탈리아 건국의 아버지로 불린다. 또한 남미와 유럽에서의 그의 군사 업적 때문에 '두 세계의 영웅'으로 알려졌다. 마치니의 지지자이며 우루과이 독립에 기여. 문헌 Lucy Riall, Garibaldi: Invention of a Hero, 2007.

* **1215** 에드워드 불워리턴(Edward Bulwer-Lytton, 1. Baron Lytton, 1803-1873). 19세기 영국의 소설가·정치인. 케임브리지 대학 졸업 후 언론인·식민지 관청의 비서관 등 역임. 만년에는 글라스고 대학 총장. 상원의원도 지내고 교묘한 표현 기법으로 많은 통속 소설을 썼다. 『폼페이 최후의 날』(The Last Days of Pompeii, 1834)로 유명. 여기의 장편소설 『라일라, 또는 그라나다의 포위』(Leila, oder die Belagerung von Granada, 1838)는 Friedrich Notter가 독어로 번역한 것이며, 원제는 "Leila, or, The siege of Granada".

파울 라반트 (1838-1918): 학문으로서의 국법학 (발터 파울리)

* 출전. Walter Pauly, Paul Laband (1838-1918) Staatsrechtslehre als Wissenschaft, in: Helmut Heinrichs, Harald Franzki, Klaus Schmalz, Michael Stolleis (Hrsg.), Deutsche Juristen jüdischer Herkunft, C. H. Beck, München 1993, S. 301-320.
『헌법학연구』 제26권 1호 (2020), 349-384면.

　라반트의 이름은 게르버와 함께 독일 국법실증주의의 대표자로서 널리 알려져 있다. 그러나 그의 저작이 한국어로 번역된 것은 한 편도 없으며, 그에 관한 연구 문헌도 몇 가지 안 된다. 독일 헌법학이 다른 어떤 나라의 그것보다도 우리 한국에 직접적으로 많은 영향을 미친 것은 주지의 사실이지만 특정한 인물, 특정한 학설에만 치우친 경향이 있어서 여기에 그러한 학설이나 이론이 나오게 된 역사적 배경을 살펴보고 우리 학문의 토대를 확고한 기반 위에 올려놓기 위해서 기초적인 문헌이지만 간단히 소개하려고 한다.
　필자인 발터 파울리(1960-). 1989년 본 대학에서 B. Schlink의 지도로 박사. 1993년 프랑크푸르트대 교수자격논문 통과. 1993년 Halle-Wittenberg 대학 교수. 1998년 이래 Jena 대 교수. 이 글 집필 당시에는 프랑크푸르트 대학 사강사였으나, 현재는 예나대학에서 공법, 법사 및 헌법사, 법철학 교수. 저서 Der Methodenwandel im deutschen Spätkonstitutionalismus, 1993. 공편 Walter Pauly und Achim Seifert (Hrsg.), Promotion eines furchtbaren Juristen: Roland Freisler und die Juristische Fakultät der Universität Jena, Tübingen 2020.

파울 라반트(Paul Laband, 1838-1918). 유대계 독일 프로이센의 대표적인 실증주의 헌법학자. 쾨니히스베르크대학, 스트라스부르대학 교수 역임. 1871년의 독일제국헌법의 해석에 과학적 일반성을 부여하고 제1차 세계대전 전의 독일 국법학의 대표자로서 마이어(Mayer), 자이델(Max von Seydel) 등을 비롯하여 그 후의 국법학자에게 영향을 미쳤다. 『예산법론』(1871)에서 흠결이 론을 주장하여 제2제정시대의 통치에 법학적 기초를 마련하고 이로써 통치를 정당화했다. 저서 『독일제국 헌법론』(Das Staatsrecht des Deutschen Reichs, 1876-1882, 3 Bde.); Das Budgetrecht, 1871. 문헌 Hugo Sinzheimer, Jüdische Klassiker der deutschen Rechtswissenschaft, Amsterdam 1938, S. 181-200; G. Kleinheyer/J. Schröder, Deutsche Juristen auf fünf Jahrhunderten, 2. Aufl. 1983, S. 155-157; Reinhard Mußgnug, Paul Laband (1838-1918), in: P. Häberle u.a. (Hrsg.), Staatsrechtslehrer des 20. Jahrhunderts, 2. Aufl. 2018. S. 21-46. 발터 파울리, 김효전 옮김, 파울 라반트 (1838-1918) 학문으로서의 국법학, 『헌법학연구』 제26권 1호(2020), 349-384면; 석종현, 게르버와 라반트의 실증주의, 김효전편, 『독일헌법학설사』(법문사, 1982), 9-37면; 西村淸貴, 『近代ドイツの法と國制』(成文堂, 2017), 93-156면.

* **1226** 베른하르트 슐링크(Bernhard Schlink, 1944-). Großdornberg 출생. 하이델베르크 · 베를린대학에서 배우고 1975-76년 미국 스탠포드대학 유학. 1975년 하이델베르크대학 법학박사, 1975-1981년 빌레펠트, 프라이부르크대학에서 연구. 1981년 프라이부르크대학에서 E.-W. Böckenförde 지도로 교수자격논문 통과. 1982~1991년 본 대학 교수, 1991년 프랑크푸르트대학에서 초빙, 1988년 이후 노르트라인-베스트팔렌주 헌법재판소 재판관. 1992~2009년 정년시까지 베를린 훔볼트대학 교수 역임. 소설 『책 읽어주는 남자』(김재혁 옮김, 세계사, 1999)로 전세계에 유명해졌다. 저서 Abwägung im Verfassungsrecht, 1976; Die Amtshilfe, 1982; Grundrechte. Staatsrecht II, 1985 (Bodo Pieroth와 공저: 정태호역, 『독일 기본권개론』, 헌법재판소, 2000; 제33판 Thorsten Kingreen/Ralf Poscher, 정태호역, 박영사, 2021); 『과거의 죄: 국가의 죄와 과거 청산에 관한 8개의 이야기』(권상희 옮김, 시공사, 2015), 작품 『사랑의 도피』(김재혁 옮김, 이레, 2004), 『귀향』(박종대 옮김, 이레, 2010) 등. 문헌 김효전, 독일의 공법학자들(10), 『동아법학』 제35호(2004), 562-564면.

* **1227** 슈톨라이스(Michael Stolleis, 1941-2021). Ludwigshafen/Rhein 출생. 하이델베르크 · 뷔르츠부르크 · 뮌헨대학에서 수학한 후 1967년 뮌헨대에서 Sten Gagnér 지도하에 박사. 1973년 뮌헨대 교수자격논문 통과. 1974~2006년 프랑크푸르트대학 교수로 재직 후 정년 퇴직. 1991~2009년 막스 플랑크 유럽법사 연구소장 역임. 저서 Öffentliches Recht in Deutschland. Eine Einführung in seine Geschichte 16.-21. Jahrhundert, C. H. Beck, München 2014 (이종수 옮김, 『독일 공법의 역사. 헌법/행정법/국제법의 과거 · 현재와 미래, 16세기부터 21세기

까지』, 푸른역사, 2022); Staatsdenker im 17. und 18. Jahrhundert. Reichspublizistik, Politik, Naturrecht, Frankfurt a. M. 1977 (佐々木有司・柳原正治譯, 『17・18世紀の國家思想家たち: 帝國公(國)法論・政治學・自然法論』, 木鐸社, 1995); Geschichte des öffentlichen Rechts in Deutschland, 4 Bde., C. H. Beck, München 1988-2012. 문헌 Pascale Cancik, Michael Stolleis (20. 7. 1941-18. 3. 2021), in: Juristen Zeitung (JZ), Bd. 76, Nr. 9. 2021. S. 459-460; 조동현 옮김, 『법의 눈』(큰벗, 2017); 김효전, 독일의 공법학자들(12・완), 『동아법학』 제37호 (2005), 618-620면.

* 1228 「입장권」(Entrébillet). 하인리히 하이네(Heinrich Heine, 1797-1856)는 1825년 6월 28일 기독교로 개종하고 세례를 받았다. 그는 이 세례증서를 유럽에 들어가는 입장권이라고 표현했다.

* 1228 피터 게이(Peter Gay, 1923-2015). 유대계 미국인. 필자인 발터 파울리는 게이의 책을 독역판으로 인용했다. 원서명은 Freud, Jews, and other Germans: Masters and Victims in Modern Culture, 1978. 그 밖에 『바이마르 문화』(조한욱역, 탐구당, 1983).

* 1229 테오도르 몸젠(Theodor Mommsen, 1817-1903). 독일의 고전학자・역사가・법률가・정치인. 로마사 연구의 대가. 라이프치히・취리히・브레슬라우・베를린대학 교수 역임. 1902년 노벨 문학상 수상, 프로이센 과학 아카데미 회원. 그의 로마법과 의무법은 독일 민법전에 깊은 영향을 주었다. 저서 『로마 국법론』(Römisches Staatsrecht, 3 Bde., 1871-1888, ND 1955 u. 1963); 『몸젠의 로마사』(김남우・김동훈・성중모 옮김, 푸른역사, 2013-2015, 전3권). 문헌 G. Kleinheyer-J. Schröder, Deutsche Juristen aus fünf Jahrhundert, 2. Aufl. 1983, S. 185-189.

* 1229 로베르트 폰 몰(Robert von Mohl, 1799-1875) 독일의 국법학자. 서남 독일 자유주의의 지도자. 1848년 프랑크푸르트 국민의회 의원. 법치국가론을 체계화했다. 튀빙겐대학 교수 역임. → 본서 1518면

* 1229 프리드리히 율리우스 슈탈 → 본서 1519면

* 1231 차하리아에(Heinrich Albert Zachariä, 1806-1875) 괴팅겐대학 교수(1867), 제국의회 의원 재임 중 배히터(Wächter)와 헌법의 대안(Verfassungs-Gegenentwurf)을 제출하였다. 처음에는 형법, 이어서 국법학을 저술. 저서 Deutsches Staats-und Bundesrecht, 3 Bde., 1841/42-1845; Handbuch des deutschen Strafprozesses, 2 Bde., 1861/68. 문헌 H. Brodauf, Das strafprozessuale Lebenswerk H. A. Zachariaes, Diss. jur. Göttingen, 1945/48.

* **1231** 차하리아에(Karl Salomo Zachariae von Lingenthal, 1769-1843) 비텐베르크, 하이델베르크 대학 등 교수 역임. 그의『프랑스 민법 한트부흐』(Handbuch des französischen Zivilrechts, 2 Bde., 1808, [8] 1894, hrsg. v. K. Crome)는 프랑스 민법을 시행하는 전 지역뿐만 아니라 프랑스 자체에도 커다란 영향을 미쳤다. 그의 본래의 주저인『국가론 40권』(Vierzig Bücher vom Staate, 5 Bde., 1820-1832)은 이에 비해 높은 평가를 받지 못했다. 문헌 Stintzing-Landsberg, Geschichte der deutschen Rechtswissenschaft, III 2, S. 100-110; 카를 슈미트, 법학적 체계형성의 예시로서의 »독일 일반 국법« (1940), 김효전 옮김,『헌법과 정치』(산지니, 2020), 592면.

* **1233** 스트라스부르대학은 1621년에 창설되었으며, 1681년에 루이 14세에 의해서 스트라스부르시에 편입되었지만 독일의 프로테스탄트계 대학으로서 보존되고, 그 후 프랑스혁명 시대에는 일시 폐쇄되기도 했으나 보불전쟁 후인 1871년에 알사스·로랭이 독일에 할양된 다음 해인 1872년 제국직속령의 수도인 스트라스부르에 새로이 개설된 대학은 많은 분야에서 저명한 대학자가 있었다. 예컨대 역사가 바움가르텐과 마이네케, 물리학의 뢴트겐, 의학의 파스퇴르, 법학에서는 빈딩(Karl Binding, 1841-1920), 좀(Rudolph Sohm, 1841-1917), 파울 라반트(Paul Laband, 1838-1918), 오토 마이어(Otto Mayer, 1846-1924) 그리고 카를 슈미트(Carl Schmitt, 1888-1985) 역시 이곳에서 프리츠 판 칼커(Fritz van Calker, 1864-1957)의 지도로 학위를 받고 교수자격을 취득한다. 스트라스부르는 1919년 베르사유조약으로 프랑스에 반환하고, 1940년에 나치스 독일이 점령하기까지 프랑스에 속했다. 오토 마이어에 관한 서술은 이와 같은 역사적 상황에 근거하여 집필한 것이다. 문헌 Rainer Möhler, Reichsuniversität Straßburg, Stuttgart 2020; 김효전, 카를 슈미트의 프랑스 헌법이론 연구, 동당 성낙인총장 퇴임기념논문집『국가와 헌법 I. 헌법총론/정치제도론』(법문사, 2018), 191-221면.

* **1235** 로메오 마우렌브레허(Remeo Maurenbrecher, 1803-1843). 독일의 법학자. 1822년 이래 본·마부르크·괴팅겐에서 법학 공부. 1826년 Greifswald 대학 박사. 1828년 뮌헨 대학에서 교수자격논문 통과. 1828년 본 대학 사법 교수. 취임 강연은 「사법(私法)의 방법에 대해서」. 1834년 국법학 조교수. 1838년 정교수. 저서『현대 독일 사법 교과서』(Lehrbuch des gesamten heutigen gemeinen deutschen Privatrechts, 2 Bde. 1832/1834);『현대 독일 국법론』(Grundsätze des heutigen deutschen Staatsrechts, 1837, 1847). 문헌 Bruno Urbaschek, Empirische Rechtswissenschaft und Naturrecht. Der Beitrag Remeo Maurenbrecher zur Rechtslehre des 19. und 20. Jarhunderts, 1966; Manfred Friedrich, NDB. Bd. 16 (1990), S. 433.

* **1235** 에두아르트 알브레히트(Wilhelm Eduard Albrecht, 1800-1876) 아이히호른(Eichhorn)

의 제자. 괴팅겐대학 교수.「괴팅겐대학 7교수」의 한 사람. 저서『옛 독일 작센법의 기초로서의 게베레』(Die Gewere als Grundlage des älteren deutschen Sachenrechts, 1828)는 역사법학파 시대의 게르마니스텐의 입장에서 가장 중요한 연구 논문의 하나로서 평가. 자비니의『점유권』(Das Recht des Besitzes, 1803)과 좋은 대조를 이룬다. 문헌 Stintzing-Landsberg, Geschichte der deutschen Rechtswissenschaft, III 2, S. 318-327; 柳瀨良幹,『元首と機關』(有斐閣, 1969), 51-77면.

* **1237** 프로이센 헌법전 제62조(입법권). 입법권은 국왕과 두 개의 의원에 의해서 공동으로 행사된다.

모든 법률은 국왕과 양 의원의 일치를 필요로 한다.

재정법안과 예산안은 먼저 제2원에 제출된다. 예산안은 제1원에 의해서 일괄하여 승인 또는 거부된다.

제99조(예산법률). 국가의 모든 수입과 지출은 매년 사전에 견적하여 국가예산에 계상하여야 한다.

제62조의「두 개의 의원」은 1855년 5월 30일의 법률(GS. 316)에 의해서 제1원은「귀족원」(das Herrenhaus), 제2원은「대의원」(代議院, das Haus der Abgeordneten)으로 부르게 되었다.

프로이센 헌법 전문의 번역과 원문은 김효전, 프로이센 헌법,『헌법학연구』제21권 1호(2015), 435-488면.

후고 프로이스 (1860-1925): 도시법제에서 바이마르 공화국 헌법으로
(디안 쉐폴드)

* 출전. Dian Schefold, Hugo Preuss (1860-1925) Von der Stadtverfassung zur Staatsverfassung der Weimarer Republik, in: Helmut Heinrichs, Harald Franzki, Klaus Schmalz, Michael Stolleis (Hrsg.), Deutsche Juristen jüdischer Herkunft, C. H. Beck, München 1993, S. 429-453.
『헌법학연구』제25권 4호 (2019), 265-305면.

2019년은 독일에서 바이마르 공화국 헌법이 제정된 지 100주년을 맞이하는 뜻깊은 해이다. 1919년은 한국에서도 3. 1 독립운동이 일어나고 이어서 대한민국 임시정부가 수립되는 등 역사적인 사건들이 계속 뒤따르게 된다.

바이마르 헌법은 1948년의 대한민국 헌법을 제정할 때에 유진오 박사가 많이 참고하고 또한 헌법에도 적지 않게 영향을 미친 사실은 우리가 두루 아는 바이다. 그러나 바이마르 헌법을 기초한 후고 프로이스에 관하여는 소개한 문헌도 별로 없고 그다지 관심도 없는 것 같아서 바이마르 헌법 100년을 기념하여 여기에 그의 생애와 업적에 관하여 간단한 자료를 제공하려고 한다.

필자인 디안 쉐폴드(Dian Schefold, 1936-). 스위스의 법률가. 스위스 바젤・베를린・로마 대학 수학. 바젤 대학에서 Max Imboden (1915-1969)에게 박사학위 취득. 자유 베를린 대학에서 교수자격논문 통과. 이후 1970~1980년까지 가르쳤다. 1980년 브레멘 대학의 초빙을 받고 2001년까지 강의하고 정년 퇴직. 전공은 지방자치법・지방자치・연방주의・정당법. 그 밖에 독일과 이탈리아 헌법의 비교 연구와 근대 국가이론사. 저서 Bewahrung der Demokratie. Ausgewählte Aufsätze, Berliner Wissenschafts-Verlag, Berlin 2012; Ein jüdischer Gründervater der deutschen Demokratie: Hugo Preuß, Klartext Verlag, Essen 2018; Volkssouveränität und repräsentative Demokratie in der schweizerischen Regeneration, Basel 1966 등.

후고 프로이스(Hugo Preuß, 1860-1925). 바이마르 헌법의 기초자. 베를린에서 유대인 부호의 아들로 출생. 일찍부터 비스마르크의 국내정치에 반대하는 진영에 가담하여 사회민주주의자와 공동으로 자유주의적 입장을 취했다. 교수자격논문『자치체・국가・라이히』(Gemeinde, Staat, Reich, 1889)는 라반트 등의 지배적인 학설을 비판하고 단체이론을 기초로 국가를 재구성하려고 시도하였다. 유대인이었기 때문에 사강사의 지위에 머물렀고 1906년에야 비로소 베를린상과대학의 교수가 된다. 진보인민당에 소속하여 베를린시회 의원으로서도 활동. 지방의회의원을 지내고 제국의회에는 진출하지 못했다. 혁명 후 중도좌파적인 독일민주당(DDP)의 창설 멤버가 된다. 예외상태에서의 대통령의 대권에 관한 제48조는 그의 고안이라고 한다. 그는 바이마르 혁명을 「국민국가냐 관헌국가냐」하는 선택의 문제로서 지지하였다. 1919년 2월 에버트(Ebert) 대통령에 의해서 초대 내무장관에 임명되었으나 베르사유조약에 항의하고 사직한다. 카를 슈미트는 그의 후임으로 베를린상과대학에 취임한다. 저서 Die Entwicklung des deutschen Stadtwesens, 1906; Verfassungspolitische Entwicklung in Deutschland und Westeuropa, 1927; Staat, Recht und Freiheit, 1926; Hugo Preuss Gesammelte Schriften, 5 Bde., Mohr, Tübingen 2007/2010. 문헌 Günther Gillessen, Hugo Preuß. Studien zur Ideen-und Verfassungs-geschichte der Weimarer Republik, Berlin 2000; Häberle u. a. (Hrsg.), Staatsrechtslehrer des 20. Jahrhunderts, 2. Aufl., S. 107-128; C. Schmitt, Hugo Preuß, Tübingen 1930. 김효전역, 후고 프로이스, 『헌법과 정치』(산지니, 2020), 231-248면;『정치신학외』(법문사, 1988), 125-154면; 初宿正典,『カール・シュミットと五人のユダヤ人法學者』(成文堂, 2016), 389-503면; 諸岡慧人, 第二帝政期におけるフーゴー・プロイスの法理論と政治・社會・歷史觀察の連關(1)(2)(3), 『國家學會雜誌』 제135권 5~12호 (2022).

* 1246 3등급선거법(Dreiklassenwahlrecht). 프로이센의 선거법으로 1849년 의회 선거를 위해서 유권자들은 세금 납부액을 기준으로 3등급으로 분류되었다. 직접세 총액의 3분의 1을 지불하는 각각의 세금등급이 동일한 수의 선거인들을 1차로 선출하고, 이 선거인들이 2차 선거에서 의원을 선출하는 방식을 가진 선거법으로 이 3등급선거법은 소득이 높은 유산계급에게 유리하게 작용하였다. 1849년 3등급선거법 도입 당시 1등급에 속하는 세금납부자는 전체 인구의 4.7%, 2등급은

12.6%, 3등급은 82.6%를 차지하였다.

* **1246** Kürschner. 독일어권 학자들의 인명 사전. Kürschners Deutscher Gelehrten-Kalender 2020. Bio-bibliographisches Verzeichnis deutschsprachiger Wissenschaftler der Gegenwart, 32. Auflage, Walter de Gruyter, Berlin 2019.

* **1247** 「점유소송에서 패소한 매수인의 추탈에 대한 구상(求償)」(Evictionsregreß des in possessorio unterlegenen Käufers). 매도인이 타인의 물건을 판매한 경우, 물건의 소유자는 그것을 산 매수인을 상대로 보통은 소유물반환청구를 하여 추탈을 하고, 그러면 매수인이 매도인을 상대로 손해배상청구를 함. 그런데 프로이스가 다룬 문제는 이런 일반적인 경우와 달리, 물건의 이해관계자(점유소송을 한 것으로 보아 원고가 소유자가 아닐 가능성 있음)가 매수인을 상대로 자신의 점유가 더 강하다는 이유로 점유소송을 한 것으로 여하튼 매수인이 패소하여 점유를 빼앗겼고, 이로 인한 추탈에 대하여 구상(求償)을 하는 것. 즉 두 경우 모두 매수인으로서는 점유를 영영 상실하는 데 따른 구상의 문제가 생김. 최병조 교수 해설 (2022. 9. 21)
  몰(R. v. Mohl)의 학위 논문은『支邦 신분들과 代議 헌법의 차이를 제시하는 박사학위 논문』(Dissertatio inauguralis sistens discrimen ordinum provincialium et constitutionis repraesentativae, 1821). 즉 신분제 헌법과 대의제 헌법의 차이를 논한 것이다.

* **1249** 윌슨의 14개조(Fourteen Points). 미국 대통령 윌슨은 1918년 1월 8일 의회 연설에서 제1차 세계대전이 끝날 무렵 14개의 평화원칙을 밝혔다. 제5조부터 식민지의 조정과 영토조항에 관한 내용으로 민족자결권을 강조하는 계기가 된다. 한국의 3. 1 운동에 직접 영향을 미쳤다.
  윌슨과 국제연맹과 먼로주의와의 관계에 관한 문헌은 많다. Th. J. Knock, To end all Wars — Woodrow Wilson and the Quest for a New World Order, New York/Oxford 1992; Carl Schmitt, Maschke (Hrsg.), Staat, Großraum, Nomos, S. 325. Anm. 10 참조.

* **1250** 바울교회(Paulskirche). 1849년 프랑크푸르트의 바울교회에서 제정한 헌법을 말한다. 「바울교회 헌법」 또는 「프랑크푸르트 헌법」이라고도 한다. 전문은 김효전 옮김, 독일 라이히 헌법 (바울교회 헌법),『헌법학연구』제20권 2호(2014), 355-419면의 번역과 원문. → 본서 1501면

* **1253** Anstalt. 법학에서는 흔히 「시설」 또는 「영조물」로 번역하며, 공법상은 영조물(營造物)로서 사법상의 재단에 상당하는 개념이다. 「법인공동체」 또는 「공법기관」이라고도 번역한다. 영역판에서는 'institution'으로 번역하고 [Anstalt]로 부연한다. 막스 베버는 근대 국민국가와 가톨릭교회조직을 전형적인 사례로 든다. 문헌 Stefan Detig, Die kommunale Anstalt des öffentlichen Rechts, Diss. Berlin 2004; 이상덕, 영조물에 관한 연구: 공공성 구현 단위로서 '영조물' 개념의

재정립, 서울대 박사논문, 2010.

* **1260** 안톤 멩거(Anton Menger, 1841-1906). 오스트리아의 법학자. 빈 대학 교수(1877-1899
년). 사회주의의 법학적 연구를 지향하는 법조사회주의의 대표자로서 전노동수익권, 생존권, 노동
권의 이론을 세웠다. 저명한 경제학자 카를 멩거의 동생. 저서 『전노동수익권』(Das Recht auf
den vollen Arbeitsertrag, 1866); 독일 민법초안을 비판하고 무산자보호가 간과된 점을 비난한
『민법과 무산의 인민계급』(Das bürgerliche Recht und die besitzlosen Volksklassen, 1890;
이진기 옮김, 『가난한 사람의 민법』(정독, 2019);『신국가론』(Neue Staatslehre, 1903) 등.
문헌 Karl-Hermann Kästner, Anton Menger (1841-1906). Leben und Werk, 1974; Hans
Hörner, Anton Menger, Recht und Sozialismus, 1977; NDB. Bd. 17 (1994), S. 71 f.; 이철수 ·
이다혜 옮김, 노동수익권: 사회주의 이론의 법적 정립과 19세기 사회적 기본권의 태동, 『서울대
법학』 제53권 1호(2012).

에리히 카우프만 (1880-1972): 시대 속에서, 그리고 시대를 초월한 법률가
(만프레드 프리드리히)

* 출전. Manfred Friedrich, Erich Kaufmann (1880-1972) Jurist in der Zeit und jenseits
der Zeiten, in: Helmut Heinrichs, Harald Franzki, Klaus Schmalz, Michael Stolleis (Hrsg.),
Deutsche Juristen jüdischer Herkunft, C. H. Beck, München 1993, S. 693-704.
　『유럽헌법연구』 제31호 (2019), 1-29면.

　　에리히 카우프만(Erich Kaufmann, 1880-1972). 카를 슈미트 · 한스 켈젠 · 루돌프 스멘트 · 헤
르만 헬러 등과 동시대의 사람으로서 또한 동렬의 반열에 오른 학자임에도 불구하고 한국에는
별로 알려진 것이 없는 편이다. 위에 열거한 사람들의 생애나 업적, 저작의 번역, 그리고 한국
헌법학에 미친 영향 등은 비교적 잘 정리된 편이지만 카우프만의 경우는 그렇지 못하다. 여기서는
우선 그에 관하여 주의를 환기하는 의미에서 간단히 소개하고 그의 저작의 번역이나 본격적인
연구는 다음의 과제로 남겨두기로 한다.

　　필자인 만프레드 프리드리히(1933-2005)는 독일의 정치학자. 1958년 프랑크푸르트 대학
철학박사. 1966년 뤼네부르크(Lüneburg) 교육대학, 이어서 1973년 괴팅겐 교육대학에서 가르쳤
다. 1974~1975년 함부르크 대학에서 정치학 강의. 1978년 이래 2001년 정년 퇴직 시까지 괴팅겐
대학 교수 역임. 전공은 정치사상사, 의회주의와 독일 국법학사. 대표 저서 Geschichte der
deutschen Staatsrechtswissenschaft, Duncker & Humblot, Berlin 1997 (이 책의 서평은
김효전, 『헌법학연구』 제6권 1호, 2000); Zwischen Positivismus und materiellen
Verfassungsdenken. Albert Hänel und seine Bedeutung für die deutsche Staatsrechts-

wissenschaft, Berlin 1991 등.

에리히 카우프만. 독일의 공법·국제법학자. 『국제법의 본질과 사정변경의 원칙』(Das Wesen des Völkerrechts, 1911)에서 힘의 법에 대한 우위를 주장, 『신칸트주의 법철학비판』(1921)에서 신칸트주의를 「생명 없는 형식주의」로서 비판했다. 바이마르 시대에는 신헤겔주의의 대두에 앞장섰다. 1912년 쾨니히스베르크(현 러시아 Kaliningrad) 대학 조교수. 1917년 베를린, 1920년 본대학 교수 역임. 외무부 고문, 상설국제사법재판소 독일대표로서 활약. 1934년 베를린대학 재직 중 유대인이라는 이유로 추방되어 네덜란드로 이주. 전후 뮌헨대학에 복직. 저서 『민주주의의 기본개념』(1950) 외에 전집 Gesammelte Schriften, 3 Bde., 1960. 문헌 Jochen Rozek, Erich Kaufmann (1880-1972), in: P. Häberle, M. Kilian, H. Wolff (Hrsg.), Staatsrechtslehrer des 20. Jahrhunderts, 2. Aufl. 2018, S. 263-280; Frank Degenhart, Zwischen Machtstaat und Völkerbund. Erich Kaufmann 1880-1972, Nomos, Baden-Baden 2008; K. Rennert, Die "geisteswissenschaftliche Richtung" in der Staatslehre der Weimarer Republik. Untersuchungen zu Erich Kaufmann, Günther Holstein und Rudolf Smend, Duncker & Humblot, Berlin 1987; 初宿正典, 『カール・シュミットと五人のユダヤ人法學者』(成文堂, 2016), 189-286면; 森勇監譯, 『ユダヤ出自のドイツ法律家』(中央大學出版部, 2012), 1035-1052면.

* 1277 폼메른(Pommern). 독일 동북부 발트해 연안 지방. 1945년 이후 오데르강에서 동쪽은 폴란드 영토.

* 1277 뎀민(Demmin). 독일연방공화국의 메클렌부르크-포어폼메른 주 동북부의 도시.

* 1281 막스 베버의 논문 「신생 독일에 있어서의 의회와 정부」(주수만역, 『막스 베에버어의 정치사상』, 경희대출판부, 1982)에 수록.

* 1283 파르취(K. J. Partsch, 1914-1996). 독일의 국법학자. 1933-37년 뮌헨·프라이부르크·프랑크푸르트대학, 1945-46년 본대학에서 법학 공부. 1938-41년 경제활동, 1946-57년 사법·행정·외교 실무. 1957년 킬대학, 1960-66년 마인츠대학, 1966년 본대학 교수, 1968/69년 총장, 1979년 정년퇴직, 1970-90년 유엔 인종차별철폐를 위한 위원회 위원, 1981년 이래 유네스코 인권위원회 위원. 저서 Von der Würde des Staates, 1967; Rassendiskriminierung, 1971; Die Ideen Walter Schückings zur Friedenssicherung, 1985 등. 문헌 김효전, 독일의 공법학자들 (8), 『동아법학』 제20호(1996), 364-365면; Rüdiger Wolfrum, Karl Josef Partsch (1914-1996), in: P. Häberle, M. Kilian, H. Wolff (Hrsg.), Staatsrechtslehrer des 20. Jahrhunderts. Deutschland-Österreich-Schweiz, Walter de Gruyter, Berlin/Boston 2. Aufl.

2018, S. 1013-1022.

* **1283** 도즈안(Dawes Plan). 제1차 세계대전의 패전국인 독일에 대한 배상문제와 관련하여 영국과 미국의 재정전문가위원회가 작성한 보고서. 1923년 독일이 배상금을 지불하지 못하자 프랑스와 벨기에군이 루르지방을 점령하여 독일 경제의 번영 여하에 따라서 증액하기로 결정하고 철군하였다. 도즈안은 총액산정의 미정 등 문제로 1929년 영안(Young Plan)으로 수정된다.
  도즈(Charles G. Dawes, 1865-1951)와 영(Owen D. Young, 1874-1962). 문헌 도즈안 (1924)에 대해서는 Fr. Raab, Der Dawes-Plan und seine Durchführung, in: H. Schnee/H. Draeger (Hrsg.), Zehn Jahre Versailles, I, 1929, S. 295-348; 영안 (1929)에 대해서는 Raab, Young-Plan oder Dawes-Plan? 1929; M. J. Bonn, Der Neue Plan als Grundlage der deutschen Wirtschaftspolitik, 1930.

* **1284** 「니콜라제 세미나」(Nikolasseer Seminar). 나치스가 정권을 장악한 후 카우프만은 교수자 격이 박탈되어 1934-1938년까지 니콜라제에 있는 자택에서 문하생들을 모아서 사적인 세미나를 열었다. 상세한 것은 初宿正典, 『カール・シュミットと五人のユダヤ人法學者』(成文堂, 2016), 259-286면.

* **1285** 제국 수정의 밤(Reichskristallnacht). 1938년 11월 9일 밤부터 다음 날 10일의 미명에 걸쳐 독일 각지에서 일어난 반유대주의 폭동. 파괴된 유대인 주택 등의 유리가 길거리에 흩어지고 달빛에 비친 수정처럼 빛났던 것에서 이렇게 불린다. 문헌 Hans-Jürgen Döscher, "Reichskristallnacht". Die Novemberpogrome 1938, München 2000 (小岸昭譯, 『水晶の夜 ─ ナチ第三帝國におけるユダヤ人迫害』, 人文書院, 1990). → 본서 1667면

* **1285** 1740년에 프로이센 국왕 프리드리히 2세가 제정한 최고의 명예훈장. 군대 공로장과 학문・예술을 대상으로 하는 평화장으로 나뉘었는데, 군대 공로장은 1918년에 폐지되었다. 평화장 은 바이마르 공화국에서는 임의단체에 의한 표창으로서 계속. 제2차 세계대전 후 1952년에 독일연 방공화국에서 대통령이 수여하는 것으로서 평화장이 부활되었으나, 독일연방공화국 공로장과 같은 국가적 훈장은 아니다.

* **1286** 『영원한 평화를 위하여』. Kant, Zum ewigen Frieden. Ein philosophischer Entwurf, 1796. 이한구 옮김(서광사, 1992); 백종현 옮김(아카넷, 2013).

루돌프 스멘트 1882-1975 (만프레드 프리드리히)

* 출전. Manfred Friedrich, Rudolf Smend 1882-1975, in: Archiv des öffentlichen Rechts,

Bd. 112, Heft 1 (1987), S. 1-24.

『헌법학연구』 제5권 2호 (1999), 542-567면.

주지하듯이, 스멘트의 이름과 그의 대명사격인 통합이론은 80년대부터 한국에도 소개되었다. 그러나 스멘트의 저서를 번역한 것을 제외하면, 그 대부분은 거두절미한 형태로 소개되어 단편적이고, 또 개중에는 오해한 것까지 있어서 우리 학계는 물론 수험생들에게까지 혼란을 초래하였다는 점을 역자는 일찍부터 지적한 바 있다.

여기에 번역한 만프레드 프리드리히의 논문은 스멘트의 업적을 높이 평가한 문헌으로서 그의 저작 전체를 살피고 특히 교회법학자로서의 면모까지 언급한 점에서 일독할 가치가 있다고 생각한다. 필자 소개는 → 전술 에리히 카우프만

스멘트에 관한 간단한 소개는 본서 제5편 통합이론과 그 비판 참조.

* 1295 스멘트의 인간과 저작에 관한 1988년 이후의 문헌은 다음과 같다. [옮긴이 추가]. Christian Bickenbach, Clemens Bogedain, Axel Freiherr von Campenhausen, Wilhelm Hennis, Peter Landau, Sandra Obermeyer, Helmuth Schulze-Fielitz 등. → 본서 1599면

* 1296 알베르트 해넬(Albert Hänel) → 본서 1571면

* 1296 그라이프스발트대학에 관하여는 Hans-Georg Knothe, Die Fakultät zur Zeit der Gründung und Umbenennung 1914, in: 100 Jahre Rechts-und Staatswissenschaftliche Fakultät an der Universität Greifswald 2014, S. 12-27; Jan Körnert, Die Fakultät der Weimarer Republik und im Nationalsozialismus, in: a. a. O., S. 28-41.

* 1302 귄터 홀슈타인(Günther Holstein, 1892-1931). 에리히 카우프만의 제자. 1921년 본 대학에서 교수자격논문 통과. 카를 슈미트의 후임으로 1922년 그라이프스발트 대학에, 이후 킬 대학 교수 역임. 문헌 K. Rennert, Die "geisteswissenschaftliche Richtung" in der Staatslehre der Weimarer Republik. Untersuchungen zu Erich Kaufmann, Günther Holstein und Rudolf Smend, Duncker & Humblot, Berlin 1987, S. 197-213; Ernst Wolf, Artikel G. Holstein, in: NDB. Bd. 9 (1972), S. 552-553.

* 1306 후겐베르크(Alfred Hugenberg, 1865-1951). 독일의 기업인·정치인. 법학과 경제학을 공부하고 1888년 스트라스부르 대학에서 「북서 독일에서의 내적 식민주의」로 학위취득. 독일국가인민당(DNVP) 당수로서 아돌프 히틀러가 총리가 되는데 지대한 공헌을 했으며 1933년 제1차 히틀러 내각의 각료. 그는 자신이 히틀러를 제어할 수 있다고 생각했으나 나치스 성립 후 아무런 영향력도 발휘하지 못했다. 문헌 NDB. Bd. 10 (1974), S. 10-13.

* **1311** 교회법 세미나는 1965년에 처음 시작.

루돌프 스멘트 (1882-1975) 분열된 시대의 통합 (악셀 프라이헤르 폰 캄펜하우젠)

* 출전. Axel Freiherr von Campenhausen, Rudolf Smend (1882-1975) Integration in zerrissener Zeit, in: Fritz Loos (Hrsg.), Rechtswissenschaft in Göttingen. Göttinger Juristen aus 250 Jahren, Vandenhoeck & Ruprecht, Göttingen 1987, S. 510-527.
『헌법학연구』 제30권 1호 (2024), 542-567면.

한국에서 스멘트의 이름은 통합의 이론가 또는 헌법학자로서만 소개·전파된 데 반하여, 정작 독일에서는 교회법학자로서 더 유명하다. 이 글은 교회법학자로서의 스멘트의 면모와 역할을 이해하는 데 도움을 준다. 참고로 슈미트와 스멘트 항목을 기술한 German Wikipedia의 지면 안배를 보면 10:1 정도로 커다란 차이가 있다.

캄펜하우젠은 독일의 대표적인 교회법학자이다. 1934년 괴팅겐에서 태어나 하이델베르크·쾰른·본·파리 그리고 런던에서 법학, 복음주의 신학과 정치학을 공부하였다. 1962년 괴팅겐대학에서 박사학위를 취득하고, 1967년 교수자격논문이 통과되어 뮌헨대학에서 10년간 교회법 교수를 지내고 괴팅겐대의 공법 및 교회법 교수를 역임하였다. 1970-2008년 전독일 복음교회법 연구소 (EKD: Kirchenrechtliche Institut der Evangelischen Kirche in Deutschland) 소장. 1976-79년 니더작센주 학술문화부 국무차관(Staatssekretär) 역임. 1978년에는 하노버에 있는 수도원단체(Klosterkammer)의 대표 등 역임.

저서로는 교수자격논문인 Erziehungsauftrag und staatliche Schulträgerschaft, Göttingen 1967; Staatskirchenrecht, C. H. Beck, 2. Aufl. München 1983; von Campenhausen/Heinrich de Wall, Staatskirchenrecht. Eine systematische Darstellung des Religionsverfassungs-rechts in Deutschland und Europa. Ein Studienbuch, C. H. Beck, 4. Aufl. 2006; Für Kirche, Staat und Gesellschaft: Erinnerungen, Wallstein, Göttingen 2023; 편저 Werner Seifart/von Campenhausen (Hrsg.), Stiftungsrechts-Handbuch, C. H. Beck, München 2009.

스멘트에 관하여는 Zum Tode von Rudolf Smend, in: Juristenzeitung, Bd. 30 (1975), H. 20, S. 621 f.; Rudolf Smend 1882-1975, in: Jahrbuch des öffentlichen Rechts der Gegenwart. NF. Bd. 56 (2008), S. 229-234이 있다.

* **1321** 조세프 에르네스트 르낭 → 본서 1556면

* **1325** 테오도르 리트 → 본서 1548면

* **1326** 1837년의 괴팅겐 대학의 7인(Die Göttinger Sieben). 하노버 방국 헌법의 폐지에 반대하다가 추방된 「괴팅겐대학 7교수」를 말한다.

알프레히트(Wilhelm Eduard Albrecht, 1800-76) Elbing 출생. 법사학자 Eichhorn의 제자. 괴팅겐대학의 국법과 교회법 교수, 라이프치히대학 독일법 교수. 1848년 프랑크푸르트 국민의회 의원.

달만(Friedrich Christoph Dahlmann, 1785-1860) 당시 스웨덴령 Wismar 출생. 코펜하겐대에서 교수자격 취득. 킬대학 역사학교수, 괴팅겐대 국가과학 교수, 본대학 교수 역임. 1848-49 프랑크푸르트 국민의회 의원.

게르비누스(Georg Gottfried Gervinus, 1805-71) 다름슈타트 출생. 역사가 Fr. Chr. Schlosser의 제자. 하이델베르크대학에서 교수자격 취득, 동교 교수 및 명예교수. 하이델베르크에서 "Deutsche Zeitung" 편집. 1848년 프랑크푸르트 국민의회 의원.

야콥 그림(Jacob Grimm, 1785-1863) Hanau 출생. 마부르크에서 법학 공부, 사비니 제자. 1806년 쿠어헤센, 1808-13년 베스트팔렌 도서관장 근무, 1830-37년 괴팅겐대 독일 언어 및 문학사 교수. 1841년 베를린 과학 아카데미 회원. 1848년 국민의회 의원.

빌헬름 그림(Wilhelm Grimm, 1786-1869) 그의 형 야콥처럼 사비니의 제자. 카셀 도서관 근무. 1830-37년 괴팅겐대 교수, 1841년 이후 베를린 과학 아카데미에서 활동.

에발트(Heinrich Ewald, 1803-75) 괴팅겐 출생. 1827년부터 괴팅겐대 교수, 교수직이 박탈된 이후에는 튀빙겐대학의 철학, 신학 교수로 지내다가 1848년 괴팅겐대로 복귀. 1867년 새로운 프로이센 영주에 대한 충성의 맹세를 거부하여 다시 면직되었다.

베버(Wilhelm Weber, 1804-91) Wittenberg 출생. 괴팅겐대학 물리학 교수, 라이프치히대학 물리학 교수를 역임한 후 1849년 다시 괴팅겐대로 복귀.

문헌 카를 슈미트, 후고 프로이스(1930), 김효전 옮김, 『헌법과 정치』(산지니, 2020), 234면, 1045면; 김효전 편역, 『바이마르 헌법과 정치사상』(산지니, 2016), 671면; E. R. Huber, Deutsche Verfassungsgeschichte seit 1789, Bd. 2. S. 96-106; 國分典子, ゲッティゲン七教授事件と天皇機關說事件, 『法學研究』 제68권 2호(1995).

* **1327** 슈투트가르트 죄책선언(Stuttgarter Erklärung). Stuttgarter Schuldbekenntnis 또는 Schulderklärung. 정식명칭은 Schulderklärung der evangelischen Christenheit Deutschlands. 전후에 형성된 EKD가 처음으로 나치스의 범죄행위에 대해서 독일 복음교회의 기독교인들의 공동책임을 고백한 것이다.

나치 독일 하의 황제 법학자들 (김효전)

* 출전. 『학술원논문집』(인문사회과학편) 제62집 2호 (2023), 109-207면.

* **1335** Spruchgerichte. 나치스 당원으로 활약한 여부를 심사하는 법원. 점령국관리이사회 법률 (Kontrollratgesetz) 제10호에 따라 주요 책임자는 형사법원에 의해서 선고되었다. 뉘른베르크에서 범죄적이라고 선언된 나치 조직의 구성원과 일정한 집단, 즉 친위대, 나치당의「정치지도자」의 단체에의 소속, 아울러 나치당의 지방 지부 지도자나 관구 지도자나 대관구 지도자인 것만을 이유로, 유죄판결을 내리기 위해서 설립한 형사법원. 그 유죄판결은 결코 범죄적 행위를 근거로 하지 않고, 단체에의 소속이나 활동만을 근거로 하였다. Spruchgerichte는 전형적인 특별법원이었다. 개별 연합국은 각각 자신의 점령지구에서 특별법원을 설치했다. 뉘른베르크의 주요 전범과 관련하여 미국의 군사법정은 의사, 법률가, 군속 그리고 행정공무원과 같은 주요 책임자에 대한 후속재판 12 (12 Folgeprozesse)를 도입했다. 이에 대해서 비나치화심사위원회(Prüfungs-ausschüsse der Entnazifizierung)는 행정이나 법관의 고급의 직무가 사기업에도 명령권을 가진 어떤 지위에 있었던 그 밖의 모든 독일인에도 관계되었다. 이 경우 유죄선고만이 아니라 전반적으로는「관계가 없었다」는 결정 통지로써 결말지을 수 있었던 일반적인 정치적 심사도 중요하였다.

나치 독일 하의 유대인 법률가 – 박해와 말살을 위한 권리박탈에 대해서
(볼프강 벤츠)

* 출전. Wolfgang Benz, Von der Entrechtung zur Verfolgung und Vernichtung. Jüdische Juristen unter dem nationalsozialistischen Regime, in: H. C. Helmut Heinrichs, Harald Franzki, Klaus Schmalz, Michael Stolleis (Hrsg.), Deutsche Juristen jüdischer Herkunft, München: C. H. Beck, 1993, S. 813-852.
『헌법학연구』 제29권 3호(2023. 9), 451-526면.

국가사회주의 시대, 즉 나치 독일에서의 사법의 실상이나 법률가들의 행태에 관하여 한국에서는 별로 알려진 것도 없으며 또한 관심도 없는 것 같다. 더구나 유대인의 박해에 관한 문헌도 많지 않기 때문에 그 중에서도 유대인 법률가에 대한 독일인의 논고를 통하여 살육과 광난의 시대를 살아온 유대인 법률가들의 면모를 간단히 살펴보기로 한다.

필자인 볼프강 벤츠(Wolfgang Benz)는 1941년 Ellwangen 출생. 프랑크푸르트·킬·뮌헨대학에서 역사학·정치학·미술사를 공부하고 뮌헨대학에서 1968년「바이마르 시대의 남독일」로 박사학위 취득. 1969-1990년 베를린공과대학(Technische Universität Berlin)의 교수로 재직하고 2010년 정년퇴직. 현대사·반유대주의·나치 연구로 유명하다. 저서로는 Geschichte des Dritten Reiches, 2000; Deutsche Juden im 20. Jahrhundert, 2011; Antisemitismus, 2015 등 다수.

* **1414** 아돌프 히틀러(Adolf Hitler, 1889-1945). 1933년 독일 수상. 1934년 총통. 저서 Mein Kampf, Bd. 1 (1925); Bd. 2 (1926).『나의 투쟁』(황성모 옮김, 동서문화사, 2000). 2016년

독일에서 그동안 금지되었다가 재출간되어 화제가 되었다. 조선일보 2017. 1. 5. Christian Hartmann u.a. (Hrsg.), Hitler, Mein Kampf. Eine kritische Edition (2 Bde.), Institut für Zeitgeschichte, München/Berlin 2016.

* **1414 하르츠부르크 전선(Harzburger Front).** 바이마르 공화국에 반대하는 반민주적 민족주의자와 우익 극단주의자들의 동맹. 특히 제2차 브뤼닝(Brüning) 내각에 반대하여 1931년 슈바이크 지역 바트 하르츠부르크에서 개최된 우파 정치 단체. 참가자들은 나치스(NSDAP), 독일국가인민당(DNVP), 철모단, 전국농촌연맹(Reichslandbund) 그리고 전독일연맹이 참가하였다.

* **1414 법과대학.** 나치 하의 대학에 관하여는 Helmut Heiber, Universität unterm Hakenkreuz, Teil 1: Der Professor im Dritten Reich: Bilder aus der akademischen Provinz, München 1991; Teil 2: Die Kapitulation der Hohen Schulen: das Jahr 1933 und seine Themen, 2 Bde., München 1992/94; M. Heinemann (Hrsg.), Erziehung und Schulung im Dritten Reich, Stuttgart 1980; 山本 尤,『ナチズムと大學 ― 國家權力と學問の自由』(中公新書 775), 1985, 60면 이하.

* **1414 라이히(Reich).** 국가·제국·연방 등 다양한 의미를 지니고 있다. 제국(帝國)으로 번역하기도 하지만 정확하지는 않다. 왜냐하면 제정이 무너지고 성립한 바이마르 공화국 역시 Deutsches Reich이기 때문이다. 라이히는 본래 영방(領邦) 내지 지방(支邦)을 포괄하는 나라(국가)를 의미한다. 여기서는 번역하지 않고 「라이히」 그대로 사용한다. 문헌 Elisabeth Fehrenbach, Reich, in: O. Brunner, W. Conze, R. Koselleck (Hrsg.), Geschichtliche Grundbegriffe. Historisches Lexikon zur politisch-sozialen Sprache in Deutschland, Stuttgart: Klett-Cotta, Bd. 5. 1984, S. 423-508.
　　나치가 사용하는 라이히는 법률적·제도적 의미가 아닌 라틴어 regnum 이 지닌 중세시대의 종교적인 의미라고 해석하는 견해도 있다. 요한 샤푸토, 고선일역, 『복종할 자유: 나치즘에서 건져 올린 현대 매니지먼트의 원리』(빛소굴, 2022), 60면.

* **1415 국가사회주의독일노동자당[나치당]**(Nationalsozialistische Deutsche Arbeiterpartei; NSDAP). 'Nationalsozialismus'를 '민족사회주의' 또는 '국민사회주의'로 번역하기도 한다. '국가사회주의'는 잘못된 번역이라는 견해(Karl Dietrich Bracher, Die Auflösung der Weimarer Republik, 1978. 칼 디트리히 브라허, 이병련·이대헌·한운석 옮김, 『바이마르 공화국의 해체』①, 나남, 2011, 19면의 역주)도 있으나, 한국의 관용법에 따라 국가사회주의로 통일한다. 나치스에 관하여는 제4장 '전체주의적 정당들의 발흥' 참조.

* **1415 돌격대(Sturmabteilung; SA).** 나치당의 하부 조직의 하나로서 준 군사적인 성격. 이

SA 중에서 발탁된 엘리트들의 조직이 「친위대」(Schutzstaffel; SS)이다. SA는 나치스에 적대하는 당파나 그 계열의 노동조합 등과의 무력충돌이나 나치당의 정치집회의 방위, 반대로 적대 당파의 집회를 방해하는 것 등이 주요 임무이다. 대원도 젊은 층이 중심이었다. 군대를 모방한 조직으로 구성되며, 대원은 나치스 방망이로 불리는 딱딱한 고무 곤봉을 무기로 삼고, 200~300인의 대원을 가진 중대장급이 되면 실탄을 장전한 권총으로 무장하였다. 옛 독일 제국 식민지의 하나인 독일령 동아프리카에 주둔한 수비대의 군복이 패전으로 식민지를 상실하여 필요 없게 되자 그것을 사들여 제복으로 삼았는데, SA의 갈색 유니폼이었다. 나치스를 혐오하고 비난하여 「갈색의 페스트」라는 것은 바로 이 제복색에서 유래한다. 히틀러의 사진에도 이것을 착용한 모습이 적지 않다. 뒤의 친위대는 흑색이었다. 문헌 Daniel Siemens, Sturmabteilung — Die Geschichte der SA, München 2019; Bruce Campbell, The SA Generals and the Rise of Nazism, Lexington 1998.

* 1415 「유대인문제」(Judenfrage, jewish question, la question juive). 유럽에서 18세기부터 유대인 해방에서 생긴 문제를 나타내는 표현. 독일에서는 슈타인-하르덴베르크의 개혁 (1807-1815)에서 유대인의 동등대우가 혁신의 과제가 된다. 브루노 바우어의 「유대인문제」 (1843)와 카를 마르크스의 반박문 『유대인 문제에 관하여』(1844; 김현 옮김, 2015)를 통하여 논쟁되고, 1880년대부터 반유대주의 운동에 사용. 특히 나치의 유대인문제에 대한 최종 해결책으로 이용. 이 표현은 1941년부터 홀로코스트를 실천하기 위해 위장하고 정당화했다. 문헌 Horst Junginger, Die Verwissenschaftlichung der "Judenfrage" im Nationalsozialismus, Darmstadt 2011; 전후에는 Jean-Paul Sartre, Überlegungen zur Judenfrage, Hamburg 1994. 安堂信也譯, 『ユダヤ人』(岩波新書); 한나 아렌트, 홍원표 옮김, 『유대인 문제와 정치적 사유』(한길 사, 2022); 테오도르 헤르츨, 이신철 옮김, 『유대국가』(b, 2012).

* 1416 브레슬라우(Breslau). 현재는 폴란드의 브로츠와프(Wrocław).

* 1416 구법원(Amtsgericht, AG). 구(區) 법원. 지방법원(Landgericht)과 병행하여 (드물게는 고등법원) 통상 재판권의 제1심으로 민사·형사사건 관할. 간이법원에 해당. 이 표현은 직무 (Ämter)에서 유래하며 신성 로마 제국에서의 수많은 영방의 이전의 행정구역과 재판구역과 관련된 다. 독일의 통상 재판권(Ordentliche Gerichtsbarkeit)은 연방통상법원(Bundesgerichtshof, BGH) 아래 고등법원(Oberlandesgericht, OLG), 그 아래 지방법원(Landgericht, LG), 최하급으로 구법원(AG)이 있다. 구법원은 독일 통일 후 전체 638.

* 1416 철모단(Stralhelms). 1918년 12월에 퇴역 군인으로 조직된 독일의 준군사단체. 당시 독일을 대표하는 보수정당 독일국가인민당(Deutschnationale Volkspartei; DNVP)에 속해 있었 으며, 의회민주주의를 반대하고 제정(帝政)의 부활을 주장했다. 나치가 등장한 후 나치를 지지하는

주요 세력의 하나가 된다. 창설자인 프란츠 젤테(Franz Seldte, 1882-1947)는 나치의 노동부
장관으로 입각. 이후 철모단은 나치 돌격대 산하로 흡수되고 1935년 해산된다. K. D. 브라허,
이병련외역, 『바이마르 공화국의 해체』①, 251면 이하.

* 1417 친위대(Schutzstaffel; SS). 명칭 그대로 원래 히틀러를 비롯하여 당 간부의 신변 경호를
임무로 하는 문자 그대로 「친위대」이다. 그러나 나치스가 권력을 장악한 후에는 점차 세력을
확장하여 비밀국가경찰(게슈타포)을 시초로 하는 공안기관을 장악하고, 정규의 국방군과 아울러
거대한 군대조직이 되고, 강제수용소와 절멸수용소의 관리운영과 간수의 역할도 맡게 된다.
돌격대와 정규 군대의 갈등에서 히틀러는 국방군 편을 들고 돌격대 지도부를 숙청했다. 이것이
유명한 에른스트 룀(Ernst Röhm, 1887-1934) 살해이며, SA는 나치스 테러의 도구였다. 문헌은
Cornelia Geiger, Die Rechtsstellung der NSDAP und ihrer Gliederungen HJ, SA und SS,
in: E.-W. Böckenförde (Hrsg.), Staatsrecht und Staatsrechtslehre im Dritten Reich,
Heidelberg 1985, S. 147-166; Jan Erik Schulte u.a. (Hrsg.), Die Waffen - SS. Neuere
Forschungen, Paderborn 2014; Bastian Hein, Elite für Volk und Führer? Die Allgemeine
SS und ihre Mitglieder 1925-1945, München 2012; Sebastian Haffner, Von Bismarck zu
Hitler. Ein Rückblick, Droemer, München 2015, S. 240-246. 안인희 옮김, 『비스마르크에서
히틀러까지』(돌베개, 2016), 230-235면; 池田浩士, 『ヴァイマル憲法とヒトラー』(岩波書店,
2015), 46면; 滝川義人譯, 『ナチス親衛隊』(東洋書林, 2000); Guido Knopp, Die SS: Eine
Warnung der Geschichte. 高木玲譯, 『ヒトラーの親衛隊』(原書房, 2003).

* 1418 관구(管區)의 간부(Kreisleitung). 나치당의 구조는 중앙집권적 위계제였다. 사회주의독일노
동사당(나치당)만이 유일 합법 정당이나. 1939년 중순의 조직은 시도사(히틀러), 시도사 내리(헤스)
아래 라이히지도자(Reichsleiter) 18인, 대관구지도자(大管區指導者, Gauleiter) 40인으로 지방조
직의 최대 단위이다. 그 아래 관구지도자(Kreisleiter) 813인, 지구지도자(Ortsgruppenleiter)
26,138인, 세포지도자(Zellleiter) 97,161인, 가구(街區指導者, Blockleiter) 511,689인으로 구성
된다. 관구는 군(郡)지도자로 번역하기도 한다. 문헌 Struktur der NSDAP. German Wikipedia.

* 1419 하인리히 람머스(Hans Heinrich Lammers, 1879-1962). 법관. 행정직 법률가. 1933년
나치 친위대에 가입하여 상급 지도자가 된다. 「독일법 아카데미」의 창설자 중 1인. 1937년 히틀러에
의해서 무임소 장관과 총리부 부장에 임명된다. 전후 1949년 빌헬름가 재판*에서 전범으로서
인도에 반한 죄로 20년이 선고된다. 미국 고등 위원회에 의해서 10년으로 감형되고 1951년
사면되어 석방. 저서 Reichsverfassung und Reichsverwaltung, Berlin 1929. → 본서 1652면
    빌헬름가 재판(Wilhelmstraße Prozess; 영어 공식명칭은 United States of America vs.
Ernst von Weizsäcker, et al.). 제2차 세계대전 후 미국 군사법정에서 개최한 12 차례의 전쟁범죄
재판 (뉘른베르크 계속 재판) 중 11번째 재판. 빌헬름가는 베를린의 지명으로 당시 독일 외무부(빌

헬름가 76번지)와 국가수상부(빌헬름가 77번지)가 소재했던 곳. 영어로는 「장관들 재판」(The Ministries Trial). 피고인들은 나치 시대 고위공무원들로 전쟁기간 중의 잔학행위에 참여 또는 책임이 있다는 이유로 기소되었다. 기소는 1947. 11. 시작하여 판결은 1949. 4. 종결. 총 12개의 뉘른베르크 계속 재판 중 이 재판이 가장 오래 계속되고 또 마지막으로 끝났다. 문헌 카를 슈미트, 국제법상의 침략전쟁의 범죄와 '죄형법정주의' 원칙, 김효전 편역, 『헌법과 정치』(산지니, 2020); 후지타 히사카즈, 박배근 옮김, 『전쟁범죄란 무엇인가』(산지니, 2017); Das Urteil in Wilhelmstraße Prozess, 1950; Paul Seabury, The Wilhelmstrasse. A study of German diplomats under the Nazi regime, Berkeley 1954; Robert M. W. Kempner, Jörg Friedrich, Ankläger einer Epoche. Lebenserinnerungen, 1983; Kevin Jon Heller, The Nuremberg Military Tribunals and the Origins of International Criminal Law, Oxford 2011.

* 1420 독일 국가사회주의 법률가 연맹(Bund Nationalsozialistischer Deutscher Juristen; BNSDJ). 1928년 후술하는 한스 프랑크(Hans Frank) 창설. 1936년까지 존속. 1936-1945년 나치스 법옹호자연맹(Nationalsozialistischer Rechtswahrerbund)으로 개명. 전후 연합국에 의해서 활동 금지. 나치는 독일 국수주의 내지 범게르만주의적인 언어를 사용하여 체제의 정치적 정당성을 부여하려고 노력했다. 여기서 법률가(Jurist) 대신에 「법옹호자」(Rechtswahrer)를 사용한 것이 그 대표적인 예이다. 宮田光雄, 『ナチ・ドイツの精神構造』(岩波書店, 1991), 180면; 동인, 『ナチ・ドイツと言語』(岩波新書 792, 2002).

* 1420 나치스당 25개 강령 제4호에서는 「국가시민(Staatsbürger)일 수 있는 자는 민족동포(Volksgenosse)만이다. 민족동포일 수 있는 자는 신앙 종파의 여하를 불문하고, 독일인의 혈통을 가진 자만이다. 그러므로 어떠한 유대인도 민족동포일 수 없다」고 한다. 이진기 교수는 Staatsbürger를 '국민'으로, Volksgenosse는 '인민동지'로 옮기고 있다. 이진기 편역, 『나찌의 법률: 악마는 가만히 온다1』(박영사, 2022), 308면.

원래 독일어 Staatsbürger는 「국가시민」, 「국민」, 「국가공민」 또는 「공민」 등으로 번역한다. 일찍이 칸트는 그의 『법이론』(Rechtslehre, §46)에서 「법칙수립을 위해 합의된 사회(市民的 社會)의, 다시 말해 국가의 구성원들을 [국가]시민이라고 일컫는다」(백종현 옮김, 『윤리형이상학』, 아카넷, 2012, 267면)고 했다. 역자(백종현)는 'Bürger'를 '시민'으로 옮길 수밖에 없는 한 'Volk'와의 혼동이 따른다는 것을 고백하고 있다. 또 이충진의 역서 『법이론』(이학사, 2013, 176면)도 「국가 시민」(cives) 옆에 라틴어를 붙여놓았다. 한편 슈미트는 국민과 민족의 개념을 구별한다. 이 강령을 염두에 둔 것 같다.

「국민」(Volk)의 다의성. 「국민이란 보통선거 또는 표결에 관여하고 대개 다수를 결정하는 사람을 말한다. … 국민은 관청의 기능을 하지도 통치하지도 않는 사람들이다」(카를 슈미트, 『국민표결과 국민발안』, 41면; 『헌법과 정치』, 160면); 슈미트는 'Volk'를 정치적인 의사를 공유하는 집합체로서의 「인민」 또는 조직화되지 않고 소박하게 사는 「민중」과 같은 의미를 포함하는

것으로 이해한다. 그러나 「국민(Nation)이란 말은 정치의식에 눈뜬 행위능력 있는 인민(Volk)이
다」. C. Schmitt, Verfassungslehre, 1928, S. 50; 김효전 옮김, 『독일 헌법학의 원천』(산지니,
2018), 60면. → 본서 1507, 1555면

* 1421 한스 프랑크(Hans Frank). → 본서 1353, 1521면

* 1421 한스 케를(Hanns Kerrl, 1887-1941). 나치 독일의 정치인. 종교장관. 1933년 이후
프로이센 법무부의 라이히 위원으로 또 법무장관으로서 유대인 변호사의 활동 금지. 1934년
히틀러 내각의 무임소 장관. 1933. 11.~1941, 국회 부의장. 1935. 7. 16. 신설된 라이히 교회담당부
(Reichskirchenministrium) 장관. 임무는 독일 복음 교회(Deutschen Evangelischen Kirche)의
궁극적인 균제화(Gleichschaltung)이다. 즉 기독교를 미워하는 나치 지도자들(예컨대 힘러)과
교회 간을 중재하고, 나치 이데올로기의 종교적 측면을 강조하여 국내의 교회를 나치 지배 아래
두는 것. 그러나 나치와 기독교의 화해라는 주장과 당의 방침이 일치하지 않아, 히틀러의 신임도
잃고 당과 국가의 영향력도 없는 상태에서 사망. 문헌 Hansjörg Buss, Das Reichskirchen-
ministrium unter Hanns Kerrl und Hermann Muhs, in: M. Gailus (Hrsg.), Täter und
Komplizen in Theologie und Kirche 1933-1945, Göttingen 2015, S. 140-170; Ernst Klee,
Das Personenlexikon zum Dritten Reich. Wer war was vor und nach 1945, 2. Aufl., Frankfurt
a. M. 2007, S. 305. NDB. Bd. 11 (1977), S. 534.

* 1421 균제화(均制化, Gleichschaltung). 「히틀러 정권 밖에 있는 통치단위인 란트나 지방자치체
의 파괴에서 시작하며 정치·경제생활에서의 자율적 조직, 비나치정당이나 노동조합의 해체,
마침내는 나치운동 내부에서의 당내 반대파의 탄압에 이르는 일련의 사회과정을 총칭한다. 이
목표를 추구함에 있어서 중앙정부의 긴급명령이라는 '위로부터의' '합법적인' 탄압의 형태와 함께
나치당 내지 그 투쟁조직에 의한 '아래로부터의' 비합법적인 권력찬탈과 테러가 거의 완벽하게
보완·합력한 사실을 간과해서는 안 된다. 독재적인 국가권력과 '인민투표적' 대중운동의 결합이야
말로 '균제화'가 지닌 독특한 전체주의적 동태를 특징짓는 것이다」. 宮田光雄, 『ナチ·ドイツの精
神構造』(岩波書店, 1991), 28면. '동기화', '획일화' 또는 '통폐합'이라고 번역한 것도 있다(디트릭
올로, 문수현 옮김, 『독일 현대사』, 미지북스, 2019, 358면). 문헌 German Wikipedia,
Gleichschaltung. → 본서 1521면

* 1424 「직업공무원제도의 재건을 위한 법률」(Gesetz zur Wiederherstellung des
Berufsbeamtentums). 이진기 편역, 『나찌의 법률』, 16-24면 참조.

* 1425 파울 폰 힌덴부르크(Paul von Hindenburg, 1847-1934). 독일의 육군 군인·정치가.
프로이센-오스트리아 전쟁, 독불전쟁, 제1차 세계대전에 공을 세워 원수, 참모총장으로 승진.

1925년 바이마르 공화국 제2대 대통령, 1932년 재선. 1933. 1. 히틀러를 수상으로 지명. 저서 Aus meinem Leben, 1920. 문헌 Walter Rauscher, Hindenburg. Feldmarschall und Reichspräsident, 1997; Werner Maser, Hindenburg. Eine politische Biographie, 1989; NDB. Bd. 9 (1972), S. 178-182.

* **1426** 「변호사등록에 관한 법률」(Gesetz über die Zulassung zur Rechtsanwaltschaft). 이진 기 편역, 『나찌의 법률』, 27-29면.

* **1426** 베를린의 유대인 변호사 수. 「1930년대 초반 독일 전체 변호사들 1만 9,500명 가운데 유대인이 4,394명으로 약 22%를 차지했고, 베를린의 경우에는 60%가 유대인 변호사였다」는 기술도 있다. Michael Stolleis, Öffentliches Recht in Deutschland. Eine Einführung in seine Geschichte 16.-21. Jahrhundert, München 2014. 이종수 옮김, 『독일 공법의 역사: 헌법/행정법 /국제법의 과거·현재와 미래, 16세기부터 21세기까지』(푸른역사, 2022), 172면의 역주.

* **1427** 후고 진츠하이머(Hugo Daniel Sinzheimer, 1875-1945). 독일 노동법의 아버지. 사회민 주당의 정치인. 1902년 하이델베르크대학 법박. 프랑크푸르트에서 변호사 개업. 1933년 나치에 의해서 「보호조치」받다. 네덜란드로 도피하여 1940년까지 암스테르담대학 교수. 1942년 독일군 의 네덜란드 점령으로 친구집에서 안네 프랑크처럼 숨어살았다. 나치스의 패망으로 암스테르담대 학의 재개를 다음날로 앞두고 1945년 70세의 생애를 마감했다. 저서 Jüdische Klassiker der deutschen Rechtswissenschaft, Amsterdam 1938; Otto Kahn-Freund und Thilo Ramm (Hrsg.), Arbeitsrecht und Rechtssoziologie. Gesammelte Aufsätze und Reden, 1976. 2 Bde. 문헌 Hans-Peter Benöhr, Hugo Sinzheimer (1875-1945), in: H. C. Helmut Heinrichs, Harald Franzki, Klaus Schmalz, Michael Stolleis (Hrsg.), Deutsche Juristen jüdischer Herkunft, München: C. H. Beck, 1993, S. 615-630.

* **1428** 괴벨스(Paul Joseph Goebbels, 1897-1945). 나치 시기 가장 영향력이 많았던 정치인. 히틀러의 심복 중 한사람. 나치 독일의 선전 장관. 나치의 선전과 미화에 책임을 겼던 인물. 히틀러 자살 다음 날인 1945. 5. 1. 가족과 함께 자살. 저서 Das kleine abc des Nationalsozialisten, Elberfeld 1925; 파울 요제프 괴벨스, 추영현 옮김, 『괴벨스 프로파간다!』(동서문화사, 2019). 문헌 Jörg von Bilavsky, Joseph Goebbels, Reinbek 2009; Peter Longerich, Goebbels Biographie, München 2010; Chr. T. Barth, Goebbels und die Juden, Paderborn 2003; 랄프 게오르크 로이트, 김태희 옮김, 『괴벨스, 대중 선동의 심리학』(교양인, 2006).

* **1428** 이지돌(Isidor). 세비야의 이지돌(Isidor von Sevilla, um 560-636)은 주교, 성자이며 교부로서 유명하다.

* **1428** 베른하르트 바이스(Bernhard Weiss, 1880-1951). 행정직 법률가. 바이마르공화국 시대의 베를린 경찰서 부서장(1927-32년). 나치당 베를린 대관구(Gauleiter)인 괴벨스는 바이스가 유대인 출신인 것을 이유로 규칙적으로 「이지돌 바이스」(Isidor Weiß)라고 묘사하여 비방 캠페인의 희생이 되었다. 또 모욕적인 개념으로 「ViPoPrä」(즉 Vizepolizeipräsident)를 도입했다. 바이스의 전기는 Joachim Rott, "Ich gehe meinen Weg ungehindert geradeaus." Dr. Bernhard Weiss (1880-1951). Polizeivizepräsident in Berlin. Leben und Wirken, Berlin 2010.

* **1431** 총통은 최상급의 사법권. C. Schmitt, Der Führer schützt das Recht (1934), in: Gesammelte Schriften 1933-1936 mit ergänzenden Beiträgen aus der Zeit des Zweiten Weltkriegs, Berlin 2021, S. 201. 「총통은 법을 보호한다」, 김효전 편역, 『헌법과 정치』(산지니, 2020), 439면; C. Schmitt, Positionen und Begriffe im Kampf mit Weimar-Genf-Versailles 1923-1939, 1940. 4. Aufl., Berlin 2014, S. 200. 김효전·박배근 옮김, 『입장과 개념들. 바이마르-제네바-베르사유와의 투쟁에 있어서 1923~1939』(세종출판사, 2001), 288-289면.

* **1432** 1934년 6월 30일의 살해. 나치의 돌격대(SA) 지도자인 에른스트 룀(Ernst Röhm, 1887-1934. 7. 1) 등의 살해를 말한다. 히틀러는 급진적 사회주의자이며 장래 자신의 경쟁자가 될 것을 두려워한 나머지 룀이 폭동을 모의했다는 구실로 살해를 명한다. SA와 군부의 갈등에서 히틀러는 군부의 편을 든 것이다.

* **1432** 헤르만 괴링(Hermann Wilhelm Göring, 1893-1946). 나치스의 정치인. 공군 총사령관·원수·전쟁범죄인. 1933년 라이히 공군장관. 1935년 5월부터 공군 총사령관. 1935/37년부터 독일경제 및 라이히 경제장관. 카를 슈미트를 추밀원에 추천. 뉘른베르크재판에서 사형판결을 받고 집행 2시간 전 음독자살. 저서 Aufbau einer Nation, Berlin 1934. 문헌 Guido Knopp, Göring. Eine Karriere, München 2007.

* **1432** 카를 슈미트(Carl Schmitt, 1888-1985). 헌법·국제법 및 정치학자. 논저 김효전 옮김, 바이마르·나치스 시대의 헌법과 정치(1)(2), 『동아법학』 제79호·제80호(2018) 및 『헌법과 정치』(산지니, 2020)에 재수록. 슈미트와 유대인에 관하여는 R. Gross, Carl Schmitt und die Juden: Eine deutsche Rechtslehre, Suhrkamp 2000 (Eng. tr. by Joel Golb, 2007; 山本尤譯, カール・シュミットとユダヤ人: あるドイツ法學』, 法政大學出版局, 2002); David Egner, Zur Stellung des Antisemitismus im Denken Carl Schmitts, in: Vierteljahrshefte für Zeitgeschichte, Bd. 61, Heft 3, 2013, S. 345-362; H. Hofmann, Die deutsche Rechtswissenschaft im Kampf gegen den jüdischen Geist, in: K. Müller/K. Wittstadt (Hrsg.), Geschichte und Kultur des Judentums, 1988; R. Gross, Carl Schmitts »Nomos« und die

»Juden«, in: Merkur, 47 Jg. Heft 5, Mai 1993; P. Bookbinder, Carl Schmitt, Der Leviathan and the Jews, in: International Social Science Review 66, 1991, p. 99-109; 김학진, 칼 슈미트의 '헌법의 수호자'론에 관한 비판적 연구 ― '행정국가'의 요청과 '반의회주의'를 중심으로, 서울대 법학박사논문, 2023; 初宿正典編, 『カール・シュミットと五人のユダヤ人法學者』(成文堂, 2016); 古賀敬太, 『カール・シュミットとカトリシズム ― 政治的終末論の悲劇』(創文社, 1999), 457-495면. → 본서 1516면

* **1432** 에른스트 포르스토프(Ernst Forsthoff, 1902-1974). 루르 지방의 두이스부르크 출생. 1930년 프라이부르크대학 강사. 1933년 프랑크푸르트대학 조교수. 1935~1941년 함부르크・쾨니히스베르크・빈대학 교수 역임. 1943년 하이델베르크대학 교수된 이래 이곳에서 평생을 보냄. 카를 슈미트학파의 대표적인 학자. 저서 『전체국가』(Der totale Staat, 1933); 『행정법교과서』(Lehrbuch des Verwaltungsrechts, 10. Aufl. 1973); 『변화 속의 법치국가』(Rechtsstaat im Wandel, 1964) 등. 문헌 Ulrich Storost, Staat und Verfassung bei Ernst Forsthoff, Frankfurt a. M. 1978; Häberle u. a. (Hrsg.), Staatsrechtslehrer des 20. Jahrhunderts, 2. Aufl. S. 711-730; 길준규, 포르스토프의 생애와 생존배려사상: 한 나치스 법학자의 생애와 사상, 『공법연구』 제37집 4호(2009), 257-286면. → 본서 1528면

* **1432** 에른스트 루돌프 후버(Ernst Rudolf Huber, 1903-1990). 킬・라이프치히・슈트라스부르크・프라이부르크대학 교수 역임. 1968년 괴팅겐대학 정년 퇴직. 1927년 본대학에서의 카를 슈미트 제자. 나치스 시절 슈미트가 편집하던 Deutsche Juristen-Zeitung의 공동편집자. 저서 『1789년 이후의 독일 헌법사』(전7권); 『독일 헌법사 자료집』(전3권). 문헌 미하엘 슈톨라이스, 이종수 옮김, 『독일 공법의 역사』(푸른역사, 2022), 182면. → 본서 1539면

* **1432** 오토 쾰로이터(Otto Koellreutter, 1883-1972). 프라이부르크 대학에서 Richard Schmidt(1862-1944) 지도로 교수자격논문을 작성. 할레(1920), 예나(1921) 대학 교수. 바이마르・나치스 시대를 통해 보수적 입장을 대표하는 국법학자. 특히 1933-45년 뮌헨 대학 교수로서 나치스를 지지하고 협력하였고 1939년 일본을 방문. 전후 미군에 의해서 5년 금고형을 받고 공직에서 추방되었다. 저서 『일반 국가학 강요』(Grundriß der allgemeinen Staatslehre, 1933); 『독일 행정법』(1953) 등. 문헌 Jörg Schmidt, Otto Koellreutter, 1883-1972. Sein Leben, sein Werk, seine Zeit, Frankfurt a. M.[usw]: Peter Lang 1995; M. Stolleis, Art. Koellreutter, in: NDB, Bd. 12 (1980), S. 324 f. → 본서 1358면

* **1433** 롤란트 프라이슬러(Roland Freisler, 1893-1945). 나치스의 법률가. 1934년 발족하여 국가반역죄 등 형사사건을 전속적으로 관할한 민족재판소(Volksgerichtshof)의 소장(1942-1945). 1921년 예나대학 법학박사. 1925년 나치당 입당. 1932년부터 프로이센주 의회의원.

1933년부터 라이히의회 의원, 동시에 프로이센과 라이히 법무부 간부. 1945. 2. 베를린의 민족재판소에서 소송지휘 중 연합군의 공습으로 사망. 카를 슈미트의 『국가·운동·민족』에 대해서 그는 국무장관 시절 「이 책자는 하나의 구원이다. 나치스적 토대의 완전한 자주성에 대한 타당성 있는 학문적 증거」라고 서평했다. 문헌 Walter Pauly und Achim Seifert (Hrsg.), Promotion eines furchtbaren Juristen: Roland Freisler und die Juristische Fakultät der Universität Jena, Tübingen 2020. → 본서 1393면

* 1433 인종동일성(Artgleichheit) 또는 동종성(Gleichartigkeit). 어느 한 민족이 자신의 독자적인 종(Art)을 자각하고 자기 자신이나 자기의 동류를 자각하는 것. 문헌 C. Schmitt, Das gute Recht der deutschen Revolution (1933), in: Gesammelte Schriften 1933-1936, 2021, S. 29. 김효전 편역, 독일 혁명의 좋은 법, 『헌법과 정치』, 312면; Werner Hill, Gleichheit und Artgleichheit, Berlin 1966; Raphael Gross, Carl Schmitt und die Juden. Eine deutsche Rechtslehre, 2000. 山本尤譯, 『カール・シュミットとユダヤ人: あるドイツ法學』(法政大學出版局, 2002), 37면 이하.

* 1433 헬무트 니콜라이(Helmut Nicolai, 1895-1955) 나치 정권에 봉사한 법률가. 베를린과 마르부르크대학에서 국가학과 법학 수학. 1920년 법학박사. 1920. 3. 카프 폭동 참가. 「새로운 국가구조」를 위한 법이론적 기초로서 『인종법칙의 법이론』(Die Rassengesetzliche Rechtslehre, 1932)과 『도래하는 헌법의 기초』(Grundlagen der kommende Verfassung, 1933) 두 책으로 나치의 지도적인 법이론가로 등장. Hildebrand와 공동으로 후일 뉘른베르크법의 본질적 사상인 「인종격리법」(Rassenscheidungsgesetz)을 기초. 저서 Nationalsozialismus und Staatsrecht, Berlin 1935 등. 문헌 Martyn Housden, Helmut Nicolai and Nazi Ideology, New York 1992; Helmut Ridder, Zur Verfassungsdoktrin des NS-Staates, in: Kritische Justiz, 1969, S. 221. NDB. Bd. 19 (1999), S. 204 f.

* 1433 빌헬름 슈투카르트(Wilhelm Stuckart, 1902-1953). 행정직 법률가. 나치 정치인. SS 상부 단체의 지도자. 빌헬름가 재판에서 전쟁범죄자로서 선고받음. 문헌 Martin Otto, Stuckart, Wilhelm, in: NDB. Bd. 25 (2013), S. 614-616; 요한 샤푸토, 고선일역, 『복종할 자유: 나치즘에서 건져 올린 현대 매니즈먼트의 원리』(빛소굴, 2022), 24-29면.

* 1433 『국가사회주의적 법학교육』(Nationalsozialistische Rechtserziehung, Frankfurt am Main, 1935).

* 1434 「국민과 국가를 보호하기 위한 라이히 대통령의 명령」(Verordnung des Reichspräsidenten zum Schutz Volk und Staat vom 28. Februar 1933). 힌덴부르크 대통령의 긴급명령.

이 명령으로 바이마르헌법의 주요 기본권(114, 115, 117, 118, 123, 124, 153조)은 효력 정지. 여기에 수상 히틀러, 내무장관 Frick, 법무장관 Gürtner 부서. 공포 당일 효력 발생. 나치는 1933. 3. 5.의 총선거에서 테러행위를 하고 정치집회나 정치단체 등을 탄압하였다. 나치는 2월 27일 밤의 국회의사당 방화는 공산주의자의 책임이며, 이들의 「폭력행위로부터 국가와 국민을 보호하기 위해서」 방화사건 다음날 아침에 이 명령이 공포되었다. 따라서 이 명령은 「라이히 의사당 화재 명령」(Reichstagsbrandverordnung)이라고도 한다. 문헌 Th. Raithel und I. Strenge, Die Reichstagsbrandverordnung, in: Vierteljahrshefte für Zeitgeschichte, Bd. 48 (2000), S. 413-460; 高田敏・初宿正典 編譯, 『ドイツ憲法集』(第8版)(信山社, 2020), 153-155면.

* 1434 하인리히 힘러(Heinrich Himmler, 1900-1945). 나치 정치인. SS 국가지도자. 홀로코스트 주요 책임자의 한 사람. 1923. 11. 뮌헨 폭동 참가. 나치 입당. 1936년 나치 내무부 독일 경찰 총수. 1939-45년 민족대책 본부 국가판무관. 1943년 내무 장관. 룀(Röhm)의 숙청 이후 SS 해골단은 강제수용소의 관리 임무를 할당받는다. SS 보안방첩부를 통해 유대인 등을 강제수용소로 보내고, 1933년 3월 다하우 근처에 최초로 강제수용소 건설. 인종주의 나치 이데올로기의 광신적인 믿음을 이용한 홀로코스트의 주요 설계자의 한 사람. 패전 후 음독 자살. 문헌 Peter Longerich, Heinrich Himmler. Biographie, München 2008; Michael Alisch, Heinrich Himmler. Wege zu Hitler: das Beispiel Heinrich Himmler, Frankfurt a. M. 2010.

* 1434 다카우(Dachau). 독일 바이에른주에 위치한 도시. 뮌헨에서 북서쪽으로 약 20Km 정도 떨어진 곳에 위치. 인구 2020년 7월 현재 47,970명. 나치 정권에 의해 다카우 강제수용소가 건설되어 수많은 수감자가 목숨을 잃었다. 살해당한 사람이 25,613명에 달하며, 보조수용소에서 약 10,000명 이상이 살해당한 것으로 추정된다. 위키 백과.

* 1435 알프레드 후겐베르크(Alfred Hugenberg, 1865-1951). 광산・군수품・미디어 기업인. 정치인(DNVP). 히틀러의 권력장악 직후 첫 내각의 경제・국토 및 식량장관. 민족적・반유대적 전독일연맹의 창설자. 후겐베르크-콘체른, 미디어 콘체른으로써 독일 언론의 절반을 통제. 국가사회주의적・반민주적 선전을 통하여 바이마르 공화국 파괴에 기여. 저서 Hugenbergs weltwirtschaftliches Programm, Berlin 1931; Der Wille der Deutschnationalen, 1932. 문헌 Klaus Wernecke und Peter Heller, Der vergessene Führer. Alfred Hugenberg. Pressemacht und Nationalsozialismus, Hamburg 1982.

* 1435 수권법(授權法, Ermächtigungsgesetz). 1933년 3월 24일의 「국민과 국가의 위난을 제거하기 위한 법률」(Das Gesetz zur Behebung der Not von Volk und Reich vom 24. März 1933, RGBl. S. 141)은 전체 5조로 구성된다. 문헌 이진기 편역, 『나찌의 법률』, 2-3면. → 본서 1413면

* 1435 「민족 개혁의 정부에 대한 악의적 공격을 방어하기 위한 명령」(Verordnung zur Abwehr heimtückischer Angriffe gegen die Regierung der nationalen Erhebung vom 21. März 1933). 이진기 편역, 『나찌의 법률』, 196-199면 참조.

* 1435 「판 데어 룹베법」(Lex van der Lubbe) 정식 명칭은 「교수형과 사형의 집행에 관한 1933년 3월 29일의 라이히 법률」(Reichsgesetz über Verhängung und Vollzug der Todesstrafe v. 29. März 1933). 국회의사당 방화 혐의로 체포된 룹베를 처형하기 위한 법률. 전문은 이진기 편역, 『나찌의 법률』, 5-7면.

* 1435 룹베(Marius van der Lubbe, 1909-1934). 네덜란드인 석공(무직)으로 무정부주의자. 이른바 「바라의 월요일」의 국회의사당 방화사건의 범인으로서 체포되어 1934년 1월 라이프치히의 감옥에서 처형되었다.

* 1435 독일법 아카데미(Akademie für Deutsches Recht). 나치스 시대의 학술 조직체의 하나로서 라이히 법무부와 내무부의 감독 아래 설치. 1933년 사법의 균제화를 위한 라이히 위원인 한스 프랑크에 의해서 뮌헨에 설립. 목적은 나치 독일 히틀러의 법제에 영향력을 행사하는 것. 문헌 Hans-Rainer Pichinot, Die Akademie für Deutsches Recht. Aufbau und Entwicklung einer öffentlich-rechtlichen Körperschaft des Dritten Reichs, Kiel 1981 (Diss. Univ. Kiel).

* 1436 프란츠 폰 파펜(Franz von Papen, 1879-1969). 독일 라이히 수상(총리). 바이마르 공화국 말기 히틀러와 나치스가 권력을 잡는데 결정적으로 기여. 1932년 힌덴부르크 대통령에 의해서 라이히 총리로 지명. 프로이센정부를 전복한 후 1932. 9. 히틀러를 만나 민족보수당인 독일국가인민당(DNVP)과 나치스와의 연립정부를 협상. 이 정부에서 히틀러를 통제하는 것이 가능하다고 믿은 파펜은 1933. 1. 30 (권력장악)이 이루어진다. 히틀러 내각에서 자신은 부수상(총리)가 되나 곧 실각. 그 후 오스트리아와 튀르키예 대사가 된다. 1945년 미군에 체포되어 뉘른베르크의 국제군사재판에서 주요 전범으로 기소되나 무죄가 된다. 1947. 2. 비나치화(Entnazifizierung)와 관련하여 Spruchkammerverfahren*에서 8년 노동형과 재산몰수를 선고받았으나 상고와 사면으로 1949년 석방된다. 저서 Der 12. November 1933 und die deutsche Katholiken, Münster 1934; Vom Scheitern einer Demokratie 1930-1933, Mainz 1968. 문헌 Reiner Möckelmann, Franz von Papen. Hitlers ewiger Vasall, Darmstadt 2016.

* 1436 1932년 7월 20일 파펜은 긴급명령으로 프로이센의 사회민주당 브라운 정부를 폐지하고 스스로 프로이센 총감이 되었다. 이른바 파펜 쿠데타. 사회민주당은 이를 국사재판소에 제소했다. 그때에 라이히 측의 변호인은 카를 슈미트였고, 프로이센 측의 변호인은 헤르만 헬러였다. 이

재판의 기록은 Arnold Brecht (Hrsg.), Preußen contra Reich vor dem Staatsgerichtshof. Stenogrammbericht der Verhandlungen vor dem Staatsgerichtshof in Leipzig vom 10. bis 14. und vom 17. Oktober 1932, Berlin 1933. 일본어 번역 山下威士譯, 「プロイセン對ライヒ」(7月 20日 事件) 法廷記錄 (1)-(18), 『法政理論』(新潟大學) (1985-1998년 연재) 합책본[미완판], 2001.

독일 라이히 국사재판소(Staatsgerichtshof für das Deutsche Reich)는 헌법재판소로 표현하기도 한다. 이 국사재판소는 바이마르 헌법 제108조에 근거하여 라이프치히에 설치. 바이마르 공화국의 국가조직법상 쟁송이 제한된 헌법재판소. 상설 법정이 아니고 필요에 따라 소집. 1927년 자칭 「라이히 헌법의 수호자」라고 표현했다. 판결은 쟁송불가능하며, 집행은 제19조 2항에 따라서 대통령이 한다. 관할권의 분산과 권한의 흠결로 시달렸다. 규범통제도 불가능하였고 라이히 최고기관 간의 기관쟁송도 결여되었다. 카를 슈미트와 한스 켈젠 간의 논쟁이 유명하다. 문헌 Wolfgang Wehler, Der Staatsgerichtshof für das Deutsche Reich, Diss. Bonn 1979; 명재진, 바이마르 헌법과 국사재판소, 『홍익법학』 제17권 2호(2016).

* **1436** 프란츠 귀르트너(Franz Gürtner, 1881-1941). 나치의 정치인. 뮌헨대학에서 법학 전공. 제1차 대전 참전. 1922년 바이에른 주 법무장관. 독일국가인민당(DNVP)의 당원으로서 히틀러와 같은 우익 과격파에 동정적이었다. 1932-1941년 히틀러 내각의 법무장관. 저서 Roland Freisler와 공저, Das neue Strafrecht, Berlin 1936; 편저 Das kommende deutsche Strafverfahren, Berlin 1938. 문헌 Ekkehard Reitter, Franz Gürtner, politische Biographie eines deutschen Juristen, Berlin 1976.

* **1437** 국가사회주의법옹호자연맹(Nationalsozialistischer Rechtswahrerbund). 1936 - 1945년 나치 독일에서의 법률가 직업조직. 베를린 소재. 전신은 1928-1936년 존속한 독일 국가사회주의 법학자 연맹(BNSDJ)의 후신. 문헌 Angelika Königseder, Recht und nationalsozialistische Herrschaft. Berliner Anwälte 1933-1945, Bonn 2001; Michael Sunnus, Der NS-Rechtswahrerbund (1928-1945). Zur Geschichte der nationalsozialistischen Juristenorganisation, Frankfurt am Main 1990.

* **1437** 「사법을 라이히로 이행하기 위한 법률」(Gesetz zur Überleitung der Rechtspflege auf das Reich). 이진기 편역, 『나찌의 법률』, 133-134면.

* **1437** 민족재판소(Volksgerichtshof). 인민재판소, 인민법정으로도 번역. 1934년 4월 24일 나치 국가에 대한 반역죄를 처단하기 위한 특별 법원으로서 처음에는 프로이센 지방의회 건물 안에, 나중에는 구 베를린 김나지움에 설치. 1936년 정규 법원이 된다.

관할과 절차는 6개 부로 구성되며, 한 부는 2인의 직업 법관과 3인의 명예직 인민법관이 참여하며,

이들은 보통 나치당원, 장교 또는 고위 공무원들이다. 법관은 법무장관의 제청으로 아돌프 히틀러가 임명하며, 나치스적 의미에서 신뢰할 수 있는 자만이 선출된다. 재판의 조직과 절차는 법치국가의 원칙에 위배되어 통상의 형사소송절차보다 간소하게 처단한다. 인민재판소의 결정에 대해서는 법적 구제절차가 허용되지 아니한다(1934. 4. 24.의 법률 제3조). 변호인(Verteidiger)의 자유로운 선임은 허용되지 않으며, 변호 활동 그 자체도 나치당의 구속을 받고 소송자료의 열람도 완전히 보장되지 않는다. 또 「반역죄」의 개념 그 자체가 변질되고 이제 폭력적인 체제변혁에 대한 사실의 입증 없이 그 의혹만으로 충분하며, 모든 적대적 태도가 국사범의 낙인을 찍을 수 있게 되었다.

여하튼 인민재판소는 사법 테러의 도구로서 1945년까지 약 5200건의 사형판결을 집행하였다. 문헌 Volksgerichtshof 항목 German Wikipedia. Walter Wagner, Der Volksgerichtshof im nationalsozialistischen Staat, 1974; Bernhard Jahntz und Volker Kähne, "Der Volks- gerichtshof," Berlin 1992. 김효전, 나치 독일의 황제 법학자들, 『학술원논문집』 제62집 2호 (2023). (본서)

* 1437 「뉘른베르크법」(Nürnberger Gesetze). 「뉘른베르크 인종법」(Nürnberger Rassen- gesetze) 또는 「아리안 법률」(Ariergesetze)이라고도 한다. 나치스트는 이 법률을 기초로 그들의 반유대주의와 인종적 이데올로기를 제도화하였다. 1935. 9. 15. 뉘른베르크 전당대회에서 발포. 내용은 「독일의 혈통과 독일의 명예를 보호하기 위한 법률」, 「라이히 시민법률」 그리고 오늘날에는 「라이히 국기법률」(Reichflaggengesetz) 셋을 포함한다. 전문은 이진기 편역, 『나찌의 법률』, 274-279면.

* 1438 「라이히 시민법률」(Reichsbürgergesetz). 이진기 편역, 『나찌의 법률』, 276-277면.

* 1438 혈통보호법. 「독일의 혈통과 독일의 명예를 보호하기 위한 법률(혈통보호법)」(Gesetz zum Schutz des deutschen Blutes und der deutschen Ehre) [Blutschutzgesetz]. 이진기 편역, 『나찌의 법률』, 278-279면.

* 1438 신티와 로마(Sinti und Roma). 서독에서 1980년대 초에 이익단체에 의해서 중부 유럽에 장기간 정주하는 로마인, 즉 집시 등 전체 소수자를 나타내기 위한 한 쌍의 언어. 신티는 원래 유럽에서 로만어를 사용하는 전체 소수자의 한 부분 집단을 말하며, 이들은 장기간 중부와 서부 유럽 그리고 북부 이탈리아에 정주하였다.

* 1442 한스 리텐(Hans Litten, 1903-1938). 독일의 변호사. 나치 정권의 반대자로서 1933년 체포되어 1938년 다카우 수용소에서 사망. 「프롤레타리아의 법률고문」으로서 1929. 5. 1. 재판, 1931년 에덴 궁전 재판, 1932년 Felseneck 재판 관여. 어머니 Irmgard Litten은 백방으로 구명 운동을 벌였으나 무위로 돌아감. 문헌 Knut Bergbauer u. a., Hans Litten — Anwalt gegen

Hitler, Göttingen 2022.

* **1442** 알베르트 아인슈타인(Albert Einstein, 1879-1955). 독일 출신의 스위스계 미국의 이론물리학자. 유대 혈통의 과학자로서 1901년부터 스위스, 1940년부터 미국 시민권. 독일 국적은 1914-1934년.

* **1442** 캐테 콜비츠(Käthe Kollwitz, 1867-1945). 여류 인쇄예술가(Grafikerin)·화가·조각가·판화가. 20세기 독일의 유명한 예술가의 한 사람. 전후의 불행한 사람들에 관심이 많았고, 사실주의와 표현주의를 결합하고 참여 미술의 선각자로 불린다. 1980년대 한국의 민중 미술에도 영향.

* **1442** 토마스 만 (Thomas Mann, 1875-1955). 20세기의 유명한 독일 작가. 1929년 노벨문학상 수상. 바그너의 정치적 이용에 혈안이 되었던 히틀러를 비판한 편지에서 치열한 작가정신과 통찰력을 느낄 수 있다. 최근 문헌 안인희 옮김, 『바그너와 우리 시대』(포노, 2022). → 본서 1560면

* **1442** 하인리히 만(Heinrich Mann, 1871-1950). 만(Mann) 집안의 독일 작가. 토마스 만의 형.

* **1442** 쿠르트 투콜스키(Kurt Tucholsky, 1890-1935). 독일의 저널리스트 작가. 그는 Kaspar Hauser, Peter Panter, Theobald Tiger, Ignaz Wrobel 같은 가명으로 출판. 바이마르 시대의 가장 유명한 저널리스트의 한 사람. 정치 참여와 사회비판으로 활동. 나치 이후 분서의 대상이 되고 시민권이 박탈되었다.

* **1442** 아르놀드 츠바이크(Arnold Zweig, 1887-1968). 독일의 유대계 작가. 1912년 소설 "Novellen um Claudia"로 데뷔. 바이마르 시대 휴머니즘으로 각인된 사회주의라고 평가. 1933년 나치의 등장으로 분서의 대상이 된다. 이어 체코·스위스·프랑스를 거쳐 1934년 팔레스티나로 망명. 1936년 국적 박탈. 전후 1948년 동독 동베를린으로 귀환.

* **1444** 「J」. 1935년의 뉘른베르크법에 따라 유대인은 신분증에 중간 이름(middle name)으로 남성은 이스라엘(Israel), 여성은 사라(Sara)를 넣어야 한다고 강제하였다. 그리고 대문자로 「J」를 빨간색으로 찍었다. 쓰시마 다쓰오, 이문수 옮김, 『히틀러에 저항한 사람들: 반나치 시민의 용기와 양심』(바오, 2022), 55면.

* **1445** 「라이히 수정의 밤」(Reichskristallnacht). 1938. 11. 9. 밤부터 다음 날 10일의 미명에 걸쳐 독일 각지에서 일어난 반유대주의 폭동. 파괴된 유대인 주택 등의 유리가 길거리에 흩어지고 달빛에 비친 수정처럼 빛났던 것에서 이렇게 불린다. 문헌 제바스티안 하프너, 안인희 옮김, 『비스마

르크에서 히틀러까지』(돌베개, 2016), 260면; Hans-Jürgen Döscher, "Reichskristallnacht". Die Novemberpogrome 1938, München 2000 (小岸昭譯, 『水晶の夜 ― ナチ第三帝國における ユダヤ人迫害』, 人文書院, 1990); Wolf Gruner and Steven J. Ross (ed.), New Perspectives on Kristallnacht, 2019; Wolfgang Benz, Gewalt im November 1938. Die "Kristallnacht". Initial zum Holocaust, Berlin 2018. → Novemberpogrome 1938. → 본서 1648면

* **1446** 1938년 9월 27일 라이히 시민법을 위한 제5 명령(5. Verordnung zum Reichsbürgergesetz vom 27. September 1939)은 라이히시민법(Reichsbürgergesetz vom 15. September 1935)에 의거한 명령. 이 법률은 3개의 뉘른베르크 법률 중의 한 법률. 이진기 편역, 『나찌의 법률』, 276-277 면에서는 「제국국민법률」로 번역.

* **1446** 1938년 11월의 유대인학살(Novemberpogrome 1938). 「수정의 밤」이란 1938. 11. 9~10. 미명에 걸쳐 독일 각지에서 발생한 반유대주의 폭동과 박해. 이 호칭은 나치 정권이 일련의 폭력을 찬양하는 것으로 사용되었으며, 현대 독일에서는 「11월의 학살」(Novemberpogrome)이 라고 한다. 문헌 Raphael Gross, Novemberpogrome 1938. Die Katastrophe vor der Katastrophe, München 2013; 전술한 小岸昭譯, 『水晶の夜』 및 Novemberpogrome 1938 항목 German Wikipedia.

* **1447** 「에레츠 이스라엘」(Eretz Israel). 직역하면 「이스라엘 땅」. 성경에서 가나안 땅으로 불리고, 이스라엘 사람들이 성경의 서술대로 정착하였고, 수백 년간 가나안, 블레셋 기타 민족들과 살았던 땅을 나타내는 전통적인 히브리의 표현.

* **1447** 에른스트 C. 슈티이펠(Ernst C. Stiefel, 1907-1997). 유대계 독일·미국의 법률가. 1929년 하이델베르크대학 법학박사. 주요 저서 Kraftfahrzeugversicherung, Berlin 1931; Karl Maier (Hrsg.), bearbeitet von Dirk Halbach, 18. Aufl. (2010). 문헌 NDB. Bd. 25 (2013), S. 323. Marcus Lutter u.a. (Hrsg.), FS f. Ernst C. Stiefel zum 80. Geburtstag, München 1987.

* **1448** 가정 전문학교(Dienerfachschule). 직업전문학교.

* **1448** 슈피겔(Der Spiegel). 함부르크의 슈피겔 출판사에서 발간하는 독일의 대표적인 주간 시사 잡지. 현재에도 발행 중. 슈피겔은 「거울」이란 뜻.

* **1448** I. G. 파르벤(I. G. Farbenindustrie AG). I. G.는 이익공동체(Interessengemeinschaft) 의 약자. 「합동염료공업주식회사」라고 번역하며, 줄여서 I. G. Farben. 1925년 말 8개의 독일

기업(예컨대 Agfa, BASF, Bayer, Cassella, Hoechst 등)의 합작으로 성립. 프랑크푸르트 암 마인에 소재. 유럽의 거대 기업을 수용하여 나치 시대에 성장한 세계 최대의 화공기업이었다. 나치 정권의 주요 거래 대상으로 활약한 탓에 전후 2012년 10월 전범기업으로 해체되었다.

* **1448** 노르베르트 볼하임(Norbert Wollheim, 1913-1998). 독일의 경제평론가이며 조세고문으 로 독일 유대인중앙위원회의 전 위원. 제2차 대전 중 I. G. 파르벤의 강제노동자로서 복역한 후 전후인 1950년 파르벤을 상대로 소송을 제기하여 배상을 받았다. 이 재판은 유대인 강제노동에 대한 최초의 소송은 아니지만 전후 독일의 최초의 모범적인 소송으로 평가된다. 나치에 의한 유대인 학살, 즉 홀로코스트(Holocaust)와 관련하여 아우슈비츠의 희생자를 기리고 그들의 역사와 보상을 알리기 위해 프랑크푸르트에 볼하임 기념관(Wollheim-Memorial)을 세우고 2008년에 개관하였다.

* **1448** 「유대인과의 임대차관계에 관한 법률」(Gesetz über Mietverhältnisse mit Juden)

* **1449** 노란색의 별. 「다윗의 별」(Davidstern) 또는 'Schild Davids'. 「다윗 왕의 방패」(Magen David)라는 뜻에서 유래하며 유대인과 유대교를 상징하는 표식. 나치 독일은 유대인들을 게토라는 특정 지역에 감금하고, 노란색의 다윗의 별을 달게 하여 사회에서 격리시켰다.

* **1449** 「다른 종교인과 결혼한 자」(Mischehen). 「특권 유대인」이라고도 한다.

* **1449** 게슈타포(Gestapo, Geheime Staatspolizei). 독일 나치 정권(1933-1945)의 정치적 경찰. 정적의 제거에서 유대인 학살까지 무소불위의 권력을 행사했다. 문헌 Rupert Butler, Die Gestapo. Hitlers Geheimpolizei 1933-1945, Klagenfurt 2004; 田口未和譯, 『ヒトラーの秘密 警察 ― ゲーシュタポ 恐怖と狂氣の物語』(原書房, 2006).

* **1449** 라인하르트 하이드리히(Reinhard Heydrich, 1904-1942). SS 상부집단지도자. 나치 시대 보헤미아와 모라비아(Mähren) 지방 경찰 수뇌로서 무수한 전쟁범죄와 인도에 반한 범죄의 책임자. 1941년 괴링으로부터 「유대인 문제 최종 해결」의 위탁을 받고 이후 홀로코스트의 주요 설계자가 된다. 1942년 반제 회의 주재. 1942. 5. 27. 체코 저항군의 암살로 중상을 입고 8일 후 사망. 나치 정권은 대량으로 보복 학살. 1975년 미국과 당시의 체코슬로바키아 합작 영화 「새벽의 7인」(Operation Daybreak)은 하이드리히의 암살을 다룬 영화로 미국에서는 "The Price of Freedom"으로 알려졌다. 문헌 Robert Gerwarth, Reinhard Heydrich. Biographie, München 2011.

* **1450** 게토(Ghetto). 소수의 인종·민족·종교 집단이 거주하는 도시의 한 구역을 말한다.

그 개념은 이탈리아어에서 유래하며, 1516년 베니스 당국이 시내에 일정한 유대인 마을을 건설한 데에서 비롯한다. 현대에는 나치 독일의 유대인 강제수용소, 미국의 흑인이 사는 빈민가 등. 제2차 세계대전(1939-45) 중 독일은 유대인을 유대인 주거지역(Jüdische Wohnbezirke/Ghetto)이란 이름으로 점령지 폴란드와 합병한 체코 등에 설치. 이러한 구금수용소는 말살수용소로 보내기 위한 중간 기착역으로서 기능했다.

1943. 4. 19. 바르샤바 게토 주민은 나치스의 강제수용소 이송에 저항해서 최대의 무장 봉기를 일으켰다. 나치군의 진압으로 2만 명이 살해되고 살아남은 5만 명은 포로로 잡혀 수용소로 보내졌다. 게토 봉기 80주년 추모행사 보도는 조선일보 2023. 4. 19. 및 5. 3. 문헌 Carlos Alberto Haas, Das Private im Ghetto. Jüdische Leben im deutsch besetzten Polen, Göttingen 2020; 주디 버텔리언, 이진모 옮김, 『게토의 저항자들 — 유대인 여성 레지스탕스 투쟁기』(책과함께, 2023).

* 1450 1938년부터 1939년간의 나치스에 의한 강제 이주에 관하여는 永岑三千輝, 第三帝國の膨脹 政策とユダヤ人迫害・強制移送 1938: 最近の史料集による檢證,『橫浜市立大學論叢』제70권 2 호(2019).

* 1451 요제프 뷔르켈(Josef Bürckel, 1895-1944). 나치 관구(管區)의 지도자(Gauleiter), 고위직 정치관료. 1935-36년 자르 지역 복귀를 위한 라이히 위원(Reichskommissar). 1940-44 년 자르뷔르켄 소재 베스트마르크의 라이히 대관(Reichsstatthalter). 로트링겐 민정장관. 1939년 바덴의 관구 지도인 로베르트 바그너(Robert Wagner, 1895-1946)와 함께 빈의 유대인 대량 추방을 발안하여 이를 바그너-뷔르켈 작전이라고 한다. 자살 또는 타살의 의문사.

* 1451 뷔르켈 작전 (Bürckelaktion) 또는 바그너-뷔르켈 작전(Wagner-Bürckelaktion). 전술.

* 1451 반제 회의(Wannseekonferenz). 1942. 1. 20. 베를린 교외 반제에서 개최된 나치 독일 차관급 수뇌부의 비밀회의. 국가안전본부장 R. 하이드리히가 소집. 이 자리에서 유대인 문제의 최종적 해결책을 실행하기 위한 각 행정부처 장들의 협조를 담보받으려는 것이었다. 회의 장소는 현재 반제 하우스 별장으로서 홀로코스트 추모관이 되었다.

* 1451 아우슈비츠(Auschwitz). 현재는 폴란드의 오시비엥침(Oświęcim)

* 1452 유대인 추방. 독일과 오스트리아, 폴란드 유대인들에 대한 탄압이 거세지자 이들의 난민 문제가 발생하였다. 미국 F. D. 루즈벨트 대통령의 주도로 1938. 7. 6.~15. 프랑스 에비앙에서 32개국 대표들과 71개 구호단체의 대표가 모여 유대인 난민 문제 처리를 협의했다. 그러나 제2차 대전 직전 각국의 민감한 국제관계와 국익 앞에 유대인을 선뜻 받아들이는 나라는 없었고, 도미니카

공화국을 제외한 모든 국가들은 유대인 난민 수용을 거부하여 회의는 무위로 끝났다. 히틀러는 무산된 회의를 자신의 유대인 배척주의 선전을 위해서 최대한으로 이용하였다. 이 무렵 유대인을 도운 것은 동양의 외교관들이었다. 오스트리아 주재 중화민국(현재 대만) 영사관의 허평산(何鳳山) 영사는 유대인을 상하이로 4000명을 도피시켰고, 1940년 리투아니아 주재 일본 영사관 스기하라 지우네(杉原千畝, 1900-86) 영사도 수천 명의 유대인에게 일본 통과 비자를 발급해주어 유대인을 살렸다고 한다. 문헌 Jochen Thiers, Évian 1938. Als die Welt die Juden verriet, Essen 2017; Konferenz von Évian, German Wikipedia; 홍익희의 新 유대인 이야기〈60〉동양의 쉰들러 리스트, 조선일보 2023. 5. 9.

* 1453 기생충적, 책략적이며 상인적인 관계. C. Schmitt, Die deutsche Rechtswissenschaft im Kampf gegen den jüdischen Geist, Schlußwort auf der Tagung der Reichsgruppe Hochschullehrer des NSRB vom 3. und 4. Oktober 1936, in: Deutsche Juristen-Zeitung, 41 Jg., Heft 20 (1936), S. 1193-1199. 「유대정신과 투쟁하는 독일 법학」, 김효전 옮김, 『헌법과 정치』, 485면. 카를 슈미트는 개회사에서 아돌프 히틀러의 말로 시작하였고, 폐회사에서도 역시 히틀러의 말로 끝맺는다.

獨逸 國家學의 最近 動向: 所謂 「指導者國家」에 對하야 (兪鎭午)

* 출전: 東亞日報 1938. 8. 16~19 〈夏期紙上大學〉 전4회.

유진오의 이 글은 그의 여러 논문집이나 문집에도 수록되어 있지 않다. 동아일보는 창간호부터 축쇄판이 발간되어 검색하기에 편리하나 1930년대의 신문들은 축쇄판이 없어서 국립중앙도서관에 소장하고 있는 마이크로필름을 이용하였다. 편집자가 어렵게 복사하고 판독한 후 다시 타자로 정서한 것이어서 독자들에게 연구의 기초 자료를 제공하고자 한다.

유진오(兪鎭午, 1906-1987)에 관하여는 이영록, 『유진오 헌법사상의 형성과 전개』(한국학술정보, 2006); 김철수, 유진오의 헌법초안에 나타난 국가형태와 정부형태, 『한국사 시민강좌』 제17집 (일조각, 1995); 동인, 『헌법정치의 이상과 현실』(소명출판, 2012), 213-239면에 재수록; 동인, 유진오의 기본권론, 故정광현박사 추모논문집 『법학교육과 법학연구』(길안사, 1995), 288-323면; 안경환, 통합적 지성인의 삶, 김효전편, 『한국의 공법학자들 — 생애와 사상』(한국공법학회, 2003), 33-56면; 전광석, 『한국 헌법학의 개척자들』(집현재, 2015), 45-111면. 기타 김삼웅, 『현민 유진오 평전. 헌법기초자』(채륜, 2018).

* 1455 알프레히트 → 본서 1505면

* **1456** 레옹 뒤기 → 본서 1520면

* **1456** 維也納. 오스트리아의 수도 빈(Wien).

* **1456** 오토 쾰로이터 → 본서 1358-1362면

* **1457** 「피쉬, 헬프리츠, 메르크, 후-버」. 피셔(Friedrich Fischer, Die rechtlichen Grundsätze der Reichsaufsicht nach der neuen Reichsverfassung, 1921); 헬프리츠(Hans Helfritz, Allgemeines Staatsrecht als Einführung in das öffentliche Recht, 1924); 메르크(W. Merk, Die neue Reichsverfassung, 1920); 후버(Ernst Rudolf Huber)

* **1458** 예루살렘(Franz Wilhelm Jerusalem, 1883-1970) 독일의 사회학자. 저서『사회학원론』 (Grundzüge der Soziologie, 1930),『국가』(Der Staat, 1935) 등.

* **1458** 라인하르트 흰 → 본서 1388-1393면, 1522면

프라이부르크의 국법학 전통과 뵈켄회르데 교수의 세미나 (김효전)

* 출전. 프라이부르크 법대 유학인회 엮음,『회상의 프라이부르크』(교육과학사, 1993), 217-234 면에 수록된 것을 약간 수정·증보한 것임.
  뵈켄회르데 교수의 약력은 본서 제1편 참조.

* **1466** Ralf Poscher, Ernst-Wolfgang Böckenförde an der Freiburger Rechtswissen-schaftlichen Fakultät, in: Der Staat, 58. Bd. Heft 3 (2019).

E.-W. 뵈켄회르회르데 저작 수용의 국제비교 (김효전)

* 출전.『헌법학연구』제25권 1호(2019), 361-386면.

  독일에서 발표한 보고는 Hyo-Jeon Kim, Würdigung des Werkes Ernst-Wolfgang Böckenfördes in Korea, in: Der Staat, Beiheft 24 (2020), S. 153-188; also Hyo-Jeon Kim, E.-W. Böckenförde-Würdigung in Korea, in:『국제학술교류보고서』(대한민국학술원, 2019), 305-358면.

* **1476** Religion, Law and Democracy. Selected Writings, Vol. II. 2020.

인명색인

[A]

Abendroth 324, 333, 344, 1368
Abweichler 1197
Adams 984
Adenauer 608, 613, 1382
Adler 693 f.
Adolf, G. 429
Albrecht 1235, 1455
Alexander I 515
Alexy 1124, 1126, 1475
Altenstein 530
Althusius 936
Anschütz 225, 321, 389, 401, 927, 1101, 1224, 1232, 1252, 1463
Antoniolli 1481
Apelt 1365
Aquinas 233, 404, 418, 434, 561, 977
Arendt 1401
Aretin 313 f.
Aristoteles 288, 434, 477, 720, 978
Armade 1418
Arndt 147, 312, 329, 537, 805
Aronsohn 1452
Augustinus 220, 403, 444, 978, 1324
August, E. 379, 525
Augustus 406
Aulard 1029 f.
Austerlitz 1453

[B]

Bachof 238, 1481
Baden, M. v. 569
Badura 1309
Bähr 194, 226, 283, 292, 296, 304, 320
Bailliage 944
Ballerstedt 170
Balzac 182
Bancroft 1309
Barth, Th. 1247
Bartolus 156
Bauer 1339
Baumgarten 1430
Bebel 565
Bebenburg, L. v. 411
Beck 337, 595
Becker 1216
Benda 1481
Bender 1464
Bennigsen 194, 548, 560
Bente 1384
Benz 1384
Berber 1390
Bernstein 1260
Berto 1477
Best 1389
Bethmann-Hollweg 567
Bettermann 1481

사항색인

[아]

표제어 색인
(『헌법과 실정헌법』)

[역자 김효전(金孝全) 약력]

1945년 서울 출생
성균관대학교 법정대학 법학과 졸업
서울대학교 대학원 졸업 (법학박사)
서울대학교 교양과정부 강사
독일 프라이부르크대학교 교환교수
미국 버클리대학교 방문학자
한국공법학회 회장
동아대학교 법학전문대학원장
현재 대한민국학술원 회원
　　동아대학교 명예교수

1986년 제1회 한국공법학회 학술상 수상
1999년 제6회 현암법학저작상(수상작:
　　서양 헌법이론의 초기수용) 수상
2000년 한국헌법학회 학술상 수상
2001년 제44회 부산시문화상 수상
2007년 동아대학교 석당학술상 특별상
2018년 제8회 대한민국 법률대상(학술부문)
2018년 서울법대 동창회 감사패
2018년 제12회 목촌법률상 수상

[저 서]

논점중심 헌법학, 대왕사, 1975
독일헌법학설사(편), 법문사, 1982
헌법논집, 민족문화, 1985
헌법논집 II, 민족문화, 1990
서양 헌법이론의 초기수용, 철학과현실사, 1996
　　(현암법학저작상)
근대 한국의 국가사상, 철학과현실사, 2000

헌법논집 III, 세종출판사, 2001
근대 한국의 법제와 법학, 세종출판사, 2006
　　(학술원 우수도서)
헌법, 소화, 2009 (문광부 추천도서)
법관양성소와 근대한국, 소명출판, 2014
　　(학술원 우수도서)
나진 · 김상연 역술『국가학』연구, 대한민국학술원,
　　2023

[역 서]

게오르그 옐리네크, 일반 국가학, 태화출판사, 1980
칼 슈미트, 정치신학 외, 법문사, 1988
E.-W. 뵈켄회르데, 국가와 사회의 헌법이론적 구별,
　　법문사, 1989 [증보판] 1992
칼 슈미트, 유럽법학의 상태 · 구원은 옥중에서,
　　교육과학사, 1990
G. 옐리네크-E. 부뜨미, 인권선언논쟁, 법문사, 1991
칼 뢰벤슈타인, 비교헌법론, 교육과학사, 1991
칼 슈미트-한스 켈젠, 헌법의 수호자 논쟁, 교육과학사,
　　1991
칼 슈미트, 로마 가톨릭주의와 정치형태 외, 교육과학사,
　　1992
칼 슈미트, 정치적인 것의 개념, 법문사, 1992 [증보판]
　　1995
E.-W. 뵈켄회르데, 헌법 · 국가 · 자유, 법문사, 1992
크리스티안 F. 멩거, 근대 독일헌법사, 교육과학사, 1992
　　(공역)
칼 슈미트, 합법성과 정당성, 교육과학사, 1993
한스 켈젠, 통합으로서의 국가, 법문사, 1994
헤르만 헬러 외, 법치국가의 원리, 법원사, 1996
칼 슈미트, 독재론, 법원사, 1996
칼 슈미트, 파르티잔, 문학과지성사, 1998
칼 슈미트, 헌법의 수호자, 법문사, 2000
　　(문화관광부 우수도서)

유스투스 하스하겐 외, 칼 슈미트 연구, 세종출판사,
　　2001
칼 슈미트, 입장과 개념들, 세종출판사, 2001 (공역)
E.-W. 뵈켄회르데, 헌법과 민주주의, 법문사, 2003
　　(공역) (문광부 우수도서)
만세보 연재, 국가학, 관악사, 2003
G. 옐리네크 외, 독일 기본권이론의 이해, 법문사,
　　2004 (문광부 추천도서)
헤르만 헬러, 주권론, 관악사, 2004
G. 옐리네크, 일반 국가학, 법문사, 2005
칼 슈미트, 현대 의회주의의 정신사적 지위, 관악사,
　　2007
칼 슈미트, 국민표결과 국민발안, 제2제국의 국가구조
　　와 붕괴, 관악사, 2008
카를 슈미트, 정치적인 것의 개념, 살림, 2012 (공역)
헬무트 크바리치편, 반대물의 복합체, 산지니, 2014
헤르만 헬러, 바이마르 헌법과 정치사상, 산지니,
　　2016 (학술원 우수도서)
카를 슈미트외, 독일 헌법학의 원천, 산지니, 2018
　　(세종도서 학술부문 선정도서)
카를 슈미트, 헌법과 정치, 산지니, 2020
　　(학술원 우수도서)
E.-W. 뵈켄회르데외, 국가와 헌법, 산지니, 2024

국가와 헌법 II

초판 1쇄 발행 2024년 7월 31일

지은이 에른스트-볼프강 뵈켄회르데 외
옮긴이 김효전
펴낸이 강수걸
편 집 강나래 오해은 이선화 이소영 이혜정
디자인 권문경 조은비
펴낸곳 산지니
등 록 2005년 2월 7일 제333-3370000251002005000001호
주 소 48058 부산광역시 해운대구 수영강변대로 140 부산문화콘텐츠콤플렉스 626호
홈페이지 www.sanzinibook.com
전자우편 sanzini@sanzinibook.com
블로그 http://sanzinibook.tistory.com

ISBN 979-11-6861-352-2 94360
      979-11-6861-350-8 (세트)

* 책값은 뒤표지에 있습니다.
* Printed in Korea